税收风险管理系列丛书

税收风险识别与应对

全流程实战操作

本书编写组◎编

中国言实出版社

图书在版编目（CIP）数据

税收风险识别与应对全流程实战操作 / 本书编写组编 . -- 北京：中国言实出版社，2021.12
ISBN 978-7-5171-3998-0

Ⅰ . ①税… Ⅱ . ①本… Ⅲ . ①企业管理—税收管理—风险管理—中国 Ⅳ . ① F812.423

中国版本图书馆 CIP 数据核字（2022）第 000418 号

税收风险识别与应对全流程实战操作

总 监 制：朱艳华
责任编辑：薛 磊
责任校对：李 颖

出版发行：中国言实出版社
地 址：北京市朝阳区北苑路 180 号加利大厦 5 号楼 105 室
邮 编：100101
编辑部：北京市海淀区花园路 6 号院 B 座 6 层
邮 编：100088
电 话：64924853（总编室） 64924716（发行部）
网 址：www.zgyscbs.cn E-mail：zgyscbs@263.net

经 销：新华书店
印 刷：河北赛文印刷有限公司
版 次：2022 年 1 月第 1 版 2022 年 1 月第 1 次印刷
规 格：889 毫米 ×1194 毫米 1/16 51.5 印张
字 数：800 千字

定 价：980 元
书 号：ISBN 978-7-5171-3998-0

前言

PREFACE

2020年12月30日，习近平总书记主持召开中央深改委第十七次会议研究部署进一步优化税务执法方式、深化税收征管改革。会议指出，优化税务执法方式，要推动税务执法、服务、监管的理念和方式手段变革，深入推进精确执法、精细服务、精准监管、精诚共治（以下简称“四精”），大幅提高税法遵从度和社会满意度，明显降低征纳成本，发挥税收在国家治理中的基础性、支柱性、保障性作用。2021年3月24日，中办、国办发布《关于进一步深化税收征管改革的意见》，明确了以习近平新时代中国特色社会主义思想为指导，围绕把握新发展阶段、贯彻新发展理念、构建新发展格局，持续推进“四精”，对深化税收征管改革作出全面部署，为“十四五”时期高质量推进新发展阶段税收现代化确立了总体规划。深入剖析“四精”之根本，大数据应用是实施保障，风险管理作为一条主线贯穿其中，可以说“四精”要求指明了税收风险管理的未来发展之路。

近年来，随着“放管服”改革、营商环境建设和深化税收征管改革的逐步推进，税收风险管理的方式方法也发生了根本性变化。一是税收风险管理贯穿于税收工作的全过程，是构建科学严密税收征管体系的核心，国家税务总局已经成立税收大数据和风险管理局，省市两级也成立了相应的税收风险管理部门，运用大数据开展税收风险管理是深入推进精确执法和精准监管的客观要求，做好精诚共治实现数据集中管理、集中分析是未来风险管理的必经之路；二是传统风险应对方式已经不符合新时代发展要求，税务机关对下户执法的监管力度不断加强，征纳双方对风险识别的精准性提出了更高的要求，提高案头分析质效，精准查找高风险纳税人，促进精确执法、精准监管是大势所趋；三是风险应对方式更趋柔性，除涉嫌虚开发票以及偷逃骗抗等重大风险事项外，大部分税收低风险事项处理均以提示提醒和政策辅导为主，对税务机关而言，纳税服务理念已经融入税收风险管理日常工作中；四是纳税人主动开展税收风险防范日渐常态，税收风险管理不再局限于税务机关单向发起，对纳税人而言，税收风险识别和化解能力是防范经济损失和法律风险的基本工作技能。因此，现代税收风险管理体现了与纳税服务的深度融合，得到了征纳双方的共同关注。提高征纳双方税收风险防范意识和能力，完全符合现代税收管理和社会经济发展的客观要求，也是全面推进税收治理能力现代化的必由之路。

本书是为响应税务干部和纳税人客观需求而编写的。以企业真实生产经营业务为蓝本，以企业真实财务核算账簿资料为载体，广泛收集近年来发生的重要税收风险事项，经总结分析，逐一融入原始凭证、记账凭证、会计账簿、财税报表中，真实还原各类税收风险分析与应对的情景。旨在提高征纳双方税收风险防范意识，增强税收风险识别和防范能力，本书可以让税务人员、纳税人、大专院校学生等读者身临其境般的置身于大数据分析、风险识别、风险应对等工作环境中，通过提示提醒、纳税评估、税务稽查等工作方式，切身体会税务机关不同岗位的工作内容和纳税人如何逐步体会到税收风险防范对自身发展的重要性，对提升税务机关涉税事项事中、事后监管水平，纳税人税收风险事前识别、事中控制、事后应对能力，都具有十分重要的指导意义。本书与其他同类书籍相比本书具有以下特点：

1. 实战账套演练。本书针对税务机关和纳税人两方面涉税风险需求进行情景设计，辅之以原始凭证、记账凭证、会计账簿、涉税报表等真实账套。通过实战账套演练，能够培养一支高素质全能型、实战型风险管理专业人才队伍，不断提高税务干部的业务能力；同时，还可以提高广大纳税人，尤其是财会人员的风险防范意识和化解风险能力。本书立足学以致用，以申报表数据、财务报表数据、发票票面数据和第三方数据分析为基础，大量采用指向性指标直接查找税收风险事项，如滞留票发现账外账、土地使用税税源登记与契税征收记录比对异常等，内容涵盖一般账务处理以及纳税评估、稽查检查后的更正账务处理，可以给财会人员日常核算提供有力的业务支持。

2. 税种全面覆盖。本书以近年来纳税人易发风险事项为基础，系统总结了233个税收风险点，涵盖一般制造业企业所涉及的17个税费。详细解读了税收风险分析内容，包括宏观分析、纳税申报表分析、财务报表分析、发票内容分析、其他涉税事项分析以及稽查举报协查事项分析；介绍了风险管理应对方式，包括低风险事项的提示提醒、中风险事项的纳税评估、高风险事项的税务稽查，比较全面地展示了对各个税种税收风险管理的实景、实操、实战。

3. 故事情景引领。本书以税收风险管理工作程序为主线，以真实发生的案例为素材虚拟故事情景引领全篇，充分融入近年来制造业涉及的各税费多发易发税收风险，内容合理可信，情节跌宕起伏，描述细致入微。通过展示纳税人实际生产经营活动中的真场景、真凭证、真账簿、真报表，不仅能让税务人员掌握税收风险管理的基本原理、工作流程和具体内容，也能让纳税人充分了解税务机关监管纳税人生产经营情况的力度和税收风险分析应对的方式方法，促进其合法经营、依法纳税。

本书在编写过程中得到了国内财税专家们的大力支持，在此一并表示感谢。由于能力有限，书中难免存在错漏之处，恳请广大读者批评指正，提出宝贵意见。

本书指南

A GUIDE TO THIS BOOK

本书目标读者是税务人员、纳税人、大专院校学生、培训机构教师、中介机构职员以及对财税知识和企业管理感兴趣的读者。本书实景呈现了233个税收风险点，不仅可作为税收风险识别与应对实战培训的教材，亦可作为读者案头常备、随时查阅研究的工具书。为更好地帮助读者使用本书，请仔细阅读下面的重要指引：

1. 本书由上编“税收风险识别与应对全流程实战操作”和下编“税收风险识别与应对文件汇编”两部分组成。

2. 本书以企业真实生产经营业务为蓝本，以汇总多个案例内容为基础，通过虚拟的故事情景和人物，讲述了几名税务人员开展税收风险管理工作时，依托税收风险管理平台进行大数据分析和风险识别，采取提示提醒、纳税评估和税务稽查等方式开展风险应对，最终帮助企业化解税收风险、实现税企共赢的故事。

3. 本书以风险点覆盖面广的制造业企业为背景，收录153个涉税事项，包括14个宏观事项和139个具体事项，涵盖17个税费种和减税降费优惠政策的233个风险点，其中含14个宏观风险点和219个具体风险点。宏观风险点根据制造业特点，选定相对直观、能有效衡量企业税收风险的宏观指标，结合预设阈值进行分析比对。具体风险点名称总体遵循“手段＋税种＋事项＋风险”原则，按照事项涉及的不同税费种设置具体风险分析内容和计算过程，分列了原会计分录、调整会计分录和正确会计分录，“延伸解读”旨在介绍实际税收工作中风险分析和应对的具体方法以及相关知识点。

4. “文件汇编”在不涉密的前提下，收录了“税收风险识别与应对全流程实战操作”中引用的具体文件，按照“层级＋税种＋发布时间”标准排序。本书在每个具体风险点涉及的税收政策中标注了相关文件在“文件汇编”中的页码，便于读者快速查阅。

5. 为满足各类读者个性化需求，本书提供了3种快速查询涉税风险点和有关业务事项的途径，即设在目录前的风险点索引、税种风险索引和事项风险索引。为便于读者了解相关章节风险点情况，在“本章小结”提供了本章风险点索引的路径。

6. 为便于读者掌握总体情况，本书设定的风险企业全部生产经营业务均发生在2020年4季度，不赘述企业自查和税务机关开展风险管理时涉及的附加税、滞纳金、罚款等内容，收录的相关税收政策截止日期为2020年12月31日。

7. 为便于读者理解税会差异和风险分析内在逻辑，本书对前期会计差错无论重要性均采用追溯重述法（追溯重述法，是指在发现前期差错时，视同该项前期差错从未发生过，从而对财务报表相关项目进行更正的方法）进行相关项目调整。为便于理解，将以前年度损益调整、收入及销项税额等科目设置二级明细科目。

索 引

INDEX

风险点索引

税种风险索引

事项风险索引

目 录

CONTENTS

上编

税收风险识别与应对全流程实战操作

第一篇

风险管理，锁定一只“麻雀”

第一章 风险积分冠军

2021年6月初，年度企业所得税申报期结束后不久，长安市税务局税收风险管理局（以下简称市风险局）按照年度工作计划，利用税收风险管理平台（以下简称平台），对全市纳税人2020年度税（费）风险进行综合性全方位疑点扫描，正式启动了年度税收风险管理专项工作。市风险局按照国家税务总局文件要求提出：为深入贯彻党中央、国务院关于扎实做好“六稳”工作、全面落实“六保”任务的决策部署，充分发挥税收职能作用，统筹推进疫情防控和支持经济社会发展，不组织对某一行业开展多年期、撒网式的风险推送，切实增强风险管理的针对性和有效性，既有效防范和打击偷骗税行为，又尽最大可能不影响企业正常生产经营。

基于总局相关工作要求，今年的年度税收风险管理专项工作与两年前大不相同，工作规模与工作量均有大幅度缩减。市风险局确定的工作目标是在最少打扰纳税人的前提下，及时识别并处理那些“假企业”虚开、“假出口”骗税、“假申报”骗惠等重大税收违法行为，帮助正常经营的纳税人避免潜在的经济损失，维护国家税收安全，营造公平公正的税收环境。

市风险局开展疑点扫描主要依托平台中的风险识别模块，利用预设的风险识别指标和风险识别模块开展各类涉税风险识别工作，平台在建设中充分考虑总局、省局以数治税要求，实现了涉税数据综合利用和精准分析的目标。这一平台在全市的税收风险防范工作中发挥着核心和决定性作用，多次成功预警纳税人虚开增值税专用发票等重大税收风险事项。经过平台的数据筛分、加工、运算，可以按照纳税人风险事项积分情况自动形成分指标、分事项的风险纳税人清册，并为每一户纳税人制作包含全部应纳税（费）疑点及异常办税行为的税收风险画像。

近年来，为了做好日常涉税数据采集整理及风险识别工作，精准发现涉税风险并及时采取应对措施，市风险局在全市税收风险管理人才库成员中精选了32名税务干部，组成了8个工作组，采取定期或不定期的集中办公方式开展工作，以“行业＋规模”为基本原则，利用各种途径采集到的涉税数据形成数据仓库并利用平台指标体系对这些数据进行加工，从中发现疑点信息。具体工作以平台中形成的风险纳税人清册为基础，分级分类开展工作，包括补充数据采集、风险识别、等级排序及风险应对等。

考虑到今年的特殊情况，市风险局仅组织了两个组开展集中办公。其中，第2组因原工作人员调转等原因，刚刚以一老带三新的方式重新组合，负责制造业纳税人的税收风险分析与应对。

张新任第2组的组长，他是市风险局的副局长，参加税收工作近30年，长期工作在税源管理和稽查工作一线，是省级风险管理专家，全地区公认的业务能手，日常负责全地区税收风险管理工作的组织及协调。夏添（女）是长安市税务局稽查局（以下简称市局稽查局）检查二股副股长，毕业于某财经大学，财务核算功底扎实，参加税收工作7年，在某区局办税服务厅工作3年，曾是全省纳税服务部门出名的纳税申报“问不倒”，后调至市局稽查局工作4年，具有丰富的稽查工作经验。王梓跃毕业于某科技大学软件开发专业，参加税收工作5年，一直工作在某区局办税服务厅，是长安市税务局纳税服务标兵，各类纳税申报表内容烂熟于心，尤其精通纳税人各类办税事项操作流程，近几年来醉心于网络爬虫技术的研究，对于线上销售数据的搜集有一定的经验。赵山岳参加税收工作8年，现任某区局重点税源管理股副股长，税收风险管理实践经验丰富，多次参加市风险局组织的税收风险应对工作。

夏添、王梓跃和赵山岳早就听说过张新的大名，这次能跟张新一组工作，他们非常兴奋。他们3个工作年头说长不长，说短不短，日常都非常喜欢参与税收风险管理工作，但是局限于自己的岗位和所学专业，他们个人只能接触单一环节的风险管理，很少能从头到尾地参与风险管理全流程工作。他们都把这次工作当成提升自身能力不可多得的机会，当成一次荷枪实弹的实战化训练。今天是4个人第一次集中，王梓跃和夏添曾经同在某区局办税服务厅工作，相识较早，一见到夏添便直呼“师父”，夏添指着赵山岳掩嘴偷笑说，我们俩都是张组长的徒弟，你若叫我师父，辈分可要比张组长小多了。“师爷”这两个字王梓跃无论如何也叫不出口了，他尴尬地站在那里嘿嘿笑着说，那样的话可把张组长叫的太老了。赵山岳忙解围说，不如我们算师兄弟平辈吧，都拜张组长为师。王梓跃大声说，好的好的。夏添也大声说好。张新忙摆手说，岂敢岂敢，大家都是同学。

第2组在成组后，4名组员分别对制造业风险纳税人清册进行了初步研究，先了解下大概情况，随后组长张新要求大家对这些纳税人的税收风险点进行分析，下一步要研讨本次数据分析工作的方向和流程，指定夏添汇集每个人的思路和建议。

这份清册抽取的是2020年度营业收入在1000万以上，增值税税负低于1%，企业所得税应纳税额为零，风险评分总分在100分（市风险局确定的高风险纳税人划分标准）以上的纳税人，共计17户。对于这样一份清册除了张新外大家都是第一次见到，以前在各自的工作岗位中，他们也会处理类似的清册，但是内容上有所差别，这份清册是工作的基础。

基本的工作程序是，每年年初完善纳税疑点监管指标，然后纳入平台中，再利用平台开展数据处理，形成风险纳税人清册。按照预定的工作计划，两个工作组首先针对所负责的清册进行案头分析，评价风险等级。在这一阶段还要完善平台自动生成的纳税人画像报告，做出风险管理预案，下派工作任务，然后按照疑点提示、税务约谈、实地核查等方式与风险管理对象沟通，如果有些涉税问题性质比较严重，符合移交稽查检查条件的就移交到市局稽查局处理。

张新是第2组的老组长，夏添和赵山岳虽然是第一次进组，但是日常工作与风险管理工作也有很多的交集，所以进入角色较快。而王梓跃是第一次实际参与风险管理工作，他饶有兴致地与三位组员不停地探讨，大家时不时地提点几句，就够他埋头研究半天的。2组的集中办公地点与1组同在一个临时搭建的小会议室里，十来个人挤在一起略显局促，时不时地有电话打进来，便有人小跑着出去接。几位烟民这时是不分组的，一个眼神过去，他们就结伴到吸烟室吞云吐雾一番，聊的自然也是工作的事，其间不免吐槽几句，大多是税收工作事儿越来越多，日常集中起来开展数据分析，主管领导大多都很为难，而且自己的工作无人替代，大家都是一边集中办公一边还要负责本职工作，常常感觉分身乏术。

清册可以按各种数据的升序或降序进行排序，王梓跃选的是按 2020 年度销售额降序排列，第一名年营业收入接近 1,000 亿元。王梓跃来自某区局，局内管户数量很多，但是纳税人一年的营业收入最多的也不超过 20 亿元，他心里想着这户纳税人增值税税负要是能提高一个百分点，就能多征收税款接近 10 个亿，比本区局一年的税收收入还高，所以他看着数据就激动。其他 3 个人就没这么兴奋了，他们都在按照自己的思路和习惯审视着电脑屏幕上各项风险识别指标情况。在组长张新的眼里，每过 1 户，头脑中就能闪现出这个纳税人红墙蓝瓦的生产厂房和热火朝天的生产经营场景。他工作的思路是从风险积分的高低顺序开始，平台是他长期参与开发与完善的，对于其中的积分体系，他心中既有感情又充满信心。

从风险管理的流程划分上看，包括数据采集、风险识别、等级排序、风险应对、工作反馈等环节，平台主要完成前 3 个流程的工作，而积分体系就存在于等级排序环节。积分体系是对纳税人各项涉税风险分析指标计分结果的综合应用，通过每项指标的偏离度和权重计算结果形成单一指标的计分，全部单一指标计分累积成综合评分。在实际工作中，一次次的风险分析与应对也在一次次验证平台基于积分体系确定的风险高低评价是可信的。如果说按王梓跃的销售额排序法，最先看到的是一头“大象”，那张新盯上的则是一只“麻雀”。

这只“麻雀”体量很小，年营业收入刚到 2,000 万元，小到几乎是那只“大象”的五千分之一，它的存在就是因为本次年度税收风险管理工作在确定分析对象时把对纳税人营业收入规模下限设置的太小了，在它身上花心思可能就是浪费时间，按照以往的工作习惯，这些“麻雀”都是专家们不屑入眼的。在风险管理工作中，风险纳税人的选择一般都以体量较大的纳税人为主，虽然大家不至于像王梓跃那样一头扎下去就想着要捞几个亿出来，但是重点关注的还是一定规模以上的纳税人。张新的业务功底大家是认可的，所以一般都称一声：张教授。为什么这只“麻雀”入了教授的法眼呢？因为它“啄”了张教授——它是整个清册的积分冠军，江南岳达机械制造有限责任公司（以下简称岳达公司）。

平台纳入核心指标 107 个，形成了一个完整的指标体系，这个指标体系年年都要维护和完善，以保证它的生命力，而张新正是其中的核心工作人员之一，这 107 个指标一个个都是他看着长大的。按照过去的工作经验，体量大的纳税人往往风险积分都高，因为它们业务复杂，在平台的 107 个指标中过一遍，可能会有好几十个指标显示异常；体量小的纳税人因为经营情况简单，往往只有十多个指标能算出分数，所以得分低。现在张新发现了这只“麻雀”，居然得了最高分，这是张新无论如何也没想到的，他需要仔细研究一下。

张新登录了金三系统，开始查询风险纳税人清册中的相关纳税人登记、申报、纳税信息。夏添负责把从各方收集到的信息制成表格便于大家分析时做参考，她做出的包括岳达公司在内的纳税人基本情况表内容详尽、靶向性强，纳税人概况一目了然。看到 2 组的工作有条不紊地推进，1 组的同事称赞 2 组是郎才女貌最佳组合，这个评价让夏添很不爽，嘴一撇，张新看在眼里哈哈一笑说道，夏添女士确实可以靠颜值，但人家工作出色凭的是才华和能力。

纳税人基本情况表

基本信息				
基本信息	纳税人名称	江南岳达机械制造有限责任公司	纳税人识别号	91290504556677888M
	登记注册类型	其他有限责任公司	登记日期	2009年2月20日
	法定代表人	王岳达	生产经营地址	长安市奉贤区工业园区
	国民经济行业	制造业/金属制品/金属工具制造	从业人数	125
	总分机构类型	总机构	分支机构纳税比例	与税务机关共同确定
	隶属关系	区属	注册资本金	3,000万元
	纳税人类型	增值税一般纳税人	主管税务机关	奉贤区税务局税源管理二股
	税收管理员	马建国	电话	42123456
	财务负责人	王玉玲	出纳员	刘信

股东信息	股东名称	认缴出资额	股权比例
	王岳达	1,800万元	60%
	江南利枫物资有限公司	1,200万元	40%

对外投资信息	对外投资单位名称	投资金额	股权比例
	上海亮剑机械销售有限公司	400万元	100%
	锦阳宏达机械加工有限公司	150万元	50%
	广州亮剑机械销售有限公司	43.3275万元	100%

账户信息	账户性质	开户银行	银行账号
	基本户	江南城市发展银行长安分行	18254871000011457
	一般户	工群银行长安市分行	359458326584314
	一般英镑户	建安银行长安市分行	125748432132633

土地信息	土地编号	土地面积	计税依据	土地等级	坐落地点	使用期限
	T21051320000000	3,000㎡	3,000㎡	三级土地	长安市奉贤区工业园区	50年
	T21062570000000	20㎡	20㎡	三级土地	锦阳市越阳区银丰小区	50年

房产信息	房产编号	房产面积	计税依据	房产原值	坐落地点	房产用途
	F21051360000000	6,300㎡	640万元	640万元	长安市奉贤区工业园区	工业用房
	F21061490000000	79.16㎡	50万元	50万元	锦阳市越阳区银丰小区	商业用房

续表

其他财税信息	分支机构	江南岳达机械制造有限责任公司锦阳分公司，非独立核算，地址为江南省锦阳市越阳区。
	会计准则或制度	企业会计准则（未执行新金融准则、新收入准则和新租赁准则的企业）。
	资产折旧摊销方法	固定资产折旧方法为年限平均法、残值 3%；无形资产摊销方法为年限平均法。
	工艺流程	设一大型车间、一个原材料及产成品库房；原材料为带锯钢带，是一种条状钢材，为生产带锯条（带状锯条）的主要原材料；原材料与产成品规格对应，两种规格分别是 27mm*0.9mm、34mm*1.1mm。
	经营范围	生产、销售五金工具、机械设备及配件、劳保用品、日用百货、办公用品、计算机及耗材、电子产品、电器机械及配件、电线电缆、仪器仪表、轴承、阀门、量具刃具；技术咨询、服务；国内一般贸易，普通货运；土石方工程施工；建筑施工；农副产品收购、加工及销售；广告代理服务。
	产成品基本情况	产成品品种为亮剑牌双金属带锯条、高级木工锯；27mm*0.9mm 带锯条单价为 20 元 / 米、34mm*1.1mm 带锯条单价为 30 元 / 米，木工锯条当年未售；产品成本核算方法为月末一次加权平均法。
	产成品完工情况	10 月末所有产品均未完工（工时 720 小时，全部为 27*0.9 带锯条）；11 月末带锯条 100% 完工（27*0.9 带锯条工时 84 小时、34*1.1 带锯条工时 660 小时）、木工锯未完工（全部委托加工）；12 月末带锯条完工百分比 95%（27*0.9 带锯条工时 320 小时、34*1.1 带锯条工时 400 小时）、木工锯完工百分比 100%（全部委托加工）。
	税费缴纳比率	增值税一般纳税人，货物销售增值税税率 13%；技术服务增值税税率 6%；货物运输增值税税率 9%；农产品扣除率 9%；城市维护建设税税率为 7%；教育费附加费费率 3%；地方教育费附加费率 2%；从价计征房产税年税率 1.2%、扣除比例 30%；城镇土地使用税年税额三级 18 元 / ㎡；印花税查账征收；企业所得税税率 25%；契税税率 4%。基本养老保险费 16%；基本医疗保险费 8%；失业保险费 0.5%；工伤保险费 1%；生育保险费 0.5%；工会经费 2%；住房公积金 10%，五险一金的单位缴费部分以上月工资为基数，当月申报缴费所属期为当月。

第二章 目标锁定“麻雀”

张新组织2组召开了研讨会。夏添先是结合自己稽查工作经验抛出了一个关于计分制的观点，单一指标计分是税收风险积分体系的基础，但是税收风险累计积分的高与低并非是纳税人涉税问题的直接体现，还需要分析每户纳税人得分的原因，然后去判断风险事项对税收的影响。例如暴力虚开增值税专用发票，由于相关纳税人核算不正规，并且随时准备走逃，日常申报中涉税数据申报量相对要少很多，很多指标都计算不出结果和分值，所以累计积分都不高，但是风险等级却是最高。张新和赵山岳点头表示赞同，王梓跃虽然也表示赞同，但是心中的“大象”评分也是最高的之一，所以一时还不能完全理解这个观点。他心里想的是如果计分制统计出的纳税人风险分值高低不能与税收风险等级高低一一对应，那就是计分系统的设计出问题了，依靠他所学习的专业知识，他隐隐觉得这个问题可以通过改变计分“权重”来解决。大家在研讨过程中表达了对风险管理的重视，并且在不同方向上都有一些个人独到的见解和比较深入的研究。

市风险局局长王力在听取了阶段性汇报后，决定让两个组先确定一批风险较高的纳税人，以提示提醒的方式让纳税人开展自查。对此王梓跃不太理解，他觉得这种做法似乎有打草惊蛇之嫌，应当不动声色才能取得意想不到的效果。张新解释道，不能把税收风险管理当成税务部门自己的事儿，纳税人同样需要增强风险意识和加强风险管理工作。对此税务部门可以为其提供帮助，况且现在对于税务检查的要求是“无风险不检查，无审批不进户，无违法不停票”，能够不战而屈人之兵实现征纳共赢才是目标。王梓跃等3人听后竖起大拇指，纷纷为张新点赞。

张新征求了组员意见后，正式提供了10户风险纳税人分析报告给王力局长，打算请王力审核确认后再下发5户风险纳税人的《纳税人涉税风险提示函》，下发的疑点以制造业宏观性分析指标为主，目的是督促纳税人积极开展自身风险排查。在确定纳税人时，对于那只“麻雀”，张新有点犹豫了，一时拿不定主意是否让它先行自查，考虑再三他还是在电脑的下发清册里选中了那只“麻雀”：岳达公司。

当张新把10份风险分析报告交到王力手中，王力局长整体上过了下目，他突然指着岳达公司的分析报告说，这户不是去年“疫情期间税务帮扶行动”中我负责的帮扶对象吗？张新一愣，怎么会这么巧？他笑着问王力，既然是王局长的帮扶户，这批先不下发了吧？王力说，这是两码事，先说说你是怎么选的这些户吧。张新的介绍让王力局长瞬间提起了兴趣，他凝视着岳达公司的分析报告，脑海中不自觉地回忆起2020年开始的那次税务帮扶行动。

时间回到了2020年4月份。

2020年伊始，突如其来的新冠疫情给我国经济带来了前所未有的冲击和影响，这些影响同样波及到了江南省长安市。在长安市有这样一群税务人，疫情特殊时期，他们全面贯彻落实国家税务总局“优惠政策落实要给力、‘非接触式’办税要添力、数据服务大局要尽力、疫情防控要加力”的“四力”要求。在疫情防控期间心系纳税人，持续开展政策宣传解读，持续抓好政策落实落地，持续推进“银税互动”扩围扩面，持续帮助困难企业复工复产，持续支持重点企业复产复销，全面助力新业态健康发展，进一步优化税务执法方式。

2020 年 4 月 16 日上午，长安市税务局（以下简称市局）召开了疫情期间“税务帮扶行动”工作会议，按照省局《“税务帮扶行动”方案》要求，在全市税务系统开展税务帮扶专项行动，以实际行动帮扶企业纾困解难，助力企业复工复产、复工达产、复工增产，促进“六稳”“六保”工作开展。

身形伟岸的市风险局局长王力戴着口罩端坐在会议桌前，和市局其他科室主要负责人一起参加市局税务帮扶行动领导小组办公室（以下简称帮扶办）组织召开的税务帮扶工作会议。接到会议通知时，他心底认为这次会议非常重要，但是对于他和他负责的部门而言，这次是一个务虚的会议，风险管理局的工作主要是防范风险和堵塞征管漏洞，至于帮扶企业应该是配合其他部门工作即可。所以当他听到帮扶办部署风险管理局的工作并要求他认领税务帮扶具体任务时，心中很是诧异，但是仍然以积极的态度认领了全部的工作任务。这些工作任务包括：利用税收数据抓好政策落实落地疑点分析、利用税收数据分析重点企业复产复销进展情况，风险识别工作中要精准推送风险纳税人，实际工作中对纳税人无风险不打扰，不搞集中清理欠税工作和大规模的行业风险管理，最后还有一份市风险局几位负责人帮扶企业联系名单。市局局长宣布会议结束时已过午餐时间，王力与各参会人员挥手告别，大家都戴着口罩所以也没有了那些客套话。

王力局长返回办公室后，仔细把会议精神及本局认领的工作任务梳理了一遍，午休结束后他立刻召集全局人员以专题会议进行传达。会上他与两位副局长进行了深入的交流，大家对这项工作也都给予了积极的反馈，由于讨论热烈，发言的同志需要时不时地揭一下口罩换换气。会议中王力局长明确了风险管理局的下一步工作安排：一是按市局确定的帮扶名单，一对一地开展对接，认真了解帮扶对象的需求，对于纳税人合理的诉求，能帮助解决的立即解决，难以解决的可以向上级反映，争取想办法解决；二是做好应用税收大数据开展政策落实情况和企业复工复销情况分析的业务准备，这项工作是大家的强项，涉税数据分析原本就是风险管理局日常的专长；三是要求张新副局长与法制、货劳税、所得税、财行、社保和非税等科室积极合作，了解各自业务需求，再利用局内平台支持税务帮扶工作；四是加强工作统筹与部门间的协调，落实近期省、市局对风险管理工作的具体要求，工作任务要实施全面统筹，下发时要扎口管理，切实减轻税务干部及纳税人的工作负担。大家都明晰了自己的工作任务后，王力局长宣布散会。

王力局长在会后的第一件事，就是给自己的两个帮扶对象分别打了电话进行帮扶工作对接，其中帮扶的对象之一就是岳达公司，王力介绍了税务帮扶工作目的和局里的工作安排。

王力回忆到这里顿了一下，他缓缓地对张新说，我记得那时候岳达公司和另一户纳税人都很客气，与我进行了深入的交流，并提出了自己想解决的困难。一户是因为经济不景气，一季度末时欠税 100 多万，希望能够帮忙协助贷款，另一户就是岳达公司，他提出能否在下一个申报期申请延期缴纳税款。

张新突然也想起来了，当时帮扶工作中确实是帮助岳达公司申请了延期缴纳税款，这个事儿作为我们局的工作成果之一还向市局帮扶办做了汇报。王力说，是的，当时我在电话这边回复，协助贷款的请求需要与纳税服务部门联系一下，延期缴纳税款的事情我要跟征收管理部门联系，研究一下具体流程。张新问，那后来呢？王力说，后来事情进展得比较顺利，两户帮扶对象的需求都得到了满足。他打开记忆的阀门，又回想起那段难忘的经历。

当王力局长给两个帮扶对象打过电话，下班时间已过，他透过窗户看着马路上熙熙攘攘的车流，想起自己和家人乃至全市人民几个月来的抗疫过程，深感在这场抗疫大考中，国家治理效能的强大，今天的安定生活来之不易。他又想起刚刚打过电话的情况，使命感油然而生，对于纳税人面临的困境他感同身受，真的很想尽快地解决这两户纳税人的需求。一个人站在窗边沉思了一会儿后，他关闭电灯锁门离开了，准备第二天抓紧落实帮扶对象提出的几件事。

第二天在食堂吃过早饭，王力直接来到了市局征收管理科，准备研究一下延期缴纳税款的事情，看看是否能给自己的帮扶对象争取一下。他敲门后应声推开，却发现办公室里已经来了好几个人，聊了几句后方知大家都是为了一个目的来的，就是要找征收管理科长为自己帮扶的纳税人研究延期缴纳税款事宜，这些纳税人都是具有一定资产规模的实体企业，由于疫情影响，购销两端都出了问题，资金十分紧张，生产经营举步维艰。征收管理科相关工作人员逐一记录了每一名申请人的情况，计划在下个月申报期前统一组织县区局调研，帮助确实有资金困难的企业申请延期缴纳税款。包括王力在内大家听到征收管理科的计划，心里都放松了不少，按照这些企业的情况和疫情期间的税收政策，申请延期缴纳税款还是很有希望的。在回办公室的路上，王力接到了张新的电话，对于利用大数据开展税务帮扶活动，他昨晚连夜做出一个方案，要与王力研究。

在王力局长的心里，副局长张新的工作能力毋庸置疑，尤其是对其利用税收大数据开展工作所取得的成果心中更是满是赞许，他知道张新急着找他一定是心里已经有了可行的办法。

张新提出的工作方案是利用平台开展涉税数据监控，科学有序地定期利用税收数据对政策落实落地进行数据分析、利用税收数据分析重点企业复产复销进展情况。王力知道平台在风险管理局日常工作中起到了至关重要的作用，而张新又是平台建设的行家里手，按照他的方案，对完成市局党委安排的工作王力充满了信心。所以他完全赞同张新的想法，并安排局内骨干与张新一起尽快开展工作，要按照总局“数据服务大局要尽力”的要求，进一步挖掘税收大数据应用潜力，在微观层面做好税收助力企业复工复产工作。

俗话说一个篱笆三个桩，一个好汉三个帮，风险管理工作不是市风险局一家做就能做好的。按以往工作机制，这种系统性的数据分析工作，都要由市局税收经济分析科、收入核算科、征收管理科、货劳税科、所得税科、财行税科、社保和非税科等业务科室一并参与。在市风险局的工作统筹下，这些部门都派出了科室内的骨干力量参与到税务帮扶行动的数据分析工作中，经过连续几天的加班，他们很快就提出了一批应享未享税收优惠政策分析指标。有了各部门提供的分析指标，张新心里渐渐有底了，他马上组织人员开发，并以最快的速度开展政策落实情况分析。

市风险局日常利用平台开展涉税数据质量监管、税收风险识别、内部风险防控、工作任务管理等工作，在防范虚开骗税、打击假企业、假出口、假申报等工作中发挥出了核心作用，现在又在省局的支持下开发了减税降费疑点监控模块，用于系统性地监控应享未享减税降费政策疑点数据。

这次工作在取得了王力局长的支持后，张新更加如鱼得水，对于推进工作，他已经是轻车熟路。半个多月过去了，第一批指标已经可以在平台中筛选出数据了，张新按照工作机制将这批数据发送各业务科室，请他们验证数据的准确性以及确定需要派发基层单位核查的工作任务。

风险管理局的税务帮扶工作开展得高效有序，在促进优惠政策落实和支持复工复产等方面发挥出了应有的作用。一批批的工作任务通过平台下发，指引全市的税务干部来到纳税人中间，帮助他们了解国家的税收优惠政策，更正错误填写的申报表，为纳税人退还多缴的税款，有的退税款虽然不多，但切切实实体现了国家税收优惠政策的具体落实，意义深远。然而张新他们的工作成果还远不止这些，他和他的同事们，根据企业提出的需求，用手中掌握的发票信息分析重点企业的供销情况，从供销两个方面分析，采用“以需寻供”的思路，帮助困难企业查找生产所需原材料等产品，他们先从本地企业的销售行为入手，为困难企业寻找到了一批供应商，对于本地区没有销售所需同类产品的情况，辅助采用“以购寻供”的思路，寻找本地区近期购进同类产品的企业。当时的岳达公司等企业生产所需的带钢等材料，本地没有生产厂家，就是张新他们通过从购进方追溯外省上游企业，拉长拓宽供应链条，为采购有困难的纳税人提供可供选择的供应商。同时他们还为销售有困难的纳税人提供产品需求分析，帮助他们打开销路。

从回忆中又回到现实，王力对张新说，那时候咱们真是全身心地投入帮扶工作，十分忙碌但是特别充实，每次能帮助企业做成一件事，都感觉特有成就。那段时间里我们对这个岳达公司也提供了很多帮扶，包括帮助他们了解国家税收优惠政策，分析申报中应享未享的税款，为他们办理多缴税款退税等，在这不知不觉间一年时光已经过去了。二人感慨一番，又回到当前的工作中，听取了张新的介绍，王力充分考虑工作组提出的意见，很快确定了下发基层单位应对的 5 户风险纳税人。

张新通过市风险局把 5 户纳税人的《纳税人涉税风险提示函》和《税收风险提示清单》（以下简称“清单”）下发给相关的县区局，其中包括岳达公司在内的 2 户纳税人资料下发给了长安市奉贤区税务局。收到市风险局的通知后，长安市奉贤区税务局立即安排税源部门和税收管理员对“清单”内容进行分析。岳达公司的主管税务机关是税源管理二股，税收管理员是一名年近六十的税务干部马建国，大家都叫他老马，他的管户中这次只有这 1 户被市风险局选中开展自查。在老马的印象中，这户纳税人是生产锯条的，他也曾到纳税人的生产经营地去过，纳税人每年的营业收入 2,000 万元左右，长年来生意上一直是不温不火的，有固定的客户，近几年又开始搞货运、搞基建。老马是一名责任心很强的税收管理员，从事税源管理工作 30 多年，是局里有名的劳模，二十几年前是以嘴勤、腿勤、手勤、脑勤这“四勤”闻名于全局的，但是近几年的老马深深地感觉到这些已经过时了，现在自己开展工作一方面凭的是经验，另一方面凭的是过硬的税收业务能力。纳税人有时会向他咨询相关的税收政策，他一般都能对答如流，如果问题确实很特殊，他也会认真研究，并且会很热心地帮助纳税人联系政策管理部门，或者指导纳税人拨打 12366 纳税服务热线。

前些天，市风险局的同事和老马沟通并询问了纳税人的一些基本情况，他敏锐地意识到岳达公司可能会存在涉税问题。接到“清单”后，老马看了一会儿，对其中的几个疑点问题很感兴趣，感觉自己平时也很注意这些指标，常常通过这些数据分析纳税人的涉税情况。比如毛利率偏低甚至长期为负等，自己平时工作中也经常会有疑问：都是同一个行业怎么就他家不挣钱，而且一亏好几年，真想好好分析分析，但是苦于数据资源和应用手段有限，一直无处着力。难得市局风险局总结的这么全面，他饶有兴致地复印了下来打算好好学学。

老马把电话打给了岳达公司的会计王玉玲，告诉她明天会和一位同事一道为其送达《纳税人涉税风险提示函》和“清单”，并要求该公司积极开展自查。

老马准备送给岳达公司的《纳税人涉税风险提示函》和“清单”，具体情况如下：

纳税人涉税风险提示函

长奉税提示函〔2021〕第 19 号

江南岳达机械制造有限责任公司：

通过对你单位涉税信息进行风险识别分析，发现可能存在如下税收风险（详见附件）。请你单位依法依规开展自查，并于 2021 年 7 月 15 日前，向我局报送书面材料进行解释说明。

特此函告。

附件：《税收风险提示清单》

国家税务总局长安市奉贤区税务局

2021 年 6 月 28 日

（联系人员：马建国 联系电话：001–42123456）

（税务机关地址：长安市奉贤区南京街 109 号 邮政编码：100000）

附件

税收风险提示清单

序号	风险点名称	风险提示	页码
1	增值税税负差异率异常（1）	贵公司2020年度增值税纳税申报相关数据显示，2020年度增值税税负率0.6%，增值税税负差异率为-88%。经测算贵公司增值税税负率偏低，且较同行业平均值差异巨大，增值税申报异常。初步判定贵公司可能存在虚列成本、虚抵进项等问题。	17
2	增值税税负变动率异常（2）	贵公司2020年度增值税纳税申报相关数据显示，2020年度增值税税负率为0.6%，较上年税负率4%下降85个百分点，降幅异常。初步判定贵公司可能存在虚列成本、虚抵进项等问题。	18
3	企业所得税税收贡献差异率异常（3）	贵公司2020年度企业所得税年度纳税申报数据显示，2020年企业所得税贡献率为0%，远低于行业平均水平，经测算企业所得税税收贡献差异率为-100%，与行业数据差异极大。初步判定贵公司可能存在隐匿收入、资金体外循环、虚列成本以及纳税调整项目申报不准确不真实等问题。	19
4	企业所得税税收贡献变动率异常（4）	贵公司申报的2019年度、2020年度企业所得税年度纳税申报表相关数据显示，2020年度所得税贡献率为0%，远低于2018年度所得税贡献率3%，经测算所得税税收贡献变动率为-100%。贵公司在市场情况未发生重大变化的情况下所得税贡献率较上年大幅下降，初步判定贵公司可能存在纳税调整项目申报不准确不真实等问题。	20
5	财务费用变动率异常（5）	贵公司申报的2019年度、2020年度企业所得税年度纳税申报表相关数据显示，当期财务费用突增，财务费用变动率为1129.16%，财务费用较基期增幅异常，初步判定贵公司可能存在虚列财务费用，虚抵成本等问题。	21
6	管理费用变动率异常（6）	贵公司申报的2019年度、2020年度企业所得税年度纳税申报表相关数据显示，当期管理费用突增，管理费用变动率为49.23%，在贵公司业务规模不变的情况下，管理费用较基期增幅异常，初步判定贵公司可能存在税前多列支管理费用，或将应长期摊销的费用一次性列支等问题。	22
7	销售费用变动率异常（7）	贵公司申报的2019年度、2020年度企业所得税年度纳税申报表相关数据显示，当期销售费用突增，较上年同期比增加118.05%，在贵公司销售规模未发生变动的情况下费用激增，初步判定贵公司有可能存在与生产经营无关虚增销售费用，或存在税法规定限额扣除的销售费用未做纳税调整的风险，或运输费用无合理性的增减等虚列销售费用等问题。	23
8	营业利润差异率异常（8）	贵公司2020年度利润表相关数据显示，2020年度营业利润率为-51.13%，经测算低于行业平均水平496.66%，降幅异常，初步判定贵公司可能存在隐匿收入、虚列成本等问题。	24
9	毛利率差异率异常（9）	贵公司申报的2020年度利润表相关数据显示，2020年毛利率仅为-4%，与行业平均水平18.79%相差121.29个百分点，贵公司在行业盈利状况较好的情况下亏损经营，初步判定贵公司可能存在隐匿收入、资金体外循环、虚列成本等问题。	25
10	毛利率变动率异常（10）	贵公司申报的2019年度、2020年度利润表相关数据显示，2020年度毛利率变动率异常，在上年毛利率低于行业平均水平的情况下，本期毛利率持续走低，较上年下降366.67%。贵公司在盈利状况持续下降的情况下继续加大生产投入，初步判定贵公司可能存在隐匿收入、资金体外循环、虚列成本等问题。	26

续表

序号	风险点名称	风险提示	页码
11	净资产收益率变动率和差异率异常（11）	贵公司申报的 2019 年度、2020 年度企业资产负债表、利润表中相关数据显示，2020 年度净资产收益率变动率为 -279.9%，净资产收益率变动率异常。2020 年度净资产收益率差异率为 -302.64%，也存在偏低的异常情况，根据上述两个指标，可初步判定贵公司可能存在隐匿营业收入、多结转成本或多摊提费用等问题。	27
12	存货周转率异常（12）	贵公司申报的 2020 年度企业所得税年度纳税申报表、企业资产负债表、利润表中相关数据显示，2020 年度以收入为基础和以成本为基础的存货周转率仅为 0.64 和 0.67，周转率偏低，初步判定贵公司可能存在隐匿营业收入、虚开增值税发票、骗取出口退税、存货管理方式不合理，存货积压严重等问题。	28
13	存货占销售收入比率异常（13）	贵公司申报的 2019 年度、2020 年度企业所得税年度纳税申报表、企业资产负债中相关数据显示，当期期末存货余额极大，占当年销售收入比率为 129.95%，初步判定贵公司可能存在虚列存货，账外经营等问题。	29
14	应收账款净增加额占营业收入比率异常（14）	贵公司申报的 2020 年度企业资产负债表、利润表中相关数据显示，2020 年度应收账款余额占营业收入比例为 44.43%，该比重过大。根据上述指标，初步判定贵公司可能存在虚假经营行为以及发出商品未计收入的情况。	30

宏观风险解读

包括岳达公司在内的纳税人收到《税收风险提示清单》是市风险局根据制造业特点选择的相对直观、能有效衡量纳税人风险情况的宏观分析指标，结合平台中预设的阈值（岳达公司情况具体见以下 14 个宏观风险点中定义的数据），对全地区制造业纳税人进行了风险扫描后形成的。这些宏观风险点主要是对纳税人经营能力、盈利能力、纳税能力进行评价，通过环比或同比的增减变化，判断纳税人是否存在税收风险。下面对岳达公司涉及的宏观风险点进行具体解读。

风险点（宏观事项）1 增值税税负差异率异常

风险点说明

通过比较纳税人增值税税负与同期同行业纳税人增值税平均税负率之间的差异，分析纳税人是否存在增值税申报纳税风险。增值税税负差异率异常，可分为高于同期同行业平均税负和低于同期同行业平均税负两种情况。高于同期同行业平均税负，可能存在利用享受税收优惠政策应取得而未取得购进发票，除其自身利用税收优惠政策不缴纳或少缴纳税款，给销售方不缴少缴国家税款提供便利，或存在虚开增值税专用发票等潜在风险。低于同期同行业平均税负，可能存在隐瞒销售收入未申报纳税或虚构业务虚抵进项税额少缴增值税的风险，同时还存在虚列成本、费用少缴企业所得税的风险。

风险分析

假定同期同行业平均增值税税负率 5%。

增值税税负率 = 增值税应纳税额 ÷ 对应的销售收入 ×100%

= 130,862.91 ÷ 20,438,199.88 × 100%

= 0.6%

增值税税负差异率 =（增值税税负率 − 同期同行业平均增值税税负率）÷ 同期同行业平均增值税税负率 ×100%

=（0.6%−5%）÷ 5% × 100%

= −88%

平台预警系统中纳税人增值税税负率低于同期同行业平均增值税税负率 30% 被确定为异常情况。

延伸解读

分析岳达公司 2020 年度增值税纳税申报表（适用于增值税一般纳税人）相关数据，发现其 2020 年度增值税税负率远低于同期同行业平均水平。该公司可能存在隐瞒销售收入未申报或虚构业务虚抵增值税进项税额等情况，存在少缴增值税以及虚列成本、费用少缴企业所得税的风险。

风险点（宏观事项）2 增值税税负变动率异常

风险点说明

通过比较纳税人一定时期内增值税税负率变化趋势以及本期增值税税负率与上年同期变动幅度，分析是否存在申报纳税风险。税负变动率异常，可分为正向变动异常和负向变动异常两种情况。正向变动异常，可能存在由于开始享受税收优惠政策应取得而未取得购进发票，除其自身利用税收优惠政策不缴纳或少缴纳税款，还会造成相关纳税人由于未开具发票而不如实申报缴纳税款，导致国家税款流失；或存在虚开增值税专用发票等潜在风险。负向变动异常，纳税人可能存在隐瞒销售收入未申报或虚构业务虚抵进项税额等情况，存在少缴增值税以及虚列成本、费用少缴企业所得税的潜在风险。

风险分析

假定岳达公司上年同期增值税税负率 4%。

增值税税负变动率 =（本期增值税税负率 − 基期增值税税负率）÷ 基期增值税税负率 ×100%

=（0.6%−4%）÷4%×100%

=−85%

平台预警系统中纳税人增值税税负率同比下降幅度达 30% 以上被确定为异常情况。

延伸解读

分析岳达公司 2020 年度和 2019 年度增值税纳税申报表（适用于增值税一般纳税人）相关数据，发现其 2020 年度增值税税负率远低于 2019 年度。该公司增值税税负变动率负向变动且变动幅度较大，表明企业生产经营未发生大的变动情况下，同等收入实现的税收贡献大幅下降，可能存在隐瞒销售收入未申报或虚构业务虚抵增值税进项税额等情况，存在少缴增值税以及虚列成本、费用少缴企业所得税的风险。

风险点（宏观事项）3 企业所得税税收贡献差异率异常

风险点说明

通过与同期同行业企业所得税平均税收贡献率的横向比较，排查贡献率较低且偏离平均值较大的纳税人。这些纳税人可能存在虚列成本、费用，人为调整成本、费用扣除额度，或纳税调整项目申报不实，或通过虚填减免、抵免所得税额减少本期应纳税额等情况，存在少缴企业所得税的风险。

风险分析

假定同期同行业企业所得税平均税收贡献率 4%。

企业所得税税收贡献率 = 企业所得税应纳税额 ÷ 对应的收入总额 ×100%

= 0÷17,372,417.42×100%

= 0%

企业所得税税收贡献差异率 =（企业所得税税收贡献率 – 同期同行业企业所得税平均税收贡献率）÷ 同期同行业企业所得税平均税收贡献率 ×100%

=（0%−4%）÷4%×100%

= −100%

平台预警系统中纳税人企业所得税税收贡献率低于同期同行业企业所得税平均税收贡献率 20% 以上被确定为异常情况。

延伸解读

分析岳达公司 2020 年度企业所得税年度纳税申报表（A 类）相关数据，发现其 2020 年度所得税贡献率远低于同期同行业平均水平。该公司企业所得税税收贡献率异率较低且偏离幅度较大，可能存在虚列成本、费用，人为调整成本、费用扣除额度，或纳税调整项目申报不实，或通过虚填减免、抵免所得税额减少本期应纳税额等情况，存在少缴企业所得税的风险。

风险点（宏观事项）4　企业所得税税收贡献变动率异常

风险点说明

通过与纳税人往年同期企业所得税税收贡献率的比较，排查贡献率突然降低且偏离平均值较大的纳税人。这些纳税人在本期申报纳税中可能存在虚列成本、费用，人为调整成本、费用扣除额度，或纳税调整项目申报不实，或通过虚填减免、抵免所得税额减少本期应纳税额等情况；也可能存在前期享受企业所得税税收优惠时，不列少列当期应列的成本、费用，近期优惠政策结束，将前期优惠政策享受期间未列支的成本、费用集中列入本期扣除等情况，存在少缴企业所得税的风险。

风险分析

假定基期企业所得税税收贡献率 3%。

企业所得税税收贡献变动率 =（企业所得税税收贡献率 − 基期企业所得税税收贡献率）÷ 基期企业所得税税收贡献率 × 100%

=（0%−3%）÷ 3% × 100%

= −100%

平台预警系统中纳税人企业所得税税收贡献率同比下降幅度超过 20% 确定为异常情况。

延伸解读

分析岳达公司 2020 年度和 2019 年度企业所得税年度纳税申报表（A 类）相关数据，发现其 2020 年度企业所得税税收贡献率远低于 2019 年度。该公司企业所得税税收贡献率突然降低且偏离平均值较大，可能存在虚列成本、费用，人为调整成本、费用扣除额度，或纳税调整项目申报不实，或通过虚填减免、抵免所得税额减少本期应纳税额等情况，存在少缴企业所得税的风险。

风险点(宏观事项)5 财务费用变动率异常

风险点说明

通过与纳税人往年同期财务费用的变动幅度比较，分析财务费用变化是否合理。纳税人财务费用异常增长，可能存在列支与生产经营无关的利息支出，或应资本化而未资本化的利息支出，或支付的利息不符合税前列支限额规定等情况，如税前扣除了超过债资比部分的利息支出，存在虚增财务费用、少缴企业所得税的风险。

风险分析

假定基期财务费用 27,890.65 元。

财务费用变动率 =（本期财务费用 − 基期财务费用）÷ 基期财务费用 ×100%

=（342,819.64−27,890.65）÷27,890.65×100%

= 1,129.16%

平台预警系统中纳税人财务费用同比增加 30% 以上被确定为异常情况。

延伸解读

分析岳达公司 2020 年度和 2019 年度企业所得税年度纳税申报表（A 类）相关数据，发现其在正常的生产经营情况下，当期财务费用异常突增。该公司可能存在税前列支与生产经营无关的利息支出，或应资本化而未资本化的利息支出，或支付的利息不符合税前列支限额规定等情况，存在虚增财务费用、少缴企业所得税的风险。

风险点（宏观事项）6 管理费用变动率异常

风险点说明

通过与纳税人往年同期管理费用的变动幅度比较，分析管理费用变化是否合理。管理费用变动率异常，尤其是大幅度增长时，可能存在纳税人列支与其生产经营无关的支出，或虚构业务、虚增管理费用，或税法规定限额扣除的管理费用未做纳税调整，或核算技术研发费时列入的研发费支出不在规定范围内、加计扣除不合规等情况，存在虚增管理费用、少缴企业所得税的风险。

风险分析

假定基期管理费用 2,399,879.98 元。

管理费用变动率 =（本期管理费用 − 基期管理费用）÷ 基期管理费用 ×100%

=（3,581,282.81−2,399,879.98）÷2,399,879.98×100%

= 49.23%

平台预警系统中纳税人管理费用同比增加 30% 以上被确定为异常情况。

延伸解读

分析岳达公司 2020 年度和 2019 年度企业所得税年度纳税申报表（A 类）相关数据，发现其在正常的生产经营情况下，当期管理费用增长幅度较大。该公司可能存在税前扣除与生产经营无关的管理费用，或通过非法渠道取得发票来虚构业务，虚增管理费用，或未按规定对税法规定限额扣除的管理费用做纳税调整，包括业务招待费、捐赠支出等，或未按规定范围列支技术研发费等风险，存在税前多列支管理费用、少缴企业所得税的风险。

风险点（宏观事项）7 销售费用变动率异常

风险点说明

通过与纳税人往年同期销售费用的变动幅度比较，分析销售费用变化是否合理。销售费用变动率异常，甚至大幅度增长，可能存在纳税人在销售费用中列支与生产经营无关的支出，或虚构业务、虚增销售费用，如销售产品时发生虚构、虚增运输费用，或税法规定限额扣除的销售费用未做纳税调整等情况，存在多抵进项税额、少缴增值税以及虚增销售费用、少缴企业所得税的风险。

风险分析

假定基期销售费用 298,760.67 元。

销售费用变动率 =（本期销售费用 − 基期销售费用）÷ 基期销售费用 ×100%

=（651,431.41−298,760.67）÷298,760.67×100%

= 118.05%

平台预警系统中纳税人销售费用同比增加 30% 以上被确定为异常情况。

延伸解读

分析岳达公司 2020 年度和 2019 年度企业所得税年度纳税申报表（A 类）相关数据，发现其在正常生产经营情况下，当期销售费用异常突增。该公司可能存在列支与生产经营无关的销售费用，或虚构业务虚增销售费用，如虚列运输费用，虚列销售佣金、手续费等，或规定限额扣除的销售费用未做纳税调整，如广宣费等，存在少缴增值税、企业所得税的风险。

风险点（宏观事项）8 营业利润差异率异常

风险点说明

通过与同期同行业平均营业利润率的横向比较，分析纳税人是否存在少计营业收入情况，或存在未按规定结转成本、虚列期间费用，蓄意调节营业利润等情况，存在少计收入，多计成本费用，不准确核算当期营业利润、少缴企业所得税的风险。

风险分析

假定同行业平均营业利润率 12.89%。

营业利润率 = 企业所得税申报的营业利润 ÷ 营业收入 ×100%

= −8,882,197.10 ÷ 17,372,417.42 × 100%

= −51.13%

营业利润率差异率 =（营业利润率 − 同期同行业平均营业利润率）÷ 同期同行业平均营业利润率 ×100%

=（−51.13%−12.89%）÷ 12.89% × 100%

= −496.66%

平台预警系统中纳税人营业利润率低于同期同行业平均营业利润率 30% 被确定为异常情况。

延伸解读

分析岳达公司 2020 年度利润表相关数据，发现其 2020 年度营业利润率远低于同期同行业平均水平。该公司可能存在营业收入核算不准确，或营业成本、费用核算不实，或故意虚增成本、费用等情况，存在少缴增值税、企业所得税的风险。

风险点（宏观事项）9 毛利率差异率异常

风险点说明

通过与同期同行业平均毛利率的横向比较，分析行业纳税人正常生产经营中的盈利能力，如果纳税人毛利率低于同期同行业的平均水平，可能存在隐瞒营业收入或虚增营业成本等情况，存在未准确核算当期收入、成本少缴增值税、企业所得税的风险。

风险分析

假定同行业平均毛利率 18.79%。

毛利率 =（营业收入 – 营业成本）÷ 营业收入 ×100%

=（17,372,417.42–18,068,028.41）÷17,372,417.42×100%

= –4%

毛利率差异率 =（毛利率 – 同期同行业平均毛利率）÷ 同期同行业平均毛利率 ×100%

=（–4%–18.79%）÷18.79%×100%

= –121.29%

平台预警系统中纳税人毛利率低于同期同行业平均毛利率 30% 被确定为异常情况。

延伸解读

分析岳达公司 2020 年度利润表相关数据，发现其 2020 年度毛利率远低于同期同行业平均水平。该公司毛利率与同期同行业平均毛利率相比明显偏低，且自身毛利率为负，显示出正常的生产经营状态下成本大于收入，可能存在少计营业收入、多计成本等情况，存在少缴增值税、企业所得税的风险。

风险点(宏观事项)10 毛利率变动率异常

风险点说明

通过与纳税人往期毛利率的变化幅度比较，分析营业收入或营业成本增减变化情况，结合收入变化情况和成本变化情况分析毛利率异常变动的原因，毛利率的突增或突减都属异常情况。如果毛利率出现突减的情况，可能存在隐瞒营业收入或虚增营业成本等情况，存在未准确核算当期收入、成本，少缴增值税、企业所得税的风险。

风险分析

假定基期毛利率为 1.5%。

毛利率变动率 =（本期毛利率 − 基期毛利率）÷ 基期毛利率 ×100%

=（−4%−1.5%）÷1.5%×100%

= −366.67%

平台预警系统中纳税人毛利率同比下降幅度超过 30% 被确定为异常情况。

延伸解读

分析岳达公司 2020 年度和 2019 年度企业所得税年度纳税申报表（A 类）相关数据，发现其 2020 年度毛利率极低而且远低于 2019 年度毛利率。该公司毛利率与上年相比大幅下降，显示出正常的生产经营状态下企业营利能力异常变化，可能存在少计营业收入、多计成本等情况，存在少缴增值税、企业所得税的风险。

风险点(宏观事项)11　净资产收益率变动率和差异率异常

风险点说明

净资产收益率，是净利润与平均股东权益的百分比，是公司税后利润除以净资产得到的百分比，反映了股东权益的收益水平，一般用来衡量纳税人运用自有资本的效率。净资产收益率越高，说明投资带来的收益越高，体现了自有资本获得净收益的能力。净资产收益率过低，纳税人可能存在销售收入不入账、虚列成本、费用等情况，存在少缴增值税、企业所得税的风险。

风险分析

假定基期净资产收益率9.8%，同期同行业平均净资产收益率8.7%。

① 净资产收益率＝净利润 ÷［（所有者权益年初数＋所有者权益年末数）÷2］×100%

＝−9,113,579.93÷［（52,905,765.61+50,488,917.88）÷2］×100%

＝−17.63%

② 净资产收益率变动率＝（本期净资产收益率－基期净资产收益率）÷ 基期净资产收益率 ×100%

＝（−17.63%−9.8%）÷9.8%×100%

＝−279.9%

③ 净资产收益率差异率＝（净资产收益率－同期同行业平均净资产收益率）÷ 同期同行业平均净资产收益率 ×100%

＝（−17.63%−8.7%）÷8.7%×100%

＝−302.64%

平台预警系统中纳税人净资产收益率同比下降幅度超过30%，或低于同期同行业平均净资产收益率30%被确定为异常情况。

延伸解读

分析岳达公司2020年度和2019年度资产负债表和利润表相关数据，发现其2020年度净资产收益率远低于2019年度，也远低于同期同行业平均水平。该公司当期净资产收益率极低，与往期相比降幅很大，表明在正常的生产经营状态下，企业营利能力不足，且在近期出现收益异常下降，可能存在销售收入不入账、虚列成本、费用等情况，存在少缴增值税、企业所得税的风险。

风险点（宏观事项）12 存货周转率异常

风险点说明

存货周转率是衡量和评价纳税人购入存货、投入生产、销售回款等各环节管理状况的指标，也叫存货周转次数。存货周转率有基于收入基础的也有基于成本基础的。基于成本基础的存货周转率，即一定时期内商品销售成本与存货平均余额之间的比率，反映存货的流动性，主要用于流动性分析。基于收入基础的存货周转率，即一定时期内商品销售收入与存货平均余额间的比率，主要用于获利能力分析。正常状态下存货周转率越高，存货占用水平越低，存货转换为现金或应收账款的速度越快，纳税人存货的变现能力越强。在税收风险分析中，不论存货周转率偏高或偏低都会存在涉税风险。存货周转率偏低，可能存在销售收入不入账同时不结转销售成本，也可能存在存货账实不符、纳税人虚构进货业务虚抵增值税进项税额、虚列成本、费用等情况，存在少缴增值税、企业所得税的风险。存货周转率偏高，纳税人存货少，可能存在虚开增值税专用发票的风险。

风险分析

假定当期同行业基于收入基础平均存货周转率为3.5，基于成本基础的平均存货周转率均为3。

存货周转率 = 商品销售收入 ÷［（期初存货余额 + 期末存货余额）÷2］×100%

= 16,323,909.56÷［（29,707,523.08+21,213,285.51）÷2］×100%

= 0.64

存货周转率 = 商品销售成本 ÷［（期初存货余额 + 期末存货余额）÷2］×100%

= 16,945,231.96÷［（29,707,523.08+21,213,285.51）÷2］×100%

= 0.67

平台预警系统中纳税人存货周转率小于3或大于10均被确定为异常情况。

延伸解读

分析岳达公司2020年度资产负债表、利润表和企业所得税年度纳税申报表相关数据，发现其2020年度存货周转率远低于同行业平均水平。该公司当期无论是基于成本基础计算的存货周转率还是基于收入基础计算的存货周转率，都远低于行业平均水平，可能存在销售收入不入账，同时不结转相关成本等情况，存在少缴增值税、企业所得税的风险。

风险点（宏观事项）13 存货占销售收入比率异常

风险点说明

纳税人生产经营活动中应有一定的存货储备，用以维系日常消耗，通常存货量不应过高，否则会占用大量资金并增大存货跌价的损失风险。如果纳税人申报及账载的存货量过大，存货与销售收入相比的比率过高，可能存在商品、产品已经销售不申报纳税，以及虚构进货业务取得虚开发票，虚抵增值税进项税额、虚列成本、费用等情况，存在少缴增值税、企业所得税的风险。

风险分析

2020 年 12 月 31 日资产负债表显示期末存货余额 21,213,285.51 元，企业所得税年度纳税申报表显示商品销售收入 16,323,909.56 元。

$$
\begin{aligned}
\text{存货占收入比率} &= \text{期末存货余额} \div \text{商品销售收入} \times 100\% \\
&= 21{,}213{,}285.51 \div 16{,}323{,}909.56 \times 100\% \\
&= 129.95\%
\end{aligned}
$$

平台预警系统中纳税人期末存货余额占商品销售收入比率大于 50% 被确定为异常情况。

延伸解读

分析岳达公司 2020 年度和 2019 年度企业资产负债表和企业所得税年度纳税申报表相关数据，发现其在正常生产经营情况下，当期期末存货余额极大，且占当年商品销售收入比率偏高。该公司期末存货占收入比率过大，可能存在销售收入不申报纳税，虚构进货业务虚抵增值税进项税额，虚列成本、费用，存货账实不符等情况，存在少缴增值税、企业所得税的风险。

风险点（宏观事项）14　应收账款净增加额占营业收入比率异常

风险点说明

应收账款是伴随纳税人销售行为形成的债权，与营业收入的确认密切相关。通常纳税人账面应收账款余额占营业收入的比率不应过大，否则可能会因无法收回货款严重影响生产经营。分析近些年虚开增值税专用发票案件，发现申报的应收账款余额都比较大，尤其是涉嫌暴力虚开的案件，主要原因是缺少真实的资金流转，所以将虚构的收入通过往来账核算。应收账款净增加额占营业收入比重过大，需关注其经营行为的真实性，也可能存在发出商品未计收入的风险。

风险分析

2020年12月31日资产负债表显示期末应收账款余额11,195,792元，期初应收账款余额3,477,892元，利润表反映的营业收入17,372,417.42元。

本期应收账款净增加额＝期末应收账款余额－期初应收账款余额

＝11,195,792−3,477,892

=7,717,900

应收账款占营业收入比率＝本期应收账款净增加额÷本期营业收入×100%

＝7,717,900÷17,372,417.42×100%

＝44.43%

平台预警系统中纳税人当期应收账款净增加额占营业收入比率大于40%被确定为异常情况。

延伸解读

分析岳达公司申报的2020年度企业资产负债表应收项目、利润表营业收入项目，发现其2020年度应收账款占营业收入比率异常偏高。该公司应重点关注其经营是否真实，也可能存在发出产品未计收入，虚构业务取得虚开的增值税专用发票，但无法支付相关款项等情况，存在少缴增值税、企业所得税的风险。

第二篇

避重就轻，小“麻雀”的应对

第一章 避重就轻的自查

王玉玲是岳达公司的会计，从事会计工作有10多年了，由于公司人员有限，她日常还负责办税工作，以前她处理过类似的风险提示信息，所以心里也不感觉意外。没等老马他们到公司去，接到电话第二天的一大早她就到老马的办公室了。寒暄几句后，老马和一名同事把相关材料交给了王玉玲，包括《纳税人涉税风险提示函》和《税收风险提示清单》。看到清单中的内容，王玉玲立马感觉到了一丝凉意。自家上年的报表中有太多不合规的情况，她心里十分清楚。作为公司的会计，对于公司近年来经营情况不佳、内部管理松散、信息沟通不畅的情况，她怎么会不知道。去年年末做出这么一份纳税申报表及财务报表，自己也是不得已而为之。原以为时间过去快半年了，税务机关不会再关注了，没想到现在又被端出来了。而且这份《税收风险提示清单》覆盖内容很广，各个风险点之间又存在钩稽关系，任何一项都不太好解释，即便是拆东墙补西墙也很难自圆其说。她努力笑着与老马聊天，想套套话看看有没有什么简单的方法能把这次自查应付过去，老马虽然很热心但是很谨慎，对王玉玲的套话也是讳莫如深，这让她心里越发没底。

回到办公室，王玉玲把收到的《纳税人涉税风险提示函》和《税收风险提示清单》摆在桌上，再次仔细查看清单上列出的问题，她陷入了沉思。近年来，受主要竞争对手推广新产品的影响，岳达公司在产品更新迭代、维护客户等问题上受到很大挑战，导致管理层过多地关注销售业绩，“业绩绩效”凌驾于企业管理制度之上，存在企业内部控制形同虚设、自下而上信息沟通渠道不畅、财务部门无法有效发挥监督作用、部分授权审批程序名存实亡等问题。王玉玲对提示清单进行梳理后，向管理层进行了详细汇报。

公司总经理王岳达要求财务部门全力配合好这次工作，如果需要其他部门参与，其他部门要给予支持。他从王玉玲的汇报中隐隐感觉到，自己对企业财务情况的了解还是太少了，仅仅通过出纳员把钱管住是不够的，底下如果真有肆意妄为者，捅出娄子来不但企业受经济损失，自己恐怕也得跟着背锅，想了半天也没理出个头绪，觉得有点头大。为了表示对王玉玲的支持，他当场表态如果哪个部门不支持工作，他就扣这个部门的奖金。

王玉玲与出纳员刘信关系比较微妙。刘信手里也有一本账，记录着公司资金的进与出，刘信的主要工作是每周向公司股东们汇报资金的使用情况，她只需要把每一笔钱说清楚，其他的概不关心，而且这些情况也没有让王玉玲知道。王玉玲负责的账是“对外”的，除了记录日常发生的业务外，还要尽力做到在各部门的检查中不出问题。所以怎么记账，什么时候记，这都是王玉玲需要考虑的，她不仅要与生产、销售、保管进行沟通和平衡，还要与刘信进行沟通和平衡，甚至有时候刘信仅仅是说出个“结果”，而“过程”需要王玉玲负责，个中滋味只有她自己知道。

转眼 10 多天过去了，王玉玲大概拢出个自查情况。她的想法是把这个情况完完整整地向王岳达做汇报，让他清楚地知道公司的问题以及自己的困难。王岳达一听王玉玲的汇报材料里罗列了需要解决的问题，还没看材料就觉得后背直冒汗，隐隐地感觉到自己恐怕是遇到了大麻烦，可是他最近忙于全力开拓新市场，暂时没时间听这些东西，更不愿意去讨论是谁的责任，所以并没有仔细听王玉玲的汇报。他最后确定的解决方案是由王玉玲整理汇报材料，抽时间他亲自去找税务部门沟通沟通，另外王玉玲再和税收管理员联系下，如果交点税可以过关，王玉玲就可以自行处理了。至于企业存在重大涉税风险的问题，等过一阵子再认认真真地梳理一遍。

王玉玲的目的显然没有达到，在王岳达的心里她依然没有刘信重要，也没有负责销售和生产的大哥大们重要。王岳达需要她做的就是利用财务专长，从一百多个事项中，挑拣出有点税款的事儿，而且她还要考虑公司各个部门各路神仙的面子，给谁摊多了都不舒服。经过两周的自查，岳达公司的税收风险自查工作草草收尾。

王玉玲向奉贤区税务局提交了《纳税人自查情况表》，表中列示了 41 个问题，共涉及多抵扣进项税额 13,769.2 元，少申报销项税额 351,507.23 元，调增企业所得税应纳所得额 302,743.18 元，个人所得税 6,137.99 元，社会保险费 8,000 元。老马收到报告后详细地看了一遍，感觉岳达公司并没有认真地进行自查，反馈的情况也没有什么关键的涉税事项，但他并未向王玉玲表达自己的想法，随即将《纳税人自查情况表》递给了他的股长。

纳税人自查情况表

市风险局利用纳税申报表及财务报表中的数据，从同比和环比的宏观比较入手，对岳达公司的纳税情况进行了分析，指出该公司存在 14 个方面的税收风险。岳达公司围绕这些风险开展自查，发现了 23 个涉税事项、共计 41 个涉税问题并填写了如下表格。

自查情况	税种	自查结果	计算过程	页码
未取得税前扣除凭证（15）	企业所得税	不得参与广宣费税前扣除调整 修改企业所得税年度纳税申报表	调增应纳税所得额 =5,000（元）	39
涉及保险公司赔款的农产品损失进项税额转出（16）	增值税	应按未扣除保险公司赔款的资产损失计税基础计算转出农产品的进项税额 修改企业所得税年度纳税申报表（原因：增值税进项税额转出金额修改）	进项税额转出金额 = 进项税额转出金额 =30,000 ÷（1−13%）× 13%−986.21 =3,496.55（元） 调减应纳税所得额 =3,496.55（元）	41
销售应抵扣未抵扣的进项税自己使用过的车辆（17）	增值税	补计增值税销售额、补提销项税额 删除简易计税办法的应纳税额 删除应纳税额减征额 修改增值税一般纳税人申报表 修改企业所得税年度纳税申报表（原因：增值税减征额修改）	增值税销售额 =41,200 ÷（1+13%）=36,460.18（元） 销项税额 =36,460.18 × 13%=4,739.82（元）	43

续表

自查情况	税种	自查结果	计算过程	页码
未按企业会计准则规定确认资产处置利得，虚增广宣费、业务招待费税前扣除计算限额基数（18）	企业所得税	调整减广宣费、招待费计算基数 修改企业所得税年度纳税申报表	调减应纳税所得额 = 销项税额 - 简易计税原已确认应纳税额 =4,739.82-（1,200（简易计税）-400（其他收益））=3,939.82（元） 调减广宣费及业务招待费营业收入计算基数 35,404（元）	45
税前列支培训费，未取得税前扣除凭证（19）	企业所得税	应调增应纳税所得额 不参与职工教育经费限额扣除 修改企业所得税年度纳税申报表	调增应纳税所得额 =3,230（元）	47
以旧换新（20）	增值税	换出商品应确认增值税销售 修改增值税一般纳税人申报表	增值税销售额 =10,000 米 × 单价 20 元 / 米 =200,000（元） 销项税额 =200,000 × 13%=26,000（元）	49
以旧换新（21）	企业所得税	以货易货是资产所有权属的改变 换出商品应确认企业所得税收入 应调增应纳税所得额 修改企业所得税年度纳税申报表	视同销售收入 =10,000 米 × 单价 20 元 / 米 =200,000（元） 视同销售成本 =10,000 米 × 成本 17.3 元 / 米 =173,000（元） 调增换入商品的计税基础 =200,000-173,000+26,000=53,000（元）	50
销售已抵扣进项税的自己使用过的设备错用简易计税（22）	增值税	补计增值税销售额、补提销项税额 删除简易计税办法的应纳税额 删除应纳税额减征额 修改增值税一般纳税人申报表 修改企业所得税年度纳税申报表（原因：增值税减征额修改）	增值税销售额 =95,000 ÷（1+13%）=84,070.8 销项税额 =84,070.8 × 13%=10,929.2（元） 调减应纳税所得额 = 按 3% 征收率计算的收入 - 按 13% 税率计算的收入 + 按 3% 征收率减按 2% 征收时减免的增值税 =95,000 ÷（1+3%）-95,000 ÷（1+13%）+95,000 ÷（1+3%）× 1%=92,233.01-84,070.8+922.33 =9,084.54（元）	53
收到代销货款，未确认增值税收入（23）	增值税	补计增值税销售额、 修改增值税一般纳税人申报表	增值税销售额 =67,800 ÷（1+13%）=60,000（元） 销项税额 = 60,000 × 13%=7,800（元）	55
收到代销货款，未确认委托代销收入（24）	企业所得税	调增应纳税所得额 修改企业所得税年度纳税申报表	调增应纳税所得额（收入）=60,000（元） 调减应纳税所得额（成本）=3,000 米 × 成本 17.3 元 / 米 =51,900（元）	56
出租不能移动的设备，错按 5% 计算销项税额（25）	增值税	补计增值税销售额、补提销项税额 删除简易计税办法的应纳税额 修改增值税一般纳税人申报表 修改企业所得税年度纳税申报表	增值税销售额 =793,800 ÷（1+13%）=702,477.88 销项税额 =702,477.88 × 13%=91,322.12（元） 调减应纳税所得额 = 按 5% 税率计算的收入 - 按 13% 税率计算的收入 =793,800 ÷（1+5%）-793,800 ÷（1+13%）=53,522.12（元）	57
董事长（股东）王岳达的个人消费性支出抵扣进项税（26）	增值税	进项税额转出 修改增值税一般纳税人申报表 调减应纳税所得额 修改企业所得税纳税申报表（原因：增值税进项税额转出的修改）	进项税额转出金额 =3,510（元） 调减应纳税所得额 =3,510（元）	59
税前列支董事长（股东）王岳达的个人消费性支出（27）	企业所得税	调增应纳税所得额 修改企业所得税年度纳税申报表	调增应纳税所得额 =27,000+3,510=30,510（元）	60
税前列支董事长（股东）王岳达的个人消费性支出（28）	个人所得税	代扣代缴自然人利息、股息、红利所得个人所得税	代扣代缴个人所得税 =30,510 × 20%=6,102（元）	61

续表

自查情况	税种	自查结果	计算过程	页码
收取增值税价外费用（装卸费）未确认增值税销售额（29）	增值税	补计增值税销售额、补提销项税额	增值税销售额 =1,722.6÷（1+13%）=1,524.42（元） 销项税额 =1,524.42×13%=198.18（元）	62
收取增值税价外费用（装卸费）未确认企业所得税收入（30）	企业所得税	调增应纳税所得额	调增应纳税所得额（收入）=1,524.42（元）	63
未按公允价格将自有轿车抵债（31）	增值税	补计增值税销售额、补提销项税额	增值税销售额 =100,000（元） 销项税额 =100,000×13%=13,000（元） 补提销项税额 =13,000– 原已计提 7,085.31 =5,914.69（元）	65
未按公允价格将自有轿车抵债处置损益，未确认债务重组损益（32）	企业所得税	确认抵债资产企业所得税视同销售收入与成本 确认抵债资产处置收益 确认债务重组损失实际发生额 调增债务重组损失	视同销售企业所得税收入 =100,000（元） 视同销售企业所得税成本 =54,502.4（元） 抵债资产处置应确认收益 =100,000–54,502.4=45,497.6（元） 调增应纳税所得额（抵债资产收益）=（45,497.6–已确认处置收益 8,412.29）=37,085.31（元） 调减债务重组损失发生额 =100,000×（1+13%）– 债务计税基础 70,000=43,000（元） 调增应纳税所得额（债务重组损失）=43,000（元）。因债务重组损失未取得符合税法规定备查资料，不得税前扣除。	66
抵扣非本单位车辆维修费及油费进项税（33）	增值税	进项税额转出	进项税额转出金额 =6,760（元） 调减应纳税所得额 =6,760（元）	68
税前列支非本单位车辆维修费及油费（34）	企业所得税	调增应纳税所得额	调增应纳税所得额 =2,000+50,000+6,760=58,760（元）	69
非货币性资产交换未确认增值销售（35）	增值税	补计增值税销售额、补提销项税额	增值税销售额 =139.92 米 ×20 元 / 米 =2,798.4（元） 增值税销项税额 =2,798.4×13%=363.79（元）	71
非货币性资产交换未确认企业所得税收入（36）	企业所得税	确认非货币性资产交换企业所得税视同销售收入与成本 调增换入资产计税基础 调增非货币性资产交换损失	视同销售企业所得税收入 =2,798.4（元） 视同企业所得税成本 =139.92 米 × 成本 17.3 元 / 米 =2,420.62（元） 调增换入资产计税基础 = 销项税额 + 视同销售毛利 + 原确认损失 =363.79+（2,798.4–2,420.62）+47.62=789.19（元） 调增应纳税所得额（原确认损失）=47.62（元）	72
税前列支研发人员工资，企业所得税汇算清缴前未实际支付（37）	企业所得税	调增应纳税所得额	调增应纳税所得额 50,000（元）	74
税前列支研发人员工资，未计缴养老保险统筹（38）	社会保险费	补缴养老保险统筹	补缴养老保险统筹 =50,000×16%=8,000（元）	75
税前列支研发人员工资，企业所得税汇算清缴前未实际支付（39）	企业所得税	调增应纳税所得额	调增应纳税所得额（加计扣除）=50,000×75%=37,500（元）	76
将自产产品用于奖励职工，未计算增值税收入（40）	增值税	补计增值税销售额、补提销项税额	增值税销售额 =325×2×（1+10%）=715（元） 销项税额 =715×13%=92.95（元）	78
将自产产品用于奖励销售人员，未计企业所得税收入（41）	企业所得税	确认企业所得税视同销售收入与成本 调减应纳税所得额（销售费用增加）	视同销售企业所得税收入 =715（元） 视同企业所得税成本 =325×2=650（元） 调减应纳税所得额 =715–650+92.95=157.95（元）	79

续表

自查情况	税种	自查结果	计算过程	页码
将自产产品用于奖励职工，未计入个人所得税收入（42）	个人所得税	并入退休员工当期的工资收入，按“工资、薪金所得”项目计征个人所得税	807.95 元并入员工当期收入，计算当期个人所得税	80
将自产产品用于捐赠，未计算增值税收入（43）	增值税	补计增值税销售额、补提销项税额	增值税销售额 =500×20+100×200=30,000（元） 销项税额 =30,000×13%=3,900（元）	81
将自产产品用于捐赠，未确认企业所得税收入（44）	企业所得税	确认企业所得税视同销售收入与成本 调减应纳税所得额（捐赠实际发生额） 调增应纳税所得额（直接捐赠全部发生额）	视同销售企业所得税收入 =30,000（元） 视同企业所得税成本 =125×20+55×200 =13,500（元） 补调减应纳税所得额（补记捐赠实际发生生额）=30,000−13,500+3,900=20,400（元） 调增应纳税所得额（直接捐赠全部发生额）=20,400+13,500=33,900（元）	82
将自产产品用于宣传费支出，未确认增值税销售（45）	增值税	补计增值税销售额、补提销项税额	增值税销售额 =325×（1+10%）=357.5（元） 销项税额 =357.5×13%=46.48（元）	85
将自产产品用于宣传费支出，未确认企业所得税收入（46）	企业所得税	确认企业所得税视同销售收入与成本 调减应纳税所得额（广宣费实际发生额）	视同销售企业所得税收入 =357.5（元） 视同企业所得税成本 =325（元） 补调减应纳税所得额（补记广宣费实际发生额）=357.5−325+46.48=79.98（元）	85
将自产产品用于宣传费支出，赠送个人，未代扣代缴个人所得税收入（47）	个人所得税	代扣代缴“偶然”所得个人所得税（不含税换算）	补代扣代缴个人所得税额 =（357.5+46.48）/（1−20%）×20%−65=100.99−65=35.99（元）	87
食堂领用已抵扣进项税的原材料，未进项税转出（48）	增值税	进项税额转出额 补计职工福利费实际发生额	进项税额转出金额 =2.6×6×17%=2.65（元） 补增职工福利费实际发生额 =2.65（元）	89
自产产品用于投资，未确认增值税收入（49）	增值税	补计增值税销售额、补提销项税额	增值税销售额 =25,000 米 ×20 元 / 米 =500,000（元） 销项税额 =500,000×13%=65,000（元）	90
自产产品用于投资，未确认企业所得税收入（50）	企业所得税	确认企业所得税视同销售收入与成本 调增长期股权投资的计税基础	视同销售企业所得税收入 =500,000（元） 视同企业所得税成本 =25,000×17.331 元 / 米 =433,275（元） 调增长期股权投资的计税基础 =500,000−433,275+65,000=131,725（元）	91
以购入柴油抵债，未确认增值税收入（51）	增值税	补计增值税销售额、补提销项税额	增值税销售额 =40,000（元） 销项税额 =40,000×13%=5,200（元）	93
以购入柴油抵债，未确认企业所得税收入（52）	企业所得税	确认企业所得税视同销售收入与成本 调增在建工种的计税基础	视同销售企业所得税收入 =40,000（元） 视同企业所得税成本 =40,000（元） 调增在建工程的计税基础 =5,200（元）	94
研发费中列支展会费并加计扣除（53）	企业所得税	调增应纳税所得	调增应纳税所得额 =9,433.96×75%=7,075.47（元）	96
研发产品对外销售，对应使用的材料费不得加计扣除（54）	企业所得税	调增应纳税所得额	调增应纳税所得额 = 所用材料成本 40,000×75%=30,000（元） （见 12 月 68# 领用材料凭证）	98
将库存商品带锯条调拨给异地分公司，减少报表金额未进行账务处理（55）	增值税	补计增值税销售额、补提增值应纳税额	增值税销售额 =1,000,000（元） 销项税额 =1,000,000×13%=130,000（元）	100

第二章　这只“麻雀”不寻常

第 2 工作组在接到奉贤区税务局上报的岳达公司等纳税人提交的《纳税人自查情况表》后，立即召开会议开始进行评价分析。组长张新仔细审阅了岳达公司的《纳税人自查情况表》，第一感觉是表中列示的税收问题数量不少，税款的总金额看似很多，但是仔细分析并非实质性问题。这个自查结果对于各项税收风险管理指标的计分而言，影响甚微，因为经纳税人自查后影响指标值的数据变化幅度十分有限，不足以从根本上改变计分结果，所以累计的积分不会有太大的变化，从积分上看岳达公司仍然是高风险纳税人，这个自查结果明显就是在投石问路。他没有在讨论前明说自己的想法，而是组织大家就岳达公司《纳税人自查情况表》自由发表意见。王梓跃认为纳税人自查发现 20 多个涉税事项、40 多个涉税问题，成果比较好了，感觉纳税人已经很认真了。夏添和赵山岳也认为这户纳税人体量不大，自查出的问题已经不少了，可以暂时放一放了。大家的分析结论促使张新萌生了一个想法：组员们的成长需要从理论到实践的打磨和淬炼，过几天应该带他们实地解剖下这只“麻雀”，用事实说话，让他们看看“麻雀”的背后到底有什么不寻常。张新不露声色地结束了会议。

集中工作快 20 天了，下发纳税人自查的情况反馈基本都回来了，两个组都在商量着下一步的工作安排。张新开始着手实施前些天的想法，他告诉大家经请示市风险局同意，准备选几户自查效果不好的纳税人同主管税务分局一起组成专家团队，共同开展风险应对，大家都表示很赞同。张新第一个选中的就是岳达公司，王梓跃有点失望，认为这户纳税人体量太小，不如下发税源管理部门应对算了。夏添和赵山岳也不太理解，毕竟对每一户纳税人开展纳税评估工作都是耗时费力的差事，放着那几户的重点税源户不处理，盯着这么个“小不点”，有点牛刀杀鸡的味道。张新耐心地解释说，别看这户体量小，但是我感觉问题可不少，而且很具有代表性，从反馈的《纳税人自查情况表》看，财务人员工作经验丰富且能力较强，很会避重就轻，有可能隐藏了很多涉税问题没有报告，凭我多年的工作经验判断，或许这次很可能会发现一条“大鱼”。

为了达成共识，组长张新组织大家围绕岳达公司自查出来的 41 个问题开展研究分析。经过一番剥茧抽丝，夏添、赵山岳和王梓跃逐渐理解了张新的思路，这个“麻雀”虽然体量不大，但确实不寻常。经过慎重考虑，第 2 组决定对岳达公司开展纳税评估。

夏添把这次风险分析会的内容做了记录和整理，这是她一直以来的工作习惯。每次业务竞赛后，大家看到她的学习笔记都惊为天人，字迹清秀工整、逻辑清晰简明，厚厚的一沓仿佛是教科书。在她的笔记里，记录了纳税人自查的风险事项信息和相关税收政策，尤其是大家在研究讨论中提出的风险分析思路，让她受益良多。纳税人自查阶段工作暂时结束了，对岳达公司自查的 23 个涉税事项、41 个涉税问题及相应的处理情况，一并解读如下。

自查风险解读

具体事项 15
未取得广宣费税前扣除凭证

10 月第 12 笔凭证：2020 年 10 月用库存现金支付广告宣传设计费 5,000 元，未取得税前扣除凭证。

☆原会计分录		☆正确会计分录
借：销售费用－广告和业务宣传费	5,000.00	原会计分录不变
贷：库存现金	5,000.00	

☆调整会计分录

调表不调账

风险点 15 未取得合法有效税前扣除凭证（广宣费白条进账）风险

风险点说明

企业发生支出，应取得合法有效的税前扣除凭证，作为计算企业所得税应纳税所得额时扣除相关支出的依据。在处理相关业务的过程中，如果企业存在当期的支出未取得发票等合法有效凭证而在成本、费用中核算等情况，如广告宣传费、业务招待费等项目未取得真实合法有效的凭证而税前扣除，且未作纳税调整或只做限额调整，则存在不缴或少缴企业所得税的风险。

计算过程

本风险点中调增的应纳税所得额为：因未取得合法有效广告宣传设计费税前扣除凭证而调增的费用金额。

调增应纳税所得额 = 5,000（元）

税收政策

《企业所得税税前扣除凭证管理办法》（汇编 p627）（国家税务总局公告 2018 年第 28 号）第五条规定，企业发生支出，应取得税前扣除凭证，作为计算企业所得税应纳税所得额时扣除相关支出的依据。第十三条规定，企业应当取得而未取得发票、其他外部凭证或者取得不合规发票、不合规其他外部凭证的，若支出真实且已实际发生，应当在当年度汇算清缴期结束前，要求对方补开、换开发票、其他外部凭证。补开、换开后的发票、其他外部凭证符合规定的，可以作为税前扣除凭证。第十六条规定，企业在规定的期限未能补开、换开符合规定的发票、其他外部凭证，并且未能按照本办法第十四条的规定提供相关资料证实其支出真实性的，相应支出不得在发生年度税前扣除。

《中华人民共和国企业所得税法实施条例》（汇编 p595）第四十四条规定，企业发生的符合条件的广告费和业务宣传费支出，除国务院财政、税务主管部门另有规定外，不超过当年销售（营业）收入 15% 的部分，准予扣除；超过部分，准予在以后纳税年度结转扣除。

延伸解读

通过《企业所得税年度纳税申报表》A105060《广告费和业务宣传费跨年度纳税调整明细表》分析广宣费数据。如果广宣费支出金额较大，可利用增值税发票电子底账系统（以下简称电子底账系统，后文不再赘述全称）比对发票金额和广宣费列示费用金额是否匹配。若列示金额相符，但取得发票的开具时间是年末，可能是提前列支了与本年所属期收入无关的广宣费，通过查看合同分析该费用是否与本年收入相关，无关则不应在本年税前扣除。若电子底账系统列示发票金额比 A105060 列示广宣费支出金额少，可要求企业解释多列支的广宣费形成原因，是否是集团分摊、或其他原因未取得发票、或次年汇算结束前取得发票等情况。经核实，该企业未取得合法有效的税前扣除凭证，且在规定的期限未能补开、换开符合规定的发票或其他凭证，其费用不允许税前扣除。此外，该企业列支的广宣费收据金额 5,000 元，应填列在附表 A105060 第二行次“减：不允许扣除的广告费和业务宣传费支出”，虽然企业列支的金额并没有超税前扣除限额，但按规定也不得在税前扣除，应调增应纳税所得额，即该支出不再计入广宣费跨年度纳税调整时填列的附表 A105060“本年符合条件的支出”栏次，不参与广宣费的限额调整。

在实践中，企业发生广宣费、业务招待费、职工教育经费、职工福利费、工会经费、捐赠支出等限额项目支出，其纳税调增额可能包括两部分，一是未取得税前扣除凭证的部分全额调增；二是取得税前扣除凭证的部分，根据计算对超限额部分调增。

具体事项 16
非正常损失以扣除保险赔款后的金额计算转出进项税额

10月第14笔凭证：2020年10月因库存管理不善丢失椴木材，损失金额为期初账载30,000元，数量为30立方。保险公司已确认赔偿23,400元，赔偿款暂未到账，实际损失金额6,600元由企业自行承担。购入时按农产品13%计算抵扣进项税额。

☆原会计分录

借：其他应收款－保险公司	23,400.00
营业外支出－非常损失	7,586.21
贷：原材料－木材类_椴木材	30,000.00
应交税费－应交增值税－进项税额转出	986.21

☆正确会计分录

借：其他应收款－保险公司	23,400.00
营业外支出－非常损失	11,082.76
贷：原材料－木材类_椴木材	30,000.00
应交税费－应交增值税－进项税额转出	4,482.76

☆调整会计分录

借：以前年度损益调整－营业外支出	3,496.55
贷：应交税费－增值税检查调整－进项税额转出	3,496.55

风险点16 错误计算存货非正常损失实际成本未按规定转出进项税额（一般存货的非正常损失）风险

风险点说明

纳税人由于管理不善等原因造成购进货物、在产品、产成品非正常损失，应按损失货物、在产品、产成品及其应税劳务对应的进项税额全额做进项税转出处理，在有保险公司或其他赔偿的情况下，也不能按赔偿后的差额做进项税额转出。在处理相关业务的过程中，如果纳税人当期存在非正常损失，同期增值税申报中没有与之损失金额相匹配的转出进项税额，或当期无转出进项税额等情况，则存在不缴或少缴增值税的风险。

计算过程

本风险点中应按规定转出的进项税额为：按损失全额确认的进项税额转出金额，减纳税人自行计算时已经转出的进项税额。调减的应纳税所得额为：因进项税额转出增加的存货损失成本。

补进项税额转出金额 = 30,000 ÷（1−13%）× 13% − 986.21 = 4,482.76 − 986.21 = 3,496.55（元）

调减应纳税所得额 = 3,496.55（元）

税收政策

《中华人民共和国增值税暂行条例（2017 修订版）》（汇编 p434）第十条第二款规定，下列项目的进项税额不得从销项税额中抵扣：（二）非正常损失的购进货物，以及相关的劳务和交通运输服务。

《中华人民共和国增值税暂行条例实施细则（2011 修订版）》（汇编 p439）（财政部　国家税务总局令 2011 年第 65 号）第二十四条规定，条例第十条第（二）项所称非正常损失，是指因管理不善造成被盗、丢失、霉烂变质的损失。第二十七条规定，已抵扣进项税额的购进货物或者应税劳务，发生条例第十条规定的情形的（免税项目、非增值税应税劳务除外），应当将该项购进货物或者应税劳务的进项税额从当期的进项税额中扣减；无法确定该项进项税额的，按当期实际成本计算应扣减的进项税额。

延伸解读

企业所属期 10 月《增值税纳税申报表附列资料（二）》中“非正常损失”转出的进项税额申报 986.21 元，同时《企业所得税年度纳税申报表》A105090《资产损失税前扣除及纳税调整明细表》存货损失的金额 7,586.21 元。经测算 986.21 ÷ 7,586.21=13%，推测该业务涉及 13% 税率的项目，由于农产品进项税转出的计算方法特殊，应询问企业非正常损失的具体处理情况。经核实，该企业列支的损失金额为 30,000−23,400+6,600 ÷（1−13%）× 13%=7,586.21（元），进项税额转出金额是按扣除理赔后的损失金额计算的：6,600 ÷（1−13%）× 13%=986.21（元），该进项税额转出基数是错误的。应要求企业依据成本全额转出进项税额，且转出进项税额应按购入货物时的税率计算，并非现行税率。

在实践中，企业若存在补缴允许以前年度税前扣除的成本费用、税金等情况，应根据重要性原则要求其使用以前年度损益科目对涉及的成本费用、税金事项进行调账，同时要求提供调整会计分录及相应的明细账，分析是否存在重复税前扣除的问题。以岳达公司为例，被检查年度（2020 年）转出税前可扣除非正常损失的进项税额 3,496.55 元，同时在计算 2020 年度企业所得税时，调减应纳税所得额即税前扣除应转出的进项税额 3,496.55 元；如果该企业将转出的进项税额会计核算直接计入上缴税款的年度（2021 年），则可能出现转出的进项税额在被检查年度（2020 年）通过计算税前扣除 1 次，同时又在会计处理并上缴增值税款的年度（2021 年）通过会计核算税前扣除 1 次，重复扣除导致少缴企业所得税。又如补缴以前年度允许税前扣除的土地增值税、房产税、土地使用税、附加税费、印花税等税费，如果没进行正确的会计处理，也可能存在税前重复扣除的问题。此外，如果企业所得税不同年度优惠政策不同，调整会计分录的处理，也可能影响企业所得税的正确缴纳。

具体事项 17
销售自己使用过的轿车未按适用税率计税

10月第24笔凭证：2020年10月按合同约定出售桑塔纳轿车一台给自然人（2013年9月购入，用于办公车队，购入取得17%的机动车销售统一发票，未抵扣进项税额），处置收到现金41,200元，固定资产原值150,000元、累计折旧145,500元、净值4,500元。

☆原会计分录

借：固定资产清理－运输车辆 4,500.00
　累计折旧－运输车辆 145,500.00
　贷：累计折旧－运输车辆 150,000.00
借：库存现金 41,200.00
　贷：应交税费－简易计税_3% 1,200.00
　　固定资产清理－运输车辆 40,000.00
借：应交税费－简易计税_3% 400.00
　贷：其他收益－减免税 400.00
借：固定资产清理－运输车辆 96.00
　贷：应交税费－应交城市维护建设税 56.00
　　应交税费－应交教育费附加 24.00
　　应交税费－应交地方教育附加 16.00
借：固定资产清理－运输车辆 35,404.00
　贷：其他业务收入－固定资产处置 35,404.00

☆正确会计分录

借：固定资产清理－运输车辆 4,500.00
　累计折旧－运输车辆 145,500.00
　贷：固定资产－运输车辆 150,000.00
借：库存现金 41,200.00
　贷：应交税费－应交增值税－销项税额_13% 4,739.82
　　固定资产清理－运输车辆 36,460.18
借：固定资产清理－运输车辆 31,960.18
　贷：资产处置损益－固定资产处置损益 31,960.18

☆调整会计分录

贷：应交税费－简易计税 -800.00
　贷：以前年度损益调整－其他收益 -400.00
　　以前年度损益调整－其他业务收入 -3,539.82
　　应交税费－增值税检查调整－销项税额_13% 4,739.82

风险点17 应税行为申报的适用增值税税率错误（销售自己使用过的轿车）风险

风险点说明

纳税人销售自己使用过的固定资产，应确认是否适用增值税简易计税方法，不适用的按一般计税方法申报缴纳相关税费。需要注意应征消费税的摩托车、汽车、游艇与其他固定资产相比，其进项税额准予从销项税额中抵扣的时点不同，处置相关资产时是否按一般计税方法申报缴纳增值税的时点也不同。在处理相关业务的过程中，如果纳税人存在未申报或在申报时错误适用简易计税方法等情况，则存在不缴或少缴增值税及其他相关税费的风险。

计算过程

本风险点中应确认的增值税为：应按一般计税方法计算确认的销项税额。

增值税销售额 = 41,200÷（1+13%）=36,460.18（元）

销项税额 = 36,460.18×13% = 4,739.82（元）

更正原申报的简易计税 1,200（元）及减免税额 400（元）

税收政策

《财政部　国家税务总局关于在全国开展交通运输业和部分现代服务业营业税改征增值税试点税收政策的通知》（财税〔2013〕37 号）（汇编 p535）附件 2：《交通运输业和部分现代服务业营业税改征增值税试点有关事项的规定》第二条第一款第二项规定，原增值税一般纳税人自用的应征消费税的摩托车、汽车、游艇，其进项税额准予从销项税额中抵扣。

《财政部　国家税务总局关于全国实施增值税转型改革若干问题的通知》（汇编 p564）（财税〔2008〕170 号）第四条第（一）项规定，自 2009 年 1 月 1 日起，纳税人销售自己使用过的固定资产（以下简称已使用过的固定资产），应区分不同情形征收增值税：（一）销售自己使用过的 2009 年 1 月 1 日以后购进或者自制的固定资产，按照适用税率征收增值税。

《财政部　国家税务总局关于部分货物适用增值税低税率和简易办法征收增值税政策的通知》（汇编 p561）（财税〔2009〕9 号）第二条第一款第一项规定，下列按简易办法征收增值税的优惠政策继续执行，不得抵扣进项税额：（一）纳税人销售自己使用过的物品，按下列政策执行：1. 一般纳税人销售自己使用过的属于条例第十条规定不得抵扣且未抵扣进项税额的固定资产，按照简易办法依照 4% 征收率减按半征收增值税。

《财政部　国家税务总局关于简并增值税征收率政策的通知》（汇编 p534）（财税〔2014〕57 号）第一条规定，《财政部国家税务总局关于部分货物适用增值税低税率和简易办法征收增值税政策的通知》（财税〔2009〕9 号）第二条第（一）项和第（二）项中“按照简易办法依照 4% 征收率减半征收增值税”调整为“按照简易办法依照 3% 征收率减按 2% 征收增值税”。

风险点18 收入核算错误扩大限额扣除项目计算基数（销售自己使用过的轿车）风险

风险点说明

企业在税前扣除成本、费用，应有真实的业务发生并取得合法有效凭证，且不得超额度扣除，包括有限额扣除规定的项目不能扩大计算基数，且不能超出扣除比例。比如企业发生符合规定的业务招待费、广告费和业务宣传费等支出，应考虑当年营业收入的计算范围、变化情况和扣除比率。在处理相关业务的过程中，如果企业存在将营业外收入等计入营业收入，增大了扣除限额计算基数，或是在做其他业务调整时调减营业收入，但未调减限额扣除计算时的收入基数，导致税前超限额扣除成本、费用等情况，则存在不缴或少缴企业所得税的风险。

计算过程

本风险点中应调减的应纳税所得额为：因按 3% 征收率进行价税分离确认的收入与按 13% 税率价税分离确认的收入差额与按照简易办法（3% 征收率减按 2% 征收）减免的增值税已计入所得额的全额之和。调减的广宣费及业务招待费收入标准的计税基础为：企业已确认的按新准则不应计入营业收入的金额。

调减广宣费及业务招待费收入标准的计算基数 35,404 元。

调减应纳税所得额 = 41,200 ÷（1+3%）− 41,200 ÷（1+13%）+ 41,200 ÷（1+3%）×（3%−2%）

= 40,000 − 36,460.18 + 400 = 3,539.82 + 400

= 3,939.82（元）

注：增值税适用税率错误，需重新价税分离，原收入按 3% 进行价税分离，现收入按 13% 进行价税分离，导致不含税收入变小了，应调减应纳税所得额；另外，按照简易办法依照 3% 征收率减按 2% 征收时减免的增值税已计入所得额，应将减免的增值税全额调减应纳税所得额。

税收政策

《中华人民共和国企业所得税法实施条例》（汇编 p595）第四十三条规定，企业发生的与生产经营活动有关的业务招待费支出，按照发生额的 60% 扣除，但最高不得超过当年销售（营业）收入的 5‰。第四十四条规定，企业发生的符合条件的广告费和业务宣传费支出，除国务院财政、税务主管部门另有规定外，不超过当年销售（营业）收入 15% 的部分，准予扣除；超过部分，准予在以后纳税年度结转扣除。

延伸解读

利用电子底账系统进行票面分析，该业务为销售桑塔纳轿车，购货方为个人，征收率3%，企业开具了普通发票。结合经营情况，判断适用3%简易计税的业务是销售使用过的固定资产。按规定，企业购入固定资产时不得抵扣且未抵扣进项税额的，在转让该资产时适用简易办法依照3%征收率减按2%征收增值税政策；也可以放弃减税，按照简易办法依照3%征收率缴纳增值税，并开具增值税专用发票。另外，文件规定自2013年8月1日起，纳税人购买自用的小汽车可以抵扣进项税额。该企业2013年9月购入的桑塔纳轿车，该时点取得的轿车是允许抵扣进项税额的，因此，不论企业购入时是否取得了扣税凭证，是否实际抵扣了进项税额，该笔业务均不得适用简易办法计税。

通过所属期10月增值税纳税申报表获知，增值税申报表附表一“3%征收率的货物及加工修理修配劳务”中“开具其他发票”中销售额40,000元（41,200÷（1+3%）=40,000），应纳税额1,200元（40,000×3%=1,200）；增值税减免税申报明细表中“已使用固定资产免征增值税”本期发生额1,322.33元，经电子底账系统数据及对应月份的增值税申报表分析，包括按3%征收率减按2%征收增值税的1%减免税额400元（40,000×1%=400）和企业销售机床设备的减免税额922.33元（95,000/（1+3%）×1%=922.33）。由上述分析获知桑塔纳轿车适用简易计税缴纳税款800元。要求企业提供该桑塔纳轿车购入时的发票，得知购入车辆的发票开具时间，结合车辆当时的用途及政策判断该业务发生时的进项税额可以抵扣。经询问，企业当时因对政策不了解而未抵扣进项税额，因此售车时自认为应该适用简易计税方法，但按规定该企业出售桑塔纳轿车时不得适用简易计税方法，应以40,000元销售额按13%税率计提增值税销项税额。

经核实，该企业将资产处置损益计入“其他业务收入－固定资产处置”中。按企业会计准则规定，出售资产的损益应该列示在“资产处置损益”中；按小企业会计准则规定，出售资产的损益应该列示在“营业外收支”中。未按照会计处理规定处理资产处置损益，会导致企业所得税税前扣除的广宣费及业务招待费扣除限额（收入标准）可能因其他业务收入的虚增而导致虚增。其中，业务招待费采取的是发生业务招待费的60%或营业收入的5‰孰低的原则。因此，如果企业本期营业收入的5‰小于业务招待费的60%，则存在税前扣除的业务招待费及广宣费虚列的风险。

在实践中，按照《二手车流通管理办法》（商务部、公安部、国家工商行政管理局、国家税务总局令2005年第2号）相关规定，二手车交易行为的交易方式和发票开具均有特殊规定。第六条规定二手车直接交易是指二手车所有人不通过经销企业、拍卖企业和经纪机构将车辆直接出售给买方的交易行为，二手车直接交易应当在二手车交易市场进行。第二十四条规定二手车经销企业销售、拍卖企业拍卖二手车时，应当按规定向买方开具税务机关监制的统一发票。进行二手车直接交易和通过二手车经纪机构进行二手车交易的，应当由二手车交易市场经营者按规定向买方开具税务机关监制的统一发票。所以，纳税人发生二手车销售行为时首先应自行开具增值税专用发票或普通发票，然后持票到二手车经销企业换开“二手车销售统一发票”，这种发票是不允许没有二手车经营资质的纳税人自行开具的，二手车销售统一发票中需载明销售车辆的详细信息，如车型、车牌照号、车架号、登记证号等。

具体事项 18

未取得职工教育经费税前扣除凭证

10 月第 57 笔凭证：2020 年 10 月用库存现金支付培训费 3,230 元，未取得税前扣除凭证。

☆原会计分录			☆正确会计分录
借：管理费用－职工教育经费	3,230.00		原会计分录不变
贷：应付职工薪酬－职工教育经费		3,230.00	
借：应付职工薪酬－职工教育经费	3,230.00		
贷：库存现金		3,230.00	

☆调整会计分录

调表不调账

风险点 19 未取得合法有效税前扣除凭证（教育经费白条入账）风险

风险点说明

企业发生支出，应取得合法有效的税前扣除凭证，作为计算企业所得税应纳税所得额时扣除相关支出的依据。在处理相关业务的过程中，如果企业存在当期支出未取得发票等合法有效凭证而在成本、费用中核算等情况，如职工教育经费、业务招待费等项目未取得真实合法有效的凭证而税前扣除，且未作纳税调整或只做限额调整，则存在不缴或少缴企业所得税的风险。

计算过程

本风险点中应调增的应纳税所得额为未取得税前扣除凭证的培训费金额。

调增应纳税所得额 = 3,230（元）

不参与职工教育经费限额扣除

税收政策

《企业所得税税前扣除凭证管理办法》（汇编 p627）（国家税务总局公告 2018 年第 28 号）第五条规定，企业发生支出，应取得税前扣除凭证，作为计算企业所得税应纳税所得额时扣除相关支出的依据。第十三条规定，企业应当取得而未取得发票、其他外部凭证或者取得不合规发票、不合规其他外部凭证的，若支出真实且已实际发生，应当在当年度汇算清缴期结束前，要求对方补开、换开发票、其他外部凭证。补开、换开后的发票、其他外部凭证符合规定的，可以作为税前扣除凭证。第十六条规定，企业在规定的期限未能补开、换开符合规定的发票、其他外部凭证，并且未能按照本办法第十四条的规定提供相关资料证实其支出真实性的，相应支出不得在发生年度税前扣除。

《中华人民共和国企业所得税法实施条例》（汇编 p595）第四十二条规定，除国务院财政、税务主管部门另有规定外，企业发生的职工教育经费支出，不超过工资薪金总额 2.5% 的部分，准予扣除；超过部分，准予在以后纳税年度结转扣除。

《财政部　税务总局关于企业职工教育经费税前扣除政策的通知》（汇编 p631）（财税〔2018〕51 号）第一条规定，企业发生的职工教育经费支出，不超过工资薪金总额 8% 的部分，准予在计算企业所得税应纳税所得额时扣除；超过部分，准予在以后纳税年度结转扣除。

延伸解读

通过《企业所得税年度纳税申报表》A105050《职工薪酬纳税调整明细表》查看企业列示的职工教育经费金额。利用电子底账系统数据进行分析，确认企业是否有对应金额的职工教育经费方面的发票，并将期限延展到次年的 5 月汇算期末。如果在电子底账系统中没有查到额度匹配的发票，可要求企业提供列支费用的记账凭证及原始凭证复印件，确认企业费用列支的真实性、合理性。同时还应注意企业未取得合法税前扣除凭证的费用支出不能参与限额类税前扣除费用的计算。举个例子，如果工资总额为 200 万元，教育经费实际支出 3 万元，其中含未取得合法税前扣除凭证的支出 1 万元，故需调增应纳税所得额 1 万元，则以工资总额为标准的税前扣除限额为 200 × 8%=16 万元，此时教育经费实际发生额应为 3−1=2,2 万元 <16 万元，税前允许列支 2 万元，调增 1 万元。因此，该企业税前列支培训费金额 3,230 元不得参与职工教育经费的限额调整。经核实，该企业未取得合法有效的税前扣除凭证，且在规定的期限未能补开、换开符合规定的发票或其他外部凭证，其费用不允许税前扣除。

具体事项 19
以旧换新未按规定作销售处理

10 月第 74 笔凭证：2020 年 10 月客户以旧锯条 10,000 米作价 90,000 元换购 27*0.9 带锯条 10,000 米，补差价 83,000 元，银行存款收讫，未取得增值税发票。

☆原会计分录

借：银行存款－江南城市发展银行长安分行	83,000.00	
库存商品 _ 旧锯条	90,000.00	
贷：库存商品 _ 带锯条 27*0.9		173,000.00

☆正确会计分录

借：银行存款－江南城市发展银行长安分行	83,000.00	
库存商品 _ 旧锯条	143,000.00	
贷：主营业务收入 _ 带锯条 27*0.9_13%		200,000.00
应交税费－应交增值税－销项税额 _13%		26,000.00
借：主营业务成本	173,000.00	
贷：库存商品 _ 带锯条 27*0.9		173,000.00

☆调整会计分录

借：库存商品 _ 旧锯条	53,000.00	
以前年度损益调整－主营业务成本	173,000.00	
贷：以前年度损益调整－主营业务收入		200,000.00
应交税费－增值税检查调整－销项税额 _13%		26,000.00

风险点 20 未确认收入未按规定申报增值税（以旧换新）风险

风险点说明

纳税人发生以旧换新业务，应按新货物销售价格确定销售额并申报缴纳增值税，对换入的旧货物在未取得增值税专用发票时不得抵扣进项税额。在处理相关业务的过程中，如果纳税人存在按新旧货物的价格差额确认收入，或不确认换出货物的收入，直接将价格差额计入所有者权益（未分配利润）中等情况，则存在不缴或少缴增值税的风险。

计算过程

本风险点中应确认的销项税额为：按换出商品的新货物销售价格确定的销售额计算的销项税额。

增值税销售额 =10,000 米 × 单价 20 元 / 米 = 200,000（元）

销项税额 = 200,000 × 13% = 26,000（元）

税收政策

《中华人民共和国增值税暂行条例（2017 修订版）》（汇编 p434）第一条规定，在中华人民共和国境内销售货物或者加工、修理修配劳务（以下简称劳务），销售服务、无形资产、不动产以及进口货物的单位和个人，为增值税的纳税人，应当依照本条例缴纳增值税。

《中华人民共和国增值税暂行条例实施细则（2011 修订版）》（汇编 p439）（财政部　国家税务总局令 2011 年第 65 号）第三条规定，条例第一条所称销售货物，是指有偿转让货物的所有权。条例第一条所称提供加工、修理修配劳务（以下称应税劳务），是指有偿提供加工、修理修配劳务。单位或者个体工商户聘用的员工为本单位或者雇主提供加工、修理修配劳务，不包括在内。本细则所称有偿，是指从购买方取得货币、货物或者其他经济利益。

《国家税务总局关于印发〈增值税若干具体问题的规定〉的通知》（汇编 p577）（国税发〔1993〕154 号）第二条计税依据第三款规定，纳税人采取以旧换新方式销售货物，应按新货物的同期销售价格确定销售额。

风险点 21　未确认收入未按规定申报企业所得税（以旧换新）风险

风险点说明

企业发生以旧换新业务，应按换出货物销售价格确定销售收入并申报缴纳企业所得税，对于换入的旧货物作为购进存货处理。在处理相关业务过程中，如果企业存在按新旧货物的价格差额确认收入，或不确认换出货物收入，直接将价格差额计入所有者权益（未分配利润）中等情况，则存在不缴或少缴企业所得税的风险。

计算过程

本风险点确认的非货币性资产交换视同销售收入为按换出产品公允价值确认的收入，确认的非货币性资产交换视同销售成本为换出库存商品成本。调增的换入商品的计税基础为“按换出商品公允价值确认的换入商品计税基础”与“原已按换出产品账面价值确认的计税基础”之差。

非货币性资产交换视同销售收入 = 10,000 米 × 单价 20 元 / 米 = 200,000（元）

非货币性资产交换视同销售成本 = 10,000 米 × 成本 17.3 元 / 米 = 173,000（元）

视同销售调增应纳税所得额 = 200,000 − 173,000 = 27,000（元）

换入产品的计税基础（以企业付出的成本为计算思路）= 200,000 + 26,000 − 83,000 = 143,000（元）

调增换入商品的计税基础 = 143,000 − 90,000 = 53,000（元）

税收政策

《中华人民共和国企业所得税法实施条例》（汇编 p595）第二十五条规定， 企业发生非货币性资产交换，以及将货物、财产、劳务用于捐赠、偿债、赞助、集资、广告、样品、职工福利或者利润分配等用途的，应当视同销售货物、转让财产或者提供劳务，但国务院财政、税务主管部门另有规定的除外。

《国家税务总局关于确认企业所得税收入若干问题的通知》（汇编 p683）（国税函〔2008〕875 号）第一条第四款规定，（四）销售商品以旧换新的，销售商品应当按照销售商品收入确认条件确认收入，回收的商品作为购进商品处理。

《国家税务总局关于修订企业所得税年度纳税申报表的公告》（汇编 p613）（国家税务总局公告 2020 年第 24 号）附件：《中华人民共和国企业所得税年度纳税申报表（A 类，2017 年版）》部分表单及填报说明（2020 年修订）规定，《纳税调整项目明细表》填报说明第 30 行“（十七）其他”：填报其他因会计处理与税收规定有差异需纳税调整的扣除类项目金额，企业将货物、资产、劳务用于捐赠、广告等用途时，进行视同销售纳税调整后，对应支出的会计处理与税收规定有差异需纳税调整的金额填报在本行。

延伸解读

通过报表分析发现主营业务成本倒挂或毛利率偏低，原因可能是不记少记营业收入、销售价格偏低、虚增成本等。可要求企业提供成本核算资料，了解成本倒挂或毛利率偏低的原因。由于主营业务成本金额是由已售库存商品结转而来，通过库存商品明细账，核查企业减少的库存商品是否确认了主营业务收入。对于库存商品减少但未确认主营业务收入、未结转主营业务成本的项目需要进一步核查，确认主营业务成本中存货数量跟主营业务收入中存货数量是否配比，库存商品贷方发生额与主营业务成本借方发生额是否匹配。

以旧换新业务增值税方面应按正常销售处理，根据电子底账系统的发票信息，获知换出产品带锯条 27*0.9 的平均售价为单价 20 元 / 米，应确认销项税额为 200,000 × 13%=26,000 元。如果能取得对方开具的专用发票，则换入的商品可以抵扣进项税额，因该企业未取得发票，不存在抵扣进项税额的情况。

以旧换新业务企业所得税方面应按视同销售处理，按新货物的同期销售价格确定销售额，不得扣减旧货物的收购价格。应确认收入 200,000 元，成本 173,000 元，利润 27,000 元，按规定缴纳企业所得税。在填报《企业所得税年度纳税申报表》时，该金额会从 A105010《视同销售和房地产开发企业特定业务纳税调整明细表》过入到主表，形成 27,000 元的应纳税所得额。对于换出产品按公允价征税，对换入产品处置时也应按公允价确认计税基础。换入旧货的历史成本（换入时点公允）= 原确认成本 90,000+ 视同销售产生毛利 27,000+ 销项税额 26,000=143,000 元（也可以从差价角度入手，换入旧货的历史成本（换入时点公允）= 换出资产公允 200,000+ 负担的销项税额 26,000– 收到的补价 83,000=143,000）。换购的情况下，企业所得税方面先确认 27,000 元应纳税所得额，未来出售旧锯条的成本按 143,000 元，出售时 27,000 元的利润又在成本中扣除了。因此该业务的企业所得税视同销售，并没造成企业多缴企业所得税。类似的企业将货物、资产、劳务用于捐赠、广告等用途时，进行视同销售纳税调整后，对于可全额税前扣除的项目，总体上对所得额都没有影响。讨论研究企业所得税视同销售的意义是：对应的费用或支出是否超限额、是否允许税前扣除、是否涉及个人所得税。

具体事项 20
销售自己使用过的设备错误适用简易计税办法

10 月第 81 笔凭证：2020 年 10 月按合同约定出售车床一台（2013 年 12 月购入，取得增值税专用发票，已抵扣进项税额），收到现金 95,000 元，固定资产原值 300,000 元、累计折旧 198,841.8 元、净值 101,158.2 元。

☆原会计分录

借：银行存款 – 江南城市发展银行长安分行	95,000.00	
贷：固定资产清理 – 机器设备		92,233.01
应交税费 – 简易计税 _3%		2,766.99
借：应交税费 – 简易计税 _3%	922.33	
贷：其他收益 – 减免税		922.33
借：固定资产清理 – 机器设备	101,158.20	
累计折旧 – 机器设备	198,841.80	
贷：固定资产 – 机器设备		300,000.00
借：资产处置损益 – 固定资产处置损益	8,925.19	
贷：固定资产清理 – 机器设备		8,925.19

☆正确会计分录

借：银行存款 – 江南城市发展银行长安分行	95,000.00	
贷：固定资产清理 – 机器设备		84,070.80
应交税费 – 应交增值税 – 销项税额 _13%		10,929.20
借：固定资产清理 – 机器设备	101,158.20	
累计折旧 – 机器设备	198,841.80	
贷：固定资产 – 机器设备		300,000.00
借：资产处置损益 – 固定资产处置损益	17,087.40	
贷：固定资产清理 – 机器设备		17,087.40

☆调整会计分录

借：以前年度损益调整 – 资产处置损益	8,162.21	
贷：应交税费 – 简易计税		–1,844.66
以前年度损益调整 – 其他收益		–922.33
应交税费 – 增值税检查调整 – 销项税额 _13%		10,929.20

风险点 22 一般应税行为按简易计税申报增值税（销售自己使用过的设备）风险

风险点说明

纳税人销售自己使用过的固定资产，应确认是否适用增值税简易计税政策，对于不符合简易计税政策的，按一般计税方法申报缴纳相关税费。在处理相关业务的过程中，如果纳税人存在销售自己使用过的 2009 年 1 月 1 日以后购进的固定资产，在处置时未申报或按简易计税方法申报未按适用税率申报增值税等情况，则存在不缴或少缴增值税的风险。

计算过程

本风险点中应确认的销项税额为：按一般计税办法计算确定的销项税额。应调减的应纳税所得额为：因按 3% 征收率进行价税分离确认的收入与按 13% 税率价税分离确认的收入差额与按照简易办法（依照 3% 征收率减按 2% 征收）减免的增值税已计入所得额的金额之和。

增值税销售额 = 95,000 ÷（1+13%）=84,070.8（元）

销项税额 = 84,070.8 × 13%=10,929.2（元）

调减应纳税所得额 = 95,000 ÷（1+3%）− 95,000 ÷（1+13%）+95,000 ÷（1+3%）×（3%−2%）

= 92,233.01 − 84,070.8 + 922.33

= 9,084.54（元）

更正原按简易计税办法申报的税额 1,844.66 元

注：增值税适用税率错误，需重新价税分离，原收入按 3% 进行价税分离，现收入按 13% 进行价税分离，导致不含税收入变小了，应调减应纳税所得额；另外，按照简易办法依照 3% 征收率减按 2% 征收时减免的增值税已计入当期应纳税所得额，取消这项业务减免的增值税后，应按减免的增值税调减应纳税所得额。

税收政策

《财政部　国家税务总局关于全国实施增值税转型改革若干问题的通知》（汇编 p564）（财税〔2008〕170 号）第四条第一款规定，自 2009 年 1 月 1 日起，纳税人销售自己使用过的固定资产（以下简称已使用过的固定资产），应区分不同情形征收增值税：（一）销售自己使用过的 2009 年 1 月 1 日以后购进或者自制的固定资产，按照适用税率征收增值税。

《财政部　国家税务总局关于部分货物适用增值税低税率和简易办法征收增值税政策的通知》（汇编 p561）（财税〔2009〕9 号）第二条第一款第一项规定，下列按简易办法征收增值税的优惠政策继

续执行，不得抵扣进项税额：纳税人销售自己使用过的物品，按下列政策执行：1. 一般纳税人销售自己使用过的属于条例第十条规定不得抵扣且未抵扣进项税额的固定资产，按照简易办法依照 4% 征收率减按 2% 征收增值税。

《财政部　国家税务总局关于简并增值税征收率政策的通知》（汇编 p534）（财税〔2014〕57 号）第一条规定，《财政部　国家税务总局关于部分货物适用增值税低税率和简易办法征收增值税政策的通知》（财税〔2009〕9 号）第二条第（一）项和第（二）项中“按照简易办法依照 4% 征收率减半征收增值税”调整为“按照简易办法依照 3% 征收率减按 2% 征收增值税”。

延伸解读

通过电子底账系统进行票面分析，该业务是销售机床，征收率 3%。该企业是 2009 年成立的生产型企业，机床作为企业固定资产－设备核算，购入时通常已抵扣进项税额，按税法规定，转让时不得适用 3% 简易计税方法。因此，需要核实该笔业务的具体情况，了解机床购入时是否是二手机床，同时通过企业增值税一般纳税人申报表获取该业务的申报情况。

企业所属期 10 月《增值税纳税申报表附列资料（一）》中申报“3% 征收率的货物及加工修理修配劳务”开具增值税专用发票不含税金额 92,233.01 元。通过电子底账系统数据获知该业务的发票内容，要求企业提供销售使用过设备的情况。经核实，该企业成立于 2009 年，按规定购入设备若取得增值税专用发票可抵扣进项税额，但不论企业购入时是否取得增值税专用发票，是否抵扣进项税额，该业务均不得按简易办法计税，应要求企业按适用税率缴纳增值税。

在实践中，对于一般纳税人适用简易计税项目的计缴，与一般计税办法的进项留抵税额无关。本书中错误适用简易计税的事项，在计算销项税额时与原已按简易办法计税的纳税结果没有直接关联，对已经按简易计税方法缴纳税费的处理，可以申请退税，也可以在以后的应缴税款中抵减。

具体事项 21
将货物交付其他单位代销延迟确认收入

10 月第 82 笔凭证：2020 年 10 月收到长安市南亚实业有限公司转来 3000 米货物代销清单及货款 67,800 元，代销手续费未付。

☆原会计分录		☆正确会计分录	
借：银行存款－江南城市发展银行长安分行	67,800.00	借：银行存款－江南城市发展银行长安分行	67,800.00
贷：应收账款－长安市南亚实业有限公司	67,800.00	贷：应收账款－长安市南亚实业有限公司	67,800.00
		借：应收账款－长安市南亚实业有限公司	67,800.00
		贷：主营业务收入_带锯条 27*0.9_13%	60,000.00
		应交税费－应交增值税－销项税额_13%	7,800.00
		借：主营业务成本	51,900.00
		贷：库存商品_带锯条 27*0.9	51,900.00

☆调整会计分录

借：应收账款－长安市南亚实业有限公司 67,800.00
　贷：以前年度损益调整－主营业务收入 60,000.00
　　应交税费－增值税检查调整－销项税额_13% 7,800.00
借：以前年度损益调整－主营业务成本 51,900.00
　贷：发出商品_带锯条 27*0.9 51,900.00

风险点23 未确认收入未按规定申报增值税（将货物交付他人代销）风险

风险点说明

纳税人用代销方式销售产品，应按在收到代销清单或者收到全部或者部分货款的当天确定纳税义务发生时间。在处理相关业务的过程中，如果纳税人存在收到代销清单或者收到部分货款时不确认收入，直至收到全部货款才一并确认，或完全不确认收入等情况，则存在延迟缴纳或不缴增值税的风险。

计算过程

本风险点中确认的销项税额为：代销商品在收到货款时应按代销货物的公允价值确认的税额。

增值税销售额 = 67,800 ÷（1+13%）= 60,000（元）

销项税额 = 60,000 × 13% = 7,800（元）

税收政策

《中华人民共和国增值税暂行条例实施细则（2011 修订版）》（汇编 p439）（财政部　国家税务总局令 2011 年第 65 号）第四条第一款规定，单位或者个体工商户的下列行为，视同销售货物：（一）将货物交付其他单位或者个人代销。第十六条规定，纳税人有条例第七条所称价格明显偏低并无正当理由或者有本细则第四条所列视同销售货物行为而无销售额者，按下列顺序确定销售额：（一）按纳税人最近时期同类货物的平均销售价格确定；（二）按其他纳税人最近时期同类货物的平均销售价格确定；（三）按组成计税价格确定。第三十八条第五款规定，条例第十九条第一款第（一）项规定的收讫销售款项或者取得索取销售款项凭据的当天，按销售结算方式的不同，具体为：（五）委托其他纳税人代销货物，为收到代销单位的代销清单或者收到全部或者部分货款的当天。未收到代销清单及货款的，为发出代销货物满 180 天的当天。

风险点 24 未确认收入未按规定申报企业所得税（将货物交付他人代销）风险

风险点说明

企业采用支付手续费方式委托代销，应按权责发生制原则在收到代销清单时确认收入。在处理相关业务的过程中，如果企业存在收到代销清单或者收到部分货款时不确认收入，直至收到全部货款才一并确认，或完全不确认收入等情况，则存在延迟缴纳或不缴企业所得税的风险。

计算过程

本风险点中应调增的应纳税所得额为：将货物交付他人代销确认的收入与成本之差。

应确认代销收入 = 60,000（元）

应确认代销成本 = 51,900（元）

调增应纳税所得额 = 60,000 − 51,900 = 8,100（元）

税收政策

《中华人民共和国企业所得税法》（汇编 p587）第六条规定，企业以货币形式和非货币形式从各种来源取得的收入，为收入总额。包括：（一）销售货物收入；（二）提供劳务收入；（三）转让财产收入；（四）股息、红利等权益性投资收益；（五）利息收入；（六）租金收入；（七）特许权使用费收入；（八）接受捐赠收入；（九）其他收入。

《国家税务总局关于确认企业所得税收入若干问题的通知》（汇编 p683）（国税函〔2008〕875 号）第一条第二款第四项规定，4. 除企业所得税法及实施条例另有规定外，企业销售收入的确认，必须遵循权责发生制原则和实质重于形式原则。符合上款收入确认条件，采取下列商品销售方式的，应按以下规定确认收入实现时间：销售商品采用支付手续费方式委托代销的，在收到代销清单时确认收入。

延伸解读

判断企业代销业务申报纳税是否合规，可先核对资产负债表及科目余额表的存货项目，是否有委托代销商品或发出商品科目的发生额或余额，并核对库存商品减少与主营业务成本增加的对应关系，库存商品减少一般对应主营业务成本及收入的增加；然后结合企业主营收入成本倒挂，同时存在代销情况，推断可能存在代销业务未确认收入的问题；再通过企业委托代销商品明细账，获取代销商往来账以及代销合同，最终确认该企业存在的涉税风险。

具体事项 22
有形动产对外出租适用税率错误

11 月第 30 笔凭证：2020 年 11 月将 2014 年资产重组时并购的炼铁高炉出租，收到本年度租金含税价 793,800 元，按征收率 5% 计提增值税，该炼铁高炉建设时已抵扣进项税额。

☆原会计分录

借：应收账款－长安市冶金机械有限公司	793,800.00
贷：其他业务收入－租赁收入 _5%	756,000.00
应交税费－简易计税 _5%	37,800.00
借：银行存款－江南城市发展银行长安分行	793,800.00
贷：应收账款－长安市冶金机械有限公司	793,800.00

☆正确会计分录

借：应收账款－长安市冶金机械有限公司	793,800.00
贷：其他业务收入－租赁收入 _13%	702,477.88
应交税费－应交增值税－销项税额 _13%	91,322.12
借：银行存款－江南城市发展银行长安分行	793,800.00
贷：应收账款－长安市冶金机械有限公司	793,800.00

☆调整会计分录

贷：应交税费－简易计税	-37,800.00
以前年度损益调整－其他业务收入	-53,522.12
贷：应交税费－增值税检查调整－销项税额 _13%	91,322.12

风险点 25 应税行为申报适用增值税税率错误（设备出租）风险

风险点说明

纳税人将可抵扣进项税额的固定资产出租，应按适用税率申报租赁服务增值税。在处理相关业务的过程中，如果纳税人存在按简易计税方法进行业务处理，直接按征收率计算申报，将有形动产经营租赁混同为不动产经营租赁等情况，则存在少缴增值税的风险。

计算过程

本风险点中应确认的销项税额为：按有形动产经营性租赁税目及一般计税办法计算确定的销项税额。应调减的应纳税所得额为：按简易计税办法进行价税分离确认的收入与按一般计税办法进行价税分离确认的收入差额。

增值税销售额 = 793,800÷（1 + 13%）= 702,477.88（元）

销项税额 = 702,477.88×13% = 91,322.12（元）

调减应纳税所得额 = 793,800÷（1 + 5%）- 793,800÷（1 + 13%）= 53,522.12（元）

更正原按简易计税办法申报的税额 37,800（元）

注：增值税适用税率错误，需重新价税分离，原收入按 5% 进行价税分离，现收入按 13% 进行价税分离，导致不含税收入变小了，应调减应纳税所得额。

税收政策

《财政部　国家税务总局关于固定资产进项税额抵扣问题的通知》（汇编 p560）（财税〔2009〕113 号）附件《固定资产分类与代码》规定该资产属属于生产用设备，属可抵扣进项税额的固定资产。（附件《固定资产分类与代码》未在文件汇编中收录，可节选）

《中华人民共和国增值税暂行条例（2017 修订版）》（汇编 p434）第二条第（一）项规定，纳税人销售货物、劳务、有形动产租赁服务或者进口货物，除本条第二项、第四项、第五项另有规定外，税率为 17%。

《财政部　税务总局关于调整增值税税率的通知》（汇编 p459）（财税〔2018〕32 号）第一条规定，纳税人发生增值税应税销售行为或者进口货物，原适用 17% 和 11% 税率的，税率分别调整为 16%、10%。

《财政部　税务总局　海关总署关于深化增值税改革有关政策的公告》（汇编 p455）（财政部　税务总局　海关总署公告 2019 年第 39 号）第一条规定，增值税一般纳税人（以下称纳税人）发生增值税应税销售行为或者进口货物，原适用 16% 税率的，税率调整为 13%；原适用 10% 税率的，税率调整为 9%。

延伸解读

企业所属期 11 月《增值税纳税申报表附列资料（一）》中申报了“5% 征收率的服务、不动产和无形资产”，通过电子底账系统数据比对未发现企业开具 5% 征收率的发票，可询问企业本期是否销售或出租了不动产。同时，结合企业次月房产税申报数据无变化的情况，了解具体原因。经核查，该笔简易计税业务是企业出租高炉，按《固定资产分类与代码》规定高炉属于设备，应按租赁有形动产适用税率申报纳税。同时，按一般计税方法进行价税分离时，销售收入比简易计税方法低，应要求企业调减应纳税所得额。

具体事项 23
报销董事长王岳达购买的西装

11 月第 31 笔凭证：2020 年 11 月董事长购雅戈尔西装 2 套，含税金额 30,510 元，取得增值税发票。

☆原会计分录

借：管理费用－其他	27,000.00
应交税费－应交增值税－进项税额	3,510.00
贷：银行存款－江南城市发展银行长安分行	30,510.00
借：财务费用－手续费	10.00
贷：银行存款－江南城市发展银行长安分行	10.00

☆正确会计分录

借：管理费用－其他	30,510.00
贷：银行存款－江南城市发展银行长安分行	30,510.00
借：财务费用－手续费	10.00
贷：银行存款－江南城市发展银行长安分行	10.00
借：其他应收款－王岳达	6,102.00
贷：应交税费－应交个人所得税	6,102.00

☆调整会计分录

借：以前年度损益调整－管理费用	3,510.00
贷：应交税费－增值税检查调整－进项税额转出	3,510.00
借：其他应收款－王岳达	6,102.00
贷：应交税费－应交个人所得税	6,102.00

风险点 26 将个人消费列入管理费用未按规定转出进项税额（支付董事长个人消费）风险

风险点说明

纳税人将外购货物用于个人消费，其对应的进项税额不得抵扣，应转出已抵扣的进项税额。在处理相关业务的过程中，如果纳税人存在违规申报抵扣进项税额或应转出时不转出进项税额等情况，则存在不缴或少缴增值税的风险。

计算过程

本风险点中应按规定转出的进项税额为：与企业生产经营无关的个人消费活动已抵扣的进项税额。

进项税额转出金额＝3,510（元）

调减应纳税所得额＝3,510（元）

税收政策

《中华人民共和国增值税暂行条例（2017 修订版）》（汇编 p434）第十条规定，下列项目的进项税额不得从销项税额中抵扣：用于简易计税方法计税项目、免征增值税项目、集体福利或者个人消费的购进货物、劳务、服务、无形资产和不动产。

风险点 27 在管理费用中列支与取得收入无关的支出（支付董事长个人消费）风险

风险点说明

企业发生的个人消费业务，是与取得收入无关的支出，不得税前列支，如果已列支应做纳税调增。在处理相关业务的过程中，如果企业存在将个人消费列入成本、费用尤其是管理费用中，且在计算应纳税所得额时税前列支等情况，则存在不缴或少缴企业所得税的风险。

计算过程

本风险点中应调增的应纳税所得额为：与取得收入无关的个人消费金额。

调增应纳税所得额 = 27,000 + 3,510 = 30,510（元）

税收政策

《中华人民共和国企业所得税法》（汇编 p587）第八条规定，企业实际发生的与取得收入有关的、合理的支出，包括成本、费用、税金、损失和其他支出，准予在计算应纳税所得额时扣除。

《中华人民共和国企业所得税法实施条例》（汇编 p595）第三十三条规定，企业所得税法第八条所称其他支出，是指除成本、费用、税金、损失外，企业在生产经营活动中发生的与生产经营活动有关的、合理的支出。

《中华人民共和国企业所得税法实施条例》（汇编 p595）第四十八条规定，企业发生的合理的劳动保护支出，准予扣除。

《国家税务总局关于企业所得税若干问题的公告》（汇编 p660）（国家税务总局公告 2011 年第 34 号）第二条规定，关于企业员工服饰费用支出扣除问题，企业根据其工作性质和特点，由企业统一制作并要求员工工作时统一着装所发生的工作服饰费用，根据《实施条例》第二十七条的规定，可以作为企业合理的支出给予税前扣除。

风险点28 未履行代扣代缴及申报义务少代扣代缴个人所得税（支付董事长个人消费）风险

风险点说明

企业税前列支股东消费性支出，应按“利息、股息、红利所得”扣缴个人所得税。在处理相关业务的过程中，如果企业存在未按照规定代扣代缴个人所得税等情况，则存在不缴或少缴个人所得税的风险。

计算过程

本风险点应代扣代缴个人所得税为：企业为股东负担的个人消费金额按“利息、股息、红利所得”税目应确认的个人所得税金额。

代扣代缴个人所得税 = 30,510 × 20% = 6,102（元）

税收政策

《国家税务总局关于切实加强高收入者个人所得税征管的通知》（汇编 p711）（国税发〔2011〕50 号）第二条第二款第（二）项规定，深化利息、股息、红利所得征管。2. 对投资者本人及其家庭成员从法人企业列支消费支出和借款的，应认真开展日常税源管理和检查，对其相关所得依法征税。涉及金额较大的，应核实其费用凭证的真实性、合法性。

延伸解读

通过电子底账系统进行票面分析，该业务是购买雅戈尔西装 2 套，总价 30,510 元。雅戈尔西装不是企业工装，应考虑企业是否列支了个人消费性支出，按税法规定该支出不允许在税前列支。另外，个人所得税方面应区分以下两种情况进行处理，一是税前列支非股东员工的个人消费性支出，应该并入职工工资薪金按综合所得申报缴纳个人所得税；二是税前列支股东的个人消费性支出，应视同股息红利按“利息、股息、红利所得”申报缴纳个人所得税。

通过税收编码分析个人消费性支出。个人非劳务所得，不涉及缴纳增值税，个人所得税计税依据应为增值税含税价格。如果个人提供劳务收到报酬，个人已经负担了增值税，此时计算个人所得税时应在总收入中扣除个人负担的增值税，个人所得税计税依据应为增值税不含税价格。

在实践中，关于个人消费是否允许在企业财务账内列支的问题，还是应当考虑企业的内部规定（即企业内控），内部规定允许因公司形象的要求，对于高管的着装有特别要求，并且该制度已在公司内部执行且不针对某人，应当认可企业财务核算列支此类支出，但是否允许税前扣除另当别论。

具体事项 24
销售商品收取价外费用未确认收入

11 月第 41 笔凭证：2020 年 11 月按合同销售 27*0.9 锯条 50,000 米，不含税金额 1,000,000 元，另行收取装卸费 1,722.6 元。

☆原会计分录

借：应收账款 – 长安市南亚实业有限公司 1,130,000.00
　贷：主营业务收入 _ 带锯条 27*0.9_13% 1,000,000.00
　　　应交税费 – 应交增值税 – 销项税额 _13% 130,000.00
借：银行存款 – 江南城市发展银行长安分行 1,130,000.00
　　银行存款 – 江南城市发展银行长安分行 1,722.60.00
　贷：应收账款 – 长安市南亚实业有限公司 1,131,722.60

☆正确会计分录

借：应收账款 – 长安市南亚实业有限公司 1,131,722.60
　贷：主营业务收入 _ 带锯条 27*0.9_13% 1,001,524.42
　　　应交税费 – 应交增值税 – 销项税额 _13% 130,198.18
借：银行存款 – 江南城市发展银行长安分行 1,130,000.00
　　银行存款 – 江南城市发展银行长安分行 1,722.60.00
　贷：应收账款 – 长安市南亚实业有限公司 1,131,722.60

☆调整会计分录

借：应收账款 – 长安市南亚实业有限公司 1,722.60
　贷：以前年度损益调整 – 主营业务收入 1,524.42
　　　应交税费 – 增值税检查调整 – 销项税额 _13% 198.18

风险点 29 未确认收入未按规定申报增值税（收取装卸费）风险

风险点说明

纳税人提供货物、劳务以及服务过程中向购买方收取品牌使用费、手续费、补贴、基金、集资费、返还利润、奖励费、违约金、滞纳金、延期付款利息、赔偿金、代收款项、代垫款项、包装费、包装物租金、储备费、优质费、运输装卸费以及其他各种性质的价外收费，应与收入一并计算缴纳增值税。在处理相关业务的过程中，如果纳税人存在未将这些价外费用纳入收入进行账务处理，甚至采取不开具发票、将货款和价外费用开具在两张发票上等情况，则存在不缴或少缴增值税的风险。

计算过程

本风险点应补确认的销项税额为：销售商品收取价外费用应确认的销项税额。

增值税销售额 = 1,722.6 ÷（1 + 13%）= 1,524.42（元）

销项税额 = 1,524.42 × 13% = 198.18（元）

税收政策

《中华人民共和国增值税暂行条例（2017 修订版）》（汇编 p434）第六条第一款规定，销售额为纳税人发生应税销售行为收取的全部价款和价外费用，但是不包括收取的销项税额。

《中华人民共和国增值税暂行条例实施细则（2011 修订版）》（汇编 p439）（财政部　国家税务总局令 2011 年第 65 号）第十二条规定，条例第六条第一款所称价外费用，包括价外向购买方收取的手续费、补贴、基金、集资费、返还利润、奖励费、违约金、滞纳金、延期付款利息、赔偿金、代收款项、代垫款项、包装费、包装物租金、储备费、优质费、运输装卸费以及其他各种性质的价外收费。

风险点 30　未确认收入未按规定申报企业所得税（收取装卸费）风险

风险点说明

企业在提供货物、劳务以及服务过程中从各种来源取得的货币形式和非货币形式的收入，为收入总额，应一并计算缴纳企业所得税。在处理相关业务的过程中，如果企业存在未将这些价外收费纳入收入进行账务处理，甚至采取不开具发票、将货款和价外费用开具在两张发票上等情况，则存在不缴或少缴企业所得税的风险。

计算过程

本风险点中应调增的应纳税所得额为：原未确认为销售收入的价外费用不含税金额。

调增应纳税所得额（收入）= 1,524.42（元）

税收政策

《中华人民共和国企业所得税法》（汇编 p587）第六条规定，企业以货币形式和非货币形式从各种来源取得的收入，为收入总额。包括：（一）销售货物收入；（二）提供劳务收入；（三）转让财产收入；（四）股息、红利等权益性投资收益；（五）利息收入；（六）租金收入；（七）特许权使用费收入；（八）接受捐赠收入；（九）其他收入。

延伸解读

通过资产负债表获知企业预收款项期末余额巨大，且余额变动幅度不大。应判断企业是否存在预收款项应确认未确认收入，以及长期不动的预收款项内核算的价外费用如手续费、运输装卸费等长期未转收入的情况，可要求企业提供预收账款明细账及账龄，进一步确认涉税风险。

具体事项 25

发生债务重组业务以自有轿车抵债未按规定作销售处理

11 月第 49 笔凭证：2020 年 11 月将自有轿车抵顶欠款 70,000 元，原值 200,000 元，2017 年 11 月购入，已抵扣进项税额，预计净残值 3%，已提折旧 145,497.5 元，净值 54,502.4 元。该轿车的市场价值为不含税价格 100,000 元。

☆原会计分录

借：固定资产清理－运输车辆 54,502.40

累计折旧－运输车辆 145,497.60

贷：固定资产－运输车辆 200,000.00

借：应付账款－长安市健素企业管理咨询公司 70,000.00

贷：固定资产清理－运输车辆 54,502.40

应交税费－应交增值税－销项税额 _13% 7,085.31

资产处置损益－固定资产处置损益 8,412.29

☆正确会计分录

借：固定资产清理－运输车辆 54,502.40

累计折旧－运输车辆 145,497.60

贷：固定资产－运输车辆 200,000.00

借：应付账款－长安市健素企业管理咨询公司 70,000.00

贷：固定资产清理－运输车辆 54,502.40

应交税费－应交增值税－销项税额 _13% 13,000.00

资产处置损益－固定资产处置损益 2,497.60

☆调整会计分录

贷：以前年度损益调整－资产处置损益 –5,914.69

贷：应交税费－增值税检查调整－销项税额 _13% 5,914.69

风险点31 未确认收入未按规定申报增值税（以物抵债）风险

风险点说明

纳税人以物抵债，应按合理合规的价格和适用税率申报缴纳增值税。在处理相关业务的过程中， 如果纳税人存在用前期购入时可以抵扣进项税额的自己使用过的轿车抵债，同时存在隐藏真实交易行为不记账、不正确核算轿车的计税基础或适用税率错误等情况，则存在不缴或少缴增值税的风险。

计算过程

本风险点应补提的销项税额为：以轿车公允价值为销售额确认的销项税额与已按轿车净值确认的销项税额之差。

增值税销售额 = 100,000（元）

销项税额 = 100,000 × 13% = 13,000（元）

补提销项税额 = 应确认的销项税额 − 已确认的销项税额 = 13,000 − 7,085.31 = 5,914.69（元）

税收政策

《中华人民共和国增值税暂行条例（2017 修订版）》（汇编 p434）第一条规定，在中华人民共和国境内销售货物或者加工、修理修配劳务（以下简称劳务），销售服务、无形资产、不动产以及进口货物的单位和个人，为增值税的纳税人，应当依照本条例缴纳增值税。

《中华人民共和国增值税暂行条例实施细则（2011 修订版）》（汇编 p439）（财政部　国家税务总局令 2011 年第 65 号）第三条规定，条例第一条所称销售货物，是指有偿转让货物的所有权。条例第一条所称提供加工、修理修配劳务（以下称应税劳务），是指有偿提供加工、修理修配劳务。单位或者个体工商户聘用的员工为本单位或者雇主提供加工、修理修配劳务，不包括在内。本细则所称有偿，是指从购买方取得货币、货物或者其他经济利益。

《中华人民共和国增值税暂行条例（2017 修订版）》（汇编 p434）第七条规定，纳税人发生应税销售行为的价格明显偏低并无正当理由的，由主管税务机关核定其销售额。

《中华人民共和国增值税暂行条例实施细则（2011 修订版）》（汇编 p439）（财政部　国家税务总局令 2011 年第 65 号）第十六条规定，纳税人有条例第七条所称价格明显偏低并无正当理由或者有本细则第四条所列视同销售货物行为而无销售额者，按下列顺序确定销售额：（一）按纳税人最近时期同类货物的平均销售价格确定；（二）按其他纳税人最近时期同类货物的平均销售价格确定；（三）按组成计税价格确定。

风险点 32 视同销售行为未按规定申报企业所得税（以物抵债）风险

风险点说明

企业以物抵债是视同销售行为，应以配比原则按资产的公允价值确认收入，按历史成本结转成本，正确计算债务重组利得和资产处置利得。在处理相关业务的过程中，如果企业存在仅确认债务重组利得而不确认资产处置利得，甚至二者均不确认等情况，则存在不缴或少缴企业所得税的风险。

计算过程

本风险点确认的非货币性资产交换视同销售收入为按换出轿车公允价值确认的收入，确认的非货币性资产交换视同销售成本为换出轿车净值。本业务调增的应纳税所得额为：债务重组损益与未取得合法有效的费用扣除凭证的以物抵债损失金额之和扣除企业已确认的损益金额。

非货币性资产交换视同销售收入 = 100,000（元）

非货币性资产交换视同销售成本 = 54,502.4 （元）

抵债资产视同销售调增应纳税所得额 = 非货币性资产交换视同销售收入 − 非货币性资产交换视同销售成本

= 100,000 − 54,502.4 = 45,497.6（元）

以物抵债损失 = 抵债资产（轿车）的市场价值（含税）− 负债的账面价值

= 100,000 ×（1 + 13%）− 70,000 = 43,000（元）

因以物抵债损失未取得符合税法规定凭证，因此 43,000 元抵债损失不得税前扣除。

应确认的债务重组与抵债损益 = 抵债资产视同销售应确认收益 − 以物抵债损失

= 45,497.6 − 43,000 = 2,497.6（元）

该业务企业已确认收益 = 8,412.29（元）

需调增应纳税所得额（抵债资产收益）= 应确认的债务重组损益 + 不得税前扣除的抵债损失 − 业务企业已确认收益

= 2,497.6 + 43,000 − 8,412.29 = 37,085.31（元）

企业所得税调整调表不调账。

税收政策

《中华人民共和国企业所得税法实施条例》（汇编 p595）第二十五条规定，企业发生非货币性资产交换，以及将货物、财产、劳务用于捐赠、偿债、赞助、集资、广告、样品、职工福利或者利润分配等用途的，应当视同销售货物、转让财产或者提供劳务，但国务院财政、税务主管部门另有规定的除外。

《国家税务总局关于企业处置资产所得税处理问题的通知》（汇编 p686）（国税函〔2008〕828 号）第二条第（六）项规定，企业将资产移送他人的下列情形，因资产所有权属已发生改变而不属于内部处置资产，应按规定视同销售确定收入。（六）其他改变资产所有权属的用途。

《国家税务总局关于企业所得税有关问题的公告》（汇编 p636）（税务总局公告 2016 年第 80 号）第二条规定，企业发生《国家税务总局关于企业处置资产所得税处理问题的通知》（国税函〔2008〕828 号）第二条规定情形的，除另有规定外，应按照被移送资产的公允价值确定销售收入。

《国家税务总局关于修订企业所得税年度纳税申报表的公告》（汇编 p613）（国家税务总局公告 2020 年第 24 号）附件：《中华人民共和国企业所得税年度纳税申报表（A 类，2017 年版）》部分表单及填报说明（2020 年修订）规定，《纳税调整项目明细表》填报说明第 30 行“（十七）其他”：填报其他因会计处理与税收规定有差异需纳税调整的扣除类项目金额，企业将货物、资产、劳务用于捐赠、广告等用途时，进行视同销售纳税调整后，对应支出的会计处理与税收规定有差异需纳税调整的金额填报在本行。

《企业资产损失所得税税前扣除管理办法》（汇编 p662）（国家税务总局公告 2011 年第 25 号）第三条规定，准予在企业所得税税前扣除的资产损失，是指企业在实际处置、转让上述资产过程中发生的合理损失（以下简称实际资产损失），以及企业虽未实际处置、转让上述资产，但符合《通知》和本办法规定条件计算确认的损失（以下简称法定资产损失）。第二十二条第（六）项规定，企业应收及预付款项坏账损失应依据以下相关证据材料确认：（六）属于债务重组的，应有债务重组协议及其债务人重组收益纳税情况说明。

延伸解读

通过《企业所得税年度纳税申报表》A105080《资产折旧、摊销情况及纳税调整明细表》获知企业运输工具减少，亦可通过第三方信息（如车管所信息）获知企业登记的车辆过户信息。利用电子底账系统未发现企业销售车辆的开票信息，可要求企业提供记账凭证，确认是否存在减少车辆未进行税务处理的情况。经核实，该企业用市场价值不含税 100,000 元的轿车抵偿 70,000 元的欠款。该业务应分解为销售固定资产及以债务重组（以销售收入还债）两项业务。首先应确认车辆的增值税销售额、企业所得税视同销售收入和视同销售成本，同时应确认重组损失，在企业相关重组损失手续齐全的情况下可税前扣除，否则应进行纳税调整。

具体事项 26

报销非本单位车辆维修费及油费

11 月第 52 笔凭证：2020 年 11 月报销非本单位奔驰越野车维修费及油费共计 58,760 元，此费用系董事长王岳达的私车消费。

☆原会计分录

借：销售费用－车辆燃油费　2,000.00
　　销售费用－修理费　50,000.00
借：应交税费－应交增值税－进项税额　6,760.00
　贷：库存现金　58,760.00

☆正确会计分录

借：销售费用－车辆燃油费　2,260.00
　　销售费用－修理费　56,500.00
　贷：库存现金　58,760.00

☆调整会计分录

借：以前年度损益调整－销售费用　6,760.00
　贷：应交税费－增值税检查调整－进项税额转出　6,760.00
企业所得税调整调表不调账

风险点 33 报销个人消费未按规定转出进项税额（董事长个人消费）风险

风险点说明

纳税人将外购货物或服务用于个人消费，其对应的进项税额不得抵扣，已经抵扣的要做进项税额转出处理。在处理相关业务的过程中，如果纳税人存在为其他单位或个人购买货物或服务，将发票开给自己并报销，违规申报抵扣进项税额或应转出不转出进项税额等情况，则存在不缴或少缴增值税的风险。

计算过程

本风险点中应按规定转出的进项税额为：非本单位车辆维修费及油费已确认的进项税额。调减的应纳税所得额为：因转出进项税额增加的费用金额。

进项税额转出金额 = 6,760（元）

调减应纳税所得额 = 6,760（元）

税收政策

《中华人民共和国增值税暂行条例（2017 修订版）》（汇编 p434）第十条第（一）项规定，下列项目的进项税额不得从销项税额中抵扣：用于简易计税方法计税项目、免征增值税项目、集体福利或者个人消费的购进货物、劳务、服务、无形资产和不动产。

风险点34 在管理费用中列支与取得收入无关的支出（董事长个人消费）风险

风险点说明

企业发生的个人消费业务，是与生产经营无关的支出，不得税前列支，若已列支应做纳税调增。在处理相关业务的过程中，如果企业存在将个人消费列入成本、费用尤其是销售费用中，且在计算应纳税所得额时税前列支等情况，则存在不缴或少缴企业所得税的风险。

计算过程

调增的应纳税所得额为：非应由本单位核算的车辆维修费及油费金额及转出的进项税额之和。

调增应纳税所得额 = 2,000 + 50,000 + 6,760 = 58,760（元）

企业所得税调整调表不调账。

税收政策

《中华人民共和国企业所得税法》（汇编 p587）第八条规定，企业实际发生的与取得收入有关的、合理的支出，包括成本、费用、税金、损失和其他支出，准予在计算应纳税所得额时扣除。

《中华人民共和国企业所得税法实施条例》（汇编 p595）第三十三条规定， 企业所得税法第八条所称其他支出，是指除成本、费用、税金、损失外，企业在生产经营活动中发生的与生产经营活动有关的、合理的支出。

延伸解读

通过电子底账系统进行票面分析，油费的业务是汽车用油。比对全年收到的汽车用油发票所载油量信息与车辆信息（可参考企业所得税折旧摊销明细表车辆原值数据），确定开支合理性。通过电子底账系统进行票面分析，修理费业务开具的是修理费发票，备注是越野车。比对全年收到的车辆修理费发票所载信息与车辆信息（可参考企业所得税折旧摊销明细表车辆原值数据），确定开支合理性。缺乏合理性时应要求企业提供列支修理费支出时后附的修理费明细单据，是否载明修理车辆信息，包括车号、车主信息等，同时与固定资产卡片账核对，确认该费用是否应在税前列支。在此处发票备注栏中的"越野车"实际是代替修理费详单，通常修理发票的备注栏是不标注车辆信息的。修车费请关注修理费详单，详单中会注明车号等车辆信息，可以用来判断是否存在为个人负担修理费但在企业税前列支费用的情况。经核实，确定该企业列支的维修费及油费不允许税前扣除，应调增应纳税所得额58,760元，同时转出增值税进项税额6,760元。

在实践中，企业发生此类业务时具体由谁付款，对判断其行为性质的区别很大。如果不是本企业付款，涉嫌取得虚开的发票；如果是本企业付款，然后将购进的货物或服务再提供给其他与企业无关的单位、个人，属于无偿赠送应作视同销售处理。

具体事项 27
以物易物未按规定作销售处理

11月第61笔凭证：2020年11月按合同约定以27*0.9带锯条139.92米，换购长安欣博机械设备有限公司气缸1个，不含税价格2,100元，取得增值税发票税额为273元，已验收入库。

☆原会计分录

借：营业外支出 – 其他	47.62	
原材料 – 备品备件类 _ 气缸	2,100.00	
应交税费 – 应交增值税 – 进项税额	273.00	
贷：库存商品 _ 带锯条 27*0.9		2,420.62

☆正确会计分录

借：原材料 – 备品备件类 _ 气缸	2,889.19	
应交税费 – 应交增值税 – 进项税额	273.00	
贷：主营业务收入 _ 带锯条 27*0.9_13%		2,798.40
应交税费 – 应交增值税 – 销项税额 _13%		363.79
借：主营业务成本	2,420.62	
贷：库存商品 _ 带锯条 27*0.9		2,420.62

☆调整会计分录

借：原材料 – 备品备件 – 气缸	789.19	
以前年度损益调整 – 主营业务成本	2,420.62	
贷：以前年度损益调整 – 主营业务收入		2,798.40
应交税费 – 增值税检查调整 – 销项税额 _13%		363.79
以前年度损益调整 – 营业外支出		47.62

风险点35 未确认收入未按规定申报增值税（以物易物）风险

风险点说明

纳税人以物易物，应按换出资产的市场价格确认增值税销项税额，换入资产作为购进货物处理。与以物抵债相似，增值税政策没有规定以物易物是视同销售，以物易物实际就是销售行为。在处理相关业务的过程中，如果纳税人存在未核算换出货物销项税额，而进项税额正常核算，仅在账务处理上做库存商品减少处理等情况，则存在不缴或少缴增值税的风险。

计算过程

本风险点中应确认的销项税额为：纳税人按换出带锯条公允价值及适用税率确认销项税额。

增值税销售额 = 139.92 米 ×20 元 / 米 = 2,798.4（元）

增值税销项税额 = 2,798.4×13% = 363.79（元）

税收政策

《中华人民共和国增值税暂行条例（2017 修订版）》（汇编 p434）第一条规定，在中华人民共和国境内销售货物或者加工、修理修配劳务（以下简称劳务），销售服务、无形资产、不动产以及进口货物的单位和个人，为增值税的纳税人，应当依照本条例缴纳增值税。

《中华人民共和国增值税暂行条例实施细则（2011 修订版）》（汇编 p439）（财政部　国家税务总局令 2011 年第 65 号）第三条规定，条例第一条所称销售货物，是指有偿转让货物的所有权。条例第一条所称提供加工、修理修配劳务（以下称应税劳务），是指有偿提供加工、修理修配劳务。单位或者个体工商户聘用的员工为本单位或者雇主提供加工、修理修配劳务，不包括在内。本细则所称有偿，是指从购买方取得货币、货物或者其他经济利益。

《中华人民共和国增值税暂行条例（2017 修订版）》（汇编 p434）第七条规定，纳税人发生应税销售行为的价格明显偏低并无正当理由的，由主管税务机关核定其销售额。

《中华人民共和国增值税暂行条例实施细则（2011 修订版）》（汇编 p439）（财政部　国家税务总局令 2011 年第 65 号）第十六条规定，纳税人有条例第七条所称价格明显偏低并无正当理由或者有本细则第四条所列视同销售货物行为而无销售额者，按下列顺序确定销售额：（一）按纳税人最近时期同类货物的平均销售价格确定；（二）按其他纳税人最近时期同类货物的平均销售价格确定；（三）按组成计税价格确定。

风险点36 视同销售行为未按规定申报企业所得税（以物易物）风险

风险点说明

企业以物易物，应将用于交换的产品利得计入应纳税所得额并计算缴纳企业所得税，应按换出资产的公允价值确认收入，换入资产作为购进货物处理，按规定以物易物是视同销售行为。在处理相关业务的过程中，如果企业存在未确认交换产品的利得以及不确认换出货物收入，单方面确认换入货物成本的情况；或存在不具有商业实质或交换资产的公允价值不能可靠计量的非货币性资产交换，未按税法规定进行纳税调整的情况，则存在不缴或少缴企业所得税的风险。

计算过程

本风险点确认的非货币性资产交换视同销售收入为按换出带锯条公允价值确认的收入，确认的非货币性资产交换视同销售成本为换出带锯条成本。调增的换入商品的计税基础为按换出商品公允价值确认的换入商品计税基础与原已按换出产品账面价值确认的计税基础之差。调增应纳税所得额为企业原确认的损失金额。

非货币性资产交换视同销售收入 = 139.92 米 × 单价 20 元 / 米 = 2,798.4（元）

非货币性资产交换视同销售成本 = 139.92 米 × 成本 17.3 元 / 米 = 2,420.62（元）

视同销售调增应纳税所得额 = 非货币性资产交换视同销售收入 − 非货币性资产交换视同销售成本

= 2,798.4 − 2,420.62 = 377.78（元）

应确认的换入产品计税基础 = 换出产品的公允价值 + 负担的换出产品的销项税额 − 可抵扣的换入产品的进项税额 = 2,798.4 + 363.79 − 273 = 2,889.19（元）

调增换入资产计税基础 = 应确认的换入产品计税基础 − 已确认的换入资产的账面价值

= 2,889.19 − 2,100 = 789.19（元）

调增应纳税所得额（原确认损失）= 47.62（元）

税收政策

《中华人民共和国企业所得税法实施条例》（汇编 p595）第二十五条规定，企业发生非货币性资产交换，以及将货物、财产、劳务用于捐赠、偿债、赞助、集资、广告、样品、职工福利或者利润分配等用途的，应当视同销售货物、转让财产或者提供劳务，但国务院财政、税务主管部门另有规定的除外。

《国家税务总局关于企业处置资产所得税处理问题的通知》（汇编 p686）（国税函〔2008〕828 号）第二条第（六）项规定，企业将资产移送他人的下列情形，因资产所有权属已发生改变而不属于内部处置资产，应按规定视同销售确定收入。（六）其他改变资产所有权属的用途。

《国家税务总局关于企业所得税有关问题的公告》（汇编 p636）（税务总局公告 2016 年第 80 号）第二条规定，企业发生《国家税务总局关于企业处置资产所得税处理问题的通知》（国税函〔2008〕828 号）第二条规定情形的，除另有规定外，应按照被移送资产的公允价值确定销售收入。

《国家税务总局关于修订企业所得税年度纳税申报表的公告》（汇编 p613）（国家税务总局公告 2020 年第 24 号）附件：《中华人民共和国企业所得税年度纳税申报表（A 类，2017 年版）》部分表单及填报说明（2020 年修订）规定，《纳税调整项目明细表》填报说明第 30 行“（十七）其他”：填报其他因会计处理与税收规定有差异需纳税调整的扣除类项目金额，企业将货物、资产、劳务用于捐赠、广告等用途时，进行视同销售纳税调整后，对应支出的会计处理与税收规定有差异需纳税调整的金额填报在本行。

延伸解读

发现主营收入与主营成本倒挂，可要求该企业提供库存商品明细账，通过核对库存商品明细账贷方的对应科目，重点分析库存商品贷方发生额（库存商品减少）与主营业务成本借方发生额（主营业务成本增加）的关系。通过比对，企业库存商品减少金额与主营业务成本增加金额不符，判断企业可能存在以物易物、资产抵债等业务未确认收入等情况。通过库存商品—带锯条 27*0.9 数量金额明细账逐笔分析，发现 11 月第 61 笔分录记载金额比较异常，追踪到记账凭证，发现企业的会计处理是错误的。应要求企业修正换入资产的入账价值，按公允价值计算入账价值。换入资产的入账价值 = 换出资产的公允价值 + 资产的销项税额 - 以物易物可抵扣的进项税额 =2,798.4+363.79- 273=2,889.19 元。换入资产的公允价值 = 换入资产账面 + 企业付出的成本 =2,100+363.79（企业为换购支付的销项）+377.78（2,798.4-139.92 × 成本价 17.3=337.78 企业视同销售的利润）+47.62（企业原列支的换购损失）=2,889.19 元。

具体事项 28
计提未发放研发人员工资少缴税费

11 月第 63 笔凭证：2020 年 11 月计提研发人员工资 50,000 元，非专职人员，未能提供工时分配单，至 2020 年企业所得税汇算结束前未实际发放。

☆原会计分录		☆正确会计分录	
借：管理费用－研发费用－工资	50,000.00	借：管理费用－研发费用－工资	50,000.00
贷：应付职工薪酬－工资	50,000.00	贷：应付职工薪酬－工资	50,000.00
		借：管理费用－研发费用－养老保险	8,000.00
		贷：应付职工薪酬－社会保险－养老保险	8,000.00

☆调整会计分录	
借：以前年度损益调整－管理费用	8,000.00
贷：应付职工薪酬－社会保险－养老保险	8,000.00

风险点 37 应缴费事项未按缴费依据申报缴费（社保费）风险

风险点说明

用人单位应当按照国家规定的本单位职工工资总额的比例缴纳基本养老保险金。在处理相关业务的过程中，如果用人单位存在未按规定计提社会保险费等情况，则存在不缴或少缴社会保险费的风险。

计算过程

本风险点补提养老保险统筹为：企业工资中未按规定计提社会保险费的金额对应的费用。

补提养老保险统筹＝50,000×16%＝8,000（元）

税收政策

《关于规范社会保险缴费基数有关问题的通知》（汇编 p764）（劳社险中心函〔2006〕60 号）第一条规定，关于缴费基数的核定依据，1990 年，国家统计局发布了《关于工资总额组成的规定》（国家统计局令第 1 号），之后相继下发了一系列通知对有关工资总额统计做出了明确规定，每年各省区市统计局在劳动统计报表制度中对劳动报酬指标亦有具体解释。这些文件都应作为核定社会保险缴费基数的依据。凡是国家统计局有关文件没有明确规定不作为工资收入统计的项目，均应作为社会保险缴费基数。第二条规定，关于工资总额的计算口径，依据国家统计局有关文件规定，工资总额是指各单位在一定时期内直接支付给本单位全部职工的劳动报酬总额，由计时工资、计件工资、奖金、加班加点工资、特殊情况下支付的工资、津贴和补贴等组成。劳动报酬总额包括：在岗职工工资总额；不在岗职工生活费；聘用、留用的离退休人员的劳动报酬；外籍及港澳台方人员劳动报酬以及聘用其他从业人员的劳动报酬。国家统计局“关于认真贯彻执行《关于工资总额组成的规定》的通知”《统制字〔1990〕1号》中对工资总额的计算做了明确解释：各单位支付给职工的劳动报酬以及其他根据有关规定支付的工资，不论是计入成本的还是不计入成本的，不论是按国家规定列入计征奖金税项目的还是未列入计征奖金税项目的，均应列入工资总额的计算范围。

风险点38 以计提工资方式在税前列支成本费用少缴企业所得税（未发放的职工薪酬）风险

风险点说明

企业实际发生的支出，应据实列支，各类预提费用都要在实际发放时才允许税前列支（另有特殊规定的除外）。在处理相关业务的过程中，如果企业存在年度汇算清缴前未支付已预提的各类支出项目，包括工资薪金等，已在税前列支成本、费用等情况，则存在不缴或少缴企业所得税的风险。

计算过程

本风险点中应调增的应纳税所得额为：企业在年度汇算清缴前未支付已预提的工资薪金。

调增应纳税所得额 = 50,000（元）（调表不调账）

税收政策

《中华人民共和国企业所得税法实施条例》（汇编 p595）第三十四条规定，企业发生的合理的工资薪金支出，准予扣除。前款所称工资薪金，是指企业每一纳税年度支付给在本企业任职或者受雇的员工的所有现金形式或者非现金形式的劳动报酬，包括基本工资、奖金、津贴、补贴、年终加薪、加班工资，以及与员工任职或者受雇有关的其他支出。

《国家税务总局关于企业工资薪金和职工福利费等支出税前扣除问题的公告》（汇编 p650）（国家税务总局公告2015年第34号）第二条规定，企业在年度汇算清缴结束前向员工实际支付的已预提汇缴年度工资薪金，准予在汇缴年度按规定扣除。

风险点39 扩大加计扣除基数税前违规扣除（研发人员工资）风险

风险点说明

税费优惠政策是国家给予特定行业和事项的税收照顾，具有多种表现形式，如涉及农业初级产品生产的直接减免、企业研发人员工资的加计扣除等，企业研发费用中可加计扣除的人工费用必须是直接参与研发人员的工资。在处理相关业务的过程中，如果企业存在将研发人员之外的其他人员工资列入研发费用中，违规增大研发人员工资费用，采用错误的加计扣除基数等情况，则存在不缴或少缴企业所得税的风险。

计算过程

本风险点调增的应纳税所得额为：不符合研发费用加计扣除的企业已加计扣除的费用。

调增应纳税所得额 = 50,000 × 75% = 37,500（元）（调表不调账）

税收政策

《财政部　国家税务总局　科技部关于完善研究开发费用税前加计扣除政策的通知》（汇编p641）（财税〔2015〕119号）第一条规定，研发活动及研发费用归集范围。本通知所称研发活动，是指企业为获得科学与技术新知识，创造性运用科学技术新知识，或实质性改进技术、产品（服务）、工艺而持续进行的具有明确目标的系统性活动。（一）允许加计扣除的研发费用 1. 人员人工费用。直接从事研发活动人员的工资薪金、基本养老保险费、基本医疗保险费、失业保险费、工伤保险费、生育保险费和住房公积金，以及外聘研发人员的劳务费用。2. 直接投入费用。（1）研发活动直接消耗的材料、燃料和动力费用。（2）用于中间试验和产品试制的模具、工艺装备开发及制造费，不构成固定资产的样品、样机及一般测试手段购置费，试制产品的检验费。（3）用于研发活动的仪器、设备的运行维护、调整、检验、维修等费用，以及通过经营租赁方式租入的用于研发活动的仪器、设备租赁费。

《国家税务总局关于研发费用税前加计扣除归集范围有关问题的公告》（汇编p633）（国家税务总局公告2017年第40号）第一条第二款第三款规定，人员人工费用。（二）工资薪金包括按规定可以在税前扣除的对研发人员股权激励的支出。（三）直接从事研发活动的人员、外聘研发人员同时从事非研发活动的，企业应对其人员活动情况做必要记录，并将其实际发生的相关费用按实际工时占比等合理方法在研发费用和生产经营费用间分配，未分配的不得加计扣除。

《财政部　税务总局　科技部关于提高研究开发费用税前加计扣除比例的通知》（汇编 p624）（财税〔2018〕99 号）第一条规定，企业开展研发活动中实际发生的研发费用，未形成无形资产计入当期损益的，在按规定据实扣除的基础上，在 2018 年 1 月 1 日至 2020 年 12 月 31 日期间，再按照实际发生额的 75% 在税前加计扣除；形成无形资产的，在上述期间按照无形资产成本的 175% 在税前摊销。

延伸解读

企业滚动计提与发放工资，一般情况下各期应付职工薪酬余额变动相对较小。如果资产负债表中年末应付职工薪酬余额变动较大，可能存在本期已计提的工资未发放的问题。经核实，该企业管理费用中列支的工资 50,000 元在企业所得税年度汇算前未发放，需要调增应纳税所得额，同时该部分工资薪金不得进行研发费用的加计扣除。具体可查阅企业年末应付职工薪酬 – 工资期末余额及次年 5 月 31 日该科目余额，判断在汇算前已计入费用的工资是否发放完毕。

另外，部分企业对工资的账务处理采用“借记管理费用 – 工资、贷记其他应付款 – 其他”的方式，该账务处理方式很难识别计提工资的科目。实地核实时，可将企业费用科目、成本科目、在建工程等涉及的工资项目汇总，与企业应付职工薪酬 – 工资对比，获取企业未将全部职工薪酬计入应付职工薪酬的线索。也可要求企业提供全口径工资、全口径养老保险数据进行配比，不符合比例的企业需要对少计提养老保险的金额进行调整。对于财务核算不规范、不通过应付职工薪酬核算工资的企业，可直接核实费用成本中列支的工资薪酬，若无法复核比对会计科目，可通过全员全额申报个人工资所得与养老统筹对比，找出差异并要求企业说明原因。

具体事项 29
用自产产品奖励内部员工未按规定缴税

11 月第 73 笔凭证：2020 年 11 月将自产两把精品木工锯镌刻职工姓名作为珍藏纪念品发给销售部职工，每把成本价 325 元。

☆原会计分录

借：销售费用－工资薪金	650.00	
贷：应付职工薪酬－工资		650.00
借：应付职工薪酬－工资	650.00	
贷：库存商品_木工锯		650.00

☆正确会计分录

借：应付职工薪酬－工资	807.95	
贷：主营业务收入_木工锯_13%		715.00
应交税费－应交增值税－销项税额_13%		92.95
借：主营业务成本	650.00	
贷：库存商品_木工锯		650.00
借：销售费用－工资薪金	807.95	
贷：应付职工薪酬－工资		807.95

☆调整会计分录

借：以前年度损益调整－销售费用	157.95	
以前年度损益调整－主营业务成本	650.00	
贷：以前年度损益调整－主营业务收入		715.00
应交税费－增值税检查调整－销项税额_13%		92.95

风险点40 视同销售行为未按规定申报增值税（自产货物奖励员工）风险

风险点说明

纳税人将货物奖励给员工，应以市场价格或以其他方法确定货物的公允价值，确认增值税视同销售收入。在处理相关业务的过程中，如果纳税人存在仅是减少库存未确认收入，或将货物奖励纳入福利费核算等情况，则存在不缴或少缴增值税的风险。

计算过程

本风险点中应确认的销项税额为：将货物奖励给员工应按增值税视同销售处理需确认的销项税额。

增值税销售额＝325×2×（1＋10%）＝715（元）

销项税额＝715×13%＝92.95（元）

税收政策

《中华人民共和国增值税暂行条例实施细则（2011修订版）》（汇编p439）（财政部　国家税务总局令2011年第65号）第四条第（五）项规定，单位或者个体工商户的下列行为，视同销售货物：将自产、委托加工的货物用于集体福利或者个人消费。第十六条规定，纳税人有条例第七条所称价格明显偏低并无正当理由或者有本细则第四条所列视同销售货物行为而无销售额者，按下列顺序确定销售额：（一）按纳税人最近时期同类货物的平均销售价格确定；（二）按其他纳税人最近时期同类货物的平均销售价格确定；（三）按组成计税价格确定。

风险点41 视同销售行为未按规定申报企业所得税（自产货物奖励员工）风险

风险点说明

企业将自产货物奖励给员工，应以市场价格或以其他方法确定货物的公允价值，确认企业所得税视同销售收入。在处理相关业务的过程中，如果企业存在仅是减少库存或将货物奖励纳入福利费核算等情况，则存在不缴或少缴企业所得税的风险。

计算过程

本风险点确认的用于职工奖励或福利视同销售收入为按组成计税价格确认的收入，确认的用于职工奖励或福利视同销售成本为库存商品成本。调增税前列支销售费用金额为按产品公允价值确认的费用金额与已确认费用之差。

用于职工奖励或福利视同销售收入 = 715（元）

用于职工奖励或福利视同销售成本 = 325 × 2 = 650（元）

视同销售调增应纳税所得额 = 715 − 650 = 65（元）

企业可税前列支的销售费用 = 715 + 92.95 = 807.95（元）

企业已经列支的销售费用 = 650（元）

纳税调整表第40行应调减的应纳税所得额 = 807.95 − 650 = 157.95（元）（调表不调账）

税收政策

《中华人民共和国企业所得税法实施条例》（汇编p595）第二十五条规定，企业发生非货币性资产交换，以及将货物、财产、劳务用于捐赠、偿债、赞助、集资、广告、样品、职工福利或者利润分配等用途的，应当视同销售货物、转让财产或者提供劳务，但国务院财政、税务主管部门另有规定的除外。

《国家税务总局关于企业处置资产所得税处理问题的通知》（汇编p686）（国税函〔2008〕828号）第二条第（三）项规定，企业将资产移送他人的下列情形，因资产所有权属已发生改变而不属于内部处置资产，应按规定视同销售确定收入。（三）用于职工奖励或福利。

《国家税务总局关于企业所得税有关问题的公告》（汇编 p636）（税务总局公告 2016 年第 80 号）第二条规定，企业发生《国家税务总局关于企业处置资产所得税处理问题的通知》（国税函〔2008〕828 号）第二条规定情形的，除另有规定外，应按照被移送资产的公允价值确定销售收入。

《国家税务总局关于修订企业所得税年度纳税申报表的公告》（汇编 p613）（国家税务总局公告 2020 年第 24 号）附件：《中华人民共和国企业所得税年度纳税申报表（A 类，2017 年版）》部分表单及填报说明（2020 年修订）规定，《纳税调整项目明细表》填报说明第 30 行“（十七）其他”：填报其他因会计处理与税收规定有差异需纳税调整的扣除类项目金额，企业将货物、资产、劳务用于捐赠、广告等用途时，进行视同销售纳税调整后，对应支出的会计处理与税收规定有差异需纳税调整的金额填报在本行。

风险点 42 未履行代扣代缴及申报义务少代扣代缴个人所得税（发放实物奖励）风险

风险点说明

企业向职工发放实物奖励，应按职工获得非货币性实物金额并入发放当月职工个人“工资薪金”中扣缴个人所得税。在处理相关业务的过程中，如果企业存在没有把实物金额并入相关职工个人“工资薪金”代扣代缴个人所得税，而职工个人也没有主动申报等情况，则存在不缴或少缴个人所得税的风险。

计算过程

本风险点应代扣代缴的个人所得税为职工获取的实物奖励公允价值按“工资薪金”税目确认的个人所得税。

应纳税所得额 = 715 + 92.95 = 807.95（元）

并入职工当期工资薪金计算缴纳个人所得税

税收政策

《中华人民共和国个人所得税法实施条例》（汇编 p697）第六条第（一）项规定，个人所得税法规定的各项个人所得范围：工资、薪金所得，是指个人因任职或者受雇取得的工资、薪金、奖金、年终加薪、劳动分红、津贴、补贴以及与任职或者受雇有关的其他所得。第八条规定，个人所得的形式，包括现金、实物、有价证券和其他形式的经济利益；所得为实物的，应当按照取得的凭证上所注明的价格计算应纳税所得额，无凭证的实物或者凭证上所注明的价格明显偏低的，参照市场价格核定应纳税所得额；所得为有价证券的，根据票面价格和市场价格核定应纳税所得额；所得为其他形式的经济利益的，参照市场价格核定应纳税所得额。

延伸解读

企业将货物、资产、劳务用于捐赠、广告等用途时，按照视同销售进行纳税调整，对应支出的会计处理与税收规定有差异需纳税调减的金额应填列在企业所得税申报表纳税调整表的第30行。自产产品奖励一般员工，企业所得税视同销售，不会产生所得额，但有可能影响职工工资薪金个人所得税。

具体事项 30
自产产品直接对外捐赠未视同销售

11月第74笔凭证：2020年11月将2018年利用边角材自制的20张圆桌及200个椅子，通过本单位的运输车辆直接赠送长安市养老院。圆桌单位成本价125元，市场不含税价格500元；椅子单位成本价55元，市场不含税价格100元。

☆原会计分录

借：营业外支出－捐赠支出	13,500.00
贷：库存商品＿圆桌	2,500.00
库存商品＿椅子	11,000.00

☆正确会计分录

借：营业外支出－捐赠支出	17,400.00
贷：应交税费－应交增值税－销项税额＿13%	3,900.00
库存商品＿圆桌	2,500.00
库存商品＿椅子	11,000.00

☆调整会计分录

借：以前年度损益调整－营业外支出	3,900.00
贷：应交税费－增值税检查调整－销项税额＿13%	3,900.00

风险点 43 视同销售行为未按规定申报增值税（自产货物用于捐赠）风险

风险点说明

纳税人将自产产品用于捐赠，应按视同销售处理申报缴纳增值税。在处理相关业务的过程中，如果纳税人存在将用于捐赠的产品以成本价直接计入“营业外支出”科目等情况，则存在不缴或少缴增值税的风险。

计算过程

本风险点确认的销项税额为：用于捐赠的自产产品按视同销售处理确认的增值税销项税额。

增值税销售额 = 500 元 ×20 元 / 张 + 100 元 ×200 元 / 个 = 30,000（元）

销项税额 = 30,000 × 13% = 3,900（元）

税收政策

《中华人民共和国增值税暂行条例实施细则（2011 修订版）》（汇编 p439）（财政部　国家税务总局令 2011 年第 65 号）第四条第（八）项规定，单位或者个体工商户的下列行为，视同销售货物：将自产、委托加工或者购进的货物无偿赠送其他单位或者个人。第十六条规定，纳税人有条例第七条所称价格明显偏低并无正当理由或者有本细则第四条所列视同销售货物行为而无销售额者，按下列顺序确定销售额：（一）按纳税人最近时期同类货物的平均销售价格确定；（二）按其他纳税人最近时期同类货物的平均销售价格确定；（三）按组成计税价格确定。

风险点 44　视同销售行为未按规定申报企业所得税（自产货物用于捐赠）风险

风险点说明

企业发生不符合公益性捐赠税前扣除条件的捐赠，应按视同销售核算收入和成本，同时捐赠成本不允许税前扣除。在处理相关业务的过程中，如果企业发生捐赠支出，存在未按视同销售处理，或不符合税前扣除公益性捐赠条件，直接列支捐赠成本等情况，则存在不缴或少缴纳企业所得税的风险。

计算过程

本风险点确认的用于对外捐赠视同销售收入为用于捐赠产品公允价值，确认的用于对外捐赠视同销售成本为库存商品成本。调减的捐赠支出确认的应纳税所得额为捐赠货物含税公允价值扣除企业按成本确认的捐赠支出。调增应纳税所得额为不符合公益性捐赠税前扣除条件的捐赠金额。

用于对外捐赠视同销售收入 = 30,000（元）

用于对外捐赠视同销售成本 = 125 × 20 + 55 × 200 = 13,500（元）

视同销售调增应纳税所得额 = 30,000 − 13,500 = 16,500（元）

调减应纳税所得额（补记捐赠支出实际发生额）= 16,500 + 3,900 = 20,400（元）

调增应纳税所得额 = 不得税前扣除的直接捐赠支出 = 30,000 ×（1 × 13%）= 33,900（元）

企业所得税调整调表不调账

税收政策

《中华人民共和国企业所得税法实施条例》（汇编 p595）第二十五条规定，企业发生非货币性资产交换，以及将货物、财产、劳务用于捐赠、偿债、赞助、集资、广告、样品、职工福利或者利润分配等用途的，应当视同销售货物、转让财产或者提供劳务，但国务院财政、税务主管部门另有规定的除外。

《国家税务总局关于企业处置资产所得税处理问题的通知》（汇编 p686）（国税函〔2008〕828 号）第二条第（五）项规定，企业将资产移送他人的下列情形，因资产所有权属已发生改变而不属于内部处置资产，应按规定视同销售确定收入。（五）用于对外捐赠。

《国家税务总局关于企业所得税有关问题的公告》（汇编 p636）（税务总局公告 2016 年第 80 号）第二条规定，企业发生《国家税务总局关于企业处置资产所得税处理问题的通知》（国税函〔2008〕828 号）第二条规定情形的，除另有规定外，应按照被移送资产的公允价值确定销售收入。

《国家税务总局关于修订企业所得税年度纳税申报表的公告》（汇编 p613）（国家税务总局公告 2020 年第 24 号）附件：《中华人民共和国企业所得税年度纳税申报表（A 类，2017 年版）》部分表单及填报说明（2020 年修订）规定，《纳税调整项目明细表》填报说明第 30 行“（十七）其他”：填报其他因会计处理与税收规定有差异需纳税调整的扣除类项目金额，企业将货物、资产、劳务用于捐赠、广告等用途时，进行视同销售纳税调整后，对应支出的会计处理与税收规定有差异需纳税调整的金额填报在本行。

《中华人民共和国企业所得税法》（汇编 p587）第九条规定，企业发生的公益性捐赠支出，在年度利润总额 12% 以内的部分，准予在计算应纳税所得额时扣除。

《全国人民代表大会常务委员会关于修改〈中华人民共和国企业所得税法〉的决定》将第九条修改为：“企业发生的公益性捐赠支出，在年度利润总额 12% 以内的部分，准予在计算应纳税所得额时扣除；超过年度利润总额 12% 的部分，准予结转以后三年内在计算应纳税所得额时扣除。”

《中华人民共和国企业所得税法》（汇编 p587）第十条第（五）项规定，在计算应纳税所得额时，下列支出不得扣除：（五）本法第九条规定以外的捐赠支出。

延伸解读

企业自产产品对外捐赠可通过审计的方法来复核筛选，其基本原理是企业主营业务成本是由销售的库存商品结转而来，方法是比对库存商品的贷方发生额（库存商品的减少金额）与主营业务成本的借方发生额（主营业务成本的增加金额）差异。经核实，该企业少缴增值税，同时应做企业所得税纳税调增。自产产品对外捐赠，企业所得税视同销售后，会不会产生所得额，取决于捐赠是否允许税前扣除或是否超限额。

具体事项 31
向参展人员发放自产宣传品少缴税款

11 月第 76 笔凭证：2020 年 11 月参加会展，将印有公司 logo 的木工锯条作为宣传品随机送给参加展会人员，成本价 325 元。

☆原会计分录

借：销售费用 – 广告和业务宣传费	325.00	
贷：库存商品 _ 木工锯		325.00
借：营业外支出 – 其他	65.00	
贷：应交税费 – 应交个人所得税		65.00

☆正确会计分录

借：销售费用 – 广告和业务宣传费	403.98	
贷：主营业务收入 _ 木工锯 27*0.9_13%		357.50
应交税费 – 应交增值税 – 销项税额 _13%		46.48
借：主营业务成本	325.00	
贷：库存商品 _ 木工锯		325.00
借：营业外支出 – 其他	100.99	
贷：应交税费 – 应交个人所得税		100.99

☆调整会计分录

借：以前年度损益调整 – 销售费用	78.98	
以前年度损益调整 – 主营业务成本	325.00	
贷：应交税费 – 增值税检查调整 – 销项税额 _13%		46.48
以前年度损益调整 – 主营业务收入		357.50
借：以前年度损益调整 – 营业外支出	35.99	
贷：应交税费 – 应交个人所得税		35.99

风险点45 视同销售行为未按规定申报增值税（自产货物无偿赠送）风险

风险点说明

纳税人将自产产品用于赠送，应按视同销售处理申报缴纳增值税。在处理相关业务的过程中，如果纳税人存在将用于赠送的产品以成本价直接计入“销售费用”科目，不确认收入，也不核算应缴纳的增值税等情况，则存在不缴或少缴增值税的风险。

计算过程

本风险点确认的销项税额为：自产货物无偿赠送应视同销售确认的销项税额。

增值税销售额 = 325×（1 + 10%）= 357.5（元）

销项税额 = 357.5×13% = 46.48（元）

税收政策

《中华人民共和国增值税暂行条例实施细则（2011 修订版）》（汇编 p439）（财政部　国家税务总局令 2011 年第 65 号）第四条第（八）项规定，单位或者个体工商户的下列行为，视同销售货物：将自产、委托加工或者购进的货物无偿赠送其他单位或者个人。第十六条规定，纳税人有条例第七条所称价格明显偏低并无正当理由或者有本细则第四条所列视同销售货物行为而无销售额者，按下列顺序确定销售额：（一）按纳税人最近时期同类货物的平均销售价格确定；（二）按其他纳税人最近时期同类货物的平均销售价格确定；（三）按组成计税价格确定。

风险点46 视同销售行为未按规定申报企业所得税（自产货物无偿赠送）风险

风险点说明

企业将自产产品用于赠送，应视同销售处理申报缴纳企业所得税。在处理相关业务的过程中，如果企业存在将用于赠送的产品以成本价直接计入“销售费用”科目，不确认收入，也不核算应缴纳的企业所得税等情况，则存在不缴或少缴企业所得税的风险。

计算过程

本风险点中调减的应纳税所得额为：企业应按公允价值确认的销售费用计税基础扣除企业已确认的销售费用计税基础的差额。

企业可以税前扣除的销售费用 = 357.5（元）

企业已税前扣除的销售费用 = 用于市场推广或销售视同销售成本 = 325（元）

调减应纳税所得额 = 补记广宣费实际发生额 = 357.5 − 325 + 46.48 = 78.98（元）

税收政策

《中华人民共和国企业所得税法实施条例》（汇编 p595）第二十五条规定，企业发生非货币性资产交换，以及将货物、财产、劳务用于捐赠、偿债、赞助、集资、广告、样品、职工福利或者利润分配等用途的，应当视同销售货物、转让财产或者提供劳务，但国务院财政、税务主管部门另有规定的除外。

《国家税务总局关于企业处置资产所得税处理问题的通知》（汇编 p686）（国税函〔2008〕828 号）第二条第（五）项规定，企业将资产移送他人的下列情形，因资产所有权属已发生改变而不属于内部处置资产，应按规定视同销售确定收入。用于对外捐赠。

《国家税务总局关于企业所得税有关问题的公告》（汇编 p636）（税务总局公告 2016 年第 80 号）第二条规定，企业发生《国家税务总局关于企业处置资产所得税处理问题的通知》（国税函〔2008〕828 号）第二条规定情形的，除另有规定外，应按照被移送资产的公允价值确定销售收入。

《国家税务总局关于修订企业所得税年度纳税申报表的公告》（汇编 p613）（国家税务总局公告 2020 年第 24 号）附件：《中华人民共和国企业所得税年度纳税申报表（A 类，2017 年版）》部分表单及填报说明（2020 年修订）规定，《纳税调整项目明细表》填报说明第 30 行“（十七）其他”：填报其他因会计处理与税收规定有差异需纳税调整的扣除类项目金额，企业将货物、资产、劳务用于捐赠、广告等用途时，进行视同销售纳税调整后，对应支出的会计处理与税收规定有差异需纳税调整的金额填报在本行。

风险点 47 未履行扣代缴及申报义务少代扣代缴个人所得税（自产货物无偿赠送）风险

风险点说明

企业在展会期间，随机向本单位以外的个人赠送礼品，接受礼品的个人应按“偶然所得”项目计算缴纳个人所得税，由发放礼品方代扣代缴。当企业为客户负担该部分个人所得税时，企业计算个人所得税的依据应由不含税基数换算成含税基数，且基数中应包含增值税销项税额。在处理相关业务的过程中，如果企业存在不对其中涉及个人所得税的业务进行核算，或个人所得税计提基数错误，或其他未按规定代扣代缴个人所得税等情况，则存在不缴或少缴个人所得税的风险。

计算过程

企业应补代扣代缴个人所得税额为：企业随机向本单位以外的个人赠送礼品以公允价值按“偶然所得”税目计算的个人所得税额。

补代扣代缴个人所得税额 =（357.5 + 46.48）÷（1 − 20%）×20% − 65 = 100.99 − 65 = 35.99（元）

分步计算：

含增值税不含个人所得税 = 357.5 + 46.48 = 403.98（元）

应代扣代缴个人所得税 = 403.98÷（1 − 20%）×20% = 100.99（元）

应补代扣代缴的个人所得税 = 100.99 − 65 = 35.99（元）

税收政策

《中华人民共和国个人所得税法实施条例》（汇编 p697）第六条第九项规定，个人所得税法规定的各项个人所得的范围：偶然所得，是指个人得奖、中奖、中彩以及其他偶然性质的所得。第二十四条规定，扣缴义务人向个人支付应税款项时，应当依照个人所得税法规定预扣或者代扣税款，按时缴库，并专项记载备查。前款所称支付，包括现金支付、汇拨支付、转账支付和以有价证券、实物以及其他形式的支付。

《财政部　税务总局关于个人取得有关收入适用个人所得税应税所得项目的公告》（汇编 p703）（财政部　国家税务总局公告 2019 年第 74 号）第三条规定，企业在业务宣传、广告等活动中，随机向本单位以外的个人赠送礼品（包括网络红包，下同），以及企业在年会、座谈会、庆典以及其他活动中向本单位以外的个人赠送礼品，个人取得的礼品收入，按照“偶然所得”项目计算缴纳个人所得税，但企业赠送的具有价格折扣或折让性质的消费券、代金券、抵用券、优惠券等礼品除外。

延伸解读

企业主营收入与主营成本倒挂，查看库存商品明细账贷方的对应科目是否为主营业务成本或其他业务成本。经核实，该业务的库存商品对方科目为销售费用，是用自产产品随机赠送参展人员。

企业以自产产品赠送用户增值税与企业所得税均应视同销售，对于无法获取市场销售价格的产品按组成计税价格计税。木工锯条组成计税价格 = 325 ×（1 + 10%）= 357.5 元，销项税额为 357.5 × 13% = 46.48 元。会计上应确认主营业务收入 357.5 元，同时结转主营业务成本 325 元，确认销售费用 403.98 元。

参展人员获赠产品由企业代扣代缴个人所得税，则其税后收入为 357.5+46.48=403.98 元（含税增值税不含个人所得税），需将该金额换算成不含税收入（含企业为个人负担的个人所得税金额）再计算应代扣代缴的个人所得税。按偶然所得计算代扣代缴个人所得税 = 403.98 ÷（1 – 20%）× 20% = 100.99 元（含增值税不含个人所得税的收入为 403.98 元，含增值税含个人所得税的收入为 504.97 元）。自产产品作为宣传品对个人发放，企业所得税视同销售后，会不会产生所得额，取决于广宣费是否超限额；但会涉及个人所得税。

具体事项 32
维修食堂领用库存原材料未转出进项税额

11 月第 77 笔凭证：2020 年 11 月食堂维修领用原材料库存手套 6 副，每副不含税价 2.6 元，购入时取得税率 17% 的增值税专用发票。

☆原会计分录

借：应付职工薪酬 – 职工福利费　15.60
　贷：原材料 – 劳动保护类 _ 手套　15.60

☆正确会计分录

借：应付职工薪酬 – 职工福利费　18.25
　贷：原材料 – 劳动保护类 _ 手套　15.60
　　应交税费 – 应交增值税 – 进项税额转出　2.65

☆调整会计分录

借：以前年度损益调整 – 管理费用　2.65
　贷：应交税费 – 增值税检查调整 – 进项税额转出　2.65

风险点48 购进货物用于非应税项目未按规定转出进项税额（集体福利）风险

风险点说明

纳税人将外购货物用于集体福利或者个人消费，其对应的进项税额不得抵扣，已抵扣的要做进项税额转出处理。在处理相关业务的过程中，如果纳税人存在将不应申报抵扣的进项税额申报抵扣，或发生上述事项未按规定做进项税额转出处理等情况，则存在不缴或少缴增值税的风险。

计算过程

本风险点中应按规定转出的进项税额为：购进货物用于集体福利应全额确认的进项税额转出金额。调减的应纳税所得额为：因进项税额转出增加的费用金额。

进项税额转出金额 $= 2.6\times6\times17\% = 2.65$（元）

调增职工福利费发生金额 $= 2.65$（元）

税收政策

《中华人民共和国增值税暂行条例（2017 修订版）》（汇编 p434）第十条第（一）项规定，下列项目的进项税额不得从销项税额中抵扣：（一）用于简易计税方法计税项目、免征增值税项目、集体福利或者个人消费的购进货物、劳务、服务、无形资产和不动产。

《中华人民共和国增值税暂行条例实施细则》（汇编 p439）（财政部　国家税务总局令 2011 年第 65 号）第二十七条规定，已抵扣进项税额的购进货物或者应税劳务，发生条例第十条规定的情形的（免税项目、非增值税应税劳务除外），应当将该项购进货物或者应税劳务的进项税额从当期的进项税额中扣减；无法确定该项进项税额的，按当期实际成本计算应扣减的进项税额。

延伸解读

根据成本核算流程，原材料经生产车间加工成产品完工转入产成品库形成产成品，销售后结转至主营业务成本，即原材料→生产成本→库存商品→主营业务成本或其他业务成本。如果企业将原材料用于非产品生产如维修食堂领用，则生产成本借方发生额中原材料金额与原材料贷方发生额会有差异。经核实，该企业维修食堂领用已抵扣进项税额的原材料，应做进项税额转出。应转出的进项税额需增加职工福利费的发生额，同时参加 14% 的限额调整，即在职工薪酬纳税调整表中增加职工福利费的发生额，调所得税申报表不调账。

具体事项 33
以自产产品对外投资未视同销售

11 月第 79 笔凭证：2020 年 11 月根据股东会决定，以自产货物 27*0.9 带锯条 25,000 米，投资设立广州子公司。

☆原会计分录

借：长期股权投资 – 广州亮剑机械销售有限公司 433,275.00
　贷：库存商品 _ 带锯条 27*0.9 433,275.00

☆正确会计分录

借：长期股权投资 – 广州亮剑机械销售有限公司 565,000.00
　贷：主营业务收入 _ 带锯条 27*0.9_13% 500,000.00
　　应交税费 – 应交增值税 – 销项税额 _13% 65,000.00
借：主营业务成本 433,275.00
　贷：库存商品 _ 带锯条 27*0.9 433,275.00

☆调整会计分录

借：长期股权投资 – 广州亮剑机械销售有限公司 131,725.00
　以前年度损益调整 – 主营业务成本 433,275.00
　贷：以前年度损益调整 – 主营业务收入 500,000.00
　　应交税费 – 增值税检查调整 – 销项税额 _13% 65,000.00

风险点 49 视同销售行为未按规定申报增值税（自产货物用于投资）风险

风险点说明

纳税人将自产产品作价投资，应在产品转移时视同销售处理，按市场价格计提销项税额。在处理相关业务的过程中，如果纳税人存在仅按账面价值减少库存商品并确认长期股权投资，或是不确认长期股权投资等情况，则存在不缴或少缴增值税的风险。

计算过程

本风险点中应确认的销项税额为：纳税人将自产带锯条作价投资应按视同销售处理确定的销项税额。

增值税销售额 = 25,000 米 ×20 元 / 米 = 500,000（元）

销项税额 = 500,000×13% = 65,000（元）

税收政策

《中华人民共和国增值税暂行条例实施细则（2011修订版）》（汇编p439）（财政部 国家税务总局令2011年第65号）第四条第（六）项规定，单位或者个体工商户的下列行为，视同销售货物：（六）将自产、委托加工或者购进的货物作为投资，提供给其他单位或者个体工商户。第十六条规定，纳税人有条例第七条所称价格明显偏低并无正当理由或者有本细则第四条所列视同销售货物行为而无销售额者，按下列顺序确定销售额：（一）按纳税人最近时期同类货物的平均销售价格确定；（二）按其他纳税人最近时期同类货物的平均销售价格确定；（三）按组成计税价格确定。

风险点50 视同销售行为未按规定申报企业所得税（自产货物用于投资）风险

风险点说明

企业将自产产品作价投资，资产所有权属已发生变化，应按配比原则确认收入并结转相关成本。在处理相关业务的过程中，如果企业存在不确认收入，仅按账面价值减少库存商品并确认长期股权投资，或是对长期股权投资不做处理等情况，则存在不缴或少缴企业所得税的风险。

计算过程

本风险点确认的用于对外投资项目视同销售收入为对外投资带锯条公允价值确认的收入，确认的用于对外投资项目视同销售成本为对外投资带锯条成本。调增长期股权投资的计税基础为按换出商品公允价值确认的长期股权投资价值扣除企业已确认的长期股权投资账面价值。

用于对外投资项目视同销售收入＝500,000（元）

用于对外投资项目视同销售成本＝25,000×17.331元/米＝433,275（元）

视同销售调增应纳税所得额＝500,000－433,275＝66,725（元）

长期股权投资的计税基础＝500,000（1＋13%）＝565,000（元）

调增长期股权投资的计税基础＝565,000－433,275＝131,725（元）

税收政策

《中华人民共和国企业所得税法实施条例》（汇编p595）第二十五条规定，企业发生非货币性资产交换，以及将货物、财产、劳务用于捐赠、偿债、赞助、集资、广告、样品、职工福利或者利润分配等用途的，应当视同销售货物、转让财产或者提供劳务，但国务院财政、税务主管部门另有规定的除外。

《国家税务总局关于企业处置资产所得税处理问题的通知》（汇编 p686）（国税函〔2008〕828 号）第二款第（六）项规定，企业将资产移送他人的下列情形，因资产所有权属已发生改变而不属于内部处置资产，应按规定视同销售确定收入。（六）其他改变资产所有权属的用途。

《国家税务总局关于企业所得税有关问题的公告》（汇编 p636）（税务总局公告 2016 年第 80 号）第二条规定，企业发生《国家税务总局关于企业处置资产所得税处理问题的通知》（国税函〔2008〕828 号）第二条规定情形的，除另有规定外，应按照被移送资产的公允价值确定销售收入。

《国家税务总局关于修订企业所得税年度纳税申报表的公告》（汇编 p613）（国家税务总局公告 2020 年第 24 号）附件：《中华人民共和国企业所得税年度纳税申报表（A 类，2017 年版）》部分表单及填报说明（2020 年修订）规定，《纳税调整项目明细表》填报说明第 30 行“（十七）其他”：填报其他因会计处理与税收规定有差异需纳税调整的扣除类项目金额，企业将货物、资产、劳务用于捐赠、广告等用途时，进行视同销售纳税调整后，对应支出的会计处理与税收规定有差异需纳税调整的金额填报在本行。

延伸解读

通过分析发现企业营业收入与成本倒挂，具体可查看库存商品明细账贷方的对应科目，是否为主营业务成本或其他业务成本。另外，该企业库存商品减少金额与主营业务成本增加金额有差异，原材料减少金额与生产成本中原材料增加金额有差异。经核实，该业务库存商品减少的对方科目为长期股权投资，企业按成本价确认长期股权投资的入账价值，增值税、企业所得税均未确认销售收入。

该业务不涉及损益类科目，不需要调整 A105000《纳税调整项目明细表》第 30 行其他，应提醒企业调增长期股权投资初始投资成本，包括产品公允价值及销项税额。

具体事项 34
外购商品用于抵债少缴税款

11 月第 81 笔凭证：2020 年 11 月租用挖掘机对购入的土地进行平整，拟建新厂房，租赁合同约定以本单位购入柴油抵顶挖掘机一部分租金，柴油账载金额 40,000 元，取得增值税专用发票。

☆原会计分录		☆正确会计分录	
借：在建工程－新厂房－场地平整	40,000.00	借：在建工程－新厂房－场地平整	45,200.00
应交税费－应交增值税－进项税额	5,200.00	应交税费－应交增值税－进项税额	5,200.00
贷：库存现金	45,200.00	贷：库存现金	45,200.00
		应交税费－应交增值税－销项税额_13%	5,200.00

☆调整会计分录

借：在建工程－新厂房－场地平整 5,200.00

贷：应交税费－增值税检查调整－销项税额_13% 5,200.00

风险点51 未确认收入未按规定申报增值税（外购商品抵债）风险

风险点说明

纳税人外购商品用于抵债，应按合理合规的价格和适用税率申报缴纳增值税。在处理相关业务的过程中，如果纳税人发生以物抵债业务存在未记账或隐藏真实交易行为等情况，则存在不缴或少缴增值税的风险。

计算过程

本风险点确认的销项税额为：外购商品用于抵债应按货物公允价值确认的销项税额。

增值税销售额 = 40,000（元）

销项税额 = 40,000 × 13% = 5,200（元）

税收政策

《中华人民共和国增值税暂行条例（2017 修订版）》（汇编 p434）第一条规定，在中华人民共和国境内销售货物或者加工、修理修配劳务（以下简称劳务），销售服务、无形资产、不动产以及进口货物的单位和个人，为增值税的纳税人，应当依照本条例缴纳增值税。

《中华人民共和国增值税暂行条例实施细则（2011 修订版）》（汇编 p439）（财政部 国家税务总局令 2011 年第 65 号）第三条规定，条例第一条所称销售货物，是指有偿转让货物的所有权。条例第一条所称提供加工、修理修配劳务（以下称应税劳务），是指有偿提供加工、修理修配劳务。单位或者个体工商户聘用的员工为本单位或者雇主提供加工、修理修配劳务，不包括在内。本细则所称有偿，是指从购买方取得货币、货物或者其他经济利益。

《中华人民共和国增值税暂行条例（2017 修订版）》（汇编 p434）第七条规定，纳税人发生应税销售行为的价格明显偏低并无正当理由的，由主管税务机关核定其销售额。

《中华人民共和国增值税暂行条例实施细则（2011 修订版）》（汇编 p439）（财政部　国家税务总局令 2011 年第 65 号）第十六条规定，纳税人有条例第七条所称价格明显偏低并无正当理由或者有本细则第四条所列视同销售货物行为而无销售额者，按下列顺序确定销售额：（一）按纳税人最近时期同类货物的平均销售价格确定；（二）按其他纳税人最近时期同类货物的平均销售价格确定；（三）按组成计税价格确定。

风险点 52 视同销售行为未按规定申报企业所得税（外购商品抵债）风险

风险点说明

企业外购商品用于抵债，应按配比原则按资产的公允价值确认收入，按历史成本结转成本。从企业所得税核算上看，外购商品用于抵债是视同销售行为。在处理相关业务的过程中，如果企业存在不确认收入、不确认债务重组利得、不确认资产处置利得等情况，则存在不缴或少缴企业所得税的风险。

计算过程

本风险点确认的非货币性资产交换视同销售收入为按外购柴油公允价值确认的收入，确认的非货币性资产交换视同销售成本为外购柴油成本。调增在建工程的计税基础为应计入工程的销项税额。

非货币性资产交换视同销售收入 = 40,000（元）

非货币性资产交换视同销售成本 = 40,000（元）

视同销售调增应纳税所得额 = 40,000 − 40,000 = 0（元）

调增在建工程的计税基础 = 5,200（元）

企业所得税纳税调整调表不调账

税收政策

《中华人民共和国企业所得税法实施条例》（汇编 p595）第二十五条规定，企业发生非货币性资产交换，以及将货物、财产、劳务用于捐赠、偿债、赞助、集资、广告、样品、职工福利或者利润分配等用途的，应当视同销售货物、转让财产或者提供劳务，但国务院财政、税务主管部门另有规定的除外。

《国家税务总局关于企业处置资产所得税处理问题的通知》（汇编 p686）（国税函〔2008〕828 号）第二条第（六）项规定，企业将资产移送他人的下列情形，因资产所有权属已发生改变而不属于内部处置资产，应按规定视同销售确定收入。（六）其他改变资产所有权属的用途。

《国家税务总局关于企业所得税有关问题的公告》（汇编 p636）（税务总局公告 2016 年第 80 号）第二条规定，企业发生《国家税务总局关于企业处置资产所得税处理问题的通知》（国税函〔2008〕828 号）第二条规定情形的，除另有规定外，应按照被移送资产的公允价值确定销售收入。

《国家税务总局关于修订企业所得税年度纳税申报表的公告》（汇编 p613）（国家税务总局公告 2020 年第 24 号）附件：《中华人民共和国企业所得税年度纳税申报表（A 类，2017 年版）》部分表单及填报说明（2020 年修订）规定，《纳税调整项目明细表》填报说明第 30 行“（十七）其他”：填报其他因会计处理与税收规定有差异需纳税调整的扣除类项目金额，企业将货物、资产、劳务用于捐赠、广告等用途时，进行视同销售纳税调整后，对应支出的会计处理与税收规定有差异需纳税调整的金额填报在本行。

延伸解读

通过电子底账系统进行票面分析，该业务是车用柴油发票，而且发票金额较大，正常情况下不是普通车辆使用，需要核实柴油用途，同时关注企业是否有使用柴油的车辆，分析是否是某个机械设备或者在建工程机械使用的柴油。分析发票信息时，需同步与企业《企业所得税年度纳税申报表》A105080《资产折旧、摊销情况及纳税调整明细表》中“飞机、火车、轮船、机器、机械和其他生产设备”对比，发现油耗超标。经核实，获知该企业外购成品油用于抵债。

企业所得税方面属于视同销售业务。经核实，顶账业务发生在购进柴油当月，柴油票面价值即为抵账时计税公允价值（若柴油是前期购入的，则要根据油价现行市场价格确定抵债柴油价格），与成本相同，因此本业务并无利润，但应按视同销售处理。

具体事项 35
未按规定税前加计扣除与研发无关的其他费用

12 月第 18 笔凭证：2020 年 12 月参加生产工艺会展，发生会展费 10,000 元，取得增值税专用发票。

☆原会计分录		☆正确会计分录
借：管理费用 – 研发费用 – 其他	9,433.96	原会计分录不变
应交税费 – 应交增值税 – 进项税额	566.04	
贷：库存现金	10,000.00	

☆调整会计分录

调表不调账，故无调整分录。

风险点53 扩大加计扣除基数税前违规扣除（展会费超限额列入研发费）风险

风险点说明

税费优惠政策是国家给予特定行业和事项的税收照顾，具有多种表现形式，如涉及自产初级农业产品的的直接减免、企业研发人员工资的加计扣除等。企业研发费用可按规定加计扣除，但是必须要符合相关性原则，与研发活动直接相关且真实发生的研发成果的检索、分析、代理费，差旅费、会议费等总额不得超过可加计扣除研发费用总额的10%。在处理相关业务的过程中，如果企业存在将展会费等产品推销等费用计入研发费中，采用错误的加计扣除基数等情况，则存在不缴或少缴企业所得税的风险。

计算过程

本风险点中应调增的应纳税所得额为：企业展会费错误列入研发费计算的加计扣除金额。

调增应纳税所得额 = 9,433.96 × 75% = 7,075.47（元）（调表不调账）

税收政策

《财政部　国家税务总局　科技部关于完善研究开发费用税前加计扣除政策的通知》（汇编p641）（财税〔2015〕119号）第一条规定，研发活动及研发费用归集范围。本通知所称研发活动，是指企业为获得科学与技术新知识，创造性运用科学技术新知识，或实质性改进技术、产品（服务）、工艺而持续进行的具有明确目标的系统性活动研发活动。允许加计扣除的研发费用。6. 其他相关费用。与研发活动直接相关的其他费用，如技术图书资料费、资料翻译费、专家咨询费、高新科技研发保险费，研发成果的检索、分析、评议、论证、鉴定、评审、评估、验收费用，知识产权的申请费、注册费、代理费，差旅费、会议费等。此项费用总额不得超过可加计扣除研发费用总额的10%。

《国家税务总局关于企业研究开发费用税前加计扣除政策有关问题的公告》（汇编p637）（国家税务总局公告2015年第97号）第二条第（三）项规定，研发费用归集：（三）其他相关费用的归集与限额计算。企业在一个纳税年度内进行多项研发活动的，应按照不同研发项目分别归集可加计扣除的研发费用。在计算每个项目其他相关费用的限额时应当按照以下公式计算：其他相关费用限额 =《通知》第一条第一项允许加计扣除的研发费用中的第1项至第5项的费用之和 ×10% ÷（1−10%）。当其他相关费用实际发生数小于限额时，按实际发生数计算税前加计扣除数额；当其他相关费用实际发生数大于限额时，按限额计算税前加计扣除数额。

《国家税务总局关于研发费用税前加计扣除归集范围有关问题的公告》（汇编 p633）（国家税务总局公告 2017 年第 40 号）第六条规定，其他相关费用。指与研发活动直接相关的其他费用，如技术图书资料费、资料翻译费、专家咨询费、高新科技研发保险费，研发成果的检索、分析、评议、论证、鉴定、评审、评估、验收费用，知识产权的申请费、注册费、代理费，差旅费、会议费，职工福利费、补充养老保险费、补充医疗保险费。此类费用总额不得超过可加计扣除研发费用总额的 10%。

延伸解读

展会费与研发活动不直接相关，不允许加计扣除。如通过宏观指标分析发现企业涉税风险高，且有研发费用 – 其他项目列支，则需要关注科目明细账，确认企业归集的费用是否合理。

对不能加计扣除项目无需调整会计处理，但不允许加计扣除。如已加计扣除，应修改原申报的企业所得税年度纳税申报表。本业务较为独立，且取得的发票并没有与研发相关的特定标识，因此需要核实企业研发费用 – 其他账簿中记载的内容。

具体事项 36
研发产品销售时相关材料费用加计扣除

12 月第 37 笔凭证：2020 年 12 月销售 1000 米新型带锯条 27*0.9，不含税价格 60,000 元，单价为每米 60 元。

☆原会计分录		☆正确会计分录
借：应收账款 – 长安华丰工具销售有限公司	67,800.00	原会计分录不变
贷：主营业务收入 _ 带锯条 27*0.9_13%	60,000.00	
应交税费 – 应交增值税 – 销项税额 _13%	7,800.00	
借：银行存款 – 江南城市发展银行长安分行	67,800.00	
贷：应收账款 – 长安华丰工具销售有限公司	67,800.00	

☆调整会计分录

调表不调账

风险点54 扩大加计扣除基数税前违规扣除（研发活动形成产品外销耗用材料费）风险

风险点说明

税费优惠政策是国家给予特定行业和事项的税收照顾，具有多种表现形式，如涉及自产初级农业产品的直接减免、企业研发人员工资的加计扣除等。按规定企业研发活动直接形成产品或作为组成部分形成的产品对外销售的，外销的产品中对应的研发费用材料费不得加计扣除。在处理相关业务的过程中，如果企业存在将材料费计入研发费中，采用错误的加计扣除基数等情况，则存在不缴或少缴企业所得税的风险。

计算过程

本风险点调增的应纳税所得额为：企业研发活动直接形成产品对外销售形成的材料费用不得加计扣除的金额。（领用材料 40,000 元凭证见 12 月 68#）。

调增应纳税所得额 = 40,000 × 75% = 30,000（元）（调表不调账）

税收政策

《财政部　国家税务总局　科技部关于完善研究开发费用税前加计扣除政策的通知》（汇编 p641）（财税〔2015〕119 号）第一条规定，研发活动及研发费用归集范围。本通知所称研发活动，是指企业为获得科学与技术新知识，创造性运用科学技术新知识，或实质性改进技术、产品（服务）、工艺而持续进行的具有明确目标的系统性活动。

《国家税务总局关于研发费用税前加计扣除归集范围有关问题的公告》（汇编 p633）（国家税务总局公告 2017 年第 40 号）第二条第（二）项规定，直接投入费用：（二）企业研发活动直接形成产品或作为组成部分形成的产品对外销售的，研发费用中对应的材料费用不得加计扣除。产品销售与对应的材料费用发生在不同纳税年度且材料费用已计入研发费用的，可在销售当年以对应的材料费用发生额直接冲减当年的研发费用，不足冲减的，结转以后年度继续冲减。

延伸解读

通过电子底账系统票面信息分析企业产品的型号、规格、产品单价、购买方关联度。该企业销售规格 27*0.9 的带锯条单价 60 元 / 米，当年销售发票信息显示该规格产品单价绝大多数为 20 元 / 米，本次销售价格偏高可能存在两种情况：一是该批产品虽然规格型号与之前产品相同，但有可能是销售研发的性能更优的新产品，需要关注企业销售产品所用材料加计扣除的涉税风险；二是可能购买方为避免入库数量大，要求销售方高开单价，需要核实购买方账外经营及销售方虚开发票情况的可能性。

经核实，该产品确属新研发产品，且研发费加计扣除的材料成本中确实有该部分已销售新产品所耗用的材料成本，需要在研发费用 —— 材料加计扣除中减除该金额。修改原企业所得税年度纳税申报表，该业务仅需调整企业所得税年度申报表，不需要调整账务处理，即调表不调账。

具体事项 37
资产负债表本年年初余额与上年年末余额不符

岳达公司 2019 年 12 月的资产负表年末存货余额为 30,707,523.08 元，2020 年 12 月资产负表年初存货余额为 29,707,523.08 元，减少了 1,000,000 元，正常情况下，两项数据应该保持一致。造成差异的原因是，在 2019 年年末盘点时（企业留存每个年度的存货盘点表），存货实际库存与资产负债表中数据相比少 1,000,000 元。经核实，减少的存货是岳达公司发往外地分公司的产品，因分公司尚未实现销售所以就没有给总公司报送相关报表，岳达公司因此未及时记账，造成了较大差异。

☆原会计分录	☆正确会计分录
无，资产负债表上年末次年初余额不符	无

☆调整会计分录

借：其他应收款 – 江南岳达机械制造有限责任公司锦阳分公司 1,130,000.00

贷：库存商品 _ 带锯条 27*0.9　1,000,000.00

应交税费 – 增值税检查调整 – 销项税额 _13%　130,000.00

风险点55 视同销售行为未按规定申报增值税（存货余额变化）风险

风险点说明

纳税人在未发生后期调整事项的情况下，资产负债表本期期初存货余额应等于上期期末存货余额，倘若本期期初存货余额发生变化，且与上期期末余额相比大幅度减少，要核查具体原因。在处理相关业务的过程中，如果纳税人填报的资产负债表中存在期末期初存货金额异常减少，同期收入却没有增加等情况，可能是货物已发出但未做账务处理，则存在不缴或少缴增值税的风险。

计算过程

本风险点确认的销项税额为：企业发生发往跨县市异地分公司的产品应视同销售需确认的销项税额。

增值税销售额 = 1,000,000（元）

销项税额 = 1,000,000 × 13% = 130,000（元）

税收政策

《中华人民共和国增值税暂行条例实施细则（2011 修订版）》（汇编 p439）（财政部　国家税务总局令 2011 年第 65 号）第四条第（三）项规定，单位或者个体工商户的下列行为，视同销售货物：（三）设有两个以上机构并实行统一核算的纳税人，将货物从一个机构移送其他机构用于销售，但相关机构设在同一县（市）的除外。第十六条规定，纳税人有条例第七条所称价格明显偏低并无正当理由或者有本细则第四条所列视同销售货物行为而无销售额者，按下列顺序确定销售额：（一）按纳税人最近时期同类货物的平均销售价格确定；（二）按其他纳税人最近时期同类货物的平均销售价格确定；（三）按组成计税价格确定。

延伸解读

资产负债表中各项内容期初余额与上期期末余额应当一致。期初余额与上期期末余额出现差异时，可要求企业予以解释。经核实，可以确定报表存货项目形成差异的原因，是移送到异地分公司的产品未记账。按照增值税管理相关规定，向非独立核算的分公司异地移送产品，增值税处理是应视同销售。因在同一法人实体内转移货物，企业所得税不需要做视同销售处理。

第三篇

解剖“麻雀”，启动纳税评估

第2组与奉贤区税务局两名干部一起组成专家团队，正式启动了对岳达公司的纳税评估程序。

一、案头分析

尽管宏观风险分析指明了工作方向，但要想做好纳税评估工作，这些分析结果还是不够的。组长张新先是安排两名区局人员负责处理文书送达、联系约谈核查等工作，又组织2组成员结合平台的其他指标计算结果，对岳达公司等纳税人的涉税数据开展进一步的整理和分析。为了提高工作效率，他把案头分析工作划分为4部分并确定了分工，纳税申报表的分析主要由夏添负责，财务报表的分析主要由赵山岳负责，发票使用情况的分析主要由王梓跃负责，其他税收风险的分析主要由张新负责。

对于这样的分工，大家都没提出异议。王梓跃暗暗的庆幸，自己负责的发票部分业务很简单，正好有时间继续研究他的“大象”。不过他又想，张新安排他自己负责其他涉税风险的分析与应对，恐怕有投机取巧之嫌，因为除了纳税申报表、财务报表和发票之外，他想不出还有什么能做案头分析的，组长给自己安排的这个查缺补漏的工作，还需要观察看看有什么实际效果。

大家约定分头开展工作，随时集中研讨，个人做主要汇报，集体讨论补充，最后通过解剖岳达公司这只“麻雀”，总结工作方式方法，再去剖析其他风险纳税人。分头准备完毕后，大家又重新开始研讨岳达公司的疑点数据，每个人按所负责的工作内容主讲，其他人员负责补充。经过夏添汇总后，大家发现这户纳税人的疑点问题太多，有些问题性质可能还很严重。组长张新初步打算与纳税人约谈后再研究下一步的处理方案。

二、约谈举证

进行了充分的案头分析后，张新等人开始进入约谈举证阶段。奉贤区税务局制发了《税务约谈通知书》下发给岳达公司，要求其法定代表人和财务人员前来税务机关接受约谈。

听说市风险局组织了专家团队要约谈岳达公司，税收管理员老马一点也不觉得奇怪，在他的心里早就确定这一步是迟早都要到来的，因为他清楚岳达公司仍存在侥幸心理，他也相信张新他们的风险分析能力。会计王玉玲听说后直接懵住了，她自认为自己的《纳税人自查情况表》已经很周全了，而且老板也很配合，怎么就没过关呢？作为法定代表人的王岳达也觉得不可思议，有那么多大企业怎么就盯着我不放呢，是会计的工作出了问题，还是公司得罪人了？他托了很多熟人打听情况，都没有什么效果，这让他陷入深深的迷茫中。然而上天却好像在跟他捉迷藏，当王岳达百无聊赖地坐在椅子上时，他的头脑中突然闪现出一个人，这让他几乎直接从椅子上弹起来，这个人就是王岳达此时心中的真神王力——市局风险局的局长，这个人还是税务部门指派给他们企业的帮扶负责人，每个季度他们都会交流一下信息。这个人正是这次税务调查工作的局领导，自己怎么就会一直没想到他呢，王岳达恨不得狠狠地抽自己个嘴巴。

王岳达认真地整理了一下思绪，预演了他跟王力局长的沟通情景，下决心一定要把王局长约出来吃个饭，只要他能出来，王岳达就有信心在酒桌搞定这件事。

第二天一大早，王力局长在家刚要出门上班，电话铃声响了，他掏出电话看了一下，屏幕上显示：岳达公司王总。他犹豫了一下，把电话放回包里，没接。同他一起出门的妻子瞥了他一眼，问道：不方便接么？王力哈哈一笑说，真的不方便，这是我的帮扶对象来求我啦，这个忙我恐怕帮不了呀。妻子笑道，那你也不合格呀。王力回道，帮企业得分啥事。

对于王岳达的想法，他心里很清楚，他知道这个电话打来的目的，在以前他会严厉地警告他，但是现在他需要认真的再“帮扶”他一下。

吃过早餐后，王力局长坐在椅子上深思了一下，随后拨通了王岳达的电话。王力局长与王岳达董事长客气了几句后，王岳达先对一年来税务部门的帮扶行动和王力局长对岳达公司的帮助表示了衷心地感谢，并翔实地介绍了企业目前在税务的帮扶下仍然在组织生产的情况。王力局长认真地听完后，又提出了几条建议。王岳达趁着愉快的沟通气氛，提出了想约王力局长吃个便饭的请求，王力以中央有八项规定和税务部门有严格要求为由拒绝了。王岳达无奈只得硬着头皮提出自己想请王力帮忙搞定这次税务调查，王力回复他，税务帮扶与税收风险管理都是税务部门的重要工作之一，每一项都要认真对待，纳税人与税务部门都要正确理解税收风险管理工作，这个风险不只是税收风险同时也是纳税人的风险，处理好了就是双赢，处理不好就是两伤。他在电话里给王岳达认认真真地上了一堂课，王岳达听得似懂非懂，感觉云山雾罩一般。

约谈还是如期而至了。王岳达与会计王玉玲一起接受张新等人的约谈，几个小时的约谈让王岳达极其烦躁，面对面一问一答的这种方式是他极其不习惯的，很多问题他心里明白却又不得不装糊涂，他希望自己最好是一句都不说，或者是聊些社会上的奇闻逸事缓和一下气氛，消磨一下时间，但是对面的税务干部显然不受他的诱导。谈话过程中，他和王玉玲已经有好几次不能自圆其说了。最后的十几分钟，他感觉自己就是强颜欢笑的应付无比尴尬的局面。

看到约谈时的沟通没有取得预期效果，王岳达告诉王玉玲，再避重就轻地找一些问题，既要表达出诚意又要在公司股东心里可承受的范围里。王玉玲只得回去继续进行自查，一边回想着约谈时税务干部提出的问题，一边绞尽脑汁地想着应变之策。一周后，他们再次应约与张新等人见面，针对张新等人上次提出的问题一一做了回复，又再次提交了《纳税人自查情况表》，涉税问题数量有明显的增加。张新对此不置可否，说几天后再答复纳税人。

王梓跃对张新等人越来越敬佩了，这些税务前辈们对纳税人生产经营情况的分析能力真的是让他震惊，以这种工作能力和刨根问底的精神，纳税人就算有再多的辩解也是没有意义的。张新组织专家团队再次对岳达公司的情况进行了深入分析，对于大家提出的疑点，看似纳税人都进行了回复，但是将纳税人的处理结果纳入税收风险分析平台后，风险评分并未与同行业其他纳税信誉等级较高的企业处于同一水平，差距仍然较大。大家一致认为，有必要到纳税人的生产经营场所进行实地核查。

三、实地核查

张新等人在与岳达公司沟通后，一起到其生产经营场所处进行了实地核查。在走访纳税人的生产车间、库房、财务室等地点时，他们表面上并未发现什么异常。张新一边走一边向企业工人请教、询问，他和颜悦色的工作态度很快与工人拉近了距离，并且很意外地发现工人中还有一个是他曾经的老邻居。在事后的沟通中，张新得知在他们前去实地核查前，王岳达就组织工人对库存实物做了手脚，目的就是让产成品、原材料等能对上账。

经过实地核查，专家团队成员一致认为，岳达公司财务核算流程混乱、财务核算未能全面反映经济业务实质，尤其是涉税核算中虚增进项税额、少申报营业收入和虚列成本调整利润现象严重。通过纳税评估可以消除一部分涉税风险，但还有部分涉税风险无法获取有效证据，而且岳达公司的问题也达到了移交稽查处理的标准。把纳税评估发现的问题处理完毕的同时，经专家团队提请，奉贤区税务局研究决定将岳达公司涉税问题移交市局稽查局进行税务检查。

纳税评估阶段的工作结束了，张新带领的专家团队收获满满，共发现133个涉税问题，其中涉及环境保护税6,250元，多抵扣进项税额171,675.1元，少申报销项税额3,632,878.91元，调增企业所得税应纳税所得额10,514,949.70元，土地使用税147,105元，个人所得税186,137.99元，房产税15,616.83元，耕地占用税2,750元，异地施工企业预缴企业所得税1,200元、预缴增值税额12,000元、预缴城市建设维护税840元、预缴地方教育费附加240元、预缴教育费附加360元、契税40,000元，社会保险费8,000元，土地增值税109,915.67元，消费税33,185.84元，印花税8,430元，退印花税1,250元，虚列增值税减免税额2,300元，虚列纳税检查应补缴税额6,000元，虚列应纳税额减征额2,700元，虚列增值税主表预缴税款2,330.1元，投资人应缴印花税1,000元，涉嫌虚开增值税专用发票55,000元，虚列预缴企业所得税44,847.99元，虚列进项税额转出金额–40,000元。下面将纳税评估阶段工作，分纳税申报表风险分析与应对、财务报表风险分析与应对、发票使用情况风险分析与应对及其他税收风险分析与应对4部分进行回顾和总结。

第一章　纳税申报表风险分析与应对

纳税申报表中的数据是纳税情况最直接的体现，以此为基础进行数据分析比对，发现的疑点往往很直观。但它是依据数据进行数字计算和逻辑分析的结果，大多数情况下可以指明一个工作方向，不能直接确定为问题，需要进行最终的核查和验证。

夏添负责岳达公司各种申报表的分析，这部分工作对她而言已经是轻车熟路，全市税务干部中对纳税人申报表的熟悉程度恐怕是无出其右的。多年办税大厅的工作实践积累和省局金税三期上线的锻炼，让她在全省的纳税服务部门都挂了号，是全省出名的纳税申报“问不倒”，后来调转工作到市局稽查局，以往办税厅工作经验的积累让她很受益，事前的数据分析往往让检查工作达到事半功倍的效果。她擅长的分析方向是税种间的全面关联分析，以收入成本分析为核心，以各税种申报数据的增减变动为方向，逐一研究统筹分析。首先是对以营业收入为主要计税依据的税种，分析税种间的收入申报情况是否一致，如纳税人企业所得税申报的营业收入小于同期增值税申报的营业收入可能是不正常的；然后是营业收入与相关税款入库情况的变化分析，如纳税人营业收入增加后，增值税和企业所得税的应纳税额出现没有相应增加甚至还明显下降等异常情况；最后以其他要素为计税依据的税种，还要结合环比同比变化和横向的勾稽印证关系来分析其纳税申报的真实性，如城建税、教育费附加及地方教育费附加的增减变化应与增值税、消费税入库税款的增减变化保持一致等。

夏添的工作并没有预想中那么顺利，在办税大厅她研究申报表时不需要过多考虑风险方向的分析，在稽查时她研究申报表考虑的往往是稽查这条线的风险，但是现在她发现纳税申报表和财务报表的数据之间存在着很多的关联性，有的还有严格的互相印证关系，这使得她与赵山岳的工作内容有很大的交叉，好在两个人沟通起来很顺畅，分析的过程没出现什么问题。这个工作交叉的问题同样也出现在其他人的具体工作中，按照多年来的工作经验，张新提出了工作分工不分家的想法，大家各自负责的工作不可避免的有一些交叉，要及时沟通处理，相互配合相互支持。组员们很好地执行了张新的要求，夏添关于申报表中涉税风险的分析也如期完成了。

在纳税评估过程中，对纳税人纳税申报表中数据的分析与风险应对工作暂时结束了。张新带领专家团队对有关纳税申报表中数据存在的涉税问题进行了认真核查，发现 25 个涉税问题，其中涉及多抵扣进项税额 134,920.92 元，少申报销项税额外 1,346.01 元，调增企业所得税应纳所得额 1,050,899.08 元，土地使用税 105 元，房产税 875 元，应享未享受印花税减免 1,250 元，虚列增值税减免税额 2,300 元，虚列纳税检查应补缴税额 6,000 元，虚列应纳税额减征额 2,700 元，虚列增值税主表预缴税款 20,970.90 元，虚列预缴企业所得税 44,847.99 元，虚列进项税额转出金额 –40,000 元。具体内容及后续处理情况，一并解读如下。

申报风险解读

具体事项 38
股东增资未享受印花税减免

10 月第 1 笔凭证：2020 年 10 月根据股东会决议，自然人股东王岳达以货币资金增加注册资本金 5,000,000 元。

☆原会计分录

借：银行存款 – 江南城市发展银行长安分行	5,000,000.00	
贷：实收资本 – 王岳达		5,000,000.00
借：税金及附加 – 印花税	2,500.00	
贷：应交税费 – 应交印花税		2,500.00

☆正确会计分录

借：银行存款 – 江南城市发展银行长安分行	5,000,000.00	
贷：实收资本 – 王岳达		5,000,000.00
借：税金及附加 – 印花税	1,250.00	
贷：应交税费 – 应交印花税		1,2500.00

☆调整会计分录

借：应交税费 – 应交印花税	1,250.00	
贷：以前年度损益调整 – 税金及附加		1,250.00

风险点 56 未正确填写减免税额应享未享印花税税收优惠政策（股东增资）风险

风险点说明

纳税人应了解可以享受的税收优惠政策，如国家为减轻纳税人负担实施减税降费政策，由于涉及内容多且有的减免额较小，有时纳税人会忽视这些优惠政策。在处理相关业务的过程中，如果纳税人存在申报纳税时没有涉及普惠性优惠政策等情况，则存在应享未享税收优惠政策的风险。

计算过程

本风险点应退的印花税为：纳税人新增注册资本按规定缴纳印花税时，应享受未享的资金账簿印花税减免税额。调增的应纳税所得额为：退还的印花税。

应退印花税 = 5,000,000 × 0.05% × 50% = 1,250（元）

调增应纳税所得额 = 1,250（元）

税收政策

《财政部　税务总局关于对营业账簿减免印花税的通知》（汇编 p745）（财税〔2018〕50 号）规定，自 2018 年 5 月 1 日起，对按万分之五税率贴花的资金账簿减半征收印花税，对按件贴花五元的其他账簿免征印花税。

延伸解读

在实践中，分析印花税相关减免税政策执行情况，可通过企业税款所属期在 2018 年 5 月以后的《印花税纳税申报表》，获知是否有资金账簿的申报资料，如有则判断是否存在应享受而未享受减免税的情形。具体方法是将征收品目为营业账簿（记载资金的账簿）的本期应纳税额除以 2，与本期减免税额差值的绝对值相比大于 0.01 的，即可能存在应享未享受印花税减免的情况。企业如将退还的印花税计入退还年度的损益，则无须调整应纳税所得额（下同，不再赘述）。

具体事项 39
结转期初挂账库存材料隐瞒盘亏

10 月第 60 笔凭证：2020 年 10 月会计凭证列明，将期初账载硬质合金余额 1,000,000 元结转至其他业务成本，已税前扣除，未附说明，出库单未载明领用单位。

☆原会计分录

借：其他业务成本 – 其他　　1,000,000.00

　贷：原材料 – 合金类 _ 硬质合金颗粒　　1,000,000.00

☆正确会计分录

借：管理费用 – 其他　　1,160,000.00

　贷：原材料 – 合金类 _ 硬质合金颗粒　　1,000,000.00

　　应交税费 – 应交增值税 – 进项税额转出　　160,000.00

☆调整会计分录

借：以前年度损益调整 – 管理费用　　130,000.00

　贷：应交税费 – 增值税检查调整 – 进项税额转出　　130,000.00

风险点57 存货非正常损失实际成本计算错误未按规定转出进项税额（一般原材料盘亏）风险

风险点说明

纳税人由于管理不善等原因造成购进货物、在产品、产成品非正常损失，应按损失货物、在产品、产成品及其应税劳务对应的进项税额做转出处理。在处理相关业务的过程中，如果纳税人当期存在非正常损失，同期增值税申报中又无与损失金额相对应的进项税额转出，甚至当期无转出进项税额的情况，则存在不缴或少缴增值税的风险。

计算过程

本风险点中应按规定转出的进项税额为：因管理不善存货损失按损失全额确认的进项税额转出金额。调减的应纳税所得额为：因进项税额转出增加的费用金额。

进项税额转出金额 = 1,000,000 × 13% = 130,000（元）

调减应纳税所得额 = 130,000（元）

税收政策

《中华人民共和国增值税暂行条例（2017 修订版）》（汇编 p434）第十条第（二）项规定，下列项目的进项税额不得从销项税额中抵扣：非正常损失的购进货物，以及相关的劳务和交通运输服务。

《中华人民共和国增值税暂行条例实施细则（2011 修订版）》（汇编 p439）（财政部　国家税务总局令 2011 年第 65 号）第二十四条规定，条例第十条第（二）项所称非正常损失，是指因管理不善造成被盗、丢失、霉烂变质的损失。第二十七条规定，已抵扣进项税额的购进货物或者应税劳务，发生条例第十条规定的情形的（免税项目、非增值税应税劳务除外），应当将该项购进货物或者应税劳务的进项税额从当期的进项税额中扣减；无法确定该项进项税额的，按当期实际成本计算应扣减的进项税额。

风险点58 资产损失直接列入其他业务成本税前违规扣除（原材料盘亏）风险

风险点说明

企业发生存货盘亏等特殊事项，应按规定申报资产损失，不能直接将损失列入当期成本、费用。在处理相关业务的过程中，如果企业发生资产损失，存在将未经申报的资产损失直接转入“其他业务成本”等账户虚列成本及费用情况，则存在不缴或少缴纳企业所得税的风险。

计算过程

本风险点中应调增的应纳税所得额为：企业税前违规扣除的其他业务成本及不得扣除的进项税额转出金额之和。

调增应纳税所得额 = 1,000,000 + 130,000 = 1,130,000（元）（调表不调账）

税收政策

《中华人民共和国企业所得税法》（汇编 p587）第八条规定，企业实际发生的与取得收入有关的、合理的支出，包括成本、费用、税金、损失和其他支出，准予在计算应纳税所得额时扣除。

《企业资产损失所得税税前扣除管理办法》（汇编 p662）（国家税务总局公告 2011 年第 25 号）第三条规定，准予在企业所得税税前扣除的资产损失，是指企业在实际处置、转让上述资产过程中发生的合理损失（以下简称实际资产损失），以及企业虽未实际处置、转让上述资产，但符合《通知》和本办法规定条件计算确认的损失（以下简称法定资产损失）。第五条规定，企业发生的资产损失，应按规定的程序和要求向主管税务机关申报后方能在税前扣除。未经申报的损失，不得在税前扣除。第二十六条规定，存货盘亏损失，为其盘亏金额扣除责任人赔偿后的余额，应依据以下证据材料确认：（一）存货计税成本确定依据；（二）企业内部有关责任认定、责任人赔偿说明和内部核批文件；（三）存货盘点表；（四）存货保管人对于盘亏的情况说明。第二十七条规定，存货报废、毁损或变质损失， 为其计税成本扣除残值及责任人赔偿后的余额，应依据以下证据材料确认：（一）存货计税成本的确定依据；（二）企业内部关于存货报废、毁损、变质、残值情况说明及核销资料；（三）涉及责任人赔偿的，应当有赔偿情况说明；（四）该项损失数额较大的（指占企业该类资产计税成本 10% 以上，或减少当年应纳税所得、增加亏损 10% 以上，下同），应有专业技术鉴定意见或法定资质中介机构出具的专项报告等。

延伸解读

企业所得税年度纳税申报表中的收入与成本表，关于材料的其他业务收入与其他业务成本的金额列示没有配比性，无法获知账务处理情况。该企业发生原材料减少100万元、其他业务成本增加100万元的业务，可通过原材料及生产成本明细账，分析原材料贷方发生额对应科目是否与生产成本中原材料借方发生额相对应，如发现原材料和生产成本－直接材料不匹配，需了解原材料减少的原因。经核实，实际原因是发生材料损失，但增值税未作进项税额转出。同时，企业所得税方面，如果资料齐全且符合损失税前扣除标准可税前扣除，否则应做纳税调增。

在实践中，部分企业结转原材料或库存商品成本时为了“平账”的目的，直接结转账上多余的原材料，对此可将审计中分析对应科目关系的方法应用到评估检查中。可要求企业提供相关账务处理的记账凭证及原始凭证，看凭证中结转材料成本时有没有对应的收入科目。通过《企业所得税年度纳税申报表》A101010《一般企业收入明细表》和《一般企业成本支出明细表》获知其他业务收入108万元，其他业务成本是112万元，表面上看企业填报的金额是配比的。继续分析其他业务收入明细，其中出租固定资产收入是75.6万元，占比70%，因此关于材料销售的收入成本倒挂非常严重。成本中1.9万元为出租固定资产的折旧。而剩余的收入32.4万元和成本110.1万元无法匹配，要进一步分析收入成本严重倒挂的原因。通过原始凭证查看企业出库单，如果企业岗位职责明确，会看出蛛丝马迹；如同一个人负责从记账到出库单填写全流程工作，则企业内容控制是欠缺的，容易出现出入库错误。另外需要说明的是，书中对出库单上标注了备注信息，但在实务中是不会出现的，备注信息一般需要通过询问核实等方式获取。经核实，该企业假借材料出库掩盖材料损失，需要调增应纳税所得额100万元；同时，需要按购入时点的税率转出进项税额。

具体事项40

不得抵扣资产转为可抵扣资产时增值税扣税凭证不合规

10月第80笔凭证：2020年10月将原来专用于食堂的原价5,000元，购入时取得增值税普通发票，已摊销2,500元的管理餐软件转为行政考勤软件，软件余额于2020年度一次性摊销。转至应税资产后确认并申报进项税额400元。

☆原会计分录			☆正确会计分录		
借：管理费用－无形资产摊销－软件摊销	2,100.00		借：管理费用－无形资产摊销－软件摊销	2,500.00	
应交税费－应交增值税－进项税额	400.00		贷：累计摊销－管理软件		2,500.00
贷：累计摊销－管理软件		2,500.00			

☆调整会计分录

借：以前年度损益调整－管理费用	400.00	
贷：应交税费－增值税检查调整－进项税额转出		400.00

风险点59 不得抵扣转为可抵扣项目增值税扣税凭证不合规（无形资产）风险

风险点说明

纳税人购入固定资产、无形资产、不动产，并且取得了合法有效的增值税扣税凭证，如果在投入使用的当期按照规定不得抵扣进项税额，纳税人不得申报抵扣进项税额；如果上述资产在使用过程中发生用途改变，用于允许抵扣进项税额的应税项目，纳税人可以按下列方法计算：可以抵扣的进项税额＝固定资产、无形资产、不动产净值÷（1+适用税率）×适用税率。在处理相关业务的过程中，如果纳税人存在未按相关资产的净值计算“可以抵扣的进项税额”，而是按原值或高于净值的金额计算等情况，则存在不缴或少缴增值税的风险。

计算过程

本风险点中应按规定转出的进项税额为：企业已抵扣的未取得增值税专用发票的进项税额。调减的应纳税所得额为：因进项税额转出增加的费用金额。

进项税额转出金额＝400（元）

调减应纳税所得额＝400（元）

税收政策

《财政部　国家税务总局关于全面推开营业税改征增值税试点的通知》（汇编p482）（财税〔2016〕36号）附件2《营业税改征增值税试点有关事项的规定》第一条第（四）项第二目规定，按照《试点实施办法》第二十七条第（一）项规定不得抵扣且未抵扣进项税额的固定资产、无形资产、不动产，发生用途改变，用于允许抵扣进项税额的应税项目，可在用途改变的次月按照下列公式计算可以抵扣的进项税额：可以抵扣的进项税额＝固定资产、无形资产、不动产净值÷（1+适用税率）×适用税率。上述可以抵扣的进项税额应取得合法有效的增值税扣税凭证。

延伸解读

通过增值税纳税申报表表二的8B栏得到该业务问题线索，再经实地核实确认是否存在问题。第8b栏可填报的内容：1. 固定资产分期抵扣未抵完的在2020年4月一次性填入此栏。2. 旅客运输服务可抵扣的进项税额，其中汽运税率 3%，铁路运输税率 9%，航空运输税率 9%。3. 取得收费公路通行费增值税电子普通发票的通行费，税率 3%。4. 不得抵扣的固定资产转为可抵扣资产（按取得固定资产时的税率）。经分析，该企业第 8b 栏税额 ÷ 销售额 =400 ÷ 2500=16%，通过简单比例测算初步判定填报异常。可要求企业提供会计账簿、凭证及购入时的发票，获知企业购入资产时取得的是普通发票不得抵扣，因此该企业的税务处理是错误的。

增值税纳税申报表表二的 8b 栏是纳税人手动填写的重要栏次，暴露出来的虚开问题十分严重。另外，栏次 7 “代扣代缴税收缴款凭证”、栏次 10 “本期用于抵扣的旅客运输服务扣除凭证”也是纳税人手动填写的，需要重点关注。

具体事项 41
销售房屋当月减少房产税申报

10 月第 83 笔凭证：2020 年 10 月按本月房产原值 6,400,000 元计提并申报房产税 4,480 元。

☆原会计分录		☆正确会计分录	
借：税金及附加－房产税	4,480.00	借：税金及附加－房产税	4,830.00
贷：应交税费－应交房产税	4,480.00	贷：应交税费－应交房产税	4,830.00

☆调整会计分录

借：以前年度损益调整－税金及附加	350.00
贷：应交税费－应交房产税	350.00

风险点 60 纳税义务时期错误未按规定申报房产税（提前终止纳税义务）风险

风险点说明

纳税人应按税收相关法律法规规定的纳税义务时期，依法合规缴纳税款，例如纳税人当月减少的房产，房产税纳税义务从次月终止。在处理相关业务的过程中，如果纳税人未按规定的纳税义务时期确认缴纳税款，存在停止使用的当月即停止缴纳房产税等情况，则存在不缴或少缴房产税的风险。

计算过程

本风险点中应补房产税为：企业当月减少的房产当月未申报房产税金额。调减的应纳税所得额为：因应补房产税增加的费用金额。

应补房产税＝500,000×（1－30%）×1.2%÷12＝350（元）

调减应纳税所得额＝350（元）

税收政策

《财政部　国家税务总局关于房产税城镇土地使用税有关问题的通知》（汇编p734）（财税〔2008〕152号）第三条规定，纳税人因房产、土地的实物或权利状态发生变化而依法终止房产税、城镇土地使用税纳税义务的，其应纳税款的计算应截止到房产、土地的实物或权利状态发生变化的当月末。

延伸解读

企业所属期10月《增值税纳税申报表附列资料（一）》栏次“5%征收率的服务、不动产和无形资产”填报了出售或出租房产信息，通过电子底账系统的发票信息，确认该企业发生了出售房产业务，需要关注处置房产的当月企业是否缴纳了房产税和土地使用税。企业当月销售房产并开具发票，当月固定资产房屋建筑物账面价值减少，需通过电子税务局变更房源信息。按规定当月减少的房屋建筑物当月需要缴纳房产税，但部分企业可能会认为当月减少的房屋建筑物当月不需要缴纳房产税，因而在维护房源信息时将建筑物减少的月份维护在开具发票的上个月，导致出售房屋当月应申报未申报房产税。在核实过程中，可将开具销售房产的发票、增值税申报时间与房源信息变动时间对比，确定企业是否少缴房产税。

具体事项42
销售房屋当月减少城镇土地使用税申报

10月第84笔凭证：2020年10月按本月土地面积3,000平方计提并申报城镇土地使用税4,500元。

☆原会计分录		☆正确会计分录	
借：税金及附加－土地使用税	4,500.00	借：税金及附加－土地使用税	4,530.00
贷：应交税费－应交土地使用税	4,500.00	贷：应交税费－应交土地使用税	4,530.00

☆调整会计分录

借：以前年度损益调整－税金及附加 30.00

贷：应交税费－应交土地使用税 30.00

风险点61 纳税义务时期错误未按规定申报城镇土地使用税（提前终止纳税义务）风险

风险点说明

纳税人应按税收相关法律法规规定的纳税义务时期，依法合规缴纳税款，例如纳税人当月减少了土地，城镇土地使用税纳税义务从次月终止。在处理相关业务的过程中，如果纳税人未按规定的纳税义务时期确认缴纳税款，存在土地减少的当月即停止缴纳城镇土地使用税等情况，则存在不缴或少缴城镇土地使用税的风险。

计算过程

本风险点中应补土地使用税为：企业当月减少的土地当月未申报土地使用税金额。调减的应纳税所得额为：因应补土地使用税增加的费用金额。

当月（应补缴的）土地使用税＝20×18÷12＝30（元）

调减应纳税所得额＝30（元）

税收政策

《财政部　国家税务总局关于房产税城镇土地使用税有关问题的通知》（汇编p734）（财税〔2008〕152号）第三条规定，纳税人因房产、土地的实物或权利状态发生变化而依法终止房产税、城镇土地使用税纳税义务的，其应纳税款的计算应截止到房产、土地的实物或权利状态发生变化的当月末。

延伸解读

分析思路同“销售房屋当月减少房产税”。

具体事项 43
报销员工差旅费抵扣进项税额计算错误

11 月第 8 笔凭证：2020 年 11 月报销销售员王强差旅费 2,420 元，其中住宿费增值税专用发票进项税额为 120 元，取得乘车人王强火车票 100 元，计算并申报进项税额 129 元。

☆原会计分录		☆正确会计分录	
借：销售费用－差旅费	2,291.00	借：销售费用－差旅费	2,291.74
应交税费－应交增值税－进项税额	129.00	应交税费－应交增值税－进项税额	128.26
贷：库存现金	2,420.00	贷：库存现金	2,420.00

☆调整会计分录

借：以前年度损益调整－销售费用	0.74
贷：应交税费－增值税检查调整－进项税额转出	0.74

风险点 62　多申报计税基数未按规定抵扣进项税额（铁路车票进项税额计算错误）风险

风险点说明

纳税人购进旅客运输服务取得注明旅客身份信息的铁路车票，进项税额允许抵扣，应按票面金额 ÷（1+9%）×9% 计算可扣除的进项税额。在处理相关业务的过程中，纳税人未取得增值税专用发票，在计算进项税额时如果存在未将客票上的票款总额做价税分离处理，而是直接按 9% 的税率计算可抵扣税额等情况，则存在不缴或少缴增值税的风险。

计算过程

本风险点中应按规定转出的进项税额为：已抵扣的进项税额扣除按铁路车票票面金额（含税金额）价税分离后按适用税率确认的进项税额。应调减的应纳税所得额为：因进项税额转出增加的费用金额。

进项税额转出金额 = 100×9% − 100÷（1＋9）%×9% = 0.74（元）

调减应纳税所得额 = 0.74（元）

税收政策

《财政部　税务总局　海关总署关于深化增值税改革有关政策的公告》（汇编 p455）（财政部　税

务总局 海关总署公告 2019 年第 39 号）第六条第（一）项第三目规定，纳税人购进国内旅客运输服务，其进项税额允许从销项税额中抵扣。暂按照以下规定确定进项税额：取得注明旅客身份信息的铁路车票的，为按照下列公式计算的进项税额：铁路旅客运输进项税额 = 票面金额 ÷（1+9%）×9%。

延伸解读

测算企业所属期 11 月份《增值税纳税申报表附列资料（二）》第 10 栏次税额与销售额比为 9%。经核实，该企业国内旅客运输服务抵扣计算规则错误，是直接按票面金额乘以税率 9% 计算抵扣的进项税额 9 元，应按票面金额依据公式（票面金额 ÷（1+9%）×9%）计算可抵扣进项税额 8.26 元，需转出多抵的进项税额 0.74 元。

具体事项 44
列支应收账款减值准备金未调增应纳税所得额

11 月第 15 笔凭证：2020 年 11 月从工商公示上得知，锦阳市长河管理咨询有限公司已被吊销营业执照，经研究决定对该债务人 4 年未收回的应收账款按 100% 计提坏账准备 30,000 元，税前列支该减值损失。

☆原会计分录		☆正确会计分录
借：资产减值损失 – 坏账准备	30,000.00	原会计分录不变
贷：坏账准备 – 应收账款 – 锦阳市长河管理咨询中心	30,000.00	

☆调整会计分录

调表不调账

风险点 63 未经核定的准备金税前违规扣除（坏账准备）风险

风险点说明

企业应按税收相关法律法规规定准确核算准备金，并依法在企业所得税税前扣除。在处理相关业务的过程中，如果企业将未经核定的准备金支出在税前扣除，存在将不符合国务院财政、税务主管部门规定的各项资产减值准备、风险准备等准备金支出在税前扣除等情况，则存在不缴或少缴企业所得税的风险。

计算过程

本风险点调增的应纳税所得额为：企业未经核准的无法收回的应收账款坏账准备损失金额。

调增应纳税所得额 = 30,000（元）（调表不调账）

税收政策

《中华人民共和国企业所得税法》（汇编 p587）第十条第七款规定，在计算应纳税所得额时，下列支出不得扣除：未经核定的准备金支出。

《中华人民共和国企业所得税法实施条例》（汇编 p595）第五十五条规定，企业所得税法第十条第（七）项所称未经核定的准备金支出，是指不符合国务院财政、税务主管部门规定的各项资产减值准备、风险准备等准备金支出。

延伸解读

实务中有的省（自治区、直辖市和计划单列市）将减值损失设置为填报企业所得税年度纳税申报表时的必须调整项目，减值损失不会漏填。对未将减值损失设置为必须调整项目的省（自治区、直辖市和计划单列市），应关注减值损失是否应调尽调。

具体事项 45
增值税申报表填列转出进项税额与购货退回红字信息表税额不符

11 月第 46 笔凭证：2020 年 11 月备件退回开具红字发票信息表，按 16% 抵扣进项税额，载明金额为 40,625 元，税额为 6,500 元。一般纳税人申报表附表 2 进项税额转出金额误填 5,600 元。

☆原会计分录		☆正确会计分录
借：库存现金	47,125.00	原会计分录不变
原材料 – 辅助材料类	–40,625.00	
贷：应交税费 – 应交增值税 – 进项税额转出	6,500.00	

☆调整会计分录

调表不调账

风险点64 红字增值税专用发票信息数据申报错误未按规定转出进项税额（进货退回）风险

风险点说明

纳税人发生进货退回，应按红字增值税专用发票信息表中注明应作转出的进项税额，填报申报表中“进项税额转出栏的红字专用发票信息表注明的进项税额”，将涉及的进项税额在当期作转出处理。在处理相关业务的过程中，如果纳税人存在未按红字增值税专用发票信息表中注明的数据申报转出进项税额等情况，则存在不缴或少缴增值税的风险。

计算过程

增值税纳税申报表表二的进项税额转出金额修改为6,500元（调表不调账）。

税收政策

《国家税务总局关于调整增值税纳税申报有关事项的公告》（汇编p449）（国家税务总局公告2019年第15号）附件2《增值税纳税申报表（一般纳税人适用）》第四条第（三）项规定，第20栏“红字专用发票信息表注明的进项税额”：填写增值税发票管理系统校验通过的《开具红字增值税专用发票信息表》注明的在本期应转出的进项税额。

延伸解读

企业所属期11月份《增值税纳税申报表附列资料（二）》第20栏次记载转出进项税额金额5,600元，与红字发票信息单中列明的进项税额6,500元不一致。企业填列的金额与信息单不符时，可申报但系统会发出提示，同时企业保存后无法自行清卡。当企业因类似情况到税务部门清卡时，应核实该进项税额转出金额少于红字信息单填列金额的原因。

具体事项 46

简易计税方法取得分包工程增值税专用发票抵扣进项税额

12 月第 4 笔凭证：2020 年 12 月在锦阳市承接电缆铺设清包工建筑服务工程，简易征收已备案，合同总包含税价 120,000 元已收到，将其中 40,000 元进行劳务工程分包，已取得分包工程专用发票，按合同约定以银行存款支付分包劳务工程款，当月申报抵扣进项税额。银行存款支付雇佣的人力资源劳务费 31,000 元并取得普通发票。工程已完工，在工程施工地点已预缴全部税款。

☆原会计分录

借：工程施工－电缆铺设－成本	36,697.25	
应交税费－应交增值税－进项税额	3,302.75	
贷：银行存款－江南城市发展银行长安分行		40,000.00
借：工程施工－电缆铺设－成本	31,000.00	
贷：银行存款－江南城市发展银行长安分行		31,000.00
借：财务费用－手续费	20.00	
贷：银行存款－江南城市发展银行长安分行		10.00
银行存款－江南城市发展银行长安分行		10.00
借：银行存款－江南城市发展银行长安分行	120,000.00	
贷：应收账款－锦阳市中级人民法院		120,000.00
借：应收账款－锦阳市中级人民法院	120,000.00	
贷：工程结算－电缆铺设		117,669.90
应交税费－简易计税 _3%		2,330.10
借：应交税费－简易计税 _3%	2,330.10	
应交税费－应交城市维护建设税	163.11	
应交税费－应交教育费附加	69.90	
应交税费－应交地方教育附加	46.60	
应交税费－应交企业所得税	233.01	
贷：银行存款－江南城市发展银行长安分行		2,842.72
借：工程结算－电缆铺设	117,669.90	
贷：工程施工－电缆铺设－成本		67,697.25
工程施工－电缆铺设－毛利		49,972.65
借：其他业务成本－建筑服务	67,697.25	
工程施工－电缆铺设－毛利	49,972.65	
贷：其他业务收入－建筑服务 _3%		117,669.90

☆正确会计分录

借：工程施工－电缆铺设－成本	40,000.00	
贷：银行存款－江南城市发展银行长安分行		40,000.00
借：工程施工－电缆铺设－成本	31,000.00	
贷：银行存款－江南城市发展银行长安分行		31,000.00
借：财务费用－手续费	20.00	
贷：银行存款－江南城市发展银行长安分行		10.00
银行存款－江南城市发展银行长安分行		10.00
借：银行存款－江南城市发展银行长安分行	120,000.00	
贷：应收账款－锦阳市中级人民法院		120,000.00
借：应收账款－锦阳市中级人民法院	120,000.00	
贷：工程结算－电缆铺设		117,669.90
贷：应交税费－简易计税 _3%		2,330.10
借：应交税费－简易计税 _3%	2,330.10	
应交税费－应交城市维护建设税	163.11	
应交税费－应交教育费附加	69.90	
应交税费－应交地方教育附加	46.60	
应交税费－应交企业所得税	233.01	
贷：银行存款－江南城市发展银行长安分行		2,842.72
借：工程结算－电缆铺设	117,669.90	
贷：工程施工－电缆铺设－成本		71,000.00
工程施工－电缆铺设－毛利		46,669.90
借：其他业务成本－建筑服务	71,000.00	
工程施工－电缆铺设－毛利	46,669.90	
贷：其他业务收入－建筑服务 _3%		117,669.90

☆调整会计分录

借：以前年度损益调整－其他业务成本	3,302.75	
贷：应交税费－增值税检查调整－进项税额转出		3,302.75

风险点65 购进服务用于不得抵扣进项税项目未按规定转出进项税额（简易计税）风险

风险点说明

纳税人从事建筑服务采用简易计税办法，购进货物或服务即使取得增值税专用发票也不得抵扣进项税额。在处理相关业务的过程中，如果纳税人存在将收到的所有专用发票一并抵扣进项税额，未将用于简易计税项目的进项税额作转出处理等情况，则存在不缴或少缴纳增值税的风险。

计算过程

本风险点中应按规定转出的进项税额为：企业从事建筑服务采用简易计税办法不应抵扣的进项税额转出全额。调减的应纳税所得额为：因进项税额转出增加的成本。

进项税额转出金额 = 3,302.75（元）

调减应纳税所得额 = 3,302.75（元）

税收政策

《中华人民共和国增值税暂行条例（2017 修订版）》（汇编 p434）第十条第（一）项规定，下列项目的进项税额不得从销项税额中抵扣：用于简易计税方法计税项目、免征增值税项目、集体福利或者个人消费的购进货物、劳务、服务、无形资产和不动产。

《中华人民共和国增值税暂行条例实施细则（2011 修订版）》（汇编 p439）（财政部　国家税务总局令 2011 年第 65 号）第二十七条规定，已抵扣进项税额的购进货物或者应税劳务，发生条例第十条规定的情形的（免税项目、非增值税应税劳务除外），应当将该项购进货物或者应税劳务的进项税额从当期的进项税额中扣减；无法确定该项进项税额的，按当期实际成本计算应扣减的进项税额。

延伸解读

通过电子底账系统进行票面分析，该业务是企业为异地中级人民法院提供铺设电缆建筑服务，工程含税总价款 12 万元。开具普通发票，适用简易计税办法征收率 3%，按差额计税规则缴纳增值税，分包款 4 万元，按征收率 3% 缴纳增值税。

分析申报表相关数据，查看企业是否申报简易计税项目的进项税额转出，如果企业没有进项税额转出的相关申报也不能说明一定有问题，可能该项目所用的材料取得普通发票都未抵扣，还需企业提供相关证明材料。通过《增值税纳税申报表附列资料（二）》获知该企业没有列示简易计税进项税额转出。根据企业提供的会计凭证分析并确认企业存在适用简易计税方法同时抵扣增值税进项税额的情况。按规定简易计税对应的进项税不得抵扣，即铺设电缆工程使用的电缆及其他材料的进项税额不得抵扣。经核实，该企业《增值税纳税申报表附列资料（一）》（本期销售情况明细）12 行次列示简易计税价税合计 12 万元，分包金额 4 万元，应按差额 8 万元计算缴纳增值税。分包金额 4 万，无论取得增值税普通发票还是增值税专用发票，都不得抵扣进项税额。

具体事项 47

未按规定期限报销差旅费发票

12 月第 19 笔凭证：2020 年 12 月以库存现金报销销售部门人员住宿费含税金额 2,650 元，后附增值税专用发票开具日期为 2016 年 12 月 5 日，查阅增值税发票综合服务平台后发现，该发票尚未认证确认。据此申报并抵扣进项税额 150 元。

☆原会计分录

借：销售费用－差旅费 2,500.00

应交税费－应交增值税－进项税额 150.00

贷：库存现金 2,650.00

☆正确会计分录

借：销售费用－差旅费 2,650.00

贷：库存现金 2,650.00

☆调整会计分录

借：以前年度损益调整－销售费用 150.00

贷：应交税费－增值税检查调整－进项税额转出 150.00

风险点 66 申报抵扣的增值税专用发票未认证确认未按规定抵扣进项税额（增值税专用发票未认证确认）风险

风险点说明

纳税人在进行增值税纳税申报时，应当通过本省（自治区、直辖市和计划单列市）增值税发票综合服务平台对增值税专用发票、海关进口增值税专用缴款书、机动车销售统一发票、收费公路通行费增值税电子普通发票等扣税凭证信息进行用途确认，然后申报抵扣增值税进项税额。在处理相关业务的过程，如果纳税人存在将未认证确认的增值税专用发票上注明的金额、税额等填入申报表中本期申报抵扣的专用发票进项金额、税额合计数，或将超期未认证确认的发票用于抵扣等情况，则存在不缴或少缴增值税的风险。

计算过程

本风险点中应按规定转出的进项税额为：超期未认证的2016年开具的发票用于抵扣对应的进项税额。调减的应纳税所得额为：因进项税额转出增加的2016年度费用金额。

进项税额转出金额＝150（元）

调减2016年度应纳税所得额＝150（元）

税收政策

《国家税务总局关于调整增值税纳税申报有关事项的公告》（汇编p449）（国家税务总局公告2019年第15号）附件2《〈增值税纳税申报表（一般纳税人适用）〉及其附列资料填写说明》第四条第（二）项规定，《增值税纳税申报表附列资料（二）》（本期进项税额明细）填写说明（二）第1至12栏“一、申报抵扣的进项税额”：分别反映纳税人按税法规定符合抵扣条件，在本期申报抵扣的进项税额。1.第1栏“（一）认证相符的增值税专用发票”：反映纳税人取得的认证相符本期申报抵扣的增值税专用发票情况。该栏应等于第2栏“本期认证相符且本期申报抵扣”与第3栏“前期认证相符且本期申报抵扣”数据之和。适用取消增值税发票认证规定的纳税人，通过增值税发票选择确认平台选择用于抵扣的增值税专用发票，视为“认证相符”。2.第2栏“其中：本期认证相符且本期申报抵扣”：反映本期认证相符且本期申报抵扣的增值税专用发票的情况。本栏是第1栏的其中数，本栏只填写本期认证相符且本期申报抵扣的部分。

风险点67 未按权责发生制列支销售费用税前违规扣除（以前年度费用）风险

风险点说明

企业当期发生的收入和费用，应按权责发生制原则在所属期间及时核算，不得随意变更会计期间。在处理相关业务的过程中，如果企业当年列支的费用中含有往年发生的业务支出，应按权责发生制原则判断业务处理的合法合规性，如存在人为调整收入和费用入账时间进而调节纳税期应纳税所得额等情况，则存在不缴或少缴企业所得税的风险。

计算过程

本风险点调增的应纳税所得额为：本年费用中列支的不得税前扣除的以前年度发生的费用。

调增应纳税所得额 = 销售费用借方发生额 2,500（元）（调表不调账）

税收政策

《中华人民共和国企业所得税法实施条例》（汇编 p595）第九条规定，企业应纳税所得额的计算，以权责发生制为原则，属于当期的收入和费用，不论款项是否收付，均作为当期的收入和费用；不属于当期的收入和费用，即使款项已经在当期收付，均不作为当期的收入和费用。本条例和国务院财政、税务主管部门另有规定的除外。

具体事项 48
以高速通行费专用发票抵扣进项税额

12 月第 21 笔凭证：2020 年 12 月以现金报销销售部门人员出差高速公路通行费金额 618 元，取得江南省高速公路通行费专用发票（非增值税专用发票）。

☆原会计分录			☆正确会计分录		
借：销售费用 – 差旅费	600.00		借：销售费用 – 差旅费	618.00	
应交税费 – 应交增值税 – 进项税额	18.00		贷：库存现金		618.00
贷：库存现金		618.00			

☆调整会计分录

借：以前年度损益调整 – 销售费用	18.00	
贷：应交税费 – 增值税检查调整 – 进项税额转出		18.00

风险点 68 购进服务未取得增值税扣税凭证违规抵扣进项税额（高速公路通行费专用发票）风险

风险点说明

纳税人支付的道路通行费，应按照收费公路通行费增值税电子普通发票上注明的增值税额抵扣进项税额。在处理相关业务的过程中，如果纳税人未取得增值税扣税凭证，却存在将进项税额填写在《增值税纳税申报表附列资料（二）》第 8b 栏次等情况，则存在增加当期进项税额、不缴或少缴增值税的风险。

计算过程

本风险点中应按规定转出的进项税额为：未取得收费公路通行费增值税电子普通发票而抵扣的增值税进项税额。调减的应纳税所得额为：因进项税额转出增加的费用金额。

进项税额转出金额 = 18（元）

调减应纳税所得额 = 18（元）

税收政策

《财政部　税务总局关于租入固定资产进项税额抵扣等增值税政策的通知》（汇编 p461）（财税〔2017〕90 号）第七条第（一）项规定，自 2018 年 1 月 1 日起，纳税人支付的道路、桥、闸通行费，按照以下规定抵扣进项税额：（一）纳税人支付的道路通行费，按照收费公路通行费增值税电子普通发票上注明的增值税额抵扣进项税额。

《国家税务总局关于调整增值税纳税申报有关事项的公告》（汇编 p449）（国家税务总局公告 2019 年第 15 号）附件 2《〈增值税纳税申报表（一般纳税人适用）〉及其附列资料填写说明》第四条第（二）项规定，《增值税纳税申报表附列资料（二）》（本期进项税额明细）填写说明（二）第 1 至 12 栏“一、申报抵扣的进项税额”：分别反映纳税人按税法规定符合抵扣条件，在本期申报抵扣的进项税额。9. 第 8b 栏“其他”：反映按规定本期可以申报抵扣的其他扣税凭证情况。

延伸解读

通过企业《增值税纳税申报表附列资料（二）》测算第 8b 栏的税额 ÷ 金额，结果显示 3,218 ÷ 20,200 × 100% = 15.9%，而第 8b 栏填报的内容包括通行费电子发票税率 3%。可要求企业提供填列进项税额的凭证依据，经核实确认企业列支的是江南省高速公路通行费专用发票，不允许抵扣进项税额，应作进项税额转出处理。

具体事项 49
购税控系统打印机全额抵减增值税应纳税额

12 月第 22 笔凭证：2020 年 12 月以库存现金购买打印增值税发票的针式打印机，含税金额 2,599 元，取得增值税专用发票，以此发票列示的打印机支出金额申报抵减增值税应纳税额。

☆原会计分录

借：管理费用－办公费	2,300.00
应交税费－应交增值税－进项税额	299.00
贷：库存现金	2,599.00
借：应交税费－应交增值税－减免税款	2,300.00
借：管理费用－办公费	−2,300.00

☆正确会计分录

借：管理费用－办公费	2,300.00
应交税费－应交增值税－进项税额	299.00
贷：库存现金	2,599.00

☆调整会计分录

借：以前年度损益调整－管理费用	2,300.00
借：应交税费－增值税检查调整－减免税款	−2,300.00

风险点 69 虚填税额抵减项目违规少申报增值税（应纳税额抵减额）风险

风险点说明

纳税人在初次购入税控设备时，应当认真区分增值税防伪税控系统专用设备的范围，如“金税卡、IC 卡、读卡器、金税盘、报税盘、税控盘、传输盘”等，对于符合条件的购入设备，可凭购买增值税税控系统专用设备取得的增值税专用发票，在增值税应纳税额中全额抵减（抵减额为价税合计额）。在处理相关业务的过程中，如果纳税人存在购入的设备不在增值税防伪税控系统专用设备范围内，而将其视为符合条件的税控专用设备，在申报增值税时抵减当期应纳税额时，则存在不缴或少缴增值税的风险。

计算过程

修改增值税税额抵减情况表、增值税减免税申报明细表、主表中与 2,300 元抵减金额相关的数据。

税收政策

《财政部　国家税务总局关于增值税税控系统专用设备和技术维护费用抵减增值税税额有关政策的通知》（汇编 p558）（财税〔2012〕15 号）第一条规定，增值税纳税人 2011 年 12 月 1 日（含，下同）以后初次购买增值税税控系统专用设备（包括分开票机）支付的费用，可凭购买增值税税控系统专用设备取得的增值税专用发票，在增值税应纳税额中全额抵减（抵减额为价税合计额），不足抵减的可结转下期继续抵减。增值税纳税人非初次购买增值税税控系统专用设备支付的费用，由其自行负担，不得在增值税应纳税额中抵减。增值税税控系统包括：增值税防伪税控系统、货物运输业增值税专用发票税控系统、机动车销售统一发票税控系统和公路、内河货物运输业发票税控系统。增值税防伪税控系统的专用设备包括金税卡、IC 卡、读卡器或金税盘和报税盘；货物运输业增值税专用发票税控系统专用设备包括税控盘和报税盘；机动车销售统一发票税控系统和公路、内河货物运输业发票税控系统专用设备包括税控盘和传输盘。第二条规定，增值税纳税人 2011 年 12 月 1 日以后缴纳的技术维护费（不含补缴的 2011 年 11 月 30 日以前的技术维护费），可凭技术维护服务单位开具的技术维护费发票，在增值税应纳税额中全额抵减，不足抵减的可结转下期继续抵减。技术维护费按照价格主管部门核定的标准执行。

《国家税务总局关于调整增值税纳税申报有关事项的公告》（汇编 p449）（国家税务总局公告 2019 年第 15 号）附件 2《〈增值税纳税申报表（一般纳税人适用）〉及其附列资料填写说明》第六条第（一）项规定，《增值税纳税申报表附列资料（四）》（税额抵减情况表）填写说明（一）税额抵减情况 1. 本表第 1 行由发生增值税税控系统专用设备费用和技术维护费的纳税人填写，反映纳税人增值税税控系统专用设备费用和技术维护费按规定抵减增值税应纳税额的情况。

延伸解读

通过所属期 12 月份《增值税减免税申报明细表》获知企业本期申报实际抵减税额 2,580 元，其中期初余额是 280 元，本期新增 2,300 元，该栏次应填入企业首次购入的增值税防伪税控系统专用设备和后期每年的技术维护费。该企业并非新成立企业，税控设备早已购入，每年可抵减增值税应纳税额的仅为是技术维护费 280 元的技术维护费，但本期抵减金额为 2,580 元，明显不符常规。经核实，该企业新增金额 2,300 元的业务是新购入打印发票的打印机，不应按税控设备抵减增值税应纳税额，应要求企业修改原增值税纳税申报表，填报抵减增值税金额 280 元。

具体事项 50
虚列增值税申报表“未开具发票”栏

12月第29笔凭证: 2020年12月，对10月的边角余料未开票收入补开增值税普通发票，税额1,150.44元，但企业增值税申报表的未开票收入金额栏误填 -11,504.4 元。

☆原会计分录	☆正确会计分录
贷：应交税费－应交增值税－销项税额_13%　-1,150.44 贷：应交税费－应交增值税－销项税额_13%　1,150.44	原会计分录不变

☆调整会计分录

调表不调账

风险点 70 违规抵减收入未按规定申报增值税（虚构未开具发票负数收入）风险

风险点说明

纳税人在办理纳税申报时，应如实填写各类纳税申报表，准确核算当期各项税费。《增值税纳税申报表附列资料（一）》中，“未开具发票销售额”栏次是反映本期已售产品且未开具发票的产品销售情况，一般为正数；在跨月后为前期已申报未开票收入的销售产品补开具发票时，该栏次也可填写为负数，冲抵前期已申报未开发票的营业收入，该栏次同时也影响着纳税人当期申报的营业收入的汇总额。在处理相关业务的过程中，如果纳税人存在虚假填写此栏次负数数据，用以冲减当期销售额，进而减少申报增值税的应纳税额等情况，则存在不缴或少缴增值税的风险。

计算过程

本风险点调增未开票收入增值税额为：企业虚列的负数未开票金额绝对值扣除企业已申报的未开票金额后的余额确认的增值税。

调增未开票收入金额 = | −11,504.4 | −1,150.44 = 10,353.96（元）

调增未开票收入增值税额 = 10,353.96 × 13% = 1,346.01（元）

税收政策

《国家税务总局关于调整增值税纳税申报有关事项的公告》（汇编 p449）（国家税务总局公告 2019 年第 15 号）附件 2《〈增值税纳税申报表（一般纳税人适用）〉及其附列资料填写说明》第三条第（二）项规定，第 5 至 6 列“未开具发票”：反映本期未开具发票的销售情况。

延伸解读

企业所属期 12 月《增值税纳税申报表附列资料（一）》中填列“未开具发票”销售额负数，通过与前期企业已申报的“未开具发票”正数累计额比对，发现远大于前期申报的累计未开具发票销售额，判断企业有可能虚列“未开具发票”栏。经核实，该企业存在虚列行为，应修正申报表。

具体事项 51
购入免税农产品非正常损失未转出进项税额

12 月第 69 笔凭证：2020 年 12 月公司盘点原材料，发现盘亏年初结存椴木原木 1 立方米，不含税金额 1,000 元，经确认系更换保管员交接过程中出现人为失误，经研究决定确认为盘亏损失，已通过各级审批，购入时按 13% 扣除率计算抵扣进项税额。

☆原会计分录

借：管理费用 – 财产损失　1,000.00

　贷：原材料 – 木材类 _ 椴木材　1,00.00

☆正确会计分录

借：管理费用 – 财产损失　1,149.43

　贷：原材料 – 木材类 _ 椴木材　1,000.00

　　应交税费 – 应交增值税 – 进项税额转出　149.43

☆调整会计分录

借：以前年度损益调整 – 管理费用　149.43

　贷：应交税费 – 增值税检查调整 – 进项税额转出　149.43

风险点 71 存货非正常损失未按规定转出进项税额（购入的免税农产品盘亏）风险

风险点说明

纳税人由于管理不善等原因造成购进货物、在产品、产成品非正常损失，应按损失货物、在产品、产成品及其应税劳务对应的进项税额做转出处理，且不能按扣除保险公司赔款后的损失余额做进项税额转出。在处理相关业务的过程中，如果纳税人当期存在非正常损失，同期增值税申报中又无与之损失金额相匹配的进项税额转出，甚至当期无转出进项税额行为，则存在不缴或少缴纳增值税的风险。

计算过程

本风险点中应按规定转出的进项税额为：盘亏椴木原木已计算抵扣的进项税额。调减的应纳税所得额为：因进项税额转出增加的费用金额。

进项税额转出金额 = 1,000÷（1 − 13%）×13% = 149.43（元）

调减应纳税所得额 = 149.43（元）

税收政策

《中华人民共和国增值税暂行条例（2017 修订版）》（汇编 p434）第八条第（三）项规定，下列进项税额准予从销项税额中抵扣：纳税人购进货物、劳务、服务、无形资产、不动产支付或者负担的增值税额，为进项税额。购进农产品，除取得增值税专用发票或者海关进口增值税专用缴款书外，按照农产品收购发票或者销售发票上注明的农产品买价和 11% 的扣除率计算的进项税额，国务院另有规定的除外。进项税额计算公式：进项税额 = 买价 × 扣除率。第十条第（二）项规定，下列项目的进项税额不得从销项税额中抵扣：（二）非正常损失的购进货物，以及相关的劳务和交通运输服务。

《中华人民共和国增值税暂行条例实施细则（2011 修订版）》（汇编 p439）（财政部 国家税务总局令 2011 年第 65 号）第二十四条规定，条例第十条第（二）项所称非正常损失，是指因管理不善造成被盗、丢失、霉烂变质的损失。第二十七条规定，已抵扣进项税额的购进货物或者应税劳务，发生条例第十条规定的情形的（免税项目、非增值税应税劳务除外），应当将该项购进货物或者应税劳务的进项税额从当期的进项税额中扣减；无法确定该项进项税额的，按当期实际成本计算应扣减的进项税额。

延伸解读

通过《增值税纳税申报表附列资料（二）》中第 16 栏次可知非正常损失进项税额转出金额全年累计为 986.21 元，《企业所得税年度纳税申报表》A104000《期间费用明细表》列式“财产损失、盘亏及毁损损失”18,221.8 元，《企业所得税年度纳税申报表》A105090《资产损失税前扣除及纳税调整明细表》列式“存货损失”7,586.21 元，分析 986.21 ÷（18,221.8 + 7,586.21）× 100% = 3.8%，与购入原材料的税率相差较大，可能存在非正常损失进项税额转出不正确的问题。经核实，该企业非正常损失的椴木未转出进项税额，需还原价格并转出进项税额 1,000 ÷（1 – 13%）× 13% = 149.43 元。

具体事项 52
新增房产未申报房产税和土地使用税

12 月第 80 笔凭证：2020 年 12 月接收抵债房产，将员工代垫的所属期为 2020 年 10 月契税入账，但账载固定资产、房产税源信息中均未查询到该房产。

☆原会计分录			☆正确会计分录		
借：其他应收款 – 张北	15,000.00		借：固定资产 – 房屋建筑	15,000.00	
贷：库存现金		15,000.00	贷：库存现金		15,000.00

☆调整会计分录

借：固定资产 – 房屋建筑	15,000.00	
贷：其他应收款 – 张北		15,000.00

风险点 72 未确认计税依据未按规定申报房产税（计税依据与契税信息不符）风险

风险点说明

纳税人日常进行纳税申报，应保证申报信息真实合法有效，且要做好验证工作。申报的各税种间可以发挥相互验证的作用，如根据当期缴纳的契税判断纳税人是否新增房产，用以比对房产税税源登记信息。在处理相关业务的过程中，如果纳税人存在新增营业用房的契税征收记录，而无对应的房产税税源登记等情况，则存在未将全部或部分房产申报缴纳房产税的风险。

计算过程

本风险点应确认的房产税为：新增房产应补缴的房产税。调减的应纳税所得额为：因应补房产税增加的费用金额。

11 月和 12 月房产税 = 由契税推算出的房产原值 ×（1− 扣除比率）× 房产税适用税率 ÷12× 月份
= 契税 ÷ 契税税率 ×（1 − 扣除比率）× 房产税适用税率 ÷12× 月份
= 契税 15,000÷4%×（1 − 30%）%×1.2%÷12×2
= 525（元）

调减应纳税所得额 = 应补申报的房产税金额 = 525（元）

税收政策

《国家税务总局关于房产税城镇土地使用税有关政策规定的通知》（汇编 p738）（国税发〔2003〕89 号）第二条第（一）项规定，关于确定房产税、城镇土地使用税纳税义务发生时间问题。（一）购置新建商品房，自房屋交付使用之次月起计征房产税和城镇土地使用税。

风险点 73 未确认计税依据未按规定申报土地使用税（计税依据与契税信息不符）风险

风险点说明

纳税人日常进行纳税申报，应保证申报信息真实合法有效，且要做好验证工作。申报的各税种间可以发挥相互验证的作用，如根据当期缴纳的契税判断纳税人是否新增土地，用以比对土地使用税税源登记信息。在处理相关业务的过程中，如果纳税人存在新增营业用地的契税征收记录，而无对应的土地使用税税源登记等情况，则存在未将全部或部分土地申报缴纳土地使用税的风险。

计算过程

本风险点应确认的土地使用税为：新增土地使用权应补缴的土地使用税。调减的应纳税所得额为：因应补土地使用税增加的费用金额。

11 月和 12 月土地使用税 = 土地面积 × 适用税额 ÷12× 使用月数
= 25 平方米 ×18÷12×2 = 75（元）

调减应纳税所得额 = 应补申报的土地使用税金额 = 75（元）

税收政策

《国家税务总局关于房产税城镇土地使用税有关政策规定的通知》（汇编 p738）（国税发〔2003〕89 号）第二条第（一）项规定，关于确定房产税、城镇土地使用税纳税义务发生时间问题。（一）购置新建商品房，自房屋交付使用之次月起计征房产税和城镇土地使用税。

调减应纳税所得额 = 75

延伸解读

通过契税信息来确认房产税、土地使用税是否正确申报。查询金三系统，可知企业在 10 月缴纳了一处房产的契税，已获得权属，应于 11 月申报房产税及土地使用税，但 11 月并没有房源及土地信息变更，也无该笔业务对应的房产税、土地使用税申报记录。经核实，该房产是企业接收的抵债房产，契税由员工代垫缴纳，尚未计入进行账务处理，应补缴 11–12 月房产税、土地使用税。在实践中，企业出现账外房产的原因极可能是为达到隐匿收入的目的，可根据比对结果进一步核实情况。

具体事项 53
雇佣残疾人劳务支出并加计扣除不符合规定

12 月第 84 笔凭证：2020 年 12 月雇佣残疾人支付 2 个月劳务费 11,000 元，未签订劳动合同，未取得增值税发票，企业所得税年度纳税申报已加计扣除。

☆原会计分录		☆正确会计分录
借：管理费用－劳务费	11,000.00	原会计分录不变
贷：库存现金	11,000.00	

☆调整会计分录

调表不调账

风险点 74 支付劳务费未取得合法有效税前扣除凭证（雇佣他人工作）风险

风险点说明

企业发生支出，应取得合法有效的税前扣除凭证，作为计算企业所得税应纳税所得额时扣除相关费用的依据。在处理相关业务的过程中，如果企业存在将当期的未取得合法有效凭证的费用支出，在成本、费用中核算，且未作纳税调整情况，则存在不缴或少缴企业所得税的风险。

计算过程

本风险点中应调增的应纳税所得额为：未取得合法有效凭证的残疾人劳务费支出已在税前扣除的金额。

调增应纳税所得额 = 11,000（元）（调表不调账）

税收政策

《企业所得税税前扣除凭证管理办法》（汇编 p627）（国家税务总局公告 2018 年第 28 号）第五条规定，企业发生支出，应取得税前扣除凭证，作为计算企业所得税应纳税所得额时扣除相关支出的依据。第十三条规定，企业应当取得而未取得发票、其他外部凭证或者取得不合规发票、不合规其他外部凭证的，若支出真实且已实际发生，应当在当年度汇算清缴期结束前，要求对方补开、换开发票、其他外部凭证。补开、换开后的发票、其他外部凭证符合规定的，可以作为税前扣除凭证。第十六条规定，企业在规定的期限未能补开、换开符合规定的发票、其他外部凭证，并且未能按照本办法第十四条的规定提供相关资料证实其支出真实性的，相应支出不得在发生年度税前扣除。

风险点 75 扩大加计扣除基数税前违规扣除（残疾人工资）风险

风险点说明

企业应准确核算成本、费用项目，依法合规在税前扣除，不得将不符合残疾职工工资加计扣除条件的员工工资，计入残疾职工实际发放工资基数，多列残疾职工工资并进行加计扣除。在处理相关业务的过程中，如果企业安置残疾职工存在未按规定签订 1 年以上的劳动合同、未按规定足额缴纳社会保险、没有定期支付最低工资标准以上的工资、不具备安置残疾人上岗工作的基本设施等情况，又对支付给残疾职工的工资进行了加计扣除，则存在违规加计扣除、不缴或少缴企业所得税的风险。

计算过程

本风险点中应调增的应纳税所得额为：不符合加计扣除的残疾人劳务费支出已在税前加计扣除的金额。

调增应纳税所得额 = 企业已加计扣除的金额 = 11,000（元）

税收政策

《财政部　国家税务总局关于安置残疾人员就业有关企业所得税优惠政策问题的通知》（汇编p679）（财税〔2009〕70 号）第一条规定，企业安置残疾人员的，在按照支付给残疾职工工资据实扣除的基础上，可以在计算应纳税所得额时按照支付给残疾职工工资的 100% 加计扣除。企业就支付给残疾职工的工资，在进行企业所得税预缴申报时，允许据实计算扣除；在年度终了进行企业所得税年度申报和汇算清缴时，再依照本条第一款的规定计算加计扣除。第三条规定，企业享受安置残疾职工工资 100% 加计扣除应同时具备如下条件：（一）依法与安置的每位残疾人签订了 1 年以上（含 1 年）的劳动合同或服务协议，并且安置的每位残疾人在企业实际上岗工作。（二）为安置的每位残疾人按月足额缴纳了企业所在区县人民政府根据国家政策规定的基本养老保险、基本医疗保险、失业保险和工伤保险等社会保险。（三）定期通过银行等金融机构向安置的每位残疾人实际支付了不低于企业所在区县适用的经省级人民政府批准的最低工资标准的工资。（四）具备安置残疾人上岗工作的基本设施。

具体事项 54
增值税申报表进项税额转出填列负值

企业 12 月《增值税纳税申报表》主表中第 14 行第 1 列“进项税额转出”栏次填写 -40,000 元，分析该数字取自《增值税纳税申报表附列资料（二）》第 13 栏“税额”栏中，具体为表中第 15 行第 1 列即“集体福利、个人消费”栏次填写 -40,000 元，负数数据显示异常，后查明该金额为企业虚填，用以减少当期应纳税额。

☆原会计分录	☆正确会计分录
无，纳税申报表事项	无

☆调整会计分录

无（调表不调账）

风险点 76 虚假填写申报表未按规定抵扣进项税额（进项税额转出为负值）风险

风险点说明

纳税人在办理纳税申报时，应如实填写各类纳税申报表，准确核算当期各项税费。增值税纳税申报表附列资料（二）中，“本期进项税额转出额”栏次，反映的是本期应做进项额转出的情况，一般填写为正数，用以冲减纳税人当期申报的进项税额，相应会增加当期增值税应纳税额；该栏次也可填写为负数，与填写正数导致的结果截然相反。在处理相关业务的过程中，如果纳税人存在虚假填写此栏次负数金额，用以增加当期可抵扣进项税额等情况，则存在不缴或少缴增值税的风险。

计算过程

修改虚列进项税额转出金额 −40,000（元）

税收政策

《国家税务总局关于调整增值税纳税申报有关事项的公告》（汇编 p449）（国家税务总局公告 2019 年第 15 号）附件 2《〈增值税纳税申报表（一般纳税人适用）〉及其附列资料填写说明》第四条第（三）项规定，《增值税纳税申报表（一般纳税人适用）》填写说明。3. 第 15 栏“集体福利、个人消费”：反映用于集体福利或者个人消费，按规定应在本期转出的进项税额。

具体事项 55
增值税申报表虚列纳税检查应补缴税额

企业 11 月《增值税纳税申报表》主表中第 16 行第 1 列“按适用税率计算的纳税检查应补缴税额”栏次填写 6,000 元，查看规范及减少下户检查工作台账，获知上年度税务机关对该企业并未开展纳税检查工作；查询金三系统，也未发现税务机关的税务处理决定书。经核实，该金额为企业虚填，用以减少当期应纳税额，造成少缴增值税。

☆原会计分录	☆正确会计分录
无，纳税申报表事项	无

☆调整会计分录

无

风险点 77 虚假填写申报表未按规定计算应抵扣税额（按适用税率计算的增值税纳税检查应补缴税额）风险

风险点说明

纳税人在办理纳税申报时，应如实填写各类纳税申报表，准确核算当期各项税费。《增值税纳税申报表》主表中，“按适用税率计算的纳税检查应补缴税额”栏次，反映的是本期税务、财政、审计部门检查，按一般计税方法计算的纳税检查应补缴的增值税税额，一般为正数，用以增加纳税人当期申报的应抵扣税额合计，相应会减少当期增值税应纳税额。在处理相关业务的过程中，如果纳税人存在虚假填写此栏次数据，用以增加当期应抵扣税额等情况，则存在不缴或少缴增值税的风险。

计算过程

修改虚列纳税检查应补缴税额 6,000（元）

税收政策

《国家税务总局关于调整增值税纳税申报有关事项的公告》（汇编 p449）（国家税务总局公告 2019 年第 15 号）附件 2《〈增值税纳税申报表（一般纳税人适用）〉及其附列资料填写说明》第二条第（三十）项规定，第 16 栏“按适用税率计算的纳税检查应补缴税额”：填写税务、财政、审计部门检查，按一般计税方法计算的纳税检查应补缴的增值税税额。本栏“一般项目”列“本月数”≤《附列资料（一）》第 8 列第 1 至 5 行之和 +《附列资料（二）》第 19 栏。

具体事项 56
增值税申报表虚列“应纳税额减征额”栏

企业 12 月《增值税纳税申报表》主表中第 23 行第 1 列“应纳税额减征额”栏次填写 5,280 元，该数据与《增值税减免税申报明细表》的填列抵减额 2,580 元不符。经核实，该企业错误填写增值税主表抵减税额栏导致出现问题。

☆原会计分录	☆正确会计分录
无，纳税申报表事项	无

☆调整会计分录

无（调表不调账）

风险点 78 虚填税额抵减项目违规少申报增值税（应纳税额减征额）风险

风险点说明

纳税人在办理纳税申报时，应如实填写各类纳税申报表，准确核算当期各项税费。《增值税纳税申报表》主表中，“应纳税额减征额”栏次，填写纳税人本期按照税法规定减征的增值税应纳税额，可直接减少当期应纳增值税税款，包含按规定可在增值税应纳税额中全额抵减的增值税税控系统专用设备费用以及技术维护费。在处理相关业务的过程中，如果纳税人存在虚假填写此栏次数据，用以减少当期增值税应纳税额等情况，则存在不缴或少缴增值税的风险。

计算过程

根据表间数据传递规则应将应纳税额减征额修改为 2,580（元）

税收政策

《增值税纳税申报比对管理操作规程（试行）》（汇编 p464）（税总发〔2017〕124 号）第五条

第二款第三项规定，3. 应纳税额减征额比对。当期申报的应纳税额减征额应小于或者等于当期符合政策规定的减征税额。

《国家税务总局关于调整增值税纳税申报有关事项的公告》（汇编 p449）（国家税务总局公告 2019 年第 15 号）附件 2《〈增值税纳税申报表（一般纳税人适用）〉及其附列资料填写说明》第二条第（三十七）项规定，《增值税纳税申报表（一般纳税人适用）》填写说明。（三十七）第 23 栏“应纳税额减征额”：填写纳税人本期按照税法规定减征的增值税应纳税额。包含按照规定可在增值税应纳税额中全额抵减的增值税税控系统专用设备费用以及技术维护费。当本期减征额小于或等于第 19 栏“应纳税额”与第 21 栏“简易计税办法计算的应纳税额”之和时，按本期减征额实际填写；当本期减征额大于第 19 栏“应纳税额”与第 21 栏“简易计税办法计算的应纳税额”之和时，按本期第 19 栏与第 21 栏之和填写。本期减征额不足抵减部分结转下期继续抵减。

《财政部　国家税务总局关于增值税税控系统专用设备和技术维护费用抵减增值税税额有关政策的通知》（汇编 p558）（财税〔2012〕15 号）第一条规定，增值税纳税人 2011 年 12 月 1 日（含，下同）以后初次购买增值税税控系统专用设备（包括分开票机）支付的费用，可凭购买增值税税控系统专用设备取得的增值税专用发票，在增值税应纳税额中全额抵减（抵减额为价税合计额），不足抵减的可结转下期继续抵减。增值税纳税人非初次购买增值税税控系统专用设备支付的费用，由其自行负担，不得在增值税应纳税额中抵减。增值税税控系统包括：增值税防伪税控系统、货物运输业增值税专用发票税控系统、机动车销售统一发票税控系统和公路、内河货物运输业发票税控系统。增值税防伪税控系统的专用设备包括金税卡、IC 卡、读卡器或金税盘和报税盘；货物运输业增值税专用发票税控系统专用设备包括税控盘和报税盘；机动车销售统一发票税控系统和公路、内河货物运输业发票税控系统专用设备包括税控盘和传输盘。

延伸解读

企业所属期 12 月份《增值税纳税申报表》主表 23 栏次填报应纳税额减征额 5,280 元。该金额与《增值税减免税申报明细表》本期实际抵减税额存在勾稽关系，但主表数据不自动根据减免表生成，需要手动填报。同时后台会进行两表间的数据比对，出现不符时将向企业发出提示信息。经核实，该企业主表数据大于《增值税减免税申报明细表》本期实际抵减税额 2,580 元，差额为手误虚填金额，应当更正 12 月增值税申报纳税申报表。当主表此栏填报的数据大于《增值税减免税申报明细表》合计税额时，有的省（自治区、直辖市和计划单列市）可以通过申报，但不能清卡；有的省（自治区、直辖市和计划单列市）强制不允许通过申报。在实践中，有的企业可能会有意或无意的多填错填，出现不符应当要求企业提供相关佐证资料。此外，减免税申报表填报的数据突然增加，有虚列税款抵减额的可能，应予以关注。

具体事项 57
增值税申报表虚列预缴税款

企业 2020 年 12 月增值税纳税申报表中填入预缴增值税 23,301 元，经核实实际预缴税额为 2,330.1 元；2020 年 4 季度企业所得税年度纳税申报表中填入预缴企业所得税 45,301 元，经核实实际预缴税额为 453.01 元。

☆原会计分录	☆正确会计分录
见 12 月 4# 预缴税凭证	无

☆调整会计分录

无（调表不调账）

风险点 79 虚填税额抵减项目违规少申报增值税（预缴税款）风险

风险点说明

纳税人在办理纳税申报时，应如实填写各类纳税申报表，准确核算当期各项税费。增值税纳税申报表主表中，“预缴税款”中“①分次预缴税额”栏次，填写纳税人本期已缴纳的准予在本期增值税应纳税额中抵减的税额，可直接减少当期应纳增值税税款。在处理相关业务的过程中，如果纳税人存在此栏次填写的数据与其当期实际预缴数据不符或虚假填写较大数据，用以减少当期增值税应纳税额等情况，则存在不缴或少缴增值税的风险。

计算过程

将 12 月份的增值税主表预缴税款 23,301 元修改为 2,330.1 元。

税收政策

《国家税务总局关于调整增值税纳税申报有关事项的公告》（汇编 p449）（国家税务总局公告 2019 年第 15 号）附件 2《〈增值税纳税申报表（一般纳税人适用）〉及其附列资料填写说明》第六条第（一）项规定，《增值税纳税申报表附列资料（四）》（税额抵减情况表）填写说明（一）税额抵减情况 3. 本表第 3 行由销售建筑服务并按规定预缴增值税的纳税人填写，反映其销售建筑服务预征缴纳税款抵减应纳增值税税额的情况。4. 本表第 4 行由销售不动产并按规定预缴增值税的纳税人填写，反映其销售不动产预征缴纳税款抵减应纳增值税税额的情况。5. 本表第 5 行由出租不动产并按规定预缴增值税的纳税人填写，反映其出租不动产预征缴纳税款抵减应纳增值税税额的情况。

风险点 80 虚填已纳税额违规少申报企业所得税（预缴税款）风险

风险点说明

纳税人在办理纳税申报时，应如实填写各类纳税申报表，准确核算当期各项税费。企业所得税年度纳税申报表中，“本年累计实际已缴纳的所得税额”栏次，填报纳税人按照税法规定本纳税年度已在月（季）度累计预缴的所得税额，包括按照税法规定的特定业务已预缴（征）的所得税额等，可以直接减少当期应纳企业所得税税款。在处理相关业务的过程中，如果纳税人存在此栏次填写的数据与其当期实际预缴数据不符或虚假填写较大数据，用以减少当期应纳企业所得税税额等情况，则存在不缴或少缴企业所得税的风险。

计算过程

将 12 月企业所得税预缴表预缴税款 45,301 元修改为 453.01 元。

税收政策

《国家税务总局关于修订企业所得税年度纳税申报表的公告》（汇编 p613）税务总局公告 2020 年第 24 号附件：《中华人民共和国企业所得税年度纳税申报表（A 类，2017 年版）》部分表单及填报说明（2020 修订）规定，第 32 行“本年累计实际已缴纳的所得税额”：填报纳税人按照税收规定本纳税年度已在月（季）度累计预缴的所得税额，包括按照税收规定的特定业务已预缴（征）的所得税额，建筑企业总机构直接管理的跨地区设立的项目部按规定向项目所在地主管税务机关预缴的所得税额。

延伸解读

建筑行业纳税人在异地预缴的增值税，在申报增值税时抵减当期应纳增值税，有的省内跨市的增值税预缴税款数据在纳税人申报时可以自动带出，可据此判断抵减税款是否存在风险，跨省数据暂时还没有实时共享。预缴税款在《增值税纳税申报表附列资料（四）》（税额抵减情况表）中累计，当企业有应纳增值税时可在列示的累计税额内进行抵减。简易计税或一般计税办法的建筑服务项目均有可能形成预缴税款，该预缴税款不区分形成原因不区分项目，均可抵减当期增值税应纳税额。

该业务存在的风险有两项：一是省内跨市的预缴数据虽然可以在电子税务局及金税三期系统中自动带出，但是纳税人和税务机关可手动修改该数据，有可能出现手动修改错误。二是跨省的数据完全由纳税人在申报时自行填写，数据可控性很差，容易出现少缴多抵的情况。对此类风险，国家税务总局曾经在 2019 年专门开展了异地预缴税款抵减当期申报税款的数据核查工作，主要涉及增值税、城市维护建设税、教育费附加、地方教育费，取得了较好的工作效果。

企业所得税异地预缴数据不会自动在企业所得税预缴表及年报中带出，同时也不允许企业自行填写。实际操作时由办税大厅根据纳税人提供的完税凭证录入已缴税款，在完税凭证真实的前提下虚列的可能性较小。

本章小结

本章涉及 20 个涉税事项、25 个具体风险点。针对纳税人向税务机关报送各类申报表中存在的纳税疑点问题，张新带领专家团队进行风险分析并提出了应对方法，具体总结如下表。

处理情况	税种	处理方式	处理结果	页码
实收资本增加金额未享受印花税减免（56）	印花税	退还多补印花税	应退印花税 =5,000,000 × 0.05% × 50%=1,250（元） 调增应纳税所得额 1,250（元）	107
账内不能说明原因的原材料减少（57）	增值税	应进项税额转出 修改增值税一般纳税人申报表 修改企业所得税年度纳税申报表（原因：增值税进项税额转出金额修改）	进项税额转出金额 =1,000,000 × 13%=130,000（元） 调减应纳税所得额 =130,000（元）	109
账内不能说明原因的原材料减少（58）	企业所得税	应调增应纳税所得额 修改企业所得税年度纳税申报表	调增应纳税所得额 =1,000,000+130,000=1,130,000（元）	110
原不得抵扣且未抵扣的软件用于生产经营，但未取得扣税凭证（59）	增值税	进项税额应转出 修改企业所得税年度纳税申报表（原因：增值税进项税额转出金额修改）	进项税额转出额 =400（元） 调减应纳税所得额 400（元）	112

续表

处理情况	税种	处理方式	处理结果	页码
当月出售房产原值 500,000.00 元，当月未交纳房产税（60）	房产税	补缴房产税	应补房产税 =500,000.00×（1-30%）×1.2%/12 =350（元） 调减应纳税所得额 =350（元）	113
当月出售房产，当月未缴土地使用税，原核定土地面积为 20 平方米（61）	城镇土地使用税	补缴土地使用税	应补土地使用税 20×18 元 / 平方米 /12 月 =30（元） 调减应纳税所得额 =30（元）	115
按票面金额直接计算铁路旅客运输服务进项税额（62）	增值税	进项税额转出 修改增值税一般纳税人申报表 修改企业所得税年度纳税申报表（原因：进项税额转出）	进项税额转出金额 =100×9%-100/(1+9)%×9%=0.74(元) 调减应纳税所得额 =0.74（元）	116
税前列支应收个人独资企业的债权减值损失（63）	企业所得税	调增应纳税所得额 修改企业所得税年度纳税申报表	调增应纳税所得额 =30,000（元）	117
进项税额转出金额账载与申报数据不符（64）	增值税	修改增值税进项税额转出金额	增值税纳税申报表表二的进项税额转出金额修改为 6,500（元）	119
简易计税建筑服务工程抵扣所用材料进项税额（65）	增值税	进项税额转出 调减应纳税所得额（原因：进项税额转出）	进项税额转出金额 =3,302.75（元） 调减应纳税所得额 =3,302.75（元）	121
将未勾选的增值税专用发票载明的进项税额填入增值税申报表进项税额（66）	增值税	进项税额转出	进项税额转出金额 =150（元） 调减 2016 年应纳税所得额 150（元）	122
税前列支 2016 年度住宿费（67）	企业所得税	调增应纳税所得额	调增应纳税所得额 =2,500（元）	123
计算抵扣“高速公路通行费用发票”进项税额（68）	增值税	进项税额转出	进项税额转出金额 =18（元） 调减应纳税所得额 =18（元）	124
将发票打印机计入增值税防伪税控系统，抵减增值税额（69）	增值税	修改增值税申报表	删除增值税税额抵减情况表、增值税减免税申报明细表、主表中与 2,300（元）抵减的相关数据	126
增值税申报表一未开发票栏：超额冲回前期未开发票收入总额（70）	增值税	修改增值税申报表	调增未开票收入金额 =11,504.4-1,150.44=10,353.96（元） 调增未开票收入增值税额 =1,495.57-149.56=1,346.01（元）	128
已抵扣进项税的非正常损失未进项税转出（71）	增值税	进项税额转出 调减应纳税所得额（原因：进项税额转出的修改）	进项税额转出金额 =1,000.00/(1-13%)×13%=149.43(元) 调减应纳税所得额 =149.43（元）	130
接收抵债房产已申报契税，未申报房产税（72）	房产税	补缴房产税	11 月 12 月房产税 = 契税 15,000/4%×（1-30%）×1.2%/12×2=525（元） 调减应纳税所得额 =525（元）	131
接收抵债房产已申报契税，未申报土地使用税（73）	城镇土地使用税	补缴土地使用税	11月12月土地使用税25平方米(假定)×18/12×2=75（元） 调减应纳税所得额 =75（元）	132
税前列支未取得扣税凭证的劳务费支出（74）	企业所得税	调增应纳税所得额	调增应纳税所得额 =11,000（元）	134
对未签订劳动合同且未取得扣税凭证的残疾人工资进行企业所得税加计扣除（75）	企业所得税	调增应纳税所得额	调增应纳税所得额 =11,000（元）	134

续表

处理情况	税种	处理方式	处理结果	页码
增值税一般纳税人申报表的进项税额转出金额为负数，经查询企业前期没有大额进项税转出金额，此负数为虚列（76）	增值税	修改增值税申报表	删除此虚列进项税额转出金额 -40,000（元）	136
虚列增值税一般纳税人申报表的纳税检查应补缴税额，经查无法提供税务处理决定书（77）	增值税	修改增值税申报表	删除此虚列纳税检查应补缴税额 6,000（元）	137
虚列增值税一般纳税人申报表的应纳税额减征额（78）	增值税	修改增值税申报表	修改应纳税额减征额为 2,580（元）	138
虚列 12 月份预缴增值税款（79）	增值税	修改增值税申报表	将 12 月份的增值税主表预缴税款 23,301 元修改为 2,330.1 元	140
虚列企业所得税预缴税款（80）	企业所得税	修改增值税申报表	将 12 月份的企业所得税预缴表预缴税款 45,301 元修改为 453.01 元	141

第二章 财务报表风险分析与应对

赵山岳时常开夏添的玩笑，说他的工作是为夏添服务的，原因是纳税人税款缴纳的依据都是各类申报表，而财务报表与税款缴纳并无直接关系，即使企业所得税季度预缴是以会计利润为依据，税款也是在企业所得税申报表中计算的。但是玩笑归玩笑，他对于岳达公司财务报表的分析十分认真并确有其独到之处。他首先从财务报表单个项目入手，分析其增减变化对税收的影响，如利润表中的营业收入、成本、利润等，资产负债表中的大额无形资产增加等；其次对资产负债表、利润表、现金流量表和所有者权益变动表单个报表进行整体的分析，如在资产总额增加的情况下，细致分析内在项目的变化情况，以及利润增加后对所有者权益变动的影响等；再次对各个报表进行数据整合及全面的逻辑分析，查找动态变化及人为编造痕迹，分析其形成原因，预判真实的业务情况，如应收、预付款项较大幅度的增加等；最后与夏添一起将财务报表和申报表进行逻辑校验及涉税分析，如固定资产、无形资产变化不大的情况下，存货的增减变化与当期进项税额的增减变化方向应当基本一致等。他把多年积累的税源管理经验和夏添的稽查工作经验做了深入的交流，两人都感觉获益匪浅。

王梓跃想象不到从财务报表的各个项目中，能分析出这么多东西，从货币资金、应收账款、营业外支出、所有者权益竟然都能通过其变化分析原因，并进一步查找相关涉税问题。尤其是他改变了原有的财务报表数据质量不高、应用性比较差的认知，因为赵山岳说，假数据的存在就是因为它要掩盖真像，所以找出假的数据可能会比真数据还有效果。

在纳税评估过程中，对纳税人财务报表中数据的分析与应对工作暂时结束了。张新带领专家团队对有关财务报表中存在的涉税问题进行了认真核查，发现 38 个涉税问题，其中涉及少申报销项税额 2,317,192.53 元，调增企业所得税应纳所得额 4,741,716.47 元，土地使用税 3,000 元，房产税 14,741.83 元，印花税 8,400 元，投资人应缴印花税 1,000 元，涉嫌虚开增值税专用发票 55,000 元。具体内容及后续处理情况，一并解读如下。

财报风险解读

具体事项 58
冲回已税前扣除且未取得发票的预提费用

10 月第 78 笔凭证：2020 年 10 月确认 2019 年度已暂估且在所属年度税前扣除的预提费用无法收回发票，现冲回余额。

☆原会计分录			☆正确会计分录
借：应付账款－暂估－咨询费	40,000.00		原会计分录不变
贷：利润分配－未分配利润		40,000.00	

☆调整会计分录

调表不调账

风险点 81 未取得合法有效税前扣除凭证（预提费用）风险

风险点说明

企业发生支出，应取得合法有效的税前扣除凭证，作为计算企业所得税应纳税所得额时扣除相关支出的依据。在处理相关业务的过程中，如果纳税人当期的支出，存在未取得发票等合法有效凭证，而在成本、费用中核算等情况，且未作纳税调整或只做限额调整，则存在不缴或少缴企业所得税的风险。

计算过程

本风险点中应调增的应纳税所额为：未取得合法有效凭证而计入费用已在税前扣除的金额。

调增应纳税所得额 = 40,000（元）

税收政策

《企业所得税税前扣除凭证管理办法》（汇编 p627）（国家税务总局公告 2018 年第 28 号）第五条规定，企业发生支出，应取得税前扣除凭证，作为计算企业所得税应纳税所得额时扣除相关支出的依据。第十三条规定，企业应当取得而未取得发票、其他外部凭证或者取得不合规发票、不合规其他外部凭证的，若支出真实且已实际发生，应当在当年度汇算清缴期结束前，要求对方补开、换开发票、其他外部凭证。补开、换开后的发票、其他外部凭证符合规定的，可以作为税前扣除凭证。第十六条规定，企业在规定的期限未能补开、换开符合规定的发票、其他外部凭证，并且未能按照本办法第十四条的规定提供相关资料证实其支出真实性的，相应支出不得在发生年度税前扣除。

延伸解读

企业 2020 年 10 月确定 2019 年暂估的已在税前扣除的预提费用 4 万元无法取得税前扣除凭证，通过以前年度损益科目更正前期会计差错冲回该费用，未分配利润余额增加 4 万元。可要求企业提供会计处理及 2019 年企业所得税纳税申报调整情况，判断该调整事项是否为涉税事项。经核实，该企业发生的 4 万元业务是涉税事项，而且该业务 2020 年的调整导致年末未分配利润余额 – 年初未分配利润余额 – 提取的盈余公积 – 分配股利后的余额不等于当年净利润，确认原因为 2019 年暂估的预提费用无法取得发票冲回，应要求企业调增 2019 年企业所得税应纳税所得额。

财务报表中的很多数据可直接与涉税数据比对，还有些数据可通过计算和逻辑分析来印证纳税情况，如资产负债表期末未分配利润与期初未分配利润差额应等于利润表本期实现的净利润减去提取的盈余公积和向股东分配的利润，当企业年报中相关数据不符合上述勾稽关系时，可能存在人为调整应纳税所得额的情况。该企业正常情况下在 2020 年调整时按会计准则应使用以前年度损益调整科目，但本书特意使用利润分配 – 未分配利润科目，其目的就是向读者展示现实中很多企业关于更正会计差错分录的使用习惯。

具体事项 59
通过往来账户隐匿账外收入

10 月第 86 笔凭证：2020 年 10 月账载向出纳员刘信借款 12,487.36 元，计入往来账户。经核查确认该账户余额 3,267,366.59 元全部为企业历年账外销售收入累计（假定均适用 13%）。

☆原会计分录

借：库存现金 12,487.36

贷：其他应付款－个人－刘信 12,487.36

☆正确会计分录

借：其他应付款－个人－刘信 3,267,366.59

贷：主营业务收入_木工锯 27*0.9_13% 2,891,474.86

应交税费－应交增值税－销项税额_13% 375,891.73

☆调整会计分录

借：其他应付款－个人－刘信 3,267,366.59

贷：以前年度损益调整－主营业务收入 2,891,474.86

应交税费－增值税检查调整－销项税额_13% 375,891.73

风险点 82 未确认收入未按规定申报增值税（将收入隐匿于其他应付款）风险

风险点说明

纳税人在日常的财务核算及税费缴纳计算过程中，应按相关法律法规的规定核算其收入或支出，正确核算往来账户，依法合规纳税。在处理相关业务的过程中，如果纳税人往来账户中个别账户余额长期持续增加，应分析其合理性、合法性，如存在通过虚构向股东或员工借款等业务，将收入长期挂在往来账中不进行正确核算等情况，则存在不缴或少缴增值税的风险。

计算过程

本风险点应确认的销项税额为：企业通过往来账户隐匿的经营收入应确认的销项税额。

增值税销售额 = 3,267,366.59 ÷（1 + 13%）= 2,891,474.86（元）

备注：因为长期滚动形成的收入，税率从简适用 2020 年度的收入。

销项税额 = 2,891,474.86 × 13% = 375,891.73（元）

税收政策

《中华人民共和国增值税暂行条例（2017 修订版）》（汇编 p434）第一条规定，在中华人民共和国境内销售货物或者加工、修理修配劳务（以下简称劳务），销售服务、无形资产、不动产以及进口货物的单位和个人，为增值税的纳税人，应当依照本条例缴纳增值税。

《中华人民共和国增值税暂行条例实施细则（2011 修订版）》（汇编 p439）（财政部　国家税务总局令 2011 年第 65 号）第三条规定，条例第一条所称销售货物，是指有偿转让货物的所有权。条例

第一条所称提供加工、修理修配劳务（以下称应税劳务），是指有偿提供加工、修理修配劳务。单位或者个体工商户聘用的员工为本单位或者雇主提供加工、修理修配劳务，不包括在内。本细则所称有偿，是指从购买方取得货币、货物或者其他经济利益。

风险点83 未确认收入未按规定申报企业所得税（将收入隐匿于其他应付款）风险

风险点说明

企业在日常财务核算及税费缴纳过程中，应按相关法律法规的规定核算其收入或支出，正确核算往来账户，依法合规纳税。在处理相关业务的过程中，如果企业往来账户中个别的账户余额长期持续增加，应分析其行为合理性、合法性，若存在通过虚构向股东或员工借款等业务，将收入长期挂在往来账中不正常进行核算等情况，则存在不缴或少缴企业所得税的风险。

计算过程

本风险点中应调增应纳税所得额为：企业通过往来账隐匿的经营收入金额。

调增应纳税所得额 = 2,891,474.86（元）

备注：1. 因企业的成本数据已全部结转入库，此处收入无对应成本，故此处不存在另行结成本的问题。

2. 因为长期滚动形成的收入，税率从简适用2020年度的收入。

税收政策

《中华人民共和国企业所得税法》（汇编p587）第六条规定，企业以货币形式和非货币形式从各种来源取得的收入，为收入总额。包括：（一）销售货物收入；（二）提供劳务收入；（三）转让财产收入；（四）股息、红利等权益性投资收益；（五）利息收入；（六）租金收入；（七）特许权使用费收入；（八）接受捐赠收入；（九）其他收入。

延伸解读

企业隐匿收入的往来科目是其他应付款，但实践中不限于此科目，可能通过任意的往来科目隐匿收入。通过企业科目余额表其他应付款二级科目刘信，得知期初出纳员刘信借给企业3,000,000元，且未偿付过。询问得知出纳员刘信仅为普通员工，家庭条件一般，不具备出借该资金实力，判断该业务可能是以借款隐瞒收入。经核实，确认该企业将账外收入记在刘信名下。

在实践中，分析其他应付款科目时应重点关注长期存在较大余额时是否有隐匿收入的情况，可要求企业提供该往来科目明细账及账龄的明细、借款协议等。另外，其他应付款余额较大的原因也可能是由于公司法规定有限责任公司股东以注册资本为限对公司承担责任，有些股东为规避投资责任，不将投入企业的运营资本放在实收资本中，而是通过借款的形式放在其他应付款。

具体事项 60
收到政府奖励款未按规定确认收入

11 月第 26 笔凭证：2020 年 11 月银行账户收到区政府奖励资金 50,000 元，计入资本公积。

☆原会计分录		☆正确会计分录	
借：银行存款－江南城市发展银行长安分行	50,000.00	借：银行存款－江南城市发展银行长安分行	50,000.00
贷：资本公积－其他	50,000.00	贷：其他收益－政府奖励	50,0000.00

☆调整会计分录

贷：资本公积－其他	-50,000.00
贷：以前年度损益调整－其他收益	50,000.00

风险点 84 未确认补助收入未按规定申报企业所得税（应税政府补助款）风险

风险点说明

企业取得的政府补助，除国务院、财政部和国家税务总局规定不计入当期损益外，应按税法规定确认当期收入。在处理相关业务的过程中，如果企业存在将政府补助权益化，直接计入“资本公积”等权益性科目，甚至不入账处理等情况，则存在不缴或少缴企业所得税的风险。

计算过程

本风险点中应调增的应纳税所额为：因取得政府奖励资金未按规定确认的收入金额。

调增应纳税所得额（收入）= 50,000（元）

税收政策

《中华人民共和国企业所得税法》（汇编 p587）第六条规定，企业以货币形式和非货币形式从各种来源取得的收入，为收入总额。包括：（一）销售货物收入；（二）提供劳务收入；（三）转让财产收入；（四）股息、红利等权益性投资收益；（五）利息收入；（六）租金收入；（七）特许权使用费收入；（八）接受捐赠收入；（九）其他收入。第七条规定，收入总额中的下列收入为不征税收入：（一）财政拨款；（二）依法收取并纳入财政管理的行政事业性收费、政府性基金；（三）国务院规定的其他不征税收入。

延伸解读

通过资产负债表获知企业本年资本公积余额变动，可要求企业提供资本公积明细账，梳理资本公积变动的细目发现企业将政府补助 50,000 元计入了资本公积。企业取得不符合财政性专项用途的资金不是不征税收入。在进行会计核算时具体分两种情况：与收益相关的政府补助应当在其补偿的相关费用或损失发生期间计入当期损益；与资产相关的政府补助，不能全额确认为当期收益，应当随着相关资产的使用逐渐计入以后各期收益。即不论与资产相关还是与收益相关政府补助均不得计入资本公积，收到的该笔政府奖励资金应通过“其他收益”核算，计入企业所得税应纳税所得额。

具体事项 61
更正往年计提折旧错误未调整企业所得税申报

11 月第 38 笔凭证：2020 年 11 月发现 2018 年打印机计提折旧错误，多计提 3,500 元，已在 2018 年企业所得税前扣除，金额 3,500 元。当月进行会计差错更正。

☆原会计分录		☆正确会计分录
贷：累计折旧－电子设备	–3,500.00	原会计分录不变
贷：以前年度损益调整－管理费用	3,500.00	
借：以前年度损益调整－管理费用	3,500.00	
贷：利润分配－未分配利润	3,500.00	

☆调整会计分录

调表不调账

风险点85 调整以前年度支出未调整申报表税前违规扣除（冲回以前年度多提折旧）风险

风险点说明

企业税前扣除成本、费用，应真实发生业务并取得合法有效凭证，且不得超额度扣除，包括有限额扣除规定的项目不能扩大计算基数，且不能超出扣除比例。如企业发生符合规定的固定资产折旧、无形资产摊销，应该合理确定折旧、摊销年限及折旧率和摊销比率；业务招待费、广告费和业务宣传费等支出，应考虑当年销售（营业）收入的计算范围、变化情况和扣除比率。在处理相关业务的过程中，如果企业存在擅自改变固定资产折旧率或无形资产摊销比率，或将营业外收入、投资收益等计入销售（营业）收入，增大扣除限额的基数，或在做其他业务调整时调减销售（营业）收入，但未调减限额扣除的收入基数，导致税前超额扣除成本、费用等情况，则存在不缴或少缴企业所得税的风险。

计算过程

本风险点中应调增的应纳税所额为：企业2018年多计提的折旧费用。

调增2018年度应纳税所得额＝3,500（元）（调表不调账）

税收政策

《中华人民共和国企业所得税法实施条例》（汇编p595）第九条规定，企业应纳税所得额的计算，以权责发生制为原则，属于当期的收入和费用，不论款项是否收付，均作为当期的收入和费用；不属于当期的收入和费用，即使款项已经在当期收付，均不作为当期的收入和费用。本条例和国务院财政、税务主管总部国有规定的除外。

《企业会计准则第28号——会计政策、会计估计变更和差错更正》（汇编p781）（财会〔2006〕3号）第十二条规定，企业应当采用追溯重述法更正重要的前期差错，但确定前期差错累积影响数不切实可行的除外。

延伸解读

企业2018年折旧计提错误，应按会计差错追溯调整至2018年，同时调整2018年企业所得税年度纳税申报表，增加2018年应纳税所得额。企业用“以前年度损益调整”贷方转回前期多提折旧，实际是前期折旧多提阴阳怪气就是多确认了费用且已税前扣除，现通过以前年度损益转回。如果不调整2018年企业所得税申报表，也不将多计提的折旧3,500元在2020年企业所得税申报表中调增，则3,500元转回的折旧在以后年度会重新计提、重复计入费用、重复税前扣除。因此，遇到调整以前年度差错的账务应予重点关注，需判断是否为涉税事项。

具体事项62
处置权益性投资未确认投资收益

11月第48笔凭证：2020年11月收到江南天功投资有限公司注明股权转让款2,000,000元，直接冲减锦阳宏达机械加工有限公司长期投资原始成本，投资成本1,500,000元。

☆原会计分录

借：银行存款－江南城市发展银行长安分行 2,000,000.00

贷：长期股权投资－锦阳宏达机械加工有限公司 2,000,000.00

☆正确会计分录

借：银行存款－江南城市发展银行长安分行 2,000,000.00

贷：长期股权投资－锦阳宏达机械加工有限公司 1,500,000.00

投资收益－锦阳宏达机械加工有限公司 500,000.00

☆调整会计分录

贷：长期股权投资－锦阳宏达机械加工有限公司 -500,000.00

贷：投资收益－锦阳宏达机械加工有限公司 500,000.00

风险点86 处置权益性投资未确认投资收益少申报企业所得税（权益性投资收益）风险

风险点说明

企业处置投资时确认的投资收益，应计入企业所得税收入总额计征企业所得税。在处理相关业务的过程中，如果企业存在处置股权投资时应确认未确认投资收益，或投资没有在账簿上记载等情况，则存在不缴或少缴企业所得税的风险。

计算过程

本风险点中应调增的应纳税所额为：企业因处置投资应确认未确认的投资收益金额。

调增应纳税所得额（处置收益）＝2,000,000－1,500,000＝500,000（元）

税收政策

《中华人民共和国企业所得税法》（汇编 p587）第六条规定，企业以货币形式和非货币形式从各种来源取得的收入，为收入总额。包括：（一）销售货物收入；（二）提供劳务收入；（三）转让财产收入；（四）股息、红利等权益性投资收益；（五）利息收入；（六）租金收入；（七）特许权使用费收入；（八）接受捐赠收入；（九）其他收入。

《国家税务总局关于贯彻落实企业所得税法若干税收问题的通知》（汇编 p676）（国税函〔2010〕79 号）第三条规定，关于股权转让所得确认和计算问题企业转让股权收入，应于转让协议生效、且完成股权变更手续时，确认收入的实现。转让股权收入扣除为取得该股权所发生的成本后，为股权转让所得。企业在计算股权转让所得时，不得扣除被投资企业未分配利润等股东留存收益中按该项股权所可能分配的金额。

延伸解读

长期股权投资中核算，如果企业资产负债表列报的长期股权投资期末余额发生了变动，应关注其明细资料并逐项落实减少的长期股权投资原因，判断是否涉税。企业所属期 12 月份资产负债表载明长期股权投资期初余额 12,500,000 元、期末 余额 3,933,275 元，关联查看利润表投资收益 发生额 –4,000,000 元，变动大且异常。可要求企业提供长期股权投资明细账，同时通过三方信息渠道（工商公示等平台）获得股权变化信息，确认该企业了转让锦阳宏达机械加工公司的长期股权投资并获得投资收益 500,000 元。根据企业提供的记账凭证，该长期股权投资按成本法核算，收到股权转让款 2,000,000 元，股权原始投资成本 1,500,000 元，企业未确认投资收益 500,000 元。应要求企业确认该长期股权投资的处置收益并调增所属年度企业所得税应纳税所得额。

具体事项 63
借款合同和土地使用权出让合同未缴印花税

11 月第 87 笔凭证：2020 年 11 月计提并申报本月印花税，其中购销合同贴花 1,951.86 元、建安合同贴花 33 元、运输合同贴花 5 元、加工承揽合同贴花 65 元。

☆原会计分录		☆正确会计分录	
借：税金及附加－印花税	2,054.86	借：税金及附加－印花税	7,204.86
贷：应交税费－应交印花税	2,054.86	贷：应交税费－应交印花税	7,204.86

☆调整会计分录	
借：以前年度损益调整－税金及附加	5,150.00
贷：应交税费－应交印花税	5,150.00

风险点87 书立借款合同未按规定申报印花税（发生长期借款业务）风险

风险点说明

纳税人在日常的生产经营和财务核算中，应全面准确计算印花税税款并及时缴纳，如纳税人订立经济合同、变更财产权利关系、设置营业账簿、领受权利、许可证照等行为，应依法缴纳印花税。在处理相关业务的过程中，如果纳税人本期长期借款增加，但是无此税目的印花税缴纳记录或缴纳金额明显不足，则存在不缴或少缴借款合同印花税的风险。

计算过程

本风险点应补缴的印花税为：企业本期签订的借款合同应缴未缴的印花税。调减的应纳税所得额为：因应补印花税增加的费用金额。

借款合同印花税＝借款合同金额 × 印花税税率＝3,000,000×0.005%＝150（元）

调减应纳税所得额＝应补缴的印花税金额＝150（元）

税收政策

《中华人民共和国印花税暂行条例》（汇编p742）第二条第（一）项规定，下列凭证为应纳税凭证：（一）购销、加工承揽、建设工程承包、财产租赁、货物运输、仓储保管、借款、财产保险、技术合同或者具有合同性质的凭证。附件《印花税税目税率表》规定，借款合同，包括银行及其他金融组织和借款人（不包括银行同业拆借）所签订的借款合同，按借款金额万分之零点五贴花。

风险点88 书立产权转移书据未按规定申报印花税（取得土地使用权）风险

风险点说明

纳税人在日常的生产经营和财务核算中，应全面准确计算印花税税款并及时缴纳，如纳税人订立经济合同、变更财产权利关系、设置营业账簿、领受权利、许可证照等行为，应依法缴纳印花税。在处理相关业务的过程中，如果纳税人本期有新增的土地使用权，但是无此税目的印花税缴纳记录或缴纳金额明显不足，则存在不缴或少缴产权转移书据印花税的风险。

计算过程

本风险点应补缴的印花税为：企业本期签订的土地使用权转移合同应缴未缴的印花税。调减的应纳税所得额为：因补缴印花税增加的费用金额。

产权转移收据印花税 = 土地使用权合同载明交易价格 × 印花税税率 = 10,000,000 × 0.05% = 5,000

调减应纳税所得额 = 应补缴的印花税金额 = 5,000（元）

税收政策

《中华人民共和国印花税暂行条例》（汇编 p742）第二条第（一）项规定，下列凭证为应纳税凭证：（一）购销、加工承揽、建设工程承包、财产租赁、货物运输、仓储保管、借款、财产保险、技术合同或者具有合同性质的凭证。附件《印花税税目税率表》规定，产权转移书据，包括财产所有权和版权、商标专用权、专利权、专有技术使用权等转移书据，按所载金额万分之五贴花。

延伸解读

企业所属期 11 月资产负债表中需关注短期借款和长期借款的变化情况。可分析全年的资产负债表借款费用变化，从资产负债表可知长期借款增加 3,000,000 元，核实印花税全年申报数据，确认该企业少缴借款合同印花税 150 元。

企业所属期 11 月资产负债表中无形资产大幅增加，可要求企业提供具体情况，也可通过契税、印花税、企业所得税纳税申报表的申报信息比对。经核实获知企业购入土地使用权，确认少缴产权转移书据印花税 5,000 元。

具体事项 64
收到技改补助资金未确认政府补助收入

12 月第 6 笔凭证：2020 年 12 月收到长安市科技局技改补助资金 60,000 元，该资金未附专门的资金管理办法或具体管理要求。

☆原会计分录		☆正确会计分录	
借：银行存款－江南城市发展银行长安分行	60,000.00	借：银行存款－江南城市发展银行长安分行	60,000.00
贷：专项应付款－技改补助	60,000.00	贷：其他收益	60,000.00

☆调整会计分录

贷：专项应付款－技改补助	－60,000.00
贷：以前年度损益调整－其他收益	60,000.00

风险点 89 未确认补助收入未按规定申报企业所得税（应税政府补助）风险

风险点说明

企业从各级人民政府财政部门及其他部门取得的财政性资金，符合政策规定条件的可作为不征税收入核算，不缴纳企业所得税，否则应及时确认收入，按规定申报缴纳企业所得税。在处理相关业务的过程中，如果企业在计算应纳税所得额时，存在将不符合不征税条件的财政性资金作为不征税收入从收入总额中减除，甚至还存在将该部分资金支出时所形成的费用在税前扣除等情况，则存在不缴或少缴企业所得税的风险。

计算过程

本风险点中应调增的应纳税所额为：收到的不符合不征税收入条件的财政性资金应确认的收益金额。

调增应纳税所得额 = 60,000（元）

税收政策

《中华人民共和国企业所得税法》(汇编 p587)第七条规定，收入总额中的下列收入为不征税收入：(一)财政拨款；(二)依法收取并纳入财政管理的行政事业性收费、政府性基金；(三)国务院规定的其他不征税收入。

《财政部　国家税务总局关于专项用途财政性资金企业所得税处理问题的通知》(汇编 p657)(财税〔2011〕70 号)第一条规定，企业从县级以上各级人民政府财政部门及其他部门取得的应计入收入总额的财政性资金，凡同时符合以下条件的，可以作为不征税收入，在计算应纳税所得额时从收入总额中减除：(一)企业能够提供规定资金专项用途的资金拨付文件；(二)财政部门或其他拨付资金的政府部门对该资金有专门的资金管理办法或具体管理要求；(三)企业对该资金以及以该资金发生的支出单独进行核算。第二条规定，根据实施条例第二十八条的规定，上述不征税收入用于支出所形成的费用，不得在计算应纳税所得额时扣除；用于支出所形成的资产，其计算的折旧、摊销不得在计算应纳税所得额时扣除。

延伸解读

企业所属期 12 月份资产负债表中本期专项应付款余额有新增，可要求提供该笔资金的具体情况及账务处理明细。经核实，该项资金无专门资金管理办法及具体的管理要求，不符合专项用途的财政性资金标准，同时会计上未确认收益，应调增企业所得税应纳税所得额。如果企业将政府补助计入其他应付款，账面识别难度较大，可关注其他应付款变动额较大或余额较大又不变动的异常情况。

具体事项 65
以产品抵债未确认债务重组利得

12 月第 16 笔凭证：2020 年 12 月对前欠江南华阳物资有限公司款 35,000 元，按新债务重组合同约定 12 月 20 日以自产 27*0.9 带锯条 1,503 米抵偿，不含税价 30,060 元，重组利得计入资本公积。

☆原会计分录		☆正确会计分录	
借：应付账款－江南华阳物资有限公司	35,000.00	借：应付账款－江南华阳物资有限公司	35,000.00
贷：主营业务收入_带锯条 27*0.9_13%	30,060.00	贷：主营业务收入_带锯条 27*0.9_13%	30,060.00
应交税费－应交增值税－销项税额_13%	3,907.80.00	应交税费－应交增值税－销项税额_13%	3,907.80
资本公积－其他	1,032.20	营业外收入－债务重组利得	1,032.20

☆调整会计分录	
贷：资本公积－其他	－1,032.20
贷：以前年度损益调整－营业外收入	1,032.20

风险点 90 债务重组未确认损益少申报企业所得税（债务重组利得）风险

风险点说明

企业发生债务重组行为，应如实记录业务具体情况，正确核算债务重组损失或利得，发生的损失应确认为“营业处支出”，取得的利得应确认为“营业外收入”，一并计入企业所得税应纳税所得额。在处理相关业务的过程中，如果企业存在将债务重组收益权益化或其他不正确账务处理的情况，则存在不缴或少缴企业所得税的风险。

计算过程

本风险点中应调增的应纳税所额为：自产带锯条抵偿应确认的债务重组收益应增加当期收益的金额。

调增应纳税所得额＝应付账款账面价值－抵债资产不含税公允价值－应确认的抵债资产销项税额

＝1,032.2（元）

税收政策

《中华人民共和国企业所得税法实施条例》（汇编 p595）第二十五条规定，企业发生非货币性资产交换，以及将货物、财产、劳务用于捐赠、偿债、赞助、集资、广告、样品、职工福利或者利润分配等用途的，应当视同销售货物、转让财产或者提供劳务，但国务院财政、税务主管部门另有规定的除外。

《国家税务总局关于企业处置资产所得税处理问题的通知》（汇编 p686）（国税函〔2008〕828 号）第二条第（六）项规定，企业将资产移送他人的下列情形，因资产所有权属已发生改变而不属于内部处置资产，应按规定视同销售确定收入。（六）其他改变资产所有权属的用途。

《国家税务总局关于企业所得税有关问题的公告》（汇编 p636）（国家税务总局公告 2016 年第 80 号）第二条规定，企业发生《国家税务总局关于企业处置资产所得税处理问题的通知》（国税函〔2008〕828 号）第二条规定情形的，除另有规定外，应按照被移送资产的公允价值确定销售收入。

延伸解读

通过电子底账系统进行票面分析，该业务显示企业产品的型号、规格、产品单价、购买方关联度，备注栏“以货偿还以前欠款”。通常企业以货抵债不会在备注栏里标注，在这里备注就是要提示读者引起注意。以物抵债一般会产生债务重组利得或损失，即货物的公允价值和偿还债务的账面价值不同形成的利得或损失。我们要关注该部分利得或损失是否涉税。可将以物抵偿债分为两部分业务，一是产品对外销售，企业按公允价值确认了增值税销售及企业所得税视同销售；二是用取得的产品销售收入抵偿所欠债务，债务重组收益应计入营业外收入，但该企业计入资本公积，导致该部分损益少缴纳企业所得税，应调增企业所得税应纳税所得额。

债务重组是指债权人在债务人发生财务困难情况下，债权人按照其与债务人达成的协议或者法院的裁定做出让步的事项。该业务在各项报表上较难识别。部分企业将抵债形成的利得计入资本公积，可通过资本公积的账目分析获取相关信息。债务重组会产生利得或损失。利得应记为营业外收入增加利润总额，损失应记为营业外支出减少利润总额，并依据国家税务总局公告 2011 年第 25 号《企业资产损失所得税税前扣除管理办法》规定税前扣除。

具体事项 66
收到债券投资利息未确认收益

12 月第 34 笔凭证：2020 年 12 月收到江南华颖股份有限公司汇来款项 16,450 元，汇款单注明利息，款项计入往来账户。

☆原会计分录		☆正确会计分录	
借：银行存款－江南城市发展银行长安分行	16,450.00	借：银行存款－江南城市发展银行长安分行	16,450.00
贷：其他应收款－江南华颖股份有限公司	16,450.00	贷：投资收益－江南华颖股份有限公司	15,518.87
		应交税费－应交增值税－销项税额 _6%	931.13

☆调整会计分录

借：其他应收款－江南华颖股份有限公司	16,450.00
贷：投资收益－江南华颖股份有限公司	15,518.87
应交税费－增值税检查调整－销项税额 _6%	931.13

风险点 91 未确认收入未按规定申报增值税（债券利息）风险

风险点说明

纳税人以购买债券等方式对外进行债权性投资，应按财务核算规定记录相关业务发生过程及结果，收到利息时应确认为利息收入申报缴纳增值税。在处理相关业务的过程中，如果纳税人存在对债权性投资不记账或不完整记账，或对持有债券取得的相关利息不记账核算等情况，如资产负债表中存在“持有至到期投资”科目余额，但在增值税申报中未申报利息收入，则存在不缴或少缴纳增值税的风险。

计算过程

本风险点应确认的销项税额为：企业取得债券利息收入应确认的销项税额。

增值税销售额 = 16,450 ÷（1 + 6%）= 15,518.87（元）

销项税额 = 15,518.87 × 6% = 931.13（元）

税收政策

《中华人民共和国增值税暂行条例（2017 修订版）》（汇编 p434）第一条规定，在中华人民共和国境内销售货物或者加工、修理修配劳务（以下简称劳务），销售服务、无形资产、不动产以及进口货物的单位和个人，为增值税的纳税人，应当依照本条例缴纳增值税。第二条第（三）项规定，增值税税率：纳税人销售服务、无形资产，除本条第一项、第二项、第五项另有规定外，税率为 6%。

《财政部 国家税务总局关于全面推开营业税改征增值税试点的通知》（汇编 p482）（财税〔2016〕36 号）附件 1《营业税改征增值税试点实施办法》第一条第五款规定，贷款，是指将资金贷与他人使用而取得利息收入的业务活动。各种占用、拆借资金取得的收入，包括金融商品持有期间（含到期）利息（保本收益、报酬、资金占用费、补偿金等）收入、信用卡透支利息收入、买入返售金融商品利息收入、融资融券收取的利息收入，以及融资性售后回租、押汇、罚息、票据贴现、转贷等业务取得的利息及利息性质的收入，按照贷款服务缴纳增值税。

风险点 92 未确认收入未按规定申报企业所得税（债券利息）风险

风险点说明

企业以购买债券等方式对外进行债权性投资，应按财务核算规定记录相关业务发生过程及结果，收到利息时应确认为利息收入申报缴纳企业所得税。在处理相关业务的过程中，如果企业存在对债权性投资不记账或不完整记账，或对持有债券取得的相关利息不记账核算等情况，如资产负债表中存在“持有至到期投资”科目余额，但在企业所得税申报中未申报利息收入，则存在不缴或少缴企业所得税的风险。

计算过程

本风险点中应调增的应纳税所额为：收到的债券投资利息（不含税）收入。

调增应纳税所得额 = 15,518.87（元）

税收政策

《中华人民共和国企业所得税法》（汇编 p587）第六条规定，企业以货币形式和非货币形式从各种来源取得的收入，为收入总额。包括：（一）销售货物收入；（二）提供劳务收入；（三）转让财产收入；（四）股息、红利等权益性投资收益；（五）利息收入；（六）租金收入；（七）特许权使用费收入；（八）接受捐赠收入；（九）其他收入。

《中华人民共和国企业所得税法实施条例》（汇编 p595）第十八条规定， 企业所得税法第六条第（五）项所称利息收入，是指企业将资金提供他人使用但不构成权益性投资， 或者因他人占用本企业资金取得的收入，包括存款利息、贷款利息、债券利息、欠款利息等收入。利息收入，按照合同约定的债务人应付利息的日期确认收入的实现。

延伸解读

通过企业利润表获知企业投资收益确认金额 -3,500,000 元，从企业所得税年度纳税申报表获知该投资收益包括长期股权投资处置损失 4,000,000 元和收取的子公司利息股息红利所得 500,000 元；通过资产负债表获知企业持有至到期投资余额为 250,000 元，但投资收益内并未列示该持有投资的相关收益。可要求企业提供该科目具体核算内容和相关明细情况，通过记账凭证及原始凭证获知企业收取的江南华颖的款项是债券利息，并发现企业将应确认的投资收益冲减了其他应收款。应要求企业调增应纳税所得，同时按 6% 确认增值税销项税额。

具体事项 67
税前一次性扣除应资本化贷款利息

12 月第 70 笔凭证：2020 年 12 月长期借款的贷款利息 20,000 元，计入财务费用，税前已扣除。

☆原会计分录

借：财务费用 – 利息支出	20,000.00
贷：银行存款 – 江南城市发展银行长安分行	20,000.00

☆正确会计分录

借：在建工程 – 新厂房 – 利息	20,000.00
贷：银行存款 – 江南城市发展银行长安分行	20,000.00

☆调整会计分录

借：在建工程 – 新厂房 – 利息	20,000.00
借：以前年度损益调整 – 财务费用	–20,000.00

风险点 93 应予资本化的支出一次性税前违规扣除（长期借款利息）风险

风险点说明

企业为购置、建造固定资产、无形资产和经过 12 个月以上的建造才能达到预定可销售状态的存货，发生的符合资本化条件的借款费用，应作为资本性支出计入有关资产的成本，分期扣除摊销。在处理相关业务的过程中，如果企业存在将相关的利息等借款费用直接作为财务费用税前扣除等情况，则存在不缴或少缴企业所得税的风险。

计算过程

本风险点中应调增的应纳税所得额为：企业一次性在税前扣除的应予资本化的贷款利息金额。

调增应纳税所得额 = 应予资本化的利息支出 = 20,000（元）

税收政策

《中华人民共和国企业所得税法实施条例》（汇编 p595）第三十七条规定，企业在生产经营活动中发生的合理的不需要资本化的借款费用，准予扣除。企业为购置、建造固定资产、无形资产和经过 12 个月以上的建造才能达到预定可销售状态的存货发生借款的，在有关资产购置、建造期间发生的合理的借款费用，应当作为资本性支出计入有关资产的成本，并依照本条例的规定扣除。

延伸解读

《企业所得税年度纳税申报表》A104000《期间费用明细表》中“二十一、利息收支”列支金额为335,154.64元，资产负债表中企业期末短期借款余额1,250,000元，长期借款余额3,000,000元。经简单估算335,154.64÷（1,250,000+3,000,000）=7.9%，剔除短期借款影响后的利率为330,000÷3,000,000=11%。现阶段同期贷款利率应该在7.5%左右，分析企业可能虚列利息费用。同时企业存在长期借款余额的情况下，应核实应资本化的长期借款利息是否费用化处理，是否存在将应资本化长期借款利息计入财务费用税前扣除，可要求企业提供利息计算表、借款合同，经核实企业确实将应资本化的长期借款利息计入了财务费用，应调增应纳税所得额。

具体事项68
房产税的计税依据错误

12月第71笔凭证：2020年12月按房产原值6,400,000元计提并申报本月房产税4,480元。

☆原会计分录		☆正确会计分录	
借：税金及附加－房产税	4,480.00	借：税金及附加－房产税	19,221.83
贷：应交税费－应交房产税	4,480.00	贷：应交税费－应交房产税	19,221.83

☆调整会计分录

借：以前年度损益调整－税金及附加　14,741.83

贷：应交税费－应交房产税　14,741.83

风险点94 未修正计税依据未按规定申报房产税（依法评估增值、新购的房产）风险

风险点说明

纳税人取得的房产在确定产房税计税依据时，应遵循税收相关法律法规的规定，如依法评估增值入账的建筑物应按评估价值缴纳房产税。纳税人购置存量房，应自办理房产权属变更的次月缴纳房产

税。在处理相关业务的过程中，如果纳税人存在未将评估价值或新购房产价值录入房源信息登记中作为计税依据计算缴纳房产税，或房产税申报与企业所得税汇缴申报表中房产原值不匹配等情况，则存在不缴或少缴纳房产税的风险。

计算过程

本风险点中应补房产税为：企业依法评估入账、新购建筑物未申报房产税金额。调减的应纳税所得额为：因应补房产税增加的费用金额。

10－12 月房产税＝房产原值 ×（1－扣除比率）× 房产税适用税率 ÷12× 使用月数

＝（571,428.57＋2,500,000）×（1－30%）×1.2%÷12×3

＝6,450（元）

调减应纳税所得额＝应补缴的房产税＝以前年度损益调整借方发生额＝6,450（元）

税收政策

《财政部　国家税务总局关于房产税城镇土地使用税有关问题的通知》（汇编 p734）（财税〔2008〕152 号）第一条规定，对依照房产原值计税的房产，不论是否记载在会计账簿固定资产科目中，均应按照房屋原价计算缴纳房产税。房屋原价应根据国家有关会计制度规定进行核算。对纳税人未按国家会计制度规定核算并记载的，应按规定予以调整或重新评估。

《国家税务总局关于房产税城镇土地使用税有关政策规定的通知》（汇编 p378）（国税发〔2003〕89 号）第二条第（二）款规定，购置存量房、自办理房屋权属转移、变更登记手续，房地产权属登记机关签发房屋权属证书之次月起计征房产税和城镇土地使用税。

风险点 95 未确认计税依据未按规定申报房产税（房产原值未包含地价）风险

风险点说明

纳税人日常进行纳税申报，应保证真实合法有效，且要做好验证工作。纳税人申报的各税种间可以发挥相互验证的作用，如按照房产原值计税的房产，“房产原值”应包含房产价值和地价，即房产税计税依据与企业所得税申报信息中房产、土地的计税基础应该匹配，如果纳税人申报时未按包含地价的房产原值计算房产税的计税依据，可能存在未按规定申报房产税的问题。在处理相关业务的过程中，如果纳税人存在年度所得税汇算时申报的房产及土地等计税基础汇总数据与房产税申报的计税依据差别较大等情况，则存在不缴或少缴房产税的风险。

计算过程

本风险点中应补房产税为：企业未将土地使用权价款并入房产税计税依据。调减的应纳税所得额为：因应补房产税增加的费用金额。

10－12月房产税＝房产原值×（1－扣除比率）×房产税适用税率÷12×月份

＝3,180,000×（1－30%）×1.2%÷12×3＝6,678（元）

调减应纳税所得额＝应补缴的房产税＝以前年度损益调整借方发生额＝6,678（元）

税收政策

《财政部　国家税务总局关于安置残疾人就业单位城镇土地使用税等政策的通知》（汇编p733）（财税〔2010〕121号）第三条规定，对按照房产原值计税的房产，无论会计上如何核算，房产原值均应包含地价，包括为取得土地使用权支付的价款、开发土地发生的成本费用等。宗地容积率低于0.5的，按房产建筑面积的2倍计算土地面积并据此确定计入房产原值的地价。

风险点96 未确认计税依据未按规定申报房产税（在建工程长期挂账）风险

风险点说明

纳税人发生在建工程业务，应按规定准确核算在建工程项目，其中涉及增值税、企业所得税、房产税、土地使用税等诸多税费问题，如在建厂房无论是否转入固定资产都应该在投入使用之次月起计算缴纳房产税。在处理相关业务的过程中，如果纳税人在实际经营过程中存在使用已完工但未转入固定资产账户的厂房，当期又无新增房产税记录等情况，则存在不缴或少缴纳房产税的风险。

计算过程

本风险点中应补房产税为：企业已投入使用的在建工程未申报房产税金额。调减的应纳税所得额为：因应补房产税增加的费用金额。

10-12月房产税＝增加的房产原值×（1－扣除比率）×房产税适用税率÷12×月份

＝618,492.36×（1－30%）×1.2%÷12×3＝1,298.83（元）

调减应纳税所得额＝应补缴的房产税＝1,298.83（元）

税收政策

《财政部　国家税务总局关于房产税城镇土地使用税有关问题的通知》（汇编 p734）（财税〔2008〕152 号）第一条规定，对依照房产原值计税的房产，不论是否记载在会计账簿固定资产科目中，均应按照房屋原价计算缴纳房产税。房屋原价应根据国家有关会计制度规定进行核算。对纳税人未按国家会计制度规定核算并记载的，应按规定予以调整或重新评估。

风险点 97　未确认计税依据未按规定申报房产税（房屋附属设备未计入房产原值）风险

风险点说明

纳税人按房产原值计算缴纳房产税，其中的房产原值无论会计上如何核算，均应包含地价以及与房屋不可分割的各种附属设备或一般不单独计算价值的配套设施。在处理相关业务的过程中，如果纳税人在计算房产原值时，存在对房屋附属设备和配套设施等未按规定计入房产原值等情况，则存在不缴或少缴房产税的风险。

计算过程

本风险点中应补房产税为：企业房屋改造安装中央空调应增加的房产原值未申报房产税金额。调减的应纳税所得额为：因应补房产税增加的费用金额。

12 月房产税 = 房产原值 ×（1 − 扣除比率）× 房产税适用税率 ÷12× 月份

= 450,000×（1 − 30%）×1.2%÷12×1 = 315（元）

调减应纳税所得额 = 应补缴的房产税 = 315（元）

税收政策

《国家税务总局关于进一步明确房屋附属设备和配套设施计征房产税有关问题的通知》（汇编 p737）（国税发〔2005〕173 号）第一条规定，为了维持和增加房屋的使用功能或使房屋满足设计要求，凡以房屋为载体，不可随意移动的附属设备和配套设施，如给排水、采暖、消防、中央空调、电气及智能化楼宇设备等，无论在会计核算中是否单独记账与核算，都应计入房产原值，计征房产税。

延伸解读

通过企业所得税纳税申报表的资产折旧、摊销情况及纳税调整明细表得知房产原值为 9,471,428.57 元，从房源信息可以得知房产税计税依据的原值为 6,400,000 元，两者相差 3,071,428.57 元。判断可能存在企业部分房产是否不需要缴纳房产税，或企业少申报房产税计税依据等情况。经核实，该企业将法定评估增值的增值额分别计入房产原值和资本公积，评估增值的房产 250 万元未申报房产税。

通过电子底账系统进行票面分析，发现商品或服务名称为中央空调及安装费发票。经核实，该企业在 11–88# 凭证记载了应资本化但费用化的中央空调及装修费，应计入房产税计税依据。

通过《企业所得税年度纳税申报表》A105080《资产折旧、摊销情况及纳税调整明细表》获知 申报土地使用权 14,000,000 元。按税法规定，除单独土地未建房外，不论土地使用权是否单独核算， 均应与房产原值合并计征房产税。经核实，该企业未将其中已建房土地的价款 3,180,000 元计入房产原值申报房产税。

通过资产负债表在建工程项目分析与房产税是否有关联，如果在建工程期末余额长期无变化，可能房产已完工并投入使用但未转固定资产。经核实，该企业已投入使用的在建工程未申报房产税。

具体事项 69
新购土地未按规定缴纳土地使用税

12 月第 72 笔凭证：2020 年 12 月按本月土地面积 3,000 平方计提并申报城镇土地使用税 4,500 元。

☆原会计分录

借：税金及附加 – 土地使用税　　4,500.00

　贷：应交税费 – 应交土地使用税　　4,500.00

☆正确会计分录

借：税金及附加 – 土地使用税　　7,500.00

　贷：应交税费 – 应交土地使用税　　7,500.00

☆调整会计分录

借：以前年度损益调整 – 税金及附加　　3,000.00

　贷：应交税费 – 应交土地使用税　　3,000.00

风险点98 未确认计税依据未按规定申报土地使用税（新增大额无形资产）风险

风险点说明

纳税人购入土地使用权应由受让方从合同约定交付土地时间的次月起缴纳城镇土地使用税；合同未约定交付土地时间的，由受让方从合同签订的次月起缴纳城镇土地使用税。在处理相关业务的过程中，通过财务报表相关数据的分析，如果纳税人存在未如实申报土地使用税等情况，如纳税人资产负债表中增加了大额无形资产，但没有对应的土地使用税申报记录，则存在不缴或少缴土地使用税的风险。

计算过程

本风险点中应补土地使用税为：企业购入土地使用权未申报土地使用税金额。调减的应纳税所得额为：因应补土地使用税增加的费用金额。

12月土地使用税 = 土地使用权面积 × 单位税额 ÷12× 月份

= 2,000 × 18 ÷ 12 × 1

= 3,000（元）

调减应纳税所得额 = 应补缴的土地使用税 = 3,000（元）

税收政策

《财政部　国家税务总局关于房产税、城镇土地使用税有关政策的通知》（汇编p735）（财税〔2006〕186号）第二条规定，关于有偿取得土地使用权城镇土地使用税纳税义务发生时间问题：以出让或转让方式有偿取得土地使用权的，应由受让方从合同约定交付土地时间的次月起缴纳城镇土地使用税；合同未约定交付土地时间的，由受让方从合同签订的次月起缴纳城镇土地使用税。

延伸解读

确认企业是否有新购置的土地使用权，可通过资产负债表无形资产项目净值增加、《企业所得税年度纳税申报表》A105080《资产折旧、摊销情况及纳税调整明细表》中摊销费用增加、企业本期契税申报信息、企业印花税申报数据获取大额产权转移信息等方式进行重点分析。此外，土地使用税可与房产税一并进行风险分析。

具体事项 70
发生应税行为未缴纳印花税

12 月第 73 笔凭证：2020 年 12 月计提并申报本月印花税，其中购销合同贴花 1,020.36 元、建安合同贴花 46.6 元、技术合同贴花 36 元、加工承揽合同贴花 15 元。

☆原会计分录			☆正确会计分录		
借：税金及附加 – 印花税	1,117.96		借：税金及附加 – 印花税	5,117.96	
贷：应交税费 – 应交印花税		1,117.96	贷：应交税费 – 应交印花税		5,117.96
			借：应交税费 – 应交印花税	750.00	
			贷：其他收益 – 减免税		750.00

☆调整会计分录		
借：以前年度损益调整 – 税金及附加	3,250.00	
贷：应交税费 – 应交印花税		3,250.00

风险点 99 增加实收资本未按规定申报印花税（股东增资）风险

风险点说明

纳税人当期增加实收资本或资本公积，应按规定缴纳资金账簿印花税，可通过资产负债表中数据项比对分析当期实收资本或资本公积的变化，结合企业当期缴纳印花税情况，判断企业是否申报缴纳了增资部分的资金账簿印花税。在处理相关业务的过程中，如果纳税人存在实收资本或资本公积新增，但申报记录中没有相对应的资金账簿印花税等情况，则存在不缴或少缴印花税的风险。

计算过程

本风险点应补的印花税为：因纳税人当期增加实收资本或资本公积应补缴的印花税。应调减应纳税所得额为因应补印花税增加的费用金额。

资金账簿印花税 = 当期增加的实收资本 × 印花税适用税率 ×50%

= 3,000,000 × 0.05% × 50% = 750（元）

调减应纳税所得额 = 应补缴的印花税 = 750（元）

税收政策

《国家税务总局关于资金账簿印花税问题的通知》（汇编 p746）（国税发〔1994〕25 号）第一条规定，生产经营单位执行“两则”后，其“记载资金的账簿”的印花税计税依据改为“实收资本”与“资本公积”两项的合计金额。第二条规定，企业执行‘两则’启用新账簿后，其“实收资本”和“资本公积”两项的合计金额大于原已贴花资金的，就增加的部分补贴印花。

《财政部 税务总局关于对营业账簿减免印花税的通知》（汇编 p745）（财税〔2018〕50 号）第一条规定，自 2018 年 5 月 1 日起，对按万分之五税率贴花的资金账簿减半征收印花税，对按件贴花五元的其他账簿免征印花税。

风险点 100 书立产权转移书据未按规定申报印花税（股权转让合同）风险

风险点说明

纳税人发生股权转让行为，应按规定缴纳股权转让合同印花税，可通过资产负债表中数据项的比对分析当期股权变化情况，结合企业当期缴纳印花税情况，判断企业是否申报缴纳了增资部分的资金账簿印花税。在处理相关业务的过程中，如果发现纳税人存在当期股权转让行为，但申报记录中没有相对应的产权转移书据印花税等情况，则存在不缴或少缴印花税的风险。

计算过程

本风险点应补的印花税为：因纳税人转让股权应补缴的印花税。应调减应纳税所得额为：因应补印花税增加的费用金额。

产权转移书据印花税 =（深圳科晟股份股权转让收入 + 锦阳宏达股份股权转让收入）× 印花税适用税率

=（3,000,000 + 2,000,000）× 0.05% = 2,500（元）

调减应纳税所得额 = 应补缴的印花税 = 2,500（元）

税收政策

《中华人民共和国印花税暂行条例》（汇编 p742）第二条第（一）项规定， 下列凭证为应纳税凭证：购销、加工承揽、建设工程承包、财产租赁、货物运输、仓储保管、借款、财产保险、技术合同或者具有合同性质的凭证。附件《印花税税目税率表》规定，产权转移书据，包括财产所有权和版权、商标专用权、专利权、专有技术使用权等转移书据，按所载金额万分之五贴花。

《国家税务局关于印花税若干具体问题的解释和规定的通知》（汇编 p747）（国税发〔1991〕155号）第十条规定，"财产所有权"转移书据的征税范围是：经政府管理机关登记注册的动产、不动产的所有权转移所立的书据，以及企业股权转让所立的书据。

延伸解读

资产负债表实收资本、资本公积余额的增加、长期股权投资余额的增加或减少都可能涉及印花税。可结合资产负债表相关项目增减变动，分析企业印花税申报情况，判断是否应缴未缴印花税。

具体事项 71
取得贷款直接转给独立核算子公司使用

12 月第 77 笔凭证：2020 年 12 月将本月取得的贷款 650,000 元直接转给上海亮剑机械销售有限公司。本月已将对应利息支出 5,000 元计入财务费用并在税前扣除。

☆原会计分录	☆正确会计分录
借：其他应收款－上海亮剑机械销售有限公司 650,000.00 　贷：银行存款－江南城市发展银行长安分行 650,000.00 借：财务费用－手续费 20.00 　贷：银行存款－江南城市发展银行长安分行 20.00	原会计分录不变

☆调整会计分录

调表不调账

风险点 101 在财务费用中列支与取得收入无关的支出（列支其他企业的贷款利息）风险

风险点说明

企业税前扣除的费用，应该是本企业实际发生且与本企业取得收入有关的支出，与本企业取得收入无关的支出不可在税前扣除，例如企业以自己拥有的资产抵押取得贷款后转移给关联方使用，相关贷款并非是本企业使用，所以产生的贷款利息也不应在本企业税前列支。在处理相关业务的过程中，可以通过财务报表中长期借款、短期借款、利息支出等科目，分析企业当期是否取得了贷款，是否支付了利息，并且结合纳税人与关联方资金往来数据进行分析，判断纳税人是否存在取得贷款后提供给关联方使用的情况，如果企业税前扣除了应由关联方列支利息，则存在不缴或少缴企业所得税的风险。

计算过程

本风险点中应调增的应纳税所额为：企业财务费用中列示的为子公司借款承担的利息费用。

调增应纳税所得额 = 调增与企业生产经营无关支出 = 5,000（元）（调表不调账）

税收政策

《中华人民共和国企业所得税法》（汇编 p587）第八条规定，企业实际发生的与取得收入有关的、合理的支出，包括成本、费用、税金、损失和其他支出，准予在计算应纳税所得额时扣除。第十条第（八）项的规定，在计算应纳税所得额时，下列支出不得扣除：（八）与取得收入无关的其他支出。

延伸解读

应密切关注企业与关联方之间的往来，如有确凿证据证明非本企业使用的贷款，不得由本企业负担贷款利息。在实践中，相关证据的搜集难度比较大，可重点关注两种情况：一是某企业从银行借入资金，通过其他应收款科目借给子公司使用，可查看其他应收款明细账获取企业存在涉税风险的证据；二是某企业签订虚假购销合同，通过预付账款科目向子公司出借银行贷款，即是假购销真借款。

该企业取得 65 万元贷款随即转给其子公司使用并税前扣除贷款利息 5,000 元。经核实，该贷款并非用于偿还前欠子公司款项，且企业不能提供相关业务合同，应调增应纳税所得额 5,000 元。

具体事项 72
伪造三方抹账业务隐匿销售收入

12 月第 78 笔凭证：2020 年 12 月将预收江南天华嘉机械制造有限责任公司的 5,000,154 元与预付给江南大环球钢带制品有限公司的 5,000,154 元进行抹账。无抹账协议。

☆原会计分录

借：预收账款 – 江南天华嘉机械制造有限责任公司 5,000,154.00
  贷：预付账款 – 江南大环球钢带制品有限公司 5,000,154.00

☆正确会计分录

借：预收账款 – 江南天华嘉机械制造有限责任公司 5,941,515.12
  贷：主营业务收入 _ 带锯条 27*0.9_13% 5,257,977.98
    应交税费 – 应交增值税 – 销项税额 _13% 683,537.14
借：主营业务成本 5,000,154.00
  贷：库存商品 _ 带锯条 27*0.9 5,000,154.00

☆调整会计分录

借：预收账款 – 江南天华嘉机械制造有限责任公司 5,941,515.12
  贷：以前年度损益调整 —— 主营业务收入 5,257,977.98
    应交税费 – 增值税检查调整 – 销项税额 _13% 683,537.14
借：以前年度损益调整 – 主营业务成本 5,000,154.00
  贷：库存商品 _ 带锯条 27*0.9 5,000,154.00

风险点 102 未确认收入未按规定申报增值税（将收入隐匿于抹账业务中）风险

风险点说明

纳税人应准确核算预收账款科目，预收货款并按约定发出货物时，应及时确认收入并申报纳税，因此预收账款金额减少，一般伴随着营业收入的增加。在处理相关业务的过程中，如果纳税人发出货物或出现以物抵债等销售行为时，存在把应记收入的款项长期挂在预收账款科目，或采取科目虚假对冲、虚构业务虚假退还预收账款等手段来减少预收账款科目余额等情况，则存在不缴或少缴增值税的风险。

计算过程

本风险点应确认的销项税额为：企业通过预收账款隐匿的销售收入应确认的税额。

增值税销售额 = 预收账款余额 ÷（1 + 增值税税率）= 5,941,515.12 ÷（1 + 13%）

= 5,257,977.98（元）

销项税额 = 5,257,977.98 × 13% = 683,537.14（元）

税收政策

《中华人民共和国增值税暂行条例（2017 修订版）》（汇编 p434）第一条规定，在中华人民共和国境内销售货物或者加工、修理修配劳务（以下简称劳务），销售服务、无形资产、不动产以及进口货物的单位和个人，为增值税的纳税人，应当依照本条例缴纳增值税。

《中华人民共和国增值税暂行条例实施细则（2011 修订版）》（汇编 p439）（财政部　国家税务总局令 2011 年第 65 号）第三条规定，条例第一条所称销售货物，是指有偿转让货物的所有权。条例第一条所称提供加工、修理修配劳务（以下称应税劳务），是指有偿提供加工、修理修配劳务。单位或者个体工商户聘用的员工为本单位或者雇主提供加工、修理修配劳务，不包括在内。本细则所称有偿，是指从购买方取得货币、货物或者其他经济利益。

《中华人民共和国增值税暂行条例（2017 修订版）》（汇编 p434）第十九条第一款第（一）项规定，增值税纳税义务发生时间：发生应税销售行为，为收讫销售款项或者取得索取销售款项凭据的当天；先开具发票的，为开具发票的当天。

《中华人民共和国增值税暂行条例实施细则（2011 修订版）》（汇编 p439）（财政部　国家税务总局令 2011 年第 65 号）第三十八条规定，条例第十九条第一款第（一）项规定的收讫销售款项或者取得索取销售款项凭据的当天，按销售结算方式的不同，具体为：（四）采取预收货款方式销售货物，为货物发出的当天，但生产销售生产工期超过 12 个月的大型机械设备、船舶、飞机等货物，为收到预收款或者书面合同约定的收款日期的当天。

风险点 103　未确认收入未按规定申报企业所得税（将收入隐匿于抹账业务中）风险

风险点说明

企业应准确核算预收账款科目，预收货款并按约定发出货物时，应及时确认收入并申报纳税，因此预收账款金额减少，一般伴随着营业收入的增加。在处理相关业务的过程中，如果企业发出货物或出现以物抵债等销售行为，存在把应记收入的款项长期挂在预收账款科目，或采取科目虚假对冲、虚构业务虚假退还预收账款等手段来减少预收账款科目余额等情况，则存在不缴或少缴企业所得税的风险。

计算过程

本风险点应调增的应纳税所得额为：企业通过往来账隐匿的收入，应调减的应纳税所得额为：应结转的成本金额。

应确认主营业务收入 = 5,257,977.98（元）

应确认主营业务成本 = 5,000,154（元）

调增应纳税所得额 = 5,257,977.98 − 5,000,154 = 257,823.98（元）

税收政策

《中华人民共和国企业所得税法》（汇编 p587）第六条规定，企业以货币形式和非货币形式从各种来源取得的收入，为收入总额。包括：（一）销售货物收入；（二）提供劳务收入；（三）转让财产收入；（四）股息、红利等权益性投资收益；（五）利息收入；（六）租金收入；（七）特许权使用费收入；（八）接受捐赠收入；（九）其他收入。

《中华人民共和国企业所得税法实施条例》（汇编 p595）第十四条规定， 企业所得税法第六条第（一）项所称销售货物收入，是指企业销售商品、产品、原材料、包装物、低值易耗品以及其他存货取得的收入。

《国家税务总局关于确认企业所得税收入若干问题的通知》（汇编 p683）（国税函〔2008〕875 号）第一条规定，除企业所得税法及实施条例另有规定外，企业销售收入的确认，必须遵循权责发生制原则和实质重于形式原则。（一）企业销售商品同时满足下列条件的，应确认收入的实现：1. 商品销售合同已经签订，企业已将商品所有权相关的主要风险和报酬转移给购货方；2. 企业对已售出的商品既没有保留通常与所有权相联系的继续管理权，也没有实施有效控制；3. 收入的金额能够可靠地计量；4. 已发生或将发生的销售方的成本能够可靠地核算。（二）符合上款收入确认条件，采取下列商品销售方式的， 应按以下规定确认收入实现时间：2. 销售商品采取预收款方式的，在发出商品时确认收入。

延伸解读

预收账款的核算一般跟销售商品相关，通常是预收账款减少对应主营业务收入增加或者销售合同终止将预收账款退回给购货单位。预付账款的核算一般跟购货业务相关，在已付货款及发票未收到的情况下使用该科目，通常是预付账款减少对应有存货入库或退款。该企业与两个单位的往来账目在无抹账协议的情况下对转，判断该账务处理可能是将从江南大环球公司的购入产品或是购入原材料加工成产成品后销售给江南天华公司。经核实，该企业在未取得江南大环球公司销售发票情况下，将两个单位的往来科目抵消，存在少确认或不确认收入的风险。

该业务应分为两个事项，一是预收账款的减少增加收入，二是预付账款的减少增加成本。成本能否税前扣除，应按企业所得税税前扣除相关规定进行处理，不符合规定则不允许税前扣除，本事例中假定企业取得江南大环球公司补开的销售发票，故按收入差额调增应纳税所得额。

具体事项 73
利用应收账款账户隐瞒收入

12 月第 79 笔凭证：2020 年 12 月收到江南杰瑞实业有限公司预交款 1,962,500 元，计入往来账户。购销合同约定收款即发货。

☆原会计分录

借：银行存款－江南城市发展银行长安分行 1,962,500.00
　贷：应收账款－江南杰瑞实业有限公司 1,962,500.00

☆正确会计分录

借：应收账款－江南杰瑞实业有限公司 1,962,500.00
　贷：主营业务收入＿带锯条 27*0.9_13% 1,736,725.66
　　　应交税费－应交增值税－销项税额＿13% 255,774.34
借：主营业务成本 1,540,423.56
　贷：库存商品＿带锯条 27*0.9 1,540,423.56

☆调整会计分录

借：应收账款－江南杰瑞实业有限公司 1,962,500.00
　贷：以前年度损益调整－主营业务收入 1,736,725.66
　　　应交税费－增值税检查调整－销项税额＿13% 255,774.34
借：以前年度损益调整－主营业务收入 1,540,423.56
　贷：库存商品－带锯条 27*0.9 1,540,423.56

风险点 104 未确认收入未按规定申报增值税（将收入隐匿于应收账款）风险

风险点说明

纳税人应准确核算应收账款科目，该账户借方余额为未收回的货款，期末余额一般在借方。如当期应收账款余额为贷方，即收回的货款多于应收的货款，则可能是存在隐瞒收入将预收或收回的货款记在应收账款，形成贷方余额。在处理相关业务的过程中，如果纳税人存在发出货物不按税收有关政策规定申报纳税，而把应记营业收入的款项长期挂在应收账款科目等情况，则存在不缴或少缴增值税的风险。

计算过程

本风险点应确认的销项税额为：企业通过应收账款隐匿的销售收入应确认的税额。

增值税销售额 = 预收账款余额 ÷（1 + 增值税税率）= 1,962,500 ÷（1 + 13%）= 1,736,725.66（元）

销项税额 = 1,736,725.66 × 13% = 225,774.34（元）

税收政策

《中华人民共和国增值税暂行条例（2017 修订版）》（汇编 p434）第一条规定，在中华人民共和国境内销售货物或者加工、修理修配劳务（以下简称劳务），销售服务、无形资产、不动产以及进口货物的单位和个人，为增值税的纳税人，应当依照本条例缴纳增值税。

《中华人民共和国增值税暂行条例实施细则（2011 修订版）》（汇编 p439）（财政部 国家税务总局令 2011 年第 65 号）第三条规定，条例第一条所称销售货物，是指有偿转让货物的所有权。条例第一条所称提供加工、修理修配劳务（以下称应税劳务），是指有偿提供加工、修理修配劳务。单位或者个体工商户聘用的员工为本单位或者雇主提供加工、修理修配劳务，不包括在内。本细则所称有偿，是指从购买方取得货币、货物或者其他经济利益。

《中华人民共和国增值税暂行条例（2017 修订版）》（汇编 p434）第十九条第一款第（一）项规定，增值税纳税义务发生时间：发生应税销售行为，为收讫销售款项或者取得索取销售款项凭据的当天；先开具发票的，为开具发票的当天。

《中华人民共和国增值税暂行条例实施细则（2011 修订版）》（汇编 p439）（财政部 国家税务总局令 2011 年第 65 号）第三十八条第（一）项规定，条例第十九条第一款第（一）项规定的收讫销售款项或者取得索取销售款项凭据的当天，按销售结算方式的不同，具体为：采取直接收款方式销售货物，不论货物是否发出，均为收到销售款或者取得索取销售款凭据的当天。

风险点 105 未确认收入未按规定申报企业所得税（将收入隐匿于应收账款）风险

风险点说明

纳税人应准确核算应收账款科目，该账户借方余额为未收回的货款，期末余额一般在借方。如当期应收账款余额为贷方，即收回的货款多于应收的货款，则可能是存在隐瞒收入将预收或收回的货款记在应收账款，形成贷方余额。在处理相关业务的过程中，如果企业存在发出货物不按税收有关政策规定申报纳税，而把应记营业收入的款项长期挂在应收账款科目等情况，则存在不缴或少缴企业所得税的风险。

计算过程

本风险点应调增的应纳税所得额为：企业通过往来账隐匿的收入金额。

调增应纳税所得额 = 1,736,725.66（元）

调减应纳税所得额（成本）= 1,736,725.66 ÷ 20（元 / 米）× 17.7394（元 / 米）= 1,540,423.56（元）

税收政策

《中华人民共和国企业所得税法》（汇编 p587）第六条规定，企业以货币形式和非货币形式从各种来源取得的收入，为收入总额。包括：（一）销售货物收入；（二）提供劳务收入；（三）转让财产收入；（四）股息、红利等权益性投资收益；（五）利息收入；（六）租金收入；（七）特许权使用费收入；（八）接受捐赠收入；（九）其他收入。

《中华人民共和国企业所得税法实施条例》（汇编 p595）第十四条规定，企业所得税法第六条第（一）项所称销售货物收入，是指企业销售商品、产品、原材料、包装物、低值易耗品以及其他存货取得的收入。

《国家税务总局关于确认企业所得税收入若干问题的通知》（汇编 p683）（国税函〔2008〕875 号）第一条规定，除企业所得税法及实施条例另有规定外，企业销售收入的确认，必须遵循权责发生制原则和实质重于形式原则。（一）企业销售商品同时满足下列条件的，应确认收入的实现：1. 商品销售合同已经签订，企业已将商品所有权相关的主要风险和报酬转移给购货方；2. 企业对已售出的商品既没有保留通常与所有权相联系的继续管理权，也没有实施有效控制；3. 收入的金额能够可靠地计量；4. 已发生或将发生的销售方的成本能够可靠地核算。（二）符合上款收入确认条件，采取下列商品销售方式的，应按以下规定确认收入实现时间：2. 销售商品采取预收款方式的，在发出商品时确认收入。

延伸解读

资产负债表列示的应收账款余额较大，可要求企业提供往来科目明细。应收账款借方余额表示应收债权、贷方余额表示应付债务，应收账款贷方余额是企业的一项负债。应收账款年末增加幅度与主营业务收入增加幅度不配比，而且账载存货并没有相应减少，可能存在少确认收入的问题。如果应收账款为贷方余额，可查询银行回单及相关合同，判断是否涉税。经核实，该企业购销合同约定了收款即发货，企业收到货款即发生增值税及企业所得税纳税义务。

具体事项 74
无法偿付的应付账款未确认收入

12 月第 83 笔凭证：2020 年 12 月账载以库存现金偿还账龄 10 年的长安市奉贤区金马五金有限公司 30,012 元债务，会计凭证无附件。经查该有限公司已注销。

☆原会计分录		☆正确会计分录	
借：应付账款 – 长安市奉贤区金马五金商店	30,012.00	贷：库存现金	–30,012.00
贷：库存现金	30,012.00	贷：营业外收入 – 其他	30,012.00

☆调整会计分录

贷：库存现金	–30,012.00
贷：以前年度损益调整 – 营业外收入	30,012.00

风险点 106 虚构业务冲账未按规定申报企业所得税（无法偿付的应付款项）风险

风险点说明

企业在特殊情况下会产生无法偿付的应付账款，应作为“营业外收入”核算并计入企业所得税应纳税所得额。若企业个别客户的应付账款长期挂账，数额不变或异常结零，可以通过询问或查阅法院判决文书等途径，确认应付账款处理情况，判断是否存在无法支付的应付款项。在处理相关业务的过程中，如果企业存在无法偿付的应付账款长期不处理，或已处理但未将无法偿付的应付款计入收入等情况，则存在不缴或少缴企业所得税的风险。

计算过程

本风险点应调增应纳税所得额为：企业无法偿付的应付账款应确认未确认的收入。

调增应纳税所得额 = 30,012（元）

税收政策

《中华人民共和国企业所得税法》（汇编 p587）第六条规定，企业以货币形式和非货币形式从各种来源取得的收入，为收入总额。包括：（一）销售货物收入；（二）提供劳务收入；（三）转让财产收入；（四）股息、红利等权益性投资收益；（五）利息收入；（六）租金收入；（七）特许权使用费收入；（八）接受捐赠收入；（九）其他收入。

《中华人民共和国企业所得税法实施条例》（汇编 p595）第二十二条规定，企业所得税法第六条第（九）项所称其他收入，是指企业取得的除企业所得税法第六条第（一）项至第（八）项规定的收入外的其他收入，包括企业资产溢余收入、逾期未退包装物押金收入、确实无法偿付的应付款项、已作坏账损失处理后又收回的应收款项、债务重组收入、补贴收入、违约金收入、汇兑收益等。

《国家税务总局关于企业取得财产转让等所得企业所得税处理问题的公告》（汇编 p673）（国家税务总局公告 2010 年第 19 号）第一条规定，企业取得财产（包括各类资产、股权、债权等）转让收入、债务重组收入、接受捐赠收入、无法偿付的应付款收入等，不论是以货币形式、还是非货币形式体现，除另有规定外，均应一次性计入确认收入的年度计算缴纳企业所得税。

延伸解读

资产负债表列示的应付账款期末余额较大，且应付账款余额长期变动不大，结合毛利率倒挂的情况，可要求企业提供应付账款的变动明细及账龄，以确定其可偿付性。经核实，该笔应付账款账龄已有 10 年，而付款单位 – 长安市奉贤区金马五金商店已于 2015 年注销，该企业承认还款的账务处理只是为平账，实际并没有归还。应将该企业无法支付的应付账款并入收入，调增应纳税所得额。在实践中，对账龄很长且没有小额偿还动态的应付账款，可通过约谈或函证的方式，获取债权人是否存续及债权余额的信息。另外应付账款期末余额较大，应关注是否存在接受虚开增值税发票的情形。

具体事项 75
个人以专利技术投资入股少缴税款

12 月第 85 笔凭证：2020 年 12 月接受新增股东以新型专利技术投资，该技术评估价格为 2,000,000 元。入账时未收到增值税发票。自然人股东为取得该专利技术支出 650,000 元。

☆原会计分录		☆正确会计分录	
借：无形资产 - 新型专利技术	2,000,000.00	借：无形资产 - 新型专利技术	2,000,000.00
贷：实收资本 - 王兴元	2,000,000.00	贷：实收资本 - 王兴元	2,000,000.00

☆调整会计分录

无

风险点 107 未履行代扣代缴及申报义务少代扣代缴个人所得税（个人以专利技术入股）风险

风险点说明

个人转让专利技术应依法缴纳个人所得税，通过当期无形资产的变化分析，可以找出增加的专利技术等无形资产项目，根据实际情况分析其来源并判断是否存在涉税问题。在处理相关业务的过程中，如果个人存在以专利权投资入股等情况，而当期又无“财产转让所得”项目个人所得税代扣代缴信息及自行缴纳完税信息，则存在适用递延纳税优惠政策当期不需缴纳个人所得税，或应缴未缴或少缴个人所得税的风险。

计算过程

投资人个人履行备案手续，（依据备案情况）递延纳税。

税收政策

《财政部　国家税务总局关于个人非货币性资产投资有关个人所得税政策的通知》（汇编p709）（财税〔2015〕41 号）第一条规定，个人以非货币性资产投资，属于个人转让非货币性资产和投资同时发生。对个人转让非货币性资产的所得，应按照“财产转让所得”项目，依法计算缴纳个人所得税。

《财政部　国家税务总局关于完善股权激励和技术入股有关所得税政策的通知》（汇编 p705）（财税〔2016〕101 号）第三条第（一）项规定，对技术成果投资入股实施选择性税收优惠政策（一）企业或个人以技术成果投资入股到境内居民企业，被投资企业支付的对价全部为股票（权）的，企业或个人可选择继续按现行有关税收政策执行，也可选择适用递延纳税优惠政策。选择技术成果投资入股递延纳税政策的，经向主管税务机关备案，投资入股当期可暂不纳税，允许递延至转让股权时，按股权转让收入减去技术成果原值和合理税费后的差额计算缴纳所得税。

风险点 108 未取得合法有效税前扣除凭证（以专利入股未取得发票）风险

风险点说明

企业发生支出，应取得合法有效的税前扣除凭证，作为计算企业所得税应纳税所得额时扣除相关支出的依据。如个人转让专利技术，应向省科技厅取得免增值税项目备案手续，同时向税务机关申请代开增值税发票。在处理相关业务的过程中，如果企业存在当期支出未取得发票等合法有效凭证，而在成本、费用中核算，且未作纳税调整等情况，则存在不缴或少缴企业所得税的风险。

计算过程

补开增值税普通发票（免税），作为企业记账及税前列支的凭证。

税收政策

《企业所得税税前扣除凭证管理办法》（汇编 p627）（国家税务总局公告 2018 年第 28 号）第五条规定，企业发生支出，应取得税前扣除凭证，作为计算企业所得税应纳税所得额时扣除相关支出的依据。第十三条规定，企业应当取得而未取得发票、其他外部凭证或者取得不合规发票、不合规其他外部凭证的，若支出真实且已实际发生，应当在当年度汇算清缴期结束前，要求对方补开、换开发票、其他外部凭证。补开、换开后的发票、其他外部凭证符合规定的，可以作为税前扣除凭证。第十六条规定，企业在规定的期限未能补开、换开符合规定的发票、其他外部凭证，并且未能按照本办法第十四条的规定提供相关资料证实其支出真实性的，相应支出不得在发生年度税前扣除。

风险点109 投资方未确认计税依据未按规定申报印花税（个人以专利技术入股）风险

风险点说明

纳税人实收资本的变化，可通过资产负债表中数据项的比对分析股权变化情况，结合当期资金账簿印花税纳税情况，判断被投资方及投资方是否依法缴纳印花税。在处理相关业务的过程中，如果纳税人存在新增自然人股东投资入股行为，并且以无形资产投资入股，又没有与其对应的产权转移书据印花税缴纳情况，则该投资人存在不缴或少缴印花税的风险。

计算过程

本风险点应补缴的印花税为：因纳税人当期增加实收资本和资本公积应补缴的印花税。

投资人应缴印花税 = 产权转移书据合同所载金额 × 适用的印花税税率

= 2,000,000 × 0.05% = 1,000（元）

税收政策

《中华人民共和国印花税暂行条例》（汇编 p742）第一条规定，在中华人民共和国境内书立、领受本条例所列举凭证的单位和个人，都是印花税的纳税义务人（以下简称纳税人），应当按照本条例规定缴纳印花税。第二条第（二）项规定，下列凭证为应纳税凭证：（二）产权转移书据。

延伸解读

资产负债表列示的无形资产增加，实收资本增加，询问企业了解到增加原因是接受新股东技术入股。个人转让专利技术经省级科技厅备案的可免征增值税，同时可在税务机关代开普通发票，而且“财产转让所得”个人所得税经税务机关备案可选择适用递延纳税优惠政策。经核实，该投资人未代开发票，故企业未取得合规税前扣除凭证，因此无形资产摊销不得税前扣除；同时企业实收资本增加未申报缴纳资金账簿印花税。

具体事项 76
应付账款长期挂账隐匿收入

2020 年末企业账载应付江南火星实业有限公司 581,648.12 元，至 2020 年 12 月账龄 10 年。经协查，对方为经销刃具商贸企业，该款项系已售带锯条未确认的收入（假定纳税义务发生时间为 2017 年 12 月）。

☆原会计分录	☆正确会计分录
应付账款明细账载明江南火星实业有限公司贷方余额 581,648.12 元。	借：应付账款－江南火星实业有限公司 581,648.12 贷：主营业务收入 _ 带锯条 27*0.9_17% 497,135.15 应交税费－应交增值税－销项税额 _17% 84,512.97 借：主营业务成本 440,943.96 贷：库存商品 _ 带锯条 27*0.9 440,943.96

☆调整会计分录

借：应付账款－江南火星实业有限公司	581,648.12	
贷：以前年度损益调整－主营业务收入		497,135.15
应交税费－增值税检查调整－销项税额 _17%		84,512.97
借：以前年度损益调整－主营业务成本	440,943.96	
贷：库存商品 _ 带锯条 27*0.9		440,943.96

风险点 110 未确认收入未按规定申报增值税（将收入隐匿于应付账款）风险

风险点说明

纳税人应准确核算应付账款科目，该科目一般核算采购产品或服务尚未支付的应付货款，期末余额一般在贷方。如当期“应付账款”余额为贷方，除正常购入商品外，还可能是纳税人发生经营行为取得了货款，未记收入而将其隐藏在了应付账款中。在处理相关业务的过程中，如果纳税人存在发出货物不按有关税收政策规定申报纳税，而把应记营业收入的款项长期挂在应付账款科目等情况，则存在不缴或少缴增值税的风险。

计算过程

本风险点应确认的销项税额为：企业已售带锯条应按市场价格确认收入对应的销项税额。

增值税销售额 = 581,648.12 ÷（1 + 17%）= 497,135.15（元）

销项税额 = 497,135.15 × 17% = 84,512.97（元）

税收政策

《中华人民共和国增值税暂行条例（2017 修订版）》（汇编 p434）第一条规定，在中华人民共和国境内销售货物或者加工、修理修配劳务（以下简称劳务），销售服务、无形资产、不动产以及进口货物的单位和个人，为增值税的纳税人，应当依照本条例缴纳增值税。

《中华人民共和国增值税暂行条例实施细则（2011 修订版）》（汇编 p439）（财政部　国家税务总局令 2011 年第 65 号）第三条规定，条例第一条所称销售货物，是指有偿转让货物的所有权。条例第一条所称提供加工、修理修配劳务（以下称应税劳务），是指有偿提供加工、修理修配劳务。单位或者个体工商户聘用的员工为本单位或者雇主提供加工、修理修配劳务，不包括在内。本细则所称有偿，是指从购买方取得货币、货物或者其他经济利益。

《中华人民共和国增值税暂行条例（2017 修订版）》（汇编 p434）第十九条第一款第（一）项规定，增值税纳税义务发生时间：（一）发生应税销售行为，为收讫销售款项或者取得索取销售款项凭据的当天；先开具发票的，为开具发票的当天。

《中华人民共和国增值税暂行条例实施细则（2011 修订版）》（汇编 p439）（财政部　国家税务总局令 2011 年第 65 号）第三十八条第（一）项规定，条例第十九条第一款第（一）项规定的收讫销售款项或者取得索取销售款项凭据的当天，按销售结算方式的不同，具体为：采取直接收款方式销售货物，不论货物是否发出，均为收到销售款或者取得索取销售款凭据的当天。

风险点 111　未确认收入未按规定申报企业所得税（将收入隐匿于应付账款）风险

风险点说明

企业应准确核算应付账款科目，该科目一般核算采购产品或服务尚未支付的应付货款，期末余额一般在贷方。如当期“应付账款”余额为贷方，除正常购入商品外，还可能是企业发生经营行为取得了货款，未记收入而将其隐藏在于应付账款中。在处理相关业务的过程中， 如果企业存在发出货物不按税收有关政策规定申报纳税，而把应记营业收入的款项长期挂在应付账款科目等情况，则存在不缴或少缴企业所得税的风险。

计算过程

本风险点应调增的应纳税所得额为：企业通过往来账隐匿的收入，应调减的应纳税所得额为应结转的存货成本。

调增应纳税所得额 = 497,135.15（元）

调减应纳税所得额 = 497,135.15 ÷ 20（元 / 米）× 17.7394（元 / 米）= 440,943.96（元）

税收政策

《中华人民共和国企业所得税法》（汇编 p587）第六条规定，企业以货币形式和非货币形式从各种来源取得的收入，为收入总额。包括：（一）销售货物收入；（二）提供劳务收入；（三）转让财产收入；（四）股息、红利等权益性投资收益；（五）利息收入；（六）租金收入；（七）特许权使用费收入；（八）接受捐赠收入；（九）其他收入。

《中华人民共和国企业所得税法实施条例》（汇编 p595）第十四条规定， 企业所得税法第六条第（一）项所称销售货物收入，是指企业销售商品、产品、原材料、包装物、低值易耗品以及其他存货取得的收入。

《国家税务总局关于确认企业所得税收入若干问题的通知》（汇编 p683）（国税函〔2008〕875 号）第一条第（一）项规定，除企业所得税法及实施条例另有规定外，企业销售收入的确认，必须遵循权责发生制原则和实质重于形式原则。企业销售商品同时满足下列条件的，应确认收入的实现：1. 商品销售合同已经签订，企业已将商品所有权相关的主要风险和报酬转移给购货方；2. 企业对已售出的商品既没有保留通常与所有权相联系的继续管理权，也没有实施有效控制；3. 收入的金额能够可靠地计量；4. 已发生或将发生的销售方的成本能够可靠地核算。

延伸解读

资产负债表列示的应付账款期末余额较大，且较年初有所增加，应关注企业是否利用应付账款科目隐瞒收入。可要求企业提供应付账款的变动明细及账龄，询问长期未付款的原因，确认其可偿付性；通过函证方式确认该应付账款是否存在；通过宏观指标分析资产负债表应付账款余额较大导致的涉税风险。一般的采购业务，企业存货会增加，同时应付账款增加；如果应付账款增加的原因是银行存款增加引起的，则可能不是购货行为而是销售货物行为，企业采用将应确认的收入，冲减应收账款贷方的款项计入应付账款贷方的方式隐匿收入。企业账簿显示应付江南火星实业有限公司 581,648.12 元，至 2020 年 12 月账龄为 10 年。经核实，异地税务机关回函确认对方为刃具的经销企业，其购买并已收到岳达公司发出的带锯条，确定该应付款项为应确认未确认的营业收入。

通过往来科目隐匿收入，隐匿收入的往来款项被确认为收入后，是否应结转成本，还是要看企业库存商品出入库的实际核算情况。此外，读者须知隐匿收入的往来科目包括但不限于应收账款、应付账款、预付账款、预收账款。

具体事项 77
预付账款贷方余额隐匿收入

2020 年末，企业账载预付江南杰龙贸易有限公司期初贷方余额 612,458.32 元，至 2020 年 12 月账龄 5 年。经协查，确认对方为经销刃具的商贸企业，该款项系已售带锯条未确认收入（假设纳税义务发生时间为 2017 年 10 月）。

☆原会计分录	☆正确会计分录
预付账款明细账载明江南杰龙贸易有限公司借方负数余额 612,458.32 元。	借：预付账款 – 江南杰龙贸易有限公司 612,458.32 贷：主营业务收入 _ 带锯条 27*0.9_17% 523,468.65 应交税费 – 应交增值税 – 销项税额 _17% 88,989.67 借：主营业务成本 464,300.99 贷：库存商品 _ 带锯条 27*0.9 464,300.99

☆调整会计分录

借：预付账款 – 江南杰龙贸易有限公司 612,458.32
　贷：以前年度损益调整 – 主营业务收入 523,468.65
　　应交税费 – 增值税检查调整 – 销项税额 _17% 88,989.67
借：以前年度损益调整 – 主营业务成本 464,300.99
　贷：库存商品 _ 带锯条 27*0.9 464,300.99

风险点 112 未确认收入未按规定申报增值税（将收入隐匿于预付账款）风险

风险点说明

纳税人应准确核算预付账款科目，该科目一般核算采购产品或服务预先支付供应单位的款项，期末余额一般在借方。如当期“预付账款”余额为贷方时，表明企业应付债务金额。在处理相关业务的过程中，如果纳税人存在发出货物不按有关税收政策规定申报纳税，将本应记营业收入的收回贷款记入“预付账款”科目，形成贷方余额等情况，则存在不缴或少缴增值税的风险。

计算过程

本风险点应确认的销项税额为：企业通过预付账款隐匿的销售收入应确认的税额。

增值税销售额 = 612,458.32 ÷（1 + 17%）= 523,468.65（元）

销项税额 = 527,981.31 × 17% = 88,989.67（元）

税收政策

《中华人民共和国增值税暂行条例（2017 修订版）》（汇编 p434）第一条规定，在中华人民共和国境内销售货物或者加工、修理修配劳务（以下简称劳务），销售服务、无形资产、不动产以及进口货物的单位和个人，为增值税的纳税人，应当依照本条例缴纳增值税。

《中华人民共和国增值税暂行条例实施细则（2011 修订版）》（汇编 p439）（财政部　国家税务总局令 2011 年第 65 号）第三条规定，条例第一条所称销售货物，是指有偿转让货物的所有权。条例第一条所称提供加工、修理修配劳务（以下称应税劳务），是指有偿提供加工、修理修配劳务。单位或者个体工商户聘用的员工为本单位或者雇主提供加工、修理修配劳务，不包括在内。本细则所称有偿，是指从购买方取得货币、货物或者其他经济利益。

《中华人民共和国增值税暂行条例（2017 修订版）》（汇编 p434）第十九条第一款第（一）项规定，增值税纳税义务发生时间：发生应税销售行为，为收讫销售款项或者取得索取销售款项凭据的当天；先开具发票的，为开具发票的当天。

《中华人民共和国增值税暂行条例实施细则（2011 修订版）》（汇编 p439）（财政部　国家税务总局令 2011 年第 65 号）第三十八条第（一）项规定，条例第十九条第一款第（一）项规定的收讫销售款项或者取得索取销售款项凭据的当天，按销售结算方式的不同，具体为：采取直接收款方式销售货物，不论货物是否发出，均为收到销售款或者取得索取销售款凭据的当天。

风险点 113 未确认收入未按规定申报企业所得税（将收入隐匿于预付账款）风险

风险点说明

纳税人应准确核算预付账款科目，该科目一般核算采购产品或服务预先支付供应单位的款项，期末余额一般在借方。如当期“预付账款”余额为贷方时，表明企业应付债务金额。在处理相关业务的过程中，如果纳税人存在发出货物不按有关税收政策规定申报纳税，将本应记营业收入的收回货款记入“预付账款”科目，形成贷方余额等情况，则存在不缴或少缴企业所得税的风险。

计算过程

本风险点应调增的应纳税所得额为：企业通过往来账隐匿的收入，应调减的应纳税所得额为：企业应结转的销售商品成本。

调增应纳税所得额 = 523,468.65（元）

调减应纳税所得额（成本）= 应确认的主营业务成本

= 523,468.65 ÷ 20（元 / 米）（假定）× 17.7394（元 / 米）

= 464,300.99（元）

税收政策

《中华人民共和国企业所得税法》（汇编 p587）第六条规定，企业以货币形式和非货币形式从各种来源取得的收入，为收入总额。包括：（一）销售货物收入；（二）提供劳务收入；（三）转让财产收入；（四）股息、红利等权益性投资收益；（五）利息收入；（六）租金收入；（七）特许权使用费收入；（八）接受捐赠收入；（九）其他收入。

《中华人民共和国企业所得税法实施条例》（汇编 p595）第十四条规定， 企业所得税法第六条第（一）项所称销售货物收入，是指企业销售商品、产品、原材料、包装物、低值易耗品以及其他存货取得的收入。

《国家税务总局关于确认企业所得税收入若干问题的通知》（汇编 p683）（国税函〔2008〕875 号）第一条第（一）项规定，除企业所得税法及实施条例另有规定外，企业销售收入的确认，必须遵循权责发生制原则和实质重于形式原则。企业销售商品同时满足下列条件的，应确认收入的实现：1. 商品销售合同已经签订，企业已将商品所有权相关的主要风险和报酬转移给购货方；2. 企业对已售出的商品既没有保留通常与所有权相联系的继续管理权，也没有实施有效控制；3. 收入的金额能够可靠地计量；4. 已发生或将发生的销售方的成本能够可靠地核算。

延伸解读

预付账款是企业的资产，但是贷方余额是企业的负债。按会计准则，预付账款明细科目出现贷方余额，应该进行报表项目的重分类，将其分类至应付款项列报。在实践中，绝大多数企业在报表列报时不会进行重分类，而预付账款贷方余额的分析和应对方式与风险点 110 业务相同，因此不再重复解读相关内容。

具体事项 78
预收账款长期挂账隐匿收入

2020 年末与 2019 年末相比较，预收账款余额变动不大。其中预收上海市恒信机械加工有限责任公司 5,882,000 元，至 2020 年 12 月账龄 5 年。年末账户余额未变动。经协查，该款项系已售带锯条未确认收入（假设纳税义务发生时间为 2017 年 10 月）。

☆原会计分录	☆正确会计分录
预收账款明细账载明恒信机械加工有限责任公司贷方余额 5,882,000 元。	借：预收账款 – 长安市恒信机械加工有限责任公司 5,882,000.00 贷：主营业务收入 _ 带锯条 27*0.9_17% 5,027,350.43 应交税费 – 应交增值税 – 销项税额 _17% 854,649.57 借：主营业务成本 4,459,109.01 贷：库存商品 _ 带锯条 27*0.9 4,459,109.01

☆调整会计分录

借：预收账款 – 长安市恒信机械加工有限责任公司 5,882,000.00
　贷：以前年度损益调整 – 主营业务收入 5,027,350.43
　　应交税费 – 增值税检查调整 – 销项税额 _17% 854,649.57
借：以前年度损益调整 – 主营业务成本 4,459,109.01
　贷：库存商品 _ 带锯条 27*0.9 4,459,109.01

风险点 114 未确认收入未按规定申报增值税（将收入隐匿于预收账款）风险

风险点说明

纳税人应准确核算预收账款科目，该科目一般核算向购货方预收的购货订金或部分货款，通常账户余额不会存在长期基本不变或持续增长的情况。在处理相关业务的过程中，如果纳税人存在经营中已发出货物或已提供服务，而把应记营业收入的款项长期挂在预收账款科目等情况，不确认应税收入，则存在不缴或少缴纳增值税的风险。

计算过程

本风险点应确认的销项税额为：企业通过预收账款长期挂账隐匿的销售收入应确认的税额。

增值税销售额 = 预收账款明细账余额 5,882,000 ÷（1 + 17%）= 5,027,350.43（元）

销项税额 = 5,027,350.43 × 17% = 854,649.57（元）

税收政策

《中华人民共和国增值税暂行条例（2017 修订版）》（汇编 p434）第一条规定，在中华人民共和国境内销售货物或者加工、修理修配劳务（以下简称劳务），销售服务、无形资产、不动产以及进口货物的单位和个人，为增值税的纳税人，应当依照本条例缴纳增值税。

《中华人民共和国增值税暂行条例实施细则（2011 修订版）》（汇编 p439）（财政部　国家税务总局令 2011 年第 65 号）第三条规定，条例第一条所称销售货物，是指有偿转让货物的所有权。条例第一条所称提供加工、修理修配劳务（以下称应税劳务），是指有偿提供加工、修理修配劳务。单位或者个体工商户聘用的员工为本单位或者雇主提供加工、修理修配劳务，不包括在内。本细则所称有偿，是指从购买方取得货币、货物或者其他经济利益。

《中华人民共和国增值税暂行条例（2017 修订版）》（汇编 p434）第十九条第一款第（一）项规定，增值税纳税义务发生时间：发生应税销售行为，为收讫销售款项或者取得索取销售款项凭据的当天；先开具发票的，为开具发票的当天。

《中华人民共和国增值税暂行条例实施细则（2011 修订版）》（汇编 p439）（财政部　国家税务总局令 2011 年第 65 号）第三十八条第（四）项规定，条例第十九条第一款第（一）项规定的收讫销售款项或者取得索取销售款项凭据的当天，按销售结算方式的不同，具体为：（四）采取预收货款方式销售货物，为货物发出的当天，但生产销售生产工期超过 12 个月的大型机械设备、船舶、飞机等货物，为收到预收款或者书面合同约定的收款日期的当天。

风险点 115 未确认收入未按规定申报企业所得税（将收入隐匿于预收账款）风险

风险点说明

纳税人应准确核算预收账款科目，该科目一般核算向购货方预收的购货订金或部分货款，通常账户余额不会存在长期基本不变或持续增长的情况。在处理相关业务的过程中，如果纳税人存在经营中已发出货物或已提供服务，而把应记营业收入的款项长期挂在预收账款科目等情况，不确认应税收入，则存在不缴或少缴纳企业所得税的风险。

计算过程

本风险点应调增的应纳税所得额为：企业通过往来长期挂账隐匿的收入；应调减的应纳税所得额为：销售业务应结转的商品成本。

调增应纳税所得额 = 以前年度损益调整贷方发生额 = 应确认的主营业务收入 = 5,027,350.43（元）

调减应纳税所得额 = 5,027,350.43 ÷ 20 元 / 米 × 17.7394 元 / 米 = 4,459,109.01（元）

税收政策

《中华人民共和国企业所得税法》（汇编 p587）第六条规定，企业以货币形式和非货币形式从各种来源取得的收入，为收入总额。包括：（一）销售货物收入；（二）提供劳务收入；（三）转让财产收入；（四）股息、红利等权益性投资收益；（五）利息收入；（六）租金收入；（七）特许权使用费收入；（八）接受捐赠收入；（九）其他收入。

《中华人民共和国企业所得税法实施条例》（汇编 p595）第十四条规定，企业所得税法第六条第（一）项所称销售货物收入，是指企业销售商品、产品、原材料、包装物、低值易耗品以及其他存货取得的收入。

《国家税务总局关于确认企业所得税收入若干问题的通知》（汇编 p683）（国税函〔2008〕875 号）第一条规定，除企业所得税法及实施条例另有规定外，企业销售收入的确认，必须遵循权责发生制原则和实质重于形式原则。（一）企业销售商品同时满足下列条件的，应确认收入的实现：1. 商品销售合同已经签订，企业已将商品所有权相关的主要风险和报酬转移给购货方；2. 企业对已售出的商品既没有保留通常与所有权相联系的继续管理权，也没有实施有效控制；3. 收入的金额能够可靠地计量；4. 已发生或将发生的销售方的成本能够可靠地核算。（二）符合上款收入确认条件，采取下列商品销售方式的，应按以下规定确认收入实现时间：2. 销售商品采取预收款方式的，在发出商品时确认收入。

延伸解读

资产负债表列示的预收账款余额较大且变动较小，可要求企业提供明细账、账龄信息和合同，查看是否有长期挂账的预收账款，询问账龄长的原因。经核实，异地税务机关回函确认对方为企业所得税核定征收企业，确系购买带锯条，已收到货物并实现销售，应要求该企业确认增值税及企业所得税收入。

具体事项 79
应收账款长期挂账涉嫌虚开增值税发票或隐匿收入

2020 年末账载应收大连大凯信贸易有限公司 55,000 元，至 2020 年 12 月账龄 6 年。经协查，相关公司因涉嫌接受虚开增值税专用发票已被公安机关立案侦查，协查相关发票已落实系虚开。

☆原会计分录	☆正确会计分录
岳达公司应收账款明细账载明大连大凯信贸易有限公司借方余额 55,000 元。	无

☆调整会计分录

无

风险点 116 虚假业务挂账应收账款隐瞒虚开发票行为（虚开增值税专用发票）风险

风险点说明

纳税人应准确核算应收账款科目，该科目一般核算正常经营过程中因销售货物、提供劳务等业务应向购买单位收取的款项，包括应由购买单位或接受劳务单位负担的税金、代购买方垫付的包装费各种运杂费等。通常除坏账外的应收账款不会存在余额长期不变或持续增长的情况，如果纳税人销售商品或提供劳务大部分应收款项都没有收回，是无法维持长期经营的，这时就要分析业务发生的真实情况，是否存在虚构生产经营行为、虚开增值税专用发票等风险。这类风险的判断并不局限于应收账款科目，对于应付账款等往来科目而言同样适用。在处理相关业务的过程中，如果纳税人应收账款账户长期余额较大，或余额占营业收入比重很大，可能会存在虚构业务虚开发票、或隐瞒收入不缴或少缴增值税等情况，甚至存在因虚开增值税专用发票触犯刑法的风险。

计算过程

本风险点涉及纳税人虚开增值税专用发票，按大连大凯信贸易往来账借方发生额初步确认虚开票面金额。

涉嫌虚开增值税专用发票 = 票面含税金额 55,000（元）

税收政策

《最高人民法院关于适用〈全国人民代表大会常务委员会关于惩治虚开、伪造和非法出售增值税专用发票犯罪的决定〉的若干问题的解释》（汇编 p572）（国税发〔1996〕210 号）第一条第一款规定，根据《决定》第一条规定，虚开增值税专用发票的，构成虚开增值税专用发票罪。具有下列行为之一的，属于‘虚开增值税专用发票’：（1）没有货物购销或者没有提供或接受应税劳务而为他人、为自己、让他人为自己、介绍他人开具增值税专用发票；（2）有货物购销或者提供或接受了应税劳务但为他人、为自己、让他人为自己、介绍他人开具数量或者金额不实的增值税专用发票；（3）进行了实际经营活动，但让他人为自己代开增值税专用发票。

《国家税务总局关于纳税人虚开增值税专用发票征补税款问题的公告》（汇编 p557）（国家税务总局公告 2012 年第 33 号）规定，纳税人虚开增值税专用发票，未就其虚开金额申报并缴纳增值税的，应按照其虚开金额补缴增值税；已就其虚开金额申报并缴纳增值税的，不再按照其虚开金额补缴增值税。税务机关对纳税人虚开增值税专用发票的行为，应按《中华人民共和国税收征收管理法》及《中华人民共和国发票管理办法》的有关规定给予处罚。纳税人取得虚开的增值税专用发票，不得作为增值税合法有效的扣税凭证抵扣其进项税额。

具体事项 80
逾期一年以上包装物押金未确认收入

2020 年期末账载特种周转包装物余额 20,000 元，至 2020 年 12 月账龄 5 年，至年底仍未归还。

☆原会计分录	☆正确会计分录	
其他应付款期初账载特种包装物押金贷方余额 20,000 元。	借：其他应付款 – 特种包装物	20,000.99
	贷：其他业务收 – 材料物资 _17%	17,094.02
	应交税费 – 应交增值税 – 销项税额 _17%	2,905.98

☆调整会计分录

借：其他应付款 – 特种包装物	20,000.00
贷：以前年度损益调整 – 其他业务收入	17,094.02
应交税费 – 增值税检查调整 – 销项税额 _17%	2,905.98

风险点 117 未确认收入未按规定申报增值税（包装物押金逾期未收回）风险

风险点说明

纳税人应加强对包装物的管理和涉税核算，在增值税、消费税、企业所得税的相关政策中，对于包装物的计税有特殊规定。如增值税方面规定对于逾期或超过一年（含一年）的包装物押金，应并入销售额计征增值税。在处理相关业务的过程中，如果纳税人存在将逾期或超过一年的包装物押金长期挂账，延迟或不确认收入等情况，则存在不缴或少缴增值税的风险。

计算过程

本风险点应确认的销项税额为：逾期周转包装物押金应确认的销项税额。

增值税销售额 = 20,000÷（1 + 17%）= 17,094.02（元）

销项税额 = 17,094.02×17% = 2,905.98（元）

税收政策

《国家税务总局关于取消包装物押金逾期期限审批后有关问题的通知》（汇编 p568）（国税函〔2004〕827 号）规定，纳税人为销售货物出租出借包装物而收取的押金，无论包装物周转使用期限长短，超过一年（含一年）以上仍不退还的均并入销售额征税。

风险点 118 未确认收入未按规定申报企业所得税（包装物押金逾期未收回）风险

风险点说明

纳税人应加强对包装物的管理和涉税核算，在增值税、消费税、企业所得税的相关政策中，对于包装物的计税有特殊规定。对于逾期无法退还的包装物押金，应在所属期内确认为企业所得税收入。在处理相关业务的过程中，如果纳税人存在将逾期无法退还的包装物押金长期挂账等情况，延迟或不确认收入等情况，则存在少缴企业所得税的风险。

计算过程

本风险点应调增的应纳税所得额为：逾期未退还的周转包装物押金应确认的收入。

调增应纳税所得额 = 17,094.02（元）

假定包装物成本已计入押金收取年度的销售成本

税收政策

《中华人民共和国企业所得税法》（汇编 p587）第六条规定，企业以货币形式和非货币形式从各种来源取得的收入，为收入总额。包括：（一）销售货物收入；（二）提供劳务收入；（三）转让财产收入；（四）股息、红利等权益性投资收益；（五）利息收入；（六）租金收入；（七）特许权使用费收入；（八）接受捐赠收入；（九）其他收入。

《中华人民共和国企业所得税法实施条例》（汇编 p595）第二十二条规定，企业所得税法第六条第（九）项所称其他收入，是指企业取得的除企业所得税法第六条第（一）项至第（八）项规定的收入外的其他收入，包括企业资产溢余收入、逾期未退包装物押金收入、确实无法偿付的应付款项、已作坏账损失处理后又收回的应收款项、债务重组收入、补贴收入、违约金收入、汇兑收益等。

延伸解读

资产负债表列示的其他应付款余额巨大且变化较小，应当予以关注。可要求企业提供其他应付款明细及账龄，对账龄长的项目，询问具体原因。经核实，该包装物在往来账上一直存在，按税法规定逾期或租期超过一年的包装物租金，应计入增值税销售额计算缴纳销项税额。同时，对于逾期且无法退还的包装物押金应作为企业的一项利得并入企业所得税收入，按逾期时间节点确定纳税义务发生时间，计算缴纳企业所得税。

本章小结

本章共涉及23个涉税事项、38个具体风险点。针对纳税人向税务机关报送各类财务报表中存在的纳税疑点问题，张新带领专家团队进行风险分析并提出了应对方法，具体总结如下表。

处理情况	税种	处理方式	处理结果	页码
未能补开、换开符合规定的发票、其他外部凭证，相应支出不得在发生年度税前扣除（81）	企业所得税	调增2019年度应纳税所得额 修改2019年度企业所得税纳税申报表	调增应纳税所得额=40,000（元）	146
利用其他应付款账户隐匿收入（82）	增值税	补计增值税销售额、补提销项税额	增值税销售额=3,267,366.59/(1+13%)=2,891,474.86（元） 销项税额=2,891,474.86×13%=375,891.73（元）	148
虚构员工借款隐瞒收入（83）	企业所得税	调增应纳税所得额	调增应纳税所得额=2,891,474.86(元)	149
收到政府奖励资金，未确认政府补助收入（84）	企业所得税	调增应纳税所得税额 修改企业所得税年度纳税申报表	调增应纳税所得额(收入)=50,000(元)	150
更正2018年多计提折旧错误（85）	企业所得税	调增2018年应纳税所得额 修改2018年度企业所得税年度纳税申报表	调增2018年度应纳税所得额=3,500（元）	152
收到处置长期股权投资的款项，冲减成本至负数（86）	企业所得税	调增处置投资资产利得	调增应纳税所得额（处置收益）=2,000,000−1,500,000=500,000（元）	153
当月发生借款合同未缴纳印花税（87）	印花税	按借款合同缴纳印花税	借款合同印花税=3,000,000×0.005%=150（元） 调减应纳税所得额=150（元）	155
当月购入土地使用权合同未缴纳印花税（88）	印花税	按产转移书据缴纳印花税	产权转移收据印花税：10,000,000×0.05%=5,000（元） 调减应纳税所得额=5,000（元）	156
收到政府补助资金，不符合专项用途财政性资金，未确认企业所得税收入（89）	企业所得税	调增应纳税所得额	调增应纳税所得额=60,000（元）	157
未确认以自产产品抵偿债务利得（90）	企业所得税	调增应纳税所得额	调增应纳税所得额=1,032.2（元）	159
收到企业债券利息未确认增值税收入（91）	增值税	补计增值税销售额、补提销项税额	增值税销售额=16,450/（1+6%）=15,518.87（元） 销项税额=15,518.87×6%=931.13（元）	161
收到企业债券利息未确认企业所得税收入（92）	企业所得税	调增应纳税所得额	调增应纳税所得额=15,518.87（元）	162
长期借款利息费用化企业所得税税前扣除（93）	企业所得税	调增应纳税所得额	调增应纳税所得额=20,000（元）	163
购入房产原值571,428.57元、房产评估增值额2,500,000.00元未交纳房产税（94）	房产税	补缴房产税	10–12月房产税=(571,428.57+2,500,000)×70%×1.2%/12×3=6,450（元） 调减应纳税所得额=6,450（元）	164

续表

处理情况	税种	处理方式	处理结果	页码
土地使用权价款未申报房产税（95）	房产税	补缴房产税	10–12 月房产税 =3,180,000.00 × 70% × 1.2%/12 × 3=6,678（元） 调减应纳税所得额 =6,678（元）	165
已投入使用的在建工程未申报房产税（96）	房产税	补缴房产税	10–12 月房产税 =618,492.36 × 70% × 1.2%/12 × 3=1,298.83（元） 调减应纳税所得额 =1,298.83（元）	166
税前扣除的费用化的中央空调 450,000.00 元未缴房产税（97）	房产税	补缴房产税	12 月房产税 =450,000.00 元 × 70% × 1.2%/12=315（元） 调减应纳税所得额 =315（元）	167
新购入土地使用权面积 2,000 平方未缴纳土地使用税（98）	城镇土地使用税	补缴土地使用税	12 月土地使用税 2,000 × 18（元 / 平方米）/12 个月 =3,000（元） 调减应纳税所得额 =3,000（元）	169
当月新增实收资本 3,000,000.00 未缴纳印花税（99）	印花税	按资金账簿缴纳印花税	资金账簿印花税 =（600,000+400,000+2,000,000）× 0.05% × 50%=750（元） 调减应纳税所得额 =750（元）	170
股权转让合同未缴纳印花税（100）	印花税	按股权转让合同缴纳印花税	产权转移书据合同印花税 =（3,000,000 深圳科晟股份 +2,000,000 锦阳宏达股份）× 0.05%=2,500（元） 调减应纳税所得额 =2,500（元）	171
为子公司负担贷款利息支出，系与收入无关的支出（101）	企业所得税	调增应纳税所得额	调增应纳税所得额 =5,000（元）	172
账载预收预付的对转，但不能提供债务重组相关手续，核查预收账款为应确认未确认的增值税收入（102）	增值税	补计增值税销售额、补提销项税额	增值税销售额 = 预收账款余额 5,941,515.12/（1+13%）=5,257,977.98（元） 销项税额 =5,257,977.98 × 13% =683,537.14（元）	174
账载预收预付的对转，但不能提供债务重组相关手续，核查预收账款为应确认未确认的企业所得税收入，预付账款为应计未计采购成本（103）	企业所得税	调增应纳税所得额（假设取得补开成本发票）	调增应纳税所得额 =5,257,977.98–5,000,154=257,823.98（元）	175
签订直接收款的销售合同，款已收，未确认增值税收入（104）	增值税	补计增值税销售额、补提销项税额	增值税销售额 =1,962,500/（1+13%）=1,736,725.66（元） 销项税额 =1,736,725.66 × 13% =225,774.34（元）	177
签订直接收款的销售合同，款已收，未确认企业所得税收入（105）	企业所得税	调增应纳税所得额（收入 – 成本）	调增应纳税所得额 =1,736,725.66（元） 调减应纳税所得额（成本）=1,736,725.66/20 元 / 米 × 17.7394 元 / 米 =1,540,423.56（元）	178
虚拟偿还债务业务（106）	企业所得税	调增应纳税所得额	调增应纳税所得额 =30,012（元）	180
股东以非货币性资产投入企业，应确认其财产转让所得（107）	个人所得税	可选择适用递延纳税的，应备案，当期暂不纳税，至再次转让时计算缴纳所得税	股东个人履行备案手续，递延纳税	182
接受股东投入专利技术，未取得税前扣除凭证（108）	企业所得税	股东应取得省科技厅开具技术合同认定证明，适用增值税免税政策	补开增值税普通发票（免税）	183

续表

处理情况	税种	处理方式	处理结果	页码
专利投资入股增资，未缴纳印花税（109）	印花税	按资金账簿缴纳印花税	投资方个人产权转移书据印花税=2,000,000.00×0.05%=1,000（元）	184
应付账款长期挂账，经查询工商信息，该债权人已注销工商登记，经查验原始入账银行回单此为货款，已售未确认增值税收入（110）	增值税	补计增值税销售额、补提销项税额	增值税销售额=581,648.12/（1+17%）=497,135.15（元） 销项税额=497,135.15×17%=84,512.97（元）	185
应付账款长期挂账，经查询工商信息，该债权人已注销工商登记，经查验原始入账银行回单此为货款，已售未确认企业所得税收入（111）	企业所得税	调增应纳税所得额（收入－成本）	调增应纳税所得额（收入）=497,135.15（元） 调减应纳税所得额（成本）=497,135.15/20元/米×17.7394元/米=440,943.96（元）	186
预付账款长期挂账，经查询工商登记，对方为经营金属工具的贸易商，查验原始入账银行回单此为货款，已售未确认增值税收入（112）	增值税	补计增值税销售额、补提销项税额	增值税销售额=612,458/（1+17%）=523,468.65（元） 销项税额=523,468.65×17%=88,989.67（元）	188
预付账款长期挂账，经查询工商登记，对方为经营金属工具的贸易商，查验原始入账银行回单此为货款，已售未确认企业所得税收入（113）	企业所得税	调增应纳税所得额（收入－成本）	调增应纳税所得额（收入）=523,468.65（元） 调减应纳税所得额（成本）=523,468.65/20元/米×17.7394元/米=464,300.99（元）	189
预收明细账其中一户挂账长达5年，经查验原始入账银行回单载明“货款”，为已售未确认增值税收入（114）	增值税	补计增值税销售额、补提销项税额	增值税销售额=5,882,000/（1+17%）=5,027,350.43（元） 销项税额=5,027,350.43×17%=854,649.57（元）	191
预收明细账其中一户挂账长达5年，经查验原始入账银行回单载明“货款”，为已售未确认企业所得税收入（115）	企业所得税	调增应纳税所得额（收入－成本）	调增应纳税所得额（收入）=5,027,350.43（元） 调减应纳税所得额（成本）=5,027,350.43/20元/米×17.7394元/米=44,591,09.01（元）	192
协查回函：大连大凯信贸易有限公司因涉嫌虚开增值税专用发票已被公安机关立案侦查，协查相关的发票已经落实并无实际经营业务发生，系大连公司为向外虚开增值税专用发票，而提前向某五金商场负责人居间购买的专票，岳达公司向其开具的发票已经申报抵扣增值税进项税，并列入经营成本（116）	增值税	按照涉嫌虚开增值税专用发票移交公安部门查处	涉嫌虚开增值税专用发票票面含税金额55,000（元）	194
收到包装物押金，逾期三年未归还，未确认增值税收入（117）	增值税	补计增值税销售额、补提销项税额	增值税销售额=20,000/（1+17%）=17,094.02（元） 销项税额17,094.02×17%=2,905.98（元）	196
收到包装物押金，逾期三年未归还，未确认企业所得税收入（118）	企业所得税	调增应纳税所得额（收入）	调增应纳税所得额=17,094.02（元）	196

第三章　发票使用风险分析与应对

随着工作的不断深入，王梓跃产生了危机感，他觉得自己在各个方面与其他同事相比真的存在很大差距，原本认为可以轻松完成的发票类分析，好像也并不那么容易。发票类的数据分析内容相对简单，数据项也不多，但是它在风险管理中发挥着特殊重要的作用。跟踪发票的使用情况，可以发现最原始的经营行为，真正了解纳税人生产经营的实际情况，一旦发现问题往往就是一锤定音，比其他的数据分析来的直接地多。但分析时万一有漏掉的情况，那就可能直接造成税收损失，想到这里王梓跃不禁有些急了。他手中拥有的是税务机关防范税收风险最强大的工具资源，一方面是发票内容的查询平台如增值税发票电子底账系统，可以查出任何一家纳税人取得和开具的增值税发票信息；另一方面是各类协查协作信息平台和稽核比对平台，可以说是全局最先进的武器装备。以他的技术能力，从这些发票数据信息中查找风险、发现风险并不是难事，所欠缺的是以实践经验为基础形成的灵感，随着工作的深入，他开始有了渐入佳境的感觉。

张新把发票数据的分析交给王梓跃，就是看中了他出身软件开发专业。一方面想利用他熟悉平台操作的优势发现纳税人发票使用过程中的一些问题，另一方面也是利用他大数据技术专长，可能会在风险管理工作中取得意想不到的效果。比如网络爬虫技术的应用让大家大开眼界，前几年王梓跃曾经在一个晚上的时间里，就把全市餐饮行业的线上销售数据全部采集到了，着实引起了一阵轰动。王梓跃对发票数据的分析，验证了张新的直觉，大数据分析技术在税收风险防范工作中一定会发挥出核心和关键作用。王梓跃所做的发票数据分析，精准直观，简明有效，发现问题往往是一针见血的，在相当一部分风险事项上得出的结论毋庸置疑，比如发票开具的房屋租金金额与房产税、土地使用税计税依据的比对等。

通过这一段的工作实践，王梓跃对平台中的积分体系有了深入的理解，他提出了埋在心里的疑惑，为什么风险积分的高低不能直接应用于纳税人税收风险等级的评定。王梓跃以其对数据应用技术的掌握，系统阐述了积分制要考虑"权重"的想法，4 位组员进行了热烈讨论，就连张新这位"创始人"都觉得眼界大开。王梓跃说，不同的税收风险分析指标应用于不同的税收风险事项，其在总积分中的权重应该具有明显差别。比如增值税申报附表一中的"未开具发票"列次填写负数，放在虚开增值税专用发票风险识别中，就是决定性的异常指标之一，应该增大计分权重；而放在增值税纳税申报风险分析时，如果当期为负，累计为正，则权重为零不形成计分。张新思索了良久，断定按照这种思路执行，确实可以大大提高积分体系在风险等级排序中的作用，使风险指标积分高低与风险等级高低排序更加契合。他兴奋地想，等这次集中办公工作结束后，要对平台中的积分体系进行深入的探索和大规模的调整。

在纳税评估过程中，对纳税人取得和开具发票数据的分析与应对工作暂时结束了。张新带领专家团队对有关发票数据中的涉税问题进行了认真核查，发现30个涉税问题，其中涉及多抵扣进项税额3,210元，少申报销项税额932,644.78元，调增企业所得税应纳所得额2,564,164.63元，异地施工企业预缴企业所得税1,200元、预缴增值税额12,000元、预缴城市建设维护税840元、预缴地方教育费附加240元、预缴教育费附加360元，消费税33,185.84元。具体内容及后续处理情况，一并解读如下。

发票风险解读

具体事项81
税前未按规定列支商业人身保险支出

10月第7笔凭证：2020年10月用现金购买人身意外伤害险，取得普通发票15,000元。

☆原会计分录		☆正确会计分录
借：管理费用－保险费	15,000.00	原会计分录不变
贷：库存现金	15,000.00	

☆调整会计分录

无，调表不调账

风险点119 在管理费用中列支与取得收入无关的支出（超范围扣除商业保险费）风险

风险点说明

企业发生日常支出，应依法合规核算相关成本、费用并税前列支。企业管理费用变动异常，可利用增值税发票电子底账系统，查询是否取得不得在税前列支的相关成本、费用项目发票，如商业保险费的发票等。在处理相关业务的过程中，如果企业取得的发票中存在不应在税前列支的商业保险费等情况，则存在不缴或少缴企业所得税的风险。

计算过程

本风险点应调增的应纳税所得额为：企业不应在税前列支的商业保险费金额。

调增应纳税所得额 = 不得税前扣除的保险费 = 15,000（元）

税收政策

《中华人民共和国企业所得税法实施条例》（汇编 p595）第三十六条规定， 除企业依照国家有关规定为特殊工种职工支付的人身安全保险费和国务院财政、税务主管部门规定可以扣除的其他商业保险费外，企业为投资者或者职工支付的商业保险费，不得扣除。

风险点 120 未履行代扣代缴及申报义务少代扣代缴个人所得税（为员工购买人身意外险）风险

风险点说明

企业应依法合规核算员工各种形式的收益，如员工收到各项免税之外的保险金应并入当期工资收入按“工资、薪金所得”项目计征个人所得税。可通过增值税发票电子底账系统查询企业是否为员工发放了各种形式的利益所得，如购买商业保险的发票等。在处理相关业务的过程中，如果企业存在未按规定代扣代缴个人所得税等情况，则存在不缴或少缴个人所得税的风险。

计算过程

本风险点应确认的个人所得税为：企业为员工负担的保险费应并入工资薪金代扣代缴的个人所得税。

15,000 元并入员工当期工资薪金，计算个人所得税。

税收政策

《国家税务总局关于单位为员工支付有关保险缴纳个人所得税问题的批复》（汇编 p716）（国税函〔2005〕318 号）规定，对企业为员工支付各项免税之外的保险金，应在企业向保险公司缴付时（即该保险落到被保险人的保险账户）并入员工当期的工资收入，按“工资、薪金所得”项目计征个人所得税，税款由企业负责代扣代缴。

延伸解读

通过电子底账系统查询是否有保险费性质的发票，结合企业生产经营实际情况，核实是否为人身意外伤害险等保险，判断税前列支保险费的合理性。

在实践中，企业为特殊工种岗位员工购买人身意外伤害险，包括团体人身意外伤害保险或个人意外伤害保险。“企业依照国家有关规定为特殊工种职工支付的人身安全保险费”，其依据必须是法定的，即国家其他法律法规强制规定企业应当为其职工投保的人身安全保险，如果是企业自愿为其职工投保而发生的人身安全保险费支出不得税前扣除。如《建筑法》第四十八条规定，建筑施工企业必须为从事危险作业的职工办理意外伤害保险，支付保险费；《煤炭法》第四十四条规定，煤矿企业必须为煤矿井下作业职工办理意外伤害保险，支付保险费；特殊工种参见《特种作业人员安全技术培训考核管理规定》附件“特种作业目录”。

此外，国家税务总局2018年第52号公告规定企业参加雇主责任险、公众责任险等责任保险，按照规定缴纳的保险费，准予在企业所得税税前扣除。上述两险种均为责任险，但人身意外险的保险标的是被保险人的人身，雇主责任险的保险标的是雇主承担的赔偿责任。也就是说：人身意外险仍是为职工个人支付的，雇主责任险是为企业支付的，出险后两个险种的赔付对象不同。雇主责任险是企业为了转嫁自身风险购买的一种财产保险，不属于员工福利，可按规定抵扣进项税额。国家税务总局2016年第80号公告规定，企业差旅费中人身意外保险费支出允许税前扣除。人身意外险是为职工支付的，属于任职受雇有关的所得，应并入员工的工资缴纳个人所得税。

具体事项82
超规定范围列支职工福利费

11月第9笔凭证：2020年11月报销员工旅游费用9,900元，取得旅行社增值税普通发票。

☆原会计分录		☆正确会计分录	
借：应付职工薪酬－职工福利费	9,900.00	借：营业外支出－其他	9,900.00
贷：库存现金	9,900.00	贷：库存现金	9,900.00

☆调整会计分录

无

风险点 121 在职工福利费中列支与取得收入无关的支出（列支员工旅游费用）风险

风险点说明

企业应依法合规核算发生的职工福利费，并按规定的限额在税前扣除。可通过增值税发票电子底账系统，查询企业取得的疑点发票，分析是否将不属于福利费列支范畴内的费用列入职工福利费，如员工外出旅游的费用等。在处理相关业务的过程中，如果企业存在违规列支职工福利费等情况，则存在不缴或少缴企业所得税的风险。

税收政策

《中华人民共和国企业所得税法实施条例》（汇编 p595）第四十条规定，企业发生的职工福利费支出，不超过工资薪金总额 14% 的部分，准予扣除。

《国家税务总局关于企业工资薪金及职工福利费扣除问题的通知》（汇编 p681）（国税函〔2009〕3 号）第三条规定，关于职工福利费扣除问题《实施条例》第四十条规定的企业职工福利费，包括以下内容：（一）尚未实行分离办社会职能的企业，其内设福利部门所发生的设备、设施和人员费用，包括职工食堂、职工浴室、理发室、医务所、托儿所、疗养院等集体福利部门的设备、设施及维修保养费用和福利部门工作人员的工资薪金、社会保险费、住房公积金、劳务费等。（二）为职工卫生保健、生活、住房、交通等所发放的各项补贴和非货币性福利，包括企业向职工发放的因公外地就医费用、未实行医疗统筹企业职工医疗费用、职工供养直系亲属医疗补贴、供暖费补贴、职工防暑降温费、职工困难补贴、救济费、职工食堂经费补贴、职工交通补贴等。（三）按照其他规定发生的其他职工福利费，包括丧葬补助费、抚恤费、安家费、探亲假路费等。

计算过程

本风险点应调增的应纳税所得额为：企业不得计入福利费的员工旅游费用支出。

调增应纳税所得额 = 9,900（元）

不参与职工福利费限额计算

延伸解读

通过电子底账系统查询是否有旅游费、考察费性质的发票，结合企业生产经营实际情况，核实是否有旅行社代购票或住宿费用等，判断税前列支旅行社旅游费用的合理性。可询问企业产生该费用的原因，如果费用与生产经营活动直接相关，可以税前列支；如果将费用列入职工福利费，企业需提供与收入相关的证据。

此外，财政部《企业财务通则》第四十六条规定，企业不得承担属于个人的下列支出：（一）娱乐、健身、旅游、招待、购物、馈赠等支出。（二）购买商业保险、证券、股权、收藏品等支出。（三）个人行为导致的罚款、赔偿等支出。（四）购买住房、支付物业管理费等支出。（五）应由个人承担的其他支出。该通则的使用对象是国有及国有控股企业，其他企业可参照执行，规定不得承担的属于个人的支出，是指不允许在财务中列支。企业为员工支付的业绩奖励相关的差旅费需要代扣代缴个人所得税。

具体事项 83
单位用餐费用列入会议费

11 月第 22 笔凭证：2020 年 11 月报销会议餐费 8,000 元，增值税普通发票服务名称载明会议餐费，经手人为办公室人员，实际是单位招待用餐。

☆原会计分录		☆正确会计分录	
借：管理费用－会议费	8,000.00	借：管理费用－业务招待费	8,000.00
贷：库存现金	8,000.00	贷：库存现金	8,000.00

☆调整会计分录

无

风险点 122 限额扣除项目税前违规扣除（业务招待费记入会议费）风险

风险点说明

企业应依法合规核算有扣除限额的支出，并按规定的限额在税前扣除。可通过增值税发票电子底账系统，查询企业取得的疑点发票，分析是否以改变发票开具的货物或应税服务名称等方式在管理费用及其他费用中全额扣除，如餐费混同会议费一并开具等。在处理相关业务的过程中，如果企业存在将业务招待费支出列支在其他成本或费用中的情况，则存在不缴或少缴企业所得税的风险。

计算过程

本风险点应调增的业务招待费实际发生额为：不得列入业务招待费的餐费金额。调增业务招待费实际发生额 = 8,000（元），参与限额调整。

税收政策

《中华人民共和国企业所得税法实施条例》（汇编 p595）第四十三条规定，企业发生的与生产经营活动有关的业务招待费支出，按照发生额的 60% 扣除，但最高不得超过当年销售（营业）收入的 5‰。

延伸解读

通过电子底账系统查询是否有会议费性质的发票，结合企业生产经营实际情况，判断税前列支会议费的合理性。可要求企业提供明细账、原始凭证等资料，进一步分析涉税风险。经核实，该企业会议费记账凭证后附子公司会议餐费的发票，费用实质为招待费，应在填列纳税调整表时列示在业务招待费中，参与业务招待费限额扣除，调企业所得税纳税申报表不调会计账。

具体事项 84
销售商品同时提供运输服务未按混合销售处理

11 月第 36 笔凭证：2020 年 11 月销售 27*0.9 带锯条 154,325 米，不含税金额 3,086,500 元，合同约定由销售方的运输部门负担运输，另收取运输费用 10,900 元，运输费计入往来账户。

☆原会计分录

借：其他应收款 – 上海亮剑机械销售有限公司 3,487,745.00
　银行存款 – 江南城市发展银行长安分行 10,900.00
　贷：主营业务收入 _ 带锯条 27*0.9_13% 3,086,500.00
　　其他业务收入 – 运输服务 _9% 10,000.00
　　应交税费 – 应交增值税 – 销项税额 _13% 401,245.00
　　应交税费 – 应交增值税 – 销项税额 _9% 900.00
借：银行存款 – 江南城市发展银行长安分行 3,487,745.00
　贷：其他应收款 – 上海亮剑机械销售有限公司 3,487,745.00

☆正确会计分录

借：其他应收款 – 上海亮剑机械销售有限公司 3,487,745.00
　银行存款 – 江南城市发展银行长安分行 10,900.00
　贷：主营业务收入 _ 带锯条 27*0.9_13% 3,096,146.02
　　应交税费 – 应交增值税 – 销项税额 _13% 402,498.98
借：银行存款 – 江南城市发展银行长安分行 3,487,745.00
　贷：其他应收款 – 上海亮剑机械销售有限公司 3,487,745.00

☆调整会计分录

贷：以前年度损益调整 – 其他业务收入 -10,000.00
　应交税费 – 增值税检查调整 – 销项税额 _9% -900.00
贷：以前年度损益调整 – 主营业务收入 9,646.02
　应交税费 – 增值税检查调整 – 销项税额 _13% 1,253.98

风险点 123 应税行为申报的适用税率错误（混合销售选用错误税率）风险

风险点说明

纳税人发生混合销售，应按主营业务适用税率计算缴纳增值税。可通过增值税发票电子底账系统，查询纳税人取得的疑点发票，分析是否存在同一项混合销售业务分别按货物和服务的适用税率申报缴纳增值税，导致部分业务选用低税率少缴纳增值税。在处理相关业务的过程中，如果纳税人存在混合销售业务选用税率错误等情况，则存在不缴或少缴增值税的风险。

计算过程

本风险点应补提的销项税额为：按混合销售适用货物税率应确认的运费销项税额扣除企业已按交通运输业确认的销项税额之差。本风险点中应调减的应纳税所额为：因税率变动销项税额增加收入减少的金额。

13% 增值税销售额 =（销售货物不含税销售额 + 提供的交通运输服务不含税销售额）

= 3,086,500 + 10,900 ÷（1 + 13%）= 3,096,146.02（元）

补确认 13% 销售额 = 3,096,146.02 − 3,086,500 − 10,000 = −353.98（元）

应确认的销项税额 = 3,096,146.02 × 13% = 402,498.98（元）

已确认的销项税额 = 401,245 + 900 = 402,145（元）

应补充确认的销项税额 = 402,498.98 − 402,145 = 353.98（元）

调减应纳税所得额 = 应补充确认的销项税额 = 应少确认的主营业务收入 = 353.98（元）

按不同税率更正申报原增值税申报表。

税收政策

《中华人民共和国增值税暂行条例实施细则（2011 修订版）》（汇编 p439）（财政部　国家税务总局令 2011 年第 65 号）第五条规定，一项销售行为如果既涉及货物又涉及非增值税应税劳务，为混合销售行为。除本细则第六条的规定外，从事货物的生产、批发或者零售的企业、企业性单位和个体工商户的混合销售行为，视为销售货物，应当缴纳增值税；其他单位和个人的混合销售行为，视为销售非增值税应税劳务，不缴纳增值税。本条第一款所称非增值税应税劳务，是指属于应缴营业税的交通运输业、建筑业、金融保险业、邮电通信业、文化体育业、娱乐业、服务业税目征收范围的劳务。本条第一款所称从事货物的生产、批发或者零售的企业、企业性单位和个体工商户，包括以从事货物的生产、批发或者零售为主，并兼营非增值税应税劳务的单位和个体工商户在内。

《财政部　国家税务总局关于全面推开营业税改征增值税试点的通知》（汇编 p482）（财税〔2016〕36 号）附件 1《营业税改征增值税试点实施办法》第四十条规定，一项销售行为如果既涉及服务又涉及货物，为混合销售。从事货物的生产、批发或者零售的单位和个体工商户的混合销售行为，按照销售货物缴纳增值税；其他单位和个体工商户的混合销售行为，按照销售服务缴纳增值税。本条所称从事货物的生产、批发或者零售的单位和个体工商户，包括以从事货物的生产、批发或者零售为主，并兼营销售服务的单位和个体工商户在内。

延伸解读

通过电子底账系统查询并进行票面分析，获知企业产品的型号、规格、产品单价，购买方的基本信息。要求企业提供销售明细账、记账凭证等资料，进一步分析涉税风险。通过相关凭证可知，购买方上海亮剑机械销售有限公司是该企业的全资子公司，销售价格按公允价值成交，即同规格货物跟非关联方销售发票中开具的单价相同，不存在低价销售的涉税风险。但该企业针对同一客户在同一时间开具两种不同税率的发票，经核实开具的 9% 的发票是销售商品提供运输服务收取的运费，存在混合销售行为适用税率错误的问题。

在实践中，应关注纳税人同一时间段对同一购买方开具不同税率增值税发票，判断并区分混合销售及兼营行为。

具体事项 85
以明显偏低价格向关联方销售产品

11 月第 45 笔凭证：2020 年 11 月向上海亮剑机械销售有限公司销售 27*0.9 带锯条 100,000 米，不含税价 1,000,000 元，单价每米 10 元，对方自提。

☆原会计分录

借：其他应收款 – 上海亮剑机械销售有限公司　1,130,000.00
　贷：主营业务收入 _ 带锯条 27*0.9_13%　1,000,000.00
　　应交税费 – 应交增值税 – 销项税额 _13%　130,000.00
借：银行存款 – 江南城市发展银行长安分行　1,130,000.00
　贷：其他应收款 – 上海亮剑机械销售有限公司　1,130,000.00

☆正确会计分录

借：其他应收款 – 上海亮剑机械销售有限公司　2,260,000.00
　贷：主营业务收入 _ 带锯条 27*0.9_13%　2,000,000.00
　　应交税费 – 应交增值税 – 销项税额 _13%　260,000.00
借：银行存款 – 江南城市发展银行长安分行　1,130,000.00
　贷：其他应收款 – 上海亮剑机械销售有限公司　1,130,000.00

☆调整会计分录

借：应收账款 – 上海亮剑机械销售有限公司　1,130,000.00
　贷：以前年度损益调整 – 主营业务收入　1,000,000.00
　　应交税费 – 增值税检查调整 – 销项税额 _13%　130,000.00

风险点 124 错误确认收入未按规定申报增值税（销售价格明显偏低）风险

风险点说明

纳税人与关联方发生业务，应遵循独立交易原则，不得减少任何一方的应纳税收入。可通过增值税发票电子底账系统，查询纳税人取得的疑点发票，分析是否存在与关联方发生增值税应税行为但价格明显偏低或偏高且不具有合理商业目的，或发生视同销售行为但确定的应税销售额明显偏低或偏高。在处理相关业务的过程中，如果纳税人存在与关联方的交易价格明显偏低或偏高且无正当理由等情况，则存在不缴或少缴增值税的风险。

计算过程

本风险点应补充确认的销项税额为：企业按带锯条公允价值应确认的销项税额与企业已确认的销项税额之差。

应补充确认的增值税销售额 = 应确认的销售收入 − 已确认的销售收入 100,000 米 × 平均单价 20 元 / 米 − 账已确认收入 1,000,000
= 1,000,000（元）

应补充确认的销项税额 = 1,000,000 × 13% = 130,000（元）

税收政策

《中华人民共和国增值税暂行条例（2017 修订版）》（汇编 p434）第七条规定，纳税人发生应税销售行为的价格明显偏低并无正当理由的，由主管税务机关核定其销售额。

《中华人民共和国增值税暂行条例实施细则（2011 修订版）》（汇编 p439）（财政部　国家税务总局令 2011 年第 65 号）第十六条规定，纳税人有条例第七条所称价格明显偏低并无正当理由或者有本细则第四条所列视同销售货物行为而无销售额者，按下列顺序确定销售额：（一）按纳税人最近时期同类货物的平均销售价格确定；（二）按其他纳税人最近时期同类货物的平均销售价格确定；（三）按组成计税价格确定。组成计税价格的公式为：组成计税价格 = 成本 ×（1+ 成本利润率）属于应征消费税的货物，其组成计税价格中应加计消费税额。公式中的成本是指：销售自产货物的为实际生产成本，销售外购货物的为实际采购成本。公式中的成本利润率由国家税务总局确定。

风险点 125 错误确认收入未按规定申报企业所得税（销售价格明显偏低）风险

风险点说明

企业与关联方发生业务，应遵循独立交易原则，不得减少任何一方的应纳税收入。可通过增值税发票电子底账系统，查询企业取得的疑点发票，分析是否存在与关联方发生应税行为但价格明显偏低或偏高且不具有合理商业目的，或发生视同销售行为但确定的应税销售额明显偏低或偏高。在处理相关业务的过程中，如果企业存在与关联方的交易价格明显偏低或偏高且无正常理由等情况，则存在不缴或少缴企业所得税的风险。

计算过程

本风险点应调增的应纳税所得额为：企业应按带锯条公允价值确认的收入与企业原确认的收入之差。

调增应纳税所得额（收入）= 100,000 米 ×（平均单价 20 − 原售价 10）= 1,000,000（元）

税收政策

《中华人民共和国企业所得税法》（汇编 p587）第四十一条规定，企业与其关联方之间的业务往来，不符合独立交易原则而减少企业或者其关联方应纳税收入或者所得额的，税务机关有权按照合理方法调整。企业与其关联方共同开发、受让无形资产，或者共同提供、接受劳务发生的成本，在计算应纳税所得额时应当按照独立交易原则进行分摊。

延伸解读

通过电子底账系统查询并进行票面分析，获知企业销售带锯条，规格 27*0.9，单价 10 元，购买方是广州亮剑机械销售有限公司。通过前期发票信息获知规格 27*0.9 带锯条，单价均为 20 元，该业务销售价格明显低于市场价格。经核实，购货方是该企业成立的全资子公司，关联交易价格明显偏低且无法提供证据的，应调增应纳税所得额，同时调整应计提的销项税额。

在实践中，企业与关联方业务往来的交易价格明显偏低，通常会有以下几点理由：一是前期购货达到一定数量，销售折扣在本次业务发生时一并开具；二是货物是有质量问题的残次品。针对企业提出的理由，可从三方面入手：一是获取企业组织架构信息认定关联方交易，关联方是指一方控制、共同控制另一方或对另一方施加重大影响，以及两方或两方以上同受一方控制、共同控制或重大影响的（控制是指有权决定一个企业的财务和经营决策，并能据以从该企业的经营活动中获取利益）；二是关注折扣销售开票规则，折扣销售必须在同一张发票金额栏开具，且“货物或应税劳务、服务名称” 中必须体现“折扣”字样，才可以作为合规的税前扣除和抵扣凭证；三是要求企业提供合同复印件、瑕疵品的检验数据、第三方检测报告等证据，证明低价销售的合理性。

具体事项 86
销售折扣未按规定开具增值税发票

11 月第 50 笔凭证：2020 年 11 月销售 27*0.9 带锯条 100,000 米，不含税价格 1,200,000 元，每米单价 12 元。价格偏低的原因是 2019 及 2020 年合计购货数量超过 2,000,000 米，给予 2% 销售折扣。企业将该销售折扣与本次销售 100,000 米产品一并计算并开具增值税发票。购销双方实际未发生销售折扣业务。

☆原会计分录

借：应收账款－长安市南亚实业有限公司 1,356,000.00
　贷：主营业务收入_带锯条 27*0.9_13% 1,200,000.00
　　应交税费－应交增值税－销项税额_13% 156,000.00
借：银行存款－江南城市发展银行长安分行 1,356,000.00
　贷：应收账款－长安市南亚实业有限公司 1,356,000.00

☆正确会计分录

借：营业外支出－其他 104,000.00
　应收账款－长安市南亚实业有限公司 1,356,000.00
　贷：主营业务收入_带锯条 27*0.9_13% 1,200,000.00
　　应交税费－应交增值税－销项税额_13% 260,000.00
借：银行存款－江南城市发展银行长安分行 1,356,000.00
　贷：应收账款－长安市南亚实业有限公司 1,356,000.00

☆调整会计分录

借：以前年度损益调整－营业外支出 104,000.00
　贷：应交税费－增值税检查调整－销项税额_13% 104,000.00
　　企业所得税收入 800,000 调表不调账

风险点 126 虚构业务少确认收入未按规定申报增值税（销售折扣）风险

风险点说明

纳税人采取销售折扣方式销售商品，应按规定将销售额和折扣额在同一张发票的“金额”栏分别注明，方可按折扣后的销售额计算增值税。可通过增值税发票电子底账系统，查询纳税人取得的疑点发票，分析是否存在销售货物时未在同一张发票“金额”栏注明折扣额，或仅在发票的“备注”栏注明折扣额，并将折扣额从销售额中减除等。在处理相关业务的过程中，如果纳税人存在未按规定开具销售折扣发票，未按规定核算销售折扣业务等情况，则存在不缴或少缴增值税的风险。

计算过程

本风险点应补充确认的销项税额为：企业按带锯条实际销售数量和公允价值应确认的收入与原按扣除销售折扣后的收入之差按适用税率确认的销项税额。

应补充确认的增值税销售额 = 100,000 米 ×20.00 元 / 米 － 1,200,000 = 800,000（元）

应补充确认的销项税额 = 销项税额 = 800,000×13% = 104,000（元）

税收政策

《中华人民共和国增值税暂行条例（2017 修订版）》（汇编 p434）第一条规定，在中华人民共和国境内销售货物或者加工、修理修配劳务（以下简称劳务），销售服务、无形资产、不动产以

及进口货物的单位和个人，为增值税的纳税人，应当依照本条例缴纳增值税。第六条规定，销售额为纳税人销售货物或者应税劳务向购买方收取的全部价款和价外费用，但是不包括收取的销项税额。

《国家税务总局关于印发〈增值税若干具体问题的规定〉的通知》（汇编 p577）（国税发〔1993〕154 号）第二条第二款规定，计税依据（二）纳税人采取折扣方式销售货物，如果销售额和折扣额在同一张发票上分别注明的，可按折扣后的销售额征收增值税；如果将折扣额另开发票，不论其在财务上如何处理，均不得从销售额中减除折扣额。

风险点 127 虚构业务少确认收入未按规定申报企业所得税（销售折扣）风险

风险点说明

企业为促进商品销售在价格上给予的折扣属于商业折扣，应按扣除商业折扣后的金额确定销售收入金额。可通过增值税发票电子底账系统，查询企业取得的疑点发票，分析是否存在采用销售折扣方式销售货物时虚假填列折扣额等。在处理相关业务的过程中，如果企业存在未按规定核算销售折扣业务等情况，则存在不缴或少缴企业所得税的风险。

计算过程

本风险点应调增应纳税所得额为：企业按带锯条实际销售数量和公允价值确认的收入与原确认的扣除客户本年应累计享受的销售折扣的收入之差。

调增应纳税所得额 = 100,000 米 ×20.00（元 / 米）－ 1,200,000 = 800,000（元）（调表不调账）

税收政策

《中华人民共和国企业所得税法》（汇编 p587）第六条规定，企业以货币形式和非货币形式从各种来源取得的收入，为收入总额。包括：（一）销售货物收入；（二）提供劳务收入；（三）转让财产收入；（四）股息、红利等权益性投资收益；（五）利息收入；（六）租金收入；（七）特许权使用费收入；（八）接受捐赠收入；（九）其他收入。

《中华人民共和国企业所得税法实施条例》（汇编 p595）第十四条规定，企业所得税法第六条第（一）项所称销售货物收入，是指企业销售商品、产品、原材料、包装物、低值易耗品以及其他存货取得的收入。

《国家税务总局关于确认企业所得税收入若干问题的通知》（汇编 p683）（国税函〔2008〕875 号）

第一条第（五）项规定，（五）企业为促进商品销售而在商品价格上给予的价格扣除属于商业折扣，商品销售涉及商业折扣的，应当按照扣除商业折扣后的金额确定销售商品收入金额。

延伸解读

通过电子底账系统查询并进行票面分析，获知企业销售带锯条，规格 27*0.9，单价 12 元，购买方是长安市南亚实业有限公司，备注栏“2019+2020 两年购货超过 200 万米，按约定给予折扣”。通过前期发票信息获知规格 27*0.9 带锯条，单价均为 20 元，该业务销售价格明显低于市场价格。要求企业提供 2019 年、2020 年与该公司销售带锯条相关的合同、发票，以及相关的明细账、会计凭证等资料。经调查，购货方与该企业没有关联关系，也无法提供相关折扣的合同，最终核实，该企业是以虚假销售折扣方式，减少该业务实现的营业收入，并少缴了相关税费，应补提相关的销项税额，调增应纳税所得额。

具体事项 87
报销招待客户住宿费及高尔夫球场地费用

11 月第 54 笔凭证：2020 年 11 月报销公司注册地招待客户的住宿费 2,120 元、高尔夫球场门票 3,180 元，取得增值税专用发票并抵扣进项税额 300 元。

☆原会计分录			☆正确会计分录		
借：管理费用－业务招待费	3,000.00		借：管理费用－业务招待费	5,300.00	
管理费用－差旅费	2,000.00		贷：库存现金		5,300.00
应交税费－应交增值税－进项税额	300.00				
贷：库存现金		5,300.00			

☆调整会计分录

借：以前年度损益调整－管理费用	300.00	
贷：应交税费－增值税检查调整－进项税额转出		300.00

风险点 128 支付业务招待费违规申报抵扣进项税额（招待客户住宿及娱乐费用）风险

风险点说明

纳税人发生用于简易计税方法计税项目、免征增值税项目、集体福利或者个人消费的购进货物、加工修理修配劳务、服务、无形资产和不动产，其进项税额不允许抵扣。可通过增值税发票电子底账系统， 查询纳税人取得的疑点发票，分析是否存在购进餐饮服务、娱乐服务等违规抵扣了进项税等情况。在处理相关业务的过程中， 如果纳税人存在将上述不应抵扣进项税额的项目申报抵扣等情况，则存在不缴或少缴增值税的风险。

计算过程

本风险点中应按规定转出的进项税额为：企业已抵扣的招待客户住宿费及高尔夫球场地费用的进项税额。

进项税额转出金额 = 300（元）

税收政策

《财政部　国家税务总局关于全面推开营业税改征增值税试点的通知》（汇编 p482）（财税〔2016〕36 号）附件 1《营业税改征增值税试点实施办法》第二十七条第（一）项规定，下列项目的进项税额不得从销项税额中抵扣：（一）用于简易计税方法计税项目、免征增值税项目、集体福利或者个人消费的购进货物、加工修理修配劳务、服务、无形资产和不动产。其中涉及的固定资产、无形资产、不动产，仅指专用于上述项目的固定资产、无形资产（不包括其他权益性无形资产）、不动产。纳税人的交际应酬消费属于个人消费。第二十七条第（六）项规定，下列项目的进项税额不得从销项税额中抵扣：（六）购进的旅客运输服务、贷款服务、餐饮服务、居民日常服务和娱乐服务。

《财政部　税务总局　海关总署关于深化增值税改革有关政策的公告》（汇编 p455）（财政部　税务总局　海关总署公告 2019 年第 39 号）第六条第（二）项规定，纳税人购进国内旅客运输服务，其进项税额允许从销项税额中抵扣。（二）《营业税改征增值税试点实施办法》（财税〔2016〕36 号印发）第二十七条第（六）项和《营业税改征增值税试点有关事项的规定》（财税〔2016〕36 号印发）第二条第（一）项第 5 点中“购进的旅客运输服务、贷款服务、餐饮服务、居民日常服务和娱乐服务”修改为“购进的贷款服务、餐饮服务、居民日常服务和娱乐服务”。

风险点129 业务招待费列入差旅费未按规定税前扣除（招待客户支付住宿费用）风险

风险点说明

企业发生业务招待费，应按规定范围和限额税前扣除，即按发生额的60%扣除，最高不得超过当年销售（营业）收入的5‰。可通过增值税发票电子底账系统，查询企业取得的疑点发票，分析是否存在将发生的用于招待客户的娱乐服务、住宿服务支出记入管理费用其他项目直接扣除，没有计入业务招待费一并处理。在处理相关业务的过程中，如果企业存在业务招待费范围确定错误等情况，则存在不缴或少缴企业所得税的风险。

计算过程

调减的应纳税所得额为：因进项税额转出增加的费用金额。调增业务招待费实际发生额为：不得税前扣除的招待客户住宿费及高尔夫球场地费用金额及转出的进项税额。

调增业务招待费实际发生额 = 300 + 2,000 = 2,300（元）参与限额调整（调表不调账）

调减应纳税所得额 = 300（元）

税收政策

《中华人民共和国企业所得税法实施条例》（汇编p595）第四十三条规定，业发生的与生产经营活动有关的业务招待费支出，按照发生额的60%扣除，但最高不得超过当年销售（营业）收入的5‰。

延伸解读

通过电子底账系统进行票面分析，该服务名称为住宿费+高尔夫门票，增值税专用发票。按规定娱乐业仅能开具普通发票，高尔夫门票属娱乐业，应开具增值税普通发票。经核实，该企业发生业务招待费项目应做进项税额转出，同时调增业务招待费实际发生额。

在实践中，企业发生在注册地的住宿费通常用于招待客户，应计入业务招待费。可通过大数据手段对税收编码进行筛选，查看企业购买服务的类别，判断这些服务是否不得抵扣进项税额。

具体事项 88
购进餐饮服务违规抵扣进项税额

12 月第 30 笔凭证：2020 年 12 月报销差旅费，其中住宿费用 3,000 元，餐费 1,000 元，取得增值税专用发票，使用库存现金支付。同一张发票分别注明住宿费用及餐费。

☆原会计分录

借：管理费用－差旅费	3,000.00	
管理费用－业务招待费	1,000.00	
应交税费－应交增值税－进项税额	240.00	
贷：库存现金		4,240.00

☆正确会计分录

借：管理费用－差旅费	3,180.00	
管理费用－业务招待费	1,060.00	
贷：库存现金		4,240.00

☆调整会计分录

借：以前年度损益调整－管理费用	240.00	
贷：应交税费－增值税检查调整－进项税额转出		240.00

风险点 130 非可抵扣项目违规申报抵扣进项税额（购入餐饮服务）风险

风险点说明

纳税人购进餐饮服务，其进项税额不得从销项税额中抵扣。可通过增值税发票电子底账系统，查询纳税人取得的疑点发票，分析是否存在购进餐饮服务等。在处理相关业务的过程中，如果纳税人存在将购进餐饮服务申报抵扣进项税额等情况，则存在不缴或少缴纳增值税的风险。

计算过程

本风险点中应按规定转出的进项税额为：购进餐饮服务不得抵扣的进项税金额。调减的应纳税所得额为：因进项税额转出增加的费用金额。调增业务招待费实际发生额为：因餐费进项税额转出而增加的业务招待费金额。

进项税额转出金额＝180＋60＝240（元）

调减应纳税所得额＝240（元）

调增业务招待费实际发生额 60 元（参与招待费限额扣除）（调表不调账）

税收政策

《财政部　国家税务总局关于全面推开营业税改征增值税试点的通知》（汇编p482）（财税〔2016〕36号）附件1《营业税改征增值税试点实施办法》第二十七条第（六）项规定，下列项目的进项税额不得从销项税额中抵扣：（六）购进的旅客运输服务、贷款服务、餐饮服务、居民日常服务和娱乐服务。

《财政部　税务总局　海关总署关于深化增值税改革有关政策的公告》（汇编p455）（财政部　税务总局　海关总署公告2019年第39号）第六条第（二）项规定，纳税人购进国内旅客运输服务，其进项税额允许从销项税额中抵扣。（二）《营业税改征增值税试点实施办法》（财税〔2016〕36号印发）第二十七条第（六）项和《营业税改征增值税试点有关事项的规定》（财税〔2016〕36号印发）第二条第（一）项第5点中“购进的旅客运输服务、贷款服务、餐饮服务、居民日常服务和娱乐服务”修改为“购进的贷款服务、餐饮服务、居民日常服务和娱乐服务”。

延伸解读

通过电子底账系统进行票面分析，该服务名称为住宿费、餐费，旅游服务，增值税专用发票。经核实，该企业取得的专用发票上同时开具住宿费和餐费，按规定餐费不允许抵扣进项税额，应将整张发票进项税额做转出处理。

具体事项89

支付贷款咨询服务费违规抵扣进项税额

12月第32笔凭证：2020年12月支付贷款咨询服务费含税金额7,420元，取得增值税专用发票。

☆原会计分录

借：财务费用－筹资费用　7,000.00

　应交税费－应交增值税－进项税额　420.00

　贷：应付账款－长安市汇华小额贷款有限公司　7,420.00

借：应付账款－长安市汇华小额贷款有限公司　7,420.00

　贷：银行存款－江南城市发展银行长安分行　7,420.00

☆正确会计分录

借：财务费用－筹资费用　7,420.00

　贷：应付账款－长安市汇华小额贷款有限公司　7,420.00

借：应付账款－长安市汇华小额贷款有限公司　7,420.00

　贷：银行存款－江南城市发展银行长安分行　7,420.00

☆调整会计分录

借：以前年度损益调整－财务费用　420.00

　贷：应交税费－增值税检查调整－进项税额转出　420.00

风险点 131 非可抵扣项目违规申报抵扣进项税额（购入贷款服务）风险

风险点说明

纳税人接受贷款服务时向贷款方支付的与该贷款直接相关的投融资顾问费、手续费、咨询费等费用，其进项税额不得从销项税额中抵扣。可通过增值税发票电子底账系统，查询纳税人取得的疑点发票， 分析是否存在将取得的贷款服务咨询费增值税专用发票的进项税额进行抵扣等情况。在处理相关业务的过程中，如果纳税人存在超范围抵扣进项税额等情况，则存在不缴或少缴增值税的风险。

计算过程

本风险点中应按规定转出的进项税额为：不得抵扣的贷款咨询服务费对应的进项税额。调减的应纳税所得额为：因进项税额转出增加的费用金额。

进项税额转出金额 = 420（元）

调减应纳税所得额 = 420（元）

税收政策

《财政部　国家税务总局关于全面推开营业税改征增值税试点的通知》（汇编 p482）（财税〔2016〕36 号）附件 2《营业税改征增值税试点有关事项的规定》第一条第四款第（三）项规定，营改增试点期间，试点纳税人［指按照《营业税改征增值税试点实施办法》（以下称《试点实施办法》）缴纳增值税的纳税人］ 有关政策。进项税额。3. 纳税人接受贷款服务向贷款方支付的与该笔贷款直接相关的投融资顾问费、手续费、咨询费等费用，其进项税额不得从销项税额中抵扣。

延伸解读

通过电子底账系统进行票面分析，该服务名称为贷款咨询服务费，发票种类为增值税专用发票。经核实， 该企业应转出已抵扣的进项税额，并关注申报表当月该笔进项税额是否已作转出处理。

具体事项 90
支付小额贷款利息支出违规抵扣进项税额

12 月第 76 笔凭证：2020 年 12 月向长安市汇华小额贷款有限公司支付当月借款利息 5,300 元（借款本金 650,000 元），取得增值税专用发票，已抵扣票面载明的进项税额。

☆原会计分录

借：银行存款－江南城市发展银行长安分行　650,000.00
　贷：短期借款－汇华小额　650,000.00
借：财务费用－利息支出　5,000.00
　　应交税费－应交增值税－进项税额　300.00
　贷：应付账款－长安市汇华小额贷款有限公司　5,300.00
借：应付账款－长安市汇华小额贷款有限公司　5,300.00
　贷：银行存款－江南城市发展银行长安分行　5,300.00

☆正确会计分录

借：银行存款－江南城市发展银行长安分行　650,000.00
　贷：短期借款－汇华小额　650,000.00
借：财务费用－利息支出　5,300.00
　贷：应付账款－长安市汇华小额贷款有限公司　5,300.00
借：应付账款－长安市汇华小额贷款有限公司　5,300.00
　贷：银行存款－江南城市发展银行长安分行　5,300.00

☆调整会计分录

借：以前年度损益调整－财务费用　300.00
　贷：应交税费－增值税检查调整－进项税额转出　300.00

风险点 132 非可抵扣项目违规申报抵扣进项税额（支付贷款利息）风险

风险点说明

纳税人接受贷款服务向贷款方支付的与该笔贷款直接相关的投融资顾问费、手续费、咨询费等费用，其进项税额不得从销项税额中抵扣。可通过增值税发票电子底账系统，查询纳税人取得的疑点发票，分析是否存在将取得的贷款服务增值税专用发票的进项税额进行抵扣等情况。在处理相关业务的过程中，如果纳税人存在超范围抵扣进项税额等情况，则存在不缴或少缴增值税的风险。

计算过程

本风险点中应按规定转出的进项税额为：不得抵扣的小额贷款利息支出对应的进项税额。调减的应纳税所得额为：因进项税额转出增加的费用金额。

进项税额转出金额 = 300（元）

调减应纳税所得额 = 300（元）

税收政策

《财政部　国家税务总局关于全面推开营业税改征增值税试点的通知》(汇编 p482)(财税〔2016〕36 号)附件 1《营业税改征增值税试点实施办法》第二十七条第(六)项规定，下列项目的进项税额不得从销项税额中抵扣：(六)购进的旅客运输服务、贷款服务、餐饮服务、居民日常服务和娱乐服务。

《财政部　税务总局　海关总署关于深化增值税改革有关政策的公告》(汇编 p455)(财政部　税务总局　海关总署公告 2019 年第 39 号)第六条第(二)项规定，纳税人购进国内旅客运输服务，其进项税额允许从销项税额中抵扣。(二)《营业税改征增值税试点实施办法》(财税〔2016〕36 号印发)第二十七条第(六)项和《营业税改征增值税试点有关事项的规定》(财税〔2016〕36 号印发)第二条第(一)项第 5 点中“购进的旅客运输服务、贷款服务、餐饮服务、居民日常服务和娱乐服务”修改为“购进的贷款服务、餐饮服务、居民日常服务和娱乐服务”。

延伸解读

通过电子底账系统进行票面分析，该服务名称为金融服务－贷款利息，增值税专用发票。要求企业提供已抵扣税款的进项发票及相关会计凭证等资料，确认企业税款抵扣范围。经核实，该企业确于收票当月抵扣了该笔业务的进项税额，按规定贷款服务利息不得抵扣进项税额，应做进项税额转出。

具体事项 91

跨地区经营建筑企业提供服务未按规定预缴税费

12 月第 86 笔凭证：2020 年 12 月自建自行车棚完工，收到施工方湖南新野建筑公司开来增值税发票，实施工方未在本地预缴税款。

☆原会计分录		☆正确会计分录
借：固定资产－房屋建筑	600,000.00	原会计分录不变
应交税费－应交增值税－进项税额	54,000.00	
贷：银行存款－江南城市发展银行长安分行	654,0000.00	

☆调整会计分录

调表不调账

风险点 133 未确认收入未按规定申报预缴增值税（外埠纳税人从事建筑服务）风险

风险点说明

异地纳税人来本地开展建筑活动，应按规定在建筑施工地预缴相关税费，税务机关应根据本地纳税人在建工程、固定资产账户信息和第三方信息等开展日常监控，保障税费及时足额入库。由于异地从事建筑活动，不在企业注册地税务机关固定的税收征管范围内，一般难以采取强制执行措施，容易出现税费流失的情况。在处理相关业务的过程中，如果发现异地纳税人来本地从事建筑业服务，应通过加强日常监管和纳税服务提高异地经营的纳税人税法遵从度，同时可利用增值税发票电子底账系统查询异地纳税人开具给本地企业的建筑业发票，查看实际经营情况，防范增值税税款流失风险。

计算过程

本风险点应预缴的增值税为：异地从事建筑活动纳税人收到预收款时按预征率应确认的增值税额。

增值税预缴税额 = 600,000 × 2% = 12,000（元）

税收政策

《纳税人跨县（市、区）提供建筑服务增值税征收管理暂行办法》（汇编 p479）（国家税务总局公告 2016 年第 17 号）第三条规定，纳税人跨县（市、区）提供建筑服务，应按照财税〔2016〕36 号文件规定的纳税义务发生时间和计税方法，向建筑服务发生地主管税务机关国税机关预缴税款，向机构所在地主管税务机关国税机关申报纳税。第四条第（一）项规定，纳税人跨县（市、区）提供建筑服务，按照以下规定预缴税款：一般纳税人跨县（市、区）提供建筑服务，适用一般计税方法计税的，以取得的全部价款和价外费用扣除支付的分包款后的余额，按照 2% 的预征率计算应预缴税款。

《财政部　税务总局关于建筑服务等营改增试点政策的通知》（汇编 p467）（财税〔2017〕58 号）第三条规定，纳税人提供建筑服务取得预收款，应在收到预收款时，以取得的预收款扣除支付的分包款后的余额，按照本条第三款规定的预征率预缴增值税。按照现行规定应在建筑服务发生地预缴增值税的项目，纳税人收到预收款时在建筑服务发生地预缴增值税。按照现行规定无需在建筑服务发生地预缴增值税的项目，纳税人收到预收款时在机构所在地预缴增值税。适用一般计税方法计税的项目预征率为 2%，适用简易计税方法计税的项目预征率为 3%。

风险点134 未确认收入未按规定申报预缴企业所得税（外埠纳税人从事建筑服务）风险

风险点说明

异地纳税人来本地开展建筑活动，应按规定在建筑施工地预缴相关税款，税务机关应根据本地纳税人在建工程、固定资产账户信息和第三方信息等开展日常监控，保障税费及时足额入库。由于异地从事建筑活动，不在企业注册地税务机关固定的税收征管范围内，一般难以采取强制执行措施，容易出现税费流失的情况。在处理相关业务的过程中，如果发现异地纳税人来本地从事建筑业服务，应通过加强日常监管和纳税服务提高异地经营的纳税人税法遵从度，同时可利用增值税发票电子底账系统查询异地纳税人开具给本地企业的建筑业发票，查看实际经营情况，防范企业所得税税款流失风险。

税收政策

《国家税务总局关于跨地区经营建筑企业所得税征收管理问题的通知》（汇编 p674）（国税函〔2010〕156 号）第三条规定，建筑企业总机构直接管理的跨地区设立的项目部，应按项目实际经营收入的 0.2% 按月或按季由总机构向项目所在地预分企业所得税，并由项目部向所在地主管税务机关预缴。

计算过程

本风险点应预缴的企业所得税为：异地从事建筑活动纳税人按销售额及预缴比率确认的企业所得所。

企业所得税预缴税额 = 600,000 × 0.2%= 1,200（元）

风险点135 未确认收入未按规定申报预缴城市维护建设税（外埠纳税人从事建筑服务）风险

风险点说明

异地纳税人来本地开展建筑活动，应按规定在建筑施工地预缴相关税款，税务机关应根据本地纳税人在建工程、固定资产账户信息和第三方信息等开展日常监控，保障税费及时足额入库。由于异地从事建筑活动，不在企业注册地税务机关固定的税收征管范围内，一般难以采取强制执行措施，容易出现税费流失的情况。在处理相关业务的过程中，如果发现异地纳税人来本地从事建筑业服务，应通过加强日常监管和纳税服务提高异地经营的纳税人税法遵从度，同时可利用增值税发票电子底账系统查询异地纳税人开具给本地的建筑业发票，查看实际经营情况，防范城市维护建设税流失风险。

计算过程

本风险点应预缴的城市建设维护税为：异地从事建筑活动纳税人按预缴的增值税及适用税率确认的城市建设维护税。

城市建设维护税预缴税额 = 12,000 × 7% = 840（元）

税收政策

《财政部 国家税务总局关于纳税人异地预缴增值税有关城市维护建设税和教育费附加政策问题的通知》（汇编 p761）（财税〔2016〕74 号）第一条规定，纳税人跨地区提供建筑服务、销售和出租不动产的，应在建筑服务发生地、不动产所在地预缴增值税时，以预缴增值税税额为计税依据，并按预缴增值税所在地的城市维护建设税适用税率和教育费附加征收率就地计算缴纳城市维护建设税和教育费附加。

风险点 136 未确认收入未按规定申报预缴教育费附加（外埠纳税人从事建筑服务）风险

风险点说明

异地纳税人来本地开展建筑活动，应按规定在建筑施工地预缴相关税费，税务机关应根据本地纳税人在建工程、固定资产账户信息和第三方信息等开展日常监控，保障税费及时足额入库。由于异地从事建筑活动，不在企业注册地税务机关固定的税收征管范围内，一般难以采取强制执行措施，容易出现税费流失的情况。在处理相关业务的过程中，如果发现异地纳税人来本地从事建筑业服务，应通过加强日常监管和纳税服务提高异地经营的纳税人税法遵从度，同时可利用增值税发票电子底账系统查询异地纳税人开具给本地企业的建筑业发票，查看实际经营情况，防范教育费附加流失风险。

计算过程

本风险点应预缴的教育费附加为：异地从事建筑活动纳税人按预缴的增值税及适用税（费）率确认的教育费附加。

教育费附加预缴税额 = 12,000 × 3% = 360（元）

税收政策

《财政部　国家税务总局关于纳税人异地预缴增值税有关城市维护建设税和教育费附加政策问题的通知》（汇编 p761）（财税〔2016〕74 号）第一条规定，纳税人跨地区提供建筑服务、销售和出租不动产的，应在建筑服务发生地、不动产所在地预缴增值税时，以预缴增值税税额为计税依据，并按预缴增值税所在地的城市维护建设税适用税率和教育费附加征收率就地计算缴纳城市维护建设税和教育费附加。

风险点 137　未确认收入未按规定申报预缴地方教育费附加（外埠纳税人从事建筑服务）风险

风险点说明

异地纳税人来本地开展建筑活动，应按规定在建筑施工地预缴相关税费，税务机关应根据本地纳税人在建工程、固定资产账户信息和第三方信息等开展日常监控，保障税费及时足额入库。由于异地从事建筑活动，不在企业注册地税务机关固定的税收征管范围内，一般难以采取强制执行措施，容易出现税费流失的情况。在处理相关业务的过程中，如果发现异地纳税人来本地从事建筑业服务，应通过加强日常监管和纳税服务提高税法遵从度，同时可利用增值税发票电子底账系统查询异地纳税人开具给本地的建筑业发票，查看实际经营情况，防范地方教育费附加流失风险。

计算过程

本风险点应预缴的地方教育费附加为：异地从事建筑活动纳税人按预缴的增值税及适用税（费）率确认的地方教育费附加。

地方教育费附加预缴税额 = 12,000 × 2% = 240（元）

税收政策

《财政部关于统一地方教育附加政策有关问题的通知》（汇编 p762）（财综〔2010〕98 号）第二条规定，统一地方教育附加征收标准。地方教育附加征收标准统一为单位和个人（包括外商投资企业、外国企业及外籍个人）实际缴纳的增值税、营业税和消费税税额的 2%。已经财政部审批且征收标准低于 2% 的省份，应将地方教育附加的征收标准调整为 2%，调整征收标准的方案由省级人民政府于 2010 年 12 月 31 日前报财政部审批。

延伸解读

通过电子底账系统进行票面分析，该服务名称为车棚工程，属于接受跨市建筑服务，获知施工企业“长沙新野建筑公司”为异地企业。通过第三方信息平台如全国建筑市场监管公共服务平台可获取在本地开展建筑服务的异地施工企业名单，应及时宣传贯彻预缴税费政策确保预缴税费足额入库。经核实，该施工企业（长沙新野建筑公司）在本地没有预缴建筑服务增值税、附加税费以及企业所得税，应要求企业及时补缴，做到应缴尽缴。

具体事项 92
广告收入申报适用税率错误

12 月第 87 笔凭证：2020 年 12 月将自建的临街自行车棚挡雨建筑外墙广告位出租，取得含税收入 10,000 元。

☆原会计分录

借：银行存款－江南城市发展银行长安分行 10,000.00
　贷：其他业务收入－广告收入 _6% 9,433.96
　　应交税费－应交增值税－销项税额 _6% 566.04

☆正确会计分录

借：银行存款－江南城市发展银行长安分行 10,000.00
　贷：其他业务收入－广告收入 _9% 9,174.31
　　应交税费－应交增值税－销项税额 _9% 825.69

☆调整会计分录

贷：应交税费－增值税检查调整－销项税额 _9% 825.69
　贷：应交税费－增值税检查调整－销项税额 _6% −566.04
　　以前年度损益调整－其他业务收入 −259.65

风险点 138 应税行为适用税率错误（出租建筑物广告位错用税率）风险

风险点说明

纳税人发生出租业务，应按租赁标的物确认适用税率，如出租建筑物等广告位，应适用 9% 的不动产租赁税率。可通过增值税发票电子底账系统，查询纳税人取得的疑点发票，分析是否存在出租行为适用的增值税税率错误等情况。在处理相关业务的过程中，如果纳税人存在适用税率不符尤其是采用低税率申报等情况，则存在不缴或少缴增值税的风险。

计算过程

本风险点中应补充确认的销项税额为：按不动产经营租赁税目应确认的销项税额与原按广告服务税目确认的销项税额之差。调减的应纳税所得额为：因销项税额增加而减少的收入金额。

增值税销售额 = 10,000 ÷（1 + 9%）= 9,174.32（元）

销项税额 = 9,174.32 × 9% = 825.69（元）

修改原申报的 6% 销项税额 566.04（元）

调减应纳税所得额 = 825.69 − 566.04 = 259.65（元）

税收政策

《财政部　国家税务总局关于全面推开营业税改征增值税试点的通知》（汇编 p482）（财税〔2016〕36 号）附件 1《营业税改征增值税试点实施办法》附件《销售服务 无形资产 不动产注释》第一条第六款第五项规定，将建筑物、构筑物等不动产或者飞机、车辆等有形动产的广告位出租给其他单位或者个人用于发布广告，按照经营租赁服务缴纳增值税。

具体事项 93
取得增值税专用发票不抵扣形成滞留票

2020 年初账载其他应收款中列明浙江中特钢带有限公司余额 3,254,801 元，至 2020 年 12 月账龄 3 年。经核查，该余额与滞留票票面信息及金额相符。企业已将该材料于 2017 年 10 月转售，取得含税收入 3,861,000 元。

☆原会计分录	☆正确会计分录	
其他应收款明细账中载明，浙江中特钢带有限公司借方余额 3,254,801 元。	借：应收账款 – 应收货款	3,861,000.00.00
	贷：其他业务收入 – 材料物资	3,300,000.00
	应交税费 – 应交增值税 – 销项税额 _17%	561,000.00
	借：其他业务成本 – 其他	3,254,801.00
	贷：其他应收款 – 浙江中特钢带有限公司	3,254,801.00

☆调整会计分录

借：应收账款 – 应收货款　3,861,000.00

　贷：以前年度损益调整 – 其他业务收入　3,300,000.00

　　应交税费 – 增值税检查调整 – 销项税额 _17%　561,000.00

借：以前年度损益调整 – 其他业务成本　3,254,801.00

　贷：其他应收款 – 浙江中特钢带有限公司　3,254,801.00

风险点 139 利用滞留票隐匿经营行为未按规定申报增值税（产品购销不入账）风险

风险点说明

滞留票指销售方已开出并抄税报税，购货方没有进行认证抵扣的增值税专用发票。纳税人取得增值税专用发票后，通常都会及时进账核算并申报抵扣增值税进项税额，有滞留票时需判断是否存在账外经营等情况。在处理相关业务的过程中，如果纳税人存在取得增值税专用发票时不抵扣，实际是购入货物不进账，下一步销售货物时也不开具发票、不申报销售收入等情况，则存在不缴或少缴增值税的风险。

计算过程

本风险点中应确认的销项税额为：企业转售商品未确认收入对应的销项税额。

增值税销售额 = 3,861,000 ÷（1 + 17%）= 3,300,000（元）

销项税额 = 3,300,000 × 17% = 561,000（元）

税收政策

《中华人民共和国增值税暂行条例（2017 修订版）》（汇编 p434）第一条规定，在中华人民共和国境内销售货物或者加工、修理修配劳务（以下简称劳务），销售服务、无形资产、不动产以及进口货物的单位和个人，为增值税的纳税人，应当依照本条例缴纳增值税。

《中华人民共和国增值税暂行条例实施细则（2011修订版）》（汇编p439）（财政部 国家税务总局令2011年第65号）第三条规定，条例第一条所称销售货物，是指有偿转让货物的所有权。条例第一条所称提供加工、修理修配劳务（以下称应税劳务），是指有偿提供加工、修理修配劳务。单位或者个体工商户聘用的员工为本单位或者雇主提供加工、修理修配劳务，不包括在内。本细则所称有偿，是指从购买方取得货币、货物或者其他经济利益。

风险点140 利用滞留票隐匿经营行为未按规定申报企业所得税（产品购销不入账）风险

风险点说明

滞留票指销售方已开出并抄税报税，购货方没有进行认证抵扣的增值税专用发票。纳税人取得增值税专用发票后，通常都会及时进账核算并申报抵扣增值税进项税额，有滞留票时需判断是否存在账外经营等情况。在处理相关业务的过程中，如果纳税人存在取得增值税专用发票时不抵扣，实际是购入货物不进账，下一步销售货物时也不开具发票、不申报销售收入等情况，则存在不缴或少缴企业所得税的风险。

计算过程

本风险点应调增的应纳税所得额为：企业转售商品应确认的收入；应调减的应纳税所得额为：转售商品应结转的成本

调增应纳税所得额＝3,300,000（元）

调减应纳税所得额＝3,254,801（元）

税收政策

《中华人民共和国企业所得税法》（汇编p587）第六条规定，企业以货币形式和非货币形式从各种来源取得的收入，为收入总额。包括：（一）销售货物收入；（二）提供劳务收入；（三）转让财产收入；（四）股息、红利等权益性投资收益；（五）利息收入；（六）租金收入；（七）特许权使用费收入；（八）接受捐赠收入；（九）其他收入。

《国家税务总局关于确认企业所得税收入若干问题的通知》（汇编p683）（国税函〔2008〕875号）第一条规定，除企业所得税法及实施条例另有规定外，企业销售收入的确认，必须遵循权责发生制原则和实质重于形式原则。（一）企业销售商品同时满足下列条件的，应确认收入的实现：1. 商品销售合同已经签订，企业已将商品所有权相关的主要风险和报酬转移给购货方；2. 企业对已售出的商品既没有保留通常与所有权相联系的继续管理权，也没有实施有效控制；3. 收入的金额能够可靠地计量；4. 已发生或将发生的销售方的成本能够可靠地核算。（二）符合上款收入确认条件，采取下列商品销售方式的，应按以下规定确认收入实现时间：2. 销售商品采取预收款方式的，在发出商品时确认收入。

延伸解读

在实践中，滞留票产生的原因一般是：开票企业正常抄报税时销项税额数据已上传，购货企业未抵扣进项税额，且在一定时间内数据库进销项未匹配成功。如果企业销售收入不进账，通常从购货单位取得的专用发票也不会抵扣，因此会在数据库中产生滞留票的信息。目前增值税专用发票已取消抵扣时间限制，会给滞留票界定带来一定难度，如果企业存在超过 1 年仍未认证抵扣的发票数量较大时，其涉税风险也是较大的。

具体事项 94
购进货物取得大额普通发票不入账

企业 2020 年 12 月份取得了 8 张增值税普通发票，金额合计为 719,876 元，发票开具方为六家农产品生产经销企业，商品品名为木耳、大米、红蘑、红参等等。企业将这部分商品组合包装，购进包装物取得了增值税专用发票，在 2021 年 1 月进行申报抵扣并成本列支，对照市场同类礼品盒总价格 1,000,000 元。

☆原会计分录

账内未记载

☆正确会计分录

借：其他业务成本－其他	719,876.00
应收账款－应收货款	280,124.00
贷：其他业务收入－其他	917,431.19
应交税费－应交增值税－销项税额_9%	82,568.81

☆调整会计分录

借：以前年度损益调整－其他业务成本	719,876.00
应收账款－应收货款	280,124.00
贷：以前年度损益调整－其他业务收入	917,431.19
应交税费－增值税检查调整－销项税额_9%	82,568.81

风险点 141 隐匿经营行为未按规定申报增值税（取得普通发票购销不入账）风险

风险点说明

纳税人应准确核算收入及支出，按规定取得发票等凭证入账核算。一般纳税人实行增值税税款抵扣制，购进商品、服务时，通常都要索取增值税专用发票，用以抵扣进项税额。可通过增值税发票电子底账系统，查询纳税人取得的疑点发票，分析是否存在从其他一般纳税人处购进商品、服务时，未取得增值税专用发票而取得普通发票等情况。在处理相关业务的过程中，如果纳税人存在为逃避增值税专用发票“滞留票”等指标监控刻意取得普通发票，少计收入等情况，则存在不缴或少缴增值税的风险。

计算过程

本风险点应确认的销项税额为：企业隐瞒收入少申报的销项税额。

增值税销售额 = 1,000,000 ÷（1 + 9%）= 917,431.19（元）

销项税额 917,431.19 × 9% = 82,568.81（元）

税收政策

《中华人民共和国增值税暂行条例（2017 修订版）》（汇编 p434）第一条规定，在中华人民共和国境内销售货物或者加工、修理修配劳务（以下简称劳务），销售服务、无形资产、不动产以及进口货物的单位和个人，为增值税的纳税人，应当依照本条例缴纳增值税。

《中华人民共和国增值税暂行条例实施细则（2011 修订版）》（汇编 p439）（财政部　国家税务总局令 2011 年第 65 号）第三条规定，条例第一条所称销售货物，是指有偿转让货物的所有权。条例第一条所称提供加工、修理修配劳务（以下称应税劳务），是指有偿提供加工、修理修配劳务。单位或者个体工商户聘用的员工为本单位或者雇主提供加工、修理修配劳务，不包括在内。本细则所称有偿，是指从购买方取得货币、货物或者其他经济利益。

风险点 142 隐匿经营行为未按规定申报企业所得税（取得普通发票购销不入账）风险

风险点说明

纳税人应准确核算收入及支出，按规定取得发票等凭证入账核算。一般纳税人实行增值税税款抵扣制，购进商品、服务时，通常都要索取增值税专用发票，用以抵扣进项税额。可通过增值税发票电子底账系统，查询纳税人取得的疑点发票，分析是否存在从其他一般纳税人处购进商品、服务时，未取得增值税专用发票而取得普通发票等情况。在处理相关业务的过程中，如果纳税人存在为逃避增值税专用发票"滞留票"等指标监控刻意取得普通发票，少计收入等情况，则存在不缴或少缴企业所得税的风险。

计算过程

本风险点确认的其他视同销售收入为参照市场同类礼品盒总价格确认的收入；确认的其他视同销售成本为企业购入农产品实际支付的成本。

其他视同销售收入 = 917,431.19（元）

其他视同销售成本 = 719,876（元）

视同销售调增应纳税所得额 = 917,431.19 − 719,876 = 197,555.19（元）

税收政策

《中华人民共和国企业所得税法》（汇编 p587）第六条规定，企业以货币形式和非货币形式从各种来源取得的收入，为收入总额。包括：（一）销售货物收入；（二）提供劳务收入；（三）转让财产收入；（四）股息、红利等权益性投资收益；（五）利息收入；（六）租金收入；（七）特许权使用费收入；（八）接受捐赠收入；（九）其他收入。

《国家税务总局关于确认企业所得税收入若干问题的通知》（汇编 p683）（国税函〔2008〕875 号）第一条规定，除企业所得税法及实施条例另有规定外，企业销售收入的确认，必须遵循权责发生制原则和实质重于形式原则。（一）企业销售商品同时满足下列条件的，应确认收入的实现：1. 商品销售合同已经签订，企业已将商品所有权相关的主要风险和报酬转移给购货方；2. 企业对已售出的商品既没有保留通常与所有权相联系的继续管理权，也没有实施有效控制；3. 收入的金额能够可靠地计量；4. 已发生或将发生的销售方的成本能够可靠地核算。

延伸解读

通过电子底账系统进行票面分析，该业务是购进木耳、大米、红参等货物，时间为2020年12月，取得了大额普通发票。经核实，该企业购进商品不是食堂采买，是年末用于走访，赠送给非特定人员，按规定增值税、企业所得税均应视同销售。

本风险事项涉及两个方面的内容，一个是发现纳税人取得大额普通发票，第二个是将购买的物品赠送他人未做视同销售处理。因类似的视同销售业务本书中已做了详细阐述，所以本风险点主要围绕取得大额普通发票的异常情况开展分析。一般纳税人取得大额普通发票应予关注，可能存在账外经营，同时为避免滞留票并保持一定的增值税税负率，而要求供应商开具普通发票作为会计处理的原始凭证。如果发现企业存在账外经营的情况，应要求其进行账务处理，真实反映业务实现的损益，并增加股东税后股息红利的计税基础。

具体事项95
未按规定处理应税消费品抵债业务

纳税人于2019年9月取得某白酒生产有限责任公司开具的增值税专用发票，体现购入白酒3,000斤，每斤不含税价30元，金额合计90,000元。经对该纳税人生产经营情况的了解，该纳税人不具备白酒生产能力，也不从事白酒经销业务，初步分析该纳税人购入白酒可能用于内部招待，或赠送客户，结合企业税款申报情况分析存在一定涉税风险。后经纳税评估得知，该批白酒是某白酒生产有限责任公司购入该纳税人锯条产品后，因资金紧张无力支付货款，以酒抵债。双方约定以市场价90,000元不含税价格白酒抵90,000元债务。纳税人取得该白酒后，全额抵扣了增值税进项税，发票列入销售费用核算，并在2019年所得税前扣除。3,000斤白酒有500斤用于食堂招待，已消费完毕。另有2,500斤，制成药酒以每斤150元（含税价）价格零售给本企业职工及其他单位人员。

☆原会计分录	☆正确会计分录
白酒库存成本已在 2019 年列入销售费用	借：应收账款－应收货款 375,000.00 贷：其他业务收入－其他－13% 331,858.41 应交税费－应交增值税－销项税额_13% 43,141.59 借：管理费用－业务招待费 1,950.00 贷：应交税费－应交增值税－进项税额转出 1,950.00 借：税金及附加－消费税 33,185.84 贷：应交税费－应交消费税 33,185.84

☆调整会计分录

借：应收账款－应收货款 375,000.00
　贷：以前年度损益调整－其他业务收入 331,858.41
　　应交税费－增值税检查调整－销项税额_13% 43,141.59
借：以前年度损益调整－管理费用 1,950.00
　贷：应交税费－增值税检查调整－进项税额转出 1,950.00
借：以前年度损益调整－税金及附加 33,185.84
　贷：应交税费－应交消费税 33,185.84

风险点 143 食堂招待违规申报抵扣进项税额（取得抵债白酒用于业务招待）风险

风险点说明

纳税人应当准确核算日常发生的业务，正确计算增值税销项、进项税额，对于不符合进项税额抵扣规定的业务，如购进货物用于个人消费的，不能申报抵扣进项税额，已经抵扣的要做进项税额转出。在处理相关业务的过程中，如果发现纳税人将购进货物用于不得抵扣进项税的项目，当期又未做进项税额转出，则可能存在多抵扣进项税不缴或少缴增值税的风险。

计算过程

本风险点中应按规定转出的进项税额为：企业用于食堂招待的 500 斤白酒已抵扣的进项税额。

进项税额转出金额 = 90,000 元 ÷3,000 斤 ×500 斤 ×13% = 1,950（元）

税收政策

《财政部　国家税务总局关于全面推开营业税改征增值税试点的通知》（汇编 p482）（财税〔2016〕36 号）第二十七条第一款规定，下列项目的进项税额不得从销项税额中抵扣：用于简易计税方法计税项目、免征增值税项目、集体福利或者个人消费的购进货物、加工修理修配劳务、服务、无形资产和不动产。其中涉及的固定资产、无形资产、不动产，仅指专用于上述项目的固定资产、无形资产（不包括其他权益性无形资产）、不动产。纳税人的交际应酬消费属于个人消费。

风险点 144　未确认收入未按规定申报增值税（取得抵债白酒用于生产销售）风险

风险点说明

纳税人在日常的生产经营过程中，要准确核算收入及支出项目，对于可能错记漏记的收入更要认真管理。在处理相关业务的过程中，如果发现纳税人的经营活动存在厂内零售业务，要对相关产品的库存及数据进行核对，核对库存时，如果进货发票数据准确可以从增值税电子底账系统查询数据，落实账实是否相符，如果发现差异则存在少计收入，不缴或少缴增值税的风险。

计算过程

本风险点中应按规定确认销项税额为：出售给员工的药酒按公允价值应确认的销项税额。

增值税销售额 =（3,000 斤 − 500 斤）×150 元 / 斤 ÷（1 + 13%）= 331,858.41（元）

销项税额 = 331,858.41 × 13% = 43,141.59（元）

税收政策

《中华人民共和国增值税暂行条例（2017 修订版）》（汇编 p434）第一条规定，在中华人民共和国境内销售货物或者加工、修理修配劳务（以下简称劳务），销售服务、无形资产、不动产以及进口货物的单位和个人，为增值税的纳税人，应当依照本条例缴纳增值税。

《中华人民共和国增值税暂行条例实施细则（2011 修订版）》（汇编 p439）（财政部　国家税务总局令 2011 年第 65 号）第三条规定，条例第一条所称销售货物，是指有偿转让货物的所有权。

风险点 145 应税行为未按规定申报消费税（取得抵债白酒用于生产销售）风险

风险点说明

纳税人在生产销售应税消费品的过程中，要准确核算收入及支出项目，对于可能错记漏记的收入更要认真管理。在处理相关业务的过程中，如果发现纳税人存在应税消费品经营业务，要结合增值税电子底账系统中的数据，对相关产品的来源及经营数据进行核查，如果销售的是自产的应税消费品，或者是利用外购已税消费品连续生产的应税消费品，要落实账实是否相符，如果发现差异则存在少计收入少缴消费税的风险。

计算过程

本风险点应确认的消费税为：企业对外销售自产药酒应缴纳的消费税。

消费税 = 331,858.41 × 10% = 33,185.84（元）

税收政策

《中华人民共和国消费税暂行条例》（汇编 p579）第一条，在中华人民共和国境内生产、委托加工和进口本条例规定的消费品的单位和个人，以及国务院确定的销售本条例规定的消费品的其他单位和个人，为消费税的纳税人，应当依照本条例缴纳消费税。第六条，销售额为纳税人销售应税消费品向购买方收取的全部价款和价外费用。

《财政部　国家税务总局关于调整酒类产品消费税政策的通知》（汇编 p585）（财税〔2001〕84 号）第五条，停止执行外购或委托加工已税酒和酒精生产的酒（包括以外购已税白酒加浆降度，用外购已税的不同品种的白酒勾兑的白酒，用曲香、香精对外购已税白酒进行调香、调味以及外购散装白酒装瓶出售等）外购酒及酒精已纳税款或受托方代收代缴税款准予抵扣政策。2001 年 5 月 1 日以前购进的已税酒及酒精，已纳消费税税款没有抵扣完的一律停止抵扣。

风险点 146 未确认收入未按规定申报企业所得税（取得抵债白酒用于生产销售）风险

风险点说明

纳税人在日常的生产经营过程中，要准确核算收入及支出项目，对于可能错记漏记的收入更应该认真管理。在处理相关业务的过程中，如果发现纳税人存在将产品用于厂内零售业务，要对相关产品的库存及数据进行核对，核对库存时，如果进货数据准确可以从增值税电子底账系统查询数据，落实账实是否相符，如果发现差异则存在少计收入不缴少缴企业所得税的风险。

计算过程

本风险点应调增的应纳税所得额为：企业销售自产药酒按公允价值应确认的收入；调减的应纳税所得额为：药酒对外销售企业应负担的可税前扣除的各项税金及因进项税额转出增加的费用金额。

调增应纳税所得额 = 331,858.41（元）

调减应纳税所得额 = 应交消费税金额 = 32,327.59（元）

税收政策

《中华人民共和国企业所得税法》（汇编 p587）第六条规定，企业以货币形式和非货币形式从各种来源取得的收入，为收入总额。包括：（一）销售货物收入；（二）提供劳务收入；（三）转让财产收入；（四）股息、红利等权益性投资收益；（五）利息收入；（六）租金收入；（七）特许权使用费收入；（八）接受捐赠收入；（九）其他收入。

《国家税务总局关于确认企业所得税收入若干问题的通知》（汇编 p683）（国税函〔2008〕875 号）第一条第（一）项企业销售商品同时满足下列条件的，应确认收入的实现：1. 商品销售合同已经签订，企业已将商品所有权相关的主要风险和报酬转移给购货方；2. 企业对已售出的商品既没有保留通常与所有权相联系的继续管理权，也没有实施有效控制；3. 收入的金额能够可靠地计量；4. 已发生或将发生的销售方的成本能够可靠地核算。

风险点147 业务招待费列入销售费用未按规定税前扣除（取得抵债白酒用于食堂招待）风险

风险点说明

企业税前扣除成本、费用，应真实发生业务并取得合法有效凭证，且不得超额度扣除，包括有限额扣除规定的项目不能扩大计算基数，且不能超出扣除比例。比如企业发生符合规定的业务招待费、广告费和业务宣传费等支出，应考虑当年销售（营业）收入的计算范围、变化情况和扣除比率。在处理相关业务的过程中，如果发业将应计入业务招待费的支出项目，计入了销售费用的其他项目等，在税前全额扣除，则须调整相关账户，将用于招待的支出计入业务招待费一并计算扣除限额，如果对超过限额部分未作纳税调增，则存在不缴或少缴企业所得税的风险。

计算过程

本风险点应调增的应纳税所得额为：调增的业务招待费实际发生额为：用于食堂招待白酒应计入费用的金额。应调增的应纳税所得额（业务招待费）为：本企业本期业务招待费合计超限额扣除的费用金额。

调增业务招待费实际发生额 = 进项税转出金额 1,950 + 500 斤 ×30 元 / 斤 = 16,950（元）

本年全部招待费调增应纳税所得额 = 12,124 元（详见延伸解读）（调表不调账）

税收政策

《中华人民共和国企业所得税法实施条例》（汇编 p595）第四十三条规定，企业发生的与生产经营活动有关的业务招待费支出，按照发生额的 60% 扣除，但最高不得超过当年销售（营业）收入的 5‰。第四十四条规定，企业发生的符合条件的广告费和业务宣传费支出，除国务院财政、税务主管部门另有规定外，不超过当年销售（营业）收入 15% 的部分，准予扣除；超过部分，准予在以后纳税年度结转扣除。

延伸解读

抵债取得的应税消费品用于职工福利等非应税项目，不得抵扣增值税进项税额，应做进项税额转出。此外，企业自产药酒涉及增值税、消费税、企业所得税等税种。

经核实，企业在其他科目或以其他形式实质为业务招待费性质的支出有：8,000（风险点 122）+ 16,950（风险点 144）+2,300（风险点 129）+60（风险点 130）+3,000（风险点 175）=30,310 元。管理费用中列支业务招待费 77,800 元，实际业务招待费发生额合计为 108,110 元，税前扣除双标准中低限是 108,110×60%=64,866 元，应调增应纳税所得额为 108,110−64,866=43,244 元，企业已调增 31,120 元，实际应再调增应纳税所得额为 43,244−31,120=12,124 元。

具体事项 96
原领购定额发票长期未验旧

企业领取定额发票金额为 200,000 元，长期未验旧，经核查已全部用于自有场地的停车收费，未申报纳税。

☆原会计分录	☆正确会计分录	
本年账内无记载	借：应收账款 – 应收货款	200,000.00
	贷：其他业务收入 – 其他 –6%	188,679.25
	应交税费 – 应交增值税 – 销项税额 _6%	11,320.75

☆调整会计分录

借：应收账款 – 应收货款	200,000.00
贷：以前年度损益调整 – 其他业务收入	188,679.25
应交税费 – 增值税检查调整 – 销项税额 _6%	11,320.75

风险点 148 未确认收入未按规定申报增值税（发票长期不验旧）风险

风险点说明

纳税人领购发票使用后，应该在规定的时限内验旧（包括开票信息自动上传形式），方便税务机关对纳税人发票使用情况进行采集分析比对。在处理相关业务的过程中，如果纳税人领用发票但长期未验旧，可能存在丢失发票或已开具发票的销售额未申报的情况，造成不缴或少缴增值税风险，这种情况的风险防范应重点关注非网络发票。

计算过程

本风险点应确认的销项税额为：企业已使用但未验旧发票所对应的停车费收入应确认的销项税额。

增值税销售额 = 200,000 ÷（1 + 6%）= 188,679.25（元）

销项税额 = 188,679.25 × 6% = 11,320.75（元）

税收政策

《中华人民共和国增值税暂行条例（2017 修订版）》（汇编 p434）第一条规定，在中华人民共和国境内销售货物或者加工、修理修配劳务（以下简称劳务），销售服务、无形资产、不动产以及进口货物的单位和个人，为增值税的纳税人，应当依照本条例缴纳增值税。

《财政部 国家税务总局关于全面推开营业税改征增值税试点的通知》（汇编 p482）（财税〔2016〕36 号）第一条规定，在中华人民共和国境内（以下称境内）销售服务、无形资产或者不动产（以下称应税行为）的单位和个人，为增值税纳税人，应当按照本办法缴纳增值税，不缴纳营业税。第十条规定，销售服务、无形资产或者不动产，是指有偿提供服务、有偿转让无形资产或者不动产。

风险点 149 未确认收入未按规定申报企业所得税（发票长期不验旧）风险

风险点说明

企业领购发票使用后，应该在规定的时限内验旧（包括开票信息自动上传形式），方便税务机关对企业发票使用情况进行采集分析比对。在处理相关业务的过程中，如果企业领用发票但长期未验旧，可能存在丢失发票或已开具发票的销售额不申报情况，造成不缴或少缴企业所得税风险，这种情况的风险防范应重点关注非网络发票。

计算过程

调增应纳税所得额 = 188,679.25（元）

税收政策

《中华人民共和国企业所得税法》（汇编 p587）第六条规定，企业以货币形式和非货币形式从各种来源取得的收入，为收入总额。包括：（一）销售货物收入；（二）提供劳务收入；（三）

转让财产收入；（四）股息、红利等权益性投资收益；（五）利息收入；（六）租金收入；（七）特许权使用费收入；（八）接受捐赠收入；（九）其他收入。

延伸解读

领取定额发票的企业，可能存在已经使用了定额发票，但长期不验旧的可能性。应当对定额发票长期不验旧的企业进行核查，以查实是否定额发票已使用但未确认收入。

本章小结

本章共计涉及16个涉税事项、31个具体风险点。这些风险点来自于对纳税人取得开具发票相关信息的分析，一般比较直观，通过计算分析往往可以直中要害，经过与纳税人核实后，能够比较清晰地判断纳税人是否违反了税法规定。具体情况总结如下表。

处理情况	税种	处理方式	处理结果	页码
企业所得税前列支人身商业保险（119）	企业所得税	调增应纳税所得额 修改年度企业所得税年度纳税申报表	调增应纳税所得额15,000元	202
为员工支付各项免税之外的保险金（120）	个人所得税	并入员工当期的工资收入，按“工资、薪金所得”项目计征个人所得税	15,000元并入员工当期收入，计算当期个人所得税	203
税前列支旅行社开具旅游费普通发票（121）	企业所得税	调增应纳税所得额 修改企业所得税年度纳税申报表	调增应纳税所得额=9,900（元） 不参与职工福利费限额计算	205
将餐费在税前列支为会议费（122）	企业所得税	调增业务招待费实际发生额 修改企业所得税度年度纳税申报表	调增业务招待费实际发生额=8,000（元）（参与限额调整）	206
销售货物同时收取运输费用，应视为增值税混合销售行为（123）	增值税	补计增值税销售额、补提销项税额 调减应纳税所得（原因：增值税销项税额修改）	补计增值税销售额=10,900.00/(1+13%)−10,000=9,646.02−10,000=−353.98（元） 销项税额=9,646.02×13%−900=1,253.98−900=353.98（元） 调减应纳税所得额=1,253.98−900=353.98（元）	208
对关联方价格低偏低的销售（124）	增值税	补计增值税销售额、补提销项税额	增值税销售额=100,000米×平均单价20元/米−账已确认收入1,000,000=1,000,000（元） 销项税额=1,000,000×13%=130,000（元）	210

续表

处理情况	税种	处理方式	处理结果	页码
对关联方价格低偏低的销售（125）	企业所得税	调增应纳税所得额	调增企业所得税收入 =100,000 米 ×（平均单价 20– 原售价 10）=1,000,000（元）	211
未按规定开具折扣折让增值税专用发票（126）	增值税	补计增值税销售额、补提销项税额	增值税销售额 =100,000 米 ×20 元 / 米 –1,200,000.00=800,000（元） 销项税额 =800,000×13%=104,000（元）	213
未按规定开具折扣折让增值税专用发票（127）	企业所得税	调增应纳税所得额	调增应纳税所得额 =100,000 米 ×20 元 / 米 –1,200,000.00=800,000（元）	214
抵扣娱乐服务进项税（128）	增值税	进项税转出	进项税额转出金额 =180+120=300	216
税前列支用于招待的发生在公司注册地址的住宿费（129）	企业所得税	调增业务招待费实际发生额 调减应纳税所得额	调增业务招待费实际发生额 =2,000+120+180=2300（元）（参与限额调整） 调减应纳税所得额 =120+180=300（元）	217
抵扣餐费的增值税进项税额（130）	增值税	进项税额转出 调减应纳税所得额（原因：进项税额转出金额修改）	进项税额转出金额 =180+60=240（元） 调减应纳税所得额 =240（元） 调增业务招待费实际发生额 60 元（参与限额调整）	218
抵扣贷款咨询服务进项税额（131）	增值税	进项税额转出 调减应纳税所得额（原因：进项税额转出金额修改）	进项税额转出金额 =420（元） 调减应纳税所得额 =420（元）	220
抵扣借款利息进项税（132）	增值税	进项税转出	进项税额转出金额 =300（元） 调减应纳税所得额 =300（元）	221
新建多功能车棚，收到异地施工单位开具建筑服务增值税专用发票，未在项目所在地预缴增值税（133）	增值税	应在项目所在地预缴增值税	增值税预缴税额 =600,000×2%=12,000（元）	223
新建多功能车棚，收到异地施工单位开具建筑服务增值税专用发票，未在项目所在地预缴企业所得税额（134）	企业所得税	应在项目所在地预缴企业所得税	企业所得税预缴税额 =600,000×0.2% =1,200（元）	224
新建多功能车棚，收到异地施工单位开具建筑服务增值税专用发票，未在项目所在地预缴城市建设维护税（135）	城市建设维护税	应在项目所在地预缴城市建设维护税	城市建设维护税预缴税 =12,000×7% =840（元）	224
新建多功能车棚，收到异地施工单位开具建筑服务增值税专用发票，未在项目所在地预缴教育费附加（136）	教育费附加	应在项目所在地预缴教育费附加	教育费附加预缴税额 =12,000×3% =360（元）	225
新建多功能车棚，收到异地施工单位开具建筑服务增值税专用发票，未在项目所在地预缴地方教育费附加（137）	地方教育费附加	应在项目所在地预缴地方教育费附加	地方教育费附加预缴税 =12,000×2% =240（元）	226
墙体广告位出租，未按不动产出租适用税率（138）	增值税	补计增值税销售额、补提销项税额 删除原 6% 销售额及销项税额 修改增值税一般纳税人申报表 修改企业所得税年度纳税申报表（原因：增值税额修改致收入减少）	增值税销售额 =10,000/（1+9%）–9,433.96 =9,174.32–9,433.96=–259.65（元） 销项税额 =9,174.32×9%–566.04 =825.69–566.04=259.65（元） 调减应纳税所得额 =825.69–566.04 =259.65（元）	228

续表

处理情况	税种	处理方式	处理结果	页码
购入原材料取得增值税专用发票不认证不抵扣形成滞留票，实际形成账外收入（139）	增值税	补计增值税销售额、补提销项税额	增值税销售额 =3,861,000/（1+17%）=3,300,000（元） 销项税额 3,300,000 × 17%=561,000（元）	229
购入原材料取得增值税专用发票不入账，取得销售收入不入账，实际形成账外收入（140）	企业所得税	调增应纳税所得额（收入 – 成本）	调增应纳税所得额（收入）=3,300,000（元） 调减应纳税所得额（成本）=3,254,801（元）	230
将购入商品无偿赠送应视同增值税销售（141）	增值税	补计增值税销售额、补提销项税额	增值税销售额 =1,000,000/（1+9%）=917,431.19（元） 销项税额 =917,431.19 × 9%=82,568.81（元）	232
将购入商品无偿赠送应视同企业所得税销售（142）	企业所得税	确认企业所得税视同销售收入与成本	视同销售企业所得税收入 =917,431.19 视同销售企业所得税成本 =719,876	233
已抵扣进项税的白酒用于招待应进项税额转出（143）	增值税	进项税额转出	进项税额转出金额 =30 元 / 斤 × 500 斤 × 13%=1,950（元）	235
用于生产药酒销售应确认增值税收入（144）	增值税	补计增值税销售额、补提销项税额	增值税销售额 =（3,000 斤 –500 斤）× 150 元 / 斤 /（1+13%）=331,858.41（元） 销项税额 331,858.41 × 13%=43,141.59（元）	236
已抵扣进项税的白酒用于生产药酒销售，应确认消费税销售收入（145）	消费税	应补消费税	消费税 =331,858.41 × 10%=33,185.84（元）	237
购入白酒用于招待应记为业务招待费实际发生额、用于生产药酒销售应视同企业所得税收入（146）	企业所得税	调增业务招待费实际发生额（参与限额扣除） 调增应纳税所得额（收入 – 成本）	调增业务招待费实际发生额 = 进项税转出金额 1,950 + 500 斤 × 30 元 / 斤 = 16,950（元）（参与限额调整） 调增应纳税所得额（收入）= 331,858.41 调减应纳税所得额（进项税额转出金额）= 1,950（元） 调减消费税 = 32,327.59（元）	238
全口径业务招待费计算税前扣除（147）	企业所得税	按税法规定计算招待费限额扣除	调增业务招待费（全年）=12,124（元）	239
经核查收费员报表，该定额发票截至 2018 年 10 月全部用于自用场地停车收费（148）	增值税	补计增值税销售额、补提销项税额	增值税销售额 =200,000/（1+6%）=188,679.25（元） 销项税额 188,679.25 × 6%=11,320.75（元）	240
发票长期未验旧，实际已实现销售（149）	企业所得税	调增应纳税所得额（收入）	调增应纳税所得额 =188,679.25（元）	241

第四章 其他税收风险分析与应对

张新发现王梓跃对现有指标体系的补充和实际应用可以发挥出特殊作用，有些时候大家头脑中灵光闪过，就会有想法创造出新的指标，而实现这些想法就要靠王梓跃的专长了。一个指标从构思到形成最终的数据结果，需要好几个步骤，要有税收大数据，要写出明确细致的需求，精确到每一张表的某一个表格，还要与开发人员进行沟通，让开发人员知道业务内容，再写出系统开发语句初步抽取数据进行验证，直到没有问题了再让用户使用，这个过程往往需要十几天甚至个把月才行。可是现在的张新哪还等得起这么长时间啊。幸好有秘密武器王梓跃在，他的组员可以随时提出需求，由王梓跃编写各种语句和计算公式在税收大数据中进行数据采集。这种工作效果让大家赞叹不已，要知道王梓跃一个开发语句的编写，可能只需要几个小时或是十几个小时，但是开发脚本完成后，它可以在几分钟之内从数万户纳税人中把符合若干条件的纳税人找出来，说句以一敌百丝毫不过。正是以这种现代化的大数据信息技术为基础，再加上多年积累的实践经验，张新的工作才取得了远超预期的效果。王梓跃在配合组长张新的过程中，对张新负责的这些“查缺补漏”工作有了新的认识，他不再认为张新给他自己的工作安排有投机取巧的心思，相反他觉得张新负责的分析工作才是最难找到抓手的，能做好这些工作既源于久久为功的坚持，也需要积年累月的沉淀。

在纳税评估过程中，对纳税人存在的其他涉税风险进行分析与应对工作暂时结束了。张新带领专家团队对这个环节存在的涉税问题进行了认真核查，发现 40 个涉税问题，其中涉及环境保护税 6,250 元，多抵扣进项税额 19,774.98 元，少申报销项税额 30,188.36 元，调增企业所得税应纳所得额 1,862,186.38 元，土地使用税 144,000 元，个人所得税 180,000 元，耕地占用税 2,750 元，土地增值税 109,915.67 元，契税 40,000 元，印花税 30 元。具体内容及后续处理情况，一并解读如下。

其他风险解读

具体事项 97
排废炉渣未按规定缴纳环境保护税

10 月第 2 笔凭证：2020 年 10 月企业用银行存款支付运输 250 吨炉废渣的运费 5,000 元。

☆原会计分录		☆正确会计分录	
借：管理费用－其他	5,000.00	借：管理费用－其他	5,000.00
贷：银行存款－江南城市发展银行长安分行	5,000.00	贷：银行存款－江南城市发展银行长安分行	5,000.00
		借：税金及附加－环境保护税	6,250.00
		贷：应交税费－应交环境保护税	6,250.00

☆调整会计分录

借：以前年度损益调整－税金及附加	6,250.00
贷：应交税费－应交环境保护税	6,250.00

风险点 150 未确认计税依据未按规定申报环境保护税（排放固体废物）风险

风险点说明

环境保护税计税依据的确定，可按纳税人安装使用的污染物自动监测设备自动监测数据计算，未安装使用污染物自动监测设备的，按监测机构出具的符合国家有关规定和监测规范确定的监测数据计算。在处理相关业务的过程中，税务机关如果掌握了上述数据，或发现纳税人有污染物排放，但没有相关的环境保护税申报，或申报的计税依据小于自动监测或监测机构监测的数据等情况，则存在不缴或少缴环境保护税的风险。

计算过程

环境保护税 = 250 吨 ×50 元 / 吨 = 6,250（元）

调减应纳税所得额 = 6,250（元）

税收政策

《中华人民共和国环境保护税法》（汇编 p756）第二条规定，在中华人民共和国领域和中华人民共和国管辖的其他海域，直接向环境排放应税污染物的企业事业单位和其他生产经营者为环境保护税的纳税人，应当依照本法规定缴纳环境保护税。第七条第三款规定，应税污染物的计税依据，按照下列方法确定：（三）应税固体废物按照固体废物的排放量确定。

具体事项 98
销售货物同时收取优质费未确认收入

10 月第 15 笔凭证：2020 年 10 月按合同约定销售给长安华丰工具销售有限公司 27*0.9 带锯条 17,525 米，每米不含税单价 20 元，不含税金额 350,500 元，其中银行收到货款 210,085 元，余款未收到，已全额开具增值税专用发票。另行收取产品优选费 5,000 元。

☆原会计分录

借：银行存款 – 江南城市发展银行长安分行	210,085.00	
贷：应收账款 – 长安华丰工具销售有限公司		210,085.00
借：应收账款 – 长安华丰工具销售有限公司	396,065.00	
贷：主营业务收入 _ 带锯条 27*0.9_13%		350,500.00
应交税费 – 应交增值税 – 销项税额 _13%		45,565.00
借：银行存款 – 江南城市发展银行长安分行	5,000.00	
贷：应收账款 – 长安华丰工具销售有限公司		5,000.00

☆正确会计分录

借：银行存款 – 江南城市发展银行长安分行	210,085.00	
贷：应收账款 – 长安华丰工具销售有限公司		210,085.00
借：应收账款 – 长安华丰工具销售有限公司	396,065.00	
贷：主营业务收入 _ 带锯条 27*0.9_13%		350,500.00
应交税费 – 应交增值税 – 销项税额 _13%		45,565.00
借：银行存款 – 江南城市发展银行长安分行	5,000.00	
贷：应收账款 – 长安华丰工具销售有限公司		5,000.00
借：应收账款 – 长安华丰工具销售有限公司	5,000.00	
贷：主营业务收入 _ 带锯条 27*0.9_13%		4,424.78
应交税费 – 应交增值税 – 销项税额 _13%		575.22

☆调整会计分录

借：应收账款 – 长安华丰工具销售有限公司	5,000.00	
贷：以前年度损益调整 – 主营业务收入		4,424.78
应交税费 – 增值税检查调整 – 销项税额 _13%		575.22

风险点 151 隐匿销售收入未按规定申报增值税（价外费用）风险

风险点说明

纳税人提供货物、劳务以及服务过程中向购买方收取品牌使用费、手续费、补贴、基金、集资费、返还利润、奖励费、违约金、滞纳金、延期付款利息、赔偿金、代收款项、代垫款项、包装费、包装物租金、储备费、优质费、运输装卸费以及其他各种性质的价外收费，应与收入一并计算缴纳增值税。在处理相关业务的过程中，如果纳税人存在未将这些价外费用纳入收入进行账务处理，甚至不开具发票或挂往来不确认收入等情况，则存在不缴或少缴增值税的风险。

计算过程

本风险点应确认的销项税额为：企业未计入收入的优质费应确认的销项税额。

增值税销售额（价外费用）= 5,000 ÷（1 + 13%）= 4,424.78（元）

销项税额 = 4,424.78 × 13% = 575.22（元）

税收政策

《中华人民共和国增值税暂行条例实施细则（2011 修订版）》（汇编 p439）（财政部　国家税务总局令 2011 年第 65 号）第十二条规定，条例第六条第一款所称价外费用，包括价外向购买方收取的手续费、补贴、基金、集资费、返还利润、奖励费、违约金、滞纳金、延期付款利息、赔偿金、代收款项、代垫款项、包装费、包装物租金、储备费、优质费、运输装卸费以及其他各种性质的价外收费。

风险点 152 隐匿销售收入未按规定申报企业所得税（价外费用）风险

风险点说明

企业在提供货物、劳务以及服务过程中从各种来源取得的货币形式和非货币形式的收入，为收入总额，应一并计算缴纳企业所得税。在处理相关业务的过程中，如果企业存在未将这些价外收费纳入收入进行账务处理，甚至采取不开具发票、将货款和价外费用开具在两张发票上等情况，则存在不缴或少缴企业所得税的风险。

计算过程

本风险点应调增的应纳税所得额为：企业未计入收入的优质费应确认的收入。

调增应纳税所得额（收入）= 4,424.78（元）

税收政策

《中华人民共和国企业所得税法》（汇编 p587）第六条规定，企业以货币形式和非货币形式从各种来源取得的收入，为收入总额。包括：（一）销售货物收入；（二）提供劳务收入；（三）转让财产收入；（四）股息、红利等权益性投资收益；（五）利息收入；（六）租金收入；（七）特许权使用费收入；（八）接受捐赠收入；（九）其他收入。

延伸解读

通过电子底账系统进行票面分析，票面信息包括产品型号、规格、产品单价。企业某笔应收账款或预收账款长期挂账，有可能是优质费、装卸费未转收入，以资产负债表应收账款余额或预收账款余额为切入点，要求企业提供业务相关的合同和涉及客户的往来明细账及账龄，核查业务实质。经核实，发现收取的优质费未开发票，企业应补缴 5,000 元优质费对应的增值税及企业所得税。

具体事项 99
未按规定处置盘亏固定资产

10 月第 17 笔凭证：2020 年 10 月发现在 2020 年 9 月末资产清查中，盘亏固定资产计算机一台，原值 21,000 元，已提折旧 5,658.2 元，净值为 15,341.8 元，购入时取得税率为 16% 的增值税专用发票并已抵扣进项税额。丢失原因不明，凭证后附审批手续不全。

☆原会计分录		☆正确会计分录	
借：待处理财产损溢—待处理固定资产损溢	15,341.80	借：待处理财产损溢—待处理固定资产损溢	15,341.80
累计折旧－电子设备	5,658.20	累计折旧－电子设备	5,658.20
贷：固定资产－电子设备	21,000.00	贷：固定资产－电子设备	21,000.00
借：管理费用－财产损失	15,341.80	借：管理费用－财产损失	17,796.49
贷：待处理财产损溢—待处理固定资产损溢	15,341.80	贷：待处理财产损溢—待处理固定资产损溢	15,341.80
		应交税费－应交增值税——进项税额转出	2,454.69

☆调整会计分录

借：以前年度损益调整－管理费用　　2,454.69

贷：应交税费－增值税检查调整－进项税额转出　　2,454.69

风险点 153 固定资产损失未按规定转出进项税额（盘亏固定资产）风险

风险点说明

纳税人由于管理不善等原因造成固定资产非正常损失，应按损失固定资产的净值对应的进项税额做转出处理，且不能按扣除保险公司赔款后的损失余额作进项税额转出。在处理相关业务的过程中，如果纳税人当期存在非正常损失，同期增值税申报中又无与损失金额相匹配的进项税额转出金额，或当期无转出进项税额等情况，则存在不缴或少缴增值税的风险。

计算过程

本风险点中应按规定转出的进项税额为：因资产损失确认的进项税额转出金额。调减的应纳税所得额为：因进项税额转出增加的费用金额。

进项税额转出金额＝15,341.8×16%＝2,454.69（元）

调减资产损失应纳税所得额＝2,454.69（元）

税收政策

《中华人民共和国增值税暂行条例（2017 修订版）》（汇编 p434）第十条第（二）项规定，下列项目的进项税额不得从销项税额中抵扣：（二）非正常损失的购进货物，以及相关的劳务和交通运输服务。

《中华人民共和国增值税暂行条例实施细则（2011修订版）》（汇编p439）（财政部　国家税务总局令2011年第65号）第二十四条规定，条例第十条第（二）项所称非正常损失，是指因管理不善造成被盗、丢失、霉烂变质的损失。

《财政部　国家税务总局关于全国实施增值税转型改革若干问题的通知》（汇编p564）（财税〔2008〕170号）第五条规定，纳税人已抵扣进项税额的固定资产发生条例第十条（一）至（三）项所列情形的，应在当月按下列公式计算不得抵扣的进项税额：不得抵扣的进项税额 = 固定资产净值 × 适用税率。本通知所称固定资产净值，是指纳税人按照财务会计制度计提折旧后计算的固定资产净值。

风险点154 资产损失备查材料短缺税前违规扣除（盘亏固定资产）风险

风险点说明

企业由于管理不善等原因造成固定资产非正常损失，应按规定准备相关材料，并依法合规的在税前扣除。2017年度之前发生的资产损失专项申报资料需到主管税务机关备案，2017年度（含）之后将相关资料留存企业备查。在处理相关业务的过程中，如果企业存在留存资料不完整、不规范、不符合税前扣除条件等情况，则存在不缴或少缴企业所得税的风险。

计算过程

本风险点应调增的应纳税所得额为：企业已税前扣除的留存资料不完整、不规范、不符合税前扣除条件的资产损失金额及进项税额转出金额合计。

调增应纳税所得额 = 15,341.8 + 2,454.69 = 17,796.49（元）

税收政策

《中华人民共和国企业所得税法》（汇编p587）第八条规定，企业实际发生的与取得收入有关的、合理的支出，包括成本、费用、税金、损失和其他支出，准予在计算应纳税所得额时扣除。

《企业资产损失所得税税前扣除管理办法》（汇编p662）（国家税务总局公告2011年第25号）附件《企业资产损失所得税税前扣除管理办法》第三条规定，准予在企业所得税税前扣除的资产损失，是指企业在实际处置、转让上述资产过程中发生的合理损失（以下简称实际资产损失），以及企业虽未实际处置、转让上述资产，但符合《通知》和本办法规定条件计算确认的损失（以下简称法定资产损失）。第二十九条规定，固定资产盘亏、丢失损失，为其账面净值扣除责任人赔偿后的余额，应依据以下证据材料确认：（一）企业内部有关责任认定和核销资料；（二）固定资产盘点表；（三）固定资产的计税基础相关资料；（四）固定资产盘亏、丢失情况说明；（五）损失金额较大的，应有专业技术鉴定报告或法定资质中介机构出具的专项报告等。

《国家税务总局关于取消 20 项税务证明事项的公告》（汇编 p769）（国家税务总局公告 2018 年第 65 号）附件“取消的税务证明事项目录”规定，自 2018 年 12 月 28 日起取消“专业技术鉴定意见（报告）或中介机构专项报告”税务证明事项，改为“享改为纳税人留存备查自行出具的有法定代表人、主要负责人和财务负责人签章证实有关损失的书面申明。”

《国家税务总局关于企业所得税资产损失资料留存备查有关事项的公告》（汇编 p632）（国家税务总局公告 2018 年第 15 号）第一条规定，企业向税务机关申报扣除资产损失，仅需填报企业所得税年度纳税申报表《资产损失税前扣除及纳税调整明细表》，不再报送资产损失相关资料。相关资料由企业留存备查。第三条规定，本公告规定适用于 2017 年度及以后年度企业所得税汇算清缴。

延伸解读

通过《企业所得税年度纳税申报表》A104000《期间费用明细表》中“八、财产损耗、盘亏及毁损损失”、《企业所得税年度纳税申报表》A105090《资产损失税前扣除及纳税调整明细表》损失金额与《增值税纳税申报表附列资料（二）》中“本期进项税额转出额 - 非正常损失”对比，用本期进项税额转出金额 - 非正常损失 ÷ 财产损耗、盘亏及毁损损失算出比值，若比值不符，则企业的资产损失有可能少转出进项税额。此外，也可要求企业提供账簿、记账凭证等明细资料，查看营业外支出 - 非常损失明细账、管理费用 - 财产损失明细账，以及相应明细账的摘要追索到对应的记账凭证，分析涉税风险。经核实，该企业盘亏固定资产未作进项税额转出，应要求企业转出进项税额 2,454.69 元，同时调增不符合资产损失所得税税前扣除规定的应纳税所得额 15,341.8 元。

具体事项 100
未按规定处置非公益性无偿转让的非专利技术

10 月第 22 笔凭证：2020 年 10 月将一项非专利技术无偿转让给上海亮剑机械销售有限公司，账面价值 20,000 元，（原值 25,000 元，累计摊销 5,000 元）。同类同期该技术市场价值含税价格 53,000 元，非省科技厅认定技术。

☆原会计分录		☆正确会计分录	
借：资产处置损益－无形资产处置损益	20,000.00	借：资产处置损益－无形资产处置损益	23,000.00
累计摊销－非专利技术	5,000.00	累计摊销－非专利技术	5,000.00
贷：无形资产－非专利技术	25,000.00	贷：无形资产－非专利技术	25,000.00
		应交税费－应交增值税－销项税额 _6%	3,000.00

☆调整会计分录

借：以前年度损益调整－资产处置损益 3,000.00

贷：应交税费－增值税检查调整－销项税额 _6% 3,000.00

风险点 155 视同销售行为未按规定申报增值税（无偿转让无形资产）风险

风险点说明

纳税人向其他单位或个人无偿转让无形资产或不动产，除用于公益事业或以社会公众为对象的，在增值税核算上应视同销售，并按市场价格计提销项税额。在处理相关业务的过程中，如果纳税人存在转让无形资产却没有相关的增值税申报情况，则存在不缴或少缴增值税的风险。

计算过程

本风险点应确认的销项税额为：企业向子公司无偿赠送无形资产应确认的销项税额。

增值税销售额 = 53,000 ÷（1 + 6%）= 50,000（元）

销项税额 = 50,000 × 6% = 3,000（元）

税收政策

《财政部　国家税务总局关于全面推开营业税改征增值税试点的通知》（汇编 p482）（财税〔2016〕36 号）附件 1《营业税改征增值税试点实施办法》第十四条第（二）项规定，下列情形视同销售服务、无形资产或者不动产：（二）单位或者个人向其他单位或者个人无偿转让无形资产或者不动产，但用于公益事业或者以社会公众为对象的除外。第四十四条规定，纳税人发生应税行为价格明显偏低或者偏高且不具有合理商业目的的，或者发生本办法第十四条所列行为而无销售额的，主管税务机关有权按照下列顺序确定销售额：（一）按照纳税人最近时期销售同类服务、无形资产或者不动产的平均价格确定。（二）按照其他纳税人最近时期销售同类服务、无形资产或者不动产的平均价格确定。（三）按照组成计税价格确定。组成计税价格 = 成本 ×（1+ 成本利润率）。成本利润率由国家税务总局确定。不具有合理商业目的的，是指以谋取税收利益为主要目的，通过人为安排，减少、免除、推迟缴纳增值税税款，或者增加退还增值税税款。

风险点156 视同销售行为未按规定申报企业所得税（无偿转让无形资产）风险

风险点说明

企业无偿转让无形资产，资产所有权属已发生改变，在企业所得税上应视同销售的业务，包括非货币性资产交换，以及将货物、财产、劳务用于捐赠、偿债、赞助、集资、广告、样品等。在处理相关业务的过程中，如果企业存在未按税法规定确认收入等情况，则存在不缴或少缴企业所得税的风险。

计算过程

本风险点确认的用于对外捐赠视同销售收入为：专利技术的市场价值；确认的用于对外捐赠视同销售成本为：专利技术的账面价值。调增的捐赠支出计税基础为：按捐赠产品公允价值应确认的捐赠支出。应调增的应纳税所得额为：非公益性捐赠不得在税前扣除的金额。

用于对外捐赠视同销售收入＝专利技术市场价值＝53000÷（1＋6%）＝50,000（元）

用于对外捐赠视同销售成本＝专利技术账面价值＝资产原值－累计摊销＝20,000（元）

视同销售调增应纳税所得额＝50,000－20,000＝30,000（元）

调减应纳税所得额＝因捐赠支出确认的损益＋负担的销项税额

＝30,000＋3,000＝33,000（元）

调增应纳税所得额＝ 与企业无关支出＝20,000＋33,000＝ 53,000（元）

企业所得税纳税调整调表不调账。

税收政策

《中华人民共和国企业所得税法实施条例》（汇编p595）第二十五条规定， 企业发生非货币性资产交换，以及将货物、财产、劳务用于捐赠、偿债、赞助、集资、广告、样品、职工福利或者利润分配等用途的，应当视同销售货物、转让财产或者提供劳务，但国务院财政、税务主管部门另有规定的除外。

《国家税务总局关于企业处置资产所得税处理问题的通知》（汇编p686）（国税函〔2008〕828号）第二条第（五）项规定，企业将资产移送他人的下列情形，因资产所有权属已发生改变而不属于内部处置资产，应按规定视同销售确定收入。用于对外捐赠。

《国家税务总局关于修订企业所得税年度纳税申报表的公告》（汇编p613）（国家税务总局公告2020年第24号）附件：《中华人民共和国企业所得税年度纳税申报表（A类，2017年版）》部分表单及填报说明（2020年修订）规定，《纳税调整项目明细表》填报说明第30行“（十七）其他”：填报其他因会计处理与税收规定有差异需纳税调整的扣除类项目金额，企业将货物、资产、劳务用于捐赠、广告等用途时，进行视同销售纳税调整后，对应支出的会计处理与税收规定有差异需纳税调整的金额填报在本行。

《国家税务总局关于企业所得税有关问题的公告》（汇编 p636）（税务总局公告 2016 年第 80 号）第二条规定，企业发生《国家税务总局关于企业处置资产所得税处理问题的通知》（国税函〔2008〕828 号）第二条规定情形的，除另有规定外，应按照被移送资产的公允价值确定销售收入。

延伸解读

通过“资产处置损益”科目获知企业发生非专利技术核销，资产处置损益核算转让固定资产或无形资产形成的损益，可要求企业提供相关记账凭证等明细资料。经核实，该企业将非专利技术无偿转让给子公司上海亮剑机械销售有限公司，增值税和企业所得税都应根据公允价值按视同销售处理。此外，提醒读者重点关注非经常性发生业务对应的科目，如本风险点中无偿转让非专利技术对应的“资产处置损益”科目。

具体事项 101
资本公积转增实收资本少缴税款

10 月第 23 笔凭证：2020 年 10 月经股东会决定将资本公积中的资本溢价 1,000,000 元按比例转增实收资本。

☆原会计分录

借：资本公积－其他	1,000,000.00	
贷：实收资本－王岳达		600,000.00
实收资本－江南利枫物资有限公司		400,000.00

☆正确会计分录

借：资本公积－其他	1,000,000.00	
贷：实收资本－王岳达		600,000.00
实收资本－江南利枫物资有限公司		400,000.00
借：其他应收款－王岳达	120,000.00	
贷：应交税费－应交个人所得税		120,000.00

☆调整会计分录

借：其他应收款－王岳达	120,000.00	
贷：应交税费－应交个人所得税		120,000.00

风险点 157 未履行代扣代缴及申报义务少代扣代缴个人所得税（资本公积转增实收资本）风险

风险点说明

企业以资本公积转增实收资本，除股份制企业“资本公积－资本（股本）溢价”转增股本免征个人所得税外，其他类型企业以资本公积转增资本分配自然人股东所得部分，应按“利息股息红利”税目缴纳个人所得税。在处理相关业务的过程中，如果企业存在用其他类型企业以资本公积转增实收资本时未代扣代缴个人所得税等情况，则存在自然人股东不缴或少缴个人所得税的风险。

计算过程

本风险点应代扣代缴个人所得税为：企业转增资本应由个人负担的“利息股息红利”税目个人所得税。

代扣代缴个人所得税＝600,000×20%＝120,000（元）

税收政策

《国家税务总局关于股份制企业转增股本和派发红股征免个人所得税的通知》（汇编 p719）（国税发〔1997〕198 号）第一条规定，股份制企业用资本公积金转增股本不属于股息、红利性质的分配，对个人取得的转增股本数额，不作为个人所得，不征收个人所得税。

《国家税务总局关于原城市信用社在转制为城市合作银行过程中个人股增值所得应纳个人所得税的批复》（汇编 p718）（国税函〔1998〕289 号）第二条规定，《国家税务总局关于股份制企业转增股本和派发红股征免个人所得税的通知》（国税发〔1997〕198 号）中所表述的“资本公积金”是指股份制企业股票溢价发行收入所形成的资本公积金。将此转增股本由个人取得的数额，不作为应税所得征收个人所得税。而与此不相符合的其他资本公积金分配个人所得部分，应当依法征收个人所得税。

延伸解读

资产负债表显示资本公积余额发生变化，要求企业提供资本公积明细账及对应的会计凭证等明细资料，获知资本公积按比例转增实收资本 1,000,000 元。按规定，除股份制企业资本公积－资本（股本）溢价转增股本免征个人所得税外，与此不相符的其他类型企业资本公积转增股本分配给自然人股东的部分均应缴纳个人所得税。应要求该企业应代扣代缴王岳达个人所得税 120,000 元。

根据会计准则相关规定，资本公积来源包括资本（或股本）溢价以及其他资本公积。资本（或股本）溢价是指企业收到投资者的投入超过其在企业注册资本（或股本）中所占份额的投资，形成资本溢价（或股本溢价）的原因有溢价发行股票，投资者超额缴入资本等。形成其他资本公积的原因包括：以权益结算的股份支付、采用权益法核算的长期股权投资等。应重点关注企业资本公积余额及其变化。

具体事项 102
有偿转让自建办公用房少缴税款

10 月第 26 笔凭证：2020 年 10 月转让坐落在江南锦阳市的自建办公用房，原值 500,000 元，已提折旧 145,512 元，出售总价 700,000 元银行已收讫。2014 年 12 月自建房完工投入使用，转让房产选择简易计税，已交增值税 33,333.33 元。评估重置成本价 500,000 元，成新度 80%。计提附加税及印花税。未计提申报土地增值税。

☆原会计分录

借：固定资产清理－房屋建筑	4,333.33
贷：应交税费－应交城市维护建设税	2,333.33
应交税费－应交教育费附加	1,000.00
应交税费－应交地方教育附加	666.67
应交税费－应交印花税	333.33

☆正确会计分录

借：固定资产清理－房屋建筑	89,050.00
贷：应交税费－应交城市维护建设税	2,333.33
应交税费－应交教育费附加	1,000.00
应交税费－应交地方教育附加	666.67
应交税费－应交印花税	333.33
应交税费－应交土地增值税	84,716.67
借：资产处置损失－固定资产处置损益	223,128.67
贷：借：固定资产清理－房屋建筑	223,128.67

☆调整会计分录

借：以前年度损益调整－资产处置损益	84,716.67	
贷：应交税费－土地增值税		84,716.67
借：固定资产清理－房屋建筑	223,128.67	
贷：以前年度损益－资产处置损益		223,128.67

风险点 158 未确认收入未按规定申报土地增值税（转让房产）风险

风险点说明

纳税人转让房地产并取得收入应申报缴纳土地增值税。非房地产开发企业转移自有房产时，可能由于政策理解偏差等原因，未按规定申报缴纳土地增值税。在处理相关业务的过程中，如果纳税人存在已转让房地产，但当期无对应的土地增值税申报等情况，则存在不缴或少缴土地增值税的风险。

计算过程

本风险点应缴纳的土地增值税为：企业转让旧房应确认的土地增值税额。

转让房地产收入 = 700,000 ÷（1 + 5%）= 666,666.67（元）

转让房地产扣除项目 = 旧房及建筑物的评估价格 + 与转让房地产有关的税金

= 重置成本价 × 成新度折扣率 + 与转让房地产有关的税金

= 500,000 × 80% + 4,333.33

= 404,333.33（元）

增值额 = 转让房地产收入 − 转让房地产扣除项目 = 666,666.67 − 404,333.33 = 262,333.34（元）

增值额与扣除项目金额之比 = 262,333.34 ÷ 404,333.33 = 64.88%（元）

适用税率（%）= 40% 速算扣除系数（%）= 5%

土地增值税额 = 增值额 × 适用税率 − 扣除项目金额 × 速算扣除系数

= 262,333.33 × 40% − 404,333.33 × 5% = 84,716.67（元）

税收政策

《中华人民共和国土地增值税暂行条例》（汇编 p721）第二条规定，转让国有土地使用权、地上的建筑物及其附着物（以下简称转让房地产）并取得收入的单位和个人，为土地增值税的纳税义务人（以下简称纳税人），应当依照本条例缴纳土地增值税。

《财政部　国家税务总局关于土地增值税一些具体问题规定的通知》（汇编 p727）（财税字〔1995〕048 号）第十条规定，转让旧房的，应按房屋及建筑物的评估价格、取得土地使用权所支付的地价款和按国家统一规定交纳的有关费用以及在转让环节缴纳的税金作为扣除项目金额计征土地增值税。对取得土地使用权时未支付地价款或不能提供已支付的地价款凭据的，不允许扣除取得土地使用权所支付的金额。

风险点159 未确认收入未按规定申报企业所得税（转让房产）风险

风险点说明

企业转让不动产应通过固定资产清理科目进行归集，清理完毕后将固定资产清理科目余额结转至损益科目，对于处置利得需申报缴纳企业所得税。在处理相关业务的过程中，如果企业存在将资产处置损益长期挂账，如记在固定资产清理账户贷方，形成少申报资产处置利得等情况，则存在不缴或少缴企业所得税的风险。

计算过程

本风险点应调增的应纳税所得额为：企业转让旧房地产应确认的损益。应调减的应纳税所得额为：企业应负担的土地增值税金额。

调增应纳税所得额 = 666,666.67 − 354,488.00 = 666,666.67 −（500,000 − 145,512）− 4,333.33

= 307,845.34（元）

调减应纳税所得额 = 84,716.67（元）

税收政策

《中华人民共和国企业所得税法》（汇编 p587）第六条第（三）项规定，企业以货币形式和非货币形式从各种来源取得的收入，为收入总额。包括：转让财产收入。

《国家税务总局关于确认企业所得税收入若干问题的通知》（汇编 p683）（国税函〔2008〕875 号）第一条第一款规定，企业销售商品同时满足下列条件的，应确认收入的实现：1. 商品销售合同已经签订，企业已将商品所有权相关的主要风险和报酬转移给购货方；2. 企业对已售出的商品既没有保留通常与所有权相联系的继续管理权，也没有实施有效控制；3. 收入的金额能够可靠地计量；4. 已发生或将发生的销售方的成本能够可靠地核算。

延伸解读

通过电子底账系统进行票面分析，该业务为出售异地不动产，税率 5%，增值税专用发票。通过查看固定资产卡片（对实现电算化的企业，从财务软件中获取固定资产卡片；对实行手工记账的企业，要求提供纸质或电子表格形式的固定资产卡片或固定资产明细账），获知该企业出售的不动产是2013年12月自建的坐落在锦阳市的异地办公用房，按规定可适用简易计税办法。通过金三系统查询各税费申报情况，获知是否足额缴纳增值税、土地增值税、印花税、房产税、城镇土地使用税、附加税等税费，未发现土地增值税申报记录。经核实，该企业应补缴土地增值税84,716.67元，未结转的固定资产处置损益应调增应纳税所得额223,128.67元，同时需调整所属年度企业所得税年度纳税申报表。

在实践中，增值税纳税申报表、房产税申报表、土地使用税申报表与土地增值税申报具有一定的关联性。增值税纳税申报表中5%简易计税不动产项目可能是出租不动产或出售不动产，通过电子底账系统查看对应发票获知具体内容；通过房土两税涉及的房源信息维护可获知房产变化情况。根据上述分析可以初步判断企业是否存在不缴或少缴土地增值税的问题。此外，按规定当月减少的房屋建筑物当月应缴纳房产税和土地使用税，需关注企业处置房产当月的房产税和土地使用税申报情况。

具体事项103
虚构农产品收购业务违规抵扣进项税额

10月第41笔凭证：2020年10月以库存现金收购水曲柳原木，总金额35,600元，由单位员工张北代付。会计凭证后未附入库单。经核查确认实际业务为加工费，后补开加工费普通发票。

☆原会计分录

借：原材料－木材类_水曲柳木材　32,040.00
　　应交税费－应交增值税－进项税额　3,204.00
　　应交税费－待抵扣进项税额　356.00
　贷：其他应收款－张北　35,600.00

☆正确会计分录

借：委托加工物资_加工费　35,600.00
　贷：其他应收款－张北　35,600.00

☆调整会计分录

借：委托加工物资_加工费　35,600.00
　贷：应交税费－增值税检查调整－进项税额转出　3,204.00
　　应交税费－待抵扣进项税额　356.00
　　原材料－木材类_水曲柳木材　32,040.00

风险点 160 将加工费计入农产品价值违规申报抵扣进项税额（虚开农产品收购发票）风险

风险点说明

纳税人在发票使用过程中，要按照发票使用规定领用、开具、验旧发票，对于特殊发票的使用一定要依法合规加强管理，如农产品收购发票有其特殊的使用范围，由收购人自行填写，自行申报抵扣增值税进项税额，并在成本费中列支。在处理相关业务的过程中，如果纳税人存在擅自扩大农产品收购发票使用范围，或虚构业务虚开农产品收购发票来虚增进项税额等情况，则存在不缴或少缴增值税的风险。

计算过程

本风险点中应按规定转出的进项税额为：企业虚构的农产品收购业务违规抵扣的进项税额。应调增的原材料计税基础为：因进项税额不得抵扣而增加的原材料成本。

进项税额转出金额 = 3,204（元）

调增原材料计税基础 = 3,204 + 原待抵税额 356= 3,560（元）

补开总额 35,600 元加工费普通发票，可税前扣除。

税收政策

《中华人民共和国增值税暂行条例（2017 修订版）》（汇编 p434）第八条第（三）项规定，纳税人购进货物、劳务、服务、无形资产、不动产支付或者负担的增值税额，为进项税额。下列进项税额准予从销项税额中抵扣：购进农产品，除取得增值税专用发票或者海关进口增值税专用缴款书外，按照农产品收购发票或者销售发票上注明的农产品买价和 11% 的扣除率计算的进项税额，国务院另有规定的除外。进项税额计划公式：进项税额外 = 买价 × 扣除率

《财政部　税务总局关于调整增值税税率的通知》（汇编 p459）（财税〔2018〕32 号）第二条规定，纳税人购进农产品，原适用 11% 扣除率的，扣除率调整为 10%。

《财政部　税务总局　海关总署关于深化增值税改革有关政策的公告》（汇编 p455）（财政部　税务总局　海关总署公告 2019 年第 39 号）第二条规定，纳税人购进农产品，原适用 10% 扣除率的，扣除率调整为 9%。纳税人购进用于生产或者委托加工 13% 税率货物的农产品，按照 10% 的扣除率计算进项税额。

《财政部　税务总局关于简并增值税税率有关政策的通知》（汇编 p470）（财税〔2017〕37 号）第二条第（一）项规定，纳税人购进农产品，按下列规定抵扣进项税额：（一）除本条第（二）项规定外，纳税人购进农产品，取得一般纳税人开具的增值税专用发票或海关进口增值税专用缴款书的，以增值税专用发票或海关进口增值税专用缴款书上注明的增值税额为进项税额；从按照简易计税方法依照 3% 征收率计算缴纳增值税的小规模纳税人取得增值税专用发票的，以增值税专用发票上注明的金额和 11% 的扣除率计算进项税额；取得（开具）农产品销售发票或收购发票的，以农产品销售发票或收购发票上注明的农产品买价和 11% 的扣除率计算进项税额。

延伸解读

通过电子底账系统进行票面分析，该业务是购进水曲柳原木，没有单价，数量为 1，金额为 35,600 元，票面信息不完整的发票可能存在涉税风险。通过《增值税纳税申报表附列资料（二）》数据分析，获知企业农产品进项税额抵扣金额突然增加且申报金额较大。可要求企业提供扣税凭证、原始凭证、库存商品明细账，并按投入产出配比原则，测算原木投入量与木工锯产出量大致比例，判断收购业务是否真实。经核实，该业务并非收购农产品，实际是支付的加工费，该企业应转出进项税额，同时发票不可用于税前列支成本（会计上可计入费用，企业所得税不得税前扣除）。按《企业所得税税前扣除凭证管理办法》第十五条规定，汇算清缴期结束后，税务机关发现企业应当取得而未取得发票、其他外部凭证或者取得不合规发票、不合规其他外部凭证并且告知企业的，企业应当自被告知之日起 60 日内补开、换开符合规定的发票、其他外部凭证。其中，因对方特殊原因无法补开、换开发票、其他外部凭证的，企业应当按照本办法第十四条的规定，自被告知之日起 60 日内提供可以证实其支出真实性的相关资料。因此，如果该企业能够补开换开发票，应在自被告知之日起 60 日内补开、换开符合规定的发票，补开换开增值税专用发票后应允许抵扣进项税额及税前扣除。

具体事项 104
向职工借款未签订合同且未代扣税款

10 月第 46 笔凭证：2020 年 10 月向自然人王岳达支付借款利息 300,000 元。未签订借款合同。

☆原会计分录		☆正确会计分录	
借：财务费用－利息支出	300,000.00	借：财务费用－利息支出	300,000.00
贷：银行存款－江南城市发展银行长安分行	300,000.00	贷：银行存款－江南城市发展银行长安分行	300,000.00
借：财务费用－手续费	20.00	借：财务费用－手续费	20.00
贷：银行存款－江南城市发展银行长安分行	20.00	贷：银行存款－江南城市发展银行长安分行	20.00
		借：其他应收款－王岳达	60,000.00
		贷：应交税费－应交个人所得税	60,000.00

☆调整会计分录	
借：其他应收款－王岳达	60,000.00
贷：应交税费－应交个人所得税	60,000.00

风险点 161 未履行代扣代缴及申报义务少代扣代缴个人所得税（支付个人借款利息）风险

风险点说明

纳税人为筹集经营资金向员工或其他个人集资借款，并支付利息，应按规定代扣代缴员工或其他个人取得利息收入的个人所得税。在处理相关业务的过程中，如果纳税人存在支付相关利息时不记账，或未按规定代扣代缴个人所得税等情况，则存在未按规定代扣代缴个人所得税的风险。

计算过程

本风险点应代扣代缴个人所得税为：企业向自然人借款支付的利息应按“利息、股息、红利所得”税目代扣代缴的个人所得税。

代扣代缴个人所得税 = 300,000 × 20% = 60,000（元）

税收政策

《中华人民共和国个人所得税法》（汇编 p692）第二条规定，下列各项个人所得，应当缴纳个人所得税：（一）工资、薪金所得；（二）劳务报酬所得；（三）稿酬所得；（四）特许权使用费所得；（五）经营所得；（六）利息、股息、红利所得；（七）财产租赁所得；（八）财产转让所得；（九）偶然所得。

《中华人民共和国个人所得税法实施条例》（汇编 p697）第三条第（五）项规定，除国务院财政、税务主管部门另有规定外，下列所得，不论支付地点是否在中国境内，均为来源于中国境内的所得：（五）从中国境内企业、事业单位、其他组织以及居民个人取得的利息、股息、红利所得。

风险点 162 未取得合法有效税前扣除凭证（支付个人借款利息）风险

风险点说明

企业向员工借款，应满足真实合法有效原则，并且不具有非法集资目的或其他违反法律、法规的行为，企业与个人之间还要签订借款合同。其借款情况同时符合以上条件的，对不超过金融企业同期同类贷款利率计算的利息，可作为成本、费用在企业所得税税前扣除。在处理相关业务的过程中，如果企业存在列支不符合条件的个人借款利息费用，或借款方用其他票据报销已支付利息，未按规定使用发票在税前扣除成本、费用等情况，则存在不缴或少缴纳企业所得税的风险。

计算过程

本风险点应调增的应纳税所得额为：企业取得员工借款，不符合税前扣除条件的利息支出金额。

调增应纳税所得额 = 300,000（元）

税收政策

《国家税务总局关于企业向自然人借款的利息支出企业所得税税前扣除问题的通知》（汇编 p678）（国税函〔2009〕777 号）第二条规定，企业向除第一条规定以外的内部职工或其他人员借款的利息支出，其借款情况同时符合以下条件的，其利息支出在不超过按照金融企业同期同类贷款利率计算的数额的部分，根据税法第八条和税法实施条例第二十七条规定，准予扣除。（一）企业与个人之间的借贷是真实、合法、有效的，并且不具有非法集资目的或其他违反法律、法规的行为；（二）企业与个人之间签订了借款合同。

延伸解读

通过《企业所得税年度纳税申报表》A104000《期间费用明细表》“财务费用”栏次进行分析，其中“二十一、利息收支”列支金额为 335,154.64 元，企业发生利息支出一般说明企业有融资行为，通常债务融资体现在《资产负债表》中的“短期借款”和“长期借款”。通过《资产负债表》分析相关数据，获知该企业短期借款余额 1,250,000 元，长期借款余额 3,000,000 元，测算资金占用费率（即利率）为 335,154.64 / (1,250,000+3,000,000) *100%=7.9%，与同期市场贷款利率（6% 以下）进行比较，确认该企业资金占用费率偏高，可要求企业提供借款合同、会计凭证、财务费用明细账等资料，进一步分析涉税风险。经核实，该利息是支付给法人王岳达的借款利息，该借款无合同且无增值税发票，应作企业所得税纳税调增，同时该企业应按利息股息红利税目代扣代缴王岳达利息收入个人所得税。

在实践中，企业如果既存在向股东借款又存在支付利息的情形，应区分汇出款项的性质是偿还借款还是支付利息。

具体事项 105
租赁服务未按规定确认纳税义务发生时间

10 月第 50 笔凭证：2020 年 10 月按合同约定预收长安市大祺工具厂设备租赁款 50,000 元，存入银行，期限为 2021 年 1 月 1 日 –2021 年 12 月 31 日。合同约定全部租赁费含税价 50,000 元。

☆原会计分录		☆正确会计分录	
借：银行存款 – 江南城市发展银行长安分行	50,000.00	借：银行存款 – 江南城市发展银行长安分行	50,000.00
贷：应收账款 – 长安市大祺工具厂	50,000.00	贷：应收账款 – 长安市大祺工具厂	50,000.00
		借：应收账款 – 长安市大祺工具厂	5,752.21
		贷：应交税费 – 应交增值税 – 销项税额 _13%	5,752.21

☆调整会计分录

借：应收账款 – 长安市大祺工具厂　5,752.21

贷：应交税费 – 增值税检查调整 – 销项税额 _13%　5,752.21

风险点 163 未确认收入未按规定申报增值税（收到租赁服务预收款）风险

风险点说明

纳税人提供租赁服务采用预收款方式收取租金的，纳税义务发生时间为收到预收款当天，应按规定申报纳税。在处理相关业务的过程中，如果纳税人存在收到租赁费预收款时不作账务处理，或以相互抵账方式不计收入，或仅挂账预收账款长期不确认收入等情况，则存在不缴或少缴增值税的风险。

计算过程

本风险点应确认的销项税额为：按预收租赁费的增值税纳税义务发生时间应确认的销项税额。

增值税销售额 = 50,000 ÷（1 + 13%）= 44,247.79（元）

销项税额 = 44,247.79 × 13% = 5,752.21（元）

税收政策

《财政部　国家税务总局关于建筑服务等营改增试点政策的通知》（汇编 p449）（财税〔2017〕58 号）第二条《营业税改征增值税试点实施办法》（财税〔2016〕36 号印发）第四十五条第（二）项修改为“纳税人提供租赁服务采取预收款方式的，其纳税义务发生时间为收到预收款的当天”。

延伸解读

分析企业是否对外提供了租赁服务，可通过固定资产卡片，识别企业设备存放地点、用途，同时可查看设备所属部门以及折旧归属的费用科目；也可通过电子底账系统检索关键字为设备租赁的发票，也可获知企业出租的相关信息。经核实，该企业将设备租赁给长安市大祺工具厂，收到的租赁款应全额确认增值税收入缴纳增值税，企业所得税应按租赁期限均匀分摊计入收入。

在实践中，一个纳税年度内企业所得税收入与增值税销售额不符，基本原因是增值税纳税义务发生时间与企业所得税纳税义务发生时间的差异，比如租赁服务、劳务收入、建筑服务等。

具体事项 106
新贷还旧贷借款合同未正确缴纳印花税

10 月第 85 笔凭证：2020 年 10 月计提并申报印花税，其中购销合同 1,474.72 元、租赁合同 88.74 元。

☆原会计分录		☆正确会计分录	
借：税金及附加－印花税	1,563.46	借：税金及附加－印花税	1,593.46
贷：应交税费－应交印花税	1,563.46	贷：应交税费－应交印花税	1,593.46

☆调整会计分录

借：以前年度损益调整－税金及附加　30.00

　贷：应交税费－应交印花税　30.00

风险点 164 借款合同未按规定申报印花税（新贷还旧贷）风险

风险点说明

纳税人签订短期借款合同应按照规定缴纳印花税。可根据资产负债表短期借款余额的变化判断印花税缴纳情况，如短期借款的期末余额大于等于期初余额，判断筹资过程中是否存在用新借入的短期借款偿还到期短期借款的行为，对新借款合同需要按借款合同税目申报缴纳印花税。在处理相关业务的过程中，如果纳税人存在疏忽或刻意隐瞒当期签订短期借款合同但无对应类型的印花税申报等情况，则存在不缴或少缴纳印花税的风险。

计算过程

本风险点应补的印花税为：因纳税人当期取得新的短期借款应缴纳的印花税。应调减的应纳税所得额为：因应补印花税增加的费用金额。

借款合同印花税 = 600,000 × 0.005% = 30（元）

调减应纳税所得额 = 30（元）

税收政策

《中华人民共和国印花税暂行条例》（汇编 p742）第二条第一款规定，下列凭证为应纳税凭证：1. 购销、加工承揽、建设工程承包、财产租赁、货物运输、仓储保管、借款、财产保险、技术合同或者具有合同性质的凭证。附件《印花税税目税率表》规定，借款合同按按借款金额万分之零点五贴花。

延伸解读

企业会计准则规定，报表列示的短期借款为一年内到期的银行借款，若借款长期余额不动或变动幅度较小，判断企业可能存在以新贷还旧贷的情况。新贷还旧贷应在银行重新履行借款手续，签订借款合同，故新贷还旧贷的业务应对借款合同贴花。

具体事项 107
未按规定处置非正常损失的产成品

10 月第 79 笔凭证：2020 年 10 月末盘点库存，27*0.9 带锯条丢失 100 米，会计凭证未附盘亏审批单。该库存产品为 2019 年 12 月入库。假设带锯条成本价 17.3 元 / 米，其所耗用原材料占比 40%，耗用原材料购进时的税率为 16%。

☆原会计分录

借：管理费用 – 财产损失	1,730.00	
贷：库存商品 _ 带锯条 27*0.9		1,730.00

☆正确会计分录

借：管理费用 – 财产损失	1,840.72	
贷：库存商品 _ 带锯条 27*0.9		1,730.00
应交税费 – 应交增值税 —— 进项税额转出		110.72

☆调整会计分录

借：以前年度损益调整 – 管理费用	110.72	
贷：应交税费 – 增值税检查调整 – 进项税额转出		110.72

风险点 165 存货非正常损失实际成本计算错误未按规定转出进项税额（产成品丢失）风险

风险点说明

纳税人由于管理不善等原因造成购进货物、在产品、产成品非正常损失，应按损失货物、在产品、产成品及其应税劳务对应的进项税额全额做转出处理，不能按扣除保险公司赔款及其他赔偿后的损失余额做进项税额转出。在处理相关业务的过程中，如果纳税人当期存在非正常损失，同期增值税申报中没有与损失金额相匹配的转出进项税额，或当期无转出进项税额等情况，则存在不缴或少缴增值税的风险。

计算过程

本风险点中应按规定转出的进项税额为：非正常损失产品耗用的购进材料应转出的进项税额。应调减的应纳税所得额为：因进项税额转出增加的存货损失成本。

进项税额转出金额 = 100 米 × 成本单位 17.3 元 × 原材料比例 40%×16% = 110.72

调减资产损失应纳税所得额 = 110.72

税收政策

《中华人民共和国增值税暂行条例（2017 修订版）》（汇编 p434）第十条第（三）项规定，下列项目的进项税额不得从销项税额中抵扣：非正常损失的在产品、产成品所耗用的购进货物（不包括固定资产）、劳务和交通运输服务。

《中华人民共和国增值税暂行条例实施细则（2011 修订版）》（汇编 p439）（财政部　国家税务总局令 2011 年第 65 号）第二十四条规定，条例第十条第（二）项所称非正常损失，是指因管理不善造成被盗、丢失、霉烂变质的损失。第二十七条规定，已抵扣进项税额的购进货物或者应税劳务，发生条例第十条规定的情形的（免税项目、非增值税应税劳务除外），应当将该项购进货物或者应税劳务的进项税额从当期的进项税额中扣减；无法确定该项进项税额的，按当期实际成本计算应扣减的进项税额。

风险点 166 资产损失备查材料短缺税前违规扣除（产成品丢失）风险

风险点说明

企业由于管理不善等原因造成购进货物、在产品、产成品非正常损失，应按规定准备相关留存查备材料， 并依法合规的在税前扣除。2017 年之前资产损失专项申报资料需到主管税务机关备案，2017 年及以后将资料留存备查。在处理相关业务的过程中，如果企业存在将资产非正常损失直接混进成本、费用中处理， 或留存资料不完整、不规范、不符合税前扣除条件等情况，则存在不缴或少缴企业所得税的风险。

计算过程

本风险点应调增的应纳税所得额为：企业非正常损失存货不具备合规税前扣除凭证应调增的应纳税所得额。

调增应纳税所得额 = 1,730 + 110.72 = 1,840.72（元）（调表不调账）

税收政策

《中华人民共和国企业所得税法》（汇编 p587）第八条规定，企业实际发生的与取得收入有关的、合理的支出，包括成本、费用、税金、损失和其他支出，准予在计算应纳税所得额时扣除。

《国家税务总局关于发布〈企业资产损失所得税税前扣除管理办法〉的公告》（汇编 p662）（国家税务总局公告 2011 年第 25 号）附件《企业资产损失所得税税前扣除管理办法》第三条规定，准予在企业所得税税前扣除的资产损失，是指企业在实际处置、转让上述资产过程中发生的合理损失（以下简称实际资产损失），以及企业虽未实际处置、转让上述资产，但符合《通知》和本办法规定条件计算确认的损失（以下简称法定资产损失）。第二十六条规定，存货盘亏损失，为其盘亏金额扣除责任人赔偿后的余额，应依据以下证据材料确认：（一）存货计税成本确定依据；（二）企业内部有关责任认定、责任人赔偿说明和内部核批文件；（三）存货盘点表；（四）存货保管人对于盘亏的情况说明。第二十七条规定，存货报废、毁损或变质损失，为其计税成本扣除残值及责任人赔偿后的余额，应依据以下证据材料确认：（一）存货计税成本的确定依据；（二）企业内部关于存货报废、毁损、变质、残值情况说明及核销资料；（三）涉及责任人赔偿的，应当有赔偿情况说明；（四）该项损失数额较大的（指占企业该类资产计税成本 10% 以上，或减少当年应纳税所得、增加亏损 10% 以上，下同），应有专业技术鉴定意见或法定资质中介机构出具的专项报告等。

《国家税务总局关于取消 20 项税务证明事项的公告》（汇编 p769）（国家税务总局公告 2018 年第 65 号）附件“取消的税务证明事项目录”规定，自 2018 年 12 月 28 日起取消“专业技术鉴定意见（报告）或中介机构专项报告”税务证明事项，改为“享改为纳税人留存备查自行出具的有法定代表人、主要负责人和财务负责人签章证实有关损失的书面申明。”

《国家税务总局关于企业所得税资产损失资料留存备查有关事项的公告》（汇编 p632）（国家税务总局公告 2018 年第 15 号）第一条规定，企业向税务机关申报扣除资产损失，仅需填报企业所得税年度纳税申报表《资产损失税前扣除及纳税调整明细表》，不再报送资产损失相关资料。相关资料由企业留存备查。第三条规定，本公告规定适用于 2017 年度及以后年度企业所得税汇算清缴。《国家税务总局关于发布〈企业资产损失所得税税前扣除管理办法〉的公告》（国家税务总局公告 2011 年第 25 号）第四条、第七条、第八条、第十三条有关资产损失证据资料、会计核算资料、纳税资料等相关资料报送的内容同时废止。

延伸解读

存货非正常损失应关注的会计科目有营业外收支、管理费用的损耗、损失及其他明细账、应交税费－应交增值税－进项税额转出明细账，具体分析思路详见第 152 个风险点。此外，应注意产成品的实际成本基本构成为原材料＋运费＋人工费＋水电费＋折旧费，产成品发生非正常损失，应将产成品耗用的原材料购进时抵扣的进项税额作转出处理。

具体事项 108
超规定范围列支职工教育经费

11 月第 10 笔凭证：2020 年 11 月报销王岳达研究生学历教育学费 20,000 元。计入职工教育经费支出。

☆原会计分录		☆正确会计分录
借：管理费用－职工教育经费	20,000.00	原会计分录不变
贷：应付职工薪酬－职工教育经费	20,000.00	
借：应付职工薪酬－职工教育经费	20,000.00	
贷：库存现金	20,000.00	

☆调整会计分录

调表不调账

风险点 167 将个人学费列入职工教育经费税前违规扣除（支付个人学费）风险

风险点说明

企业的职工教育培训经费必须专款专用，面向全体职工开展教育培训，企业为员工个人支付的教育费支出，应严格区分培训目的与受益人情况，不符合职工教育经费列支条件的不能在税前列支，如企业法人等管理层的个人接受学历教育等与生产经营无直接联系的培训费支出，不属于职工教育经费列支范围。在处理相关业务的过程中，如果企业存在超范围列支职工教育经费并在税前扣除等情况，则存在不缴或少缴企业所得税的风险。

计算过程

本风险点应调增的应纳税所得额为：企业列示的不得税前扣除的王岳达研究生学历教育学费。

调增应纳税所得额＝20,000（元）

税收政策

《关于企业职工教育经费提取与使用管理的意见》（汇编 p688）（财建〔2006〕317 号）第三条

第（四）项规定，职工教育培训经费必须专款专用，面向全体职工开展教育培训，特别是要加强各类高技能人才的培养。第（五）项规定，企业职工教育培训经费列支范围包括：1. 上岗和转岗培训；2. 各类岗位适应性培训；3. 岗位培训、职业技术等级培训、高技能人才培训；4. 专业技术人员继续教育；5. 特种作业人员培训；6. 企业组织的职工外送培训的经费支出；7. 职工参加的职业技能鉴定、职业资格认证等经费支出；8. 购置教学设备与设施；9. 职工岗位自学成才奖励费用；10. 职工教育培训管理费用；11. 有关职工教育的其他开支。第（九）项规定，企业职工参加社会上的学历教育以及个人为取得学位而参加的在职教育，所需费用应由个人承担，不能挤占企业的职工教育培训经费。

延伸解读

对于涉及限额扣除的项目，包括：三项经费、广宣费、业务招待费需要关注企业申报的账载金额是否正确。通过电子底账系统进行票面分析，该业务内容是 MBA 学费，取得增值税普通发票。按规定企业职工参加社会学历教育以及个人为取得学位而参加的在职教育，费用应由个人承担，不得挤占企业职工教育培训经费。因此，该企业应将费用全额调增，同时该笔费用不得参与教育经费限额调整，不得列入 A105050《职工薪酬纳税调整明细表》的职工教育经费账载金额。

具体事项 109
处置下脚料未按规定缴税

11 月第 23 笔凭证：2020 年 11 月收到出售钢带废品下脚料货款 5,000 元。

☆原会计分录		☆正确会计分录	
借：库存现金	5,000.00	借：库存现金	5,000.00
贷：其他应付款 – 个人 – 其他	5,000.00	贷：其他业务收入 – 材料物资 _13%	4,424.78
		应交税费 – 应交增值税 – 销项税额 _13%	575.22

☆调整会计分录

借：其他应付款 – 个人 – 其他	5,000.00
贷：应交税费 – 增值税检查调整 – 销项税额 _13%	575.22
以前年度损益调整 – 其他业务收入	4,424.78

风险点 168 未确认收入未按规定申报增值税（销售下脚料）风险

风险点说明

纳税人处置下脚料，是正常的经营行为，应按规定确认收入并申报缴纳增值税。在处理相关业务的过程中，如果纳税人存在未按规定确认处置下脚料收入，或未按适用税率申报缴纳增值税，或未按真实交易价格确认收入等情况，则存在不缴或少缴增值税的风险。

计算过程

本风险点应确认的销项税额为：企业出售钢带下脚料应确认的销项税额。

增值税销售额 = 5,000 ÷（1+13%）= 4,424.78（元）

销项税额 = 4,424.78 × 13% = 575.22（元）

税收政策

《中华人民共和国增值税暂行条例（2017 修订版）》（汇编 p434）第一条规定，在中华人民共和国境内销售货物或者加工、修理修配劳务（以下简称劳务），销售服务、无形资产、不动产以及进口货物的单位和个人，为增值税的纳税人，应当依照本条例缴纳增值税。

《中华人民共和国增值税暂行条例实施细则（2011 修订版）》（汇编 p439）（财政部　国家税务总局令 2011 年第 65 号）第三条规定，条例第一条所称销售货物，是指有偿转让货物的所有权。条例第一条所称提供加工、修理修配劳务（以下称应税劳务），是指有偿提供加工、修理修配劳务。单位或者个体工商户聘用的员工为本单位或者雇主提供加工、修理修配劳务，不包括在内。本细则所称有偿，是指从购买方取得货币、货物或者其他经济利益。

《中华人民共和国增值税暂行条例（2017 修订版）》（汇编 p434）第七条规定，纳税人发生应税销售行为的价格明显偏低并无正当理由的，由主管税务机关核定其销售额。

《中华人民共和国增值税暂行条例实施细则（2011 修订版）》（汇编 p439）（财政部　国家税务总局令 2011 年第 65 号）第十六条规定，纳税人有条例第七条所称价格明显偏低并无正当理由或者有本细则第四条所列视同销售货物行为而无销售额者，按下列顺序确定销售额：（一）按纳税人最近时期同类货物的平均销售价格确定；（二）按其他纳税人最近时期同类货物的平均销售价格确定；（三）按组成计税价格确定。

风险点 169 未确认收入未按规定申报企业所得税（销售下脚料）风险

风险点说明

纳税人处置下脚料，是正常的经营行为，应按规定确认收入并申报缴纳企业所得税。在处理相关业务的过程中，如果纳税人存在未按规定确认处置下脚料收入，或未按适用税率申报缴纳企业所得税，或未按真实交易价格确认收入等情况，则存在不缴或少缴企业所得税的风险。

计算过程

本风险点应调增的应纳税所得额为：企业出售钢带下脚料应确认的收入。

调增应纳税所得额 = 4,424.78（元）

税收政策

《中华人民共和国企业所得税法》（汇编 p587）第六条规定，企业以货币形式和非货币形式从各种来源取得的收入，为收入总额。包括：（一）销售货物收入；（二）提供劳务收入；（三）转让财产收入；（四）股息、红利等权益性投资收益；（五）利息收入；（六）租金收入；（七）特许权使用费收入；（八）接受捐赠收入；（九）其他收入。

延伸解读

机械加工型企业在生产过程中一般会产生下脚料，如果《增值税纳税申报表一》中没有申报过“未开票收入”，通过电子底账系统获知没有开具过销售下脚料的发票，判断企业可能隐瞒下脚料销售收入，可通过盘点企业材料库存、核查经常发生的有零头的借入款项或根据原料产出比的变动情 况测算等方式来进一步分析涉税风险。经核实，该企业将下脚料销售给个人且未开具发票，应计提 增值税销项税额，同时调增企业所得税应纳税所得额。

在实践中，处理与下脚料相关的业务时纳税人可能采用以下方式达到少缴税款的目的：一是企业存在对外销售下脚料和各生产环节产生的废品，未确认收入直接用于顶账、消费或各类支出；二是销售自己使用过的除固定资产以外的废旧包装物、废旧材料等未按适用税率申报销售收入；三是企业废弃物中含有仍有市场价值的商品，核算时未按照真实交易价格确认收入，一并作为废品核算等。

具体事项 110
从非农业生产者处购进农产品违规抵扣进项税额

11 月第 53 笔凭证：2020 年 11 月按合同约定，购入原木水曲柳 100 立方，全部价格 150,000 元，取得 3% 增值税普通发票，货款以银行汇款支付，材料已验收入库。

☆原会计分录

借：原材料 – 木材类 _ 水曲柳木材　135,000.00
　应交税费 – 应交增值税 – 进项税额　13,500.00
　应交税费 – 待抵扣进项税额　1,500.00.00
　贷：应付账款 – 长安市绿水青山林业有限公司　150,000.00
借：应付账款 – 长安市绿水青山林业有限公司　150,000.00
　贷：银行存款 – 江南城市发展银行长安分行　150,000.00
借：财务费用 – 手续费　20.00
　贷：银行存款 – 江南城市发展银行长安分行　20.00

☆正确会计分录

借：原材料 – 木材类 _ 水曲柳木材　150,000.00
　贷：应付账款 – 长安市绿水青山林业有限公司　150,000.00
借：应付账款 – 长安市绿水青山林业有限公司　150,000.00
　贷：银行存款 – 江南城市发展银行长安分行　150,000.00
借：财务费用 – 手续费　20.00
　贷：银行存款 – 江南城市发展银行长安分行　20.00

☆调整会计分录

借：原材料 – 水曲柳木材　15,000.00
　贷：应交税费 – 增值税检查调整 – 进项税额转出　13,500.00
　　应交税费 – 待抵扣进项税额　1,500.00

风险点 170 购进农产品未取得增值税扣税凭证违规申报抵扣进项税额（非农业生产者开具普通发票）风险

风险点说明

纳税人从农业生产者手中购进农产品，应以真实合法发生的业务为基础核算，按发票管理规定开具农产品收购发票或取得销售方开具的适用免税政策的普通发票，计算抵扣进项税额。在处理相关业务的过程中，如果纳税人存在购入初级农产品时取得销售方开具的不符合抵扣进项税额的发票，并申报抵扣进项税额等情况，则存在不缴或少缴增值税的风险。

计算过程

本风险点中应按规定转出的进项税额为：企业已抵扣的从非农业生产者处购入水曲柳开具普通发票的进项税额。应增加原材料的计税基础为：因不得抵扣进项税而增加的存货成本。

进项税额转出金额 = 13,500（元）

增加原材料计税基础 = 13,500 + 待抵扣进项税额 1500 = 15,000（元）

税收政策

《中华人民共和国增值税暂行条例（2017 修订版）》（汇编 p434）第八条第二款第（三）项规定，纳税人购进货物、劳务、服务、无形资产、不动产支付或者负担的增值税额，为进项税额。下列进项税额准予从销项税额中抵扣：（三）购进农产品，除取得增值税专用发票或者海关进口增值税专用缴款书外，按照农产品收购发票或者销售发票上注明的农产品买价和 11% 的扣除率计算的进项税额，国务院另有规定的除外。

《财政部　税务总局关于调整增值税税率的通知》（汇编 p459）（财税〔2018〕32 号）第二条规定，纳税人购进农产品，原适用 11% 扣除率的，扣除率调整为 10%。

《财政部　税务总局　海关总署关于深化增值税改革有关政策的公告》（汇编 p455）（财政部　税务总局　海关总署公告 2019 年第 39 号）第二条规定，纳税人购进农产品，原适用 10% 扣除率的，扣除率调整为 9%。纳税人购进用于生产或者委托加工 13% 税率货物的农产品，按照 10% 的扣除率计算进项税额。

《财政部　税务总局关于简并增值税税率有关政策的通知》（汇编 p470）（财税〔2017〕37 号）第二条第（一）项规定，纳税人购进农产品，按下列规定抵扣进项税额：除本条第（二）项规定外，纳税人购进农产品，取得一般纳税人开具的增值税专用发票或海关进口增值税专用缴款书的，以增值税专用发票或海关进口增值税专用缴款书上注明的增值税额为进项税额；从按照简易计税方法依照 3% 征收率计算缴纳增值税的小规模纳税人取得增值税专用发票的，以增值税专用发票上注明的金额和 11% 的扣除率计算进项税额；取得（开具）农产品销售发票或收购发票的，以农产品销售发票或收购发票上注明的农产品买价和 11% 的扣除率计算进项税额。第（六）项规定，《中华人民共和国增值税暂行条例》第八条第二款第（三）项和本通知所称销售发票，是指农业生产者销售自产农产品适用免征增值税政策而开具的普通发票。

延伸解读

通过电子底账系统进行票面分析，该业务是购进水曲柳原木，普通发票，征收率为 3%。按规定小规模纳税人及非农业生产者必须开具增值税专用发票，购买方方可抵扣进项税额，因此企业购入农产品时应判断销售方是否符合农业生产者销售初级农产品的规定。经核实，长安市绿水青山林业有限公司并非依据《中华人民共和国农民专业合作社法》成立的合作组织，系依据公司法成立的有限公司。因此开具的普通发票不得计算抵扣增值税，应作进项税额转出。该企业可要求林业公司重新开具专用发票，取得专用发票后进行税款抵扣。

具体事项 111
丢失原材料未转出进项税额

11 月第 75 笔凭证：2020 年 11 月年末盘点发现尼龙扎带丢失 5 包，不含税成本共计 150 元。凭证后附审批手续齐全。

☆原会计分录

借：管理费用 – 财产损失 150.00

　贷：原材料 – 包装物类 _ 尼龙扎带 150.00

☆正确会计分录

借：管理费用 – 财产损失 169.50

　贷：应交税费 – 应交增值税 – 进项税额转出 19.50

　　原材料 – 包装物类 _ 尼龙扎带 150.00

☆调整会计分录

借：以前年度损益调整 – 管理费用 19.50

　贷：应交税费 – 增值税检查调整 – 进项税额转出 19.50

风险点 171 存货非正常损失实际成本计算错误未按规定转出进项税额（一般原材料丢失）风险

风险点说明

纳税人由于管理不善等原因造成购进货物、在产品、产成品非正常损失，应按损失货物、在产品、产成品及其应税劳务对应的进项税额全额做转出处理，不能按扣除保险公司赔款及其他赔偿后的损失余额做进项税额转出。在处理相关业务的过程中，如果纳税人当期存在原材料丢失，同期增值税申报中没有与损失金额相匹配的转出进项税额，或当期无转出进项税额等情况，则存在不缴或少缴增值税的风险。

计算过程

本风险点中应按规定转出的进项税额为：按非正常损失全额确认的进项税额转出。调减的应纳税所得额为：因进项税额转出增加的费用金额。

进项税额转出金额 = 150 × 13% = 19.5（元）

调减应纳税所得额 = 19.5（元）

税收政策

《中华人民共和国增值税暂行条例（2017 修订版）》（汇编 p434）第十条第（二）项规定，下列项目的进项税额不得从销项税额中抵扣：（二）非正常损失的购进货物，以及相关的劳务和交通运输服务。

《中华人民共和国增值税暂行条例实施细则（2011 修订版）》（汇编 p439）（财政部　国家税务总局令 2011 年第 65 号）第二十四条规定，条例第十条第（二）项所称非正常损失，是指因管理不善造成被盗、丢失、霉烂变质的损失。第二十七条规定，已抵扣进项税额的购进货物或者应税劳务，发生条例第十条规定的情形的（免税项目、非增值税应税劳务除外），应当将该项购进货物或者应税劳务的进项税额从当期的进项税额中扣减；无法确定该项进项税额的，按当期实际成本计算应扣减的进项税额。

延伸解读

分析比对营业外收支、管理费用－损失损耗、管理费用－其他账目与非正常损失进项税额转出的相关数据，判断是否存在非正常损失应转出但未转出进项税额的情形。同时应关注企业丢失的原材料是否按购入时的税率作了进项税额转出，并查看留存备查资料是否齐全，判断丢失材料的损失是否可以税前扣除。

具体事项 112
购入土地未按规定核算契税

11 月第 82 笔凭证：2020 年 11 月按购入土地使用权支付的土地出让金 10,000,000 元，计提缴纳契税 400,000 元。缴纳的市政建设配套费 1,000,00 元未计算申报契税。

☆原会计分录		☆正确会计分录	
借：管理费用－税费	400,000.00	借：无形资产－土地使用权－B 地块	440,000.00
贷：应交税费－应交契税	400,000.00	贷：应交税费－应交契税	440,000.00
		借：管理费用－土地使用权摊销	1,466.67
		贷：累计摊销－土地使用权 B 地块	1,466.67

☆调整会计分录

借：无形资产－土地使用权　　440,000.00

　贷：以前年度损益调整－管理费用　　400,000.00

　　贷：应交税费－应交契税　　400,000.00

借：以前年度损益调整－管理费用　　1,466.67

　贷：累计摊销－土地使用权 B 地块　　1,466.67

风险点 172 未确认计税依据未按规定申报契税（少计计税价格）风险

风险点说明

纳税人购入土地使用权，应准确核算计税基础及相关税费，按规定以协议方式出让的，契税计税价格为成交价格，成交价格应包括拆迁补偿费、市政建设配套费等。在处理相关业务的过程中，如果纳税人存在核算契税计税价格未汇集拆迁补偿费、市政建设配套费等情况，则存在不缴或少缴契税的风险。

计算过程

本风险点应补的契税为：取得土地使用权缴纳的市政建设配套费应计算申报的契税金额。

应补契税＝1,000,000×4%＝40,000（元）调增土地使用权计税基础 40,000（元）

调减企业所得税应纳税所得额：40,000÷50 年 ÷12 月 ×2 个月＝133.33（元）

税收政策

《财政部　国家税务总局关于国有土地使用权出让等有关契税问题的通知》（汇编 p750）（财税〔2004〕134 号）第一条第一款规定，出让国有土地使用权的，其契税计税价格为承受人为取得该土地使用权而支付的全部经济利益。以协议方式出让的，其契税计税价格为成交价格。成交价格包括土地出让金、土地补偿费、安置补助费、地上附着物和青苗补偿费、拆迁补偿费、市政建设配套费等承受者应支付的货币、实物、无形资产及其他经济利益。

风险点 173 购入土地支付契税税前违规扣除（应资本化的契税费用化）风险

风险点说明

企业购入土地使用权，应准确核算计税基础及相关税费，应予资本化的支出不得在税前直接扣除，如为取得土地使用权而缴纳的契税应计入土地成本，随土地摊销计入企业的成本、费用。在处理相关业务的过程中，如果企业存在将应资本化的契税费用化，一次性在企业所得税前扣除等情况，则存在不缴或少缴企业所得税的风险。

计算过程

本风险点应调增的应纳税所得额为：应计入土地使用权成本予以资本化的契税金额。应调减的应纳税所得额为增加的土地使用权成本应补提的摊销金额。

调增应纳税所得额 = 400,000（元）

调减应纳税所得额 = 400,000 ÷ 50 年 ÷ 12 月 × 2 个月

= 1,333.33（元）（本年 11 月 +12 月允许税前扣除）

税收政策

《中华人民共和国企业所得税法实施条例》（汇编 p595）第六十六条规定，无形资产按照以下方法确定计税基础：（一）外购的无形资产，以购买价款和支付的相关税费以及直接归属于使该资产达到预定用途发生的其他支出为计税基础；（二）自行开发的无形资产，以开发过程中该资产符合资本化条件后至达到预定用途前发生的支出为计税基础；（三）通过捐赠、投资、非货币性资产交换、债务重组等方式取得的无形资产，以该资产的公允价值和支付的相关税费为计税基础。

延伸解读

通过《企业所得税年度纳税申报表》A104000《期间费用明细表》中“二十、各项税费”获知申报税额 400000 元，按企业会计准则规定除增值税外的税费核算应通过税金及附加科目，可询问企业在管理费用中列支大额税费的原因，同时要求企业提供无形资产 – 土地使用权明细账、记账凭证等资料，判断市政建设配套费等相关费用是否已缴纳契税。经核实，该企业未缴纳市政建设配套费契税，且将已缴纳的应资本化的契税计入了管理费用，应调增企业所得税应纳税所得额。

具体事项 113
收到公益性岗位补助未按规定确认收入

11 月第 83 笔凭证：2020 年 11 月收到公益性岗位补贴 23,240 元。

☆原会计分录	☆正确会计分录
借：银行存款－江南城市发展银行长安分行 23,240.00 贷：其他应付款－个人－其他 23,240.00	借：银行存款－江南城市发展银行长安分行 23,240.00 贷：其他收益 23,240.00

☆调整会计分录

借：其他应付款－个人－其他 23,240.00

贷：以前年度损益调整－其他收益 23,240.00

风险点 174 未确认收入未按规定申报企业所得税（收到公益性岗位补贴）风险

风险点说明

企业取得政府补助，除国务院、财政部和国家税务总局规定不计入当期损益外，应按税法规定确认当期收入。判断企业取得的补助是否属于不征税、免税收入，应核查补助的性质及相关材料。在处理相关业务的过程中，如果企业存在取得的补助不符合不征税、免税收入的相关规定，又将补助计入往来账等科目不确认收入等情况，则存在不缴或少缴企业所得税的风险。

计算过程

本风险点应调增的应纳税所得额为：收到的公益性岗位补贴应确认收入的金额。

调增应纳税所得额 = 23,240（元）

税收政策

《中华人民共和国企业所得税法》（汇编 p587）第六条规定，企业以货币形式和非货币形式从各种来源取得的收入，为收入总额。包括：（一）销售货物收入；（二）提供劳务收入；（三）转让财产收入；（四）股息、红利等权益性投资收益；（五）利息收入；（六）租金收入；（七）特许权使用费收入；（八）接受捐赠收入；（九）其他收入。

《中华人民共和国企业所得税法实施条例》（汇编 p595）第二十二条规定，企业所得税法第六条第（九）项所称其他收入，是指企业取得的除企业所得税法第六条第（一）项至第（八）项规定的收入外的其他收入，包括企业资产溢余收入、逾期未退包装物押金收入、确实无法偿付的应付款项、已作坏账损失处理后又收回的应收款项、债务重组收入、补贴收入、违约金收入、汇兑收益等。

《国家税务总局关于企业所得税应纳税所得额若干税务处理问题的公告》（汇编 p654）（税务总局公告 2012 年第 15 号）第七条规定，关于企业不征税收入管理问题：企业取得的不征税收入，应按照《财政部　国家税务总局关于专项用途财政性资金企业所得税处理问题的通知》（财税〔2011〕70 号，以下简称《通知》）的规定进行处理。凡未按照《通知》规定进行管理的，应作为企业应税收入计入应纳税所得额，依法缴纳企业所得税。

《财政部　国家税务总局关于专项用途财政性资金企业所得税处理问题的通知》（汇编 p657）（财税〔2011〕70 号）第一条规定，企业从县级以上各级人民政府财政部门及其他部门取得的应计入收入总额的财政性资金，凡同时符合以下条件的，可以作为不征税收入，在计算应纳税所得额时从收入总额中减除：（一）企业能够提供规定资金专项用途的资金拨付文件；（二）财政部门或其他拨付资金的政府部门对该资金有专门的资金管理办法或具体管理要求；（三）企业对该资金以及以该资金发生的支出单独进行核算。

延伸解读

从各级人力资源社会保障部门和财政部门获取第三方信息，得知该笔补助是人力资源社会保障部门对用人单位的公益性岗位社保补贴。要求企业提供其他应付款的往来明细账、会计凭证等资料，进一步分析涉税风险。经核实，该企业收到岗位补贴记在往来账中未确认收入，需全额调增企业所得税应纳税所得额。

在实践中，部分企业将公益性岗位补助通过其他应付款进行核算，应关注其他应付款的列支情况。

具体事项 114
平整场地发生的餐费未列入业务招待费

11 月第 84 笔凭证：2020 年 11 月以现金支付平整场地发生餐费 3,000 元。

☆原会计分录		☆正确会计分录
借：在建工程－新厂房－业务招待费	3,000.00	原会计分录不变
贷：库存现金	3,000.00	

☆调整会计分录

调表不调账

风险点 175 业务招待费列入在建工程未按规定税前扣除（招待客户支付餐费）风险

风险点说明

企业税前扣除成本、费用，应以真实发生业务为基础，并取得合法有效凭证，且有限额扣除规定的项目不得扩大计算基数、不得超额度扣除。如发生符合规定的业务招待费、广告费和业务宣传费等支出，应按当年销售（营业）收入的范围、扣除比率计算扣除。在处理相关业务的过程中，如果企业存在与生产经营活动有关的业务招待费支出，未列入日常核算账户，且税前未按规定比例限额扣除等情况，则存在不缴或少缴企业所得税的风险。

计算过程

本风险点应调增的业务招待费实际发生额为：企业列入在建工程的餐费支出。

调增业务招待费实际发生额 = 3,000（元）参与限额调整（调表不调账）。

税收政策

《中华人民共和国企业所得税法实施条例》（汇编 p595）第四十三条规定， 企业发生的与生产经营活动有关的业务招待费支出，按照发生额的 60% 扣除，但最高不得超过当年销售（营业）收入的 5‰。

延伸解读

通过电子底账系统进行分析，查看企业发生的餐费发票，同时关注企业所得税年度纳税申报表中是否如实填报业务招待费发生额。通过科目余额表列明的二级科目“业务招待费”查看核算情况，获知企业在管理费用科目外核算业务招待费的情况，有管理费用业务招待费（会计科目编码 6602.010），以及在建工程：业务招待费（会计科目编码 1604.002.002）。要求企业提供在建工程明细账和记账凭证等资料，通过《企业所得税年度纳税申报表》A105000《纳税调整项目明细表》业务招待费栏次，获知企业列支的 77800 元业务招待费全部为管理费用科目核算金额。经核实，该企业未将在建工程－业务招待费列入业务招待费账载金额参与限额扣除，应调增纳税调整明细表的业务招待费账载金额 3,000 元。

在实践中，企业发生的业务招待费可能计入各种会计科目，如管理费用－业务招待费、在建工程－招待费、销售费用－招待费、制造费用－招待费等，另外有些大型企业会按受益对象记载业务招待费，应全面关注业务招待费列支情况。此外，企业计入在建工程、管理费用、制造费用的业务招待费，不需调整账目，只需调整企业所得税纳税申报表的业务招待费账载金额。

具体事项 115
税前扣除不符合条件的非公益性捐赠

12 月第 8 笔凭证：2020 年 12 月以现金直接向学校捐款 10,000 元，取得收款收据。

☆原会计分录		☆正确会计分录
借：营业外支出－捐赠支出	10,000.00	原会计分录不变
贷：库存现金	10,000.00	

☆调整会计分录

调表不调账

风险点 176 非公益性捐赠支出税前违规扣除（直接向学校捐款）风险

风险点说明

企业对外捐赠，要准确核算发生的支出情况，判断是否符合税前扣除条件和限额，不符合企业所得税前扣除标准的捐赠不得在企业所得税税前扣除。在处理相关业务的过程中，如果企业存在将非公益捐赠混为公益性捐赠在汇算清缴时进行限额或全额扣除的情况，则存在不缴或少缴企业所得税的风险。

计算过程

本风险点应调增的应纳税所得额为：企业直接向学校捐款的支出总额。

调增应纳税所得额 = 10,000（元）

税收政策

《中华人民共和国企业所得税法》（汇编 p587）第九条规定，企业发生的公益性捐赠支出，在年度利润总额 12% 以内的部分，准予在计算应纳税所得额时扣除。《全国人民代表大会常务委员会关于修改〈中华人民共和国企业所得税法〉的决定》规定，将第九条修改为：“企业发生的公益性捐赠支出，在年度利润总额 12% 以内的部分，准予在计算应纳税所得额时扣除；超过年度利润总额 12% 的部分，准予结转以后三年内在计算应纳税所得额时扣除”。

《中华人民共和国企业所得税法实施条例》（汇编 p595）第五十一条规定，企业所得税法第九条所称公益性捐赠，是指企业通过公益性社会组织或者县级以上人民政府及其部门，用于符合法律规定的慈善活动、公益事业的捐赠。

延伸解读

通过《企业所得税年度纳税申报表》A105070《捐赠支出纳税调整明细表》获知企业将 10,000 元填在“限额扣除的公益性捐赠”中，要求企业提供营业外支出明细账及会计凭证等相关资料，并重点关注营业外收支、管理费用－其他等明细账。经核实，该企业捐赠为非公益性质的直接捐赠，不得税前扣除，需调增企业所得税应纳税所得额，且不得向以后年度结转。

具体事项 116
履行担保责任房产被拍卖未按规定缴纳税款

12 月第 39 笔凭证：2020 年 12 月从长安市拍卖公司微信公众号得知，长安市岳达机械制造有限公司被拍卖房产一处，成交含税价 700,000 元。经询问得知，因被担保人不能偿还到期债务，经法院判决该企业承担连带保证责任，将被抵押房产通过拍卖公司公开拍卖。该办公用房 2010 年 12 月购入时原值 400,000 元，已提折旧 194,016 元，未取得重置成本价。查看法院判决该被担保人为法定代表人亲属，事由是为其亲属购建绿色生态基地。

☆原会计分录

借：营业外支出－其他　205,984.00
　　累计折旧－房屋建筑　194,016.00
　贷：固定资产－房屋建筑　400,000.00

☆正确会计分录

借：固定资产清理－房屋建筑　220,269.71
　　累计折旧－房屋建筑　194,016.00
　贷：固定资产－房屋建筑　400,000.00
　　　应交税费－简易计税 _5%　14,285.71
借：固定资产清理－房屋建筑　26,914.28
　贷：应交税费－应交城市维护建设税　1,000.00
　　　应交税费－应交教育费附加　428.57
　　　应交税费－应交地方教育附加　285.71
　　　应交税费－应交土地增值税　25,200.00
借：营业外支出－其他　247,183.99
　贷：固定资产清理－房屋建筑　247,183.99
（因计算土地增值税的需要，将附加税一并计提）

☆调整会计分录

借：以前年度损益调整－营业外支出　41,199.99
　贷：应交税费－简易计税　14,285.71
　　　应交税费－土地增值税　25,200.00
　　　应交税费－应交城市维护建设税　1,000.00
　　　应交税费－应交教育费附加　428.57
　　　应交税费－应交地方教育附加　285.71
（因计算土地增值税的需要，将附加税一并计提）

风险点 177 未确认收入未按规定申报增值税（房产被拍卖抵债）风险

风险点说明

纳税人房产等资产被拍卖用来抵偿债务属于销售行为，应按拍卖价格计入收入并按规定缴纳各项税费。在处理相关业务的过程中，如果纳税人存在房产等资产被依法拍卖，故意拖延申报相关税费，或隐瞒其财产转让行为不申报相关税费等情况，则存在不缴或少缴增值税的风险。

计算过程

本风险点应确认的销项税额为：因履行担保义务，担保房产被依法拍卖收入应确认的销项税额。

增值税销售额 =（700,000 − 400,000）÷（1 + 5%）= 285,714.29（元）

销项税额 = 285,714.29 × 5% = 14,285.71（元）

税收政策

《中华人民共和国增值税暂行条例（2017 修订版）》（汇编 p434）第一条规定，在中华人民共和国境内销售货物或者加工、修理修配劳务（以下简称劳务），销售服务、无形资产、不动产以及进口货物的单位和个人，为增值税的纳税人，应当依照本条例缴纳增值税。

《中华人民共和国增值税暂行条例实施细则（2011 修订版）》（汇编 p439）（财政部　国家税务总局令 2011 年第 65 号）第三条规定，条例第一条所称销售货物，是指有偿转让货物的所有权。条例第一条所称提供加工、修理修配劳务（以下称应税劳务），是指有偿提供加工、修理修配劳务。单位或者个体工商户聘用的员工为本单位或者雇主提供加工、修理修配劳务，不包括在内。本细则所称有偿，是指从购买方取得货币、货物或者其他经济利益。

风险点 178 未按规定申报土地增值税（房产被拍卖抵债）风险

风险点说明

纳税人房产等资产被拍卖用来抵偿债务属于销售行为，应按拍卖价格确认收入并按规定缴纳各项税费。在处理相关业务的过程中，如果纳税人存在房产等资产被依法拍卖，却故意拖延申报土地增值税，或故意隐瞒其销售行为不申报土地增值税等情况，则存在不缴或少缴土地增值税的风险。

计算过程

本风险点应确认的土地增值税为：因履行担保义务，担保房产被依法拍卖收入应确认的土地增值税。

土地增值税收入 = 房产拍卖收入 − 应缴纳的增值税 = 700,000 − 14,285.71 = 685,714.29（元）

扣除项目金额 = 按发票所载金额并从购买年度起至转让年度止每年加计 5% 计算扣除 + 附加税

= 400,000 + 400,000 × 5% × 10 年 + 1,714.28 = 601,714.28（元）

增值额 = 土地增值税收入 − 扣除项目金额 = 685,714.29 − 601,714.28 = 84,000.01（元）

增值额扣除比 = 84,000.01 ÷ 601,714.28 = 13.96% < 50%

土地增值税 = 84,000.01 × 30% = 25,200（元）

税收政策

《财政部　国家税务总局关于全面推开营业税改征增值税试点的通知》（汇编 p482）（财税〔2016〕36 号）附件 2《营业税改征增值税试点有关事项的规定》第一条第八项第一目规定，一般纳税人销售其 2016 年 4 月 30 日前取得（不含自建）的不动产，可以选择适用简易计税方法，以取得的全部价款和价外费用减去该项不动产购置原价或者取得不动产时的作价后的余额为销售额，按照 5% 的征收率计算应纳税额。纳税人应按照上述计税方法在不动产所在地预缴税款后，向机构所在地主管税务机关进行纳税申报。

《中华人民共和国土地增值税暂行条例 》（汇编 p721）第二条规定转让国有土地使用权、地上的建筑物及其附着物（以下简称转让房地产）并取得收入的单位和个人，为土地增值税的纳税义务人（以下简称纳税人），应当依照本条例缴纳土地增值税。

《财政部　国家税务总局关于土地增值税若干问题的通知》（汇编 p725）（财税〔2006〕21 号）第二条规定，关于转让旧房准予扣除项目的计算问题。纳税人转让旧房及建筑物，凡不能取得评估价格，但能提供购房发票的，经当地税务部门确认，《条例》第六条第（一）、（三）项规定的扣除项目的金额，可按发票所载金额并从购买年度起至转让年度止每年加计 5%计算。对纳税人购房时缴纳的契税，凡能提供契税完税凭证的，准予作为“与转让房地产有关的税金”予以扣除，但不作为加计 5%的基数。对于转让旧房及建筑物，既没有评估价格，又不能提供购房发票的，地方税务机关可以根据《中华人民共和国税收征收管理法》（以下简称《税收征管法》）第 35 条的规定，实行核定征收。

《国家税务总局关于土地增值税清算有关问题的通知》（汇编 p723）（国税函〔2010〕220 号）第七条规定，关于转让旧房准予扣除项目的加计问题，《财政部　国家税务总局关于土地增值税若干问题的通知》（财税〔2006〕21 号）第二条第一款规定，纳税人转让旧房及建筑物，凡不能取得评估价格，但能提供购房发票的，经当地税务部门确认，《条例》第六条第（一）、（三）项规定的扣除项目的金额，可按发票所载金额并从购买年度起至转让年度止每年加计 5% 计算。计算扣除项目时“每年”按购房发票所载日期起至售房发票开具之日止，每满 12 个月计一年；超过一年，未满 12 个月但超过 6 个月的，可以视同为一年。

风险点 179 视同销售行为未按规定申报企业所得税（房产被拍卖抵债）风险

风险点说明

企业房产被拍卖用来抵偿债务属于视同销售行为，应按拍卖价格确认收入并按规定缴纳各项税费。在处理相关业务的过程中，如果企业存在房产等资产被拍卖，拖延确认收入和成本，或故意隐瞒其销售行为不确认收入和成本等情况，则存在不缴或少缴企业所得税的风险。

计算过程

本风险点确认的其他视同销售收入为：拍卖房产价值；确认的其他视同销售成本为：房产的账面价值。调减的应纳税所得额为：企业负担的土地增值税及附加税。

其他视同销售收入 = 685,714.29（元）

其他视同销售成本 = 205,984（元）

视同销售调增应纳税所得额 = 685,714.29 − 205,984 = 479,730.29（元）

调减应纳税所得额 = 土地增值税 + 附加税 = 25,200 + 1,000 + 428.57 + 285.71 = 26,914.27（元）

税收政策

《中华人民共和国企业所得税法实施条例》（汇编 p595）第二十五条规定， 企业发生非货币性资产交换，以及将货物、财产、劳务用于捐赠、偿债、赞助、集资、广告、样品、职工福利或者利润分配等用途的，应当视同销售货物、转让财产或者提供劳务，但国务院财政、税务主管部门另有规定的除外。

《国家税务总局关于企业处置资产所得税处理问题的通知》（汇编 p686）（国税函〔2008〕828 号）第二款第六条规定，企业将资产移送他人的下列情形，因资产所有权属已发生改变而不属于内部处置资产，应按规定视同销售确定收入。（六）其他改变资产所有权属的用途。

《国家税务总局关于企业所得税有关问题的公告》（汇编 p636）（税务总局公告 2016 年第 80 号）

第二条规定，企业移送资产所得税处理问题。企业发生《国家税务总局关于企业处置资产所得税处理问题的通知》（国税函〔2008〕828 号）第二条规定情形的，除另有规定外，应按照被移送资产的公允价值确定销售收入。

《国家税务总局关于修订企业所得税年度纳税申报表的公告》（汇编 p613）（国家税务总局公告 2020 年第 24 号）附件：《中华人民共和国企业所得税年度纳税申报表（A 类，2017 年版）》部分表单及填报说明（2020 年修订）规定，《纳税调整项目明细表》填报说明第 30 行“（十七）其他”：填报其他因会计处理与税收规定有差异需纳税调整的扣除类项目金额，企业将货物、资产、劳务用于捐赠、广告等用途时，进行视同销售纳税调整后，对应支出的会计处理与税收规定有差异需纳税调整的金额填报在本行。

风险点 180 在营业外支出中列支与取得收入无关的支出（为他人提供担保损失）风险

风险点说明

企业税前扣除成本、费用应严格遵循合法合规、真实相关原则，对外提供与生产经营活动无关的担保支出不允许税前扣除。在处理相关业务的过程中，如果企业存在税前扣除与生产经营并无直接关系的担保支出等情况，则存在不缴或少缴企业所得税的风险。

计算过程

本风险点调增的应纳税所得额为：企业不得税前扣除的与经营活动无关的担保业务损失金额。

调增应纳税所得额 = 205,984（元）（调表不调账）

税收政策

《中华人民共和国企业所得税法》（汇编 p587）第十条第（八）项规定，在计算应纳税所得额时，下列支出不得扣除：（八）与取得收入无关的其他支出。

《企业资产损失所得税税前扣除管理办法》（汇编 p662）（税务总局公告 2011 年第 25 号）第四十四条规定，企业对外提供与本企业生产经营活动有关的担保，因被担保人不能按期偿还债务而承担连带责任，经追索，被担保人无偿还能力，对无法追回的金额，比照本办法规定的应收款项损失进行处理。与本企业生产经营活动有关的担保是指企业对外提供的与本企业应税收入、投资、融资、材料采购、产品销售等生产经营活动相关的担保。

延伸解读

通过拍卖公司公众号等渠道获知该企业房产被拍卖的信息。经核实，该企业为他人提供担保，而被担保人无法偿还到期债务，法院判决承担连带保证责任，将该企业用于抵押担保的房产公开拍卖，拍卖房产涉及的税费包括企业所得税、增值税、土地增值税、附加税、印花税以及售房当期的房产税和土地使用税。实践中可参考文件依据：《国家税务总局关于人民法院强制执行被执行人财产有关税收问题的复函》（汇编 p763）（国税函〔2005〕869 号）第二条规定，无论拍卖、变卖财产的行为是纳税人的自主行为，还是人民法院实施的强制执行活动，对拍卖、变卖财产的全部收入，纳税人均应依法申报缴纳税款。

具体事项 117
购货方开具红字发票信息单后未按规定转出进项税额

12 月第 42 笔凭证：2020 年 12 月退回质量出现问题的制冷剂 50 公斤，成本金额 3,739 元，进项税额已抵扣，该企业已在税控系统开具红字发票信息单。

☆原会计分录		☆正确会计分录	
借：原材料－制剂类＿制冷剂	–3,739.00	借：原材料－制剂类＿制冷剂	–3,739.00
贷：应付账款－江南华阳物资有限公司	–3,739.00	贷：应交税费－应交增值税－进项税额转出	486.07
		应付账款－江南华阳物资有限公司	–4,225.07

☆调整会计分录

贷：应付账款－江南华阳物资有限公司	–486.07
贷：应交税费－增值税检查调整－进项税额转出	486.07

风险点 181 购货退回业务未按规定转出进项税额（购货退回已开具红字发票）风险

风险点说明

纳税人发生已抵扣进项税额的购货退回，在开具增值税红字发票信息单时，应于当月按信息单所列增值税税额从当期进项税额中转出，并非在收到增值税红字发票时做进项税额转出。在处理相关业务的过程中，如果纳税人存在开具红字发票信息单时未在当期转出进项税额，或取得红字发票时也未做进项税额转出等情况，则存在不缴或少缴纳增值税的风险。

计算过程

本风险点中应按规定转出的进项税额为：企业发生购货退回业务应转出的原已抵扣的进项税额。

进项税额转出金额 = 3,739 × 13% = 486.07（元）

税收政策

《中华人民共和国增值税暂行条例实施细则（2011 修订版）》（汇编 p439）（财政部　国家税务总局令 2011 年第 65 号）第十一条规定，小规模纳税人以外的纳税人（以下称一般纳税人）因销售货物退回或者折让而退还给购买方的增值税额，应从发生销售货物退回或者折让当期的销项税额中扣减；因购进货物退出或者折让而收回的增值税额，应从发生购进货物退出或者折让当期的进项税额中扣减。一般纳税人销售货物或者应税劳务，开具增值税专用发票后，发生销售货物退回或者折让、开票有误等情形，应按国家税务总局的规定开具红字增值税专用发票。未按规定开具红字增值税专用发票的，增值税额不得从销项税额中扣减。

《国家税务总局关于红字增值税发票开具有关问题的公告》（汇编 p477）（国家税务总局公告 2016 年第 47 号）第一条规定，增值税一般纳税人开具增值税专用发票（以下简称“专用发票”）后，发生销货退回、开票有误、应税服务中止等情形但不符合发票作废条件，或者因销货部分退回及发生销售折让，需要开具红字专用发票的，按以下方法处理：（一）购买方取得专用发票已用于申报抵扣的，购买方可在增值税发票管理新系统（以下简称“新系统”）中填开并上传《开具红字增值税专用发票信息表》（以下简称《信息表》，详见附件），在填开《信息表》时不填写相对应的蓝字专用发票信息，应暂依《信息表》所列增值税税额从当期进项税额中转出，待取得销售方开具的红字专用发票后，与《信息表》一并作为记账凭证。购买方取得专用发票未用于申报抵扣、但发票联或抵扣联无法退回的，购买方填开《信息表》时应填写相对应的蓝字专用发票信息。销售方开具专用发票尚未交付购买方，以及购买方未用于申报抵扣并将发票联及抵扣联退回的，销售方可在新系统中填开并上传《信息表》。销售方填开《信息表》时应填写相对应的蓝字专用发票信息（二）主管税务机关通过网络接收纳税人上传的《信息表》，系统自动校验通过后，生成带有“红字发票信息表编号”的《信息表》，并将信息同步至纳税人端系统中。（三）销售方凭税务机关系统校验通过的《信息表》开具红字专用发票，在新系统中以销项负数开具。红字专用发票应与《信息表》一一对应。（四）纳税人也可凭《信息表》电子信息或纸质资料到税务机关对《信息表》内容进行系统校验。

延伸解读

企业购货取得增值税专用发票抵扣后发生退货业务，开具了红字信息单，但未在增值税纳税申报表中填报进项税额转出，会出现比对不符、税控盘无法清卡的情况。企业将税控盘交给办税服务厅申请清卡时，税务人员应要求企业填报《增值税纳税申报表附列资料（二）》8b栏次第20栏，然后进行清卡操作。

具体事项 118
生产研发共用设备等固定资产计提折旧错误

12月第54笔凭证：2020年12月固定资产卡片计提折旧记录如下：一是共用研发设备未提供研发过程实际工时占比；二是房产评估增值部分2,500,000计提折旧；三是2020年12月将在建工程转入的固定资产于完工当月一次性全额计提折旧，金额为203,000元。

☆原会计分录			☆正确会计分录
借：管理费用－研发费用－折旧	203,000.00		原会计分录不变
管理费用－累计折旧	21,502.47		
应付职工薪酬－职工福利费	970.02		
其他业务成本－租赁设备折旧	6,466.40		
销售费用－累计折旧	72.75		
制造费用－累计折旧	268,687.25		
贷：累计折旧－机器设备		448,083.83	
累计折旧－运输车辆		6,466.56	
累计折旧－电子设备		6,894.97	
累计折旧－房屋建筑		38,283.51	
累计折旧－工具器具		970.02	

☆调整会计分录

调表不调账

风险点 182 生产研发共用设备未按工时占比分配税前违规扣除（扩大研发费加计扣除基数）风险

风险点说明

企业在生产经营和研发过程中共用的人员、仪器、设备、无形资产，应按实际工时占比等合理方法将研发费和生产经营费用进行分配。在处理相关业务的过程中，如果企业存在未将多用途对象费用按合理比例分配，或虚假扩大研发工作使用比例等情况，则存在不缴或少缴企业所得税的风险。

计算过程

本风险点应调增的应纳税所得额为：因企业未按合理比例分配共用研发设备累计折旧而不得在税前加计扣除的费用金额。

调增应纳税所得额 = 203,000 × 75% = 152,250（元）（调表不调账）

税收政策

《财政部　国家税务总局　科技部关于完善研究开发费用税前加计扣除政策的通知》（汇编 p641）（财税〔2015〕119 号）第一条规定，研发活动及研发费用归集范围。本通知所称研发活动，是指企业为获得科学与技术新知识，创造性运用科学技术新知识，或实质性改进技术、产品（服务）、工艺而持续进行的具有明确目标的系统性活动。

《国家税务总局关于研发费用税前加计扣除归集范围有关问题的公告》（汇编 p633）（国家税务总局公告 2017 年第 40 号）第三条第（一）项规定，折旧费用。指用于研发活动的仪器、设备的折旧费。（一）用于研发活动的仪器、设备，同时用于非研发活动的，企业应对其仪器设备使用情况做必要记录，并将其实际发生的折旧费按实际工时占比等合理方法在研发费用和生产经营费用间分配，未分配的不得加计扣除。

风险点183 计税基础错误多提折旧税前违规扣除（房产评估增值）风险

风险点说明

企业固定资产应按历史成本计量，不得擅自增加固定资产原值，进而增加当期税前扣除的折旧费用。在处理相关业务的过程中，如果企业存在将资产评估增值部分计入资产原值，人为增加折旧费用等情况，则存在不缴或少缴企业所得税的风险。

计算过程

本风险点应调增的应纳税所得额为：房产依法评估增值金额对应的折旧费用。

调增应纳税所得额＝2,500,000（资本公积余额中列明的房产评估增值金额）×（1－3%）÷20年÷12（月）×3（10－12月）＝30,312.5（元）（调表不调账）

税收政策

《中华人民共和国企业所得税法实施条例》（汇编p595）第五十六条规定，企业的各项资产，包括固定资产、生物资产、无形资产、长期待摊费用、投资资产、存货等，以历史成本为计税基础。前款所称历史成本，是指企业取得该项资产时实际发生的支出。企业持有各项资产期间资产增值或者减值，除国务院财政、税务主管部门规定可以确认损益外，不得调整该资产的计税基础。

《中华人民共和国企业所得税法实施条例》（汇编p595）第五十八条规定，固定资产按照以下方法确定计税基础：（一）外购的固定资产，以购买价款和支付的相关税费以及直接归属于使该资产达到预定用途发生的其他支出为计税基础；（二）自行建造的固定资产，以竣工结算前发生的支出为计税基础；（三）融资租入的固定资产，以租赁合同约定的付款总额和承租人在签订租赁合同过程中发生的相关费用为计税基础，租赁合同未约定付款总额的，以该资产的公允价值和承租人在签订租赁合同过程中发生的相关费用为计税基础；（四）盘盈的固定资产，以同类固定资产的重置完全价值为计税基础；（五）通过捐赠、投资、非货币性资产交换、债务重组等方式取得的固定资产，以该资产的公允价值和支付的相关税费为计税基础；（六）改建的固定资产，除企业所得税法第十三条第（一）项和第（二）项规定的支出外，以改建过程中发生的改建支出增加计税基础。

风险点 184 新增设备当月一次性税前违规扣除（500 万元以下设备的折旧）风险

风险点说明

定资产，可选择一次性扣除价值 500 万元以下的设备折旧，但应在设备投入使用次月进行税前扣除。在处理相关业务的过程中，如果企业存在固定资产投入使用当月一次性扣除折旧费用等情况，则存在当期不缴或少缴企业所得税的风险。

计算过程

本风险点应调增的应纳税所得额为：提前扣除的加速折旧费用金额。

调增应纳税所得额 = 203,000（元）（应在 2021 年度一次性扣除）（调表不调账）

税收政策

《财政部　税务总局关于设备 器具扣除有关企业所得税政策的通知》（汇编 p630）（财税〔2018〕54 号）第一条规定，企业在 2018 年 1 月 1 日至 2020 年 12 月 31 日期间新购进的设备、器具，单位价值不超过 500 万元的，允许一次性计入当期成本费用在计算应纳税所得额时扣除，不再分年度计算折旧；单位价值超过 500 万元的，仍按企业所得税法实施条例、《财政部　国家税务总局关于完善固定资产加速折旧企业所得税政策的通知》（汇编 p650）（财税［2014］75 号）、《财政部　国家税务总局关于进一步完善固定资产加速折旧企业所得税政策的通知》（汇编 p643）（财税［2015］106 号）等相关规定执行。

《国家税务总局关于设备器具扣除有关企业所得税政策执行问题的公告》（汇编 p625）（税务总局公告 2018 年第 46 号）第二条规定，固定资产在投入使用月份的次月所属年度一次性税前扣除。

延伸解读

通过《企业所得税纳税申报表》中资产折旧、摊销情况及纳税调整明细表获知房产原值为 9,471,428.57 元，通过房产税申报表房源信息获知房产税计税原值为 6,400,000 元，两者相差 3,071,428.57 元。通常房产税计税原值会高于账载计提折旧房产原值，原因是房产税计税原值可能会包括企业已费用化的中央空调、装修费、土地使用权等，应查明差异原因。要求企业提供固定资产卡片、明细账和会计凭证等资料，进一步分析涉税风险。通过固定资产卡片，获取固定资产计税基础、用途、折旧期限，资产来源；通过会计凭证后附的折旧计算表分析固定资产折旧提取是否正确，重点看资产来源、折旧期限、用途。经核实，该企业没有具体的实际工时占比分配证明，因此不允许用于研发的设备折旧在税前加计扣除。2,500,000 元房产依法评估增值金额同时计入房产原值和资本公积并计提折旧，该部分折旧不允许在税前扣除。企业在设备投入使用当月将设备价值通过计提折旧费方式一次性税前扣除，不符合税法规定的固定资产折旧费用应在投入使用月份的次月所属年度一次性税前扣除的规定，需调增企业所得税应纳税所得额。

具体事项 119
银行存款银企余额比对不符

企业 2020 年 12 月 31 日载账银行存款－江南银行账户余额比银行的对账单余额少 106,000 元。经核实， 企业未编制银行余额调节表，该金额为已完工的对外提供技术服务的收入，截至核查时点银企对账仍相差 106,000 元。

☆原会计分录

无，银行对账单与银行日记账余额不符

☆正确会计分录

借：银行存款－江南城市发展银行长安分行 106,000.00
　贷：其他业务收入－技术服务 _6% 100,000.00
　　应交税费－应交增值税－销项税额 _6% 6,000.00

☆调整会计分录

借：银行存款－江南城市发展银行长安分行 106,000.00
　贷：以前年度损益调整－其他业务收入 100,000.00
　　应交税费－增值税检查调整－销项税额 _6% 6,000.00

风险点 185 未确认收入未按规定申报增值税（银行存款账实不符）风险

风险点说明

纳税人应按规定记账核算，保证银行存款账户余额和银行对账单余额相符，包括全部账户的资金增减变化及余额情况。若银企双方的银行存款账户余额不符且差额较大，应核查资金收支的具体情况，判断其与上下游客户间的资金往来是否应确认未确认收入。在处理相关业务的过程中，如果纳税人银行对账单余额大于企业银行存款账载余额，存在未按规定确认销售收入等情况，则存在不缴或少缴增值税的风险。

计算过程

本风险点应确认的销项税额为：企业对外提供技术服务的收入应确认的销项税额。

增值税销售额 = 106,000/（1+6%）= 100,000（元）

销项税额 100,000 × 6% = 6,000（元）

税收政策

《中华人民共和国增值税暂行条例（2017 修订版）》（汇编 p434）第一条规定，在中华人民共和国境内销售货物或者加工、修理修配劳务（以下简称劳务），销售服务、无形资产、不动产以及进口货物的单位和个人，为增值税的纳税人，应当依照本条例缴纳增值税。第十九条第一款第一项规定，增值税纳税义务发生时间：（一）销售货物或者应税劳务，为收讫销售款项或者取得索取销售款项凭据的当天；先开具发票的，为开具发票的当天。

《中华人民共和国增值税暂行条例实施细则（2011 修订版）》（汇编 p439）（财政部　国家税务总局令 2011 年第 65 号）第三条规定，条例第一条所称销售货物，是指有偿转让货物的所有权。条例第一条所称提供加工、修理修配劳务（以下称应税劳务），是指有偿提供加工、修理修配劳务。单位或者个体工商户聘用的员工为本单位或者雇主提供加工、修理修配劳务，不包括在内。本细则所称有偿，是指从购买方取得货币、货物或者其他经济利益。

风险点 186 未确认收入未按规定申报企业所得税（银行存款账实不符）风险

风险点说明

企业应按规定记账核算，保证银行存款账户余额和银行对账单余额相符，包括全部账户的资金增减变化及余额情况。若银企双方的银行存款账户余额不符且差额较大，应核查资金收支的具体情况，判断其与上下游客户间的资金往来是否应确认未确认收入。在处理相关业务的过程中，如果企业银行对账单余额大于企业银行存款账载余额，存在未按规定确认销售收入等情况，则存在不缴或少缴企业所得税的风险。

计算过程

本风险点应调增的应纳税所得额为：企业对外提供技术服务的收入。

调增应纳税所得额 = 100,000（元）

税收政策

《中华人民共和国企业所得税法》（汇编 p587）第六条规定，企业以货币形式和非货币形式从各种来源取得的收入，为收入总额。包括：（一）销售货物收入；（二）提供劳务收入；（三）转让财产收入；（四）股息、红利等权益性投资收益；（五）利息收入；（六）租金收入；（七）特许权使用费收入；（八）接受捐赠收入；（九）其他收入。

延伸解读

通过银行对账单载明余额和企业银行存款日记账载明的余额进行比对分析，获知企业银行存款账载金额比银行对账单账少 106,000 元，判断余额不符原因是存在未达账项还是隐匿销售收入。经核实，该企业提供服务未确认收入，应计提增值税销项税额 6,000 元，调增企业所得税应纳税所得额 100,000 元，纳税义务时间应确认为 2020 年 12 月。

具体事项 120
申报土地使用税的土地面积与第三方信息比对不符

从政府公共资源交易中心平台上获悉，企业 2016 年 1 月 1 日成交购入三级土地 8000 平方米，税源登记信息与税务机关取得的第三方信息不匹配。

☆原会计分录	☆正确会计分录
无，账内未记载	借：税金及附加 – 土地使用税　144,000.00 　贷：应交税费 – 应交土地使用税　144,000.00

☆调整会计分录

借：以前年度损益调整 – 税金及附加　144,000.00

　贷：应交税费 – 应交土地使用税　144,000.00

风险点 187 未确认计税依据未按规定申报城镇土地使用税（申报信息与第三方比对不符）风险

风险点说明

第三方信息是涉税分析的重要佐证，通常具有直接应用的效能。将公共资源交易中心平台的土地交易信息与纳税人税源明细申报表中的土地面积进行比对，判断纳税人是否未按规定申报缴纳城镇土地使用税。在处理相关业务的过程中，如果纳税人申报的税源登记相关信息与税务机关掌握的第三方信息不匹配，则存在不缴或少缴纳城镇土地使用税的风险。

计算过程

本风险点中应补土地使用税为：公共资源交易中心平台的土地交易信息中反映的企业增加的土地使用权未申报土地使用税金额。调减的应纳税所得额为：因应补土地使用税增加的费用金额。

补缴 2020 年度土地使用税 = 土地面积 × 单位税额 ÷12× 月份

= 8,000×18（元 / 平方米）÷12×12（个月）

= 144,000（元）（2020 年以外年份略）

调减应纳税所得额 = 应补缴的土地使用税金额 = 144,000（元）

税收政策

《中华人民共和国城镇土地使用税暂行条例》（汇编 p731）第三条规定， 土地使用税以纳税人实际占用的土地面积为计税依据，依照规定税额计算征收。前款土地占用面积的组织测量工作，由省、自治区、直辖市人民政府根据实际情况确定。

具体事项 121 实际占用耕地未缴纳耕地占用税

从政府相关部门获取耕地占用税税源信息，发现企业 2018 年 7 月 17 日经批准占用耕地一处，面积 1250 平方米，因未开发使用至今未缴纳耕地占用税。

☆原会计分录	☆正确会计分录	
无，账内未记载	借：在建工程	2,750.00
	贷：应交税费－应交耕地占用税	2,750.00

☆调整会计分录

借：在建工程	2,750.00
贷：应交税费－应交耕地占用税	2,750.00

风险点188 未确认计税依据未按规定申报耕地占用税风险（申报信息与第三方比对不符）风险

风险点说明

第三方信息是涉税分析的重要佐证，通常具有直接应用的效能。将自然资源局提供的耕地占用信息与《耕地占用税纳税申报表》中的耕地占用信息进行比对，判断纳税人是否未按规定申报缴纳耕地占用税。在处理相关业务的过程中，如果纳税人存在未按规定申报耕地占用税，或占用耕地后对没有开发建设的耕地不申报等情况，则存在不缴或少缴耕地占用税的风险。

计算过程

本风险点应确认的耕地占用税金额为：从政府相关部门获知企业经批准占用耕地应申报缴纳的耕地占用税。

耕地占用税 = 1,250 平方米 ×30（元 / 平方米）= 2,750（元）

税收政策

《中华人民共和国耕地占用税法》（汇编 p739）第二条规定，在中华人民共和国境内占用耕地建设建筑物、构筑物或者从事非农业建设的单位和个人，为耕地占用税的纳税人，应当依照本法规定缴纳耕地占用税。

本章小结

本章共涉及25个涉税事项、39个具体风险点。其他涉税风险，指的是税务机关开展风险识别过程中，除了对纳税人的纳税申报表、财务报表、发票信息数据等进行分析外，还可以利用其他方式进行税收风险识别，例如实地核查和利用第三方信息等，第三方信息同样具有靶向性、针对性强的特点，风险点一经确认纳税人易于认可。具体总结如下表。

处理情况	税种	处理方式	处理结果	页码
接到环保局环境保护税通知书，对固体废料炉渣200吨征收环境保护税（150）	环境保护税	补缴环境保护税 修改年度企业所得税年度纳税申报表	环境保护税=250吨×50元/吨=6,250（元） 调减应纳税所得额=6,250（元）	246
收取增值税价外费用（优选费）未确认增值税销售额（151）	增值税	补计增值税销售额、补提销项税额 修改增值税一般纳税人申报表	增值税销售额=5,000/（1+13%）=4,424.78（元） 销项税额=4,424.78×13%=575.22（元）	248
收取增值税价外费用（优选费）未确认企业所得税收入（152）	企业所得税	调增应纳税所得额 修改企业所得税年度纳税申报表	调增企业所得税收入=5,000−575.22=4,424.78	248
盘亏已抵扣进项税的固定资产（153）	增值税	已抵扣进项税额应转出 修改企业所得税年度纳税申报表（原因：增值税进项税额转出金额修改）	进项税额转出金额=15,341.8×16%=2,454.69（元） 调减资产损失应纳税所得额2,454.69（元）	250
盘亏固定资产损失证据不足（154）	企业所得税	不允许税前扣除资产调增应纳税所得额 修改企业所得税年度纳税申报表	调增应纳税所得额=15,341.8+2,454.69=17,796.59（元）	251
向子公司无偿转让专利技术（未取得省科技厅开具技术合同认定证明）（155）	增值税	应按公允价值确认视同销售额 补提增值税销项税额 修改增值税一般纳税人申报表 修改企业所得税年度纳税申报表（原因：增值税销项税金额修改）	增值税销售额=市场价53,000/（1+6%）=50,000（元） 销项税额=50,000.00×6%=3,000（元） 调减应纳税所得额3,000（元）	253
企业所得税税前列支无偿转让给子公司的非专利技术净值（156）	企业所得税	向子公司无偿转让非专利技术，系与取得收入无关的其他支出，全额调增应纳税所得额	视同销售企业所得税收入=50,000（元） 视同销售企业所得税成本=20,000（元） 调减应纳税所得额=3,000+30,000=33,000（元） 调增应纳税所得额=33,000+20,000=53,000（元）	254
非股份制企业资本公积转增实收资本（157）	个人所得税	代扣代缴自然人利息、股息、红利所得个人所得税	代扣代缴个人所得税=600,000×20%=120,000（元）	256
转让自建厂房取得增值额（158）	土地增值税	应按增值税额计算申报并缴纳土地增值税 修改企业所得税年度纳税申报表（原因：缴纳所属期土地增值税）	转让房地产收入=700,000/（1+5%）=666,666.67（元） 转让房地产扣除项目=重置成本500,000.00×成新度50%+附加税4,333.33=404,333.33（元） 增值额=666,666.67−404,333.33=262,333.34（元） 增值额与扣除项目金额之比=262,333.34/404,333.33=64.88% 适用税率（%）=40% 速算扣除系数（%）=5% 土地增值税额=262,333.33×40%−404,333.33×5%=84,716.67（元）	258

续表

处理情况	税种	处理方式	处理结果	页码
转让自建办公用房未按企业会计准则规定结转确认处置利得（159）	企业所得税	应调增应纳税所得额 修改企业所得税年度纳税申报表	调增应纳税所得额=666,666.67–354,488.00–4,333.33–84,716.67=223,128.67（元）	259
实为农产品加工费，变相虚构收购农产品购入业务（160）	增值税	取得的增值税扣税凭证不符合税收相关规定，进项税额应进项税转出 修改增值税一般纳税人申报表 假定该企业自被告知之日起60日取得换开的符合规定的发票，企业所得税税前允许列支	进项税额转出额=3,204（元） 调增原材料计税基础=3,204（元） 补开普通发票	261
向未签订借款协议的自然人支付借款利息，未代扣代缴个人所得税（161）	个人所得税	代扣代缴自然人利息、股息、红利所得个人所得税	代扣代缴个人所得税=300,000×20%=60,000（元）	263
税前列支未签订借款协议的自然人借款利息（162）	企业所得税	应调增应纳税所得额 修改企业所得税年度纳税申报表	调增应纳税所得额=300,000（元）	264
预收2021年度设备租赁款（163）	增值税	应在预收时点确认增值税销售额 修改增值税一般纳税申报表	销项税额=50,000/（1+13%）×13%=5,752.21（元）	265
短期借款新贷还旧贷，重新签订借款合同，未缴纳印花税（164）	印花税	按借款合同缴纳印花税	借款合同印花税=600,000×0.005%=30（元） 调减应纳税所得额=30（元）	267
盘亏已抵扣进项税库存商品（165）	增值税	耗用材料部分已抵扣进项税额应转出 修改企业所得税年度纳税申报表（原因：增值税进项税额转出金额修改）	进项税额转出金额=100米×成本单位17.3元×产成品入库当年耗用材料比率40%×16%=110.72（元） 调减资产损失应纳税所得额110.72（元）	268
盘亏库存商品损失证据不足（166）	企业所得税	应调增应纳税所得额 修改企业所得税年度纳税申报表	调增应纳税所得额=1,730+110.72=1,840.72（元）	269
税前列支员工为取得学位而参加的在职教育学费（167）	企业所得税	调增应纳税所得额 不参与职工教育经费限额扣除 修改企业所得税年度纳税申报表	调增应纳税所得额=20,000（元）	271
通过往来款隐匿增值税销售额（168）	增值税	补计增值税销售额、补提销项税额 修改企业所得税年度纳税申报表	增值税销售额=5,000/（1+13%）=4,424.78（元） 销项税额=×13%=575.22（元）	273
通过往来款隐匿企业所得税收入（169）	企业所得税	调增应纳税所得税额 修改企业所得税年度纳税申报表	调增应纳税所得额（收入）=4,424.78（元）	274
取得小规模纳税人开具农产品普通发票，计算抵扣进项税额（170）	增值税	进项税额转出 修改原材料计税基础	进项税额转出金额=13,500（元） 调增原材料计税基础=13,500（元）	275
丢失已抵扣进项税的原材料，未进项税转出（171）	增值税	进项税额转出 调减应纳税所得额（原因：进项税额转出金额修改）	进项税额转出金额=150×13%=19.5（元） 调减应纳税所得额=19.5（元）	277
城市基础配套费未缴契税（172）	契税	应补缴契税	应补契税=1,000,000×4%=40,000（元） 调减应纳税所得额=40,000/50年/12月×2个月=133.33（元） 调增土地计税基础=40,000（元）	279
税前一次性列支契税（173）	企业所得税	调增应纳税所得额	调增应纳税所得额=400,000/50年/12月×598个月=398,666.67（元）（本年11月+12月允许税前扣除）	280

续表

处理情况	税种	处理方式	处理结果	页码
收到政府补助，未确认企业所得税收入（174）	企业所得税	调增应纳税所得税	调增应纳税所得额 =23,240（元）	281
将餐费在税前列入在建工程，未参与业务招待费的限额调整（175）	企业所得税	调增业务招待费实际发生额	调增业务招待费实际发生额 =3,000（元）（参与限额调整）	283
税前列支直接捐赠款项（176）	企业所得税	调增应纳税所得额	调增应纳税所得额 =10,000（元）	285
承担保证责任，以房产抵债，未确认增值税收入（177）	增值税	补计增值税销售额、补提销项税额	增值税销售额 =700,000/（1+5%）=666,666.67（元） 销项税额 =666,666.67 × 5%=14,285.71（元）	287
承担保证责任，以房产抵债，未确认土地增值税收入（178）	土地增值税	补计土地增值税	土地增值税收入 =700,000–14,285.71 =685,714.29（元） 扣除项目 =400,000+400,000 × 5% × 10 年 + 附加税 1,714.28=601,714.28（元） 增值额 =685,714.29–601,714.28=84,000.01（元） 增值额扣除比 =84,000.01/601,714.28 =13.96% ＜ 50% 土地增值税 =84,000.01 × 30%=25,200（元）	287
承担保证责任，以房产抵债，未确认企业所得税收入（179）	企业所得税	确认企业所得税视同销售收入与成本	视同销售企业所得税收入 =685,714.29（元） 视同企业所得税成本 =205,984（元） 调减应纳税所得额（土地增值税 + 附加税）=25,200+1,000+428.57+285.71=26,914.27（元）	289
承担与收入无关的保证责任，以房产抵债，担保损失不允许在税前扣除（180）	企业所得税	担保支出，不允许在税前扣除，调增应纳税所得额	调增应纳税所得额 =205,984（元）	290
已在税控系统开出红字发票，但未进行增值税申报表的进项税转出填报（181）	增值税	进项税转出增值税申报表的列报	进项税额转出金额 =3,739 × 13% =486.07（元）	291
共用研发设备不能提供工时占比的不允许研发费加计扣除（182）	企业所得税	调增应纳税所得额	调增应纳税所得额 =203,000 × 75% =152,250（元）	294
房产评估增值的部分已计提折旧，应以历史成本作为计税基础（183）	企业所得税	调增应纳税所得额	调增应纳税所得额 = 依法评估增值金额 2,500,000 ×（1–3%）/20 年 /12 × 3 个月 =30,312.5（元）	295
固定资产在投入使用月份的次月所属年度一次性税前扣除（184）	企业所得税	调增应纳税所得额	调增应纳税所得额 =203,000（元）（2,021 年度可一次性扣除）	296
银行余额调节表显示银收企未收，系应确认未确认的技术服务费收入，应补计增值税收入（185）	增值税	补计增值税销售额、补提销项税额	增值税销售额 =100,000（元） 销项税额 100,000 × 6%=6,000（元）	297
银行余额调节表显示银收企未收，系应确认未确认的技术服务费收入，应补计企业所得税收入（186）	企业所得税	调增应纳税所得额（收入）	调增应纳税所得额 =100,000（元）	298
第三方信息得知取得土地使用权未申报土地使用税（187）	城镇土地使用税	补缴土地使用税	补缴本年度土地使用税 8,000 × 18（元 / 平方米）/12 =144,000（元）（2,020 年以外年份忽略） 调减应纳税所得额 144,000（元）	300
经第三方数据查实实际占用耕地 1250 平方米（188）	耕地占用税	补缴耕地占用税	耕地占用税 =1,250 平方米 × 30 元 / 平方米 =2,750（元）	301

第四篇

洞悉“五脏”，移交税务稽查

纳税评估阶段工作结束后，张新组织大家对岳达公司的涉税分析、约谈举证、实地核查等资料进行了整理和建档，并指导奉贤区税务局填写了《高风险案源移交书》，形成了厚厚的一摞材料一并移交给市局稽查局。收到市局稽查局案源接收人签字的《高风险案源移交书》，对岳达公司涉税问题的处理正式交由市局稽查局负责。

在税务稽查阶段，市局稽查局检查组共查出 44 个涉税问题，其中涉及多抵扣进项税额 56,0742.47 元，少申报销项税额 184,204.95 元，调增企业所得税应纳所得额 8,178,559.27 元，车船税 1,056 元，车辆购置税 5,000 元，个人所得税 309,900 元，预提所得税 11,200.72 元，代扣代缴增值税 6,720.43 元。下面将税务稽查阶段工作，分稽查检查处理和举报协查处理 2 部分进行回顾和总结。

第一章　稽查检查处理

夏添自风险管理工作启动就一路跟进着进展情况，身为市局稽查局的工作人员，她向全组保证稽查查处工作一定会客观公正。她开玩笑说，如果哪天市局稽查局给咱们出具了《案源信息退回（补正）函》，那就是给我的休书。好在市局稽查局的案源审批表一路顺利通过审核、审批，正式立案了。

市局稽查局指派 3 名税务干部对岳达公司开展税务检查，考虑到夏添是市局稽查局的正式干部，并且对案情内容非常熟悉，经市风险局同意，夏添正式调回市局稽查局参加对岳达公司的税务检查组。检查组 4 人之间都很熟悉，市局稽查局任命由夏添任检查组组长，组织大家开展税务检查工作，夏添欣然接受了。夏添对岳达公司的涉税情况已经相当熟悉，依照稽查工作程序，她还需要和大家一起制定检查工作预案。

首先是涉税数据采集。大家一起从 4 个方面进行查前分析：一是在金税三期系统中采集岳达公司的基本情况信息，如税务登记、申报纳税、税务认定、违法违章、发票领用等信息；二是通过多方面了解岳达公司所属行业的生产经营规律及特点，分析上下游生产经营情况、经营业务链条等情况；三是了解岳达公司的具体生产经营情况，如生产产品、各类资产、资金流转、上下游主要客户等情况；四是了解岳达公司的相关财务核算制度、核算情况、适用的税收政策情况等。相关信息收集完毕后，检查组充分利用岳达公司内部和外部的各种信息，结合各项涉税分析指标的疑点，进行了比率分析、结构分析、逻辑分析，为查实岳达公司违法行为找准了突破口。4 个人分工合作边研究边讨论，由于前期已经进行了充分的准备，他们一上午就完成了检查预案，确定重点检查内容如下：

1. 对增值税发票电子底账系统中采集的相关发票信息进行检查，查看其是否按规定计提增值税进项税额，是否有购买车辆的发票，检查是否足额缴纳车辆购置税，查看部分有疑点的发票是否按规定列支成本、费用。

2. 检查纳税人账簿及凭证资料，确认纳税人是否存在扩大抵扣范围的情况。

3. 针对纳税人有零售产品的情况，结合收入的资金流入情况，检查收入核算情况，确认是否存在不开发票就不申报纳税的情形，或者是其他隐匿营业收入的情况。

4. 检查其支出的资金，是否存在不符合成本、费用列支规定，尤其是取得的凭证不合规的情况。

5. 实地检查企业库存，确认账实是否相符。

6. 严格检查利用电子发票抵扣增值税税款及税前列支成本费用情况，确认是否存在出现虚假抵税、虚假列支、重复列支的情况。

上述第 6 项在以往的检查预案中并没有正式采用，这次作为重点的检查方向，主要是由于增值税电子专用发票在全国新办纳税人中已经全面推广，对于这类发票，只需要打印在 A4 纸上即可，完全没有了纸制发票的防伪措施，夏添等人认为对于这类电子发票的检查应该作为一个稽查工作课题认真研究，所以就把这项内容列入其中。

市局稽查局制作并随即向岳达公司下达了《税务检查通知书》，直接送达岳达公司。碰巧王岳达出差了，稽查人员直接送到财务室，见到了王玉玲。王玉玲看到《税务检查通知书》后，得知要她在《税务文书送达回证》上签字，她十分犹豫，她看了刘信一眼，刘信也没啥主意，低下头不吭声。在电话请示了王岳达后，王玉玲签字盖章收下了《税务检查通知书》，签收日期为 2021 年 7 月 30 日，她苦着脸开玩笑说，这下老板还不得开除我呀。

8 月 3 日，检查人员一行人携带着执法工具包出发了，路程不远，半个小时就来到了岳达公司，正式开展税务检查工作。王玉玲以财务室空间有限为由，把检查组人员安排在了与财务室相差一层楼的小会议室，一天的检查时间里，除了王玉玲，检查组没有见到其他企业人员。检查组要求与销售人员、采购人员、保管员见面了解相关情况，也被王玉玲以各种理由推脱了。一天的检查工作进展缓慢，大家觉得这么检查太耗费时间，必须要提高检查效率。

第二天，夏添带领三名组员向市局稽查局局长汇报了第一天的检查情况，并提出为了提高工作效率有必要将岳达公司的账簿、记账凭证、报表等资料调回税务机关检查。她将已经填写好的《税务行政执法审批表》放到局长面前说，希望尽快提请市税务局局长审批。稽查局局长平日里很欣赏夏添这种雷厉风行的工作风格，他嘱咐工作组一通，要求他们既要依法检查，又要注意工作方式方法，尤其是总局规范下户执法有关要求。随后市税务局局长审批同意调取岳达公司 2020 年度相关资料回税务机关检查。

当王玉玲再次看到 4 位税务检查人员时，同时也看到了他们手里的《调取账簿资料通知书》，几番请示和商讨后，岳达公司同意配合税务机关的检查。王玉玲叫来刘信一同帮忙整理账簿、凭证、报表等等。几个小时后，检查组要求调取的资料准备完毕，夏添将《调取账簿资料清单》交给王玉玲核对，双方核对无误后，检查组将打包好的资料装车返回市稽查局。

夏添等人回到市局稽查局，心情顿时亮堂了，毕竟在自己的大本营里工作才得心应手。这几年市稽查局在信息化建设和工作设施改造上投入很多，稽查工作条件实现质的飞跃，已经阶段性地完成了稽查指挥管理信息化体系建设，包括一个应用系统、四个执法场所和一个办案工具包，简称“1+4+1”。

一个应用系统即税务稽查指挥管理应用系统，四个执法场所和一个办案工具包简称“四室一包”，具体包括指挥会商室、稽查询问室、检举接待室、案件查账室和办案工具包。他们借助这些先进的设施与工具，完成了一个个大案要案的查处。

夏添他们把岳达公司的账簿资料等搬到了案件查账室马上开始检查工作。在账簿资料被税务机关调走后，王岳达的烦心事越来越多了，本来身为区人大代表的他，一直很注意自己的公众形象，但是最近社会上总有不利于自己的流言，甚至传言他参与虚开增值税专用发票。搞的人大常委会主任还特意与他交流了税务检查的事情，提醒他一定要守法纳税、合法经营。

账簿资料检查两周就结束了，检查组随即提出实地核查要求。岳达公司指派保管员老李和王玉玲一并陪同，这个老李叫李存金，五十多岁年纪，微微驼背，夏添记得上一次来核查时并没有这个人，李存金说保管员都是倒班制的，今天是他值班。检查组将账务报表和保管账进行核对，两者无误，将保管账与库存商品进行核对，主要产品账实分毫不差。

经过仔细辨别，检查组发现，岳达公司提供的保管账有问题，一是账页虽然老旧，但是并无经常翻动痕迹；二是入库、出库的签字笔体很像，怀疑是伪造的。夏添和几位检查人员轮番对李存金进行询问， 老李一口咬定这个保管账就是真的，绝没有第二本，并信誓旦旦承诺可以签字画押并承担法律责任，他如此坚决的态度令人诧异。夏添灵机一动，指着货架上的监控器说，咱们去查查你老李是不是天天都在这上班，看看还有谁是保管员，我们都要问问。老李驼着背弓着腰，嘴里嘟哝着：去吧，去吧，你们随便查。检查组立即赶到监控室去调监控，可是监控室大门紧锁。无奈之下，他们来到了岳达公司生产车间，意外地发现了监控室的电话号码，简单的打了个电话，就确定了监控室现在就有人在值班。一番较量后，检查组得知，这个老李是王岳达的舅舅，企业的保管员之一，但是企业的保管员并非只有他一个人，还有另外两个人，他们三个既是保管员又是工厂的保洁人员。夏添心里恍然大悟，难怪这个老同志态度如此坚定，大有“视死如归”的状态。她点名要询问另外两个保管员，王玉玲顿时冒汗了，一阵推脱无果后，王玉玲只得向王岳达请示。王岳达这几天非常的焦虑，他明白进入税务稽查环节后，自己可能会因涉税问题承担意想不到的法律责任。这一阵子他尝试各种方式与长安市税务局、市局稽查局联系，想通过私下的沟通达到大事化小的目的，但是并没有取得任何实质性进展。对于夏添他很是头痛，那可是一个软硬不吃的人，在她那里更是无计可施。

接到了王玉玲的电话王岳达发愁了，本来安排自己的舅舅去应对税务检查人员，以为可以应付过去， 但是他们竟然找到了另外两个保管员，如果在以前他可以继续拖下去，但是现在不行了，想想区人大常委会主任的问询，他觉得拖是拖不下去的，思虑一会只得同意让另外两个保管员到市局稽查局与税务检查人员见面。在稽查询问室里，两个保管员平生还是第一次面对执法部门的询问，很快就一五一十地把知道的事项说了出来，检查组通过询问两个保管员才搞清楚，真正的保管账在出纳员刘信手里。刘信交出保管账后，检查人员对纳税人库存情况进行了核对，检查出了一系列的问题。

夏添带领检查组对纳税人的生产经营及纳税情况进行了认真的税务检查，取得了阶段性工作成果，查出 31 个涉税问题，其中涉及多抵扣进项税额 552,697.47 元，少申报销项税额 66,799.29 元，调增企业所得税应纳所得额 1,064,964.93 元，车船税 1,056 元，车辆购置税 5,000 元，预提所得税 11,200.72 元，代扣代缴增值税 6,720.43 元，具体内容及后续处理情况，一并解读如下。

稽查风险解读

具体事项 122
支付办公用房经营租赁费未按规定税前扣除

10 月第 28 笔凭证：2020 年 10 月按合同约定从长安市长城管理咨询有限公司租入办公用房一套，租期 2 年（2021 年 1 月 1 日至 2022 年 12 月 31 日）。租赁合同规定，租赁开始日之前向长城公司一次性付清二年租金 48,300 元，已收到增值税专用发票，租赁费通过银行存款支付。

☆原会计分录

借：管理费用 – 租赁费	46,000.00
应交税费 – 应交增值税 – 进项税额	2,300.00
贷：应付账款 – 长安市长城管理咨询有限公司	48,300.00
借：应付账款 – 长安市长城管理咨询有限公司	48,300.00
贷：银行存款 – 江南城市发展银行长安分行	48,300.00
借：财务费用 – 手续费	10.00
贷：银行存款 – 江南城市发展银行长安分行	10.00

☆正确会计分录

借：长期待摊费用 – 租赁费	46,000.00
应交税费 – 应交增值税 – 进项税额	2,300.00
贷：应付账款 – 长安市长城管理咨询有限公司	48,300.00
借：应付账款 – 长安市长城管理咨询有限公司	48,300.00
贷：银行存款 – 江南城市发展银行长安分行	48,300.00
借：财务费用 – 手续费	10.00
贷：银行存款 – 江南城市发展银行长安分行	10.00

☆调整会计分录

借：长期待摊费用 – 办公房租金	46,000.00
贷：以前年度损益调整 – 管理费用	46,000.00

风险点 189 未按照租赁期限均匀分摊租赁费税前违规扣除（房屋经营性租赁费）风险

风险点说明

企业以经营性租赁方式租入固定资产应按租赁期限均匀扣除租赁费，在租赁期内分次计入成本费用（如管理费用）并在税前扣除。在处理相关业务的过程中，如果企业存在一次性支付的固定资产租赁费当期一次性税前列支，未在受益期间内分摊，则存在延迟缴纳企业所得税的风险。

计算过程

本风险点应调增的应纳税所得额为：企业不得一次性扣除的办公用房经营性租赁费用金额。

调增应纳税所得额 = 46,000（元）

税收政策

《中华人民共和国企业所得税法实施条例》（汇编 p595）第九条规定，企业应纳税所得额的计算，以权责发生制为原则，属于当期的收入和费用，不论款项是否收付，均作为当期的收入和费用；不属于当期的收入和费用，即使款项已经在当期收付，均不作为当期的收入和费用。本条例和国务院财政、税务主管部门另有规定的除外。第四十七条规定，企业根据生产经营活动的需要租入固定资产支付的租赁费，按照以下方法扣除：（一）以经营租赁方式租入固定资产发生的租赁费支出，按照租赁期限均匀扣除；（二）以融资租赁方式租入固定资产发生的租赁费支出，按照规定构成融资租入固定资产价值的部分应当提取折旧费用，分期扣除。

延伸解读

通过查看管理费用明细账，追溯至10月第28号凭证，摘要为“报销办公用房租金”，期限从2021年1月1日至2022年12月31日。应关注企业以经营租赁方式租入固定资产发生的租赁费支出，是否按规定在租赁期限内均匀摊销并税前扣除；此外，应关注租赁业务增值税收入与企业所得税收入纳税义务发生时间的差异。经核实，该租赁业务租赁期开始日为2020年1月1日，该企业2020年10月预付租赁费后，并没有获得租赁服务，故2020年按权责发生制原则，付款当期不得一次性税前扣除费用，需计入长期待摊费用在租赁期内均匀摊销，应调增企业所得税应纳税所得额48,300元。

具体事项 123
代扣代缴车船税计算错误

10月第36笔凭证：2020年10月以现金支付车辆保险及其他税费3,664.78元。

☆原会计分录		☆正确会计分录	
借：管理费用－保险费	3,095.08	借：管理费用－保险费	3,095.08
税金及附加－车船税	384.00	税金及附加－车船税	960.00
应交税费－应交增值税－进项税额	185.70	应交税费－应交增值税－进项税额	185.70
贷：库存现金	3,664.78	贷：库存现金	3,664.78
		应交税费－应交车船税	576.00

☆调整会计分录

借：以前年度损益调整－税金及附加　576.00

贷：应交税费－应交车船税　576.00

风险点 190 保险公司未按规定代扣代缴及申报车船税（虚假申报汽车排气量）风险

风险点说明

纳税人缴纳车辆保险费时，保险公司应按规定代扣代缴车船税。在处理相关业务的过程中，如果保险公司存在为增加业绩等目的不按规定代扣代缴车船税等情况，而纳税人也没有自行补正，则存在不缴或少缴车船税的风险。

计算过程

本风险点中应补车船税为：企业应交的保险公司未足额代扣代缴的车船税。调减的应纳税所得额为：应补车船税增加的费用金额。

车船税＝年税额 480×2 辆－已缴车船税 384＝576（元）

调减应纳税所得额＝576（元）

税收政策

《中华人民共和国车船税法》（汇编 p753）第二条规定车船的适用税额依照本法所附《车船税税目税额表》执行。车辆的具体适用税额由省、自治区、直辖市人民政府依照本法所附《车船税税目税额表》规定的税额幅度和国务院的规定确定。

具体事项 124
报销独立核算的子公司展会费用

10 月第 42 笔凭证：2020 年 10 月报销参加展会费用，发票载明不含税价格 20,000 元，会计凭证后附的邀请函载明受邀单位为上海亮剑机械销售公司。

☆原会计分录		☆正确会计分录	
借：销售费用－展览展位费	20,000.00	借：营业外支出－其他	21,200.00
应交税费－应交增值税－进项税额	1,200.00	贷：其他应收款－上海亮剑机械销售有限公司	21,200.00
贷：其他应收款－上海亮剑机械销售有限公司	21,200.00		

☆调整会计分录

借：以前年度损益调整 － 营业外支出	1,200.00
贷：应交税费－增值税检查调整－进项税额转出	1,200.00

风险点 191 取得的增值税专用发票不符合抵扣进项税额条件（非本单位实际发生业务）风险

风险点说明

纳税人应以生产经营过程中真实发生的业务为基础进行税会处理，应按规定取得增值税专用发票抵扣进项税额。若纳税人取得了非自身业务的增值税专用发票，不得抵扣进项税额。在处理相关业务的过程中，如果纳税人账载其他单位、个人购入的商品或接受的服务的业务，且已申报抵扣增值税进项税额等，则存在不缴或少缴增值税的风险。

计算过程

本风险点中应按规定转出的进项税额为：企业负担的子公司参加展会的费用已抵扣的进项税额。

进项税额转出金额 = 1,200（元）

税收政策

《国家税务总局关于加强增值税征收管理若干问题的通知》（汇编 p575）（国税发〔1995〕192 号）第一条第三款规定，（三）购进货物或应税劳务支付货款、劳务费用的对象。纳税人购进货物或应税劳务，支付运输费用，所支付款项的单位，必须与开具抵扣凭证的销货单位、提供劳务的单位一致，才能够申报抵扣进项税额，否则不予抵扣。

风险点 192 在销售费用中列支与取得收入无关的支出（报销子公司展会费用）风险

风险点说明

企业应以生产经营过程中真实发生的业务为基础进行税会处理，按规定取得发票等合法有效凭证，并在费用所属期列支。若取得发票的业务不是自身实际发生的业务，即使代为付款并取得相关凭证也不符合真实合法有效要求，不得税前列支。在处理相关业务的过程中，如果企业存在取得发票并进账的业务是其他单位、个人购入的商品或接受的服务，且已税前列支成本、费用等情况，则存在不缴或少缴企业所得税的风险。

计算过程

本风险点应调增的应纳税所得额为：企业负担的与企业经营活动无关的的子公司参加展会费用。

调增应纳税所得额 = 20,000（元）（调表不调账）

税收政策

《中华人民共和国企业所得税法》（汇编 p587）第八条规定，企业实际发生的与取得收入有关的、合理的支出，包括成本、费用、税金、损失和其他支出，准予在计算应纳税所得额时扣除。第十条第（八）项规定，在计算应纳税所得额时，下列支出不得扣除：（八）与取得收入无关的其他支出。

延伸解读

通过查看销售费用明细账，追溯至10月第42号凭证，二级科目为“展览展位费”，该业务是参加会议展览，费用计入会议展览费，会议地点是上海，但由上海子公司代垫款项。上海亮剑机械销售公司是该企业的全资子公司，应关注与纳税人来往密切的关联方注册地（上海）的纳税人开具给本企业的增值税发票，判断是否存在违规列支应由关联方负担费用的情况。经核实，该企业无法提供展览费用相应的邀请函、差旅费及住宿费凭证，无法判断是否与本企业生产经营活动相关，不得抵扣进项税额；并应调增所得税应纳税所得额。

具体事项125
向异地分支机构移送货物未视同销售

10月第72笔凭证：2020年10月向异地分公司调拨型号为27*0.9带锯条10,000米。

☆原会计分录

借：其他应收款－江南岳达机械制造有限责任公司锦阳分公司 173,000.00

贷：库存商品_带锯条27*0.9 173,000.00

☆正确会计分录

借：其他应收款－江南岳达机械制造有限责任公司锦阳分公司 199,00.00

贷：库存商品_带锯条27*0.9 17,300.00

应交税费－应交增值税－销项税额_13% 26,000.00

☆调整会计分录

借：其他应收款－江南岳达机械制造有限责任公司锦阳分公司 26,000.00

贷：应交税费－增值税检查调整－销项税额_13% 26,000.00

风险点193 视同销售行为未按规定申报增值税（向异地分支机构移送货物）风险

风险点说明

纳税人将货物移送到非同一县（市）分支机构用于销售，已发生增值税纳税义务，应申报缴纳增值税。在处理相关业务的处理过程中，如果纳税人存在将移送的货物通过“发出商品”核算，未将移送的货物未按照视同销售进行处理等情况，则存在不缴或少缴增值税的风险。

计算过程

本风险点应确认的销项税额为：向异地分公司调拨带锯条应视同销售确认的销项税额。

增值税销售额 = 10,000 米 × 平均单价 20 元 / 米 = 200,000（元）

销项税额 = 200,000 × 13% = 26,000（元）

税收政策

《中华人民共和国增值税暂行条例实施细则（2011 修订版）》（汇编 p439）（财政部 国家税务总局令 2011 年第 65 号）第四条第（三）项规定，单位或者个体工商户的下列行为，视同销售货物：设有两个以上机构并实行统一核算的纳税人，将货物从一个机构移送其他机构用于销售，但相关机构设在同一县（市）的除外。第十六条规定，纳税人有条例第七条所称价格明显偏低并无正当理由或者有本细则第四条所列视同销售货物行为而无销售额者，按下列顺序确定销售额：（一）按纳税人最近时期同类货物的平均销售价格确定；（二）按其他纳税人最近时期同类货物的平均销售价格确定；（三）按组成计税价格确定。第三十八条规定，条例第十九条第一款第（一）项规定的收讫销售款项或者取得索取销售款项凭据的当天，按销售结算方式的不同，具体为：（七）纳税人发生本细则第四条第（三）项至第（八）项所列视同销售货物行为，为货物移送的当天。

《中华人民共和国增值税暂行条例（2017 修订版）》（汇编 p434）第十九第一款第（一）项规定，增值税纳税义务发生时间：发生应税销售行为，为收讫销售款项或者取得索取销售款项凭据的当天；先开具发票的，为开具发票的当天。

延伸解读

通过企业提供的末级科目余额表等资料，结合生产工艺流程分析原材料贷方发生额和生产成本 – 原材料的借方发生额。通过查看库存商品明细账，追溯至 10 月第 72 号凭证，摘要为“拨入分公司”。经核实，该企业将货物移送至外地分公司增值税未视同销售处理，应计提销项税额 26,000 元。此外，非独立核算机构间移送货物，企业所得税不视同销售。

具体事项 126
向退休人员发放实物未按规定缴纳税款

11 月第 28 笔凭证：2020 年 11 月报销食堂购买牛肉 98,530 元，慰问退休高管发放价值 10,000 元的实物。

☆原会计分录			☆正确会计分录
借：应付职工薪酬－职工福利费	98,530.00		原会计分录不变
贷：其他应收款－张北		98,530.00	
借：应付职工薪酬－职工福利费	10,000.00		
贷：其他应收款－张北		10,000.00	

☆调整会计分录

调表不调账

风险点 194 在职工福利费用中列支与取得收入无关的支出（退休人员福利费）风险

风险点说明

企业实际支付的福利费，应按规定在税前限额列支。有些企业同时给在职职工和离退休职工发放福利，离退休职工福利费支出是与企业生产经营无关的支出，不得在企业所得税税前扣除。在处理相关业务的过程中，如果企业存在将离退休职工与在职职工福利费一并计入福利费总额，并在税前全额或限额扣除等情况，则存在不缴或少缴企业所得税的风险。

计算过程

本风险点应调增的应纳税所得额为：企业税前列支的与企业生产经营无关的离退休职工福利费支出。

调增应纳税所得额 = 10,000（元）（调表不调账）

不参与职工福利费限额计算

税收政策

《中华人民共和国企业所得税法》（汇编 p587）第八条规定，企业实际发生的与取得收入有关的、合理的支出，包括成本、费用、税金、损失和其他支出，准予在计算应纳税所得额时扣除。第十条第（八）项规定，在计算应纳税所得额时，下列支出不得扣除：（八）与取得收入无关的其他支出。

《中华人民共和国企业所得税法实施条例》（汇编 p595）第二十七条规定，企业所得税法第八条所称有关的支出，是指与取得收入直接相关的支出。

《国家税务总局关于企业工资薪金及职工福利费扣除问题的通知》（汇编 p681）（国税函〔2009〕3 号）第三条规定，关于职工福利费扣除问题《实施条例》第四十条规定的企业职工福利费，包括以下内容：（一）尚未实行分离办社会职能的企业，其内设福利部门所发生的设备、设施和人员费用，包括职工食堂、职工浴室、理发室、医务所、托儿所、疗养院等集体福利部门的设备、设施及维修保养费用和福利部门工作人员的工资薪金、社会保险费、住房公积金、劳务费等。（二）为职工卫生保健、生活、住房、交通等所发放的各项补贴和非货币性福利，包括企业向职工发放的因公外地就医费用、未实行医疗统筹企业职工医疗费用、职工供养直系亲属医疗补贴、供暖费补贴、职工防暑降温费、职工困难补贴、救济费、职工食堂经费补贴、职工交通补贴等。（三）按照其他规定发生的其他职工福利费，包括丧葬补助费、抚恤费、安家费、探亲假路费等。

风险点 195 未履行代扣代缴及申报义务少代扣代缴个人所得税（给退休人员发福利）风险

风险点说明

离退休人员除按规定领取离退休工资或养老金外，另从原任职单位取得的各类补贴、奖金、实物，应按“工资、薪金所得”项目缴纳个人所得税。在处理相关业务的过程中，如果纳税人存在为离退休人员发放福利且未代扣代缴个人所得税等情况，则存在不缴或少缴个人所得税的风险。

计算过程

本风险点应确认的个人所得税为：为离退休员工发放福利应按“工资、薪金所得”应税项目缴纳的个人所得税。

10000 元并入退休员工当期应税收入，计算当期个人所得税。

税收政策

《国家税务总局关于离退休人员取得单位发放离退休工资以外奖金补贴征收个人所得税的批复》（汇编 p715）（国税函〔2008〕723 号）规定，离退休人员除按规定领取离退休工资或养老金外，另从原任职单位取得的各类补贴、奖金、实物，不属于《中华人民共和国个人所得税法》第四条规定可以免税的退休工资、离休工资、离休生活补助费。根据《中华人民共和国个人所得税法》及其实施条例的有关规定，离退休人员从原任职单位取得的各类补贴、奖金、实物，应在减除费用扣除标准后，按"工资、薪金所得"应税项目缴纳个人所得税。

延伸解读

通过应付职工薪酬－福利费明细账或电子底账系统检索相关税收编码并进行分析，获知2020 年 11 月发生大额福利费，包括报销食堂的牛肉及慰问职工福利，可要求企业提供相关凭证等明细资料。经核实，该企业为退休职工发放的慰问品不应计入职工福利费，同时慰问费也不允许在企业所得税税前列支，应在 A105000《纳税调整项目明细表》第 30 行进行全额纳税调增。

具体事项 127
无旅客身份信息的运输费用结算单据未按规定抵扣进项税额

11 月第 47 笔凭证：2020 年 11 月报销没有员工或旅客名字信息的汽运客车票费用 200 元。

☆原会计分录

借：销售费用－差旅费　194.17

　　应交税费－应交增值税－进项税额　5.83

　贷：库存现金　200.00

☆正确会计分录

借：销售费用－差旅费　200.00

　贷：库存现金　200.00

☆调整会计分录

借：以前年度损益调整－销售费用　5.83

　贷：应交税费－增值税检查调整－进项税额转出　5.83

风险点 196 购进服务取得不得抵扣进项税额凭证（无旅客身份信息的客票）风险

风险点说明

纳税人取得的航空运输电子客票行程单、铁路车票等票据，按规定应注明旅客身份信息才能抵扣购买旅客运输服务的进项税额。在处理相关业务的过程中，如果纳税人存在取得的旅客运输服务票据没有旅客身份信息，或其他不符合进项税额抵扣条件等情况，则存在不缴或少缴增值税的风险。

计算过程

本风险点中应按规定转出的进项税额为：企业按无旅客姓名信息的汽运客车票计算抵扣的进项税额。调减的应纳税所得额为：因进项税额转出增加的费用金额。

进项税额转出金额 = 5.83（元）

调减应纳税所得额 = 进项税额转出金额 = 5.83（元）

税收政策

《财政部　税务总局　海关总署关于深化增值税改革有关政策的公告》（汇编 p455）（财政部　税务总局　海关总署公告 2019 年第 39 号）第六条第一款第四项规定，纳税人购进国内旅客运输服务，其进项税额允许从销项税额中抵扣。纳税人未取得增值税专用发票的，暂按照以下规定确定进项税额：4. 取得注明旅客身份信息的公路、水路等其他客票的，按照下列公式计算进项税额：公路、水路等其他旅客运输进项税额 = 票面金额 ÷（1+3%）× 3%。

延伸解读

通过管理费用 – 差旅费、销售费用 – 差旅费明细账查找出差信息，要求企业提供记账凭证等明细资料，判断其发生的是否是本企业职工的差旅费。按规定，旅客运输票据抵扣进项税额的需要有旅客身份信息，不符合要求的不得抵扣进项税额。也可查看应交税费 – 应交增值税 – 进项税额明细账，根据摘要查找到相应的差旅费凭证——11 月第 47 号凭证。经核实，该企业报销的票据无旅客身份信息，应做进项税额转出，同时应调减企业所得税应纳税所得额 5.83 元。

具体事项 128
支付非居民企业业务指导费未按规定扣缴税款

11 月第 51 笔凭证：2020 年 11 月付非居民企业的业务指导费税后所得 11,000 英镑，折合人民币 100,000 元。双方合同约定，以税后所得作为外国企业劳务报酬。

☆原会计分录

借：管理费用－劳务费 100,000.00
　贷：银行存款－英镑户 100,000.00

☆正确会计分录

借：管理费用－劳务费 100,000.00
　贷：银行存款－英镑户 100,000.00
借：营业外支出－其他 18,726.60
　贷：应交税费－代扣代交－增值税 6,720.43
　　应交税费－代扣代交－城市维护建设税 470.43
　　应交税费－代扣代交－教育费附加 201.61
　　应交税费－代扣代交－地方教育附加 134.41
　　应交税费－代扣代交－企业所得税 11,200.72

☆调整会计分录

借：以前年度损益－营业外支出 18,726.60
　贷：应交税费－代扣代交－增值税 6,720.43
　　应交税费－代扣代交－城市维护建设税 470.43
　　应交税费－代扣代交－教育费附加 201.61
　　应交税费－代扣代交－地方教育附加 134.41
　　应交税费－代扣代交－企业所得税 11,200.72

风险点 197 未履行代扣代缴及申报义务少缴增值税（向境外单位支付服务费）风险

风险点说明

纳税人接受境外单位或个人提供的服务并支付服务费等报酬，应按规定履行相关税款的代扣代缴及申报义务。在处理相关业务的过程中，如果扣缴义务人存在由于业务不熟悉或不负责任未扣缴相关税款，或扣缴税款基数计算错误等情况，则存在不缴或少缴增值税等税费的风险。

计算过程

本风险点应确认的增值税应纳税额为：企业接受境外服务并支付报酬未履行代扣代缴义务应按规定负担的增值税。

增值税销售额＝含附加税及企业所得税销售额

＝不含税净收入÷（1－增值税税率×附加费率－企业所得税税率）

＝100,000÷（1－6%×12%－10%）＝112,007.17（元）

增值税应纳税额＝112,007.17×6%＝6,720.43（元）

税收政策

《中华人民共和国增值税暂行条例（2017 修订版）》（汇编 p434）第十八条规定，中华人民共和国境外的单位或者个人在境内销售劳务，在境内未设有经营机构的，以其境内代理人为扣缴义务人；在境内没有代理人的，以购买方为扣缴义务人。

风险点 198 未履行代扣代缴及申报义务少缴企业所得税（向境外单位支付服务费）风险

风险点说明

企业接受境外单位或个人提供的服务并支付服务费等报酬，应按规定履行相关税款的代扣代缴及申报义务。在处理相关业务的过程中，如果发现扣缴义务人存在由于业务不熟悉或不负责任未扣缴相关税款，或扣缴税款基数计算错误等情况，则存在不缴或少缴企业所得税的风险。

计算过程

本风险点应确认的预提所得税为：企业接受境外服务并支付报酬未履行代扣代缴义务应按规定负担的企业所得税。

预提所得税＝112,007.17×10%＝11,200.72（元）

税收政策

《中华人民共和国企业所得税法》（汇编 p587）第三条第三款规定，非居民企业在中国境内未设立机构、场所的，或者虽设立机构、场所但取得的所得与其所设机构、场所没有实际联系的，应当就其来源于中国境内的所得缴纳企业所得税。第十九条规定，非居民企业取得本法第三条第三款规定的所得，按照下列方法计算其应纳税所得额：（一）股息、红利等权益性投资收益和利息、租金、特许权使用费所得，以收入全额为应纳税所得额；（二）转让财产所得，以收入全额减除财产净值后的余额为应纳税所得额；（三）其他所得，参照前两项规定的方法计算应纳税所得额。第二十七条第（五）项规定，企业的下列所得，可以免征、减征企业所得税：（五）本法第三条第三款规定的所得。

《中华人民共和国企业所得税法实施条例》（汇编 p595）第四条规定，非居民企业取得本法第三条第三款规定的所得，适用税率为 20%。第九十一条规定，非居民企业取得企业所得税法第二十七条第（五）项规定的所得，减按 10% 的税率征收企业所得税。第一百零三条规定，依照企业所得税法对非居民企业应当缴纳的企业所得税实行源泉扣缴的，应当依照企业所得税法第十九条的规定计算应纳税所得额。企业所得税法第十九条所称收入全额，是指非居民企业向支付人收取的全部价款和价外费用。

延伸解读

非居民企业在境内未设立机构，或虽设立机构但取得的所得与机构没关系，应就其来源于境内的所得缴纳增值税、企业所得税及相关税费，并实行源泉扣缴。经核实，该企业支付给非居民企业的业务指导费 100,000 元应代扣代缴增值税、预提所得税及其他相关税费，其中：按税率 6% 代扣代缴增值税，该税款将形成境内接受服务企业（岳达公司）的进项税额；代扣代缴增值税附加税费；代扣代缴预提所得税，税率为 20% 减按 10%（该业务假定无税收协定，如有税收协定，应按税收协定处理）。

涉及非居民企业的企业所得税源泉扣缴计算过程比较烦琐。通常非居民企业和境内购买服务企业会用合同约定，以税后所得作为服务报酬，可用公式来表达：税后所得 = 税前所得 − 增值税 − 附加税费 − 预提所得税。以岳达公司为例，税后所得 = 税前所得 − 税前所得 ÷（1+6%）× 6% − 税前所得 ÷（1 + 6%）× 6% × 12% − 税前所得 ÷（1+6%）× 10% = 100,000（元），由此可知税前所得 = 100,000 ×（1+6%）÷［（1 + 6%）− 6% − 6% × 12% − 10%］= 118,727.6（元）。

因此，增值税销售额 = 税前所得 ÷（1 + 6%）= 118,727.6 ÷ 1.06 = 112,007.17（元）；增值税应纳税额 = 增值税销售额 × 6% = 112,007.17 × 6% = 6,720.43（元）；附加税费 = 增值税应纳税额 × 12% = 6,720.43 × 12% = 806.45（元）；预提所得税 = 不含增值税的收入总额 × 10% = 112,007.17 × 10% = 11,200.72（元）。

具体事项 129
用于个人消费的差旅费未按规定抵扣进项税额

11 月第 55 笔凭证：2020 年 11 月员工实际支付差旅费 15,000 元，取得增值税专用发票 15,000 元。根据本单位规定，超标准的 10,000 元不予报销，账务处理时按取得增值税专用发票的票面载明的税额 849.06 元抵扣进项税额。

☆原会计分录

借：管理费用－差旅费	4,150.94	
应交税费－应交增值税－进项税额	849.06	
贷：库存现金		5,000.00

☆正确会计分录

借：管理费用－差旅费	4,716.98	
应交税费－应交增值税－进项税额	849.06	
贷：应交税费－应交增值税－进项税额转出		566.04
库存现金		5,000.00

☆调整会计分录

借：以前年度损益调整－管理费用	566.04	
贷：应交税费－增值税检查调整－进项税额转出		566.04

风险点 199 将个人消费列入管理费用未按规定转出进项税额（未支付的职工差旅费）风险

风险点说明

纳税人应准确核算日常发生的业务，计算增值税销项税额和进项税额。对于不符合进项税额抵扣规定的，如审核员工报销凭证时，对违反内部支出管理规定不予报销的部分，实质上是员工承担的个人消费，即使取得增值税专用发票并已抵扣，也应做进项税额转出。在处理相关业务的过程中，如果纳税人存在申报抵扣应由员工承担的个人消费支出进项税额，且未做进项税额转出处理等情况，则存在不缴或少缴增值税的风险。

计算过程

本风险点中应按规定转出的进项税额为：企业已抵扣的由员工负担的差旅费确认的进项税额。调减的应纳税所得额为：因进项税额转出增加的费用金额。

进项税额转出金额 = 10,000/（1 + 6%）× 6% = 566.04（元）

调减应纳税所得额 = 应转出的进项税额 = 566.04（元）

税收政策

《财政部 国家税务总局关于全面推开营业税改征增值税试点的通知》（汇编 p482）（财税〔2016〕36 号）附件 1《营业税改征增值税试点实施办法》第二十七条第（一）项规定，下列项目的进项税额不得从销项税额中抵扣：（一）用于简易计税方法计税项目、免征增值税项目、集体福利或者个人消费的购进货物、加工修理修配劳务、服务、无形资产和不动产。其中涉及的固定资产、无形资产、不动产，仅指专用于上述项目的固定资产、无形资产（不包括其他权益性无形资产）、不动产。纳税人的交际应酬消费属于个人消费。

《中华人民共和国增值税暂行条例（2017 修订版）》（汇编 p434）第八条规定，纳税人购进货物、劳务、服务、无形资产、不动产支付或者负担的增值税额，为进项税额。

延伸解读

在实践中，部分国有企业、央企及部分上市公司会涉及差旅费内部报销限额的问题。本风险点中企业规定员工报销限额为 5,000 元，该员工出差实际费用是 15,000 元，个人承担了 10,000 元。经核实，该企业抵扣了个人承担部分对应的进项税额 566.04 元，应做进项税额转出处理，同时管理费用实际发生额应调增 566.04 元，调减应纳税所得额 566.04 元。

具体事项 130
税前列支车辆违章罚款

12 月第 11 笔凭证：2020 年 12 月支付车辆违章罚款 200 元。

☆原会计分录	☆正确会计分录
借：营业外支出－其他 200.00 贷：库存现金 200.00	原会计分录不变

☆调整会计分录

调表不调账

风险点 200 在企业所得税前列支罚款支出（支付车辆违章罚款）风险

风险点说明

企业被处以罚金、罚款等行政罚，其支出不允许税前扣除，年度企业所得税汇算清缴时应将该部分支出做纳税调增。在处理相关业务的过程中，如果企业存在税前列支罚款、罚金，年度企业所得税申报时又未作纳税调增处理等情况，则存在不缴或少缴企业所得税的风险。

计算过程

本风险点调增的应纳税所得额为：企业税前扣除的行政性罚款支出。

调增应纳税所得额 = 200（元）（调表不调账）

税收政策

《中华人民共和国企业所得税法》（汇编 p587）第十条第（四）项规定，在计算应纳税所得额时，下列支出不得扣除：（四）罚金、罚款和被没收财物的损失。

延伸解读

在实践中，营业外支出科目应重点关注，对其中的行政性罚款，财务方面允许企业列支，但企业所得税税前不可以扣除，需调增应纳税所得额。

具体事项 131
发生销售退回反向开具发票

12 月第 41 笔凭证：2020 年 12 月收到退回 11 月售出的 27*0.9 带锯条 200,000 米，已验收入库，同时收到客户开来的锯条增值税专用发票。11 月销售时的不含税价格为 20 元 / 米。

☆原会计分录		☆正确会计分录	
借：库存商品 _ 带锯条 27*0.9	4,000,000.00	借：库存商品 _ 带锯条 27*0.9	4,520,000.00
应交税费 – 应交增值税 – 进项税额	520,000.00	贷：应收账款 – 长安市南亚实业有限公司	4,520,000.00
贷：应收账款 – 长安市南亚实业有限公司	4,520,000.00	借：应收账款 – 长安市南亚实业有限公司	4,520,000.00
借：应收账款 – 长安市南亚实业有限公司	4,520,000.00	贷：银行存款 – 江南城市发展银行长安分行	4,520,000.00
贷：银行存款 – 江南城市发展银行长安分行	4,520,000.00	借：财务费用 – 手续费	20.00
借：财务费用 – 手续费	20.00	贷：银行存款 – 江南城市发展银行长安分行	20.00
贷：银行存款 – 江南城市发展银行长安分行	20.00		

☆调整会计分录

借：库存商品 _ 带锯条 27*0.9	520,000.00
贷：应交税费 – 增值税检查调整 – 进项税额转出	520,000.00

风险点 201 用对开发票方式处理销货退回违反发票管理规定（销货退回）风险

风险点说明

纳税人购进货物后，因特殊原因又退回所购货物的，应按规定暂依《开具红字增值税专用发票信息表》所列增值税税额从当期进项税额中转出，在取得销货方开具的增值税红字发票时，与《信息表》一并作为记账凭证。在处理进货退回业务的过程中，如果纳税人未按发票管理办法等规定及时作废发票，或未按发票管理办法等规定开具红字专用发票，而是自行虚构销售业务开具销售发票处理，则存在因违规开具发票被处以行政处罚的风险。

计算过程

本风险点中应按规定转出的进项税额为：按受与实际经营业务情况不符的发票应转出的进项税额。调增对应的库存商品计税基础为：因进项税额转出增加的存货成本。

进项税额转出金额 = 520,000（元）

调增对应的库存商品计税基础 = 520,000（元）

税收政策

《中华人民共和国发票管理办法》（汇编 p428）第二十二条第（一）项规定，开具发票应当按照规定的时限、顺序、栏目，全部联次一次性如实开具，并加盖发票专用章。任何单位和个人不得有下列虚开发票行为：（一）为他人、为自己开具与实际经营业务情况不符的发票。

《中华人民共和国发票管理办法实施细则（修订版）》（汇编 p423）（国家税务总局令第 37 号）第二十七条规定，开具发票后，如发生销货退回需开红字发票的，必须收回原发票并注明“作废”字样或取得对方有效证明。开具发票后，如发生销售折让的，必须在收回原发票并注明“作废”字样后重新开具销售发票或取得对方有效证明后开具红字发票。

延伸解读

通过电子底账系统进行票面分析，该业务购进货物名称为金属切削刀具 27*0.9，增值税专用发票。结合企业销售业务可知长安市南亚实业有限公司系其客户，判断该业务实际上可能是退货，应进一步询问企业，并要求企业提供记账凭证、原始凭证、销售合同等相关资料。经核实，该业务为销售退回，该企业采取反向开票的做法是错误的，应由岳达公司对该发票提起红字信息表同时转出已抵扣进项税额，由对方企业开具红字发票冲销原销项税额。

具体事项 132
将购入仓库改建食堂未按规定转出进项税额

12 月第 43 笔凭证：2020 年 12 月将 2019 年 12 月购入仓库改建为职工食堂，发生装修 6,000 元。固定资产原值 571,428.57 元，至 2020 年 12 月已提折旧 27,716.52 元，购入时的进项税额 28,571.43 元至 2020 年 12 月前已全部抵扣。

☆原会计分录

借：应付职工薪酬－职工福利费	6,000.00	
应交税费－应交增值税－进项税额	540.00	
贷：应付账款－长安光明实业有限公司		6,540.00
借：应付账款－长安光明实业有限公司	6,540.00	
贷：其他应收款－张北		6,540.00

☆正确会计分录

借：应付职工薪酬－职工福利费	6,540.00	
贷：应付账款－长安光明实业有限公司		6,540.00
借：应付账款－长安光明实业有限公司	6,540.00	
贷：其他应收款－张北		6,540.00
借：应付职工薪酬－职工福利费	27,185.60	
贷：应交税费－应交增值税－进项税额转出		27,185.60

☆调整会计分录

借：以前年度损益调整－管理费用	27,725.60	
贷：应交税费－增值税检查调整－进项税额转出		27,725.60

风险点 202 不可抵扣项目违规申报抵扣进项税额（不动产由可抵扣转为不可抵扣用途）风险

风险点说明

纳税人已抵扣进项税额的不动产发生用途改变，用于不可抵扣进项税额的项目，应按不动产净值转出进项税额。在处理相关业务的过程中，如果纳税人存在不动产已改变用途，不可继续抵扣进项税额，但实际并未做进项税额转出等情况，则存在不缴或少缴增值税的风险。

计算过程

本风险点中应按规定转出的进项税额为：已抵扣进项税额的不动产发生用途改变用于不可抵扣进项税额的项目，按资产账面价值应转出的进项税。调减的应纳税所得额为：因进项税额转出增加的费用金额。调增的应付职工薪酬职工福利费发生额为：因进项税额转出应增加的职工福利费发生额。

进项税额转出金额 =（原值 571,428.57 − 折旧 271,716.52）×5% + 540

= 27,185.60 + 540 = 27,725.6（元）

调减应纳税所得额 = 进项税额转出金额 27,725.6（元）

调增应付职工薪酬福利费发生额 = 进项税额转出金额 = 27,725.6（元）

税收政策

《财政部　国家税务总局关于全面推开营业税改征增值税试点的通知》（汇编 p482）（财税〔2016〕36 号）第二十七条第（一）项规定，下列项目的进项税额不得从销项税额中抵扣：（一）用于简易计税方法计税项目、免征增值税项目、集体福利或者个人消费的购进货物、加工修理修配劳务、服务、无形资产和不动产。其中涉及的固定资产、无形资产、不动产，仅指专用于上述项目的固定资产、无形资产（不包括其他权益性无形资产）、不动产。纳税人的交际应酬消费属于个人消费。第三十条规定，已抵扣进项税额的购进货物（不含固定资产）、劳务、服务，发生本办法第二十七条规定情形（简易计税方法计税项目、免征增值税项目除外）的，应当将该进项税额从当期进项税额中扣减；无法确定该进项税额的，按照当期实际成本计算应扣减的进项税额。第三十一条规定，已抵扣进项税额的固定资产、无形资产或者不动产，发生本办法第二十七条规定情形的，按照下列公式计算不得抵扣的进项税额：不得抵扣的进项税额 = 固定资产、无形资产或者不动产净值 × 适用税率。固定资产、无形资产或者不动产净值，是指纳税人根据财务会计制度计提折旧或摊销后的余额。

延伸解读

通过关注限额类调整事项的发生额，发现应付职工薪酬－职工福利费明细账的增加原因之一是将生产用仓库转为职工食堂，发生装修支出后，记入应付职工薪酬－职工福利费科目。按规定，该企业应将已按征收率 5% 抵扣进项税额的资产在改建为食堂的当月按净值将进项税额转出，故按资产净值适用 5% 的征收率作进项税额转出，用于集体福利的食堂装修费进项税额也需做转出处理。

具体事项 133
将食堂用柜式空调转入车间使用错误核算进项税额

12 月第 44 笔凭证：2020 年 12 月将食堂用柜式空调转入车间使用，空调原值 23,200 元，已提 15 个月折旧，累计折旧金额 9,376.5 元。购入时取得增值税专用发票，当期进项税额 3,200 元未抵扣。

☆原会计分录

借：固定资产－电子设备　　–3,200.00

　借：应交税费－应交增值税－进项税额　　3,200.00

☆正确会计分录

借：固定资产－电子设备　　–1,906.69

　借：应交税费－待抵扣进项税额　　1,906.69

　　改变用途的次月 2021 年 1 月由待抵扣进项税额转为抵扣进项税额

　借：应交税费－应交增值税－进项税额　　1,906.69

　　贷：应交税费－待抵扣进项税额　　1,906.69

☆调整会计分录

借：固定资产－电子设备　　1,293.31

　借：应交税费－增值税纳税调整－进项税额转出　　1,293.31

风险点 203　可抵扣项目违规申报抵扣进项税额（空调由不可抵扣转为可抵扣用途）风险

风险点说明

纳税人将原来不能抵扣进项税额的固定资产改变用途，用于生产经营，应按固定资产净值计算可抵扣的进项税额。在处理相关业务的过程中，如果纳税人存在按购入固定资产时取得的增值税专用发票记载的进项税额全额抵扣等情况，则存在不缴或少缴纳增值税的风险。

计算过程

本风险点中应按规定转出的进项税额为：企业将原来不能抵扣进项税额的固定资产改变用途，用于生产经营，按资产原值抵扣的进项税额。同时，企业可按固定资产的账面净值（固定资产原值扣除累计折旧）计算可抵扣的进项税额。应调增的固定资产原值为：改变用途后资产不得抵扣的进项税额。

可抵扣金额 =（固定资产原值 − 累计折旧）÷（1+ 税率）× 税率

=（23,200 − 9,376.5）÷（1 + 16%）×16% = 1,906.69（元）

进项税额转出金额 = 3,200 − 1,906.69 = 1,293.31（元）

调增固定资产原值 = 3,200 − 1,906.69 = 1,293.31（元）

税收政策

《财政部　国家税务总局关于全面推开营业税改征增值税试点的通知》（汇编 p482）（财税〔2016〕36 号）第二十七条第（一）规定，下列项目的进项税额不得从销项税额中抵扣：（一）用于简易计税方法计税项目、免征增值税项目、集体福利或者个人消费的购进货物、加工修理修配劳务、服务、无形资产和不动产。其中涉及的固定资产、无形资产、不动产，仅指专用于上述项目的固定资产、无形资产（不包括其他权益性无形资产）、不动产。纳税人的交际应酬消费属于个人消费。附件 2《营业税改征增值税试点有关事项的规定》第一条第（四）项第（二）目规定，按照《试点实施办法》第二十七条第（一）项规定不得抵扣且未抵扣进项税额的固定资产、无形资产、不动产，发生用途改变，用于允许抵扣进项税额的应税项目，可在用途改变的次月按照下列公式计算可以抵扣的进项税额：可以抵扣的进项税额 = 固定资产、无形资产、不动产净值 ÷（1+ 适用税率）× 适用税率。上述可以抵扣的进项税额应取得合法有效的增值税扣税凭证。

延伸解读

企业将原专门用于食堂的空调转为生产车间使用，应在改变用途的次月按净值计算抵扣进项税额。要求企业提供相关资料，可从进项税额明细账入手查看摘要，或通过《增值税纳税申报表附列资料（二）》8b 栏次列示税额测算比率（3,218 ÷ 20,200 × 100%=15.93%>9%），结合 8b 栏规定列报内容规定分析判断比率大于 9% 的原因。经核实，该企业将非应税用途的设备转为应税用途，其转入生产使用时计算抵扣进项税额错误，同时抵扣时间错误（在食堂购入空调使用时进项税额转出 3,200 元。2020 年 12 月转入生产车间使用时，应在次月即 2021 年 1 月在 8b 栏填入可抵扣金额 1,906.69 元）。

在实践中，8b 栏填报的内容分为以下几项：1. 固定资产分期抵扣未抵完的，在 2020 年 4

月一次性填入此栏抵扣剩余部分。2. 旅客运输服务可抵扣额的进项税额，其中公路、水路等其他旅客运输可抵扣进项税额 = 票面金额 ÷（1+3%）×3%，铁路旅客运输可抵扣进项税额 = 票面金额 ÷（1+9%）×9%，航空旅客运输可抵扣进项税额 =（票价 + 燃油附加费）÷（1+9%）×9%。3. 可抵扣的进项税为取得的增值税电子普通发票上注明的税额为进项税额。4. 不得抵扣的固定资产转为可抵扣资产。

具体事项 134
期末盘盈库存材料未确认收入

12 月第 46 笔凭证：2020 年 12 月盘点库存时盘盈材料，2 个棕刚砂轮，市场价格总计 200 元。

☆原会计分录		☆正确会计分录	
借：原材料 – 钢材类 _ 棕刚砂轮	200.00	借：原材料 – 钢材类 _ 棕刚砂轮	200.00
贷：盈余公积 – 其他	200.00	贷：营业外收入 – 盘盈利得	200.00

☆调整会计分录	
贷：盈余公积 – 其他	–200.00
贷：以前年度损益调整 – 营业外收入	200.00

风险点 204 盘盈物资未计入营业外收入未按规定申报企业所得税（材料盘盈）风险

风险点说明

企业盘点库存可能出现盘盈或盘亏，按企业所得税收入确认原则，以货币形式和非货币形式从各种来源取得的收入均应作为应税收入核算，因此盘盈存货需确认收入并计算缴纳企业所得税。在处理相关业务的过程中，如果企业存在未将盘盈存货确认为收入并增加当期应纳税所得额等情况，如将盘盈的存货计入权益类科目或不记账核算，则存在不缴或少缴企业所得税的风险。

计算过程

本风险点应调增的应纳税所得额为：企业盘盈材料应计入当期损益的金额。

调增应纳税所得额 = 200（元）

税收政策

《中华人民共和国企业所得税法》（汇编 p587）第六条第（九）项规定，企业以货币形式和非货币形式从各种来源取得的收入，为收入总额。包括：（九）其他收入。

《中华人民共和国企业所得税法实施条例》（汇编 p595）第二十二条规定，企业所得税法第六条第（九）项所称其他收入，是指企业取得的除企业所得税法第六条第（一）项至第（八）项规定的收入外的其他收入，包括企业资产溢余收入、逾期未退包装物押金收入、确实无法偿付的应付款项、已作坏账损失处理后又收回的应收款项、债务重组收入、补贴收入、违约金收入、汇兑收益等。

延伸解读

通过资产负债表可得知盈余公积项目期末余额有所增加，通常盈余公积的增加来自本年实现净利润，即税后未分配利润的提取（年末企业依据《公司法》或公司章程规定，按未分配利润的一定比例提取盈余公积），要求企业提供盈余公积明细账、记账凭证等相关资料。经核实，该企业将盘盈的原材料计入盈余公积，未按规定计入营业外收入，需调增企业所得税应纳税所得额。此类永久性差异，不应采取调表不调账方式，应要求企业调整账务处理，调账后会正确反映税后未分配利润余额，正确反映股息红利的计税基础。

具体事项 135
食堂工作人员工资未列入福利费核算

12 月第 52 笔凭证：2020 年 12 月计算本月应付职工工资 444,864.36 元。社会保险核定个人缴费基数为 400,000 元。10 月 –12 月补充资料为食堂员工的工资 30,000 元。

☆原会计分录		☆正确会计分录	
借：管理费用－工资薪金	103,172.80	借：管理费用－工资薪金	73,172.80
销售费用－工资薪金	125,123.33	应付职工薪酬－职工福利费	30,000.00
生产成本－带锯条27*0.9－直接人工－工资薪金	58,176.87	销售费用－工资薪金	125,123.33
生产成本－带锯条34*1.1－直接人工－工资薪金	72,721.08	生产成本－带锯条27*0.9－直接人工－工资薪金	58,176.87
制造费用－工资薪金	98,754.57	生产成本－带锯条34*1.1－直接人工－工资薪金	72,721.08
贷：应付职工薪酬－工资	457,948.65	制造费用－工资薪金	98,754.57
		贷：应付职工薪酬－工资	457,948.65

☆调整会计分录

调表不调账

风险点205 未将福利部门工作人员工资列入职工福利费税前违规扣除（食堂职工薪酬）风险

风险点说明

企业应按规定范围和标准准确核算职工福利费，福利部门工作人员的工资应作为福利费支出，不得作为生产、管理人员工资计入成本费用税前列支，也不得作为计算企业福利费、职工教育经费、工会经费扣除限额的基数。在处理相关业务的过程中，如果企业存在将福利费列入管理、生产人员工资薪金直接在税前列支，同时增加了职工福利费、职工教育经费、工会经费扣除基数，则存在少缴企业所得税的风险。

计算过程

本风险点应调增的职工福利费实际发生额为：企业应列入未列入福利费核算的食堂人员工资。

调增职工福利费实际发生额（参与限额扣除计算）=30,000（元）（调表不调账）

税收政策

《中华人民共和国企业所得税法实施条例》（汇编p595）第四十条规定，企业发生的职工福利费支出，不超过工资薪金总额14%的部分，准予扣除。

《国家税务总局关于企业工资薪金及职工福利费扣除问题的通知》（汇编p681）（国税函〔2009〕3号）第三条规定，关于职工福利费扣除问题《实施条例》第四十条规定的企业职工福利费，包括以下内容：（一）尚未实行分离办社会职能的企业，其内设福利部门所发生的设备、设施和人员费用，包括职工食堂、职工浴室、理发室、医务所、托儿所、疗养院等集体福利部门的设备、设施及维修保养费用和福利部门工作人员的工资薪金、社会保险费、住房公积金、劳务费等。（二）为职工卫生保健、生活、住房、交通等所发放的各项补贴和非货币性福利，包括企业向职工发放的因公外地就医费用、未实行医疗统筹企业职工医疗费用、职工供养直系亲属医疗补贴、供暖费补贴、职工防暑降温费、职工困难补贴、救济费、职工食堂经费补贴、职工交通补贴等。（三）按照其他规定发生的其他职工福利费，包括丧葬补助费、抚恤费、安家费、探亲假路费等。

延伸解读

与职工薪酬相关的三项经费（工会经费、职工教育经费 、职工福利费）均为限额扣除类项目，应重点关注此类项目。如果企业有单独的食堂，应将食堂人员的工资、保险及公积金列入管理费用－职工福利费核算，可要求企业提供职工福利费相关资料。经核实，该企业将食堂员工工资列入管理费用－工资中在税前直接扣除，应进行纳税调增（该业务系管理费用二级科目之间的错误，不涉及损益，因此不需使用以前年度调整损益科目）。此外，增加的职工福利费账载金额30,000元应参与企业所得税年度汇算限额扣除。

具体事项136
食堂人员社会保险费未列入福利费核算

12月第53笔凭证：2020年12月计提各项基本保险，养老16%、失业0.5%、工伤1%、生育0.5%、医疗8%。10月－12月补充资料为食堂员工单位负担社会保险及公积金总额为10,800元。

☆原会计分录

借：管理费用－社会保险	26,824.91
销售费用－社会保险	32,532.05
生产成本－带锯条27*0.9－直接人工－社会保险	18,907.47
生产成本－带锯条34*1.1－直接人工－社会保险	15,125.98
制造费用－社会保险	25,676.18
贷：应付职工薪酬－社会保险－养老保险	73,271.78
应付职工薪酬－社会保险－失业保险	2,289.72
应付职工薪酬－社会保险－医疗保险	36,635.9
应付职工薪酬－社会保险－工伤保险	4,579.49
应付职工薪酬－社会保险－生育保险	2,289.70

☆正确会计分录

借：管理费用－社会保险	16,024.91
应付职工薪酬－职工福利费	10,800.00
销售费用－社会保险	32,532.05
生产成本－带锯条27*0.9－直接人工－社会保险	18,907.47
生产成本－带锯条34*1.1－直接人工－社会保险	15,125.98
制造费用－社会保险	25,676.18
贷：应付职工薪酬－社会保险－养老保险	73,271.78
应付职工薪酬－社会保险－失业保险	2,289.72
应付职工薪酬－社会保险－医疗保险	36,635.9
应付职工薪酬－社会保险－工伤保险	4,579.49
应付职工薪酬－社会保险－生育保险	2,289.70

☆调整会计分录

调表不调账

风险点206 未将福利部门工作人员社保费列入职工福利费税前违规扣除（食堂职工社保费）风险

风险点说明

企业应按规定范围和标准准确核算职工福利费，为福利部门工作人员缴纳的社会保险费应作为福利费支出核算，在税前限额扣除。在处理相关业务的过程中，如果企业存在未将这部分支出列入福利费核算，而是列入其他的成本费用账户直接全额在税前列支等情况，则存在少缴企业所得税的风险。

计算过程

本风险点调增的职工福利费实际发生额为：企业应列入未列入福利费核算的食堂人员社会保险金额。调增应纳税所得额（职工福利费超限额部分）为：本企业本期职工福利费合计超限额扣除的费用金额。

调增职工福利费实际发生额（参与限额扣除计算）= 10,800（元）

调增应纳税所得额（职工福利费限额部分）= 73,540.47（元）（计算详见解读）（调表不调账）

税收政策

《中华人民共和国企业所得税法实施条例》（汇编 p595）第四十条规定， 企业发生的职工福利费支出，不超过工资薪金总额 14% 的部分，准予扣除。

《国家税务总局关于企业工资薪金及职工福利费扣除问题的通知》（汇编 p681）（国税函〔2009〕3 号）第三条规定，关于职工福利费扣除问题《实施条例》第四十条规定的企业职工福利费，包括以下内容：（一）尚未实行分离办社会职能的企业，其内设福利部门所发生的设备、设施和人员费用，包括职工食堂、职工浴室、理发室、医务所、托儿所、疗养院等集体福利部门的设备、设施及维修保养费用和福利部门工作人员的工资薪金、社会保险费、住房公积金、劳务费等。（二）为职工卫生保健、生活、住房、交通等所发放的各项补贴和非货币性福利，包括企业向职工发放的因公外地就医费用、未实行医疗统筹企业职工医疗费用、职工供养直系亲属医疗补贴、供暖费补贴、职工防暑降温费、职工困难补贴、救济费、职工食堂经费补贴、职工交通补贴等。（三）按照其他规定发生的其他职工福利费，包括丧葬补助费、抚恤费、安家费、探亲假路费等。

延伸解读

在实践中，未按规定将食堂人员的工资及社保费列入福利费现象比较普遍，应关注企业是否建立单独的食堂，如有需了解食堂人员的工资、保险费及耗用的水电费是否计入职工福利费以及对应的进项税额是否抵扣，已抵扣的进项税额应转出。经核实，该企业在职员工福利费中列支了折旧费用、食堂费用、旅游支出、慰问支出等，其中的旅游支出 9,900 元、慰问支出 10,000 元不得税前扣除，直接调增应纳税所得额。

通过管理费用明细账可获知实际发生职工福利费 193,406.56 元，应付职工薪酬－职工福利费中列示 191,811.44 元，差额是 11 -66 # 凭证计提折旧 1,595.12 元。另外，企业在其他科目列支或其他情形需调增应当计入职工福利费的支出有：自查 11-77# 凭证 2.65 元 + 税务稽查 12-43# 凭证 27,725.6 元 + 税务稽查 12-52# 凭证 30,000 元 + 税务稽查 12-53# 凭证 10,800 元，综上，符合税法规定职工福利支出金额为 193,406.56-9,900-10,000+2.65+27,725.6+30,000+10,800=242,034.81 元。而企业工资总额为 1,425,673.87-50,000（未发放的）－食堂职工工资 30,000=1,345,673.87 元，职工福利费限额 =1,345,673.87*14%=188,394.34 元，超限额部分调增应纳税所得额 53,640.47 元，不符合福利费支出规定的纳税调增额为 19,900 元，职工福利费应合计调增 73,540.47 元。

针对限额扣除项目应分别调整取得合规凭证的和未取得合规凭证的部分，对岳达公司本业务对不剔除不合规凭证的调整方法为（193,406.56+2.65+27,725.6+30,000+10,800）-188,394.34 =73,540.47 元，二者计算结果相同，但这是特定条件的巧合。比如工资总额为 2,000,000 元，工资总额的 14%=2,000,000 × 14%=280,000 元，调整方法 1：合规职工福利费发生额为 242034.81 元＜ 280000 元，可全部扣除，但不合规凭证的职工福利费需要调增 9,900+10,000=19,900 元；调整方法 2：全部职工福利费发生额为 242,034.81+19,900=261,934.81 元＜ 280,000 元，可全额扣除，不合规凭证并未被调增，此时二者调整结果出现差异。因此，当职工福利费的实际发生额＜职工工资总额 × 14% 时，不剔除不合规凭证的调整方法会导致限额计算出现错误。所以针对限额扣除项目，应先审核其是否取得了合法有效凭证，然后再计算限额扣除。

具体事项 137
未按规定年限摊销无形资产多计费用

12 月第 58 笔凭证：2020 年 12 月无形资产土地使用权分别按 10 年、50 年摊销。土地使用权证载明使用期限为 50 年。

☆原会计分录

借：制造费用－土地使用权摊销	4,133.33
管理费用－土地使用权摊销	1,166.67
管理费用－土地使用权摊销	91,666.67
管理费用－无形资产摊销－非专利技术摊销	1,083.33
管理费用－无形资产摊销－专利权摊销	16,666.67
贷：累计摊销－土地使用权 A 地块	5,300.00
累计摊销－土地使用权 B 地块	91,666.67
累计摊销－非专利技术	1,083.33
累计摊销－新型专利技术	16,666.67

☆正确会计分录

借：制造费用－土地使用权摊销	4,133.33
管理费用－土地使用权摊销	1,166.67
在建工程－新厂房－土地使用权摊销	18,333.33
管理费用－无形资产摊销－非专利技术摊销	1,083.33
管理费用－无形资产摊销－专利权摊销	16,666.67
贷：累计摊销－土地使用权 A 地块	5,300.00
累计摊销－土地使用权 B 地块	18,333.33
累计摊销－非专利技术	1,083.33
累计摊销－新型专利技术	16,666.67

☆调整会计分录

贷：以前年度损益调整－管理费用	73,333.34
贷：累计摊销－土地使用权	-73,333.34

风险点 207 无形资产未按规定年限摊销税前违规扣除（土地使用权摊销）风险

风险点说明

企业取得固定资产、无形资产等应按税法确定的折旧、摊销年限处理，并在企业所得税税前列支。在处理相关业务的过程中，如果企业存在未按规定的折旧、摊销年限计算折旧、摊销额并在税前扣除，如在取得的土地使用权后，摊销年限未按照税法规定最低年限进行摊销，而是通过人为缩短摊销年限的方式，多计提当期摊销费用等情况，则存在不缴或少缴企业所得税的风险。

计算过程

本风险点调增的应纳税所得额为：企业缩短土地使用权摊销年限多计提的摊销费用金额。

当月土地使用权 B 地块已计提摊销金额 = 91,666.67（元）

按税法规定当月地使用权 B 地块应计提摊销金额 = 11,000,000 ÷ 50 年 ÷ 12 个月 = 18,333.33（元）

调增应纳税所得额 = 当月土地使用权 B 地块已摊销金额 －

按税法规定当月地使用权 B 地块应计提摊销金额

= 91,666.67 － 18,333.33 = 73,333.34（元）

税收政策

《中华人民共和国企业所得税法实施条例》（汇编 p595）第六十七条规定，无形资产按照直线法计算的摊销费用，准予扣除。无形资产的摊销年限不得低于 10 年。作为投资或者受让的无形资产，有关法律规定或者合同约定了使用年限的，可以按照规定或者约定的使用年限分期摊销。外购商誉的支出，在企业整体转让或者清算时，准予扣除。

延伸解读

通过《企业所得税年度纳税申报表》A105080《资产折旧、摊销情况及纳税调整明细表》22 栏次土地使用权数据，进行摊销费用综合测算 1,418,000/50 年 =283,600 元，大于实际摊销金额 148,316.66 元，判断可能是企业本年 11 月新增 1,250 万元土地使用权导致的（上年土地使用权摊销金额 3,180,000/50 年 =63,000 元）。如果剔除上年影响因素，企业本年实际摊销费用远大于测算金额，推测企业可能异常缩短了摊销年限。此外，判断土地使用权摊销是否正确，可以通过查看《土地证》载明的期限进行验证。经核实，该企业 B 地块摊销期限不正确，多摊销 73,333.34 元，应调增应纳税所得额。对此类时间性差异，可要求企业进行账务调整，或建议企业建立企业所得税时间性差异台账。

具体事项 138
一次性摊销长期待摊费用

12 月第 59 笔凭证：2020 年 12 月一次性摊销租赁期为 3 年的云盘租赁费。

☆原会计分录		☆正确会计分录	
借：管理费用 – 长期待摊费用摊销	41,666.67	借：管理费用 – 长期待摊费用摊销	14,285.72
贷：长期待摊费用 – 云盘租赁费	41,666.67	贷：长期待摊费用 – 云盘租赁费	14,285.72

☆调整会计分录

借：以前年度损益调整 – 管理费用　–27,380.95

贷：长期待摊费用 – 云盘租赁费　–27,380.95

风险点 208 长期待摊费用一次性扣除税前违规扣除（云盘租赁费）风险

风险点说明

企业支出长期待摊费用应按税法确定的摊销年限处理，并在企业所得税税前列支。在处理相关业务的过程中，如果企业存在未按规定的摊销年限计算摊销额，而是通过人为缩短摊销年限的方式，多计提当期摊销费用并在税前扣除等情况，则存在不缴或少缴企业所得税的风险。

计算过程

本风险点应调增的应纳税所得额为：企业未按规定的摊销年限 3 年分期扣除摊销费用，将摊销费用在税前一次扣除而应调增的应纳税所得额。

调增应纳税所得额 = 企业本期已摊销金额 − 企业本期应摊销金额

= 41,666.67 − 42,857.15 ÷ 3 = 27,380.95（元）

税收政策

《中华人民共和国企业所得税法》（汇编 p587）第十三条第（四）项规定，在计算应纳税所得额时，企业发生的下列支出作为长期待摊费用，按照规定摊销的，准予扣除：其他应当作为长期待摊费用的支出。

《中华人民共和国企业所得税法实施条例》（汇编 p595）第七十条规定，企业所得税法第十三条第（四）项所称其他应当作为长期待摊费用的支出，自支出发生月份的次月起，分期摊销，摊销年限不得低于 3 年。

具体事项 139
工会经费税前扣除凭证不符合规定

12 月第 66 笔凭证：2020 年 12 月报销为职工购买运动服款 10,170 元，取得增值税普通发票。

☆原会计分录		☆正确会计分录
借：管理费用－工会经费	10,170.00	原会计分录不变
贷：库存现金	10,170.00	

☆调整会计分录

调表不调账

风险点209 未取得合法有效税前扣除凭证（用购货发票代替工会经费支出凭证）风险

风险点说明

企业拨缴的职工工会经费，在不超过工资薪金总额2%的部分，凭工会组织开具的《工会经费收入专用收据》可在企业所得税税前扣除。在处理相关业务的过程中，如果企业存在未取得合法有效的工会经费凭证，凭其他票据在税前违规列支工会经费等情况，则存在不缴或少缴企业所得税的风险。

计算过程

本风险点应调增的应纳税所得额为：企业为职工购买运动服未取得工会组织开具的《工会经费收入专用收据》而使用增值税普通发票列支的费用金额。

调增应纳税所得额＝10,170（元）（调表不调账）

税收政策

《国家税务总局关于工会经费企业所得税税前扣除凭据问题的公告》（汇编p672）（国家税务总局公告2010年第24号）第一条规定，自2010年7月1日起，企业拨缴的职工工会经费，不超过工资薪金总额2%的部分，凭工会组织开具的《工会经费收入专用收据》在企业所得税税前扣除。

延伸解读

应重点关注工资薪酬方面的3项经费限额类扣除项目，其中工会经费应以工会经费收入专用收据作为税前扣除凭证。核查路径是通过应付职工薪酬－工会经费或管理费用－工会经费科目，追溯到具体记账凭证，查看后附的扣除凭证。经核实，该企业以普通发票作为工会经费的税前扣除凭证，将为职工报销的运动服费用列支在工会经费中，应调增企业所得税应纳税所得额。不能将不合规的工会经费支出参与限额扣除，原理同职工福利费。

具体事项 140
虚增已售产品成本未调增应纳税所得额

12 月第 67 笔凭证：2020 年 12 月计算本月已售产成品成本，成本计算单未按月末一次加权平均进行计算。带锯条仓库实际入库单载明入库数量为 44,400 米，财务账载入库数量为 400,000 米。

☆原会计分录		☆正确会计分录	
借：主营业务成本	9,199,310.38	借：主营业务成本	8,430,449.23
贷：库存商品 _ 带锯条 27*0.9	6,770,673.42	贷：库存商品 _ 带锯条 27*0.9	6,084,667.42
库存商品 _ 带锯条 34*1.1	1,666,941.46	库存商品 _ 带锯条 34*1.1	1,584,086.31
发出商品 _ 带锯条 34*1.1	753,030.00	发出商品 _ 带锯条 34*1.1	753,030.00
发出商品 _ 带锯条 27*0.9	8,665.50	发出商品 _ 带锯条 27*0.9	8,665.50

☆调整会计分录

借：以前年度损益调整－主营业务成本	−768,861.15
贷：库存商品 _ 带锯条 27*0.9	−686,006.00
库存商品 _ 带锯条 34*1.1	−82,855.15

（暂估调增金额 20,770.57 元，调表不调账）

风险点 210 销售成本核算错误税前违规扣除（减少产成品入库数量）风险

风险点说明

企业应依法合规核算其经营成本。在处理相关业务的过程中，如果企业存在虚增产品单位成本，如通过少计完工产品数量调整存货单位成本，在销售实现时虚假列支营业成本等情况，则存在不缴或少缴企业所得税的风险。

计算过程

本风险点应调增的应纳税所得额为：企业虚列单位产品成本应多计的已售产品成本。

单位成本 =（月初库存货的实际成本 + 当月各批购进存货的实际成本）/（月初库存存货数量 + 当月各批进货数量之和）

库存商品（带锯条 34*1.1）单位成本 =（1,230,271 + 1,106,005）÷（44,120 + 44,400）= 26.39264（元）

调增应纳税所得额 = 1,666,941.46 − 26.39264 × 60,020 = 82,855.15（元）

税收政策

《国家税务总局关于修订企业所得税年度纳税申报表的公告》（汇编 p613）（国家税务总局公告 2020 年第 24 号）附件：《中华人民共和国企业所得税年度纳税申报表（A 类，2017 年版）》部分表单及填报说明（2020 年修订）规定，纳税人在计算企业所得税应纳税所得额及应纳税额时，会计处理与税收规定不一致的，应当按照税收规定计算。税收规定不明确的，在没有明确规定之前，暂按国家统一会计制度计算。

《企业会计准则第 1 号—— 存货》（汇编 p778）第十四条规定，企业应当采用先进先出法、加权平均法或者个别计价法确定发出存货的实际成本。对于已售存货，应当将其成本结转为当期损益，相应的存货跌价准备也应当予以结转。

风险点 211 销售成本核算错误税前违规扣除（改变单位产品成本）风险

风险点说明

企业存货的成本结转方法，可在先进先出法、加权平均法、个别计价法中选用一种并向税务机关进行备案，计价方法一经选用，不得随意变更。在处理相关业务的过程中，如果企业存在人为更改成本结转方法，通过调高已经消耗存货单位成本，人为调减利润等情况，则存在不缴或少缴企业所得税的风险。

计算过程

本风险点应调增的应纳税所得额为：企业随意改变成本结转方法多确认当期营业成本应调增的金额。

单位成本 =（月初库存货的实际成本 + 当月各批购进存货的实际成本）/（月初库存存货数量 + 当月各批进货数量之和）

库存商品（带锯条 27*0.9）12 月月末平均成本单价 =（17,158,051.71 + 4,821,241.64）÷（990,010.08 + 249,000）= 17.7394（元）

调增应纳税所得额 = 6,770,673.42 - 当月销售出库数量 343,003 × 17.7394 = 686,006（元）

税收政策

《中华人民共和国税收征收管理法（2015 年修订）》（汇编 p397）第二十条规定，从事生产、经营的纳税人的财务、会计制度或者财务、会计处理办法和会计核算软件，应当报送税务机关备案。纳税人、扣缴义务人的财务、会计制度或者财务、会计处理办法与国务院或者国务院财政、税务主管部门有关税收的规定抵触的，依照国务院或者国务院财政、税务主管部门有关税收的规定计算应纳税款、代扣代缴和代收代缴税款。第二十四条规定，从事生产、经营的纳税人应当自领取税务登记证件之日起 15 日内，将其财务、会计制度或者财务、会计处理办法报送主管税务机关备案。纳税人使用计算机记账的，应当在使用前将会计电算化系统的会计核算软件、使用说明书及有关资料报送主管税务机关备案。纳税人建立的会计电算化系统应当符合国家有关规定，并能正确、完整核算其收入或者所得。

《国家税务总局关于修订企业所得税年度纳税申报表的公告》（汇编 p613）（国家税务总局公告 2020 年第 24 号）附件：《中华人民共和国企业所得税年度纳税申报表（A 类，2017 年版）》部分表单及填报说明（2020 年修订）规定，纳税人在计算企业所得税应纳税所得额及应纳税额时，会计处理与税收规定不一致的，应当按照税收规定计算。税收规定不明确的，在没有明确规定之前，暂按国家统一会计制度计算。

《企业会计准则第 1 号—— 存货》（汇编 p778）第十四条规定，企业应当采用先进先出法、加权平均法或者个别计价法确定发出存货的实际成本。已售存货，应当将其成本结转为当期损益，相应的存货跌价准备也应当予以结转。

风险点 212 未取得合法有效税前扣除凭证（外购存货未取得发票暂估入账）风险

风险点说明

企业发生支出，应取得合法有效的税前扣除凭证，作为计算企业所得税应纳税所得额时扣除相关支出的依据。在处理相关业务的过程中，如果企业存在当期的支出未取得发票等合法有效凭证，而在成本费用中核算并在税前扣除，且未作纳税调整或只做有限调整等情况，则存在不缴或少缴企业所得税的风险。

计算过程

库存商品 _ 带锯条 34*1.1

本风险点应调增的应纳税所得额为：已售产成品中耗用的购入材料成本金额，因该材料费用未取得合法有效的税前扣除凭证，因此需要调增应纳税所得额。

原材料占生产成本比 = 直接材料 ÷ 完工生产成本转产

= 1,340,283.33 ÷ 2,735,103.57 = 0.49（元）

生产成本结转产成品比 = 生产成本转完工工资（贷方发生额）÷ 生产成本发生额（借方发生额）

= 2,735,103.57 ÷ 2,793,314.38 = 0.98（元）

产成品销售比 = 库存商品出库贷方 ÷ 库存商品入库借方

= 2,846,688.46 ÷（780,920 + 2,735,103.57）= 0.81（元）

暂估的原材料对应纳税所得额的综合影响比例 = 0.49 × 0.98 × 0.81 = 0.388962（元）

总暂估金额 107,066.67 元，未领用 53,666.67 元，领用 53,400 元

应调增应纳税所得额 = 53,400 × 0.388962 = 20,770.57（元）（调表不调账）

税收政策

《国家税务总局关于发布〈企业所得税税前扣除凭证管理办法〉的公告》（汇编 p627）（国家税务总局公告 2018 年第 28 号）第五条规定，企业发生支出，应取得税前扣除凭证，作为计算企业所得税应纳税所得额时扣除相关支出的依据。第十三条规定，企业应当取得而未取得发票、其他外部凭证或者取得不合规发票、不合规其他外部凭证的，若支出真实且已实际发生，应当在当年度汇算清缴期结束前，要求对方补开、换开发票、其他外部凭证。补开、换开后的发票、其他外部凭证符合规定的，可以作为税前扣除凭证。第十六条规定，企业在规定的期限未能补开、换开符合规定的发票、其他外部凭证，并且未能按照本办法第十四条的规定提供相关资料证实其支出真实性的，相应支出不得在发生年度税前扣除。

延伸解读

对于毛利率倒挂的企业，应当审核营业成本。对于生产型企业，要熟悉生产工艺流程，获知企业生产过程中的主要成本费用项目，以此为切入点考虑涉税风险。

该企业产品成本核算流程：领用原材料，进行加工产生（能耗、人工工资、保险、公积金，折旧，其他支出）形成企业生产成本，结合生产数量，按照一定的成本核算方法，得出产成品

单位成本，根据企业成本核算方法结转出月末产成品及在产品成本，将产成品成本转入库存商品明细账。对于实行手工账企业，在企业凭证后应附有产成品成本核算过程。实行会计电算化的企业，部分企业有购销存系统，生产成本自动或半自动计算，与财务账或整合或独立。

如何识别企业有没有暂估：

1. 应付账款（其他负债科目）明细账中是否有“暂估”。

2. 存货是否有负数。存货借方负数或贷方正数，说明企业没有进行暂估处理。比如购 200 个，销售 300 个，未暂估，库存结余 -100 个。

识别岳达机械是否有暂估事项，看原材料有没有借方负数余额。进一步分析应付账款，应付账款存在暂估二级明细科目。追索到 12-12 凭证，应测算暂估是否影响主营业务成本金额。通过附件分析，入库带锯钢带 10 吨，发票载明 8 吨，2 吨 34*1.1 原材料暂估入账。首先应判断暂估带钢是否被生产领用了，没领用不影响应纳税所得额，则无需纳税调整。通过分析原材料 - 带锯钢带数量金额明细账，获知企业期末结余 1 吨，暂估 2 吨，说明生产领用了 1 吨暂估入账的原材料。按原材料占生产成本比、生产成本结转产成品比、产成品销售比计算暂估原材料对主营业务成本的影响。

具体事项 141
税前列支未取得合法有效扣除凭证的考察费

12 月第 74 笔凭证：2020 年 12 月取得旅行社开具的普通发票，以库存现金支付“旅游服务 - 考察费”12,000 元。

☆原会计分录		☆正确会计分录
借：管理费用 - 业务招待费	12,000.00	原会计分录不变
贷：库存现金	12,000.00	

☆调整会计分录

调表不调账

风险点213 在管理费用中列支与取得收入无关的支出（支付旅游费用）风险

风险点说明

企业发生的个人消费业务，是与企业生产经营无关的支出，不得税前列支，如果已列支应做纳税调增。在处理相关业务的过程中，如果企业存在将个人消费列入成本、费用尤其是管理费用中，且在计算应纳税所得额时税前列支等情况，则存在不缴或少缴企业所得税的风险。

计算过程

本风险点应调增的应纳税所得额为：企业不得税前列支的未取得合法有效凭证的考察费支出。

调增应纳税所得额 = 12,000 − 企业自行调增金额 12000*40% = 7,200（元）（调表不调账）

税收政策

《中华人民共和国企业所得税法》（汇编 p587）第十条第八款规定，在计算应纳税所得额时，下列支出不得扣除：与取得收入无关的其他支出。

延伸解读

应关注业务招待费等限额类扣除项目，分析企业是否存在虚增业务招待费的情况。通过管理费用 – 业务招待费，追索至 12–74 凭证，后附的发票为旅游考察支出，且为非差额征税发票，如果为真实的考察费用应有差旅费、餐费、住宿费等增值税发票，通常旅行社应选择差额征税。对此非差额征税的旅游业发票，可要求企业提供合同等相关资料。经核实，该业务是与生产经营无关的消费性支出，并非业务招待费核算范围，应直接调增应纳税所得额 12,000 元。同时，在企业所得税年度汇算调整业务招待费时发生额应减除 12,000 元，该金额不得参与业务招待费的限额调整。

具体事项 142
利用其他应收款账户隐匿收入

12 月第 82 笔凭证：2020 年 12 月收到江南华克自动化设备有限公司 128,640 元。汇款用途为“货款”。

☆原会计分录

借：银行存款－江南城市发展银行长安分行　128,640.00

　贷：其他应收款－江南华克自动化设备有限公司　128,640.00

☆正确会计分录

借：银行存款－江南城市发展银行长安分行　128,640.00

　贷：主营业务收入 _ 带锯条 27*0.9_13%　113,840.71

　　　应交税费－应交增值税－销项税额 _13%　14,799.29

借：主营业务成本　100,973.29

　贷：库存商品 _ 带锯条 27*0.9　100,973.29

☆调整会计分录

借：其他应收款－单位－江南华克自动化设备有限公司　128,640.00

　贷：以前年度损益调整－主营业务收入　113,840.71

　　　应交税费－增值税检查调整－销项税额 _13%　14,799.29

借：以前年度损益调整－主营业务成本　100,973.29

　贷：库存商品 _ 带锯条 27*0.9　100,973.29

风险点 214　未确认收入未按规定申报增值税（将收入隐匿于其他应收款）风险

风险点说明

纳税人应据实核算营业收入，计算销项税额及应纳增值税，不得随意更改记录营业收入的账户。可通过往来科目判断业务的真实性，如“其他应收款”账户借方发生额或余额，当其占营业收入一定比例时，纳税人资金就会异常紧张，甚至无法进行生产经营，所以应分析“其他应收款”的形成原因。在处理相关业务的过程中，如果纳税人存在利用“其他”类往来科目挂账，实际销售收款不入账、资金体外循环、账外经营等情况，则存在不缴或少缴增值税的风险。

计算过程

本风险点应确认的销项税额为：企业通过往来账隐匿收入应确认的税额。

增值税销售额 = 128,640 ÷（1 + 13%）= 113,840.71（元）

销项税额 = 113,840.71 × 13% = 14,799.29（元）

税收政策

《中华人民共和国增值税暂行条例（2017 修订版）》（汇编 p434）第一条规定，在中华人民共和国境内销售货物或者加工、修理修配劳务（以下简称劳务），销售服务、无形资产、不动产以及进口货物的单位和个人，为增值税的纳税人，应当依照本条例缴纳增值税。第十九条第（一）项规定，增值税纳税义务发生时间：（一）发生应税销售行为，为收讫销售款项或者取得索取销售款项凭据的当天；先开具发票的，为开具发票的当天。

《中华人民共和国增值税暂行条例实施细则（2011 修订版）》（汇编 p439）（财政部　国家税务总局令 2011 年第 65 号）第三十八条规定，条例第十九条第一款第（一）项规定的收讫销售款项或者取得索取销售款项凭据的当天，按销售结算方式的不同，具体为：（一）采取直接收款方式销售货物，不论货物是否发出， 均为收到销售款或者取得索取销售款凭据的当天；（二）采取托收承付和委托银行收款方式销售货物，为发出货物并办妥托收手续的当天；（三）采取赊销和分期收款方式销售货物，为书面合同约定的收款日期的当天，无书面合同的或者书面合同没有约定收款日期的，为货物发出的当天；（四）采取预收货款方式销售货物，为货物发出的当天，但生产销售生产工期超过 12 个月的大型机械设备、船舶、飞机等货物，为收到预收款或者书面合同约定的收款日期的当天；（五）委托其他纳税人代销货物，为收到代销单位的代销清单或者收到全部或者部分货款的当天。未收到代销清单及货款的，为发出代销货物满 180 天的当天；（六）销售应税劳务，为提供劳务同时收讫销售款或者取得索取销售款的凭据的当天；（七）纳税人发生本细则第四条第（三）项至第（八）项所列视同销售货物行为，为货物移送的当天。

风险点 215 未确认收入未按规定申报企业所得税（将收入隐匿于其他应收款）风险

风险点说明

企业应据实核算营业收入，计算销项税额及应纳增值税，不得随意更改记录营业收入的账户。可通过往来科目判断业务的真实性，如“其他应收款”的借方发生额或余额，当其占营业收入一定比例时，企业资金就会异常紧张，甚至无法进行生产经营，所以应分析“其他应收款”的形成原因。在处理相关业务的过程中，如果企业存在利用“其他”类往来科目挂账，实际销售收款不入账、资金体外循环、账外经营等情况，则存在不缴或少缴企业所得税风险。

计算过程

本风险点应调增的应纳税所得额为：企业通过往来账隐匿的收入；应调减的应纳税所得额为：企业隐匿的收入应结转的成本。

调增应纳税所得额 = 113,840.71（元）

调减应纳税所得额（成本）= 113,840.71 ÷ 20 元 / 米 × 17.7394 元 / 米 = 100,973.29（元）

税收政策

《中华人民共和国企业所得税法》（汇编 p587）第六条规定，企业以货币形式和非货币形式从各种来源取得的收入，为收入总额。包括：（一）销售货物收入；（二）提供劳务收入；（三）转让财产收入；（四）股息、红利等权益性投资收益；（五）利息收入；（六）租金收入；（七）特许权使用费收入；（八）接受捐赠收入；（九）其他收入。

《国家税务总局关于确认企业所得税收入若干问题的通知》（汇编 p683）（国税函〔2008〕875 号）第一条规定，除企业所得税法及实施条例另有规定外，企业销售收入的确认，必须遵循权责发生制原则和实质重于形式原则。（一）企业销售商品同时满足下列条件的，应确认收入的实现：1. 商品销售合同已经签订，企业已将商品所有权相关的主要风险和报酬转移给购货方；2. 企业对已售出的商品既没有保留通常与所有权相联系的继续管理权，也没有实施有效控制；3. 收入的金额能够可靠地计量；4. 已发生或将发生的销售方的成本能够可靠地核算。（二）符合上款收入确认条件，采取下列商品销售方式的，应按以下规定确认收入实现时间：2. 销售商品采取预收款方式的，在发出商品时确认收入。

延伸解读

通过资产负债表获知其他应收款余额年末比年初减少，表面上看总账科目余额增减变动逻辑上并无不妥，但深入分析科目余额表二级科目时，则有可能存在涉税风险。找到科目余额表其他应收款的二级科目查看得知，本年新增江南华克自动化设备有限公司一笔业务，形成贷方余额（借方的负数）128,640 元，导致其他应收款一级科目年末余额比年初余额减少，要求企业提供江南华克自动化设备有限公司该笔业务合同、会计凭证等相关资料，如有汇入款项应一并提供汇款回单。经核实，该企业收到的汇款实为现货销的货款，应确认增值税及企业所得税收入。

在实践中，此分析思路可延伸至其他负数余额的往来明细二级科目，如：应收账款的贷方余额（即借方负数余额）、预付账款的贷方余额（即借方负数余额）。此外，向读者简单介绍下分析岳达公司应收账款思路：1. 应收账款 – 大连大凯信贸易有限公司，该应收账款余额一直不变，需要核查该明细账交易真实性，以及对方偿债能力，注意是否涉嫌虚开。2. 应收账款－锦阳市长河管理咨询中心，余额长期不动，已经计提坏账准备，注意该笔坏账准备不得税前扣除。3. 应收账款－长安海思设备科技有限公司，企业发出 20 万米带锯条，但是对方发生火灾，货款可能无法收回，该笔款项是销售业务对应的销项税，经前述核查得知已确认增值税收入，应确认未确认企业所得税收入。4. 应收账款－长安市大祺工具厂，借方负数余额，系预收租赁款，将预收款项使用应收账款科目核算。对于租赁业务还需要注意租赁期限。5. 应收账款－哈尔滨天信贸易有限公司在 12 月销售形成应收余额后续应跟进是否收回，应注意是否涉嫌虚开。6. 应收账款－江南杰瑞实业有限公司，年末余额借方负数，实为负债，追索到 12-79 凭证，查看购销合同，确认是否已发货，注意是否应确认未确认收入。

具体事项 143
厂内运输车辆未缴纳车辆购置税及车船税

企业有一台小型货车用于厂区内的运输业务，无车牌。经调查，该车购置于 2018 年 10 月，不含税价 50,000 元，载重 5 吨。企业称该车购入时在厂区内使用，不上公路行驶，没有到公安机关办理牌照，所以无须缴纳车船税及车辆购置税。

☆原会计分录	☆正确会计分录	
本年账内无记载	借：税金及附加－车辆购置税	5,000.00
	税金及附加－车船税	480.00
	贷：应交税费－应交车辆购置税	5,000.00
	应交税费－应交车船税	480.00

☆调整会计分录

借：以前年度损益调整－税金及附加	5,480.00	
贷：应交税费－应交车辆购置税		5,000.00
应交税费－应交车船税		480.00

风险点 216 未确认计税依据未按规定申报车辆购置税（厂内自用车辆未上牌）风险

风险点说明

纳税人购买并准备在厂内使用的车辆，不论车辆是否需要办理牌照都需要缴纳车辆购置税。在处理相关业务的过程中，如果纳税人存在因政策理解错误或故意隐瞒，对不需要办理牌照的购进车辆未申报缴纳车辆购置税等情况，则存在不缴或少缴车辆购置税的风险。

计算过程

本风险点应确认的车辆购置税为：企业厂内运输车辆未申报的车购税。应调增的固定资产车辆计税基础为：企业应负担的车辆购置税金额。

车辆购置税 = 50,000 × 10% = 5,000（元）

调增固定资产车辆计税基础 = 5,000（元）

税收政策

《中华人民共和国车辆购置税法》（汇编 p751）第一条规定，在中华人民共和国境内购置汽车、有轨电车、汽车挂车、排气量超过一百五十毫升的摩托车（以下统称应税车辆）的单位和个人，为车辆购置税的纳税人，应当依照本法规定缴纳车辆购置税。第二条规定，本法所称购置，是指以购买、进口、自产、受赠、获奖或者其他方式取得并自用应税车辆的行为。

风险点 217 未确认计税依据未按规定申报车船税（厂内自用车辆未上牌）风险

风险点说明

纳税人在车辆购置使用的过程中，要认真核算缴纳车船税，不论车辆是否需要办理牌照都需要缴纳车船税。在处理相关业务的过程中，如果纳税人存在因政策理解错误或故意隐瞒，对不需要办理牌照的购进车辆未申报缴纳车船税等情况，则存在不缴或少缴车船税的风险。

计算过程

本风险点应确认的车船税为：企业厂内运输车辆未申报的车船税。应调减的应纳税所得额为：企业应负担的车船税金额。假定江南省该车的车船税额外为96元。

车船税 = 年税额 × 车辆吨位 = 96×5吨 =480（元）

调减应纳税所得额 = 480（元）

税收政策

《中华人民共和国车船税法》（汇编p753）第二条规定车船的适用税额依照本法所附《车船税税目税额表》执行。车辆的具体适用税额由省、自治区、直辖市人民政府依照本法所附《车船税税目税额表》规定的税额幅度和国务院的规定确定。

具体事项144

库存商品账实不符隐匿收入

2021年8月31日进行实地盘点，库存商品带锯条27*0.9数量为390,555.42米，2021年1–8月销售700,000米、入库600,000米。假定2021年1–8月出入库数量与实际相符，经计算2020年12月31日带锯条27*0.9实际库存商品数量应为490,555.42米，但2020年12月31日账载带锯条库存数量为895,707.08米，带锯条27*0.9实际库存比账载数量少405,151.66米。经查实为直接收款方式销售未确认收入。

☆原会计分录	☆正确会计分录
无，账载存货数量与盘实存货数量比较	借：应收账款－应收货款 226,000.00 贷：主营业务收入＿带锯条27*0.9_13% 200,000.00 应交税费－应交增值税－销项税额＿13% 26,000.0 借：主营业务成本 173,000.00 贷：库存商品＿带锯条27*0.9 173,000.00

☆调整会计分录

借：应收账款－应收货款 226,000.00

贷：以前年度损益调整－主营业务收入 200,000.00

应交税费－增值税检查调整－销项税额＿13% 26,000.00

借：以前年损益调整－主营业务成本 173,000.00

贷：库存商品＿带锯条27*0.9 173,000.00

风险点 218 未确认收入未按规定申报增值税（库存商品账实不符）风险

风险点说明

企业纳税人应加强存货管理，避免经营中的存货损失。在处理相关业务的过程中，如果纳税人当期库存商品账载金额大于盘点金额，可能存在商品已销售但收入未记账，或虚构进货业务，取得虚开的增值税发票，虚增商品库存等情况；如果当期库存商品账载金额小于盘点金额，可能存在部分进货未记账，销售时也不准备确认收入或多结转销售成本等情况，则存在不缴或少缴增值税的风险。

计算过程

本风险点应确认的销项税额为：企业采用直接收款方式销售产品未确认的收入应缴纳的销项税额。

增值税销售额 = 10,000 × 20= 200,000（元）

销项税额 = 200,000 × 13% = 26,000（元）

税收政策

《中华人民共和国增值税暂行条例（2017 修订版）》（汇编 p434）第一条规定，在中华人民共和国境内销售货物或者加工、修理修配劳务（以下简称劳务），销售服务、无形资产、不动产以及进口货物的单位和个人，为增值税的纳税人，应当依照本条例缴纳增值税。第十九条第（一）项规定，增值税纳税义务发生时间：（一）发生应税销售行为，为收讫销售款项或者取得索取销售款项凭据的当天；先开具发票的，为开具发票的当天。

《中华人民共和国增值税暂行条例实施细则（2011 修订版）》（汇编 p439）（财政部 国家税务总局令 2011 年第 65 号）第三十八条规定，条例第十九条第一款第（一）项规定的收讫销售款项或者取得索取销售款项凭据的当天，按销售结算方式的不同，具体为：（一）采取直接收款方式销售货物，不论货物是否发出，均为收到销售款或者取得索取销售款凭据的当天；（二）采取托收承付和委托银行收款方式销售货物，为发出货物并办妥托收手续的当天；（三）采取赊销和分期收款方式销售货物，为书面合同约定的收款日期的当天，无书面合同的或者书面合同没有约定收款日期的，为货物发出的当天；（四）采取预收货款方式销售货物，为货物发出的当天，但生产销售生产工期超过 12 个月的大型机械设备、船舶、飞机等货物，为收到预收款或者书面合同约定的收款日期的当天；（五）委托其他纳税人代销货物，为收到代销单位的代销清单或者收到全部或者部分货款的当天。未收到代销清单及货款的，为发出代销货物满 180 天的当天；（六）销售应税劳务，为提供劳务同时收讫销售款或者取得索取销售款的凭据的当天；（七）纳税人发生本细则第四条第（三）项至第（八）项所列视同销售货物行为，为货物移送的当天。

风险点 219 未确认经营收入未按规定申报企业所得税（库存商品账实不符）风险

风险点说明

企业应加强存货管理，避免经营中的存货损失。在处理相关业务的过程中，如果企业当期库存商品账载金额大于盘点金额，可能存在商品已销售但收入未记账，或虚构进货业务，取得虚开的增值税发票，虚增商品库存等情况；如果当期库存商品账载金额小于盘点金额，可能存在部分进货未记账，销售时也不准备确认收入多结转销售成本等情况，则存在不缴或少缴企业所得税的风险。

计算过程

本风险点应调增的应纳税所得额为：企业采用直接收款方式销售产品未确认的收入；应调减的应纳税所得额为：应结转的销售产品成本。

调增应纳税所得额 = 200,000（元）

调减应纳税所得额 = 10,000 米 ×17.3 元 / 米 = 173,000（元）

税收政策

《中华人民共和国企业所得税法》（汇编 p587）第六条第一款规定，企业以货币形式和非货币形式从各种来源取得的收入，为收入总额。包括：（一）销售货物收入。

《国家税务总局关于确认企业所得税收入若干问题的通知》（汇编 p683）（国税函〔2008〕875 号）第一条规定，除企业所得税法及实施条例另有规定外，企业销售收入的确认，必须遵循权责发生制原则和实质重于形式原则。（一）企业销售商品同时满足下列条件的，应确认收入的实现：1. 商品销售合同已经签订，企业已将商品所有权相关的主要风险和报酬转移给购货方；2. 企业对已售出的商品既没有保留通常与所有权相联系的继续管理权，也没有实施有效控制；3. 收入的金额能够可靠地计量；4. 已发生或将发生的销售方的成本能够可靠地核算。（二）符合上款收入确认条件，采取下列商品销售方式的，应按以下规定确认收入实现时间：2. 销售商品采取预收款方式的，在发出商品时确认收入。

延伸解读

对企业资产进行盘点时不限于存货，应确认账实是否相符。2020 年 12 月 31 日带锯条 27*0.9 的实际库存数量为 490,555.42 米（390,555.42+ 700,000–600,000），比账载金额少 405,151.66 米，应当对实物差异产生的原因进行查实。经前期评估检查，已出库但未计收入的有 5 项：第 105 个风险点—应补计出库数量 86,836.283 米，第 215 个风险点—应补计出库数量 5,692.0355 米，第 111 个风险点—应补计出库数量 24,856.7575 米，第 113 个风险点—应补计出库数量 26,399.0655 米，第 115 个风险点—应补计出库数量 251,367.5215 米， 共计 395,151.66 米， 仍有差异 405,151.66– 395,151.66=10,000 米。经核实，该企业已发出 10,000 米产品但未确认收入，应确认增值税收入及企业所得税收入。

具体事项 145
增值税电子普通发票重复列支

12 月第 91 笔凭证：以库存现金支付报销的办公费，收到电子普通发票 994.50 元。

☆原会计分录			☆正确会计分录
借：管理费用－办公费	994.50		重复列支，不予报销。
贷：库存现金		994.50	

☆调整会计分录

借：管理费用－办公费	–994.50	
借：库存现金		994.50

风险点 220 增值税电子普通发票未按规定税前扣除（重复列支）风险

风险点说明

纳税人取得增值税电子普通发票后，可以以打印纸等为载体自行打印发票内容，并作为原始凭证入账，但是打印出的增值税电子普通发票其载体是普通纸张，其本身不具备防伪措施，且通过重复打印、复印等可存在多张，所以企业应加强对增值税电子普通发票的管理，避免发生利用复印或重复打印的发票内容重复列支成本费用的情形。在处理相关业务的过程中，如果发现纳税人在账内以相同内容发票重复列支成本费用等情况，则存在虚列成本费用，不缴或少缴企业所得税的风险。

计算过程

本风险点应调增的应纳税所得额为：企业在税前重复列支的电子普通发票的金额。

调增应纳税所得额 = 994.50（元）

税收政策

《中华人民共和国企业所得税法实施条例》（汇编 p595）第二十八条第三款规定，除企业所得税法和本条例另有规定外，企业实际发生的成本、费用、税金、损失和其他支出，不得重复扣除。

延伸解读

由于增值税电子普通发票系企业自行打印入账，出现重复入账并税前扣除的可能性很大，开展稽查检查时可重点关注企业账内列支的成本费用中相同金额的，以甄别是否重复列支。企业可以通过建立电子普通发票台账或建立电子发票数据库方法，企业在报销入账时对发票代码、号码进行登记排查来防范重复或虚假入账问题。

《会计档案管理办法》第八条第三款规定，使用的电子档案管理系统能够有效接收、管理、利用电子会计档案，符合电子档案的长期保管要求，并建立了电子会计档案与相关联的其他纸质会计档案的检索关系。《财政部 国家档案局关于规范电子会计凭证报销入账归档的通知》财会〔2020〕6 号第四条规定，单位以电子会计凭证的纸质打印件作为报销入账归档依据的，必须同时保存打印该纸质件的电子会计凭证。

本章小结

本章共计涉及23个涉税事项、31个具体风险点。这些风险事项的查处，需要具有一定专业水平的税务人员实施，其中有的风险事项需要实地检查才能确认。具体总结如下表。

具体风险点汇总情况表

处理情况	税种	处理方式	处理结果	页码
经营租赁方式租入固定资产发生的租赁费支出，未按照租赁期限均匀扣除（189）	企业所得税	应调增应纳税所得额 修改企业所得税年度纳税申报表	调增应纳税所得额 =46,000（元）	310
未按客车实际车排量计算，保险公司少代扣代缴车船税（190）	车船税	自行补缴车船税 修改企业所得税年度纳税申报表	车船税 = 年税额 480×2 辆 −384=576（元） 调减应纳税所得额 576（元）	312
抵扣非本单位业务的增值税进项税额（191）	增值税	取得的增值税扣税凭证不符合税收相关规定，进项税额应进项税转出 修改增值税一般纳税人申报表 假定该企业自被告知之日起60日取得换开的符合规定的发票，企业所得税税前允许列支	进项税额转出额 =1,200（元） 如不调减进项税转出额所得额，则企业所得税无须调增 1,200（元）	313
税前列支非本单位业务的费用发票（192）	企业所得税	应调增应纳税所得额 修改企业所得税年度纳税申报表	调增应纳税所得额 =20,000（元）	314
向省内异地分公司调拨库存商品（193）	增值税	应确认增值税视同销售额	销项税额 =10,000 米 × 平均单价 20 元 / 米 ×13%=26,000（元）	315
税前扣除的职工福利费中列支退休人员福利，虚增职工福利费发生额（194）	企业所得税	调增应纳税所得税额 退休人员福利支出不允许参与限额计算 修改企业所得税年度纳税申报表	调增应纳税所得额 =10,000（元） 不参与职工福利费限额计算	317
向退休员工发放职工福利，未代扣代缴个人所得税（195）	个人所得税	并入退休员工当期的工资收入，按“工资、薪金所得”项目计征个人所得税	10,000 元并入退休员工当期收入，计算当期个人所得税	318
进项税额抵扣凭证为无旅客信息的客票（196）	增值税	修改增值税进项税额	进项税额转出 =5.83（元） 调减应纳税所得额 =5.83（元）	320
支付非居民企业劳务费，未代扣代缴增值税（197）	增值税	补计代扣代缴增值税	增值税销售额 =100,000.00/（1−6%×12%−10%）=112,007.17（元） 增值税应纳税额 =112,007.17×6%=6,720.43（元）	321
支付非居民企业劳务费，未代扣代缴企业所得税（198）	企业所得税	补预提所得税	预提所得税 =112,007.17×10% =11,200.72（元）	322
抵扣未实际消费支出的住宿费进项税（199）	增值税	进项税额转出 调减应纳税所得额（原因：进项税转出）	进项税额转出金额 =10,000/（1+6%）×6%= 566.04（元） 调减应纳税所得额 =566.04（元）	324

续表

处理情况	税种	处理方式	处理结果	页码
税前列支行政性罚款（200）	企业所得税	调增应纳税所得额	调增应纳税所得额 =200（元）	326
将销售退回做成购货业务，抵扣进项税额（201）	增值税	进项税额转出（或回冲进货发票并正确开具红字增值税专用发票）	进项税额转出金额 =520,000（元） 调增对应的库存商品计税基础 =520,000（元）	327
应税不动产转为集体福利时，应在次月按净值进项税转出；用于集体福利的支出不得抵扣进项税额（202）	增值税	进项税额转出	进项税额转出金额 =（571,428.57−271,716.52）×5%+540.00=27,185.60+540=27,725.60（元） 调减应纳税所得额 =27,725.60（元） 调增应付职工薪酬职工福利费发生额 =27,725.60（元）	329
原集体福利柜式空调转为生产经营使用，应在次月按净值抵扣进项税额（203）	增值税	进项税额转出	进项税额转出 =1,293.31（元） 2021 年 1 月抵扣金额为（23,200.00−9,376.50）/（1+16%）×16%=1,293.31（元）	330
材料盘盈计入盈余公积，应计利得收入（204）	企业所得税	调增应纳税所得额	调增应纳税所得额 =200（元）	332
食堂员工工资未计入职工福利费核算（205）	企业所得税	应调增职工福利费的实际发生额，参与福利费的限额扣除计算	调增职工福利费实际发生额（参与限额扣除计算）=30,000（元）	334
食堂员工保险费未计入职工福利费核算（206）	企业所得税	应调增职工福利费的实际发生额，参与福利费的限额扣除计算	调增职工福利费实际发生额（参与限额扣除计算）=10,800（元） 调增应纳税所得额（2,020 年度职工福利费限额部分）=73,540.47（元）	336
企业购入 B 地块未按可使用年限进行摊销（207）	企业所得税	调增应纳税所得额	调增应纳税所得额 =91,666.67−11,000,000/50/12=73,333.34（元）	338
三年期租赁费，未按期限平均摊销而一次性税前扣除（208）	企业所得税	调增应纳税所得额	调增应纳税所得额 =41,666.67−42,857.15/3=27,380.95（元）	340
税前列支非“工会经费收入专用收据”的工会经费（209）	企业所得税	调增应纳税所得额	调增应纳税所得额 =10,170（元）	341
12 月份带锯条 34*1.1 产成品实际产出数量与账载入库数量不符（210）	企业所得税	调增应纳税所得额	库存商品 _ 带锯条 34*1.1 单位成本 =（1,230,271+1,106,005）/（44,120+44,400）=26.39264（元） 调增应纳税所得额 =1,666,941.46−26.39264×60,020=82,855.15（元）	342
12 月份结转已售带锯条 27*0.9 未按已备案成本结转方法（月末一次加权平均法）结转成本（211）	企业所得税	调增应纳税所得额	库存商品 _ 带锯条 27*0.9 12 月月末平均成本单价 =（17,158,051.71+4,821,241.64）/（990,010.08+249,000）=17.7394（元） 调增应纳税所得额 =6,770,673.42− 当月销售出库数量 343,003×17.7394 =686,006（元）	343
暂估未取得税前扣除凭证（212）	企业所得税	调增应纳税所得额	库存商品 _ 带锯条 34*1.1 原材料占生产成本比 =1,340,283.33（直接材料）/2,735,103.57（完工生产成本转产成品）=0.49（元） 生产成本结转产成品比 =2,735,103.57（生产成本贷方）/2,793,314.38（生产成本借方）=0.98（元）	344

续表

处理情况	税种	处理方式	处理结果	页码
			产成品销售比 =（库存商品出库贷方）/（库存商品入库借方）=2,846,688.46/（780,920+2,735,103.57）=0.81 暂估的原材料对应纳税所得额的综合影响比例 =0.49×0.98×0.81 总暂估金额 107,066.67 元，未领用 53,666.67 元，领用 53,400 元 应调增应纳税所得额 =53,400×0.49×0.98×0.81=20,770.57（元）	
企业所得税前扣除旅游服务支出（213）	企业所得税	调增应纳税所得额	调增应纳税所得额 =12,000– 企业自行调增金额 12,000×40%=7,200（元）	347
收到银行回单载明“货款”的款项，不能提供销售合同，货已发出，未确认增值税收入（214）	增值税	补计增值税销售额、补提销项税额	增值税销售额 =128,640/（1+13%）=113,840.71（元） 销项税额 =113,840.71×13%=14,799.29（元）	348
其他应付款余额异常，收到银行回单载明“货款”的款项，不能提供销售合同，货已发出，未确认企业所得税收入（215）	企业所得税	调增应纳税所得额（收入 – 成本）	调增应纳税所得额（收入）=113,840.71 调减应纳税所得额（成本）=113,840.71/20 元 / 米 ×17.7394 元 / 米 =100,973.29（元）	349
厂区内行驶，未上车牌的车辆应缴未缴车辆购置税（216）	车辆购置税	应补缴车辆购置税	车辆购置税 =50,000.00×10%=5,000（元） 调增固定资产车辆计税基础 =5,000（元）	352
厂区内行驶，未上车牌的车辆应缴未缴车船税（217）	车船税	应补缴车船税 修改企业所得年度纳税申报表	车船税 = 年税额 96.00×5 吨 =480（元） 调减应纳税所得额 480（元）	352
库存商品账实不符，核查为直接收款方式已售未入账，应确认为增值税收入（218）	增值税	补计增值税销售额、补提销项税额	增值税销售额 =10,000×20=200,000（元） 销项税额 200,000×13%=26,000（元）	354
库存商品账实不符，核查为直接收款方式已售未入账，应确认为企业所得税收入（219）	企业所得税	调增应纳税所得额（收入 – 成本）	调增应纳税所得额（收入）=200,000（元） 调减应纳税所得额（成本）=10,000 米×17.3 元 / 米 =173,000（元）	355
增值税电子普通发票税前重复列支办公费用（220）	企业所得税	调增应纳税所得额	调增应纳税所得额 994.50（元）	356

第二章 举报协查处理

一大早夏添刚到工作单位，办公桌上电话铃声就响了，她低头一看是局长办公室的电话，连忙接起来。局长先是对检查组的工作表示慰问，又同她寒暄了几句，告诉她上午 9 点到指挥会商室来开个小会。夏添很奇怪，要她去开会又没有说会议什么内容，她想了想近期的工作，除了正在检查的岳达公司并没有其他重要的事儿。

她一头雾水地到指挥会商室，发现局里负责举报管理和协查管理的两位同事也在。经过局长说明，原来是局里检举接待室前天受理了来自岳达公司股东及岳达公司合作伙伴的实名举报，并且上周局里还收到了异地税务机关的协查函。这两项工作按规定应由专门的股室去处理，但是考虑到夏添检查组已经对岳达公司进行了税务检查，经过研究，局里的意见是多个案源并案，一并交由夏添检查组负责处理。夏添明白事情的原委后，愉快地接受了局里并案检查的工作安排。

她拿着相关材料回到组里，同其他同志一起翻阅，大致了解了举报和协查的内容。举报的内容是岳达公司采用虚构管理费用支付股利、非货币形式支付股利等手段对股东分配股利情况进行隐瞒，未按规定代扣代缴个人所得税，还有部分货物销售时未开具发票，财务未按销售处理、未缴纳相关税费等。这些内容十分翔实，时间、地点和相关参与人员等情况都有逐一描述，表面看逻辑上没有任何问题，只待对举报内容进行查实定性。夏添和其他稽查人员初步判断，这些内容之所以恰好在稽查工作期间被举报出来，一定是岳达公司内部人员对公司甚至是王岳达本人或其他人员心存不满，早有举报之心，但一直在静待时机。现在税务稽查正在实施的检查工作已经取得了很大成果，并且税务人员秉公执法、清正廉洁的行为鼓舞了举报人，所以他才趁机把早已准备好的材料举报到了税务部门。这些举报材料无疑又给了岳达公司沉重一击。

收到的协查信息包括两类内容，一类是已经确认虚开企业向岳达公司虚开的发票，另一类是走逃的企业向岳达公司开具的发票，暂时未确定是虚开的发票。对于这些协查工作，夏添他们再熟悉不过了，近几年来处理这类工作每个人至少也有十几起了。

当稽查人员在稽查询问室向王岳达等人进行询问时，夏添和另一名同志坐在询问室隔壁，利用墙体中镶嵌的单向玻璃对询问情况进行即时观察，并通过通信设备向询问人员提供支持以及指挥他们的询问工作。

王岳达端坐在两名稽查人员对面，表面上极力掩饰自己的紧张情绪，他还是第一次接受如此严肃的询问，询问室里配置的每一件物品仿佛都是为他专门准备的，他清楚墙上那面黑黑的玻璃后面还有不知什么人在观察他。

当稽查人员询问起近几年股东分红的时候，他坚决否认，说自己的公司近几年效益十分不好，不可能分红。稽查人员随即指出王岳达本人近几年的分红情况，包括以现金或实物方式分红，等等，王岳达顿时冒出一身冷汗，他的大脑飞速旋转，努力回想这些事情只有为数不多的几个知情人，是谁嘴不严说出去了还是有人背后告状呢？稽查人员没有给他更多的时间去思考，按照询问工作预案和借助夏添他们的幕后指挥，王岳达很快就败下阵来，全盘承认了近几年分红的事。稽查人员趁热打铁，将虚开发票以及其他需要询问的内容一股脑地抛了出来，王岳达慌忙地敷衍了几句后就再也没有招架之力了。

对岳达公司相关人员的询问工作取得了预期的效果，夏添他们检查出的问题基本都得到了落实。整理完稽查工作材料后，夏添将案件资料移交审理部门审理。审理结束稽查工作进入执行环节，工作人员向王岳达宣讲了岳达公司及王岳达本人以前都没有涉税违法行为，主动积极缴纳税款、滞纳金，接受税务机关处罚后即可避免刑事处罚等情况。王岳达在咨询律师后，明白税务人员所言不假，他积极筹备资金，一次性全额补交了税款、滞纳金、罚款。

根据举报人举报和异地税务机关发出的协查函，夏添带领检查组对举报协查中列明的具体情况进行了认真检查，查出13个涉税问题，其中涉及多抵扣进项税额8,045元，少申报销项税额117,405.66元，调增企业所得税应纳所得额7,113,594.34元，个人所得税309,900元。具体内容及后续处理情况，一并解读如下。

举报协查风险解读

具体事项146

向股东分配股利税前扣除且未按规定代扣代缴个人所得税

10月第52笔凭证：2020年10月根据股东会决议宣告分配2019年度及以前年度股利1,000,000元，未发放。分配比例按2019年持份比例。

☆原会计分录

借：管理费用－其他	1,000,000.00	
贷：应付股利－王岳达		600,000.00
应付股利－江南利枫物资有限公司		400,000.00

☆正确会计分录

借：利润分配－应付现金股利（利润）	1,000,000.00	
贷：应付股利－王岳达		600,000.00
应付股利－江南利枫物资有限公司		400,000.00
借：其他应收款－王岳达	120,000.00	
贷：应交税费－应交个人所得税		120,000.00

☆调整会计分录

借：其他应收款－王岳达	120,000.00	
贷：应交税费－应交个人所得税		120,000.00

企业所得税方面，管理费用调表不调账。

风险点221 分配股利计入管理费用税前违规扣除（分配股东股利）风险

风险点说明

企业应以税后利润向投资者分配股息、红利，不得在税前列支。有的企业可能将利润分配“变通”为借款行为以支付借款利息等方式分配股利，在管理费用、财务费用中列支。在处理相关业务的过程中，如果企业将应由税后利润中支付的股利列入成本费用，在税前违规扣除等情况，则存在不缴或少缴企业所得税的风险。

计算过程

本风险点应调增的应纳税所得额为：不得税前扣除的向投资者支付的股息、红利等权益性投资收益金额。

调增应纳税所得额 =1,000,000（元）（调表不调账）

税收政策

《中华人民共和国企业所得税法》（汇编 p587）第十条第（一）项规定，在计算应纳税所得额时，下列支出不得扣除：（一）向投资者支付的股息、红利等权益性投资收益款项。

风险点222 未履行代扣代缴及申报义务少代扣代缴个人所得税（应付个人股利）风险

风险点说明

企业将应付自然人股东的利息、股息、红利收入通过往来账等方式分配到个人名下，即发生个人所得税纳税义务，同时企业也产生个人所得税代扣代缴义务，应依法代扣代缴自然人股东应缴的个人所得税。在处理相关业务的过程中，如果企业存在实际发生股利分配行为，未按规定代扣代缴个人所得税，则存在不缴或少缴个人所得税的风险。

计算过程

本风险点应代扣代缴的个人所得税为：企业向自然人股东分配股利未按规定代扣代缴的个人所得税。

代扣代缴个人所得税 = 600,000 × 20% = 120,000（元）

税收政策

《中华人民共和国个人所得税法实施条例》（汇编 p697）第六条第（六）项规定，个人所得税法规定的各项个人所得的范围：（六）利息、股息、红利所得，是指个人拥有债权、股权等而取得的利息、股息、红利所得。第二十四条规定，扣缴义务人向个人支付应税款项时，应当依照个人所得税法规定预扣或者代扣税款，按时缴库，并专项记载备查。前款所称支付，包括现金支付、汇拨支付、转账支付和以有价证券、实物以及其他形式的支付。

《国家税务总局关于利息 股息 红利所得征税问题的通知》（汇编 p720）（国税函〔1997〕656号）规定，扣缴义务人将属于纳税义务人应得的利息、股息、红利收入，通过扣缴义务人的往来会计科目分配到个人名下，收入所有人有权随时提取，在这种情况下，扣缴义务人将利息、股息、红利所得分配到个人名下时，即应认为所得的支付，应按税收法规规定及时代扣代缴个人应缴纳的个人所得税（1994 年前为个人收入调节税）。

延伸解读

股东会决定股东在 2020 年 10 月份对岳达公司增资，因企业有尚未分配的股利，故依据增资前的股份比例（自然人股 60%、法人股 40%）进行股利分配，宣告分配股利时应减少企业税后未分配利润。分派股利给自然人股东涉及个人所得税纳税义务，可比对未分配利润和应付股利两个会计科目，判断未分配利润的借方减少是否用于股利分配，同时对设置应付股利科目的企业需查看应付股利期末余额，判断是否因未实际支付股利而未代扣代缴个人所得税。股利计提虽未发放，按规定扣缴义务人将属于自然人股东应得的利息、股息、红利收入，通过扣缴义务人的往来会计科目分配到个人名下，自然人股东有随时提取的权利。因此，自然人股东已发生个人所得税纳税义务，同时该企业发生代扣代缴义务应及时代扣代缴个人所得税。该业务中，岳达公司对自然人股东应全额代扣代缴利息股息红利个人所得税 120,000 元，同时在管理费用科目税前扣除的股息红利 1,000,000 元应调企业所得税应纳税所得额。

在实践中，有些企业不按会计准则的规定使用会计科目核算股利分配，书中列举了 4 种常见的分配股利会计处理，10–52# 凭证是税前列支股利且未通过应付股利科目核算，11–20# 凭证是分配实物股利，11–56# 凭证是未通过应付股利科目核算股利分配行为，12–35# 凭证是未分配利润直接转股本，具体内容见后文介绍的个人所得税风险点 225、风险点 226、风险点 227。

具体事项 147
因购货方财务困难预计无法收回货款而隐匿收入

10 月第 73 笔凭证：2020 年 10 月依合同约定直接销售给长安海思设备科技有限公司 27*0.9 带锯条 200,000 米，已开具增值税专用发票。客户收到货物后发生火灾，预计无法收回货款。

☆原会计分录

借：发出商品 _ 带锯条 27*0.9　　3,460,000.00

　贷：库存商品 _ 带锯条 27*0.9　　3,460,000.00

☆正确会计分录

借：应收账款 – 长安海思设备科技有限公司　　4,000,000.00

　贷：主营业务收入 _ 带锯条 27*0.9_13%　　4,000,000.00

借：主营业务成本　　3,460,000.00

　贷：库存商品 _ 带锯条 27*0.9　　3,460,000.00

☆调整会计分录

借：应收账款 – 长安海思设备科技有限公司　　4,000,000.00

　贷：以前年度损益调整 – 主营业务收入　　4,000,000.00

借：以前年度损益调整 – 主营业务成本　　3,460,000.00

　贷：发出商品 _ 带锯条 27*0.9　　3,460,000.00

风险点 223 未确认收入未按规定申报企业所得税（预计无法收回账款的销售未记收入）风险

风险点说明

企业收入总额包括以货币形式和非货币形式从各种来源取得的收入，对符合收入确认条件的销售行为，即使因购货方问题无法收回款项，也应按销售价格确认收入并结转成本。在处理相关业务的过程中，如果企业因销售产品后预计无法收回部分货款，而在企业所得税申报时不确认这部分收入，或直接按财产损失处理，则存在不缴或少缴企业所得税的风险。

计算过程

本风险点应调增的应纳税所得额为：企业发生销售业务应确认的收入；应调减的应纳税所得额为：该销售业务应结转的成本。

调增应纳税所得额 = 200,000 米 ×20（元 / 米）= 4,000,000（元）

调减应纳税所得额 = 200,000 米 × 成本价 17.3（元 / 米）= 3,460,000（元）

税收政策

《中华人民共和国企业所得税法》（汇编 p587）第六条规定，企业以货币形式和非货币形式从各种来源取得的收入，为收入总额。包括：（一）销售货物收入；（二）提供劳务收入；（三）转让财产收入；（四）股息、红利等权益性投资收益；（五）利息收入；（六）租金收入；（七）特许权使用费收入；（八）接受捐赠收入；（九）其他收入。

《国家税务总局关于确认企业所得税收入若干问题的通知》（汇编 p683）（国税函〔2008〕875 号）第一条规定，除企业所得税法及实施条例另有规定外，企业销售收入的确认，必须遵循权责发生制原则和实质重于形式原则。（一）企业销售商品同时满足下列条件的，应确认收入的实现：1. 商品销售合同已经签订，企业已将商品所有权相关的主要风险和报酬转移给购货方；2. 企业对已售出的商品既没有保留通常与所有权相联系的继续管理权，也没有实施有效控制；3. 收入的金额能够可靠地计量；4. 已发生或将发生的销售方的成本能够可靠地核算。

延伸解读

企业 10 月 43 号凭证记载，直接销售给长安海思设备科技有限公司 27*0.9 带锯条 200,000 米，已开具增值税专用发票，计提销项税额 520,000 元。据此可知，增值税已确认销项税额，但企业所得税尚未确认收入，会造成企业所得税年度纳税申报表收入与增值税纳税申报表收入不符。具体分析时，可比对主营业务收入科目与增值税销项（应纳）税额，也可比对库存商品贷方发生额与主营业务成本借方发生额。经核实，企业该笔应收款项因客户发生火灾无法收回，故未确认主营业务收入，应调增企业所得税应纳税所得额，确认收入 4,000,000 元，确认成本 3,460,000 元。对于无法收回的应收款项应以计提坏账准备的方式按税法关于资产损失的相关规定在税前扣除。

具体事项 148
以非货币形式分配股利未按规定缴税

11 月第 20 笔凭证：2020 年 11 月经股东会会议决定向股东分配 2019 年以前年度股利 98,000 元。分配给股东的方式为库存 100 瓶茅台酒，金额为 98,000 元（市场价格为不含税每瓶 2,500 元）。

☆原会计分录

借：利润分配－应付现金股利（利润）	98,000.00	
贷：应付股利－王岳达		58,800.00
应付股利－江南利枫物资有限公司		39,200.00
借：应付股利－王岳达	58,800.00	
应付股利－江南利枫物资有限公司	39,200.00	
贷：库存商品_茅台酒		98,000.00

☆正确会计分录

借：利润分配－应付现金股利（利润）	282,500.00	
贷：应付股利－王岳达		169,500.00
应付股利－江南利枫物资有限公司		113,000.00
借：应付股利－王岳达	169,500.00	
应付股利－江南利枫物资有限公司	113,000.00	
贷：其他业务收入－材料物资_13%		250,000.00
应交税费－应交增值税－销项税额_13%		32,500.00
借：其他业务成本－材料物资	98,000.00	
贷：库存商品_茅台酒		98,000.00
借：其他应收款－王岳达	33,900.00	
贷：应交税费－应交个人所得税		33,900.00

☆调整会计分录

借：应付股利－王岳达	110,700.00	
应付股利－江南利枫物资有限公司	73,800.00	
以前年度损益调整－其他业务成本	98,000.00	
贷：以前年度损益调整－其他业务收入		250,000.00
应交税费－增值税检查调整－销项税额_13%		32,500.00
借：其他应收款－王岳达	33,900.00	
贷：应交税费－应交个人所得税		33,900.00

风险点224 视同销售行为未按规定申报增值税（非货币形式分配股利）风险

风险点说明

纳税人将自产、委托加工或购进的货物分配给股东或投资者，应视同销售，按市场价格计提增值税销项税额。在处理相关业务的过程中，如果纳税人存在以非货币形式分配股利，甚至将自有商品按成本价直接通过利润分配科目分配给股东，未作视同销售处理等情况，则存在不缴或少缴增值税的风险。

计算过程

本风险点应确认的销项税额为：企业将外购的商品分配给股东应视同销售确认的销项税额。

增值税销售额 = 100 × 2,500 = 250,000（元）

销项税额 = 250,000 × 13% = 32,500（元）

税收政策

《中华人民共和国增值税暂行条例实施细则（2011修订版）》（汇编p439）（财政部 国家税务总局令2011年第65号）第四条第（七）项规定，单位或者个体工商户的下列行为，视同销售货物：（七）将自产、委托加工或者购进的货物分配给股东或者投资者。第十六条规定，纳税人有条例第七条所称价格明显偏低并无正当理由或者有本细则第四条所列视同销售货物行为而无销售额者，按下列顺序确定销售额：（一）按纳税人最近时期同类货物的平均销售价格确定；（二）按其他纳税人最近时期同类货物的平均销售价格确定；（三）按组成计税价格确定。

风险点225 视同销售行为未按规定申报企业所得税（非货币形式分配股利）风险

风险点说明

企业将自产、委托加工或购进的货物分配给股东或投资者，应视同销售，按市场价格计算视同销售收入。在处理相关业务的过程中，如果企业存在以非货币形式分配股利，甚至将自有商品按成本价直接通过利润分配科目分配给股东，未作视同销售处理等情况，则存在不缴或少缴企业所得税的风险。

计算过程

本风险点应确认的用于股息分配视同销售收入为外购商品的市场价值；应确认的用于股息分配视同销售成本为：外购商品的账面价值。

用于股息分配视同销售收入 = 100 × 2,500 = 250,000（元）

用于股息分配视同销售成本 = 98,000（元）

视同销售调增应纳税所得额 = 250,000 − 98,000 = 152,000（元）

税收政策

《中华人民共和国企业所得税法实施条例》（汇编p595）第二十五条规定， 企业发生非货币性资产交换，以及将货物、财产、劳务用于捐赠、偿债、赞助、集资、广告、样品、职工福利或者利润分配等用途的，应当视同销售货物、转让财产或者提供劳务，但国务院财政、税务主管部门另有规定的除外。

《国家税务总局关于企业处置资产所得税处理问题的通知》（汇编 p686）（国税函〔2008〕828 号）第二条第（四）项规定，企业将资产移送他人的下列情形，因资产所有权属已发生改变而不属于内部处置资产，应按规定视同销售确定收入。（四）用于股息分配。

风险点 226 未履行代扣代缴及申报义务少代扣代缴个人所得税（取得非货币形式股利）风险

风险点说明

企业将自产、委托加工或购进的货物分配给自然人股东，应按市场价格确认个人所得，并代扣代缴个人所得税。在处理相关业务的过程中，如果企业存在未履行代扣代缴个人所得税义务，或按成本价等非市场价格确定个人收入并申报代扣代缴个人所得税等情况，则存在不缴或少缴个人所得税的风险。

计算过程

本风险点应代扣代缴的个人所得税为：企业将实物分配给自然人股东应代扣代缴的个人所得税。

代扣代缴个人所得税 = 数量 × 单价 ×2019 年时自然人股东比例 ×（1+ 增值税税率）× 个人所得税税率

=100×2,500×60%×（1+13%）×20%=33,900（元）

税收政策

《中华人民共和国个人所得税法实施条例》（汇编 p697）第六条第（六）项规定，个人所得税法规定的各项个人所得的范围：（六）利息、股息、红利所得，是指个人拥有债权、股权等而取得的利息、股息、红利所得。第八条规定，个人所得的形式，包括现金、实物、有价证券和其他形式的经济利益；所得为实物的，应当按照取得的凭证上所注明的价格计算应纳税所得额，无凭证的实物或者凭证上所注明的价格明显偏低的，参照市场价格核定应纳税所得额；所得为有价证券的，根据票面价格和市场价格核定应纳税所得额；所得为其他形式的经济利益的，参照市场价格核定应纳税所得额。第二十四条规定，扣缴义务人向个人支付应税款项时，应当依照个人所得税法规定预扣或者代扣税款，按时缴库，并专项记载备查。前款所称支付，包括现金支付、汇拨支付、转账支付和以有价证券、实物以及其他形式的支付。

延伸解读

企业用实物茅台酒分派股利，按相关规定，所得为实物的应按凭证上所注明的价格计算个人所得税，无实物凭证或实物凭证价格明显偏低的应按市场价格确认个人所得税计税依据。经核实，用于分配的茅台酒应按目前市场价计算支付股利的价值，另外企业所得税、增值税均应按茅台酒公允价值计税，代扣代缴个人所得税的计税依据应按含增值税的价格确定。

具体事项 149
向股东分配现金股利未按规定扣缴个人所得税

11 月第 56 笔凭证：2020 年 11 月经股东会决定，向全体股东分配 2019 年及以前年度股利 300,000 元。以银行存款支付。

☆原会计分录

借：利润分配 – 应付现金股利（利润）	300,000.00
贷：银行存款 – 江南城市发展银行长安分行	120,000.00
银行存款 – 江南城市发展银行长安分行	180,000.00
借：财务费用 – 手续费	40.00
贷：银行存款 – 江南城市发展银行长安分行	20.00
银行存款 – 江南城市发展银行长安分行	20.00

☆正确会计分录

借：利润分配 – 未分配利润	300,000.00
贷：银行存款 – 江南城市发展银行长安分行	120,000.00
银行存款 – 江南城市发展银行长安分行	180,000.00
借：财务费用 – 手续费	40.00
贷：银行存款 – 江南城市发展银行长安分行	20.00
银行存款 – 江南城市发展银行长安分行	20.00
借：其他应收款 – 王岳达	36,000.00
贷：应交税费 – 应交个人所得税	36,000.00

☆调整会计分录

借：其他应收款 – 王岳达	36,000.00
贷：应交税费 – 应交个人所得税	36,000.00

风险点 227 未履行代扣代缴及申报义务少代扣代缴个人所得税（取得现金股利）风险

风险点说明

企业应加强利润分配环节的涉税业务核算，向自然人股东分配现金股利时，需按规定代扣代缴个人所得税。在处理相关业务的过程中，如果企业存在做出利润分配决定，个人股东也已取得了现金股利，但发放股利的企业未按规定代扣代缴个人所得税等情况，则存在不缴或少缴个人所得税的风险。

计算过程

本风险点应代扣代缴的个人所得税为：企业向自然人股东分配利润应按“利息、股息、红利所得”税目代扣代缴的个人所得税。

代扣代缴个人所得税 = 利润分配金额 ×2019 年自然人股东比例 × 个人所得税税率

=180,000×20%=36,000（元）

税收政策

《中华人民共和国个人所得税法实施条例》（汇编 p697）第六条第（六）项规定，个人所得税法规定的各项个人所得的范围：（六）利息、股息、红利所得，是指个人拥有债权、股权等而取得的利息、股息、红利所得。第二十四条规定，扣缴义务人向个人支付应税款项时，应当依照个人所得税法规定预扣或者代扣税款，按时缴库，并专项记载备查。前款所称支付，包括现金支付、汇拨支付、转账支付和以有价证券、实物以及其他形式的支付。

延伸解读

该业务中，企业未使用应付股利科目，直接通过银行存款科目将股利分派给自然人股东，未代扣代缴个人所得税。经核实，应按个人利息股息红利税目补缴个人所得税 180,000×20% = 36,000 元。实践中，读者需要关注，分配股利不通过应付股利科目核算的情况比较常见，企业分配股利无论账务如何处理，必须税后列支，同时应对自然人股东履行股息红利个人所得税代扣代缴义务。

具体事项 150
未分配利润转增实收资本未按规定纳税

12 月第 35 笔凭证：2020 年 12 月根据股东会决议，以未分配利润转增 1,000,000 元实收资本。

☆原会计分录		☆正确会计分录	
借：利润分配－应付现金股利（利润）	1,000,000.00	借：利润分配－应付现金股利（利润）	1,000,000.00
贷：实收资本－王岳达	600,000.00	贷：应付股利－王岳达	600,000.00
实收资本－江南利枫物资有限公司	400,000.00	应付股利－江南利枫物资有限公司	400,000.00
		借：应付股利－王岳达	600,000.00
		应付股利－江南利枫物资有限公司	400,000.00
		贷：实收资本－王岳达	600,000.00
		实收资本－江南利枫物资有限公司	400,000.00
		借：其他应收款－王岳达	120,000.00
		贷：应交税费－应交个人所得税	120,000.00

☆调整会计分录	
借：其他应收款－王岳达	120,000.00
贷：应交税费－应交个人所得税	120,000.00

风险点228 未履行代扣代缴及申报义务少代扣代缴个人所得税（未分配利润转增实收资本）风险

风险点说明

企业向自然人股东分配股利，应按规定代扣代缴股东所获股利的个人所得税。特殊情况下，自然人股东可能会将应获得的股利转增股本，这种行为同样需要企业按照分配股利代扣代缴股东所获股利的个人所得税。在处理相关业务的过程中，如果存在个人股东以其应取得的股利对企业增资，企业未按规定代扣代缴股东取得股利应缴的个人所得税等情况，则存在不缴或少缴个人所得税的风险。

计算过程

本风险点应代扣代缴的个人所得税为：企业用未分配利润直接转增自然人股东股本，应按“利息、股息、红利所得”税目代扣代缴的自然人股东个人所得税。

代扣代缴个人所得税＝利润分配金额 ×2019 年自然人股东比例 × 个人所得税税率

＝1,000,000×60%×20%＝600,000×20%＝120,000（元）

税收政策

《中华人民共和国个人所得税法实施条例》（汇编 p697）第六条第（六）项规定，个人所得税法规定的各项个人所得的范围：（六）利息、股息、红利所得，是指个人拥有债权、股权等而取得的利息、股息、红利所得。第二十四条规定，扣缴义务人向个人支付应税款项时，应当依照个人所得税法规定预扣或者代扣税款，按时缴库，并专项记载备查。前款所称支付，包括现金支付、汇拨支付、转账支付和以有价证券、实物以及其他形式的支付。

《国家税务总局关于盈余公积金转增注册资本征收个人所得税问题的批复》（汇编 p717）（国税函〔1998〕333 号）规定，青岛路邦石油化工有限公司将从税后利润中提取的法定公积金和任意公积金转增注册资本，实际上是该公司将盈余公积金向股东分配了股息、红利，股东再以分得的股息、红利增加注册资本。因此，依据《国家税务总局关于股份制企业转增股本和派发红股征免个人所得税的通知》（国税发〔1997〕198 号）精神，对属于个人股东分得再投入公司（转增注册资本）的部分应按照“利息、股息、红利”所得项目征收个人所得税，税款由股份有限公司在有关部门批准增资、公司股东会决议通过后代扣代缴。

延伸解读

增资应缴印花税已在风险点 99 一并补计提。

具体事项 151
出售上市公司原始股未按规定纳税

12 月第 45 笔凭证：2020 年 12 月将持有的上市公司的原始股份出售，上市前共投资 7,000,000 元，取得 1,000,000 股，每股成本 7 元。售出价每股 3 元。该上市公司 IPO 价格为每股 1.5 元。

☆原会计分录

借：投资收益－深圳科晟科技有限公司	4,000,000.00
银行存款－江南城市发展银行长安分行	3,000,000.00
贷：长期股权投资－深圳科晟科技有限公司	7,000,000.00

☆正确会计分录

借：银行存款－江南城市发展银行长安分行	3,000,000.00
贷：长期股权投资－深圳科晟科技有限公司	1,500,000.00
投资收益－深圳科晟科技有限公司	1,415,094.34
应交税费－应交增值税－销项税额 _6%	84,905.66

☆调整会计分录

借：以前年度损益调整－投资收益	5,415,094.34
贷：应交税费－增值税检查调整－销项税额 _6%	84,905.66
长期股权投资－深圳科晟科技有限公司	–5,500,000.00

风险点229 原始股买入价确认错误未按规定申报增值税（减持原始股错记买入价）风险

风险点说明

纳税人持有上市公司原始股，应按规定确定股票买入价，在纳税人减持上市公司因IPO、重大资产重组等形成的限售股时，应正确计算应缴增值税。在处理相关业务的过程中，如果纳税人存在核算时适用股票成本计算方法错误，未正确确定增值税销售额等情况，则存在不缴或少缴增值税的风险。

计算过程

本风险点应确认的销项税额为：企业转让长期股权投资获得的收益应确认的销项税额。

增值税销售额 =（3 × 1,000,000 − 1.5 × 1000,000）÷（1+6%）= 1,415,094.34（元）

销项税额 = 1,415,094.34 × 6% = 84,905.66（元）

税收政策

《国家税务总局关于营改增试点若干征管问题的公告》（汇编p473）（国家税务总局公告2016年第53号）第五条规定，单位将其持有的限售股在解禁流通后对外转让的，按照以下规定确定买入价：（一）上市公司实施股权分置改革时，在股票复牌之前形成的原非流通股股份，以及股票复牌首日至解禁日期间由上述股份孳生的送、转股，以该上市公司完成股权分置改革后股票复牌首日的开盘价为买入价。（二）公司首次公开发行股票并上市形成的限售股，以及上市首日至解禁日期间由上述股份孳生的送、转股，以该上市公司股票首次公开发行（IPO）的发行价为买入价。（三）因上市公司实施重大资产重组形成的限售股，以及股票复牌首日至解禁日期间由上述股份孳生的送、转股，以该上市公司因重大资产重组股票停牌前一交易日的收盘价为买入价。

《国家税务总局关于国内旅客运输服务进项税抵扣等增值税征管问题的公告》（汇编p445）（国家税务总局公告2019年第31号）第十条规定，关于限售股买入价的确定：（一）纳税人转让因同时实施股权分置改革和重大资产重组而首次公开发行股票并上市形成的限售股，以及上市首日至解禁日期间由上述股份孳生的送、转股，以该上市公司股票上市首日开盘价为买入价，按照“金融商品转让”缴纳增值税。（二）上市公司因实施重大资产重组多次停牌的，《国家税务总局关于营改增试点若干征管问题的公告》（国家税务总局公告2016年第53号发布，国家税务总局公告2018年第31号修改）第五条（三）项所称的“股票停牌”，是指中国证券监督管理委员会就上市公司重大资产重组申请作出予以核准决定前的最后一次停牌。

风险点230 原始股买入价确认错误未按规定申报企业所得税（减持原始股错记买入价）风险

风险点说明

企业投资的公司上市前，企业原投资记载的股份数量可能会由于IPO发生变化，进而引起单位股价发生变化，如上市前的配股活动会引起企业所持股份数量增加，单位股权成本应及时调减。如果企业仍按股份变化前的股权成本核算，就会产生所持股份单价虚增的情况，即所持股权单位成本的虚增。后期企业将上市公司原始股出售，核算收益时，股权成本应按首次公开发行时的价格（IPO价格）确定，不能按时企业账面虚增的股权成本确定。在处理相关业务的过程中，如果企业存在用未调减的股权单位成本直接计算所转让股权的成本，则存在多记股权成本，少确认投资收益等情况，存在不缴或少缴企业所得税的风险。

计算过程

本风险点应调增的应纳税所得额为：企业转让长期股权投资应确认的投资收益；企业在税前虚列的转让投资损失。

调增应纳税所得额 = 应确认转让投资收益

= 3,000,000 − [1,000,000 股 ×1.5（元 / 股）] − 84,905.66 = 1,415,094.34（元）

调增应纳税所得额 = 原确认投资损失 = 4,000,000（元）

税收政策

《国家税务总局关于企业转让上市公司限售股有关所得税问题的公告》（汇编p658）（税务总局公告2011年第39号）第一条规定，纳税义务人的范围界定问题，根据企业所得税法第一条及其实施条例第三条的规定，转让限售股取得收入的企业（包括事业单位、社会团体、民办非企业单位等），为企业所得税的纳税义务人。

《国家税务总局关于贯彻落实企业所得税法若干税收问题的通知》（汇编p676）（国税函〔2010〕79号）第三条规定，关于股权转让所得确认和计算问题企业转让股权收入，应于转让协议生效、且完成股权变更手续时，确认收入的实现。转让股权收入扣除为取得该股权所发生的成本后，为股权转让所得。企业在计算股权转让所得时，不得扣除被投资企业未分配利润等股东留存收益中按该项股权所可能分配的金额。

延伸解读

通过资产负债表获知长期股权投资余额发生变化，要求企业提供记账凭证等相关资料，其中账载及记账凭证显示所持深圳科晟科技股份全部转让。经核实，该企业持有被投资公司IPO前投入7,000,000元获得原始股份1,000,000股，每股7元；其后被投资公司增股扩股首次公开发行股份，IPO价格每股1.5元，据此可知岳达公司实际持有股份为7,000,000 ÷ 1.5 = 4,666,667股；岳达公司出售股票收款3,000,000元，每股3元，计算出售股份数量3,000,000 ÷ 3 = 1,000,000股，出售的股权投资成本1.5 × 1,000,000 = 1,500,000元。账载及记账凭证显示股份全部转让，但出售股份数量与实际持有股份数量不符，该企业涉嫌故意隐瞒持有的上市公司股份3,666,667股，并且错误确定转让股份投资损失，同时未将转让投资的收益确认应纳税所得额。该企业应计提销项税额为（卖出价 − 买入价）÷（1 + 6%）× 6% =（3,000,000 − 1,000,000 × 1.5）÷ 1.06 × 6% = 84,905.66元，应调增应纳税所得额（3,000,000 − 84,905.66 − 10,00,000 × 1.5）+ 4,000,000 = 5,415,094.34元。

具体事项152
增值税专用发票抵扣进账后收到确认虚开证明单

12月第26笔凭证：2020年12月购入牵引轮轴承一个，不含税金额6,500元，税率13%，已入库并取得增值税专用发票，现金支付。已办理出库领用手续。信息来源是异地税务机关协查案件。

☆原会计分录

借：原材料 − 备品备件类 _ 轴承	6,500.00	
应交税费 − 应交增值税 − 进项税额	845.00	
贷：应付账款 − 锦阳市鼎瑞贸易有限公司		7,345.00
借：应付账款 − 锦阳市鼎瑞贸易有限公司	7,345.00	
贷：库存现金		7,345.00

☆正确会计分录

借：原材料 − 备品备件类 _ 轴承	7,345.00	
贷：应付账款 − 锦阳市鼎瑞贸易有限公司		7,345.00
借：应付账款 − 锦阳市鼎瑞贸易有限公司	7,345.00	
贷：库存现金		7,345.00

☆调整会计分录

借：以前年度损益调整 − 主营业务成本	845.00	
贷：应交税费 − 增值税检查调整 − 进项税额转出		845.00

风险点 231 购进货物取得不可抵扣进项税额凭证（取得虚开的增值税专用发票）风险

风险点说明

纳税人购进货物，应严格审核收到的增值税发票，做到发票流、资金流、货物流清晰合规。部分纳税人可能考虑货物价格因素应取得但不取得发票，事后购买发票记账；也可能虚构业务取得增值税专用发票用于套取资金及抵扣增值税进项税额等，这些违法行为一经查实法律后果十分严重。在处理相关业务的过程中，如果纳税人存在从非正常途径取得增值税专用发票并记账核算，虚抵进项税额等情况，则存在不缴或少缴增值税的风险。

计算过程

本风险点中应按规定转出的进项税额为：企业取得的不合规增值税专用发票抵扣的进项税额。调减的应纳税所得额为：因进项税额转出增加的成本。

进项税额转出金额 = 845（元）

调减应纳税所得额 = 845（元）

税收政策

《中华人民共和国增值税暂行条例（2017 修订版）》（汇编 p434）第九条规定，纳税人购进货物、劳务、服务、无形资产、不动产，取得的增值税扣税凭证不符合法律、行政法规或者国务院税务主管部门有关规定的，其进项税额不得从销项税额中抵扣。

《国家税务总局关于纳税人善意取得虚开的增值税专用发票处理问题的通知》（汇编 p569）（国税发〔2000〕187 号）规定，近接一些地区反映，在购货方（受票方）不知道取得的增值税专用发票（以下简称专用发票）是销售方虚开的情况下，对购货方应当如何处理的问题不够明确。经研究，现明确如下：购货方与销售方存在真实的交易，销售方使用的是其所在省（自治区、直辖市和计划单列市）的专用发票，专用发票注明的销售方名称、印章、货物数量、金额及税额等全部内容与实际相符，且没有证据表明购货方知道销售方提供的专用发票是以非法手段获得的，对购货方不以偷税或者骗取出口退税论处。但应按有关规定不予抵扣进项税款或者不予出口退税；购货方已经抵扣的进项税款或者取得的出口退税，应依法追缴。购货方能够重新从销售方取得防伪税控系统开出的合法、有效专用发票的，或者取得手工开出的合法、有效专用发票且取得了销售方所在地税务机关已经或者正在依法对销售方虚开专用发票行为进行查处证明的，购货方所在地税务机关应依法准予抵扣进项税款或者出口退税。如有证据表明购货方在进项税款得到抵扣、或者获得出口退税前知道该专用发票是销售方以非法手段获得的，对购货方应按《国家税务总局关于纳税人取得虚开的增值税专用发票处理问题的通知》（国税发［1997］134 号）（汇编 p571）和《国家税务总局关于〈国家税务总局关于纳税人取得虚开的增值税专用发票处理问题的通知〉的补充通知》（国税发［2000］182 号）（汇编 p570）的规定处理。

风险点 232 未取得合法有效税前扣除凭证（取得虚开的增值税专用发票）风险

风险点说明

企业购进货物，应严格审核收到的增值税发票，做到发票流、资金流、货物流清晰合规。部分企业可能考虑货物价格因素应取得但不取得发票，事后购买发票记账；也可能虚构业务取得增值税专用发票用于套取资金及税前列支成本费用等，这些违法行为一经查实法律后果十分严重。在处理相关业务的过程中，如果企业存在从非正常途径取得增值税发票并记账核算，违规税前列支成本费用等情况，则存在不缴或少缴企业所得税的风险。

计算过程

本风险点应调增的应纳税所得额为：因企业未取得合法有效税前扣除凭证需调增的费用金额。

调增应纳税所得额 = 6,500 + 845 = 7,345（元）（调表不调账）

税收政策

《国家税务总局关于发布〈企业所得税税前扣除凭证管理办法〉的公告》（汇编 p627）（国家税务总局公告 2018 年第 28 号）第五条规定，企业发生支出，应取得税前扣除凭证，作为计算企业所得税应纳税所得额时扣除相关支出的依据。第十三条规定，企业应当取得而未取得发票、其他外部凭证或者取得不合规发票、不合规其他外部凭证的，若支出真实且已实际发生，应当在当年度汇算清缴期结束前，要求对方补开、换开发票、其他外部凭证。补开、换开后的发票、其他外部凭证符合规定的，可以作为税前扣除凭证。第十六条规定，企业在规定的期限未能补开、换开符合规定的发票、其他外部凭证，并且未能按照本办法第十四条的规定提供相关资料证实其支出真实性的，相应支出不得在发生年度税前扣除。

具体事项153
取得失控发票未按规定将进项税额转入待抵扣进项税额

12月第81笔凭证：2020年12月以库存现金支付咨询费67,200元。收到异地税务机关协查函，企业确认该增值税专用发票为委托代开票，经与真实交易业务单位确认收到补开增值税普通发票。

☆原会计分录

借：管理费用－其他 120,000.00
　应交税费－应交增值税－进项税额 7,200.00
　贷：库存现金 127,200.00

☆正确会计分录

借：管理费用－其他 127,200.00
　贷：库存现金 127,200.00

☆调整会计分录

借：以前年度损益调整－管理费用 7,200.00
　贷：应交税费－增值税检查调整－进项税额转出 7,200.00

风险点233 购进货物取得不可抵扣进项税额凭证（取得失控的增值税专用发票）风险

风险点说明

纳税人购进货物，应严格审核收到的增值税发票，做到发票流、资金流、货物流清晰合规。失控发票可理解为失去控制的发票，危害巨大。在实际经营中，部分纳税人可能考虑货物价格因素应取得但不取得发票，事后购买发票记账；也可能虚构业务取得增值税专用发票用于套取资金及抵扣增值税进项税额，并在税前列支成本费用等，这些违法行为一经查实法律后果十严重。经发票开具方税务机关核查确属失控发票的，不得作为增值税扣税凭证。在处理相关业务的过程中，如果纳税人存在取得失控发票未被发现，或发现后未按规定做进项税额转出等情况，则存在不缴或少缴增值税的风险，还可能存在虚开增值税专用发票的违法犯罪风险。

计算过程

本风险点应转出的进项税额为：企业已抵扣的失控发票对应的进项税额。

进项税额转出金额＝7,200（元）

已补开增值税普通发票。

税收政策

《国家税务总局关于失控增值税专用发票处理的批复》(汇编p567)(国税函〔2008〕607号)规定，在税务机关按非正常户登记失控增值税专用发票（以下简称失控发票）后，增值税一般纳税人又向税务机关申请防伪税控报税的，其主管税务机关可以通过防伪税控报税子系统的逾期报税功能受理报税。购买方主管税务机关对认证发现的失控发票，应按照规定移交稽查部门组织协查。属于销售方已申报并缴纳税款的，可由销售方主管税务机关出具书面证明，并通过协查系统回复购买方主管税务机关，该失控发票可作为购买方抵扣增值税进项税额的凭证。

《国家税务总局关于发布〈企业所得税税前扣除凭证管理办法〉的公告》（汇编p627）（国家税务总局公告2018年第28号）第十五条规定，汇算清缴期结束后，税务机关发现企业应当取得而未取得发票、其他外部凭证或者取得不合规发票、不合规其他外部凭证并且告知企业的，企业应当自被告知之日起60日内补开、换开符合规定的发票、其他外部凭证。其中，因对方特殊原因无法补开、换开发票、其他外部凭证的，企业应当按照本办法第十四条的规定，自被告知之日起60日内提供可以证实其支出真实性的相关资料。

延伸解读

经协查，该企业取得的发票为失控发票，应转出进项税额作为待抵扣，换开发票后再进行抵扣。在日常评估或检查中，若没有事先收到异地税务机关发来的协查函作为证据线索，可通过电子底账系统进行票面分析，该业务是咨询费发票，开具时间为2020年12月31日，应重点关注年末收到的大额服务类发票，判断是否为虚增费用而取得的不合规发票。

本章小结

本章共计涉及 8 个涉税事项、13 个具体风险点。这些风险点是税务机关经常接收的纳税人举报和税务机关内部异地协查的涉税风险事项。举报类涉税事项如果不是恶意诬陷，那就很有可能直接指向纳税人核心问题，这些问题极具隐蔽性，是日常检查很难发现的。税务机关内部的异地协查事项，近年来基本都与发票有关，部分是走逃纳税人开具的失控发票，还有一些就是已经确认为虚开发票的风险事项，这些风险事项针对性很强，检查内容较为简单，但是对纳税人主观行为的性质判断比较精准，往往对日后是否是恶意行为起决定性作用。具体总结如下表。

具体风险点汇总情况表

处理情况	税种	处理方式	处理结果	页码
税前列支股息红利（221）	企业所得税	应调增应纳税所得额 修改企业所得税年度纳税申报表	调增应纳税所得额 =1,000,000（元）	363
应付未付分配给投资者的股息（222）	个人所得税	代扣代缴自然人利息、股息、红利所得个人所得税	代扣代缴个人所得税 =600,000.00 × 20% =120,000（元）	363
对无法收回货款的直接销售未确认企业所得税收入（223）	企业所得税	调增应纳税所得额（收入） 调减应纳税所得额（成本） 修改企业所得税年度纳税申报表	调增应纳税所得额 =200,000 米 × 平均单价 20 元 / 米 =4,000,000（元） 调减应纳税所得额 =200,000 米 × 平均单价 17.3 元 / 米 =3,460,000（元）	365
以库存商品向股东分派股利（224）	增值税	确认增值税销售 修改增值税一般纳税人申报表	增值税销售额 =100 × 2,500 =250,000（元） 销项税额 =250,000 × 13%=32,500(元)	367
以库存商品向股东分派股利（225）	企业所得税	确认企业所得税（收入 – 成本） 修改企业所得税年度纳税申报表	视同销售企业所得税收入 =100 × 2,500 =250,000（元） 视同销售企业所得税成本 =98,000(元)	368
以库存商品向自然人股东分派股利（226）	个人所得税	代扣代缴自然人利息、股息、红利所得个人所得税	代扣代缴个人所得税 =100 × 2,500 × 60% ×（1+13%）× 20%=33,900（元）	369
向自然人股东分配股利未代扣代缴个人所得税（227）	个人所得税	代扣代缴自然人利息、股息、红利所得个人所得税	代扣代缴个人所得税 =180,000 × 20% =36,000（元）	370
自然人股利转增股本未缴个人所得税（228）	个人所得税	代扣代缴自然人利息、股息、红利所得个人所得税	代扣代缴个人所得税 =600,000 × 20% =120,000（元）	372
出售上市公司限售股，未按规定确认增值税收入（229）	增值税	补计增值税销售额、补提销项税额	增值税销售额 =（3,000,000 元 −1.5 × 1,000,000 股 ）/（1+6%）=1,415,094.34（元） 销项税额 =1,415,094.34 × 6% =84,905.66（元）	374

续表

处理情况	税种	处理方式	处理结果	页码
出售上市公司限售股，未按规定确认企业所得税收入（230）	企业所得税	调增应纳税所得税额（账载投资收益损失＋资产处置收益）	调增应纳税所得额（税前扣除的投资收益）＝4,000,000.00（元） 调增应纳税所得额（转让收益）＝3,000,000－84,905.66－计税基础（1,000,000股×1.5元/股）＝1,415,094.34（元）	375
取得确认虚开的增值税专用发票（231）	增值税	进项税额转出	进项税额转出金额=845（元） 调增原材料会计原值=845（元）	377
取得确认虚开的增值税专用发票（232）	企业所得税	调增应纳税所得额	调增应纳税所得额=6,500+845=7,345（元）	378
抵扣失控发票进项税，应转出（233）	增值税	进项税额转出 企业所得税未取得补开换开发票不允许税前扣除	进项税额转出金额=7,200（元） 已补开普票	379

第五篇

靶向辅导，为企业开“良方”

近两个月里王岳达心力交瘁，他想不到自己的公司会出现这么多问题。有些问题是他法律意识不强导致的，在他看来无所谓的问题，一旦用法律的标准来衡量，可能就会让他陷入牢狱之灾；有些问题是他不知情的情况下部分公司人员肆意妄为，到头来却让企业蒙受损失。为了自身的安全，他找了财税专家、聘用律师，闹得满城风雨不说，企业纳税信用等级被降低，下一届的区人大代表也可能无法当选了，并且由于失信遭受了社会信用联合惩戒，日常办税和申请贷款等都受到巨大影响，他本人连出差时申请个飞机头等舱都不行，企业和个人名誉大损。好在他态度积极，及时根据税务机关的处理决定和处罚决定补缴了全部税款、滞纳金、罚款，按照《中华人民共和国刑法修正案（七）》第二百〇一条第四款规定，犯逃税罪，经税务机关依法下达追缴通知后，补缴应纳税款，缴纳滞纳金，已受行政处罚的，不予追究刑事责任，所以他没有丧失人身自由。

痛定思痛，他终于明白了那次跟王力局长通话时听得似懂非懂的话，税收风险不仅是税务局需要管理的风险，同时也是纳税人应该管理的风险，现在想起来是越想越后悔，怎么当时就没理解呢？企业的税收风险如果不重视，一旦出了问题，它给企业和个人带来的，不单单是经济损失，还有法律责任啊。

2021 年 8 月 20 日，市风险局组织的集中办公结束了，两个组的工作人员都返回了本职岗位继续工作，并随时等待上级的再次召唤，集中办公场所又恢复了往日的宁静。

但是这次的宁静并没持续很长时间，一周后各组便陆续接到了通知，大家很快又齐聚一堂。这次集中办公的目的却与以往大不相同，工作任务是：靶向辅导，为企业开“良方”，这是市局在党史学习教育中开展的“我为群众办实事”实践活动之一，市局要以“便民春风行动”实际成效庆祝建党 100 周年。

长安市税务局局长亲自为这一次集中办公工作做动员讲话，他提出：靶向辅导，为企业开“良方”，是市局党委为落实党中央、国务院关于深化“放管服”改革、优化营商环境的部署而实施的又一新举措，大家要认真贯彻落实学党史、悟思想、办实事、开新局要求，积极创建“让党中央放心、让人民群众满意”的模范税务机关。这时大家方才明白，为落实好总局、省局工作要求，市局经过仔细研究决定，在 2020 年对纳税人持续帮扶的基础上，再次集中部分税务精英，利用大数据来精准服务企业，切实为企业办实事、办好事，促进企业发展。张新 4 人又相聚在一起，共同的工作经历让他们结下了深厚的友谊，这次他们要利用自己的专长，利用大数据分析技术帮助企业健康高速发展。

市局迅速汇集了多方收集到的纳税人需求，按每个纳税人进行汇总，并提交给了市风险局，市风险局按照以往的工作经验，将这些纳税人分类分派给各小组。

第 2 组接到需帮扶企业名单后，大家哑然失笑，因为他们在近百户重点帮扶纳税人名单中又看到了那只“麻雀”，而且这只“麻雀”提出的需求最多，张新他们决定再次“登门拜访”。

按照长安市“我为群众办实事”工作要求，各级税务机关可结合实际，采取“一帮一”“一帮多”“多帮一”等形式与帮扶对象形成结对帮扶关系，针对岳达公司的复杂情况，张新他们讨论后确定采取“多帮一”形式，即 2 组这 4 名税务干部除了对其他企业进行帮扶外，还共同负责对岳达公司的帮扶。

在对企业进行帮扶前，需要了解企业的需求，做好帮扶预案，2 组认真研读相关文件后，经过集体讨论，设计了工作预案模板，主要包括以下内容：一是企业基本情况、政策享受情况等；二是根据企业基本情况，梳理可以适用的税费优惠政策，及各项政策具体享受方式、操作流程等；三是对延续政策和新出台税费优惠政策以及全年税费优惠政策享受情况进行分析和预测；四是实际了解企业生产经营情况和面临的主要困难和问题，带着问题开展帮扶。

工作预案模板做好后，2 组的 4 名同志又分了下工，张新负责从平台中调取各类数据包括纳税人应享未享和违规享受税收优惠政策等信息；王梓跃负责在互联网上收集与帮扶企业有关的做法，收集支持帮扶企业复工复产的信息资料，整理后为帮扶工作提供支持；赵山岳负责整理帮扶企业提出的需求，分析每户企业面临的困难和遇到的问题，找出其中共性和个性化的规律；夏添负责最后的资料整理，为每一户帮扶企业制定一份“保健方案”。他们的工作很快就有了起色，为帮扶对象提出了多项好的建议和意见。

帮扶工作很顺利地进行中，4 个人按照岳达公司提出的需求，在做了充分的准备之后，决定对其进行一次走访。

当张新等四人与王岳达、王玉玲以及岳达公司采购、销售等部门的人员列坐于会议桌的两旁，他们的心中感觉到一丝尴尬和质疑，为了改变这种气氛，张新首先发言，他的发言仅有三五句的寒暄便直入主题。他首先介绍了一下此次走访的目的以及在税务帮扶工作中取得的一些效果，尤其是帮助企业组织货源、销售产品等事例，听到这些，岳达公司参会人员的眼睛顿时亮了起来，会议的气氛逐渐热烈了。张新随后系统性地介绍了岳达公司可以享受的税费优惠政策，并说明了税务部门为保证这些政策落地而采取的具体措施。这些内容很多，张新说得比较急，王玉玲飞快地记录着张新说的话，看到王玉玲紧张的样子，夏添笑着对她说，不用这么急，我们已经为你们整理好了送政策大礼包，现在送给你，王玉玲闻听长长地舒了口气，双手接过夏添递来的大礼包，包括税费优惠政策宣传图册、税费优惠政策清单、税费优惠政策辅导视频材料等。王岳达十分感谢，表示这既是税务机关为企业办的实事也是大好事。王玉玲则显得很紧张，她一边笑着向王岳达检讨自己工作的不足，一边仔细地询问申请退税退费的业务及流程。

赵山岳对“银税互动”贷款有关规定进行了现场的辅导。王岳达对“银税互动”贷款抱有极大兴趣，上一次帮扶他已经受益匪浅，但同时又担心自己的公司刚刚被税务处罚还能否继续贷款，赵山岳回答他说，帮扶小组对这些问题事前都已经有充分的考虑，如果没希望，也不会介绍这些内容。王岳达喜出望外，诚恳地向张新他们表达了希望解决资金短缺的困难。

在热烈的气氛中时间过得飞快，这次帮扶会从早上 9 点一直开到了中午 12 点多，王岳达多次邀请税务干部一起共进午餐，都被张新他们婉言谢绝了。王梓跃将会上岳达公司提出的需求细致地整理好，实事求是记录着他们的帮扶过程。

会议结束后一行人在王岳达等人期盼的目光中离开了。

回到局里后张新代表工作小组向市局做了详细的汇报，面对岳达公司濒临停产的困境，市局要求张新带领组员马上行动，积极与各业务科室进行沟通，针对岳达公司再次提出的经营需求，利用大数据分析优势抓紧分析问题成因，查找解决途径。在市局的统一协调组织下，张新小组迅速地解决了岳达公司面临的比较急迫的两件事情。

第一件是利用大数据分析帮助岳达公司销售积压产品。岳达公司的产品出现了滞销问题，产品大量积压，维持经营十分困难。王梓跃通过发票票流分析平台，找到了岳达公司主要产品的最终用户群体，并选择了几家信用良好的公司，帮助岳达公司直接销售产品，解了岳达公司的燃眉之急。

第二件是利用银税互动解决岳达公司的资金困难。在岳达公司逐步解决了生产问题后，外购商品无力付款、工人工资不能保障等资金问题又浮出水面，原因是岳达公司及法人失信，银行大幅度缩减了贷款授信额度。张新等人认真研究了银税互动等助企政策，及时与相关银行沟通，岳达公司因此获得了充足贷款，及时支付了拖欠的工人工资和外购货款。

“我为群众办实事”活动让岳达公司顺利购进原材料，销售了积压产品，缓解了资金压力，使得濒临停产的岳达公司起死回生，王岳达感叹，被税务机关查处的时候，自己内心对税务机关有很大的负面情绪，通过税务帮扶行动，自己对税务机关又有了新的认识。这次帮扶不搞“花架子”、不“走过场”，是真办实事、精准帮扶，为公司解决了能否生存的大问题，今后一定提高对税收风险管理的认识，做一名遵纪守法的纳税人。从税务调查开始，到这次帮扶活动结束，王岳达和他的企业经历了凤凰涅槃般的重生。

第六篇

税企共赢，未来风险管理之路

未来的税收风险管理之路，除了高风险纳税人推送稽查外，将是征纳双方良性互动、税企协同共赢之路，双方以相互信任为基石，在征纳两个方面充分融合，一面是纳税服务与税收执法不断优化，一面是纳税人满意度和税法遵从度不断提高，当然这条路还需要很长一段时间。要使征纳双方真正走向这条未来之路，需要双方主动作为并对自身理念做出重大变革，首先面对改革的是税务机关，这是由税收强制性决定的。2021 年 3 月份，中共中央办公厅、国务院办公厅印发了《关于进一步深化税收征管改革的意见》（以下简称《意见》），指出到 2023 年，全国要基本建成“无风险不打扰、有违法要追究、全过程强智控”的税务执法新体系，实现从经验式执法向科学精确执法转变；基本建成以“双随机、一公开”监管和“互联网 + 监管”为基本手段、以重点监管为补充、以“信用 + 风险”监管为基础的税务监管新体系，实现从“以票管税”向“以数治税”分类精准监管转变。《意见》和总局的规划对未来税收工作在执法、服务、监管等方面的改革与发展都予以明确指引，使得贯穿其中的税收风险管理也必然要有深刻变革。

一、风险管理理念变革有力促进征纳共赢

未来的税收风险管理将会是征纳双方共同关注的话题，这一点在当今经济社会中已经有所共识，但是在处理双方关系时还存在着“矛与盾”的对立思想，这一点不利于征纳双方的良性互动，也不利于提高纳税服务水平和税法遵从度。在《意见》的指引下，征纳双方积极互动、优势互补、共防风险将是纳税人和税务机关的共同愿景，这也是做好纳税服务和提高纳税遵从的基本保障。

对纳税人而言，税收风险是在财务核算或办理涉税业务时发生的风险。以其对税收的影响划分，一类是少缴税款，另一类是多缴税款。少缴税款一般是由于纳税人不遵守或不完全遵守税收法律法规的规定，少缴甚至不缴应纳税款，最终产生补税、加收滞纳金、税务行政处罚等后果，相关个人则存在征信受损，甚至被绳之以法等风险；多缴税款一般是由于纳税人在涉税核算中对税收法律法规理解有误或不知情，多计算了应纳税款，或由于没有充分知悉、理解税收优惠政策导致应享未享相关税收优惠，从而增加了自身的税收负担。纳税人对涉税风险实施管理，要预先准备，并与税务机关积极互动，利用税务机关的专业性保障得以顺利实施，从而能在相对稳定和安全的环境中持续地生产经营，实现经济效益的稳定增长。现代企业在生产经营过程中，必须要考虑涉税风险因素，认真研究相关法律制度规定，在法律框架内规避税务风险，避免出现不可预知的损失。

对于税务机关而言，税收风险是纳税人、扣缴义务人及其他当事人的涉税行为影响其税法遵从目标实现的风险。从税务理论研究和实践分析上看，税收工作全过程都存在风险，而且可能是不可预知的潜在危险。这种风险一旦成为现实，税务机关以及税务干部个人要承担相应的责任，可能要受到行政处分，严重的还可能受到法律制裁；税务机关自身形象会受到严重损害，还可能造成国家税款及财政收入的流失。税务机关加强风险管理，要取得纳税人的积极配合，在分析纳税人涉税信息的基础上，针对纳税人不同类型、不同等级以及在不同阶段的税收风险，科学配置税收管理资源，合理运用风险应对策略，防控税收风险，提高纳税人税法遵从度，提升税收治理能力。税务机关不仅要识别那些刻意的违法违规者，还要为风险管理能力不足者提供帮助。在开展风险应对时，对于风险等级较低者，主要以纳税服务和提示提醒为主，引导其主动提高防范涉税风险意识，提高风险应对能力。

未来的税收风险管理不再是纳税人或者税务机关的单方行为，应该是征纳双方共同参与积极互动的合作。双方深度融合既为提高税法遵从开拓新路，也为正常的生产经营保驾护航。共同防范税收风险的理念会得到广泛认可，征纳双方的税收风险防范将从对立转为统一，并以高度互信为基础推动深度融合，实现征纳双方共赢。

二、风险管理在税收征管中作用日益突出

税收风险管理是国际上现代税收管理的通行做法，是完善我国税收管理体系、提高治理能力、实现税收现代化的有效举措，是构建科学严密税收征管体系的核心工作，也是深化税收征管体制改革的突破口。

实施税收风险管理，就是要把有限的征管资源优先配置到税收高风险领域和大企业税收管理领域，实现税源管理专业化，推动服务管理方式创新和税收管理体制变革。在日常征管过程中，要应用税收风险管理方法，依托大数据资源，按照税收风险管理流程，加强登记、发票、申报、征收等环节的管理，特别是要结合精简审批、减少环节、下放权力等创新税收服务和管理的要求，发挥税收风险管理的优势，加强事前、事中和事后的风险防控，堵塞管理漏洞，提高征管质效；在税务检查过程中，要不断提升税务执法精确度，创新行政执法方式，有效运用“柔性”执法方式，让执法既有力度又有温度，做到宽严相济、法理相融。坚决防止粗放式、选择性、“一刀切”执法，准确把握一般涉税违法与涉税犯罪的界限，做到依法处置、罚当其责。在税务执法领域研究推广“首违不罚”清单制度，坚持包容审慎原则，积极支持新产业、新业态、新模式健康发展，以问题为导向完善税务执法，促进依法纳税和公平竞争。

按照总局规划，到 2025 年，深化税收征管制度改革要取得显著成效，全方位提高税务执法、服务、监管能力。那时税收风险管理将被税务机关赋予税收工作中更加核心的地位，以其贯穿税收工作全过程的特殊职能，像航空地面“指挥塔”一样成为税收工作的“指挥塔”，在税收征管工作中发挥全局指挥中心的作用，这是伴随着税收改革的进程逐步形成的，并将在未来的改革中得到进一步深入和巩固。

三、数字治税成为税收风险管理重要内容

为实现精诚共治，税务机关要在政府的统一领导下，引入社会各方力量协同治税，共同落实数字治税目标和要求，实现数据采集处理、分析比对、应对反馈等环节的无缝衔接，做到同步比对、分析、识别税收风险，打造精诚共治新局面。未来，全国将建成税务机关与相关部门常态化、制度化数据共享协调机制，依法保障涉税涉费必要信息的获取；健全涉税涉费信息对外提供机制，打造规模大、类型多、价值高、颗粒度细的税收大数据，高效发挥数据要素驱动作用；充分运用大数据、云计算、人工智能、移动互联网等现代信息技术，着力推进内外部涉税数据汇聚联通、线上线下有机贯通，精诚共治局面将驱动税收风险制度创新和业务变革。

政府相关部门掌握着十分重要的税源信息，如：公安部门的住宿登记信息是判断宾馆申报经营收入是否真实的重要依据，公共资源交易中心的项目信息是监控建筑行业税源的有力保障。推动数字治

税就是要解决税务机关居于信息孤岛的主要矛盾，旨在强化部门联动、深挖收入潜力，进而实现夯实税基、管控税源，拓宽税费增收渠道、促进财政收入增长。目前，政府部门间获取数据往往是单方联系，规范性不高且传递效率低下。税务部门受到信息来源渠道的限制，对部分纳税人难以实现有效的监管，导致不同程度的税收流失，造成诚信纳税人税负的不公平，也影响到优化营商环境的公信力。打破数据壁垒，建立数据仓库，推进数字治税，不仅是践行“公平公正执法就是对诚信纳税人最好服务”理念的重要抓手，也是打造优质营商环境、提升税收治理能力的必由之路。

四、信息技术变革推进风险管理模式迭代

党的十九届四中全会指出，要建立健全用互联网、大数据、人工智能等技术手段进行行政管理的制度规则，这为推进税收现代化和税收风险管理现代化建设提供了技术支撑。随着纳税人经营方式的日益复杂、组织结构的多种多样，核算方式也渐趋电子化、专业化，税收风险管理的难度不断加大。税务机关必须要高效运用技术手段实施风险识别，如探索区块链技术在社会保险费征收、房地产交易和不动产登记等方面的应用，以及持续拓展涉税涉费信息共享等领域的应用。参考国外发达国家在法律体系建设、风险管理平台、风险情报系统等方面的先进经验，真正做到以风险管理为导向，横向集成、纵向贯通，持续丰富风险识别手段，优化风险识别模式，不断进行迭代升级。

因此，以先进信息技术提升涉税数据资源挖掘能力与利用水平，将成为未来以数治税乃至税收治理能力现代化的重要基础。创新科技赋能税收征管，为税收风险管理提供更广阔的空间，税务机关将主要人力资源投入到日常税收监管中，利用网络优势获取纳税人的涉税信息和真实需求，与社会各界进行实时沟通交流，从而对全体纳税人实施精准的监管和提供精细的服务。

五、风险管理推动纳税信用评价体系建设

《国务院关于印发社会信用体系建设规划纲要（2014–2020 年）的通知》（国发〔2014〕21 号）要求，全面推动社会信用体系建设。社会信用体系的建立和完善是我国社会主义市场经济不断走向成熟的重要标志之一，纳税信用作为被社会所普遍认可的一种信用，是社会信用体系建设的重要内容。税务机关要帮助纳税人积累信用资产，促进税法遵从，优化营商环境，积极构建以“信用 + 风险”为基础的新型监管机制，健全守信激励和失信惩戒制度，充分发挥纳税信用在社会信用体系中的基础性作用。在全面推行实名办税缴费制度基础上，实行纳税人缴费人动态信用等级分类和智能化风险监管，既以最严格的标准防范逃避税，又避免影响纳税人正常生产经营。

税收风险管理和纳税信用体系建设可以说是税收征管制度体系的两翼，两者的数据信息来源和应用原理类似，共同目标都是促进纳税遵从的提高。将税收风险管理与纳税信用评价动态信息管理相结合，采用“信用 + 风险”的管理模式，让税收风险管理结果为信用评价提供依据。对高信用积分、低风险的纳税人给予充分信任，避免不当打扰；对低信用积分、高风险的纳税人依法依规进行税收风险管理；对存在违法违规行为的纳税人纳入“黑名单”，必要时移交司法机关。通过发挥税收风险管理和纳税信用管理的协同效用，加快推进我国税收现代化建设。

下编

税收风险识别与应对文件汇编

中华人民共和国税收征收管理法

成文日期：2015-04-24

（1992 年 9 月 4 日第七届全国人民代表大会常务委员会第二十七次会议通过　根据 1995 年 2 月 28 日第八届全国人民代表大会常务委员会第十二次会议《全国人民代表大会常务委员会关于修改〈中华人民共和国税收征收管理法〉的决定》第一次修正　根据 2001 年 4 月 28 日第九届全国人民代表大会常务委员会第二十一次会议修订　根据 2013 年 6 月 29 日第十二届全国人民代表大会常务委员会第三次会议《全国人民代表大会常务委员会关于修改〈中华人民共和国文物保护法〉等十二部法律的决定》第二次修正　根据 2015 年 4 月 24 日第十二届全国人民代表大会常务委员会第十四次会议《全国人民代表大会常务委员会关于修改〈中华人民共和国港口法〉等七部法律的决定》第三次修正）

目录

第一章　总则

第一条　为了加强税收征收管理，规范税收征收和缴纳行为，保障国家税收收入，保护纳税人的合法权益，促进经济和社会发展，制定本法。

第二条　凡依法由税务机关征收的各种税收的征收管理，均适用本法。

第三条　税收的开征、停征以及减税、免税、退税、补税，依照法律的规定执行；法律授权国务院规定的，依照国务院制定的行政法规的规定执行。

任何机关、单位和个人不得违反法律、行政法规的规定，擅自作出税收开征、停征以及减税、免税、退税、补税和其他同税收法律、行政法规相抵触的决定。

第四条　法律、行政法规规定负有纳税义务的单位和个人为纳税人。

法律、行政法规规定负有代扣代缴、代收代缴税款义务的单位和个人为扣缴义务人。

纳税人、扣缴义务人必须依照法律、行政法规的规定缴纳税款、代扣代缴、代收代缴税款。

第五条　国务院税务主管部门主管全国税收征收管理工作。各地国家税务局和地方税务局应当按照国务院规定的税收征收管理范围分别进行征收管理。

地方各级人民政府应当依法加强对本行政区域内税收征收管理工作的领导或者协调，支持税务机关依法执行职务，依照法定税率计算税额，依法征收税款。

各有关部门和单位应当支持、协助税务机关依法执行职务。

税务机关依法执行职务，任何单位和个人不得阻挠。

第六条　国家有计划地用现代信息技术装备各级税务机关，加强税收征收管理信息系统的现代化建设，建立、健全税务机关与政府其他管理机关的信息共享制度。

纳税人、扣缴义务人和其他有关单位应当按照国家有关规定如实向税务机关提供与纳税和代扣代缴、代收代缴税款有关的信息。

第七条　税务机关应当广泛宣传税收法律、行政法规，普及纳税知识，无偿地为纳税人提供纳税咨询服务。

第八条　纳税人、扣缴义务人有权向税务机关了解国家税收法律、行政法规的规定以及与纳税程序有关的情况。

纳税人、扣缴义务人有权要求税务机关为纳税人、扣缴义务人的情况保密。税务机关应当依法为纳税人、扣缴义务人的情况保密。

纳税人依法享有申请减税、免税、退税的权利。

纳税人、扣缴义务人对税务机关所作出的决定，享有陈述权、申辩权；依法享有申请行政复议、提起行政诉讼、请求国家赔偿等权利。

纳税人、扣缴义务人有权控告和检举税务机关、税务人员的违法违纪行为。

第九条 税务机关应当加强队伍建设，提高税务人员的政治业务素质。

税务机关、税务人员必须秉公执法，忠于职守，清正廉洁，礼貌待人，文明服务，尊重和保护纳税人、扣缴义务人的权利，依法接受监督。

税务人员不得索贿受贿、徇私舞弊、玩忽职守、不征或者少征应征税款；不得滥用职权多征税款或者故意刁难纳税人和扣缴义务人。

第十条 各级税务机关应当建立、健全内部制约和监督管理制度。

上级税务机关应当对下级税务机关的执法活动依法进行监督。

各级税务机关应当对其工作人员执行法律、行政法规和廉洁自律准则的情况进行监督检查。

第十一条 税务机关负责征收、管理、稽查、行政复议的人员的职责应当明确，并相互分离、相互制约。

第十二条 税务人员征收税款和查处税收违法案件，与纳税人、扣缴义务人或者税收违法案件有利害关系的，应当回避。

第十三条 任何单位和个人都有权检举违反税收法律、行政法规的行为。收到检举的机关和负责查处的机关应当为检举人保密。税务机关应当按照规定对检举人给予奖励。

第十四条 本法所称税务机关是指各级税务局、税务分局。税务所和按照国务院规定设立的并向社会公告的税务机构。

第二章 税务管理

第一节 税务登记

第十五条 企业，企业在外地设立的分支机构和从事生产、经营的场所，个体工商户和从事生产、经营的事业单位（以下统称从事生产、经营的纳税人）自领取营业执照之日起三十日内，持有关证件，向税务机关申报办理税务登记。税务机关应当于收到申报的当日办理登记并发给税务登记证件。

工商行政管理机关应当将办理登记注册、核发营业执照的情况，定期向税务机关通报。

本条第一款规定以外的纳税人办理税务登记和扣缴义务人办理扣缴税款登记的范围和办法，由国务院规定。

第十六条 从事生产、经营的纳税人，税务登记内容发生变化的，自工商行政管理机关办理变更登记之日起三十日内或者在向工商行政管理机关申请办理注销登记之前，持有关证件向税务机关申报办理变更或者注销税务登记。

第十七条 从事生产、经营的纳税人应当按照国家有关规定，持税务登记证件，在银行或者其他金融机构开立基本存款帐户和其他存款帐户，并将其全部帐号向税务机关报告。

银行和其他金融机构应当在从事生产、经营的纳税人的帐户中登录税务登记证件号码，并在税务登记证件中登录从事生产、经营的纳税人的帐户帐号。

税务机关依法查询从事生产、经营的纳税人开立帐户的情况时，有关银行和其他金融机构应当予以协助。

第十八条 纳税人按照国务院税务主管部门的规定使用税务登记证件。税务登记证件不得转借、涂改、损毁、买卖或者伪造。

第二节 帐簿、凭证管理

第十九条 纳税人、扣缴义务人按照有关法律、行政法规和国务院财政、税务主管部门的规定设置帐簿，根据合法、有效凭证记帐，进行核算。

第二十条 从事生产、经营的纳税人的财务、会计制度或者财务、会计处理办法和会计核算软件，应当报送税务机关备案。

纳税人、扣缴义务人的财务、会计制度或者财务、会计处理办法与国务院或者国务院财政、税务主管部门有关税收的规定抵触的，依照国务院或者国务院财政、税务主管部门有关税收的规定计算应纳税款、代扣代缴和代收代缴税款。

第二十一条 税务机关是发票的主管机关，负责发票印制、领购、开具、取得、保管、缴销的管理和监督。

单位、个人在购销商品、提供或者接受经营服务以及从事其他经营活动中，应当按照规定开具、使用、取得发票。

发票的管理办法由国务院规定。

第二十二条 增值税专用发票由国务院税务主管部门指定的企业印制；其他发票，按照国务院税务主管部门的规定，分别由省、自治区、直辖市国家税务局、地方税务局指定企业印制。

未经前款规定的税务机关指定，不得印制发票。

第二十三条 国家根据税收征收管理的需要，积极推广使用税控装置。纳税人应当按照规定安装、使用税控装置，不得损毁或者擅自改动税控装置。

第二十四条 从事生产、经营的纳税人、扣缴义务人必须按照国务院财政、税务主管部门规定的保管期限保管帐簿、记帐凭证、完税凭证及其他有关资料。

帐簿、记帐凭证、完税凭证及其他有关资料不得伪造、变造或者擅自损毁。

第三节 纳税申报

第二十五条 纳税人必须依照法律、行政法规规定或者税务机关依照法律、行政法规的规定确定的申报期限、申报内容如实办理纳税申报，报送纳税申报表、财务会计报表以及税务机关根据实际需要要求纳税人报送的其他纳税资料。

扣缴义务人必须依照法律、行政法规规定或者税务机关依照法律、行政法规的规定确定的申报期限、申报内容如实报送代扣代缴、代收代缴税款报告表以及税务机关根据实际需要要求扣缴义务人报送的其他有关资料。

第二十六条 纳税人、扣缴义务人可以直接到税务机关办理纳税申报或者报送代扣代缴、代收代缴税款报告表，也可以按照规定采取邮寄、数据电文或者其他方式办理上述申报、报送事项。

第二十七条 纳税人、扣缴义务人不能按期办理纳税申报或者报送代扣代缴、代收代缴税款报告表的，经税务机关核准，可以延期申报。

经核准延期办理前款规定的申报、报送事项的，应当在纳税期内按照上期实际缴纳的税额或者税务机关核定的税额预缴税款，并在核准的延期内办理税款结算。

第三章 税款征收

第二十八条 税务机关依照法律、行政法规的规定征收税款，不得违反法律、行政法规的规定开征、停征、多征、少征、提前征收、延缓征收或者摊派税款。

农业税应纳税额按照法律、行政法规的规定核定。

第二十九条 除税务机关、税务人员以及经税务机关依照法律、行政法规委托的单位和人员外，任何单位和个人不得进行税款征收活动。

第三十条 扣缴义务人依照法律、行政法规的规定履行代扣、代收税款的义务。对法律、行政法规没有规定负有代扣、代收税款义务的单位和个人，税务机关不得要求其履行代扣、代收税款义务。

扣缴义务人依法履行代扣、代收税款义务时，纳税人不得拒绝。纳税人拒绝的，扣缴义务人应当及时报告税务机关处理。

税务机关按照规定付给扣缴义务人代扣、代收手续费。

第三十一条 纳税人、扣缴义务人按照法律、行政法规规定或者税务机关依照法律、行政法规的规定确定的期限，缴纳或者解缴税款。

纳税人因有特殊困难，不能按期缴纳税款的，经省、自治区、直辖市国家税务局、地方税务局批准，可以延期缴纳税款，但是最长不得超过三个月。

第三十二条 纳税人未按照规定期限缴纳税款的，扣缴义务人未按照规定期限解缴税款的，税务机关除责令限期缴纳外，从滞纳税款之日起，按日加收滞纳税款万分之五的滞纳金。

第三十三条 纳税人依照法律、行政法规的规定办理减税、免税。

地方各级人民政府、各级人民政府主管部门、单位和个人违反法律、行政法规规定，擅自作出的减税、免税决定无效，税务机关不得执行，并向上级税务机关报告。

第三十四条 税务机关征收税款时，必须给纳税人开具完税凭证。扣缴义务人代扣、代收税款时，纳税人要求扣缴义务人开具代扣、代收税款凭证的，扣缴义务人应当开具。

第三十五条 纳税人有下列情形之一的，税务机关有权核定其应纳税额：

（一）依照法律、行政法规的规定可以不设置帐簿的；

（二）依照法律、行政法规的规定应当设置帐簿但未设置的；

（三）擅自销毁帐簿或者拒不提供纳税资料的；

（四）虽设置帐簿，但帐目混乱或者成本资料、收入凭证、费用凭证残缺不全，难以查帐的；

（五）发生纳税义务，未按照规定的期限办理纳税申报，经税务机关责令限期申报，逾期仍不申报的；

（六）纳税人申报的计税依据明显偏低，又无正当理由的。税务机关核定应纳税额的具体程序和方法由国务院税务主管部门规定。

第三十六条 企业或者外国企业在中国境内设立的从事生产、经营的机构、场所与其关联企业之间的业务往来，应当按照独立企业之间的业务往来收取或者支付价款、费用；不按照独立企业之间的业务往来收取或者支付价款、费用，而减少其应纳税的收入或者所得额的，税务机关有权进行合理调整。

第三十七条 对未按照规定办理税务登记的从事生产、经营的纳税人以及临时从事经营的纳税人，由税务机关核定其应纳税额，责令缴纳；不缴纳的，税务机关可以扣押其价值相当于应纳税款的商品、货物。扣押后缴纳应纳税款的，税务机关必须立即解除扣押，并归还所扣押的商品、货物；扣押后仍不缴纳应纳税款的，经县以上税务局（分局）局长批准，依法拍卖或者变卖所扣押的商品、货物，以拍卖或者变卖所得抵缴税款。

第三十八条 税务机关有根据认为从事生产、经营的纳税人有逃避纳税义务行为的，可以在规定的纳税期之前，责令限期缴纳应纳税款；在限期内发现纳税人有明显的转移、隐匿其应纳税的商品、货物以及其他财产或者应纳税的收入的迹象的，税务机关可以责成纳税人提供纳税担保。如果纳税人不能提供纳税担保，经县以上税务局（分局）局长批准，税务机关可以采取下列税收保全措施：

（一）书面通知纳税人开户银行或者其他金融机构冻结纳税人的金额相当于应纳税款的存款；

（二）扣押、查封纳税人的价值相当于应纳税款的商品、货物或者其他财产。纳税人在前款规定的限期内缴纳税款的，税务机关必须立即解除税收保全措施；限期期满仍未缴纳税款的，经县以上税务局（分局）局长批准，税务机关可以书面通知纳税人开户银行或者其他金融机构从其冻结的存款中扣缴税款，或者依法拍卖或者变卖所扣押、查封的商品、货物或者其他财产，以拍卖或者变卖所得抵缴税款。

个人及其所扶养家属维持生活必需的住房和用品，不在税收保全措施的范围之内。

第三十九条 纳税人在限期内已缴纳税款，税务机关未立即解除税收保全措施，使纳税人的合法利益遭受损失的，税务机关应当承担赔偿责任。

第四十条 从事生产、经营的纳税人、扣缴义务人未按照规定的期限缴纳或者解缴税款，纳税担保人未按照规定的期限缴纳所担保的税款，由税务机关责令限期缴纳，逾期仍未缴纳的，经县以上税务局（分局）局长批准，税务机关可以采取下列强制执行措施：

（一）书面通知其开户银行或者其他金融机构从其存款中扣缴税款；

（二）扣押、查封、依法拍卖或者变卖其价值相当于应纳税款的商品、货物或者其他财产，以拍卖或者变卖所得抵缴税款。

税务机关采取强制执行措施时，对前款所列纳税人、扣缴义务人、纳税担保人未缴纳的滞纳金同时强制执行。

个人及其所扶养家属维持生活必需的住房和用品，不在强制执行措施的范围之内。

第四十一条 本法第三十七条、第三十八条、第四十条规定的采取税收保全措施、强制执行措施的权力，不得由法定的税务机关以外的单位和个人行使。

第四十二条 税务机关采取税收保全措施和强制执行措施必须依照法定权限和法定程序，不得查封、扣押纳税人个人及其所扶养家属维持生活必需的住房和用品。

第四十三条 税务机关滥用职权违法采取税收保全措施、强制执行措施，或者采取税收保全措施、强制执行措施不当，使纳税人、扣缴义务人或者纳税担保人的合法权益遭受损失的，应当依法承担赔偿责任。

第四十四条 欠缴税款的纳税人或者他的法定代表人需要出境的，应当在出境前向税务机关结清应纳税款、滞纳金或者提供担保。未结清税款、滞纳金，又不提供担保的，税务机关可以通知出境管理机关阻止其出境。

第四十五条 税务机关征收税款，税收优先于无担保债权，法律另有规定的除外；纳税人欠缴的税款发生在纳税人以其财产设定抵押、质押或者纳税人的财产被留置之前的，税收应当先于抵押权、质权、留置权执行。

纳税人欠缴税款，同时又被行政机关决定处以罚款、没收违法所得的，税收优先于罚款、没收违法所得。

税务机关应当对纳税人欠缴税款的情况定期予以公告。

第四十六条 纳税人有欠税情形而以其财产设定抵押、质押的，应当向抵押权人、质权人说明其欠税情况。抵押权人、质权人可以请求税务机关提供有关的欠税情况。

第四十七条 税务机关扣押商品、货物或者其他财产时，必须开付收据；查封商品、货物或者其他财产时，必须开付清单。

第四十八条 纳税人有合并、分立情形的，应当向税务机关报告，并依法缴清税款。纳税人合并时未缴清税款的，应当由合并后的纳税人继续履行未履行的纳税义务；纳税人分立时未缴清税款的，分立后的纳税人对未履行的纳税义务应当承担连带责任。

第四十九条 欠缴税款数额较大的纳税人在处分其不动产或者大额资产之前，应当向税务机关报告。

第五十条 欠缴税款的纳税人因怠于行使到期债权，或者放弃到期债权，或者无偿转让财产，或者以明显不合理的低价转让财产而受让人知道该情形，对国家税收造成损害的，税务机关可以依照合同法第七十三条、第七十四条的规定行使代位权、撤销权。

税务机关依照前款规定行使代位权、撤销权的，不免除欠缴税款的纳税人尚未履行的纳税义务和应承担的法律责任。

第五十一条 纳税人超过应纳税额缴纳的税款，税务机关发现后应当立即退还；纳税人自结算缴纳税款之日起三年内发现的，可以向税务机关要求退还多缴的税款并加算银行同期存款利息，税务机关及时查实后应当立即退还；涉及从国库中退库的，依照法律、行政法规有关国库管理的规定退还。

第五十二条 因税务机关的责任，致使纳税人、扣缴义务人未缴或者少缴税款的，税务机关在三年内可以要求纳税人、扣缴义务人补缴税款，但是不得加收滞纳金。

因纳税人、扣缴义务人计算错误等失误，未缴或者少缴税款的，税务机关在三年内可以追征税款、滞纳金；有特殊情况的，追征期可以延长到五年。

对偷税、抗税、骗税的，税务机关追征其未缴或者少缴的税款、滞纳金或者所骗取的税款，不受前款规定期限的限制。

第五十三条 国家税务局和地方税务局应当按照国家规定的税收征收管理范围和税款入库预算级次，将征收的税款缴入国库。

对审计机关、财政机关依法查出的税收违法行为，税务机关应当根据有关机关的决定、意见书，依法将应收的税款、滞纳金按照税款入库预算级次缴入国库，并将结果及时回复有关机关。

第四章　税务检查

第五十四条 税务机关有权进行下列税务检查：

（一）检查纳税人的帐簿、记帐凭证、报表和有关资料，检查扣缴义务人代扣代缴、代收代缴税款帐簿、记帐凭证和有关资料；

（二）到纳税人的生产、经营场所和货物存放地检查纳税人应纳税的商品、货物或者其他财产，检查扣缴义务人与代扣代缴、代收代缴税款有关的经营情况；

（三）责成纳税人、扣缴义务人提供与纳税或者代扣代缴、代收代缴税款有关的文件、证明材料和有关资料；

（四）询问纳税人、扣缴义务人与纳税或者代扣代缴、代收代缴税款有关的问题和情况；

（五）到车站、码头、机场、邮政企业及其分支机构检查纳税人托运、邮寄应纳税商品、货物或者其他财产的有关单据、凭证和有关资料；

（六）经县以上税务局（分局）局长批准，凭全国统一格式的检查存款帐户许可证明，查询从事生产、经营的纳税人、扣缴义务人在银行或者其他金融机构的存款帐户。税务机关在调查税收违法案件时，经设区的市、自治州以上税务局（分局）局长批准，可以查询案件涉嫌人员的储蓄存款。税务机关查询所获得的资料，不得用于税收以外的用途。

第五十五条 税务机关对从事生产、经营的纳税人以前纳税期的纳税情况依法进行税务检查时，发现纳税人有逃避纳税义务行为，并有明显的转移、隐匿其应纳税的商品、货物以及其他财产或者应纳税的收入的迹象的，可以按照本法规定的批准权限采取税收保全措施或者强制执行措施。

第五十六条 纳税人、扣缴义务人必须接受税务机关依法进行的税务检查，如实反映情况，提供有关资料，不得拒绝、隐瞒。

第五十七条 税务机关依法进行税务检查时，有权向有关单位和个人调查纳税人、扣缴义务人和其他当事人与纳税或者代扣代缴、代收代缴税款有关的情况，有关单位和个人有义务向税务机关如实提供有关资料及证明材料。

第五十八条 税务机关调查税务违法案件时，对与案件有关的情况和资料，可以记录、录音、录像、照相和复制。

第五十九条 税务机关派出的人员进行税务检查时，应当出示税务检查证和税务检查通知书，并有责任为被检查人保守秘密；未出示税务检查证和税务检查通知书的，被检查人有权拒绝检查。

第五章　法律责任

第六十条 纳税人有下列行为之一的，由税务机关责令限期改正，可以处二千元以下的罚款；情节严重的，处二千元以上一万元以下的罚款：

（一）未按照规定的期限申报办理税务登记、变更或者注销登记的；

（二）未按照规定设置、保管帐簿或者保管记帐凭证和有关资料的；

（三）未按照规定将财务、会计制度或者财务、会计处理办法和会计核算软件报送税务机关备查的；

（四）未按照规定将其全部银行帐号向税务机关报告的；

（五）未按照规定安装、使用税控装置，或者损毁或者擅自改动税控装置的。

纳税人不办理税务登记的，由税务机关责令限期改正；逾期不改正的，经税务机关提请，由工商行政管理机关吊销其营业执照。

纳税人未按照规定使用税务登记证件，或者转借、涂改、损毁、买卖、伪造税务登记证件的，处二千元以上一万元以下的罚款；情节严重的，处一万元以上五万元以下的罚款。

第六十一条 扣缴义务人未按照规定设置、保管代扣代缴、代收代缴税款帐簿或者保管代扣代缴、代收代缴税款记帐凭证及有关资料的，由税务机关责令限期改正，可以处二千元以下的罚款；情节严重的，处二千元以上五千元以下的罚款。

第六十二条 纳税人未按照规定的期限办理纳税申报和报送纳税资料的，或者扣缴义务人未按照规定的期限向税务机关报送代扣代缴、代收代缴税款报告表和有关资料的，由税务机关责令限期改正，可以处二千元以下的罚款；情节严重的，可以处二千元以上一万元以下的罚款。

第六十三条 纳税人伪造、变造、隐匿、擅自销毁帐簿、记帐凭证，或者在帐簿上多列支出或者不列、少列收入，或者经税务机关通知申报而拒不申报或者进行虚假的纳税申报，不缴或者少缴应纳税款的，是偷税。对纳税人偷税的，由税务机关追缴其不缴或者少缴的税款、滞纳金，并处不缴或者少缴的税款百分之五十以上五倍以下的罚款；构成犯罪的，依法追究刑事责任。

扣缴义务人采取前款所列手段，不缴或者少缴已扣、已收税款，由税务机关追缴其不缴或者少缴的税款、滞纳金，并处不缴或者少缴的税款百分之五十以上五倍以下的罚款；构成犯罪的，依法追究刑事责任。

第六十四条 纳税人、扣缴义务人编造虚假计税依据的，由税务机关责令限期改正，并处五万元以下的罚款。

纳税人不进行纳税申报，不缴或者少缴应纳税款的，由税务机关追缴其不缴或者少缴的税款、滞纳金，并处不缴或者少缴的税款百分之五十以上五倍以下的罚款。

第六十五条 纳税人欠缴应纳税款，采取转移或者隐匿财产的手段，妨碍税务机关追缴欠缴的税款的，由税务机关追缴欠缴的税款、滞纳金，并处欠缴税款百分之五十以上五倍以下的罚款；构成犯罪的，依法追究刑事责任。

第六十六条 以假报出口或者其他欺骗手段，骗取国家出口退税款的，由税务机关追缴其骗取的退税款，并处骗取税款一倍以上五倍以下的罚款；构成犯罪的，依法追究刑事责任。

对骗取国家出口退税款的，税务机关可以在规定期间内停止为其办理出口退税。

第六十七条 以暴力、威胁方法拒不缴纳税款的，是抗税，除由税务机关追缴其拒缴的税款、滞纳金外，依法追究刑事责任。情节轻微，未构成犯罪的，由税务机关追缴其拒缴的税款、滞纳金，并处拒缴税款一倍以上五倍以下的罚款。

第六十八条 纳税人、扣缴义务人在规定期限内不缴或者少缴应纳或者应解缴的税款，经税务机关责令限期缴纳，逾期仍未缴纳的，税务机关除依照本法第四十条的规定采取强制执行措施追缴其不缴或者少缴的税款外，可以处不缴或者少缴的税款百分之五十以上五倍以下的罚款。

第六十九条 扣缴义务人应扣未扣、应收而不收税款的，由税务机关向纳税人追缴税款，对扣缴义务人处应扣未扣、应收未收税款百分之五十以上三倍以下的罚款。

第七十条 纳税人、扣缴义务人逃避、拒绝或者以其他方式阻挠税务机关检查的，由税务机关责令改正，可以处一万元以下的罚款；情节严重的，处一万元以上五万元以下的罚款。

第七十一条 违反本法第二十二条规定，非法印制发票的，由税务机关销毁非法印制的发票，没收违法所得和作案工具，并处一万元以上五万元以下的罚款；构成犯罪的，依法追究刑事责任。

第七十二条 从事生产、经营的纳税人、扣缴义务人有本法规定的税收违法行为，拒不接受税务机关处理的，税务机关可以收缴其发票或者停止向其发售发票。

第七十三条 纳税人、扣缴义务人的开户银行或者其他金融机构拒绝接受税务机关依法检查纳税人、扣缴义务人存款帐户，或者拒绝执行税务机关作出的冻结存款或者扣缴税款的决定，或者在接到税务机关的书面通知后帮助纳税人、扣缴义务人转移存款，造成税款流失的，由税务机关处十万元以上五十万元以下的罚款，对直接负责的主管人员和其他直接责任人员处一千元以上一万元以下的罚款。

第七十四条 本法规定的行政处罚，罚款额在二千元以下的，可以由税务所决定。

第七十五条 税务机关和司法机关的涉税罚没收入，应当按照税款入库预算级次上缴国库。

第七十六条 税务机关违反规定擅自改变税收征收管理范围和税款入库预算级次的，责令限期改正，对直接负责的主管人员和其他直接责任人员依法给予降级或者撤职的行政处分。

第七十七条 纳税人、扣缴义务人有本法第六十三条、第六十五条、第六十六条、第六十七条、第七十一条规定的行为涉嫌犯罪的，税务机关应当依法移交司法机关追究刑事责任。

税务人员徇私舞弊，对依法应当移交司法机关追究刑事责任的不移交，情节严重的，依法追究刑事责任。

第七十八条 未经税务机关依法委托征收税款的，责令退还收取的财物，依法给予行政处分或者行政处罚；致使他人合法权益受到损失的，依法承担赔偿责任；构成犯罪的，依法追究刑事责任。

第七十九条 税务机关、税务人员查封、扣押纳税人个人及其所扶养家属维持生活必需的住房和用品的，责令退还，依法给予行政处分；构成犯罪的，依法追究刑事责任。

第八十条 税务人员与纳税人、扣缴义务人勾结，唆使或者协助纳税人、扣缴义务人有本法第六十三条、第六十五条、第六十六条规定的行为，构成犯罪的，依法追究刑事责任；尚不构成犯罪的，依法给予行政处分。

第八十一条 税务人员利用职务上的便利，收受或者索取纳税人、扣缴义务人财物或者谋取其他不正当利益，构成犯罪的，依法追究刑事责任；尚不构成犯罪的，依法给予行政处分。

第八十二条 税务人员徇私舞弊或者玩忽职守，不征或者少征应征税款，致使国家税收遭受重大损失，构成犯罪的，依法追究刑事责任；尚不构成犯罪的，依法给予行政处分。

税务人员滥用职权，故意刁难纳税人、扣缴义务人的，调离税收工作岗位，并依法给予行政处分。

税务人员对控告、检举税收违法违纪行为的纳税人、扣缴义务人以及其他检举人进行打击报复的，依法给予行政处分；构成犯罪的，依法追究刑事责任。

税务人员违反法律、行政法规的规定，故意高估或者低估农业税计税产量，致使多征或者少征税款，侵犯农民合法权益或者损害国家利益，构成犯罪的，依法追究刑事责任；尚不构成犯罪的，依法给予行政处分。

第八十三条 违反法律、行政法规的规定提前征收、延缓征收或者摊派税款的，由其上级机关或者行政监察机关责令改正，对直接负责的主管人员和其他直接责任人员依法给予行政处分。

第八十四条 违反法律、行政法规的规定，擅自作出税收的开征、停征或者减税、免税、退税、补税以及其他同税收法律、行政法规相抵触的决定的，除依照本法规定撤销其擅自作出的决定外，补征应征未征税款，退还不应征收而征收的税款，并由上级机关追究直接负责的主管人员和其他直接责任人员的行政责任；构成犯罪的，依法追究刑事责任。

第八十五条 税务人员在征收税款或者查处税收违法案件时，未按照本法规定进行回避的，对直接负责的主管人员和其他直接责任人员，依法给予行政处分。

第八十六条 违反税收法律、行政法规应当给予行政处罚的行为，在五年内未被发现的，不再给予行政处罚。

第八十七条 未按照本法规定为纳税人、扣缴义务人、检举人保密的，对直接负责的主管人员和其他直接责任人员，由所在单位或者有关单位依法给予行政处分。

第八十八条 纳税人、扣缴义务人、纳税担保人同税务机关在纳税上发生争议时，必须先依照税务机关的纳税决定缴纳或者解缴税款及滞纳金或者提供相应的担保，然后可以依法申请行政复议；对行政复议决定不服的，可以依法向人民法院起诉。

当事人对税务机关的处罚决定、强制执行措施或者税收保全措施不服的，可以依法申请行政复议，也可以依法向人民法院起诉。

当事人对税务机关的处罚决定逾期不申请行政复议也不向人民法院起诉、又不履行的，作出处罚决定的税务机关可以采取本法第四十条规定的强制执行措施，或者申请人民法院强制执行。

第六章　附则

第八十九条 纳税人、扣缴义务人可以委托税务代理人代为办理税务事宜。

第九十条 耕地占用税、契税、农业税、牧业税征收管理的具体办法，由国务院另行制定。

关税及海关代征税收的征收管理，依照法律、行政法规的有关规定执行。

第九十一条 中华人民共和国同外国缔结的有关税收的条约、协定同本法有不同规定的，依照条约、协定的规定办理。

第九十二条 本法施行前颁布的税收法律与本法有不同规定的，适用本法规定。

第九十三条 国务院根据本法制定实施细则。

第九十四条 本法自 2001 年 5 月 1 日起施行。

中华人民共和国税收征收管理法实施细则

成文日期：2016-02-06

（2002 年 9 月 7 日中华人民共和国国务院令第 362 号公布　根据 2012 年 11 月 9 日《国务院关于修改和废止部分行政法规的决定》第一次修订　根据 2013 年 7 月 18 日《国务院关于废止和修改部分行政法规的决定》第二次修订　根据 2016 年 2 月 6 日《国务院关于修改部分行政法规的决定》第三次修订）

第一章　总　则

第一条　根据《中华人民共和国税收征收管理法》（以下简称税收征管法）的规定，制定本细则。

第二条　凡依法由税务机关征收的各种税收的征收管理，均适用税收征管法及本细则；税收征管法及本细则没有规定的，依照其他有关税收法律、行政法规的规定执行。

第三条　任何部门、单位和个人作出的与税收法律、行政法规相抵触的决定一律无效，税务机关不得执行，并应当向上级税务机关报告。

纳税人应当依照税收法律、行政法规的规定履行纳税义务；其签订的合同、协议等与税收法律、行政法规相抵触的，一律无效。

第四条　国家税务总局负责制定全国税务系统信息化建设的总体规划、技术标准、技术方案与实施办法；各级税务机关应当按照国家税务总局的总体规划、技术标准、技术方案与实施办法，做好本地区税务系统信息化建设的具体工作。

地方各级人民政府应当积极支持税务系统信息化建设，并组织有关部门实现相关信息的共享。

第五条　税收征管法第八条所称为纳税人、扣缴义务人保密的情况，是指纳税人、扣缴义务人的商业秘密及个人隐私。纳税人、扣缴义务人的税收违法行为不属于保密范围。

第六条 国家税务总局应当制定税务人员行为准则和服务规范。

上级税务机关发现下级税务机关的税收违法行为，应当及时予以纠正；下级税务机关应当按照上级税务机关的决定及时改正。

下级税务机关发现上级税务机关的税收违法行为，应当向上级税务机关或者有关部门报告。

第七条 税务机关根据检举人的贡献大小给予相应的奖励，奖励所需资金列入税务部门年度预算，单项核定。奖励资金具体使用办法以及奖励标准，由国家税务总局会同财政部制定。

第八条 税务人员在核定应纳税额、调整税收定额、进行税务检查、实施税务行政处罚、办理税务行政复议时，与纳税人、扣缴义务人或者其法定代表人、直接责任人有下列关系之一的，应当回避：

（一）夫妻关系；

（二）直系血亲关系；

（三）三代以内旁系血亲关系；

（四）近姻亲关系；

（五）可能影响公正执法的其他利害关系。

第九条 税收征管法第十四条所称按照国务院规定设立的并向社会公告的税务机构，是指省以下税务局的稽查局。稽查局专司偷税、逃避追缴欠税、骗税、抗税案件的查处。

国家税务总局应当明确划分税务局和稽查局的职责，避免职责交叉。

第二章　税务登记

第十条 国家税务局、地方税务局对同一纳税人的税务登记应当采用同一代码，信息共享。

税务登记的具体办法由国家税务总局制定。

第十一条 各级工商行政管理机关应当向同级国家税务局和地方税务局定期通报办理开业、变更、注销登记以及吊销营业执照的情况。

通报的具体办法由国家税务总局和国家工商行政管理总局联合制定。

第十二条 从事生产、经营的纳税人应当自领取营业执照之日起 30 日内，向生产、经营地或者纳税义务发生地的主管税务机关申报办理税务登记，如实填写税务登记表，并按照税务机关的要求提供有关证件、资料。

前款规定以外的纳税人，除国家机关和个人外，应当自纳税义务发生之日起 30 日内，持有关证件向所在地的主管税务机关申报办理税务登记。

个人所得税的纳税人办理税务登记的办法由国务院另行规定。

税务登记证件的式样，由国家税务总局制定。

第十三条 扣缴义务人应当自扣缴义务发生之日起 30 日内，向所在地的主管税务机关申报办理扣缴税款登记，领取扣缴税款登记证件；税务机关对已办理税务登记的扣缴义务人，可以只在其税务登记证件上登记扣缴税款事项，不再发给扣缴税款登记证件。

第十四条 纳税人税务登记内容发生变化的，应当自工商行政管理机关或者其他机关办理变更登记之日起 30 日内，持有关证件向原税务登记机关申报办理变更税务登记。

纳税人税务登记内容发生变化，不需要到工商行政管理机关或者其他机关办理变更登记的，应当自发生变化之日起 30 日内，持有关证件向原税务登记机关申报办理变更税务登记。

第十五条 纳税人发生解散、破产、撤销以及其他情形，依法终止纳税义务的，应当在向工商行政管理机关或者其他机关办理注销登记前，持有关证件向原税务登记机关申报办理注销税务登记；按照规定不需要在工商行政管理机关或者其他机关办理注册登记的，应当自有关机关批准或者宣告终止之日起 15 日内，持有关证件向原税务登记机关申报办理注销税务登记。

纳税人因住所、经营地点变动，涉及改变税务登记机关的，应当在向工商行政管理机关或者其他机关申请办理变更或者注销登记前或者住所、经营地点变动前，向原税务登记机关申报办理注销税务登记，并在 30 日内向迁达地税务机关申报办理税务登记。

纳税人被工商行政管理机关吊销营业执照或者被其他机关予以撤销登记的，应当自营业执照被吊销或者被撤销登记之日起 15 日内，向原税务登记机关申报办理注销税务登记。

第十六条 纳税人在办理注销税务登记前，应当向税务机关结清应纳税款、滞纳金、罚款，缴销发票、税务登记证件和其他税务证件。

第十七条 从事生产、经营的纳税人应当自开立基本存款账户或者其他存款账户之日起 15 日内，向主管税务机关书面报告其全部账号；发生变化的，应当自变化之日起 15 日内，向主管税务机关书面报告。

第十八条 除按照规定不需要发给税务登记证件的外，纳税人办理下列事项时，必须持税务登记证件：

（一）开立银行账户；

（二）申请减税、免税、退税；

（三）申请办理延期申报、延期缴纳税款；

（四）领购发票；

（五）申请开具外出经营活动税收管理证明；

（六）办理停业、歇业；

（七）其他有关税务事项。

第十九条 税务机关对税务登记证件实行定期验证和换证制度。纳税人应当在规定的期限内持有关证件到主管税务机关办理验证或者换证手续。

第二十条 纳税人应当将税务登记证件正本在其生产、经营场所或者办公场所公开悬挂，接受税务机关检查。

纳税人遗失税务登记证件的，应当在 15 日内书面报告主管税务机关，并登报声明作废。

第二十一条 从事生产、经营的纳税人到外县（市）临时从事生产、经营活动的，应当持税务登记证副本和所在地税务机关填开的外出经营活动税收管理证明，向营业地税务机关报验登记，接受税务管理。

从事生产、经营的纳税人外出经营，在同一地累计超过180天的，应当在营业地办理税务登记手续。

第三章 账簿、凭证管理

第二十二条 从事生产、经营的纳税人应当自领取营业执照或者发生纳税义务之日起15日内，按照国家有关规定设置账簿。

前款所称账簿，是指总账、明细账、日记账以及其他辅助性账簿。总账、日记账应当采用订本式。

第二十三条 生产、经营规模小又确无建账能力的纳税人，可以聘请经批准从事会计代理记账业务的专业机构或者经税务机关认可的财会人员代为建账和办理账务；聘请上述机构或者人员有实际困难的，经县以上税务机关批准，可以按照税务机关的规定，建立收支凭证粘贴簿、进货销货登记簿或者使用税控装置。

第二十四条 从事生产、经营的纳税人应当自领取税务登记证件之日起15日内，将其财务、会计制度或者财务、会计处理办法报送主管税务机关备案。

纳税人使用计算机记账的，应当在使用前将会计电算化系统的会计核算软件、使用说明书及有关资料报送主管税务机关备案。

纳税人建立的会计电算化系统应当符合国家有关规定，并能正确、完整核算其收入或者所得。

第二十五条 扣缴义务人应当自税收法律、行政法规规定的扣缴义务发生之日起10日内，按照所代扣、代收的税种，分别设置代扣代缴、代收代缴税款账簿。

第二十六条 纳税人、扣缴义务人会计制度健全，能够通过计算机正确、完整计算其收入和所得或者代扣代缴、代收代缴税款情况的，其计算机输出的完整的书面会计记录，可视同会计账簿。

纳税人、扣缴义务人会计制度不健全，不能通过计算机正确、完整计算其收入和所得或者代扣代缴、代收代缴税款情况的，应当建立总账及与纳税或者代扣代缴、代收代缴税款有关的其他账簿。

第二十七条 账簿、会计凭证和报表，应当使用中文。民族自治地方可以同时使用当地通用的一种民族文字。外商投资企业和外国企业可以同时使用一种外国文字。

第二十八条 纳税人应当按照税务机关的要求安装、使用税控装置，并按照税务机关的规定报送有关数据和资料。

税控装置推广应用的管理办法由国家税务总局另行制定，报国务院批准后实施。

第二十九条 账簿、记账凭证、报表、完税凭证、发票、出口凭证以及其他有关涉税资料应当合法、真实、完整。

账簿、记账凭证、报表、完税凭证、发票、出口凭证以及其他有关涉税资料应当保存10年；但是，法律、行政法规另有规定的除外。

第四章　纳税申报

第三十条　税务机关应当建立、健全纳税人自行申报纳税制度。纳税人、扣缴义务人可以采取邮寄、数据电文方式办理纳税申报或者报送代扣代缴、代收代缴税款报告表。

数据电文方式，是指税务机关确定的电话语音、电子数据交换和网络传输等电子方式。

第三十一条　纳税人采取邮寄方式办理纳税申报的，应当使用统一的纳税申报专用信封，并以邮政部门收据作为申报凭据。邮寄申报以寄出的邮戳日期为实际申报日期。

纳税人采取电子方式办理纳税申报的，应当按照税务机关规定的期限和要求保存有关资料，并定期书面报送主管税务机关。

第三十二条　纳税人在纳税期内没有应纳税款的，也应当按照规定办理纳税申报。

纳税人享受减税、免税待遇的，在减税、免税期间应当按照规定办理纳税申报。

第三十三条　纳税人、扣缴义务人的纳税申报或者代扣代缴、代收代缴税款报告表的主要内容包括：税种、税目，应纳税项目或者应代扣代缴、代收代缴税款项目，计税依据，扣除项目及标准，适用税率或者单位税额，应退税项目及税额、应减免税项目及税额，应纳税额或者应代扣代缴、代收代缴税额，税款所属期限、延期缴纳税款、欠税、滞纳金等。

第三十四条　纳税人办理纳税申报时，应当如实填写纳税申报表，并根据不同的情况相应报送下列有关证件、资料：

（一）财务会计报表及其说明材料；

（二）与纳税有关的合同、协议书及凭证；

（三）税控装置的电子报税资料；

（四）外出经营活动税收管理证明和异地完税凭证；

（五）境内或者境外公证机构出具的有关证明文件；

（六）税务机关规定应当报送的其他有关证件、资料。

第三十五条　扣缴义务人办理代扣代缴、代收代缴税款报告时，应当如实填写代扣代缴、代收代缴税款报告表，并报送代扣代缴、代收代缴税款的合法凭证以及税务机关规定的其他有关证件、资料。

第三十六条　实行定期定额缴纳税款的纳税人，可以实行简易申报、简并征期等申报纳税方式。

第三十七条　纳税人、扣缴义务人按照规定的期限办理纳税申报或者报送代扣代缴、代收代缴税款报告表确有困难，需要延期的，应当在规定的期限内向税务机关提出书面延期申请，经税务机关核准，在核准的期限内办理。

纳税人、扣缴义务人因不可抗力，不能按期办理纳税申报或者报送代扣代缴、代收代缴税款报告表的，可以延期办理；但是，应当在不可抗力情形消除后立即向税务机关报告。税务机关应当查明事实，予以核准。

第五章　税款征收

第三十八条　税务机关应当加强对税款征收的管理，建立、健全责任制度。

税务机关根据保证国家税款及时足额入库、方便纳税人、降低税收成本的原则，确定税款征收的方式。

税务机关应当加强对纳税人出口退税的管理，具体管理办法由国家税务总局会同国务院有关部门制定。

第三十九条　税务机关应当将各种税收的税款、滞纳金、罚款，按照国家规定的预算科目和预算级次及时缴入国库，税务机关不得占压、挪用、截留，不得缴入国库以外或者国家规定的税款账户以外的任何账户。

已缴入国库的税款、滞纳金、罚款，任何单位和个人不得擅自变更预算科目和预算级次。

第四十条　税务机关应当根据方便、快捷、安全的原则，积极推广使用支票、银行卡、电子结算方式缴纳税款。

第四十一条　纳税人有下列情形之一的，属于税收征管法第三十一条所称特殊困难：

（一）因不可抗力，导致纳税人发生较大损失，正常生产经营活动受到较大影响的；

（二）当期货币资金在扣除应付职工工资、社会保险费后，不足以缴纳税款的。

计划单列市国家税务局、地方税务局可以参照税收征管法第三十一条第二款的批准权限，审批纳税人延期缴纳税款。

第四十二条　纳税人需要延期缴纳税款的，应当在缴纳税款期限届满前提出申请，并报送下列材料：申请延期缴纳税款报告，当期货币资金余额情况及所有银行存款账户的对账单，资产负债表，应付职工工资和社会保险费等税务机关要求提供的支出预算。

税务机关应当自收到申请延期缴纳税款报告之日起20日内作出批准或者不予批准的决定；不予批准的，从缴纳税款期限届满之日起加收滞纳金。

第四十三条　享受减税、免税优惠的纳税人，减税、免税期满，应当自期满次日起恢复纳税；减税、免税条件发生变化的，应当在纳税申报时向税务机关报告；不再符合减税、免税条件的，应当依法履行纳税义务；未依法纳税的，税务机关应当予以追缴。

第四十四条　税务机关根据有利于税收控管和方便纳税的原则，可以按照国家有关规定委托有关单位和人员代征零星分散和异地缴纳的税收，并发给委托代征证书。受托单位和人员按照代征证书的要求，以税务机关的名义依法征收税款，纳税人不得拒绝；纳税人拒绝的，受托代征单位和人员应当及时报告税务机关。

第四十五条　税收征管法第三十四条所称完税凭证，是指各种完税证、缴款书、印花税票、扣（收）

税凭证以及其他完税证明。

未经税务机关指定，任何单位、个人不得印制完税凭证。完税凭证不得转借、倒卖、变造或者伪造。

完税凭证的式样及管理办法由国家税务总局制定。

第四十六条 税务机关收到税款后，应当向纳税人开具完税凭证。纳税人通过银行缴纳税款的，税务机关可以委托银行开具完税凭证。

第四十七条 纳税人有税收征管法第三十五条或者第三十七条所列情形之一的，税务机关有权采用下列任何一种方法核定其应纳税额：

（一）参照当地同类行业或者类似行业中经营规模和收入水平相近的纳税人的税负水平核定；

（二）按照营业收入或者成本加合理的费用和利润的方法核定；

（三）按照耗用的原材料、燃料、动力等推算或者测算核定；

（四）按照其他合理方法核定。

采用前款所列一种方法不足以正确核定应纳税额时，可以同时采用两种以上的方法核定。

纳税人对税务机关采取本条规定的方法核定的应纳税额有异议的，应当提供相关证据，经税务机关认定后，调整应纳税额。

第四十八条 税务机关负责纳税人纳税信誉等级评定工作。纳税人纳税信誉等级的评定办法由国家税务总局制定。

第四十九条 承包人或者承租人有独立的生产经营权，在财务上独立核算，并定期向发包人或者出租人上缴承包费或者租金的，承包人或者承租人应当就其生产、经营收入和所得纳税，并接受税务管理；但是，法律、行政法规另有规定的除外。

发包人或者出租人应当自发包或者出租之日起30日内将承包人或者承租人的有关情况向主管税务机关报告。发包人或者出租人不报告的，发包人或者出租人与承包人或者承租人承担纳税连带责任。

第五十条 纳税人有解散、撤销、破产情形的，在清算前应当向其主管税务机关报告；未结清税款的，由其主管税务机关参加清算。

第五十一条 税收征管法第三十六条所称关联企业，是指有下列关系之一的公司、企业和其他经济组织：

（一）在资金、经营、购销等方面，存在直接或者间接的拥有或者控制关系；

（二）直接或者间接地同为第三者所拥有或者控制；

（三）在利益上具有相关联的其他关系。

纳税人有义务就其与关联企业之间的业务往来，向当地税务机关提供有关的价格、费用标准等资料。具体办法由国家税务总局制定。

第五十二条 税收征管法第三十六条所称独立企业之间的业务往来，是指没有关联关系的企业之间按照公平成交价格和营业常规所进行的业务往来。

第五十三条 纳税人可以向主管税务机关提出与其关联企业之间业务往来的定价原则和计算方法，主管税务机关审核、批准后，与纳税人预先约定有关定价事项，监督纳税人执行。

第五十四条 纳税人与其关联企业之间的业务往来有下列情形之一的，税务机关可以调整其应纳税额：

（一）购销业务未按照独立企业之间的业务往来作价；

（二）融通资金所支付或者收取的利息超过或者低于没有关联关系的企业之间所能同意的数额，或者利率超过或者低于同类业务的正常利率；

（三）提供劳务，未按照独立企业之间业务往来收取或者支付劳务费用；

（四）转让财产、提供财产使用权等业务往来，未按照独立企业之间业务往来作价或者收取、支付费用；

（五）未按照独立企业之间业务往来作价的其他情形。

第五十五条 纳税人有本细则第五十四条所列情形之一的，税务机关可以按照下列方法调整计税收入额或者所得额：

（一）按照独立企业之间进行的相同或者类似业务活动的价格；

（二）按照再销售给无关联关系的第三者的价格所应取得的收入和利润水平；

（三）按照成本加合理的费用和利润；

（四）按照其他合理的方法。

第五十六条 纳税人与其关联企业未按照独立企业之间的业务往来支付价款、费用的，税务机关自该业务往来发生的纳税年度起 3 年内进行调整；有特殊情况的，可以自该业务往来发生的纳税年度起 10 年内进行调整。

第五十七条 税收征管法第三十七条所称未按照规定办理税务登记从事生产、经营的纳税人，包括到外县（市）从事生产、经营而未向营业地税务机关报验登记的纳税人。

第五十八条 税务机关依照税收征管法第三十七条的规定，扣押纳税人商品、货物的，纳税人应当自扣押之日起 15 日内缴纳税款。

对扣押的鲜活、易腐烂变质或者易失效的商品、货物，税务机关根据被扣押物品的保质期，可以缩短前款规定的扣押期限。

第五十九条 税收征管法第三十八条、第四十条所称其他财产，包括纳税人的房地产、现金、有价证券等不动产和动产。

机动车辆、金银饰品、古玩字画、豪华住宅或者一处以外的住房不属于税收征管法第三十八条、第四十条、第四十二条所称个人及其所扶养家属维持生活必需的住房和用品。

税务机关对单价 5000 元以下的其他生活用品，不采取税收保全措施和强制执行措施。

第六十条 税收征管法第三十八条、第四十条、第四十二条所称个人所扶养家属，是指与纳税人共同居住生活的配偶、直系亲属以及无生活来源并由纳税人扶养的其他亲属。

第六十一条 税收征管法第三十八条、第八十八条所称担保，包括经税务机关认可的纳税保证人为纳税人提供的纳税保证，以及纳税人或者第三人以其未设置或者未全部设置担保物权的财产提供的担保。

纳税保证人，是指在中国境内具有纳税担保能力的自然人、法人或者其他经济组织。

法律、行政法规规定的没有担保资格的单位和个人，不得作为纳税担保人。

第六十二条 纳税担保人同意为纳税人提供纳税担保的，应当填写纳税担保书，写明担保对象、担保范围、担保期限和担保责任以及其他有关事项。担保书须经纳税人、纳税担保人签字盖章并经税务机关同意，方为有效。

纳税人或者第三人以其财产提供纳税担保的，应当填写财产清单，并写明财产价值以及其他有关事项。纳税担保财产清单须经纳税人、第三人签字盖章并经税务机关确认，方为有效。

第六十三条 税务机关执行扣押、查封商品、货物或者其他财产时，应当由两名以上税务人员执行，并通知被执行人。被执行人是自然人的，应当通知被执行人本人或者其成年家属到场；被执行人是法人或者其他组织的，应当通知其法定代表人或者主要负责人到场；拒不到场的，不影响执行。

第六十四条 税务机关执行税收征管法第三十七条、第三十八条、第四十条的规定，扣押、查封价值相当于应纳税款的商品、货物或者其他财产时，参照同类商品的市场价、出厂价或者评估价估算。

税务机关按照前款方法确定应扣押、查封的商品、货物或者其他财产的价值时，还应当包括滞纳金和拍卖、变卖所发生的费用。

第六十五条 对价值超过应纳税额且不可分割的商品、货物或者其他财产，税务机关在纳税人、扣缴义务人或者纳税担保人无其他可供强制执行的财产的情况下，可以整体扣押、查封、拍卖。

第六十六条 税务机关执行税收征管法第三十七条、第三十八条、第四十条的规定，实施扣押、查封时，对有产权证件的动产或者不动产，税务机关可以责令当事人将产权证件交税务机关保管，同时可以向有关机关发出协助执行通知书，有关机关在扣押、查封期间不再办理该动产或者不动产的过户手续。

第六十七条 对查封的商品、货物或者其他财产，税务机关可以指令被执行人负责保管，保管责任由被执行人承担。

继续使用被查封的财产不会减少其价值的，税务机关可以允许被执行人继续使用；因被执行人保管或者使用的过错造成的损失，由被执行人承担。

第六十八条 纳税人在税务机关采取税收保全措施后，按照税务机关规定的期限缴纳税款的，税务机关应当自收到税款或者银行转回的完税凭证之日起 1 日内解除税收保全。

第六十九条 税务机关将扣押、查封的商品、货物或者其他财产变价抵缴税款时，应当交由依法成立的拍卖机构拍卖；无法委托拍卖或者不适于拍卖的，可以交由当地商业企业代为销售，也可以责令纳税人限期处理；无法委托商业企业销售，纳税人也无法处理的，可以由税务机关变价处理，具体办法由国家税务总局规定。国家禁止自由买卖的商品，应当交由有关单位按照国家规定的价格收购。

拍卖或者变卖所得抵缴税款、滞纳金、罚款以及拍卖、变卖等费用后，剩余部分应当在 3 日内退还被执行人。

第七十条 税收征管法第三十九条、第四十三条所称损失，是指因税务机关的责任，使纳税人、扣缴义务人或者纳税担保人的合法利益遭受的直接损失。

第七十一条 税收征管法所称其他金融机构，是指信托投资公司、信用合作社、邮政储蓄机构以及经中国人民银行、中国证券监督管理委员会等批准设立的其他金融机构。

第七十二条 税收征管法所称存款，包括独资企业投资人、合伙企业合伙人、个体工商户的储蓄存款以及股东资金账户中的资金等。

第七十三条 从事生产、经营的纳税人、扣缴义务人未按照规定的期限缴纳或者解缴税款的，纳税担保人未按照规定的期限缴纳所担保的税款的，由税务机关发出限期缴纳税款通知书，责令缴纳或者解缴税款的最长期限不得超过15日。

第七十四条 欠缴税款的纳税人或者其法定代表人在出境前未按照规定结清应纳税款、滞纳金或者提供纳税担保的，税务机关可以通知出入境管理机关阻止其出境。阻止出境的具体办法，由国家税务总局会同公安部制定。

第七十五条 税收征管法第三十二条规定的加收滞纳金的起止时间，为法律、行政法规规定或者税务机关依照法律、行政法规的规定确定的税款缴纳期限届满次日起至纳税人、扣缴义务人实际缴纳或者解缴税款之日止。

第七十六条 县级以上各级税务机关应当将纳税人的欠税情况，在办税场所或者广播、电视、报纸、期刊、网络等新闻媒体上定期公告。

对纳税人欠缴税款的情况实行定期公告的办法，由国家税务总局制定。

第七十七条 税收征管法第四十九条所称欠缴税款数额较大，是指欠缴税款5万元以上。

第七十八条 税务机关发现纳税人多缴税款的，应当自发现之日起10日内办理退还手续；纳税人发现多缴税款，要求退还的，税务机关应当自接到纳税人退还申请之日起30日内查实并办理退还手续。

税收征管法第五十一条规定的加算银行同期存款利息的多缴税款退税，不包括依法预缴税款形成的结算退税、出口退税和各种减免退税。

退税利息按照税务机关办理退税手续当天中国人民银行规定的活期存款利率计算。

第七十九条 当纳税人既有应退税款又有欠缴税款的，税务机关可以将应退税款和利息先抵扣欠缴税款；抵扣后有余额的，退还纳税人。

第八十条 税收征管法第五十二条所称税务机关的责任，是指税务机关适用税收法律、行政法规不当或者执法行为违法。

第八十一条 税收征管法第五十二条所称纳税人、扣缴义务人计算错误等失误，是指非主观故意的计算公式运用错误以及明显的笔误。

第八十二条 税收征管法第五十二条所称特殊情况，是指纳税人或者扣缴义务人因计算错误等失误，未缴或者少缴、未扣或者少扣、未收或者少收税款，累计数额在10万元以上的。

第八十三条 税收征管法第五十二条规定的补缴和追征税款、滞纳金的期限，自纳税人、扣缴义务人应缴未缴或者少缴税款之日起计算。

第八十四条 审计机关、财政机关依法进行审计、检查时，对税务机关的税收违法行为作出的决定，税务机关应当执行；发现被审计、检查单位有税收违法行为的，向被审计、检查单位下达决定、意见书，责成被审计、检查单位向税务机关缴纳应当缴纳的税款、滞纳金。税务机关应当根据有关机关的决定、意见书，依照税收法律、行政法规的规定，将应收的税款、滞纳金按照国家规定的税收征收管理范围和税款入库预算级次缴入国库。

税务机关应当自收到审计机关、财政机关的决定、意见书之日起30日内将执行情况书面回复审计机关、财政机关。

有关机关不得将其履行职责过程中发现的税款、滞纳金自行征收入库或者以其他款项的名义自行处理、占压。

第六章 税务检查

第八十五条 税务机关应当建立科学的检查制度，统筹安排检查工作，严格控制对纳税人、扣缴义务人的检查次数。

税务机关应当制定合理的税务稽查工作规程，负责选案、检查、审理、执行的人员的职责应当明确，并相互分离、相互制约，规范选案程序和检查行为。

税务检查工作的具体办法，由国家税务总局制定。

第八十六条 税务机关行使税收征管法第五十四条第（一）项职权时，可以在纳税人、扣缴义务人的业务场所进行；必要时，经县以上税务局（分局）局长批准，可以将纳税人、扣缴义务人以前会计年度的账簿、记账凭证、报表和其他有关资料调回税务机关检查，但是税务机关必须向纳税人、扣缴义务人开付清单，并在3个月内完整退还；有特殊情况的，经设区的市、自治州以上税务局局长批准，税务机关可以将纳税人、扣缴义务人当年的账簿、记账凭证、报表和其他有关资料调回检查，但是税务机关必须在30日内退还。

第八十七条 税务机关行使税收征管法第五十四条第（六）项职权时，应当指定专人负责，凭全国统一格式的检查存款账户许可证明进行，并有责任为被检查人保守秘密。

检查存款账户许可证明，由国家税务总局制定。

税务机关查询的内容，包括纳税人存款账户余额和资金往来情况。

第八十八条 依照税收征管法第五十五条规定，税务机关采取税收保全措施的期限一般不得超过6个月；重大案件需要延长的，应当报国家税务总局批准。

第八十九条 税务机关和税务人员应当依照税收征管法及本细则的规定行使税务检查职权。

税务人员进行税务检查时，应当出示税务检查证和税务检查通知书；无税务检查证和税务检查通知书的，纳税人、扣缴义务人及其他当事人有权拒绝检查。税务机关对集贸市场及集中经营业户进行检查时，可以使用统一的税务检查通知书。

税务检查证和税务检查通知书的式样、使用和管理的具体办法，由国家税务总局制定。

第七章　法律责任

第九十条　纳税人未按照规定办理税务登记证件验证或者换证手续的，由税务机关责令限期改正，可以处2000元以下的罚款；情节严重的，处2000元以上1万元以下的罚款。

第九十一条　非法印制、转借、倒卖、变造或者伪造完税凭证的，由税务机关责令改正，处2000元以上1万元以下的罚款；情节严重的，处1万元以上5万元以下的罚款；构成犯罪的，依法追究刑事责任。

第九十二条　银行和其他金融机构未依照税收征管法的规定在从事生产、经营的纳税人的账户中登录税务登记证件号码，或者未按规定在税务登记证件中登录从事生产、经营的纳税人的账户账号的，由税务机关责令其限期改正，处2000元以上2万元以下的罚款；情节严重的，处2万元以上5万元以下的罚款。

第九十三条　为纳税人、扣缴义务人非法提供银行账户、发票、证明或者其他方便，导致未缴、少缴税款或者骗取国家出口退税款的，税务机关除没收其违法所得外，可以处未缴、少缴或者骗取的税款1倍以下的罚款。

第九十四条　纳税人拒绝代扣、代收税款的，扣缴义务人应当向税务机关报告，由税务机关直接向纳税人追缴税款、滞纳金；纳税人拒不缴纳的，依照税收征管法第六十八条的规定执行。

第九十五条　税务机关依照税收征管法第五十四条第（五）项的规定，到车站、码头、机场、邮政企业及其分支机构检查纳税人有关情况时，有关单位拒绝的，由税务机关责令改正，可以处1万元以下的罚款；情节严重的，处1万元以上5万元以下的罚款。

第九十六条　纳税人、扣缴义务人有下列情形之一的，依照税收征管法第七十条的规定处罚：

（一）提供虚假资料，不如实反映情况，或者拒绝提供有关资料的；

（二）拒绝或者阻止税务机关记录、录音、录像、照相和复制与案件有关的情况和资料的；

（三）在检查期间，纳税人、扣缴义务人转移、隐匿、销毁有关资料的；

（四）有不依法接受税务检查的其他情形的。

第九十七条　税务人员私分扣押、查封的商品、货物或者其他财产，情节严重，构成犯罪的，依法追究刑事责任；尚不构成犯罪的，依法给予行政处分。

第九十八条　税务代理人违反税收法律、行政法规，造成纳税人未缴或者少缴税款的，除由纳税人缴纳或者补缴应纳税款、滞纳金外，对税务代理人处纳税人未缴或者少缴税款50%以上3倍以下的罚款。

第九十九条　税务机关对纳税人、扣缴义务人及其他当事人处以罚款或者没收违法所得时，应当开付罚没凭证；未开付罚没凭证的，纳税人、扣缴义务人以及其他当事人有权拒绝给付。

第一百条　税收征管法第八十八条规定的纳税争议，是指纳税人、扣缴义务人、纳税担保人对税务机关确定纳税主体、征税对象、征税范围、减税、免税及退税、适用税率、计税依据、纳税环节、纳税期限、纳税地点以及税款征收方式等具体行政行为有异议而发生的争议。

第八章　文书送达

第一百零一条　税务机关送达税务文书，应当直接送交受送达人。

受送达人是公民的，应当由本人直接签收；本人不在的，交其同住成年家属签收。

受送达人是法人或者其他组织的，应当由法人的法定代表人、其他组织的主要负责人或者该法人、组织的财务负责人、负责收件的人签收。受送达人有代理人的，可以送交其代理人签收。

第一百零二条　送达税务文书应当有送达回证，并由受送达人或者本细则规定的其他签收人在送达回证上记明收到日期，签名或者盖章，即为送达。

第一百零三条　受送达人或者本细则规定的其他签收人拒绝签收税务文书的，送达人应当在送达回证上记明拒收理由和日期，并由送达人和见证人签名或者盖章，将税务文书留在受送达人处，即视为送达。

第一百零四条　直接送达税务文书有困难的，可以委托其他有关机关或者其他单位代为送达，或者邮寄送达。

第一百零五条　直接或者委托送达税务文书的，以签收人或者见证人在送达回证上的签收或者注明的收件日期为送达日期；邮寄送达的，以挂号函件回执上注明的收件日期为送达日期，并视为已送达。

第一百零六条　有下列情形之一的，税务机关可以公告送达税务文书，自公告之日起满30日，即视为送达：

（一）同一送达事项的受送达人众多；

（二）采用本章规定的其他送达方式无法送达。

第一百零七条　税务文书的格式由国家税务总局制定。本细则所称税务文书，包括：

（一）税务事项通知书；

（二）责令限期改正通知书；

（三）税收保全措施决定书；

（四）税收强制执行决定书；

（五）税务检查通知书；

（六）税务处理决定书；

（七）税务行政处罚决定书；

（八）行政复议决定书；

（九）其他税务文书。

第九章　附则

第一百零八条　税收征管法及本细则所称“以上“、“以下“、“日内“、“届满“均含本数。

第一百零九条　税收征管法及本细则所规定期限的最后一日是法定休假日的，以休假日期满的次日为期限的最后一日；在期限内有连续3日以上法定休假日的，按休假日天数顺延。

第一百一十条　税收征管法第三十条第三款规定的代扣、代收手续费，纳入预算管理，由税务机关依照法律、行政法规的规定付给扣缴义务人。

第一百一十一条　纳税人、扣缴义务人委托税务代理人代为办理税务事宜的办法，由国家税务总局规定。

第一百一十二条　耕地占用税、契税、农业税、牧业税的征收管理，按照国务院的有关规定执行。

第一百一十三条　本细则自2002年10月15日起施行。1993年8月4日国务院发布的《中华人民共和国税收征收管理法实施细则》同时废止。

中华人民共和国发票管理办法实施细则（修订版）

国家税务总局令第 37 号　发布日期：2014-12-27

《国家税务总局关于修改〈中华人民共和国发票管理办法实施细则〉的决定》已经 2014 年 12 月 19 日国家税务总局 2014 年度第 4 次局务会议审议通过，现予公布，自 2015 年 3 月 1 日起施行。

国家税务总局局长：王军

2014 年 12 月 27 日

为贯彻落实转变政府职能、深化行政审批制度改革精神，根据《国务院关于取消和下放一批行政审批项目等事项的决定》（国发〔2013〕19 号），国家税务总局决定对《中华人民共和国发票管理办法实施细则》作如下修改：

第五条修改为："用票单位可以书面向税务机关要求使用印有本单位名称的发票，税务机关依据《办法》第十五条的规定，确认印有该单位名称发票的种类和数量。"

本决定自 2015 年 3 月 1 日起施行。《中华人民共和国发票管理办法实施细则》根据本决定作相应的修改，重新公布。

（2011 年 2 月 14 日国家税务总局令第 25 号公布　根据 2014 年 12 月 27 日《国家税务总局关于修改〈中华人民共和国发票管理办法实施细则〉的决定》修正）

第一章　总则

第一条　根据《中华人民共和国发票管理办法》（以下简称《办法》）规定，制定本实施细则。

第二条　在全国范围内统一式样的发票，由国家税务总局确定。

在省、自治区、直辖市范围内统一式样的发票，由省、自治区、直辖市国家税务局、地方税务局（以下简称省税务机关）确定。

第三条 发票的基本联次包括存根联、发票联、记账联。存根联由收款方或开票方留存备查；发票联由付款方或受票方作为付款原始凭证；记账联由收款方或开票方作为记账原始凭证。

省以上税务机关可根据发票管理情况以及纳税人经营业务需要，增减除发票联以外的其他联次，并确定其用途。

第四条 发票的基本内容包括：发票的名称、发票代码和号码、联次及用途、客户名称、开户银行及账号、商品名称或经营项目、计量单位、数量、单价、大小写金额、开票人、开票日期、开票单位（个人）名称（章）等。

省以上税务机关可根据经济活动以及发票管理需要，确定发票的具体内容。

第五条 用票单位可以书面向税务机关要求使用印有本单位名称的发票，税务机关依据《办法》第十五条的规定，确认印有该单位名称发票的种类和数量。

第二章　发票的印制

第六条 发票准印证由国家税务总局统一监制，省税务机关核发。

税务机关应当对印制发票企业实施监督管理，对不符合条件的，应当取消其印制发票的资格。

第七条 全国统一的发票防伪措施由国家税务总局确定，省税务机关可以根据需要增加本地区的发票防伪措施，并向国家税务总局备案。发票防伪专用品应当按照规定专库保管，不得丢失。次品、废品应当在税务机关监督下集中销毁。

第八条 全国统一发票监制章是税务机关管理发票的法定标志，其形状、规格、内容、印色由国家税务总局规定。

第九条 全国范围内发票换版由国家税务总局确定；省、自治区、直辖市范围内发票换版由省税务机关确定。

发票换版时，应当进行公告。

第十条 监制发票的税务机关根据需要下达发票印制通知书，被指定的印制企业必须按照要求印制。

发票印制通知书应当载明印制发票企业名称、用票单位名称、发票名称、发票代码、种类、联次、规格、印色、印制数量、起止号码、交货时间、地点等内容。

第十一条 印制发票企业印制完毕的成品应当按照规定验收后专库保管，不得丢失。废品应当及时销毁。

第三章　发票的领购

第十二条　《办法》第十五条所称经办人身份证明是指经办人的居民身份证、护照或者其他能证明经办人身份的证件。

第十三条　《办法》第十五条所称发票专用章是指用票单位和个人在其开具发票时加盖的有其名称、税务登记号、发票专用章字样的印章。

发票专用章式样由国家税务总局确定。

第十四条　税务机关对领购发票单位和个人提供的发票专用章的印模应当留存备查。

第十五条　《办法》第十五条所称领购方式是指批量供应、交旧购新或者验旧购新等方式。

第十六条　《办法》第十五条所称发票领购簿的内容应当包括用票单位和个人的名称、所属行业、购票方式、核准购票种类、开票限额、发票名称、领购日期、准购数量、起止号码、违章记录、领购人签字（盖章）、核发税务机关（章）等内容。

第十七条　《办法》第十五条所称发票使用情况是指发票领用存情况及相关开票数据。

第十八条　税务机关在发售发票时，应当按照核准的收费标准收取工本管理费，并向购票单位和个人开具收据。发票工本费征缴办法按照国家有关规定执行。

第十九条　《办法》第十六条所称书面证明是指有关业务合同、协议或者税务机关认可的其他资料。

第二十条　税务机关应当与受托代开发票的单位签订协议，明确代开发票的种类、对象、内容和相关责任等内容。

第二十一条　《办法》第十八条所称保证人，是指在中国境内具有担保能力的公民、法人或者其他经济组织。

保证人同意为领购发票的单位和个人提供担保的，应当填写担保书。担保书内容包括：担保对象、范围、期限和责任以及其他有关事项。

担保书须经购票人、保证人和税务机关签字盖章后方为有效。

第二十二条　《办法》第十八条第二款所称由保证人或者以保证金承担法律责任，是指由保证人缴纳罚款或者以保证金缴纳罚款。

第二十三条　提供保证人或者交纳保证金的具体范围由省税务机关规定。

第四章　发票的开具和保管

第二十四条　《办法》第十九条所称特殊情况下，由付款方向收款方开具发票，是指下列情况：

（一）收购单位和扣缴义务人支付个人款项时；

（二）国家税务总局认为其他需要由付款方向收款方开具发票的。

第二十五条 向消费者个人零售小额商品或者提供零星服务的，是否可免予逐笔开具发票，由省税务机关确定。

第二十六条 填开发票的单位和个人必须在发生经营业务确认营业收入时开具发票。未发生经营业务一律不准开具发票。

第二十七条 开具发票后，如发生销货退回需开红字发票的，必须收回原发票并注明“作废”字样或取得对方有效证明。

开具发票后，如发生销售折让的，必须在收回原发票并注明“作废”字样后重新开具销售发票或取得对方有效证明后开具红字发票。

第二十八条 单位和个人在开具发票时，必须做到按照号码顺序填开，填写项目齐全，内容真实，字迹清楚，全部联次一次打印，内容完全一致，并在发票联和抵扣联加盖发票专用章。

第二十九条 开具发票应当使用中文。民族自治地方可以同时使用当地通用的一种民族文字。

第三十条 《办法》第二十六条所称规定的使用区域是指国家税务总局和省税务机关规定的区域。

第三十一条 使用发票的单位和个人应当妥善保管发票。发生发票丢失情形时，应当于发现丢失当日书面报告税务机关，并登报声明作废。

[**注**：国家税务总局令第48号《国家税务总局关于公布取消一批税务证明事项以及废止和修改部分规章规范文件的决定》规定，删除去《中华人民共和国发票管理办法实施细则》第三十一条的“并登报声明作废”。]

第五章 发票的检查

第三十二条 《办法》第三十二条所称发票换票证仅限于在本县（市）范围内使用。

需要调出外县（市）的发票查验时，应当提请该县（市）税务机关调取发票。

第三十三条 用票单位和个人有权申请税务机关对发票的真伪进行鉴别。收到申请的税务机关应当受理并负责鉴别发票的真伪；鉴别有困难的，可以提请发票监制税务机关协助鉴别。在伪造、变造现场以及买卖地、存放地查获的发票，由当地税务机关鉴别。

第六章 罚则

第三十四条 税务机关对违反发票管理法规的行为进行处罚，应当将行政处罚决定书面通知当事人；对违反发票管理法规的案件，应当立案查处。

对违反发票管理法规的行政处罚，由县以上税务机关决定；罚款额在2000元以下的，可由税务所决定。

第三十五条 《办法》第四十条所称的公告是指，税务机关应当在办税场所或者广播、电视、报纸、期刊、网络等新闻媒体上公告纳税人发票违法的情况。公告内容包括：纳税人名称、纳税人识别号、经营地点、违反发票管理法规的具体情况。

第三十六条 对违反发票管理法规情节严重构成犯罪的，税务机关应当依法移送司法机关处理。

第七章　附则

第三十七条 《办法》和本实施细则所称“以上”、“以下”均含本数。

第三十八条 本实施细则自 2011 年 2 月 1 日起施行。

中华人民共和国发票管理办法

（1993 年 12 月 12 日国务院批准　1993 年 12 月 23 日财政部令第 6 号发布　根据 2010 年 12 月 20 日《国务院关于修改〈中华人民共和国发票管理办法〉的决定》第一次修订　根据 2019 年 3 月 2 日《国务院关于修改部分行政法规的决定》第二次修订）

第一章　总　　则

第一条　为了加强发票管理和财务监督，保障国家税收收入，维护经济秩序，根据《中华人民共和国税收征收管理法》，制定本办法。

第二条　在中华人民共和国境内印制、领购、开具、取得、保管、缴销发票的单位和个人（以下称印制、使用发票的单位和个人），必须遵守本办法。

第三条　本办法所称发票，是指在购销商品、提供或者接受服务以及从事其他经营活动中，开具、收取的收付款凭证。

第四条　国务院税务主管部门统一负责全国的发票管理工作。省、自治区、直辖市税务机关依据职责做好本行政区域内的发票管理工作。

财政、审计、市场监督管理、公安等有关部门在各自的职责范围内，配合税务机关做好发票管理工作。

第五条　发票的种类、联次、内容以及使用范围由国务院税务主管部门规定。

第六条　对违反发票管理法规的行为，任何单位和个人可以举报。税务机关应当为检举人保密，并酌情给予奖励。

第二章　发票的印制

第七条　增值税专用发票由国务院税务主管部门确定的企业印制；其他发票，按照国务院税务主管部门的规定，由省、自治区、直辖市税务机关确定的企业印制。禁止私自印制、伪造、变造发票。

第八条　印制发票的企业应当具备下列条件：

（一）取得印刷经营许可证和营业执照；

（二）设备、技术水平能够满足印制发票的需要；

（三）有健全的财务制度和严格的质量监督、安全管理、保密制度。

税务机关应当以招标方式确定印制发票的企业，并发给发票准印证。

第九条　印制发票应当使用国务院税务主管部门确定的全国统一的发票防伪专用品。禁止非法制造发票防伪专用品。

第十条　发票应当套印全国统一发票监制章。全国统一发票监制章的式样和发票版面印刷的要求，由国务院税务主管部门规定。发票监制章由省、自治区、直辖市税务机关制作。禁止伪造发票监制章。

发票实行不定期换版制度。

第十一条　印制发票的企业按照税务机关的统一规定，建立发票印制管理制度和保管措施。

发票监制章和发票防伪专用品的使用和管理实行专人负责制度。

第十二条　印制发票的企业必须按照税务机关批准的式样和数量印制发票。

第十三条　发票应当使用中文印制。民族自治地方的发票，可以加印当地一种通用的民族文字。有实际需要的，也可以同时使用中外两种文字印制。

第十四条　各省、自治区、直辖市内的单位和个人使用的发票，除增值税专用发票外，应当在本省、自治区、直辖市内印制；确有必要到外省、自治区、直辖市印制的，应当由省、自治区、直辖市税务机关商印制地省、自治区、直辖市税务机关同意，由印制地省、自治区、直辖市税务机关确定的企业印制。

禁止在境外印制发票。

第三章　发票的领购

第十五条　需要领购发票的单位和个人，应当持税务登记证件、经办人身份证明、按照国务院税务主管部门规定式样制作的发票专用章的印模，向主管税务机关办理发票领购手续。主管税务机关根据领购单位和个人的经营范围和规模，确认领购发票的种类、数量以及领购方式，在 5 个工作日内发给发票领购簿。

单位和个人领购发票时，应当按照税务机关的规定报告发票使用情况，税务机关应当按照规定进行查验。

第十六条　需要临时使用发票的单位和个人，可以凭购销商品、提供或者接受服务以及从事其他经营活动的书面证明、经办人身份证明，直接向经营地税务机关申请代开发票。依照税收法律、行政法规规定应当缴纳税款的，税务机关应当先征收税款，再开具发票。税务机关根据发票管理的需要，可以按照国务院税务主管部门的规定委托其他单位代开发票。

禁止非法代开发票。

第十七条 临时到本省、自治区、直辖市以外从事经营活动的单位或者个人，应当凭所在地税务机关的证明，向经营地税务机关领购经营地的发票。

临时在本省、自治区、直辖市以内跨市、县从事经营活动领购发票的办法，由省、自治区、直辖市税务机关规定。

第十八条 税务机关对外省、自治区、直辖市来本辖区从事临时经营活动的单位和个人领购发票的，可以要求其提供保证人或者根据所领购发票的票面限额以及数量交纳不超过 1 万元的保证金，并限期缴销发票。

按期缴销发票的，解除保证人的担保义务或者退还保证金；未按期缴销发票的，由保证人或者以保证金承担法律责任。

税务机关收取保证金应当开具资金往来结算票据。

第四章 发票的开具和保管

第十九条 销售商品、提供服务以及从事其他经营活动的单位和个人，对外发生经营业务收取款项，收款方应当向付款方开具发票；特殊情况下，由付款方向收款方开具发票。

第二十条 所有单位和从事生产、经营活动的个人在购买商品、接受服务以及从事其他经营活动支付款项，应当向收款方取得发票。取得发票时，不得要求变更品名和金额。

第二十一条 不符合规定的发票，不得作为财务报销凭证，任何单位和个人有权拒收。

第二十二条 开具发票应当按照规定的时限、顺序、栏目，全部联次一次性如实开具，并加盖发票专用章。

任何单位和个人不得有下列虚开发票行为：

（一）为他人、为自己开具与实际经营业务情况不符的发票；

（二）让他人为自己开具与实际经营业务情况不符的发票；

（三）介绍他人开具与实际经营业务情况不符的发票。

第二十三条 安装税控装置的单位和个人，应当按照规定使用税控装置开具发票，并按期向主管税务机关报送开具发票的数据。

使用非税控电子器具开具发票的，应当将非税控电子器具使用的软件程序说明资料报主管税务机关备案，并按照规定保存、报送开具发票的数据。

国家推广使用网络发票管理系统开具发票，具体管理办法由国务院税务主管部门制定。

第二十四条 任何单位和个人应当按照发票管理规定使用发票，不得有下列行为：

（一）转借、转让、介绍他人转让发票、发票监制章和发票防伪专用品；

（二）知道或者应当知道是私自印制、伪造、变造、非法取得或者废止的发票而受让、开具、存放、携带、邮寄、运输；

（三）拆本使用发票；

（四）扩大发票使用范围；

（五）以其他凭证代替发票使用。

税务机关应当提供查询发票真伪的便捷渠道。

第二十五条 除国务院税务主管部门规定的特殊情形外，发票限于领购单位和个人在本省、自治区、直辖市内开具。

省、自治区、直辖市税务机关可以规定跨市、县开具发票的办法。

第二十六条 除国务院税务主管部门规定的特殊情形外，任何单位和个人不得跨规定的使用区域携带、邮寄、运输空白发票。

禁止携带、邮寄或者运输空白发票出入境。

第二十七条 开具发票的单位和个人应当建立发票使用登记制度，设置发票登记簿，并定期向主管税务机关报告发票使用情况。

第二十八条 开具发票的单位和个人应当在办理变更或者注销税务登记的同时，办理发票和发票领购簿的变更、缴销手续。

第二十九条 开具发票的单位和个人应当按照税务机关的规定存放和保管发票，不得擅自损毁。已经开具的发票存根联和发票登记簿，应当保存5年。保存期满，报经税务机关查验后销毁。

第五章　发票的检查

第三十条 税务机关在发票管理中有权进行下列检查：

（一）检查印制、领购、开具、取得、保管和缴销发票的情况；

（二）调出发票查验；

（三）查阅、复制与发票有关的凭证、资料；

（四）向当事各方询问与发票有关的问题和情况；

（五）在查处发票案件时，对与案件有关的情况和资料，可以记录、录音、录像、照像和复制。

第三十一条 印制、使用发票的单位和个人，必须接受税务机关依法检查，如实反映情况，提供有关资料，不得拒绝、隐瞒。

税务人员进行检查时，应当出示税务检查证。

第三十二条 税务机关需要将已开具的发票调出查验时，应当向被查验的单位和个人开具发票换票证。发票换票证与所调出查验的发票有同等的效力。被调出查验发票的单位和个人不得拒绝接受。

税务机关需要将空白发票调出查验时，应当开具收据；经查无问题的，应当及时返还。

第三十三条 单位和个人从中国境外取得的与纳税有关的发票或者凭证，税务机关在纳税审查时有疑义的，可以要求其提供境外公证机构或者注册会计师的确认证明，经税务机关审核认可后，方可作为记账核算的凭证。

第三十四条 税务机关在发票检查中需要核对发票存根联与发票联填写情况时，可以向持有发票或者发票存根联的单位发出发票填写情况核对卡，有关单位应当如实填写，按期报回。

第六章 罚 则

第三十五条 违反本办法的规定，有下列情形之一的，由税务机关责令改正，可以处1万元以下的罚款；有违法所得的予以没收：

（一）应当开具而未开具发票，或者未按照规定的时限、顺序、栏目，全部联次一次性开具发票，或者未加盖发票专用章的；

（二）使用税控装置开具发票，未按期向主管税务机关报送开具发票的数据的；

（三）使用非税控电子器具开具发票，未将非税控电子器具使用的软件程序说明资料报主管税务机关备案，或者未按照规定保存、报送开具发票的数据的；

（四）拆本使用发票的；

（五）扩大发票使用范围的；

（六）以其他凭证代替发票使用的；

（七）跨规定区域开具发票的；

（八）未按照规定缴销发票的；

（九）未按照规定存放和保管发票的。

第三十六条 跨规定的使用区域携带、邮寄、运输空白发票，以及携带、邮寄或者运输空白发票出入境的，由税务机关责令改正，可以处1万元以下的罚款；情节严重的，处1万元以上3万元以下的罚款；有违法所得的予以没收。

丢失发票或者擅自损毁发票的，依照前款规定处罚。

第三十七条 违反本办法第二十二条第二款的规定虚开发票的，由税务机关没收违法所得；虚开金额在1万元以下的，可以并处5万元以下的罚款；虚开金额超过1万元的，并处5万元以上50万元以下的罚款；构成犯罪的，依法追究刑事责任。

非法代开发票的，依照前款规定处罚。

第三十八条 私自印制、伪造、变造发票，非法制造发票防伪专用品，伪造发票监制章的，由税务机关没收违法所得，没收、销毁作案工具和非法物品，并处1万元以上5万元以下的罚款；情节严重的，并处5万元以上50万元以下的罚款；对印制发票的企业，可以并处吊销发票准印证；构成犯罪的，依法追究刑事责任。

前款规定的处罚，《中华人民共和国税收征收管理法》有规定的，依照其规定执行。

第三十九条 有下列情形之一的，由税务机关处1万元以上5万元以下的罚款；情节严重的，处5万元以上50万元以下的罚款；有违法所得的予以没收：

（一）转借、转让、介绍他人转让发票、发票监制章和发票防伪专用品的；

（二）知道或者应当知道是私自印制、伪造、变造、非法取得或者废止的发票而受让、开具、存放、携带、邮寄、运输的。

第四十条 对违反发票管理规定2次以上或者情节严重的单位和个人，税务机关可以向社会公告。

第四十一条 违反发票管理法规，导致其他单位或者个人未缴、少缴或者骗取税款的，由税务机关没收违法所得，可以并处未缴、少缴或者骗取的税款1倍以下的罚款。

第四十二条 当事人对税务机关的处罚决定不服的，可以依法申请行政复议或者向人民法院提起行政诉讼。

第四十三条 税务人员利用职权之便，故意刁难印制、使用发票的单位和个人，或者有违反发票管理法规行为的，依照国家有关规定给予处分；构成犯罪的，依法追究刑事责任。

第七章 附 则

第四十四条 国务院税务主管部门可以根据有关行业特殊的经营方式和业务需求，会同国务院有关主管部门制定该行业的发票管理办法。

国务院税务主管部门可以根据增值税专用发票管理的特殊需要，制定增值税专用发票的具体管理办法。

第四十五条 本办法自发布之日起施行。财政部1986年发布的《全国发票管理暂行办法》和原国家税务局1991年发布的《关于对外商投资企业和外国企业发票管理的暂行规定》同时废止。

中华人民共和国增值税暂行条例
（2017修订版）

（1993年12月13日中华人民共和国国务院令第134号公布　2008年11月5日国务院第34次常务会议修订通过　根据2016年2月6日《国务院关于修改部分行政法规的决定》第一次修订　根据2017年11月19日《国务院关于废止〈中华人民共和国营业税暂行条例〉和　修改〈中华人民共和国增值税暂行条例〉的决定》第二次修订）

第一条　在中华人民共和国境内销售货物或者加工、修理修配劳务（以下简称劳务），销售服务、无形资产、不动产以及进口货物的单位和个人，为增值税的纳税人，应当依照本条例缴纳增值税。

第二条　增值税税率：

（一）纳税人销售货物、劳务、有形动产租赁服务或者进口货物，除本条第二项、第四项、第五项另有规定外，税率为17%。

［**注**：根据2018.04.04财税〔2018〕32号自2018年5月1日起，纳税人发生增值税应税销售行为或者进口货物，原适用17%的，税率调整为16%。］

［**注**：根据2019.03.20财政部、国家税务总局、海关总署公告2019年第39号自2019年4月1日起，原适用16%税率的，税率调整为13%。］

（二）纳税人销售交通运输、邮政、基础电信、建筑、不动产租赁服务，销售不动产，转让土地使用权，销售或者进口下列货物，税率为11%：

［**注**：根据2018.04.04财税〔2018〕32号自2018年5月1日起，纳税人发生增值税应税销售行为或者进口货物，原适用11%税率的，税率调整为10%。］

［**注**：根据2019.03.20财政部、国家税务总局、海关总署公告2019年第39号自2019年4月1日起，原适用10%税率的，税率调整为9%。］

1. 粮食等农产品、食用植物油、食用盐；

2. 自来水、暖气、冷气、热水、煤气、石油液化气、天然气、二甲醚、沼气、居民用煤炭制品；

3. 图书、报纸、杂志、音像制品、电子出版物；

4. 饲料、化肥、农药、农机、农膜；

5. 国务院规定的其他货物。

（三）纳税人销售服务、无形资产，除本条第一项、第二项、第五项另有规定外，税率为6%。

（四）纳税人出口货物，税率为零；但是，国务院另有规定的除外。

（五）境内单位和个人跨境销售国务院规定范围内的服务、无形资产，税率为零。

税率的调整，由国务院决定。

第三条 纳税人兼营不同税率的项目，应当分别核算不同税率项目的销售额；未分别核算销售额的，从高适用税率。

第四条 除本条例第十一条规定外，纳税人销售货物、劳务、服务、无形资产、不动产（以下统称应税销售行为），应纳税额为当期销项税额抵扣当期进项税额后的余额。应纳税额计算公式：

应纳税额＝当期销项税额－当期进项税额

当期销项税额小于当期进项税额不足抵扣时，其不足部分可以结转下期继续抵扣。

第五条 纳税人发生应税销售行为，按照销售额和本条例第二条规定的税率计算收取的增值税额，为销项税额。销项税额计算公式：

销项税额＝销售额×税率

第六条 销售额为纳税人发生应税销售行为收取的全部价款和价外费用，但是不包括收取的销项税额。

销售额以人民币计算。纳税人以人民币以外的货币结算销售额的，应当折合成人民币计算。

第七条 纳税人发生应税销售行为的价格明显偏低并无正当理由的，由主管税务机关核定其销售额。

第八条 纳税人购进货物、劳务、服务、无形资产、不动产支付或者负担的增值税额，为进项税额。

下列进项税额准予从销项税额中抵扣：

（一）从销售方取得的增值税专用发票上注明的增值税额。

（二）从海关取得的海关进口增值税专用缴款书上注明的增值税额。

（三）购进农产品，除取得增值税专用发票或者海关进口增值税专用缴款书外，按照农产品收购发票或者销售发票上注明的农产品买价和11%的扣除率计算的进项税额，国务院另有规定的除外。进项税额计算公式：

进项税额＝买价×扣除率

［**注**：根据2018.04.04财税〔2018〕32号自2018年5月1日起，纳税人购进农产品，原适用11%扣除率的，扣除率调整为10%。纳税人购进用于生产销售或委托加工16%税率货物的农产品，按照12%的扣除率计算进项税额。］

［**注**：根据2019.03.20财政部、国家税务总局、海关总署公告2019年第39号自2019年4月1日起，纳税人购进农产品，原适用10%扣除率的，扣除率调整为9%。纳税人购进用于生产或者委托加工13%税率货物的农产品，按照10%的扣除率计算进项税额。］

（四）自境外单位或者个人购进劳务、服务、无形资产或者境内的不动产，从税务机关或者扣缴义务人取得的代扣代缴税款的完税凭证上注明的增值税额。

准予抵扣的项目和扣除率的调整，由国务院决定。

第九条 纳税人购进货物、劳务、服务、无形资产、不动产，取得的增值税扣税凭证不符合法律、行政法规或者国务院税务主管部门有关规定的，其进项税额不得从销项税额中抵扣。

第十条 下列项目的进项税额不得从销项税额中抵扣：

（一）用于简易计税方法计税项目、免征增值税项目、集体福利或者个人消费的购进货物、劳务、服务、无形资产和不动产；

（二）非正常损失的购进货物，以及相关的劳务和交通运输服务；

（三）非正常损失的在产品、产成品所耗用的购进货物（不包括固定资产）、劳务和交通运输服务；

（四）国务院规定的其他项目。

第十一条 小规模纳税人发生应税销售行为，实行按照销售额和征收率计算应纳税额的简易办法，并不得抵扣进项税额。应纳税额计算公式：

应纳税额 = 销售额 × 征收率

小规模纳税人的标准由国务院财政、税务主管部门规定。

第十二条 小规模纳税人增值税征收率为3%，国务院另有规定的除外。

第十三条 小规模纳税人以外的纳税人应当向主管税务机关办理登记。具体登记办法由国务院税务主管部门制定。

小规模纳税人会计核算健全，能够提供准确税务资料的，可以向主管税务机关办理登记，不作为小规模纳税人，依照本条例有关规定计算应纳税额。

第十四条 纳税人进口货物，按照组成计税价格和本条例第二条规定的税率计算应纳税额。组成计税价格和应纳税额计算公式：

组成计税价格 = 关税完税价格 + 关税 + 消费税

应纳税额 = 组成计税价格 × 税率

第十五条 下列项目免征增值税：

（一）农业生产者销售的自产农产品；

（二）避孕药品和用具；

（三）古旧图书；

（四）直接用于科学研究、科学试验和教学的进口仪器、设备；

（五）外国政府、国际组织无偿援助的进口物资和设备；

（六）由残疾人的组织直接进口供残疾人专用的物品；

（七）销售的自己使用过的物品。

除前款规定外，增值税的免税、减税项目由国务院规定。任何地区、部门均不得规定免税、减税项目。

第十六条 纳税人兼营免税、减税项目的，应当分别核算免税、减税项目的销售额；未分别核算销售额的，不得免税、减税。

第十七条 纳税人销售额未达到国务院财政、税务主管部门规定的增值税起征点的，免征增值税；达到起征点的，依照本条例规定全额计算缴纳增值税。

第十八条 中华人民共和国境外的单位或者个人在境内销售劳务，在境内未设有经营机构的，以其境内代理人为扣缴义务人；在境内没有代理人的，以购买方为扣缴义务人。

第十九条 增值税纳税义务发生时间：

（一）发生应税销售行为，为收讫销售款项或者取得索取销售款项凭据的当天；先开具发票的，为开具发票的当天。

（二）进口货物，为报关进口的当天。

增值税扣缴义务发生时间为纳税人增值税纳税义务发生的当天。

第二十条 增值税由税务机关征收，进口货物的增值税由海关代征。

个人携带或者邮寄进境自用物品的增值税，连同关税一并计征。具体办法由国务院关税税则委员会会同有关部门制定。

第二十一条 纳税人发生应税销售行为，应当向索取增值税专用发票的购买方开具增值税专用发票，并在增值税专用发票上分别注明销售额和销项税额。

属于下列情形之一的，不得开具增值税专用发票：

（一）应税销售行为的购买方为消费者个人的；

（二）发生应税销售行为适用免税规定的。

第二十二条 增值税纳税地点：

（一）固定业户应当向其机构所在地的主管税务机关申报纳税。总机构和分支机构不在同一县（市）的，应当分别向各自所在地的主管税务机关申报纳税；经国务院财政、税务主管部门或者其授权的财政、税务机关批准，可以由总机构汇总向总机构所在地的主管税务机关申报纳税。

（二）固定业户到外县（市）销售货物或者劳务，应当向其机构所在地的主管税务机关报告外出经营事项，并向其机构所在地的主管税务机关申报纳税；未报告的，应当向销售地或者劳务发生地的主管税务机关申报纳税；未向销售地或者劳务发生地的主管税务机关申报纳税的，由其机构所在地的主管税务机关补征税款。

（三）非固定业户销售货物或者劳务，应当向销售地或者劳务发生地的主管税务机关申报纳税；未向销售地或者劳务发生地的主管税务机关申报纳税的，由其机构所在地或者居住地的主管税务机关补征税款。

（四）进口货物，应当向报关地海关申报纳税。

扣缴义务人应当向其机构所在地或者居住地的主管税务机关申报缴纳其扣缴的税款。

第二十三条 增值税的纳税期限分别为 1 日、3 日、5 日、10 日、15 日、1 个月或者 1 个季度。纳税人的具体纳税期限，由主管税务机关根据纳税人应纳税额的大小分别核定；不能按照固定期限纳税的，可以按次纳税。

纳税人以1个月或者1个季度为1个纳税期的，自期满之日起15日内申报纳税；以1日、3日、5日、10日或者15日为1个纳税期的，自期满之日起5日内预缴税款，于次月1日起15日内申报纳税并结清上月应纳税款。

扣缴义务人解缴税款的期限，依照前两款规定执行。

第二十四条 纳税人进口货物，应当自海关填发海关进口增值税专用缴款书之日起15日内缴纳税款。

第二十五条 纳税人出口货物适用退（免）税规定的，应当向海关办理出口手续，凭出口报关单等有关凭证，在规定的出口退（免）税申报期内按月向主管税务机关申报办理该项出口货物的退（免）税；境内单位和个人跨境销售服务和无形资产适用退（免）税规定的，应当按期向主管税务机关申报办理退（免）税。具体办法由国务院财政、税务主管部门制定。

出口货物办理退税后发生退货或者退关的，纳税人应当依法补缴已退的税款。

第二十六条 增值税的征收管理，依照《中华人民共和国税收征收管理法》及本条例有关规定执行。

第二十七条 纳税人缴纳增值税的有关事项，国务院或者国务院财政、税务主管部门经国务院同意另有规定的，依照其规定。

第二十八条 本条例自2009年1月1日起施行。

中华人民共和国增值税暂行条例实施细则
（2011修改版）

财政部　国家税务总局令2011第65号　发布日期：2011-10-28

［**修改说明**：2008年12月18日财政部 国家税务总局令第50号公布　根据2011年10月28日《关于修改〈中华人民共和国增值税暂行条例实施细则〉和〈中华人民共和国营业税暂行条例实施细则〉的决定》修订］

第一条　根据《中华人民共和国增值税暂行条例》（以下简称条例），制定本细则。

第二条　条例第一条所称货物，是指有形动产，包括电力、热力、气体在内。

条例第一条所称加工，是指受托加工货物，即委托方提供原料及主要材料，受托方按照委托方的要求，制造货物并收取加工费的业务。

条例第一条所称修理修配，是指受托对损伤和丧失功能的货物进行修复，使其恢复原状和功能的业务。

第三条　条例第一条所称销售货物，是指有偿转让货物的所有权。

条例第一条所称提供加工、修理修配劳务（以下称应税劳务），是指有偿提供加工、修理修配劳务。单位或者个体工商户聘用的员工为本单位或者雇主提供加工、修理修配劳务，不包括在内。

本细则所称有偿，是指从购买方取得货币、货物或者其他经济利益。

第四条　单位或者个体工商户的下列行为，视同销售货物：

（一）将货物交付其他单位或者个人代销；

（二）销售代销货物；

（三）设有两个以上机构并实行统一核算的纳税人，将货物从一个机构移送其他机构用于销售，但相关机构设在同一县（市）的除外；

（四）将自产或者委托加工的货物用于非增值税应税项目；

（五）将自产、委托加工的货物用于集体福利或者个人消费；

（六）将自产、委托加工或者购进的货物作为投资，提供给其他单位或者个体工商户；

（七）将自产、委托加工或者购进的货物分配给股东或者投资者；

（八）将自产、委托加工或者购进的货物无偿赠送其他单位或者个人。

第五条 一项销售行为如果既涉及货物又涉及非增值税应税劳务，为混合销售行为。除本细则第六条的规定外，从事货物的生产、批发或者零售的企业、企业性单位和个体工商户的混合销售行为，视为销售货物，应当缴纳增值税；其他单位和个人的混合销售行为，视为销售非增值税应税劳务，不缴纳增值税。

本条第一款所称非增值税应税劳务，是指属于应缴营业税的交通运输业、建筑业、金融保险业、邮电通信业、文化体育业、娱乐业、服务业税目征收范围的劳务。

本条第一款所称从事货物的生产、批发或者零售的企业、企业性单位和个体工商户，包括以从事货物的生产、批发或者零售为主，并兼营非增值税应税劳务的单位和个体工商户在内。

第六条 纳税人的下列混合销售行为，应当分别核算货物的销售额和非增值税应税劳务的营业额，并根据其销售货物的销售额计算缴纳增值税，非增值税应税劳务的营业额不缴纳增值税；未分别核算的，由主管税务机关核定其货物的销售额：

（一）销售自产货物并同时提供建筑业劳务的行为；

（二）财政部、国家税务总局规定的其他情形。

第七条 纳税人兼营非增值税应税项目的，应分别核算货物或者应税劳务的销售额和非增值税应税项目的营业额；未分别核算的，由主管税务机关核定货物或者应税劳务的销售额。

第八条 条例第一条所称在中华人民共和国境内（以下简称境内）销售货物或者提供加工、修理修配劳务，是指：

（一）销售货物的起运地或者所在地在境内；

（二）提供的应税劳务发生在境内。

第九条 条例第一条所称单位，是指企业、行政单位、事业单位、军事单位、社会团体及其他单位。

条例第一条所称个人，是指个体工商户和其他个人。

第十条 单位租赁或者承包给其他单位或者个人经营的，以承租人或者承包人为纳税人。

第十一条 小规模纳税人以外的纳税人（以下称一般纳税人）因销售货物退回或者折让而退还给购买方的增值税额，应从发生销售货物退回或者折让当期的销项税额中扣减；因购进货物退出或者折让而收回的增值税额，应从发生购进货物退出或者折让当期的进项税额中扣减。

一般纳税人销售货物或者应税劳务，开具增值税专用发票后，发生销售货物退回或者折让、开票有误等情形，应按国家税务总局的规定开具红字增值税专用发票。未按规定开具红字增值税专用发票的，增值税额不得从销项税额中扣减。

第十二条 条例第六条第一款所称价外费用，包括价外向购买方收取的手续费、补贴、基金、集资费、返还利润、奖励费、违约金、滞纳金、延期付款利息、赔偿金、代收款项、代垫款项、包装费、包装物租金、储备费、优质费、运输装卸费以及其他各种性质的价外收费。但下列项目不包括在内：

（一）受托加工应征消费税的消费品所代收代缴的消费税；

（二）同时符合以下条件的代垫运输费用：

1. 承运部门的运输费用发票开具给购买方的；

2. 纳税人将该项发票转交给购买方的。

（三）同时符合以下条件代为收取的政府性基金或者行政事业性收费：

1. 由国务院或者财政部批准设立的政府性基金，由国务院或者省级人民政府及其财政、价格主管部门批准设立的行政事业性收费；

2. 收取时开具省级以上财政部门印制的财政票据；

3. 所收款项全额上缴财政。

（四）销售货物的同时代办保险等而向购买方收取的保险费，以及向购买方收取的代购买方缴纳的车辆购置税、车辆牌照费。

第十三条 混合销售行为依照本细则第五条规定应当缴纳增值税的，其销售额为货物的销售额与非增值税应税劳务营业额的合计。

第十四条 一般纳税人销售货物或者应税劳务，采用销售额和销项税额合并定价方法的，按下列公式计算销售额：

销售额＝含税销售额 ÷（1+ 税率）

第十五条 纳税人按人民币以外的货币结算销售额的，其销售额的人民币折合率可以选择销售额发生的当天或者当月 1 日的人民币汇率中间价。纳税人应在事先确定采用何种折合率，确定后 1 年内不得变更。

第十六条 纳税人有条例第七条所称价格明显偏低并无正当理由或者有本细则第四条所列视同销售货物行为而无销售额者，按下列顺序确定销售额：

（一）按纳税人最近时期同类货物的平均销售价格确定；

（二）按其他纳税人最近时期同类货物的平均销售价格确定；

（三）按组成计税价格确定。组成计税价格的公式为：

组成计税价格＝成本 ×（1+ 成本利润率）

属于应征消费税的货物，其组成计税价格中应加计消费税额。

公式中的成本是指：销售自产货物的为实际生产成本，销售外购货物的为实际采购成本。公式中的成本利润率由国家税务总局确定。

第十七条 条例第八条第二款第（三）项所称买价，包括纳税人购进农产品在农产品收购发票或者销售发票上注明的价款和按规定缴纳的烟叶税。

第十八条 条例第八条第二款第（四）项所称运输费用金额，是指运输费用结算单据上注明的运输费用（包括铁路临管线及铁路专线运输费用）、建设基金，不包括装卸费、保险费等其他杂费。

第十九条 条例第九条所称增值税扣税凭证，是指增值税专用发票、海关进口增值税专用缴款书、农产品收购发票和农产品销售发票以及运输费用结算单据。

第二十条 混合销售行为依照本细则第五条规定应当缴纳增值税的，该混合销售行为所涉及的非增值税应税劳务所用购进货物的进项税额，符合条例第八条规定的，准予从销项税额中抵扣。

第二十一条 条例第十条第（一）项所称购进货物，不包括既用于增值税应税项目（不含免征增值税项目）也用于非增值税应税项目、免征增值税（以下简称免税）项目、集体福利或者个人消费的固定资产。

前款所称固定资产，是指使用期限超过12个月的机器、机械、运输工具以及其他与生产经营有关的设备、工具、器具等。

第二十二条 条例第十条第（一）项所称个人消费包括纳税人的交际应酬消费。

第二十三条 条例第十条第（一）项和本细则所称非增值税应税项目，是指提供非增值税应税劳务、转让无形资产、销售不动产和不动产在建工程。

前款所称不动产是指不能移动或者移动后会引起性质、形状改变的财产，包括建筑物、构筑物和其他土地附着物。

纳税人新建、改建、扩建、修缮、装饰不动产，均属于不动产在建工程。

第二十四条 条例第十条第（二）项所称非正常损失，是指因管理不善造成被盗、丢失、霉烂变质的损失。

第二十五条 纳税人自用的应征消费税的摩托车、汽车、游艇，其进项税额不得从销项税额中抵扣。

第二十六条 一般纳税人兼营免税项目或者非增值税应税劳务而无法划分不得抵扣的进项税额的，按下列公式计算不得抵扣的进项税额：

不得抵扣的进项税额 = 当月无法划分的全部进项税额 × 当月免税项目销售额、非增值税应税劳务营业额合计 ÷ 当月全部销售额、营业额合计

第二十七条 已抵扣进项税额的购进货物或者应税劳务，发生条例第十条规定的情形的（免税项目、非增值税应税劳务除外），应当将该项购进货物或者应税劳务的进项税额从当期的进项税额中扣减；无法确定该项进项税额的，按当期实际成本计算应扣减的进项税额。

第二十八条 条例第十一条所称小规模纳税人的标准为：

（一）从事货物生产或者提供应税劳务的纳税人，以及以从事货物生产或者提供应税劳务为主，并兼营货物批发或者零售的纳税人，年应征增值税销售额（以下简称应税销售额）在50万元以下（含本数，下同）的；

（二）除本条第一款第（一）项规定以外的纳税人，年应税销售额在80万元以下的。

本条第一款所称以从事货物生产或者提供应税劳务为主，是指纳税人的年货物生产或者提供应税劳务的销售额占年应税销售额的比重在50%以上。

第二十九条 年应税销售额超过小规模纳税人标准的其他个人按小规模纳税人纳税；非企业性单位、不经常发生应税行为的企业可选择按小规模纳税人纳税。

第三十条 小规模纳税人的销售额不包括其应纳税额。

小规模纳税人销售货物或者应税劳务采用销售额和应纳税额合并定价方法的，按下列公式计算销

售额：

销售额 = 含税销售额 ÷（1 +征收率）

第三十一条 小规模纳税人因销售货物退回或者折让退还给购买方的销售额，应从发生销售货物退回或者折让当期的销售额中扣减。

第三十二条 条例第十三条和本细则所称会计核算健全，是指能够按照国家统一的会计制度规定设置账簿，根据合法、有效凭证核算。

第三十三条 除国家税务总局另有规定外，纳税人一经认定为一般纳税人后，不得转为小规模纳税人。

第三十四条 有下列情形之一者，应按销售额依照增值税税率计算应纳税额，不得抵扣进项税额，也不得使用增值税专用发票：

（一）一般纳税人会计核算不健全，或者不能够提供准确税务资料的；

（二）除本细则第二十九条规定外，纳税人销售额超过小规模纳税人标准，未申请办理一般纳税人认定手续的。

第三十五条 条例第十五条规定的部分免税项目的范围，限定如下：

（一）第一款第（一）项所称农业，是指种植业、养殖业、林业、牧业、水产业。

农业生产者，包括从事农业生产的单位和个人。

农产品，是指初级农产品，具体范围由财政部、国家税务总局确定。

（二）第一款第（三）项所称古旧图书，是指向社会收购的古书和旧书。

（三）第一款第（七）项所称自己使用过的物品，是指其他个人自己使用过的物品。

第三十六条 纳税人销售货物或者应税劳务适用免税规定的，可以放弃免税，依照条例的规定缴纳增值税。放弃免税后，36 个月内不得再申请免税。

第三十七条 增值税起征点的适用范围限于个人。

增值税起征点的幅度规定如下：

（一）销售货物的，为月销售额 5000–20000 元；

（二）销售应税劳务的，为月销售额 5000–20000 元；

（三）按次纳税的，为每次（日）销售额 300–500 元。

前款所称销售额，是指本细则第三十条第一款所称小规模纳税人的销售额。

省、自治区、直辖市财政厅（局）和国家税务局应在规定的幅度内，根据实际情况确定本地区适用的起征点，并报财政部、国家税务总局备案。

第三十八条 条例第十九条第一款第（一）项规定的收讫销售款项或者取得索取销售款项凭据的当天，按销售结算方式的不同，具体为：

（一）采取直接收款方式销售货物，不论货物是否发出，均为收到销售款或者取得索取销售款凭据的当天；

（二）采取托收承付和委托银行收款方式销售货物，为发出货物并办妥托收手续的当天；

（三）采取赊销和分期收款方式销售货物，为书面合同约定的收款日期的当天，无书面合同的或者书面合同没有约定收款日期的，为货物发出的当天；

（四）采取预收货款方式销售货物，为货物发出的当天，但生产销售生产工期超过 12 个月的大型机械设备、船舶、飞机等货物，为收到预收款或者书面合同约定的收款日期的当天；

（五）委托其他纳税人代销货物，为收到代销单位的代销清单或者收到全部或者部分货款的当天。未收到代销清单及货款的，为发出代销货物满 180 天的当天；

（六）销售应税劳务，为提供劳务同时收讫销售款或者取得索取销售款的凭据的当天；

（七）纳税人发生本细则第四条第（三）项至第（八）项所列视同销售货物行为，为货物移送的当天。

第三十九条　条例第二十三条以 1 个季度为纳税期限的规定仅适用于小规模纳税人。小规模纳税人的具体纳税期限，由主管税务机关根据其应纳税额的大小分别核定。

第四十条　本细则自 2009 年 1 月 1 日起施行。

国家税务总局关于国内旅客运输服务进项税抵扣等增值税征管问题的公告

国家税务总局公告2019年第31号　发布日期：2019-09-16

现将国内旅客运输服务进项税抵扣等增值税征管问题公告如下：

一、关于国内旅客运输服务进项税抵扣

（一）《财政部、税务总局、海关总署关于深化增值税改革有关政策的公告》（财政部、税务总局、海关总署公告2019年第39号）第六条所称“国内旅客运输服务”，限于与本单位签订了劳动合同的员工，以及本单位作为用工单位接受的劳务派遣员工发生的国内旅客运输服务。

（二）纳税人购进国内旅客运输服务，以取得的增值税电子普通发票上注明的税额为进项税额的，增值税电子普通发票上注明的购买方“名称”“纳税人识别号”等信息，应当与实际抵扣税款的纳税人一致，否则不予抵扣。

（三）纳税人允许抵扣的国内旅客运输服务进项税额，是指纳税人2019年4月1日及以后实际发生，并取得合法有效增值税扣税凭证注明的或依据其计算的增值税税额。以增值税专用发票或增值税电子普通发票为增值税扣税凭证的，为2019年4月1日及以后开具的增值税专用发票或增值税电子普通发票。

二、关于加计抵减

（一）《财政部、税务总局、海关总署关于深化增值税改革有关政策的公告》（财政部、税务总局、海关总署公告2019年第39号）第七条关于加计抵减政策适用所称“销售额”，包括纳税申报销售额、稽查查补销售额、纳税评估调整销售额。其中，纳税申报销售额包括一般计税方法销售额，简易计税方法销售额，免税销售额，税务机关代开发票销售额，免、抵、退办法出口销售额，即征即退项目销售额。

稽查查补销售额和纳税评估调整销售额，计入查补或评估调整当期销售额确定适用加计抵减政策；适用增值税差额征收政策的，以差额后的销售额确定适用加计抵减政策。

（二）2019 年 3 月 31 日前设立，且 2018 年 4 月至 2019 年 3 月期间销售额均为零的纳税人，以首次产生销售额当月起连续 3 个月的销售额确定适用加计抵减政策。

2019 年 4 月 1 日后设立，且自设立之日起 3 个月的销售额均为零的纳税人，以首次产生销售额当月起连续 3 个月的销售额确定适用加计抵减政策。

（三）经财政部和国家税务总局或者其授权的财政和税务机关批准，实行汇总缴纳增值税的总机构及其分支机构，以总机构本级及其分支机构的合计销售额，确定总机构及其分支机构适用加计抵减政策。

三、关于部分先进制造业增值税期末留抵退税

自 2019 年 6 月 1 日起，符合《财政部、税务总局关于明确部分先进制造业增值税期末留抵退税政策的公告》（财政部、税务总局公告 2019 年第 84 号）规定的纳税人申请退还增量留抵税额，应按照《国家税务总局关于办理增值税期末留抵税额退税有关事项的公告》（国家税务总局公告 2019 年第 20 号）的规定办理相关留抵退税业务。《退（抵）税申请表》（国家税务总局公告 2019 年第 20 号附件）修订并重新发布（附件 1）。

四、关于经营期不足一个纳税期的小规模纳税人免税政策适用

自 2019 年 1 月 1 日起，以 1 个季度为纳税期限的增值税小规模纳税人，因在季度中间成立或注销而导致当期实际经营期不足 1 个季度，当期销售额未超过 30 万元的，免征增值税。《国家税务总局关于全面推开营业税改征增值税试点有关税收征收管理事项的公告》（国家税务总局公告 2016 年第 23 号发布，国家税务总局公告 2018 年第 31 号修改）第六条第（三）项同时废止。

五、关于货物运输业小规模纳税人申请代开增值税专用发票

适用《货物运输业小规模纳税人申请代开增值税专用发票管理办法》（国家税务总局公告 2017 年第 55 号发布，国家税务总局公告 2018 年第 31 号修改并发布）的增值税纳税人、《国家税务总局关于开展互联网物流平台企业代开增值税专用发票试点工作的通知》（税总函〔2017〕579 号）规定的互联网物流平台企业为其代开增值税专用发票并代办相关涉税事项的货物运输业小规模纳税人，应符合以下条件：

提供公路货物运输服务的（以 4.5 吨及以下普通货运车辆从事普通道路货物运输经营的除外），取得《中华人民共和国道路运输经营许可证》和《中华人民共和国道路运输证》；提供内河货物运输服务的，取得《国内水路运输经营许可证》和《船舶营业运输证》。

［**注**：依国家税务总局 2019 第 45 号《国家税务总局关于取消增值扣税凭证认证确认期限等增值税征管问题的公告》规定，本条规定自 2020 年 1 月 1 日废止。］

六、关于运输工具舱位承包和舱位互换业务适用税目

（一）在运输工具舱位承包业务中，发包方以其向承包方收取的全部价款和价外费用为销售额，按照“交通运输服务”缴纳增值税。承包方以其向托运人收取的全部价款和价外费用为销售额，按照“交通运输服务”缴纳增值税。

运输工具舱位承包业务，是指承包方以承运人身份与托运人签订运输服务合同，收取运费并承担承运人责任，然后以承包他人运输工具舱位的方式，委托发包方实际完成相关运输服务的经营活动。

（二）在运输工具舱位互换业务中，互换运输工具舱位的双方均以各自换出运输工具舱位确认的全部价款和价外费用为销售额，按照“交通运输服务”缴纳增值税。

运输工具舱位互换业务，是指纳税人之间签订运输协议，在各自以承运人身份承揽的运输业务中，互相利用对方交通运输工具的舱位完成相关运输服务的经营活动。

七、关于建筑服务分包款差额扣除

纳税人提供建筑服务，按照规定允许从其取得的全部价款和价外费用中扣除的分包款，是指支付给分包方的全部价款和价外费用。

八、关于取消建筑服务简易计税项目备案

提供建筑服务的一般纳税人按规定适用或选择适用简易计税方法计税的，不再实行备案制。以下证明材料无需向税务机关报送，改为自行留存备查：

（一）为建筑工程老项目提供的建筑服务，留存《建筑工程施工许可证》或建筑工程承包合同；

（二）为甲供工程提供的建筑服务、以清包工方式提供的建筑服务，留存建筑工程承包合同。

九、关于围填海开发房地产项目适用简易计税

房地产开发企业中的一般纳税人以围填海方式取得土地并开发的房地产项目，围填海工程《建筑工程施工许可证》或建筑工程承包合同注明的围填海开工日期在2016年4月30日前的，属于房地产老项目，可以选择适用简易计税方法按照5%的征收率计算缴纳增值税。

十、关于限售股买入价的确定

（一）纳税人转让因同时实施股权分置改革和重大资产重组而首次公开发行股票并上市形成的限售股，以及上市首日至解禁日期间由上述股份孳生的送、转股，以该上市公司股票上市首日开盘价为买入价，按照“金融商品转让”缴纳增值税。

（二）上市公司因实施重大资产重组多次停牌的，《国家税务总局关于营改增试点若干征管问题的公告》（国家税务总局公告2016年第53号发布，国家税务总局公告2018年第31号修改）第五条第（三）项所称的“股票停牌”，是指中国证券监督管理委员会就上市公司重大资产重组申请作出予

以核准决定前的最后一次停牌。

十一、关于保险服务进项税抵扣

（一）提供保险服务的纳税人以实物赔付方式承担机动车辆保险责任的，自行向车辆修理劳务提供方购进的车辆修理劳务，其进项税额可以按规定从保险公司销项税额中抵扣。

（二）提供保险服务的纳税人以现金赔付方式承担机动车辆保险责任的，将应付给被保险人的赔偿金直接支付给车辆修理劳务提供方，不属于保险公司购进车辆修理劳务，其进项税额不得从保险公司销项税额中抵扣。

（三）纳税人提供的其他财产保险服务，比照上述规定执行。

十二、关于餐饮服务税目适用

纳税人现场制作食品并直接销售给消费者，按照“餐饮服务”缴纳增值税。

十三、关于开具原适用税率发票

（一）自 2019 年 9 月 20 日起，纳税人需要通过增值税发票管理系统开具 17%、16%、11%、10%税率蓝字发票的，应向主管税务机关提交《开具原适用税率发票承诺书》（附件 2），办理临时开票权限。临时开票权限有效期限为 24 小时，纳税人应在获取临时开票权限的规定期限内开具原适用税率发票。

（二）纳税人办理临时开票权限，应保留交易合同、红字发票、收讫款项证明等相关材料，以备查验。

（三）纳税人未按规定开具原适用税率发票的，主管税务机关应按照现行有关规定进行处理。

十四、关于本公告的执行时间

本公告第一条、第二条自公告发布之日起施行，本公告第五条至第十二条自 2019 年 10 月 1 日起施行。此前已发生未处理的事项，按照本公告执行，已处理的事项不再调整。《货物运输业小规模纳税人申请代开增值税专用发票管理办法》（国家税务总局公告 2017 年第 55 号发布，国家税务总局公告 2018 年第 31 号修改并发布）第二条第（二）项、《国家税务总局关于开展互联网物流平台企业代开增值税专用发票试点工作的通知》（税总函〔2017〕579 号）第一条第（二）项、《国家税务总局关于简化建筑服务增值税简易计税方法备案事项的公告》（国家税务总局公告 2017 年第 43 号发布，国家税务总局公告 2018 年第 31 号修改）自 2019 年 10 月 1 日起废止。

特此公告。

国家税务总局关于调整增值税纳税申报有关事项的公告

为贯彻落实党中央、国务院关于减税降费的决策部署，进一步优化纳税服务，减轻纳税人负担，现将调整增值税纳税申报有关事项公告如下：

一、根据国务院关于深化增值税改革的决定，修订并重新发布《增值税纳税申报表（一般纳税人适用）》《增值税纳税申报表附列资料（一）》《增值税纳税申报表附列资料（二）》《增值税纳税申报表附列资料（三）》《增值税纳税申报表附列资料（四）》。

二、截至 2019 年 3 月税款所属期，《国家税务总局关于全面推开营业税改征增值税试点后增值税纳税申报有关事项的公告》（国家税务总局公告 2016 年第 13 号）附件 1 中《增值税纳税申报表附列资料（五）》第 6 栏“期末待抵扣不动产进项税额”的期末余额，可以自本公告施行后结转填入《增值税纳税申报表附列资料（二）》第 8b 栏“其他”。

三、本公告施行后，纳税人申报适用 16%、10% 等原增值税税率应税项目时，按照申报表调整前后的对应关系，分别填写相关栏次。

四、修订后的《增值税纳税申报表（一般纳税人适用）》及其附列资料见附件 1，相关填写说明见附件 2。

五、本公告自 2019 年 5 月 1 日起施行，国家税务总局公告 2016 年第 13 号附件 1 中《增值税纳税申报表附列资料（五）》《国家税务总局关于营业税改征增值税部分试点纳税人增值税纳税申报有关事项调整的公告》（国家税务总局公告 2016 年第 30 号）、《国家税务总局关于调整增值税纳税申报有关事项的公告》（国家税务总局公告 2017 年第 19 号）、《国家税务总局关于调整增值税纳税申报有关事项的公告》（国家税务总局公告 2018 年第 17 号）同时废止。

特此公告。

附件：1.《增值税纳税申报表（一般纳税人适用）》及其附列资料

2.《增值税纳税申报表（一般纳税人适用）》及其附列资料填写说明

附件 2：

《增值税纳税申报表（一般纳税人适用）》及其附列资料填写说明

（节选）

二、《增值税纳税申报表（一般纳税人适用）》填写说明

（三十）第 16 栏“按适用税率计算的纳税检查应补缴税额”：填写税务、财政、审计部门检查，按一般计税方法计算的纳税检查应补缴的增值税税额。

本栏“一般项目”列“本月数”≤《附列资料（一）》第 8 列第 1 至 5 行之和 +《附列资料（二）》第 19 栏。

（三十七）第 23 栏“应纳税额减征额”：填写纳税人本期按照税法规定减征的增值税应纳税额。包含按照规定可在增值税应纳税额中全额抵减的增值税税控系统专用设备费用以及技术维护费。

当本期减征额小于或等于第 19 栏“应纳税额”与第 21 栏“简易计税办法计算的应纳税额”之和时，按本期减征额实际填写；当本期减征额大于第 19 栏“应纳税额”与第 21 栏“简易计税办法计算的应纳税额”之和时，按本期第 19 栏与第 21 栏之和填写。本期减征额不足抵减部分结转下期继续抵减。

三、《增值税纳税申报表附列资料（一）》（本期销售情况明细）填写说明

（二）各列说明

1. 第 1 至 2 列“开具增值税专用发票”：反映本期开具增值税专用发票（含税控机动车销售统一发票，下同）的情况。

2. 第 3 至 4 列“开具其他发票”：反映除增值税专用发票以外本期开具的其他发票的情况。

3. 第 5 至 6 列“未开具发票”：反映本期未开具发票的销售情况。

4. 第 7 至 8 列“纳税检查调整”：反映经税务、财政、审计部门检查并在本期调整的销售情况。

5. 第 9 至 11 列“合计”：按照表中所列公式填写。

营业税改征增值税的纳税人，服务、不动产和无形资产有扣除项目的，第 1 至 11 列应填写扣除之前的征（免）税销售额、销项（应纳）税额和价税合计额。

6. 第 12 列“服务、不动产和无形资产扣除项目本期实际扣除金额”：营业税改征增值税的纳税人，服务、不动产和无形资产有扣除项目的，按《附列资料（三）》第 5 列对应各行次数据填写，其中本列第 5 栏等于《附列资料（三）》第 5 列第 3 行与第 4 行之和；服务、不动产和无形资产无扣除项目的，本列填写“0”。其他纳税人不填写。

营业税改征增值税的纳税人，服务、不动产和无形资产按规定汇总计算缴纳增值税的分支机构，当期服务、不动产和无形资产有扣除项目的，填入本列第 13 行。

7. 第 13 列“扣除后”“含税（免税）销售额”：营业税改征增值税的纳税人，服务、不动产和无

形资产有扣除项目的，本列各行次 = 第 11 列对应各行次 – 第 12 列对应各行次。其他纳税人不填写。

8. 第 14 列“扣除后”“销项（应纳）税额”：营业税改征增值税的纳税人，按以下要求填写本列，其他纳税人不填写。

（1）服务、不动产和无形资产按照一般计税方法计税

本列第 2 行、第 4 行：若本行第 12 列为 0，则该行次第 14 列等于第 10 列。若本行第 12 列不为 0，则仍按照第 14 列所列公式计算。计算后的结果与纳税人实际计提销项税额有差异的，按实际填写。

本列第 5 行 = 第 13 列 ÷（100% + 对应行次税率）× 对应行次税率。

本列第 7 行“按一般计税方法计税的即征即退服务、不动产和无形资产”具体填写要求见“各行说明”第 2 条第（2）项第③点的说明。

（2）服务、不动产和无形资产按照简易计税方法计税

本列各行次 = 第 13 列 ÷（100% + 对应行次征收率）× 对应行次征收率。

本列第 13 行“预征率%”不按本列的说明填写。具体填写要求见“各行说明”第 4 条第（2）项。

（3）服务、不动产和无形资产实行免抵退税或免税的，本列不填写。

四、《增值税纳税申报表附列资料（二）》（本期进项税额明细）填写说明

（二）第 1 至 12 栏“一、申报抵扣的进项税额”：分别反映纳税人按税法规定符合抵扣条件，在本期申报抵扣的进项税额。

1. 第 1 栏“（一）认证相符的增值税专用发票”：反映纳税人取得的认证相符本期申报抵扣的增值税专用发票情况。该栏应等于第 2 栏“本期认证相符且本期申报抵扣”与第 3 栏“前期认证相符且本期申报抵扣”数据之和。适用取消增值税发票认证规定的纳税人，通过增值税发票选择确认平台选择用于抵扣的增值税专用发票，视为“认证相符”（下同）。

2. 第 2 栏“其中：本期认证相符且本期申报抵扣”：反映本期认证相符且本期申报抵扣的增值税专用发票的情况。本栏是第 1 栏的其中数，本栏只填写本期认证相符且本期申报抵扣的部分。

3. 第 3 栏“前期认证相符且本期申报抵扣”：反映前期认证相符且本期申报抵扣的增值税专用发票的情况。

辅导期纳税人依据税务机关告知的稽核比对结果通知书及明细清单注明的稽核相符的增值税专用发票填写本栏。本栏是第 1 栏的其中数。

纳税人本期申报抵扣的收费公路通行费增值税电子普通发票（以下简称通行费电子发票）应当填写在第 1 至 3 栏对应栏次中。

第 1 至 3 栏中涉及的增值税专用发票均不包含从小规模纳税人处购进农产品时取得的专用发票，但购进农产品未分别核算用于生产销售 13% 税率货物和其他货物服务的农产品进项税额情况除外。

4. 第 4 栏“（二）其他扣税凭证”：反映本期申报抵扣的除增值税专用发票之外的其他扣税凭证的情况。具体包括：海关进口增值税专用缴款书、农产品收购发票或者销售发票（含农产品核定扣除的进项税额）、代扣代缴税收完税凭证、加计扣除农产品进项税额和其他符合政策规定的扣税凭证。

该栏应等于第 5 至 8b 栏之和。

5. 第 5 栏“海关进口增值税专用缴款书”：反映本期申报抵扣的海关进口增值税专用缴款书的情况。按规定执行海关进口增值税专用缴款书先比对后抵扣的，纳税人需依据税务机关告知的稽核比对结果通知书及明细清单注明的稽核相符的海关进口增值税专用缴款书填写本栏。

6. 第 6 栏“农产品收购发票或者销售发票”：反映纳税人本期购进农业生产者自产农产品取得（开具）的农产品收购发票或者销售发票情况。从小规模纳税人处购进农产品时取得增值税专用发票情况填写在本栏，但购进农产品未分别核算用于生产销售 13% 税率货物和其他货物服务的农产品进项税额情况除外。

“税额”栏 = 农产品销售发票或者收购发票上注明的农产品买价 ×9% + 增值税专用发票上注明的金额 ×9%。

上述公式中的“增值税专用发票”是指纳税人从小规模纳税人处购进农产品时取得的专用发票。

执行农产品增值税进项税额核定扣除办法的，填写当期允许抵扣的农产品增值税进项税额，不填写“份数”“金额”。

7. 第 7 栏“代扣代缴税收缴款凭证”：填写本期按规定准予抵扣的完税凭证上注明的增值税额。

8. 第 8a 栏“加计扣除农产品进项税额”：填写纳税人将购进的农产品用于生产销售或委托受托加工 13% 税率货物时加计扣除的农产品进项税额。该栏不填写“份数”“金额”。

9. 第 8b 栏“其他”：反映按规定本期可以申报抵扣的其他扣税凭证情况。

纳税人按照规定不得抵扣且未抵扣进项税额的固定资产、无形资产、不动产，发生用途改变，用于允许抵扣进项税额的应税项目，可在用途改变的次月将按公式计算出的可以抵扣的进项税额，填入本栏“税额”中。

10. 第 9 栏“（三）本期用于购建不动产的扣税凭证”：反映按规定本期用于购建不动产的扣税凭证上注明的金额和税额。

购建不动产是指纳税人 2016 年 5 月 1 日后取得并在会计制度上按固定资产核算的不动产或者 2016 年 5 月 1 日后取得的不动产在建工程。取得不动产，包括以直接购买、接受捐赠、接受投资入股、自建以及抵债等各种形式取得不动产，不包括房地产开发企业自行开发的房地产项目。

本栏次包括第 1 栏中本期用于购建不动产的增值税专用发票和第 4 栏中本期用于购建不动产的其他扣税凭证。

本栏“金额”“税额”≥ 0。

11. 第 10 栏“（四）本期用于抵扣的旅客运输服务扣税凭证”：反映按规定本期购进旅客运输服务，所取得的扣税凭证上注明或按规定计算的金额和税额。

本栏次包括第 1 栏中按规定本期允许抵扣的购进旅客运输服务取得的增值税专用发票和第 4 栏中按规定本期允许抵扣的购进旅客运输服务取得的其他扣税凭证。

本栏“金额”“税额”≥ 0。

第 9 栏“（三）本期用于购建不动产的扣税凭证”+ 第 10 栏“（四）本期用于抵扣的旅客运输服

务扣税凭证”税额≤第1栏“认证相符的增值税专用发票”+第4栏“其他扣税凭证”税额。

12. 第11栏“（五）外贸企业进项税额抵扣证明”：填写本期申报抵扣的税务机关出口退税部门开具的《出口货物转内销证明》列明允许抵扣的进项税额。

13. 第12栏“当期申报抵扣进项税额合计”：反映本期申报抵扣进项税额的合计数。按表中所列公式计算填写。

（三）第13至23栏“二、进项税额转出额”各栏：分别反映纳税人已经抵扣但按规定应在本期转出的进项税额明细情况。

1. 第13栏“本期进项税额转出额”：反映已经抵扣但按规定应在本期转出的进项税额合计数。按表中所列公式计算填写。

2. 第14栏“免税项目用”：反映用于免征增值税项目，按规定应在本期转出的进项税额。

3. 第15栏“集体福利、个人消费”：反映用于集体福利或者个人消费，按规定应在本期转出的进项税额。

4. 第16栏“非正常损失”：反映纳税人发生非正常损失，按规定应在本期转出的进项税额。

5. 第17栏“简易计税方法征税项目用”：反映用于按简易计税方法征税项目，按规定应在本期转出的进项税额。

营业税改征增值税的纳税人，服务、不动产和无形资产按规定汇总计算缴纳增值税的分支机构，当期应由总机构汇总的进项税额也填入本栏。

6. 第18栏“免抵退税办法不得抵扣的进项税额”：反映按照免、抵、退税办法的规定，由于征税税率与退税税率存在税率差，在本期应转出的进项税额。

7. 第19栏“纳税检查调减进项税额”：反映税务、财政、审计部门检查后而调减的进项税额。

8. 第20栏“红字专用发票信息表注明的进项税额”：填写增值税发票管理系统校验通过的《开具红字增值税专用发票信息表》注明的在本期应转出的进项税额。

9. 第21栏“上期留抵税额抵减欠税”：填写本期经税务机关同意，使用上期留抵税额抵减欠税的数额。

10. 第22栏“上期留抵税额退税”：填写本期经税务机关批准的上期留抵税额退税额。

11. 第23栏“其他应作进项税额转出的情形”：反映除上述进项税额转出情形外，其他应在本期转出的进项税额。

六、《增值税纳税申报表附列资料（四）》（税额抵减情况表）填写说明

（一）税额抵减情况

1. 本表第1行由发生增值税税控系统专用设备费用和技术维护费的纳税人填写，反映纳税人增值税税控系统专用设备费用和技术维护费按规定抵减增值税应纳税额的情况。

2. 本表第2行由营业税改征增值税纳税人，服务、不动产和无形资产按规定汇总计算缴纳增值税的总机构填写，反映其分支机构预征缴纳税款抵减总机构应纳增值税税额的情况。

3. 本表第 3 行由销售建筑服务并按规定预缴增值税的纳税人填写，反映其销售建筑服务预征缴纳税款抵减应纳增值税税额的情况。

4. 本表第 4 行由销售不动产并按规定预缴增值税的纳税人填写，反映其销售不动产预征缴纳税款抵减应纳增值税税额的情况。

5. 本表第 5 行由出租不动产并按规定预缴增值税的纳税人填写，反映其出租不动产预征缴纳税款抵减应纳增值税税额的情况。

［**注**：条款废止。自 2021 年 8 月 1 日起附件 1、附件 2 废止。参见《国家税务总局关于增值税、消费税与附加税费申报表整合有关事项的公告》（国家税务总局 2021 年第 20 号）］

财政部　税务总局　海关总署
关于深化增值税改革有关政策的公告

财政部　税务总局　海关总署公告2019年第39号　发布日期：2019-03-20

［**修改说明**：2019年9月16日，国家税务总局发布国家税务总局公告2019年第31号《国家税务总局关于国内旅客运输服务进项税抵扣等增值税征管问题的公告》，对本文中的国内旅客运输服务进项税抵扣、加计抵减等政策的征管操作问题进行了明确。］

［**修改说明**：2019年8月31日，财政部、税务总局就部分先进制造业纳税人退还增量留抵税额有关政策联合发布财政部、税务总局公告2019年第84号《财政部、税务总局关于明确部分先进制造业增值税期末留抵退税政策的公告》，详见财政部、税务总局公告2019年第84号。］

［**修改说明**：为方便纳税人办理留抵退税业务，2019年4月30日税务总局制发了《国家税务总局关于办理增值税期末留抵税额退税有关事项的公告》（国家税务总局公告2019年第20号），明确了留抵退税政策实施过程中涉及的相关征管事项，自2019年5月1日起施行。］

［**修改说明**：2019年4月19日，财政部会计司关于《关于深化增值税改革有关政策的公告》适用《增值税会计处理规定》有关问题的解读（加计抵减增值税会计处理规定）对加计抵减增值税会计处理进行了明确。］

［**修改说明**：2019年3月21日，国家税务总局发布了《国家税务总局关于深化增值税改革有关事项的公告》（国家税务总局公告2019年第14号），明确了纳税人开具发票衔接、不动产一次性抵扣、适用加计抵减政策所需填报资料等问题，自2019年4月1日起施行。］

为贯彻落实党中央、国务院决策部署，推进增值税实质性减税，现将2019年增值税改革有关事项公告如下：

一、增值税一般纳税人（以下称纳税人）发生增值税应税销售行为或者进口货物，原适用16%税率的，税率调整为13%；原适用10%税率的，税率调整为9%。

二、纳税人购进农产品，原适用10%扣除率的，扣除率调整为9%。纳税人购进用于生产或者委托加工13%税率货物的农产品，按照10%的扣除率计算进项税额。

三、原适用16%税率且出口退税率为16%的出口货物劳务，出口退税率调整为13%；原适用10%税率且出口退税率为10%的出口货物、跨境应税行为，出口退税率调整为9%。

2019年6月30日前（含2019年4月1日前），纳税人出口前款所涉货物劳务、发生前款所涉跨境应税行为，适用增值税免退税办法的，购进时已按调整前税率征收增值税的，执行调整前的出口退税率，购进时已按调整后税率征收增值税的，执行调整后的出口退税率；适用增值税免抵退税办法的，执行调整前的出口退税率，在计算免抵退税时，适用税率低于出口退税率的，适用税率与出口退税率之差视为零参与免抵退税计算。

出口退税率的执行时间及出口货物劳务、发生跨境应税行为的时间，按照以下规定执行：报关出口的货物劳务（保税区及经保税区出口除外），以海关出口报关单上注明的出口日期为准；非报关出口的货物劳务、跨境应税行为，以出口发票或普通发票的开具时间为准；保税区及经保税区出口的货物，以货物离境时海关出具的出境货物备案清单上注明的出口日期为准。

四、适用13%税率的境外旅客购物离境退税物品，退税率为11%；适用9%税率的境外旅客购物离境退税物品，退税率为8%。

2019年6月30日前，按调整前税率征收增值税的，执行调整前的退税率；按调整后税率征收增值税的，执行调整后的退税率。

退税率的执行时间，以退税物品增值税普通发票的开具日期为准。

五、自2019年4月1日起，《营业税改征增值税试点有关事项的规定》（财税〔2016〕36号印发）第一条第（四）项第1点、第二条第（一）项第1点停止执行，纳税人取得不动产或者不动产在建工程的进项税额不再分2年抵扣。此前按照上述规定尚未抵扣完毕的待抵扣进项税额，可自2019年4月税款所属期起从销项税额中抵扣。

六、纳税人购进国内旅客运输服务，其进项税额允许从销项税额中抵扣。

（一）纳税人未取得增值税专用发票的，暂按照以下规定确定进项税额：

1. 取得增值税电子普通发票的，为发票上注明的税额；

2. 取得注明旅客身份信息的航空运输电子客票行程单的，为按照下列公式计算进项税额：

航空旅客运输进项税额 =（票价 + 燃油附加费）÷（1+9%）×9%

3. 取得注明旅客身份信息的铁路车票的，为按照下列公式计算的进项税额：

铁路旅客运输进项税额 = 票面金额 ÷（1+9%）×9%

4. 取得注明旅客身份信息的公路、水路等其他客票的，按照下列公式计算进项税额：

公路、水路等其他旅客运输进项税额 = 票面金额 ÷（1+3%）×3%

（二）《营业税改征增值税试点实施办法》（财税〔2016〕36号印发）第二十七条第（六）项和《营业税改征增值税试点有关事项的规定》（财税〔2016〕36号印发）第二条第（一）项第5点中“购进的旅客运输服务、贷款服务、餐饮服务、居民日常服务和娱乐服务”修改为“购进的贷款服务、餐饮服务、居民日常服务和娱乐服务”。

七、自2019年4月1日至2021年12月31日，允许生产、生活性服务业纳税人按照当期可抵扣进项税额加计10%，抵减应纳税额（以下称加计抵减政策）。

（一）本公告所称生产、生活性服务业纳税人，是指提供邮政服务、电信服务、现代服务、生活服务（以下称四项服务）取得的销售额占全部销售额的比重超过50%的纳税人。四项服务的具体范围按照《销售服务、无形资产、不动产注释》（财税〔2016〕36号印发）执行。

2019年3月31日前设立的纳税人，自2018年4月至2019年3月期间的销售额（经营期不满12个月的，按照实际经营期的销售额）符合上述规定条件的，自2019年4月1日起适用加计抵减政策。

2019年4月1日后设立的纳税人，自设立之日起3个月的销售额符合上述规定条件的，自登记为一般纳税人之日起适用加计抵减政策。

纳税人确定适用加计抵减政策后，当年内不再调整，以后年度是否适用，根据上年度销售额计算确定。

纳税人可计提但未计提的加计抵减额，可在确定适用加计抵减政策当期一并计提。

（二）纳税人应按照当期可抵扣进项税额的10%计提当期加计抵减额。按照现行规定不得从销项税额中抵扣的进项税额，不得计提加计抵减额；已计提加计抵减额的进项税额，按规定作进项税额转出的，应在进项税额转出当期，相应调减加计抵减额。计算公式如下：

当期计提加计抵减额＝当期可抵扣进项税额×10%

当期可抵减加计抵减额＝上期末加计抵减额余额＋当期计提加计抵减额－当期调减加计抵减额

（三）纳税人应按照现行规定计算一般计税方法下的应纳税额（以下称抵减前的应纳税额）后，区分以下情形加计抵减：

1. 抵减前的应纳税额等于零的，当期可抵减加计抵减额全部结转下期抵减；

2. 抵减前的应纳税额大于零，且大于当期可抵减加计抵减额的，当期可抵减加计抵减额全额从抵减前的应纳税额中抵减；

3. 抵减前的应纳税额大于零，且小于或等于当期可抵减加计抵减额的，以当期可抵减加计抵减额抵减应纳税额至零。未抵减完的当期可抵减加计抵减额，结转下期继续抵减。

（四）纳税人出口货物劳务、发生跨境应税行为不适用加计抵减政策，其对应的进项税额不得计提加计抵减额。

纳税人兼营出口货物劳务、发生跨境应税行为且无法划分不得计提加计抵减额的进项税额，按照以下公式计算：

不得计提加计抵减额的进项税额＝当期无法划分的全部进项税额×当期出口货物劳务和发生跨境应税行为的销售额÷当期全部销售额

（五）纳税人应单独核算加计抵减额的计提、抵减、调减、结余等变动情况。骗取适用加计抵减政策或虚增加计抵减额的，按照《中华人民共和国税收征收管理法》等有关规定处理。

（六）加计抵减政策执行到期后，纳税人不再计提加计抵减额，结余的加计抵减额停止抵减。

［**注**：2019年4月19日，财政部会计司关于《关于深化增值税改革有关政策的公告》适用《增值税会计处理规定》有关问题的解读（加计抵减增值税会计处理规定）对加计抵减增值税会计处理进行

了明确。]

八、自2019年4月1日起，试行增值税期末留抵税额退税制度。

（一）同时符合以下条件的纳税人，可以向主管税务机关申请退还增量留抵税额：

1. 自2019年4月税款所属期起，连续六个月（按季纳税的，连续两个季度）增量留抵税额均大于零，且第六个月增量留抵税额不低于50万元；

2. 纳税信用等级为A级或者B级；

3. 申请退税前36个月未发生骗取留抵退税、出口退税或虚开增值税专用发票情形的；

4. 申请退税前36个月未因偷税被税务机关处罚两次及以上的；

5. 自2019年4月1日起未享受即征即退、先征后返（退）政策的。

（二）本公告所称增量留抵税额，是指与2019年3月底相比新增加的期末留抵税额。

（三）纳税人当期允许退还的增量留抵税额，按照以下公式计算：

允许退还的增量留抵税额 = 增量留抵税额 × 进项构成比例 ×60%

进项构成比例，为2019年4月至申请退税前一税款所属期内已抵扣的增值税专用发票（含税控机动车销售统一发票）、海关进口增值税专用缴款书、解缴税款完税凭证注明的增值税额占同期全部已抵扣进项税额的比重。

（四）纳税人应在增值税纳税申报期内，向主管税务机关申请退还留抵税额。

（五）纳税人出口货物劳务、发生跨境应税行为，适用免抵退税办法的，办理免抵退税后，仍符合本公告规定条件的，可以申请退还留抵税额；适用免退税办法的，相关进项税额不得用于退还留抵税额。

（六）纳税人取得退还的留抵税额后，应相应调减当期留抵税额。按照本条规定再次满足退税条件的，可以继续向主管税务机关申请退还留抵税额，但本条第（一）项第1点规定的连续期间，不得重复计算。

（七）以虚增进项、虚假申报或其他欺骗手段，骗取留抵退税款的，由税务机关追缴其骗取的退税款，并按照《中华人民共和国税收征收管理法》等有关规定处理。

（八）退还的增量留抵税额中央、地方分担机制另行通知。

九、本公告自2019年4月1日起执行。

特此公告。

财政部　税务总局
关于调整增值税税率的通知

财税〔2018〕32号　发布日期：2018-04-04

［**修改说明**：根据2019.03.20财政部、税务总局、海关总署公告2019年第39号《财政部、税务总局、海关总署关于深化增值税改革有关政策的公告》自2019年4月1日起，增值税一般纳税人（以下称纳税人）发生增值税应税销售行为或者进口货物，原适用16%税率的，税率调整为13%；原适用10%税率的，税率调整为9%。纳税人购进农产品，原适用10%扣除率的，扣除率调整为9%。纳税人购进用于生产或者委托加工13%税率货物的农产品，按照10%的扣除率计算进项税额。原适用16%税率且出口退税率为16%的出口货物劳务，出口退税率调整为13%；原适用10%税率且出口退税率为10%的出口货物、跨境应税行为，出口退税率调整为9%，详见：财政部、税务总局、海关总署公告2019年第39号。］

各省、自治区、直辖市、计划单列市财政厅（局）、国家税务局、地方税务局，新疆生产建设兵团财政局：

为完善增值税制度，现将调整增值税税率有关政策通知如下：

一、纳税人发生增值税应税销售行为或者进口货物，原适用17%和11%税率的，税率分别调整为16%、10%。

二、纳税人购进农产品，原适用11%扣除率的，扣除率调整为10%。

三、纳税人购进用于生产销售或委托加工16%税率货物的农产品，按照12%的扣除率计算进项税额。

四、原适用17%税率且出口退税率为17%的出口货物，出口退税率调整至16%。原适用11%税率且出口退税率为11%的出口货物、跨境应税行为，出口退税率调整至10%。

五、外贸企业2018年7月31日前出口的第四条所涉货物、销售的第四条所涉跨境应税行为，购进时已按调整前税率征收增值税的，执行调整前的出口退税率；购进时已按调整后税率征收增值税的，执行调整后的出口退税率。生产企业2018年7月31日前出口的第四条所涉货物、销售的第四条所涉跨境应税行为，执行调整前的出口退税率。

调整出口货物退税率的执行时间及出口货物的时间，以出口货物报关单上注明的出口日期为准，调整跨境应税行为退税率的执行时间及销售跨境应税行为的时间，以出口发票的开具日期为准。

六、本通知自 2018 年 5 月 1 日起执行。此前有关规定与本通知规定的增值税税率、扣除率、出口退税率不一致的，以本通知为准。

七、各地要高度重视增值税税率调整工作，做好实施前的各项准备以及实施过程中的监测分析、宣传解释等工作，确保增值税税率调整工作平稳、有序推进。如遇问题，请及时上报财政部和税务总局。

财政部　税务总局
关于租入固定资产进项税额抵扣等
增值税政策的通知

财税〔2017〕90号　发布日期：2017-12-25

各省、自治区、直辖市、计划单列市财政厅（局）、国家税务局、地方税务局，新疆生产建设兵团财务局：

现将租入固定资产进项税额抵扣等增值税政策通知如下：

一、自2018年1月1日起，纳税人租入固定资产、不动产，既用于一般计税方法计税项目，又用于简易计税方法计税项目、免征增值税项目、集体福利或者个人消费的，其进项税额准予从销项税额中全额抵扣。

二、自2018年1月1日起，纳税人已售票但客户逾期未消费取得的运输逾期票证收入，按照“交通运输服务”缴纳增值税。纳税人为客户办理退票而向客户收取的退票费、手续费等收入，按照“其他现代服务”缴纳增值税。

三、自2018年1月1日起，航空运输销售代理企业提供境外航段机票代理服务，以取得的全部价款和价外费用，扣除向客户收取并支付给其他单位或者个人的境外航段机票结算款和相关费用后的余额为销售额。其中，支付给境内单位或者个人的款项，以发票或行程单为合法有效凭证；支付给境外单位或者个人的款项，以签收单据为合法有效凭证，税务机关对签收单据有疑义的，可以要求其提供境外公证机构的确认证明。

航空运输销售代理企业，是指根据《航空运输销售代理资质认可办法》取得中国航空运输协会颁发的“航空运输销售代理业务资质认可证书”，接受中国航空运输企业或通航中国的外国航空运输企业委托，依照双方签订的委托销售代理合同提供代理服务的企业。

四、自2016年5月1日至2017年6月30日，纳税人采取转包、出租、互换、转让、入股等方式将承包地流转给农业生产者用于农业生产，免征增值税。本通知下发前已征的增值税，可抵减以后月份应缴纳的增值税，或办理退税。

五、根据《财政部　税务总局关于资管产品增值税有关问题的通知》（财税〔2017〕56号）有关规定，自2018年1月1日起，资管产品管理人运营资管产品提供的贷款服务、发生的部分金融商品转让业务，按照以下规定确定销售额：

（一）提供贷款服务，以2018年1月1日起产生的利息及利息性质的收入为销售额；

（二）转让2017年12月31日前取得的股票（不包括限售股）、债券、基金、非货物期货，可以选择按照实际买入价计算销售额，或者以2017年最后一个交易日的股票收盘价（2017年最后一个交易日处于停牌期间的股票，为停牌前最后一个交易日收盘价）、债券估值（中债金融估值中心有限公司或中证指数有限公司提供的债券估值）、基金份额净值、非货物期货结算价格作为买入价计算销售额。

六、自2018年1月1日至2019年12月31日，纳税人为农户、小型企业、微型企业及个体工商户借款、发行债券提供融资担保取得的担保费收入，以及为上述融资担保（以下称“原担保”）提供再担保取得的再担保费收入，免征增值税。再担保合同对应多个原担保合同的，原担保合同应全部适用免征增值税政策。否则，再担保合同应按规定缴纳增值税。

纳税人应将相关免税证明材料留存备查，单独核算符合免税条件的融资担保费和再担保费收入，按现行规定向主管税务机关办理纳税申报；未单独核算的，不得免征增值税。

农户，是指长期（一年以上）居住在乡镇（不包括城关镇）行政管理区域内的住户，还包括长期居住在城关镇所辖行政村范围内的住户和户口不在本地而在本地居住一年以上的住户，国有农场的职工。位于乡镇（不包括城关镇）行政管理区域内和在城关镇所辖行政村范围内的国有经济的机关、团体、学校、企事业单位的集体户；有本地户口，但举家外出谋生一年以上的住户，无论是否保留承包耕地均不属于农户。农户以户为统计单位，既可以从事农业生产经营，也可以从事非农业生产经营。农户担保、再担保的判定应以原担保生效时的被担保人是否属于农户为准。

小型企业、微型企业，是指符合《中小企业划型标准规定》（工信部联企业〔2011〕300号）的小型企业和微型企业。其中，资产总额和从业人员指标均以原担保生效时的实际状态确定；营业收入指标以原担保生效前12个自然月的累计数确定，不满12个自然月的，按照以下公式计算：

营业收入（年）= 企业实际存续期间营业收入 / 企业实际存续月数 ×12

《财政部　税务总局关于全面推开营业税改征增值税试点的通知》（财税〔2016〕36号）附件3《营业税改征增值税试点过渡政策的规定》第一条第（二十四）款规定的中小企业信用担保增值税免税政策自2018年1月1日起停止执行。纳税人享受中小企业信用担保增值税免税政策在2017年12月31日前未满3年的，可以继续享受至3年期满为止。

七、自2018年1月1日起，纳税人支付的道路、桥、闸通行费，按照以下规定抵扣进项税额：

（一）纳税人支付的道路通行费，按照收费公路通行费增值税电子普通发票上注明的增值税额抵扣进项税额。［注：交通运输部、国家税务总局2017年12月25日发布交通运输部、国家税务总局公告2017年第66号《交通运输部、国家税务总局关于收费公路通行费增值税电子普通发票开具等有关事项的公告》明确了收费公路通行费增值税电子普通发票开具等事项。］

2018年1月1日至6月30日，纳税人支付的高速公路通行费，如暂未能取得收费公路通行费增值税电子普通发票，可凭取得的通行费发票（不含财政票据，下同）上注明的收费金额按照下列公式计算可抵扣的进项税额：

高速公路通行费可抵扣进项税额＝高速公路通行费发票上注明的金额 ÷〔1+3%）×3%

2018 年 1 月 1 日至 12 月 31 日，纳税人支付的一级、二级公路通行费，如暂未能取得收费公路通行费增值税电子普通发票，可凭取得的通行费发票上注明的收费金额按照下列公式计算可抵扣进项税额：

一级、二级公路通行费可抵扣进项税额＝一级、二级公路通行费发票上注明的金额 ÷（1+5%）×5%

（二）纳税人支付的桥、闸通行费，暂凭取得的通行费发票上注明的收费金额按照下列公式计算可抵扣的进项税额：

桥、闸通行费可抵扣进项税额＝桥、闸通行费发票上注明的金额 ÷（1+5%）×5%

（三）本通知所称通行费，是指有关单位依法或者依规设立并收取的过路、过桥和过闸费用。

《财政部　国家税务总局关于收费公路通行费增值税抵扣有关问题的通知》（财税〔2016〕86 号）自 2018 年 1 月 1 日起停止执行。

八、自 2016 年 5 月 1 日起，社会团体收取的会费，免征增值税。本通知下发前已征的增值税，可抵减以后月份应缴纳的增值税，或办理退税。

社会团体，是指依照国家有关法律法规设立或登记并取得《社会团体法人登记证书》的非营利法人。会费，是指社会团体在国家法律法规、政策许可的范围内，依照社团章程的规定，收取的个人会员、单位会员和团体会员的会费。

社会团体开展经营服务性活动取得的其他收入，一律照章缴纳增值税。

增值税纳税申报比对管理操作规程（试行）

税总发〔2017〕124号　发布日期：2017-10-30

一、为进一步加强和规范增值税纳税申报比对（以下简称“申报比对”）管理，提高申报质量，优化纳税服务，根据《中华人民共和国税收征收管理法》和《中华人民共和国增值税暂行条例》等有关税收法律、法规规定，制定本规程。

二、申报比对管理是指税务机关以信息化为依托，通过优化整合现有征管信息资源，对增值税纳税申报信息进行票表税比对，并对比对结果进行相应处理。

三、主管税务机关应设置申报异常处理岗，主要负责异常比对结果的核实及相关处理工作。异常处理岗原则上不设置在办税服务厅前台。

四、申报比对范围及内容

（一）比对信息范围

1. 增值税纳税申报表及其附列资料（以下简称“申报表”）信息。

2. 增值税一般纳税人和小规模纳税人开具的增值税发票信息。

3. 增值税一般纳税人取得的进项抵扣凭证信息。

4. 纳税人税款入库信息。

5. 增值税优惠备案信息。

6. 申报比对所需的其他信息。

（二）比对内容

比对内容包括表表比对、票表比对和表税比对。表表比对是指申报表表内、表间逻辑关系比对。票表比对是指各类发票、凭证、备案资格等信息与申报表进行比对。表税比对是指纳税人当期申报的应纳税款与当期的实际入库税款进行比对。

五、申报比对规则

（一）申报表表内、表间逻辑关系比对，按照税务总局制定的申报表填写规则执行。

（二）增值税一般纳税人票表比对规则

1. 销项比对。

当期开具发票（不包含不征税发票）的金额、税额合计数应小于或者等于当期申报的销售额、税额合计数。

纳税人当期申报免税销售额、即征即退销售额的，应当比对其增值税优惠备案信息，按规定不需要办理备案手续的除外。

2. 进项比对。

（1）当期已认证或确认的进项增值税专用发票（以下简称“专用发票”）上注明的金额、税额合计数应大于或者等于申报表中本期申报抵扣的专用发票进项金额、税额合计数。

（2）经稽核比对相符的海关进口增值税专用缴款书上注明的税额合计数应大于或者等于申报表中本期申报抵扣的海关进口增值税专用缴款书的税额。

（3）取得的代扣代缴税收缴款凭证上注明的增值税税额合计数应大于或者等于申报表中本期申报抵扣的代扣代缴税收缴款凭证的税额。

（4）取得的《出口货物转内销证明》上注明的进项税额合计数应大于或者等于申报表中本期申报抵扣的外贸企业进项税额抵扣证明的税额。

（5）按照政策规定，依据相关凭证注明的金额计算抵扣进项税额的，计算得出的进项税额应大于或者等于申报表中本期申报抵扣的相应凭证税额。

（6）红字增值税专用发票信息表中注明的应作转出的进项税额应等于申报表中进项税额转出中的红字专用发票信息表注明的进项税额。

（7）申报表中进项税额转出金额不应小于零。

3. 应纳税额减征额比对。当期申报的应纳税额减征额应小于或者等于当期符合政策规定的减征税额。

4. 预缴税款比对。申报表中的预缴税额本期发生额应小于或者等于实际已预缴的税款。

5. 特殊规则。

（1）实行汇总缴纳增值税的总机构和分支机构可以不进行票表比对。

（2）按季申报的纳税人应当对其季度数据进行汇总比对。

（三）增值税小规模纳税人票表比对规则

1. 当期开具的增值税专用发票金额应小于或者等于申报表填报的增值税专用发票销售额。

2. 当期开具的增值税普通发票金额应小于或者等于申报表填报的增值税普通发票销售额。

3. 申报表中的预缴税额应小于或者等于实际已预缴的税款。

4. 纳税人当期申报免税销售额的，应当比对其增值税优惠备案信息，按规定不需要办理备案手续的除外。

（四）表税比对规则

纳税人当期申报的应纳税款应小于或者等于当期实际入库税款。

（五）申报比对其他规则

1. 税务总局可以根据增值税风险管理的需要，对申报表特定项目设置申报比对规则。

2. 各省国税机关可以根据申报比对管理实际，合理设置相关比对项目金额尾差的正负范围。

3. 主管税务机关可以结合申报比对管理实际，将征收方式、发票开具等业务存在特殊情形的纳税人列入白名单管理，并根据实际情况确定所适用的申报比对规则。白名单实行动态管理。

（六）本条第（一）至（三）项比对规则为基本规则，第（四）至（五）项比对规则为可选规则。各省税务机关可以在上述比对规则的基础上，根据申报管理的需要自主增加比对规则。

六、申报比对操作流程

申报比对环节可以设置在事中或者事后，由省税务机关根据申报管理需要进行确定。主管税务机关通过征管信息系统或网上申报系统进行申报比对，并根据比对结果分别采取以下处理流程：

（一）申报比对相符

申报比对相符后，主管税务机关对纳税人税控设备进行解锁。

（二）申报比对不相符

申报比对不相符的，向纳税人反馈比对不相符的内容，并按照下列流程进行处理：

1. 申报比对不符的，除符合本项第 2 点情形外，暂不对其税控设备进行解锁，并将异常比对结果转交申报异常处理岗。

2. 纳税人仅因为相关资格尚未备案，造成比对不符的，应当对税控设备进行解锁。

3. 异常比对结果经申报异常处理岗核实可以解除异常的，对纳税人税控设备进行解锁；核实后仍不能解除异常的，不得对税控设备解锁，由税源管理部门继续核实处理。

4. 异常比对结果经税源管理部门核实可以解除异常的，对纳税人税控设备进行解锁。核实后发现涉嫌虚开发票等严重涉税违法行为，经稽查部门分析判断认为需要稽查立案的，转交稽查部门处理，经处理可以解除异常的，对纳税人税控设备进行解锁。

5. 异常比对结果的处理期限，由主管税务机关根据实际情况确定。

七、由于出现信息系统异常等突发情形，影响正常纳税申报秩序时，省税务机关可以采取应急措施，暂停申报比对。在突发情形消除后，可以根据实际情况重新启动申报比对流程。

财政部　税务总局
关于建筑服务等营改增试点政策的通知

财税〔2017〕58 号　发布日期：2017-07-11

各省、自治区、直辖市、计划单列市财政厅（局）、国家税务局、地方税务局，新疆生产建设兵团财务局：

现将营改增试点期间建筑服务等政策补充通知如下：

一、建筑工程总承包单位为房屋建筑的地基与基础、主体结构提供工程服务，建设单位自行采购全部或部分钢材、混凝土、砌体材料、预制构件的，适用简易计税方法计税。［注：2017 年 11 月 26 日，国家税务总局就建筑服务增值税简易计税方法备案事项发布国家税务总局公告 2017 年第 43 号《国家税务总局关于简化建筑服务增值税简易计税方法备案事项的公告》，自 2018 年 1 月 1 日起施行，详见：国家税务总局公告 2017 年第 43 号。］

地基与基础、主体结构的范围，按照《建筑工程施工质量验收统一标准》（GB50300-2013）附录 B《建筑工程的分部工程、分项工程划分》中的“地基与基础”“主体结构”分部工程的范围执行。

二、《营业税改征增值税试点实施办法》（财税〔2016〕36 号印发）第四十五条第（二）项修改为“纳税人提供租赁服务采取预收款方式的，其纳税义务发生时间为收到预收款的当天”。

三、纳税人提供建筑服务取得预收款，应在收到预收款时，以取得的预收款扣除支付的分包款后的余额，按照本条第三款规定的预征率预缴增值税。

按照现行规定应在建筑服务发生地预缴增值税的项目，纳税人收到预收款时在建筑服务发生地预缴增值税。按照现行规定无需在建筑服务发生地预缴增值税的项目，纳税人收到预收款时在机构所在地预缴增值税。

适用一般计税方法计税的项目预征率为 2%，适用简易计税方法计税的项目预征率为 3%。

四、纳税人采取转包、出租、互换、转让、入股等方式将承包地流转给农业生产者用于农业生产，免征增值税。［注：2017.12.25 财政部、国家税务总局发布《财政部、国家税务总局关于租入固定资产进项税额抵扣等增值税政策的通知》补充规定自 2016 年 5 月 1 日至 2017 年 6 月 30 日，纳税人采取转包、出租、互换、转让、入股等方式将承包地流转给农业生产者用于农业生产，免征增值税。

该通知下发前已征的增值税，可抵减以后月份应缴纳的增值税，或办理退税。详见：财税〔2017〕90号］

五、自2018年1月1日起，金融机构开展贴现、转贴现业务，以其实际持有票据期间取得的利息收入作为贷款服务销售额计算缴纳增值税。此前贴现机构已就贴现利息收入全额缴纳增值税的票据，转贴现机构转贴现利息收入继续免征增值税。

［**注**：2017.08.14国家税务总局发布国家税务总局公告2017年第30号《国家税务总局关于跨境应税行为免税备案等增值税问题的公告》规定自2018年1月1日起，金融机构开展贴现、转贴现业务需要就贴现利息开具发票的，由贴现机构按照票据贴现利息全额向贴现人开具增值税普通发票，转贴现机构按照转贴现利息全额向贴现机构开具增值税普通发票。详见：国家税务总局公告2017年第30号。］

六、本通知除第五条外，自2017年7月1日起执行。《营业税改征增值税试点实施办法》（财税〔2016〕36号印发）第七条自2017年7月1日起废止。《营业税改征增值税试点过渡政策的规定》（财税〔2016〕36号印发）第一条第（二十三）项第4点自2018年1月1日起废止。

附：《建筑工程施工质量验收统一标准》（GB50300-2013）附录B《建筑工程的分部工程、分项工程划分》中的“地基与基础”“主体结构”分部工程的范围：

序号	分部工程	子分部工程	分项工程
1	地基与基础	土方工程	土方开挖，土方回填，场地平整
		基坑支护	排桩，重力式挡土墙，型钢水泥土搅拌墙，土钉墙与复合土钉墙，地下连续墙，沉井与沉箱，钢或混凝土支撑，锚杆，降水与排水
		地基处理	灰土地基、砂和砂石地基、土工合成材料地基，粉煤灰地基，强夯地基，注浆地基，预压地基，振冲地基，高压喷射注浆地基，水泥土搅拌桩地基，土和灰土挤密桩地基，水泥粉煤灰碎石桩地基，夯实水泥土桩地基，砂桩地基
		桩基础	先张法预应力管桩，混凝土预制桩，钢桩，混凝土灌注桩
		地下防水	防水混凝土，水泥砂浆防水层，卷材防水层，涂料防水层，塑料防水板防水层，金属板防水层，膨润土防水材料防水层；细部构造；锚喷支护，地下连续墙，盾构隧道，沉井，逆筑结构；渗排水、盲沟排水，隧道排水，坑道排水，塑料排水板排水；预注浆、后注浆，结构裂缝注浆
		混凝土基础	模板、钢筋、混凝土，后浇带混凝土，混凝土结构缝处理
		砌体基础	砖砌体，混凝土小型空心砌块砌体，石砌体，配筋砌体
		型钢、钢管混凝土基础	型钢、钢管焊接与螺栓连接，型钢、钢管与钢筋连接，浇筑混凝土
		钢结构基础	钢结构制作，钢结构安装，钢结构涂装
2	主体结构	混凝土结构	模板，钢筋，混凝土，预应力、现浇结构，装配式结构
		砌体结构	砖砌体，混凝土小型空心砌块砌体，石砌体，配筋砌体，填充墙砌体
		钢结构	钢结构焊接，紧固件连接，钢零部件加工，钢构件组装及预拼装，单层钢结构安装，多层及高层钢结构安装，空间格构钢结构制作，空间格构钢结构安装，压型金属板，防腐涂料涂装，防火涂料涂装、天沟安装、雨棚安装

续表

序号	分部工程	子分部工程	分项工程
2	主体结构	型钢、钢管混凝土结构	型钢、钢管现场拼装，柱脚锚固，构件安装，焊接、螺栓连接，钢筋骨架安装，型钢、钢管与钢筋连接，浇筑混凝土
		轻钢结构	钢结构制作，钢结构安装，墙面压型板，屋面压型板
		索膜结构	膜支撑构件制作，膜支撑构件安装，索安装，膜单元及附件制作，膜单元及附件安装
		铝合金结构	铝合金焊接，紧固件连接，铝合金零部件加工，铝合金构件组装，铝合金构件预拼装，单层及多层铝合金结构安装，空间格构铝合金结构安装，铝合金压型板，防腐处理，防火隔热
		木结构	方木和原木结构，胶合木结构，轻型木结构，木结构防护

财政部 税务总局
关于简并增值税税率有关政策的通知

财税〔2017〕37号 发布日期：2017-04-28

［修改说明：根据2019.03.20财政部、税务总局、海关总署公告2019年第39号《财政部、税务总局、海关总署关于深化增值税改革有关政策的公告》自2019年4月1日起，增值税一般纳税人（以下称纳税人）发生增值税应税销售行为或者进口货物，原适用16%税率的，税率调整为13%；原适用10%税率的，税率调整为9%。纳税人购进农产品，原适用10%扣除率的，扣除率调整为9%。纳税人购进用于生产或者委托加工13%税率货物的农产品，按照10%的扣除率计算进项税额。原适用16%税率且出口退税率为16%的出口货物劳务，出口退税率调整为13%；原适用10%税率且出口退税率为10%的出口货物、跨境应税行为，出口退税率调整为9%，详见：财政部、税务总局、海关总署公告2019年第39号。］

［修改说明：根据2018.04.04财税〔2018〕32号《财政部、税务总局关于调整增值税税率的通知》自2018年5月1日起，纳税人发生增值税应税销售行为或者进口货物，原适用11%税率的，税率调整为10%；纳税人购进农产品，原适用11%扣除率的，扣除率调整为10%，纳税人购进用于生产销售或委托加工16%税率货物的农产品，按照12%的扣除率计算进项税额；原适用17%税率且出口退税率为17%的出口货物，出口退税率调整至16%。原适用11%税率且出口退税率为11%的出口货物、跨境应税行为，出口退税率调整至10%，详见：财税〔2018〕32号。］

各省、自治区、直辖市、计划单列市财政厅（局）、国家税务局、地方税务局，新疆生产建设兵团财务局：

自2017年7月1日起，简并增值税税率结构，取消13%的增值税税率。现将有关政策通知如下：

一、纳税人销售或者进口下列货物，税率为11%：

农产品（含粮食）、自来水、暖气、石油液化气、天然气、食用植物油、冷气、热水、煤气、居民用煤炭制品、食用盐、农机、饲料、农药、农膜、化肥、沼气、二甲醚、图书、报纸、杂志、音像制品、电子出版物。

上述货物的具体范围见本通知附件 1。

二、纳税人购进农产品，按下列规定抵扣进项税额：

（一）除本条第（二）项规定外，纳税人购进农产品，取得一般纳税人开具的增值税专用发票或海关进口增值税专用缴款书的，以增值税专用发票或海关进口增值税专用缴款书上注明的增值税额为进项税额；从按照简易计税方法依照 3%征收率计算缴纳增值税的小规模纳税人取得增值税专用发票的，以增值税专用发票上注明的金额和 11%的扣除率计算进项税额；取得（开具）农产品销售发票或收购发票的，以农产品销售发票或收购发票上注明的农产品买价和 11%的扣除率计算进项税额。

（二）营业税改征增值税试点期间，纳税人购进用于生产销售或委托受托加工 17%税率货物的农产品维持原扣除力度不变。

（三）继续推进农产品增值税进项税额核定扣除试点，纳税人购进农产品进项税额已实行核定扣除的，仍按照《财政部　国家税务总局关于在部分行业试行农产品增值税进项税额核定扣除办法的通知》（财税〔2012〕38 号）、《财政部　国家税务总局关于扩大农产品增值税进项税额核定扣除试点行业范围的通知》（财税〔2013〕57 号）执行。其中，《农产品增值税进项税额核定扣除试点实施办法》（财税〔2012〕38 号印发）第四条第（二）项规定的扣除率调整为 11%；第（三）项规定的扣除率调整为按本条第（一）项、第（二）项规定执行。

（四）纳税人从批发、零售环节购进适用免征增值税政策的蔬菜、部分鲜活肉蛋而取得的普通发票，不得作为计算抵扣进项税额的凭证。

（五）纳税人购进农产品既用于生产销售或委托受托加工 17%税率货物又用于生产销售其他货物服务的，应当分别核算用于生产销售或委托受托加工 17%税率货物和其他货物服务的农产品进项税额。未分别核算的，统一以增值税专用发票或海关进口增值税专用缴款书上注明的增值税额为进项税额，或以农产品收购发票或销售发票上注明的农产品买价和 11%的扣除率计算进项税额。

（六）《中华人民共和国增值税暂行条例》第八条第二款第（三）项和本通知所称销售发票，是指农业生产者销售自产农产品适用免征增值税政策而开具的普通发票。

三、本通知附件 2 所列货物的出口退税率调整为 11%。出口货物适用的出口退税率，以出口货物报关单上注明的出口日期界定。

外贸企业 2017 年 8 月 31 日前出口本通知附件 2 所列货物，购进时已按 13%税率征收增值税的，执行 13%出口退税率；购进时已按 11%税率征收增值税的，执行 11%出口退税率。生产企业 2017 年 8 月 31 日前出口本通知附件 2 所列货物，执行 13%出口退税率。出口货物的时间，按照出口货物报关单上注明的出口日期执行。

［**注：**根据 2018.04.04 财税〔2018〕32 号《财政部、税务总局关于调整增值税税率的通知》自 2018 年 5 月 1 日起，原适用 11%税率且出口退税率为 11%的出口货物、跨境应税行为，出口退税率调整至 10%，外贸企业 2018 年 7 月 31 日前出口的第四条所涉货物、销售的第四条所涉跨境应税行为，购进时已按调整前税率征收增值税的，执行调整前的出口退税率；购进时已按调整后税率征收增值税的，执行调整后的出口退税率。生产企业 2018 年 7 月 31 日前出口的第四条所涉货物、销售的第四条

所涉跨境应税行为，执行调整前的出口退税率。

调整出口货物退税率的执行时间及出口货物的时间，以出口货物报关单上注明的出口日期为准，调整跨境应税行为退税率的执行时间及销售跨境应税行为的时间，以出口发票的开具日期为准。]

四、本通知自 2017 年 7 月 1 日起执行。此前有关规定与本通知规定的增值税税率、扣除率、相关货物具体范围不一致的，以本通知为准。《财政部　国家税务总局关于免征部分鲜活肉蛋产品流通环节增值税政策的通知》（财税〔2012〕75 号）第三条同时废止。

五、各地要高度重视简并增值税税率工作，切实加强组织领导，周密安排，明确责任。做好实施前的各项准备以及实施过程中的监测分析、宣传解释等工作，确保简并增值税税率平稳、有序推进。遇到问题请及时向财政部和税务总局反映。

国家税务总局关于
营改增试点若干征管问题的公告

国家税务总局公告2016年第53号发布日期：2016-08-18

根据《财政部　国家税务总局关于全面推开营业税改征增值税试点的通知》（财税〔2016〕36号），现将营改增试点有关征管问题公告如下：

一、境外单位或者个人发生的下列行为不属于在境内销售服务或者无形资产：

（一）为出境的函件、包裹在境外提供的邮政服务、收派服务；

（二）向境内单位或者个人提供的工程施工地点在境外的建筑服务、工程监理服务；

（三）向境内单位或者个人提供的工程、矿产资源在境外的工程勘察勘探服务；

（四）向境内单位或者个人提供的会议展览地点在境外的会议展览服务。

二、其他个人采取一次性收取租金的形式出租不动产，取得的租金收入可在租金对应的租赁期内平均分摊，分摊后的月租金收入不超过3万元的，可享受小微企业免征增值税优惠政策。

［**注**：根据2019.01.19国家税务总局公告2019年第4号《国家税务总局关于小规模纳税人免征增值税政策有关征管问题的公告》本文第二条自2019年1月1日起废止。］

三、单用途商业预付卡（以下简称“单用途卡”）业务按照以下规定执行：

（一）单用途卡发卡企业或者售卡企业（以下统称“售卡方”）销售单用途卡，或者接受单用途卡持卡人充值取得的预收资金，不缴纳增值税。售卡方可按照本公告第九条的规定，向购卡人、充值人开具增值税普通发票，不得开具增值税专用发票。

单用途卡，是指发卡企业按照国家有关规定发行的，仅限于在本企业、本企业所属集团或者同一品牌特许经营体系内兑付货物或者服务的预付凭证。

发卡企业，是指按照国家有关规定发行单用途卡的企业。售卡企业，是指集团发卡企业或者品牌发卡企业指定的，承担单用途卡销售、充值、挂失、换卡、退卡等相关业务的本集团或同一品牌特许经营体系内的企业。

（二）售卡方因发行或者销售单用途卡并办理相关资金收付结算业务取得的手续费、结算费、服务费、管理费等收入，应按照现行规定缴纳增值税。

（三）持卡人使用单用途卡购买货物或服务时，货物或者服务的销售方应按照现行规定缴纳增值税，且不得向持卡人开具增值税发票。

（四）销售方与售卡方不是同一个纳税人的，销售方在收到售卡方结算的销售款时，应向售卡方开具增值税普通发票，并在备注栏注明“收到预付卡结算款”，不得开具增值税专用发票。

售卡方从销售方取得的增值税普通发票，作为其销售单用途卡或接受单用途卡充值取得预收资金不缴纳增值税的凭证，留存备查。

四、支付机构预付卡（以下称“多用途卡”）业务按照以下规定执行：

（一）支付机构销售多用途卡取得的等值人民币资金，或者接受多用途卡持卡人充值取得的充值资金，不缴纳增值税。支付机构可按照本公告第九条的规定，向购卡人、充值人开具增值税普通发票，不得开具增值税专用发票。

支付机构，是指取得中国人民银行核发的《支付业务许可证》，获准办理“预付卡发行与受理”业务的发卡机构和获准办理“预付卡受理”业务的受理机构。

多用途卡，是指发卡机构以特定载体和形式发行的，可在发卡机构之外购买货物或服务的预付价值。

（二）支付机构因发行或者受理多用途卡并办理相关资金收付结算业务取得的手续费、结算费、服务费、管理费等收入，应按照现行规定缴纳增值税。

（三）持卡人使用多用途卡，向与支付机构签署合作协议的特约商户购买货物或服务，特约商户应按照现行规定缴纳增值税，且不得向持卡人开具增值税发票。

（四）特约商户收到支付机构结算的销售款时，应向支付机构开具增值税普通发票，并在备注栏注明“收到预付卡结算款”，不得开具增值税专用发票。

支付机构从特约商户取得的增值税普通发票，作为其销售多用途卡或接受多用途卡充值取得预收资金不缴纳增值税的凭证，留存备查。

五、单位将其持有的限售股在解禁流通后对外转让的，按照以下规定确定买入价：

（一）上市公司实施股权分置改革时，在股票复牌之前形成的原非流通股股份，以及股票复牌首日至解禁日期间由上述股份孳生的送、转股，以该上市公司完成股权分置改革后股票复牌首日的开盘价为买入价。

（二）公司首次公开发行股票并上市形成的限售股，以及上市首日至解禁日期间由上述股份孳生的送、转股，以该上市公司股票首次公开发行（ipo）的发行价为买入价。

（三）因上市公司实施重大资产重组形成的限售股，以及股票复牌首日至解禁日期间由上述股份孳生的送、转股，以该上市公司因重大资产重组股票停牌前一交易日的收盘价为买入价。［**注**：根据2018.07.25国家税务总局公告2018年第42号《国家税务总局关于明确中外合作办学等若干增值税征管问题的公告》上市公司因实施重大资产重组形成的限售股，以及股票复牌首日至解禁日期间由上述股份孳生的送、转股，因重大资产重组停牌的，按照本项的规定确定买入价；在重大资产重组前已经暂停上市的，以上市公司完成资产重组后股票恢复上市首日的开盘价为买入价，自2018年7月25日开始执行，详见：国家税务总局公告2018年第42号第四条。］

六、银行提供贷款服务按期计收利息的，结息日当日计收的全部利息收入，均应计入结息日所属期的销售额，按照现行规定计算缴纳增值税。

七、按照《中华人民共和国增值税暂行条例》《营业税改征增值税试点实施办法》《中华人民共和国消费税暂行条例》及相关文件规定，以1个季度为纳税期限的增值税纳税人，其取得的全部增值税应税收入、消费税应税收入，均可以1个季度为纳税期限。

八、《纳税人跨县（市、区）提供建筑服务增值税征收管理暂行办法》（国家税务总局公告2016年第17号发布）第七条规定调整为：

纳税人跨县（市、区）提供建筑服务，在向建筑服务发生地主管税务机关主管国税机关预缴税款时，需填报《增值税预缴税款表》，并出示以下资料：

（一）与发包方签订的建筑合同复印件（加盖纳税人公章）；

（二）与分包方签订的分包合同复印件（加盖纳税人公章）；

（三）从分包方取得的发票复印件（加盖纳税人公章）。

九、《国家税务总局关于全面推开营业税改征增值税试点有关税收征收管理事项的公告》（国家税务总局公告2016年第23号）附件《商品和服务税收分类与编码（试行）》中的分类编码调整以下内容，纳税人应将增值税税控开票软件升级到最新版本（v2.0.11）：

（一）3010203“水路运输期租业务”下分设301020301“水路旅客运输期租业务”和301020302“水路货物运输期租业务”；3010204“水路运输程租业务”下设301020401“水路旅客运输程租业务”和301020402“水路货物运输程租业务”；301030103“航空运输湿租业务”下设30103010301“航空旅客运输湿租业务”和30103010302“航空货物运输湿租业务”。

（二）30105“无运输工具承运业务”下新增3010502“无运输工具承运陆路运输业务”、3010503“无运输工具承运水路运输服务”、3010504“无运输工具承运航空运输服务”、3010505“无运输工具承运管道运输服务”和3010506“无运输工具承运联运运输服务”。

停用编码3010501“无船承运”。

（三）301“交通运输服务”下新增30106“联运服务”，用于利用多种运输工具载运旅客、货物的业务活动。

30106“联运服务”下新增3010601“旅客联运服务”和3010602“货物联运服务”。

（四）30199“其他运输服务”下新增3019901“其他旅客运输服务”和3019902“其他货物运输服务”。

（五）30401“研发和技术服务”下新增3040105“专业技术服务”。

停止使用编码304010403“专业技术服务”。

（六）304050202“不动产经营租赁”下新增30405020204“商业营业用房经营租赁服务”。

（七）3040801“企业管理服务”下新增304080101“物业管理服务”和304080199“其他企业管理服务”。

（八）3040802“经纪代理服务”下新增304080204“人力资源外包服务”。

（九）3040803“人力资源服务”下新增304080301“劳务派遣服务”和304080399“其他人力资源服务”。

（十）30601“贷款服务”下新增3060110“客户贷款”，用于向企业、个人等客户发放贷款以及票据贴现的情况；3060110“客户贷款”下新增306011001“企业贷款”、306011002“个人贷款”、306011003“票据贴现”。

（十一）增加6“未发生销售行为的不征税项目”，用于纳税人收取款项但未发生销售货物、应税劳务、服务、无形资产或不动产的情形。

“未发生销售行为的不征税项目”下设601“预付卡销售和充值”、602“销售自行开发的房地产项目预收款”、603“已申报缴纳营业税未开票补开票”。

使用“未发生销售行为的不征税项目”编码，发票税率栏应填写“不征税”，不得开具增值税专用发票。

十、本公告自2016年9月1日起施行，此前已发生未处理的事项，按照本公告规定执行。2016年5月1日前，纳税人发生本公告第二、五、六条规定的应税行为，此前未处理的，比照本公告规定缴纳营业税。

特此公告。

国家税务总局关于红字增值税发票开具有关问题的公告

国家税务总局公告2016年第47号　发布日期：2016-07-20

为进一步规范纳税人开具增值税发票管理，现将红字发票开具有关问题公告如下：

一、增值税一般纳税人开具增值税专用发票（以下简称“专用发票”）后，发生销货退回、开票有误、应税服务中止等情形但不符合发票作废条件，或者因销货部分退回及发生销售折让，需要开具红字专用发票的，按以下方法处理：

（一）购买方取得专用发票已用于申报抵扣的，购买方可在增值税发票管理新系统（以下简称“新系统”）中填开并上传《开具红字增值税专用发票信息表》（以下简称《信息表》，详见附件），在填开《信息表》时不填写相对应的蓝字专用发票信息，应暂依《信息表》所列增值税税额从当期进项税额中转出，待取得销售方开具的红字专用发票后，与《信息表》一并作为记账凭证。

购买方取得专用发票未用于申报抵扣、但发票联或抵扣联无法退回的，购买方填开《信息表》时应填写相对应的蓝字专用发票信息。

销售方开具专用发票尚未交付购买方，以及购买方未用于申报抵扣并将发票联及抵扣联退回的，销售方可在新系统中填开并上传《信息表》。销售方填开《信息表》时应填写相对应的蓝字专用发票信息。

（二）主管税务机关通过网络接收纳税人上传的《信息表》，系统自动校验通过后，生成带有“红字发票信息表编号”的《信息表》，并将信息同步至纳税人端系统中。

（三）销售方凭税务机关系统校验通过的《信息表》开具红字专用发票，在新系统中以销项负数开具。红字专用发票应与《信息表》一一对应。

（四）纳税人也可凭《信息表》电子信息或纸质资料到税务机关对《信息表》内容进行系统校验。

二、税务机关为小规模纳税人代开专用发票，需要开具红字专用发票的，按照一般纳税人开具红字专用发票的方法处理。

三、纳税人需要开具红字增值税普通发票的，可以在所对应的蓝字发票金额范围内开具多份红字发票。红字机动车销售统一发票需与原蓝字机动车销售统一发票一一对应。

四、按照《国家税务总局关于纳税人认定或登记为一般纳税人前进项税额抵扣问题的公告》（国家税务总局公告 2015 年第 59 号）的规定，需要开具红字专用发票的，按照本公告规定执行。

五、本公告自 2016 年 8 月 1 日起施行，《国家税务总局关于推行增值税发票系统升级版有关问题的公告》（国家税务总局公告 2014 年第 73 号）第四条、附件 1、附件 2 和《国家税务总局关于全面推行增值税发票系统升级版有关问题的公告》（国家税务总局公告 2015 年第 19 号）第五条、附件 1、附件 2 同时废止。此前未处理的事项，按照本公告规定执行。

特此公告。

纳税人跨县（市、区）提供建筑服务增值税征收管理暂行办法

国家税务总局公告2016年第17号　发布日期：2016-03-31

第一条　根据《财政部　国家税务总局关于全面推开营业税改征增值税试点的通知》（财税〔2016〕36号）及现行增值税有关规定，制定本办法。

第二条　本办法所称跨县（市、区）提供建筑服务，是指单位和个体工商户（以下简称纳税人）在其机构所在地以外的县（市、区）提供建筑服务。

纳税人在同一直辖市、计划单列市范围内跨县（市、区）提供建筑服务的，由直辖市、计划单列市税务局国家税务局决定是否适用本办法。

其他个人跨县（市、区）提供建筑服务，不适用本办法。

第三条　纳税人跨县（市、区）提供建筑服务，应按照财税〔2016〕36号文件规定的纳税义务发生时间和计税方法，向建筑服务发生地主管税务机关国税机关预缴税款，向机构所在地主管税务机关国税机关申报纳税。

《建筑工程施工许可证》未注明合同开工日期，但建筑工程承包合同注明的开工日期在2016年4月30日前的建筑工程项目，属于财税〔2016〕36号文件规定的可以选择简易计税方法计税的建筑工程老项目。

第四条　纳税人跨县（市、区）提供建筑服务，按照以下规定预缴税款：

（一）一般纳税人跨县（市、区）提供建筑服务，适用一般计税方法计税的，以取得的全部价款和价外费用扣除支付的分包款后的余额，按照2%的预征率计算应预缴税款。

（二）一般纳税人跨县（市、区）提供建筑服务，选择适用简易计税方法计税的，以取得的全部价款和价外费用扣除支付的分包款后的余额，按照3%的征收率计算应预缴税款。

（三）小规模纳税人跨县（市、区）提供建筑服务，以取得的全部价款和价外费用扣除支付的分包款后的余额，按照3%的征收率计算应预缴税款。

［**注**：2019.09.16国家税务总局公告2019年第31号《国家税务总局关于国内旅客运输服务进项税抵扣等增值税征管问题的公告》第七条规定“纳税人提供建筑服务，按照规定允许从取得的全部

价款和价外费用中扣除的分包款，是指支付给分包方的全部价款和价外费用，自 2019 年 10 月 1 日起施行”。]

第五条 纳税人跨县（市、区）提供建筑服务，按照以下公式计算应预缴税款：

（一）适用一般计税方法计税的，应预缴税款 =（全部价款和价外费用 - 支付的分包款）÷（1+11%）×2%

（二）适用简易计税方法计税的，应预缴税款 =（全部价款和价外费用 - 支付的分包款）÷（1+3%）×3%

纳税人取得的全部价款和价外费用扣除支付的分包款后的余额为负数的，可结转下次预缴税款时继续扣除。

纳税人应按照工程项目分别计算应预缴税款，分别预缴。

第六条 纳税人按照上述规定从取得的全部价款和价外费用中扣除支付的分包款，应当取得符合法律、行政法规和国家税务总局规定的合法有效凭证，否则不得扣除。

上述凭证是指：

（一）从分包方取得的 2016 年 4 月 30 日前开具的建筑业营业税发票。上述建筑业营业税发票在 2016 年 6 月 30 日前可作为预缴税款的扣除凭证。

（二）从分包方取得的 2016 年 5 月 1 日后开具的，备注栏注明建筑服务发生地所在县（市、区）、项目名称的增值税发票。

（三）国家税务总局规定的其他凭证。

第七条 纳税人跨县（市、区）提供建筑服务，在向建筑服务发生地主管税务机关国税机关预缴税款时，需填报《增值税预缴税款表》，并出示以下资料：

（一）与发包方签订的建筑合同原件及复印件（加盖纳税人公章）；

（二）与分包方签订的分包合同原件及复印件（加盖纳税人公章）；

（三）从分包方取得的发票原件及复印件（加盖纳税人公章）。

[**注：**根据 2016.08.18 国家税务总局公告 2016 年第 53 号《国家税务总局关于营改增试点若干征管问题的公告》本条自 2016 年 9 月 1 日起调整为：

纳税人跨县（市、区）提供建筑服务，在向建筑服务发生地主管税务机关国税机关预缴税款时，需填报《增值税预缴税款表》，并出示以下资料：

（一）与发包方签订的建筑合同复印件（加盖纳税人公章）；

（二）与分包方签订的分包合同复印件（加盖纳税人公章）；

（三）从分包方取得的发票复印件（加盖纳税人公章）。]

第八条 纳税人跨县（市、区）提供建筑服务，向建筑服务发生地主管税务机关国税机关预缴的增值税税款，可以在当期增值税应纳税额中抵减，抵减不完的，结转下期继续抵减。

纳税人以预缴税款抵减应纳税额，应以完税凭证作为合法有效凭证。

第九条 小规模纳税人跨县（市、区）提供建筑服务，不能自行开具增值税发票的，可向建筑服务发生地主管税务机关国税机关按照其取得的全部价款和价外费用申请代开增值税发票。

第十条 对跨县（市、区）提供的建筑服务，纳税人应自行建立预缴税款台账，区分不同县（市、区）和项目逐笔登记全部收入、支付的分包款、已扣除的分包款、扣除分包款的发票号码、已预缴税款以及预缴税款的完税凭证号码等相关内容，留存备查。

第十一条 纳税人跨县（市、区）提供建筑服务预缴税款时间，按照财税〔2016〕36号文件规定的纳税义务发生时间和纳税期限执行。

第十二条 纳税人跨县（市、区）提供建筑服务，按照本办法应向建筑服务发生地主管税务机关国税机关预缴税款而自应当预缴之月起超过6个月没有预缴税款的，由机构所在地主管税务机关国税机关按照《中华人民共和国税收征收管理法》及相关规定进行处理。

纳税人跨县（市、区）提供建筑服务，未按照本办法缴纳税款的，由机构所在地主管税务机关国税机关按照《中华人民共和国税收征收管理法》及相关规定进行处理。

财政部　国家税务总局
关于全面推开营业税改征增值税试点的通知

财税〔2016〕36号　发布日期：2016-03-23

各省、自治区、直辖市、计划单列市财政厅（局）、国家税务局、地方税务局，新疆生产建设兵团财务局：

经国务院批准，自2016年5月1日起，在全国范围内全面推开营业税改征增值税（以下称营改增）试点，建筑业、房地产业、金融业、生活服务业等全部营业税纳税人，纳入试点范围，由缴纳营业税改为缴纳增值税。现将《营业税改征增值税试点实施办法》、《营业税改征增值税试点有关事项的规定》、《营业税改征增值税试点过渡政策的规定》和《跨境应税行为适用增值税零税率和免税政策的规定》印发你们，请遵照执行。

本通知附件规定的内容，除另有规定执行时间外，自2016年5月1日起执行。《财政部　国家税务总局关于将铁路运输和邮政业纳入营业税改征增值税试点的通知》（财税〔2013〕106号）、《财政部　国家税务总局关于铁路运输和邮政业营业税改征增值税试点有关政策的补充通知》（财税〔2013〕121号）、《财政部　国家税务总局关于将电信业纳入营业税改征增值税试点的通知》（财税〔2014〕43号）、《财政部　国家税务总局关于国际水路运输增值税零税率政策的补充通知》（财税〔2014〕50号）和《财政部　国家税务总局关于影视等出口服务适用增值税零税率政策的通知》（财税〔2015〕118号），除另有规定的条款外，相应废止。

各地要高度重视营改增试点工作，切实加强试点工作的组织领导，周密安排，明确责任，采取各种有效措施，做好试点前的各项准备以及试点过程中的监测分析和宣传解释等工作，确保改革的平稳、有序、顺利进行。遇到问题请及时向财政部和国家税务总局反映。

附件：1. 营业税改征增值税试点实施办法
2. 营业税改征增值税试点有关事项的规定
3. 营业税改征增值税试点过渡政策的规定
4. 跨境应税行为适用增值税零税率和免税政策的规定

附件 1：

营业税改征增值税试点实施办法

第一章　纳税人和扣缴义务人

第一条　在中华人民共和国境内（以下称境内）销售服务、无形资产或者不动产（以下称应税行为）的单位和个人，为增值税纳税人，应当按照本办法缴纳增值税，不缴纳营业税。

单位，是指企业、行政单位、事业单位、军事单位、社会团体及其他单位。

个人，是指个体工商户和其他个人。

第二条　单位以承包、承租、挂靠方式经营的，承包人、承租人、挂靠人（以下统称承包人）以发包人、出租人、被挂靠人（以下统称发包人）名义对外经营并由发包人承担相关法律责任的，以该发包人为纳税人。否则，以承包人为纳税人。

第三条　纳税人分为一般纳税人和小规模纳税人。

应税行为的年应征增值税销售额（以下称应税销售额）超过财政部和国家税务总局规定标准的纳税人为一般纳税人，未超过规定标准的纳税人为小规模纳税人。

年应税销售额超过规定标准的其他个人不属于一般纳税人。年应税销售额超过规定标准但不经常发生应税行为的单位和个体工商户可选择按照小规模纳税人纳税。

第四条　年应税销售额未超过规定标准的纳税人，会计核算健全，能够提供准确税务资料的，可以向主管税务机关办理一般纳税人资格登记，成为一般纳税人。

会计核算健全，是指能够按照国家统一的会计制度规定设置账簿，根据合法、有效凭证核算。

第五条　符合一般纳税人条件的纳税人应当向主管税务机关办理一般纳税人资格登记。具体登记办法由国家税务总局制定。

除国家税务总局另有规定外，一经登记为一般纳税人后，不得转为小规模纳税人。

第六条　中华人民共和国境外（以下称境外）单位或者个人在境内发生应税行为，在境内未设有经营机构的，以购买方为增值税扣缴义务人。财政部和国家税务总局另有规定的除外。

第七条　两个或者两个以上的纳税人，经财政部和国家税务总局批准可以视为一个纳税人合并纳税。具体办法由财政部和国家税务总局另行制定。

［**注**：根据 2017.07.11 财税〔2017〕58 号《财政部、国家税务总局关于建筑服务等营改增试点政策的通知》本条规定自 2017 年 7 月 1 日起废止。］

第八条　纳税人应当按照国家统一的会计制度进行增值税会计核算。

第二章　征税范围

第九条　应税行为的具体范围，按照本办法所附的《销售服务、无形资产、不动产注释》执行。

第十条　销售服务、无形资产或者不动产，是指有偿提供服务、有偿转让无形资产或者不动产，但属于下列非经营活动的情形除外：

（一）行政单位收取的同时满足以下条件的政府性基金或者行政事业性收费。

1. 由国务院或者财政部批准设立的政府性基金，由国务院或者省级人民政府及其财政、价格主管部门批准设立的行政事业性收费；

2. 收取时开具省级以上（含省级）财政部门监（印）制的财政票据；

3. 所收款项全额上缴财政。

（二）单位或者个体工商户聘用的员工为本单位或者雇主提供取得工资的服务。

（三）单位或者个体工商户为聘用的员工提供服务。

（四）财政部和国家税务总局规定的其他情形。

第十一条　有偿，是指取得货币、货物或者其他经济利益。

第十二条　在境内销售服务、无形资产或者不动产，是指：

（一）服务（租赁不动产除外）或者无形资产（自然资源使用权除外）的销售方或者购买方在境内；

（二）所销售或者租赁的不动产在境内；

（三）所销售自然资源使用权的自然资源在境内；

（四）财政部和国家税务总局规定的其他情形。

第十三条　下列情形不属于在境内销售服务或者无形资产：

（一）境外单位或者个人向境内单位或者个人销售完全在境外发生的服务。

（二）境外单位或者个人向境内单位或者个人销售完全在境外使用的无形资产。

（三）境外单位或者个人向境内单位或者个人出租完全在境外使用的有形动产。

（四）财政部和国家税务总局规定的其他情形。

［**注**：《国家税务总局关于营改增试点若干征管问题的公告》（国家税务总局公告2016年第53号）规定：境外单位或者个人发生的下列行为不属于在境内销售服务或者无形资产：

（一）为出境的函件、包裹在境外提供的邮政服务、收派服务；

（二）向境内单位或者个人提供的工程施工地点在境外的建筑服务、工程监理服务；

（三）向境内单位或者个人提供的工程、矿产资源在境外的工程勘察勘探服务；

（四）向境内单位或者个人提供的会议展览地点在境外的会议展览服务。］

第十四条　下列情形视同销售服务、无形资产或者不动产：

（一）单位或者个体工商户向其他单位或者个人无偿提供服务，但用于公益事业或者以社会公众为对象的除外。

（二）单位或者个人向其他单位或者个人无偿转让无形资产或者不动产，但用于公益事业或者以社会公众为对象的除外。

（三）财政部和国家税务总局规定的其他情形。

［**注**：《国家税务总局关于土地价款扣除时间等增值税征管问题的公告》（国家税务总局公告2016年第86号）规定：纳税人出租不动产，租赁合同中约定免租期的，不属于《营业税改征增值税试点实施办法》（财税〔2016〕36号文件印发）第十四条规定的视同销售服务。］

第三章　税率和征收率

第十五条　增值税税率：

（一）纳税人发生应税行为，除本条第（二）项、第（三）项、第（四）项规定外，税率为6%。

（二）提供交通运输、邮政、基础电信、建筑、不动产租赁服务，销售不动产，转让土地使用权，税率为11%。

［**注**：根据2018.04.04财税〔2018〕32号《财政部、国家税务总局关于调整增值税税率的通知》自2018年5月1日起，纳税人发生增值税应税销售行为或者进口货物，原适用11%税率的，税率调整为10%。］

［**注**：根据2019.03.20财政部、国家税务总局、海关总署公告2019年第39号《财政部、国家税务总局、海关总署关于深化增值税改革有关政策的公告》自2019年4月1日起，增值税一般纳税人（以下称纳税人）发生增值税应税销售行为或者进口货物，原适用10%税率的，税率调整为9%。］

（三）提供有形动产租赁服务，税率为17%。

［**注**：根据2018.04.04财税〔2018〕32号《财政部、国家税务总局关于调整增值税税率的通知》自2018年5月1日起，纳税人发生增值税应税销售行为或者进口货物，原适用17%税率的，税率调整为16%。］

［**注**：根据2019.03.20财政部、国家税务总局、海关总署公告2019年第39号《财政部、国家税务总局、海关总署关于深化增值税改革有关政策的公告》自2019年4月1日起，增值税一般纳税人（以下称纳税人）发生增值税应税销售行为或者进口货物，原适用16%税率的，税率调整为13%。］

（四）境内单位和个人发生的跨境应税行为，税率为零。具体范围由财政部和国家税务总局另行规定。

第十六条　增值税征收率为3%，财政部和国家税务总局另有规定的除外。

第四章 应纳税额的计算

第一节 一般性规定

第十七条 增值税的计税方法，包括一般计税方法和简易计税方法。

第十八条 一般纳税人发生应税行为适用一般计税方法计税。

一般纳税人发生财政部和国家税务总局规定的特定应税行为，可以选择适用简易计税方法计税，但一经选择，36 个月内不得变更。

第十九条 小规模纳税人发生应税行为适用简易计税方法计税。

第二十条 境外单位或者个人在境内发生应税行为，在境内未设有经营机构的，扣缴义务人按照下列公式计算应扣缴税额：

应扣缴税额 = 购买方支付的价款 ÷（1+ 税率）× 税率

第二节 一般计税方法

第二十一条 一般计税方法的应纳税额，是指当期销项税额抵扣当期进项税额后的余额。应纳税额计算公式：

应纳税额 = 当期销项税额 − 当期进项税额

当期销项税额小于当期进项税额不足抵扣时，其不足部分可以结转下期继续抵扣。

第二十二条 销项税额，是指纳税人发生应税行为按照销售额和增值税税率计算并收取的增值税额。销项税额计算公式：

销项税额 = 销售额 × 税率

第二十三条 一般计税方法的销售额不包括销项税额，纳税人采用销售额和销项税额合并定价方法的，按照下列公式计算销售额：

销售额 = 含税销售额 ÷（1+ 税率）

第二十四条 进项税额，是指纳税人购进货物、加工修理修配劳务、服务、无形资产或者不动产，支付或者负担的增值税额。

第二十五条 下列进项税额准予从销项税额中抵扣：

（一）从销售方取得的增值税专用发票（含税控机动车销售统一发票，下同）上注明的增值税额。

（二）从海关取得的海关进口增值税专用缴款书上注明的增值税额。

（三）购进农产品，除取得增值税专用发票或者海关进口增值税专用缴款书外，按照农产品收购发票或者销售发票上注明的农产品买价和 13%的扣除率计算的进项税额。计算公式为：

进项税额 = 买价 × 扣除率

买价，是指纳税人购进农产品在农产品收购发票或者销售发票上注明的价款和按照规定缴纳的烟叶税。

购进农产品，按照《农产品增值税进项税额核定扣除试点实施办法》抵扣进项税额的除外。

［注：根据 2019.03.20 财政部、国家税务总局、海关总署公告 2019 年第 39 号《财政部、国家税务总局、海关总署关于深化增值税改革有关政策的公告》自 2019 年 4 月 1 日起，纳税人购进农产品，原适用 10% 扣除率的，扣除率调整为 9%。纳税人购进用于生产或者委托加工 13% 税率货物的农产品，按照 10% 的扣除率计算进项税额。］

［注：根据 2018.04.04 财税〔2018〕32 号《财政部、国家税务总局关于调整增值税税率的通知》自 2018 年 5 月 1 日起，纳税人购进农产品，原适用 11% 扣除率的，扣除率调整为 10%；纳税人购进用于生产销售或委托加工 16% 税率货物的农产品，按照 12% 的扣除率计算进项税额。］

［注：根据 2017.04.28 财税〔2017〕37 号《财政部、国家税务总局关于简并增值税税率有关政策的通知》自 2017 年 7 月 1 日起，本条第（三）项规定的扣除率调整为按财税〔2017〕37 号：（一）除第（二）项规定外，纳税人购进农产品，取得一般纳税人开具的增值税专用发票或海关进口增值税专用缴款书的，以增值税专用发票或海关进口增值税专用缴款书上注明的增值税额为进项税额；从按照简易计税方法依照 3% 征收率计算缴纳增值税的小规模纳税人取得增值税专用发票的，以增值税专用发票上注明的金额和 11% 的扣除率计算进项税额；取得（开具）农产品销售发票或收购发票的，以农产品销售发票或收购发票上注明的农产品买价和 11% 的扣除率计算进项税额。（二）营业税改征增值税试点期间，纳税人购进用于生产销售或委托受托加工 17% 税率货物的农产品维持原扣除力度 13% 不变。规定执行。］

（四）从境外单位或者个人购进服务、无形资产或者不动产，自税务机关或者扣缴义务人取得的解缴税款的完税凭证上注明的增值税额。

第二十六条 纳税人取得的增值税扣税凭证不符合法律、行政法规或者国家税务总局有关规定的，其进项税额不得从销项税额中抵扣。

增值税扣税凭证，是指增值税专用发票、海关进口增值税专用缴款书、农产品收购发票、农产品销售发票和完税凭证。

纳税人凭完税凭证抵扣进项税额的，应当具备书面合同、付款证明和境外单位的对账单或者发票。资料不全的，其进项税额不得从销项税额中抵扣。

第二十七条 下列项目的进项税额不得从销项税额中抵扣：

（一）用于简易计税方法计税项目、免征增值税项目、集体福利或者个人消费的购进货物、加工修理修配劳务、服务、无形资产和不动产。其中涉及的固定资产、无形资产、不动产，仅指专用于上述项目的固定资产、无形资产（不包括其他权益性无形资产）、不动产。

纳税人的交际应酬消费属于个人消费。

（二）非正常损失的购进货物，以及相关的加工修理修配劳务和交通运输服务。

（三）非正常损失的在产品、产成品所耗用的购进货物（不包括固定资产）、加工修理修配劳务和交通运输服务。

（四）非正常损失的不动产，以及该不动产所耗用的购进货物、设计服务和建筑服务。

（五）非正常损失的不动产在建工程所耗用的购进货物、设计服务和建筑服务。

纳税人新建、改建、扩建、修缮、装饰不动产，均属于不动产在建工程。

（六）购进的旅客运输服务［注：根据2019.03.20财政部、国家税务总局、海关总署公告2019年第39号《财政部、国家税务总局、海关总署关于深化增值税改革有关政策的公告》自2019年4月1日起旅客运输服务允许抵扣。］贷款服务、餐饮服务、居民日常服务和娱乐服务。

（七）财政部和国家税务总局规定的其他情形。

本条第（四）项、第（五）项所称货物，是指构成不动产实体的材料和设备，包括建筑装饰材料和给排水、采暖、卫生、通风、照明、通讯、煤气、消防、中央空调、电梯、电气、智能化楼宇设备及配套设施。

第二十八条 不动产、无形资产的具体范围，按照本办法所附的《销售服务、无形资产或者不动产注释》执行。

固定资产，是指使用期限超过12个月的机器、机械、运输工具以及其他与生产经营有关的设备、工具、器具等有形动产。

非正常损失，是指因管理不善造成货物被盗、丢失、霉烂变质，以及因违反法律法规造成货物或者不动产被依法没收、销毁、拆除的情形。

第二十九条 适用一般计税方法的纳税人，兼营简易计税方法计税项目、免征增值税项目而无法划分不得抵扣的进项税额，按照下列公式计算不得抵扣的进项税额：

不得抵扣的进项税额＝当期无法划分的全部进项税额×（当期简易计税方法计税项目销售额＋免征增值税项目销售额）÷当期全部销售额

主管税务机关可以按照上述公式依据年度数据对不得抵扣的进项税额进行清算。

第三十条 已抵扣进项税额的购进货物（不含固定资产）、劳务、服务，发生本办法第二十七条规定情形（简易计税方法计税项目、免征增值税项目除外）的，应当将该进项税额从当期进项税额中扣减；无法确定该进项税额的，按照当期实际成本计算应扣减的进项税额。

第三十一条 已抵扣进项税额的固定资产、无形资产或者不动产，发生本办法第二十七条规定情形的，按照下列公式计算不得抵扣的进项税额：

不得抵扣的进项税额＝固定资产、无形资产或者不动产净值×适用税率

固定资产、无形资产或者不动产净值，是指纳税人根据财务会计制度计提折旧或摊销后的余额。

第三十二条 纳税人适用一般计税方法计税的，因销售折让、中止或者退回而退还给购买方的增值税额，应当从当期的销项税额中扣减；因销售折让、中止或者退回而收回的增值税额，应当从当期的进项税额中扣减。

第三十三条 有下列情形之一者，应当按照销售额和增值税税率计算应纳税额，不得抵扣进项税额，也不得使用增值税专用发票：

（一）一般纳税人会计核算不健全，或者不能够提供准确税务资料的。

（二）应当办理一般纳税人资格登记而未办理的。

第三节　简易计税方法

第三十四条　简易计税方法的应纳税额，是指按照销售额和增值税征收率计算的增值税额，不得抵扣进项税额。应纳税额计算公式：

应纳税额＝销售额×征收率

第三十五条　简易计税方法的销售额不包括其应纳税额，纳税人采用销售额和应纳税额合并定价方法的，按照下列公式计算销售额：

销售额＝含税销售额÷（1＋征收率）

第三十六条　纳税人适用简易计税方法计税的，因销售折让、中止或者退回而退还给购买方的销售额，应当从当期销售额中扣减。扣减当期销售额后仍有余额造成多缴的税款，可以从以后的应纳税额中扣减。

第四节　销售额的确定

第三十七条　销售额，是指纳税人发生应税行为取得的全部价款和价外费用，财政部和国家税务总局另有规定的除外。

价外费用，是指价外收取的各种性质的收费，但不包括以下项目：

（一）代为收取并符合本办法第十条规定的政府性基金或者行政事业性收费。

（二）以委托方名义开具发票代委托方收取的款项。

第三十八条　销售额以人民币计算。

纳税人按照人民币以外的货币结算销售额的，应当折合成人民币计算，折合率可以选择销售额发生的当天或者当月1日的人民币汇率中间价。纳税人应当在事先确定采用何种折合率，确定后12个月内不得变更。

第三十九条　纳税人兼营销售货物、劳务、服务、无形资产或者不动产，适用不同税率或者征收率的，应当分别核算适用不同税率或者征收率的销售额；未分别核算的，从高适用税率。

第四十条　一项销售行为如果既涉及服务又涉及货物，为混合销售。从事货物的生产、批发或者零售的单位和个体工商户的混合销售行为，按照销售货物缴纳增值税；其他单位和个体工商户的混合销售行为，按照销售服务缴纳增值税。

本条所称从事货物的生产、批发或者零售的单位和个体工商户，包括以从事货物的生产、批发或者零售为主，并兼营销售服务的单位和个体工商户在内。

第四十一条　纳税人兼营免税、减税项目的，应当分别核算免税、减税项目的销售额；未分别核算的，不得免税、减税。

第四十二条　纳税人发生应税行为，开具增值税专用发票后，发生开票有误或者销售折让、中止、退回等情形的，应当按照国家税务总局的规定开具红字增值税专用发票；未按照规定开具红字增值税专用发票的，不得按照本办法第三十二条和第三十六条的规定扣减销项税额或者销售额。

第四十三条 纳税人发生应税行为，将价款和折扣额在同一张发票上分别注明的，以折扣后的价款为销售额；未在同一张发票上分别注明的，以价款为销售额，不得扣减折扣额。

第四十四条 纳税人发生应税行为价格明显偏低或者偏高且不具有合理商业目的的，或者发生本办法第十四条所列行为而无销售额的，主管税务机关有权按照下列顺序确定销售额：

（一）按照纳税人最近时期销售同类服务、无形资产或者不动产的平均价格确定。

（二）按照其他纳税人最近时期销售同类服务、无形资产或者不动产的平均价格确定。

（三）按照组成计税价格确定。组成计税价格的公式为：

组成计税价格 = 成本 ×（1+ 成本利润率）

成本利润率由国家税务总局确定。

不具有合理商业目的，是指以谋取税收利益为主要目的，通过人为安排，减少、免除、推迟缴纳增值税税款，或者增加退还增值税税款。

第五章　纳税义务、扣缴义务发生时间和纳税地点

第四十五条 增值税纳税义务、扣缴义务发生时间为：

（一）纳税人发生应税行为并收讫销售款项或者取得索取销售款项凭据的当天；先开具发票的，为开具发票的当天。

收讫销售款项，是指纳税人销售服务、无形资产、不动产过程中或者完成后收到款项。

取得索取销售款项凭据的当天，是指书面合同确定的付款日期；未签订书面合同或者书面合同未确定付款日期的，为服务、无形资产转让完成的当天或者不动产权属变更的当天。

（二）纳税人提供建筑服务、租赁服务采取预收款方式的，其纳税义务发生时间为收到预收款的当天。纳税人提供租赁服务采取预收款方式的，其纳税义务发生时间为收到预收款的当天。［**注**：根据 2017.07.11 财税〔2017〕58 号《财政部、国家税务总局关于建筑服务等营改增试点政策的通知》本项自 2017 年 7 月 1 日起修改为“纳税人提供租赁服务采取预收款方式的，其纳税义务发生时间为收到预收款的当天”；同时还规定纳税人提供建筑服务取得预收款，应在收到预收款时，以取得的预收款扣除支付的分包款后的余额，按照规定的预征率预缴增值税，详见：财税〔2017〕58 号］

（三）纳税人从事金融商品转让的，为金融商品所有权转移的当天。

（四）纳税人发生本办法第十四条规定情形的，其纳税义务发生时间为服务、无形资产转让完成的当天或者不动产权属变更的当天。

（五）增值税扣缴义务发生时间为纳税人增值税纳税义务发生的当天。

第四十六条 增值税纳税地点为：

（一）固定业户应当向其机构所在地或者居住地主管税务机关申报纳税。总机构和分支机构不在同一县（市）的，应当分别向各自所在地的主管税务机关申报纳税；经财政部和国家税务总局或者其授权的财政和税务机关批准，可以由总机构汇总向总机构所在地的主管税务机关申报纳税。

（二）非固定业户应当向应税行为发生地主管税务机关申报纳税；未申报纳税的，由其机构所在地或者居住地主管税务机关补征税款。

（三）其他个人提供建筑服务，销售或者租赁不动产，转让自然资源使用权，应向建筑服务发生地、不动产所在地、自然资源所在地主管税务机关申报纳税。

（四）扣缴义务人应当向其机构所在地或者居住地主管税务机关申报缴纳扣缴的税款。

第四十七条 增值税的纳税期限分别为 1 日、3 日、5 日、10 日、15 日、1 个月或者 1 个季度。纳税人的具体纳税期限，由主管税务机关根据纳税人应纳税额的大小分别核定。以 1 个季度为纳税期限的规定适用于小规模纳税人、银行、财务公司、信托投资公司、信用社，以及财政部和国家税务总局规定的其他纳税人。不能按照固定期限纳税的，可以按次纳税。

纳税人以 1 个月或者 1 个季度为 1 个纳税期的，自期满之日起 15 日内申报纳税；以 1 日、3 日、5 日、10 日或者 15 日为 1 个纳税期的，自期满之日起 5 日内预缴税款，于次月 1 日起 15 日内申报纳税并结清上月应纳税款。扣缴义务人解缴税款的期限，按照前两款规定执行。

［**注**：《国家税务总局关于营改增试点若干征管问题的公告》国家税务总局公告 2016 年第 53 号规定：以 1 个季度为纳税期限的增值税纳税人，其取得的全部增值税应税收入、消费税应税收入，均可以 1 个季度为纳税期限。］

第六章 税收减免的处理

第四十八条 纳税人发生应税行为适用免税、减税规定的，可以放弃免税、减税，依照本办法的规定缴纳增值税。放弃免税、减税后，36 个月内不得再申请免税、减税。

纳税人发生应税行为同时适用免税和零税率规定的，纳税人可以选择适用免税或者零税率。

第四十九条 个人发生应税行为的销售额未达到增值税起征点的，免征增值税；达到起征点的，全额计算缴纳增值税。

增值税起征点不适用于登记为一般纳税人的个体工商户。

第五十条 增值税起征点幅度如下：

（一）按期纳税的，为月销售额 5000-20000 元（含本数）。

（二）按次纳税的，为每次（日）销售额 300-500 元（含本数）。

起征点的调整由财政部和国家税务总局规定。省、自治区、直辖市财政厅（局）和国家税务局应当在规定的幅度内，根据实际情况确定本地区适用的起征点，并报财政部和国家税务总局备案。

对增值税小规模纳税人中月销售额未达到 2 万元的企业或非企业性单位，免征增值税。2017 年 12 月 31 日前，对月销售额 2 万元（含本数）至 3 万元的增值税小规模纳税人，免征增值税。

［**注**：《国家税务总局关于明确营改增试点若干征管问题的公告》（国家税务总局公告 2016 年第 26 号）规定：按差额前的销售额确定是否免税］

第七章　征收管理

第五十一条　营业税改征的增值税，由国家税务局负责征收。纳税人销售取得的不动产和其他个人出租不动产的增值税，国家税务局暂委托地方税务局代为征收。

《营业税改征增值税委托地税局代征税款和代开增值税发票的通知》（税总函〔2016〕145 号）

第五十二条　纳税人发生适用零税率的应税行为，应当按期向主管税务机关申报办理退（免）税，具体办法由财政部和国家税务总局制定。

第五十三条　纳税人发生应税行为，应当向索取增值税专用发票的购买方开具增值税专用发票，并在增值税专用发票上分别注明销售额和销项税额。

属于下列情形之一的，不得开具增值税专用发票：

（一）向消费者个人销售服务、无形资产或者不动产。

（二）适用免征增值税规定的应税行为。

第五十四条　小规模纳税人发生应税行为，购买方索取增值税专用发票的，可以向主管税务机关申请代开。

第五十五条　纳税人增值税的征收管理，按照本办法和《中华人民共和国税收征收管理法》及现行增值税征收管理有关规定执行。

［**注**：《国家税务总局关于全面推开营业税改征增值税试点后增值税纳税申报有关事项的公告》（国家税务总局公告 2016 年第 13 号）规定：纳税申报：申报表格（27 号公告有调整）及附列资料、其他资料、《增值税预缴税款表》］

［**注**：《国家税务总局关于调整增值税纳税申报有关事项的公告》（国家税务总局公告 2016 年第 27 号）规定：申报表附件调整、通行费发票计算抵扣填列］

［**注**：《国家税务总局关于营业税改征增值税部分试点纳税人增值税纳税申报有关事项调整的公告》（国家税务总局公告 2016 年第 30 号）规定：增加《营改增税负分析测算明细表》，用于从事建筑、房地产、金融或生活服务等经营业务的增值税一般纳税人。］

［**注**：《国家税务总局关于调整增值税一般纳税人留抵税额申报口径的公告》（国家税务总局公告 2016 年第 75 号）规定：一般纳税人增值税申报表附表一调整："上期留抵税额"、"期末留抵税额"取消本年累计，计入本月数。］

［**注**：《国家税务总局关于全面推开营业税改征增值税试点有关税收征收管理事项的公告》（国家税务总局公告 2016 年第 23 号）规定：征收管理：纳税申报期、一般纳税人登记、发票使用、发票开具、取消认证范围扩大、3 万元以下免税相关规定、金融机构汇总纳税］

［**注**：《国家税务总局关于营改增试点若干征管问题的公告》（国家税务总局公告 2016 年第 53 号）规定：国家税务总局公告 2016 年第 23 号附件《商品和服务税收分类与编码（试行）》中的分类编码进行相关调整，纳税人应将增值税税控开票软件升级到最新版本（v2.0.11）］

［注：《国家税务总局关于优化完善增值税发票查询平台功能有关事项的公告》（国家税务总局公告2016年第32号）规定：取消认证］

［注：《国家税务总局关于按照纳税信用等级对增值税发票使用实行分类管理有关事项的公告》（国家税务总局公告2016年第71号）规定：取消认证范围扩大为a、b、c级纳税人。］

［注：《国家税务总局关于部分地区开展住宿业增值税小规模纳税人自开增值税专用发票试点工作有关事项的公告》（国家税务总局公告2016年第44号）规定：住宿业增值税小规模纳税人自开增值税专用发票试点（91个城市）］

［注：国家税务总局公告2016年第71号规定：简并发票领购次数：a级3个月，b级2个月。］

［注：《国家税务总局关于红字增值税发票开具有关问题的公告》（国家税务总局公告2016年第47号规定）红票开具］

［注：《国家税务总局关于被盗、丢失增值税专用发票有关问题的公告》（国家税务总局公告2016年第50号）规定：取消专票丢失必须统一在《中国税务报》上刊登“遗失声明”的规定。］

［注：《国家税务总局关于走逃（失联）企业开具增值税专用发票认定处理有关问题的公告》（国家税务总局公告2016年第76号）规定：走逃（失联）企业开具异常发票的界定、增值税一般纳税人取得异常凭证的处理。］

［注：《国家税务总局关于发布增值税发票税控开票软件数据接口规范的公告》（国家税务总局公告2016年第25号）规定：税控开票］

［注：《国家税务总局关于启用增值税普通发票（卷票）有关事项的公告》（国家税务总局公告2016年第82号）规定：自2017年1月1日起启用增值税普通发票（卷票）。］

［注：《国家税务总局关于加强增值税税控系统管理有关问题的通知》《国家税务总局关于加强增值税税控系统管理有关问题的通知》（税总函〔2016〕368号）规定：购买增值税税控系统］

附：

销售服务、无形资产、不动产注释

一、销售服务

销售服务，是指提供交通运输服务、邮政服务、电信服务、建筑服务、金融服务、现代服务、生活服务。

（一）交通运输服务。

交通运输服务，是指利用运输工具将货物或者旅客送达目的地，使其空间位置得到转移的业务活动。包括陆路运输服务、水路运输服务、航空运输服务和管道运输服务。

1. 陆路运输服务。

陆路运输服务，是指通过陆路（地上或者地下）运送货物或者旅客的运输业务活动，包括铁路运输服务和其他陆路运输服务。

〔1〕铁路运输服务，是指通过铁路运送货物或者旅客的运输业务活动。

〔2〕其他陆路运输服务，是指铁路运输以外的陆路运输业务活动。包括公路运输、缆车运输、索道运输、地铁运输、城市轻轨运输等。

出租车公司向使用本公司自有出租车的出租车司机收取的管理费用，按照陆路运输服务缴纳增值税。

2. 水路运输服务。

水路运输服务，是指通过江、河、湖、川等天然、人工水道或者海洋航道运送货物或者旅客的运输业务活动。

水路运输的程租、期租业务，属于水路运输服务。

程租业务，是指运输企业为租船人完成某一特定航次的运输任务并收取租赁费的业务。

期租业务，是指运输企业将配备有操作人员的船舶承租给他人使用一定期限，承租期内听候承租方调遣，不论是否经营，均按天向承租方收取租赁费，发生的固定费用均由船东负担的业务。

3. 航空运输服务。

航空运输服务，是指通过空中航线运送货物或者旅客的运输业务活动。

航空运输的湿租业务，属于航空运输服务。

湿租业务，是指航空运输企业将配备有机组人员的飞机承租给他人使用一定期限，承租期内听候承租方调遣，不论是否经营，均按一定标准向承租方收取租赁费，发生的固定费用均由承租方承担的业务。

航天运输服务，按照航空运输服务缴纳增值税。

航天运输服务，是指利用火箭等载体将卫星、空间探测器等空间飞行器发射到空间轨道的业务活动。

4. 管道运输服务。

管道运输服务，是指通过管道设施输送气体、液体、固体物质的运输业务活动。

无运输工具承运业务，按照交通运输服务缴纳增值税。

无运输工具承运业务，是指经营者以承运人身份与托运人签订运输服务合同，收取运费并承担承运人责任，然后委托实际承运人完成运输服务的经营活动。

[**注**：2017.08.14 国家税务总局发布国家税务总局公告 2017 年第 30 号《国家税务总局关于跨境应税行为免税备案等增值税问题的公告》规定了纳税人以承运人身份与托运人签订运输服务合同，收取运费并承担承运人责任，然后委托实际承运人完成全部或部分运输服务时，自行采购并交给实际承运人使用的成品油和支付的道路、桥、闸通行费进项税额准予从销项税额抵扣的条件，详见：国家税务总局公告 2017 年第 30 号第二条。]

（二）邮政服务。

邮政服务，是指中国邮政集团公司及其所属邮政企业提供邮件寄递、邮政汇兑和机要通信等邮政基本服务的业务活动。包括邮政普遍服务、邮政特殊服务和其他邮政服务。

1. 邮政普遍服务。

邮政普遍服务，是指函件、包裹等邮件寄递，以及邮票发行、报刊发行和邮政汇兑等业务活动。

函件，是指信函、印刷品、邮资封片卡、无名址函件和邮政小包等。

包裹，是指按照封装上的名址递送给特定个人或者单位的独立封装的物品，其重量不超过五十千克，任何一边的尺寸不超过一百五十厘米，长、宽、高合计不超过三百厘米。

2. 邮政特殊服务。

邮政特殊服务，是指义务兵平常信函、机要通信、盲人读物和革命烈士遗物的寄递等业务活动。

3. 其他邮政服务。

其他邮政服务，是指邮册等邮品销售、邮政代理等业务活动。

（三）电信服务。

电信服务，是指利用有线、无线的电磁系统或者光电系统等各种通信网络资源，提供语音通话服务，传送、发射、接收或者应用图像、短信等电子数据和信息的业务活动。包括基础电信服务和增值电信服务。

1. 基础电信服务。

基础电信服务，是指利用固网、移动网、卫星、互联网，提供语音通话服务的业务活动，以及出租或者出售带宽、波长等网络元素的业务活动。

2. 增值电信服务。

增值电信服务，是指利用固网、移动网、卫星、互联网、有线电视网络，提供短信和彩信服务、电子数据和信息的传输及应用服务、互联网接入服务等业务活动。

卫星电视信号落地转接服务，按照增值电信服务缴纳增值税。

（四）建筑服务。

建筑服务，是指各类建筑物、构筑物及其附属设施的建造、修缮、装饰，线路、管道、设备、设施等的安装以及其他工程作业的业务活动。包括工程服务、安装服务、修缮服务、装饰服务和其他建筑服务。

［**注**：国家税务总局公告2016年第69号规定：纳税人提供建筑服务，被工程发包方从应支付的工程款中扣押的质押金、保证金，未开具发票的，以纳税人实际收到质押金、保证金的当天为纳税义务发生时间。］

1. 工程服务。

工程服务，是指新建、改建各种建筑物、构筑物的工程作业，包括与建筑物相连的各种设备或者支柱、操作平台的安装或者装设工程作业，以及各种窑炉和金属结构工程作业。

2. 安装服务。

安装服务，是指生产设备、动力设备、起重设备、运输设备、传动设备、医疗实验设备以及其他各种设备、设施的装配、安置工程作业，包括与被安装设备相连的工作台、梯子、栏杆的装设工程作业，以及被安装设备的绝缘、防腐、保温、油漆等工程作业。

固定电话、有线电视、宽带、水、电、燃气、暖气等经营者向用户收取的安装费、初装费、开户费、扩容费以及类似收费，按照安装服务缴纳增值税。

3. 修缮服务。

修缮服务，是指对建筑物、构筑物进行修补、加固、养护、改善，使之恢复原来的使用价值或者延长其使用期限的工程作业。

4. 装饰服务。

装饰服务，是指对建筑物、构筑物进行修饰装修，使之美观或者具有特定用途的工程作业。

［**注**：《财政部、国家税务总局关于明确金融、房地产开发、教育辅助服务等增值税政策的通知》（财税〔2016〕140 号）规定：物业服务企业为业主提供的装修服务，按照“建筑服务”缴纳增值税。］

5. 其他建筑服务。

其他建筑服务，是指上列工程作业之外的各种工程作业服务，如钻井（打井）、拆除建筑物或者构筑物、平整土地、园林绿化、疏浚（不包括航道疏浚）、建筑物平移、搭脚手架、爆破、矿山穿孔、表面附着物（包括岩层、土层、沙层等）剥离和清理等工程作业。

［**注**：《财政部、国家税务总局关于明确金融、房地产开发、教育辅助服务等增值税政策的通知》（财税〔2016〕140 号）规定：纳税人将建筑施工设备出租给他人使用并配备操作人员的，按照“建筑服务”缴纳增值税。］

（五）金融服务。

金融服务，是指经营金融保险的业务活动。包括贷款服务、直接收费金融服务、保险服务和金融商品转让。

［**注**：《财政部、国家税务总局关于明确金融、房地产开发、教育辅助服务等增值税政策的通知》（财税〔2016〕140 号）规定：资管产品运营过程中发生的增值税应税行为，以资管产品管理人为增值税纳税人。］

［**注**：《财政部、国家税务总局关于资管产品增值税有关问题的通知》（财税〔2017〕56 号）规定：明确资管产品增值税有关问题：对资管产品管理人运营资管产品过程中发生的增值税应税行为，暂适用简易计税方法，按照 3% 的征收率缴纳增值税。］

1. 贷款服务。

贷款，是指将资金贷与他人使用而取得利息收入的业务活动。

各种占用、拆借资金取得的收入，包括金融商品持有期间（含到期）利息（保本收益、报酬、资金占用费、补偿金等）收入、信用卡透支利息收入、买入返售金融商品利息收入、融资融券收取的利息收入，以及融资性售后回租、押汇、罚息、票据贴现、转贷等业务取得的利息及利息性质的收入，按照贷款服务缴纳增值税。

融资性售后回租，是指承租方以融资为目的，将资产出售给从事融资性售后回租业务的企业后，从事融资性售后回租业务的企业将该资产出租给承租方的业务活动。

以货币资金投资收取的固定利润或者保底利润，按照贷款服务缴纳增值税。

［**注**：《财政部、国家税务总局关于明确金融、房地产开发、教育辅助服务等增值税政策的通知》（财税〔2016〕140号）规定：其中“保本收益、报酬、资金占用费、补偿金”，是指合同中明确承诺到期本金可全部收回的投资收益。金融商品持有期间（含到期）取得的非保本的上述收益，不属于利息或利息性质的收入，不征收增值税。］

2. 直接收费金融服务。

直接收费金融服务，是指为货币资金融通及其他金融业务提供相关服务并且收取费用的业务活动。包括提供货币兑换、账户管理、电子银行、信用卡、信用证、财务担保、资产管理、信托管理、基金管理、金融交易场所（平台）管理、资金结算、资金清算、金融支付等服务。

3. 保险服务。

保险服务，是指投保人根据合同约定，向保险人支付保险费，保险人对于合同约定的可能发生的事故因其发生所造成的财产损失承担赔偿保险金责任，或者当被保险人死亡、伤残、疾病或者达到合同约定的年龄、期限等条件时承担给付保险金责任的商业保险行为。包括人身保险服务和财产保险服务。

［**注**：《国家税务总局关于个人保险代理人税收征管有关问题的公告》（国家税务总局公告2016年第45号）规定：人身保险服务，是指以人的寿命和身体为保险标的的保险业务活动。

财产保险服务，是指以财产及其有关利益为保险标的的保险业务活动。

个人保险代理人为保险企业提供保险代理服务税收征管有关问题：委托保险企业代征，申请汇总代开发票。

证券经纪人、信用卡和旅游等行业的个人代理人比照执行。］

［**注**：《国家税务总局关于土地价款扣除时间等增值税征管问题的公告》（国家税务总局公告2016年第86号）规定：保险公司开展共保业务时，按照以下规定开具增值税发票：（一）主承保人与投保人签订保险合同并全额收取保费，然后再与其他共保人签订共保协议并支付共保保费的，由主承保人向投保人全额开具发票，其他共保人向主承保人开具发票；（二）主承保人和其他共保人共同与投保人签订保险合同并分别收取保费的，由主承保人和其他共保人分别就各自获得的保费收入向投保人开具发票。］

4. 金融商品转让。

金融商品转让，是指转让外汇、有价证券、非货物期货和其他金融商品所有权的业务活动。

其他金融商品转让包括基金、信托、理财产品等各类资产管理产品和各种金融衍生品的转让。

［**注**：《财政部、国家税务总局关于明确金融、房地产开发、教育辅助服务等增值税政策的通知》（财税〔2016〕140号）规定：纳税人购入基金、信托、理财产品等各类资产管理产品持有至到期，不属于《销售服务、无形资产、不动产注释》（财税〔2016〕36号）第一条第（五）项第4点所称的金融商品转让。］

［**注**：《财政部、国家税务总局关于明确金融、房地产开发、教育辅助服务等增值税政策的通知》

（财税〔2016〕140号）规定：纳税人2016年1-4月份转让金融商品出现的负差，可结转下一纳税期，与2016年5-12月份转让金融商品销售额相抵。］

（六）现代服务。

现代服务，是指围绕制造业、文化产业、现代物流产业等提供技术性、知识性服务的业务活动。包括研发和技术服务、信息技术服务、文化创意服务、物流辅助服务、租赁服务、鉴证咨询服务、广播影视服务、商务辅助服务和其他现代服务。

1. 研发和技术服务。

研发和技术服务，包括研发服务、合同能源管理服务、工程勘察勘探服务、专业技术服务。

〔1〕研发服务，也称技术开发服务，是指就新技术、新产品、新工艺或者新材料及其系统进行研究与试验开发的业务活动。

〔2〕合同能源管理服务，是指节能服务公司与用能单位以契约形式约定节能目标，节能服务公司提供必要的服务，用能单位以节能效果支付节能服务公司投入及其合理报酬的业务活动。

〔3〕工程勘察勘探服务，是指在采矿、工程施工前后，对地形、地质构造、地下资源蕴藏情况进行实地调查的业务活动。

〔4〕专业技术服务，是指气象服务、地震服务、海洋服务、测绘服务、城市规划、环境与生态监测服务等专项技术服务。

2. 信息技术服务。

信息技术服务，是指利用计算机、通信网络等技术对信息进行生产、收集、处理、加工、存储、运输、检索和利用，并提供信息服务的业务活动。包括软件服务、电路设计及测试服务、信息系统服务、业务流程管理服务和信息系统增值服务。

〔1〕软件服务，是指提供软件开发服务、软件维护服务、软件测试服务的业务活动。

〔2〕电路设计及测试服务，是指提供集成电路和电子电路产品设计、测试及相关技术支持服务的业务活动。

〔3〕信息系统服务，是指提供信息系统集成、网络管理、网站内容维护、桌面管理与维护、信息系统应用、基础信息技术管理平台整合、信息技术基础设施管理、数据中心、托管中心、信息安全服务、在线杀毒、虚拟主机等业务活动。包括网站对非自有的网络游戏提供的网络运营服务。

〔4〕业务流程管理服务，是指依托信息技术提供的人力资源管理、财务经济管理、审计管理、税务管理、物流信息管理、经营信息管理和呼叫中心等服务的活动。

〔5〕信息系统增值服务，是指利用信息系统资源为用户附加提供的信息技术服务。包括数据处理、分析和整合、数据库管理、数据备份、数据存储、容灾服务、电子商务平台等。

3. 文化创意服务。

文化创意服务，包括设计服务、知识产权服务、广告服务和会议展览服务。

〔1〕设计服务，是指把计划、规划、设想通过文字、语言、图画、声音、视觉等形式传递出来的业务活动。包括工业设计、内部管理设计、业务运作设计、供应链设计、造型设计、服装设计、环境

设计、平面设计、包装设计、动漫设计、网游设计、展示设计、网站设计、机械设计、工程设计、广告设计、创意策划、文印晒图等。

〔2〕知识产权服务，是指处理知识产权事务的业务活动。包括对专利、商标、著作权、软件、集成电路布图设计的登记、鉴定、评估、认证、检索服务。

〔3〕广告服务，是指利用图书、报纸、杂志、广播、电视、电影、幻灯、路牌、招贴、橱窗、霓虹灯、灯箱、互联网等各种形式为客户的商品、经营服务项目、文体节目或者通告、声明等委托事项进行宣传和提供相关服务的业务活动。包括广告代理和广告的发布、播映、宣传、展示等。

〔4〕会议展览服务，是指为商品流通、促销、展示、经贸洽谈、民间交流、企业沟通、国际往来等举办或者组织安排的各类展览和会议的业务活动。

［**注**：《财政部、国家税务总局关于明确金融、房地产开发、教育辅助服务等增值税政策的通知》（财税〔2016〕140号）规定：宾馆、旅馆、旅社、度假村和其他经营性住宿场所提供会议场地及配套服务的活动，按照“会议展览服务”缴纳增值税。］

4. 物流辅助服务。

物流辅助服务，包括航空服务、港口码头服务、货运客运场站服务、打捞救助服务、装卸搬运服务、仓储服务和收派服务。

〔1〕航空服务，包括航空地面服务和通用航空服务。航空地面服务，是指航空公司、飞机场、民航管理局、航站等向在境内航行或者在境内机场停留的境内外飞机或者其他飞行器提供的导航等劳务性地面服务的业务活动。包括旅客安全检查服务、停机坪管理服务、机场候机厅管理服务、飞机清洗消毒服务、空中飞行管理服务、飞机起降服务、飞行通讯服务、地面信号服务、飞机安全服务、飞机跑道管理服务、空中交通管理服务等。

通用航空服务，是指为专业工作提供飞行服务的业务活动，包括航空摄影、航空培训、航空测量、航空勘探、航空护林、航空吊挂播洒、航空降雨、航空气象探测、航空海洋监测、航空科学实验等。

〔2〕港口码头服务，是指港务船舶调度服务、船舶通讯服务、航道管理服务、航道疏浚服务、灯塔管理服务、航标管理服务、船舶引航服务、理货服务、系解缆服务、停泊和移泊服务、海上船舶溢油清除服务、水上交通管理服务、船只专业清洗消毒检测服务和防止船只漏油服务等为船只提供服务的业务活动。

港口设施经营人收取的港口设施保安费按照港口码头服务缴纳增值税。

〔3〕货运客运场站服务，是指货运客运场站提供货物配载服务、运输组织服务、中转换乘服务、车辆调度服务、票务服务、货物打包整理、铁路线路使用服务、加挂铁路客车服务、铁路行包专列发送服务、铁路到达和中转服务、铁路车辆编解服务、车辆挂运服务、铁路接触网服务、铁路机车牵引服务等业务活动。

〔4〕打捞救助服务，是指提供船舶人员救助、船舶财产救助、水上救助和沉船沉物打捞服务的业务活动。

〔5〕装卸搬运服务，是指使用装卸搬运工具或者人力、畜力将货物在运输工具之间、装卸现场之

间或者运输工具与装卸现场之间进行装卸和搬运的业务活动。

〔6〕仓储服务，是指利用仓库、货场或者其他场所代客贮放、保管货物的业务活动。

〔7〕收派服务，是指接受寄件人委托，在承诺的时限内完成函件和包裹的收件、分拣、派送服务的业务活动。

收件服务，是指从寄件人收取函件和包裹，并运送到服务提供方同城的集散中心的业务活动。

分拣服务，是指服务提供方在其集散中心对函件和包裹进行归类、分发的业务活动。

派送服务，是指服务提供方从其集散中心将函件和包裹送达同城的收件人的业务活动。

5. 租赁服务。租赁服务，包括融资租赁服务和经营租赁服务。

〔1〕融资租赁服务，是指具有融资性质和所有权转移特点的租赁活动。即出租人根据承租人所要求的规格、型号、性能等条件购入有形动产或者不动产租赁给承租人，合同期内租赁物所有权属于出租人，承租人只拥有使用权，合同期满付清租金后，承租人有权按照残值购入租赁物，以拥有其所有权。不论出租人是否将租赁物销售给承租人，均属于融资租赁。

按照标的物的不同，融资租赁服务可分为有形动产融资租赁服务和不动产融资租赁服务。

融资性售后回租不按照本税目缴纳增值税。

［**注**：《财政部、国家税务总局关于明确金融、房地产开发、教育辅助服务等增值税政策的通知》（财税〔2016〕140号）规定：自2017年1月1日起，生产企业销售自产的海洋工程结构物，或者融资租赁企业及其设立的项目子公司、金融租赁公司及其设立的项目子公司购买并以融资租赁方式出租的国内生产企业生产的海洋工程结构物，应按规定缴纳增值税，不再适用《财政部、国家税务总局关于出口货物劳务增值税和消费税政策的通知》（财税〔2012〕39号）或者《财政部、国家税务总局关于在全国开展融资租赁货物出口退税政策试点的通知》（财税〔2014〕62号）规定的增值税出口退税政策，但购买方或者承租方为按实物征收增值税的中外合作油（气）田开采企业的除外。

2017年1月1日前签订的海洋工程结构物销售合同或者融资租赁合同，在合同到期前，可继续按现行相关出口退税政策执行。］

〔2〕经营租赁服务，是指在约定时间内将有形动产或者不动产转让他人使用且租赁物所有权不变更的业务活动。

按照标的物的不同，经营租赁服务可分为有形动产经营租赁服务和不动产经营租赁服务。

将建筑物、构筑物等不动产或者飞机、车辆等有形动产的广告位出租给其他单位或者个人用于发布广告，按照经营租赁服务缴纳增值税。

车辆停放服务、道路通行服务（包括过路费、过桥费、过闸费等）等按照不动产经营租赁服务缴纳增值税。

水路运输的光租业务、航空运输的干租业务，属于经营租赁。

光租业务，是指运输企业将船舶在约定的时间内出租给他人使用，不配备操作人员，不承担运输过程中发生的各项费用，只收取固定租赁费的业务活动。

干租业务，是指航空运输企业将飞机在约定的时间内出租给他人使用，不配备机组人员，不承担运输过程中发生的各项费用，只收取固定租赁费的业务活动。

6. 鉴证咨询服务。

鉴证咨询服务，包括认证服务、鉴证服务和咨询服务。

〔1〕认证服务，是指具有专业资质的单位利用检测、检验、计量等技术，证明产品、服务、管理体系符合相关技术规范、相关技术规范的强制性要求或者标准的业务活动。

〔2〕鉴证服务，是指具有专业资质的单位受托对相关事项进行鉴证，发表具有证明力的意见的业务活动。包括会计鉴证、税务鉴证、法律鉴证、职业技能鉴定、工程造价鉴证、工程监理、资产评估、环境评估、房地产土地评估、建筑图纸审核、医疗事故鉴定等。

〔3〕咨询服务，是指提供信息、建议、策划、顾问等服务的活动。包括金融、软件、技术、财务、税收、法律、内部管理、业务运作、流程管理、健康等方面的咨询。

翻译服务和市场调查服务按照咨询服务缴纳增值税。

7. 广播影视服务。

广播影视服务，包括广播影视节目（作品）的制作服务、发行服务和播映（含放映，下同）服务。

〔1〕广播影视节目（作品）制作服务，是指进行专题（特别节目）、专栏、综艺、体育、动画片、广播剧、电视剧、电影等广播影视节目和作品制作的服务。具体包括与广播影视节目和作品相关的策划、采编、拍摄、录音、音视频文字图片素材制作、场景布置、后期的剪辑、翻译（编译）、字幕制作、片头、片尾、片花制作、特效制作、影片修复、编目和确权等业务活动。

〔2〕广播影视节目（作品）发行服务，是指以分账、买断、委托等方式，向影院、电台、电视台、网站等单位和个人发行广播影视节目（作品）以及转让体育赛事等活动的报道及播映权的业务活动。

〔3〕广播影视节目（作品）播映服务，是指在影院、剧院、录像厅及其他场所播映广播影视节目（作品），以及通过电台、电视台、卫星通信、互联网、有线电视等无线或者有线装置播映广播影视节目（作品）的业务活动。

8. 商务辅助服务。商务辅助服务，包括企业管理服务、经纪代理服务、人力资源服务、安全保护服务。

〔1〕企业管理服务，是指提供总部管理、投资与资产管理、市场管理、物业管理、日常综合管理等服务的业务活动。

［**注**：《国家税务总局关于物业管理服务中收取的自来水水费增值税问题的公告》（国家税务总局公告2016年第54号）规定：提供物业管理服务的纳税人，向服务接受方收取的自来水水费，以扣除其对外支付的自来水水费后的余额为销售额，按照简易计税方法依3%的征收率计算缴纳增值税。］

〔2〕经纪代理服务，是指各类经纪、中介、代理服务。包括金融代理、知识产权代理、货物运输代理、代理报关、法律代理、房地产中介、职业中介、婚姻中介、代理记账、拍卖等。

货物运输代理服务，是指接受货物收货人、发货人、船舶所有人、船舶承租人或者船舶经营人的委托，以委托人的名义，为委托人办理货物运输、装卸、仓储和船舶进出港口、引航、靠泊等相关手续的业务活动。

代理报关服务，是指接受进出口货物的收、发货人委托，代为办理报关手续的业务活动。

［**注**：《国家税务总局关于在境外提供建筑服务等有关问题的公告》（国家税务总局公告2016年第69号）规定：纳税人代理进口按规定免征进口增值税的货物，其销售额不包括向委托方收取并代为支付的货款。向委托方收取并代为支付的款项，不得开具增值税专用发票，可以开具增值税普通发票。］

〔3〕人力资源服务，是指提供公共就业、劳务派遣、人才委托招聘、劳动力外包等服务的业务活动。

［**注**：《财政部、国家税务总局关于进一步明确全面推开营改增试点有关劳务派遣服务、收费公路通行费抵扣等政策的通知》（财税〔2016〕47号）规定：提供劳务派遣服务可以选择差额纳税，以取得的全部价款和价外费用，扣除代用工单位支付给劳务派遣员工的工资、福利和为其办理社会保险及住房公积金后的余额为销售额，按照简易计税方法依5%的征收率计算缴纳增值税。

选择差额纳税的纳税人，向用工单位收取用于支付给劳务派遣员工工资、福利和为其办理社会保险及住房公积金的费用，不得开具增值税专用发票，可以开具普通发票。］

［**注**：《财政部、国家税务总局关于进一步明确全面推开营改增试点有关劳务派遣服务、收费公路通行费抵扣等政策的通知》（财税〔2016〕47号）规定：纳税人提供人力资源外包服务，按照经纪代理服务缴纳增值税，其销售额不包括受客户单位委托代为向客户单位员工发放的工资和代理缴纳的社会保险、住房公积金。向委托方收取并代为发放的工资和代理缴纳的社会保险、住房公积金，不得开具增值税专用发票，可以开具普通发票。］

［**注**：《财政部、国家税务总局关于进一步明确全面推开营改增试点有关再保险不动产租赁和非学历教育等政策的通知》（财税〔2016〕68号）规定：纳税人提供安全保护服务，比照劳务派遣服务政策执行。］

〔4〕安全保护服务，是指提供保护人身安全和财产安全，维护社会治安等的业务活动。包括场所住宅保安、特种保安、安全系统监控以及其他安保服务。

［**注**：《财政部、国家税务总局关于明确金融、房地产开发、教育辅助服务等增值税政策的通知》（财税〔2016〕140号）规定：纳税人提供武装守护押运服务，按照"安全保护服务"缴纳增值税。］

9. 其他现代服务。

其他现代服务，是指除研发和技术服务、信息技术服务、文化创意服务、物流辅助服务、租赁服务、鉴证咨询服务、广播影视服务和商务辅助服务以外的现代服务。

（七）生活服务。

生活服务，是指为满足城乡居民日常生活需求提供的各类服务活动。包括文化体育服务、教育医疗服务、旅游娱乐服务、餐饮住宿服务、居民日常服务和其他生活服务。

1. 文化体育服务。

文化体育服务，包括文化服务和体育服务。

〔1〕文化服务，是指为满足社会公众文化生活需求提供的各种服务。包括：文艺创作、文艺表演、文化比赛，图书馆的图书和资料借阅，档案馆的档案管理，文物及非物质遗产保护，组织举办宗教活动、

科技活动、文化活动，提供游览场所。

〔2〕体育服务，是指组织举办体育比赛、体育表演、体育活动，以及提供体育训练、体育指导、体育管理的业务活动。

［注：《财政部、国家税务总局关于明确金融、房地产开发、教育辅助服务等增值税政策的通知》（财税〔2016〕140号）规定：纳税人在游览场所经营索道、摆渡车、电瓶车、游船等取得的收入，按照“文化体育服务”缴纳增值税。］

2. 教育医疗服务。

教育医疗服务，包括教育服务和医疗服务。

〔1〕教育服务，是指提供学历教育服务、非学历教育服务、教育辅助服务的业务活动。

学历教育服务，是指根据教育行政管理部门确定或者认可的招生和教学计划组织教学，并颁发相应学历证书的业务活动。包括初等教育、初级中等教育、高级中等教育、高等教育等。

非学历教育服务，包括学前教育、各类培训、演讲、讲座、报告会等。

教育辅助服务，包括教育测评、考试、招生等服务。

［注：《国家税务总局关于在境外提供建筑服务等有关问题的公告》（国家税务总局公告2016年第69号）规定：境外单位通过教育部考试中心及其直属单位在境内开展考试，教育部考试中心及其直属单位应以取得的考试费收入扣除支付给境外单位考试费后的余额为销售额，按提供“教育辅助服务”缴纳增值税；就代为收取并支付给境外单位的考试费统一扣缴增值税。教育部考试中心及其直属单位代为收取并支付给境外单位的考试费，不得开具增值税专用发票，可以开具增值税普通发票。］

［注：《财政部、国家税务总局关于明确金融、房地产开发、教育辅助服务等增值税政策的通知》（财税〔2016〕140号）规定：一般纳税人提供教育辅助服务，可以选择简易计税方法按照3%征收率计算缴纳增值税。］

〔2〕医疗服务，是指提供医学检查、诊断、治疗、康复、预防、保健、接生、计划生育、防疫服务等方面的服务，以及与这些服务有关的提供药品、医用材料器具、救护车、病房住宿和伙食的业务。

3. 旅游娱乐服务。

旅游娱乐服务，包括旅游服务和娱乐服务。

〔1〕旅游服务，是指根据旅游者的要求，组织安排交通、游览、住宿、餐饮、购物、文娱、商务等服务的业务活动。

［注：《国家税务总局关于在境外提供建筑服务等有关问题的公告》（国家税务总局公告2016年第69号）规定：纳税人提供旅游服务，将火车票、飞机票等交通费发票原件交付给旅游服务购买方而无法收回的，以交通费发票复印件作为差额扣除凭证。］

〔2〕娱乐服务，是指为娱乐活动同时提供场所和服务的业务。

具体包括：歌厅、舞厅、夜总会、酒吧、台球、高尔夫球、保龄球、游艺（包括射击、狩猎、跑马、游戏机、蹦极、卡丁车、热气球、动力伞、射箭、飞镖）。

4. 餐饮住宿服务。

餐饮住宿服务，包括餐饮服务和住宿服务。

〔1〕餐饮服务，是指通过同时提供饮食和饮食场所的方式为消费者提供饮食消费服务的业务活动。

［注：《国家税务总局关于明确营改增试点若干征管问题的公告》（国家税务总局公告 2016 年第 26 号）规定：餐饮行业增值税一般纳税人购进农业生产者自产农产品，可以使用国税机关监制的农产品收购发票，按照现行规定计算抵扣进项税额。（有条件可推进核定扣除办法）］

［《财政部、国家税务总局关于明确金融、房地产开发、教育辅助服务等增值税政策的通知》（财税〔2016〕140 号）规定：提供餐饮服务的纳税人销售的外卖食品，按照“餐饮服务”缴纳增值税。］

〔2〕住宿服务，是指提供住宿场所及配套服务等的活动。包括宾馆、旅馆、旅社、度假村和其他经营性住宿场所提供的住宿服务。

［注：《国家税务总局关于在境外提供建筑服务等有关问题的公告》（国家税务总局公告 2016 年第 69 号）规定：纳税人以长（短）租形式出租酒店式公寓并提供配套服务的，按照住宿服务缴纳增值税。］

［注：《国家税务总局关于在境外提供建筑服务等有关问题的公告》（国家税务总局公告 2016 年第 69 号）规定：全面开展住宿业小规模纳税人自行开具增值税专用发票试点。住宿业小规模纳税人销售其取得的不动产，需要开具增值税专用发票的，仍须向地税机关申请代开。如何申报。］

5. 居民日常服务。

居民日常服务，是指主要为满足居民个人及其家庭日常生活需求提供的服务，包括市容市政管理、家政、婚庆、养老、殡葬、照料和护理、救助救济、美容美发、按摩、桑拿、氧吧、足疗、沐浴、洗染、摄影扩印等服务。

6. 其他生活服务。

其他生活服务，是指除文化体育服务、教育医疗服务、旅游娱乐服务、餐饮住宿服务和居民日常服务之外的生活服务。

［注：《国家税务总局关于在境外提供建筑服务等有关问题的公告》（国家税务总局公告 2016 年第 69 号）规定：纳税人提供签证代理服务，以取得的全部价款和价外费用，扣除向服务接受方收取并代为支付给外交部和外国驻华使（领）馆的签证费、认证费后的余额为销售额。向服务接受方收取并代为支付的签证费、认证费，不得开具增值税专用发票，可以开具增值税普通发票。］

［注：《国家税务总局关于土地价款扣除时间等增值税征管问题的公告》（国家税务总局公告 2016 年第 86 号）规定：《财政部、国家税务总局关于明确金融、房地产开发、教育辅助服务等增值税政策的通知》财税〔2016〕140 号文件第九、十、十一、十四、十五、十六条明确的税目适用问题的处理］

二、销售无形资产

销售无形资产，是指转让无形资产所有权或者使用权的业务活动。无形资产，是指不具实物形态，但能带来经济利益的资产，包括技术、商标、著作权、商誉、自然资源使用权和其他权益性无形资产。

技术，包括专利技术和非专利技术。

自然资源使用权，包括土地使用权、海域使用权、探矿权、采矿权、取水权和其他自然资源使用权。

其他权益性无形资产，包括基础设施资产经营权、公共事业特许权、配额、经营权（包括特许经营权、连锁经营权、其他经营权）、经销权、分销权、代理权、会员权、席位权、网络游戏虚拟道具、域名、名称权、肖像权、冠名权、转会费等。

三、销售不动产

销售不动产，是指转让不动产所有权的业务活动。不动产，是指不能移动或者移动后会引起性质、形状改变的财产，包括建筑物、构筑物等。

建筑物，包括住宅、商业营业用房、办公楼等可供居住、工作或者进行其他活动的建造物。

构筑物，包括道路、桥梁、隧道、水坝等建造物。

转让建筑物有限产权或者永久使用权的，转让在建的建筑物或者构筑物所有权的，以及在转让建筑物或者构筑物时一并转让其所占土地的使用权的，按照销售不动产缴纳增值税。

附件 2：

营业税改征增值税试点有关事项的规定

一、营改增试点期间，试点纳税人［指按照《营业税改征增值税试点实施办法》（以下称《试点实施办法》）缴纳增值税的纳税人］有关政策

（一）兼营。

试点纳税人销售货物、加工修理修配劳务、服务、无形资产或者不动产适用不同税率或者征收率的，应当分别核算适用不同税率或者征收率的销售额，未分别核算销售额的，按照以下方法适用税率或者征收率：

1. 兼有不同税率的销售货物、加工修理修配劳务、服务、无形资产或者不动产，从高适用税率。

2. 兼有不同征收率的销售货物、加工修理修配劳务、服务、无形资产或者不动产，从高适用征收率。

3. 兼有不同税率和征收率的销售货物、加工修理修配劳务、服务、无形资产或者不动产，从高适用税率。

（二）不征收增值税项目。

1. 根据国家指令无偿提供的铁路运输服务、航空运输服务，属于《试点实施办法》第十四条规定的用于公益事业的服务。

2. 存款利息。

3. 被保险人获得的保险赔付。

4. 房地产主管部门或者其指定机构、公积金管理中心、开发企业以及物业管理单位代收的住宅专项维修资金。

5. 在资产重组过程中，通过合并、分立、出售、置换等方式，将全部或者部分实物资产以及与其相关联的债权、负债和劳动力一并转让给其他单位和个人，其中涉及的不动产、土地使用权转让行为。

［**注**：《财政部、国家税务总局关于进一步明确全面推开营改增试点有关再保险不动产租赁和非学历教育等政策的通知》（财税〔2016〕68号）规定：各党派、共青团、工会、妇联、中科协、青联、台联、侨联收取党费、团费、会费，以及政府间国际组织收取会费，属于非经营活动，不征收增值税。］

（三）销售额。

1. 贷款服务，以提供贷款服务取得的全部利息及利息性质的收入为销售额。

［**注**：《国家税务总局关于营改增试点若干征管问题的公告》（国家税务总局公告2016年第53号）规定：银行提供贷款服务按期计收利息的，结息日当日计收的全部利息收入，均应计入结息日所属期的销售额，按照现行规定计算缴纳增值税。］

2. 直接收费金融服务，以提供直接收费金融服务收取的手续费、佣金、酬金、管理费、服务费、经手费、开户费、过户费、结算费、转托管费等各类费用为销售额。

3. 金融商品转让，按照卖出价扣除买入价后的余额为销售额。

转让金融商品出现的正负差，按盈亏相抵后的余额为销售额。若相抵后出现负差，可结转下一纳税期与下期转让金融商品销售额相抵，但年末时仍出现负差的，不得转入下一个会计年度。

金融商品的买入价，可以选择按照加权平均法或者移动加权平均法进行核算，选择后36个月内不得变更。

金融商品转让，不得开具增值税专用发票。

［**注**：《国家税务总局关于营改增试点若干征管问题的公告》（国家税务总局公告2016年第53号）规定：单位将其持有的限售股在解禁流通后对外转让的，应按照规定确定买入价。］

4. 经纪代理服务，以取得的全部价款和价外费用，扣除向委托方收取并代为支付的政府性基金或者行政事业性收费后的余额为销售额。向委托方收取的政府性基金或者行政事业性收费，不得开具增值税专用发票。

5. 融资租赁和融资性售后回租业务。

［**注**：《财政部、国家税务总局关于明确金融、房地产开发、教育辅助服务等增值税政策的通知》（财税〔2016〕140号）规定：其中“人民银行、银监会或者商务部批准”、“商务部授权的省级商务主管部门和国家经济技术开发区批准”从事融资租赁业务（含融资性售后回租业务）的试点纳税人（含试点纳税人中的一般纳税人），包括经上述部门备案从事融资租赁业务的试点纳税人。］

〔1〕经人民银行、银监会或者商务部批准从事融资租赁业务的试点纳税人，提供融资租赁服务，以取得的全部价款和价外费用，扣除支付的借款利息（包括外汇借款和人民币借款利息）、发行债券利息和车辆购置税后的余额为销售额。

〔2〕经人民银行、银监会或者商务部批准从事融资租赁业务的试点纳税人，提供融资性售后回租

服务，以取得的全部价款和价外费用（不含本金），扣除对外支付的借款利息（包括外汇借款和人民币借款利息）、发行债券利息后的余额作为销售额。

〔3〕试点纳税人根据2016年4月30日前签订的有形动产融资性售后回租合同，在合同到期前提供的有形动产融资性售后回租服务，可继续按照有形动产融资租赁服务缴纳增值税。

继续按照有形动产融资租赁服务缴纳增值税的试点纳税人，经人民银行、银监会或者商务部批准从事融资租赁业务的，根据2016年4月30日前签订的有形动产融资性售后回租合同，在合同到期前提供的有形动产融资性售后回租服务，可以选择以下方法之一计算销售额：

① 以向承租方收取的全部价款和价外费用，扣除向承租方收取的价款本金，以及对外支付的借款利息（包括外汇借款和人民币借款利息）、发行债券利息后的余额为销售额。

纳税人提供有形动产融资性售后回租服务，计算当期销售额时可以扣除的价款本金，为书面合同约定的当期应当收取的本金。无书面合同或者书面合同没有约定的，为当期实际收取的本金。

试点纳税人提供有形动产融资性售后回租服务，向承租方收取的有形动产价款本金，不得开具增值税专用发票，可以开具普通发票。

② 以向承租方收取的全部价款和价外费用，扣除支付的借款利息（包括外汇借款和人民币借款利息）、发行债券利息后的余额为销售额。

〔4〕经商务部授权的省级商务主管部门和国家经济技术开发区批准的从事融资租赁业务的试点纳税人，2016年5月1日后实收资本达到1.7亿元的，从达到标准的当月起按照上述第〔1〕、〔2〕、〔3〕点规定执行；2016年5月1日后实收资本未达到1.7亿元但注册资本达到1.7亿元的，在2016年7月31日前仍可按照上述第〔1〕、〔2〕、〔3〕点规定执行，2016年8月1日后开展的融资租赁业务和融资性售后回租业务不得按照上述第〔1〕、〔2〕、〔3〕点规定执行。

6. 航空运输企业的销售额，不包括代收的机场建设费和代售其他航空运输企业客票而代收转付的价款。

7. 试点纳税人中的一般纳税人（以下称一般纳税人）提供客运场站服务，以其取得的全部价款和价外费用，扣除支付给承运方运费后的余额为销售额。

8. 试点纳税人提供旅游服务，可以选择以取得的全部价款和价外费用，扣除向旅游服务购买方收取并支付给其他单位或者个人的住宿费、餐饮费、交通费、签证费、门票费和支付给其他接团旅游企业的旅游费用后的余额为销售额。

选择上述办法计算销售额的试点纳税人，向旅游服务购买方收取并支付的上述费用，不得开具增值税专用发票，可以开具普通发票。

9. 试点纳税人提供建筑服务适用简易计税方法的，以取得的全部价款和价外费用扣除支付的分包款后的余额为销售额。

10. 房地产开发企业中的一般纳税人销售其开发的房地产项目（选择简易计税方法的房地产老项目除外），以取得的全部价款和价外费用，扣除受让土地时向政府部门支付的土地价款后的余额为销售额。

房地产老项目，是指《建筑工程施工许可证》注明的合同开工日期在 2016 年 4 月 30 日前的房地产项目。

［注：《财政部、国家税务总局关于明确金融、房地产开发、教育辅助服务等增值税政策的通知》（财税〔2016〕140 号）规定：其中“向政府部门支付的土地价款”，包括土地受让人向政府部门支付的征地和拆迁补偿费用、土地前期开发费用和土地出让收益等。

房地产开发企业中的一般纳税人销售其开发的房地产项目（选择简易计税方法的房地产老项目除外），在取得土地时向其他单位或个人支付的拆迁补偿费用也允许在计算销售额时扣除。纳税人按上述规定扣除拆迁补偿费用时，应提供拆迁协议、拆迁双方支付和取得拆迁补偿费用凭证等能够证明拆迁补偿费用真实性的材料。］

［注：《国家税务总局关于土地价款扣除时间等增值税征管问题的公告》（国家税务总局公告 2016 年第 86 号）规定：房地产开发企业向政府部门支付的土地价款，以及向其他单位或个人支付的拆迁补偿费用，按照财税〔2016〕140 号文件第七、八条规定，允许在计算销售额时扣除但未扣除的，从 2016 年 12 月份（税款所属期）起按照现行规定计算扣除。］

11. 试点纳税人按照上述 4–10 款的规定从全部价款和价外费用中扣除的价款，应当取得符合法律、行政法规和国家税务总局规定的有效凭证。否则，不得扣除。

上述凭证是指：

〔1〕支付给境内单位或者个人的款项，以发票为合法有效凭证。

〔2〕支付给境外单位或者个人的款项，以该单位或者个人的签收单据为合法有效凭证，税务机关对签收单据有疑议的，可以要求其提供境外公证机构的确认证明。

〔3〕缴纳的税款，以完税凭证为合法有效凭证。

〔4〕扣除的政府性基金、行政事业性收费或者向政府支付的土地价款，以省级以上（含省级）财政部门监（印）制的财政票据为合法有效凭证。

〔5〕国家税务总局规定的其他凭证。纳税人取得的上述凭证属于增值税扣税凭证的，其进项税额不得从销项税额中抵扣。

（四）进项税额。

1. 适用一般计税方法的试点纳税人，2016 年 5 月 1 日后取得并在会计制度上按固定资产核算的不动产或者 2016 年 5 月 1 日后取得的不动产在建工程，其进项税额应自取得之日起分 2 年从销项税额中抵扣，第一年抵扣比例为 60%，第二年抵扣比例为 40%。

取得不动产，包括以直接购买、接受捐赠、接受投资入股、自建以及抵债等各种形式取得不动产，不包括房地产开发企业自行开发的房地产项目。

融资租入的不动产以及在施工现场修建的临时建筑物、构筑物，其进项税额不适用上述分 2 年抵扣的规定。

［注：根据 2019.03.20 财政部、国家税务总局、海关总署公告 2019 年第 39 号《财政部、国家税务总局、海关总署关于深化增值税改革有关政策的公告》本点自 2019 年 4 月 1 日起停止执行，纳税人

取得不动产或者不动产在建工程的进项税额不再分2年抵扣。此前按照上述规定尚未抵扣完毕的待抵扣进项税额，可自2019年4月税款所属期起从销项税额中抵扣。]

2. 按照《试点实施办法》第二十七条第（一）项规定不得抵扣且未抵扣进项税额的固定资产、无形资产、不动产，发生用途改变，用于允许抵扣进项税额的应税项目，可在用途改变的次月按照下列公式计算可以抵扣的进项税额：

可以抵扣的进项税额＝固定资产、无形资产、不动产净值/（1+适用税率）×适用税率上述可以抵扣的进项税额应取得合法有效的增值税扣税凭证。

3. 纳税人接受贷款服务向贷款方支付的与该笔贷款直接相关的投融资顾问费、手续费、咨询费等费用，其进项税额不得从销项税额中抵扣。

［**注**：《财政部、国家税务总局关于收费公路通行费增值税抵扣有关问题的通知》（财税〔2016〕86号）规定：收费公路通行费增值税抵扣进项税额计算］

（五）一般纳税人资格登记。

《试点实施办法》第三条规定的年应税销售额标准为500万元（含本数）。财政部和国家税务总局可以对年应税销售额标准进行调整。

（六）计税方法。

一般纳税人发生下列应税行为可以选择适用简易计税方法计税：

1. 公共交通运输服务。

公共交通运输服务，包括轮客渡、公交客运、地铁、城市轻轨、出租车、长途客运、班车。

班车，是指按固定路线、固定时间运营并在固定站点停靠的运送旅客的陆路运输服务。

2. 经认定的动漫企业为开发动漫产品提供的动漫脚本编撰、形象设计、背景设计、动画设计、分镜、动画制作、摄制、描线、上色、画面合成、配音、配乐、音效合成、剪辑、字幕制作、压缩转码（面向网络动漫、手机动漫格式适配）服务，以及在境内转让动漫版权（包括动漫品牌、形象或者内容的授权及再授权）。

动漫企业和自主开发、生产动漫产品的认定标准和认定程序，按照《文化部财政部　国家税务总局关于印发〈动漫企业认定管理办法（试行）〉的通知》（文市发〔2008〕51号）的规定执行。

3. 电影放映服务、仓储服务、装卸搬运服务、收派服务和文化体育服务。

4. 以纳入营改增试点之日前取得的有形动产为标的物提供的经营租赁服务。

5. 在纳入营改增试点之日前签订的尚未执行完毕的有形动产租赁合同。

［**注**：《财政部、国家税务总局关于进一步明确全面推开营改增试点金融业有关政策的通知》（财税〔2016〕46号）规定：农村信用社、村镇银行、农村资金互助社、由银行业机构全资发起设立的贷款公司、法人机构在县（县级市、区、旗）及县以下地区的农村合作银行和农村商业银行提供金融服务收入，可以选择适用简易计税方法按照3%的征收率计算缴纳增值税。

对中国农业银行纳入“三农金融事业部”改革试点的各省、自治区、直辖市、计划单列市分行下辖的县域支行和新疆生产建设兵团分行下辖的县域支行（也称县事业部），提供农户贷款、农村企业

和农村各类组织贷款（具体贷款业务清单见附件）取得的利息收入，可以选择适用简易计税方法按照3%的征收率计算缴纳增值税。］

［注：《财政部、国家税务总局关于进一步明确全面推开营改增试点有关劳务派遣服务、收费公路通行费抵扣等政策的通知》（财税〔2016〕47号）规定：一般纳税人提供人力资源外包服务，可以选择适用简易计税方法，按照5%的征收率计算缴纳增值税。］

［注：《财政部、国家税务总局关于进一步明确全面推开营改增试点有关再保险不动产租赁和非学历教育等政策的通知》（财税〔2016〕68号）规定：一般纳税人提供非学历教育服务，可以选择适用简易计税方法按照3%征收率计算应纳税额。］

［注：《财政部、国家税务总局关于明确金融、房地产开发、教育辅助服务等增值税政策的通知》（财税〔2016〕140号）规定：非企业性单位中的一般纳税人提供的研发和技术服务、信息技术服务、鉴证咨询服务，以及销售技术、著作权等无形资产，可以选择简易计税方法按照3%征收率计算缴纳增值税。

非企业性单位中的一般纳税人提供《营业税改征增值税试点过渡政策的规定》（财税〔2016〕36号）第一条第（二十六）项中的“技术转让、技术开发和与之相关的技术咨询、技术服务”，可以参照上述规定，选择简易计税方法按照3%征收率计算缴纳增值税。］

（七）建筑服务。

1. 一般纳税人以清包工方式提供的建筑服务，可以选择适用简易计税方法计税。

以清包工方式提供建筑服务，是指施工方不采购建筑工程所需的材料或只采购辅助材料，并收取人工费、管理费或者其他费用的建筑服务。

2. 一般纳税人为甲供工程提供的建筑服务，可以选择适用简易计税方法计税。

甲供工程，是指全部或部分设备、材料、动力由工程发包方自行采购的建筑工程。

3. 一般纳税人为建筑工程老项目提供的建筑服务，可以选择适用简易计税方法计税。

建筑工程老项目，是指：

〔1〕《建筑工程施工许可证》注明的合同开工日期在2016年4月30日前的建筑工程项目；

〔2〕未取得《建筑工程施工许可证》的，建筑工程承包合同注明的开工日期在2016年4月30日前的建筑工程项目。

［注：2017年11月26日，国家税务总局就建筑服务增值税简易计税方法备案事项发布国家税务总局公告2017年第43号《国家税务总局关于简化建筑服务增值税简易计税方法备案事项的公告》，自2018年1月1日起施行，详见：国家税务总局公告2017年第43号。］

4. 一般纳税人跨县（市）提供建筑服务，适用一般计税方法计税的，应以取得的全部价款和价外费用为销售额计算应纳税额。纳税人应以取得的全部价款和价外费用扣除支付的分包款后的余额，按照2%的预征率在建筑服务发生地预缴税款后，向机构所在地主管税务机关进行纳税申报。

5. 一般纳税人跨县（市）提供建筑服务，选择适用简易计税方法计税的，应以取得的全部价款和价外费用扣除支付的分包款后的余额为销售额，按照3%的征收率计算应纳税额。纳税人应按照上述计税方法在建筑服务发生地预缴税款后，向机构所在地主管税务机关进行纳税申报。

6. 试点纳税人中的小规模纳税人（以下称小规模纳税人）跨县（市）提供建筑服务，应以取得的全部价款和价外费用扣除支付的分包款后的余额为销售额，按照3%的征收率计算应纳税额。

纳税人应按照上述计税方法在建筑服务发生地预缴税款后，向机构所在地主管税务机关进行纳税申报。

（八）销售不动产。

1. 一般纳税人销售其2016年4月30日前取得（不含自建）的不动产，可以选择适用简易计税方法，以取得的全部价款和价外费用减去该项不动产购置原价或者取得不动产时的作价后的余额为销售额，按照5%的征收率计算应纳税额。纳税人应按照上述计税方法在不动产所在地预缴税款后，向机构所在地主管税务机关进行纳税申报。

2. 一般纳税人销售其2016年4月30日前自建的不动产，可以选择适用简易计税方法，以取得的全部价款和价外费用为销售额，按照5%的征收率计算应纳税额。纳税人应按照上述计税方法在不动产所在地预缴税款后，向机构所在地主管税务机关进行纳税申报。

3. 一般纳税人销售其2016年5月1日后取得（不含自建）的不动产，应适用一般计税方法，以取得的全部价款和价外费用为销售额计算应纳税额。纳税人应以取得的全部价款和价外费用减去该项不动产购置原价或者取得不动产时的作价后的余额，按照5%的预征率在不动产所在地预缴税款后，向机构所在地主管税务机关进行纳税申报。

4. 一般纳税人销售其2016年5月1日后自建的不动产，应适用一般计税方法，以取得的全部价款和价外费用为销售额计算应纳税额。纳税人应以取得的全部价款和价外费用，按照5%的预征率在不动产所在地预缴税款后，向机构所在地主管税务机关进行纳税申报。

5. 小规模纳税人销售其取得（不含自建）的不动产（不含个体工商户销售购买的住房和其他个人销售不动产），应以取得的全部价款和价外费用减去该项不动产购置原价或者取得不动产时的作价后的余额为销售额，按照5%的征收率计算应纳税额。纳税人应按照上述计税方法在不动产所在地预缴税款后，向机构所在地主管税务机关进行纳税申报。

6. 小规模纳税人销售其自建的不动产，应以取得的全部价款和价外费用为销售额，按照5%的征收率计算应纳税额。纳税人应按照上述计税方法在不动产所在地预缴税款后，向机构所在地主管税务机关进行纳税申报。

7. 房地产开发企业中的一般纳税人，销售自行开发的房地产老项目，可以选择适用简易计税方法按照5%的征收率计税。

8. 房地产开发企业中的小规模纳税人，销售自行开发的房地产项目，按照5%的征收率计税。

9. 房地产开发企业采取预收款方式销售所开发的房地产项目，在收到预收款时按照3%的预征率预缴增值税。

10. 个体工商户销售购买的住房，应按照附件3《营业税改征增值税试点过渡政策的规定》第五条的规定征免增值税。纳税人应按照上述计税方法在不动产所在地预缴税款后，向机构所在地主管税务机关进行纳税申报。

11. 其他个人销售其取得（不含自建）的不动产（不含其购买的住房），应以取得的全部价款和价外费用减去该项不动产购置原价或者取得不动产时的作价后的余额为销售额，按照5%的征收率计算应纳税额。

［**注**：《纳税人转让不动产增值税征收管理暂行办法》（国家税务总局公告2016年第14号）规定：纳税人转让2016年4月30日前取得的土地使用权，可以选择适用简易计税方法，以取得的全部价款和价外费用减去取得该土地使用权的原价后的余额为销售额，按照5%的征收率计算缴纳增值税。

《财政部、国家税务总局关于进一步明确全面推开营改增试点有关劳务派遣服务、收费公路通行费抵扣等政策的通知》（财税〔2016〕47号）］

［**注**：《房地产开发企业销售自行开发的房地产项目增值税征收管理暂行办法》（国家税务总局公告2016年第18号）规定：房地产开发企业销售自行开发的房地产项目不适用本办法。］

［**注**：《国家税务总局关于土地价款扣除时间等增值税征管问题的公告》（国家税务总局公告2016年第86号）规定：国家税务总局公告2016年第18号......补充规定——公告第五条中，“当期销售房地产项目建筑面积”“房地产项目可供销售建筑面积”，是指计容积率地上建筑面积，不包括地下车位建筑面积。］

［**注**：《国家税务总局关于纳税人销售其取得的不动产办理产权过户手续使用的增值税发票联次问题的通知》（税总函〔2016〕190号）规定：纳税人销售其取得的不动产，自行开具或者税务机关代开增值税发票时，使用六联增值税专用发票或者五联增值税普通发票。纳税人办理产权过户手续需要使用发票的，可以使用增值税专用发票第六联或者增值税普通发票第三联。］

［**注**：《国家税务总局关于纳税人转让不动产缴纳增值税差额扣除有关问题的公告》（国家税务总局公告2016年第73号）规定：如因丢失等原因无法提供取得不动产时的发票，可向税务机关提供其他能证明契税计税金额的完税凭证等资料，进行差额扣除。公式：（一）2016年4月30日及以前缴纳契税的：增值税应纳税额=［全部交易价格（含增值税）-契税计税金额（含营业税）］÷（1+5%）×5%（二）2016年5月1日及以后缴纳契税的：增值税应纳税额=［全部交易价格（含增值税）÷（1+5%）-契税计税金额（不含增值税）］×5%。纳税人同时保留取得不动产时的发票和其他能证明契税计税金额的完税凭证等资料的，应当凭发票进行差额扣除。］

（九）不动产经营租赁服务。

1. 一般纳税人出租其2016年4月30日前取得的不动产，可以选择适用简易计税方法，按照5%的征收率计算应纳税额。纳税人出租其2016年4月30日前取得的与机构所在地不在同一县（市）的不动产，应按照上述计税方法在不动产所在地预缴税款后，向机构所在地主管税务机关进行纳税申报。

2. 公路经营企业中的一般纳税人收取试点前开工的高速公路的车辆通行费，可以选择适用简易计税方法，减按3%的征收率计算应纳税额。

试点前开工的高速公路，是指相关施工许可证明上注明的合同开工日期在2016年4月30日前的高速公路。

3. 一般纳税人出租其2016年5月1日后取得的、与机构所在地不在同一县（市）的不动产，应按照3%的预征率在不动产所在地预缴税款后，向机构所在地主管税务机关进行纳税申报。

4. 小规模纳税人出租其取得的不动产（不含个人出租住房），应按照5%的征收率计算应纳税额。

纳税人出租与机构所在地不在同一县（市）的不动产，应按照上述计税方法在不动产所在地预缴税款后，向机构所在地主管税务机关进行纳税申报。

5. 其他个人出租其取得的不动产（不含住房），应按照5%的征收率计算应纳税额。

6. 个人出租住房，应按照5%的征收率减按1.5%计算应纳税额。

［**注**：《财政部、国家税务总局关于进一步明确全面推开营改增试点有关劳务派遣服务、收费公路通行费抵扣等政策的通知》（财税〔2016〕47号）规定：纳税人以经营租赁方式将土地出租给他人使用，按照不动产经营租赁服务缴纳增值税。］

［**注**：《财政部、国家税务总局关于进一步明确全面推开营改增试点有关劳务派遣服务、收费公路通行费抵扣等政策的通知》（财税〔2016〕47号）规定：一般纳税人2016年4月30日前签订的不动产融资租赁合同，或以2016年4月30日前取得的不动产提供的融资租赁服务，可以选择适用简易计税方法，按照5%的征收率计算缴纳增值税。］

［**注**：《财政部、国家税务总局关于进一步明确全面推开营改增试点有关再保险不动产租赁和非学历教育等政策的通知》（财税〔2016〕68号）规定：房地产开发企业从事不动产经营租赁：房地产开发企业中的一般纳税人，出租自行开发的房地产老项目、出租其2016年5月1日后自行开发的与机构所在地不在同一县（市）的房地产项目

房地产开发企业中的小规模纳税人，出租自行开发的房地产项目］

［**注**：《财政部、国家税务总局关于明确金融、房地产开发、教育辅助服务等增值税政策的通知》（财税〔2016〕140号）规定：房地产开发企业（包括多个房地产开发企业组成的联合体）受让土地向政府部门支付土地价款后，设立项目公司对该受让土地进行开发，同时符合下列条件的，可由项目公司按规定扣除房地产开发企业向政府部门支付的土地价款。

（一）房地产开发企业、项目公司、政府部门三方签订变更协议或补充合同，将土地受让人变更为项目公司；（二）政府部门出让土地的用途、规划等条件不变的情况下，签署变更协议或补充合同时，土地价款总额不变；（三）项目公司的全部股权由受让土地的房地产开发企业持有。］

（十）一般纳税人销售其2016年4月30日前取得的不动产（不含自建），适用一般计税方法计税的，以取得的全部价款和价外费用为销售额计算应纳税额。上述纳税人应以取得的全部价款和价外费用减去该项不动产购置原价或者取得不动产时的作价后的余额，按照5%的预征率在不动产所在地预缴税款后，向机构所在地主管税务机关进行纳税申报。

房地产开发企业中的一般纳税人销售房地产老项目，以及一般纳税人出租其2016年4月30日前取得的不动产，适用一般计税方法计税的，应以取得的全部价款和价外费用，按照3%的预征率在不动产所在地预缴税款后，向机构所在地主管税务机关进行纳税申报。

一般纳税人销售其2016年4月30日前自建的不动产，适用一般计税方法计税的，应以取得的全部价款和价外费用为销售额计算应纳税额。纳税人应以取得的全部价款和价外费用，按照5%的预征率在不动产所在地预缴税款后，向机构所在地主管税务机关进行纳税申报。

（十一）一般纳税人跨省（自治区、直辖市或者计划单列市）提供建筑服务或者销售、出租取得的与机构所在地不在同一省（自治区、直辖市或者计划单列市）的不动产，在机构所在地申报纳税时，计算的应纳税额小于已预缴税额，且差额较大的，由国家税务总局通知建筑服务发生地或者不动产所在地省级税务机关，在一定时期内暂停预缴增值税。

（十二）纳税地点。

属于固定业户的试点纳税人，总分支机构不在同一县（市），但在同一省（自治区、直辖市、计划单列市）范围内的，经省（自治区、直辖市、计划单列市）财政厅（局）和国家税务局批准，可以由总机构汇总向总机构所在地的主管税务机关申报缴纳增值税。

（十三）试点前发生的业务。

1. 试点纳税人发生应税行为，按照国家有关营业税政策规定差额征收营业税的，因取得的全部价款和价外费用不足以抵减允许扣除项目金额，截至纳入营改增试点之日前尚未扣除的部分，不得在计算试点纳税人增值税应税销售额时抵减，应当向原主管地税机关申请退还营业税。

2. 试点纳税人发生应税行为，在纳入营改增试点之日前已缴纳营业税，营改增试点后因发生退款减除营业额的，应当向原主管地税机关申请退还已缴纳的营业税。

3. 试点纳税人纳入营改增试点之日前发生的应税行为，因税收检查等原因需要补缴税款的，应按照营业税政策规定补缴营业税。

（十四）销售使用过的固定资产。

一般纳税人销售自己使用过的、纳入营改增试点之日前取得的固定资产，按照现行旧货相关增值税政策执行。

使用过的固定资产，是指纳税人符合《试点实施办法》第二十八条规定并根据财务会计制度已经计提折旧的固定资产。

（十五）扣缴增值税适用税率。

境内的购买方为境外单位和个人扣缴增值税的，按照适用税率扣缴增值税。

（十六）其他规定。

1. 试点纳税人销售电信服务时，附带赠送用户识别卡、电信终端等货物或者电信服务的，应将其取得的全部价款和价外费用进行分别核算，按各自适用的税率计算缴纳增值税。

2. 油气田企业发生应税行为，适用《试点实施办法》规定的增值税税率，不再适用《财政部 国家税务总局关于印发〈油气田企业增值税管理办法〉的通知》（财税〔2009〕8号）规定的增值税税率。

二、原增值税纳税人［指按照《中华人民共和国增值税暂行条例》（国务院令第 538 号）（以下称《增值税暂行条例》）缴纳增值税的纳税人］有关政策

（一）进项税额。

1. 原增值税一般纳税人购进服务、无形资产或者不动产，取得的增值税专用发票上注明的增值税额为进项税额，准予从销项税额中抵扣。

2016 年 5 月 1 日后取得并在会计制度上按固定资产核算的不动产或者 2016 年 5 月 1 日后取得的不动产在建工程，其进项税额应自取得之日起分 2 年从销项税额中抵扣，第一年抵扣比例为 60%，第二年抵扣比例为 40%。

融资租入的不动产以及在施工现场修建的临时建筑物、构筑物，其进项税额不适用上述分 2 年抵扣的规定。

［**注**：根据 2019.03.20 财政部、国家税务总局、海关总署公告 2019 年第 39 号《财政部、国家税务总局、海关总署关于深化增值税改革有关政策的公告》本文《营业税改征增值税试点有关事项的规定》第一条第（四）项第 1 点、第二条第（一）项第 1 点停止执行，纳税人取得不动产或者不动产在建工程的进项税额不再分 2 年抵扣。此前按照上述规定尚未抵扣完毕的待抵扣进项税额，可自 2019 年 4 月税款所属期起从销项税额中抵扣。］

2. 原增值税一般纳税人自用的应征消费税的摩托车、汽车、游艇，其进项税额准予从销项税额中抵扣。

3. 原增值税一般纳税人从境外单位或者个人购进服务、无形资产或者不动产，按照规定应当扣缴增值税的，准予从销项税额中抵扣的进项税额为自税务机关或者扣缴义务人取得的解缴税款的完税凭证上注明的增值税额。

纳税人凭完税凭证抵扣进项税额的，应当具备书面合同、付款证明和境外单位的对账单或者发票。资料不全的，其进项税额不得从销项税额中抵扣。

4. 原增值税一般纳税人购进货物或者接受加工修理修配劳务，用于《销售服务、无形资产或者不动产注释》所列项目的，不属于《增值税暂行条例》第十条所称的用于非增值税应税项目，其进项税额准予从销项税额中抵扣。

5. 原增值税一般纳税人购进服务、无形资产或者不动产，下列项目的进项税额不得从销项税额中抵扣：

〔1〕用于简易计税方法计税项目、免征增值税项目、集体福利或者个人消费。其中涉及的无形资产、不动产，仅指专用于上述项目的无形资产（不包括其他权益性无形资产）、不动产。

纳税人的交际应酬消费属于个人消费。

〔2〕非正常损失的购进货物，以及相关的加工修理修配劳务和交通运输服务。

〔3〕非正常损失的在产品、产成品所耗用的购进货物（不包括固定资产）、加工修理修配劳务和交通运输服务。

〔4〕非正常损失的不动产，以及该不动产所耗用的购进货物、设计服务和建筑服务。

〔5〕非正常损失的不动产在建工程所耗用的购进货物、设计服务和建筑服务。纳税人新建、改建、扩建、修缮、装饰不动产，均属于不动产在建工程。

〔6〕购进的旅客运输服务［**注**：根据2019.03.20财政部、国家税务总局、海关总署公告2019年第39号《财政部、国家税务总局、海关总署关于深化增值税改革有关政策的公告》自2019年4月1日起旅客运输服务允许抵扣。］贷款服务、餐饮服务、居民日常服务和娱乐服务。

〔7〕财政部和国家税务总局规定的其他情形。

上述第〔4〕点、第〔5〕点所称货物，是指构成不动产实体的材料和设备，包括建筑装饰材料和给排水、采暖、卫生、通风、照明、通讯、煤气、消防、中央空调、电梯、电气、智能化楼宇设备及配套设施。

纳税人接受贷款服务向贷款方支付的与该笔贷款直接相关的投融资顾问费、手续费、咨询费等费用，其进项税额不得从销项税额中抵扣。

6. 已抵扣进项税额的购进服务，发生上述第5点规定情形（简易计税方法计税项目、免征增值税项目除外）的，应当将该进项税额从当期进项税额中扣减；无法确定该进项税额的，按照当期实际成本计算应扣减的进项税额。

7. 已抵扣进项税额的无形资产或者不动产，发生上述第5点规定情形的，按照下列公式计算不得抵扣的进项税额：

不得抵扣的进项税额 = 无形资产或者不动产净值 × 适用税率

8. 按照《增值税暂行条例》第十条和上述第5点不得抵扣且未抵扣进项税额的固定资产、无形资产、不动产，发生用途改变，用于允许抵扣进项税额的应税项目，可在用途改变的次月按照下列公式，依据合法有效的增值税扣税凭证，计算可以抵扣的进项税额：

可以抵扣的进项税额 = 固定资产、无形资产、不动产净值 /〔1+ 适用税率）× 适用税率

上述可以抵扣的进项税额应取得合法有效的增值税扣税凭证。

（二）增值税期末留抵税额。

原增值税一般纳税人兼有销售服务、无形资产或者不动产的，截止到纳入营改增试点之日前的增值税期末留抵税额，不得从销售服务、无形资产或者不动产的销项税额中抵扣。

［**注**：《国家税务总局关于调整增值税一般纳税人留抵税额申报口径的公告》（国家税务总局公告2016年第75号）规定：一般纳税人增值税申报表附表一调整："上期留抵税额"、"期末留抵税额"取消本年累计，计入本月数。］

（三）混合销售。

一项销售行为如果既涉及货物又涉及服务，为混合销售。从事货物的生产、批发或者零售的单位和个体工商户的混合销售行为，按照销售货物缴纳增值税；其他单位和个体工商户的混合销售行为，按照销售服务缴纳增值税。

上述从事货物的生产、批发或者零售的单位和个体工商户，包括以从事货物的生产、批发或者零

售为主，并兼营销售服务的单位和个体工商户在内。

附件 3：

营业税改征增值税试点过渡政策的规定

一、下列项目免征增值税

（一）托儿所、幼儿园提供的保育和教育服务。

托儿所、幼儿园，是指经县级以上教育部门审批成立、取得办园许可证的实施 0–6 岁学前教育的机构，包括公办和民办的托儿所、幼儿园、学前班、幼儿班、保育院、幼儿院。

公办托儿所、幼儿园免征增值税的收入是指，在省级财政部门和价格主管部门审核报省级人民政府批准的收费标准以内收取的教育费、保育费。

民办托儿所、幼儿园免征增值税的收入是指，在报经当地有关部门备案并公示的收费标准范围内收取的教育费、保育费。

超过规定收费标准的收费，以开办实验班、特色班和兴趣班等为由另外收取的费用以及与幼儿入园挂钩的赞助费、支教费等超过规定范围的收入，不属于免征增值税的收入。

（二）养老机构提供的养老服务。

养老机构，是指依照民政部《养老机构设立许可办法》（民政部令第 48 号）设立并依法办理登记的为老年人提供集中居住和照料服务的各类养老机构；养老服务，是指上述养老机构按照民政部《养老机构管理办法》（民政部令第 49 号）的规定，为收住的老年人提供的生活照料、康复护理、精神慰藉、文化娱乐等服务。［**注**：根据 2019.02.02《财政部、国家税务总局关于明确养老机构免征增值税等政策的通知》（财税〔2019〕20 号）第一条，本款的养老机构，包括依照《中华人民共和国老年人权益保障法》依法办理登记，并向民政部门备案的为老年人提供集中居住和照料服务的各类养老机构。］

（三）残疾人福利机构提供的育养服务。

（四）婚姻介绍服务。

（五）殡葬服务。

殡葬服务，是指收费标准由各地价格主管部门会同有关部门核定，或者实行政府指导价管理的遗体接运（含抬尸、消毒）、遗体整容、遗体防腐、存放（含冷藏）、火化、骨灰寄存、吊唁设施设备租赁、墓穴租赁及管理等服务。

（六）残疾人员本人为社会提供的服务。

（七）医疗机构提供的医疗服务。

医疗机构，是指依据国务院《医疗机构管理条例》（国务院令第 149 号）及卫生部《医疗机构管理条例实施细则》（卫生部令第 35 号）的规定，经登记取得《医疗机构执业许可证》的机构，以及军队、武警部队各级各类医疗机构。具体包括：各级各类医院、门诊部（所）、社区卫生服务中心（站）、急救中心（站）、城乡卫生院、护理院（所）、疗养院、临床检验中心，各级政府及有关部门举办的卫生防疫站（疾病控制中心）、各种专科疾病防治站（所），各级政府举办的妇幼保健所（站）、母婴保健机构、儿童保健机构，各级政府举办的血站（血液中心）等医疗机构。

本项所称的医疗服务，是指医疗机构按照不高于地（市）级以上价格主管部门会同同级卫生主管部门及其他相关部门制定的医疗服务指导价格（包括政府指导价和按照规定由供需双方协商确定的价格等）为就医者提供《全国医疗服务价格项目规范》所列的各项服务，以及医疗机构向社会提供卫生防疫、卫生检疫的服务。

［**注**：2019.02.02 财税〔2019〕20 号《财政部、国家税务总局关于明确养老机构免征增值税等政策的通知》规定“自 2019 年 2 月 1 日至 2020 年 12 月 31 日，医疗机构接受其他医疗机构委托，按照不高于地（市）级以上价格主管部门会同同级卫生主管部门及其他相关部门制定的医疗服务指导价格（包括政府指导价和按照规定由供需双方协商确定的价格等），提供《全国医疗服务价格项目规范》所列的各项服务，可适用本项规定的免征增值税政策。”］

（八）从事学历教育的学校提供的教育服务。

1. 学历教育，是指受教育者经过国家教育考试或者国家规定的其他入学方式，进入国家有关部门批准的学校或者其他教育机构学习，获得国家承认的学历证书的教育形式。具体包括：

〔1〕初等教育：普通小学、成人小学。

〔2〕初级中等教育：普通初中、职业初中、成人初中。

〔3〕高级中等教育：普通高中、成人高中和中等职业学校（包括普通中专、成人中专、职业高中、技工学校）。

〔4〕高等教育：普通本专科、成人本专科、网络本专科、研究生（博士、硕士）、高等教育自学考试、高等教育学历文凭考试。

2. 从事学历教育的学校，是指：

〔1〕普通学校。

〔2〕经地（市）级以上人民政府或者同级政府的教育行政部门批准成立、国家承认其学员学历的各类学校。

〔3〕经省级及以上人力资源社会保障行政部门批准成立的技工学校、高级技工学校。

〔4〕经省级人民政府批准成立的技师学院。

上述学校均包括符合规定的从事学历教育的民办学校，但不包括职业培训机构等国家不承认学历的教育机构。

3. 提供教育服务免征增值税的收入，是指对列入规定招生计划的在籍学生提供学历教育服务取得的收入，具体包括：经有关部门审核批准并按规定标准收取的学费、住宿费、课本费、作业本费、考试报名费收入，以及学校食堂提供餐饮服务取得的伙食费收入。除此之外的收入，包括学校以各种名义收取的赞助费、择校费等，不属于免征增值税的范围。

学校食堂是指依照《学校食堂与学生集体用餐卫生管理规定》（教育部令第 14 号）管理的学校食堂。

［**注**：《财政部、国家税务总局关于进一步明确全面推开营改增试点有关再保险不动产租赁和非学历教育等政策的通知》（财税〔2016〕68 号）规定：一般纳税人提供非学历教育服务，可以选择适用简易计税方法按照 3% 征收率计算应纳税额。］

（九）学生勤工俭学提供的服务。

（十）农业机耕、排灌、病虫害防治、植物保护、农牧保险以及相关技术培训业务，家禽、牲畜、水生动物的配种和疾病防治。

农业机耕，是指在农业、林业、牧业中使用农业机械进行耕作（包括耕耘、种植、收割、脱粒、植物保护等）的业务；排灌，是指对农田进行灌溉或者排涝的业务；病虫害防治，是指从事农业、林业、牧业、渔业的病虫害测报和防治的业务；农牧保险，是指为种植业、养殖业、牧业种植和饲养的动植物提供保险的业务；相关技术培训，是指与农业机耕、排灌、病虫害防治、植物保护业务相关以及为使农民获得农牧保险知识的技术培训业务；家禽、牲畜、水生动物的配种和疾病防治业务的免税范围，包括与该项服务有关的提供药品和医疗用具的业务。

（十一）纪念馆、博物馆、文化馆、文物保护单位管理机构、美术馆、展览馆、书画院、图书馆在自己的场所提供文化体育服务取得的第一道门票收入。

（十二）寺院、宫观、清真寺和教堂举办文化、宗教活动的门票收入。

（十三）行政单位之外的其他单位收取的符合《试点实施办法》第十条规定条件的政府性基金和行政事业性收费。

（十四）个人转让著作权。

（十五）个人销售自建自用住房。

（十六）2018 年 12 月 31 日前，公共租赁住房经营管理单位出租公共租赁住房。

公共租赁住房，是指纳入省、自治区、直辖市、计划单列市人民政府及新疆生产建设兵团批准的公共租赁住房发展规划和年度计划，并按照《关于加快发展公共租赁住房的指导意见》（建保〔2010〕87 号）和市、县人民政府制定的具体管理办法进行管理的公共租赁住房。

（十七）台湾航运公司、航空公司从事海峡两岸海上直航、空中直航业务在大陆取得的运输收入。

台湾航运公司，是指取得交通运输部颁发的“台湾海峡两岸间水路运输许可证”且该许可证上注明的公司登记地址在台湾的航运公司。

台湾航空公司，是指取得中国民用航空局颁发的“经营许可”或者依据《海峡两岸空运协议》和《海峡两岸空运补充协议》规定，批准经营两岸旅客、货物和邮件不定期（包机）运输业务，且公司登记地址在台湾的航空公司。

（十八）纳税人提供的直接或者间接国际货物运输代理服务。

1. 纳税人提供直接或者间接国际货物运输代理服务，向委托方收取的全部国际货物运输代理服务收入，以及向国际运输承运人支付的国际运输费用，必须通过金融机构进行结算。

2. 纳税人为大陆与香港、澳门、台湾地区之间的货物运输提供的货物运输代理服务参照国际货物运输代理服务有关规定执行。

3. 委托方索取发票的，纳税人应当就国际货物运输代理服务收入向委托方全额开具增值税普通发票。

（十九）以下利息收入。

1.2016 年 12 月 31 日前，金融机构农户小额贷款。

小额贷款，是指单笔且该农户贷款余额总额在 10 万元（含本数）以下的贷款。

所称农户，是指长期（一年以上）居住在乡镇（不包括城关镇）行政管理区域内的住户，还包括长期居住在城关镇所辖行政村范围内的住户和户口不在本地而在本地居住一年以上的住户，国有农场的职工和农村个体工商户。位于乡镇（不包括城关镇）行政管理区域内和在城关镇所辖行政村范围内的国有经济的机关、团体、学校、企事业单位的集体户；有本地户口，但举家外出谋生一年以上的住户，无论是否保留承包耕地均不属于农户。农户以户为统计单位，既可以从事农业生产经营，也可以从事非农业生产经营。农户贷款的判定应以贷款发放时的承贷主体是否属于农户为准。

2. 国家助学贷款。

3. 国债、地方政府债。

4. 人民银行对金融机构的贷款。

5. 住房公积金管理中心用住房公积金在指定的委托银行发放的个人住房贷款。

6. 外汇管理部门在从事国家外汇储备经营过程中，委托金融机构发放的外汇贷款。

7. 统借统还业务中，企业集团或企业集团中的核心企业以及集团所属财务公司按不高于支付给金融机构的借款利率水平或者支付的债券票面利率水平，向企业集团或者集团内下属单位收取的利息。

统借方向资金使用单位收取的利息，高于支付给金融机构借款利率水平或者支付的债券票面利率水平的，应全额缴纳增值税。

统借统还业务，是指：

〔1〕企业集团或者企业集团中的核心企业向金融机构借款或对外发行债券取得资金后，将所借资金分拨给下属单位（包括独立核算单位和非独立核算单位，下同），并向下属单位收取用于归还金融机构或债券购买方本息的业务。

〔2〕企业集团向金融机构借款或对外发行债券取得资金后，由集团所属财务公司与企业集团或者集团内下属单位签订统借统还贷款合同并分拨资金，并向企业集团或者集团内下属单位收取本息，再转付企业集团，由企业集团统一归还金融机构或债券购买方的业务。

［**注**：2019.02.02 财税〔2019〕20 号《财政部、国家税务总局关于明确养老机构免征增值税等政策的通知》规定“自 2019 年 2 月 1 日至 2020 年 12 月 31 日，对企业集团内单位（含企业集团）之间的资金无偿借贷行为，免征增值税，自 2019 年 2 月 2 日起执行。”］

（二十）被撤销金融机构以货物、不动产、无形资产、有价证券、票据等财产清偿债务。

被撤销金融机构，是指经人民银行、银监会依法决定撤销的金融机构及其分设于各地的分支机构，包括被依法撤销的商业银行、信托投资公司、财务公司、金融租赁公司、城市信用社和农村信用社。除另有规定外，被撤销金融机构所属、附属企业，不享受被撤销金融机构增值税免税政策。

（二十一）保险公司开办的一年期以上人身保险产品取得的保费收入。

一年期以上人身保险，是指保险期间为一年期及以上返还本利的人寿保险、养老年金保险，以及保险期间为一年期及以上的健康保险。

人寿保险，是指以人的寿命为保险标的的人身保险。

养老年金保险，是指以养老保障为目的，以被保险人生存为给付保险金条件，并按约定的时间间隔分期给付生存保险金的人身保险。养老年金保险应当同时符合下列条件：

1. 保险合同约定给付被保险人生存保险金的年龄不得小于国家规定的退休年龄。

2. 相邻两次给付的时间间隔不得超过一年。

健康保险，是指以因健康原因导致损失为给付保险金条件的人身保险。

上述免税政策实行备案管理，具体备案管理办法按照《国家税务总局关于一年期以上返还性人身保险产品免征营业税审批事项取消后有关管理问题的公告》（国家税务总局公告2015年第65号）规定执行。

［注：《财政部、国家税务总局关于进一步明确全面推开营改增试点金融业有关政策的通知》（财税〔2016〕46号）规定：包括其他年金保险，其他年金保险是指养老年金以外的年金保险。］

［注：《财政部、国家税务总局关于进一步明确全面推开营改增试点有关再保险不动产租赁和非学历教育等政策的通知》（财税〔2016〕68号）规定：再保险服务］

（二十二）下列金融商品转让收入。

1. 合格境外投资者（QFII）委托境内公司在我国从事证券买卖业务。

2. 香港市场投资者（包括单位和个人）通过沪港通买卖上海证券交易所上市A股。

3. 对香港市场投资者（包括单位和个人）通过基金互认买卖内地基金份额。

4. 证券投资基金（封闭式证券投资基金，开放式证券投资基金）管理人运用基金买卖股票、债券。

5. 个人从事金融商品转让业务。

（二十三）金融同业往来利息收入。

1. 金融机构与人民银行所发生的资金往来业务。包括人民银行对一般金融机构贷款，以及人民银行对商业银行的再贴现等。

［注：《财政部、国家税务总局关于金融机构同业往来等增值税政策的补充通知》（财税〔2016〕70号）规定：商业银行购买央行票据、与央行开展货币掉期和货币互存等业务属于金融机构与人民银行所发生的资金往来业务。］

2. 银行联行往来业务。同一银行系统内部不同行、处之间所发生的资金账务往来业务。

［注：《财政部、国家税务总局关于金融机构同业往来等增值税政策的补充通知》（财税〔2016〕70号）规定：境内银行与其境外的总机构、母公司之间，以及境内银行与其境外的分支机构、全资子

公司之间的资金往来业务属于银行联行往来业务。]

3. 金融机构间的资金往来业务。是指经人民银行批准，进入全国银行间同业拆借市场的金融机构之间通过全国统一的同业拆借网络进行的短期（一年以下含一年）无担保资金融通行为。

4. 金融机构之间开展的转贴现业务。[**注**：根据 2017.07.11 财税〔2017〕58 号《财政部、国家税务总局关于建筑服务等营改增试点政策的通知》第 4 点自 2018 年 1 月 1 日起废止。该通知还规定："自 2018 年 1 月 1 日起，金融机构开展贴现、转贴现业务，以其实际持有票据期间取得的利息收入作为贷款服务销售额计算缴纳增值税。此前贴现机构已就贴现利息收入全额缴纳增值税的票据，转贴现机构转贴现利息收入继续免征增值税。"，详见：财税〔2017〕58 号。]

金融机构是指：

〔1〕银行：包括人民银行、商业银行、政策性银行。

〔2〕信用合作社。

〔3〕证券公司。

〔4〕金融租赁公司、证券基金管理公司、财务公司、信托投资公司、证券投资基金。

〔5〕保险公司。

〔6〕其他经人民银行、银监会、证监会、保监会批准成立且经营金融保险业务的机构等。

[**注**：《财政部、国家税务总局关于进一步明确全面推开营改增试点金融业有关政策的通知》（财税〔2016〕46 号）规定：金融机构开展质押式买入返售金融商品、持有政策性金融债券业务取得的利息收入，属于金融同业往来利息收入。]

[**注**：《财政部、国家税务总局关于金融机构同业往来等增值税政策的补充通知》（财税〔2016〕70 号）规定：金融机构开展同业存款、同业借款、同业代付、买断式买入返售金融商品、持有金融债券、同业存单业务取得的利息收入，属于金融同业往来利息收入。]

（二十四）同时符合下列条件的担保机构从事中小企业信用担保或者再担保业务取得的收入（不含信用评级、咨询、培训等收入）3 年内免征增值税：

1. 已取得监管部门颁发的融资性担保机构经营许可证，依法登记注册为企（事）业法人，实收资本超过 2000 万元。

2. 平均年担保费率不超过银行同期贷款基准利率的 50%。平均年担保费率 = 本期担保费收入 /（期初担保余额 + 本期增加担保金额）× 100%。

3. 连续合规经营 2 年以上，资金主要用于担保业务，具备健全的内部管理制度和为中小企业提供担保的能力，经营业绩突出，对受保项目具有完善的事前评估、事中监控、事后追偿与处置机制。

4. 为中小企业提供的累计担保贷款额占其两年累计担保业务总额的 80% 以上，单笔 800 万元以下的累计担保贷款额占其累计担保业务总额的 50% 以上。

5. 对单个受保企业提供的担保余额不超过担保机构实收资本总额的 10%，且平均单笔担保责任金额最多不超过 3000 万元人民币。

6. 担保责任余额不低于其净资产的 3 倍，且代偿率不超过 2%。

担保机构免征增值税政策采取备案管理方式。符合条件的担保机构应到所在地县（市）主管税务机关和同级中小企业管理部门履行规定的备案手续，自完成备案手续之日起，享受 3 年免征增值税政策。3 年免税期满后，符合条件的担保机构可按规定程序办理备案手续后继续享受该项政策。

具体备案管理办法按照《国家税务总局关于中小企业信用担保机构免征营业税审批事项取消后有关管理问题的公告》（国家税务总局公告 2015 年第 69 号）规定执行，其中税务机关的备案管理部门统一调整为县（市）级国家税务局。

［**注**：根据 2017.12.25 财税〔2017〕90 号《财政部、国家税务总局关于租入固定资产进项税额抵扣等增值税政策的通知》本款规定的中小企业信用担保增值税免税政策自 2018 年 1 月 1 日起停止执行。纳税人享受中小企业信用担保增值税免税政策在 2017 年 12 月 31 日前未满 3 年的，可以继续享受至 3 年期满为止。］

（二十五）国家商品储备管理单位及其直属企业承担商品储备任务，从中央或者地方财政取得的利息补贴收入和价差补贴收入。

国家商品储备管理单位及其直属企业，是指接受中央、省、市、县四级政府有关部门（或者政府指定管理单位）委托，承担粮（含大豆）、食用油、棉、糖、肉、盐（限于中央储备）等 6 种商品储备任务，并按有关政策收储、销售上述 6 种储备商品，取得财政储备经费或者补贴的商品储备企业。利息补贴收入，是指国家商品储备管理单位及其直属企业因承担上述商品储备任务从金融机构贷款，并从中央或者地方财政取得的用于偿还贷款利息的贴息收入。价差补贴收入包括销售价差补贴收入和轮换价差补贴收入。销售价差补贴收入，是指按照中央或者地方政府指令销售上述储备商品时，由于销售收入小于库存成本而从中央或者地方财政获得的全额价差补贴收入。轮换价差补贴收入，是指根据要求定期组织政策性储备商品轮换而从中央或者地方财政取得的商品新陈品质价差补贴收入。

（二十六）纳税人提供技术转让、技术开发和与之相关的技术咨询、技术服务。

1. 技术转让、技术开发，是指《销售服务、无形资产、不动产注释》中“转让技术”、“研发服务”范围内的业务活动。技术咨询，是指就特定技术项目提供可行性论证、技术预测、专题技术调查、分析评价报告等业务活动。

与技术转让、技术开发相关的技术咨询、技术服务，是指转让方（或者受托方）根据技术转让或者开发合同的规定，为帮助受让方（或者委托方）掌握所转让（或者委托开发）的技术，而提供的技术咨询、技术服务业务，且这部分技术咨询、技术服务的价款与技术转让或者技术开发的价款应当在同一张发票上开具。

2. 备案程序。试点纳税人申请免征增值税时，须持技术转让、开发的书面合同，到纳税人所在地省级科技主管部门进行认定，并持有关的书面合同和科技主管部门审核意见证明文件报主管税务机关备查。

（二十七）同时符合下列条件的合同能源管理服务：

1. 节能服务公司实施合同能源管理项目相关技术，应当符合国家质量监督检验检疫总局和国家标准化管理委员会发布的《合同能源管理技术通则》（GB/T24915-2010）规定的技术要求。

2. 节能服务公司与用能企业签订节能效益分享型合同，其合同格式和内容，符合《中华人民共和国合同法》和《合同能源管理技术通则》（GB/T24915-2010）等规定。

（二十八）2017 年 12 月 31 日前，科普单位的门票收入，以及县级及以上党政部门和科协开展科普活动的门票收入。

科普单位，是指科技馆、自然博物馆，对公众开放的天文馆（站、台）、气象台（站）、地震台（站），以及高等院校、科研机构对公众开放的科普基地。

科普活动，是指利用各种传媒以浅显的、让公众易于理解、接受和参与的方式，向普通大众介绍自然科学和社会科学知识，推广科学技术的应用，倡导科学方法，传播科学思想，弘扬科学精神的活动。

（二十九）政府举办的从事学历教育的高等、中等和初等学校（不含下属单位），举办进修班、培训班取得的全部归该学校所有的收入。

全部归该学校所有，是指举办进修班、培训班取得的全部收入进入该学校统一账户，并纳入预算全额上缴财政专户管理，同时由该学校对有关票据进行统一管理和开具。

举办进修班、培训班取得的收入进入该学校下属部门自行开设账户的，不予免征增值税。

（三十）政府举办的职业学校设立的主要为在校学生提供实习场所、并由学校出资自办、由学校负责经营管理、经营收入归学校所有的企业，从事《销售服务、无形资产或者不动产注释》中“现代服务”（不含融资租赁服务、广告服务和其他现代服务）、“生活服务”（不含文化体育服务、其他生活服务和桑拿、氧吧）业务活动取得的收入。

（三十一）家政服务企业由员工制家政服务员提供家政服务取得的收入。

家政服务企业，是指在企业营业执照的规定经营范围中包括家政服务内容的企业。

员工制家政服务员，是指同时符合下列 3 个条件的家政服务员：

1. 依法与家政服务企业签订半年及半年以上的劳动合同或者服务协议，且在该企业实际上岗工作。

2. 家政服务企业为其按月足额缴纳了企业所在地人民政府根据国家政策规定的基本养老保险、基本医疗保险、工伤保险、失业保险等社会保险。对已享受新型农村养老保险和新型农村合作医疗等社会保险或者下岗职工原单位继续为其缴纳社会保险的家政服务员，如果本人书面提出不再缴纳企业所在地人民政府根据国家政策规定的相应的社会保险，并出具其所在乡镇或者原单位开具的已缴纳相关保险的证明，可视同家政服务企业已为其按月足额缴纳了相应的社会保险。

3. 家政服务企业通过金融机构向其实际支付不低于企业所在地适用的经省级人民政府批准的最低工资标准的工资。

［**注：** 2019.06.28 财政部、国家税务总局、发展改革委、民政部、商务部、卫生健康委公告 2019 年第 76 号《财政部、国家税务总局、发展改革委、民政部、商务部、卫生健康委关于养老、托育、家政等社区家庭服务业税费优惠政策的公告》规定 " 符合下列条件的家政服务企业提供家政服务取得的收入，比照本项（三十一项）规定，免征增值税。

（一）与家政服务员、接受家政服务的客户就提供家政服务行为签订三方协议；

（二）向家政服务员发放劳动报酬，并对家政服务员进行培训管理；

（三）通过建立业务管理系统对家政服务员进行登记管理。"，本项规定自2019年6月1日起执行至2025年12月31日。］

（三十二）福利彩票、体育彩票的发行收入。

（三十三）军队空余房产租赁收入。

（三十四）为了配合国家住房制度改革，企业、行政事业单位按房改成本价、标准价出售住房取得的收入。

（三十五）将土地使用权转让给农业生产者用于农业生产。［**注**：2017.07.11财税〔2017〕58号《财政部、国家税务总局关于建筑服务等营改增试点政策的通知》规定自2017年7月1日起“纳税人采取转包、出租、互换、转让、入股等方式将承包地流转给农业生产者用于农业生产，免征增值税。”］；［**注**：2017.12.25财税〔2017〕90号《财政部、国家税务总局关于租入固定资产进项税额抵扣等增值税政策的通知》规定自2016年5月1日至2017年6月30日，纳税人采取转包、出租、互换、转让、入股等方式将承包地流转给农业生产者用于农业生产，免征增值税。财税〔2017〕90号下发前已征的增值税，可抵减以后月份应缴纳的增值税，或办理退税。］

（三十六）涉及家庭财产分割的个人无偿转让不动产、土地使用权。

家庭财产分割，包括下列情形：离婚财产分割；无偿赠与配偶、父母、子女、祖父母、外祖父母、孙子女、外孙子女、兄弟姐妹；无偿赠与对其承担直接抚养或者赡养义务的抚养人或者赡养人；房屋产权所有人死亡，法定继承人、遗嘱继承人或者受遗赠人依法取得房屋产权。

（三十七）土地所有者出让土地使用权和土地使用者将土地使用权归还给土地所有者。

（三十八）县级以上地方人民政府或自然资源行政主管部门出让、转让或收回自然资源使用权（不含土地使用权）。

（三十九）随军家属就业。

1. 为安置随军家属就业而新开办的企业，自领取税务登记证之日起，其提供的应税服务3年内免征增值税。

享受税收优惠政策的企业，随军家属必须占企业总人数的60%（含）以上，并有军（含）以上政治和后勤机关出具的证明。

2. 从事个体经营的随军家属，自办理税务登记事项之日起，其提供的应税服务3年内免征增值税。

随军家属必须有师以上政治机关出具的可以表明其身份的证明。

按照上述规定，每一名随军家属可以享受一次免税政策。

（四十）军队转业干部就业。

1. 从事个体经营的军队转业干部，自领取税务登记证之日起，其提供的应税服务3年内免征增值税。

2. 为安置自主择业的军队转业干部就业而新开办的企业，凡安置自主择业的军队转业干部占企业总人数60%（含）以上的，自领取税务登记证之日起，其提供的应税服务3年内免征增值税。

［**注**：《国家税务总局关于在境外提供建筑服务等有关问题的公告》（国家税务总局公告2016年

第69号）规定：享受上述优惠政策的自主择业的军队转业干部必须持有师以上部队颁发的转业证件。

享受国际运输服务免征增值税政策的境外单位和个人，到主管税务机关办理免税备案时，提交的备案资料包括：（一）关于纳税人基本情况和业务介绍的说明；（二）依据的税收协定或国际运输协定复印件。］

［**注**：《国家税务总局关于土地价款扣除时间等增值税征管问题的公告》（国家税务总局公告2016年第86号）规定：纳税人办理无偿赠与或受赠不动产免征增值税的手续，按照《国家税务总局关于进一步简化和规范个人无偿赠与或受赠不动产免征营业税、个人所得税所需证明资料的公告》（国家税务总局公告2015年第75号，以下称《公告》）的规定执行。《公告》第一条第（四）项第2目“经公证的能够证明有权继承或接受遗赠的证明资料原件及复印件”，修改为“有权继承或接受遗赠的证明资料原件及复印件”。］

二、增值税即征即退

（一）一般纳税人提供管道运输服务，对其增值税实际税负超过3%的部分实行增值税即征即退政策。

（二）经人民银行、银监会或者商务部批准从事融资租赁业务的试点纳税人中的一般纳税人，提供有形动产融资租赁服务和有形动产融资性售后回租服务，对其增值税实际税负超过3%的部分实行增值税即征即退政策。商务部授权的省级商务主管部门和国家经济技术开发区批准的从事融资租赁业务和融资性售后回租业务的试点纳税人中的一般纳税人，2016年5月1日后实收资本达到1.7亿元的，从达到标准的当月起按照上述规定执行；2016年5月1日后实收资本未达到1.7亿元但注册资本达到1.7亿元的，在2016年7月31日前仍可按照上述规定执行，2016年8月1日后开展的有形动产融资租赁业务和有形动产融资性售后回租业务不得按照上述规定执行。

（三）本规定所称增值税实际税负，是指纳税人当期提供应税服务实际缴纳的增值税额占纳税人当期提供应税服务取得的全部价款和价外费用的比例。

［**注**：《促进残疾人就业增值税优惠政策管理办法》国家税务总局公告2016年第33号规定：对安置残疾人的单位和个体工商户（以下称纳税人），实行由税务机关按纳税人安置残疾人的人数，限额即征即退增值税的办法。《财政部、国家税务总局关于促进残疾人就业增值税优惠政策的通知》财税〔2016〕52号］

三、扣减增值税规定

（一）退役士兵创业就业。

1. 对自主就业退役士兵从事个体经营的，在3年内按每户每年8000元为限额依次扣减其当年实际应缴纳的增值税、城市维护建设税、教育费附加、地方教育附加和个人所得税。限额标准最高可上浮20%，各省、自治区、直辖市人民政府可根据本地区实际情况在此幅度内确定具体限额标准，并报财政部和国家税务总局备案。纳税人年度应缴纳税款小于上述扣减限额的，以其实际缴纳的税款为限；

大于上述扣减限额的，应以上述扣减限额为限。纳税人的实际经营期不足一年的，应当以实际月份换算其减免税限额。换算公式为：减免税限额 = 年度减免税限额 ÷12× 实际经营月数。

纳税人在享受税收优惠政策的当月，持《中国人民解放军义务兵退出现役证》或《中国人民解放军士官退出现役证》以及税务机关要求的相关材料向主管税务机关备案。

2. 对商贸企业、服务型企业、劳动就业服务企业中的加工型企业和街道社区具有加工性质的小型企业实体，在新增加的岗位中，当年新招用自主就业退役士兵，与其签订 1 年以上期限劳动合同并依法缴纳社会保险费的，在 3 年内按实际招用人数予以定额依次扣减增值税、城市维护建设税、教育费附加、地方教育附加和企业所得税优惠。定额标准为每人每年 4000 元，最高可上浮 50%，各省、自治区、直辖市人民政府可根据本地区实际情况在此幅度内确定具体定额标准，并报财政部和国家税务总局备案。

本条所称服务型企业是指从事《销售服务、无形资产、不动产注释》中“不动产租赁服务”、“商务辅助服务”（不含货物运输代理和代理报关服务）、“生活服务”（不含文化体育服务）范围内业务活动的企业以及按照《民办非企业单位登记管理暂行条例》（国务院令第 251 号）登记成立的民办非企业单位。

纳税人按企业招用人数和签订的劳动合同时间核定企业减免税总额，在核定减免税总额内每月依次扣减增值税、城市维护建设税、教育费附加和地方教育附加。纳税人实际应缴纳的增值税、城市维护建设税、教育费附加和地方教育附加小于核定减免税总额的，以实际应缴纳的增值税、城市维护建设税、教育费附加和地方教育附加为限；实际应缴纳的增值税、城市维护建设税、教育费附加和地方教育附加大于核定减免税总额的，以核定减免税总额为限。

纳税年度终了，如果企业实际减免的增值税、城市维护建设税、教育费附加和地方教育附加小于核定的减免税总额，企业在企业所得税汇算清缴时扣减企业所得税。当年扣减不足的，不再结转以后年度扣减。

计算公式为：企业减免税总额 = ∑每名自主就业退役士兵本年度在本企业工作月份 ÷12× 定额标准。

企业自招用自主就业退役士兵的次月起享受税收优惠政策，并于享受税收优惠政策的当月，持下列材料向主管税务机关备案：

〔1〕新招用自主就业退役士兵的《中国人民解放军义务兵退出现役证》或《中国人民解放军士官退出现役证》。

〔2〕企业与新招用自主就业退役士兵签订的劳动合同（副本），企业为职工缴纳的社会保险费记录。

〔3〕自主就业退役士兵本年度在企业工作时间表。

〔4〕主管税务机关要求的其他相关材料。

3. 上述所称自主就业退役士兵是指依照《退役士兵安置条例》（国务院、中央军委令第 608 号）的规定退出现役并按自主就业方式安置的退役士兵。

4. 上述税收优惠政策的执行期限为 2016 年 5 月 1 日至 2016 年 12 月 31 日，纳税人在 2016 年 12 月 31 日未享受满 3 年的，可继续享受至 3 年期满为止。

按照《财政部、国家税务总局、民政部关于调整完善扶持自主就业退役士兵创业就业有关税收政策的通知》（财税〔2014〕42 号）规定享受营业税优惠政策的纳税人，自 2016 年 5 月 1 日起按照上述规定享受增值税优惠政策，在 2016 年 12 月 31 日未享受满 3 年的，可继续享受至 3 年期满为止。

《财政部　国家税务总局关于将铁路运输和邮政业纳入营业税改征增值税试点的通知》（财税〔2013〕106 号）附件 3 第一条第（十二）项城镇退役士兵就业免征增值税政策，自 2014 年 7 月 1 日起停止执行。在 2014 年 6 月 30 日未享受满 3 年的，可继续享受至 3 年期满为止。

［**注**：上述退役士兵创业就业优惠政策 2016 年 12 月 31 日到期，后续文件为《财政部、国家税务总局、民政部关于继续实施扶持自主就业退役士兵创业就业有关税收政策的通知》财税〔2017〕46 号，执行期限为 2017 年 1 月 1 日至 2019 年 12 月 31 日。］

（二）重点群体创业就业。

1. 对持《就业创业证》（注明“自主创业税收政策”或“毕业年度内自主创业税收政策”）或 2015 年 1 月 27 日前取得的《就业失业登记证》（注明“自主创业税收政策”或附着《高校毕业生自主创业证》）的人员从事个体经营的，在 3 年内按每户每年 8000 元为限额依次扣减其当年实际应缴纳的增值税、城市维护建设税、教育费附加、地方教育附加和个人所得税。限额标准最高可上浮 20%，各省、自治区、直辖市人民政府可根据本地区实际情况在此幅度内确定具体限额标准，并报财政部和国家税务总局备案。

纳税人年度应缴纳税款小于上述扣减限额的，以其实际缴纳的税款为限；大于上述扣减限额的，应以上述扣减限额为限。

上述人员是指：

〔1〕在人力资源社会保障部门公共就业服务机构登记失业半年以上的人员。

〔2〕零就业家庭、享受城市居民最低生活保障家庭劳动年龄内的登记失业人员。

〔3〕毕业年度内高校毕业生。高校毕业生是指实施高等学历教育的普通高等学校、成人高等学校毕业的学生；毕业年度是指毕业所在自然年，即 1 月 1 日至 12 月 31 日。

2. 对商贸企业、服务型企业、劳动就业服务企业中的加工型企业和街道社区具有加工性质的小型企业实体，在新增加的岗位中，当年新招用在人力资源社会保障部门公共就业服务机构登记失业半年以上且持《就业创业证》或 2015 年 1 月 27 日前取得的《就业失业登记证》（注明“企业吸纳税收政策”）人员，与其签订 1 年以上期限劳动合同并依法缴纳社会保险费的，在 3 年内按实际招用人数予以定额依次扣减增值税、城市维护建设税、教育费附加、地方教育附加和企业所得税优惠。定额标准为每人每年 4000 元，最高可上浮 30%，各省、自治区、直辖市人民政府可根据本地区实际情况在此幅度内确定具体定额标准，并报财政部和国家税务总局备案。

按上述标准计算的税收扣减额应在企业当年实际应缴纳的增值税、城市维护建设税、教育费附加、地方教育附加和企业所得税税额中扣减，当年扣减不足的，不得结转下年使用。

本条所称服务型企业是指从事《销售服务、无形资产、不动产注释》中“不动产租赁服务”、“商务辅助服务”（不含货物运输代理和代理报关服务）、“生活服务”（不含文化体育服务）范围内业务活动的企业以及按照《民办非企业单位登记管理暂行条例》（国务院令第 251 号）登记成立的民办非企业单位。

3. 享受上述优惠政策的人员按以下规定申领《就业创业证》：

〔1〕按照《就业服务与就业管理规定》（劳动和社会保障部令第 28 号）第六十三条的规定，在法定劳动年龄内，有劳动能力，有就业要求，处于无业状态的城镇常住人员，在公共就业服务机构进行失业登记，申领《就业创业证》。其中，农村进城务工人员和其他非本地户籍人员在常住地稳定就业满 6 个月的，失业后可以在常住地登记。

〔2〕零就业家庭凭社区出具的证明，城镇低保家庭凭低保证明，在公共就业服务机构登记失业，申领《就业创业证》。

〔3〕毕业年度内高校毕业生在校期间凭学生证向公共就业服务机构按规定申领《就业创业证》，或委托所在高校就业指导中心向公共就业服务机构按规定代为其申领《就业创业证》；毕业年度内高校毕业生离校后直接向公共就业服务机构按规定申领《就业创业证》。

〔4〕上述人员申领相关凭证后，由就业和创业地人力资源社会保障部门对人员范围、就业失业状态、已享受政策情况进行核实，在《就业创业证》上注明“自主创业税收政策”、“毕业年度内自主创业税收政策”或“企业吸纳税收政策”字样，同时符合自主创业和企业吸纳税收政策条件的，可同时加注；主管税务机关在《就业创业证》上加盖戳记，注明减免税所属时间。

4. 上述税收优惠政策的执行期限为 2016 年 5 月 1 日至 2016 年 12 月 31 日，纳税人在 2016 年 12 月 31 日未享受满 3 年的，可继续享受至 3 年期满为止。

按照《财政部、国家税务总局、人力资源社会保障部关于继续实施支持和促进重点群体创业就业有关税收政策的通知》（财税〔2014〕39 号）规定享受营业税优惠政策的纳税人，自 2016 年 5 月 1 日起按照上述规定享受增值税优惠政策，在 2016 年 12 月 31 日未享受满 3 年的，可继续享受至 3 年期满为止。

《财政部　国家税务总局关于将铁路运输和邮政业纳入营业税改征增值税试点的通知》（财税〔2013〕106 号）附件 3 第一条第（十三）项失业人员就业增值税优惠政策，自 2014 年 1 月 1 日起停止执行。在 2013 年 12 月 31 日未享受满 3 年的，可继续享受至 3 年期满为止。

［**注**：上述重点群体创业就业优惠政策 2016 年 12 月 31 日到期，后续文件为《财政部、国家税务总局、人力资源社会保障部关于继续实施支持和促进重点群体创业就业有关税收政策的通知》财税〔2017〕49 号，执行期限为 2017 年 1 月 1 日至 2019 年 12 月 31 日。］

四、金融企业发放贷款后，自结息日起 90 天内发生的应收未收利息按现行规定缴纳增值税，自结息日起 90 天后发生的应收未收利息暂不缴纳增值税，待实际收到利息时按规定缴纳增值税。

上述所称金融企业，是指银行（包括国有、集体、股份制、合资、外资银行以及其他所有制形式的银行）、城市信用社、农村信用社、信托投资公司、财务公司。

［注：《财政部、国家税务总局关于明确金融、房地产开发、教育辅助服务等增值税政策的通知》（财税〔2016〕140号）规定：证券公司、保险公司、金融租赁公司、证券基金管理公司、证券投资基金以及其他经人民银行、银监会、证监会、保监会批准成立且经营金融保险业务的机构发放贷款后，自结息日起90天内发生的应收未收利息按现行规定缴纳增值税，自结息日起90天后发生的应收未收利息暂不缴纳增值税，待实际收到利息时按规定缴纳增值税。］

五、个人将购买不足2年的住房对外销售的，按照5%的征收率全额缴纳增值税；个人将购买2年以上（含2年）的住房对外销售的，免征增值税。上述政策适用于北京市、上海市、广州市和深圳市之外的地区。

个人将购买不足2年的住房对外销售的，按照5%的征收率全额缴纳增值税；个人将购买2年以上（含2年）的非普通住房对外销售的，以销售收入减去购买住房价款后的差额按照5%的征收率缴纳增值税；个人将购买2年以上（含2年）的普通住房对外销售的，免征增值税。上述政策仅适用于北京市、上海市、广州市和深圳市。

办理免税的具体程序、购买房屋的时间、开具发票、非购买形式取得住房行为及其他相关税收管理规定，按照《国务院办公厅转发建设部等部门关于做好稳定住房价格工作意见的通知》（国办发〔2005〕26号）、《国家税务总局、财政部、建设部关于加强房地产税收管理的通知》（国税发〔2005〕89号）和《国家税务总局关于房地产税收政策执行中几个具体问题的通知》（国税发〔2005〕172号）的有关规定执行。

六、上述增值税优惠政策除已规定期限的项目和第五条政策外，其他均在营改增试点期间执行。如果试点纳税人在纳入营改增试点之日前已经按照有关政策规定享受了营业税税收优惠，在剩余税收优惠政策期限内，按照本规定享受有关增值税优惠。

附件4：

跨境应税行为适用增值税零税率和免税政策的规定

一、中华人民共和国境内（以下称境内）的单位和个人销售的下列服务和无形资产，适用增值税零税率：

（一）国际运输服务。国际运输服务，是指：

1. 在境内载运旅客或者货物出境。

2. 在境外载运旅客或者货物入境。

3. 在境外载运旅客或者货物。

（二）航天运输服务。

（三）向境外单位提供的完全在境外消费的下列服务：

1. 研发服务。

2. 合同能源管理服务。

3. 设计服务。

4. 广播影视节目（作品）的制作和发行服务。

5. 软件服务。

6. 电路设计及测试服务。

7. 信息系统服务。

8. 业务流程管理服务。

9. 离岸服务外包业务。

离岸服务外包业务，包括信息技术外包服务（ITO）、技术性业务流程外包服务（BPO）、技术性知识流程外包服务（KPO），其所涉及的具体业务活动，按照《销售服务、无形资产、不动产注释》相对应的业务活动执行。

10. 转让技术。

（四）财政部和国家税务总局规定的其他服务。

二、境内的单位和个人销售的下列服务和无形资产免征增值税，但财政部和国家税务总局规定适用增值税零税率的除外：

（一）下列服务：

1. 工程项目在境外的建筑服务。

［**注**：《国家税务总局关于在境外提供建筑服务等有关问题的公告》（国家税务总局公告 2016 年第 69 号）规定：办理免税备案手续时，凡与发包方签订的建筑合同注明施工地点在境外的，可不再提供工程项目在境外的其他证明材料。］

2. 工程项目在境外的工程监理服务。

3. 工程、矿产资源在境外的工程勘察勘探服务。

4. 会议展览地点在境外的会议展览服务。

5. 存储地点在境外的仓储服务。

6. 标的物在境外使用的有形动产租赁服务。

7. 在境外提供的广播影视节目（作品）的播映服务。

8. 在境外提供的文化体育服务、教育医疗服务、旅游服务。

［**注**：《国家税务总局关于在境外提供建筑服务等有关问题的公告》（国家税务总局公告 2016 年第 69 号）规定：在境外提供旅游服务，办理免税备案手续时，以下列材料之一作为服务地点在境外的证明材料：（一）旅游服务提供方派业务人员随同出境的，出境业务人员的出境证件首页及出境记录页复印件。出境业务人员超过 2 人的，只需提供其中 2 人的出境证件复印件。

（二）旅游服务购买方的出境证件首页及出境记录页复印件。旅游服务购买方超过 2 人的，只需提供其中 2 人的出境证件复印件。］

（二）为出口货物提供的邮政服务、收派服务、保险服务。

为出口货物提供的保险服务，包括出口货物保险和出口信用保险。

（三）向境外单位提供的完全在境外消费的下列服务和无形资产：

1. 电信服务。

2. 知识产权服务。

3. 物流辅助服务（仓储服务、收派服务除外）。

4. 鉴证咨询服务。

5. 专业技术服务。

6. 商务辅助服务。

7. 广告投放地在境外的广告服务。

8. 无形资产。

（四）以无运输工具承运方式提供的国际运输服务。

（五）为境外单位之间的货币资金融通及其他金融业务提供的直接收费金融服务，且该服务与境内的货物、无形资产和不动产无关。

（六）财政部和国家税务总局规定的其他服务。

三、按照国家有关规定应取得相关资质的国际运输服务项目，纳税人取得相关资质的，适用增值税零税率政策，未取得的，适用增值税免税政策。

境内的单位或个人提供程租服务，如果租赁的交通工具用于国际运输服务和港澳台运输服务，由出租方按规定申请适用增值税零税率。

境内的单位和个人向境内单位或个人提供期租、湿租服务，如果承租方利用租赁的交通工具向其他单位或个人提供国际运输服务和港澳台运输服务，由承租方适用增值税零税率。境内的单位或个人向境外单位或个人提供期租、湿租服务，由出租方适用增值税零税率。

境内单位和个人以无运输工具承运方式提供的国际运输服务，由境内实际承运人适用增值税零税率；无运输工具承运业务的经营者适用增值税免税政策。

四、境内的单位和个人提供适用增值税零税率的服务或者无形资产，如果属于适用简易计税方法的，实行免征增值税办法。如果属于适用增值税一般计税方法的，生产企业实行免抵退税办法，外贸企业外购服务或者无形资产出口实行免退税办法，外贸企业直接将服务或自行研发的无形资产出口，视同生产企业连同其出口货物统一实行免抵退税办法。

服务和无形资产的退税率为其按照《试点实施办法》第十五条第（一）至（三）项规定适用的增值税税率。实行退（免）税办法的服务和无形资产，如果主管税务机关认定出口价格偏高的，有权按照核定的出口价格计算退（免）税，核定的出口价格低于外贸企业购进价格的，低于部分对应的进项税额不予退税，转入成本。

五、境内的单位和个人销售适用增值税零税率的服务或无形资产的，可以放弃适用增值税零税率，选择免税或按规定缴纳增值税。放弃适用增值税零税率后，36 个月内不得再申请适用增值税零税率。

六、境内的单位和个人销售适用增值税零税率的服务或无形资产，按月向主管退税的税务机关申报办理增值税退（免）税手续。具体管理办法由国家税务总局商财政部另行制定。

七、本规定所称完全在境外消费，是指：

（一）服务的实际接受方在境外，且与境内的货物和不动产无关。

（二）无形资产完全在境外使用，且与境内的货物和不动产无关。

（三）财政部和国家税务总局规定的其他情形。

八、境内单位和个人发生的与香港、澳门、台湾有关的应税行为，除本文另有规定外，参照上述规定执行。

九、2016 年 4 月 30 日前签订的合同，符合《财政部　国家税务总局关于将铁路运输和邮政业纳入营业税改征增值税试点的通知》（财税〔2013〕106 号）附件 4 和《财政部、国家税务总局关于影视等出口服务适用增值税零税率政策的通知》（财税〔2015〕118 号）规定的零税率或者免税政策条件的，在合同到期前可以继续享受零税率或者免税政策。

财政部　国家税务总局
关于简并增值税征收率政策的通知

财税〔2014〕57号　发布日期：2014-06-13

［**修改说明**：继本文将财税字文件中涉及6%和4%的增值税征收率的规定，统一调整为3%之后，2014.06.27国家税务总局公告2014年第36号《国家税务总局关于简并增值税征收率有关问题的公告》将现行国家税务总局印发的税收文件中涉及增值税征收率进行了调整，将6%和4%的增值税征收率统一调整为3%。］

各省、自治区、直辖市、计划单列市财政厅（局）、国家税务局，新疆生产建设兵团财务局：

为进一步规范税制、公平税负，经国务院批准，决定简并和统一增值税征收率，将6%和4%的增值税征收率统一调整为3%。现将有关事项通知如下：

一、《财政部、国家税务总局关于部分货物适用增值税低税率和简易办法征收增值税政策的通知》（财税〔2009〕9号）第二条第（一）项和第（二）项中"按照简易办法依照4%征收率减半征收增值税"调整为"按照简易办法依照3%征收率减按2%征收增值税"。

《财政部、国家税务总局关于全国实施增值税转型改革若干问题的通知》（财税〔2008〕170号）第四条第（二）项和第（三）项中"按照4%征收率减半征收增值税"调整为"按照简易办法依照3%征收率减按2%征收增值税"。

二、财税〔2009〕9号文件第二条第（三）项和第三条"依照6%征收率"调整为"依照3%征收率"。

三、财税〔2009〕9号文件第二条第（四）项"依照4%征收率"调整为"依照3%征收率"。

四、本通知自2014年7月1日起执行。

财政部　国家税务总局
关于在全国开展交通运输业和部分现代服务业营业税改征增值税试点税收政策的通知

财税〔2013〕37号　发布日期：2013-05-24

［**修改说明**：根据2013.12.12财税〔2013〕106号《财政部、国家税务总局关于将铁路运输和邮政业纳入营业税改征增值税试点的通知》本文自2014年1月1日起废止。］

各省、自治区、直辖市、计划单列市财政厅（局）、国家税务局、地方税务局，新建生产建设兵团财务局：

根据国务院进一步扩大交通运输业和部分现代服务业营业税改征增值税（以下称营改增）试点的要求，现将有关事项通知如下：

一、经国务院批准，自2013年8月1日起，在全国范围内开展交通运输业和部分现代服务业营改增试点。现将有关规定印发你们，请遵照执行。

二、在全国开展交通运输业和部分现代服务业营改增试点，范围广、时间紧、任务重，各地要高度重视，切实加强试点工作的组织领导，精心组织、周密安排、明确责任，采取各种有效措施，做好试点前的各项准备以及试点过程中的监测分析和宣传解释等工作，确保改革的平稳、有序、顺利进行。遇到问题请及时向财政部和国家税务总局反映。

三、《财政部　国家税务总局关于在上海市开展交通运输业和部分现代服务业营业税改征增值税试点的通知》（财税〔2011〕111号）、《财政部　国家税务总局关于应税服务适用增值税零税率和免税政策的通知》（财税〔2011〕131号）、《财政部　国家税务总局关于交通运输业和部分现代服务业营业税改征增值税试点若干税收政策的通知》（财税〔2011〕133号）、《财政部　国家税务总局关于交通运输业和部分现代服务业营业税改征增值税试点若干税收政策的补充通知》（财税〔2012〕53号）、《财政部　国家税务总局关于在北京等8省市开展交通运输业和部分现代服务业营业税改征增值税试点的通知》（财税〔2012〕71号）、《财政部　国家税务总局关于交通运输业和部分现代服务业营业税改征增值税试点应税服务范围等若干税收政策的补充通知》（财税〔2012〕86号）、《财政部　国家税务总局关于营业税若干政策问题的通知》（财税〔2003〕16号）第三条第（十六）和第（十八）项，自2013年8月1日起废止。

附件：1. 交通运输业和部分现代服务业营业税改征增值税试点实施办法
2. 交通运输业和部分现代服务业营业税改征增值税试点有关事项的规定附件
3. 交通运输业和部分现代服务业营业税改征增值税试点过渡政策的规定
4. 应税服务适用增值税零税率和免税政策的规定

附件1：

交通运输业和部分现代服务业营业税改征增值税试点实施办法

第一章　纳税人和扣缴义务人

第一条　在中华人民共和国境内（以下称境内）提供交通运输业和部分现代服务业服务（以下称应税服务）的单位和个人，为增值税纳税人。纳税人提供应税服务，应当按照本办法缴纳增值税，不再缴纳营业税。

单位，是指企业、行政单位、事业单位、军事单位、社会团体及其他单位。

个人，是指个体工商户和其他个人。

第二条　单位以承包、承租、挂靠方式经营的，承包人、承租人、挂靠人（以下称承包人）以发包人、出租人、被挂靠人（以下称发包人）名义对外经营并由发包人承担相关法律责任的，以该发包人为纳税人。否则，以承包人为纳税人。

第三条　纳税人分为一般纳税人和小规模纳税人。

应税服务的年应征增值税销售额（以下称应税服务年销售额）超过财政部和国家税务总局规定标准的纳税人为一般纳税人，未超过规定标准的纳税人为小规模纳税人。

应税服务年销售额超过规定标准的其他个人不属于一般纳税人；不经常提供应税服务的非企业性单位、企业和个体工商户可选择按照小规模纳税人纳税。

第四条　小规模纳税人会计核算健全，能够提供准确税务资料的，可以向主管税务机关申请一般纳税人资格认定，成为一般纳税人。

会计核算健全，是指能够按照国家统一的会计制度规定设置账簿，根据合法、有效凭证核算。

第五条 符合一般纳税人条件的纳税人应当向主管税务机关申请一般纳税人资格认定。具体认定办法由国家税务总局制定。

除国家税务总局另有规定外，一经认定为一般纳税人后，不得转为小规模纳税人。

第六条 中华人民共和国境外（以下称境外）的单位或者个人在境内提供应税服务，在境内未设有经营机构的，以其代理人为增值税扣缴义务人；在境内没有代理人的，以接受方为增值税扣缴义务人。

第七条 两个或者两个以上的纳税人，经财政部和国家税务总局批准可以视为一个纳税人合并纳税。具体办法由财政部和国家税务总局另行制定。

第二章 应税服务

第八条 应税服务，是指陆路运输服务、水路运输服务、航空运输服务、管道运输服务、研发和技术服务、信息技术服务、文化创意服务、物流辅助服务、有形动产租赁服务、鉴证咨询服务、广播影视服务。

应税服务的具体范围按照本办法所附的《应税服务范围注释》执行。

第九条 提供应税服务，是指有偿提供应税服务，但不包括非营业活动中提供的应税服务。

有偿，是指取得货币、货物或者其他经济利益。

非营业活动，是指：

（一）非企业性单位按照法律和行政法规的规定，为履行国家行政管理和公共服务职能收取政府性基金或者行政事业性收费的活动。

（二）单位或者个体工商户聘用的员工为本单位或者雇主提供应税服务。

（三）单位或者个体工商户为员工提供应税服务。

（四）财政部和国家税务总局规定的其他情形。

第十条 在境内提供应税服务，是指应税服务提供方或者接受方在境内。

下列情形不属于在境内提供应税服务：

（一）境外单位或者个人向境内单位或者个人提供完全在境外消费的应税服务。

（二）境外单位或者个人向境内单位或者个人出租完全在境外使用的有形动产。

（三）财政部和国家税务总局规定的其他情形。

第十一条 单位和个体工商户的下列情形，视同提供应税服务：

（一）向其他单位或者个人无偿提供交通运输业和部分现代服务业服务，但以公益活动为目的或者以社会公众为对象的除外。

（二）财政部和国家税务总局规定的其他情形。

第三章　税率和征收率

第十二条　增值税税率：

（一）提供有形动产租赁服务，税率为17%。

（二）提供交通运输业服务，税率为11%。

（三）提供现代服务业服务（有形动产租赁服务除外），税率为6%。

（四）财政部和国家税务总局规定的应税服务，税率为零。

第十三条　增值税征收率为3%。

第四章　应纳税额的计算

第一节　一般性规定

第十四条　增值税的计税方法，包括一般计税方法和简易计税方法。

第十五条　一般纳税人提供应税服务适用一般计税方法计税。

一般纳税人提供财政部和国家税务总局规定的特定应税服务，可以选择适用简易计税方法计税，但一经选择，36个月内不得变更。

第十六条　小规模纳税人提供应税服务适用简易计税方法计税。

第十七条　境外单位或者个人在境内提供应税服务，在境内未设有经营机构的，扣缴义务人按照下列公式计算应扣缴税额：

应扣缴税额＝接受方支付的价款÷（1+税率）×税率

第二节　一般计税方法

第十八条　一般计税方法的应纳税额，是指当期销项税额抵扣当期进项税额后的余额。应纳税额计算公式：

应纳税额＝当期销项税额－当期进项税额

当期销项税额小于当期进项税额不足抵扣时，其不足部分可以结转下期继续抵扣。

第十九条　销项税额，是指纳税人提供应税服务按照销售额和增值税税率计算的增值税额。销项税额计算公式：

销项税额＝销售额×税率

第二十条　一般计税方法的销售额不包括销项税额，纳税人采用销售额和销项税额合并定价方法的，按照下列公式计算销售额：

销售额＝含税销售额÷（1+税率）

第二十一条　进项税额，是指纳税人购进货物或者接受加工修理修配劳务和应税服务，支付或者负担的增值税税额。

第二十二条 下列进项税额准予从销项税额中抵扣：

（一）从销售方或者提供方取得的增值税专用发票（含货物运输业增值税专用发票、税控机动车销售统一发票，下同）上注明的增值税额。

（二）从海关取得的海关进口增值税专用缴款书上注明的增值税额。

（三）购进农产品，除取得增值税专用发票或者海关进口增值税专用缴款书外，按照农产品收购发票或者销售发票上注明的农产品买价和13%的扣除率计算的进项税额。计算公式为：

进项税额 = 买价 × 扣除率

买价，是指纳税人购进农产品在农产品收购发票或者销售发票上注明的价款和按照规定缴纳的烟叶税。

（四）接受铁路运输服务，按照铁路运输费用结算单据上注明的运输费用金额和7%的扣除率计算的进项税额。进项税额计算公式：

进项税额 = 运输费用金额 × 扣除率

运输费用金额，是指铁路运输费用结算单据上注明的运输费用（包括铁路临管线及铁路专线运输费用）、建设基金，不包括装卸费、保险费等其他杂费。

（五）接受境外单位或者个人提供的应税服务，从税务机关或者境内代理人取得的解缴税款的中华人民共和国税收缴款凭证（以下称税收缴款凭证）上注明的增值税额。

第二十三条 纳税人取得的增值税扣税凭证不符合法律、行政法规或者国家税务总局有关规定的，其进项税额不得从销项税额中抵扣。

增值税扣税凭证，是指增值税专用发票、海关进口增值税专用缴款书、农产品收购发票、农产品销售发票、铁路运输费用结算单据和税收缴款凭证。

纳税人凭税收缴款凭证抵扣进项税额的，应当具备书面合同、付款证明和境外单位的对账单或者发票。资料不全的，其进项税额不得从销项税额中抵扣。

第二十四条 下列项目的进项税额不得从销项税额中抵扣：

（一）用于适用简易计税方法计税项目、非增值税应税项目、免征增值税项目、集体福利或者个人消费的购进货物、接受加工修理修配劳务或者应税服务。其中涉及的固定资产、专利技术、非专利技术、商誉、商标、著作权、有形动产租赁，仅指专用于上述项目的固定资产、专利技术、非专利技术、商誉、商标、著作权、有形动产租赁。

（二）非正常损失的购进货物及相关的加工修理修配劳务和交通运输业服务。

（三）非正常损失的在产品、产成品所耗用的购进货物（不包括固定资产）、加工修理修配劳务或者交通运输业服务。

（四）接受的旅客运输服务。

第二十五条 非增值税应税项目，是指非增值税应税劳务、转让无形资产（专利技术、非专利技术、商誉、商标、著作权除外）、销售不动产以及不动产在建工程。

非增值税应税劳务，是指《应税服务范围注释》所列项目以外的营业税应税劳务。

不动产，是指不能移动或者移动后会引起性质、形状改变的财产，包括建筑物、构筑物和其他土地附着物。

纳税人新建、改建、扩建、修缮、装饰不动产，均属于不动产在建工程。

个人消费，包括纳税人的交际应酬消费。

固定资产，是指使用期限超过 12 个月的机器、机械、运输工具以及其他与生产经营有关的设备、工具、器具等。

非正常损失，是指因管理不善造成被盗、丢失、霉烂变质的损失，以及被执法部门依法没收或者强令自行销毁的货物。

第二十六条 适用一般计税方法的纳税人，兼营简易计税方法计税项目、非增值税应税劳务、免征增值税项目而无法划分不得抵扣的进项税额，按照下列公式计算不得抵扣的进项税额：

不得抵扣的进项税额 = 当期无法划分的全部进项税额 ×（当期简易计税方法计税项目销售额 + 非增值税应税劳务营业额 + 免征增值税项目销售额）÷（当期全部销售额 + 当期全部营业额）

主管税务机关可以按照上述公式依据年度数据对不得抵扣的进项税额进行清算。

第二十七条 已抵扣进项税额的购进货物、接受加工修理修配劳务或者应税服务，发生本办法第二十四条规定情形（简易计税方法计税项目、非增值税应税劳务、免征增值税项目除外）的，应当将该进项税额从当期进项税额中扣减；无法确定该进项税额的，按照当期实际成本计算应扣减的进项税额。

第二十八条 纳税人提供的适用一般计税方法计税的应税服务，因服务中止或者折让而退还给购买方的增值税额，应当从当期的销项税额中扣减；发生服务中止、购进货物退出、折让而收回的增值税额，应当从当期的进项税额中扣减。

第二十九条 有下列情形之一者，应当按照销售额和增值税税率计算应纳税额，不得抵扣进项税额，也不得使用增值税专用发票：

（一）一般纳税人会计核算不健全，或者不能够提供准确税务资料的。

（二）应当申请办理一般纳税人资格认定而未申请的。

第三节　简易计税方法

第三十条 简易计税方法的应纳税额，是指按照销售额和增值税征收率计算的增值税额，不得抵扣进项税额。应纳税额计算公式：

应纳税额 = 销售额 × 征收率

第三十一条 简易计税方法的销售额不包括其应纳税额，纳税人采用销售额和应纳税额合并定价方法的，按照下列公式计算销售额：

销售额 = 含税销售额 ÷（1 + 征收率）

第三十二条 纳税人提供的适用简易计税方法计税的应税服务，因服务中止或者折让而退还给接受方的销售额，应当从当期销售额中扣减。扣减当期销售额后仍有余额造成多缴的税款，可以从以后的应纳税额中扣减。

第四节　销售额的确定

第三十三条　销售额，是指纳税人提供应税服务取得的全部价款和价外费用。

价外费用，是指价外收取的各种性质的价外收费，但不包括代为收取的政府性基金或者行政事业性收费。

第三十四条　销售额以人民币计算。

纳税人按照人民币以外的货币结算销售额的，应当折合成人民币计算，折合率可以选择销售额发生的当天或者当月 1 日的人民币汇率中间价。纳税人应当在事先确定采用何种折合率，确定后 12 个月内不得变更。

第三十五条　纳税人提供适用不同税率或者征收率的应税服务，应当分别核算适用不同税率或者征收率的销售额；未分别核算的，从高适用税率。

第三十六条　纳税人兼营营业税应税项目的，应当分别核算应税服务的销售额和营业税应税项目的营业额；未分别核算的，由主管税务机关核定应税服务的销售额。

第三十七条　纳税人兼营免税、减税项目的，应当分别核算免税、减税项目的销售额；未分别核算的，不得免税、减税。

第三十八条　纳税人提供应税服务，开具增值税专用发票后，发生提供应税服务中止、折让、开票有误等情形的，应当按照国家税务总局的规定开具红字增值税专用发票；未按照规定开具红字增值税专用发票的，不得按照本办法第二十八条和第三十二条的规定扣减销项税额或者销售额。

第三十九条　纳税人提供应税服务，将价款和折扣额在同一张发票上分别注明的，以折扣后的价款为销售额；未在同一张发票上分别注明的，以价款为销售额，不得扣减折扣额。

第四十条　纳税人提供应税服务的价格明显偏低或者偏高且不具有合理商业目的的，或者发生本办法第十一条所列视同提供应税服务而无销售额的，主管税务机关有权按照下列顺序确定销售额：

（一）按照纳税人最近时期提供同类应税服务的平均价格确定。

（二）按照其他纳税人最近时期提供同类应税服务的平均价格确定。

（三）按照组成计税价格确定。组成计税价格的公式为：

组成计税价格 = 成本 ×（1+ 成本利润率）

成本利润率由国家税务总局确定。

第五章　纳税义务、扣缴义务发生时间和纳税地点

第四十一条　增值税纳税义务发生时间为：

（一）纳税人提供应税服务并收讫销售款项或者取得索取销售款项凭据的当天；先开具发票的，

为开具发票的当天。

收讫销售款项，是指纳税人提供应税服务过程中或者完成后收到款项。

取得索取销售款项凭据的当天，是指书面合同确定的付款日期；未签订书面合同或者书面合同未确定付款日期的，为应税服务完成的当天。

（二）纳税人提供有形动产租赁服务采取预收款方式的，其纳税义务发生时间为收到预收款的当天。

（三）纳税人发生本办法第十一条视同提供应税服务的，其纳税义务发生时间为应税服务完成的当天。

（四）增值税扣缴义务发生时间为纳税人增值税纳税义务发生的当天。

第四十二条 增值税纳税地点为：

（一）固定业户应当向其机构所在地或者居住地主管税务机关申报纳税。总机构和分支机构不在同一县（市）的，应当分别向各自所在地的主管税务机关申报纳税；经财政部和国家税务总局或者其授权的财政和税务机关批准，可以由总机构合并向总机构所在地的主管税务机关申报纳税。

（二）非固定业户应当向应税服务发生地主管税务机关申报纳税；未申报纳税的，由其机构所在地或者居住地主管税务机关补征税款。

（三）扣缴义务人应当向其机构所在地或者居住地主管税务机关申报缴纳其扣缴的税款。

第四十三条 增值税的纳税期限分别为 1 日、3 日、5 日、10 日、15 日、1 个月或者 1 个季度。纳税人的具体纳税期限，由主管税务机关根据纳税人应纳税额的大小分别核定。以 1 个季度为纳税期限的规定适用于小规模纳税人以及财政部和国家税务总局规定的其他纳税人。不能按照固定期限纳税的，可以按次纳税。

纳税人以 1 个月或者 1 个季度为 1 个纳税期的，自期满之日起 15 日内申报纳税；以 1 日、3 日、5 日、10 日或者 15 日为 1 个纳税期的，自期满之日起 5 日内预缴税款，于次月 1 日起 15 日内申报纳税并结清上月应纳税款。

扣缴义务人解缴税款的期限，按照前两款规定执行。

第六章　税收减免

第四十四条 纳税人提供应税服务适用免税、减税规定的，可以放弃免税、减税，依照本办法的规定缴纳增值税。放弃免税、减税后，36 个月内不得再申请免税、减税。

纳税人提供应税服务同时适用免税和零税率规定的，优先适用零税率。

第四十五条 个人提供应税服务的销售额未达到增值税起征点的，免征增值税；达到起征点的，全额计算缴纳增值税。

增值税起征点不适用于认定为一般纳税人的个体工商户。

第四十六条 增值税起征点幅度如下：

（一）按期纳税的，为月应税销售额5000-20000元（含本数）。

（二）按次纳税的，为每次（日）销售额300-500元（含本数）。

起征点的调整由财政部和国家税务总局规定。省、自治区、直辖市财政厅（局）和国家税务局应当在规定的幅度内，根据实际情况确定本地区适用的起征点，并报财政部和国家税务总局备案。

第七章　征收管理

第四十七条　营业税改征的增值税，由国家税务局负责征收。

第四十八条　纳税人提供适用零税率的应税服务，应当按期向主管税务机关申报办理退（免）税，具体办法由财政部和国家税务总局制定。

第四十九条　纳税人提供应税服务，应当向索取增值税专用发票的接受方开具增值税专用发票，并在增值税专用发票上分别注明销售额和销项税额。

属于下列情形之一的，不得开具增值税专用发票：

（一）向消费者个人提供应税服务。

（二）适用免征增值税规定的应税服务。

第五十条　小规模纳税人提供应税服务，接受方索取增值税专用发票的，可以向主管税务机关申请代开。

第五十一条　纳税人增值税的征收管理，按照本办法和《中华人民共和国税收征收管理法》及现行增值税征收管理有关规定执行。

第八章　附则

第五十二条　纳税人应当按照国家统一的会计制度进行增值税会计核算。

第五十三条　本办法自2013年8月1日起执行。

附：

应税服务范围注释

一、交通运输业

交通运输业，是指使用运输工具将货物或者旅客送达目的地，使其空间位置得到转移的业务活动。包括陆路运输服务、水路运输服务、航空运输服务和管道运输服务。

（一）陆路运输服务。

陆路运输服务，是指通过陆路（地上或者地下）运送货物或者旅客的运输业务活动，包括公路运输、缆车运输、索道运输及其他陆路运输，暂不包括铁路运输。

出租车公司向使用本公司自有出租车的出租车司机收取的管理费用，按陆路运输服务征收增值税。

（二）水路运输服务。

水路运输服务，是指通过江、河、湖、川等天然、人工水道或者海洋航道运送货物或者旅客的运输业务活动。

远洋运输的程租、期租业务，属于水路运输服务。

程租业务，是指远洋运输企业为租船人完成某一特定航次的运输任务并收取租赁费的业务。

期租业务，是指远洋运输企业将配备有操作人员的船舶承租给他人使用一定期限，承租期内听候承租方调遣，不论是否经营，均按天向承租方收取租赁费，发生的固定费用均由船东负担的业务。

（三）航空运输服务。

航空运输服务，是指通过空中航线运送货物或者旅客的运输业务活动。

航空运输的湿租业务，属于航空运输服务。

湿租业务，是指航空运输企业将配备有机组人员的飞机承租给他人使用一定期限，承租期内听候承租方调遣，不论是否经营，均按一定标准向承租方收取租赁费，发生的固定费用均由承租方承担的业务。

（四）管道运输服务。

管道运输服务，是指通过管道设施输送气体、液体、固体物质的运输业务活动。

二、部分现代服务业

部分现代服务业，是指围绕制造业、文化产业、现代物流产业等提供技术性、知识性服务的业务活动。包括研发和技术服务、信息技术服务、文化创意服务、物流辅助服务、有形动产租赁服务、鉴证咨询服务、广播影视服务。

（一）研发和技术服务。

研发和技术服务，包括研发服务、技术转让服务、技术咨询服务、合同能源管理服务、工程勘察勘探服务。

1. 研发服务，是指就新技术、新产品、新工艺或者新材料及其系统进行研究与试验开发的业务活动。

2. 技术转让服务，是指转让专利或者非专利技术的所有权或者使用权的业务活动。

3. 技术咨询服务，是指对特定技术项目提供可行性论证、技术预测、专题技术调查、分析评价报告和专业知识咨询等业务活动。

4. 合同能源管理服务，是指节能服务公司与用能单位以契约形式约定节能目标，节能服务公司提供必要的服务，用能单位以节能效果支付节能服务公司投入及其合理报酬的业务活动。

5. 工程勘察勘探服务，是指在采矿、工程施工以前，对地形、地质构造、地下资源蕴藏情况进行实地调查的业务活动。

（二）信息技术服务。

信息技术服务，是指利用计算机、通信网络等技术对信息进行生产、收集、处理、加工、存储、运输、检索和利用，并提供信息服务的业务活动。包括软件服务、电路设计及测试服务、信息系统服务和业务流程管理服务。

1. 软件服务，是指提供软件开发服务、软件咨询服务、软件维护服务、软件测试服务的业务行为。

2. 电路设计及测试服务，是指提供集成电路和电子电路产品设计、测试及相关技术支持服务的业务行为。

3. 信息系统服务，是指提供信息系统集成、网络管理、桌面管理与维护、信息系统应用、基础信息技术管理平台整合、信息技术基础设施管理、数据中心、托管中心、安全服务的业务行为。包括网站对非自有的网络游戏提供的网络运营服务。

4. 业务流程管理服务，是指依托计算机信息技术提供的人力资源管理、财务经济管理、金融支付服务、内部数据分析、呼叫中心和电子商务平台等服务的业务活动。

（三）文化创意服务。

文化创意服务，包括设计服务、商标和著作权转让服务、知识产权服务、广告服务和会议展览服务。

1. 设计服务，是指把计划、规划、设想通过视觉、文字等形式传递出来的业务活动。包括工业设计、造型设计、服装设计、环境设计、平面设计、包装设计、动漫设计、展示设计、网站设计、机械设计、工程设计、广告设计、创意策划、文印晒图等。

2. 商标和著作权转让服务，是指转让商标、商誉和著作权的业务活动。

3. 知识产权服务，是指处理知识产权事务的业务活动。包括对专利、商标、著作权、软件、集成电路布图设计的代理、登记、鉴定、评估、认证、咨询、检索服务。

4. 广告服务，是指利用图书、报纸、杂志、广播、电视、电影、幻灯、路牌、招贴、橱窗、霓虹灯、灯箱、互联网等各种形式为客户的商品、经营服务项目、文体节目或者通告、声明等委托事项进行宣传和提供相关服务的业务活动。包括广告代理和广告的发布、播映、宣传、展示等。

5. 会议展览服务，是指为商品流通、促销、展示、经贸洽谈、民间交流、企业沟通、国际往来等举办或者组织安排的各类展览和会议的业务活动。

（四）物流辅助服务。

物流辅助服务，包括航空服务、港口码头服务、货运客运场站服务、打捞救助服务、货物运输代理服务、代理报关服务、仓储服务和装卸搬运服务。

1. 航空服务，包括航空地面服务和通用航空服务。

航空地面服务，是指航空公司、飞机场、民航管理局、航站等向在我国境内航行或者在我国境内机场停留的境内外飞机或者其他飞行器提供的导航等劳务性地面服务的业务活动。包括旅客安全检查服务、停机坪管理服务、机场候机厅管理服务、飞机清洗消毒服务、空中飞行管理服务、飞机起降服务、飞行通讯服务、地面信号服务、飞机安全服务、飞机跑道管理服务、空中交通管理服务等。

通用航空服务，是指为专业工作提供飞行服务的业务活动，包括航空摄影，航空测量，航空勘探，航空护林，航空吊挂播洒、航空降雨等。

2. 港口码头服务，是指港务船舶调度服务、船舶通讯服务、航道管理服务、航道疏浚服务、灯塔管理服务、航标管理服务、船舶引航服务、理货服务、系解缆服务、停泊和移泊服务、海上船舶溢油清除服务、水上交通管理服务、船只专业清洗消毒检测服务和防止船只漏油服务等为船只提供服务的业务活动。

港口设施经营人收取的港口设施保安费按照“港口码头服务”征收增值税。

3. 货运客运场站服务，是指货运客运场站（不包括铁路运输）提供的货物配载服务、运输组织服务、中转换乘服务、车辆调度服务、票务服务和车辆停放服务等业务活动。

4. 打捞救助服务，是指提供船舶人员救助、船舶财产救助、水上救助和沉船沉物打捞服务的业务活动。

5. 货物运输代理服务，是指接受货物收货人、发货人、船舶所有人、船舶承租人或船舶经营人的委托，以委托人的名义或者以自己的名义，在不直接提供货物运输服务的情况下，为委托人办理货物运输、船舶进出港口、联系安排引航、靠泊、装卸等货物和船舶代理相关业务手续的业务活动。

6. 代理报关服务，是指接受进出口货物的收、发货人委托，代为办理报关手续的业务活动。

7. 仓储服务，是指利用仓库、货场或者其他场所代客贮放、保管货物的业务活动。

8. 装卸搬运服务，是指使用装卸搬运工具或人力、畜力将货物在运输工具之间、装卸现场之间或者运输工具与装卸现场之间进行装卸和搬运的业务活动。

（五）有形动产租赁服务。

有形动产租赁，包括有形动产融资租赁和有形动产经营性租赁。

1. 有形动产融资租赁，是指具有融资性质和所有权转移特点的有形动产租赁业务活动。即出租人根据承租人所要求的规格、型号、性能等条件购入有形动产租赁给承租人，合同期内设备所有权属于出租人，承租人只拥有使用权，合同期满付清租金后，承租人有权按照残值购入有形动产，以拥有其所有权。不论出租人是否将有形动产残值销售给承租人，均属于融资租赁。

2. 有形动产经营性租赁，是指在约定时间内将物品、设备等有形动产转让他人使用且租赁物所有权不变更的业务活动。

远洋运输的光租业务、航空运输的干租业务，属于有形动产经营性租赁。

光租业务，是指远洋运输企业将船舶在约定的时间内出租给他人使用，不配备操作人员，不承担运输过程中发生的各项费用，只收取固定租赁费的业务活动。

干租业务，是指航空运输企业将飞机在约定的时间内出租给他人使用，不配备机组人员，不承担运输过程中发生的各项费用，只收取固定租赁费的业务活动。

（六）鉴证咨询服务。

鉴证咨询服务，包括认证服务、鉴证服务和咨询服务。

1. 认证服务，是指具有专业资质的单位利用检测、检验、计量等技术，证明产品、服务、管理体系符合相关技术规范、相关技术规范的强制性要求或者标准的业务活动。

2. 鉴证服务，是指具有专业资质的单位，为委托方的经济活动及有关资料进行鉴证，发表具有证明力的意见的业务活动。包括会计鉴证、税务鉴证、法律鉴证、工程造价鉴证、资产评估、环境评估、房地产土地评估、建筑图纸审核、医疗事故鉴定等。

3. 咨询服务，是指提供和策划财务、税收、法律、内部管理、业务运作和流程管理等信息或者建议的业务活动。

代理记账按照“咨询服务”征收增值税。

（七）广播影视服务。

广播影视服务，包括广播影视节目（作品）的制作服务、发行服务和播映（含放映，下同）服务。

1. 广播影视节目（作品）制作服务，是指进行专题（特别节目）、专栏、综艺、体育、动画片、广播剧、电视剧、电影等广播影视节目和作品制作的服务。具体包括与广播影视节目和作品相关的策划、采编、拍摄、录音、音视频文字图片素材制作、场景布置、后期的剪辑、翻译（编译）、字幕制作、片头、片尾、片花制作、特效制作、影片修复、编目和确权等业务活动。

2. 广播影视节目（作品）发行服务，是指以分账、买断、委托、代理等方式，向影院、电台、电视台、网站等单位和个人发行广播影视节目（作品）以及转让体育赛事等活动的报道及播映权的业务活动。

3. 广播影视节目（作品）播映服务，是指在影院、剧院、录像厅及其他场所播映广播影视节目（作品），以及通过电台、电视台、卫星通信、互联网、有线电视等无线或有线装置播映广播影视节目（作品）的业务活动。

附件 2：

交通运输业和部分现代服务业营业税改征增值税试点有关事项的规定

一、试点纳税人［指按照《交通运输业和部分现代服务业营业税改征增值税试点实施办法》（以下称《试点实施办法》）缴纳增值税的纳税人］有关政策

（一）混业经营。

试点纳税人兼有不同税率或者征收率的销售货物、提供加工修理修配劳务或者应税服务的，应当分别核算适用不同税率或征收率的销售额，未分别核算销售额的，按照以下方法适用税率或征收率：

1. 兼有不同税率的销售货物、提供加工修理修配劳务或者应税服务的，从高适用税率。

2. 兼有不同征收率的销售货物、提供加工修理修配劳务或者应税服务的，从高适用征收率。

3. 兼有不同税率和征收率的销售货物、提供加工修理修配劳务或者应税服务的，从高适用税率。

（二）油气田企业。

油气田企业提供的应税服务，适用《试点实施办法》规定的增值税税率，不再适用《财政部、国家税务总局关于印发〈油气田企业增值税管理办法〉的通知》（财税〔2009〕8号）规定的增值税税率。

（三）航空运输企业。

1. 航空运输企业提供的旅客利用里程积分兑换的航空运输服务，不征收增值税。

2. 航空运输企业根据国家指令无偿提供的航空运输服务，属于《试点实施办法》第十一条规定的以公益活动为目的的服务，不征收增值税。

3. 航空运输企业的应征增值税销售额不包括代收的机场建设费和代售其他航空运输企业客票而代收转付的价款。

4. 航空运输企业已售票但未提供航空运输服务取得的逾期票证收入，不属于增值税应税收入，不征收增值税。

（四）销售额。

经中国人民银行、商务部、银监会批准从事融资租赁业务的试点纳税人提供有形动产融资租赁服务，以取得的全部价款和价外费用（包括残值）扣除由出租方承担的有形动产的贷款利息（包括外汇借款和人民币借款利息）、关税、进口环节消费税、安装费、保险费的余额为销售额。

试点纳税人从全部价款和价外费用中扣除价款，应当取得符合法律、行政法规和国家税务总局有关规定的有效凭证。否则，不得扣除。

上述凭证是指：

1. 支付给境内单位或者个人的款项，以发票为合法有效凭证。

2. 缴纳的税款，以完税凭证为合法有效凭证。

3. 支付给境外单位或者个人的款项，以该单位或者个人的签收单据为合法有效凭证，税务机关对签收单据有疑议的，可以要求其提供境外公证机构的确认证明。

4. 国家税务总局规定的其他凭证。

（五）试点纳税人取得的2013年8月1日（含）以后开具的运输费用结算单据（铁路运输费用结算单据除外），不得作为增值税扣税凭证。

（六）一般纳税人资格认定。

《试点实施办法》第三条规定的应税服务年销售额标准为500万元（含本数）。财政部和国家税务总局可以根据试点情况对应税服务年销售额标准进行调整。

（七）计税方法。

1. 试点纳税人中的一般纳税人提供的公共交通运输服务，可以选择按照简易计税方法计算缴纳增值税。公共交通运输服务，包括轮客渡、公交客运、轨道交通（含地铁、城市轻轨）、出租车、长途客运、班车。其中，班车，是指按固定路线、固定时间运营并在固定站点停靠的运送旅客的陆路运输。

2. 试点纳税人中的一般纳税人，以该地区试点实施之日前购进或者自制的有形动产为标的物提供的经营租赁服务，试点期间可以选择适用简易计税方法计算缴纳增值税。

3. 试点纳税人中的一般纳税人兼有销售货物、提供加工修理修配劳务的，凡未规定可以选择按照简易计税方法计算缴纳增值税的，其全部销售额应一并按照一般计税方法计算缴纳增值税。

（八）试点前发生的业务。

1. 试点纳税人在本地区试点实施之日前签订的尚未执行完毕的租赁合同，在合同到期日之前继续按照现行营业税政策规定缴纳营业税。

2. 试点纳税人提供应税服务，按照国家有关营业税政策规定差额征收营业税的，因取得的全部价款和价外费用不足以抵减允许扣除项目金额，截至本地区试点实施之日尚未扣除的部分，不得在计算试点纳税人本地区试点实施之日后的销售额时予以抵减，应当向原主管地税机关申请退还营业税。

试点纳税人按照本条第（八）项中第 1 点规定继续缴纳营业税的有形动产租赁服务，不适用本项规定。

3. 试点纳税人提供应税服务在本地区试点实施之日前已缴纳营业税，本地区试点实施之日（含）后因发生退款减除营业额的，应当向主管税务机关申请退还已缴纳的营业税。

4. 试点纳税人本地区试点实施之日前提供的应税服务，因税收检查等原因需要补缴税款的，应按照现行营业税政策规定补缴营业税。

（九）销售使用过的固定资产。

按照《试点实施办法》和本规定认定的一般纳税人，销售自己使用过的本地区试点实施之日（含）以后购进或自制的固定资产，按照适用税率征收增值税；销售自己使用过的本地区试点实施之日以前购进或者自制的固定资产，按照 4% 征收率减半征收增值税。

使用过的固定资产，是指纳税人根据财务会计制度已经计提折旧的固定资产。

（十）扣缴增值税适用税率。

境内的代理人和接受方为境外单位和个人扣缴增值税的，按照适用税率扣缴增值税。

二、原增值税纳税人［指按照《中华人民共和国增值税暂行条例》（以下称《增值税暂行条例》）缴纳增值税的纳税人］有关政策

（一）进项税额。

1. 原增值税一般纳税人接受试点纳税人提供的应税服务，取得的增值税专用发票上注明的增值税额为进项税额，准予从销项税额中抵扣。

2. 原增值税一般纳税人自用的应征消费税的摩托车、汽车、游艇，其进项税额准予从销项税额中抵扣。

3. 原增值税一般纳税人接受境外单位或者个人提供的应税服务，按照规定应当扣缴增值税的，准予从销项税额中抵扣的进项税额为从税务机关或者代理人取得的解缴税款的中华人民共和国税收缴款凭证（以下称税收缴款凭证）上注明的增值税额。

上述纳税人凭税收缴款凭证抵扣进项税额的，应当具备书面合同、付款证明和境外单位的对账单

或者发票。否则，进项税额不得从销项税额中抵扣。

4. 原增值税一般纳税人购进货物或者接受加工修理修配劳务，用于《应税服务范围注释》所列项目的，不属于《增值税暂行条例》第十条所称的用于非增值税应税项目，其进项税额准予从销项税额中抵扣。

5. 原增值税一般纳税人接受试点纳税人提供的应税服务，下列项目的进项税额不得从销项税额中抵扣：

（1）用于简易计税方法计税项目、非增值税应税项目、免征增值税项目、集体福利或者个人消费，其中涉及的专利技术、非专利技术、商誉、商标、著作权、有形动产租赁，仅指专用于上述项目的专利技术、非专利技术、商誉、商标、著作权、有形动产租赁。

（2）接受的旅客运输服务。

（3）与非正常损失的购进货物相关的交通运输业服务。

（4）与非正常损失的在产品、产成品所耗用购进货物相关的交通运输业服务。

上述非增值税应税项目，是指《增值税暂行条例》第十条所称的非增值税应税项目，但不包括《应税服务范围注释》所列项目。

6. 原增值税一般纳税人取得的 2013 年 8 月 1 日（含）以后开具的运输费用结算单据（铁路运输费用结算单据除外），不得作为增值税扣税凭证。

原增值税一般纳税人取得的试点小规模纳税人由税务机关代开的增值税专用发票，按增值税专用发票注明的税额抵扣进项税额。

（二）一般纳税人认定。

原增值税一般纳税人兼有应税服务，按照《试点实施办法》和本规定第一条第（六）项的规定应当申请认定一般纳税人的，不需要重新办理一般纳税人认定手续。

（三）增值税期末留抵税额。原增值税一般纳税人兼有应税服务的，截止到本地区试点实施之日前的增值税期末留抵税额，不得从应税服务的销项税额中抵扣。

附件 3：

交通运输业和部分现代服务业营业税改征增值税试点过渡政策的规定

一、下列项目免征增值税

（一）个人转让著作权。

（二）残疾人个人提供应税服务。

（三）航空公司提供飞机播洒农药服务。

（四）试点纳税人提供技术转让、技术开发和与之相关的技术咨询、技术服务。

1. 技术转让，是指转让者将其拥有的专利和非专利技术的所有权或者使用权有偿转让他人的行为；技术开发，是指开发者接受他人委托，就新技术、新产品、新工艺或者新材料及其系统进行研究开发的行为；技术咨询，是指就特定技术项目提供可行性论证、技术预测、专题技术调查、分析评价报告等。

与技术转让、技术开发相关的技术咨询、技术服务，是指转让方（或受托方）根据技术转让或开发合同的规定，为帮助受让方（或委托方）掌握所转让（或委托开发）的技术，而提供的技术咨询、技术服务业务，且这部分技术咨询、服务的价款与技术转让（或开发）的价款应当开在同一张发票上。

2. 审批程序。试点纳税人申请免征增值税时，须持技术转让、开发的书面合同，到试点纳税人所在地省级科技主管部门进行认定，并持有关的书面合同和科技主管部门审核意见证明文件报主管国家税务局备查。

（五）符合条件的节能服务公司实施合同能源管理项目中提供的应税服务。

上述“符合条件”是指同时满足下列条件：

1. 节能服务公司实施合同能源管理项目相关技术，应当符合国家质量监督检验检疫总局和国家标准化管理委员会发布的《合同能源管理技术通则》（GB/T24915-2010）规定的技术要求。

2. 节能服务公司与用能企业签订《节能效益分享型》合同，其合同格式和内容，符合《中华人民共和国合同法》和国家质量监督检验检疫总局和国家标准化管理委员会发布的《合同能源管理技术通则》（GB/T24915-2010）等规定。

（六）自本地区试点实施之日起至 2013 年 12 月 31 日，注册在中国服务外包示范城市的试点纳税人从事离岸服务外包业务中提供的应税服务。

注册在平潭的试点纳税人从事离岸服务外包业务中提供的应税服务。

从事离岸服务外包业务，是指企业根据境外单位与其签订的委托合同，由本企业或其直接转包的企业为境外提供信息技术外包服务（ITO）、技术性业务流程外包服务（BPO）或技术性知识流程外包服务（KPO）。

（七）台湾航运公司从事海峡两岸海上直航业务在大陆取得的运输收入。

台湾航运公司，是指取得交通运输部颁发的“台湾海峡两岸间水路运输许可证”且该许可证上注明的公司登记地址在台湾的航运公司。

（八）台湾航空公司从事海峡两岸空中直航业务在大陆取得的运输收入。

台湾航空公司，是指取得中国民用航空局颁发的“经营许可”或依据《海峡两岸空运协议》和《海峡两岸空运补充协议》规定，批准经营两岸旅客、货物和邮件不定期（包机）运输业务，且公司登记地址在台湾的航空公司。

（九）美国 ABS 船级社在非营利宗旨不变、中国船级社在美国享受同等免税待遇的前提下，在中国境内提供的船检服务。

（十）2013 年 12 月 31 日之前，广播电影电视行政主管部门（包括中央、省、地市及县级）按照各自职能权限批准从事电影制片、发行、放映的电影集团公司（含成员企业）、电影制片厂及其他电影企业转让电影版权、发行电影以及在农村放映电影。

（十一）随军家属就业。

1. 为安置随军家属就业而新开办的企业，自领取税务登记证之日起，其提供的应税服务 3 年内免征增值税。

享受税收优惠政策的企业，随军家属必须占企业总人数的 60%（含）以上，并有军（含）以上政治和后勤机关出具的证明。

2. 从事个体经营的随军家属，自领取税务登记证之日起，其提供的应税服务 3 年内免征增值税。

随军家属必须有师以上政治机关出具的可以表明其身份的证明，但税务部门应当进行相应的审查认定。

主管税务机关在企业或个人享受免税期间，应当对此类企业进行年度检查，凡不符合条件的，取消其免税政策。

按照上述规定，每一名随军家属可以享受一次免税政策。

（十二）军队转业干部就业。

1. 从事个体经营的军队转业干部，经主管税务机关批准，自领取税务登记证之日起，其提供的应税服务 3 年内免征增值税。

2. 为安置自主择业的军队转业干部就业而新开办的企业，凡安置自主择业的军队转业干部占企业总人数 60%（含）以上的，经主管税务机关批准，自领取税务登记证之日起，其提供的应税服务 3 年内免征增值税。

享受上述优惠政策的自主择业的军队转业干部必须持有师以上部队颁发的转业证件。

（十三）城镇退役士兵就业。

1. 为安置自谋职业的城镇退役士兵就业而新办的服务型企业当年新安置自谋职业的城镇退役士兵达到职工总数 30% 以上，并与其签订 1 年以上期限劳动合同的，经县级以上民政部门认定、税务机关审核，其提供的应税服务（除广告服务外）3 年内免征增值税。

2. 自谋职业的城镇退役士兵从事个体经营的，自领取税务登记证之日起，其提供的应税服务（除广告服务外）3 年内免征增值税。

新办的服务型企业，是指《国务院办公厅转发民政部等部门关于扶持城镇退役士兵自谋职业优惠政策意见的通知》（国办发〔2004〕10 号）下发后新组建的企业。原有的企业合并、分立、改制、改组、扩建、搬迁、转产以及吸收新成员、改变领导或隶属关系、改变企业名称的，不能视为新办企业。

自谋职业的城镇退役士兵，是指符合城镇安置条件，并与安置地民政部门签订《退役士兵自谋职业协议书》，领取《城镇退役士兵自谋职业证》的士官和义务兵。

（十四）失业人员就业。

1. 持《就业失业登记证》（注明"自主创业税收政策"或附着《高校毕业生自主创业证》）人员从事个体经营的，在 3 年内按照每户每年 8000 元为限额依次扣减其当年实际应缴纳的增值税、城市维护建设税、教育费附加和个人所得税。

试点纳税人年度应缴纳税款小于上述扣减限额的，以其实际缴纳的税款为限；大于上述扣减限额的，应当以上述扣减限额为限。

享受优惠政策的个体经营试点纳税人，是指提供《应税服务范围注释》服务（除广告服务外）的试点纳税人。

持《就业失业登记证》（注明“自主创业税收政策”或附着《高校毕业生自主创业证》）人员是指：（1）在人力资源和社会保障部门公共就业服务机构登记失业半年以上的人员；（2）零就业家庭、享受城市居民最低生活保障家庭劳动年龄内的登记失业人员；（3）毕业年度内高校毕业生。

高校毕业生，是指实施高等学历教育的普通高等学校、成人高等学校毕业的学生；毕业年度，是指毕业所在自然年，即1月1日至12月31日。

2. 服务型企业（除广告服务外）在新增加的岗位中，当年新招用持《就业失业登记证》（注明“企业吸纳税收政策”）人员，与其签订1年以上期限劳动合同并依法缴纳社会保险费的，在3年内按照实际招用人数予以定额依次扣减增值税、城市维护建设税、教育费附加和企业所得税优惠。定额标准为每人每年4000元，可上下浮动20%，由试点地区省级人民政府根据本地区实际情况在此幅度内确定具体定额标准，并报财政部和国家税务总局备案。

按照上述标准计算的税收扣减额应当在企业当年实际应缴纳的增值税、城市维护建设税、教育费附加和企业所得税税额中扣减，当年扣减不足的，不得结转下年使用。

持《就业失业登记证》（注明“企业吸纳税收政策”）人员是指：（1）国有企业下岗失业人员；（2）国有企业关闭破产需要安置的人员；（3）国有企业所办集体企业（即厂办大集体企业）下岗职工；（4）享受最低生活保障且失业1年以上的城镇其他登记失业人员。

服务型企业，是指从事原营业税“服务业”税目范围内业务的企业。

国有企业所办集体企业（即厂办大集体企业），是指20世纪70、80年代，由国有企业批准或资助兴办的，以安置回城知识青年和国有企业职工子女就业为目的，主要向主办国有企业提供配套产品或劳务服务，在工商行政机关登记注册为集体所有制的企业。厂办大集体企业下岗职工包括在国有企业混岗工作的集体企业下岗职工。

3. 享受上述优惠政策的人员按照下列规定申领《就业失业登记证》、《高校毕业生自主创业证》等凭证：

（1）按照《就业服务与就业管理规定》（中华人民共和国劳动和社会保障部令第28号）第六十三条的规定，在法定劳动年龄内，有劳动能力，有就业要求，处于无业状态的城镇常住人员，在公共就业服务机构进行失业登记，申领《就业失业登记证》。其中，农村进城务工人员和其他非本地户籍人员在常住地稳定就业满6个月的，失业后可以在常住地登记。

（2）零就业家庭凭社区出具的证明，城镇低保家庭凭低保证明，在公共就业服务机构登记失业，申领《就业失业登记证》。

（3）毕业年度内高校毕业生在校期间凭学校出具的相关证明，经学校所在地省级教育行政部门核实认定，取得《高校毕业生自主创业证》（仅在毕业年度适用），并向创业地公共就业服务机构申请取得《就业失业登记证》；高校毕业生离校后直接向创业地公共就业服务机构申领《就业失业登记证》。

（4）服务型企业招录的人员，在公共就业服务机构申领《就业失业登记证》。

（5）《再就业优惠证》不再发放，原持证人员应当到公共就业服务机构换发《就业失业登记证》。正在享受下岗失业人员再就业税收优惠政策的原持证人员，继续享受原税收优惠政策至期满为止。

（6）上述人员申领相关凭证后，由就业和创业地人力资源和社会保障部门对人员范围、就业失业状态、已享受政策情况审核认定，在《就业失业登记证》上注明"自主创业税收政策"或"企业吸纳税收政策"字样，同时符合自主创业和企业吸纳税收政策条件的，可同时加注；主管税务机关在《就业失业登记证》上加盖戳记，注明减免税所属时间。

4. 上述税收优惠政策的审批期限为 2011 年 1 月 1 日至 2013 年 12 月 31 日，以试点纳税人到税务机关办理减免税手续之日起作为优惠政策起始时间。税收优惠政策在 2013 年 12 月 31 日未执行到期的，可继续享受至 3 年期满为止。

二、下列项目实行增值税即征即退

（一）注册在洋山保税港区和东疆保税港区内的试点纳税人，提供的国内货物运输服务、仓储服务和装卸搬运服务。

（二）安置残疾人的单位，实行由税务机关按照单位实际安置残疾人的人数，限额即征即退增值税的办法。

上述政策仅适用于从事原营业税"服务业"税目（广告服务除外）范围内业务取得的收入占其增值税和营业税业务合计收入的比例达到 50% 的单位。

有关享受增值税优惠政策单位的条件、定义、管理要求等按照《财政部　国家税务总局关于促进残疾人就业税收优惠政策的通知》（财税〔2007〕92 号）中有关规定执行。

（三）试点纳税人中的一般纳税人提供管道运输服务，对其增值税实际税负超过 3% 的部分实行增值税即征即退政策。

（四）经人民银行、银监会、商务部批准经营融资租赁业务的试点纳税人中的一般纳税人，提供有形动产融资租赁服务，对其增值税实际税负超过 3% 的部分实行增值税即征即退政策。

三、本通知所称增值税实际税负，是指纳税人当期提供应税服务实际缴纳的增值税税额占纳税人当期提供应税服务取得的全部价款和价外费用的比例。

四、本地区试点实施之日前，如果试点纳税人已经按照有关政策规定享受了营业税税收优惠，在剩余税收优惠政策期限内，按照本规定享受有关增值税优惠。

附件 4：

应税服务适用增值税零税率和免税政策的规定

一、中华人民共和国境内（以下称境内）的单位和个人提供的国际运输服务、向境外单位提供的研发服务和设计服务，适用增值税零税率。

（一）国际运输服务，是指：

1. 在境内载运旅客或者货物出境；

2. 在境外载运旅客或者货物入境；

3. 在境外载运旅客或者货物。

（二）境内的单位和个人适用增值税零税率，以水路运输方式提供国际运输服务的，应当取得《国际船舶运输经营许可证》；以陆路运输方式提供国际运输服务的，应当取得《道路运输经营许可证》和《国际汽车运输行车许可证》，且《道路运输经营许可证》的经营范围应当包括“国际运输”；以航空运输方式提供国际运输服务的，应当取得《公共航空运输企业经营许可证》且其经营范围应当包括“国际航空客货邮运输业务”。

（三）向境外单位提供的设计服务，不包括对境内不动产提供的设计服务。

二、境内的单位和个人提供的往返香港、澳门、台湾的交通运输服务以及在香港、澳门、台湾提供的交通运输服务（以下称港澳台运输服务），适用增值税零税率。

境内的单位和个人适用增值税零税率，以陆路运输方式提供至香港、澳门的交通运输服务的，应当取得《道路运输经营许可证》并具有持《道路运输证》的直通港澳运输车辆；以水路运输方式提供至台湾的交通运输服务的，应当取得《台湾海峡两岸间水路运输许可证》并具有持《台湾海峡两岸间船舶营运证》的船舶；以水路运输方式提供至香港、澳门的交通运输服务的，应当具有获得港澳线路运营许可的船舶；以航空运输方式提供上述交通运输服务的，应当取得《公共航空运输企业经营许可证》且其经营范围应当包括“国际、国内（含港澳）航空客货邮运输业务”。

三、境内的单位和个人提供期租、程租和湿租服务，如果租赁的交通运输工具用于国际运输服务和港澳台运输服务，不适用增值税零税率，由承租方按规定申请适用零税率。

四、境内的单位和个人提供适用零税率的应税服务，如果属于适用增值税一般计税方法的，实行免抵退税办法，退税率为其按照《试点实施办法》第十二条第（一）至（三）项规定适用的增值税税率；如果属于适用简易计税方法的，实行免征增值税办法。外贸企业兼营适用零税率应税服务的，统一实行免退税办法。

五、境内的单位和个人提供适用零税率应税服务的，可以放弃适用零税率，选择免税或按规定纳增值税。放弃适用零税率后，36 个月内不得再申请适用零税率。

六、境内的单位和个人提供适用零税率的应税服务，按月向主管退税的税务机关申报办理增值税免抵退税或免税手续。具体管理办法由国家税务总局商财政部另行制定。

七、境内的单位和个人提供的下列应税服务免征增值税，但财政部和国家税务总局规定适用零税率的除外：

（一）工程、矿产资源在境外的工程勘察勘探服务。

（二）会议展览地点在境外的会议展览服务。

（三）存储地点在境外的仓储服务。

（四）标的物在境外使用的有形动产租赁服务。

（五）在境外提供的广播影视节目（作品）的发行、播映服务。

（六）符合本规定第一条第（一）项规定但不符合第一条第（二）项规定条件的国际运输服务。

（七）符合本规定第二条第一款规定但不符合第二条第二款规定条件的港澳台运输服务。

（八）向境外单位提供的下列应税服务：

1. 技术转让服务、技术咨询服务、合同能源管理服务、软件服务、电路设计及测试服务、信息系统服务、业务流程管理服务、商标著作权转让服务、知识产权服务、物流辅助服务（仓储服务除外）、认证服务、鉴证服务、咨询服务、广播影视节目（作品）制作服务、期租服务、程租服务、湿租服务。但不包括：合同标的物在境内的合同能源管理服务，对境内货物或不动产的认证服务、鉴证服务和咨询服务。

2. 广告投放地在境外的广告服务。

国家税务总局关于纳税人虚开增值税专用发票征补税款问题的公告

国家税务总局公告2012年第33号　发布日期：2012-07-09

现将纳税人虚开增值税专用发票征补税款问题公告如下：

纳税人虚开增值税专用发票，未就其虚开金额申报并缴纳增值税的，应按照其虚开金额补缴增值税；已就其虚开金额申报并缴纳增值税的，不再按照其虚开金额补缴增值税。税务机关对纳税人虚开增值税专用发票的行为，应按《中华人民共和国税收征收管理法》及《中华人民共和国发票管理办法》的有关规定给予处罚。纳税人取得虚开的增值税专用发票，不得作为增值税合法有效的扣税凭证抵扣其进项税额。

本公告自2012年8月1日起施行。纳税人发生本公告规定事项，此前已处理的不再调整；此前未处理的按本公告规定执行。《国家税务总局关于加强增值税征收管理若干问题的通知》（国税发〔1995〕192号）第二条和《国家税务总局对代开、虚开增值税专用发票征补税款问题的批复》（国税函发〔1995〕415号）同时废止。

特此公告。

财政部　国家税务总局
关于增值税税控系统专用设备和技术维护费用抵减增值税税额有关政策的通知

财税〔2012〕15号　发布日期：2012-02-07

［修改说明：增值税税控系统专用设备和技术维护费用抵减增值税税额的会计处理自2016年12月3日起适用财会〔2016〕22号《财政部关于印发《增值税会计处理规定》的通知》。］

［修改说明：2012年7月5日财会〔2012〕13号《财政部关于印发〈营业税改征增值税试点有关企业会计处理规定〉的通知》对增值税税控系统专用设备和技术维护费用抵减增值税税额的会计处理进行了规定。］

各省、自治区、直辖市、计划单列市财政厅（局）、国家税务局，新疆生产建设兵团财务局：

为减轻纳税人负担，经国务院批准，自2011年12月1日起，增值税纳税人购买增值税税控系统专用设备支付的费用以及缴纳的技术维护费（以下称二项费用）可在增值税应纳税额中全额抵减。现将有关政策通知如下：

一、增值税纳税人2011年12月1日（含，下同）以后初次购买增值税税控系统专用设备（包括分开票机）支付的费用，可凭购买增值税税控系统专用设备取得的增值税专用发票，在增值税应纳税额中全额抵减（抵减额为价税合计额），不足抵减的可结转下期继续抵减。增值税纳税人非初次购买增值税税控系统专用设备支付的费用，由其自行负担，不得在增值税应纳税额中抵减。

增值税税控系统包括：增值税防伪税控系统、货物运输业增值税专用发票税控系统、机动车销售统一发票税控系统和公路、内河货物运输业发票税控系统。

增值税防伪税控系统的专用设备包括金税卡、ic卡、读卡器或金税盘和报税盘；货物运输业增值税专用发票税控系统专用设备包括税控盘和报税盘；机动车销售统一发票税控系统和公路、内河货物运输业发票税控系统专用设备包括税控盘和传输盘。

二、增值税纳税人2011年12月1日以后缴纳的技术维护费（不含补缴的2011年11月30日以前的技术维护费），可凭技术维护服务单位开具的技术维护费发票，在增值税应纳税额中全额抵减，不足抵减的可结转下期继续抵减。技术维护费按照价格主管部门核定的标准执行。

三、增值税一般纳税人支付的二项费用在增值税应纳税额中全额抵减的，其增值税专用发票不作为增值税抵扣凭证，其进项税额不得从销项税额中抵扣。

四、纳税人购买的增值税税控系统专用设备自购买之日起3年内因质量问题无法正常使用的，由专用设备供应商负责免费维修，无法维修的免费更换。

五、纳税人在填写纳税申报表时，对可在增值税应纳税额中全额抵减的增值税税控系统专用设备费用以及技术维护费，应按以下要求填报：

增值税一般纳税人将抵减金额填入《增值税纳税申报表（适用于增值税一般纳税人）》第23栏“国家税务总局公告2019年第15号”。当本期减征额小于或等于第19栏“应纳税额”与第21栏“简易征收办法计算的应纳税额”之和时，按本期减征额实际填写；当本期减征额大于第19栏“应纳税额”与第21栏“简易征收办法计算的应纳税额”之和时，按本期第19栏与第21栏之和填写，本期减征额不足抵减部分结转下期继续抵减。

小规模纳税人将抵减金额填入《增值税纳税申报表（适用于小规模纳税人）》第11栏“本期应纳税额减征额”。当本期减征额小于或等于第10栏“本期应纳税额”时，按本期减征额实际填写；当本期减征额大于第10栏“本期应纳税额”时，按本期第10栏填写，本期减征额不足抵减部分结转下期继续抵减。

六、主管税务机关要加强纳税申报环节的审核，对于纳税人申报抵减税款的，应重点审核其是否重复抵减以及抵减金额是否正确。

七、税务机关要加强对纳税人的宣传辅导，确保该项政策措施落实到位。

财政部　国家税务总局
关于固定资产进项税额抵扣问题的通知

财税〔2009〕113号　发布日期：2009-09-09

各省、自治区、直辖市、计划单列市财政厅（局）、国家税务总局、地方税务局、新疆生产建设兵团财务局：

增值税转型改革实施后，一些地区反映固定资产增值税进项税额抵扣范围不够明确。为解决执行中存在的问题，经研究，现将有关问题通知如下：

《中华人民共和国增值税暂行条例实施细则》第二十三条第二款所称建筑物，是指供人们在其内生产、生活和其他活动的房屋或者场所，具体为《固定资产分类与代码》（GB/T14885-1994）中代码前两位为“02”的房屋；所称构筑物，是指人们不在其内生产、生活的人工建造物，具体为《固定资产分类与代码》（GB/T14885-1994）中代码前两位为“03”的构筑物；所称其他土地附着物，是指矿产资源及土地上生长的植物。

《固定资产分类与代码》（GB/T14885-1994）电子版可在财政部或国家税务总局网站查询。

以建筑物或者构筑物为载体的附属设备和配套设施，无论在会计处理上是否单独记账与核算，均应作为建筑物或者构筑物的组成部分，其进项税额不得在销项税额中抵扣。附属设备和配套设施是指：给排水、采暖、卫生、通风、照明、通讯、煤气、消防、中央空调、电梯、电气、智能化楼宇设备和配套设施。

附件：《固定资产分类与代码》（GB/T14885-1994）

附件：

固定资产分类与代码（GB/T14885-1994）				
26				炼焦和金属冶炼轧制设备
26	2			炼铁设备
26	2	1	00	炼铁高炉

财政部　国家税务总局
关于部分货物适用增值税低税率和简易办法征收增值税政策的通知

财税〔2009〕9号　发布日期：2009-01-19

各省、自治区、直辖市、计划单列市财政厅（局）、国家税务局，新疆生产建设兵团财务局：

根据《中华人民共和国增值税暂行条例》（国务院令538号，以下简称条例）和《中华人民共和国增值税暂行条例实施细则》（财政部、国家税务总局令50号）的规定和国务院的有关精神，为做好相关增值税政策规定的衔接，加强征收管理，现将部分货物适用增值税税率和实行增值税简易征收办法的有关事项明确如下：

一、下列货物继续适用13%的增值税税率：

［**注**：根据2017.04.28财税〔2017〕37号自2017年7月1日起，本文中的货物税率调整为11%；根据2018.04.04财税〔2018〕32号自2018年5月1日起，本文中的货物税率调整为10%；根据2019.03.20财政部、国家税务总局、海关总署公告2019年第39号自2019年4月1日起，本文中的货物税率调整为9%。］

（一）农产品

农产品，是指种植业、养殖业、林业、牧业、水产业生产的各种植物、动物的初级产品。具体征税范围暂继续按照《财政部、国家税务总局关于印发〈农业产品征税范围注释〉的通知》（财税字〔1995〕52号）及现行相关规定执行。

（二）音像制品

音像制品，是指正式出版的录有内容的录音带、录像带、唱片、激光唱盘和激光视盘。

（三）电子出版物

电子出版物，是指以数字代码方式，使用计算机应用程序，将图文声像等内容信息编辑加工后存储在具有确定的物理形态的磁、光、电等介质上，通过内嵌在计算机、手机、电子阅读设备、电子显示设备、数字音／视频播放设备、电子游戏机、导航仪以及其他具有类似功能的设备上读取使用，具有交互功能，用以表达思想、普及知识和积累文化的大众传播媒体。载体形态和格式主要包括只读光盘（CD 只读光盘 CD-ROM、交互式光盘 CD-I、照片光盘 PHOTO-CD、高密度只读光盘 DVD-ROM、蓝光只读光盘 HD-DVDROM 和 BDROM）、一次写入式光盘（一次写入 CD 光盘 CD-R、一次写入高密度光盘 DVD-R、一次写入蓝光光盘 HD-DVD/R、BD-R）、可擦写光盘（可擦写 CD 光盘 CD-RW、可擦写高密度光盘 DVD-RW、可擦写蓝光光盘 HDDVD-RW 和 BD-RW、磁光盘 MO）、软磁盘（FD）、硬磁盘（HD）、集成电路卡（CF 卡、MD 卡、SM 卡、MMC 卡、RS-MMC 卡、MS 卡、SD 卡、XD 卡、T-F1ASH 卡、记忆棒）和各种存储芯片。

（四）二甲醚

二甲醚，是指化学分子式为 CH3OCH3，常温常压下为具有轻微醚香味，易燃、无毒、无腐蚀性的气体。

二、下列按简易办法征收增值税的优惠政策继续执行，不得抵扣进项税额：

（一）纳税人销售自己使用过的物品，按下列政策执行：

1. 一般纳税人销售自己使用过的属于条例第十条规定不得抵扣且未抵扣进项税额的固定资产，按照简易办法依照 4% 征收率减按 2% 征收增值税。

［注：根据 2014.06.13 财税〔2014〕57 号《财政部、国家税务总局关于简并增值税征收率政策的通知》本条“按照简易办法依照 4% 征收率减半征收增值税”自 2014 年 7 月 1 日起调整为“按照简易办法依照 3% 征收率减按 2% 征收增值税”。］

一般纳税人销售自己使用过的其他固定资产，按照《财政部　国家税务总局关于全国实施增值税转型改革若干问题的通知》（财税〔2008〕170 号）第四条的规定执行。

一般纳税人销售自己使用过的除固定资产以外的物品，应当按照适用税率征收增值税。

2. 小规模纳税人（除其他个人外，下同）销售自己使用过的固定资产，减按 2% 征收率征收增值税。

小规模纳税人销售自己使用过的除固定资产以外的物品，应按 3% 的征收率征收增值税。

（二）纳税人销售旧货，按照简易办法依照 4% 征收率减按 2% 征收增值税。

［注：根据 2014.06.13 财税〔2014〕57 号《财政部、国家税务总局关于简并增值税征收率政策的通知》本条“按照简易办法依照 4% 征收率减半征收增值税”自 2014 年 7 月 1 日起调整为“按照简易办法依照 3% 征收率减按 2% 征收增值税”。］

所称旧货，是指进入二次流通的具有部分使用价值的货物（含旧汽车、旧摩托车和旧游艇），但不包括自己使用过的物品。

（三）一般纳税人销售自产的下列货物，可选择按照简易办法依照 6% 征收率计算缴纳增值税：

［注：根据 2014.06.13 财税〔2014〕57 号《财政部、国家税务总局关于简并增值税征收率政策的通知》本条“依照 6% 征收率”自 2014 年 7 月 1 日起调整为“依照 3% 征收率”。］

1. 县级及县级以下小型水力发电单位生产的电力。小型水力发电单位，是指各类投资主体建设的装机容量为 5 万千瓦以下（含 5 万千瓦）的小型水力发电单位。

2. 建筑用和生产建筑材料所用的砂、土、石料。

3. 以自己采掘的砂、土、石料或其他矿物连续生产的砖、瓦、石灰（不含粘土实心砖、瓦）。

4. 用微生物、微生物代谢产物、动物毒素、人或动物的血液或组织制成的生物制品。

5. 自来水。

6. 商品混凝土（仅限于以水泥为原料生产的水泥混凝土）。

一般纳税人选择简易办法计算缴纳增值税后，36 个月内不得变更。

（四）一般纳税人销售货物属于下列情形之一的，暂按简易办法依照 4% 征收率计算缴纳增值税：

［**注**：根据 2014.06.13 财税〔2014〕57 号《财政部、国家税务总局关于简并增值税征收率政策的通知》本条“依照 4% 征收率”自 2014 年 7 月 1 日起调整为“依照 3% 征收率”。］

1. 寄售商店代销寄售物品（包括居民个人寄售的物品在内）；

2. 典当业销售死当物品；

3. 经国务院或国务院授权机关批准的免税商店零售的免税品。［已废止］

［**注**：根据财税〔2012〕39 号《财政部、国家税务总局关于出口货物劳务增值税和消费税政策的通知》，本文第二条第（四）项第 3 点自 2011 年 1 月 1 日起废止。］

三、对属于一般纳税人的自来水公司销售自来水按简易办法依照 6% 征收率征收增值税，不得抵扣其购进自来水取得增值税扣税凭证上注明的增值税税款。

［**注**：根据 2014.06.13 财税〔2014〕57 号《财政部、国家税务总局关于简并增值税征收率政策的通知》本条“依照 6% 征收率”自 2014 年 7 月 1 日起调整为“依照 3% 征收率”。］

四、本通知自 2009 年 1 月 1 日起执行。《财政部、国家税务总局关于调整农业产品增值税税率和若干项目征免增值税的通知》［财税字（94）004 号］、《财政部　国家税务总局关于自来水征收增值税问题的通知》［（94）财税字第 014 号］、《财政部、国家税务总局关于增值税、营业税若干政策规定的通知》［（94）财税字第 026 号］第九条和第十条、《国家税务总局关于印发〈增值税问题解答（之一）〉的通知》（国税函发〔1995〕288 号）附件第十条、《国家税务总局关于调整部分按简易办法征收增值税的特定货物销售行为征收率的通知》（国税发〔1998〕122 号）、《国家税务总局关于县以下小水电电力产品增值税征税问题的批复》（国税函〔1998〕843 号）、《国家税务总局关于商品混凝土实行简易办法征收增值税问题的通知》（国税发〔2000〕37 号）、《财政部、国家税务总局关于旧货和旧机动车增值税政策的通知》（财税〔2002〕29 号）、《国家税务总局关于自来水行业增值税政策问题的通知》（国税发〔2002〕56 号）、《财政部、国家税务总局关于宣传文化增值税和营业税优惠政策的通知》（财税〔2006〕153 号）第一条、《国家税务总局关于明确县以下小型水力发电单位具体标准的批复》（国税函〔2006〕47 号）、《国家税务总局关于商品混凝土征收增值税有关问题的通知》（国税函〔2007〕599 号）、《财政部、国家税务总局关于二甲醚增值税适用税率问题的通知》（财税〔2008〕72 号）同时废止。

财政部　国家税务总局
关于全国实施增值税转型改革
若干问题的通知

财税〔2008〕170号　发布日期：2008-12-19

各省、自治区、直辖市、计划单列市财政厅（局）、国家税务局，新疆生产建设兵团财务局：

为推进增值税制度完善，促进国民经济平稳较快发展，国务院决定，自2009年1月1日起，在全国实施增值税转型改革。为保证改革实施到位，现将有关问题通知如下：

一、自2009年1月1日起，增值税一般纳税人（以下简称纳税人）购进（包括接受捐赠、实物投资，下同）或者自制（包括改扩建、安装，下同）固定资产发生的进项税额（以下简称固定资产进项税额），可根据《中华人民共和国增值税暂行条例》（国务院令第538号，以下简称条例）和《中华人民共和国增值税暂行条例实施细则》（财政部　国家税务总局令第50号，以下简称细则）的有关规定，凭增值税专用发票、海关进口增值税专用缴款书和运输费用结算单据（以下简称增值税扣税凭证）从销项税额中抵扣，其进项税额应当记入"应交税金—应交增值税（进项税额）"科目。

二、纳税人允许抵扣的固定资产进项税额，是指纳税人2009年1月1日以后（含1月1日，下同）实际发生，并取得2009年1月1日以后开具的增值税扣税凭证上注明的或者依据增值税扣税凭证计算的增值税税额。

三、东北老工业基地、中部六省老工业基地城市、内蒙古自治区东部地区已纳入扩大增值税抵扣范围试点的纳税人，2009年1月1日以后发生的固定资产进项税额，不再采取退税方式，其2008年12月31日以前（含12月31日，下同）发生的待抵扣固定资产进项税额期末余额，应于2009年1月份一次性转入"应交税金—应交增值税（进项税额）"科目。

四、自2009年1月1日起，纳税人销售自己使用过的固定资产（以下简称已使用过的固定资产），应区分不同情形征收增值税：

（一）销售自己使用过的2009年1月1日以后购进或者自制的固定资产，按照适用税率征收增值税；

（二）2008年12月31日以前未纳入扩大增值税抵扣范围试点的纳税人，销售自己使用过的2008

年12月31日以前购进或者自制的固定资产，按照4%征收率减半征收增值税；［注：根据2014.06.13财税〔2014〕57号《财政部、国家税务总局关于简并增值税征收率政策的通知》本项“按照简易办法依照4%征收率减半征收增值税”自2014年7月1日起调整为“按照简易办法依照3%征收率减按2%征收增值税”］。

（三）2008年12月31日以前已纳入扩大增值税抵扣范围试点的纳税人，销售自己使用过的在本地区扩大增值税抵扣范围试点以前购进或者自制的固定资产，按照4%征收率减半征收增值税；［注：根据2014.06.13财税〔2014〕57号《财政部、国家税务总局关于简并增值税征收率政策的通知》本项“按照简易办法依照4%征收率减半征收增值税”自2014年7月1日起调整为“按照简易办法依照3%征收率减按2%征收增值税”。销售自己使用过的在本地区扩大增值税抵扣范围试点以后购进或者自制的固定资产，按照适用税率征收增值税。］

本通知所称已使用过的固定资产，是指纳税人根据财务会计制度已经计提折旧的固定资产。

五、纳税人已抵扣进项税额的固定资产发生条例第十条（一）至（三）项所列情形的，应在当月按下列公式计算不得抵扣的进项税额：

不得抵扣的进项税额＝固定资产净值×适用税率

本通知所称固定资产净值，是指纳税人按照财务会计制度计提折旧后计算的固定资产净值。

六、纳税人发生细则第四条规定固定资产视同销售行为，对已使用过的固定资产无法确定销售额的，以固定资产净值为销售额。

七、自2009年1月1日起，进口设备增值税免税政策和外商投资企业采购国产设备增值税退税政策停止执行。具体办法，财政部、国家税务总局另行发文明确。

八、本通知自2009年1月1日起执行。《财政部　国家税务总局关于印发〈东北地区扩大增值税抵扣范围若干问题的规定〉的通知》（财税〔2004〕156号）、《财政部　国家税务总局关于印发〈2004年东北地区扩大增值税抵扣范围暂行办法〉的通知》（财税〔2004〕168号）、《财政部　国家税务总局关于进一步落实东北地区扩大增值税抵扣范围政策的紧急通知》（财税〔2004〕226号）、《财政部　国家税务总局关于东北地区军品和高新技术产品生产企业实施扩大增值税抵扣范围有关问题的通知》（财税〔2004〕227号）、《国家税务总局关于开展扩大增值税抵扣范围企业认定工作的通知》（国税函〔2004〕143号）、《财政部　国家税务总局关于2005年东北地区扩大增值税抵扣范围有关问题的通知》（财税〔2005〕28号）、《财政部　国家税务总局关于2005年东北地区扩大增值税抵扣范围固定资产进项税额退税问题的通知》（财税〔2005〕176号）、《财政部　国家税务总局关于东北地区军品和高新技术产品生产企业实施扩大增值税抵扣范围有关问题的通知》（财税〔2006〕15号）、《财政部　国家税务总局关于2006年东北地区固定资产进项税额退税问题的通知》（财税〔2006〕156号）、《财政部　国家税务总局关于印发〈中部地区扩大增值税抵扣范围暂行办法〉的通知》（财税〔2007〕75号）、《财政部　国家税务总局关于扩大增值税抵扣范围地区2007年固定资产抵扣（退税）有关问题的补充通知》（财税〔2007〕128号）、《国家税务总局关于印发〈扩大增值税抵扣范围暂行管理办法〉的通知》（国税发〔2007〕62号）、《财政部　国家税务总局关于印发〈内蒙古东部地区扩大增值税抵扣范围暂行办法〉的通知》（财税〔2008〕94 号）、《财政部　国家税务总局关于印发〈汶川地震受灾严重地区扩大增值税抵扣范围暂行办法〉的通知》（财税〔2008〕108 号）、《财政部　国家税务总局关于 2008 年东北中部和蒙东地区扩大增值税抵扣范围固定资产进项税额退税问题的通知》（财税〔2008〕141 号）同时废止。

国家税务总局关于
失控增值税专用发票处理的批复

国税函〔2008〕607号　发布日期：2008-06-19

深圳市国家税务局：

你局《关于明确增值税失控发票后续处理的请示》（深国税发〔2008〕74号）收悉，批复如下：在税务机关按非正常户登记失控增值税专用发票（以下简称失控发票）后，增值税一般纳税人又向税务机关申请防伪税控报税的，其主管税务机关可以通过防伪税控报税子系统的逾期报税功能受理报税。

购买方主管税务机关对认证发现的失控发票，应按照规定移交稽查部门组织协查。属于销售方已申报并缴纳税款的，可由销售方主管税务机关出具书面证明，并通过协查系统回复购买方主管税务机关，该失控发票可作为购买方抵扣增值税进项税额的凭证。

国家税务总局关于取消包装物押金逾期期限审批后有关问题的通知

国税函〔2004〕827 号　发布日期：2004-06-25

各省、自治区、直辖市和计划单列市国家税务局：

根据《国务院关于第三批取消和调整行政审批项目的决定》（国发〔2004〕16 号），《国家税务总局关于印发〈增值税问题解答（之一）〉的通知》（国税函发〔1995〕288 号）第十一条“个别包装物周转使用期限较长的，报经税务征收机关确定后，可适当放宽逾期期限”的规定取消后，为了加强管理工作，现就有关问题明确如下：

纳税人为销售货物出租出借包装物而收取的押金，无论包装物周转使用期限长短，超过一年（含一年）以上仍不退还的均并入销售额征税。

本通知自 2004 年 7 月 1 日起执行。

国家税务总局关于纳税人善意取得虚开的增值税专用发票处理问题的通知

国税发〔2000〕187号　发布日期：2000-11-16

近接一些地区反映，在购货方（受票方）不知道取得的增值税专用发票（以下简称专用发票）是销售方虚开的情况下，对购货方应当如何处理的问题不够明确。经研究，现明确如下：

购货方与销售方存在真实的交易，销售方使用的是其所在省（自治区、直辖市和计划单列市）的专用发票，专用发票注明的销售方名称、印章、货物数量、金额及税额等全部内容与实际相符，且没有证据表明购货方知道销售方提供的专用发票是以非法手段获得的，对购货方不以偷税或者骗取出口退税论处。但应按有关规定不予抵扣进项税款或者不予出口退税；购货方已经抵扣的进项税款或者取得的出口退税，应依法追缴。

购货方能够重新从销售方取得防伪税控系统开出的合法、有效专用发票的，或者取得手工开出的合法、有效专用发票且取得了销售方所在地税务机关已经或者正在依法对销售方虚开专用发票行为进行查处证明的，购货方所在地税务机关应依法准予抵扣进项税款或者出口退税。

如有证据表明购货方在进项税款得到抵扣、或者获得出口退税前知道该专用发票是销售方以非法手段获得的，对购货方应按《国家税务总局关于纳税人取得虚开的增值税专用发票处理问题的通知》（国税发〔1997〕134号）和《国家税务总局关于〈国家税务总局关于纳税人取得虚开的增值税专用发票处理问题的通知〉的补充通知》（国税发〔2000〕182号）的规定处理。

本通知自印发之日起执行。

国家税务总局关于《国家税务总局关于纳税人取得虚开的增值税专用发票处理问题的通知》的补充通知

国税发〔2000〕182号　发布日期：2000-11-06

为了严格贯彻执行《国家税务总局关于纳税人取得虚开的增值税专用发票处理问题的通知》（国税发〔1997〕134号，以下简称134号文件），严厉打击虚开增值税专用发票活动，保护纳税人的合法权益，现对有关问题进一步明确如下：

有下列情形之一的，无论购货方（受票方）与销售方是否进行了实际的交易，增值税专用发票所注明的数量、金额与实际交易是否相符，购货方向税务机关申请抵扣进项税款或者出口退税的，对其均应按偷税或者骗取出口退税处理。

一、购货方取得的增值税专用发票所注明的销售方名称、印章与其进行实际交易的销售方不符的，即134号文件第二条规定的“购货方从销售方取得第三方开具的专用发票”的情况。

二、购货方取得的增值税专用发票为销售方所在省（自治区、直辖市和计划单列市）以外地区的，即134号文件第二条规定的“从销货地以外的地区取得专用发票”的情况。

三、其他有证据表明购货方明知取得的增值税专用发票系销售方以非法手段获得的，即134号文件第一条规定的“受票方利用他人虚开的专用发票，向税务机关申报抵扣税款进行偷税”的情况。

国家税务总局关于纳税人取得虚开的增值税专用发票处理问题的通知

国税发〔1997〕134号　发布日期：1997-08-08

最近，一些地区国家税务局询问，对纳税人取得虚开的增值税专用发票（以下简称专用发票）如何处理。经研究，现明确如下：

一、受票方利用他人虚开的专用发票，向税务机关申报抵扣税款进行偷税的，应当依照《中华人民共和国税收征收管理法》及有关规定追缴税款，处以偷税数额五倍以下的罚款；进项税金大于销项税金的，还应当调减其留抵的进项税额。利用虚开的专用发票进行骗取出口退税的，应当依法追缴税款，处以骗税数额五倍以下的罚款。

二、在货物交易中，购货方从销售方取得第三方开具的专用发票，或者从销货地以外的地区取得专用发票，向税务机关申报抵扣税款或者申请出口退税的，应当按偷税、骗取出口退税处理，依照《中华人民共和国税收征收管理法》及有关规定追缴税款，处以偷税、骗税数额五倍以下的罚款。

三、纳税人以上述第一条、第二条所列的方式取得专用发票未申报抵扣税款，或者未申请出口退税的，应当依照《中华人民共和国发票管理办法》及有关规定，按所取得专用发票的份数，分别处以一万元以下的罚款；但知道或者应当知道取得的是虚开的专用发票，或者让他人为自己提供虚开的专用发票的，应当从重处罚。

四、利用虚开的专用发票进行偷税、骗税，构成犯罪的，税务机关依法进行追缴税款等行政处理，并移送司法机关追究刑事责任。

国家税务总局转发〈最高人民法院关于适用《全国人民代表大会常务委员会关于惩治虚开、伪造和非法出售增值税专用发票犯罪的决定〉的若干问题的解释》的通知

国税发〔1996〕210号　发布日期：1996-11-15

（通知略）

最高人民法院关于适用《全国人民代表大会常务委员会关于惩治虚开、伪造和非法出售增值税专用发票犯罪的决定》的若干问题的解释

（最高人民法院审判委员会第446次会议讨论通过）

为正确执行《全国人民代表大会常务委员会关于惩治虚开、伪造和非法出售增值税专用发票犯罪的决定》（以下简称《决定》），依法惩治虚开、伪造和非法出售增值税专用发票和其他发票犯罪，现就适用《决定》的若干具体问题解释如下：

一、根据《决定》第一条规定，虚开增值税专用发票的，构成虚开增值税专用发票罪。

具有下列行为之一的，属于“虚开增值税专用发票”：（1）没有货物购销或者没有提供或接受应税劳务而为他人、为自己、让他人为自己、介绍他人开具增值税专用发票；（2）有货物购销或者提供或接受了应税劳务但为他人、为自己、让他人为自己、介绍他人开具数量或者金额不实的增值税专用发票；（3）进行了实际经营活动，但让他人为自己代开增值税专用发票。

虚开税款数额 1 万元以上的或者虚开增值税专用发票致使国家税款被骗取 5000 元以上的，应当依法定罪处罚。

虚开税款数额 10 万元以上的，属于“虚开的税款数额较大”；具有下列情形之一的，属于“有其他严重情节”：（1）因虚开增值税专用发票致使国家税款被骗取 5 万元以上的；（2）具有其他严重情节的。

虚开税款数额 50 万元以上的，属于“虚开的税款数额巨大”；具有下列情形之一的，属于“有其他特别严重情节”：（1）因虚开增值税专用发票致使国家税款被骗取 30 万元以上的；（2）虚开的税款数额接近巨大并有其他严重情节的；（3）具有其他特别严重情节的。

利用虚开的增值税专用发票实际抵扣税款或者骗取出口退税 100 万元以上的，属于“骗取国家税款数额特别巨大”；造成国家税款损失 50 万元以上并且在侦查终结前仍无法追回的，属于“给国家利益造成特别重大损失”。利用虚开的增值税专用发票骗取国家税款数额特别巨大、给国家利益造成特别重大损失，为“情节特别严重”的基本内容。

虚开增值税专用发票犯罪分子与骗取税款犯罪分子均应当对虚开的税款数额和实际骗取的国家税款数额承担刑事责任。

利用虚开的增值税专用发票抵扣税款或者骗取出口退税的，应当依照《决定》第一条的规定定罪处罚；以其他手段骗取国家税款的，仍应依照《全国人民代表大会常务委员会关于惩治偷税、抗税犯罪的补充规定》的有关规定定罪处罚。

二、根据《决定》第二条规定，伪造或者出售伪造的增值税专用发票的，构成伪造、出售伪造的增值税专用发票罪。

伪造或者出售伪造的增值税专用发票 25 份以上或者票面额（百元版以每份 100 元，千元版以每份 1000 元，万元版以每份 1 万元计算，以此类推。下同）累计 10 万元以上的应当依法定罪处罚。

伪造或者出售伪造的增值税专用发票 100 份以上或者票面额累计 50 万元以上的，属于“数量较大”；具有下列情形之一的，属于“有其他严重情节”：（1）违法所得数额在 1 万元以上的；（2）伪造并出售伪造的增值税专用发票 60 份以上或者票面额累计 30 万元以上的；（3）造成严重后果或者具有其他严重情节的。

伪造或者出售伪造的增值税专用发票 500 份以上或者票面额累计 250 万元以上的，属于“数量巨大”；具有下列情形之一的，属于“有其他特别严重情节”：（1）违法所得数额在 5 万元以上的；（2）伪造并出售伪造的增值税专用发票 300 份以上或者票面额累计 200 万元以上的；（3）伪造或者出售伪造的增值税专用发票接近“数量巨大”并有其他严重情节的；（4）造成特别严重后果或者具有其他特别严重情节的。

伪造并出售伪造的增值税专用发票 1000 份以上或者票面额累计 1000 万元以上的，属于“伪造并出售伪造的增值税专用发票数量特别巨大”；具有下列情形之一的，属于“情节特别严重”：（1）违法所得数额在 5 万元以上的；（2）因伪造、出售伪造的增值税专用发票致使国家税款被骗取 100 万元以上的；（3）给国家税款造成实际损失 50 万元以上的；（4）具有其他特别严重情节的。对于伪造并出售伪造的增值税专用发票数量达到特别巨大，又具有特别严重情节，严重破坏经济秩序的，应当依照《决定》第二条第二款的规定处罚。

伪造并出售同一宗增值税专用发票的，数量或者票面额不重复计算。

变造增值税专用发票的，按照伪造增值税专用发票行为处理。

三、根据《决定》第三条规定，非法出售增值税专用发票的，构成非法出售增值税专用发票罪。

非法出售增值税专用发票案件的定罪量刑数量标准按照本解释第二条第二、三、四款的规定执行。

四、根据《决定》第四条规定，非法购买增值税专用发票或者购买伪造的增值税专用发票的，构成非法购买增值税专用发票、伪造的增值税专用发票罪。

非法购买增值税专用发票或者购买伪造的增值税专用发票 25 份以上或者票面额累计 10 万元以上的，应当依法定罪处罚。

非法购买真、伪两种增值税专用发票的，数量累计计算，不实行数罪并罚。

五、根据《决定》第五条规定，虚开用于骗取出口退税、抵扣税款的其他发票的，构成虚开专用发票罪，依照《决定》第一条的规定处罚。

“用于骗取出口退税、抵扣税款的其他发票”是指可以用于申请出口退税、抵扣税款的非增值税专用发票，如运输发票、废旧物品收购发票、农业产品收购发票等。

六、根据《决定》第六条规定，伪造、擅自制造或者出售伪造、擅自制造的可以用于骗取出口退税、抵扣税款的其他发票的，构成非法制造专用发票罪或出售非法制造的专用发票罪。

伪造、擅自制造或者出售伪造、擅自制造的可以用于骗取出口退税、抵扣税款的其他发票 50 份以上的，应当依法定罪处罚；伪造、擅自制造或者出售伪造、擅自制造的可以用于骗取出口退税、抵扣税款的其他发票 200 份以上的，属于“数量巨大”；伪造、擅自制造或者出售伪造、擅自制造的可以用于骗取出口退税、抵扣税款的其他发票 1000 份以上的，属于“数量特别巨大”。

七、盗窃增值税专用发票或者可以用于骗取出口退税、抵扣税款的其他发票 25 份以上，或者其他发票 50 份以上的；诈骗增值税专用发票或者可以用于骗取出口退税、抵扣税款的其他发票 50 份以上，或者其他发票 100 份以上的，依照刑法第一百五十一条的规定处罚。

盗窃增值税专用发票或者可以用于骗取出口退税、抵扣税款的其他发票 250 份以上，或者其他发票 500 份以上的；诈骗增值税专用发票或者可以用于骗取出口退税、抵扣税款的其他发票 500 份以上，或者其他发票 1000 份以上的，依照刑法第一百五十二条的规定处罚。

盗窃增值税专用发票或者其他发票情节特别严重的，依照《全国人民代表大会常务委员会关于严惩严重破坏经济的罪犯的决定》第一条第（一）项的规定处罚。

盗窃、诈骗增值税专用发票或者其他发票后，又实施《决定》规定的虚开、出售等犯罪的，按照其中的重罪定罪处罚，不实行数罪并罚。

国家税务总局关于加强增值税征收管理若干问题的通知

国税发〔1995〕192号　发布日期：1995-10-18

［**修改说明**：条款失效（国税发〔2006〕62号文件公布）。第一条（二）、（四）、（五）失效，参见：《国家税务总局关于增值般一般纳税人取得防伪税控系统开具的增值税专用发票进项税额抵扣问题的通知》，国税发〔2003〕17号。修订，第一条第（一）款第1项“（固定资产除外）”失效，参见《国家税务总局关于发布已失效或废止有关增值税规范性文件清单的通知》，国税发〔2009〕7号。条款失效，第二条失效。参见：《国家税务总局关于纳税人虚开增值税专用发票征补税款问题的公告》国家税务总局公告2012年第33号部分条款废止。废止第一条第（一）项。参见：《国家税务总局关于公布全文失效废止和部分条款废止的税收规范性文件目录的公告》国家税务总局公告2016年第34号。］

各省、自治区、直辖市和计划单列市国家税务局：

为了保证增值税顺利实施，经全国加强增值税管理经验交流会议讨论，现就加强增值税征收管理有关问题通知如下：

一、关于增值税一般纳税人进项税额的抵扣问题

（一）运输费用进项税额的抵扣。

1. 准予计算进项税额扣除的货运发票种类。根据规定，增值税一般纳税人外购和销售货物（固定资产除外）所支付的运输费用，准予抵扣的运费结算单据（普通发票），是指国营铁路、民用航空、公路和水上运输单位开具的货票，以及从事货物运输的非国有运输单位开具的套印全国统一发票监制章的货票。准予计算进项税额扣除的货运发票种类，不包括增值税一般纳税人取得的货运定额发票。

2. 准予计算进项税额扣除的货运发票，其发货人、收货人、起运地、到达地、运输方式、货物名称、货物数量、运输单价、运费金额等项目的填写必须齐全，与购货发票上所列的有关项目必须相符，否则不予抵扣。

3. 纳税人购进、销售货物所支付的运输费用明显偏高、经过审查不合理的，不予抵扣运输费用。

（二）商业企业接受投资、捐赠和分配的货物抵扣进项税额的手续。根据《国家税务总局关于加强增值税征收管理工作的通知》（国税发〔1995〕015 号）的规定，增值税一般纳税人购进货物，其进项税额的抵扣，商业企业必须在购进货物付款后才能够申报抵扣进项税额。对商业企业接受投资、捐赠和分配的货物，以收到增值税专用发票的时间为申报抵扣进项税额的时限。在纳税人申报抵扣进项税额时，应提供有关投资、捐赠和分配货物的合同或证明材料。

（三）购进货物或应税劳务支付货款、劳务费用的对象。纳税人购进货物或应税劳务，支付运输费用，所支付款项的单位，必须与开具抵扣凭证的销货单位、提供劳务的单位一致，才能够申报抵扣进项税额，否则不予抵扣。

（四）分期付款方式购进货物的抵扣时间。商业企业采取分期付款方式购进货物，凡是发生销货方先全额开具发票，购货方再按合同约定的时间分期支付款项的情况，其进项税额的抵扣时间应在所有款项支付完毕后，才能够申报抵扣该货物的进项税额。

（五）增值税一般纳税人违反上述第（三）、（四）项规定的，税务机关应从纳税人当期进项税额中剔除，并在该进项发票上注明，以后无论是否支付款项，均不得计入进项税额申报抵扣。

二、关于虚开代开的增值税专用发票的处罚问题

对纳税人虚开代开的增值税专用发票，一律按票面所列货物的适用税率全额征补税款，并按《中华人民共和国税收征收管理法》的规定给予处罚；对纳税人取得虚开代开的增值税专用发票，不得作为增值税合法的抵扣凭证抵扣进项税额。

三、关于酒类产品包装物的征税问题

从 1995 年 6 月 1 日起，对销售除啤酒、黄酒外的其他酒类产品而收取的包装物押金，无论是否返还以及会计上如何核算，均应并入当期销售额征税。

四、关于日用“卫生用药”的适用税率问题

用于人类日常生活的各种类型包装的日用卫生用药（如卫生杀虫剂、驱虫剂、驱蚊剂、蚊香、消毒剂等），不属于增值税“农药”的范围，应按 17% 的税率征税。

国家税务总局关于印发《增值税若干具体问题的规定》的通知

国税发〔1993〕154号　发布日期：1993-12-28

［**修改说明**：条款失效（国税发〔2006〕62号文件公布）。第一条（三）失效，参见：《国家税务总局关于融资租赁业务征收流转税问题的通知》，国税函〔2000〕514号。

第三条失效，参见：《国家税务总局关于发布已失效或废止有关增值税规范性文件清单的通知》，国税发〔2009〕7号。

第四条失效，参见：《国家税务总局关于发布已失效或废止有关增值税规范性文件清单的通知》，国税发〔2009〕7号。］

（通知略）

增值税若干具体问题的规定

一、征税范围

（一）货物期货（包括商品期货和贵金属期货），应当征收增值税。

（二）银行销售金银的业务，应当征收增值税。

（三）融资租赁业务，无论租赁的货物的所有权是否转让给承租方，均不征收增值税。

（四）基本建设单位和从事建筑安装业务的企业附设的工厂、车间生产的水泥预制构件、其他构件或建筑材料，用于本单位或本企业的建筑工程的，应在移送使用时征收增值税。但对其在建筑现场制造的预制构件，凡直接用于本单位或本企业建筑工程的，不征收增值税。

（五）典当业的死当物品销售业务和寄售业代委托人销售寄售物品的业务，均应征收增值税。

（六）因转让著作所有权而发生的销售电影母片、录像带母带、录音磁带母带的业务，以及因转让专利技术和非专利技术的所有权而发生的销售计算机软件的业务，不征收增值税。

（七）供应或开采未经加工的天然水（如水库供应农业灌溉用水，工厂自采地下水用于生产），不征收增值税。

（八）邮政部门销售集邮邮票、首日封，应当征收增值税。

（九）缝纫，应当征收增值税。

二、计税依据

（一）纳税人为销售货物而出租出借包装物收取的押金，单独记账核算的，不并入销售额征税。但对因逾期未收回包装物不再退还的押金，应按所包装货物的适用税率征收增值税。

（二）纳税人采取折扣方式销售货物，如果销售额和折扣额在同一张发票上分别注明的，可按折扣后的销售额征收增值税；如果将折扣额另开发票，不论其在财务上如何处理，均不得从销售额中减除折扣额。

（三）纳税人采取以旧换新方式销售货物，应按新货物的同期销售价格确定销售额。

纳税人采取还本销售方式销售货物，不得从销售额中减除还本支出。

（四）纳税人因销售价格明显偏低或无销售价格等原因，按规定需组成计税价格确定销售额的，其组价公式中的成本利润率为10%。但属于应从价定率征收消费税的货物，其组价公式中的成本利润率，为《消费税若干具体问题的规定》中规定的成本利润率。

三、小规模纳税人标准

（一）增值税细则第二十四条关于小规模纳税人标准的规定中所提到的销售额，是指该细则第二十五条所说的小规模纳税人的销售额。

（二）该细则第二十四条所说的以从事货物生产或提供应税劳务为主，并兼营货物的批发或零售的纳税人，是指该类纳税人的全部年应税销售额中货物或应税劳务的销售额超过50%，批发或零售货物的销售额不到50%。

四、固定业户到外县（市）销售货物，应当向其机构所在地主管税务机关申请开具外出经营活动税收管理证明，回其机构所在地向税务机关申报纳税。未持有其机构所在地主管税务机关核发的外出经营活动税收管理证明的，销售地主管税务机关一律按6%的征收率征税。其在销售地发生的销售额，回机构所在地后，仍应按规定申报纳税，在销售地缴纳的税款不得从当期应纳税额中扣减。

中华人民共和国消费税暂行条例

（1993年12月13日中华人民共和国国务院令第135号发布
2008年11月5日国务院第34次常务会议修订通过）

［**修改说明**：2016.11.30　财税〔2016〕129号《财政部、国家税务总局关于对超豪华小汽车加征消费税有关事项的通知》规定自2016年12月1日起对超豪华小汽车零售环节加征消费税，税率为10%，详见：财税〔2016〕129号。］

［**修改说明**：2016.09.30　财税〔2016〕103号《财政部、国家税务总局关于调整化妆品消费税政策的通知》规定自2016年10月1日起取消对普通美容、修饰类化妆品征收消费税，将“化妆品”税目名称更名为“高档化妆品”。征收范围包括高档美容、修饰类化妆品、高档护肤类化妆品和成套化妆品。税率调整为15%，详见：财税〔2016〕103号。］

［**修改说明**：2015.05.07　财税〔2015〕60号《财政部、国家税务总局关于调整卷烟消费税的通知》规定自2015年5月10日起对卷烟的消费税进行调整，详见：财税〔2015〕60号。］

［**修改说明**：2015.01.26　财税〔2015〕16号《财政部、国家税务总局关于对电池、涂料征收消费税的通知》规定自2015年2月1日起将电池、涂料列入消费税征收范围，在生产、委托加工和进口环节征收，适用税率均为4%，详见：财税〔2015〕16号。］

［**修改说明**：2015.01.12　财税〔2015〕11号《财政部、国家税务总局关于进一步提高成品油消费税的通知》自2015年1月13日起继续提高成品油消费税，详见：财税〔2015〕11号。］

［**修改说明**：2014.12.12　财税〔2014〕106号《财政部、国家税务总局关于进一步提高成品油消费税的通知》自2014年12月13日起进一步提高成品油消费税，详见：财税〔2014〕106号。］

［**修改说明**：2014.11.28　财税〔2014〕94号《财政部、国家税务总局关于提高成品油消费税的通知》自2014年11月29日起提高成品油消费税，详见：财税〔2014〕94号。］

［**修改说明**：2014.11.25　财税〔2014〕93号《财政部、国家税务总局关于调整消费税政策的通知》对消费税事项进行了调整，相关调整详见：财税〔2014〕93号。］

［**修改说明**：2009.05.26　财税〔2009〕84号《财政部、国家税务总局关于调整烟产品消费税政策的通知》自2009年5月1日起在卷烟批发环节加征一道从价税，适用税率：5%。详见：财税〔2009〕84号。］

［**修改说明**：2008.12.19　财税〔2008〕167号《财政部、国家税务总局关于提高成品油消费税税

率的通知》自2009年1月1日起提高成品消费税税率，详见：财税〔2008〕167号。］

第一条 在中华人民共和国境内生产、委托加工和进口本条例规定的消费品的单位和个人，以及国务院确定的销售本条例规定的消费品的其他单位和个人，为消费税的纳税人，应当依照本条例缴纳消费税。

第二条 消费税的税目、税率，依照本条例所附的《消费税税目税率表》执行。消费税税目、税率的调整，由国务院决定。

第三条 纳税人兼营不同税率的应当缴纳消费税的消费品（以下简称应税消费品），应当分别核算不同税率应税消费品的销售额、销售数量；未分别核算销售额、销售数量，或者将不同税率的应税消费品组成成套消费品销售的，从高适用税率。

第四条 纳税人生产的应税消费品，于纳税人销售时纳税。纳税人自产自用的应税消费品，用于连续生产应税消费品的，不纳税；用于其他方面的，于移送使用时纳税。

委托加工的应税消费品，除受托方为个人外，由受托方在向委托方交货时代收代缴税款。委托加工的应税消费品，委托方用于连续生产应税消费品的，所纳税款准予按规定抵扣。

进口的应税消费品，于报关进口时纳税。

第五条 消费税实行从价定率、从量定额，或者从价定率和从量定额复合计税（以下简称复合计税）的办法计算应纳税额。应纳税额计算公式：

实行从价定率办法计算的应纳税额＝销售额×比例税率

实行从量定额办法计算的应纳税额＝销售数量×定额税率

实行复合计税办法计算的应纳税额＝销售额×比例税率＋销售数量×定额税率

纳税人销售的应税消费品，以人民币计算销售额。纳税人以人民币以外的货币结算销售额的，应当折合成人民币计算。

第六条 销售额为纳税人销售应税消费品向购买方收取的全部价款和价外费用。

第七条 纳税人自产自用的应税消费品，按照纳税人生产的同类消费品的销售价格计算纳税；没有同类消费品销售价格的，按照组成计税价格计算纳税。

实行从价定率办法计算纳税的组成计税价格计算公式：

组成计税价格＝（成本＋利润）÷（1－比例税率）

实行复合计税办法计算纳税的组成计税价格计算公式：

组成计税价格＝（成本＋利润＋自产自用数量×定额税率）÷（1－比例税率）

第八条 委托加工的应税消费品，按照受托方的同类消费品的销售价格计算纳税；没有同类消费品销售价格的，按照组成计税价格计算纳税。

实行从价定率办法计算纳税的组成计税价格计算公式：

组成计税价格＝（材料成本＋加工费）÷（1－比例税率）

实行复合计税办法计算纳税的组成计税价格计算公式：

组成计税价格 =（材料成本 + 加工费 + 委托加工数量 × 定额税率）÷（1− 比例税率）

第九条 进口的应税消费品，按照组成计税价格计算纳税。

实行从价定率办法计算纳税的组成计税价格计算公式：

组成计税价格 =（关税完税价格 + 关税）÷（1− 消费税比例税率）

实行复合计税办法计算纳税的组成计税价格计算公式：

组成计税价格 =（关税完税价格 + 关税 + 进口数量 × 消费税定额税率）÷（1− 消费税比例税率）

第十条 纳税人应税消费品的计税价格明显偏低并无正当理由的，由主管税务机关核定其计税价格。

第十一条 对纳税人出口应税消费品，免征消费税；国务院另有规定的除外。出口应税消费品的免税办法，由国务院财政、税务主管部门规定。

第十二条 消费税由税务机关征收，进口的应税消费品的消费税由海关代征。

个人携带或者邮寄进境的应税消费品的消费税，连同关税一并计征。具体办法由国务院关税税则委员会会同有关部门制定。

第十三条 纳税人销售的应税消费品，以及自产自用的应税消费品，除国务院财政、税务主管部门另有规定外，应当向纳税人机构所在地或者居住地的主管税务机关申报纳税。

委托加工的应税消费品，除受托方为个人外，由受托方向机构所在地或者居住地的主管税务机关解缴消费税税款。

进口的应税消费品，应当向报关地海关申报纳税。

第十四条 消费税的纳税期限分别为 1 日、3 日、5 日、10 日、15 日、1 个月或者 1 个季度。纳税人的具体纳税期限，由主管税务机关根据纳税人应纳税额的大小分别核定；不能按照固定期限纳税的，可以按次纳税。

纳税人以 1 个月或者 1 个季度为 1 个纳税期的，自期满之日起 15 日内申报纳税；以 1 日、3 日、5 日、10 日或者 15 日为 1 个纳税期的，自期满之日起 5 日内预缴税款，于次月 1 日起 15 日内申报纳税并结清上月应纳税款。

第十五条 纳税人进口应税消费品，应当自海关填发海关进口消费税专用缴款书之日起 15 日内缴纳税款。

第十六条 消费税的征收管理，依照《中华人民共和国税收征收管理法》及本条例有关规定执行。

第十七条 本条例自 2009 年 1 月 1 日起施行。

附：消费税税目税率表

附：

消费税税目税率表

税　　目	税　率
一、烟 1. 卷烟 （1）甲类卷烟 （2）乙类卷烟 2. 雪茄烟 3. 烟丝 2009 年 5 月 1 日起卷烟批发环节加征一道从价税	 45%加 0.003 元 / 支 30%加 0.003 元 / 支 25% 30% 5%财税〔2009〕84 号

［注：2015.05.07　财税〔2015〕60 号《财政部、国家税务总局关于调整卷烟消费税的通知》规定自 2015 年 5 月 10 日起对卷烟的消费税进行调整，详见：财税〔2015〕60 号。］

一、烟		
1. 卷烟		
工业		
税　　目	税率	征收环节
（1）甲类卷烟	56%加 0.003 元 / 支	生产环节
（调拨价 70 元（不含增值税）/ 条以上（含 70 元））		
（2）乙类卷烟	36%加 0.003 元 / 支	生产环节
（调拨价 70 元（不含增值税）/ 条以下）		
商业批发	11%加 0.005 元 / 支	批发环节
2. 雪茄	36%	生产环节
3. 烟丝	30%	生产环节

税　　目	税　率
二、酒及酒精［注：根据 2014.11.25 财税〔2014〕93 号《财政部、国家税务总局关于调整消费税政策的通知》自 2014 年 12 月 1 日起取消酒精消费税，“酒及酒精”品目相应改为“酒”。］ 1. 白酒 2. 黄酒 3. 啤酒 （1）甲类啤酒 （2）乙类啤酒 4. 其他酒 5. 酒精［注：根据 2014.11.25 财税〔2014〕93 号《财政部、国家税务总局关于调整消费税政策的通知》自 2014 年 12 月 1 日起取消酒精消费税。］	 20%加 0.5 元 /500 克（或者 500 毫升） 240 元 / 吨 250 元 / 吨 220 元 / 吨 10% 5%
三、化妆品高档化妆品［注：2016.09.30　财税〔2016〕103 号《财政部、国家税务总局关于调整化妆品消费税政策的通知》规定自 2016 年 10 月 1 日起取消对普通美容、修饰类化妆品征收消费税，将“化妆品”税目名称更名为“高档化妆品”。征收范围包括高档美容、修饰类化妆品、高档护肤类化妆品和成套化妆品。税率调整为 15%，详见财税〔2016〕103 号。］	30% 15%
四、贵重首饰及珠宝玉石 1. 金银首饰、铂金首饰和钻石及钻石饰品 2. 其他贵重首饰和珠宝玉石	 5% 10%

续表

税　目	税　率
五、鞭炮、焰火	15%
六、成品油 1. 汽油 （1）含铅汽油［注：根据2014.11.25财税〔2014〕93号《财政部、国家税务总局关于调整消费税政策的通知》自2014年12月1日起取消车用含铅汽油消费税。］ （2）无铅汽油 2. 柴油 3. 航空煤油 4. 石脑油 5. 溶剂油 6. 润滑油 7. 燃料油	 0.28元/升 0.2元/升 0.10元/升 0.10元/升（暂缓征收） 0.20元/升 0.20元/升 0.20元/升 0.10元/升
七、汽车轮胎［注：根据2014.11.25财税〔2014〕93号《财政部、国家税务总局关于调整消费税政策的通知》自2014年12月1日起取消汽车轮胎税目。］	3%
八、摩托车 1. 气缸容量（排气量，下同）在250毫升（含250毫升）以下的［注：根据2014.11.25财税〔2014〕93号《财政部、国家税务总局关于调整消费税政策的通知》自2014年12月1日起取消气缸容量250毫升（不含）以下的小排量摩托车消费税。气缸容量250毫升的］ 2. 气缸容量在250毫升以上的	 3% 10%
九、小汽车	
1. 乘用车	
（1）气缸容量（排气量，下同）在1.0升（含1.0升）以下的	1%
（2）气缸容量在1.0升以上至1.5升（含1.5升）的	3%
（3）气缸容量在1.5升以上至2.0升（含2.0升）的	5%
（4）气缸容量在2.0升以上至2.5升（含2.5升）的	9%
（5）气缸容量在2.5升以上至3.0升（含3.0升）的	12%
（6）气缸容量在3.0升以上至4.0升（含4.0升）的	25%
（7）气缸容量在4.0升以上的	40%
2. 中轻型商用客车	5%
3. 超豪华小汽车	生产（进口）环节按子税目1和子税目2的规定征收，在零售环节加征10%（财税〔2016〕129号）
十、高尔夫球及球具	10%
十一、高档手表	20%
十二、游艇	10%
十三、木制一次性筷子	5%

续表

税　目	税 率
十四、实木地板	5%
十四、电池	4% ［注：根据《财政部、国家税务总局关于对电池、涂料征收消费税的通知》（财税〔2015〕16号）自2015年2月1日起征收］
十五、涂料	4% ［注：根据《财政部、国家税务总局关于对电池、涂料征收消费税的通知》（财税〔2015〕16号）自2015年2月1日起征收］

财政部 国家税务总局
关于调整酒类产品消费税政策的通知

财税〔2001〕84号 发布日期：2001-05-11

各省、自治区、直辖市、计划单列市财政厅（局）、国家税务局，新疆生产建设兵团财务局：

经国务院批准，调整酒类产品消费税政策。现将有关问题通知如下：

一、调整粮食白酒、薯类白酒消费税税率。

粮食白酒、薯类白酒消费税税率由《中华人民共和国消费税暂行条例》规定的比例税率调整为定额税率和比例税率。

（一）定额税率：粮食白酒、薯类白酒每斤（500克）0.5元。

（二）比例税率：

1. 粮食白酒（含果木或谷物为原料的蒸馏酒，下同）25%。下列酒类产品比照粮食白酒适用25%比例税率：

——粮食和薯类、糠麸等多种原料混合生产的白酒

——以粮食白酒为酒基的配置酒、泡制酒

——以白酒或酒精为酒基，凡酒基所用原料无法确定的配置酒、泡制酒

2. 薯类白酒15%。

［**注**：根据2009年2月25日 财税〔2009〕18号《财政部、国家税务总局关于公布废止和失效的消费税规范性文件目录的通知》本文"第一条第二款"自2009.01.01起废止！］

二、调整酒类产品消费税计税办法。

粮食白酒、薯类白酒计税办法由《中华人民共和国消费税暂行条例》规定的实行从价定率计算应纳税额的办法调整为实行从量定额和从价定率相结合计算应纳税额的复合计税办法。应纳税额计算公式：

应纳税额＝销售数量×定额税率＋销售额×比例税率

凡在中华人民共和国境内生产、委托加工、进口粮食白酒、薯类白酒的单位和个人，都应依照本通知的规定缴纳从量定额消费税和从价定率消费税。

三、粮食白酒、薯类白酒计税依据。

（一）生产销售粮食白酒、薯类白酒，从量定额计税办法的计税依据为粮食白酒、薯类白酒的实际销售数量。

（二）进口、委托加工、自产自用粮食白酒、薯类白酒，从量定额计税办法的计税依据分别为海关核定的进口征税数量、委托方收回数量、移送使用数量。

（三）生产销售、进口、委托加工、自产自用粮食白酒、薯类白酒从价定率计税办法的计税依据按《中华人民共和国消费税暂行条例》及其有关规定执行。

四、调整啤酒消费税单位税额。

（一）每吨啤酒出厂价格（含包装物及包装物押金）在3000元（含3000元，不含增值税）以上的，单位税额250元/吨；

（二）每吨啤酒出厂价格在3000元（不含3000元，不含增值税）以下的，单位税额220元/吨。

（三）娱乐业、饮食业自制啤酒，单位税额250元/吨。

（四）每吨啤酒出厂价格以2000年全年销售的每一牌号、规格啤酒产品平均出厂价格为准。2000年每一牌号、规格啤酒的平均出厂价格确定之后即作为确定各牌号、规格啤酒2001年适用单位税额的依据。无论2001年啤酒的出厂价格是否变动，当年适用单位税额原则上不再进行调整。啤酒计税价格管理办法另行制定。

五、停止执行外购或委托加工已税酒和酒精生产的酒（包括以外购已税白酒加浆降度，用外购已税的不同品种的白酒勾兑的白酒，用曲香、香精对外购已税白酒进行调香、调味以及外购散装白酒装瓶出售等）外购酒及酒精已纳税款或受托方代收代缴税款准予抵扣政策。2001年5月1日以前购进的已税酒及酒精，已纳消费税税款没有抵扣完的一律停止抵扣。

六、停止执行对小酒厂定额、定率的双定征税办法，一律实行查实征收。小酒厂指会计核算不健全的小型业户。

七、依据《中华人民共和国税收征收管理法》及有关规定，制定酒类关联企业征税办法。具体办法由国家税务总局商财政部另行制定。

八、本《通知》自2001年5月1日起执行。原有规定与本《通知》有抵触的，以本《通知》为准。

中华人民共和国企业所得税法

（2007年3月16日第十届全国人民代表大会第五次会议通过　根据2017年2月24日第十二届全国人民代表大会常务委员会第二十六次会议《关于修改〈中华人民共和国企业所得税法〉的决定》第一次修正　根据2018年12月29日第十三届全国人民代表大会常务委员会第七次会议《关于修改〈中华人民共和国电力法〉等四部法律的决定》第二次修正）

目录

第一章　总则

第一条　在中华人民共和国境内，企业和其他取得收入的组织（以下统称企业）为企业所得税的纳税人，依照本法的规定缴纳企业所得税。

个人独资企业、合伙企业不适用本法。

第二条　企业分为居民企业和非居民企业。

本法所称居民企业，是指依法在中国境内成立，或者依照外国（地区）法律成立但实际管理机构在中国境内的企业。

本法所称非居民企业，是指依照外国（地区）法律成立且实际管理机构不在中国境内，但在中国境内设立机构、场所的，或者在中国境内未设立机构、场所，但有来源于中国境内所得的企业。

第三条 居民企业应当就其来源于中国境内、境外的所得缴纳企业所得税。

非居民企业在中国境内设立机构、场所的，应当就其所设机构、场所取得的来源于中国境内的所得，以及发生在中国境外但与其所设机构、场所有实际联系的所得，缴纳企业所得税。

非居民企业在中国境内未设立机构、场所的，或者虽设立机构、场所但取得的所得与其所设机构、场所没有实际联系的，应当就其来源于中国境内的所得缴纳企业所得税。

第四条 企业所得税的税率为25%。

非居民企业取得本法第三条第三款规定的所得，适用税率为20%。

第二章 应纳税所得额

第五条 企业每一纳税年度的收入总额，减除不征税收入、免税收入、各项扣除以及允许弥补的以前年度亏损后的余额，为应纳税所得额。

第六条 企业以货币形式和非货币形式从各种来源取得的收入，为收入总额。包括：

（一）销售货物收入；

（二）提供劳务收入；

（三）转让财产收入；

（四）股息、红利等权益性投资收益；

（五）利息收入；

（六）租金收入；

（七）特许权使用费收入；

（八）接受捐赠收入；

（九）其他收入。

第七条 收入总额中的下列收入为不征税收入：

（一）财政拨款；

（二）依法收取并纳入财政管理的行政事业性收费、政府性基金；

（三）国务院规定的其他不征税收入。

第八条 企业实际发生的与取得收入有关的、合理的支出，包括成本、费用、税金、损失和其他支出，准予在计算应纳税所得额时扣除。

第九条 企业发生的公益性捐赠支出，在年度利润总额12%以内的部分，准予在计算应纳税所得额时扣除；超过年度利润总额12%的部分，准予结转以后三年内在计算应纳税所得额时扣除。

第十条 在计算应纳税所得额时，下列支出不得扣除：

（一）向投资者支付的股息、红利等权益性投资收益款项；

（二）企业所得税税款；

（三）税收滞纳金；

（四）罚金、罚款和被没收财物的损失；

（五）本法第九条规定以外的捐赠支出；

（六）赞助支出；

（七）未经核定的准备金支出；

（八）与取得收入无关的其他支出。

第十一条 在计算应纳税所得额时，企业按照规定计算的固定资产折旧，准予扣除。

下列固定资产不得计算折旧扣除：

（一）房屋、建筑物以外未投入使用的固定资产；

（二）以经营租赁方式租入的固定资产；

（三）以融资租赁方式租出的固定资产；

（四）已足额提取折旧仍继续使用的固定资产；

（五）与经营活动无关的固定资产；

（六）单独估价作为固定资产入账的土地；

（七）其他不得计算折旧扣除的固定资产。

第十二条 在计算应纳税所得额时，企业按照规定计算的无形资产摊销费用，准予扣除。

下列无形资产不得计算摊销费用扣除：

（一）自行开发的支出已在计算应纳税所得额时扣除的无形资产；

（二）自创商誉；

（三）与经营活动无关的无形资产；

（四）其他不得计算摊销费用扣除的无形资产。

第十三条 在计算应纳税所得额时，企业发生的下列支出作为长期待摊费用，按照规定摊销的，准予扣除：

（一）已足额提取折旧的固定资产的改建支出；

（二）租入固定资产的改建支出；

（三）固定资产的大修理支出；

（四）其他应当作为长期待摊费用的支出。

第十四条 企业对外投资期间，投资资产的成本在计算应纳税所得额时不得扣除。

第十五条 企业使用或者销售存货，按照规定计算的存货成本，准予在计算应纳税所得额时扣除。

第十六条 企业转让资产，该项资产的净值，准予在计算应纳税所得额时扣除。

第十七条 企业在汇总计算缴纳企业所得税时，其境外营业机构的亏损不得抵减境内营业机构的盈利。

第十八条 企业纳税年度发生的亏损，准予向以后年度结转，用以后年度的所得弥补，但结转年限最长不得超过五年。

第十九条 非居民企业取得本法第三条第三款规定的所得，按照下列方法计算其应纳税所得额：

（一）股息、红利等权益性投资收益和利息、租金、特许权使用费所得，以收入全额为应纳税所得额；

（二）转让财产所得，以收入全额减除财产净值后的余额为应纳税所得额；

（三）其他所得，参照前两项规定的方法计算应纳税所得额。

第二十条 本章规定的收入、扣除的具体范围、标准和资产的税务处理的具体办法，由国务院财政、税务主管部门规定。

第二十一条 在计算应纳税所得额时，企业财务、会计处理办法与税收法律、行政法规的规定不一致的，应当依照税收法律、行政法规的规定计算。

第三章 应纳税额

第二十二条 企业的应纳税所得额乘以适用税率，减除依照本法关于税收优惠的规定减免和抵免的税额后的余额，为应纳税额。

第二十三条 企业取得的下列所得已在境外缴纳的所得税税额，可以从其当期应纳税额中抵免，抵免限额为该项所得依照本法规定计算的应纳税额；超过抵免限额的部分，可以在以后五个年度内，用每年度抵免限额抵免当年应抵税额后的余额进行抵补：

（一）居民企业来源于中国境外的应税所得；

（二）非居民企业在中国境内设立机构、场所，取得发生在中国境外但与该机构、场所有实际联系的应税所得。

第二十四条 居民企业从其直接或者间接控制的外国企业分得的来源于中国境外的股息、红利等权益性投资收益，外国企业在境外实际缴纳的所得税税额中属于该项所得负担的部分，可以作为该居民企业的可抵免境外所得税税额，在本法第二十三条规定的抵免限额内抵免。

第四章 税收优惠

第二十五条 国家对重点扶持和鼓励发展的产业和项目，给予企业所得税优惠。

第二十六条 企业的下列收入为免税收入：

（一）国债利息收入；

（二）符合条件的居民企业之间的股息、红利等权益性投资收益；

（三）在中国境内设立机构、场所的非居民企业从居民企业取得与该机构、场所有实际联系的股息、红利等权益性投资收益；

（四）符合条件的非营利组织的收入。

第二十七条 企业的下列所得，可以免征、减征企业所得税：

（一）从事农、林、牧、渔业项目的所得；

（二）从事国家重点扶持的公共基础设施项目投资经营的所得；

（三）从事符合条件的环境保护、节能节水项目的所得；

（四）符合条件的技术转让所得；

（五）本法第三条第三款规定的所得。

第二十八条 符合条件的小型微利企业，减按20%的税率征收企业所得税。

国家需要重点扶持的高新技术企业，减按15%的税率征收企业所得税。

第二十九条 民族自治地方的自治机关对本民族自治地方的企业应缴纳的企业所得税中属于地方分享的部分，可以决定减征或者免征。自治州、自治县决定减征或者免征的，须报省、自治区、直辖市人民政府批准。

第三十条 企业的下列支出，可以在计算应纳税所得额时加计扣除：

（一）开发新技术、新产品、新工艺发生的研究开发费用；

（二）安置残疾人员及国家鼓励安置的其他就业人员所支付的工资。

第三十一条 创业投资企业从事国家需要重点扶持和鼓励的创业投资，可以按投资额的一定比例抵扣应纳税所得额。

第三十二条 企业的固定资产由于技术进步等原因，确需加速折旧的，可以缩短折旧年限或者采取加速折旧的方法。

第三十三条 企业综合利用资源，生产符合国家产业政策规定的产品所取得的收入，可以在计算应纳税所得额时减计收入。

第三十四条 企业购置用于环境保护、节能节水、安全生产等专用设备的投资额，可以按一定比例实行税额抵免。

第三十五条 本法规定的税收优惠的具体办法，由国务院规定。

第三十六条 根据国民经济和社会发展的需要，或者由于突发事件等原因对企业经营活动产生重大影响的，国务院可以制定企业所得税专项优惠政策，报全国人民代表大会常务委员会备案。

第五章　源泉扣缴

第三十七条 对非居民企业取得本法第三条第三款规定的所得应缴纳的所得税，实行源泉扣缴，以支付人为扣缴义务人。税款由扣缴义务人在每次支付或者到期应支付时，从支付或者到期应支付的款项中扣缴。

第三十八条 对非居民企业在中国境内取得工程作业和劳务所得应缴纳的所得税，税务机关可以指定工程价款或者劳务费的支付人为扣缴义务人。

第三十九条 依照本法第三十七条、第三十八条规定应当扣缴的所得税，扣缴义务人未依法扣缴或者无法履行扣缴义务的，由纳税人在所得发生地缴纳。纳税人未依法缴纳的，税务机关可以从该纳税人在中国境内其他收入项目的支付人应付的款项中，追缴该纳税人的应纳税款。

第四十条 扣缴义务人每次代扣的税款，应当自代扣之日起七日内缴入国库，并向所在地的税务机关报送扣缴企业所得税报告表。

第六章　特别纳税调整

第四十一条 企业与其关联方之间的业务往来，不符合独立交易原则而减少企业或者其关联方应纳税收入或者所得额的，税务机关有权按照合理方法调整。

企业与其关联方共同开发、受让无形资产，或者共同提供、接受劳务发生的成本，在计算应纳税所得额时应当按照独立交易原则进行分摊。

第四十二条 企业可以向税务机关提出与其关联方之间业务往来的定价原则和计算方法，税务机关与企业协商、确认后，达成预约定价安排。

第四十三条 企业向税务机关报送年度企业所得税纳税申报表时，应当就其与关联方之间的业务往来，附送年度关联业务往来报告表。

税务机关在进行关联业务调查时，企业及其关联方，以及与关联业务调查有关的其他企业，应当按照规定提供相关资料。

第四十四条 企业不提供与其关联方之间业务往来资料，或者提供虚假、不完整资料，未能真实反映其关联业务往来情况的，税务机关有权依法核定其应纳税所得额。

第四十五条 由居民企业，或者由居民企业和中国居民控制的设立在实际税负明显低于本法第四条第一款规定税率水平的国家（地区）的企业，并非由于合理的经营需要而对利润不作分配或者减少分配的，上述利润中应归属于该居民企业的部分，应当计入该居民企业的当期收入。

第四十六条 企业从其关联方接受的债权性投资与权益性投资的比例超过规定标准而发生的利息支出，不得在计算应纳税所得额时扣除。

第四十七条 企业实施其他不具有合理商业目的的安排而减少其应纳税收入或者所得额的，税务机关有权按照合理方法调整。

第四十八条 税务机关依照本章规定作出纳税调整，需要补征税款的，应当补征税款，并按照国务院规定加收利息。

第七章　征收管理

第四十九条　企业所得税的征收管理除本法规定外，依照《中华人民共和国税收征收管理法》的规定执行。

第五十条　除税收法律、行政法规另有规定外，居民企业以企业登记注册地为纳税地点；但登记注册地在境外的，以实际管理机构所在地为纳税地点。

居民企业在中国境内设立不具有法人资格的营业机构的，应当汇总计算并缴纳企业所得税。

第五十一条　非居民企业取得本法第三条第二款规定的所得，以机构、场所所在地为纳税地点。非居民企业在中国境内设立两个或者两个以上机构、场所，符合国务院税务主管部门规定条件的，可以选择由其主要机构、场所汇总缴纳企业所得税。

非居民企业取得本法第三条第三款规定的所得，以扣缴义务人所在地为纳税地点。

第五十二条　除国务院另有规定外，企业之间不得合并缴纳企业所得税。

第五十三条　企业所得税按纳税年度计算。纳税年度自公历 1 月 1 日起至 12 月 31 日止。

企业在一个纳税年度中间开业，或者终止经营活动，使该纳税年度的实际经营期不足十二个月的，应当以其实际经营期为一个纳税年度。

企业依法清算时，应当以清算期间作为一个纳税年度。

第五十四条　企业所得税分月或者分季预缴。

企业应当自月份或者季度终了之日起十五日内，向税务机关报送预缴企业所得税纳税申报表，预缴税款。

企业应当自年度终了之日起五个月内，向税务机关报送年度企业所得税纳税申报表，并汇算清缴，结清应缴应退税款。

企业在报送企业所得税纳税申报表时，应当按照规定附送财务会计报告和其他有关资料。

第五十五条　企业在年度中间终止经营活动的，应当自实际经营终止之日起六十日内，向税务机关办理当期企业所得税汇算清缴。

企业应当在办理注销登记前，就其清算所得向税务机关申报并依法缴纳企业所得税。

第五十六条　依照本法缴纳的企业所得税，以人民币计算。所得以人民币以外的货币计算的，应当折合成人民币计算并缴纳税款。

第八章　附则

第五十七条　本法公布前已经批准设立的企业，依照当时的税收法律、行政法规规定，享受低税率优惠的，按照国务院规定，可以在本法施行后五年内，逐步过渡到本法规定的税率；享受定期减免税优惠的，按照国务院规定，可以在本法施行后继续享受到期满为止，但因未获利而尚未享受优惠的，优惠期限从本法施行年度起计算。

法律设置的发展对外经济合作和技术交流的特定地区内，以及国务院已规定执行上述地区特殊政策的地区内新设立的国家需要重点扶持的高新技术企业，可以享受过渡性税收优惠，具体办法由国务院规定。

国家已确定的其他鼓励类企业，可以按照国务院规定享受减免税优惠。

第五十八条 中华人民共和国政府同外国政府订立的有关税收的协定与本法有不同规定的，依照协定的规定办理。

第五十九条 国务院根据本法制定实施条例。

第六十条 本法自 2008 年 1 月 1 日起施行。1991 年 4 月 9 日第七届全国人民代表大会第四次会议通过的《中华人民共和国外商投资企业和外国企业所得税法》和 1993 年 12 月 13 日国务院发布的《中华人民共和国企业所得税暂行条例》同时废止。

中华人民共和国企业所得税法实施条例

发布日期：2019 年 4 月 23 日

［**修改说明**：2007 年 11 月 28 日国务院第 197 次常务会议通过，2019 年 4 月 23 日中华人民共和国国务院令第 714 号修订。］

第一章　总则

第一条　根据《中华人民共和国企业所得税法》（以下简称企业所得税法）的规定，制定本条例。

第二条　企业所得税法第一条所称个人独资企业、合伙企业，是指依照中国法律、行政法规成立的个人独资企业、合伙企业。

第三条　企业所得税法第二条所称依法在中国境内成立的企业，包括依照中国法律、行政法规在中国境内成立的企业、事业单位、社会团体以及其他取得收入的组织。

企业所得税法第二条所称依照外国（地区）法律成立的企业，包括依照外国（地区）法律成立的企业和其他取得收入的组织。

第四条　企业所得税法第二条所称实际管理机构，是指对企业的生产经营、人员、账务、财产等实施实质性全面管理和控制的机构。

第五条　企业所得税法第二条第三款所称机构、场所，是指在中国境内从事生产经营活动的机构、场所，包括：

（一）管理机构、营业机构、办事机构；

（二）工厂、农场、开采自然资源的场所；

（三）提供劳务的场所；

（四）从事建筑、安装、装配、修理、勘探等工程作业的场所；

（五）其他从事生产经营活动的机构、场所。

非居民企业委托营业代理人在中国境内从事生产经营活动的，包括委托单位或者个人经常代其签订合同，或者储存、交付货物等，该营业代理人视为非居民企业在中国境内设立的机构、场所。

第六条 企业所得税法第三条所称所得，包括销售货物所得、提供劳务所得、转让财产所得、股息红利等权益性投资所得、利息所得、租金所得、特许权使用费所得、接受捐赠所得和其他所得。

第七条 企业所得税法第三条所称来源于中国境内、境外的所得，按照以下原则确定：

（一）销售货物所得，按照交易活动发生地确定；

（二）提供劳务所得，按照劳务发生地确定；

（三）转让财产所得，不动产转让所得按照不动产所在地确定，动产转让所得按照转让动产的企业或者机构、场所所在地确定，权益性投资资产转让所得按照被投资企业所在地确定；

（四）股息、红利等权益性投资所得，按照分配所得的企业所在地确定；

（五）利息所得、租金所得、特许权使用费所得，按照负担、支付所得的企业或者机构、场所所在地确定，或者按照负担、支付所得的个人的住所地确定；

（六）其他所得，由国务院财政、税务主管部门确定。

第八条 企业所得税法第三条所称实际联系，是指非居民企业在中国境内设立的机构、场所拥有据以取得所得的股权、债权，以及拥有、管理、控制据以取得所得的财产等。

第二章　应纳税所得额

第一节　一般规定

第九条 企业应纳税所得额的计算，以权责发生制为原则，属于当期的收入和费用，不论款项是否收付，均作为当期的收入和费用；不属于当期的收入和费用，即使款项已经在当期收付，均不作为当期的收入和费用。本条例和国务院财政、税务主管部门另有规定的除外。

第十条 企业所得税法第五条所称亏损，是指企业依照企业所得税法和本条例的规定将每一纳税年度的收入总额减除不征税收入、免税收入和各项扣除后小于零的数额。

第十一条 企业所得税法第五十五条所称清算所得，是指企业的全部资产可变现价值或者交易价格减除资产净值、清算费用以及相关税费等后的余额。

投资方企业从被清算企业分得的剩余资产，其中相当于从被清算企业累计未分配利润和累计盈余公积中应当分得的部分，应当确认为股息所得；剩余资产减除上述股息所得后的余额，超过或者低于投资成本的部分，应当确认为投资资产转让所得或者损失。

第二节　收入

第十二条 企业所得税法第六条所称企业取得收入的货币形式，包括现金、存款、应收账款、应收票据、准备持有至到期的债券投资以及债务的豁免等。

企业所得税法第六条所称企业取得收入的非货币形式，包括固定资产、生物资产、无形资产、股权投资、存货、不准备持有至到期的债券投资、劳务以及有关权益等。

第十三条 企业所得税法第六条所称企业以非货币形式取得的收入，应当按照公允价值确定收入额。

前款所称公允价值，是指按照市场价格确定的价值。

第十四条 企业所得税法第六条第（一）项所称销售货物收入，是指企业销售商品、产品、原材料、包装物、低值易耗品以及其他存货取得的收入。

第十五条 企业所得税法第六条第（二）项所称提供劳务收入，是指企业从事建筑安装、修理修配、交通运输、仓储租赁、金融保险、邮电通信、咨询经纪、文化体育、科学研究、技术服务、教育培训、餐饮住宿、中介代理、卫生保健、社区服务、旅游、娱乐、加工以及其他劳务服务活动取得的收入。

第十六条 企业所得税法第六条第（三）项所称转让财产收入，是指企业转让固定资产、生物资产、无形资产、股权、债权等财产取得的收入。

第十七条 企业所得税法第六条第（四）项所称股息、红利等权益性投资收益，是指企业因权益性投资从被投资方取得的收入。

股息、红利等权益性投资收益，除国务院财政、税务主管部门另有规定外，按照被投资方作出利润分配决定的日期确认收入的实现。

第十八条 企业所得税法第六条第（五）项所称利息收入，是指企业将资金提供他人使用但不构成权益性投资，或者因他人占用本企业资金取得的收入，包括存款利息、贷款利息、债券利息、欠款利息等收入。

利息收入，按照合同约定的债务人应付利息的日期确认收入的实现。

第十九条 企业所得税法第六条第（六）项所称租金收入，是指企业提供固定资产、包装物或者其他有形资产的使用权取得的收入。

租金收入，按照合同约定的承租人应付租金的日期确认收入的实现。

第二十条 企业所得税法第六条第（七）项所称特许权使用费收入，是指企业提供专利权、非专利技术、商标权、著作权以及其他特许权的使用权取得的收入。

特许权使用费收入，按照合同约定的特许权使用人应付特许权使用费的日期确认收入的实现。

第二十一条 企业所得税法第六条第（八）项所称接受捐赠收入，是指企业接受的来自其他企业、组织或者个人无偿给予的货币性资产、非货币性资产。

接受捐赠收入，按照实际收到捐赠资产的日期确认收入的实现。

第二十二条 企业所得税法第六条第（九）项所称其他收入，是指企业取得的除企业所得税法第六条第（一）项至第（八）项规定的收入外的其他收入，包括企业资产溢余收入、逾期未退包装物押金收入、确实无法偿付的应付款项、已作坏账损失处理后又收回的应收款项、债务重组收入、补贴收入、违约金收入、汇兑收益等。

第二十三条 企业的下列生产经营业务可以分期确认收入的实现：

（一）以分期收款方式销售货物的，按照合同约定的收款日期确认收入的实现；

（二）企业受托加工制造大型机械设备、船舶、飞机，以及从事建筑、安装、装配工程业务或者提供其他劳务等，持续时间超过12个月的，按照纳税年度内完工进度或者完成的工作量确认收入的实现。

第二十四条 采取产品分成方式取得收入的，按照企业分得产品的日期确认收入的实现，其收入额按照产品的公允价值确定。

第二十五条 企业发生非货币性资产交换，以及将货物、财产、劳务用于捐赠、偿债、赞助、集资、广告、样品、职工福利或者利润分配等用途的，应当视同销售货物、转让财产或者提供劳务，但国务院财政、税务主管部门另有规定的除外。

第二十六条 企业所得税法第七条第（一）项所称财政拨款，是指各级人民政府对纳入预算管理的事业单位、社会团体等组织拨付的财政资金，但国务院和国务院财政、税务主管部门另有规定的除外。

企业所得税法第七条第（二）项所称行政事业性收费，是指依照法律法规等有关规定，按照国务院规定程序批准，在实施社会公共管理，以及在向公民、法人或者其他组织提供特定公共服务过程中，向特定对象收取并纳入财政管理的费用。

企业所得税法第七条第（二）项所称政府性基金，是指企业依照法律、行政法规等有关规定，代政府收取的具有专项用途的财政资金。

企业所得税法第七条第（三）项所称国务院规定的其他不征税收入，是指企业取得的，由国务院财政、税务主管部门规定专项用途并经国务院批准的财政性资金。

第三节　扣除

第二十七条 企业所得税法第八条所称有关的支出，是指与取得收入直接相关的支出。

企业所得税法第八条所称合理的支出，是指符合生产经营活动常规，应当计入当期损益或者有关资产成本的必要和正常的支出。

第二十八条 企业发生的支出应当区分收益性支出和资本性支出。收益性支出在发生当期直接扣除；资本性支出应当分期扣除或者计入有关资产成本，不得在发生当期直接扣除。

企业的不征税收入用于支出所形成的费用或者财产，不得扣除或者计算对应的折旧、摊销扣除。

除企业所得税法和本条例另有规定外，企业实际发生的成本、费用、税金、损失和其他支出，不得重复扣除。

第二十九条 企业所得税法第八条所称成本，是指企业在生产经营活动中发生的销售成本、销货成本、业务支出以及其他耗费。

第三十条 企业所得税法第八条所称费用，是指企业在生产经营活动中发生的销售费用、管理费用和财务费用，已经计入成本的有关费用除外。

第三十一条 企业所得税法第八条所称税金，是指企业发生的除企业所得税和允许抵扣的增值税以外的各项税金及其附加。

第三十二条 企业所得税法第八条所称损失，是指企业在生产经营活动中发生的固定资产和存货的盘亏、毁损、报废损失，转让财产损失，呆账损失，坏账损失，自然灾害等不可抗力因素造成的损失以及其他损失。

企业发生的损失，减除责任人赔偿和保险赔款后的余额，依照国务院财政、税务主管部门的规定扣除。

企业已经作为损失处理的资产，在以后纳税年度又全部收回或者部分收回时，应当计入当期收入。

第三十三条 企业所得税法第八条所称其他支出，是指除成本、费用、税金、损失外，企业在生产经营活动中发生的与生产经营活动有关的、合理的支出。

第三十四条 企业发生的合理的工资、薪金支出，准予扣除。

前款所称工资、薪金，是指企业每一纳税年度支付给在本企业任职或者受雇的员工的所有现金形式或者非现金形式的劳动报酬，包括基本工资、奖金、津贴、补贴、年终加薪、加班工资，以及与员工任职或者受雇有关的其他支出。

第三十五条 企业依照国务院有关主管部门或者省级人民政府规定的范围和标准为职工缴纳的基本养老保险费、基本医疗保险费、失业保险费、工伤保险费、生育保险费等基本社会保险费和住房公积金，准予扣除。

企业为投资者或者职工支付的补充养老保险费、补充医疗保险费，在国务院财政、税务主管部门规定的范围和标准内，准予扣除。

第三十六条 除企业依照国家有关规定为特殊工种职工支付的人身安全保险费和国务院财政、税务主管部门规定可以扣除的其他商业保险费外，企业为投资者或者职工支付的商业保险费，不得扣除。

第三十七条 企业在生产经营活动中发生的合理的不需要资本化的借款费用，准予扣除。

企业为购置、建造固定资产、无形资产和经过 12 个月以上的建造才能达到预定可销售状态的存货发生借款的，在有关资产购置、建造期间发生的合理的借款费用，应当作为资本性支出计入有关资产的成本，并依照本条例的规定扣除。

第三十八条 企业在生产经营活动中发生的下列利息支出，准予扣除：

（一）非金融企业向金融企业借款的利息支出、金融企业的各项存款利息支出和同业拆借利息支出、企业经批准发行债券的利息支出；

（二）非金融企业向非金融企业借款的利息支出，不超过按照金融企业同期同类贷款利率计算的数额的部分。

第三十九条 企业在货币交易中，以及纳税年度终了时将人民币以外的货币性资产、负债按照期末即期人民币汇率中间价折算为人民币时产生的汇兑损失，除已经计入有关资产成本以及与向所有者进行利润分配相关的部分外，准予扣除。

第四十条 企业发生的职工福利费支出，不超过工资、薪金总额 14% 的部分，准予扣除。

第四十一条 企业拨缴的工会经费，不超过工资、薪金总额2%的部分，准予扣除。

第四十二条 除国务院财政、税务主管部门另有规定外，企业发生的职工教育经费支出，不超过工资、薪金总额2.5%的部分，准予扣除；超过部分，准予在以后纳税年度结转扣除。

第四十三条 企业发生的与生产经营活动有关的业务招待费支出，按照发生额的60%扣除，但最高不得超过当年销售（营业）收入的5‰。

第四十四条 企业发生的符合条件的广告费和业务宣传费支出，除国务院财政、税务主管部门另有规定外，不超过当年销售（营业）收入15%的部分，准予扣除；超过部分，准予在以后纳税年度结转扣除。

第四十五条 企业依照法律、行政法规有关规定提取的用于环境保护、生态恢复等方面的专项资金，准予扣除。上述专项资金提取后改变用途的，不得扣除。

第四十六条 企业参加财产保险，按照规定缴纳的保险费，准予扣除。

第四十七条 企业根据生产经营活动的需要租入固定资产支付的租赁费，按照以下方法扣除：

（一）以经营租赁方式租入固定资产发生的租赁费支出，按照租赁期限均匀扣除；

（二）以融资租赁方式租入固定资产发生的租赁费支出，按照规定构成融资租入固定资产价值的部分应当提取折旧费用，分期扣除。

第四十八条 企业发生的合理的劳动保护支出，准予扣除。

第四十九条 企业之间支付的管理费、企业内营业机构之间支付的租金和特许权使用费，以及非银行企业内营业机构之间支付的利息，不得扣除。

第五十条 非居民企业在中国境内设立的机构、场所，就其中国境外总机构发生的与该机构、场所生产经营有关的费用，能够提供总机构出具的费用汇集范围、定额、分配依据和方法等证明文件，并合理分摊的，准予扣除。

第五十一条 企业所得税法第九条所称公益性捐赠，是指企业通过公益性社会组织或者县级以上人民政府及其部门，用于符合法律规定的慈善活动、公益事业的捐赠。

第五十二条 本条例第五十一条所称公益性社会组织，是指同时符合下列条件的慈善组织以及其他社会组织：

（一）依法登记，具有法人资格；

（二）以发展公益事业为宗旨，且不以营利为目的；

（三）全部资产及其增值为该法人所有；

（四）收益和营运结余主要用于符合该法人设立目的的事业；

（五）终止后的剩余财产不归属任何个人或者营利组织；

（六）不经营与其设立目的无关的业务；

（七）有健全的财务会计制度；

（八）捐赠者不以任何形式参与该法人财产的分配；

（九）国务院财政、税务主管部门会同国务院民政部门等登记管理部门规定的其他条件。

第五十三条 企业当年发生以及以前年度结转的公益性捐赠支出，不超过年度利润总额12%的部分，准予扣除。

年度利润总额，是指企业依照国家统一会计制度的规定计算的年度会计利润。

第五十四条 企业所得税法第十条第（六）项所称赞助支出，是指企业发生的与生产经营活动无关的各种非广告性质支出。

第五十五条 企业所得税法第十条第（七）项所称未经核定的准备金支出，是指不符合国务院财政、税务主管部门规定的各项资产减值准备、风险准备等准备金支出。

第四节 资产的税务处理

第五十六条 企业的各项资产，包括固定资产、生物资产、无形资产、长期待摊费用、投资资产、存货等，以历史成本为计税基础。

前款所称历史成本，是指企业取得该项资产时实际发生的支出。

企业持有各项资产期间资产增值或者减值，除国务院财政、税务主管部门规定可以确认损益外，不得调整该资产的计税基础。

第五十七条 企业所得税法第十一条所称固定资产，是指企业为生产产品、提供劳务、出租或者经营管理而持有的、使用时间超过12个月的非货币性资产，包括房屋、建筑物、机器、机械、运输工具以及其他与生产经营活动有关的设备、器具、工具等。

第五十八条 固定资产按照以下方法确定计税基础：

（一）外购的固定资产，以购买价款和支付的相关税费以及直接归属于使该资产达到预定用途发生的其他支出为计税基础；

（二）自行建造的固定资产，以竣工结算前发生的支出为计税基础；

（三）融资租入的固定资产，以租赁合同约定的付款总额和承租人在签订租赁合同过程中发生的相关费用为计税基础，租赁合同未约定付款总额的，以该资产的公允价值和承租人在签订租赁合同过程中发生的相关费用为计税基础；

（四）盘盈的固定资产，以同类固定资产的重置完全价值为计税基础；

（五）通过捐赠、投资、非货币性资产交换、债务重组等方式取得的固定资产，以该资产的公允价值和支付的相关税费为计税基础；

（六）改建的固定资产，除企业所得税法第十三条第（一）项和第（二）项规定的支出外，以改建过程中发生的改建支出增加计税基础。

第五十九条 固定资产按照直线法计算的折旧，准予扣除。

企业应当自固定资产投入使用月份的次月起计算折旧；停止使用的固定资产，应当自停止使用月份的次月起停止计算折旧。

企业应当根据固定资产的性质和使用情况，合理确定固定资产的预计净残值。固定资产的预计净残值一经确定，不得变更。

第六十条 除国务院财政、税务主管部门另有规定外，固定资产计算折旧的最低年限如下：

（一）房屋、建筑物，为20年；

（二）飞机、火车、轮船、机器、机械和其他生产设备，为10年；

（三）与生产经营活动有关的器具、工具、家具等，为5年；

（四）飞机、火车、轮船以外的运输工具，为4年；

（五）电子设备，为3年。

第六十一条 从事开采石油、天然气等矿产资源的企业，在开始商业性生产前发生的费用和有关固定资产的折耗、折旧方法，由国务院财政、税务主管部门另行规定。

第六十二条 生产性生物资产按照以下方法确定计税基础：

（一）外购的生产性生物资产，以购买价款和支付的相关税费为计税基础；

（二）通过捐赠、投资、非货币性资产交换、债务重组等方式取得的生产性生物资产，以该资产的公允价值和支付的相关税费为计税基础。

前款所称生产性生物资产，是指企业为生产农产品、提供劳务或者出租等而持有的生物资产，包括经济林、薪炭林、产畜和役畜等。

第六十三条 生产性生物资产按照直线法计算的折旧，准予扣除。

企业应当自生产性生物资产投入使用月份的次月起计算折旧；停止使用的生产性生物资产，应当自停止使用月份的次月起停止计算折旧。

企业应当根据生产性生物资产的性质和使用情况，合理确定生产性生物资产的预计净残值。生产性生物资产的预计净残值一经确定，不得变更。

第六十四条 生产性生物资产计算折旧的最低年限如下：

（一）林木类生产性生物资产，为10年；

（二）畜类生产性生物资产，为3年。

第六十五条 企业所得税法第十二条所称无形资产，是指企业为生产产品、提供劳务、出租或者经营管理而持有的、没有实物形态的非货币性长期资产，包括专利权、商标权、著作权、土地使用权、非专利技术、商誉等。

第六十六条 无形资产按照以下方法确定计税基础：

（一）外购的无形资产，以购买价款和支付的相关税费以及直接归属于使该资产达到预定用途发生的其他支出为计税基础；

（二）自行开发的无形资产，以开发过程中该资产符合资本化条件后至达到预定用途前发生的支出为计税基础；

（三）通过捐赠、投资、非货币性资产交换、债务重组等方式取得的无形资产，以该资产的公允价值和支付的相关税费为计税基础。

第六十七条 无形资产按照直线法计算的摊销费用，准予扣除。

无形资产的摊销年限不得低于 10 年。

作为投资或者受让的无形资产，有关法律规定或者合同约定了使用年限的，可以按照规定或者约定的使用年限分期摊销。

外购商誉的支出，在企业整体转让或者清算时，准予扣除。

第六十八条 企业所得税法第十三条第（一）项和第（二）项所称固定资产的改建支出，是指改变房屋或者建筑物结构、延长使用年限等发生的支出。

企业所得税法第十三条第（一）项规定的支出，按照固定资产预计尚可使用年限分期摊销；第（二）项规定的支出，按照合同约定的剩余租赁期限分期摊销。

改建的固定资产延长使用年限的，除企业所得税法第十三条第（一）项和第（二）项规定外，应当适当延长折旧年限。

第六十九条 企业所得税法第十三条第（三）项所称固定资产的大修理支出，是指同时符合下列条件的支出：

（一）修理支出达到取得固定资产时的计税基础 50% 以上；

（二）修理后固定资产的使用年限延长 2 年以上。

企业所得税法第十三条第（三）项规定的支出，按照固定资产尚可使用年限分期摊销。

第七十条 企业所得税法第十三条第（四）项所称其他应当作为长期待摊费用的支出，自支出发生月份的次月起，分期摊销，摊销年限不得低于 3 年。

第七十一条 企业所得税法第十四条所称投资资产，是指企业对外进行权益性投资和债权性投资形成的资产。

企业在转让或者处置投资资产时，投资资产的成本，准予扣除。

投资资产按照以下方法确定成本：

（一）通过支付现金方式取得的投资资产，以购买价款为成本；

（二）通过支付现金以外的方式取得的投资资产，以该资产的公允价值和支付的相关税费为成本。

第七十二条 企业所得税法第十五条所称存货，是指企业持有以备出售的产品或者商品、处在生产过程中的在产品、在生产或者提供劳务过程中耗用的材料和物料等。

存货按照以下方法确定成本：

（一）通过支付现金方式取得的存货，以购买价款和支付的相关税费为成本；

（二）通过支付现金以外的方式取得的存货，以该存货的公允价值和支付的相关税费为成本；

（三）生产性生物资产收获的农产品，以产出或者采收过程中发生的材料费、人工费和分摊的间接费用等必要支出为成本。

第七十三条 企业使用或者销售的存货的成本计算方法，可以在先进先出法、加权平均法、个别计价法中选用一种。计价方法一经选用，不得随意变更。

第七十四条 企业所得税法第十六条所称资产的净值和第十九条所称财产净值，是指有关资产、财产的计税基础减除已经按照规定扣除的折旧、折耗、摊销、准备金等后的余额。

第七十五条 除国务院财政、税务主管部门另有规定外，企业在重组过程中，应当在交易发生时确认有关资产的转让所得或者损失，相关资产应当按照交易价格重新确定计税基础。

第三章 应纳税额

第七十六条 企业所得税法第二十二条规定的应纳税额的计算公式为：

应纳税额 = 应纳税所得额 × 适用税率 − 减免税额 − 抵免税额

公式中的减免税额和抵免税额，是指依照企业所得税法和国务院的税收优惠规定减征、免征和抵免的应纳税额。

第七十七条 企业所得税法第二十三条所称已在境外缴纳的所得税税额，是指企业来源于中国境外的所得依照中国境外税收法律以及相关规定应当缴纳并已经实际缴纳的企业所得税性质的税款。

第七十八条 企业所得税法第二十三条所称抵免限额，是指企业来源于中国境外的所得，依照企业所得税法和本条例的规定计算的应纳税额。除国务院财政、税务主管部门另有规定外，该抵免限额应当分国（地区）不分项计算，计算公式如下：

抵免限额 = 中国境内、境外所得依照企业所得税法和本条例的规定计算的应纳税总额 × 来源于某国（地区）的应纳税所得额 ÷ 中国境内、境外应纳税所得总额

第七十九条 企业所得税法第二十三条所称 5 个年度，是指从企业取得的来源于中国境外的所得，已经在中国境外缴纳的企业所得税性质的税额超过抵免限额的当年的次年起连续 5 个纳税年度。

第八十条 企业所得税法第二十四条所称直接控制，是指居民企业直接持有外国企业 20% 以上股份。

企业所得税法第二十四条所称间接控制，是指居民企业以间接持股方式持有外国企业 20% 以上股份，具体认定办法由国务院财政、税务主管部门另行制定。

第八十一条 企业依照企业所得税法第二十三条、第二十四条的规定抵免企业所得税税额时，应当提供中国境外税务机关出具的税款所属年度的有关纳税凭证。

第四章 税收优惠

第八十二条 企业所得税法第二十六条第（一）项所称国债利息收入，是指企业持有国务院财政部门发行的国债取得的利息收入。

第八十三条 企业所得税法第二十六条第（二）项所称符合条件的居民企业之间的股息、红利等权益性投资收益，是指居民企业直接投资于其他居民企业取得的投资收益。企业所得税法第二十六条第（二）项和第（三）项所称股息、红利等权益性投资收益，不包括连续持有居民企业公开发行并上

市流通的股票不足 12 个月取得的投资收益。

第八十四条 企业所得税法第二十六条第（四）项所称符合条件的非营利组织，是指同时符合下列条件的组织：

（一）依法履行非营利组织登记手续；

（二）从事公益性或者非营利性活动；

（三）取得的收入除用于与该组织有关的、合理的支出外，全部用于登记核定或者章程规定的公益性或者非营利性事业；

（四）财产及其孳息不用于分配；

（五）按照登记核定或者章程规定，该组织注销后的剩余财产用于公益性或者非营利性目的，或者由登记管理机关转赠给与该组织性质、宗旨相同的组织，并向社会公告；

（六）投入人对投入该组织的财产不保留或者享有任何财产权利；

（七）工作人员工资福利开支控制在规定的比例内，不变相分配该组织的财产。

前款规定的非营利组织的认定管理办法由国务院财政、税务主管部门会同国务院有关部门制定。

第八十五条 企业所得税法第二十六条第（四）项所称符合条件的非营利组织的收入，不包括非营利组织从事营利性活动取得的收入，但国务院财政、税务主管部门另有规定的除外。

第八十六条 企业所得税法第二十七条第（一）项规定的企业从事农、林、牧、渔业项目的所得，可以免征、减征企业所得税，是指：

（一）企业从事下列项目的所得，免征企业所得税：

1. 蔬菜、谷物、薯类、油料、豆类、棉花、麻类、糖料、水果、坚果的种植；

2. 农作物新品种的选育；

3. 中药材的种植；

4. 林木的培育和种植；

5. 牲畜、家禽的饲养；

6. 林产品的采集；

7. 灌溉、农产品初加工、兽医、农技推广、农机作业和维修等农、林、牧、渔服务业项目；

8. 远洋捕捞。

（二）企业从事下列项目的所得，减半征收企业所得税：

1. 花卉、茶以及其他饮料作物和香料作物的种植；

2. 海水养殖、内陆养殖。

企业从事国家限制和禁止发展的项目，不得享受本条规定的企业所得税优惠。

第八十七条 企业所得税法第二十七条第（二）项所称国家重点扶持的公共基础设施项目，是指《公共基础设施项目企业所得税优惠目录》规定的港口码头、机场、铁路、公路、城市公共交通、电力、水利等项目。

企业从事前款规定的国家重点扶持的公共基础设施项目的投资经营的所得，自项目取得第一笔生产经营收入所属纳税年度起，第一年至第三年免征企业所得税，第四年至第六年减半征收企业所得税。

企业承包经营、承包建设和内部自建自用本条规定的项目，不得享受本条规定的企业所得税优惠。

第八十八条 企业所得税法第二十七条第（三）项所称符合条件的环境保护、节能节水项目，包括公共污水处理、公共垃圾处理、沼气综合开发利用、节能减排技术改造、海水淡化等。项目的具体条件和范围由国务院财政、税务主管部门商国务院有关部门制定，报国务院批准后公布施行。

企业从事前款规定的符合条件的环境保护、节能节水项目的所得，自项目取得第一笔生产经营收入所属纳税年度起，第一年至第三年免征企业所得税，第四年至第六年减半征收企业所得税。

第八十九条 依照本条例第八十七条和第八十八条规定享受减免税优惠的项目，在减免税期限内转让的，受让方自受让之日起，可以在剩余期限内享受规定的减免税优惠；减免税期限届满后转让的，受让方不得就该项目重复享受减免税优惠。

第九十条 企业所得税法第二十七条第（四）项所称符合条件的技术转让所得免征、减征企业所得税，是指一个纳税年度内，居民企业技术转让所得不超过500万元的部分，免征企业所得税；超过500万元的部分，减半征收企业所得税。

第九十一条 非居民企业取得企业所得税法第二十七条第（五）项规定的所得，减按10%的税率征收企业所得税。

下列所得可以免征企业所得税：

（一）外国政府向中国政府提供贷款取得的利息所得；

（二）国际金融组织向中国政府和居民企业提供优惠贷款取得的利息所得；

（三）经国务院批准的其他所得。

第九十二条 企业所得税法第二十八条第一款所称符合条件的小型微利企业，是指从事国家非限制和禁止行业，并符合下列条件的企业：

（一）工业企业，年度应纳税所得额不超过30万元，从业人数不超过100人，资产总额不超过3000万元；

（二）其他企业，年度应纳税所得额不超过30万元，从业人数不超过80人，资产总额不超过1000万元。

第九十三条 企业所得税法第二十八条第二款所称国家需要重点扶持的高新技术企业，是指拥有核心自主知识产权，并同时符合下列条件的企业：

（一）产品（服务）属于《国家重点支持的高新技术领域》规定的范围；

（二）研究开发费用占销售收入的比例不低于规定比例；

（三）高新技术产品（服务）收入占企业总收入的比例不低于规定比例；

（四）科技人员占企业职工总数的比例不低于规定比例；

（五）高新技术企业认定管理办法规定的其他条件。

《国家重点支持的高新技术领域》和高新技术企业认定管理办法由国务院科技、财政、税务主管部门商国务院有关部门制定，报国务院批准后公布施行。

第九十四条　企业所得税法第二十九条所称民族自治地方，是指依照《中华人民共和国民族区域自治法》的规定，实行民族区域自治的自治区、自治州、自治县。

对民族自治地方内国家限制和禁止行业的企业，不得减征或者免征企业所得税。

第九十五条　企业所得税法第三十条第（一）项所称研究开发费用的加计扣除，是指企业为开发新技术、新产品、新工艺发生的研究开发费用，未形成无形资产计入当期损益的，在按照规定据实扣除的基础上，按照研究开发费用的 50% 加计扣除；形成无形资产的，按照无形资产成本的 150% 摊销。

第九十六条　企业所得税法第三十条第（二）项所称企业安置残疾人员所支付的工资的加计扣除，是指企业安置残疾人员的，在按照支付给残疾职工工资据实扣除的基础上，按照支付给残疾职工工资的 100% 加计扣除。残疾人员的范围适用《中华人民共和国残疾人保障法》的有关规定。

企业所得税法第三十条第（二）项所称企业安置国家鼓励安置的其他就业人员所支付的工资的加计扣除办法，由国务院另行规定。

第九十七条　企业所得税法第三十一条所称抵扣应纳税所得额，是指创业投资企业采取股权投资方式投资于未上市的中小高新技术企业 2 年以上的，可以按照其投资额的 70% 在股权持有满 2 年的当年抵扣该创业投资企业的应纳税所得额；当年不足抵扣的，可以在以后纳税年度结转抵扣。

第九十八条　企业所得税法第三十二条所称可以采取缩短折旧年限或者采取加速折旧的方法的固定资产，包括：

（一）由于技术进步，产品更新换代较快的固定资产；

（二）常年处于强震动、高腐蚀状态的固定资产。

采取缩短折旧年限方法的，最低折旧年限不得低于本条例第六十条规定折旧年限的 60%；采取加速折旧方法的，可以采取双倍余额递减法或者年数总和法。

第九十九条　企业所得税法第三十三条所称减计收入，是指企业以《资源综合利用企业所得税优惠目录》规定的资源作为主要原材料，生产国家非限制和禁止并符合国家和行业相关标准的产品取得的收入，减按 90% 计入收入总额。

前款所称原材料占生产产品材料的比例不得低于《资源综合利用企业所得税优惠目录》规定的标准。

第一百条　企业所得税法第三十四条所称税额抵免，是指企业购置并实际使用《环境保护专用设备企业所得税优惠目录》、《节能节水专用设备企业所得税优惠目录》和《安全生产专用设备企业所得税优惠目录》规定的环境保护、节能节水、安全生产等专用设备的，该专用设备的投资额的 10% 可以从企业当年的应纳税额中抵免；当年不足抵免的，可以在以后 5 个纳税年度结转抵免。

享受前款规定的企业所得税优惠的企业，应当实际购置并自身实际投入使用前款规定的专用设备；企业购置上述专用设备在 5 年内转让、出租的，应当停止享受企业所得税优惠，并补缴已经抵免的企业所得税税款。

第一百零一条　本章第八十七条、第九十九条、第一百条规定的企业所得税优惠目录，由国务院财政、税务主管部门商国务院有关部门制定，报国务院批准后公布施行。

第一百零二条 企业同时从事适用不同企业所得税待遇的项目的，其优惠项目应当单独计算所得，并合理分摊企业的期间费用；没有单独计算的，不得享受企业所得税优惠。

第五章 源泉扣缴

第一百零三条 依照企业所得税法对非居民企业应当缴纳的企业所得税实行源泉扣缴的，应当依照企业所得税法第十九条的规定计算应纳税所得额。

企业所得税法第十九条所称收入全额，是指非居民企业向支付人收取的全部价款和价外费用。

第一百零四条 企业所得税法第三十七条所称支付人，是指依照有关法律规定或者合同约定对非居民企业直接负有支付相关款项义务的单位或者个人。

第一百零五条 企业所得税法第三十七条所称支付，包括现金支付、汇拨支付、转账支付和权益兑价支付等货币支付和非货币支付。

企业所得税法第三十七条所称到期应支付的款项，是指支付人按照权责发生制原则应当计入相关成本、费用的应付款项。

第一百零六条 企业所得税法第三十八条规定的可以指定扣缴义务人的情形，包括：

（一）预计工程作业或者提供劳务期限不足一个纳税年度，且有证据表明不履行纳税义务的；

（二）没有办理税务登记或者临时税务登记，且未委托中国境内的代理人履行纳税义务的；

（三）未按照规定期限办理企业所得税纳税申报或者预缴申报的。

前款规定的扣缴义务人，由县级以上税务机关指定，并同时告知扣缴义务人所扣税款的计算依据、计算方法、扣缴期限和扣缴方式。

第一百零七条 企业所得税法第三十九条所称所得发生地，是指依照本条例第七条规定的原则确定的所得发生地。在中国境内存在多处所得发生地的，由纳税人选择其中之一申报缴纳企业所得税。

第一百零八条 企业所得税法第三十九条所称该纳税人在中国境内其他收入，是指该纳税人在中国境内取得的其他各种来源的收入。

税务机关在追缴该纳税人应纳税款时，应当将追缴理由、追缴数额、缴纳期限和缴纳方式等告知该纳税人。

第六章 特别纳税调整

第一百零九条 企业所得税法第四十一条所称关联方，是指与企业有下列关联关系之一的企业、其他组织或者个人：

（一）在资金、经营、购销等方面存在直接或者间接的控制关系；

（二）直接或者间接地同为第三者控制；

（三）在利益上具有相关联的其他关系。

第一百一十条 企业所得税法第四十一条所称独立交易原则，是指没有关联关系的交易各方，按照公平成交价格和营业常规进行业务往来遵循的原则。

第一百一十一条 企业所得税法第四十一条所称合理方法，包括：

（一）可比非受控价格法，是指按照没有关联关系的交易各方进行相同或者类似业务往来的价格进行定价的方法；

（二）再销售价格法，是指按照从关联方购进商品再销售给没有关联关系的交易方的价格，减除相同或者类似业务的销售毛利进行定价的方法；

（三）成本加成法，是指按照成本加合理的费用和利润进行定价的方法；

（四）交易净利润法，是指按照没有关联关系的交易各方进行相同或者类似业务往来取得的净利润水平确定利润的方法；

（五）利润分割法，是指将企业与其关联方的合并利润或者亏损在各方之间采用合理标准进行分配的方法；

（六）其他符合独立交易原则的方法。

第一百一十二条 企业可以依照企业所得税法第四十一条第二款的规定，按照独立交易原则与其关联方分摊共同发生的成本，达成成本分摊协议。

企业与其关联方分摊成本时，应当按照成本与预期收益相配比的原则进行分摊，并在税务机关规定的期限内，按照税务机关的要求报送有关资料。

企业与其关联方分摊成本时违反本条第一款、第二款规定的，其自行分摊的成本不得在计算应纳税所得额时扣除。

第一百一十三条 企业所得税法第四十二条所称预约定价安排，是指企业就其未来年度关联交易的定价原则和计算方法，向税务机关提出申请，与税务机关按照独立交易原则协商、确认后达成的协议。

第一百一十四条 企业所得税法第四十三条所称相关资料，包括：

（一）与关联业务往来有关的价格、费用的制定标准、计算方法和说明等同期资料；

（二）关联业务往来所涉及的财产、财产使用权、劳务等的再销售（转让）价格或者最终销售（转让）价格的相关资料；

（三）与关联业务调查有关的其他企业应当提供的与被调查企业可比的产品价格、定价方式以及利润水平等资料；

（四）其他与关联业务往来有关的资料。

企业所得税法第四十三条所称与关联业务调查有关的其他企业，是指与被调查企业在生产经营内容和方式上相类似的企业。

企业应当在税务机关规定的期限内提供与关联业务往来有关的价格、费用的制定标准、计算方法和说明等资料。关联方以及与关联业务调查有关的其他企业应当在税务机关与其约定的期限内提供相关资料。

第一百一十五条 税务机关依照企业所得税法第四十四条的规定核定企业的应纳税所得额时，可以采用下列方法：

（一）参照同类或者类似企业的利润率水平核定；

（二）按照企业成本加合理的费用和利润的方法核定；

（三）按照关联企业集团整体利润的合理比例核定；

（四）按照其他合理方法核定。

企业对税务机关按照前款规定的方法核定的应纳税所得额有异议的，应当提供相关证据，经税务机关认定后，调整核定的应纳税所得额。

第一百一十六条 企业所得税法第四十五条所称中国居民，是指根据《中华人民共和国个人所得税法》的规定，就其从中国境内、境外取得的所得在中国缴纳个人所得税的个人。

第一百一十七条 企业所得税法第四十五条所称控制，包括：

（一）居民企业或者中国居民直接或者间接单一持有外国企业 10% 以上有表决权股份，且由其共同持有该外国企业 50% 以上股份；

（二）居民企业，或者居民企业和中国居民持股比例没有达到第（一）项规定的标准，但在股份、资金、经营、购销等方面对该外国企业构成实质控制。

第一百一十八条 企业所得税法第四十五条所称实际税负明显低于企业所得税法第四条第一款规定税率水平，是指低于企业所得税法第四条第一款规定税率的 50%。

第一百一十九条 企业所得税法第四十六条所称债权性投资，是指企业直接或者间接从关联方获得的，需要偿还本金和支付利息或者需要以其他具有支付利息性质的方式予以补偿的融资。

企业间接从关联方获得的债权性投资，包括：

（一）关联方通过无关联第三方提供的债权性投资；

（二）无关联第三方提供的、由关联方担保且负有连带责任的债权性投资；

（三）其他间接从关联方获得的具有负债实质的债权性投资。

企业所得税法第四十六条所称权益性投资，是指企业接受的不需要偿还本金和支付利息，投资人对企业净资产拥有所有权的投资。

企业所得税法第四十六条所称标准，由国务院财政、税务主管部门另行规定。

第一百二十条 企业所得税法第四十七条所称不具有合理商业目的，是指以减少、免除或者推迟缴纳税款为主要目的。

第一百二十一条 税务机关根据税收法律、行政法规的规定，对企业作出特别纳税调整的，应当对补征的税款，自税款所属纳税年度的次年 6 月 1 日起至补缴税款之日止的期间，日加收利息。

前款规定加收的利息，不得在计算应纳税所得额时扣除。

第一百二十二条 企业所得税法第四十八条所称利息，应当按照税款所属纳税年度中国人民银行公布的与补税期间同期的人民币贷款基准利率加 5 个百分点计算。

企业依照企业所得税法第四十三条和本条例的规定提供有关资料的，可以只按前款规定的人民币贷款基准利率计算利息。

第一百二十三条 企业与其关联方之间的业务往来，不符合独立交易原则，或者企业实施其他不具有合理商业目的的安排的，税务机关有权在该业务发生的纳税年度起 10 年内，进行纳税调整。

第七章 征收管理

第一百二十四条 企业所得税法第五十条所称企业登记注册地，是指企业依照国家有关规定登记注册的住所地。

第一百二十五条 企业汇总计算并缴纳企业所得税时，应当统一核算应纳税所得额，具体办法由国务院财政、税务主管部门另行制定。

第一百二十六条 企业所得税法第五十一条所称主要机构、场所，应当同时符合下列条件：

（一）对其他各机构、场所的生产经营活动负有监督管理责任；

（二）设有完整的账簿、凭证，能够准确反映各机构、场所的收入、成本、费用和盈亏情况。

第一百二十七条 企业所得税分月或者分季预缴，由税务机关具体核定。

企业根据企业所得税法第五十四条规定分月或者分季预缴企业所得税时，应当按照月度或者季度的实际利润额预缴；按照月度或者季度的实际利润额预缴有困难的，可以按照上一纳税年度应纳税所得额的月度或者季度平均额预缴，或者按照经税务机关认可的其他方法预缴。预缴方法一经确定，该纳税年度内不得随意变更。

第一百二十八条 企业在纳税年度内无论盈利或者亏损，都应当依照企业所得税法第五十四条规定的期限，向税务机关报送预缴企业所得税纳税申报表、年度企业所得税纳税申报表、财务会计报告和税务机关规定应当报送的其他有关资料。

第一百二十九条 企业所得以人民币以外的货币计算的，预缴企业所得税时，应当按照月度或者季度最后一日的人民币汇率中间价，折合成人民币计算应纳税所得额。年度终了汇算清缴时，对已经按照月度或者季度预缴税款的，不再重新折合计算，只就该纳税年度内未缴纳企业所得税的部分，按照纳税年度最后一日的人民币汇率中间价，折合成人民币计算应纳税所得额。

经税务机关检查确认，企业少计或者多计前款规定的所得的，应当按照检查确认补税或者退税时的上一个月最后一日的人民币汇率中间价，将少计或者多计的所得折合成人民币计算应纳税所得额，再计算应补缴或者应退的税款。

第八章　附则

第一百三十条　企业所得税法第五十七条第一款所称本法公布前已经批准设立的企业，是指企业所得税法公布前已经完成登记注册的企业。

第一百三十一条　在香港特别行政区、澳门特别行政区和台湾地区成立的企业，参照适用企业所得税法第二条第二款、第三款的有关规定。

第一百三十二条　本条例自 2008 年 1 月 1 日起施行。1991 年 6 月 30 日国务院发布的《中华人民共和国外商投资企业和外国企业所得税法实施细则》和 1994 年 2 月 4 日财政部发布的《中华人民共和国企业所得税暂行条例实施细则》同时废止。

国家税务总局关于修订企业所得税年度纳税申报表的公告

国家税务总局公告2020年第24号　成文日期：2020-12-30

为贯彻落实《中华人民共和国企业所得税法》及有关税收政策，税务总局对《中华人民共和国企业所得税年度纳税申报表（A类，2017年版）》部分表单和填报说明进行修订。现公告如下：

一、对《企业所得税年度纳税申报表填报表单》、《企业所得税年度纳税申报基础信息表》（A000000）、《纳税调整项目明细表》（A105000）、《捐赠支出及纳税调整明细表》（A105070）、《资产折旧、摊销及纳税调整明细表》（A105080）、《资产损失税前扣除及纳税调整明细表》（A105090）、《特殊行业准备金及纳税调整明细表》（A105120）、《企业所得税弥补亏损明细表》（A106000）、《所得减免优惠明细表》（A107020）、《减免所得税优惠明细表》（A107040）、《软件、集成电路企业优惠情况及明细表》（A107042）、《境外所得纳税调整后所得明细表》（A108010）的表单样式及填报说明进行修订。其中，《特殊行业准备金及纳税调整明细表》（A105120）调整为《贷款损失准备金及纳税调整明细表》（A105120）。

二、对《中华人民共和国企业所得税年度纳税申报表（A类）》（A100000）、《境外所得税收抵免明细表》（A108000）的填报说明进行修订。

三、本公告适用于2020年度及以后年度企业所得税汇算清缴申报。《国家税务总局关于发布〈中华人民共和国企业所得税年度纳税申报表（A类，2017年版）〉的公告》（2017年第54号）、《国家税务总局关于修订〈中华人民共和国企业所得税年度纳税申报表（A类，2017年版）〉部分表单样式及填报说明的公告》（2018年第57号）、《国家税务总局关于修订企业所得税年度纳税申报表有关问题的公告》（2019年第41号）中的上述表单和填报说明同时废止。

特此公告。

附件：《中华人民共和国企业所得税年度纳税申报表（A类，2017年版）》部分表单及填报说明（2020年修订）

附件：

《中华人民共和国企业所得税年度纳税申报表（A类，2017年版）》部分表单及填报说明（2020年修订）

（节选）

A100000 《中华人民共和国企业所得税年度纳税申报表（A 类）》填报说明

本表为企业所得税年度纳税申报表的主表，纳税人应当根据《中华人民共和国企业所得税法》及其实施条例（以下简称“税法”）、相关税收政策，以及国家统一会计制度（企业会计准则、小企业会计准则、企业会计制度、事业单位会计准则和民间非营利组织会计制度等）的规定，计算填报利润总额、应纳税所得额和应纳税额等有关项目。

纳税人在计算企业所得税应纳税所得额及应纳税额时，会计处理与税收规定不一致的，应当按照税收规定计算。税收规定不明确的，在没有明确规定之前，暂按国家统一会计制度计算。

一、有关项目填报说明

（一）表体项目

本表是在纳税人会计利润总额的基础上，加减纳税调整等金额后计算出“纳税调整后所得”。会计与税法的差异（包括收入类、扣除类、资产类等差异）通过《纳税调整项目明细表》（A105000）集中填报。

本表包括利润总额计算、应纳税所得额计算、应纳税额计算三个部分。

1.“利润总额计算”中的项目，按照国家统一会计制度规定计算填报。实行企业会计准则、小企业会计准则、企业会计制度、分行业会计制度的纳税人，其数据直接取自《利润表》（另有说明的除外）；实行事业单位会计准则的纳税人，其数据取自《收入支出表》；实行民间非营利组织会计制度的纳税人，其数据取自《业务活动表》；实行其他国家统一会计制度的纳税人，根据本表项目进行分析填报。

2.“应纳税所得额计算”和“应纳税额计算”中的项目，除根据主表逻辑关系计算以外，通过附表相应栏次填报。

（二）行次说明

第1-13行参照国家统一会计制度规定填写。本部分未设“研发费用”“其他收益”“资产处置收益”等项目，对于已执行《财政部关于修订印发2019年度一般企业财务报表格式的通知》（财会〔2019〕6号）的纳税人，在《利润表》中归集的“研发费用”通过《期间费用明细表》（A104000）第19行“十九、研究费用”的管理费用相应列次填报；在《利润表》中归集的“其他收益”“资产处置收益”“信用减值损失”“净敞口套期收益”项目则无需填报，同时第 10 行“二、营业利润”不执行“第 10 行=第 1–2–3–4–5–6–7+8+9 行”的表内关系，按照《利润表》“营业利润”项目直接填报。

1. 第 1 行“营业收入”：填报纳税人主要经营业务和其他经营业务取得的收入总额。本行根据“主营业务收入”和“其他业务收入”的数额填报。一般企业纳税人根据《一般企业收入明细表》（A101010）填报；金融企业纳税人根据《金融企业收入明细表》（A101020）填报；事业单位、社会团体、民办非企业单位、非营利组织等纳税人根据《事业单位、民间非营利组织收入、支出明细表》（A103000）填报。

2. 第 2 行“营业成本”：填报纳税人主要经营业务和其他经营业务发生的成本总额。本行根据“主营业务成本”和“其他业务成本”的数额填报。一般企业纳税人根据《一般企业成本支出明细表》（A102010）填报；金融企业纳税人根据《金融企业支出明细表》（A102020）填报；事业单位、社会团体、民办非企业单位、非营利组织等纳税人，根据《事业单位、民间非营利组织收入、支出明细表》（A103000）填报。

3. 第 3 行“税金及附加”：填报纳税人经营活动发生的消费税、城市维护建设税、资源税、土地增值税和教育费附加等相关税费。本行根据纳税人相关会计科目填报。纳税人在其他会计科目核算的税金不得重复填报。

4. 第 4 行“销售费用”：填报纳税人在销售商品和材料、提供劳务的过程中发生的各种费用。本行根据《期间费用明细表》（A104000）中对应的“销售费用”填报。

5. 第 5 行“管理费用”：填报纳税人为组织和管理企业生产经营发生的管理费用。本行根据《期间费用明细表》（A104000）中对应的“管理费用”填报。

6. 第 6 行“财务费用”：填报纳税人为筹集生产经营所需资金等发生的筹资费用。本行根据《期间费用明细表》（A104000）中对应的“财务费用”填报。

7. 第 7 行“资产减值损失”：填报纳税人计提各项资产准备发生的减值损失。本行根据企业“资产减值损失”科目上的数额填报。实行其他会计制度的比照填报。

8. 第 8 行“公允价值变动收益”：填报纳税人在初始确认时划分为以公允价值计量且其变动计入当期损益的金融资产或金融负债（包括交易性金融资产或负债，直接指定为以公允价值计量且其变动计入当期损益的金融资产或金融负债），以及采用公允价值模式计量的投资性房地产、衍生工具和套期业务中公允价值变动形成的应计入当期损益的利得或损失。本行根据企业“公允价值变动损益”科目的数额填报，损失以“–”号填列。

9. 第 9 行“投资收益”：填报纳税人以各种方式对外投资所取得的收益或发生的损失。根据企业“投资收益”科目的数额计算填报，实行事业单位会计准则的纳税人根据“其他收入”科目中的投资收益金额分析填报，损失以“–”号填列。实行其他会计制度的纳税人比照填报。

10. 第 10 行“营业利润”：填报纳税人当期的营业利润。根据上述项目计算填报。已执行《财政部关于修订印发 2019 年度一般企业财务报表格式的通知》（财会〔2019〕6 号）和《财政部关于修订印发 2018 年度金融企业财务报表格式的通知》（财会〔2018〕36 号）的纳税人，根据《利润表》对应项目填列，不执行本行计算规则。

11. 第 11 行“营业外收入”：填报纳税人取得的与其经营活动无直接关系的各项收入的金额。一般企业纳税人根据《一般企业收入明细表》（A101010）填报；金融企业纳税人根据《金融企业收入明细表》（A101020）填报；实行事业单位会计准则或民间非营利组织会计制度的纳税人根据《事业单位、民间非营利组织收入、支出明细表》（A103000）填报。

12. 第 12 行“营业外支出”：填报纳税人发生的与其经营活动无直接关系的各项支出的金额。一般企业纳税人根据《一般企业成本支出明细表》（A102010）填报；金融企业纳税人根据《金融企业支出明细表》（A102020）填报；实行事业单位会计准则或民间非营利组织会计制度的纳税人根据《事业单位、民间非营利组织收入、支出明细表》（A103000）填报。

13. 第 13 行“利润总额”：填报纳税人当期的利润总额。根据上述项目计算填报。

14. 第 14 行“境外所得”：填报已计入利润总额以及按照税法相关规定已在《纳税调整项目明细表》（A105000）进行纳税调整的境外所得金额。本行根据《境外所得纳税调整后所得明细表》（A108010）填报。

15. 第 15 行“纳税调整增加额”：填报纳税人会计处理与税收规定不一致，进行纳税调整增加的金额。本行根据《纳税调整项目明细表》（A105000）“调增金额”列填报。

16. 第 16 行“纳税调整减少额”：填报纳税人会计处理与税收规定不一致，进行纳税调整减少的金额。本行根据《纳税调整项目明细表》（A105000）“调减金额”列填报。

17. 第 17 行“免税、减计收入及加计扣除”：填报属于税收规定免税收入、减计收入、加计扣除金额。本行根据《免税、减计收入及加计扣除优惠明细表》（A107010）填报。

18. 第 18 行“境外应税所得抵减境内亏损”：当纳税人选择不用境外所得抵减境内亏损时，填报 0；当纳税人选择用境外所得抵减境内亏损时，填报境外所得抵减当年度境内亏损的金额。用境外所得弥补以前年度境内亏损的，还需填报《企业所得税弥补亏损明细表》（A106000）和《境外所得税收抵免明细表》（A108000）。

19. 第 19 行“纳税调整后所得”：填报纳税人经过纳税调整、税收优惠、境外所得计算后的所得额。

20. 第 20 行“所得减免”：填报属于税收规定的所得减免金额。本行根据《所得减免优惠明细表》（A107020）填报。

21. 第 21 行“弥补以前年度亏损”：填报纳税人按照税收规定可在税前弥补的以前年度亏损数额。本行根据《企业所得税弥补亏损明细表》（A106000）填报。

22. 第 22 行“抵扣应纳税所得额”：填报根据税收规定应抵扣的应纳税所得额。本行根据《抵扣应纳税所得额明细表》（A107030）填报。

23. 第 23 行“应纳税所得额”：填报第 19-20-21-22 行金额。按照上述行次顺序计算结果为负数的，本行按 0 填报。

24. 第 24 行“税率”：填报税收规定的税率 25%。

25. 第 25 行“应纳所得税额”：填报第 23 × 24 行金额。

26. 第 26 行“减免所得税额”：填报纳税人按税收规定实际减免的企业所得税额。本行根据《减免所得税优惠明细表》（A107040）填报。

27. 第 27 行“抵免所得税额”：填报企业当年的应纳所得税额中抵免的金额。本行根据《税额抵免优惠明细表》（A107050）填报。

28. 第 28 行“应纳税额”：填报第 25-26-27 行金额。

29. 第 29 行“境外所得应纳所得税额”：填报纳税人来源于中国境外的所得，按照我国税收规定计算的应纳所得税额。本行根据《境外所得税收抵免明细表》（A108000）填报。

30. 第 30 行“境外所得抵免所得税额”：填报纳税人来源于中国境外所得依照中国境外税收法律以及相关规定应缴纳并实际缴纳（包括视同已实际缴纳）的企业所得税性质的税款（准予抵免税款）。本行根据《境外所得税收抵免明细表》（A108000）填报。

31. 第 31 行“实际应纳所得税额”：填报第 28+29-30 行金额。其中，跨地区经营企业类型为“分支机构（须进行完整年度申报并按比例纳税）”的纳税人，填报（第 28+29-30 行）×“分支机构就地纳税比例”金额。

32. 第 32 行“本年累计实际已缴纳的所得税额”：填报纳税人按照税收规定本纳税年度已在月（季）度累计预缴的所得税额，包括按照税收规定的特定业务已预缴（征）的所得税额，建筑企业总机构直接管理的跨地区设立的项目部按规定向项目所在地主管税务机关预缴的所得税额。

33. 第 33 行“本年应补（退）的所得税额”：填报第 31-32 行金额。

34. 第 34 行“总机构分摊本年应补（退）所得税额”：填报汇总纳税的总机构按照税收规定在总机构所在地分摊本年应补（退）所得税额。本行根据《跨地区经营汇总纳税企业年度分摊企业所得税明细表》（A109000）填报。

35. 第 35 行“财政集中分配本年应补（退）所得税额”：填报汇总纳税的总机构按照税收规定财政集中分配本年应补（退）所得税款。本行根据《跨地区经营汇总纳税企业年度分摊企业所得税明细表》（A109000）填报。

36. 第 36 行“总机构主体生产经营部门分摊本年应补（退）所得税额”：填报汇总纳税的总机构所属的具有主体生产经营职能的部门按照税收规定应分摊的本年应补（退）所得税额。本行根据《跨地区经营汇总纳税企业年度分摊企业所得税明细表》（A109000）填报。

A105000《纳税调整项目明细表》填报说明

本表由纳税人根据税法、相关税收规定以及国家统一会计制度的规定，填报企业所得税涉税事项的会计处理、税务处理以及纳税调整情况。

一、有关项目填报说明

纳税人按照“收入类调整项目”“扣除类调整项目”“资产类调整项目”“特殊事项调整项目”“特别纳税调整应税所得”“其他”六类分项填报，汇总计算出纳税“调增金额”和“调减金额”的合计金额。数据栏分别设置“账载金额”“税收金额”“调增金额”“调减金额”四个栏次。“账载金额”是指纳税人按照国家统一会计制度规定核算的项目金额。“税收金额”是指纳税人按照税收规定计算的项目金额。

对需填报下级明细表的纳税调整项目，其“账载金额”“税收金额”“调增金额”“调减金额”根据相应附表进行计算填报。

（一）收入类调整项目

1. 第 1 行“一、收入类调整项目”：根据第 2 行至第 11 行（不含第 9 行）进行填报。

2. 第 2 行“（一）视同销售收入”：根据《视同销售和房地产开发企业特定业务纳税调整明细表》（A105010）填报。第 2 列“税收金额”填报表 A105010 第 1 行第 1 列金额。第 3 列“调增金额”填报表 A105010 第 1 行第 2 列金额。

3. 第 3 行“（二）未按权责发生制原则确认的收入”：根据《未按权责发生制确认收入纳税调整明细表》（A105020）填报。第 1 列“账载金额”填报表 A105020 第 14 行第 2 列金额。第 2 列“税收金额”填报表 A105020 第 14 行第 4 列金额。若表 A105020 第 14 行第 6 列≥0，第 3 列“调增金额”填报表 A105020 第 14 行第 6 列金额。若表 A105020 第 14 行第 6 列＜0，第 4 列“调减金额”填报表 A105020 第 14 行第 6 列金额的绝对值。

4. 第 4 行“（三）投资收益”：根据《投资收益纳税调整明细表》（A105030）填报。

第 1 列“账载金额”填报表 A105030 第 10 行第 1+8 列的合计金额。第 2 列“税收金额”填报表 A105030 第 10 行第 2+9 列的合计金额。若表 A105030 第 10 行第 11 列≥0，第 3 列“调增金额”填报表 A105030 第 10 行第 11 列金额。若表 A105030 第 10 行第 11 列＜0，第 4 列“调减金额”填报表 A105030 第 10 行第 11 列金额的绝对值。

5. 第 5 行“（四）按权益法核算长期股权投资对初始投资成本调整确认收益”：第 4 列“调减金额”填报纳税人采取权益法核算，初始投资成本小于取得投资时应享有被投资单位可辩认净资产公允价值份额的差额计入取得投资当期营业外收入的金额。

6. 第 6 行“（五）交易性金融资产初始投资调整”：第 3 列“调增金额”填报纳税人根据税收规定确认交易性金融资产初始投资金额与会计核算的交易性金融资产初始投资账面价值的差额。

7. 第 7 行“（六）公允价值变动净损益”：第 1 列“账载金额”填报纳税人会计核算的以公允价值计量的金融资产、金融负债以及投资性房地产类项目，计入当期损益的公允价值变动金额。若第 1 列≤0，第 3 列“调增金额”填报第 1 列金额的绝对值。若第 1 列＞0，第 4 列“调减金额”填报第 1 列金额。

8. 第 8 行“（七）不征税收入”：填报纳税人计入收入总额但属于税收规定不征税的财政拨款、依法收取并纳入财政管理的行政事业性收费以及政府性基金和国务院规定的其他不征税收入。第 3 列“调增金额”填报纳税人以前年度取得财政性资金且已作为不征税收入处理，在 5 年（60 个月）内未发生支出且未缴回财政部门或其他拨付资金的政府部门，应计入应税收入额的金额。第 4 列“调减金额”填报符合税收规定不征税收入条件并作为不征税收入处理，且已计入当期损益的金额。

9.第9行“专项用途财政性资金”：根据《专项用途财政性资金纳税调整明细表》（A105040）填报。第3列“调增金额”填报表A105040第7行第14列金额。第4列“调减金额”填报表A105040第7行第4列金额。

10.第10行“（八）销售折扣、折让和退回”：填报不符合税收规定的销售折扣、折让应进行纳税调整的金额和发生的销售退回因会计处理与税收规定有差异需纳税调整的金额。第1列“账载金额”填报纳税人会计核算的销售折扣、折让金额和销货退回的追溯处理的净调整额。第2列“税收金额”填报根据税收规定可以税前扣除的折扣、折让的金额和销货退回业务影响当期损益的金额。若第1列≥第2列，第3列“调增金额”填报第1–2列金额。若第1列＜第2列，第4列“调减金额”填报第1–2列金额的绝对值，第4列仅为销货退回影响损益的跨期时间性差异。

11.第11行“（九）其他”：填报其他因会计处理与税收规定有差异需纳税调整的收入类项目金额。若第2列≥第1列，第3列“调增金额”填报第2–1列金额。若第2列＜第1列，第4列“调减金额”填报第2–1列金额的绝对值。

（二）扣除类调整项目

12.第12行“二、扣除类调整项目”：根据第13行至第30行（不含第25行）填报。

13.第13行“（一）视同销售成本”：根据《视同销售和房地产开发企业特定业务纳税调整明细表》（A105010）填报。第2列“税收金额”填报表A105010第11行第1列金额。第4列“调减金额”填报表A105010第11行第2列的绝对值。

14.第14行“（二）职工薪酬”：根据《职工薪酬支出及纳税调整明细表》（A105050）填报。第1列“账载金额”填报表A105050第13行第1列金额。第2列“税收金额”填报表A105050第13行第5列金额。若表A105050第13行第6列≥0，第3列“调增金额”填报表A105050第13行第6列金额。若表A105050第13行第6列＜0，第4列“调减金额”填报表A105050第13行第6列金额的绝对值。

15.第15行“（三）业务招待费支出”：第1列“账载金额”填报纳税人会计核算计入当期损益的业务招待费金额。第2列“税收金额”填报按照税收规定允许税前扣除的业务招待费支出的金额。第3列“调增金额”填报第1–2列金额。

16.第16行“（四）广告费和业务宣传费支出”：根据《广告费和业务宣传费等跨年度纳税调整明细表》（A105060）填报。若表A105060第12行第1列≥0，第3列“调增金额”填报表A105060第12行第1列金额。若表A105060第12行第1列＜0，第4列“调减金额”填报表A105060第12行第1列金额的绝对值。

17.第17行“（五）捐赠支出”：根据《捐赠支出及纳税调整明细表》（A105070）填报。第1列“账载金额”填报表A105070合计行第1列金额。第2列“税收金额”填报表105070合计行第4列金额。第3列“调增金额”填报表A105070合计行第5列金额。第4列“调减金额”填报表A105070合计行第6列金额。

18.第18行“（六）利息支出”：第1列“账载金额”填报纳税人向非金融企业借款，会计核算计入当期损益的利息支出的金额。发行永续债的利息支出不在本行填报。第2列“税收金额”填报按照税收规定允许税前扣除的利息支出的金额。若第 1 列≥第 2 列，第 3 列“调增金额”填报第 1-2 列金额。若第 1 列<第 2 列，第 4 列“调减金额”填报第 1-2 列金额的绝对值。

19. 第 19 行“（七）罚金、罚款和被没收财物的损失”：第 1 列“账载金额”填报纳税人会计核算计入当期损益的罚金、罚款和被没收财物的损失，不包括纳税人按照经济合同规定支付的违约金（包括银行罚息）、罚款和诉讼费。第 3 列“调增金额”填报第 1 列金额。

20. 第 20 行“（八）税收滞纳金、加收利息”：第 1 列“账载金额”填报纳税人会计核算计入当期损益的税收滞纳金、加收利息。第 3 列“调增金额”填报第 1 列金额。

21. 第 21 行“（九）赞助支出”：第 1 列“账载金额”填报纳税人会计核算计入当期损益的不符合税收规定的公益性捐赠的赞助支出的金额，包括直接向受赠人的捐赠、赞助支出等（不含广告性的赞助支出，广告性的赞助支出在表 A105060 中填报）。第 3 列“调增金额”填报第 1 列金额。

22. 第 22 行“（十）与未实现融资收益相关在当期确认的财务费用”：第 1 列“账载金额”填报纳税人会计核算的与未实现融资收益相关并在当期确认的财务费用的金额。第 2 列“税收金额”填报按照税收规定允许税前扣除的金额。若第 1 列≥第 2 列，第 3 列“调增金额”填报第 1-2 列金额。若第 1 列<第 2 列，第 4 列“调减金额”填报第 1-2 列金额的绝对值。

23. 第 23 行“（十一）佣金和手续费支出”：除保险企业之外的其他企业直接填报本行，第 1 列“账载金额”填报纳税人会计核算计入当期损益的佣金和手续费金额，第 2 列“税收金额”填报按照税收规定允许税前扣除的佣金和手续费支出金额，第 3 列“调增金额”填报第 1-2 列金额，第 4 列“调减金额”不可填报。保险企业根据《广告费和业务宣传费等跨年度纳税调整明细表》（A105060）填报，第 1 列“账载金额”填报表 A105060 第 1 行第 2 列。若表 A105060 第 3 行第 2 列≥第 6 行第 2 列，第 2 列“税收金额”填报 A105060 第 6 行第 2 列的金额；若表 A105060 第 3 行第 2 列<第 6 行第 2 列，第 2 列“税收金额”填报 A105060 第 3 行第 2 列 + 第 9 行第 2 列的金额。若表 A105060 第 12 行第 2 列≥ 0，第 3 列“调增金额”填报表 A105060 第 12 行第 2 列金额。若表 A105060 第 12 行第 2 列< 0，第 4 列“调减金额”填报表 A105060 第 12 行第 2 列金额的绝对值。

24. 第 24 行“（十二）不征税收入用于支出所形成的费用”：第 3 列“调增金额”填报符合条件的不征税收入用于支出所形成的计入当期损益的费用化支出金额。

25. 第 25 行“专项用途财政性资金用于支出所形成的费用”：根据《专项用途财政性资金纳税调整明细表》（A105040）填报。第 3 列“调增金额”填报表 A105040 第 7 行第 11 列金额。

26. 第 26 行“（十三）跨期扣除项目”：填报维简费、安全生产费用、预提费用、预计负债等跨期扣除项目调整情况。第 1 列“账载金额”填报纳税人会计核算计入当期损益的跨期扣除项目金额。第 2 列“税收金额”填报按照税收规定允许税前扣除的金额。若第 1 列≥第 2 列，第 3 列“调增金额”填报第 1-2 列金额。若第 1 列<第 2 列，第 4 列“调减金额”填报第 1-2 列金额的绝对值。

27. 第 27 行“（十四）与取得收入无关的支出”：第 1 列“账载金额”填报纳税人会计核算计入当期损益的与取得收入无关的支出的金额。第 3 列“调增金额”填报第 1 列金额。

28. 第 28 行“（十五）境外所得分摊的共同支出”：根据《境外所得纳税调整后所得明细表》

（A108010）填报。第 3 列“调增金额”填报表 A108010 合计行第 16+17 列金额。

29. 第 29 行“（十六）党组织工作经费”：填报纳税人根据有关文件规定，为创新基层党建工作、建立稳定的经费保障制度发生的党组织工作经费及纳税调整情况。

30. 第 30 行“（十七）其他”：填报其他因会计处理与税收规定有差异需纳税调整的扣除类项目金额，企业将货物、资产、劳务用于捐赠、广告等用途时，进行视同销售纳税调整后，对应支出的会计处理与税收规定有差异需纳税调整的金额填报在本行。若第 1 列≥第 2 列，第 3 列“调增金额”填报第 1–2 列金额。若第 1 列＜第 2 列，第 4 列“调减金额”填报第 1–2 列金额的绝对值。

（三）资产类调整项目

31. 第 31 行“三、资产类调整项目”：填报资产类调整项目第 32 行至第 35 行的合计金额。

32. 第 32 行“（一）资产折旧、摊销”：根据《资产折旧、摊销及纳税调整明细表》（A105080）填报。第 1 列“账载金额”填报表 A105080 第 41 行第 2 列金额。第 2 列“税收金额”填报表 A105080 第 41 行第 5 列金额。若表 A105080 第 41 行第 9 列≥ 0，

第 3 列“调增金额”填报表 A105080 第 41 行第 9 列金额。若表 A105080 第 41 行第 9 列＜ 0，第 4 列“调减金额”填报表 A105080 第 41 行第 9 列金额的绝对值。

33. 第 33 行“（二）资产减值准备金”：填报坏账准备、存货跌价准备、理赔费用准备金等不允许税前扣除的各类资产减值准备金纳税调整情况。第 1 列“账载金额”填报纳税人会计核算计入当期损益的资产减值准备金金额（因价值恢复等原因转回的资产减值准备金应予以冲回）。若第 1 列≥ 0，第 3 列“调增金额”填报第 1 列金额。若第 1 列＜ 0，第 4 列“调减金额”填报第 1 列金额的绝对值。

34. 第 34 行“（三）资产损失”：根据《资产损失税前扣除及纳税调整明细表》105090）填报。若表 A105090 第 29 行第 7 列≥ 0，第 3 列“调增金额”填报表 A105090 第 29 行第 7 列金额。若表 A105090 第 29 行第 7 列＜ 0，第 4 列“调减金额”填报表 A105090 第 29 行第 7 列金额的绝对值。

35. 第 35 行“（四）其他”：填报其他因会计处理与税收规定有差异需纳税调整的资产类项目金额。若第 1 列≥第 2 列，第 3 列“调增金额”填报第 1–2 列金额。第 1 列＜第 2 列，第 4 列“调减金额”填报第 1–2 列金额的绝对值。

（四）特殊事项调整项目

36. 第 36 行“四、特殊事项调整项目”：填报特殊事项调整项目第 37 行至第 43 行的合计金额。

37. 第 37 行“（一）企业重组及递延纳税事项”：根据《企业重组及递延纳税事项纳税调整明细表》（A105100）填报。第 1 列“账载金额”填报表 A105100 第 16 行第 1+4 列金额。第 2 列“税收金额”填报表 A105100 第 16 行第 2+5 列金额。若表 A105100 第 16 行第 7 列≥ 0，第 3 列“调增金额”填报表 A105100 第 16 行第 7 列金额。若表 A105100 第 16 行第 7 列＜ 0，第 4 列“调减金额”填报表 A105100 第 16 行第 7 列金额的绝对值。

38. 第 38 行“（二）政策性搬迁”：根据《政策性搬迁纳税调整明细表》（A105110）填报。若表 A105110 第 24 行≥ 0，第 3 列“调增金额”填报表 A105110 第 24 行金额。若表 A105110 第 24 行＜ 0，第 4 列“调减金额”填报表 A105110 第 24 行金额的绝对值。

39. 第 39 行“（三）特殊行业准备金”：填报特殊行业准备金调整项目第 39.1 行至第 39.7 行（不包含第 39.3 行）的合计金额。

40. 第 39.1 行“1. 保险公司保险保障基金”：第 1 列“账载金额”填报纳税人会计核算的保险公司保险保障基金的金额。第 2 列“税收金额”填报按照税收规定允许税前扣除的金额。若第 1 列≥第 2 列，第 3 列“调增金额”填报第 1–2 列金额。若第 1 列＜第 2 列，第 4 列“调减金额”填报第 1–2 列金额的绝对值。

41. 第 39.2 行“2. 保险公司准备金”：第 1 列“账载金额”填报纳税人会计核算的保险公司准备金的金额。第 2 列“税收金额”填报按照税收规定允许税前扣除的金额。若第 1 列≥第 2 列，第 3 列“调增金额”填报第 1–2 列金额。若第 1 列＜第 2 列，

第 4 列“调减金额”填报第 1–2 列金额的绝对值。

42. 第 39.3 行“其中：已发生未报案未决赔款准备金”：第 1 列“账载金额”填报纳税人会计核算的保险公司未决赔款准备金中已发生未报案准备金的金额。第 2 列“税收金额”填报按照税收规定允许税前扣除的金额。若第 1 列≥第 2 列，第 3 列“调增金额”填报第 1–2 列金额。若第 1 列＜第 2 列，第 4 列“调减金额”填报第 1–2 列金额的绝对值。

43. 第 39.4 行“3. 证券行业准备金”：第 1 列“账载金额”填报纳税人会计核算的证券行业准备金的金额。第 2 列“税收金额”填报按照税收规定允许税前扣除的金额。若第 1 列≥第 2 列，第 3 列“调增金额”填报第 1–2 列金额。若第 1 列＜第 2 列，第 4 列“调减金额”填报第 1–2 列金额的绝对值。

44. 第 39.5 行“4. 期货行业准备金”：第 1 列“账载金额”填报纳税人会计核算的期货行业准备金的金额。第 2 列“税收金额”填报按照税收规定允许税前扣除的金额。若第 1 列≥第 2 列，第 3 列“调增金额”填报第 1–2 列金额。若第 1 列＜第 2 列，第 4 列“调减金额”填报第 1–2 列金额的绝对值。

45. 第 39.6 行“5. 中小企业融资（信用）担保机构准备金”：第 1 列“账载金额”填报纳税人会计核算的中小企业融资（信用）担保机构准备金的金额。第 2 列“税收金额”填报按照税收规定允许税前扣除的金额。若第 1 列≥第 2 列，第 3 列“调增金额”填报第 1–2 列金额。若第 1 列＜第 2 列，第 4 列“调减金额”填报第 1–2 列金额的绝对值。

46. 第 39.7 行“6. 金融企业、小额贷款公司准备金”：根据《贷款损失准备金及纳税调整明细表》（A105120）填报。若表 A105120 第 10 行第 11 列≥ 0，第 3 列“调增金额”填报表 A105120 第 10 行第 11 列金额。若表 A105120 第 10 行第 11 列＜ 0，第 4 列“调减金额”填报表 A105120 第 10 行第 11 列金额的绝对值。

47. 第 40 行“（四）房地产开发企业特定业务计算的纳税调整额”：根据《视同销售和房地产开发企业特定业务纳税调整明细表》（A105010）填报。第 2 列“税收金额”填报表 A105010 第 21 行第 1 列金额。若表 A105010 第 21 行第 2 列≥ 0，第 3 列“调增金额”填报表 A105010 第 21 行第 2 列金额。若表 A105010 第 21 行第 2 列＜ 0，第 4 列“调减金额”填报表 A105010 第 21 行第 2 列金额的绝对值。

48. 第 41 行“（五）合伙企业法人合伙人分得的应纳税所得额”：第 1 列“账载金额”填报合伙企业法人合伙人本年会计核算上确认的对合伙企业的投资所得。第 2 列“税收金额”填报纳税人按照“先

分后税”原则和《财政部国家税务总局关于合伙企业合伙人所得税问题的通知》（财税〔2008〕159号）文件第四条规定计算的从合伙企业分得的法人合伙人应纳税所得额。若第1列≤第2列，第3列“调增金额”填报第2-1列金额。若第1列>第2列，第4列“调减金额”填报第2-1列金额的绝对值。

49. 第42行“（六）发行永续债利息支出”：本行填报企业发行永续债采取的税收处理办法与会计核算方式不一致时的纳税调整情况。当永续债发行方会计上按照债务核算，税收上适用股息、红利企业所得税政策时，第1列“账载金额”填报支付的永续债利息支出计入当期损益的金额；第2列“税收金额”填报0。永续债发行方会计上按照权益核算，税收上按照债券利息适用企业所得税政策时，第1列“账载金额”填报0；第2列“税收金额”填报永续债发行方支付的永续债利息支出准予在企业所得税税前扣除的金额。若第2列≤第1列，第3列“调增金额”填报第1-2列金额。若第2列>第1列，第4列“调减金额”填报第1-2列金额的绝对值。

50. 第43行“（七）其他”：填报其他因会计处理与税收规定有差异需纳税调整的特殊事项金额。

（五）特殊纳税调整所得项目

51. 第44行“五、特别纳税调整应税所得”：第3列“调增金额”填报纳税人按特别纳税调整规定自行调增的当年应税所得。第4列“调减金额”填报纳税人依据双边预约定价安排或者转让定价相应调整磋商结果的通知，需要调减的当年应税所得。

（六）其他

52. 第45行“六、其他”：填报其他会计处理与税收规定存在差异需纳税调整的项目金额，包括企业执行《企业会计准则第14号——收入》（财会〔2017〕22号发布）产生的税会差异纳税调整金额。

53. 第46行“合计”：填报第1+12+31+36+44+45行的合计金额。

财政部　税务总局科技部
关于提高研究开发费用税前加计
扣除比例的通知

财税〔2018〕99 号　发布日期：2018-09-20

各省、自治区、直辖市、计划单列市财政厅（局）、科技厅（局），国家税务总局各省、自治区、直辖市、计划单列市税务局，新疆生产建设兵团财政局、科技局：

为进一步激励企业加大研发投入，支持科技创新，现就提高企业研究开发费用（以下简称研发费用）税前加计扣除比例有关问题通知如下：

一、企业开展研发活动中实际发生的研发费用，未形成无形资产计入当期损益的，在按规定据实扣除的基础上，在 2018 年 1 月 1 日至 2020 年 12 月 31 日期间，再按照实际发生额的 75% 在税前加计扣除；形成无形资产的，在上述期间按照无形资产成本的 175% 在税前摊销。

二、企业享受研发费用税前加计扣除政策的其他政策口径和管理要求按照《财政部、国家税务总局、科技部关于完善研究开发费用税前加计扣除政策的通知》（财税〔2015〕119 号）、《财政部、税务总局、科技部关于企业委托境外研究开发费用税前加计扣除有关政策问题的通知》（财税〔2018〕64 号）、《国家税务总局关于企业研究开发费用税前加计扣除政策有关问题的公告》（国家税务总局公告 2015 年第 97 号）等文件规定执行。

国家税务总局关于设备器具扣除有关企业所得税政策执行问题的公告

国家税务总局公告2018年第46号　发布日期：2018-08-23

根据《中华人民共和国企业所得税法》及其实施条例（以下简称企业所得税法及其实施条例）、《财政部　税务总局关于设备器具扣除有关企业所得税政策的通知》（财税〔2018〕54号）规定，现就设备、器具扣除有关企业所得税政策执行问题公告如下：

一、企业在2018年1月1日至2020年12月31日期间新购进的设备、器具，单位价值不超过500万元的，允许一次性计入当期成本费用在计算应纳税所得额时扣除，不再分年度计算折旧（以下简称一次性税前扣除政策）。

（一）所称设备、器具，是指除房屋、建筑物以外的固定资产（以下简称固定资产）；所称购进，包括以货币形式购进或自行建造，其中以货币形式购进的固定资产包括购进的使用过的固定资产；以货币形式购进的固定资产，以购买价款和支付的相关税费以及直接归属于使该资产达到预定用途发生的其他支出确定单位价值，自行建造的固定资产，以竣工结算前发生的支出确定单位价值。

（二）固定资产购进时点按以下原则确认：以货币形式购进的固定资产，除采取分期付款或赊销方式购进外，按发票开具时间确认；以分期付款或赊销方式购进的固定资产，按固定资产到货时间确认；自行建造的固定资产，按竣工结算时间确认。

二、固定资产在投入使用月份的次月所属年度一次性税前扣除。

三、企业选择享受一次性税前扣除政策的，其资产的税务处理可与会计处理不一致。

四、企业根据自身生产经营核算需要，可自行选择享受一次性税前扣除政策。未选择享受一次性税前扣除政策的，以后年度不得再变更。

五、企业按照《国家税务总局关于发布修订后的〈企业所得税优惠政策事项办理办法〉的公告》（国家税务总局公告2018年第23号）的规定办理享受政策的相关手续，主要留存备查资料如下：

（一）有关固定资产购进时点的资料（如以货币形式购进固定资产的发票，以分期付款或赊销方式购进固定资产的到货时间说明，自行建造固定资产的竣工决算情况说明等）；

（二）固定资产记账凭证；

（三）核算有关资产税务处理与会计处理差异的台账。

六、单位价值超过 500 万元的固定资产，仍按照企业所得税法及其实施条例、《财政部　国家税务总局关于完善固定资产加速折旧企业所得税政策的通知》（财税〔2014〕75 号）、《财政部　国家税务总局关于进一步完善固定资产加速折旧企业所得税政策的通知》（财税〔2015〕106 号）、《国家税务总局关于固定资产加速折旧税收政策有关问题的公告》（国家税务总局公告 2014 年第 64 号）、《国家税务总局关于进一步完善固定资产加速折旧企业所得税政策有关问题的公告》（国家税务总局公告 2015 年第 68 号）等相关规定执行。

特此公告。

国家税务总局关于发布《企业所得税税前扣除凭证管理办法》的公告

国家税务总局公告2018年第28号　发布日期：2018-06-06

为加强企业所得税税前扣除凭证管理，规范税收执法，优化营商环境，国家税务总局制定了《企业所得税税前扣除凭证管理办法》，现予以发布。

特此公告。

第一条　为规范企业所得税税前扣除凭证（以下简称“税前扣除凭证”）管理，根据《中华人民共和国企业所得税法》（以下简称“企业所得税法”）及其实施条例、《中华人民共和国税收征收管理法》及其实施细则、《中华人民共和国发票管理办法》及其实施细则等规定，制定本办法。

第二条　本办法所称税前扣除凭证，是指企业在计算企业所得税应纳税所得额时，证明与取得收入有关的、合理的支出实际发生，并据以税前扣除的各类凭证。

第三条　本办法所称企业是指企业所得税法及其实施条例规定的居民企业和非居民企业。

第四条　税前扣除凭证在管理中遵循真实性、合法性、关联性原则。真实性是指税前扣除凭证反映的经济业务真实，且支出已经实际发生；合法性是指税前扣除凭证的形式、来源符合国家法律、法规等相关规定；关联性是指税前扣除凭证与其反映的支出相关联且有证明力。

第五条　企业发生支出，应取得税前扣除凭证，作为计算企业所得税应纳税所得额时扣除相关支出的依据。

第六条　企业应在当年度企业所得税法规定的汇算清缴期结束前取得税前扣除凭证。

第七条　企业应将与税前扣除凭证相关的资料，包括合同协议、支出依据、付款凭证等留存备查，以证实税前扣除凭证的真实性。

第八条　税前扣除凭证按照来源分为内部凭证和外部凭证。

内部凭证是指企业自制用于成本、费用、损失和其他支出核算的会计原始凭证。内部凭证的填制和使用应当符合国家会计法律、法规等相关规定。

外部凭证是指企业发生经营活动和其他事项时，从其他单位、个人取得的用于证明其支出发生的凭证，包括但不限于发票（包括纸质发票和电子发票）、财政票据、完税凭证、收款凭证、分割单等。

第九条 企业在境内发生的支出项目属于增值税应税项目（以下简称“应税项目”）的，对方为已办理税务登记的增值税纳税人，其支出以发票（包括按照规定由税务机关代开的发票）作为税前扣除凭证；对方为依法无需办理税务登记的单位或者从事小额零星经营业务的个人，其支出以税务机关代开的发票或者收款凭证及内部凭证作为税前扣除凭证，收款凭证应载明收款单位名称、个人姓名及身份证号、支出项目、收款金额等相关信息。

小额零星经营业务的判断标准是个人从事应税项目经营业务的销售额不超过增值税相关政策规定的起征点。（附：《国家税务总局 2019 年减税降费政策答复汇编》之八十五问：国家税务总局公告 2019 年第 4 号（2019 年 1 月 1 日起施行）下发后，《企业所得税税前扣除凭证管理办法》（国家税务总局公告 2018 年第 28 号）中规定的“小额零星业务”判断标准是否有调整？答：《企业所得税税前扣除凭证管理办法》第九条规定，小额零星经营业务的判断标准是个人从事应税项目经营业务的销售额不超过增值税相关政策规定的起征点。考虑到小规模增值税纳税人符合条件可以享受免征增值税优惠政策，根据《中华人民共和国增值税暂行条例》及实施细则、《财政部、国家税务总局关于实施小微企业普惠性税收减免政策的通知》（财税〔2019〕13 号）规定，小额零星经营业务可按以下标准判断：按月纳税的，月销售额不超过 10 万元；按次纳税的，每次（日）销售额不超过 300–500 元。）

国家税务总局对应税项目开具发票另有规定的，以规定的发票或者票据作为税前扣除凭证。

第十条 企业在境内发生的支出项目不属于应税项目的，对方为单位的，以对方开具的发票以外的其他外部凭证作为税前扣除凭证；对方为个人的，以内部凭证作为税前扣除凭证。

企业在境内发生的支出项目虽不属于应税项目，但按国家税务总局规定可以开具发票的，可以发票作为税前扣除凭证。

第十一条 企业从境外购进货物或者劳务发生的支出，以对方开具的发票或者具有发票性质的收款凭证、相关税费缴纳凭证作为税前扣除凭证。

第十二条 企业取得私自印制、伪造、变造、作废、开票方非法取得、虚开、填写不规范等不符合规定的发票（以下简称“不合规发票”），以及取得不符合国家法律、法规等相关规定的其他外部凭证（以下简称“不合规其他外部凭证”），不得作为税前扣除凭证。

第十三条 企业应当取得而未取得发票、其他外部凭证或者取得不合规发票、不合规其他外部凭证的，若支出真实且已实际发生，应当在当年度汇算清缴期结束前，要求对方补开、换开发票、其他外部凭证。补开、换开后的发票、其他外部凭证符合规定的，可以作为税前扣除凭证。

第十四条 企业在补开、换开发票、其他外部凭证过程中，因对方注销、撤销、依法被吊销营业执照、被税务机关认定为非正常户等特殊原因无法补开、换开发票、其他外部凭证的，可凭以下资料证实支出真实性后，其支出允许税前扣除：

（一）无法补开、换开发票、其他外部凭证原因的证明资料（包括工商注销、机构撤销、列入非正常经营户、破产公告等证明资料）；

（二）相关业务活动的合同或者协议；

（三）采用非现金方式支付的付款凭证；

（四）货物运输的证明资料；

（五）货物入库、出库内部凭证；

（六）企业会计核算记录以及其他资料。

前款第一项至第三项为必备资料。

第十五条 汇算清缴期结束后，税务机关发现企业应当取得而未取得发票、其他外部凭证或者取得不合规发票、不合规其他外部凭证并且告知企业的，企业应当自被告知之日起60日内补开、换开符合规定的发票、其他外部凭证。其中，因对方特殊原因无法补开、换开发票、其他外部凭证的，企业应当按照本办法第十四条的规定，自被告知之日起60日内提供可以证实其支出真实性的相关资料。

第十六条 企业在规定的期限未能补开、换开符合规定的发票、其他外部凭证，并且未能按照本办法第十四条的规定提供相关资料证实其支出真实性的，相应支出不得在发生年度税前扣除。

第十七条 除发生本办法第十五条规定的情形外，企业以前年度应当取得而未取得发票、其他外部凭证，且相应支出在该年度没有税前扣除的，在以后年度取得符合规定的发票、其他外部凭证或者按照本办法第十四条的规定提供可以证实其支出真实性的相关资料，相应支出可以追补至该支出发生年度税前扣除，但追补年限不得超过五年。

第十八条 企业与其他企业（包括关联企业）、个人在境内共同接受应纳增值税劳务（以下简称“应税劳务”）发生的支出，采取分摊方式的，应当按照独立交易原则进行分摊，企业以发票和分割单作为税前扣除凭证，共同接受应税劳务的其他企业以企业开具的分割单作为税前扣除凭证。

企业与其他企业、个人在境内共同接受非应税劳务发生的支出，采取分摊方式的，企业以发票外的其他外部凭证和分割单作为税前扣除凭证，共同接受非应税劳务的其他企业以企业开具的分割单作为税前扣除凭证。

第十九条 企业租用（包括企业作为单一承租方租用）办公、生产用房等资产发生的水、电、燃气、冷气、暖气、通讯线路、有线电视、网络等费用，出租方作为应税项目开具发票的，企业以发票作为税前扣除凭证；出租方采取分摊方式的，企业以出租方开具的其他外部凭证作为税前扣除凭证。

第二十条 本办法自2018年7月1日起施行。

财政部　税务总局关于设备器具扣除有关企业所得税政策的通知

财税〔2018〕54号　发布日期：2018-05-07

［**修改说明**：2018年8月23日，为贯彻落实好国务院常务会议精神及本通知的政策规定，国家税务总局发布国家税务总局公告2018年第46号《国家税务总局关于设备、器具扣除有关企业所得税政策执行问题的公告》，进一步明确相关政策具体执行口径和征管要求，详见：国家税务总局公告2018年第46号。］

各省、自治区、直辖市、计划单列市财政厅（局）、国家税务局、地方税务局，新疆生产建设兵团财政局：

为引导企业加大设备、器具投资力度，现就有关企业所得税政策通知如下：

一、企业在2018年1月1日至2020年12月31日期间新购进的设备、器具，单位价值不超过500万元的，允许一次性计入当期成本费用在计算应纳税所得额时扣除，不再分年度计算折旧；单位价值超过500万元的，仍按企业所得税法实施条例、《财政部、国家税务总局关于完善固定资产加速折旧企业所得税政策的通知》（财税〔2014〕75号）、《财政部、国家税务总局关于进一步完善固定资产加速折旧企业所得税政策的通知》（财税〔2015〕106号）等相关规定执行。

二、本通知所称设备、器具，是指除房屋、建筑物以外的固定资产。

财政部　税务总局关于企业职工教育经费税前扣除政策的通知

财税〔2018〕51号　发布日期：2018-05-07

各省、自治区、直辖市、计划单列市财政厅（局）、国家税务局、地方税务局，新疆生产建设兵团财政局：

为鼓励企业加大职工教育投入，现就企业职工教育经费税前扣除政策通知如下：

一、企业发生的职工教育经费支出，不超过工资薪金总额8%的部分，准予在计算企业所得税应纳税所得额时扣除；超过部分，准予在以后纳税年度结转扣除。

二、本通知自2018年1月1日起执行。

国家税务总局关于企业所得税资产损失资料留存备查有关事项的公告

国家税务总局公告2018年第15号　发布日期：2018-04-10

为了进一步深化税务系统“放管服”改革，简化企业纳税申报资料报送，减轻企业办税负担，现就企业所得税资产损失资料留存备查有关事项公告如下：

一、企业向税务机关申报扣除资产损失，仅需填报企业所得税年度纳税申报表《资产损失税前扣除及纳税调整明细表》，不再报送资产损失相关资料。相关资料由企业留存备查。

二、企业应当完整保存资产损失相关资料，保证资料的真实性、合法性。

三、本公告规定适用于2017年度及以后年度企业所得税汇算清缴。《国家税务总局关于发布〈企业资产损失所得税税前扣除管理办法〉的公告》（国家税务总局公告2011年第25号）第四条、第七条、第八条、第十三条有关资产损失证据资料、会计核算资料、纳税资料等相关资料报送的内容同时废止。

特此公告。

国家税务总局关于研发费用税前加计扣除归集范围有关问题的公告

国家税务总局公告 2017 年第 40 号　发布日期：2017-11-08

为进一步做好研发费用税前加计扣除优惠政策的贯彻落实工作，切实解决政策落实过程中存在的问题，根据《财政部　国家税务总局科技部关于完善研究开发费用税前加计扣除政策的通知》（财税〔2015〕119 号）及《国家税务总局关于企业研究开发费用税前加计扣除政策有关问题的公告》（国家税务总局公告 2015 年第 97 号）等文件的规定，现就研发费用税前加计扣除归集范围有关问题公告如下：

一、人员人工费用

指直接从事研发活动人员的工资薪金、基本养老保险费、基本医疗保险费、失业保险费、工伤保险费、生育保险费和住房公积金，以及外聘研发人员的劳务费用。

（一）直接从事研发活动人员包括研究人员、技术人员、辅助人员。研究人员是指主要从事研究开发项目的专业人员；技术人员是指具有工程技术、自然科学和生命科学中一个或一个以上领域的技术知识和经验，在研究人员指导下参与研发工作的人员；辅助人员是指参与研究开发活动的技工。外聘研发人员是指与本企业或劳务派遣企业签订劳务用工协议（合同）和临时聘用的研究人员、技术人员、辅助人员。

接受劳务派遣的企业按照协议（合同）约定支付给劳务派遣企业，且由劳务派遣企业实际支付给外聘研发人员的工资薪金等费用，属于外聘研发人员的劳务费用。

（二）工资薪金包括按规定可以在税前扣除的对研发人员股权激励的支出。

（三）直接从事研发活动的人员、外聘研发人员同时从事非研发活动的，企业应对其人员活动情况做必要记录，并将其实际发生的相关费用按实际工时占比等合理方法在研发费用和生产经营费用间分配，未分配的不得加计扣除。

二、直接投入费用

指研发活动直接消耗的材料、燃料和动力费用；用于中间试验和产品试制的模具、工艺装备开发及制造费，不构成固定资产的样品、样机及一般测试手段购置费，试制产品的检验费；用于研发活动的仪器、设备的运行维护、调整、检验、维修等费用，以及通过经营租赁方式租入的用于研发活动的仪器、设备租赁费。

（一）以经营租赁方式租入的用于研发活动的仪器、设备，同时用于非研发活动的，企业应对其仪器设备使用情况做必要记录，并将其实际发生的租赁费按实际工时占比等合理方法在研发费用和生产经营费用间分配，未分配的不得加计扣除。

（二）企业研发活动直接形成产品或作为组成部分形成的产品对外销售的，研发费用中对应的材料费用不得加计扣除。

产品销售与对应的材料费用发生在不同纳税年度且材料费用已计入研发费用的，可在销售当年以对应的材料费用发生额直接冲减当年的研发费用，不足冲减的，结转以后年度继续冲减。

三、折旧费用

指用于研发活动的仪器、设备的折旧费。

（一）用于研发活动的仪器、设备，同时用于非研发活动的，企业应对其仪器设备使用情况做必要记录，并将其实际发生的折旧费按实际工时占比等合理方法在研发费用和生产经营费用间分配，未分配的不得加计扣除。

（二）企业用于研发活动的仪器、设备，符合税法规定且选择加速折旧优惠政策的，在享受研发费用税前加计扣除政策时，就税前扣除的折旧部分计算加计扣除。

四、无形资产摊销费用

指用于研发活动的软件、专利权、非专利技术（包括许可证、专有技术、设计和计算方法等）的摊销费用。

（一）用于研发活动的无形资产，同时用于非研发活动的，企业应对其无形资产使用情况做必要记录，并将其实际发生的摊销费按实际工时占比等合理方法在研发费用和生产经营费用间分配，未分配的不得加计扣除。

（二）用于研发活动的无形资产，符合税法规定且选择缩短摊销年限的，在享受研发费用税前加计扣除政策时，就税前扣除的摊销部分计算加计扣除。

五、新产品设计费、新工艺规程制定费、新药研制的临床试验费、勘探开发技术的现场试验费

指企业在新产品设计、新工艺规程制定、新药研制的临床试验、勘探开发技术的现场试验过程中发生的与开展该项活动有关的各类费用。

六、其他相关费用

指与研发活动直接相关的其他费用，如技术图书资料费、资料翻译费、专家咨询费、高新科技研发保险费，研发成果的检索、分析、评议、论证、鉴定、评审、评估、验收费用，知识产权的申请费、注册费、代理费，差旅费、会议费，职工福利费、补充养老保险费、补充医疗保险费。此类费用总额不得超过可加计扣除研发费用总额的10%。

七、其他事项

（一）企业取得的政府补助，会计处理时采用直接冲减研发费用方法且税务处理时未将其确认为应税收入的，应按冲减后的余额计算加计扣除金额。

（二）企业取得研发过程中形成的下脚料、残次品、中间试制品等特殊收入，在计算确认收入当年的加计扣除研发费用时，应从已归集研发费用中扣减该特殊收入，不足扣减的，加计扣除研发费用按零计算。

（三）企业开展研发活动中实际发生的研发费用形成无形资产的，其资本化的时点与会计处理保持一致。

（四）失败的研发活动所发生的研发费用可享受税前加计扣除政策。

（五）国家税务总局公告2015年第97号第三条所称“研发活动发生费用”是指委托方实际支付给受托方的费用。无论委托方是否享受研发费用税前加计扣除政策，受托方均不得加计扣除。

委托方委托关联方开展研发活动的，受托方需向委托方提供研发过程中实际发生的研发项目费用支出明细情况。

八、执行时间和适用对象

本公告适用于2017年度及以后年度汇算清缴。以前年度已经进行税务处理的不再调整。涉及追溯享受优惠政策情形的，按照本公告的规定执行。科技型中小企业研发费用加计扣除事项按照本公告执行。

国家税务总局公告2015年第97号第一条、第二条第（一）项、第二条第（二）项、第二条第（四）项同时废止。

国家税务总局关于企业所得税有关问题的公告

国家税务总局公告2016年第80号　发布日期：2016-12-09

根据《中华人民共和国企业所得税法》及其实施条例有关规定，现对企业所得税有关问题公告如下：

一、关于企业差旅费中人身意外保险费支出税前扣除问题

企业职工因公出差乘坐交通工具发生的人身意外保险费支出，准予企业在计算应纳税所得额时扣除。

二、企业移送资产所得税处理问题

企业发生《国家税务总局关于企业处置资产所得税处理问题的通知》（国税函〔2008〕828号）第二条规定情形的，除另有规定外，应按照被移送资产的公允价值确定销售收入。

三、施行时间

本公告适用于2016年度及以后年度企业所得税汇算清缴。

《国家税务总局关于企业处置资产所得税处理问题的通知》（国税函〔2008〕828号）第三条同时废止。

特此公告。

国家税务总局关于企业研究开发费用税前加计扣除政策有关问题的公告

国家税务总局公告2015年第97号　发布日期：2015-12-29

根据《中华人民共和国企业所得税法》及其实施条例（以下简称税法）、《财政部　国家税务总局科技部关于完善研究开发费用税前加计扣除政策的通知》（财税〔2015〕119号，以下简称《通知》）规定，现就落实完善研究开发费用（以下简称研发费用）税前加计扣除政策有关问题公告如下：

一、研究开发人员范围

企业直接从事研发活动人员包括研究人员、技术人员、辅助人员。研究人员是指主要从事研究开发项目的专业人员；技术人员是指具有工程技术、自然科学和生命科学中一个或一个以上领域的技术知识和经验，在研究人员指导下参与研发工作的人员；辅助人员是指参与研究开发活动的技工。

企业外聘研发人员是指与本企业签订劳务用工协议（合同）和临时聘用的研究人员、技术人员、辅助人员。

［**注**：根据2017.11.08国家税务总局公告2017年第40号《国家税务总局关于研发费用税前加计扣除归集范围有关问题的公告》，本条自2017年1月1日起废止。］

二、研发费用归集

（一）加速折旧费用的归集

企业用于研发活动的仪器、设备，符合税法规定且选择加速折旧优惠政策的，在享受研发费用税前加计扣除时，就已经进行会计处理计算的折旧、费用的部分加计扣除，但不得超过按税法规定计算的金额。

（二）多用途对象费用的归集

企业从事研发活动的人员和用于研发活动的仪器、设备、无形资产，同时从事或用于非研发活动的，应对其人员活动及仪器设备、无形资产使用情况做必要记录，并将其实际发生的相关费用按实际工时占比等合理方法在研发费用和生产经营费用间分配，未分配的不得加计扣除。

［注：根据 2017.11.08 国家税务总局公告 2017 年第 40 号《国家税务总局关于研发费用税前加计扣除归集范围有关问题的公告》，本公告第二条第（一）项、第二条第（二）项自 2017 年 1 月 1 日起废止。］

（三）其他相关费用的归集与限额计算

企业在一个纳税年度内进行多项研发活动的，应按照不同研发项目分别归集可加计扣除的研发费用。在计算每个项目其他相关费用的限额时应当按照以下公式计算：

其他相关费用限额 =《通知》第一条第一项允许加计扣除的研发费用中的第 1 项至第 5 项的费用之和 ×10% /（1-10%）。

当其他相关费用实际发生数小于限额时，按实际发生数计算税前加计扣除数额；当其他相关费用实际发生数大于限额时，按限额计算税前加计扣除数额。

（四）特殊收入的扣减

企业在计算加计扣除的研发费用时，应扣减已按《通知》规定归集计入研发费用，但在当期取得的研发过程中形成的下脚料、残次品、中间试制品等特殊收入；不足扣减的，允许加计扣除的研发费用按零计算。

企业研发活动直接形成产品或作为组成部分形成的产品对外销售的，研发费用中对应的材料费用不得加计扣除。

［注：根据 2017.11.08 国家税务总局公告 2017 年第 40 号《国家税务总局关于研发费用税前加计扣除归集范围有关问题的公告》，本公告第二条第（四）项自 2017 年 1 月 1 日起废止。］

（五）财政性资金的处理

企业取得作为不征税收入处理的财政性资金用于研发活动所形成的费用或无形资产，不得计算加计扣除或摊销。

（六）不允许加计扣除的费用

法律、行政法规和国务院财税主管部门规定不允许企业所得税前扣除的费用和支出项目不得计算加计扣除。已计入无形资产但不属于《通知》中允许加计扣除研发费用范围的，企业摊销时不得计算加计扣除。

三、委托研发

企业委托外部机构或个人开展研发活动发生的费用，可按规定税前扣除；加计扣除时按照研发活动发生费用的 80% 作为加计扣除基数。委托个人研发的，应凭个人出具的发票等合法有效凭证在税前加计扣除。

企业委托境外研发所发生的费用不得加计扣除，其中受托研发的境外机构是指依照外国和地区（含港澳台）法律成立的企业和其他取得收入的组织。受托研发的境外个人是指外籍（含港澳台）个人。

［注：根据 2018.06.25 财税〔2018〕64 号《财政部、国家税务总局、科技部关于企业委托境外研究开发费用税前加计扣除有关政策问题的通知》，《财政部、国家税务总局、科技部关于完善研究开发费

用税前加计扣除政策的通知》（财税〔2015〕119号）第二条中“企业委托境外机构或个人进行研发活动所发生的费用，不得加计扣除”的规定自2018年1月1日起废止，故本款规定亦自2018年1月1日起废止。］

四、不适用加计扣除政策行业的判定

《通知》中不适用税前加计扣除政策行业的企业，是指以《通知》所列行业业务为主营业务，其研发费用发生当年的主营业务收入占企业按税法第六条规定计算的收入总额减除不征税收入和投资收益的余额50%（不含）以上的企业。

五、核算要求

企业应按照国家财务会计制度要求，对研发支出进行会计处理。研发项目立项时应设置研发支出辅助账，由企业留存备查；年末汇总分析填报研发支出辅助账汇总表，并在报送《年度财务会计报告》的同时随附注一并报送主管税务机关。研发支出辅助账、研发支出辅助账汇总表可参照本公告所附样式（见附件）编制。

六、申报及备案管理

（一）企业年度纳税申报时，根据研发支出辅助账汇总表填报研发项目可加计扣除研发费用情况归集表（见附件），在年度纳税申报时随申报表一并报送。

（二）研发费用加计扣除实行备案管理，除“备案资料”和“主要留存备查资料”按照本公告规定执行外，其他备案管理要求按照《国家税务总局关于发布〈企业所得税优惠政策事项办理办法〉的公告》（国家税务总局公告2015年第76号）的规定执行。

（三）企业应当不迟于年度汇算清缴纳税申报时，向税务机关报送《企业所得税优惠事项备案表》和研发项目文件完成备案，并将下列资料留存备查：

1. 自主、委托、合作研究开发项目计划书和企业有权部门关于自主、委托、合作研究开发项目立项的决议文件；

2. 自主、委托、合作研究开发专门机构或项目组的编制情况和研发人员名单；

3. 经科技行政主管部门登记的委托、合作研究开发项目的合同；

4. 从事研发活动的人员和用于研发活动的仪器、设备、无形资产的费用分配说明（包括工作使用情况记录）；

5. 集中研发项目研发费决算表、集中研发项目费用分摊明细情况表和实际分享收益比例等资料；

6. “研发支出”辅助账；

7. 企业如果已取得地市级（含）以上科技行政主管部门出具的鉴定意见，应作为资料留存备查；

8. 省税务机关规定的其他资料。

七、后续管理与核查

税务机关应加强对享受研发费用加计扣除优惠企业的后续管理和监督检查。每年汇算清缴期结束后应开展核查，核查面不得低于享受该优惠企业户数的 20%。省级税务机关可根据实际情况制订具体核查办法或工作措施。

八、执行时间

本公告适用于 2016 年度及以后年度企业所得税汇算清缴。特此公告。

财政部　国家税务总局　科技部 关于完善研究开发费用税前加计扣除政策的通知

财税〔2015〕119号　发布日期：2015-11-02

各省、自治区、直辖市、计划单列市财政厅（局）、国家税务局、地方税务局、科技厅（局），新疆生产建设兵团财务局、科技局：

根据《中华人民共和国企业所得税法》及其实施条例有关规定，为进一步贯彻落实《中共中央国务院关于深化体制机制改革加快实施创新驱动发展战略的若干意见》精神，更好地鼓励企业开展研究开发活动（以下简称研发活动）和规范企业研究开发费用（以下简称研发费用）加计扣除优惠政策执行，现就企业研发费用税前加计扣除有关问题通知如下：

一、研发活动及研发费用归集范围。

本通知所称研发活动，是指企业为获得科学与技术新知识，创造性运用科学技术新知识，或实质性改进技术、产品（服务）、工艺而持续进行的具有明确目标的系统性活动。

（一）允许加计扣除的研发费用。

企业开展研发活动中实际发生的研发费用，未形成无形资产计入当期损益的，在按规定据实扣除的基础上，按照本年度实际发生额的50%，从本年度应纳税所得额中扣除；形成无形资产的，按照无形资产成本的150%在税前摊销。［**注**：根据2018.09.20财税〔2018〕99号《财政部、国家税务总局、科技部关于提高研究开发费用税前加计扣除比例的通知》企业开展研发活动中实际发生的研发费用，未形成无形资产计入当期损益的，在按规定据实扣除的基础上，在2018年1月1日至2020年12月31日期间，再按照实际发生额的75%在税前加计扣除；形成无形资产的，在上述期间按照无形资产成本的175%在税前摊销，详见：财税〔2018〕99号。］研发费用的具体范围包括：

1. 人员人工费用。

直接从事研发活动人员的工资薪金、基本养老保险费、基本医疗保险费、失业保险费、工伤保险费、生育保险费和住房公积金，以及外聘研发人员的劳务费用。

2. 直接投入费用。

（1）研发活动直接消耗的材料、燃料和动力费用。

（2）用于中间试验和产品试制的模具、工艺装备开发及制造费，不构成固定资产的样品、样机及一般测试手段购置费，试制产品的检验费。

（3）用于研发活动的仪器、设备的运行维护、调整、检验、维修等费用，以及通过经营租赁方式租入的用于研发活动的仪器、设备租赁费。

3. 折旧费用。

用于研发活动的仪器、设备的折旧费。

4. 无形资产摊销。

用于研发活动的软件、专利权、非专利技术（包括许可证、专有技术、设计和计算方法等）的摊销费用。

5. 新产品设计费、新工艺规程制定费、新药研制的临床试验费、勘探开发技术的现场试验费。

6. 其他相关费用。

与研发活动直接相关的其他费用，如技术图书资料费、资料翻译费、专家咨询费、高新科技研发保险费，研发成果的检索、分析、评议、论证、鉴定、评审、评估、验收费用，知识产权的申请费、注册费、代理费，差旅费、会议费等。此项费用总额不得超过可加计扣除研发费用总额的 10%。

7. 财政部和国家税务总局规定的其他费用。

（二）下列活动不适用税前加计扣除政策。

1. 企业产品（服务）的常规性升级。

2. 对某项科研成果的直接应用，如直接采用公开的新工艺、材料、装置、产品、服务或知识等。

3. 企业在商品化后为顾客提供的技术支持活动。

4. 对现存产品、服务、技术、材料或工艺流程进行的重复或简单改变。

5. 市场调查研究、效率调查或管理研究。

6. 作为工业（服务）流程环节或常规的质量控制、测试分析、维修维护。

7. 社会科学、艺术或人文学方面的研究。

二、特别事项的处理

1. 企业委托外部机构或个人进行研发活动所发生的费用，按照费用实际发生额的 80% 计入委托方研发费用并计算加计扣除，受托方不得再进行加计扣除。委托外部研究开发费用实际发生额应按照独立交易原则确定。

委托方与受托方存在关联关系的，受托方应向委托方提供研发项目费用支出明细情况。

企业委托境外机构或个人进行研发活动所发生的费用，不得加计扣除。

［**注：**根据 2018.06.25 财税〔2018〕64 号《财政部、国家税务总局、科技部关于企业委托境外研

究开发费用税前加计扣除有关政策问题的通知》本文第二条中“企业委托境外机构或个人进行研发活动所发生的费用，不得加计扣除”的规定自2018年1月1日起废止。]

2. 企业共同合作开发的项目，由合作各方就自身实际承担的研发费用分别计算加计扣除。

3. 企业集团根据生产经营和科技开发的实际情况，对技术要求高、投资数额大，需要集中研发的项目，其实际发生的研发费用，可以按照权利和义务相一致、费用支出和收益分享相配比的原则，合理确定研发费用的分摊方法，在受益成员企业间进行分摊，由相关成员企业分别计算加计扣除。

4. 企业为获得创新性、创意性、突破性的产品进行创意设计活动而发生的相关费用，可按照本通知规定进行税前加计扣除。

创意设计活动是指多媒体软件、动漫游戏软件开发，数字动漫、游戏设计制作；房屋建筑工程设计（绿色建筑评价标准为三星）、风景园林工程专项设计；工业设计、多媒体设计、动漫及衍生产品设计、模型设计等。

三、会计核算与管理

1. 企业应按照国家财务会计制度要求，对研发支出进行会计处理；同时，对享受加计扣除的研发费用按研发项目设置辅助账，准确归集核算当年可加计扣除的各项研发费用实际发生额。企业在一个纳税年度内进行多项研发活动的，应按照不同研发项目分别归集可加计扣除的研发费用。

2. 企业应对研发费用和生产经营费用分别核算，准确、合理归集各项费用支出，对划分不清的，不得实行加计扣除。

四、不适用税前加计扣除政策的行业

1. 烟草制造业。
2. 住宿和餐饮业。
3. 批发和零售业。
4. 房地产业。
5. 租赁和商务服务业。
6. 娱乐业。
7. 财政部和国家税务总局规定的其他行业。

上述行业以《国民经济行业分类与代码（GB/4754–2011）》为准，并随之更新。

五、管理事项及征管要求

1. 本通知适用于会计核算健全、实行查账征收并能够准确归集研发费用的居民企业。

2. 企业研发费用各项目的实际发生额归集不准确、汇总额计算不准确的，税务机关有权对其税前扣除额或加计扣除额进行合理调整。

3. 税务机关对企业享受加计扣除优惠的研发项目有异议的，可以转请地市级（含）以上科技行政主管部门出具鉴定意见，科技部门应及时回复意见。企业承担省部级（含）以上科研项目的，以及以前年度已鉴定的跨年度研发项目，不再需要鉴定。

4. 企业符合本通知规定的研发费用加计扣除条件而在 2016 年 1 月 1 日以后未及时享受该项税收优惠的，可以追溯享受并履行备案手续，追溯期限最长为 3 年。

5. 税务部门应加强研发费用加计扣除优惠政策的后续管理，定期开展核查，年度核查面不得低于 20%。

六、执行时间

本通知自 2016 年 1 月 1 日起执行。《国家税务总局关于印发〈企业研究开发费用税前扣除管理办法（试行）〉的通知》（国税发〔2008〕116 号）和《财政部　国家税务总局关于研究开发费用税前加计扣除有关政策问题的通知》（财税〔2013〕70 号）同时废止。

财政部　国家税务总局关于进一步完善固定资产加速折旧企业所得税政策的通知

财税〔2015〕106 号　发布日期：2015-09-17

［**修改说明**：根据 2019.04.23 财政部、税务总局公告 2019 年第 66 号《财政部、税务总局关于扩大固定资产加速折旧优惠政策适用范围的公告》本文规定固定资产加速折旧优惠的行业范围，自 2019 年 1 月 1 日起扩大至全部制造业领域，详见：财政部、税务总局公告 2019 年第 66 号。］

［**修改说明**：根据 2018.05.07 财税〔2018〕54 号《财政部、税务总局关于设备、器具扣除有关企业所得税政策的通知》企业在 2018 年 1 月 1 日至 2020 年 12 月 31 日期间新购进的设备、器具，单位价值不超过 500 万元的，允许一次性计入当期成本费用在计算应纳税所得额时扣除，不再分年度计算折旧，详见：财税〔2018〕54 号。］

［**修改说明**：2015.09.25 国家税务总局公告 2015 年第 68 号《国家税务总局关于进一步完善固定资产加速折旧企业所得税政策有关问题的公告》对落实进一步完善固定资产加速折旧企业所得税政策有关问题做了明确。］

各省、自治区、直辖市、计划单列市财政厅（局）、国家税务局、地方税务局，新疆生产建设兵团财务局：

根据国务院常务会议的有关决定精神，现就有关固定资产加速折旧企业所得税政策问题通知如下：

一、对轻工、纺织、机械、汽车等四个领域重点行业（具体范围见附件）的企业 2015 年 1 月 1 日后新购进的固定资产，可由企业选择缩短折旧年限或采取加速折旧的方法。

二、对上述行业的小型微利企业 2015 年 1 月 1 日后新购进的研发和生产经营共用的仪器、设备，单位价值不超过 100 万元的，允许一次性计入当期成本费用在计算应纳税所得额时扣除，不再分年度计算折旧；单位价值超过 100 万元的，可由企业选择缩短折旧年限或采取加速折旧的方法。

三、企业按本通知第一条、第二条规定缩短折旧年限的，最低折旧年限不得低于企业所得税法实施条例第六十条规定折旧年限的 60%；采取加速折旧方法的，可采取双倍余额递减法或者年数总和法。

按照企业所得税法及其实施条例有关规定，企业根据自身生产经营需要，也可选择不实行加速折旧政策。

四、本通知自2015年1月1日起执行。2015年前3季度按本通知规定未能计算办理的，统一在2015年第4季度预缴申报时享受优惠或2015年度汇算清缴时办理。

附件：轻工、纺织、机械、汽车四个领域重点行业范围

附件：

轻工、纺织、机械、汽车四个领域重点行业范围

代码			类别名称	备注
大类	中类	小类		
	268		**日用化学产品制造**	轻工
		2681	肥皂及合成洗涤剂制造	
		2682	化妆品制造	
		2683	口腔清洁用品制造	
		2684	香料、香精制造	
		2689	其他日用化学产品制造	
27			**医药制造业**	轻工
	271		化学药品原料药制造	
	272		化学药品制剂制造	
	273		中药饮片加工	
	274		中成药生产	
	275		兽用药品制造	
	277		卫生材料及医药用品制造	
13			**农副食品加工业**	轻工
	131		谷物磨制	
	132		饲料加工	
	133		植物油加工	
	134		制糖业	
	135		屠宰及肉类加工	
	136		水产品加工	
	137		蔬菜、水果和坚果加工	
	139		其他农副食品加工	
14			**食品制造业**	轻工
	141		焙烤食品制造	
	142		糖果、巧克力及蜜饯制造	
	143		方便食品制造	

续表

代码			类别名称	备注
大类	中类	小类		
	144		**乳制品制造**	
	145		罐头食品制造	
	146		调味品、发酵制品制造	
	149		其他食品制造	
17			**纺织业**	纺织
	171		棉纺织及印染精加工	
	172		毛纺织及染整精加工	
	173		麻纺织及染整精加工	
	174		丝绢纺织及印染精加工	
	175		化纤织造及印染精加工	
	176		针织或钩针编织物及其制品制造	
	177		家用纺织制成品制造	
	178		非家用纺织制成品制造	
18			**纺织服装、服饰业**	纺织
	181		机织服装制造	
	182		针织或钩针编织服装制造	
	183		服饰制造	
19			**皮革、毛皮、羽毛及其制品和制鞋业**	轻工
	191		皮革鞣制加工	
	192		皮革制品制造	
	193		毛皮鞣制及制品加工	
	194		羽毛（绒）加工及制品制造	
	195		制鞋业	
20			**木材加工和木、竹、藤、棕、草制品业**	轻工
	201		木材加工	
	202		人造板制造	
	203		木制品制造	
	204		竹、藤、棕、草等制品制造	
21			**家具制造业**	轻工
	211		木质家具制造	
	212		竹、藤家具制造	
	213		金属家具制造	
	214		塑料家具制造	

续表

代码			类别名称	备注
大类	中类	小类		
	219		其他家具制造	
22			**造纸和纸制品业**	轻工
	221		纸浆制造	
	222		造纸	
	223		纸制品制造	
23			**印刷和记录媒介复制业**	轻工
	231		印刷	
	232		装订及印刷相关服务	
	233		记录媒介复制	
24			**文教、工美、体育和娱乐用品制造业**	轻工
	241		文教办公用品制造	
	242		乐器制造	
	243		工艺美术品制造	
	244		体育用品制造	
	245		玩具制造	
28			**化学纤维制造业**	纺织
	281		纤维素纤维原料及纤维制造	
	282		合成纤维制造	
	292		**塑料制品业**	轻工
		2921	塑料薄膜制造	
		2922	塑料板、管、型材制造	
		2923	塑料丝、绳及编织品制造	
		2924	泡沫塑料制造	
		2925	塑料人造革、合成革制造	
		2926	塑料包装箱及容器制造	
		2927	日用塑料制品制造	
		2928	塑料零件制造	
		2929	其他塑料制品制造	
33			**金属制品业**	机械
	331		结构性金属制品制造	
	332		金属工具制造	
	333		集装箱及金属包装容器制造	
	334		金属丝绳及其制品制造	

续表

代码			类别名称	备注
大类	中类	小类		
	335		建筑、安全用金属制品制造	
	336		金属表面处理及热处理加工	
	337		搪瓷制品制造	
	338		金属制日用品制造	
	339		其他金属制品制造	
34			**通用设备制造业**	机械
	341		锅炉及原动设备制造	
	342		金属加工机械制造	
	343		物料搬运设备制造	
	344		泵、阀门、压缩机及类似机械制造	
	345		轴承、齿轮和传动部件制造	
	346		烘炉、风机、衡器、包装等设备制造	
	347		文化、办公用机械制造	
	348		通用零部件制造	
	349		其他通用设备制造业	
36			**汽车制造业**	汽车
	361		汽车整车制造	
	362		改装汽车制造	
	363		低速载货汽车制造	
	364		电车制造	
	365		汽车车身、挂车制造	
	366		汽车零部件及配件制造	
38			**电气机械和器材制造业**	机械
	381		电机制造	
	382		输配电及控制设备制造	
	383		电线、电缆、光缆及电工器材制造	
	384		电池制造	
	385		家用电力器具制造	
	386		非电力家用器具制造	
	387		照明器具制造	
	389		其他电气机械及器材制造	

注：以上代码和类别名称来自《国民经济行业分类（GB/T 4754-2011）》。

国家税务总局关于企业工资薪金和职工福利费等支出税前扣除问题的公告

国家税务总局公告2015年第34号　发布日期：2015-05-08

根据《中华人民共和国企业所得税法》及其实施条例相关规定，现对企业工资薪金和职工福利费等支出企业所得税税前扣除问题公告如下：

一、企业福利性补贴支出税前扣除问题

列入企业员工工资薪金制度、固定与工资薪金一起发放的福利性补贴，符合《国家税务总局关于企业工资薪金及职工福利费扣除问题的通知》（国税函〔2009〕3号）第一条规定的，可作为企业发生的工资薪金支出，按规定在税前扣除。

不能同时符合上述条件的福利性补贴，应作为国税函〔2009〕3号文件第三条规定的职工福利费，按规定计算限额税前扣除。

二、企业年度汇算清缴结束前支付汇缴年度工资薪金税前扣除问题

企业在年度汇算清缴结束前向员工实际支付的已预提汇缴年度工资薪金，准予在汇缴年度按规定扣除。

三、企业接受外部劳务派遣用工支出税前扣除问题

企业接受外部劳务派遣用工所实际发生的费用，应分两种情况按规定在税前扣除：按照协议（合同）约定直接支付给劳务派遣公司的费用，应作为劳务费支出；直接支付给员工个人的费用，应作为工资薪金支出和职工福利费支出。其中属于工资薪金支出的费用，准予计入企业工资薪金总额的基数，作为计算其他各项相关费用扣除的依据。

四、施行时间

本公告适用于2014年度及以后年度企业所得税汇算清缴。本公告施行前尚未进行税务处理的事项，符合本公告规定的可按本公告执行。

《国家税务总局关于企业所得税应纳税所得额若干税务处理问题的公告》（税务总局公告 2012 年第 15 号）第一条有关企业接受外部劳务派遣用工的相关规定同时废止。特此公告。

财政部　国家税务总局
关于完善固定资产加速折旧企业所得税政策的通知

财税〔2014〕75号　发布日期：2014-10-20

［**修改说明**：根据2019.04.23《财政部、税务总局关于扩大固定资产加速折旧优惠政策适用范围的公告》（财政部、税务总局公告2019年第66号）本文规定固定资产加速折旧优惠的行业范围，自2019年1月1日起扩大至全部制造业领域，详见：财政部、税务总局公告2019年第66号。

根据2018.05.07财税〔2018〕54号《财政部、税务总局关于设备、器具扣除有关企业所得税政策的通知》企业在2018年1月1日至2020年12月31日期间新购进的设备、器具，单位价值不超过500万元的，允许一次性计入当期成本费用在计算应纳税所得额时扣除，不再分年度计算折旧，详见：财税〔2018〕54号。

2015.09.17财税〔2015〕106号《财政部、国家税务总局关于进一步完善固定资产加速折旧企业所得税政策的通知》将轻工、纺织、机械、汽车4个领纳入固定资产加速折旧优惠范围，详见：财税〔2015〕106号。

2014.11.14国家税务总局公告2014年第64号《国家税务总局关于固定资产加速折旧税收政策有关问题的公告》对落实本通知完善固定资产加速折旧企业所得税政策相关问题做了进一步明确。］

各省、自治区、直辖市、计划单列市财政厅（局）、国家税务局、地方税务局，新疆生产建设兵团财务局：

为贯彻落实国务院完善固定资产加速折旧政策精神，现就有关固定资产加速折旧企业所得税政策问题通知如下：

一、对生物药品制造业，专用设备制造业，铁路、船舶、航空航天和其他运输设备制造业，计算机、通信和其他电子设备制造业，仪器仪表制造业，信息传输、软件和信息技术服务业等6个行业的企业2014年1月1日后新购进的固定资产，可缩短折旧年限或采取加速折旧的方法。

对上述6个行业的小型微利企业2014年1月1日后新购进的研发和生产经营共用的仪器、设备，单位价值不超过100万元的，允许一次性计入当期成本费用在计算应纳税所得额时扣除，不再分年度计算折旧；单位价值超过100万元的，可缩短折旧年限或采取加速折旧的方法。

二、对所有行业企业2014年1月1日后新购进的专门用于研发的仪器、设备，单位价值不超过100万元的，允许一次性计入当期成本费用在计算应纳税所得额时扣除，不再分年度计算折旧；单位价值超过100万元的，可缩短折旧年限或采取加速折旧的方法。

三、对所有行业企业持有的单位价值不超过5000元的固定资产，允许一次性计入当期成本费用在计算应纳税所得额时扣除，不再分年度计算折旧。

四、企业按本通知第一条、第二条规定缩短折旧年限的，最低折旧年限不得低于企业所得税法实施条例第六十条规定折旧年限的60%；采取加速折旧方法的，可采取双倍余额递减法或者年数总和法。本通知第一至三条规定之外的企业固定资产加速折旧所得税处理问题，继续按照企业所得税法及其实施条例和现行税收政策规定执行。

五、本通知自2014年1月1日起执行。

国家税务总局关于企业所得税应纳税所得额若干税务处理问题的公告

税务总局公告2012年第15号　发布日期：2012-04-24

［修改说明：根据2015.05.08国家税务总局公告2015年第34号《国家税务总局关于企业工资薪金和职工福利费等支出税前扣除问题的公告》本文第一条有关企业接受外部劳务派遣用工的相关规定废止，2014年度及以后年度企业所得税汇算清缴，企业接受外部劳务派遣用工支出税前扣除问题，详见国家税务总局公告2015年第34号。］

［修改说明：2014.05.23国家税务总局公告2014年第29号《国家税务总局关于企业所得税应纳税所得额若干问题的公告》对本公告施行后，与本公告第八条相关的固定资产折旧税会差异的分歧问题进行了明确。］

［修改说明：2013.10.10国家税务总局公告2013年第59号《国家税务总局关于电信企业手续费及佣金支出税前扣除问题的公告》规定："本文第四条所称电信企业手续费及佣金支出，仅限于电信企业在发展客户、拓展业务等过程中因委托销售电话入网卡、电话充值卡所发生的手续费及佣金支出。"］

根据《中华人民共和国企业所得税法》（以下简称《企业所得税法》）及其实施条例（以下简称《实施条例》）以及相关规定，现就企业所得税应纳税所得额若干税务处理问题公告如下：

一、关于季节工、临时工等费用税前扣除问题

企业因雇用季节工、临时工、实习生、返聘离退休人员以及接受外部劳务派遣用工所实际发生的费用，应区分为工资薪金支出和职工福利费支出，并按《企业所得税法》规定在企业所得税前扣除。其中属于工资薪金支出的，准予计入企业工资薪金总额的基数，作为计算其他各项相关费用扣除的依据。

二、关于企业融资费用支出税前扣除问题

企业通过发行债券、取得贷款、吸收保户储金等方式融资而发生的合理的费用支出，符合资本化

条件的，应计入相关资产成本；不符合资本化条件的，应作为财务费用，准予在企业所得税前据实扣除。

三、关于从事代理服务企业营业成本税前扣除问题

从事代理服务、主营业务收入为手续费、佣金的企业（如证券、期货、保险代理等企业），其为取得该类收入而实际发生的营业成本（包括手续费及佣金支出），准予在企业所得税前据实扣除。

四、关于电信企业手续费及佣金支出税前扣除问题

电信企业在发展客户、拓展业务等过程中（如委托销售电话入网卡、电话充值卡等），需向经纪人、代办商支付手续费及佣金的，其实际发生的相关手续费及佣金支出，不超过企业当年收入总额5%的部分，准予在企业所得税前据实扣除。

五、关于筹办期业务招待费等费用税前扣除问题

企业在筹建期间，发生的与筹办活动有关的业务招待费支出，可按实际发生额的60%计入企业筹办费，并按有关规定在税前扣除；发生的广告费和业务宣传费，可按实际发生额计入企业筹办费，并按有关规定（国税函〔2009〕98号第九条）在税前扣除。

六、关于以前年度发生应扣未扣支出的税务处理问题

根据《中华人民共和国税收征收管理法》的有关规定，对企业发现以前年度实际发生的、按照税收规定应在企业所得税前扣除而未扣除或者少扣除的支出，企业做出专项申报及说明后，准予追补至该项目发生年度计算扣除，但追补确认期限不得超过5年。

企业由于上述原因多缴的企业所得税税款，可以在追补确认年度企业所得税应纳税款中抵扣，不足抵扣的，可以向以后年度递延抵扣或申请退税。

亏损企业追补确认以前年度未在企业所得税前扣除的支出，或盈利企业经过追补确认后出现亏损的，应首先调整该项支出所属年度的亏损额，然后再按照弥补亏损的原则计算以后年度多缴的企业所得税款，并按前款规定处理。

七、关于企业不征税收入管理问题

企业取得的不征税收入，应按照《财政部、国家税务总局关于专项用途财政性资金企业所得税处理问题的通知》（财税〔2011〕70号，以下简称《通知》）的规定进行处理。凡未按照《通知》规定进行管理的，应作为企业应税收入计入应纳税所得额，依法缴纳企业所得税。

八、关于税前扣除规定与企业实际会计处理之间的协调问题

根据《企业所得税法》第二十一条规定，对企业依据财务会计制度规定，并实际在财务会计处理上已确认的支出，凡没有超过《企业所得税法》和有关税收法规规定的税前扣除范围和标准的，可按企业实际会计处理确认的支出，在企业所得税前扣除，计算其应纳税所得额。

九、本公告施行时间

本公告规定适用于 2011 年度及以后各年度企业应纳税所得额的处理。

特此公告。

财政部　国家税务总局关于专项用途财政性资金企业所得税处理问题的通知

财税〔2011〕70号　发布日期：2011-09-07

［**修改说明**：2012年4月24日，《国家税务总局关于企业所得税应纳税所得额若干税务处理问题的公告》（国家税务总局公告2012年第15号）第七条对企业不征税收入管理问题作出规定："企业取得的不征税收入，应按照本通知的规定进行处理。凡未按照本通知规定进行管理的，应作为企业应税收入计入应纳税所得额，依法缴纳企业所得税。"，该规定适用于2011年度及以后各年度企业应纳税所得额的处理。］

各省、自治区、直辖市、计划单列市财政厅（局）、国家税务局、地方税务局，新疆生产建设兵团财务局：

根据《中华人民共和国企业所得税法》及《中华人民共和国企业所得税法实施条例》（国务院令第512号，以下简称实施条例）的有关规定，经国务院批准，现就企业取得的专项用途财政性资金企业所得税处理问题通知如下：

一、企业从县级以上各级人民政府财政部门及其他部门取得的应计入收入总额的财政性资金，凡同时符合以下条件的，可以作为不征税收入，在计算应纳税所得额时从收入总额中减除：

（一）企业能够提供规定资金专项用途的资金拨付文件；

（二）财政部门或其他拨付资金的政府部门对该资金有专门的资金管理办法或具体管理要求；

（三）企业对该资金以及以该资金发生的支出单独进行核算。

二、根据实施条例第二十八条的规定，上述不征税收入用于支出所形成的费用，不得在计算应纳税所得额时扣除；用于支出所形成的资产，其计算的折旧、摊销不得在计算应纳税所得额时扣除。

三、企业将符合本通知第一条规定条件的财政性资金作不征税收入处理后，在5年（60个月）内未发生支出且未缴回财政部门或其他拨付资金的政府部门的部分，应计入取得该资金第六年的应税收入总额；计入应税收入总额的财政性资金发生的支出，允许在计算应纳税所得额时扣除。

四、本通知自2011年1月1日起执行。

国家税务总局关于企业转让上市公司限售股有关所得税问题的公告

国家税务总局公告2011年第39号　发布日期：2011-07-07

根据《中华人民共和国企业所得税法》（以下简称企业所得税法）及其实施条例的有关规定，现就企业转让上市公司限售股（以下简称限售股）有关所得税问题，公告如下：

一、纳税义务人的范围界定问题

根据企业所得税法第一条及其实施条例第三条的规定，转让限售股取得收入的企业（包括事业单位、社会团体、民办非企业单位等），为企业所得税的纳税义务人。

二、企业转让代个人持有的限售股征税问题

因股权分置改革造成原由个人出资而由企业代持有的限售股，企业在转让时按以下规定处理：

（一）企业转让上述限售股取得的收入，应作为企业应税收入计算纳税。上述限售股转让收入扣除限售股原值和合理税费后的余额为该限售股转让所得。企业未能提供完整、真实的限售股原值凭证，不能准确计算该限售股原值的，主管税务机关一律按该限售股转让收入的15%，核定为该限售股原值和合理税费。

依照本条规定完成纳税义务后的限售股转让收入余额转付给实际所有人时不再纳税。

（二）依法院判决、裁定等原因，通过证券登记结算公司，企业将其代持的个人限售股直接变更到实际所有人名下的，不视同转让限售股。

三、企业在限售股解禁前转让限售股征税问题

企业在限售股解禁前将其持有的限售股转让给其他企业或个人（以下简称受让方），其企业所得税问题按以下规定处理：

（一）企业应按减持在证券登记结算机构登记的限售股取得的全部收入，计入企业当年度应税收入计算纳税。

（二）企业持有的限售股在解禁前已签订协议转让给受让方，但未变更股权登记、仍由企业持有

的，企业实际减持该限售股取得的收入，依照本条第一项规定纳税后，其余额转付给受让方的，受让方不再纳税。

四、本公告自 2011 年 7 月 1 日起执行。本公告生效后尚未处理的纳税事项，按照本公告规定处理；已经处理的纳税事项，不再调整。

特此公告。

国家税务总局关于
企业所得税若干问题的公告

税务总局公告2011年第34号　发布日期：2011-06-09

根据《中华人民共和国企业所得税法》（以下简称税法）以及《中华人民共和国企业所得税法实施条例》（以下简称《实施条例》）的有关规定，现就企业所得税若干问题公告如下：

一、关于金融企业同期同类贷款利率确定问题

根据《实施条例》第三十八条规定，非金融企业向非金融企业借款的利息支出，不超过按照金融企业同期同类贷款利率计算的数额的部分，准予税前扣除。鉴于目前我国对金融企业利率要求的具体情况，企业在按照合同要求首次支付利息并进行税前扣除时，应提供“金融企业的同期同类贷款利率情况说明”，以证明其利息支出的合理性。

“金融企业的同期同类贷款利率情况说明”中，应包括在签订该借款合同当时，本省任何一家金融企业提供同期同类贷款利率情况。该金融企业应为经政府有关部门批准成立的可以从事贷款业务的企业，包括银行、财务公司、信托公司等金融机构。“同期同类贷款利率”是指在贷款期限、贷款金额、贷款担保以及企业信誉等条件基本相同下，金融企业提供贷款的利率。既可以是金融企业公布的同期同类平均利率，也可以是金融企业对某些企业提供的实际贷款利率。

二、关于企业员工服饰费用支出扣除问题

企业根据其工作性质和特点，由企业统一制作并要求员工工作时统一着装所发生的工作服饰费用，根据《实施条例》第二十七条的规定，可以作为企业合理的支出给予税前扣除。

三、关于航空企业空勤训练费扣除问题

航空企业实际发生的飞行员养成费、飞行训练费、乘务训练费、空中保卫员训练费等空勤训练费用，根据《实施条例》第二十七条规定，可以作为航空企业运输成本在税前扣除。

四、关于房屋、建筑物固定资产改扩建的税务处理问题

企业对房屋、建筑物固定资产在未足额提取折旧前进行改扩建的，如属于推倒重置的，该资产原值减除提取折旧后的净值，应并入重置后的固定资产计税成本，并在该固定资产投入使用后的次月起，按照税法规定的折旧年限，一并计提折旧；如属于提升功能、增加面积的，该固定资产的改扩建支出，

并入该固定资产计税基础，并从改扩建完工投入使用后的次月起，重新按税法规定的该固定资产折旧年限计提折旧，如该改扩建后的固定资产尚可使用的年限低于税法规定的最低年限的，可以按尚可使用的年限计提折旧。

五、投资企业撤回或减少投资的税务处理

投资企业从被投资企业撤回或减少投资，其取得的资产中，相当于初始出资的部分，应确认为投资收回；相当于被投资企业累计未分配利润和累计盈余公积按减少实收资本比例计算的部分，应确认为股息所得；其余部分确认为投资资产转让所得。

被投资企业发生的经营亏损，由被投资企业按规定结转弥补；投资企业不得调整减低其投资成本，也不得将其确认为投资损失。

六、关于企业提供有效凭证时间问题

企业当年度实际发生的相关成本、费用，由于各种原因未能及时取得该成本、费用的有效凭证，企业在预缴季度所得税时，可暂按账面发生金额进行核算；但在汇算清缴时，应补充提供该成本、费用的有效凭证。

七、本公告自 2011 年 7 月 1 日起施行。本公告施行以前，企业发生的相关事项已经按照本公告规定处理的，不再调整；已经处理，但与本公告规定处理不一致的，凡涉及需要按照本公告规定调减应纳税所得额的，应当在本公告施行后相应调减 2011 年度企业应纳税所得额。

特此公告。

国家税务总局关于发布《企业资产损失所得税税前扣除管理办法》的公告

国家税务总局公告2011年第25号　发布日期：2011-03-31

现将《企业资产损失所得税税前扣除管理办法》予以发布，自2011年1月1日起施行。

特此公告。

第一章　总　则

第一条　根据《中华人民共和国企业所得税法》（以下简称企业所得税法）及其实施条例、《中华人民共和国税收征收管理法》（以下简称征管法）及其实施细则、《财政部　国家税务总局关于企业资产损失税前扣除政策的通知》（财税〔2009〕57号）（以下简称《通知》）的规定，制定本办法。

第二条　本办法所称资产是指企业拥有或者控制的、用于经营管理活动相关的资产，包括现金、银行存款、应收及预付款项（包括应收票据、各类垫款、企业之间往来款项）等货币性资产，存货、固定资产、无形资产、在建工程、生产性生物资产等非货币性资产，以及债权性投资和股权（权益）性投资。

第三条　准予在企业所得税税前扣除的资产损失，是指企业在实际处置、转让上述资产过程中发生的合理损失（以下简称实际资产损失），以及企业虽未实际处置、转让上述资产，但符合《通知》和本办法规定条件计算确认的损失（以下简称法定资产损失）。

第四条　企业实际资产损失，应当在其实际发生且会计上已作损失处理的年度申报扣除；法定资产损失，应当在企业向主管税务机关提供证据资料证明该项资产已符合法定资产损失确认条件，且会计上已作损失处理的年度申报扣除。［**注**：根据2018.04.10国家税务总局公告2018年第15号《国家税务总局关于企业所得税资产损失资料留存备查有关事项的公告》本条有关资产损失证据资料、会计核算资料、纳税资料等相关资料报送的内容自2017年1月1日起废止。］

第五条 企业发生的资产损失，应按规定的程序和要求向主管税务机关申报后方能在税前扣除。未经申报的损失，不得在税前扣除。

第六条 企业以前年度发生的资产损失未能在当年税前扣除的，可以按照本办法的规定，向税务机关说明并进行专项申报扣除。其中，属于实际资产损失，准予追补至该项损失发生年度扣除，其追补确认期限一般不得超过五年，但因计划经济体制转轨过程中遗留的资产损失、企业重组上市过程中因权属不清出现争议而未能及时扣除的资产损失、因承担国家政策性任务而形成的资产损失以及政策定性不明确而形成资产损失等特殊原因形成的资产损失，其追补确认期限经国家税务总局批准后可适当延长。属于法定资产损失，应在申报年度扣除。

企业因以前年度实际资产损失未在税前扣除而多缴的企业所得税税款，可在追补确认年度企业所得税应纳税款中予以抵扣，不足抵扣的，向以后年度递延抵扣。

企业实际资产损失发生年度扣除追补确认的损失后出现亏损的，应先调整资产损失发生年度的亏损额，再按弥补亏损的原则计算以后年度多缴的企业所得税税款，并按前款办法进行税务处理。

第二章　申报管理

第七条 企业在进行企业所得税年度汇算清缴申报时，可将资产损失申报材料和纳税资料作为企业所得税年度纳税申报表的附件一并向税务机关报送。［**注**：根据 2018.04.10 国家税务总局公告 2018 年第 15 号《国家税务总局关于企业所得税资产损失资料留存备查有关事项的公告》本条有关资产损失证据资料、会计核算资料、纳税资料等相关资料报送的内容自 2017 年 1 月 1 日起废止。］

第八条 企业资产损失按其申报内容和要求的不同，分为清单申报和专项申报两种申报形式。其中，属于清单申报的资产损失，企业可按会计核算科目进行归类、汇总，然后再将汇总清单报送税务机关，有关会计核算资料和纳税资料留存备查；属于专项申报的资产损失，企业应逐项（或逐笔）报送申请报告，同时附送会计核算资料及其他相关的纳税资料。

企业在申报资产损失税前扣除过程中不符合上述要求的，税务机关应当要求其改正，企业拒绝改正的，税务机关有权不予受理。［**注**：根据 2018.04.10 国家税务总局公告 2018 年第 15 号《国家税务总局关于企业所得税资产损失资料留存备查有关事项的公告》本条有关资产损失证据资料、会计核算资料、纳税资料等相关资料报送的内容自 2017 年 1 月 1 日起废止。］

第九条 下列资产损失，应以清单申报的方式向税务机关申报扣除：

（一）企业在正常经营管理活动中，按照公允价格销售、转让、变卖非货币资产的损失；

（二）企业各项存货发生的正常损耗；

（三）企业固定资产达到或超过使用年限而正常报废清理的损失；

（四）企业生产性生物资产达到或超过使用年限而正常死亡发生的资产损失；

（五）企业按照市场公平交易原则，通过各种交易场所、市场等买卖债券、股票、期货、基金以及金融衍生产品等发生的损失。

第十条 前条以外的资产损失，应以专项申报的方式向税务机关申报扣除。企业无法准确判别是否属于清单申报扣除的资产损失，可以采取专项申报的形式申报扣除。

第十一条 在中国境内跨地区经营的汇总纳税企业发生的资产损失，应按以下规定申报扣除：

（一）总机构及其分支机构发生的资产损失，除应按专项申报和清单申报的有关规定，各自向当地主管税务机关申报外，各分支机构同时还应上报总机构；

（二）总机构对各分支机构上报的资产损失，除税务机关另有规定外，应以清单申报的形式向当地主管税务机关进行申报；

（三）总机构将跨地区分支机构所属资产捆绑打包转让所发生的资产损失，由总机构向当地主管税务机关进行专项申报。

第十二条 企业因国务院决定事项形成的资产损失，应向国家税务总局提供有关资料。国家税务总局审核有关情况后，将损失情况通知相关税务机关。企业应按本办法的要求进行专项申报。

［**注**：根据 2014.03.17 国家税务总局公告 2014 年第 18 号《国家税务总局关于印发〈企业因国务院决定事项形成的资产损失税前扣除问题〉的公告》本条自《国务院关于取消和下放一批行政审批项目的决定》（国发〔2013〕44 号）发布之日 2013 年 11 月 8 日起废止。］

第十三条 属于专项申报的资产损失，企业因特殊原因不能在规定的时限内报送相关资料的，可以向主管税务机关提出申请，经主管税务机关同意后，可适当延期申报。［**注**：根据 2018.04.10 国家税务总局公告 2018 年第 15 号《国家税务总局关于企业所得税资产损失资料留存备查有关事项的公告》本条有关资产损失证据资料、会计核算资料、纳税资料等相关资料报送的内容自 2017 年 1 月 1 日起废止。］

第十四条 企业应当建立健全资产损失内部核销管理制度，及时收集、整理、编制、审核、申报、保存资产损失税前扣除证据材料，方便税务机关检查。

第十五条 税务机关应按分项建档、分级管理的原则，建立企业资产损失税前扣除管理台账和纳税档案，及时进行评估。对资产损失金额较大或经评估后发现不符合资产损失税前扣除规定、或存有疑点、异常情况的资产损失，应及时进行核查。对有证据证明申报扣除的资产损失不真实、不合法的，应依法作出税收处理。

第三章 资产损失确认证据

第十六条 企业资产损失相关的证据包括具有法律效力的外部证据和特定事项的企业内部证据。

第十七条 具有法律效力的外部证据，是指司法机关、行政机关、专业技术鉴定部门等依法出具的与本企业资产损失相关的具有法律效力的书面文件，主要包括：

（一）司法机关的判决或者裁定；

（二）公安机关的立案结案证明、回复；

（三）工商部门出具的注销、吊销及停业证明；

（四）企业的破产清算公告或清偿文件；

（五）行政机关的公文；

（六）专业技术部门的鉴定报告；

（七）具有法定资质的中介机构的经济鉴定证明；

（八）仲裁机构的仲裁文书；

（九）保险公司对投保资产出具的出险调查单、理赔计算单等保险单据；

（十）符合法律规定的其他证据。

第十八条　特定事项的企业内部证据，是指会计核算制度健全、内部控制制度完善的企业，对各项资产发生毁损、报废、盘亏、死亡、变质等内部证明或承担责任的声明，主要包括：

（一）有关会计核算资料和原始凭证；

（二）资产盘点表；

（三）相关经济行为的业务合同；

（四）企业内部技术鉴定部门的鉴定文件或资料；

（五）企业内部核批文件及有关情况说明；

（六）对责任人由于经营管理责任造成损失的责任认定及赔偿情况说明；

（七）法定代表人、企业负责人和企业财务负责人对特定事项真实性承担法律责任的声明。

第四章　货币资产损失的确认

第十九条　企业货币资产损失包括现金损失、银行存款损失和应收及预付款项损失等。

第二十条　现金损失应依据以下证据材料确认：

（一）现金保管人确认的现金盘点表（包括倒推至基准日的记录）；

（二）现金保管人对于短缺的说明及相关核准文件；

（三）对责任人由于管理责任造成损失的责任认定及赔偿情况的说明；

（四）涉及刑事犯罪的，应有司法机关出具的相关材料；

（五）金融机构出具的假币收缴证明。

第二十一条　企业因金融机构清算而发生的存款类资产损失应依据以下证据材料确认：

（一）企业存款类资产的原始凭据；

（二）金融机构破产、清算的法律文件；

（三）金融机构清算后剩余资产分配情况资料。金融机构应清算而未清算超过三年的，企业可将该款项确认为资产损失，但应有法院或破产清算管理人出具的未完成清算证明。

第二十二条 企业应收及预付款项坏账损失应依据以下相关证据材料确认：

（一）相关事项合同、协议或说明；

（二）属于债务人破产清算的，应有人民法院的破产、清算公告；

（三）属于诉讼案件的，应出具人民法院的判决书或裁决书或仲裁机构的仲裁书，或者被法院裁定终（中）止执行的法律文书；

（四）属于债务人停止营业的，应有工商部门注销、吊销营业执照证明；

（五）属于债务人死亡、失踪的，应有公安机关等有关部门对债务人个人的死亡、失踪证明；

（六）属于债务重组的，应有债务重组协议及其债务人重组收益纳税情况说明；

（七）属于自然灾害、战争等不可抗力而无法收回的，应有债务人受灾情况说明以及放弃债权申明。

第二十三条 企业逾期三年以上的应收款项在会计上已作为损失处理的，可以作为坏账损失，但应说明情况，并出具专项报告。

第二十四条 企业逾期一年以上，单笔数额不超过五万或者不超过企业年度收入总额万分之一的应收款项，会计上已经作为损失处理的，可以作为坏账损失，但应说明情况，并出具专项报告。

第五章 非货币资产损失的确认

第二十五条 企业非货币资产损失包括存货损失、固定资产损失、无形资产损失、在建工程损失、生产性生物资产损失等。

第二十六条 存货盘亏损失，为其盘亏金额扣除责任人赔偿后的余额，应依据以下证据材料确认：

（一）存货计税成本确定依据；

（二）企业内部有关责任认定、责任人赔偿说明和内部核批文件；

（三）存货盘点表；

（四）存货保管人对于盘亏的情况说明。

第二十七条 存货报废、毁损或变质损失，为其计税成本扣除残值及责任人赔偿后的余额，应依据以下证据材料确认：

（一）存货计税成本的确定依据；

（二）企业内部关于存货报废、毁损、变质、残值情况说明及核销资料；

（三）涉及责任人赔偿的，应当有赔偿情况说明；

（四）该项损失数额较大的（指占企业该类资产计税成本10%以上，或减少当年应纳税所得、增加亏损10%以上，下同），应有专业技术鉴定意见或法定资质中介机构出具的专项报告等。

第二十八条 存货被盗损失，为其计税成本扣除保险理赔以及责任人赔偿后的余额，应依据以下证据材料确认：

（一）存货计税成本的确定依据；

（二）向公安机关的报案记录；

（三）涉及责任人和保险公司赔偿的，应有赔偿情况说明等。

第二十九条 固定资产盘亏、丢失损失，为其账面净值扣除责任人赔偿后的余额，应依据以下证据材料确认：

（一）企业内部有关责任认定和核销资料；

（二）固定资产盘点表；

（三）固定资产的计税基础相关资料；

（四）固定资产盘亏、丢失情况说明；

（五）损失金额较大的，应有专业技术鉴定报告或法定资质中介机构出具的专项报告等。

第三十条 固定资产报废、毁损损失，为其账面净值扣除残值和责任人赔偿后的余额，应依据以下证据材料确认：

（一）固定资产的计税基础相关资料；

（二）企业内部有关责任认定和核销资料；

（三）企业内部有关部门出具的鉴定材料；

（四）涉及责任赔偿的，应当有赔偿情况的说明；

（五）损失金额较大的或自然灾害等不可抗力原因造成固定资产毁损、报废的，应有专业技术鉴定意见或法定资质中介机构出具的专项报告等。

第三十一条 固定资产被盗损失，为其账面净值扣除责任人赔偿后的余额，应依据以下证据材料确认：

（一）固定资产计税基础相关资料；

（二）公安机关的报案记录，公安机关立案、破案和结案的证明材料；

（三）涉及责任赔偿的，应有赔偿责任的认定及赔偿情况的说明等。

第三十二条 在建工程停建、报废损失，为其工程项目投资账面价值扣除残值后的余额，应依据以下证据材料确认：

（一）工程项目投资账面价值确定依据；

（二）工程项目停建原因说明及相关材料；

（三）因质量原因停建、报废的工程项目和因自然灾害和意外事故停建、报废的工程项目，应出具专业技术鉴定意见和责任认定、赔偿情况的说明等。

第三十三条 工程物资发生损失，可比照本办法存货损失的规定确认。

第三十四条 生产性生物资产盘亏损失，为其账面净值扣除责任人赔偿后的余额，应依据以下证据材料确认：

（一）生产性生物资产盘点表；

（二）生产性生物资产盘亏情况说明；

（三）生产性生物资产损失金额较大的，企业应有专业技术鉴定意见和责任认定、赔偿情况的说明等。

第三十五条 因森林病虫害、疫情、死亡而产生的生产性生物资产损失，为其账面净值扣除残值、保险赔偿和责任人赔偿后的余额，应依据以下证据材料确认：

（一）损失情况说明；

（二）责任认定及其赔偿情况的说明；

（三）损失金额较大的，应有专业技术鉴定意见。

第三十六条 对被盗伐、被盗、丢失而产生的生产性生物资产损失，为其账面净值扣除保险赔偿以及责任人赔偿后的余额，应依据以下证据材料确认：

（一）生产性生物资产被盗后，向公安机关的报案记录或公安机关立案、破案和结案的证明材料；

（二）责任认定及其赔偿情况的说明。

第三十七条 企业由于未能按期赎回抵押资产，使抵押资产被拍卖或变卖，其账面净值大于变卖价值的差额，可认定为资产损失，按以下证据材料确认：

（一）抵押合同或协议书；

（二）拍卖或变卖证明、清单；

（三）会计核算资料等其他相关证据材料。

第三十八条 被其他新技术所代替或已经超过法律保护期限，已经丧失使用价值和转让价值，尚未摊销的无形资产损失，应提交以下证据备案：

（一）会计核算资料；

（二）企业内部核批文件及有关情况说明；

（三）技术鉴定意见和企业法定代表人、主要负责人和财务负责人签章证实无形资产已无使用价值或转让价值的书面申明；

（四）无形资产的法律保护期限文件。

第六章　投资损失的确认

第三十九条 企业投资损失包括债权性投资损失和股权（权益）性投资损失。

第四十条 企业债权投资损失应依据投资的原始凭证、合同或协议、会计核算资料等相关证据材料确认。下列情况债权投资损失的，还应出具相关证据材料：

（一）债务人或担保人依法被宣告破产、关闭、被解散或撤销、被吊销营业执照、失踪或者死亡等，应出具资产清偿证明或者遗产清偿证明。无法出具资产清偿证明或者遗产清偿证明，且上述事项超过三年以上的，或债权投资（包括信用卡透支和助学贷款）余额在三百万元以下的，应出具对应的债务人和担保人破产、关闭、解散证明、撤销文件、工商行政管理部门注销证明或查询证明以及追索记录等（包括司法追索、电话追索、信件追索和上门追索等原始记录）；

（二）债务人遭受重大自然灾害或意外事故，企业对其资产进行清偿和对担保人进行追偿后，未能收回的债权，应出具债务人遭受重大自然灾害或意外事故证明、保险赔偿证明、资产清偿证明等；

（三）债务人因承担法律责任，其资产不足归还所借债务，又无其他债务承担者的，应出具法院裁定证明和资产清偿证明；

（四）债务人和担保人不能偿还到期债务，企业提出诉讼或仲裁的，经人民法院对债务人和担保人强制执行，债务人和担保人均无资产可执行，人民法院裁定终结或终止（中止）执行的，应出具人民法院裁定文书；

（五）债务人和担保人不能偿还到期债务，企业提出诉讼后被驳回起诉的、人民法院不予受理或不予支持的，或经仲裁机构裁决免除（或部分免除）债务人责任，经追偿后无法收回的债权，应提交法院驳回起诉的证明，或法院不予受理或不予支持证明，或仲裁机构裁决免除债务人责任的文书；

（六）经国务院专案批准核销的债权，应提供国务院批准文件或经国务院同意后由国务院有关部门批准的文件。

第四十一条 企业股权投资损失应依据以下相关证据材料确认：

（一）股权投资计税基础证明材料；

（二）被投资企业破产公告、破产清偿文件；

（三）工商行政管理部门注销、吊销被投资单位营业执照文件；

（四）政府有关部门对被投资单位的行政处理决定文件；

（五）被投资企业终止经营、停止交易的法律或其他证明文件；

（六）被投资企业资产处置方案、成交及入账材料；

（七）企业法定代表人、主要负责人和财务负责人签章证实有关投资（权益）性损失的书面申明；

（八）会计核算资料等其他相关证据材料。

第四十二条 被投资企业依法宣告破产、关闭、解散或撤销、吊销营业执照、停止生产经营活动、失踪等，应出具资产清偿证明或者遗产清偿证明。

上述事项超过三年以上且未能完成清算的，应出具被投资企业破产、关闭、解散或撤销、吊销等的证明以及不能清算的原因说明。

第四十三条 企业委托金融机构向其他单位贷款，或委托其他经营机构进行理财，到期不能收回贷款或理财款项，按照本办法第六章有关规定进行处理。

第四十四条 企业对外提供与本企业生产经营活动有关的担保，因被担保人不能按期偿还债务而承担连带责任，经追索，被担保人无偿还能力，对无法追回的金额，比照本办法规定的应收款项损失进行处理。

与本企业生产经营活动有关的担保是指企业对外提供的与本企业应税收入、投资、融资、材料采购、产品销售等生产经营活动相关的担保。

第四十五条 企业按独立交易原则向关联企业转让资产而发生的损失，或向关联企业提供借款、担保而形成的债权损失，准予扣除，但企业应作专项说明，同时出具中介机构出具的专项报告及其相关的证明材料。

第四十六条 下列股权和债权不得作为损失在税前扣除：

（一）债务人或者担保人有经济偿还能力，未按期偿还的企业债权；

（二）违反法律、法规的规定，以各种形式、借口逃废或悬空的企业债权；

（三）行政干预逃废或悬空的企业债权；

（四）企业未向债务人和担保人追偿的债权；

（五）企业发生非经营活动的债权；

（六）其他不应当核销的企业债权和股权。

第七章　其他资产损失的确认

第四十七条 企业将不同类别的资产捆绑（打包），以拍卖、询价、竞争性谈判、招标等市场方式出售，其出售价格低于计税成本的差额，可以作为资产损失并准予在税前申报扣除，但应出具资产处置方案、各类资产作价依据、出售过程的情况说明、出售合同或协议、成交及入账证明、资产计税基础等确定依据。

第四十八条 企业正常经营业务因内部控制制度不健全而出现操作不当、不规范或因业务创新但政策不明确、不配套等原因形成的资产损失，应由企业承担的金额，可以作为资产损失并准予在税前申报扣除，但应出具损失原因证明材料或业务监管部门定性证明、损失专项说明。

第四十九条 企业因刑事案件原因形成的损失，应由企业承担的金额，或经公安机关立案侦查两年以上仍未追回的金额，可以作为资产损失并准予在税前申报扣除，但应出具公安机关、人民检察院的立案侦查情况或人民法院的判决书等损失原因证明材料。

第八章　附则

第五十条 本办法没有涉及的资产损失事项，只要符合企业所得税法及其实施条例等法律、法规规定的，也可以向税务机关申报扣除。

第五十一条 省、自治区、直辖市和计划单列市国家税务局、地方税务局税务局可以根据本办法制定具体实施办法。

第五十二条 本办法自 2011 年 1 月 1 日起施行，《国家税务总局关于印发〈企业资产损失税前扣除管理办法〉的通知》（国税发〔2009〕88 号）、《国家税务总局关于企业以前年度未扣除资产损失企业所得税处理问题的通知》（国税函〔2009〕772 号）、《国家税务总局关于电信企业坏账损失税前扣除问题的通知》（国税函〔2010〕196 号）同时废止。本办法生效之日前尚未进行税务处理的资产损失事项，也应按本办法执行。

国家税务总局关于工会经费企业所得税税前扣除凭据问题的公告

国家税务总局公告2010年第24号　发布日期：2010-11-09

根据《工会法》、《中国工会章程》和财政部颁布的《工会会计制度》，以及财政票据管理的有关规定，全国总工会决定从2010年7月1日起，启用财政部统一印制并套印财政部票据监制章的《工会经费收入专用收据》，同时废止《工会经费拨缴款专用收据》。为加强对工会经费企业所得税税前扣除的管理，现就工会经费税前扣除凭据问题公告如下：

一、自2010年7月1日起，企业拨缴的职工工会经费，不超过工资薪金总额2%的部分，凭工会组织开具的《工会经费收入专用收据》在企业所得税税前扣除。

二、《国家税务总局关于工会经费税前扣除问题的通知》（国税函〔2000〕678号）同时废止。

特此公告。

国家税务总局关于企业取得财产转让等所得企业所得税处理问题的公告

国家税务总局公告2010年第19号　发布日期：2010-10-27

根据《中华人民共和国企业所得税法实施条例》第二十五条规定，现就企业以不同形式取得财产转让等收入征收企业所得税问题公告如下：

一、企业取得财产（包括各类资产、股权、债权等）转让收入、债务重组收入、接受捐赠收入、无法偿付的应付款收入等，不论是以货币形式、还是非货币形式体现，除另有规定外，均应一次性计入确认收入的年度计算缴纳企业所得税。

二、本公告自发布之日起30日后施行。2008年1月1日至本公告施行前，各地就上述收入计算的所得，已分5年平均计入各年度应纳税所得额计算纳税的，在本公告发布后，对尚未计算纳税的应纳税所得额，应一次性作为本年度应纳税所得额计算纳税。

特此公告。

国家税务总局关于跨地区经营建筑企业所得税征收管理问题的通知

国税函〔2010〕156号　发布日期：2010-04-19

［**修改说明**：根据2018.06.15国家税务总局公告2018年第31号《国家税务总局关于修改部分税收规范性文件的公告》对本文第八条进行了修改。］

各省、自治区、直辖市和计划单列市国家税务局、地方税务局：

为加强对跨地区（指跨省、自治区、直辖市和计划单列市，下同）经营建筑企业所得税的征收管理，根据《中华人民共和国企业所得税法》及其实施条例、《中华人民共和国税收征收管理法》及其实施细则、《国家税务总局关于印发〈跨地区经营汇总纳税企业所得税征收管理暂行办法〉的通知》（国税发〔2008〕28号）的规定，现对跨地区经营建筑企业所得税征收管理问题通知如下：

一、实行总分机构体制的跨地区经营建筑企业应严格执行国税发〔2008〕28号文件规定，按照"统一计算，分级管理，就地预缴，汇总清算，财政调库"的办法计算缴纳企业所得税。

二、建筑企业所属二级或二级以下分支机构直接管理的项目部（包括与项目部性质相同的工程指挥部、合同段等，下同）不就地预缴企业所得税，其经营收入、职工工资和资产总额应汇总到二级分支机构统一核算，由二级分支机构按照国税发〔2008〕28号文件规定的办法预缴企业所得税。

三、建筑企业总机构直接管理的跨地区设立的项目部，应按项目实际经营收入的0.2%按月或按季由总机构向项目所在地预分企业所得税，并由项目部向所在地主管税务机关预缴。

四、建筑企业总机构应汇总计算企业应纳所得税，按照以下方法进行预缴：

（一）总机构只设跨地区项目部的，扣除已由项目部预缴的企业所得税后，按照其余额就地缴纳；

（二）总机构只设二级分支机构的，按照国税发〔2008〕28号文件规定计算总、分支机构应缴纳的税款；

（三）总机构既有直接管理的跨地区项目部，又有跨地区二级分支机构的，先扣除已由项目部预缴的企业所得税后，再按照国税发〔2008〕28号文件规定计算总、分支机构应缴纳的税款。

五、建筑企业总机构应按照有关规定办理企业所得税年度汇算清缴，各分支机构和项目部不进行汇算清缴。总机构年终汇算清缴后应纳所得税额小于已预缴的税款时，由总机构主管税务机关办理退税或抵扣以后年度的应缴企业所得税。

六、跨地区经营的项目部（包括二级以下分支机构管理的项目部）应向项目所在地主管税务机关出具总机构所在地主管税务机关开具的《外出经营活动税收管理证明》，未提供上述证明的，项目部所在地主管税务机关应督促其限期补办；不能提供上述证明的，应作为独立纳税人就地缴纳企业所得税。同时，项目部应向所在地主管税务机关提供总机构出具的证明该项目部属于总机构或二级分支机构管理的证明文件。

七、建筑企业总机构在办理企业所得税预缴和汇算清缴时，应附送其所直接管理的跨地区经营项目部就地预缴税款的完税证明。

八、建筑企业在同一省、自治区、直辖市和计划单列市设立的跨地（市、县）项目部，其企业所得税的征收管理办法，由各省、自治区、直辖市和计划单列市国家税务局、地方税务局共同税务局制定，并报国家税务总局备案。

九、本通知自 2010 年 1 月 1 日起施行。

国家税务总局关于贯彻落实企业所得税法若干税收问题的通知

国税函〔2010〕79号　发布日期：2010-02-22

各省、自治区、直辖市和计划单列市国家税务局、地方税务局：

根据《中华人民共和国企业所得税法》（以下简称企业所得税法）和《中华人民共和国企业所得税法实施条例》（以下简称《实施条例》）的有关规定，现就贯彻落实企业所得税法过程中若干问题，通知如下：

一、关于租金收入确认问题

根据《实施条例》第十九条的规定，企业提供固定资产、包装物或者其他有形资产的使用权取得的租金收入，应按交易合同或协议规定的承租人应付租金的日期确认收入的实现。其中，如果交易合同或协议中规定租赁期限跨年度，且租金提前一次性支付的，根据《实施条例》第九条规定的收入与费用配比原则，出租人可对上述已确认的收入，在租赁期内，分期均匀计入相关年度收入。

出租方如为在我国境内设有机构场所、且采取据实申报缴纳企业所得的非居民企业，也按本条规定执行。

二、关于债务重组收入确认问题

企业发生债务重组，应在债务重组合同或协议生效时确认收入的实现。

三、关于股权转让所得确认和计算问题

企业转让股权收入，应于转让协议生效、且完成股权变更手续时，确认收入的实现。转让股权收入扣除为取得该股权所发生的成本后，为股权转让所得。企业在计算股权转让所得时，不得扣除被投资企业未分配利润等股东留存收益中按该项股权所可能分配的金额。

四、关于股息、红利等权益性投资收益收入确认问题

企业权益性投资取得股息、红利等收入，应以被投资企业股东会或股东大会作出利润分配或转股决定的日期，确定收入的实现。

被投资企业将股权（票）溢价所形成的资本公积转为股本的，不作为投资方企业的股息、红利收入，投资方企业也不得增加该项长期投资的计税基础。

五、关于固定资产投入使用后计税基础确定问题

企业固定资产投入使用后，由于工程款项尚未结清未取得全额发票的，可暂按合同规定的金额计入固定资产计税基础计提折旧，待发票取得后进行调整。但该项调整应在固定资产投入使用后12个月内进行。

六、关于免税收入所对应的费用扣除问题

根据《实施条例》第二十七条、第二十八条的规定，企业取得的各项免税收入所对应的各项成本费用，除另有规定者外，可以在计算企业应纳税所得额时扣除。

七、企业筹办期间不计算为亏损年度问题

企业自开始生产经营的年度，为开始计算企业损益的年度。企业从事生产经营之前进行筹办活动期间发生筹办费用支出，不得计算为当期的亏损，应按照《国家税务总局关于企业所得税若干税务事项衔接问题的通知》（国税函〔2009〕98号）第九条规定执行。

八、从事股权投资业务的企业业务招待费计算问题

对从事股权投资业务的企业（包括集团公司总部、创业投资企业等），其从被投资企业所分配的股息、红利以及股权转让收入，可以按规定的比例计算业务招待费扣除限额。

国家税务总局关于企业向自然人借款的利息支出企业所得税税前扣除问题的通知

国税函〔2009〕777号　发布日期：2009-12-31

各省、自治区、直辖市和计划单列市国家税务局、地方税务局：

现就企业向自然人借款的利息支出企业所得税税前扣除问题，通知如下：

一、企业向股东或其他与企业有关联关系的自然人借款的利息支出，应根据《中华人民共和国企业所得税法》（以下简称税法）第四十六条及《财政部、国家税务总局关于企业关联方利息支出税前扣除标准有关税收政策问题的通知》（财税〔2008〕121号）规定的条件，计算企业所得税扣除额。

二、企业向除第一条规定以外的内部职工或其他人员借款的利息支出，其借款情况同时符合以下条件的，其利息支出在不超过按照金融企业同期同类贷款利率计算的数额的部分，根据税法第八条和税法实施条例第二十七条规定，准予扣除。

三、（一）企业与个人之间的借贷是真实、合法、有效的，并且不具有非法集资目的或其他违反法律、法规的行为；

（二）企业与个人之间签订了借款合同。

财政部　国家税务总局
关于安置残疾人员就业有关企业所得税优惠政策问题的通知

财税〔2009〕70 号　发布日期：2009-04-30

各省、自治区、直辖市、计划单列市财政厅（局）、国家税务局、地方税务局，新疆生产建设兵团财务局：

根据《中华人民共和国企业所得税法》和《中华人民共和国企业所得税法实施条例》（国务院令第 512 号）的有关规定，现就企业安置残疾人员就业有关企业所得税优惠政策问题，通知如下：

一、企业安置残疾人员的，在按照支付给残疾职工工资据实扣除的基础上，可以在计算应纳税所得额时按照支付给残疾职工工资的 100% 加计扣除。

企业就支付给残疾职工的工资，在进行企业所得税预缴申报时，允许据实计算扣除；在年度终了进行企业所得税年度申报和汇算清缴时，再依照本条第一款的规定计算加计扣除。

二、残疾人员的范围适用《中华人民共和国残疾人保障法》的有关规定。

三、企业享受安置残疾职工工资 100% 加计扣除应同时具备如下条件：

（一）依法与安置的每位残疾人签订了 1 年以上（含 1 年）的劳动合同或服务协议，并且安置的每位残疾人在企业实际上岗工作。

（二）为安置的每位残疾人按月足额缴纳了企业所在区县人民政府根据国家政策规定的基本养老保险、基本医疗保险、失业保险和工伤保险等社会保险。

（三）定期通过银行等金融机构向安置的每位残疾人实际支付了不低于企业所在区县适用的经省级人民政府批准的最低工资标准的工资。

（四）具备安置残疾人上岗工作的基本设施。

四、企业应在年度终了进行企业所得税年度申报和汇算清缴时，向主管税务机关报送本通知第四条规定的相关资料、已安置残疾职工名单及其《中华人民共和国残疾人证》或《中华人民共和国残疾军人证（1 至 8 级）》复印件和主管税务机关要求提供的其他资料，办理享受企业所得税加计扣除优惠的备案手续。

五、在企业汇算清缴结束后，主管税务机关在对企业进行日常管理、纳税评估和纳税检查时，应对安置残疾人员企业所得税加计扣除优惠的情况进行核实。

六、本通知自 2008 年 1 月 1 日起执行。

国家税务总局关于企业工资薪金及职工福利费扣除问题的通知

国税函〔2009〕3号　发布日期：2009-01-04

各省、自治区、直辖市和计划单列市国家税务局、地方税务局：

为有效贯彻落实《中华人民共和国企业所得税法实施条例》（以下简称《实施条例》），现就企业工资薪金和职工福利费扣除有关问题通知如下：

一、关于合理工资薪金问题

《实施条例》第三十四条所称的“合理工资薪金”，是指企业按照股东大会、董事会、薪酬委员会或相关管理机构制订的工资薪金制度规定实际发放给员工的工资薪金。税务机关在对工资薪金进行合理性确认时，可按以下原则掌握：

（一）企业制订了较为规范的员工工资薪金制度；

（二）企业所制订的工资薪金制度符合行业及地区水平；

（三）企业在一定时期所发放的工资薪金是相对固定的，工资薪金的调整是有序进行的；

（四）企业对实际发放的工资薪金，已依法履行了代扣代缴个人所得税义务。

（五）有关工资薪金的安排，不以减少或逃避税款为目的；

二、关于工资薪金总额问题

《实施条例》第四十、四十一、四十二条所称的“工资薪金总额”，是指企业按照本通知第一条规定实际发放的工资薪金总和，不包括企业的职工福利费、职工教育经费、工会经费以及养老保险费、医疗保险费、失业保险费、工伤保险费、生育保险费等社会保险费和住房公积金。属于国有性质的企业，其工资薪金，不得超过政府有关部门给予的限定数额；超过部分，不得计入企业工资薪金总额，也不得在计算企业应纳税所得额时扣除。

三、关于职工福利费扣除问题

《实施条例》第四十条规定的企业职工福利费，包括以下内容：

（一）尚未实行分离办社会职能的企业，其内设福利部门所发生的设备、设施和人员费用，包括职工食堂、职工浴室、理发室、医务所、托儿所、疗养院等集体福利部门的设备、设施及维修保养费用和福利部门工作人员的工资薪金、社会保险费、住房公积金、劳务费等。

（二）为职工卫生保健、生活、住房、交通等所发放的各项补贴和非货币性福利，包括企业向职工发放的因公外地就医费用、未实行医疗统筹企业职工医疗费用、职工供养直系亲属医疗补贴、供暖费补贴、职工防暑降温费、职工困难补贴、救济费、职工食堂经费补贴、职工交通补贴等。

（三）按照其他规定发生的其他职工福利费，包括丧葬补助费、抚恤费、安家费、探亲假路费等。

四、关于职工福利费核算问题

企业发生的职工福利费，应该单独设置账册，进行准确核算。没有单独设置账册准确核算的，税务机关应责令企业在规定的期限内进行改正。逾期仍未改正的，税务机关可对企业发生的职工福利费进行合理的核定。

五、本通知自 2008 年 1 月 1 日起执行。

国家税务总局关于确认企业所得税收入若干问题的通知

国税函〔2008〕875号　发布日期：2008-10-30

各省、自治区、直辖市和计划单列市国家税务局、地方税务局：

根据《中华人民共和国企业所得税法》（以下简称企业所得税法）及《中华人民共和国企业所得税法实施条例》（以下简称实施条例）规定的原则和精神，现对确认企业所得税收入的若干问题通知如下：

一、除企业所得税法及实施条例另有规定外，企业销售收入的确认，必须遵循权责发生制原则和实质重于形式原则。

（一）企业销售商品同时满足下列条件的，应确认收入的实现：

1. 商品销售合同已经签订，企业已将商品所有权相关的主要风险和报酬转移给购货方；

2. 企业对已售出的商品既没有保留通常与所有权相联系的继续管理权，也没有实施有效控制；

3. 收入的金额能够可靠地计量；

4. 已发生或将发生的销售方的成本能够可靠地核算。

（二）符合上款收入确认条件，采取下列商品销售方式的，应按以下规定确认收入实现时间：

1. 销售商品采用托收承付方式的，在办妥托收手续时确认收入。

2. 销售商品采取预收款方式的，在发出商品时确认收入。

3. 销售商品需要安装和检验的，在购买方接受商品以及安装和检验完毕时确认收入。如果安装程序比较简单，可在发出商品时确认收入。

4. 销售商品采用支付手续费方式委托代销的，在收到代销清单时确认收入。

（三）采用售后回购方式销售商品的，销售的商品按售价确认收入，回购的商品作为购进商品处理。有证据表明不符合销售收入确认条件的，如以销售商品方式进行融资，收到的款项应确认为负债，回购价格大于原售价的，差额应在回购期间确认为利息费用。

（四）销售商品以旧换新的，销售商品应当按照销售商品收入确认条件确认收入，回收的商品作为购进商品处理。

（五）企业为促进商品销售而在商品价格上给予的价格扣除属于商业折扣，商品销售涉及商业折扣的，应当按照扣除商业折扣后的金额确定销售商品收入金额。

债权人为鼓励债务人在规定的期限内付款而向债务人提供的债务扣除属于现金折扣，销售商品涉及现金折扣的，应当按扣除现金折扣前的金额确定销售商品收入金额，现金折扣在实际发生时作为财务费用扣除。

企业因售出商品的质量不合格等原因而在售价上给的减让属于销售折让；企业因售出商品质量、品种不符合要求等原因而发生的退货属于销售退回。企业已经确认销售收入的售出商品发生销售折让和销售退回，应当在发生当期冲减当期销售商品收入。

二、企业在各个纳税期末，提供劳务交易的结果能够可靠估计的，应采用完工进度（完工百分比）法确认提供劳务收入。

（一）提供劳务交易的结果能够可靠估计，是指同时满足下列条件：

1. 收入的金额能够可靠地计量；

2. 交易的完工进度能够可靠地确定；

3. 交易中已发生和将发生的成本能够可靠地核算。

（二）企业提供劳务完工进度的确定，可选用下列方法：

1. 已完工作的测量；

2. 已提供劳务占劳务总量的比例；

3. 发生成本占总成本的比例。

（三）企业应按照从接受劳务方已收或应收的合同或协议价款确定劳务收入总额，根据纳税期末提供劳务收入总额乘以完工进度扣除以前纳税年度累计已确认提供劳务收入后的金额，确认为当期劳务收入；同时，按照提供劳务估计总成本乘以完工进度扣除以前纳税期间累计已确认劳务成本后的金额，结转为当期劳务成本。

（四）下列提供劳务满足收入确认条件的，应按规定确认收入：

1. 安装费。应根据安装完工进度确认收入。安装工作是商品销售附带条件的，安装费在确认商品销售实现时确认收入。

2. 宣传媒介的收费。应在相关的广告或商业行为出现于公众面前时确认收入。广告的制作费，应根据制作广告的完工进度确认收入。

3. 软件费。为特定客户开发软件的收费，应根据开发的完工进度确认收入。

4. 服务费。包含在商品售价内可区分的服务费，在提供服务的期间分期确认收入。

5. 艺术表演、招待宴会和其他特殊活动的收费。在相关活动发生时确认收入。收费涉及几项活动的，预收的款项应合理分配给每项活动，分别确认收入。

6. 会员费。申请入会或加入会员，只允许取得会籍，所有其他服务或商品都要另行收费的，在取得该会员费时确认收入。申请入会或加入会员后，会员在会员期内不再付费就可得到各种服务或商品，或者以低于非会员的价格销售商品或提供服务的，该会员费应在整个受益期内分期确认收入。

7. 特许权费。属于提供设备和其他有形资产的特许权费，在交付资产或转移资产所有权时确认收入；属于提供初始及后续服务的特许权费，在提供服务时确认收入。

8. 劳务费。长期为客户提供重复的劳务收取的劳务费，在相关劳务活动发生时确认收入。三、企业以买一赠一等方式组合销售本企业商品的，不属于捐赠，应将总的销售金额按各项商品的公允价值的比例来分摊确认各项的销售收入。

国家税务总局关于
企业处置资产所得税处理问题的通知

国税函〔2008〕828号　发布日期：2008-10-09

各省、自治区、直辖市和计划单列市国家税务局、地方税务局：

根据《中华人民共和国企业所得税法实施条例》第二十五条规定，现就企业处置资产的所得税处理问题通知如下：

一、企业发生下列情形的处置资产，除将资产转移至境外以外，由于资产所有权属在形式和实质上均不发生改变，可作为内部处置资产，不视同销售确认收入，相关资产的计税基础延续计算。

（一）将资产用于生产、制造、加工另一产品；

（二）改变资产形状、结构或性能；

（三）改变资产用途（如，自建商品房转为自用或经营）；

（四）将资产在总机构及其分支机构之间转移；

（五）上述两种或两种以上情形的混合；

（六）其他不改变资产所有权属的用途。

二、企业将资产移送他人的下列情形，因资产所有权属已发生改变而不属于内部处置资产，应按规定视同销售确定收入。

（一）用于市场推广或销售；

（二）用于交际应酬；

（三）用于职工奖励或福利；

（四）用于股息分配；

（五）用于对外捐赠；

（六）其他改变资产所有权属的用途。

三、企业发生本通知第二条规定情形时，属于企业自制的资产，应按企业同类资产同期对外销售价格确定销售收入；属于外购的资产，可按购入时的价格确定销售收入。

［**注**：根据2016.12.09国家税务总局公告2016年第80号《国家税务总局关于企业所得税有关问

题的公告》企业发生本文第二条规定情形的，除另有规定外，应按照被移送资产的公允价值确定销售收入；本文第三条废止。上述规定适用于2016年度及以后年度企业所得税汇算清缴。]

四、本通知自2008年1月1日起执行。对2008年1月1日以前发生的处置资产，2008年1月1日以后尚未进行税务处理的，按本通知规定执行。

关于印发《关于企业职工教育经费提取与使用管理的意见》的通知

财建〔2006〕317号　发布日期：2006-06-17

各省、自治区、直辖市财政厅（局）、总工会、劳动和社会保障厅（局）、教育厅（委）、发展改革委、科技厅（局）、人事厅（局）、国防科工委（办）、国资委（经贸委）、国家税务局、地方税务局、工商联：

为深入贯彻全国职业教育工作会议精神，实施科教兴国战略和人才强国战略，落实《国务院关于大力发展职业教育的决定》（国发〔2005〕35号）和中共中央办公厅、国务院办公厅《印发（关于进一步加强高技能人才工作的意见）的通知》（中办发〔2006〕15号），推动“创建学习型组织，争做知识型职工”活动深入开展，培养和造就一支高素质的职工队伍，更好地为实施“十一五”规划纲要、建设创新型国家、实现全面建设小康社会宏伟目标提供人才保证，有关部门共同制定了《关于企业职工教育培训经费提取与使用管理的意见》，现印发给你们。请结合工作实际，认真组织落实。

附件：关于企业职工教育经费提取与使用管理的意见

附件：

关于企业职工教育经费提取与使用管理的意见

为认真落实《中华人民共和国劳动法》、《中华人民共和国职业教育法》、《国务院关于大力发展职业教育的决定》（国发〔2005〕35号，以下简称《决定》）、中共中央办公厅、国务院办公厅《印发〈关于进一步加强高技能人才工作的意见〉的通知》（中办发〔2006〕5号，以下简称《意见》）、和全国职业教育工作会议精神，推动“创建学习型。组织，争做知识型职工”活动深入持久开展，加速职工队伍的知识化进程，现就企业职工教育培训经费的提取与使用管理，提出以下意见：

一、充分认识企业职工教育培训的重要性

（一）全面提高职工队伍素质，建设一支规模宏大、结构合理、素质较高的职工一队伍，是实现“十一五”规划的关键。党的十六届五中全会强调加快推进人才强国战略，加强人力资源能力建设，实施人才培养工程。企业职工教育培训是开发人力资源，提高企业自主创新能力和竞争力的基础工作，是提高职工职业技能和岗位能力，适应经济发展、技术进步不可或缺的重要环节。各类企业要充分认识加强职工教育培训的重要性，承担本企业职工教育培训的组织、实施和管理工作。

（二）企业职工教育培训是我国教育和人才工作的重要组成部分，是实施科教兴国战略、人才强国战略和加强人力资源能力建设的重要途径。加强职工教育培训工作，加快培养创新型人才和专业化高技能人才，带动企业职工整体素质的提高，是企业的重要职责；企业专业技术人员继续教育工作是企业职工教育培训的重要内容，对于提高企业专业技术人员整体素质和创新能力，提高企业的科研技术水平、自主创新能力和核心竞争力，发挥着关键作用。《决定》明确指出大力发展职业教育，加快人力资源开发，是落实科教兴国战略和人才强国战略，推进我国走新型工业化道路、解决“三农”问题、促进就业再就业的重大举措；是全面提高国民素质，把我国巨大人 1：1 压力转化为人力资源优势，提升我国综合国力、构建和谐社会的重要途径。各类企业都必须高度重视职工教育培训工作，履行职工教育培训的职责。

（三）提高职工的学习能力、实践能力和创新能力，是落实以人为本的科学发展观，切实维护职工的学习权、发展权的迫切需要。企业要进一步完善各项措施，提供职工参加学习和培训的必要保障，努力造就一支高素质的职工队伍，加速工人阶级知识化进程，为全面建设小康社会提供人才保证和智力支持。

二、进一步明确企业职工教育培训的内容和要求

（一）企业职工教育培训的主要内容有：政治理论、职业道德教育；岗位专业技术和职业技能培训以及适应性培训；企业经营管理人员和专业技术人员继续教育；企业富余职工转岗转业培训；根据需要对职工进行的各类文化教育和技术技能培训。

（二）企业要强化职工教育和培训，突出创新能力和技能培养，加大高技能人才培养力度，鼓励职工岗位自学成才，切实提高职工技能素质，提升职业竞争力。

三、切实保证企业职工教育培训经费足额提取及合理使用

（一）切实执行《国务院关于大力推进职业教育改革与发展的决定》（国发〔2002〕16 号）中关于“一般企业按照职工工资总额的 1.5% 足额提取教育培训经费，从业人员技术要求高、培训任务重、经济效益较好的企业，可按 2.5% 提取，列入成本开支”的规定，足额提取职工教育培训经费。要保证经费专项用于职工特别是一线职工的教育和培训，严禁挪作他用。

（二）按照国家统计局《关于工资总额组成的规定》（国家统计局1990年第1号令），工资总额由计时工资、计件工资、奖金、津贴和补贴、加班加点工资、特殊情况下支付的工资等六个部分组成。企业应按规定提取职工教育培训经费，并按照计税工资总额和税法规定提取比例的标准在企业所得税税前扣除。当年结余可结转到下一年度继续使用。

（三）企业的职工教育培训经费提取、列支与使用必须严格遵守国家有关财务会计和税收制度的规定。

（四）职工教育培训经费必须专款专用，面向全体职工开展教育培训，特别是要加强各类高技能人才的培养。

（五）企业职工教育培训经费列支范围包括：

1. 上岗和转岗培训；

2. 各类岗位适应性培训；

3. 岗位培训、职业技术等级培训、高技能人才培训；

4. 专业技术人员继续教育；

5. 特种作业人员培训；

6. 企业组织的职工外送培训的经费支出；

7. 职工参加的职业技能鉴定、职业资格认证等经费支出；

8. 购置教学设备与设施；

9. 职工岗位自学成才奖励费用；

10. 职工教育培训管理费用；

11. 有关职工教育的其他开支。

（六）经单位批准或按国家和省、市规定必须到本单位之外接受培训的职工，与培训有关的费用由职工所在单位按规定承担。

（七）经单位批准参加继续教育以及政府有关部门集中举办的专业技术、岗位培训、职业技术等级培训、高技能人才培训所需经费，可从职工所在企业职工教育培训经费中列支。

（八）为保障企业职工的学习权利和提高他们的基本技能，职工教育培训经费的60%以上应用于企业一线职工的教育和培训。当前和今后一个时期，要将职工教育培训经费的重点投向技能型人才特别是高技能人才的培养以及在岗人员的技术培训和继续学习。

（九）企业职工参加社会上的学历教育以及个人为取得学位而参加的在职教育，所需费用应由个人承担，不能挤占企业的职工教育培训经费。

（十）对于企业高层管理人员的境外培训和考察，其一次性单项支出较高的费用应从其他管理费用中支出，避免挤占日常的职工教育培训经费开支。

（十一）矿山和建筑企业等聘用外来农民工较多的企业，以及在城市化进程中接受农村转移劳动力较多的企业，对农民工和农村转移劳动力培训所需的费用，可从职工教育培训经费中支出。

四、企业职工教育培训经费的补充

（一）企业新建项目，应充分考虑岗位技术技能要求、设备操作难度等因素，按照国家规定的相关标准，在项目投资中列支技术技能培训费用。

（二）企业进行技术改造和项目引进、研究开发新技术、试制新产品，应按相关规定从项目投入中提取职工技术技能培训经费，重点保证专业技术骨干、高技能人才和急需紧缺人才培养的需要。

（三）企业工会年度内按规定留成的工会经费中，应有一定部分用于职工教育与培训，列入工会预算掌握使用。

五、加强职工教育培训经费的管理

（一）建立健全企业职工教育培训经费提取和使用的规章制度，严格按照规定范围和控制额度开支。企业的经营者应确保本企业职工教育经费的提取与使用。

（二）企业职工教育培训主管部门要根据职工教育与培训计划合理安排职工教育培训经费使用，大型企业集团提取的职工教育培训经费可与二级单位（或二级法人单位）一划分一定的比例分别管理与使用。

（三）鼓励各企业建立职工个人学习与培训帐户制度，采取单位、个人、工会共同向帐户注资方法，支持职工个人学习与培训，并建立学习档案，完整记录职工学习与培训的情况。

（四）对自身没有能力开展职工培训，以及未开展高技能人才培训的企业，应按照《意见》要求，由县级以上地方人民政府对其职工教育培训经费实行统筹，由劳动保障等部门统一组织培训服务。

六、完善经费提取与使用的监督

（一）企业工会应当积极组织开展“创建学习型组织，争做知识型职工”活动，切实维护职工的学习权利，督促企业履行对职工的培训义务，并依据已签订的集体合同中有关职工教育培训的条款参与监督企业职工教育培训经费的提取与使用。

（二）企业职工代表大会或职工大会、企业审计等有关部门要分别履行监督企业提取与使用职工教育培训经费的职责。

（三）企业应将职工教育培训经费的提取与使用情况列为厂务公开的内容，向职工代表大会或职工大会报告，定期或不定期进行公开，接受职工代表的质询和全体职工的监督。

（四）各级劳动保障、审计部门要加强对企业职工教育培训经费提取与使用情况的监督，引导企业落实职工培训特别是高技能人才培训任务。

（五）充分发挥公众舆论依照国家有关法律法规实施监督的作用，促进企业按要求承担职工教育与培训义务。

中华人民共和国个人所得税法

成文日期：2018-8-31

［修改注释：1980 年 9 月 10 日第五届全国人民代表大会第三次会议通过根据 1993 年 10 月 31 日第八届全国人民代表大会常务委员会第四次会议《关于修改〈中华人民共和国个人所得税法〉的决定》第一次修正　根据 1999 年 8 月 30 日第九届全国人民代表大会常务委员会第十一次会议《关于修改〈中华人民共和国个人所得税法〉的决定》第二次修正　根据 2005 年 10 月 27 日第十届全国人民代表大会常务委员会第十八次会议《关于修改〈中华人民共和国个人所得税法〉的决定》第三次修正　根据 2007 年 6 月 29 日第十届全国人民代表大会常务委员会第二十八次会议《关于修改〈中华人民共和国个人所得税法〉的决定》第四次修正　根据 2007 年 12 月 29 日第十届全国人民代表大会常务委员会第三十一次会议《关于修改〈中华人民共和国个人所得税法〉的决定》第五次修正　根据 2011 年 6 月 30 日第十一届全国人民代表大会常务委员会第二十一次会议《关于修改〈中华人民共和国个人所得税法〉的决定》第六次修正　根据 2018 年 8 月 31 日第十三届全国人民代表大会常务委员会第五次会议《关于修改〈中华人民共和国个人所得税法〉的决定》第七次修正。］

第一条　在中国境内有住所，或者无住所而一个纳税年度内在中国境内居住累计满一百八十三天的个人，为居民个人。居民个人从中国境内和境外取得的所得，依照本法规定缴纳个人所得税。

在中国境内无住所又不居住，或者无住所而一个纳税年度内在中国境内居住累计不满一百八十三天的个人，为非居民个人。非居民个人从中国境内取得的所得，依照本法规定缴纳个人所得税。

纳税年度，自公历一月一日起至十二月三十一日止。

第二条　下列各项个人所得，应当缴纳个人所得税：

（一）工资、薪金所得；

（二）劳务报酬所得；

（三）稿酬所得；

（四）特许权使用费所得；

（五）经营所得；

（六）利息、股息、红利所得；

（七）财产租赁所得；

（八）财产转让所得；

（九）偶然所得。

居民个人取得前款第一项至第四项所得（以下称综合所得），按纳税年度合并计算个人所得税；非居民个人取得前款第一项至第四项所得，按月或者按次分项计算个人所得税。纳税人取得前款第五项至第九项所得，依照本法规定分别计算个人所得税。

第三条 个人所得税的税率：

（一）综合所得，适用百分之三至百分之四十五的超额累进税率（税率表附后）；

（二）经营所得，适用百分之五至百分之三十五的超额累进税率（税率表附后）；

（三）利息、股息、红利所得，财产租赁所得，财产转让所得和偶然所得，适用比例税率，税率为百分之二十。

第四条 下列各项个人所得，免征个人所得税：

（一）省级人民政府、国务院部委和中国人民解放军军以上单位，以及外国组织、国际组织颁发的科学、教育、技术、文化、卫生、体育、环境保护等方面的奖金；

（二）国债和国家发行的金融债券利息；

（三）按照国家统一规定发给的补贴、津贴；

（四）福利费、抚恤金、救济金；

（五）保险赔款；

（六）军人的转业费、复员费、退役金；

（七）按照国家统一规定发给干部、职工的安家费、退职费、基本养老金或者退休费、离休费、离休生活补助费；

（八）依照有关法律规定应予免税的各国驻华使馆、领事馆的外交代表、领事官员和其他人员的所得；

（九）中国政府参加的国际公约、签订的协议中规定免税的所得；

（十）国务院规定的其他免税所得。

前款第十项免税规定，由国务院报全国人民代表大会常务委员会备案。

第五条 有下列情形之一的，可以减征个人所得税，具体幅度和期限，由省、自治区、直辖市人民政府规定，并报同级人民代表大会常务委员会备案：

（一）残疾、孤老人员和烈属的所得；

（二）因自然灾害遭受重大损失的。

国务院可以规定其他减税情形，报全国人民代表大会常务委员会备案。

第六条 应纳税所得额的计算：

（一）居民个人的综合所得，以每一纳税年度的收入额减除费用六万元以及专项扣除、专项附加扣除和依法确定的其他扣除后的余额，为应纳税所得额。

（二）非居民个人的工资、薪金所得，以每月收入额减除费用五千元后的余额为应纳税所得额；劳务报酬所得、稿酬所得、特许权使用费所得，以每次收入额为应纳税所得额。

（三）经营所得，以每一纳税年度的收入总额减除成本、费用以及损失后的余额，为应纳税所得额。

（四）财产租赁所得，每次收入不超过四千元的，减除费用八百元；四千元以上的，减除百分之二十的费用，其余额为应纳税所得额。

（五）财产转让所得，以转让财产的收入额减除财产原值和合理费用后的余额，为应纳税所得额。

（六）利息、股息、红利所得和偶然所得，以每次收入额为应纳税所得额。

劳务报酬所得、稿酬所得、特许权使用费所得以收入减除百分之二十的费用后的余额为收入额。稿酬所得的收入额减按百分之七十计算。

个人将其所得对教育、扶贫、济困等公益慈善事业进行捐赠，捐赠额未超过纳税人申报的应纳税所得额百分之三十的部分，可以从其应纳税所得额中扣除；国务院规定对公益慈善事业捐赠实行全额税前扣除的，从其规定。

本条第一款第一项规定的专项扣除，包括居民个人按照国家规定的范围和标准缴纳的基本养老保险、基本医疗保险、失业保险等社会保险费和住房公积金等；专项附加扣除，包括子女教育、继续教育、大病医疗、住房贷款利息或者住房租金、赡养老人等支出，具体范围、标准和实施步骤由国务院确定，并报全国人民代表大会常务委员会备案。

第七条 居民个人从中国境外取得的所得，可以从其应纳税额中抵免已在境外缴纳的个人所得税税额，但抵免额不得超过该纳税人境外所得依照本法规定计算的应纳税额。

第八条 有下列情形之一的，税务机关有权按照合理方法进行纳税调整：

（一）个人与其关联方之间的业务往来不符合独立交易原则而减少本人或者其关联方应纳税额，且无正当理由；

（二）居民个人控制的，或者居民个人和居民企业共同控制的设立在实际税负明显偏低的国家（地区）的企业，无合理经营需要，对应当归属于居民个人的利润不作分配或者减少分配；

（三）个人实施其他不具有合理商业目的的安排而获取不当税收利益。

税务机关依照前款规定作出纳税调整，需要补征税款的，应当补征税款，并依法加收利息。

第九条 个人所得税以所得人为纳税人，以支付所得的单位或者个人为扣缴义务人。

纳税人有中国公民身份号码的，以中国公民身份号码为纳税人识别号；纳税人没有中国公民身份号码的，由税务机关赋予其纳税人识别号。扣缴义务人扣缴税款时，纳税人应当向扣缴义务人提供纳税人识别号。

第十条 有下列情形之一的，纳税人应当依法办理纳税申报：

（一）取得综合所得需要办理汇算清缴；

（二）取得应税所得没有扣缴义务人；

（三）取得应税所得，扣缴义务人未扣缴税款；

（四）取得境外所得；

（五）因移居境外注销中国户籍；

（六）非居民个人在中国境内从两处以上取得工资、薪金所得；

（七）国务院规定的其他情形。

扣缴义务人应当按照国家规定办理全员全额扣缴申报，并向纳税人提供其个人所得和已扣缴税款等信息。

第十一条 居民个人取得综合所得，按年计算个人所得税；有扣缴义务人的，由扣缴义务人按月或者按次预扣预缴税款；需要办理汇算清缴的，应当在取得所得的次年三月一日至六月三十日内办理汇算清缴。预扣预缴办法由国务院税务主管部门制定。

居民个人向扣缴义务人提供专项附加扣除信息的，扣缴义务人按月预扣预缴税款时应当按照规定予以扣除，不得拒绝。

非居民个人取得工资、薪金所得，劳务报酬所得，稿酬所得和特许权使用费所得，有扣缴义务人的，由扣缴义务人按月或者按次代扣代缴税款，不办理汇算清缴。

第十二条 纳税人取得经营所得，按年计算个人所得税，由纳税人在月度或者季度终了后十五日内向税务机关报送纳税申报表，并预缴税款；在取得所得的次年三月三十一日前办理汇算清缴。

纳税人取得利息、股息、红利所得，财产租赁所得，财产转让所得和偶然所得，按月或者按次计算个人所得税，有扣缴义务人的，由扣缴义务人按月或者按次代扣代缴税款。

第十三条 纳税人取得应税所得没有扣缴义务人的，应当在取得所得的次月十五日内向税务机关报送纳税申报表，并缴纳税款。

纳税人取得应税所得，扣缴义务人未扣缴税款的，纳税人应当在取得所得的次年六月三十日前，缴纳税款；税务机关通知限期缴纳的，纳税人应当按照期限缴纳税款。

居民个人从中国境外取得所得的，应当在取得所得的次年三月一日至六月三十日内申报纳税。

非居民个人在中国境内从两处以上取得工资、薪金所得的，应当在取得所得的次月十五日内申报纳税。

纳税人因移居境外注销中国户籍的，应当在注销中国户籍前办理税款清算。

第十四条 扣缴义务人每月或者每次预扣、代扣的税款，应当在次月十五日内缴入国库，并向税务机关报送扣缴个人所得税申报表。

纳税人办理汇算清缴退税或者扣缴义务人为纳税人办理汇算清缴退税的，税务机关审核后，按照国库管理的有关规定办理退税。

第十五条 公安、人民银行、金融监督管理等相关部门应当协助税务机关确认纳税人的身份、金融账户信息。教育、卫生、医疗保障、民政、人力资源社会保障、住房城乡建设、公安、人民银行、金融监督管理等相关部门应当向税务机关提供纳税人子女教育、继续教育、大病医疗、住房贷款利息、住房租金、赡养老人等专项附加扣除信息。

个人转让不动产的，税务机关应当根据不动产登记等相关信息核验应缴的个人所得税，登记机构办理转移登记时，应当查验与该不动产转让相关的个人所得税的完税凭证。个人转让股权办理变更登记的，市场主体登记机关应当查验与该股权交易相关的个人所得税的完税凭证。

有关部门依法将纳税人、扣缴义务人遵守本法的情况纳入信用信息系统，并实施联合激励或者惩戒。

第十六条 各项所得的计算，以人民币为单位。所得为人民币以外的货币的，按照人民币汇率中间价折合成人民币缴纳税款。

第十七条 对扣缴义务人按照所扣缴的税款，付给百分之二的手续费。

第十八条 对储蓄存款利息所得开征、减征、停征个人所得税及其具体办法，由国务院规定，并报全国人民代表大会常务委员会备案。

第十九条 纳税人、扣缴义务人和税务机关及其工作人员违反本法规定的，依照《中华人民共和国税收征收管理法》和有关法律法规的规定追究法律责任。

第二十条 个人所得税的征收管理，依照本法和《中华人民共和国税收征收管理法》的规定执行。

第二十一条 国务院根据本法制定实施条例。

第二十二条 本法自公布之日起施行。

中华人民共和国个人所得税法实施条例

发布日期：2018-12-18

（1994年1月28日中华人民共和国国务院令第142号发布根据2005年12月19日《国务院关于修改〈中华人民共和国个人所得税法实施条例〉的决定》第一次修订根据2008年2月18日《国务院关于修改〈中华人民共和国个人所得税法实施条例〉的决定》第二次修订根据2011年7月19日《国务院关于修改〈中华人民共和国个人所得税法实施条例〉的决定》第三次修订2018年12月18日中华人民共和国国务院令第707号第四次修订）

第一条 根据《中华人民共和国个人所得税法》（以下简称个人所得税法），制定本条例。

第二条 个人所得税法所称在中国境内有住所，是指因户籍、家庭、经济利益关系而在中国境内习惯性居住；所称从中国境内和境外取得的所得，分别是指来源于中国境内的所得和来源于中国境外的所得。

第三条 除国务院财政、税务主管部门另有规定外，下列所得，不论支付地点是否在中国境内，均为来源于中国境内的所得：

（一）因任职、受雇、履约等在中国境内提供劳务取得的所得；

（二）将财产出租给承租人在中国境内使用而取得的所得；

（三）许可各种特许权在中国境内使用而取得的所得；

（四）转让中国境内的不动产等财产或者在中国境内转让其他财产取得的所得；

（五）从中国境内企业、事业单位、其他组织以及居民个人取得的利息、股息、红利所得。

第四条 在中国境内无住所的个人，在中国境内居住累计满183天的年度连续不满六年的，经向主管税务机关备案，其来源于中国境外且由境外单位或者个人支付的所得，免予缴纳个人所得税；在中国境内居住累计满183天的任一年度中有一次离境超过30天的，其在中国境内居住累计满183天的年度的连续年限重新起算。

第五条 在中国境内无住所的个人，在一个纳税年度内在中国境内居住累计不超过90天的，其来源于中国境内的所得，由境外雇主支付并且不由该雇主在中国境内的机构、场所负担的部分，免予缴纳个人所得税。

第六条 个人所得税法规定的各项个人所得的范围：

（一）工资、薪金所得，是指个人因任职或者受雇取得的工资、薪金、奖金、年终加薪、劳动分红、津贴、补贴以及与任职或者受雇有关的其他所得。

（二）劳务报酬所得，是指个人从事劳务取得的所得，包括从事设计、装潢、安装、制图、化验、测试、医疗、法律、会计、咨询、讲学、翻译、审稿、书画、雕刻、影视、录音、录像、演出、表演、广告、展览、技术服务、介绍服务、经纪服务、代办服务以及其他劳务取得的所得。

（三）稿酬所得，是指个人因其作品以图书、报刊等形式出版、发表而取得的所得。

（四）特许权使用费所得，是指个人提供专利权、商标权、著作权、非专利技术以及其他特许权的使用权取得的所得；提供著作权的使用权取得的所得，不包括稿酬所得。

（五）经营所得，是指：

1. 个体工商户从事生产、经营活动取得的所得，个人独资企业投资人、合伙企业的个人合伙人来源于境内注册的个人独资企业、合伙企业生产、经营的所得；

2. 个人依法从事办学、医疗、咨询以及其他有偿服务活动取得的所得；

3. 个人对企业、事业单位承包经营、承租经营以及转包、转租取得的所得；

4. 个人从事其他生产、经营活动取得的所得。

（六）利息、股息、红利所得，是指个人拥有债权、股权等而取得的利息、股息、红利所得。

（七）财产租赁所得，是指个人出租不动产、机器设备、车船以及其他财产取得的所得。

（八）财产转让所得，是指个人转让有价证券、股权、合伙企业中的财产份额、不动产、机器设备、车船以及其他财产取得的所得。

（九）偶然所得，是指个人得奖、中奖、中彩以及其他偶然性质的所得。个人取得的所得，难以界定应纳税所得项目的，由国务院税务主管部门确定。

第七条 对股票转让所得征收个人所得税的办法，由国务院另行规定，并报全国人民代表大会常务委员会备案。

第八条 个人所得的形式，包括现金、实物、有价证券和其他形式的经济利益；所得为实物的，应当按照取得的凭证上所注明的价格计算应纳税所得额，无凭证的实物或者凭证上所注明的价格明显偏低的，参照市场价格核定应纳税所得额；所得为有价证券的，根据票面价格和市场价格核定应纳税所得额；所得为其他形式的经济利益的，参照市场价格核定应纳税所得额。

第九条 个人所得税法第四条第一款第二项所称国债利息，是指个人持有中华人民共和国财政部发行的债券而取得的利息；所称国家发行的金融债券利息，是指个人持有经国务院批准发行的金融债券而取得的利息。

第十条 个人所得税法第四条第一款第三项所称按照国家统一规定发给的补贴、津贴，是指按照国务院规定发给的政府特殊津贴、院士津贴，以及国务院规定免予缴纳个人所得税的其他补贴、津贴。

第十一条 个人所得税法第四条第一款第四项所称福利费，是指根据国家有关规定，从企业、事业单位、国家机关、社会组织提留的福利费或者工会经费中支付给个人的生活补助费；所称救济金，是指各级人民政府民政部门支付给个人的生活困难补助费。

第十二条 个人所得税法第四条第一款第八项所称依照有关法律规定应予免税的各国驻华使馆、领事馆的外交代表、领事官员和其他人员的所得，是指依照《中华人民共和国外交特权与豁免条例》和《中华人民共和国领事特权与豁免条例》规定免税的所得。

第十三条 个人所得税法第六条第一款第一项所称依法确定的其他扣除，包括个人缴付符合国家规定的企业年金、职业年金，个人购买符合国家规定的商业健康保险、税收递延型商业养老保险的支出，以及国务院规定可以扣除的其他项目。

专项扣除、专项附加扣除和依法确定的其他扣除，以居民个人一个纳税年度的应纳税所得额为限额；一个纳税年度扣除不完的，不结转以后年度扣除。

第十四条 个人所得税法第六条第一款第二项、第四项、第六项所称每次，分别按照下列方法确定：

（一）劳务报酬所得、稿酬所得、特许权使用费所得，属于一次性收入的，以取得该项收入为一次；属于同一项目连续性收入的，以一个月内取得的收入为一次。

（二）财产租赁所得，以一个月内取得的收入为一次。

（三）利息、股息、红利所得，以支付利息、股息、红利时取得的收入为一次。

（四）偶然所得，以每次取得该项收入为一次。

第十五条 个人所得税法第六条第一款第三项所称成本、费用，是指生产、经营活动中发生的各项直接支出和分配计入成本的间接费用以及销售费用、管理费用、财务费用；所称损失，是指生产、经营活动中发生的固定资产和存货的盘亏、毁损、报废损失，转让财产损失，坏账损失，自然灾害等不可抗力因素造成的损失以及其他损失。

取得经营所得的个人，没有综合所得的，计算其每一纳税年度的应纳税所得额时，应当减除费用6万元、专项扣除、专项附加扣除以及依法确定的其他扣除。专项附加扣除在办理汇算清缴时减除。

从事生产、经营活动，未提供完整、准确的纳税资料，不能正确计算应纳税所得额的，由主管税务机关核定应纳税所得额或者应纳税额。

第十六条 个人所得税法第六条第一款第五项规定的财产原值，按照下列方法确定：

（一）有价证券，为买入价以及买入时按照规定交纳的有关费用；

（二）建筑物，为建造费或者购进价格以及其他有关费用；

（三）土地使用权，为取得土地使用权所支付的金额、开发土地的费用以及其他有关费用；

（四）机器设备、车船，为购进价格、运输费、安装费以及其他有关费用。

其他财产，参照前款规定的方法确定财产原值。

纳税人未提供完整、准确的财产原值凭证，不能按照本条第一款规定的方法确定财产原值的，由主管税务机关核定财产原值。

个人所得税法第六条第一款第五项所称合理费用，是指卖出财产时按照规定支付的有关税费。

第十七条 财产转让所得，按照一次转让财产的收入额减除财产原值和合理费用后的余额计算纳税。

第十八条 两个以上的个人共同取得同一项目收入的，应当对每个人取得的收入分别按照个人所得税法的规定计算纳税。

第十九条 个人所得税法第六条第三款所称个人将其所得对教育、扶贫、济困等公益慈善事业进行捐赠，是指个人将其所得通过中国境内的公益性社会组织、国家机关向教育、扶贫、济困等公益慈善事业的捐赠；所称应纳税所得额，是指计算扣除捐赠额之前的应纳税所得额。

第二十条 居民个人从中国境内和境外取得的综合所得、经营所得，应当分别合并计算应纳税额；从中国境内和境外取得的其他所得，应当分别单独计算应纳税额。

第二十一条 个人所得税法第七条所称已在境外缴纳的个人所得税税额，是指居民个人来源于中国境外的所得，依照该所得来源国家（地区）的法律应当缴纳并且实际已经缴纳的所得税税额。

个人所得税法第七条所称纳税人境外所得依照本法规定计算的应纳税额，是居民个人抵免已在境外缴纳的综合所得、经营所得以及其他所得的所得税税额的限额（以下简称抵免限额）。除国务院财政、税务主管部门另有规定外，来源于中国境外一个国家（地区）的综合所得抵免限额、经营所得抵免限额以及其他所得抵免限额之和，为来源于该国家（地区）所得的抵免限额。

居民个人在中国境外一个国家（地区）实际已经缴纳的个人所得税税额，低于依照前款规定计算出的来源于该国家（地区）所得的抵免限额的，应当在中国缴纳差额部分的税款；超过来源于该国家（地区）所得的抵免限额的，其超过部分不得在本纳税年度的应纳税额中抵免，但是可以在以后纳税年度来源于该国家（地区）所得的抵免限额的余额中补扣。补扣期限最长不得超过五年。

第二十二条 居民个人申请抵免已在境外缴纳的个人所得税税额，应当提供境外税务机关出具的税款所属年度的有关纳税凭证。

第二十三条 个人所得税法第八条第二款规定的利息，应当按照税款所属纳税申报期最后一日中国人民银行公布的与补税期间同期的人民币贷款基准利率计算，自税款纳税申报期满次日起至补缴税款期限届满之日止按日加收。纳税人在补缴税款期限届满前补缴税款的，利息加收至补缴税款之日。

第二十四条 扣缴义务人向个人支付应税款项时，应当依照个人所得税法规定预扣或者代扣税款，按时缴库，并专项记载备查。

前款所称支付，包括现金支付、汇拨支付、转账支付和以有价证券、实物以及其他形式的支付。

第二十五条 取得综合所得需要办理汇算清缴的情形包括：

（一）从两处以上取得综合所得，且综合所得年收入额减除专项扣除的余额超过 6 万元；

（二）取得劳务报酬所得、稿酬所得、特许权使用费所得中一项或者多项所得，且综合所得年收入额减除专项扣除的余额超过 6 万元；

（三）纳税年度内预缴税额低于应纳税额；

（四）纳税人申请退税。

纳税人申请退税，应当提供其在中国境内开设的银行账户，并在汇算清缴地就地办理税款退库。

汇算清缴的具体办法由国务院税务主管部门制定。

第二十六条 个人所得税法第十条第二款所称全员全额扣缴申报，是指扣缴义务人在代扣税款的次月十五日内，向主管税务机关报送其支付所得的所有个人的有关信息、支付所得数额、扣除事项和数额、扣缴税款的具体数额和总额以及其他相关涉税信息资料。

第二十七条 纳税人办理纳税申报的地点以及其他有关事项的具体办法，由国务院税务主管部门制定。

第二十八条 居民个人取得工资、薪金所得时，可以向扣缴义务人提供专项附加扣除有关信息，由扣缴义务人扣缴税款时减除专项附加扣除。纳税人同时从两处以上取得工资、薪金所得，并由扣缴义务人减除专项附加扣除的，对同一专项附加扣除项目，在一个纳税年度内只能选择从一处取得的所得中减除。

居民个人取得劳务报酬所得、稿酬所得、特许权使用费所得，应当在汇算清缴时向税务机关提供有关信息，减除专项附加扣除。

第二十九条 纳税人可以委托扣缴义务人或者其他单位和个人办理汇算清缴。

第三十条 扣缴义务人应当按照纳税人提供的信息计算办理扣缴申报，不得擅自更改纳税人提供的信息。

纳税人发现扣缴义务人提供或者扣缴申报的个人信息、所得、扣缴税款等与实际情况不符的，有权要求扣缴义务人修改。扣缴义务人拒绝修改的，纳税人应当报告税务机关，税务机关应当及时处理。

纳税人、扣缴义务人应当按照规定保存与专项附加扣除相关的资料。税务机关可以对纳税人提供的专项附加扣除信息进行抽查，具体办法由国务院税务主管部门另行规定。税务机关发现纳税人提供虚假信息的，应当责令改正并通知扣缴义务人；情节严重的，有关部门应当依法予以处理，纳入信用信息系统并实施联合惩戒。

第三十一条 纳税人申请退税时提供的汇算清缴信息有错误的，税务机关应当告知其更正；纳税人更正的，税务机关应当及时办理退税。

扣缴义务人未将扣缴的税款解缴入库的，不影响纳税人按照规定申请退税，税务机关应当凭纳税人提供的有关资料办理退税。

第三十二条 所得为人民币以外货币的，按照办理纳税申报或者扣缴申报的上一月最后一日人民币汇率中间价，折合成人民币计算应纳税所得额。年度终了后办理汇算清缴的，对已经按月、按季或者按次预缴税款的人民币以外货币所得，不再重新折算；对应当补缴税款的所得部分，按照上一纳税年度最后一日人民币汇率中间价，折合成人民币计算应纳税所得额。

第三十三条 税务机关按照个人所得税法第十七条的规定付给扣缴义务人手续费，应当填开退还书；扣缴义务人凭退还书，按照国库管理有关规定办理退库手续。

第三十四条 个人所得税纳税申报表、扣缴个人所得税报告表和个人所得税完税凭证式样，由国务院税务主管部门统一制定。

第三十五条 军队人员个人所得税征收事宜，按照有关规定执行。

第三十六条 本条例自 2019 年 1 月 1 日起施行。

财政部　税务总局
关于个人取得有关收入适用个人所得税应税所得项目的公告

财政部　国家税务总局公告2019年第74号　发布日期：2019-06-13

为贯彻落实修改后的《中华人民共和国个人所得税法》，做好政策衔接工作，现将个人取得的有关收入适用个人所得税应税所得项目的事项公告如下：

一、个人为单位或他人提供担保获得收入，按照“偶然所得”项目计算缴纳个人所得税。

二、房屋产权所有人将房屋产权无偿赠与他人的，受赠人因无偿受赠房屋取得的受赠收入，按照“偶然所得”项目计算缴纳个人所得税。按照《财政部、国家税务总局关于个人无偿受赠房屋有关个人所得税问题的通知》（财税〔2009〕78号）第一条规定，符合以下情形的，对当事双方不征收个人所得税：

（一）房屋产权所有人将房屋产权无偿赠与配偶、父母、子女、祖父母、外祖父母、孙子女、外孙子女、兄弟姐妹；

（二）房屋产权所有人将房屋产权无偿赠与对其承担直接抚养或者赡养义务的抚养人或者赡养人；

（三）房屋产权所有人死亡，依法取得房屋产权的法定继承人、遗嘱继承人或者受遗赠人。

前款所称受赠收入的应纳税所得额按照《财政部、国家税务总局关于个人无偿受赠房屋有关个人所得税问题的通知》（财税〔2009〕78号）第四条规定计算。

三、企业在业务宣传、广告等活动中，随机向本单位以外的个人赠送礼品（包括网络红包，下同），以及企业在年会、座谈会、庆典以及其他活动中向本单位以外的个人赠送礼品，个人取得的礼品收入，按照“偶然所得”项目计算缴纳个人所得税，但企业赠送的具有价格折扣或折让性质的消费券、代金券、抵用券、优惠券等礼品除外。

前款所称礼品收入的应纳税所得额按照《财政部、国家税务总局关于企业促销展业赠送礼品有关个人所得税问题的通知》（财税〔2011〕50号）第三条规定计算。

四、个人按照《财政部、税务总局、人力资源社会保障部、中国银行保险监督管理委员会、证监会关于开展个人税收递延型商业养老保险试点的通知》（财税〔2018〕22号）的规定，领取的税收递延型商业养老保险的养老金收入，其中25%部分予以免税，其余75%部分按照10%的比例税率计算缴纳个人所得税，税款计入“工资、薪金所得”项目，由保险机构代扣代缴后，在个人购买税延养老保险的机构所在地办理全员全额扣缴申报。

五、本公告自2019年1月1日起执行。下列文件或文件条款同时废止：

（一）《财政部、国家税务总局关于银行部门以超过国家利率支付给储户的揽储奖金征收个人所得税问题的批复》（财税字〔1995〕64号）；

（二）《国家税务总局对中国科学院院士荣誉奖金征收个人所得税问题的复函》（国税函〔1995〕351号）；

（三）《国家税务总局关于未分配的投资者收益和个人人寿保险收入征收个人所得税问题的批复》（国税函〔1998〕546号）第二条；

（四）《国家税务总局关于个人所得税有关政策问题的通知》（国税发〔1999〕58号）第三条；

（五）《国家税务总局关于股民从证券公司取得的回扣收入征收个人所得税问题的批复》（国税函〔1999〕627号）；

（六）《财政部、国家税务总局关于个人所得税有关问题的批复》（财税〔2005〕94号）第二条；

（七）《国家税务总局关于个人取得解除商品房买卖合同违约金征收个人所得税问题的批复》（国税函〔2006〕865号）；

（八）《财政部、国家税务总局关于个人无偿受赠房屋有关个人所得税问题的通知》（财税〔2009〕78号）第三条；

（九）《财政部、国家税务总局关于企业促销展业赠送礼品有关个人所得税问题的通知》（财税〔2011〕50号）第二条第1项、第2项；

（十）《财政部、税务总局、人力资源社会保障部、中国银行保险监督管理委员会、证监会关于开展个人税收递延型商业养老保险试点的通知》（财税〔2018〕22号）第一条第（二）项第3点第二段；

（十一）《国家税务总局关于开展个人税收递延型商业养老保险试点有关征管问题的公告》（国家税务总局公告2018年第21号）第二条。

特此公告。

财政部　国家税务总局
关于完善股权激励和技术入股
有关所得税政策的通知

财税〔2016〕101号　发布日期：2016-09-20

［**修改说明**：2016.09.28国家税务总局发布了国家税务总局公告2016年第62号《国家税务总局关于股权激励和技术入股所得税征管问题的公告》对股权激励和技术入股有关所得税征管问题进行了明确，详见：国家税务总局公告2016年第62号。］

各省、自治区、直辖市、计划单列市财政厅（局）、国家税务局、地方税务局，新疆生产建设兵团财务局：

为支持国家大众创业、万众创新战略的实施，促进我国经济结构转型升级，经国务院批准，现就完善股权激励和技术入股有关所得税政策通知如下：

一、对符合条件的非上市公司股票期权、股权期权、限制性股票和股权奖励实行递延纳税政策

（一）非上市公司授予本公司员工的股票期权、股权期权、限制性股票和股权奖励，符合规定条件的，经向主管税务机关备案，可实行递延纳税政策，即员工在取得股权激励时可暂不纳税，递延至转让该股权时纳税；股权转让时，按照股权转让收入减除股权取得成本以及合理税费后的差额，适用“财产转让所得”项目，按照20%的税率计算缴纳个人所得税。

股权转让时，股票（权）期权取得成本按行权价确定，限制性股票取得成本按实际出资额确定，股权奖励取得成本为零。

（二）享受递延纳税政策的非上市公司股权激励（包括股票期权、股权期权、限制性股票和股权奖励，下同）须同时满足以下条件：

1. 属于境内居民企业的股权激励计划。

2. 股权激励计划经公司董事会、股东（大）会审议通过。未设股东（大）会的国有单位，经上级

主管部门审核批准。股权激励计划应列明激励目的、对象、标的、有效期、各类价格的确定方法、激励对象获取权益的条件、程序等。

3. 激励标的应为境内居民企业的本公司股权。股权奖励的标的可以是技术成果投资入股到其他境内居民企业所取得的股权。激励标的股票（权）包括通过增发、大股东直接让渡以及法律法规允许的其他合理方式授予激励对象的股票（权）。

4. 激励对象应为公司董事会或股东（大）会决定的技术骨干和高级管理人员，激励对象人数累计不得超过本公司最近 6 个月在职职工平均人数的 30%。

5. 股票（权）期权自授予日起应持有满 3 年，且自行权日起持有满 1 年；限制性股票自授予日起应持有满 3 年，且解禁后持有满 1 年；股权奖励自获得奖励之日起应持有满 3 年。上述时间条件须在股权激励计划中列明。

6. 股票（权）期权自授予日至行权日的时间不得超过 10 年。

7. 实施股权奖励的公司及其奖励股权标的公司所属行业均不属于《股权奖励税收优惠政策限制性行业目录》范围（见附件）。公司所属行业按公司上一纳税年度主营业务收入占比最高的行业确定。

（三）本通知所称股票（权）期权是指公司给予激励对象在一定期限内以事先约定的价格购买本公司股票（权）的权利；所称限制性股票是指公司按照预先确定的条件授予激励对象一定数量的本公司股权，激励对象只有工作年限或业绩目标符合股权激励计划规定条件的才可以处置该股权；所称股权奖励是指企业无偿授予激励对象一定份额的股权或一定数量的股份。

（四）股权激励计划所列内容不同时满足第一条第（二）款规定的全部条件，或递延纳税期间公司情况发生变化，不再符合第一条第（二）款第 4 至 6 项条件的，不得享受递延纳税优惠，应按规定计算缴纳个人所得税。

二、对上市公司股票期权、限制性股票和股权奖励适当延长纳税期限

（一）上市公司授予个人的股票期权、限制性股票和股权奖励，经向主管税务机关备案，个人可自股票期权行权、限制性股票解禁或取得股权奖励之日起，在不超过 12 个月的期限内缴纳个人所得税。《财政部　国家税务总局关于上市公司高管人员股票期权所得缴纳个人所得税有关问题的通知》（财税〔2009〕40 号）自本通知施行之日起废止。

（二）上市公司股票期权、限制性股票应纳税款的计算，继续按照《财政部　国家税务总局关于个人股票期权所得征收个人所得税问题的通知》（财税〔2005〕35 号）、《财政部　国家税务总局关于股票增值权所得和限制性股票所得征收个人所得税有关问题的通知》（财税〔2009〕5 号）、《国家税务总局关于股权激励有关个人所得税问题的通知》（国税函〔2009〕461 号）等相关规定执行。股权奖励应纳税款的计算比照上述规定执行。

三、对技术成果投资入股实施选择性税收优惠政策

（一）企业或个人以技术成果投资入股到境内居民企业，被投资企业支付的对价全部为股票（权）的，企业或个人可选择继续按现行有关税收政策执行，也可选择适用递延纳税优惠政策。

选择技术成果投资入股递延纳税政策的，经向主管税务机关备案，投资入股当期可暂不纳税，允许递延至转让股权时，按股权转让收入减去技术成果原值和合理税费后的差额计算缴纳所得税。

（二）企业或个人选择适用上述任一项政策，均允许被投资企业按技术成果投资入股时的评估值入账并在企业所得税前摊销扣除。

（三）技术成果是指专利技术（含国防专利）、计算机软件著作权、集成电路布图设计专有权、植物新品种权、生物医药新品种，以及科技部、财政部、国家税务总局确定的其他技术成果。

（四）技术成果投资入股，是指纳税人将技术成果所有权让渡给被投资企业、取得该企业股票（权）的行为。

四、相关政策

（一）个人从任职受雇企业以低于公平市场价格取得股票（权）的，凡不符合递延纳税条件，应在获得股票（权）时，对实际出资额低于公平市场价格的差额，按照“工资、薪金所得”项目，参照《财政部　国家税务总局关于个人股票期权所得征收个人所得税问题的通知》（财税〔2005〕35号）有关规定计算缴纳个人所得税。

（二）个人因股权激励、技术成果投资入股取得股权后，非上市公司在境内上市的，处置递延纳税的股权时，按照现行限售股有关征税规定执行。

（三）个人转让股权时，视同享受递延纳税优惠政策的股权优先转让。递延纳税的股权成本按照加权平均法计算，不与其他方式取得的股权成本合并计算。

（四）持有递延纳税的股权期间，因该股权产生的转增股本收入，以及以该递延纳税的股权再进行非货币性资产投资的，应在当期缴纳税款。

（五）全国中小企业股份转让系统挂牌公司按照本通知第一条规定执行。适用本通知第二条规定的上市公司是指其股票在上海证券交易所、深圳证券交易所上市交易的股份有限公司。

五、配套管理措施

（一）对股权激励或技术成果投资入股选择适用递延纳税政策的，企业应在规定期限内到主管税务机关办理备案手续。未办理备案手续的，不得享受本通知规定的递延纳税优惠政策。

（二）企业实施股权激励或个人以技术成果投资入股，以实施股权激励或取得技术成果的企业为个人所得税扣缴义务人。递延纳税期间，扣缴义务人应在每个纳税年度终了后向主管税务机关报告递延纳税有关情况。

（三）工商部门应将企业股权变更信息及时与税务部门共享，暂不具备联网实时共享信息条件的，

工商部门应在股权变更登记3个工作日内将信息与税务部门共享。

六、本通知自2016年9月1日起施行。

中关村国家自主创新示范区2016年1月1日至8月31日之间发生的尚未纳税的股权奖励事项，符合本通知规定的相关条件的，可按本通知有关政策执行。

财政部　国家税务总局
关于个人非货币性资产投资有关
个人所得税政策的通知

财税〔2015〕41 号　发布日期：2015-03-30

［**修改说明**：2015.04.08 国家税务总局公告 2015 年第 20 号《国家税务总局关于个人非货币性资产投资有关个人所得税征管问题的公告》对个人非货币性资产投资有关个人所得税征管问题做了进一步落实，详见国家税务总局公告 2015 年第 20 号。］

各省、自治区、直辖市、计划单列市财政厅（局）、地方税务局，新疆生产建设兵团财务局：

为进一步鼓励和引导民间个人投资，经国务院批准，将在上海自由贸易试验区试点的个人非货币性资产投资分期缴税政策推广至全国。现就个人非货币性资产投资有关个人所得税政策通知如下：

一、个人以非货币性资产投资，属于个人转让非货币性资产和投资同时发生。对个人转让非货币性资产的所得，应按照“财产转让所得”项目，依法计算缴纳个人所得税。

二、个人以非货币性资产投资，应按评估后的公允价值确认非货币性资产转让收入。非货币性资产转让收入减除该资产原值及合理税费后的余额为应纳税所得额。

个人以非货币性资产投资，应于非货币性资产转让、取得被投资企业股权时，确认非货币性资产转让收入的实现。

三、个人应在发生上述应税行为的次月 15 日内向主管税务机关申报纳税。纳税人一次性缴税有困难的，可合理确定分期缴纳计划并报主管税务机关备案后，自发生上述应税行为之日起不超过 5 个公历年度内（含）分期缴纳个人所得税。

四、个人以非货币性资产投资交易过程中取得现金补价的，现金部分应优先用于缴税；现金不足以缴纳的部分，可分期缴纳。

个人在分期缴税期间转让其持有的上述全部或部分股权，并取得现金收入的，该现金收入应优先用于缴纳尚未缴清的税款。

五、本通知所称非货币性资产，是指现金、银行存款等货币性资产以外的资产，包括股权、不动产、技术发明成果以及其他形式的非货币性资产。

本通知所称非货币性资产投资，包括以非货币性资产出资设立新的企业，以及以非货币性资产出资参与企业增资扩股、定向增发股票、股权置换、重组改制等投资行为。

六、本通知规定的分期缴税政策自 2015 年 4 月 1 日起施行。对 2015 年 4 月 1 日之前发生的个人非货币性资产投资，尚未进行税收处理且自发生上述应税行为之日起期限未超过 5 年的，可在剩余的期限内分期缴纳其应纳税款。

国家税务总局关于切实加强高收入者个人所得税征管的通知

国税发〔2011〕50 号　发布日期：2011-04-15

各省、自治区、直辖市和计划单列市国家税务局、地方税务局：

2010 年 5 月，国家税务总局下发了《关于进一步加强高收入者个人所得税征收管理的通知》（国税发〔2010〕54 号），各级税务机关采取有效措施，认真贯彻落实，取得积极成效。根据党的十七届五中全会通过的《中共中央关于制定国民经济和社会发展第十二个五年规划的建议》（以下简称《建议》）和十一届全国人大四次会议批准的《中华人民共和国国民经济和社会发展第十二个五年规划纲要》（以下简称《纲要》）对税收调节收入分配的有关要求，现就进一步做好高收入者个人所得税征管工作通知如下：

一、充分认识新形势下加强高收入者个人所得税征管的重要意义

党中央、国务院对收入分配问题高度重视，强调要合理调整收入分配关系。税收具有调节收入分配的重要功能，《建议》要求"加强税收对收入分配的调节作用，有效调节过高收入"。《纲要》提出要"完善个人所得税征管机制"，"加大对高收入者的税收调节力度"。做好高收入者个人所得税征管工作，对于有效地发挥税收调节收入分配的职能作用，促进社会公平正义与和谐稳定，具有重要意义。各级税务机关要认真贯彻落实党中央、国务院的部署和要求，将加强高收入者个人所得税征管作为当前和今后一个时期的一项重点工作，进一步强化征管基础，完善征管手段，创新管理和服务方式，为加快形成合理有序的收入分配格局做出积极努力。

二、不断完善高收入者主要所得项目的个人所得税征管

各级税务机关要继续贯彻落实国税发〔2010〕54 号文件规定，以非劳动所得为重点，依法进一步加强高收入者主要所得项目征管。

（一）加强财产转让所得征管

1. 完善自然人股东股权（份）转让所得征管。

（1）积极与工商行政管理部门合作，加强对个人转让非上市公司股权所得征管。重点做好平价或低价转让股权的核定工作，建立电子台账，记录股权转让的交易价格和税费情况，强化财产原值管理。

（2）加强个人对外投资取得股权的税源管理，重点监管上市公司在上市前进行增资扩股、股权转让、引入战略投资者等行为的涉税事项，防止税款流失。

（3）与相关部门密切配合，积极做好个人转让上市公司限售股个人所得税征管工作。

2. 加强房屋转让所得和拍卖所得征管。

（1）搞好与相关部门的配合，加强房屋转让所得征管，符合查实征收条件的，坚持实行查实征收；确实不符合查实征收条件的，按照有关规定严格核定征收。

（2）加强与本地区拍卖单位的联系，掌握拍卖所得税源信息，督促拍卖单位依法代扣代缴个人所得税。

3. 抓好其他形式财产转让所得征管。重点是加强个人以评估增值的非货币性资产对外投资取得股权（份）的税源管理，完善征管链条。

（二）深化利息、股息、红利所得征管

1. 加强企业分配股息、红利的扣缴税款管理，重点关注以未分配利润、盈余公积和资产评估增值转增注册资本和股本的征管，堵塞征管漏洞。

2. 对投资者本人及其家庭成员从法人企业列支消费支出和借款的，应认真开展日常税源管理和检查，对其相关所得依法征税。涉及金额较大的，应核实其费用凭证的真实性、合法性。

3. 对连续盈利且不分配股息、红利或者核定征收企业所得税的企业，其个人投资者的股息、红利等所得，应实施重点跟踪管理，制定相关征管措施。同时，加强企业注销时个人投资者税收清算管理。

4. 对企业及其他组织向个人借款并支付利息的，应通过核查相关企业所得税前扣除凭证等方式，督导企业或有关组织依法扣缴个人所得税。

（三）完善生产经营所得征管

1. 重点加强规模较大的个人独资、合伙企业和个体工商户的生产经营所得的查账征收管理；难以实行查账征收的，依法严格实行核定征收。对律师事务所、会计师事务所、税务师事务所、资产评估和房地产估价等鉴证类中介机构，不得实行核定征收个人所得税。

2. 对个人独资企业和合伙企业从事股权（票）、期货、基金、债券、外汇、贵重金属、资源开采权及其他投资品交易取得的所得，应全部纳入生产经营所得，依法征收个人所得税。

3. 将个人独资企业、合伙企业和个体工商户的资金用于投资者本人、家庭成员及其相关人员消费性支出和财产性支出的，严格按照相关规定计征个人所得税。

4. 加强个人独资、合伙企业和个体工商户注销登记管理，在其注销登记前，主管税务机关应主动采取有效措施处理好有关税务事项。

三、继续加强高收入行业和人群的个人所得税征管

（一）加强以非劳动所得为主要收入来源人群的征管

密切关注持有公司大量股权、取得大额投资收益以及从事房地产、矿产资源投资、私募基金、信托投资等活动的高收入人群，实行重点税源管理。

（二）做好高收入行业工薪所得征管工作

1. 深化高收入行业工薪所得扣缴税款管理。重点关注高收入行业企业的中高层管理人员各项工资、薪金所得，尤其是各类奖金、补贴、股票期权和限制性股票等激励所得。

2. 加强高收入行业企业扣缴个人所得税的工资、薪金所得总额与企业所得税申报表中工资费用支出总额的比对，强化企业所得税和个人所得税的联动管理。

3. 对以各种发票冲抵个人收入，从而偷逃个人所得税的行为，严格按照税收征管法的规定予以处罚。

（三）对纳税人从两处或两处以上取得工资、薪金所得，应通过明细申报数据等信息汇总比对，加强纳税人自行申报纳税管理。

（四）完善数额较大的劳务报酬所得征管

1. 督促扣缴义务人依法履行扣缴义务，与有关部门密切合作，及时获取相关劳务报酬支付信息，重点加强数额较大劳务报酬所得的征管。

2. 加强对个人从事影视表演、广告拍摄及形象代言等获取所得的源泉控管，重点做好相关人员通过设立艺人工作室、劳务公司及其他形式的企业或组织取得演出收入的所得税征管工作。

（五）加强高收入外籍个人取得所得的征管

1. 进一步建立和充实外籍个人管理档案，掌握不同国家、不同行业、不同职位的薪酬标准，加强来源于中国境内、由境外机构支付所得的管理。充分利用税收情报交换和对外支付税务证明审核等信息，加强在中国境内无住所但居住超过 5 年的个人境外所得税收征管。

2. 加强外籍个人提供非独立劳务取得所得的征管，抓好对由常设机构或固定基地负担外籍个人报酬的监管，防范税收协定滥用。

四、建立健全高收入者应税收入监控体系

加强税务机关内部和外部涉税信息的获取与整合应用。通过各类涉税信息的分析、比对，掌握高收入者经济活动和税源分布特点、收入获取规律等情况，有针对性地加强高收入者个人所得税征管。

（一）强化税源管理基础

1. 按照税务总局的统一部署和要求，通过推广应用个人所得税管理信息系统等手段，加强扣缴义务人全员全额扣缴明细申报管理，建立健全个人纳税档案。

2. 推进年所得 12 万元以上纳税人自行纳税申报常态化管理，不断提高申报数据质量，加强申报补缴税款管理。

3. 逐步建立健全自行纳税申报和全员全额扣缴申报信息交叉稽核机制，完善高收入者税源管理措施。

4. 国税局和地税局密切配合，健全信息传递和反馈机制，形成征管工作合力。

（二）建立协税护税机制

1. 根据税收征管法的规定，加强税务机关与公安、工商、银行、证券、房管、外汇管理、人力资源和社会保障等相关部门与机构的协作，共享涉税信息，完善配套措施。

2. 积极争取地方政府的支持，建立健全政府牵头的涉税信息共享机制，明确相关部门协税护税的责任和义务。

五、深入开展纳税服务、纳税评估和专项检查

各级税务机关要通过改进纳税服务，深化纳税评估，加强专项检查，促进纳税人依法诚信纳税。

（一）不断优化纳税服务

积极为纳税人提供多渠道、便捷化的申报纳税服务。了解纳税人的涉税诉求，提高咨询回复质量和效率。有针对性地对高收入者进行税法宣传和政策辅导，引导其主动申报、依法纳税。认真贯彻落实税务总局有关工作要求，继续做好为纳税人开具完税证明工作。严格执行为纳税人收入和纳税信息保密的有关规定，维护纳税人合法权益。

（二）切实加强日常税源管理和评估

坚持开展高收入者个人所得税日常税源管理，充分利用相关信息，科学设定评估指标，创新评估方法，积极开展纳税评估。对纳税评估发现的疑点，应进行跟踪核查、约谈；发现纳税人涉嫌税收违法行为的，应及时移交稽查部门立案检查。

（三）扎实做好个人所得税专项检查工作

按照税务总局的统一部署，认真开展个人所得税专项检查。同时，结合本地征管实际，选取部分高收入者比较集中的行业，切实搞好专项检查。加强税政、征管、稽查等部门的协调配合，及时提供违法线索，依法严厉查处。

各级税务机关要加强组织领导，认真做好高收入者个人所得税征管工作，并将其作为税收工作考核的重要内容。主动向地方政府汇报，加强与相关部门的沟通，争取各方面的支持和配合。根据本通知精神，结合实际制定具体实施方案。进一步研究强化基础工作、创新管理方式、完善征管手段、搞好税法宣传的有效措施，不断提高个人所得税征管水平。

国家税务总局关于离退休人员取得单位发放离退休工资以外奖金补贴征收个人所得税的批复

国税函〔2008〕723号　发布日期：2008-08-07

福建省地方税务局：

你局《关于单位对离退休人员发放退休工资以外的奖金补贴如何征收个人所得税的请示》（闽地税发〔2008〕121号）收悉。经研究，批复如下：

离退休人员除按规定领取离退休工资或养老金外，另从原任职单位取得的各类补贴、奖金、实物，不属于《中华人民共和国个人所得税法》第四条规定可以免税的退休工资、离休工资、离休生活补助费。根据《中华人民共和国个人所得税法》及其实施条例的有关规定，离退休人员从原任职单位取得的各类补贴、奖金、实物，应在减除费用扣除标准后，按“工资、薪金所得”应税项目缴纳个人所得税。

抄送：各省、自治区、直辖市和计划单列市地方税务局，西藏、宁夏、青海省（自治区）国家税务局。

国家税务总局关于单位为员工支付有关保险缴纳个人所得税问题的批复

国税函〔2005〕318号　发布日期：2005-04-13

黑龙江省地方税务局：

你局《关于代扣代缴单位为员工支付保险有关缴纳个人所得税问题的请示》（黑地税发〔2005〕19号）收悉。经研究，现批复如下：

依据《中华人民共和国个人所得税法》及有关规定，对企业为员工支付各项免税之外的保险金，应在企业向保险公司缴付时（即该保险落到被保险人的保险账户）并入员工当期的工资收入，按“工资、薪金所得”项目计征个人所得税，税款由企业负责代扣代缴。

国家税务总局关于盈余公积金转增注册资本征收个人所得税问题的批复

国税函〔1998〕333号　发布日期：1998-06-04

青岛市地方税务局：

你局《关于青岛路邦石油化工有限公司公积金转增资本缴纳个人所得税问题的请示》（青地税四字［1998］12号）收悉。经研究，现批复如下：

青岛路邦石油化工有限公司将从税后利润中提取的法定公积金和任意公积金转增注册资本，实际上是该公司将盈余公积金向股东分配了股息、红利，股东再以分得的股息、红利增加注册资本。因此，依据《国家税务总局关于股份制企业转增股本和派发红股征免个人所得税的通知》（国税发〔1997〕198号）精神，对属于个人股东分得再投入公司（转增注册资本）的部分应按照"利息、股息、红利所得"项目征收个人所得税，税款由股份有限公司在有关部门批准增资、公司股东会决议通过后代扣代缴。

国家税务总局关于原城市信用社在转制为城市合作银行过程中个人股增值所得应纳个人所得税的批复

国税函〔1998〕289号　发布日期：1998-05-15

重庆市地方税务局：

你局《重庆市地方税务局关于重庆市信用社在转制为重庆城市合作银行过程中个人股增值所得应纳个人所得税问题的请示》（渝地税发〔1998〕88号）收悉。经研究，现批复如下：

一、在城市信用社改制为城市合作银行过程中，个人以现金或股份及其他形式取得的资产评估增值数额，应当按“利息、股息、红利所得”项目计征个人所得税，税款由城市合作银行负责代扣代缴。

二、《国家税务总局关于股份制企业转增股本和派发红股征免个人所得税的通知》（国税发〔1997〕198号）中所表述的“资本公积金”是指股份制企业股票溢价发行收入所形成的资本公积金。将此转增股本由个人取得的数额，不作为应税所得征收个人所得税。而与此不相符合的其他资本公积金分配个人所得部分，应当依法征收个人所得税。

国家税务总局关于
股份制企业转增股本和派发红股
征免个人所得税的通知

国税发〔1997〕198号　发布日期：1997-12-25

近接一些地区和单位来文、来电请示，要求对股份制企业用资本公积金转增个人股本是否征收个人所得税的问题作出明确规定。经研究，现明确如下：

一、股份制企业用资本公积金转增股本不属于股息、红利性质的分配，对个人取得的转增股本数额，不作为个人所得，不征收个人所得税。

二、股份制企业用盈余公积金派发红股属于股息、红利性质的分配，对个人取得的红股数额，应作为个人所得征税。

各地要严格按照《国家税务总局关于印发〈征收个人所得税若干问题的规定〉的通知》（国税发〔1994〕089号）的有关规定执行，没有执行的要尽快纠正。派发红股的股份制企业作为支付所得的单位应按照税法规定履行扣缴义务。

国家税务总局关于
利息股息红利所得征税问题的通知

国税函〔1997〕656号　发布日期：1997-12-10

天津市地方税务局：

你局《关于对利息、股息、红利所得分配个人名下征税问题的请示》（地税二〔1997〕43号）收悉。经研究，现通知如下：

扣缴义务人将属于纳税义务人应得的利息、股息、红利收入，通过扣缴义务人的往来会计科目分配到个人名下，收入所有人有权随时提取，在这种情况下，扣缴义务人将利息、股息、红利所得分配到个人名下时，即应认为所得的支付，应按税收法规规定及时代扣代缴个人应缴纳的个人所得税（1994年前为个人收入调节税）。

中华人民共和国土地增值税暂行条例

成文日期：2011-1-8

（1993 年 12 月 13 日中华人民共和国国务院令第 138 号发布，根据 2011 年 1 月 8 日《国务院关于废止和修改部分行政法规的决定》修订）

第一条 为了规范土地、房地产市场交易秩序，合理调节土地增值收益，维护国家权益，制定本条例。

第二条 转让国有土地使用权、地上的建筑物及其附着物（以下简称转让房地产）并取得收入的单位和个人，为土地增值税的纳税义务人（以下简称纳税人），应当依照本条例缴纳土地增值税。

第三条 土地增值税按照纳税人转让房地产所取得的增值额和本条例第七条规定的税率计算征收。

第四条 纳税人转让房地产所取得的收入减除本条例第六条规定扣除项目金额后的余额，为增值额。

第五条 纳税人转让房地产所取得的收入，包括货币收入、实物收入和其他收入。

第六条 计算增值额的扣除项目：

（一）取得土地使用权所支付的金额；

（二）开发土地的成本、费用；

（三）新建房及配套设施的成本、费用，或者旧房及建筑物的评估价格；

（四）与转让房地产有关的税金；

（五）财政部规定的其他扣除项目。

第七条 土地增值税实行四级超率累进税率：

增值额未超过扣除项目金额 50% 的部分，税率为 30%。

增值额超过扣除项目金额 50%、未超过扣除项目金额 100% 的部分，税率为 40%。

增值额超过扣除项目金额 100%、未超过扣除项目金额 200% 的部分，税率为 50%。

增值额超过扣除项目金额 200% 的部分，税率为 60%。

第八条 有下列情形之一的，免征土地增值税：

（一）纳税人建造普通标准住宅出售，增值额未超过扣除项目金额 20% 的；

（二）因国家建设需要依法征收、收回的房地产。

第九条 纳税人有下列情形之一的，按照房地产评估价格计算征收：

（一）隐瞒、虚报房地产成交价格的；

（二）提供扣除项目金额不实的；

（三）转让房地产的成交价格低于房地产评估价格，又无正当理由的。

第十条 纳税人应当自转让房地产合同签订之日起 7 日内向房地产所在地主管税务机关办理纳税申报，并在税务机关核定的期限内缴纳土地增值税。

第十一条 土地增值税由税务机关征收。土地管理部门、房产管理部门应当向税务机关提供有关资料，并协助税务机关依法征收土地增值税。

第十二条 纳税人未按照本条例缴纳土地增值税的，土地管理部门、房产管理部门不得办理有关的权属变更手续。

第十三条 土地增值税的征收管理，依据《中华人民共和国税收征收管理法》及本条例有关规定执行。

第十四条 本条例由财政部负责解释，实施细则由财政部制定。

第十五条 本条例自 1994 年 1 月 1 日起施行。各地区的土地增值费征收办法，与本条例相抵触的，同时停止执行。

国家税务总局关于土地增值税清算有关问题的通知

国税函〔2010〕220号　发布日期：2010-05-19

各省、自治区、直辖市地方税务局，宁夏、西藏、青海省（自治区）国家税务局：

为了进一步做好土地增值税清算工作，根据《中华人民共和国土地增值税暂行条例》及实施细则的规定，现将土地增值税清算工作中有关问题通知如下：

一、关于土地增值税清算时收入确认的问题

土地增值税清算时，已全额开具商品房销售发票的，按照发票所载金额确认收入；未开具发票或未全额开具发票的，以交易双方签订的销售合同所载的售房金额及其他收益确认收入。销售合同所载商品房面积与有关部门实际测量面积不一致，在清算前已发生补、退房款的，应在计算土地增值税时予以调整。

二、房地产开发企业未支付的质量保证金，其扣除项目金额的确定问题

房地产开发企业在工程竣工验收后，根据合同约定，扣留建筑安装施工企业一定比例的工程款，作为开发项目的质量保证金，在计算土地增值税时，建筑安装施工企业就质量保证金对房地产开发企业开具发票的，按发票所载金额予以扣除；未开具发票的，扣留的质保金不得计算扣除。

三、房地产开发费用的扣除问题

（一）财务费用中的利息支出，凡能够按转让房地产项目计算分摊并提供金融机构证明的，允许据实扣除，但最高不能超过按商业银行同类同期贷款利率计算的金额。其他房地产开发费用，在按照“取得土地使用权所支付的金额”与“房地产开发成本”金额之和的5%以内计算扣除。

（二）凡不能按转让房地产项目计算分摊利息支出或不能提供金融机构证明的，房地产开发费用在按“取得土地使用权所支付的金额”与“房地产开发成本”金额之和的10%以内计算扣除。

全部使用自有资金，没有利息支出的，按照以上方法扣除。上述具体适用的比例按省级人民政府

此前规定的比例执行。

（三）房地产开发企业既向金融机构借款，又有其他借款的，其房地产开发费用计算扣除时不能同时适用本条（一）、（二）项所述两种办法。

（四）土地增值税清算时，已经计入房地产开发成本的利息支出，应调整至财务费用中计算扣除。

四、房地产企业逾期开发缴纳的土地闲置费的扣除问题

房地产开发企业逾期开发缴纳的土地闲置费不得扣除。

五、房地产开发企业取得土地使用权时支付的契税的扣除问题

房地产开发企业为取得土地使用权所支付的契税，应视同"按国家统一规定交纳的有关费用"，计入"取得土地使用权所支付的金额"中扣除。

六、关于拆迁安置土地增值税计算问题

（一）房地产企业用建造的本项目房地产安置回迁户的，安置用房视同销售处理，按《国家税务总局关于房地产开发企业土地增值税清算管理有关问题的通知》（国税发〔2006〕187 号）第三条第（一）款规定确认收入，同时将此确认为房地产开发项目的拆迁补偿费。房地产开发企业支付给回迁户的补差价款，计入拆迁补偿费；回迁户支付给房地产开发企业的补差价款，应抵减本项目拆迁补偿费。

（二）开发企业采取异地安置，异地安置的房屋属于自行开发建造的，房屋价值按国税发〔2006〕187 号第三条第（一）款的规定计算，计入本项目的拆迁补偿费；异地安置的房屋属于购入的，以实际支付的购房支出计入拆迁补偿费。

（三）货币安置拆迁的，房地产开发企业凭合法有效凭据计入拆迁补偿费。

七、关于转让旧房准予扣除项目的加计问题

《财政部　国家税务总局关于土地增值税若干问题的通知》（财税〔2006〕21 号）第二条第一款规定"纳税人转让旧房及建筑物，凡不能取得评估价格，但能提供购房发票的，经当地税务部门确认，《条例》第六条第（一）、（三）项规定的扣除项目的金额，可按发票所载金额并从购买年度起至转让年度止每年加计 5%计算"。计算扣除项目时"每年"按购房发票所载日期起至售房发票开具之日止，每满 12 个月计一年；超过一年，未满 12 个月但超过 6 个月的，可以视同为一年。

八、土地增值税清算后应补缴的土地增值税加收滞纳金问题

纳税人按规定预缴土地增值税后，清算补缴的土地增值税，在主管税务机关规定的期限内补缴的，不加收滞纳金。

财政部　国家税务总局
关于土地增值税若干问题的通知

财税〔2006〕21 号　发布日期：2006-03-02

各省、自治区、直辖市、计划单列市财政厅（局）、地方税务局，新疆生产建设兵团财务局：

根据《中华人民共和国土地增值税暂行条例》（以下简称《条例》）及其实施细则和有关规定精神，现将土地增值税有关问题明确如下：

一、关于纳税人建造普通标准住宅出售和居民个人转让普通住宅的征免税问题

《条例》第八条中“普通标准住宅”和《财政部、国家税务总局关于调整房地产市场若干税收政策的通知》（财税字〔1999〕210 号）第三条中“普通住宅”的认定，一律按各省、自治区、直辖市人民政府根据《国务院办公厅转发建设部等部门关于做好稳定住房价格工作意见的通知》（国办发［2005］26 号）制定并对社会公布的“中小套型、中低价位普通住房”的标准执行。纳税人既建造普通住宅，又建造其他商品房的，应分别核算土地增值额。

在本文件发布之日前已向房地产所在地地方税务机关提出免税申请，并经税务机关按各省、自治区、直辖市人民政府原来确定的普通标准住宅的标准审核确定，免征土地增值税的普通标准住宅，不做追溯调整。

二、关于转让旧房准予扣除项目的计算问题

纳税人转让旧房及建筑物，凡不能取得评估价格，但能提供购房发票的，经当地税务部门确认，《条例》第六条第（一）、（三）项规定的扣除项目的金额，可按发票所载金额并从购买年度起至转让年度止每年加计 5%计算。对纳税人购房时缴纳的契税，凡能提供契税完税凭证的，准予作为“与转让房地产有关的税金”予以扣除，但不作为加计 5%的基数。

对于转让旧房及建筑物，既没有评估价格，又不能提供购房发票的，地方税务机关可以根据《中华人民共和国税收征收管理法》（以下简称《税收征管法》）第 35 条的规定，实行核定征收。

三、关于土地增值税的预征和清算问题

各地要进一步完善土地增值税预征办法，根据本地区房地产业增值水平和市场发展情况，区别普通住房、非普通住房和商用房等不同类型，科学合理地确定预征率，并适时调整。工程项目竣工结算后，应及时进行清算，多退少补。

对未按预征规定期限预缴税款的，应根据《税收征管法》及其实施细则的有关规定，从限定的缴纳税款期限届满的次日起，加收滞纳金。

对已竣工验收的房地产项目，凡转让的房地产的建筑面积占整个项目可售建筑面积的比例在85%以上的，税务机关可以要求纳税人按照转让房地产的收入与扣除项目金额配比的原则，对已转让的房地产进行土地增值税的清算。具体清算办法由各省、自治区、直辖市和计划单列市地方税务局规定。

四、关于因城市实施规划、国家建设需要而搬迁，纳税人自行转让房地产的征免税问题

《中华人民共和国土地增值税暂行条例实施细则》第十一条第四款所称：因“城市实施规划”而搬迁，是指因旧城改造或因企业污染、扰民（指产生过量废气、废水、废渣和噪音，使城市居民生活受到一定危害），而由政府或政府有关主管部门根据已审批通过的城市规划确定进行搬迁的情况；因“国家建设的需要”而搬迁，是指因实施国务院、省级人民政府、国务院有关部委批准的建设项目而进行搬迁的情况。

五、关于以房地产进行投资或联营的征免税问题

对于以土地（房地产）作价入股进行投资或联营的，凡所投资、联营的企业从事房地产开发的，或者房地产开发企业以其建造的商品房进行投资和联营的，均不适用《财政部、国家税务总局关于土地增值税一些具体问题规定的通知》（财税字〔1995〕048号）第一条暂免征收土地增值税的规定。

［**注**：根据2015.02.02　财税〔2015〕5号《财政部、国家税务总局关于企业改制重组有关土地增值税政策的通知》本文第五条自2015年1月1日起废止。］

六、本文自2006年3月2日起执行。

财政部　国家税务总局
关于土地增值税一些具体问题规定的通知

财税字〔1995〕048号　发布日期：1995-05-25

按照《中华人民共和国土地增值税暂行条例》（以下简称条例）和《中华人民共和国土地增值税暂行条例实施细则》（以下简称细则）的规定，现对土地增值税一些具体问题规定如下：

一、关于以房地产进行投资、联营的征免税问题

对于以房地产进行投资、联营的，投资、联营的一方以土地（房地产）作价入股进行投资或作为联营条件，将房地产转让到所投资、联营的企业中时，暂免征收土地增值税。对投资、联营企业将上述房地产再转让的，应征收土地增值税。

［**注**：根据2006.03.02财税〔2006〕21号《财政部、国家税务总局关于土地增值税若干问题的通知》第五条规定"对于以土地（房地产）作价入股进行投资或联营的，凡所投资、联营的企业从事房地产开发的，或者房地产开发企业以其建造的商品房进行投资和联营的"，均不适用本条暂免征收土地增值税的规定。］

［**注**：根据2015.02.02财税〔2015〕5号《财政部、国家税务总局关于企业改制重组有关土地增值税政策的通知》本文第一条自2015年1月1日起废止。］

二、关于合作建房的征免税问题

对于一方出地，一方出资金，双方合作建房，建成后按比例分房自用的，暂免征收土地增值税；建成后转让的，应征收土地增值税。

三、关于企业兼并转让房地产的征免税问题

在企业兼并中，对被兼并企业将房地产转让到兼并企业中的，暂免征收土地增值税。

［**注**：根据2015.02.02财税〔2015〕5号《财政部、国家税务总局关于企业改制重组有关土地增值税政策的通知》本文第三条自2015年1月1日起废止。］

四、关于细则中“赠与”所包括的范围问题

细则所称的“赠与”是指如下情况：

（一）房产所有人、土地使用权所有人将房屋产权、土地使用权赠与直系亲属开承担直接赡养义务人的。

（二）房产所有人、土地使用权所有人通过中国境内非营利的社会团体、国家机关将房屋产权、土地使用权赠与教育、民政和其他社会福利、公益事业的。

上述社会团体是指中国青少年发展基金会、希望工程基金会、宋庆龄基金会、减灾委员会、中国红十字会、中国残疾人联合会、全国老年基金会、老区促进会以及经民政部门批准成立的其他非营利的公益性组织。

五、关于个人互换住房的征免税问题

对个人之间互换自有居住用房地产的，经当地税务机关核实，可以免征土地增值税。

六、关于地方政府要求房地产开发企业代收的费用如何计征土地增值税的问题。

对于县级及县级以上人民政府要求房地产开发企业在售房时代收的各项费用，如果代收费用是计入房价中向购买方一并收取的，可作为转让房地产所取得的收入计税；如果代收费用未计入房价中，而是在房价之外单独收取的，可以不作为转让房地产的收入。

对于代收费用作为转让收入计税的，在计算扣除项目金额时，可予以扣除，但不允许作为加计20%扣除的基数；对于代收费用未作为转让房地产的收入计税的，在计算增值额时不允许扣除代收费用。

七、关于新建房与旧房的界定问题。

新建房是指建成后未使用的房产。凡是已使用一定时间或达到一定磨损程度的房产均属旧房。使用时间和磨损程度标准可由各省、自治区、直辖市财政厅（局）和地方税务局具体规定。

八、关于扣除项目金额中的利息支出如何计算问题

（一）利息的上浮幅度按国家的有关规定执行，超过上浮幅度的部分不允许扣除。

（二）对于超过贷款期限的利息部分和加罚的利息不允许扣除。

九、关于计算增值额时扣除已缴纳印花税的问题

细则中规定允许扣除的印花税，是指在转让房地产时缴纳的印花税。房地产开发企业按照《施工、房地产开发企业财产制度》的有关规定，其缴纳的印花税列入管理费用，已相应予以扣除。其他的土地增值税纳税义务人在计算土地增值税时允许扣除在转让时缴纳的印花税。

十、关于转让旧房如何确定扣除项目金额的问题

转让旧房的，应按房屋及建筑物的评估价格、取得土地使用权所支付的地价款和按国家统一规定交纳的有关费用以及在转让环节缴纳的税金作为扣除项目金额计征土地增值税。对取得土地使用权时未支付地价款或不能提供已支付的地价款凭据的，不允许扣除取得土地使用权所支付的金额。

十一、关于已缴纳的契税可否在计税时扣除的问题

对于个人购入房地产再转让的，其在购入时已缴纳的契税，在旧房及建筑物的评估价中已包括了此项因素，在计征土地增值税时，不另作为“与转让房地产有关的税金”予以扣除。

十二、关于评估费用可否在计算增值额时扣除的问题

纳税人转让旧房及建筑物时因计算纳税的需要而对房地产进行评估，其支付的评估费用允许在计算增值额时予以扣除。对条例第九条规定的纳税人隐瞒、虚报房地产成交价格等情形而按房地产评估价格计算征收土地增值税所发生的评估费用，不允许在计算土地增值税时予以扣除。

十三、关于既建普通标准住宅又搞其他类型房地产开发的如何计税的问题

对纳税人既建普通标准住宅又搞其他房地产开发的，应分别核算增值额。不分别核算增值额或不能准确核算增值额的，其建造的普通标准住宅不能适用条例第八条（一）项的免税规定。

十四、关于预售房地产所取得的收入是否申报纳税问题

根据细则的规定，对纳税人在项目全部竣工结算前转让房地产取得的收入可以预征土地增值税。具体办法由各省、自治区、直辖市地方税务局根据当地情况制定。因此，对纳税人预售房地产所取得的收入，当地税务机关规定预征土地增值税税纳税人应当到主管税务机关办理纳税申报，并按规定比例预交、待办理决算后，多退少补；当地税务机关规定不预征土地增值税的，也应在取得收入时先到税务机关登记或备案。

十五、关于分期收款的外币收入如何折合人民币的问题

对于取得的收入为外国货币的，依照细则规定，以取得收入当天或当月 1 日国家公布的市场汇价折合人民币，据以计算土地增值税税额。对于以分期收款形式取得的外币收入，也应按实际收款日或收款当月 1 日国家公布的市场汇价折合人民币。

十六、关于纳税期限的问题

根据条例第十条、第十二条和细则第十五条的规定，税务机关核定的纳税期限，应在纳税人签订房地产转让合同之后、办理房地产权属转让（即过户及登记）手续之前。

十七、关于财政部、国家税务总局《关于对1994年1月1日前签订开发及转让合同的房地产征免土地增值税的通知》（财法字〔1995〕7号）适用范围的问题。

该通知规定的适用范围，限于房地产开发企业转让新建房地产的行为，非房地产开发企业或房地产开发企业转让存量房地产的，不适用此规定。

中华人民共和国城镇土地使用税暂行条例

（1988 年 9 月 27 日中华人民共和国国务院令第 17 号发布　根据 2006 年 12 月 31 日《国务院关于修改〈中华人民共和国城镇土地使用税暂行条例〉的决定》第一次修订　根据 2011 年 1 月 8 日《国务院关于废止和修改部分行政法规的决定》第二次修订　根据 2013 年 12 月 7 日《国务院关于修改部分行政法规的决定》第三次修订　根据 2019 年 3 月 2 日《国务院关于修改部分行政法规的决定》第四次修订）

第一条　为了合理利用城镇土地，调节土地级差收入，提高土地使用效益，加强土地管理，制定本条例。

第二条　在城市、县城、建制镇、工矿区范围内使用土地的单位和个人，为城镇土地使用税（以下简称土地使用税）的纳税人，应当依照本条例的规定缴纳土地使用税。

前款所称单位，包括国有企业、集体企业、私营企业、股份制企业、外商投资企业、外国企业以及其他企业和事业单位、社会团体、国家机关、军队以及其他单位；所称个人，包括个体工商户以及其他个人。

第三条　土地使用税以纳税人实际占用的土地面积为计税依据，依照规定税额计算征收。

前款土地占用面积的组织测量工作，由省、自治区、直辖市人民政府根据实际情况确定。

第四条　土地使用税每平方米年税额如下：

（一）大城市 1.5 元至 30 元；

（二）中等城市 1.2 元至 24 元；

（三）小城市 0.9 元至 18 元；

（四）县城、建制镇、工矿区 0.6 元至 12 元。

第五条　省、自治区、直辖市人民政府，应当在本条例第四条规定的税额幅度内，根据市政建设状况、经济繁荣程度等条件，确定所辖地区的适用税额幅度。

市、县人民政府应当根据实际情况，将本地区土地划分为若干等级，在省、自治区、直辖市人民政府确定的税额幅度内，制定相应的适用税额标准，报省、自治区、直辖市人民政府批准执行。

经省、自治区、直辖市人民政府批准，经济落后地区土地使用税的适用税额标准可以适当降低，但降低额不得超过本条例第四条规定最低税额的30%。经济发达地区土地使用税的适用税额标准可以适当提高，但须报经财政部批准。

第六条 下列土地免缴土地使用税：

（一）国家机关、人民团体、军队自用的土地；

（二）由国家财政部门拨付事业经费的单位自用的土地；

（三）宗教寺庙、公园、名胜古迹自用的土地；

（四）市政街道、广场、绿化地带等公共用地；

（五）直接用于农、林、牧、渔业的生产用地；

（六）经批准开山填海整治的土地和改造的废弃土地，从使用的月份起免缴土地使用税5年至10年；

（七）由财政部另行规定免税的能源、交通、水利设施用地和其他用地。

第七条 除本条例第六条规定外，纳税人缴纳土地使用税确有困难需要定期减免的，由县以上税务机关批准。[**注**：根据2019.03.02国务院令第709号《国务院关于修改部分行政法规的决定》本条中的“地方税务机关”修改为“税务机关”，自2019年3月2日起施行。]

[**注**：根据2013.12.07中华人民共和国国务院令第645号《国务院关于修改部分行政法规的决定》本文第七条中的“由省、自治区、直辖市税务机关审核后，报国家税务局批准”修改为“由县以上地方税务机关批准。”]

第八条 土地使用税按年计算、分期缴纳。缴纳期限由省、自治区、直辖市人民政府确定。

第九条 新征收的土地，依照下列规定缴纳土地使用税：

（一）征收的耕地，自批准征收之日起满1年时开始缴纳土地使用税；

（二）征收的非耕地，自批准征收次月起缴纳土地使用税。

[**注**：根据2011.01.08国务院令第588号《国务院关于废止和修改部分行政法规的决定》本文第九条“征用”修改为“征收”]

第十条 土地使用税由土地所在地的税务机关征收。土地管理机关应当向土地所在地的税务机关提供土地使用权属资料。

第十一条 土地使用税的征收管理，依照《中华人民共和国税收征收管理法》及本条例的规定执行。

第十二条 土地使用税收入纳入财政预算管理。

第十三条 本条例的实施办法由省、自治区、直辖市人民政府制定。

第十四条 本条例自1988年11月1日起施行，各地制定的土地使用费办法同时停止执行。

财政部　国家税务总局关于安置残疾人就业单位城镇土地使用税等政策的通知

财税〔2010〕121号　发布日期：2010-12-21

各省、自治区、直辖市、计划单列市财政厅（局）、地方税务局，西藏、青海、宁夏省（自治区）国家税务局，新疆生产建设兵团财务局：

经研究，现将安置残疾人就业单位城镇土地使用税等政策通知如下：

一、关于安置残疾人就业单位的城镇土地使用税问题

对在一个纳税年度内月平均实际安置残疾人就业人数占单位在职职工总数的比例高于25%（含25%）且实际安置残疾人人数高于10人（含10人）的单位，可减征或免征该年度城镇土地使用税。具体减免税比例及管理办法由省、自治区、直辖市财税主管部门确定。

《国家税务局关于土地使用税若干具体问题的解释和暂行规定》（国税地字〔1988〕15号）第十八条第四项同时废止。

二、关于出租房产免收租金期间房产税问题

对出租房产，租赁双方签订的租赁合同约定有免收租金期限的，免收租金期间由产权所有人按照房产原值缴纳房产税。

三、关于将地价计入房产原值征收房产税问题

对按照房产原值计税的房产，无论会计上如何核算，房产原值均应包含地价，包括为取得土地使用权支付的价款、开发土地发生的成本费用等。宗地容积率低于0.5的，按房产建筑面积的2倍计算土地面积并据此确定计入房产原值的地价。

本通知自发文之日起执行。此前规定与本通知不一致的，按本通知执行。各地财税部门要加强对政策执行情况的跟踪了解，对执行中发现的问题，及时上报财政部和国家税务总局。

抄送：财政部驻各省、自治区、直辖市、计划单列市财政监察专员办事处。

财政部　国家税务总局关于房产税城镇土地使用税有关问题的通知

财税〔2008〕152 号发布日期：2008-12-18

各省、自治区、直辖市、计划单列市财政厅（局）、地方税务局，新疆生产建设兵团财务局：

为统一政策，规范执行，现将房产税、城镇土地使用税有关问题明确如下：

一、关于房产原值如何确定的问题

对依照房产原值计税的房产，不论是否记载在会计账簿固定资产科目中，均应按照房屋原价计算缴纳房产税。房屋原价应根据国家有关会计制度规定进行核算。对纳税人未按国家会计制度规定核算并记载的，应按规定予以调整或重新评估。

《财政部　国家税务总局关于房产税若干具体问题的解释和暂行规定》（财税地字〔1986〕8 号）第十五条同时废止。

［**注**：2010-12-21 财税〔2010〕121 号《财政部、国家税务总局关于安置残疾人就业单位城镇土地使用税等政策的通知》“第三条　关于将地价计入房产原值征收房产税问题”规定自 2010 年 12 月 21 日起“对按照房产原值计税的房产，无论会计上如何核算，房产原值均应包含地价，包括为取得土地使用权支付的价款、开发土地发生的成本费用等。宗地容积率低于 0.5 的，按房产建筑面积的 2 倍计算土地面积并据此确定计入房产原值的地价。”］

二、关于索道公司经营用地应否缴纳城镇土地使用税的问题

公园、名胜古迹内的索道公司经营用地，应按规定缴纳城镇土地使用税。

三、关于房产税、城镇土地使用税纳税义务截止时间的问题

纳税人因房产、土地的实物或权利状态发生变化而依法终止房产税、城镇土地使用税纳税义务的，其应纳税款的计算应截止到房产、土地的实物或权利状态发生变化的当月末。

四、本通知自 2009 年 1 月 1 日起执行。

财政部　国家税务总局关于房产税、城镇土地使用税有关政策的通知

财税〔2006〕186号　发布日期：2006-12-25

各省、自治区、直辖市、计划单列市财政厅（局）、地方税务局，新疆生产建设兵团财务局：

经研究，现对房产税、城镇土地使用税有关政策明确如下：

一、关于居民住宅区内业主共有的经营性房产缴纳房产税问题

对居民住宅区内业主共有的经营性房产，由实际经营（包括自营和出租）的代管人或使用人缴纳房产税。其中自营的，依照房产原值减除10%至30%后的余值计征，没有房产原值或不能将业主共有房产与其他房产的原值准确划分开的，由房产所在地地方税务机关参照同类房产核定房产原值；出租的，依照租金收入计征。

二、关于有偿取得土地使用权城镇土地使用税纳税义务发生时间问题

以出让或转让方式有偿取得土地使用权的，应由受让方从合同约定交付土地时间的次月起缴纳城镇土地使用税；合同未约定交付土地时间的，由受让方从合同签订的次月起缴纳城镇土地使用税。

国家税务总局《关于房产税城镇土地使用税有关政策规定的通知》（国税发〔2003〕89号）第二条第四款中有关房地产开发企业城镇土地使用税纳税义务发生时间的规定同时废止。

三、关于经营采摘、观光农业的单位和个人征免城镇土地使用税问题

在城镇土地使用税征收范围内经营采摘、观光农业的单位和个人，其直接用于采摘、观光的种植、养殖、饲养的土地，根据《中华人民共和国城镇土地使用税暂行条例》第六条中“直接用于农、林、牧、渔业的生产用地”的规定，免征城镇土地使用税。

四、关于林场中度假村等休闲娱乐场所征免城镇土地使用税问题

在城镇土地使用税征收范围内，利用林场土地兴建度假村等休闲娱乐场所的，其经营、办公和生活用地，应按规定征收城镇土地使用税。

五、本通知自2007年1月1日起执行。

国家税务总局关于进一步明确房屋附属设备和配套设施计征房产税有关问题的通知

国税发〔2005〕173 号　发布日期：2005-10-21

各省、自治区、直辖市和计划单列市地方税务局，扬州税务进修学院：

关于房屋附属设备和配套设施计征房产税问题，《财政部、税务总局关于房产税和车船使用税几个业务问题的解释与规定》（［87］财税地字第 003 号）第二条已作了明确。随着社会经济的发展和房屋功能的完善，又出现了一些新的设备和设施，亟需明确。经研究，现将有关问题通知如下：

一、为了维持和增加房屋的使用功能或使房屋满足设计要求，凡以房屋为载体，不可随意移动的附属设备和配套设施，如给排水、采暖、消防、中央空调、电气及智能化楼宇设备等，无论在会计核算中是否单独记账与核算，都应计入房产原值，计征房产税。

二、对于更换房屋附属设备和配套设施的，在将其价值计入房产原值时，可扣减原来相应设备和设施的价值；对附属设备和配套设施中易损坏、需要经常更换的零配件，更新后不再计入房产原值。

三、城市房地产税比照上述规定执行。［**注**：根据 2011-01-04　国家税务总局公告 2011 年第 2 号《国家税务总局关于公布全文失效废止、部分条款失效废止的税收规范性文件目录的公告》本文第三条废止。］

四、本通知自 2006 年 1 月 1 日起执行。《财政部、税务总局关于对房屋中央空调是否计入房产原值等问题的批复》（〔87〕财税地字第 028 号）同时废止。

国家税务总局关于房产税
城镇土地使用税有关政策规定的通知

国税发〔2003〕89号　发布日期：2003-07-15

各省、自治区、直辖市和计划单列市地方税务局，局内各单位：

随着我国房地产市场的迅猛发展，涉及房地产税收的政策问题日益增多，经调查研究和广泛听取各方面的意见，现对房产税、城镇土地使用税有关政策问题明确如下：

一、关于房地产开发企业开发的商品房征免房产税问题

鉴于房地产开发企业开发的商品房在出售前，对房地产开发企业而言是一种产品，因此，对房地产开发企业建造的商品房，在售出前，不征收房产税；但对售出前房地产开发企业已使用或出租、出借的商品房应按规定征收房产税。

二、关于确定房产税、城镇土地使用税纳税义务发生时间问题

（一）购置新建商品房，自房屋交付使用之次月起计征房产税和城镇土地使用税。

（二）购置存量房，自办理房屋权属转移、变更登记手续，房地产权属登记机关签发房屋权属证书之次月起计征房产税和城镇土地使用税。

（三）出租、出借房产，自交付出租、出借房产之次月起计征房产税和城镇土地使用税。

（四）房地产开发企业自用、出租、出借本企业建造的商品房，自房屋使用或交付之次月起计征房产税和城镇土地使用税。

［**注**：条款失效，第二条第四款中有关房地产开发企业城镇土地使用税纳税义务发生时间的规定废止。参见：《国家税务总局关于公布全文失效废止　部分条款失效废止的税收规范性文件目录的公告》（国家税务总局公告2011年第2号）。］

中华人民共和国耕地占用税法

发布日期：2018-12-29

（2018 年 12 月 29 日第十三届全国人民代表大会常务委员会第七次会议通过）

第一条 为了合理利用土地资源，加强土地管理，保护耕地，制定本法。

第二条 在中华人民共和国境内占用耕地建设建筑物、构筑物或者从事非农业建设的单位和个人，为耕地占用税的纳税人，应当依照本法规定缴纳耕地占用税。

占用耕地建设农田水利设施的，不缴纳耕地占用税。

本法所称耕地，是指用于种植农作物的土地。

第三条 耕地占用税以纳税人实际占用的耕地面积为计税依据，按照规定的适用税额一次性征收，应纳税额为纳税人实际占用的耕地面积（平方米）乘以适用税额。

第四条 耕地占用税的税额如下：

（一）人均耕地不超过一亩的地区（以县、自治县、不设区的市、市辖区为单位，下同），每平方米为十元至五十元；

（二）人均耕地超过一亩但不超过二亩的地区，每平方米为八元至四十元；

（三）人均耕地超过二亩但不超过三亩的地区，每平方米为六元至三十元；

（四）人均耕地超过三亩的地区，每平方米为五元至二十五元。

各地区耕地占用税的适用税额，由省、自治区、直辖市人民政府根据人均耕地面积和经济发展等情况，在前款规定的税额幅度内提出，报同级人民代表大会常务委员会决定，并报全国人民代表大会常务委员会和国务院备案。各省、自治区、直辖市耕地占用税适用税额的平均水平，不得低于本法所附《各省、自治区、直辖市耕地占用税平均税额表》规定的平均税额。

第五条 在人均耕地低于零点五亩的地区，省、自治区、直辖市可以根据当地经济发展情况，适当提高耕地占用税的适用税额，但提高的部分不得超过本法第四条第二款确定的适用税额的百分之五十。具体适用税额按照本法第四条第二款规定的程序确定。

第六条 占用基本农田的，应当按照本法第四条第二款或者第五条确定的当地适用税额，加按百分之一百五十征收。

第七条 军事设施、学校、幼儿园、社会福利机构、医疗机构占用耕地，免征耕地占用税。

铁路线路、公路线路、飞机场跑道、停机坪、港口、航道、水利工程占用耕地，减按每平方米二元的税额征收耕地占用税。

农村居民在规定用地标准以内占用耕地新建自用住宅，按照当地适用税额减半征收耕地占用税；其中农村居民经批准搬迁，新建自用住宅占用耕地不超过原宅基地面积的部分，免征耕地占用税。

农村烈士遗属、因公牺牲军人遗属、残疾军人以及符合农村最低生活保障条件的农村居民，在规定用地标准以内新建自用住宅，免征耕地占用税。

根据国民经济和社会发展的需要，国务院可以规定免征或者减征耕地占用税的其他情形，报全国人民代表大会常务委员会备案。

第八条 依照本法第七条第一款、第二款规定免征或者减征耕地占用税后，纳税人改变原占地用途，不再属于免征或者减征耕地占用税情形的，应当按照当地适用税额补缴耕地占用税。

第九条 耕地占用税由税务机关负责征收。

第十条 耕地占用税的纳税义务发生时间为纳税人收到自然资源主管部门办理占用耕地手续的书面通知的当日。纳税人应当自纳税义务发生之日起三十日内申报缴纳耕地占用税。

自然资源主管部门凭耕地占用税完税凭证或者免税凭证和其他有关文件发放建设用地批准书。

第十一条 纳税人因建设项目施工或者地质勘查临时占用耕地，应当依照本法的规定缴纳耕地占用税。纳税人在批准临时占用耕地期满之日起一年内依法复垦，恢复种植条件的，全额退还已经缴纳的耕地占用税。

第十二条 占用园地、林地、草地、农田水利用地、养殖水面、渔业水域滩涂以及其他农用地建设建筑物、构筑物或者从事非农业建设的，依照本法的规定缴纳耕地占用税。

占用前款规定的农用地的，适用税额可以适当低于本地区按照本法第四条第二款确定的适用税额，但降低的部分不得超过百分之五十。具体适用税额由省、自治区、直辖市人民政府提出，报同级人民代表大会常务委员会决定，并报全国人民代表大会常务委员会和国务院备案。

占用本条第一款规定的农用地建设直接为农业生产服务的生产设施的，不缴纳耕地占用税。

第十三条 税务机关应当与相关部门建立耕地占用税涉税信息共享机制和工作配合机制。县级以上地方人民政府自然资源、农业农村、水利等相关部门应当定期向税务机关提供农用地转用、临时占地等信息，协助税务机关加强耕地占用税征收管理。

税务机关发现纳税人的纳税申报数据资料异常或者纳税人未按照规定期限申报纳税的，可以提请相关部门进行复核，相关部门应当自收到税务机关复核申请之日起三十日内向税务机关出具复核意见。

第十四条 耕地占用税的征收管理，依照本法和《中华人民共和国税收征收管理法》的规定执行。

第十五条 纳税人、税务机关及其工作人员违反本法规定的，依照《中华人民共和国税收征收管理法》和有关法律法规的规定追究法律责任。

第十六条 本法自 2019 年 9 月 1 日起施行。2007 年 12 月 1 日国务院公布的《中华人民共和国耕地占用税暂行条例》同时废止。

附：

各省、自治区、直辖市耕地占用税平均税额表

省、自治区、直辖市	平均税额（元/平方米）
上海	45
北京	40
天津	35
江苏、浙江、福建、广东	30
辽宁、湖北、湖南	25
河北、安徽、江西、山东、河南、重庆、四川	22.5
广西、海南、贵州、云南、陕西	20
山西、吉林、黑龙江	17.5
内蒙古、西藏、甘肃、青海、宁夏、新疆	12.5

中华人民共和国印花税暂行条例

（1988 年 8 月 6 日中华人民共和国国务院令第 11 号发布　根据 2011 年 1 月 8 日《国务院关于废止和修改部分行政法规的决定》修订）

第一条　在中华人民共和国境内书立、领受本条例所列举凭证的单位和个人，都是印花税的纳税义务人（以下简称纳税人），应当按照本条例规定缴纳印花税。

第二条　下列凭证为应纳税凭证：

（一）购销、加工承揽、建设工程承包、财产租赁、货物运输、仓储保管、借款、财产保险、技术合同或者具有合同性质的凭证；

（二）产权转移书据；

（三）营业账簿；

（四）权利、许可证照；

（五）经财政部确定征税的其他凭证。

第三条　纳税人根据应纳税凭证的性质，分别按比例税率或者按件定额计算应纳税额。具体税率、税额的确定，依照本条例所附《印花税税目税率表》执行。

应纳税额不足一角的、免纳印花税。

应纳税额在一角以上的，其税额尾数不满五分的不计，满五分的按一角计算缴纳。

第四条　下列凭证免纳印花税：

（一）已缴纳印花税的凭证的副本或者抄本；

（二）财产所有人将财产赠给政府、社会福利单位、学校所立的书据；

（三）经财政部批准免税的其他凭证。

第五条　印花税实行由纳税人根据规定自行计算应纳税额，购买并一次贴足印花税票（以下简称贴花）的缴纳办法。

为简化贴花手续，应纳税额较大或者贴花次数频繁的，纳税人可向税务机关提出申请，采取以缴款书代替贴花或者按期汇总缴纳的办法。

第六条　印花税票应当粘贴在应纳税凭证上，并由纳税人在每枚税票的骑缝处盖戳注销或者画销。

已贴用的印花税票不得重用。

第七条　应纳税凭证应当于书立或者领受时贴花。

第八条 同一凭证，由两方或者两方以上当事人签订并各执一份的，应当由各方就所执的一份各自全额贴花。

第九条 已贴花的凭证，修改后所载金额增加的，其增加部分应当补贴印花税票。

第十条 印花税由税务机关负责征收管理。

第十一条 印花税票由国家税务局监制。票面金额以人民币为单位。

第十二条 发放或者办理应纳税凭证的单位，负有监督纳税人依法纳税的义务。

第十三条 纳税人有下列行为之一的，由税务机关根据情节轻重，予以处罚：

（一）在应纳税凭证上未贴或者少贴印花税票的，税务机关除责令其补贴印花税票外，可处以应补贴印花税票金额二十倍以下的罚款；

（二）违反本条例第六条第一款规定的，税务机关可处以未注销或者画销印花税票金额十倍以下的罚款；

（三）违反本条例第六条第二款规定的，税务机关可处以重用印花税票金额三十倍以下的罚款。伪造印花税票的，由税务机关提请司法机关依法追究刑事责任。

［**注**：根据2004.01.29国税发〔2004〕15号《国家税务总局关于印花税违章处罚有关问题的通知》本条例第十三条的部分内容已不适用，印花税的违章处罚适用条款详见国税发〔2004〕15号《国家税务总局关于印花税违章处罚有关问题的通知》。］

第十四条 印花税的征收管理，除本条例规定者外，依照《中华人民共和国税收征收管理暂行条例》《中华人民共和国税收征收管理法》的有关规定执行。

［**注**：根据2011.01.08国务院令第588号《国务院关于废止和修改部分行政法规的决定》本文第十四条中的“《中华人民共和国税收征收管理暂行条例》”修改为“《中华人民共和国税收征收管理法》”。］

第十五条 本条例由财政部负责解释；施行细则由财政部制定。

第十六条 本条例自1988年10月1日起施行。

此件于1988年6月24日由国务院第九次常务会议通过，1988年8月6日由李鹏总理签署中华人民共和国国务院令（第11号）发布，自1988年10月1日起施行。

附件：印花税税目税率表

附件：

印花税税目税率表

	税目	范围	税率	纳税义务人	说明
1	购销合同	包括供应、预购、采购、购销结合及协作、调剂、补偿、易货等合同	按购销金额万分之三贴花	立合同人	
2	加工承揽合同	包括加工、定作、修缮、修理、印刷、广告、测绘、测试等合同	按加工或承揽收入万分之五贴花	立合同人	
3	建设工程勘察设计合同	包括勘察、设计合同	按收取费用万分之五贴花	立合同人	
4	建筑安装工程承包合同	包括建筑、安装工程承包合同	按承包金额万分之三贴花	立合同人	
5	财产租赁合同	包括租赁房屋、船舶、飞机、机动车辆、机械、器具、设备等	按租赁金额千分之一贴花。税额不足一元的按一元贴花	立合同人	
6	货物运输合同	包括民用航空、铁路运输、海上运输、内河运输、公路运输和联运合同	按运输费用万分之五贴花	立合同人	单据作为合同使用的，按合同贴花
7	仓储保管合同	包括仓储、保管合同	按仓储保管费用千分之一贴花	立合同人	仓单或栈单作为合同使用的，按合同贴花
8	借款合同	银行及其他金融组织和借款人（不包括银行同业拆借）所签订的借款合同	按借款金额万分之零点五贴花	立合同人	单据作为合同使用的，按合同贴花
9	财产保险合同	包括财产、责任、保证、信用等保险合同	按投保金额万分之零点三贴花 按保险费收入的千分之一贴花 ［注：根据1990.05.03国税函发〔1990〕428号《国家税务局关于改变保险合同印花税计税办法的通知》自1990年7月1日起计税依据由投保金额改为保险费收入，税率由万分之零点三改为千分之一。］	立合同人	单据作为合同使用的，按合同贴花
10	技术合同	包括技术开发、转让、咨询、服务等合同	按所载金额万分之三贴花	立合同人	
11	产权转移书据	包括财产所有权和版权、商标专用权、专利权、专有技术使用权等转移书据	按所载金额万分之五贴花	立据人	
12	营业账簿生产经营用帐册	生产经营用账册	记载资金的账簿，按固定资产原值与自有流动资金总额万分之五贴花。其他账簿按件贴花五元。…［注：根据国税发〔1994〕25号《国家税务总局关于资金账簿印花税问题的通知》“记载资金的账簿”的计税依据已不适用，重新确定如下：“一、生产经营单位执行“两则”后，其“记载资金的账簿”的印花税计税依据改为“实收资本”与“资本公积”两项的合计金额。二、企业执行“两则”启用新账簿后，其“实收资本”和“资本公积”两项的合计金额大于原已贴花资金的，就增加的部分补贴印花。上述“记载资金的账簿”的计税依据，”自1994年1月1日起执行。］…［注：根据2018.05.03财税〔2018〕50号《财政部、国家税务总局关于对营业账簿减免印花税的通知》自2018年5月1日起，对按万分之五税率贴花的资金账簿减半征收印花税，对按件贴花五元的其他账簿免征印花税。］	立账簿人	
13	权利、许可证照	包括政府部门发给的房屋产权证、工商营业执照、商标注册证、专利证、土地使用证	按件贴花五元	领受人	

财政部　税务总局
关于对营业账簿减免印花税的通知

财税〔2018〕50号　发布日期：2018-05-03

各省、自治区、直辖市、计划单列市财政厅（局）、国家税务局、地方税务局，新疆生产建设兵团财政局：

为减轻企业负担，鼓励投资创业，现就减免营业账簿印花税有关事项通知如下：

自2018年5月1日起，对按万分之五税率贴花的资金账簿减半征收印花税，对按件贴花五元的其他账簿免征印花税。

请遵照执行。

国家税务总局
关于资金账簿印花税问题的通知

国税发〔1994〕25号　发布日期：1994-02-05

财政部发布的《企业财务通则》和《企业会计准则》自一九九三年七月一日起施行。按照“两则”及有关规定，各类生产经营单位执行新会计制度，统一更换会计科目和账簿后，不再设置“自有流动资金”科目。因此，《印花税暂行条例》税目税率表中“记载资金的账簿”的计税依据已不适用，需要重新确定。为了便于执行，现就有关问题通知如下：

一、生产经营单位执行“两则”后，其“记载资金的账簿”的印花税计税依据改为“实收资本”与“资本公积”两项的合计金额。

二、企业执行“两则”启用新账簿后，其“实收资本”和“资本公积”两项的合计金额大于原已贴花资金的，就增加的部分补贴印花。

本通知自1994年1月1日起执行。

国家税务局关于印花税若干具体问题的解释和规定的通知

国税发〔1991〕155 号　发布日期：1991-09-18

印花税暂行条例实施以来，我局相继作了一些具体规定。近据各地反映，经研究并多方面征求意见，现将有关政策问题解释和规定如下：

一、对工业、商业、物资、外贸等部门使用的调拨单是否贴花？

目前，工业、商业、物资、外贸等部门经销和调拨商品物资使用的调拨单（或其他名称的单、卡、书、表等），填开使用的情况比较复杂，既有作为部门内执行计划使用的，也有代替合同使用的。对此，应区分性质和用途确定是否贴花。凡属于明确双方供需关系，据以供货和结算，具有合同性质的凭证，应按规定贴花。各省、自治区、直辖市税务局可根据上述原则，结合实际，对各种调拨单作出具体鉴别和认定。

二、对印花税施行细则中所指的"收购部门"和"农副产品"的范围如何划定？

我国农副产品种类繁多，地区间差异较大，随着经济发展，国家指定的收购部门也有所变化。对此，可由省、自治区、直辖市税务局根据当地实际情况具体划定本地区"收购部门"和"农副产品"的范围。

三、对以货换货业务签订的合同应如何计税贴花？

商品购销活动中，采用以货换货方式进行商品交易签订的合同，是反映既购又销双重经济行为的合同。对此，应按合同所载的购、销合计金额计税贴花。合同未列明金额的，应按合同所载购、销数量依照国家牌价或市场价格计算应纳税金额。

四、仓储保管业务的应税凭证如何确定？

仓储保管业务的应税凭证为仓储保管合同或作为合用使用的仓单、栈单（或称入库单等）。对有些凭证使用不规范，不便计税的，可就其结算单据作为计税贴花的凭证。

五、我国的“其他金融组织”是指哪些单位？

我国的其他金融组织，是指除人民银行、各专业银行以外，由中国人民银行批准设立，领取经营金融业务许可证书的单位。

六、对财政等部门的拨款改贷款业务中所签订的合同是否贴花？

财政等部门的拨款改贷款签订的借款合同，凡直接与使用单位签订的，暂不贴花；凡委托金融单位贷款，金融单位与使用单位签订的借款合同应按规定贴花。

七、对办理借款展期业务使用的借款展期合同是否贴花？

对办理借款展期业务使用的借款展期合同或其他凭证，按信贷制度规定，仅载明延期还款事项的，可暂不贴花。

八、何为“银行同业拆借”？在印花税上怎样确定同业拆借合同与非同业拆借合同的界限？

印花税《税目税率表》中所说的“银行同业拆借”，是指按国家信贷制度规定，银行、非银行金融机构之间相互融通短期资金的行为。同业拆借合同不属于列举征税的凭证，不贴印花。

确定同业拆借合同的依据，应以中国人民银行银发〔1990〕62号《关于印发〈同业拆借管理试行办法〉的通知》为准。凡按照规定的同业拆借期限和利率签订的同业拆借合同，不贴印花；凡不符合规定的，应按借款合同贴花。

九、对分立、合并和联营企业的资金账簿如何计税贴花？

企业发生分立、合并和联营等变更后，凡依照有关规定办理法人登记的新企业所设立的资金账簿，应于启用时按规定计税贴花；凡毋需重新进行法人登记的企业原有的资金账簿，已贴印花继续有效。

对企业兼并后并入的资金贴花问题，仍按有关规定执行。

十、“产权转移书据”税目中“财产所有权”转移书据的征税范围如何划定？

“财产所有权”转移书据的征税范围是：经政府管理机关登记注册的动产、不动产的所有权转移所立的书据，以及企业股权转让所立的书据。

十一、土地使用权出让、转让书据（合同）是否贴花？

土地使用权出让、转让书据（合同），不属于印花税列举征税的凭证，不贴印花。

［**注**：根据2006-11-27　财税〔2006〕162号《财政部、国家税务总局关于印花税若干政策的通知》本文第十一条自2006.11.27起废止。］

十二、出版合同是否贴花？

出版合同不属于印花税列举征税的凭证，不贴印花。

十三、银行经理或代理国库业务设置的账簿是否贴花？

中国人民银行各级机构经理国库业务及委托各专业银行各级机构代理国库业务设置的账簿，不是核算银行本身经营业务的账簿，不贴印花。

十四、代理单位与委托单位签订的代理合同，是否属于应税凭证？

在代理业务中，代理单位与委托单位之间签订的委托代理合同，凡仅明确代理事项、权限和责任的，不属于应税凭证，不贴印花。

十五、怎样理解印花税施行细则中“合同在国外签订的，应在国内使用时贴花”的规定？

“合同在国外签订的，应在国内使用时贴花”，是指《印花税暂行条例》列举征税的合同在国外签订时，不便按规定贴花，因此，应在带入境内时办理贴花完税手续。

财政部　国家税务总局关于国有土地使用权出让等有关契税问题的通知

财税〔2004〕134号发布日期：2004-08-03

各省、自治区、直辖市、计划单列市财政厅（局）、地方税务局，新疆生产建设兵团财务局：

为了进一步明确与国有土地使用权出让相关的契税政策，推动公有住房上市的进程，现将有关契税政策通知如下：

一、出让国有土地使用权的，其契税计税价格为承受人为取得该土地使用权而支付的全部经济利益。

（一）以协议方式出让的，其契税计税价格为成交价格。成交价格包括土地出让金、土地补偿费、安置补助费、地上附着物和青苗补偿费、拆迁补偿费、市政建设配套费等承受者应支付的货币、实物、无形资产及其他经济利益。

没有成交价格或者成交价格明显偏低的，征收机关可依次按下列两种方式确定：

1. 评估价格：由政府批准设立的房地产评估机构根据相同地段、同类房地产进行综合评定，并经当地税务机关确认的价格。

2. 土地基准地价：由县以上人民政府公示的土地基准地价。

（二）以竞价方式出让的，其契税计税价格，一般应确定为竞价的成交价格，土地出让金、市政建设配套费以及各种补偿费用应包括在内。

二、先以划拨方式取得土地使用权，后经批准改为出让方式取得该土地使用权的，应依法缴纳契税，其计税依据为应补缴的土地出让金和其他出让费用。

三、已购公有住房经补缴土地出让金和其他出让费用成为完全产权住房的，免征土地权属转移的契税。

［**注**：自2021年9月1日全文废止。参见：《财政部　税务总局关于契税法实施后有关优惠政策衔接问题的公告》（财政部　税务总局公告2021年第29号）。］

中华人民共和国车辆购置税法

（2018 年 12 月 29 日第十三届全国人民代表大会常务委员会第七次会议通过）

第一条 在中华人民共和国境内购置汽车、有轨电车、汽车挂车、排气量超过一百五十毫升的摩托车（以下统称应税车辆）的单位和个人，为车辆购置税的纳税人，应当依照本法规定缴纳车辆购置税。

第二条 本法所称购置，是指以购买、进口、自产、受赠、获奖或者其他方式取得并自用应税车辆的行为。

第三条 车辆购置税实行一次性征收。购置已征车辆购置税的车辆，不再征收车辆购置税。

第四条 车辆购置税的税率为百分之十。

第五条 车辆购置税的应纳税额按照应税车辆的计税价格乘以税率计算。

第六条 应税车辆的计税价格，按照下列规定确定：

（一）纳税人购买自用应税车辆的计税价格，为纳税人实际支付给销售者的全部价款，不包括增值税税款；

（二）纳税人进口自用应税车辆的计税价格，为关税完税价格加上关税和消费税；

（三）纳税人自产自用应税车辆的计税价格，按照纳税人生产的同类应税车辆的销售价格确定，不包括增值税税款；

（四）纳税人以受赠、获奖或者其他方式取得自用应税车辆的计税价格，按照购置应税车辆时相关凭证载明的价格确定，不包括增值税税款。

第七条 纳税人申报的应税车辆计税价格明显偏低，又无正当理由的，由税务机关依照《中华人民共和国税收征收管理法》的规定核定其应纳税额。

第八条 纳税人以外汇结算应税车辆价款的，按照申报纳税之日的人民币汇率中间价折合成人民币计算缴纳税款。

第九条 下列车辆免征车辆购置税：

（一）依照法律规定应当予以免税的外国驻华使馆、领事馆和国际组织驻华机构及其有关人员自用的车辆；

（二）中国人民解放军和中国人民武装警察部队列入装备订货计划的车辆；

（三）悬挂应急救援专用号牌的国家综合性消防救援车辆；

（四）设有固定装置的非运输专用作业车辆；

（五）城市公交企业购置的公共汽电车辆。

根据国民经济和社会发展的需要，国务院可以规定减征或者其他免征车辆购置税的情形，报全国人民代表大会常务委员会备案。

第十条 车辆购置税由税务机关负责征收。

第十一条 纳税人购置应税车辆，应当向车辆登记地的主管税务机关申报缴纳车辆购置税；购置不需要办理车辆登记的应税车辆的，应当向纳税人所在地的主管税务机关申报缴纳车辆购置税。

第十二条 车辆购置税的纳税义务发生时间为纳税人购置应税车辆的当日。纳税人应当自纳税义务发生之日起六十日内申报缴纳车辆购置税。

第十三条 纳税人应当在向公安机关交通管理部门办理车辆注册登记前，缴纳车辆购置税。

公安机关交通管理部门办理车辆注册登记，应当根据税务机关提供的应税车辆完税或者免税电子信息对纳税人申请登记的车辆信息进行核对，核对无误后依法办理车辆注册登记。

第十四条 免税、减税车辆因转让、改变用途等原因不再属于免税、减税范围的，纳税人应当在办理车辆转移登记或者变更登记前缴纳车辆购置税。计税价格以免税、减税车辆初次办理纳税申报时确定的计税价格为基准，每满一年扣减百分之十。

第十五条 纳税人将已征车辆购置税的车辆退回车辆生产企业或者销售企业的，可以向主管税务机关申请退还车辆购置税。退税额以已缴税款为基准，自缴纳税款之日至申请退税之日，每满一年扣减百分之十。

第十六条 税务机关和公安、商务、海关、工业和信息化等部门应当建立应税车辆信息共享和工作配合机制，及时交换应税车辆和纳税信息资料。

第十七条 车辆购置税的征收管理，依照本法和《中华人民共和国税收征收管理法》的规定执行。

第十八条 纳税人、税务机关及其工作人员违反本法规定的，依照《中华人民共和国税收征收管理法》和有关法律法规的规定追究法律责任。

第十九条 本法自 2019 年 7 月 1 日起施行。2000 年 10 月 22 日国务院公布的《中华人民共和国车辆购置税暂行条例》同时废止。

中华人民共和国车船税法

（2011年2月25日第十一届全国人民代表大会常务委员会第十九次会议通过　根据2019年4月23日第十三届全国人民代表大会常务委员会第十次会议《关于修改〈中华人民共和国建筑法〉等八部法律的决定》修正）

第一条　在中华人民共和国境内属于本法所附《车船税税目税额表》规定的车辆、船舶（以下简称车船）的所有人或者管理人，为车船税的纳税人，应当依照本法缴纳车船税。

第二条　车船的适用税额依照本法所附《车船税税目税额表》执行。

车辆的具体适用税额由省、自治区、直辖市人民政府依照本法所附《车船税税目税额表》规定的税额幅度和国务院的规定确定。

船舶的具体适用税额由国务院在本法所附《车船税税目税额表》规定的税额幅度内确定。

第三条　下列车船免征车船税：

（一）捕捞、养殖渔船；

（二）军队、武装警察部队专用的车船；

（三）警用车船；

（四）悬挂应急救援专用号牌的国家综合性消防救援车辆和国家综合性消防救援专用船舶；

［**注**：根据2019.04.23《全国人民代表大会常务委员会关于修改〈中华人民共和国建筑法〉等八部法律的决定》（中华人民共和国主席令第二十九号），对《中华人民共和国车船税法》做出修改：自2019年4月23日起第三条增加一项，作为第四项："（四）悬挂应急救援专用号牌的国家综合性消防救援车辆和国家综合性消防救援专用船舶"。］

（五）依照法律规定应当予以免税的外国驻华使领馆、国际组织驻华代表机构及其有关人员的车船。

第四条　对节约能源、使用新能源的车船可以减征或者免征车船税；对受严重自然灾害影响纳税困难以及有其他特殊原因确需减税、免税的，可以减征或者免征车船税。具体办法由国务院规定，并报全国人民代表大会常务委员会备案。

第五条　省、自治区、直辖市人民政府根据当地实际情况，可以对公共交通车船，农村居民拥有并主要在农村地区使用的摩托车、三轮汽车和低速载货汽车定期减征或者免征车船税。

第六条　从事机动车第三者责任强制保险业务的保险机构为机动车车船税的扣缴义务人，应当在收取保险费时依法代收车船税，并出具代收税款凭证。

第七条 车船税的纳税地点为车船的登记地或者车船税扣缴义务人所在地。依法不需要办理登记的车船，车船税的纳税地点为车船的所有人或者管理人所在地。

第八条 车船税纳税义务发生时间为取得车船所有权或者管理权的当月。

第九条 车船税按年申报缴纳。具体申报纳税期限由省、自治区、直辖市人民政府规定。

第十条 公安、交通运输、农业、渔业等车船登记管理部门、船舶检验机构和车船税扣缴义务人的行业主管部门应当在提供车船有关信息等方面，协助税务机关加强车船税的征收管理。

车辆所有人或者管理人在申请办理车辆相关登记、定期检验手续时，应当向公安机关交通管理部门提交依法纳税或者免税证明。公安机关交通管理部门核查后办理相关手续。

第十一条 车船税的征收管理，依照本法和《中华人民共和国税收征收管理法》的规定执行。

第十二条 国务院根据本法制定实施条例。

第十三条 本法自2012年1月1日起施行。2006年12月29日国务院公布的《中华人民共和国车船税暂行条例》同时废止。

附：车船税税目税额表

附：

车船税税目税额表

税目		计税单位	年基准税额	备注
乘用车〔按发动机汽缸容量（排气量）分档〕	1.0升（含）以下的	每辆	60元至360元	核定载客人数9人（含）以下
	1.0升以上至1.6升（含）的		300元至540元	
	1.6升以上至2.0升（含）的		360元至660元	
	2.0升以上至2.5升（含）的		660元至1200元	
	2.5升以上至3.0升（含）的		1200元至2400元	
	3.0升以上至4.0升（含）的		2400元至3600元	
	4.0升以上的		3600元至5400元	
商用车	客车	每辆	480元至1440元	核定载客人数9人以上，包括电车
	货车	整备质量每吨	16元至120元	包括半挂牵引车、三轮汽车和低速载货汽车等
挂车		整备质量每吨	按照货车税额的50%计算	
其他车辆	专用作业车	整备质量每吨	16元至120元	不包括拖拉机
	轮式专用机械车		16元至120元	

续表

税目		计税单位	年基准税额	备注
摩托车		每辆	36 元至 180 元	
船舶	机动船舶	净吨位每吨	3 元至 6 元	拖船、非机动驳船分别按照机动船舶税额的 50% 计算
	游艇	艇身长度每米	600 元至 2000 元	

中华人民共和国环境保护税法

（2016 年 12 月 25 日第十二届全国人民代表大会常务委员会第二十五次会议通过　根据 2018 年 10 月 26 日第十三届全国人民代表大会常务委员会第六次会议《关于修改〈中华人民共和国野生动物保护法〉等十五部法律的决定》修正）

目录

第一章　总　则

第一条　为了保护和改善环境，减少污染物排放，推进生态文明建设，制定本法。

第二条　在中华人民共和国领域和中华人民共和国管辖的其他海域，直接向环境排放应税污染物的企业事业单位和其他生产经营者为环境保护税的纳税人，应当依照本法规定缴纳环境保护税。

第三条　本法所称应税污染物，是指本法所附《环境保护税税目税额表》、《应税污染物和当量值表》规定的大气污染物、水污染物、固体废物和噪声。

第四条　有下列情形之一的，不属于直接向环境排放污染物，不缴纳相应污染物的环境保护税：

（一）企业事业单位和其他生产经营者向依法设立的污水集中处理、生活垃圾集中处理场所排放应税污染物的；

（二）企业事业单位和其他生产经营者在符合国家和地方环境保护标准的设施、场所贮存或者处置固体废物的。

第五条　依法设立的城乡污水集中处理、生活垃圾集中处理场所超过国家和地方规定的排放标准向环境排放应税污染物的，应当缴纳环境保护税。

企业事业单位和其他生产经营者贮存或者处置固体废物不符合国家和地方环境保护标准的，应当缴纳环境保护税。

第六条 环境保护税的税目、税额，依照本法所附《环境保护税税目税额表》执行。应税大气污染物和水污染物的具体适用税额的确定和调整，由省、自治区、直辖市人民政府统筹

考虑本地区环境承载能力、污染物排放现状和经济社会生态发展目标要求，在本法所附《环境保护税税目税额表》规定的税额幅度内提出，报同级人民代表大会常务委员会决定，并报全国人民代表大会常务委员会和国务院备案。

第二章 计税依据和应纳税额

第七条 应税污染物的计税依据，按照下列方法确定：

（一）应税大气污染物按照污染物排放量折合的污染当量数确定；

（二）应税水污染物按照污染物排放量折合的污染当量数确定；

（三）应税固体废物按照固体废物的排放量确定；

（四）应税噪声按照超过国家规定标准的分贝数确定。

第八条 应税大气污染物、水污染物的污染当量数，以该污染物的排放量除以该污染物的污染当量值计算。每种应税大气污染物、水污染物的具体污染当量值，依照本法所附《应税污染物和当量值表》执行。

第九条 每一排放口或者没有排放口的应税大气污染物，按照污染当量数从大到小排序，对前三项污染物征收环境保护税。

每一排放口的应税水污染物，按照本法所附《应税污染物和当量值表》，区分第一类水污染物和其他类水污染物，按照污染当量数从大到小排序，对第一类水污染物按照前五项征收环境保护税，对其他类水污染物按照前三项征收环境保护税。

省、自治区、直辖市人民政府根据本地区污染物减排的特殊需要，可以增加同一排放口征收环境保护税的应税污染物项目数，报同级人民代表大会常务委员会决定，并报全国人民代表大会常务委员会和国务院备案。

第十条 应税大气污染物、水污染物、固体废物的排放量和噪声的分贝数，按照下列方法和顺序计算：

（一）纳税人安装使用符合国家规定和监测规范的污染物自动监测设备的，按照污染物自动监测数据计算；

（二）纳税人未安装使用污染物自动监测设备的，按照监测机构出具的符合国家有关规定和监测规范的监测数据计算；

（三）因排放污染物种类多等原因不具备监测条件的，按照国务院环境保护主管部门生态环境主

管部门规定的排污系数、物料衡算方法计算；

（四）不能按照本条第一项至第三项规定的方法计算的，按照省、自治区、直辖市人民政府环境保护主管部门生态环境主管部门规定的抽样测算的方法核定计算。

第十一条 环境保护税应纳税额按照下列方法计算：

（一）应税大气污染物的应纳税额为污染当量数乘以具体适用税额；

（二）应税水污染物的应纳税额为污染当量数乘以具体适用税额；

（三）应税固体废物的应纳税额为固体废物排放量乘以具体适用税额；

（四）应税噪声的应纳税额为超过国家规定标准的分贝数对应的具体适用税额。

第三章 税收减免

第十二条 下列情形，暂予免征环境保护税：

（一）农业生产（不包括规模化养殖）排放应税污染物的；

（二）机动车、铁路机车、非道路移动机械、船舶和航空器等流动污染源排放应税污染物的；

（三）依法设立的城乡污水集中处理、生活垃圾集中处理场所排放相应应税污染物，不超过国家和地方规定的排放标准的；

（四）纳税人综合利用的固体废物，符合国家和地方环境保护标准的；

（五）国务院批准免税的其他情形。前款第五项免税规定，由国务院报全国人民代表大会常务委员会备案。

第十三条 纳税人排放应税大气污染物或者水污染物的浓度值低于国家和地方规定的污染物排放标准百分之三十的，减按百分之七十五征收环境保护税。纳税人排放应税大气污染物或者水污染物的浓度值低于国家和地方规定的污染物排放标准百分之五十的，减按百分之五十征收环境保护税。

第四章 征收管理

第十四条 环境保护税由税务机关依照《中华人民共和国税收征收管理法》和本法的有关规定征收管理。

环境保护主管部门生态环境主管部门依照本法和有关环境保护法律法规的规定负责对污染物的监测管理。

县级以上地方人民政府应当建立税务机关、环境保护主管部门生态环境主管部门和其他相关单位分工协作工作机制，加强环境保护税征收管理，保障税款及时足额入库。

第十五条 环境保护主管部门生态环境主管部门和税务机关应当建立涉税信息共享平台和工作配

合机制。

环境保护主管部门生态环境主管部门应当将排污单位的排污许可、污染物排放数据、环境违法和受行政处罚情况等环境保护相关信息，定期交送税务机关。

税务机关应当将纳税人的纳税申报、税款入库、减免税额、欠缴税款以及风险疑点等环境保护税涉税信息，定期交送环境保护主管部门生态环境主管部门。

第十六条 纳税义务发生时间为纳税人排放应税污染物的当日。

第十七条 纳税人应当向应税污染物排放地的税务机关申报缴纳环境保护税。

第十八条 环境保护税按月计算，按季申报缴纳。不能按固定期限计算缴纳的，可以按次申报缴纳。纳税人申报缴纳时，应当向税务机关报送所排放应税污染物的种类、数量，大气污染物、水污染物的浓度值，以及税务机关根据实际需要要求纳税人报送的其他纳税资料。

第十九条 纳税人按季申报缴纳的，应当自季度终了之日起十五日内，向税务机关办理纳税申报并缴纳税款。纳税人按次申报缴纳的，应当自纳税义务发生之日起十五日内，向税务机关办理纳税申报并缴纳税款。

纳税人应当依法如实办理纳税申报，对申报的真实性和完整性承担责任。

第二十条 税务机关应当将纳税人的纳税申报数据资料与环境保护主管部门生态环境主管部门交送的相关数据资料进行比对。

税务机关发现纳税人的纳税申报数据资料异常或者纳税人未按照规定期限办理纳税申报的，可以提请环境保护主管部门生态环境主管部门进行复核，环境保护主管部门生态环境主管部门应当自收到税务机关的数据资料之日起十五日内向税务机关出具复核意见。税务机关应当按照环境保护主管部门生态环境主管部门复核的数据资料调整纳税人的应纳税额。

第二十一条 依照本法第十条第四项的规定核定计算污染物排放量的，由税务机关会同环境保护主管部门生态环境主管部门核定污染物排放种类、数量和应纳税额。

第二十二条 纳税人从事海洋工程向中华人民共和国管辖海域排放应税大气污染物、水污染物或者固体废物，申报缴纳环境保护税的具体办法，由国务院税务主管部门会同国务院海洋主管部门生态环境主管部门规定。

第二十三条 纳税人和税务机关、环境保护主管部门生态环境主管部门及其工作人员违反本法规定的，依照《中华人民共和国税收征收管理法》、《中华人民共和国环境保护法》和有关法律法规的规定追究法律责任。

第二十四条 各级人民政府应当鼓励纳税人加大环境保护建设投入，对纳税人用于污染物自动监测设备的投资予以资金和政策支持。

第五章　附则

第二十五条　本法下列用语的含义：

（一）污染当量，是指根据污染物或者污染排放活动对环境的有害程度以及处理的技术经济性，衡量不同污染物对环境污染的综合性指标或者计量单位。同一介质相同污染当量的不同污染物，其污染程度基本相当。

（二）排污系数，是指在正常技术经济和管理条件下，生产单位产品所应排放的污染物量的统计平均值。

（三）物料衡算，是指根据物质质量守恒原理对生产过程中使用的原料、生产的产品和产生的废物等进行测算的一种方法。

第二十六条　直接向环境排放应税污染物的企业事业单位和其他生产经营者，除依照本法规定缴纳环境保护税外，应当对所造成的损害依法承担责任。

第二十七条　自本法施行之日起，依照本法规定征收环境保护税，不再征收排污费。

第二十八条　本法自2018年1月1日起施行。

财政部　国家税务总局关于纳税人异地预缴增值税有关城市维护建设税和教育费附加政策问题的通知

财税〔2016〕74号　发布日期：2016-07-12

各省、自治区、直辖市、计划单列市财政厅（局）、国家税务局、地方税务局，新疆生产建设兵团财务局：

根据全面推开“营改增”试点后增值税政策调整情况，现就纳税人异地预缴增值税涉及的城市维护建设税和教育费附加政策执行问题通知如下：

一、纳税人跨地区提供建筑服务、销售和出租不动产的，应在建筑服务发生地、不动产所在地预缴增值税时，以预缴增值税税额为计税依据，并按预缴增值税所在地的城市维护建设税适用税率和教育费附加征收率就地计算缴纳城市维护建设税和教育费附加。

二、预缴增值税的纳税人在其机构所在地申报缴纳增值税时，以其实际缴纳的增值税税额为计税依据，并按机构所在地的城市维护建设税适用税率和教育费附加征收率就地计算缴纳城市维护建设税和教育费附加。

三、本通知自2016年5月1日起执行。

财政部关于统一地方教育附加政策有关问题的通知

财综〔2010〕98号　发布日期：2010-11-07

各省、自治区、直辖市财政厅（局），新疆生产建设兵团财务局：

为贯彻落实《国家中长期教育改革和发展规划纲要（2010—2020年）》，进一步规范和拓宽财政性教育经费筹资渠道，支持地方教育事业发展，根据国务院有关工作部署和具体要求，现就统一地方教育附加政策有关事宜通知如下：

一、统一开征地方教育附加。尚未开征地方教育附加的省份，省级财政部门应按照《教育法》的规定，根据本地区实际情况尽快研究制定开征地方教育附加的方案，报省级人民政府同意后，由省级人民政府于2010年12月31日前报财政部审批。

二、统一地方教育附加征收标准。地方教育附加征收标准统一为单位和个人（包括外商投资企业、外国企业及外籍个人）实际缴纳的增值税、营业税和消费税税额的2%。已经财政部审批且征收标准低于2%的省份，应将地方教育附加的征收标准调整为2%，调整征收标准的方案由省级人民政府于2010年12月31日前报财政部审批。

三、各省、自治区、直辖市财政部门要严格按照《教育法》规定和财政部批复意见，采取有效措施，切实加强地方教育附加征收使用管理，确保基金应收尽收，专项用于发展教育事业，不得从地方教育附加中提取或列支征收或代征手续费。

四、凡未经财政部或国务院批准，擅自多征、减征、缓征、停征，或者侵占、截留、挪用地方教育附加的，要依照《财政违法行为处罚处分条例》（国务院令第427号）和《违反行政事业性收费和罚没收入收支两条线管理规定行政处分暂行规定》（国务院令第281号）追究责任人的行政责任；构成犯罪的，依法追究刑事责任。

国家税务总局关于人民法院强制执行被执行人财产有关税收问题的复函

国税函〔2005〕869 号　发布日期：2005-09-12

最高人民法院：

你院《关于人民法院依法强制执行拍卖、变卖被执行人财产后，税务部门能否直接向人民法院征收营业税的征求意见稿》（〔2005〕执他字第 12 号）收悉。经研究，函复如下：

一、人民法院的强制执行活动属司法活动，不具有经营性质，不属于应税行为，税务部门不能向人民法院的强制执行活动征税。

二、无论拍卖、变卖财产的行为是纳税人的自主行为，还是人民法院实施的强制执行活动，对拍卖、变卖财产的全部收入，纳税人均应依法申报缴纳税款。

三、税收具有优先权。《中华人民共和国税收征收管理法》第四十五条规定，税务机关征收税款，税收优先于无担保债权，法律另有规定的除外；纳税人欠缴的税款发生在纳税人以其财产设定抵押、质押或者纳税人的财产被留置之前的，税收应当先于抵押权、质权、留置权执行。

四、鉴于人民法院实际控制纳税人因强制执行活动而被拍卖、变卖财产的收入，根据《中华人民共和国税收征收管理法》第五条的规定，人民法院应当协助税务机关依法优先从该收入中征收税款。

关于规范社会保险缴费基数有关问题的通知

劳社险中心函〔2006〕60号　发布日期：2006.11.15

各省、自治区、直辖市社会保险经办机构，新疆生产建设兵团社会保险基金管理中心：

近年来，在劳动保障行政部门的正确领导和有关部门的大力支持下，各级社会保险经办机构认真贯彻落实《社会保险费征缴暂行条例》（国务院令第259号）、《社会保险稽核办法》（劳动保障部令第16号）和相关政策规定，努力做好社会保险费征缴申报审核和稽核工作，取得了明显成绩，促进了社会保险费的应收尽收。但是，随着社会主义市场经济体制的逐步建立和完善，我国所有制结构、就业方式和收入分配形势发生了很大变化，当前一些地区在社会保险缴费申报审核和稽核工作中，存在着执行政策不统一、审核不够规范等问题，影响了缴费基数核定和稽核的整体效应。为做好新形势下社会保险缴费基数核定和稽核工作，现就规范社会保险费缴费基数有关问题通知如下：

一、关于缴费基数的核定依据

1990年，国家统计局发布了《关于工资总额组成的规定》（国家统计局令第1号），之后相继下发了一系列通知对有关工资总额统计做出了明确规定，每年各省区市统计局在劳动统计报表制度中对劳动报酬指标亦有具体解释。这些文件都应作为核定社会保险缴费基数的依据。凡是国家统计局有关文件没有明确规定不作为工资收入统计的项目，均应作为社会保险缴费基数。

二、关于工资总额的计算口径

依据国家统计局有关文件规定，工资总额是指各单位在一定时期期内直接支付给本单位全部职工的劳动报酬总额，由计时工资、计件工资、奖金、加班加点工资、特殊情况下支付的工资、津贴和补贴等组成。劳动报酬总额包括：在岗职工工资总额；不在岗职工生活费；聘用、留用的离退休人员的劳动报酬；外籍及港澳台方人员劳动报酬以及聘用其他从业人员的劳动报酬。

国家统计局“关于认真贯彻执行《关于工资总额组成的规定》的通知”（统制字〔1990〕1号）中对工资总额的计算作了明确解释：各单位支付给职工的劳动报酬以及其他根据有关规定支付的工资，

不论是计入成本的还是不计入成本的，不论是按国家规定支付列入计征奖金税项目的还是未列入计征奖金税项目的，均应列入工资总额的计算范围。

三、关于计算缴费基数的具体项目

根据国家统计局的规定，下列项目作为工资统计，在计算缴费基数时作为依据：

1. 计时工资、包括：

（1）对已完成工作按计时工作标准支付的工资，即基本工资部分；

（2）新参加工作职工的见习工资（学徒的生活费）；

（3）根据国家法律、法规和政策规定，因病、工伤、产假、计划生育假、婚丧假、事假、探亲假、定期休假、停工学习、执行国家或社会义务等原因按计时工资标准或计时工资标准的一定比例支付的工资；

（4）实行岗位技能工资制的单位支付给职工的技能工资及岗位（职务）工资；

（5）职工个人按规定比例缴纳的社会保险费、职工受处分期间的工资、浮动升级的工资等；

（6）机关工作人员的职务工资、级别工资、基础工资；工人的岗位工资、技术等级（职务）工资。

2. 计件工资，包括：

（1）实行超额累进计件、直接无限计件、限额计件、超定额计件等工资制，按劳动部门或主管部门批准的定额和计件单价付给个人的工资；

（2）按工作任务包干方法支付给个人的工资；

（3）按营业额提成或利润提成办法支付给个人的工资。

3. 奖金，包括：

（1）生产（业务）奖包括超产奖、质量奖、安全（无事故）奖、考核各项经济指标的综合奖、提前竣工将、外轮速遣将、年终奖（劳动分红）等；

（2）节约奖包括各种动力、燃料、原材料等节约奖；

（3）劳动竞赛奖包括发给劳动模范、先进个人的各种奖金；

（4）机关、事业单位各类人员的年终一次性奖金、机关工人的奖金、体育运动员的平时训练奖；

（5）其他奖金包括从兼课酬金和业余医疗卫生服务收入提成中支付的奖金，运输系统的堵漏保收奖，学校教师的教学工作量超额酬金，从各项收入中以提成的名义发给职工的奖金等。

4. 津贴，包括：

（1）补偿职工特殊或额外劳动消耗的津贴及岗位性津贴。包括：高空津贴、井下津贴、流动施工津贴、高温作业临时补贴、艰苦气象台（站）津贴、微波站津贴，冷库低温津贴、邮电人员外勤津贴、夜班津贴、中班津贴、班（组）长津贴、环卫人员岗位津贴、广播电视天线岗位津贴、盐业岗位津贴、废品回收人员岗位津贴、殡葬特殊行业津贴、城市社会福利事业岗位津贴、环境检测津贴、课时津贴、班主任津贴、科研辅助津贴、卫生临床津贴和防检津贴、农业技术推广服务津贴、护林津贴、林业技术推广津贴、野生动物保护工作津贴、水利防汛津贴、气象服务津贴、地震预测预防津贴、技术监督工作津贴、口岸鉴定检验津贴、环境污染监控津贴、社会服务津贴、特殊岗位津贴、会计岗位津贴、野外津贴、水上作业津贴、艺术表演档次津贴、演出场次津贴、艺术人员工种津贴、运动队班（队）干部主队津贴、教练员培训津贴、运动员成绩津贴、运动员突出贡献津贴、责任目标津贴、领导职务津贴、岗位目标管理津贴、专业技术职务津贴、专业技术岗位津贴、技术等级岗位津贴、技术工人岗位津贴、普通工人作业津贴及其他为特殊行业和苦脏累险等特殊岗位设立的津贴。

机关工作人员岗位津贴。包括：公安干警值勤津贴、警衔津贴、交通民警保健津贴、海关工作人员岗位津贴、审计人员外勤工作补贴、税务人员的税务征收津贴（包括农业税收）、工商行政管理人员外勤津贴、人民法院干警岗位津贴、人民检察院干警岗位津贴、司法助理员岗位津贴、监察、纪检部门办案人员补贴、人民武装部工作人员津贴、监狱劳教所干警健康补贴等。

（2）保健性津贴。包括：卫生防疫津贴、医疗卫生津贴、科技保健津贴、农业事业单位发放的有毒有害保健津贴以及其他行业职工的特殊保健津贴等。

（3）技术性津贴。包括：特级教师津贴、科研课题津贴、研究生导师津贴、工人技师津贴、中药老药工技术津贴、特殊教育津贴、高级知识分子特殊津贴（政府特殊津贴）等。

（4）年功能津贴。包括：工龄工资、工龄津贴、教龄津贴和护士护龄津贴。

（5）地区津贴。包括艰苦边远地区津贴和地区附加津贴等。

（6）其他津贴。例如：支付个人的伙食津贴（火车司机和乘务员的乘务津贴、航行和空勤人员或是津贴、水产捕捞人员伙食津贴补贴、汽车司机行车津贴、体育运动员和教练员伙食补贴、少数民族伙食津贴、小伙食单位津贴、单位按月发放的伙食补贴、补助或提供的工作餐等）、上下班交通补贴、洗理卫生费、书报费、工种粮补贴、过节费、干部行车补贴、私车补贴等。

5. 补贴，包括：为保证职工工资水平不受物件上涨或变动影响而支付的各种补贴，如副食品价格补贴、粮、油、蔬菜等价格补贴，煤价补贴、水电补贴、住房补贴、房改补贴等。

6. 加班加点工资；

7. 其他工资，如附加工资、保留工资以及调整工资补发的上年工资等。

8. 特殊项目构成的工资：

（1）发放给本单位职工的“技术交易奖酬金”；

（2）住房补贴或房改补贴。房改一次性补贴款，如补贴发放到个人，可自行支配的即如工资总额内；如补贴为专款专用存入专门的帐户，不计入工资总额统计〔国家统计局《关于房改补贴统计方法的通知》（统制字〔1992〕80 号文）〕；

（3）单位发放的住房提租补贴、通信工具补贴、住宅电话补助［国家统计局《关于印发 1998 年年报劳动统计新增指标解释及问题解答的通知》（国统办字〔1998〕120 号）］；

（4）单位给职工个人实报实销的职工个人家庭使用的固定电话话费、职工个人使用的手机费（不含因工作原因产生的通讯费，如不能明确区分公用、私用均计入工资总额）、职工个人购买的服装费（不包括工作服）等各种费用［国家统计局《关于印发 2002 年劳动统计年报新增指标解释及问题解答的通知》（国统办字〔2002〕20 号）］；

（5）为不休假的职工发放的现金或补贴［国家统计局《关于印发2002年劳动统计年报新增指标解释及问题解答的通知》（国统办字〔2002〕20号）］；

（6）以下属单位的名义给本单位职工发放的现金或实物（无论是否计入本单位财务账目）［国家统计局《关于印发2002年劳动统计年报新增指标解释及问题解答的通知》（国统办字〔2002〕20号）］；

（7）单位为职工缴纳的各种商业性保险［国家统计局《关于印发2002年劳动统计年报新增指标解释及问题解答的通知》（国统办字〔2002〕20号）］；

（8）试行企业经营者年薪制的经营者，其工资正常发放部分和年终结算后补发的部分［国家统计局《关于印发2002年劳动统计年报新增指标解释及问题解答的通知》（国统办字〔2002〕20号）］；

（9）商业部门实行的柜组承包，交通运输部门实行的车队承包、司机个人承包等，这部分人员一般只需定期上交一定的所得，其余部分归己。对这些人员的缴费基数原则上采取全部收入扣除各项（一定）费用支出后计算［国家统计局《关于印发劳动统计问题解答的通知》（制司字〔1992〕39号）］；

（10）使用劳务输出机构提供的劳务工，其人数和工资按照“谁发工资谁统计”的原则，如果劳务工的使用方不直接支付劳务工的工资，而是向劳务工输出方支付费用，再由劳务输出方向劳务工支付工资，应由劳务输出方统计工资和人数；如果劳务工的使用方直接向劳务工支付工资，则应由劳务使用方统计工资和人数。输出和使用劳务工单位的缴费基数以谁发工资谁计算缴费基数的原则执行［国家统计局《关于印发2004年劳动统计年报新增指标解释及问题解答的通知》（国统办字〔2004〕48号）］；

（11）企业销售人员、商业保险推销人员等实行特殊分配形式参保人员的缴费基数原则上由各地依据国家统计局有关规定根据实际情况确定。

四、关于不列入缴费基数的项目

根据国家统计局的规定，下列项目不计入工资总额，在计算缴费基数时应予剔除：

（一）根据国务院发布的有关规定发放的创造发明奖、国家星火奖、自然科学奖、科学技术进步奖和支付的合理化建设和技术改进以及支付给与运动员在重大体育比赛中的重奖。

（二）有关劳动保险和职工福利方面的费用。职工保险福利费用包括医疗卫生费、职工死亡丧葬费及抚恤费、职工生活困难补助、文体宣传费、集体福利事业设施费和集体福利事业补贴、探亲路费、计划生育补贴、冬季取暖补贴、防暑降温费、婴幼儿补贴（即托儿补助）、独生子女牛奶补贴、独生子女费、“六一”儿童节给职工的独生子女补贴、工作服洗补费、鲜血员营养补助及其他保险福利费。

（三）劳动保护的各种支出。包括：工作服、手套等劳动保护用品，解毒剂、清凉饮料，以及按照国务院1963年7月19日劳动部等七单位规定的范围对接触有毒物质、矽尘作业、放射线作业和潜水、沉箱作业，高温作业等五种工种所享受的有劳动保护费开支的保健食品待遇。

（四）有关离休、退休、退职人员待遇的各项支出。

（五）支付给外单位人员的稿费、讲课费及其他专门工作报酬。

（六）出差补助、误餐补助。指职工出差应购卧铺票实际改乘座席的减价提成归已部分；因实行住宿费包干，实际支出费用低于标准的差价归己部分。

（七）对自带工具、牲畜来企业工作的从业人员所支付的工具、牲畜等的补偿费用。

（八）实行租赁经营单位的承租人的风险性补偿收入。

（九）职工集资入股或购买企业债券后发给职工的股息分红、债券利息以及职工个人技术投入后的税前收益分配。

（十）劳动合同制职工解除劳动合同时由企业支付的医疗补助费、生活补助费以及一次性支付给职工的经济补偿金。

（十一）劳务派遣单位收取用工单位支付的人员工资以外的手续费和管理费。

（十二）支付给家庭工人的加工费和按加工订货办法支付给承包单位的发包费用。

（十三）支付给参加企业劳动的在校学生的补贴。

（十四）调动工作的旅费和安家费中净结余的现金。

（十五）由单位缴纳的各项社会保险、住房公积金。

（十六）支付给从保安公司招用的人员的补贴。

（十七）按照国家政策为职工建立的企业年金和补充医疗保险，其中单位按政策规定比例缴纳部分。

五、关于统一缴费基数问题

（一）参保单位缴纳基本养老保险费的基数可以为职工工资总额，也可以为本单位职工个人缴费工资总额基数之和，但在全省区市范围内应统一为一种核定办法。

单位职工本人缴纳基本养老保险费的基数原则上以上一年度本人月平均工资为基础，在当地职工平均工资的 60%—300% 的范围内进行核定。特殊情况下个人缴费基数的确定，按原劳动部办公厅关于印发《职工基本养老保险个人帐户管理暂行办法》的通知（劳办发〔1997〕116 号）的有关规定核定。以个人身份参保缴费基数的核定，根据各地贯彻《国务院关于完善职工基本养老保险制度的决定》（国发〔2005〕38 号）的有关规定核定。

（二）参保单位缴纳基本医疗保险、失业保险、工伤保险、生育保险费的基数为职工工资总额，基本医疗保险、失业保险职工个人缴费基数为本人工资，为便于征缴可以以上一年度个人月平均工资为缴费基数。目前，一些地方整合经办资源，实行社会保险费的统一征收和统一稽核，并将各险种单位和个人的缴费基数统一为单位和个人缴纳基本养老保险费的基数，这种做法方便了参保企业和参保人员，有利于提高稽核效率。

各级社会保险经办机构要按照本通知的规定规范社会保险缴费基数核定工作，要在规范的基础上，坚持标准，切实做好申报审核和日常稽核工作，维护广大参保人员的合法权益，确保社会保险费的应收尽收。

国家税务总局关于取消20项税务证明事项的公告

国家税务总局公告2018年第65号　发布日期：2018-12-28

［**修改说明**：为落实本公告要求，国家税务总局于2018年12月29日发布了国家税务总局公告2018年第67号《国家税务总局关于废止和修改部分税收规范性文件的公告》，对取消证明事项涉及的部分税收规范性文件进行了清理，自2018年12月29日开始施行，详见：国家税务总局公告2018年第67号。］

为贯彻落实党中央、国务院关于减证便民、优化服务的部署要求，根据《国务院办公厅关于做好证明事项清理工作的通知》（国办发〔2018〕47号），按照《国家税务总局关于实施进一步支持和服务民营经济发展若干措施的通知》（税总发〔2018〕174号）的安排，税务总局决定取消20项税务证明事项（详见附件），现予以发布。自发布之日起，附件所列证明事项停止执行。附件所列证明事项涉及的规范性文件，按程序修改后另行发布。

各级税务机关应认真落实取消税务证明事项有关工作，不得保留或变相保留，不得将税务机关的核查义务转嫁纳税人；应及时修改涉及取消事项的相关规定、表证单书和征管流程，明确事中事后监管要求；要树立诚信推定、风险监控、信用管理相关理念，进一步减少纳税人向税务机关报送的资料，探索推行告知承诺制。

各级税务机关应以本次清理工作为契机，进一步转变管理方式，规范监管行为，优化营商环境，更好地为市场主体增便利、添活力。

本公告自发布之日起施行。

特此公告。

附件：取消的税务证明事项目录

（共20项）

附件

取消的税务证明事项目录

（共 20 项）

序号	证明名称	证明用途	取消后的办理方式
1	饲料产品合格证明	符合免税条件的饲料生产企业办理饲料产品免征增值税优惠备案时，需提供有计量认证资质的饲料质量检测机构（名单由省税务局确认）出具的饲料产品合格证明。	不再提交。享受免征增值税优惠政策的饲料产品应当符合行业主管部门明确的产品质量标准。主管税务机关应加强后续管理，必要时可委托第三方检测机构对产品质量进行检测，一经发现不符合免税条件的，应及时纠正并依法处理。
2	中介机构专项报告及其相关的证明材料	企业向税务机关申报扣除按独立交易原则向关联企业转让资产而发生的损失，或向关联企业提供借款、担保而形成的债权损失时，需留存备查中介机构出具的专项报告及其相关的证明材料。	不再留存。改为纳税人留存备查自行出具的有法定代表人、主要负责人和财务负责人签章证实有关损失的书面申明和相关材料。
3	专业技术鉴定意见（报告）或中介机构专项报告	企业向税务机关申报扣除特定损失时，需留存备查专业技术鉴定意见（报告）或法定资质中介机构出具的专项报告。	不再留存。改为纳税人留存备查自行出具的有法定代表人、主要负责人和财务负责人签章证实有关损失的书面申明。
4	不可抗力的事故证明	纳税人因不可抗力需要延期缴纳税款的，应当在缴纳税款期限届满前，提交公安机关出具的遭受不可抗力的事故证明。	不再提交。改为纳税人在申请延期缴纳税款书面报告中对不可抗力情况进行说明并承诺属实。税务机关事后进行抽查。
5	参加社会保险证明	5.1 转制科研机构办理科研开发自用房产免征房产税备案时，需提供按企业办法参加社会保险制度的证明。	不再提交。通过政府部门间信息共享或内部核查替代。
		5.2 转制科研机构办理科研开发自用土地免征城镇土地使用税备案时，需提供按企业办法参加社会保险制度的证明。	不再提交。通过政府部门间信息共享或内部核查替代。
6	工商营业执照	转制科研机构办理科研开发自用房产免征房产税备案时，需提供企业工商营业执照。	不再提交。通过政府部门间信息共享替代。
7	个人身份证明	7.1 纳税人办理外籍个人取得外商投资企业股息红利免征个人所得税优惠事项时，需提供居民身份证或其他证明身份的合法证明。	不再提交。直接在申报表中填报纳税人的基本信息和税收减免信息即可。
		7.2 纳税人办理外籍个人符合规定的生活费用免征个人所得税优惠事项时，需提供居民身份证或其他证明身份的合法证明。	不再提交。直接在申报表中填报纳税人的基本信息和税收减免信息即可。
		7.3 纳税人办理外籍个人按合理标准取得的境内、外出差补贴免征个人所得税优惠事项时，需提供居民身份证或其他证明身份的合法证明。	不再提交。直接在申报表中填报纳税人的基本信息和税收减免信息即可。
		7.4 纳税人办理个人转让著作权免征增值税优惠事项时，需提供身份证件。	不再提交。
		7.5 个人销售住房办理免征土地增值税优惠备案时，需提供身份证件。	不再提交。改为纳税人自行留存备查。
8	残疾人证明	安置残疾人就业单位办理减免城镇土地使用税备案时，需提供就业人员的残疾人证或残疾军人证。	不再提交。改为纳税人自行留存备查。
9	核销事业编制、注销事业单位法人的证明	9.1 转制科研机构办理科研开发自用房产免征房产税备案时，需提供核销事业编制、注销事业单位法人的证明。	不再提交。改为纳税人自行留存备查。
		9.2 转制科研机构办理科研开发自用土地免征城镇土地使用税备案时，需提供核销事业编制、注销事业单位法人的证明。	不再提交。改为纳税人自行留存备查。

续表

序号	证明名称	证明用途	取消后的办理方式
10	决定撤销金融机构的证明	10.1 纳税人办理被撤销金融机构清算期间自有的或从债务方接收的房地产免征房产税备案时，需提供中国人民银行决定撤销该机构的证明材料。	不再提交。改为纳税人自行留存备查。
		10.2 纳税人办理被撤销金融机构清算期间自有的或从债务方接收的房地产免征城镇土地使用税备案时，需提供中国人民银行决定撤销该机构的证明材料。	不再提交。改为纳税人自行留存备查。
11	单位性质证明	11.1 转制科研机构办理科研开发自用房产免征房产税备案时，需提供转制方案批复函。	不再提交。改为纳税人自行留存备查。
		11.2 血站办理自用房产免征房产税备案时，需提供事业单位证明材料。	不再提交。改为纳税人自行留存备查。
		11.3 纳税人办理学校、托儿所、幼儿园自用房产免征房产税备案时，需提供教育行业资质证明。	不再提交。改为纳税人自行留存备查。
		11.4 纳税人办理国家机关、人民团体、军队以及由国家财政部门拨付事业经费的单位自用房产免征房产税备案时，需提供单位性质证明材料。	不再提交。改为纳税人自行留存备查。
		11.5 企业办的各类医院办理自用房产免征房产税备案时，需提供单位性质证明材料。	不再提交。改为纳税人自行留存备查。
		11.6 纳税人办理高校学生公寓免征房产税备案时，需提供高校资质证明。	不再提交。改为纳税人自行留存备查。
		11.7 供热企业办理为居民供热所使用的厂房免征房产税备案时，需提供主管部门出具的供热企业的认定材料。	不再提交。改为纳税人自行留存备查。
		11.8 纳税人办理股改铁路运输企业及合资铁路运输公司自用房产免征房产税备案时，需提供符合政策规定的股改铁路运输企业及合资铁路运输公司单位性质证明。	不再提交。改为纳税人自行留存备查。
		11.9 纳税人办理监狱免征房产税备案时，需提供单位性质证明材料。	不再提交。改为纳税人自行留存备查。
		11.10 农村饮水工程运营管理单位办理自用的生产、办公用房产免征房产税备案时，需提供农村饮水安全工程企业和单位的认定资料。	不再提交。改为纳税人自行留存备查。
		11.11 纳税人办理集贸市场用房免征房产税备案时，需提供集贸市场经营主体的相关证明材料。	不再提交。改为纳税人自行留存备查。
		11.12 纳税人办理农产品批发市场、农贸市场减免房产税备案时，需提供农产品批发市场和农贸市场经营主体的相关证明材料。	不再提交。改为纳税人自行留存备查。
		11.13 福利性非营利性老年服务机构办理自用房产免征房产税备案时，需提供非营利性服务机构资质证明。	不再提交。改为纳税人自行留存备查。
		11.14 非营利性科研机构办理自用房产免征房产税备案时，需提供非营利性科研机构执业登记证明。	不再提交。改为纳税人自行留存备查。
		11.15 中国人民银行总行所属分支机构办理自用房产免征房产税备案时，需提供单位性质证明材料。	不再提交。改为纳税人自行留存备查。
		11.16 纳税人办理天然林二期工程专用房产免征房产税备案时，需提供属于天然林二期工程实施企业和单位的认定资料。	不再提交。改为纳税人自行留存备查。
		11.17 转制科研机构办理科研开发自用土地免征城镇土地使用税备案时，需提供转制方案批复函。	不再提交。改为纳税人自行留存备查。
		11.18 中国人民银行总行所属分支机构办理自用土地免征城镇土地使用税备案时，需提供单位性质证明材料。	不再提交。改为纳税人自行留存备查。
		11.19 纳税人办理铁路运输企业自用土地免征城镇土地使用税备案时，需提供单位性质证明材料。	不再提交。改为纳税人自行留存备查。

续表

序号	证明名称	证明用途	取消后的办理方式
11	单位性质证明	11.20 纳税人办理地方铁路运输企业自用土地免征城镇土地使用税备案时，需提供符合政策规定的地方铁路运输企业单位性质证明。	不再提交。改为纳税人自行留存备查。
		11.21 纳税人办理股改铁路运输企业及合资铁路运输公司自用土地免征城镇土地使用税备案时，需提供符合政策规定的股改铁路运输企业及合资铁路运输公司单位性质证明。	不再提交。改为纳税人自行留存备查。
		11.22 纳税人办理天然林二期工程专用土地免征城镇土地使用税备案时，需提供属于天然林二期工程实施企业和单位的认定资料。	不再提交。改为纳税人自行留存备查。
		11.23 石油天然气生产企业办理符合条件的用地免征城镇土地使用税备案时，需提供单位性质证明材料。	不再提交。改为纳税人自行留存备查。
		11.24 纳税人办理国家石油储备基地项目用地免征城镇土地使用税备案时，需提供用地单位属于国家石油储备基地项目企业的资料。	不再提交。改为纳税人自行留存备查。
		11.25 企业搬迁后，原有场地不使用的，办理免征城镇土地使用税备案时，需提供有关部门对企业搬迁的批准文件或认定书。	不再提交。改为纳税人自行留存备查。
		11.26 纳税人办理林业系统相关用地免征城镇土地使用税备案时，需提供单位性质证明材料。	不再提交。改为纳税人自行留存备查。
		11.27 农村饮水工程运营管理单位办理自用土地免征城镇土地使用税备案时，需提供农村饮水安全工程企业和单位的认定资料。	不再提交。改为纳税人自行留存备查。
		11.28 纳税人办理集贸市场用地免征城镇土地使用税备案时，需提供集贸市场经营主体的相关证明。	不再提交。改为纳税人自行留存备查。
		11.29 纳税人办理农产品批发市场、农贸市场减免城镇土地使用税备案时，需提供农产品批发市场和农贸市场经营主体的相关证明。	不再提交。改为纳税人自行留存备查。
		11.30 矿山企业办理生产专用地免征城镇土地使用税备案时，需提供单位性质证明材料。	不再提交。改为纳税人自行留存备查。
		11.31 建材企业办理采石场、排土场等用地免征城镇土地使用税备案时，需提供单位性质证明材料。	不再提交。改为纳税人自行留存备查。
		11.32 纳税人办理盐场的盐滩盐矿的矿井用地免征城镇土地使用税备案时，需提供单位性质证明材料。	不再提交。改为纳税人自行留存备查。
		11.33 纳税人办理学校、托儿所、幼儿园自用土地免征城镇土地使用税备案时，需提供教育行业资质证明。	不再提交。改为纳税人自行留存备查。
		11.34 非营利性老年服务机构办理自用土地免征城镇土地使用税备案时，需提供非营利性服务机构资质证明。	不再提交。改为纳税人自行留存备查。
		11.35 福利性非营利性科研机构办理自用土地免征城镇土地使用税备案时，需提供非营利性科研机构执业登记证明。	不再提交。改为纳税人自行留存备查。
12	医疗机构执业许可证	12.1 医疗卫生机构在办理免征增值税优惠备案时，需提供医疗机构执业许可证件。	不再提交。
		12.2 非营利性医疗机构、疾病控制机构和妇幼保健机构等卫生机构办理自用房产免征房产税备案时，需提供医疗机构执业许可证。	不再提交。改为纳税人自行留存备查。
		12.3 营利性医疗机构办理自用房产 3 年内免征房产税备案时，需提供医疗机构执业许可证。	不再提交。改为纳税人自行留存备查。
		12.4 血站办理自用房产免征房产税备案时，需提供医疗机构执业许可证。	不再提交。改为纳税人自行留存备查。
		12.5 营利性医疗机构办理自用土地 3 年内免征城镇土地使用税备案时，需提供医疗机构执业许可证。	不再提交。改为纳税人自行留存备查。
		12.6 血站办理自用土地免征城镇土地使用税备案时，需提供医疗机构执业许可证。	不再提交。改为纳税人自行留存备查。
		12.7 非营利性医疗、疾病控制、妇幼保健机构等卫生机构办理自用土地免征城镇土地使用税备案时，需提供医疗机构执业许可证。	不再提交。改为纳税人自行留存备查。

续表

序号	证明名称	证明用途	取消后的办理方式
13	海域使用权证明	纳税人办理开山填海整治土地免征城镇土地使用税备案时，需提供纳税人的海域使用权证明。	不再提交。改为纳税人自行留存备查。
14	引入非公有资本和境外资本、变更资本结构的批准文件	转制科研机构引入非公有资本和境外资本、变更资本结构的，办理科研开发用房免征房产税备案时，需提供相关部门的批准文件。	不再提交。改为纳税人自行留存备查。
15	房屋、土地权属证明	15.1 非营利性医疗机构、疾病控制机构和妇幼保健机构等卫生机构办理自用房产免征房产税备案时，需提供房屋产权证明。	不再提交。改为纳税人自行留存备查。
		15.2 营利性医疗机构办理自用房产3年内免征房产税备案时，需提供房屋产权证明。	不再提交。改为纳税人自行留存备查。
		15.3 血站办理自用房产免征房产税备案时，需提供房屋产权证明。	不再提交。改为纳税人自行留存备查。
		15.4 纳税人办理学校、托儿所、幼儿园自用房产免征房产税备案时，需提供房屋产权证明。	不再提交。改为纳税人自行留存备查。
		15.5 纳税人办理国家机关、人民团体、军队以及由国家财政部门拨付事业经费的单位自用房产免征房产税备案时，需提供房屋产权证明。	不再提交。改为纳税人自行留存备查。
		15.6 企业办的各类医院办理自用房产免征房产税备案时，需提供房屋产权证明。	不再提交。改为纳税人自行留存备查。
		15.7 纳税人办理高校学生公寓免征房产税备案时，需提供房屋产权证明。	不再提交。改为纳税人自行留存备查。
		15.8 供热企业办理为居民供热所使用的厂房免征房产税备案时，需提供房屋产权证明。	不再提交。改为纳税人自行留存备查。
		15.9 商品储备管理公司及其直属库办理商品储备业务自用房产免征房产税备案时，需提供房屋产权证明。	不再提交。改为纳税人自行留存备查。
		15.10 纳税人办理铁路运输企业自用房产免征房产税备案时，需提供房屋产权证明。	不再提交。改为纳税人自行留存备查。
		15.11 纳税人办理股改铁路运输企业及合资铁路运输公司自用房产免征房产税备案时，需提供房屋产权证明。	不再提交。改为纳税人自行留存备查。
		15.12 青藏铁路公司及所属单位办理自用房产免征房产税备案时，需提供房屋产权证明。	不再提交。改为纳税人自行留存备查。
		15.13 大秦公司办理自用房产免征房产税备案时，需提供房屋产权证明。	不再提交。改为纳税人自行留存备查。
		15.14 纳税人办理监狱用房免征房产税备案时，需提供房屋产权证明。	不再提交。改为纳税人自行留存备查。
		15.15 农村饮水工程运营管理单位办理自用的生产、办公用房产免征房产税备案时，需提供房屋产权证明。	不再提交。改为纳税人自行留存备查。
		15.16 纳税人办理集贸市场用房免征房产税备案时，需提供房屋产权证明。	不再提交。改为纳税人自行留存备查。
		15.17 纳税人办理农产品批发市场、农贸市场减免房产税备案时，需提供房屋产权证明。	不再提交。改为纳税人自行留存备查。
		15.18 纳税人办理科技企业孵化器、国家大学科技园自用及提供给在孵对象使用的房产免征房产税备案时，需提供房屋产权证明。	不再提交。改为纳税人自行留存备查。
		15.19 企事业单位办理向个人出租住房减按4%税率征收房产税时，需提供房屋产权证明。	不再提交。改为纳税人自行留存备查。
		15.20 房管部门办理经租的居民用房免征房产税备案时，需提供房屋产权证明。	不再提交。改为纳税人自行留存备查。

续表

序号	证明名称	证明用途	取消后的办理方式
15	房屋、土地权属证明	15.21 纳税人办理公共租赁住房免征房产税备案时，需提供房屋产权证明。	不再提交。改为纳税人自行留存备查。
		15.22 福利性非营利性老年服务机构办理自用房产免征房产税备案时，需提供房屋产权证明。	不再提交。改为纳税人自行留存备查。
		15.23 非营利性科研机构办理自用房产免征房产税备案时，需提供房屋产权证明。	不再提交。改为纳税人自行留存备查。
		15.24 纳税人将职工住宅全部产权出售给本单位职工，办理免征房产税备案时，需提供房屋产权证明。	不再提交。改为纳税人自行留存备查。
		15.25 中国人民银行总行所属分支机构办理自用房产免征房产税备案时，需提供房屋产权证明。	不再提交。改为纳税人自行留存备查。
		15.26 纳税人办理中国信达等 4 家金融资产管理公司处置不良资产免征房产税备案时，需提供房屋产权证明。	不再提交。改为纳税人自行留存备查。
		15.27 纳税人办理被撤销金融机构清算期间自有的或从债务方接收的房地产免征房产税备案时，需提供房屋产权证明。	不再提交。改为纳税人自行留存备查。
		15.28 纳税人办理处置港澳国际（集团）有限公司的有关资产免征房产税备案时，需提供房屋产权证明。	不再提交。改为纳税人自行留存备查。
		15.29 纳税人办理毁损房屋和危险房屋免征房产税备案时，需提供房屋产权证明。	不再提交。改为纳税人自行留存备查。
		15.30 纳税人办理地下建筑减征房产税备案时，需提供房屋产权证明。	不再提交。改为纳税人自行留存备查。
		15.31 纳税人办理大修停用的房产免征房产税备案时，需提供房屋产权证明。	不再提交。改为纳税人自行留存备查。
		15.32 纳税人办理天然林二期工程森工企业闲置房产免征房产税备案时，需提供房屋产权证明。	不再提交。改为纳税人自行留存备查。
		15.33 纳税人办理天然林二期工程的专用房产免征房产税备案时，需提供房屋产权证明。	不再提交。改为纳税人自行留存备查。
		15.34 纳税人办理宗教寺庙、公园、名胜古迹自用房产免征房产税时，需提供房屋产权证明。	不再提交。改为纳税人自行留存备查。
		15.35 转制科研机构办理科研开发自用土地免征城镇土地使用税备案时，需提供土地权属证明。	不再提交。改为纳税人自行留存备查。
		15.36 中国人民银行总行所属分支机构办理自用土地免征城镇土地使用税备案时，需提供土地权属证明。	不再提交。改为纳税人自行留存备查。
		15.37 纳税人办理铁路运输企业自用土地免征城镇土地使用税备案时，需提供土地权属证明。	不再提交。改为纳税人自行留存备查。
		15.38 纳税人办理地方铁路运输企业自用土地免征城镇土地使用税备案时，需提供土地权属证明。	不再提交。改为纳税人自行留存备查。
		15.39 纳税人办理股改铁路运输企业及合资铁路运输公司自用房产免征城镇土地使用税备案时，需提供土地权属证明。	不再提交。改为纳税人自行留存备查。
		15.40 大秦公司办理自用土地免征城镇土地使用税备案时，需提供土地权属证明。	不再提交。改为纳税人自行留存备查。
		15.41 青藏铁路公司及其所属单位办理自用土地免征城镇土地使用税备案时，需提供土地权属证明。	不再提交。改为纳税人自行留存备查。
		15.42 广深公司承租广铁集团铁路运输用地办理免征城镇土地使用税备案时，需提供土地权属证明。	不再提交。改为纳税人自行留存备查。
		15.43 纳税人办理天然林二期工程专用土地免征城镇土地使用税备案时，需提供土地权属证明。	不再提交。改为纳税人自行留存备查。

续表

序号	证明名称	证明用途	取消后的办理方式
15	房屋、土地权属证明	15.44 纳税人办理天然林二期工程森工企业闲置土地免征城镇土地使用税备案时，需提供土地权属证明。	不再提交。改为纳税人自行留存备查。
		15.45 石油天然气生产企业办理符合条件的用地免征城镇土地使用税备案时，需提供土地权属证明。	不再提交。改为纳税人自行留存备查。
		15.46 纳税人办理国家石油储备基地项目用地免征城镇土地使用税备案时，需提供土地权属证明。	不再提交。改为纳税人自行留存备查。
		15.47 商品储备管理公司及其直属库办理商品储备业务自用土地免征城镇土地使用税备案时，需提供土地权属证明。	不再提交。改为纳税人自行留存备查。
		15.48 物流企业办理大宗商品仓储设施用地减征城镇土地使用税备案时，需提供土地权属证明。	不再提交。改为纳税人自行留存备查。
		15.49 纳税人办理城市公交站场、道路客运站场的运营用地免征城镇土地使用税备案时，需提供土地权属证明。	不再提交。改为纳税人自行留存备查。
		15.50 纳税人办理民航机场规定用地免征城镇土地使用税备案时，需提供土地权属证明。	不再提交。改为纳税人自行留存备查。
		15.51 纳税人办理港口的码头用地免征城镇土地使用税备案时，需提供土地权属证明。	不再提交。改为纳税人自行留存备查。
		15.52 纳税人办理企业已售房改房占地免征城镇土地使用税备案时，需提供土地权属证明。	不再提交。改为纳税人自行留存备查。
		15.53 纳税人办理企业厂区以外的公共绿化用地免征城镇土地使用税备案时，需提供土地权属证明。	不再提交。改为纳税人自行留存备查。
		15.54 纳税人办理厂区外未加隔离的企业铁路专用线用地免征城镇土地使用税备案时，需提供土地权属证明。	不再提交。改为纳税人自行留存备查。
		15.55 企业搬迁后，原有场地不使用的，办理免征城镇土地使用税备案时，需提供土地权属证明。	不再提交。改为纳税人自行留存备查。
		15.56 纳税人办理林业系统相关用地免征城镇土地使用税备案时，需提供土地权属证明。	不再提交。改为纳税人自行留存备查。
		15.57 纳税人办理采摘观光的种植养殖土地免征城镇土地使用税备案时，需提供土地权属证明。	不再提交。改为纳税人自行留存备查。
		15.58 农村饮水工程运营管理单位办理自用土地免征城镇土地使用税备案时，需提供土地权属证明。	不再提交。改为纳税人自行留存备查。
		15.59 纳税人办理农产品批发市场、农贸市场减免城镇土地使用税备案时，需提供土地权属证明。	不再提交。改为纳税人自行留存备查。
		15.60 免税单位无偿使用土地办理免征城镇土地使用税备案时，需提供土地权属证明。	不再提交。改为纳税人自行留存备查。
		15.61 纳税人办理落实私房政策后的出租房屋用地减免城镇土地使用税备案时，需提供土地权属证明。	不再提交。改为纳税人自行留存备查。
		15.62 纳税人办理煤炭企业免征规定用途用地的城镇土地使用税备案时，需提供土地权属证明。	不再提交。改为纳税人自行留存备查。
		15.63 矿山企业办理生产专用地免征城镇土地使用税备案时，需提供土地权属证明。	不再提交。改为纳税人自行留存备查。
		15.64 建材企业办理采石场、排土场等用地免征城镇土地使用税备案时，需提供土地权属证明。	不再提交。改为纳税人自行留存备查。
		15.65 纳税人办理盐场的盐滩盐矿的矿井用地免征城镇土地使用税备案时，需提供土地权属证明。	不再提交。改为纳税人自行留存备查。
		15.66 纳税人办理经济适用住房建设用地及占地免征城镇土地使用税备案时，需提供土地权属证明。	不再提交。改为纳税人自行留存备查。

续表

序号	证明名称	证明用途	取消后的办理方式
15	房屋、土地权属证明	15.67 纳税人办理公共租赁住房用地免征城镇土地使用税备案时，需提供土地权属证明。	不再提交。改为纳税人自行留存备查。
		15.68 纳税人办理棚户区改造安置住房建设用地免征城镇土地使用税备案时，需提供土地权属证明。	不再提交。改为纳税人自行留存备查。
		15.69 纳税人办理科技企业孵化器、国家大学科技园自用及提供给在孵对象使用的土地免征城镇土地使用税备案时，需提供土地权属证明。	不再提交。改为纳税人自行留存备查。
		15.70 纳税人办理水利设施及其管护用地免征城镇土地使用税备案时，需提供土地权属证明。	不再提交。改为纳税人自行留存备查。
		15.71 供热企业办理为居民供热所使用的土地免征城镇土地使用税备案时，需提供土地权属证明。	不再提交。改为纳税人自行留存备查。
		15.72 纳税人办理核工业企业部分用地免征城镇土地使用税备案时，需提供土地权属证明。	不再提交。改为纳税人自行留存备查。
		15.73 纳税人办理核电站部分用地减免城镇土地使用税备案时，需提供土地权属证明。	不再提交。改为纳税人自行留存备查。
		15.74 纳税人办理电力行业部分用地免征城镇土地使用税备案时，需提供土地权属证明。	不再提交。改为纳税人自行留存备查。
		15.75 纳税人办理学校、托儿所、幼儿园自用土地免征城镇土地使用税备案时，需提供土地权属证明。	不再提交。改为纳税人自行留存备查。
		15.76 福利性非营利性老年服务机构办理自用土地免征城镇土地使用税备案时，需提供土地权属证明。	不再提交。改为纳税人自行留存备查。
		15.77 非营利性医疗、疾病控制、妇幼保健机构等卫生机构办理自用土地免征城镇土地使用税备案时，需提供土地权属证明。	不再提交。改为纳税人自行留存备查。
		15.78 营利性医疗机构办理自用土地 3 年内免征城镇土地使用税备案时，需提供土地权属证明。	不再提交。改为纳税人自行留存备查。
		15.79 非营利性科研机构办理自用土地免征城镇土地使用税备案时，需提供土地权属证明。	不再提交。改为纳税人自行留存备查。
		15.80 血站办理自用土地免征城镇土地使用税备案时，需提供土地权属证明。	不再提交。改为纳税人自行留存备查。
		15.81 纳税人办理防火防爆防毒等安全防范用地免征城镇土地使用税备案时，需提供土地权属证明。	不再提交。改为纳税人自行留存备查。
		15.82 纳税人办理地下建筑用地暂按 50% 征收城镇土地使用税备案时，需提供土地权属证明。	不再提交。改为纳税人自行留存备查。
		15.83 纳税人办理被撤销金融机构清算期间自有的或从债务方接收的房地产免征城镇土地使用税备案时，需提供土地权属证明。	不再提交。改为纳税人自行留存备查。
		15.84 纳税人办理中国信达等 4 家金融资产管理公司处置不良资产免征城镇土地使用税备案时，需提供土地权属证明。	不再提交。改为纳税人自行留存备查。
		15.85 纳税人办理处置港澳国际（集团）有限公司的有关资产免征城镇土地使用税备案时，需提供土地权属证明。	不再提交。改为纳税人自行留存备查。
		15.86 安置残疾人就业单位办理减免城镇土地使用税备案时，需提供土地权属证明。	不再提交。改为纳税人自行留存备查。
		15.87 纳税人办理符合条件的体育场馆减免城镇土地使用税备案时，需提供土地权属证明。	不再提交。改为纳税人自行留存备查。
		15.88 纳税人办理开山填海整治土地免征城镇土地使用税备案时，需提供土地权属证明。	不再提交。改为纳税人自行留存备查。
		15.89 纳税人办理集贸市场用地免征城镇土地使用税备案时，需提供土地权属证明。	不再提交。改为纳税人自行留存备查。

续表

序号	证明名称	证明用途	取消后的办理方式
15	房屋、土地权属证明	15.90 纳税人办理直接用于农、林、牧、渔业的生产用地免征城镇土地使用税备案时，需提供土地权属证明。	不再提交。改为纳税人自行留存备查。
		15.91 纳税人办理宗教寺庙、公园、名胜古迹自用土地免征城镇土地使用税备案时，需提供土地权属证明。	不再提交。改为纳税人自行留存备查。
16	土地用途证明	16.1 物流企业办理大宗商品仓储设施用地减征城镇土地使用税备案时，需提供符合文件规定的大宗商品仓储设施用地的相关证明材料。	不再提交。改为纳税人自行留存备查。
		16.2 纳税人办理民航机场规定用地免征城镇土地使用税备案时，需提供符合减免税政策规定的民航机场用地相关证明材料。	不再提交。改为纳税人自行留存备查。
		16.3 纳税人办理港口的码头用地免征城镇土地使用税备案时，需提供符合减免税政策规定的港口的码头用地证明材料。	不再提交。改为纳税人自行留存备查。
		16.4 纳税人办理企业厂区以外的公共绿化用地免征城镇土地使用税备案时，需提供符合减免税政策规定的企业公共绿化用地证明材料。	不再提交。改为纳税人自行留存备查。
		16.5 纳税人办理厂区外未加隔离的企业铁路专用线用地免征城镇土地使用税备案时，需提供符合减免税政策规定的厂区外未加隔离的企业铁路专用线用地证明材料。	不再提交。改为纳税人自行留存备查。
		16.6 纳税人办理采摘观光的种植养殖土地免征城镇土地使用税备案时，需提供采摘观光农业用地证明材料。	不再提交。改为纳税人自行留存备查。
		16.7 纳税人办理棚户区改造安置住房建设用地免征城镇土地使用税备案时，需提供棚户区改造安置住房建设用地证明材料。	不再提交。改为纳税人自行留存备查。
		16.8 纳税人办理煤炭企业规定用途用地免征城镇土地使用税备案时，需提供用地性质证明材料。	不再提交。改为纳税人自行留存备查。
		16.9 纳税人办理防火防爆防毒等安全防范用地免征城镇土地使用税备案时，需提供安全防范用地证明材料。	不再提交。改为纳税人自行留存备查。
17	出租住房相关证明材料	17.1 房管部门办理经租的居民用房免征房产税备案时，需提供经租居民用房相关证明材料。	不再提交。改为纳税人自行留存备查。
		17.2 纳税人办理公共租赁住房免征房产税备案时，需提供出租公共租赁住房相关证明材料。	不再提交。改为纳税人自行留存备查。
18	政府主办或确认为经济适用房、公共租赁住房的相关证明材料	18.1 纳税人办理经济适用住房建设用地及占地免征城镇土地使用税备案时，需提供确认为经济适用房的证明材料。	不再提交。改为纳税人自行留存备查。
		18.2 纳税人办理公共租赁住房用地免征城镇土地使用税备案时，需提供确认为公共租赁住房的证明材料。	不再提交。改为纳税人自行留存备查。
19	落实私房政策证明	纳税人办理落实私房政策后的出租房屋用地减免城镇土地使用税备案时，需提供落实私房政策证明材料。	不再提交。改为纳税人自行留存备查。
20	取得财政储备经费或补贴的文件或凭证	20.1 商品储备管理公司及其直属库办理商品储备业务自用房产免征房产税备案时，需提供取得财政储备经费或补贴的批复文件或相关凭证。	不再提交。改为纳税人自行留存备查。
		20.2 商品储备管理公司及其直属库办理商品储备业务自用土地免征城镇土地使用税备案时，需提供取得财政储备经费或补贴的批复文件或相关凭证。	不再提交。改为纳税人自行留存备查。

企业会计准则第1号
——存货

发布日期：2006 年 2 月 15 日

第一章　总则

第一条　为了规范存货的确认、计量和相关信息的披露，根据《企业会计准则——基本准则》，制定本准则。

第二条　下列各项适用其他相关会计准则：

（一）消耗性生物资产，适用《企业会计准则第 5 号——生物资产》。

（二）通过建造合同归集的存货成本，适用《企业会计准则第 15 号——建造合同》。

第二章　确认

第三条　存货，是指企业在日常活动中持有以备出售的产成品或商品、处在生产过程中的在产品、在生产过程或提供劳务过程中耗用的材料和物料等。

第四条　存货同时满足下列条件的，才能予以确认：

（一）与该存货有关的经济利益很可能流入企业；

（二）该存货的成本能够可靠地计量。

第三章　计量

第五条　存货应当按照成本进行初始计量。存货成本包括采购成本、加工成本和其他成本。

第六条 存货的采购成本，包括购买价款、相关税费、运输费、装卸费、保险费以及其他可归属于存货采购成本的费用。

第七条 存货的加工成本，包括直接人工以及按照一定方法分配的制造费用。制造费用，是指企业为生产产品和提供劳务而发生的各项间接费用。企业应当根据制造费用的性质，合理地选择制造费用分配方法。

在同一生产过程中，同时生产两种或两种以上的产品，并且每种产品的加工成本不能直接区分的，其加工成本应当按照合理的方法在各种产品之间进行分配。

第八条 存货的其他成本，是指除采购成本、加工成本以外的，使存货达到目前场所和状态所发生的其他支出。

第九条 下列费用应当在发生时确认为当期损益，不计入存货成本：

（一）非正常消耗的直接材料、直接人工和制造费用。

（二）仓储费用（不包括在生产过程中为达到下一个生产阶段所必需的费用）。

（三）不能归属于使存货达到目前场所和状态的其他支出。

第十条 应计入存货成本的借款费用，按照《企业会计准则第 17 号——借款费用》处理。

第十一条 投资者投入存货的成本，应当按照投资合同或协议约定的价值确定，但合同或协议约定价值不公允的除外。

第十二条 收获时农产品的成本、非货币性资产交换、债务重组和企业合并取得的存货的成本，应当分别按照《企业会计准则第 5 号——生物资产》、《企业会计准则第 7 号——非货币性资产交换》、《企业会计准则第 12 号——债务重组》和《企业会计准则第 20 号——企业合并》确定。

第十三条 企业提供劳务的，所发生的从事劳务提供人员的直接人工和其他直接费用以及可归属的间接费用，计入存货成本。

第十四条 企业应当采用先进先出法、加权平均法或者个别计价法确定发出存货的实际成本。

对于性质和用途相似的存货，应当采用相同的成本计算方法确定发出存货的成本。

对于不能替代使用的存货、为特定项目专门购入或制造的存货以及提供的劳务，通常采用个别计价法确定发出存货的成本。

对于已售存货，应当将其成本结转为当期损益，相应的存货跌价准备也应当予以结转。

第十五条 资产负债表日，存货应当按照成本与可变现净值孰低计量。

存货成本高于其可变现净值的，应当计提存货跌价准备，计入当期损益。

可变现净值，是指在日常活动中，存货的估计售价减去至完工时估计将要发生的成本、估计的销售费用以及相关税费后的金额。

第十六条 企业确定存货的可变现净值，应当以取得的确凿证据为基础，并且考虑持有存货的目的、资产负债表日后事项的影响等因素。

为生产而持有的材料等，用其生产的产成品的可变现净值高于成本的，该材料仍然应当按照成本计量；材料价格的下降表明产成品的可变现净值低于成本的，该材料应当按照可变现净值计量。

第十七条 为执行销售合同或者劳务合同而持有的存货，其可变现净值应当以合同价格为基础计算。

企业持有存货的数量多于销售合同订购数量的，超出部分的存货的可变现净值应当以一般销售价格为基础计算。

第十八条 企业通常应当按照单个存货项目计提存货跌价准备。

对于数量繁多、单价较低的存货，可以按照存货类别计提存货跌价准备。

与在同一地区生产和销售的产品系列相关、具有相同或类似最终用途或目的，且难以与其他项目分开计量的存货，可以合并计提存货跌价准备。

第十九条 资产负债表日，企业应当确定存货的可变现净值。以前减记存货价值的影响因素已经消失的，减记的金额应当予以恢复，并在原已计提的存货跌价准备金额内转回，转回的金额计入当期损益。

第二十条 企业应当采用一次转销法或者五五摊销法对低值易耗品和包装物进行摊销，计入相关资产的成本或者当期损益。

第二十一条 企业发生的存货毁损，应当将处置收入扣除账面价值和相关税费后的金额计入当期损益。存货的账面价值是存货成本扣减累计跌价准备后的金额。

存货盘亏造成的损失，应当计入当期损益。

第四章　披露

第二十二条 企业应当在附注中披露与存货有关的下列信息：

（一）各类存货的期初和期末账面价值。

（二）确定发出存货成本所采用的方法。

（三）存货可变现净值的确定依据，存货跌价准备的计提方法，当期计提的存货跌价准备的金额，当期转回的存货跌价准备的金额，以及计提和转回的有关情况。

（四）用于担保的存货账面价值。

企业会计准则第28号
——会计政策、会计估计变更和差错更正

发布日期：2006 年 2 月 15 日

附：本准则为财政部关于印发《企业会计准则第 1 号——存货》等 38 项具体准则的通知（财会〔2006〕3 号）文件附件

第一章　总则

第一条　为了规范企业会计政策的应用，会计政策、会计估计变更和前期差错更正的确认、计量和相关信息的披露，根据《企业会计准则——基本准则》，制定本准则。

第二条　会计政策变更和前期差错更正的所得税影响，适用《企业会计准则第 18 号——所得税》。

第二章　会计政策

第三条　企业应当对相同或者相似的交易或者事项采用相同的会计政策进行处理。但是，其他会计准则另有规定的除外。

会计政策，是指企业在会计确认、计量和报告中所采用的原则、基础和会计处理方法。

第四条　企业采用的会计政策，在每一会计期间和前后各期应当保持一致，不得随意变更。但是，满足下列条件之一的，可以变更会计政策：

（一）法律、行政法规或者国家统一的会计制度等要求变更。

（二）会计政策变更能够提供更可靠、更相关的会计信息。

第五条　下列各项不属于会计政策变更：

（一）本期发生的交易或者事项与以前相比具有本质差别而采用新的会计政策。

（二）对初次发生的或不重要的交易或者事项采用新的会计政策。

第六条 企业根据法律、行政法规或者国家统一的会计制度等要求变更会计政策的，应当按照国家相关会计规定执行。

会计政策变更能够提供更可靠、更相关的会计信息的，应当采用追溯调整法处理，将会计政策变更累积影响数调整列报前期最早期初留存收益，其他相关项目的期初余额和列报前期披露的其他比较数据也应当一并调整，但确定该项会计政策变更累积影响数不切实可行的除外。

追溯调整法，是指对某项交易或事项变更会计政策，视同该项交易或事项初次发生时即采用变更后的会计政策，并以此对财务报表相关项目进行调整的方法。

会计政策变更累积影响数，是指按照变更后的会计政策对以前各期追溯计算的列报前期最早期初留存收益应有金额与现有金额之间的差额。

第七条 确定会计政策变更对列报前期影响数不切实可行的，应当从可追溯调整的最早期间期初开始应用变更后的会计政策。

在当期期初确定会计政策变更对以前各期累积影响数不切实可行的，应当采用未来适用法处理。

未来适用法，是指将变更后的会计政策应用于变更日及以后发生的交易或者事项，或者在会计估计变更当期和未来期间确认会计估计变更影响数的方法。

第三章 会计估计变更

第八条 企业据以进行估计的基础发生了变化，或者由于取得新信息、积累更多经验以及后来的发展变化，可能需要对会计估计进行修订。会计估计变更的依据应当真实、可靠。

会计估计变更，是指由于资产和负债的当前状况及预期经济利益和义务发生了变化，从而对资产或负债的账面价值或者资产的定期消耗金额进行调整。

第九条 企业对会计估计变更应当采用未来适用法处理。

会计估计变更仅影响变更当期的，其影响数应当在变更当期予以确认；既影响变更当期又影响未来期间的，其影响数应当在变更当期和未来期间予以确认。

第十条 企业难以对某项变更区分为会计政策变更或会计估计变更的，应当将其作为会计估计变更处理。

第四章 前期差错更正

第十一条 前期差错，是指由于没有运用或错误运用下列两种信息，而对前期财务报表造成省略漏或错报。

（一）编报前期财务报表时预期能够取得并加以考虑的可靠信息。

（二）前期财务报告批准报出时能够取得的可靠信息。

前期差错通常包括计算错误、应用会计政策错误、疏忽或曲解事实以及舞弊产生的影响以及存货、固定资产盘盈等。

第十二条 企业应当采用追溯重述法更正重要的前期差错，但确定前期差错累积影响数不切实可行的除外。

追溯重述法，是指在发现前期差错时，视同该项前期差错从未发生过，从而对财务报表相关项目进行更正的方法。

第十三条 确定前期差错影响数不切实可行的，可以从可追溯重述的最早期间开始调整留存收益的期初余额，财务报表其他相关项目的期初余额也应当一并调整，也可以采用未来适用法。

第十四条 企业应当在重要的前期差错发现当期的财务报表中，调整前期比较数据。

第五章 披露

第十五条 企业应当在附注中披露与会计政策变更有关的下列信息：

（一）会计政策变更的性质、内容和原因。

（二）当期和各个列报前期财务报表中受影响的项目名称和调整金额。

（三）无法进行追溯调整的，说明该事实和原因以及开始应用变更后的会计政策的时点、具体应用情况。

第十六条 企业应当在附注中披露与会计估计变更有关的下列信息：

（一）会计估计变更的内容和原因。

（二）会计估计变更对当期和未来期间的影响数。

（三）会计估计变更的影响数不能确定的，披露这一事实和原因。

第十七条 企业应当在附注中披露与前期差错更正有关的下列信息：

（一）前期差错的性质。

（二）各个列报前期财务报表中受影响的项目名称和更正金额。

（三）无法进行追溯重述的，说明该事实和原因以及对前期差错开始进行更正的时点、具体更正情况。

第十八条 在以后期间的财务报表中，不需要重复披露在以前期间的附注中已披露的会计政策变更和前期差错更正的信息。

会计档案管理办法

中华人民共和国财政部　国家档案局令第 79 号

《会计档案管理办法》已经财政部部务会议、国家档案局局务会议修订通过，现将修订后的《会计档案管理办法》公布，自 2016 年 1 月 1 日起施行。

中华人民共和国财政部部长　楼继伟
国家档案局局长　李明华
2015 年 12 月 11 日

第一条　为了加强会计档案管理，有效保护和利用会计档案，根据《中华人民共和国会计法》《中华人民共和国档案法》等有关法律和行政法规，制定本办法。

第二条　国家机关、社会团体、企业、事业单位和其他组织（以下统称单位）管理会计档案适用本办法。

第三条　本办法所称会计档案是指单位在进行会计核算等过程中接收或形成的，记录和反映单位经济业务事项的，具有保存价值的文字、图表等各种形式的会计资料，包括通过计算机等电子设备形成、传输和存储的电子会计档案。

第四条　财政部和国家档案局主管全国会计档案工作，共同制定全国统一的会计档案工作制度，对全国会计档案工作实行监督和指导。

县级以上地方人民政府财政部门和档案行政管理部门管理本行政区域内的会计档案工作，并对本行政区域内会计档案工作实行监督和指导。

第五条　单位应当加强会计档案管理工作，建立和完善会计档案的收集、整理、保管、利用和鉴定销毁等管理制度，采取可靠的安全防护技术和措施，保证会计档案的真实、完整、可用、安全。

单位的档案机构或者档案工作人员所属机构（以下统称单位档案管理机构）负责管理本单位的会计档案。单位也可以委托具备档案管理条件的机构代为管理会计档案。

第六条　下列会计资料应当进行归档：

（一）会计凭证，包括原始凭证、记账凭证；

（二）会计账簿，包括总账、明细账、日记账、固定资产卡片及其他辅助性账簿；

（三）财务会计报告，包括月度、季度、半年度、年度财务会计报告；

（四）其他会计资料，包括银行存款余额调节表、银行对账单、纳税申报表、会计档案移交清册、会计档案保管清册、会计档案销毁清册、会计档案鉴定意见书及其他具有保存价值的会计资料。

第七条 单位可以利用计算机、网络通信等信息技术手段管理会计档案。

第八条 同时满足下列条件的，单位内部形成的属于归档范围的电子会计资料可仅以电子形式保存，形成电子会计档案：

（一）形成的电子会计资料来源真实有效，由计算机等电子设备形成和传输；

（二）使用的会计核算系统能够准确、完整、有效接收和读取电子会计资料，能够输出符合国家标准归档格式的会计凭证、会计账簿、财务会计报表等会计资料，设定了经办、审核、审批等必要的审签程序；

（三）使用的电子档案管理系统能够有效接收、管理、利用电子会计档案，符合电子档案的长期保管要求，并建立了电子会计档案与相关联的其他纸质会计档案的检索关系；

（四）采取有效措施，防止电子会计档案被篡改；

（五）建立电子会计档案备份制度，能够有效防范自然灾害、意外事故和人为破坏的影响；

（六）形成的电子会计资料不属于具有永久保存价值或者其他重要保存价值的会计档案。

第九条 满足本办法第八条规定条件，单位从外部接收的电子会计资料附有符合《中华人民共和国电子签名法》规定的电子签名的，可仅以电子形式归档保存，形成电子会计档案。

第十条 单位的会计机构或会计人员所属机构（以下统称单位会计管理机构）按照归档范围和归档要求，负责定期将应当归档的会计资料整理立卷，编制会计档案保管清册。

第十一条 当年形成的会计档案，在会计年度终了后，可由单位会计管理机构临时保管一年，再移交单位档案管理机构保管。因工作需要确需推迟移交的，应当经单位档案管理机构同意。

单位会计管理机构临时保管会计档案最长不超过三年。临时保管期间，会计档案的保管应当符合国家档案管理的有关规定，且出纳人员不得兼管会计档案。

第十二条 单位会计管理机构在办理会计档案移交时，应当编制会计档案移交清册，并按照国家档案管理的有关规定办理移交手续。

纸质会计档案移交时应当保持原卷的封装。电子会计档案移交时应当将电子会计档案及其元数据一并移交，且文件格式应当符合国家档案管理的有关规定。特殊格式的电子会计档案应当与其读取平台一并移交。

单位档案管理机构接收电子会计档案时，应当对电子会计档案的准确性、完整性、可用性、安全性进行检测，符合要求的才能接收。

第十三条 单位应当严格按照相关制度利用会计档案，在进行会计档案查阅、复制、借出时履行登记手续，严禁篡改和损坏。

单位保存的会计档案一般不得对外借出。确因工作需要且根据国家有关规定必须借出的，应当严格按照规定办理相关手续。

会计档案借用单位应当妥善保管和利用借入的会计档案，确保借入会计档案的安全完整，并在规定时间内归还。

第十四条 会计档案的保管期限分为永久、定期两类。定期保管期限一般分为10年和30年。

会计档案的保管期限，从会计年度终了后的第一天算起。

第十五条 各类会计档案的保管期限原则上应当按照本办法附表执行，本办法规定的会计档案保管期限为最低保管期限。

单位会计档案的具体名称如有同本办法附表所列档案名称不相符的，应当比照类似档案的保管期限办理。

第十六条 单位应当定期对已到保管期限的会计档案进行鉴定，并形成会计档案鉴定意见书。经鉴定，仍需继续保存的会计档案，应当重新划定保管期限；对保管期满，确无保存价值的会计档案，可以销毁。

第十七条 会计档案鉴定工作应当由单位档案管理机构牵头，组织单位会计、审计、纪检监察等机构或人员共同进行。

第十八条 经鉴定可以销毁的会计档案，应当按照以下程序销毁：

（一）单位档案管理机构编制会计档案销毁清册，列明拟销毁会计档案的名称、卷号、册数、起止年度、档案编号、应保管期限、已保管期限和销毁时间等内容。

（二）单位负责人、档案管理机构负责人、会计管理机构负责人、档案管理机构经办人、会计管理机构经办人在会计档案销毁清册上签署意见。

（三）单位档案管理机构负责组织会计档案销毁工作，并与会计管理机构共同派员监销。监销人在会计档案销毁前，应当按照会计档案销毁清册所列内容进行清点核对；在会计档案销毁后，应当在会计档案销毁清册上签名或盖章。

电子会计档案的销毁还应当符合国家有关电子档案的规定，并由单位档案管理机构、会计管理机构和信息系统管理机构共同派员监销。

第十九条 保管期满但未结清的债权债务会计凭证和涉及其他未了事项的会计凭证不得销毁，纸质会计档案应当单独抽出立卷，电子会计档案单独转存，保管到未了事项完结时为止。

单独抽出立卷或转存的会计档案，应当在会计档案鉴定意见书、会计档案销毁清册和会计档案保管清册中列明。

第二十条 单位因撤销、解散、破产或其他原因而终止的，在终止或办理注销登记手续之前形成的会计档案，按照国家档案管理的有关规定处置。

第二十一条 单位分立后原单位存续的，其会计档案应当由分立后的存续方统一保管，其他方可以查阅、复制与其业务相关的会计档案。

单位分立后原单位解散的，其会计档案应当经各方协商后由其中一方代管或按照国家档案管理的有关规定处置，各方可以查阅、复制与其业务相关的会计档案。

单位分立中未结清的会计事项所涉及的会计凭证，应当单独抽出由业务相关方保存，并按照规定办理交接手续。

单位因业务移交其他单位办理所涉及的会计档案，应当由原单位保管，承接业务单位可以查阅、复制与其业务相关的会计档案。对其中未结清的会计事项所涉及的会计凭证，应当单独抽出由承接业务单位保存，并按照规定办理交接手续。

第二十二条 单位合并后原各单位解散或者一方存续其他方解散的，原各单位的会计档案应当由合并后的单位统一保管。单位合并后原各单位仍存续的，其会计档案仍应当由原各单位保管。

第二十三条 建设单位在项目建设期间形成的会计档案，需要移交给建设项目接受单位的，应当在办理竣工财务决算后及时移交，并按照规定办理交接手续。

第二十四条 单位之间交接会计档案时，交接双方应当办理会计档案交接手续。

移交会计档案的单位，应当编制会计档案移交清册，列明应当移交的会计档案名称、卷号、册数、起止年度、档案编号、应保管期限和已保管期限等内容。

交接会计档案时，交接双方应当按照会计档案移交清册所列内容逐项交接，并由交接双方的单位有关负责人负责监督。交接完毕后，交接双方经办人和监督人应当在会计档案移交清册上签名或盖章。

电子会计档案应当与其元数据一并移交，特殊格式的电子会计档案应当与其读取平台一并移交。档案接受单位应当对保存电子会计档案的载体及其技术环境进行检验，确保所接收电子会计档案的准确、完整、可用和安全。

第二十五条 单位的会计档案及其复制件需要携带、寄运或者传输至境外的，应当按照国家有关规定执行。

第二十六条 单位委托中介机构代理记账的，应当在签订的书面委托合同中，明确会计档案的管理要求及相应责任。

第二十七条 违反本办法规定的单位和个人，由县级以上人民政府财政部门、档案行政管理部门依据《中华人民共和国会计法》《中华人民共和国档案法》等法律法规处理处罚。

第二十八条 预算、计划、制度等文件材料，应当执行文书档案管理规定，不适用本办法。

第二十九条 不具备设立档案机构或配备档案工作人员条件的单位和依法建账的个体工商户，其会计档案的收集、整理、保管、利用和鉴定销毁等参照本办法执行。

第三十条 各省、自治区、直辖市、计划单列市人民政府财政部门、档案行政管理部门，新疆生产建设兵团财务局、档案局，国务院各业务主管部门，中国人民解放军总后勤部，可以根据本办法制定具体实施办法。

第三十一条 本办法由财政部、国家档案局负责解释，自 2016 年 1 月 1 日起施行。1998 年 8 月 21 日财政部、国家档案局发布的《会计档案管理办法》（财会字〔1998〕32 号）同时废止。

关于规范电子会计凭证报销入账归档的通知

财会〔2020〕6 号

党中央有关部门财务部门、档案部门，各省、自治区、直辖市、计划单列市财政厅（局）、档案局，新疆生产建设兵团财政局、档案局，国务院各部委财务部门、档案部门，财政部各地监管局，有关人民团体财务部门、档案部门，中央企业财务部门、档案部门：

为适应电子商务、电子政务发展，规范各类电子会计凭证的报销入账归档，根据国家有关法律、行政法规，现就有关事项通知如下：

一、本通知所称电子会计凭证，是指单位从外部接收的电子形式的各类会计凭证，包括电子发票、财政电子票据、电子客票、电子行程单、电子海关专用缴款书、银行电子回单等电子会计凭证。

二、来源合法、真实的电子会计凭证与纸质会计凭证具有同等法律效力。

三、除法律和行政法规另有规定外，同时满足下列条件的，单位可以仅使用电子会计凭证进行报销入账归档：

（一）接收的电子会计凭证经查验合法、真实；

（二）电子会计凭证的传输、存储安全、可靠，对电子会计凭证的任何篡改能够及时被发现；

（三）使用的会计核算系统能够准确、完整、有效接收和读取电子会计凭证及其元数据，能够按照国家统一的会计制度完成会计核算业务，能够按照国家档案行政管理部门规定格式输出电子会计凭证及其元数据，设定了经办、审核、审批等必要的审签程序，且能有效防止电子会计凭证重复入账；

（四）电子会计凭证的归档及管理符合《会计档案管理办法》（财政部　国家档案局令第 79 号）等要求。

四、单位以电子会计凭证的纸质打印件作为报销入账归档依据的，必须同时保存打印该纸质件的电子会计凭证。

五、符合档案管理要求的电子会计档案与纸质档案具有同等法律效力。除法律、行政法规另有规定外，电子会计档案可不再另以纸质形式保存。

六、单位和个人在电子会计凭证报销入账归档中存在违反本通知规定行为的，县级以上人民政府财政部门、档案行政管理部门应当依据《中华人民共和国会计法》《中华人民共和国档案法》等有关法律、行政法规处理处罚。

七、本通知由财政部、国家档案局负责解释，并自发布之日起施行。

后记

POSTSCRIPT

基于当前国际国内形势的复杂性和企业生产经营环境的多变性，征纳双方做好税收风险管理工作任重道远。下一步，我们将不断总结税收风险实战识别与应对的新经验和新做法，持续丰富和完善本书内容，深入探索金融保险、房地产等其他行业企业经营规律和特点，陆续出版税收风险实战识别与应对等系列书籍，敬请广大读者耐心等待。

目录

利润表

2020/12

会企02表

编制单位:江南岳达机械制造有限责任公司 单位:元

项目	行次	本期金额	本年累计金额
一、营业收入	1	9,321,163.86	17,372,417.42
减：营业成本	2	9,273,474.03	18,068,028.41
税金及附加	3	32,642.00	61,861.68
销售费用	4	173,340.46	651,431.41
管理费用	5	778,347.50	3,581,282.81
财务费用	6	33,696.64	342,819.64
资产减值损失	7		30,000.00
加：公允价值变动收益（损失以“-”号填列）	8		
投资收益（损失以“-”号填列）	9	-4,000,000.00	-3,500,000.00
其中：对联营企业和合营企业的投资收益	10		
资产处置收益（损失以“-”号填列）	11		-20,512.90
其他收益	12		1,322.33
二、营业利润（亏损以“-”号填列）	13	-4,970,336.77	-8,882,197.10
加：营业外收入	14	6,000.00	6,000.00
减：营业外支出	15	216,184.00	237,382.83
三、利润总额（亏损以“-”号填列）	16	-5,180,520.77	-9,113,579.93
减：所得税费用	17		
四、净利润（净亏损以“-”号填列）	18	-5,180,520.77	-9,113,579.93
（一）持续经营净利润（净亏损以“-”号填列）	19		
（二）终止经营净利润（净亏损以“-”号填列）	20		
五、其他综合收益的税后净额	21		
（一）以后不能重分类进损益的其他综合收益	22		
1.重新计量设定收益计划净负债或净资产的变动	23		
2.权益法下在被投资单位不能重分类进损益的其他综合收益中享有的份额	24		
（二）以后将重分类进损益的其他综合收益	25		
1.权益法下在被投资单位以后将重分类进损益的其他综合收益中享有的份额	26		
2.可供出售金融资产公允价值变动损益	27		
3.持有至到期投资重分类可供出售金融资产损益	28		
4.现金流经套期损益的有效部分	29		
5.外币财务报表折算差额	30		
六、综合收益总额	31	-5,180,520.77	-9,113,579.93
七、每股收益：	32		
（一）基本每股收益	33		
（二）稀释每股收益	34		

资产负债表

2020/12/31

会企01表

编制单位:江南岳达机械制造有限责任公司　　　　单位:元

资产	期末金额	年初金额	负债和所有者权益	期末金额	年初金额
流动资产：			流动负债：		
货币资金	4,588,300.03	323,764.76	短期借款	1,250,000.00	600,000.00
以公允价值计算且其变动计入当期损益的金融资产			以公允价值计算且其变动计入当期损益的金融负债		
衍生金融资产			衍生金融负债		
应收票据			应付票据		
应收账款	11,195,792.00	3,477,892.00	应付账款	3,290,425.11	1,369,118.44
预付款项	83,272.92	5,220,154.00	预收款项	9,194,083.72	11,823,515.12
应收利息			应付职工薪酬	672,810.11	
应收股利			应交税费	217,966.25	
其他应收款	4,025,440.30	3,544,801.00	应付利息		
存货	21,213,285.51	29,707,523.08	应付股利	1,000,000.00	
持有待售资产			其他应付款	11,440,473.71	11,399,446.35
一年内到期的非流动资产			持有待售负债		
其他流动资产	10,448.80	1,012,494.64	一年内到期的非流动负债		
流动资产合计	41,116,539.56	43,286,629.48	其他流动负债		
非流动资产：			流动负债合计	27,065,758.90	25,192,079.91
可供出售金融资产			非流动负债：		
持有至到期投资	250,000.00	250,000.00	长期借款	3,000,000.00	
长期应收款			应付债券		
长期股权投资	3,933,275.00	12,500,000.00	其中：优先股		
投资性房地产			永续债		
固定资产	19,229,198.53	18,649,057.01	长期应付款		
在建工程	679,825.69	618,492.36	专项应付款	60,000.00	
工程物资			预计负债		
固定资产清理	-307,845.34		递延收益		
生产性生物资产			递延所得税负债		
油气资产			其他非流动负债		
无形资产	15,713,683.34	2,752,000.00	非流动负债合计	3,060,000.00	
开发支出			负债合计	30,125,758.90	25,192,079.91
商誉			所有者权益（或股东权益）：		
长期待摊费用		41,666.67	实收资本（或股本）	39,000,000.00	30,000,000.00
递延所得税资产			其他权益工具		
其他非流动资产			其中：优先股		
非流动资产合计	39,498,137.22	34,811,216.04	永续债		
			资本公积	2,551,032.20	3,500,000.00
			减：库存股		
			其他综合收益		
			盈余公积	200.00	
			未分配利润	8,937,685.68	19,405,765.61
			所有者权益（或股东权益）合计	50,488,917.88	52,905,765.61
资产总计	80,614,676.78	78,097,845.52	负债和所有者权益（或股东权益）总计	80,614,676.78	78,097,845.52

现金流量表

2020/12

会企03表

编制单位:江南岳达机械制造有限责任公司　　　　单位:元

项目	行次	本期金额	本年累计金额
一、经营活动产生的现金流量:			
销售商品、提供劳务收到的现金	1	515,737.28	5,406,826.88
收到的税费返还	2		
收到的其他与经营活动有关的现金	3	153,749.36	4,812,521.72
经营活动现金流入小计	4	669,486.64	10,219,348.60
购买原材料、商品、接受劳务支付的现金	5	935,575.86	4,878,819.91
支付给职工以及为职工支付的现金	6	565,787.06	1,167,701.20
支付的各项税费	7	453,173.86	507,727.00
支付的其他与经营活动有关的现金	8	940,142.43	1,799,658.66
经营活动现金流出小计	9	2,894,679.21	8,353,906.77
经营活动产生的现金流量净额	10	-2,225,192.57	1,865,441.83
二、投资活动产生的现金流量:			
收回投资收到的现金	11	3,000,000.00	5,000,000.00
取得投资收益收到的现金	12		500,000.00
处置固定资产、无形资产和其他长期资产收回的现金净额	13		200,000.00
处置子公司及其他营业单位收到的现金净额	14		
收到的其他与投资活动有关的现金	15		
投资活动现金流入小计	16	3,000,000.00	5,700,000.00
购建固定资产、无形资产和其他长期资产支付的现金	17	603,000.00	11,446,800.00
投资支付的现金	18		
取得子公司及其他营业单位支付的现金净额	19		
支付的其他与投资活动有关的现金	20		
投资活动现金流出小计	21	603,000.00	11,446,800.00
投资活动产生的现金流量净额	22	2,397,000.00	-5,746,800.00
三、筹资活动产生的现金流量:			
吸收投资收到的现金	23		5,047,500.00
取得借款收到的现金	24	650,000.00	4,250,000.00
收到的其他与筹资活动有关的现金	25	60,000.00	60,000.00
筹资活动现金流入小计	26	710,000.00	9,357,500.00
偿还债务支付的现金	27		600,000.00
分配股利、利润或偿付利息支付的现金	28	23,500.00	630,500.00
支付的其他与筹资活动有关的现金	29		
筹资活动现金流出小计	30	23,500.00	1,230,500.00
筹资活动产生的现金流量净额	31	686,500.00	8,127,000.00
四、汇率变动对现金及现金等价物的影响	32		

项目	行次	本期金额	本年累计金额
五、现金及现金等价物净增加额	33	858,307.43	4,245,641.83
加：期初现金及现金等价物余额	34	3,711,343.60	323,764.76
六、期末现金及现金等价物余额	35	4,569,651.03	4,569,406.59

补充资料

项目	行次	本期金额	本年累计金额
一、将净利润调节为经营活动现金流量：			
净利润	1	-5,180,520.77	-9,094,633.80
加：资产减值准备	2		30,000.00
固定资产折旧、油气资产折耗、生产性生物资产折旧	3	21,575.22	75,395.68
无形资产摊销	4	17,750.00	20,933.33
长期待摊费用摊销	5	41,666.67	41,666.67
处置固定资产、无形资产和其他长期资产的损失（收益以“-”号填列）	6		
固定资产报废损失（收益以“-”号填列）	7		
公允价值变动损失（收益以“-”号填列）	8		
财务费用（收益以“-”号填列）	9	28,500.00	337,138.00
投资损失（收益以“-”号填列）	10	4,000,000.00	3,500,000.00
递延所得税资产减少（增加以“-”号填列）	11		
递延所得税负债增加（减少以“-”号填列）	12		
存货的减少（增加以“-”号填列）	13	3,697,993.59	8,685,953.11
经营性应收项目的减少（增加以“-”号填列）	14	-885,096.00	-1,237,196.62
经营性应付项目的增加（减少以“-”号填列）	15	-4,643,352.28	-647,385.77
其他	16	676,291.00	153,326.79
经营活动产生的现金流量净额	17	-2,225,192.57	1,865,441.83
二、不涉及现金收支的重大投资和筹资活动：			
债务转为资本	18		
一年内到期的可转换公司债券	19		
融资租入固定资产	20		
三、现金及现金等价物净变动情况：			
现金的期末余额	21	4,569,651.03	4,569,651.03
减：现金的期初余额	22	3,711,343.60	323,764.76
加：现金等价物的期末余额	23		
减：现金等价物的期初余额	24		
现金及现金等价物净增加额	25	858,307.43	4,245,886.27

所有者权益变动表

2020年12月

江南岳达机械制造有限责任公司　　　　　　　　　　金额单位：元

项目	行次	实收资本	优先股	永续债	其他	资本公积	减：库存股	其他综合收益	盈余公积	未分配利润	所有者权益合计
一、上年年末余额	1	30,000,000.00				3,500,000.00				19,405,765.61	52,905,765.61
加：会计政策变更	2										
前期差错更正	3										
其他	4										
二、本年年初余额	5	30,000,000.00				3,500,000.00				19,405,765.61	52,905,765.61
三、本年增减变动金额（减少以"-"号填列）	6	9,000,000.00							200.00	-10,211,779.93	-1,211,579.93
（一）综合收益总额	7									-9,113,579.93	-9,113,579.93
（二）所有者投入和减少资本	8	9,000,000.00									9,000,000.00
1.所有者投入的普通股	9	9,000,000.00									9,000,000.00
2.其他权益工具持有者投入资本	10										
3.股份支付计入所有者权益的金额	11										
4.其他	12										
（三）利润分配	13								200.00	-1,098,200.00	-1,098,000.00
1.提取盈余公积	14								200.00	-200.00	
2.对所有者（或股东）的分配	15									-1,098,000.00	-1,098,000.00
3.其他	16										
（四）所有者权益内部结转	17										
1.资本公积转增资本（或股本）	18										
2.盈余公积转增资本（或股本）	19										
3.盈余公积弥补亏损	20										
4.设定受益计划变动额结转留存收益	21										
5.其他	22										
四、本年年末余额	23	39,000,000.00				3,500,000.00			200.00	9,193,985.68	51,694,185.68

科目余额表

2020年10期~2020年12期

编制单位: 江南岳达机械制造有限责任公司　　　　　　单位：元

科目编号	科目名称	期初余额		本期发生额		本年累计发生额		期末余额	
		借方	贷方	借方	贷方	借方	贷方	借方	贷方
1001	库存现金	191,306.40		506,388.36	640,696.07	506,388.36	640,696.07	56,998.69	
1002	银行存款	132,458.36		38,827,095.11	34,428,252.13	38,827,095.11	34,428,252.13	4,531,301.34	
1002.001	江南城市发展银行长安分行	12,458.36		38,827,095.11	34,317,752.13	38,827,095.11	34,317,752.13	4,521,801.34	
1002.002	信用社	20,000.00			10,500.00		10,500.00	9,500.00	
1002.003	英镑户	100,000.00			100,000.00		100,000.00		
1121	应收票据			280,800.00	280,800.00	280,800.00	280,800.00		
1122	应收账款	3,477,892.00		27,976,232.15	22,299,054.75	27,976,232.15	22,299,054.75	9,155,069.40	
1122.001	大连大凯信贸易有限公司	55,000.00						55,000.00	
1122.002	长安华丰工具销售有限公司			10,014,932.15	9,852,032.15	10,014,932.15	9,852,032.15	162,900.00	
1122.003	长安市南亚实业有限公司	280,000.00		9,040,000.00	9,389,522.60	9,040,000.00	9,389,522.60	-69,522.60	
1122.004	锦阳市长河管理咨询中心	100,000.00						100,000.00	
1122.005	长安海思设备科技有限公司			520,000.00		520,000.00		520,000.00	
1122.006	长安市大祺工具厂			22,600.00	61,300.00	22,600.00	61,300.00	-38,700.00	
1122.007	锦阳安信实业有限公司			119,900.00	119,900.00	119,900.00	119,900.00		
1122.008	长安市冶金机械有限公司			793,800.00	793,800.00	793,800.00	793,800.00		
1122.009	锦阳市中级人民法院			120,000.00	120,000.00	120,000.00	120,000.00		
1122.010	哈尔滨天信贸易有限公司			7,345,000.00		7,345,000.00		7,345,000.00	
1122.011	江南杰瑞实业有限公司				1,962,500.00		1,962,500.00	-1,962,500.00	
1122.012	山东红霞飞飞科技有限公司	3,042,892.00						3,042,892.00	
1123	预付账款	4,387,695.68		405,000.00	5,325,620.08	405,000.00	5,325,620.08	-532,924.40	
1123.001	石油天然气总公司江南长安分公司			15,000.00	3,416.08	15,000.00	3,416.08	11,583.92	
1123.002	江南省电力有限公司长安供电公司			390,000.00	322,050.00	390,000.00	322,050.00	67,950.00	
1123.003	江南大环球钢带制品有限公司	5,000,154.00			5,000,154.00		5,000,154.00		
1123.004	江南杰龙贸易有限公司	-612,458.32						-612,458.32	
1221	其他应收款	3,544,801.00		5,481,145.00	5,000,505.70	5,481,145.00	5,000,505.70	4,025,440.30	
1221.001	个人	290,000.00		17,000.00	216,470.70	17,000.00	216,470.70	90,529.30	
1221.001.001	刘辉			2,000.00	2,000.00	2,000.00	2,000.00		
1221.001.002	张北	290,000.00		15,000.00	214,470.70	15,000.00	214,470.70	90,529.30	
1221.002	单位	3,254,801.00		5,464,145.00	4,784,035.00	5,464,145.00	4,784,035.00	3,934,911.00	
1221.002.001	保险公司			23,400.00		23,400.00		23,400.00	
1221.002.002	江南岳达机械制造有限责任公司锦阳分公司			173,000.00		173,000.00		173,000.00	
1221.002.003	上海亮剑机械销售有限公司			5,267,745.00	4,638,945.00	5,267,745.00	4,638,945.00	628,800.00	
1221.002.004	江南华颖股份有限公司				16,450.00		16,450.00	-16,450.00	
1221.002.005	浙江中特钢带有限公司	3,254,801.00						3,254,801.00	
1221.002.006	江南华克自动化设备有限公司				128,640.00		128,640.00	-128,640.00	
1231	坏账准备				30,000.00		30,000.00		30,000.00
1231.002	应收账款				30,000.00		30,000.00		30,000.00
1231.002.001	锦阳市长河管理咨询中心				30,000.00		30,000.00		30,000.00
1402	在途物资	390,000.00		3,400.00		3,400.00		393,400.00	
1402_032	在途物资_调功控制器			3,400.00		3,400.00		3,400.00	
1402_039	在途物资_空压机	390,000.00						390,000.00	
1403	原材料	1,404,223.08		3,854,497.24	4,170,460.39	3,854,497.24	4,170,460.39	1,088,259.93	
1403.001	钢带类			2,615,333.34	2,561,666.67	2,615,333.34	2,561,666.67	53,666.67	
1403.001_001	钢带类_带锯钢带27*0.9			1,200,000.00	1,200,000.00	1,200,000.00	1,200,000.00		
1403.001_002	钢带类_带锯钢带34*1.1			1,415,333.34	1,361,666.67	1,415,333.34	1,361,666.67	53,666.67	
1403.002	木材类	31,000.00		943,392.00	108,730.00	943,392.00	108,730.00	865,662.00	
1403.002_003	木材类_椴木材	31,000.00			31,000.00		31,000.00		
1403.002_004	木材类_水曲柳木材			943,392.00	77,730.00	943,392.00	77,730.00	865,662.00	
1403.003	合金类	1,000,000.00		40,000.00	1,011,400.00	40,000.00	1,011,400.00	28,600.00	
1403.003_005	合金类_硬质合金颗粒	1,000,000.00		40,000.00	1,011,400.00	40,000.00	1,011,400.00	28,600.00	
1403.004	备品备件类	93,045.90		73,935.90	109,835.74	73,935.90	109,835.74	57,146.06	
1403.004_006	备品备件类_钢保护套			20,400.00	20,400.00	20,400.00	20,400.00		
1403.004_007	备品备件类_轴承			16,435.90	16,435.90	16,435.90	16,435.90		
1403.004_008	备品备件类_滤芯			20,000.00	20,000.00	20,000.00	20,000.00		
1403.004_009	备品备件类_气缸			2,100.00	2,100.00	2,100.00	2,100.00		
1403.004_010	备品备件类_锆铬青铜板	15,928.14			9,571.84		9,571.84	6,356.30	
1403.004_011	备品备件类_高温板310	59,117.76			21,528.00		21,528.00	37,589.76	
1403.004_012	备品备件类_分齿模	18,000.00		15,000.00	19,800.00	15,000.00	19,800.00	13,200.00	
1403.006	电器类			157,500.00	157,500.00	157,500.00	157,500.00		

科目编号	科目名称	期初余额		本期发生额		本年累计发生额		期末余额	
		借方	贷方	借方	贷方	借方	贷方	借方	贷方
1403.006_013	电器类_触摸屏DOP-B21S78			120,000.00	120,000.00	120,000.00	120,000.00		
1403.006_014	电器类_减速机			12,600.00	12,600.00	12,600.00	12,600.00		
1403.006_015	电器类_电机			900.00	900.00	900.00	900.00		
1403.006_016	电器类_自动校直机位移传感器			6,000.00	6,000.00	6,000.00	6,000.00		
1403.006_030	电器类_电磁阀			18,000.00	18,000.00	18,000.00	18,000.00		
1403.007	制剂类	34,698.58		2,141.00	18,949.28	2,141.00	18,949.28	17,890.30	
1403.007_017	制剂类_金属防锈水			4,000.00	3,200.00	4,000.00	3,200.00	800.00	
1403.007_018	制剂类_制冷剂	34,698.58		-3,739.00	13,869.28	-3,739.00	13,869.28	17,090.30	
1403.007_019	制剂类_铣齿油			1,880.00	1,880.00	1,880.00	1,880.00		
1403.008	包装物类			2,400.00	450.00	2,400.00	450.00	1,950.00	
1403.008_020	包装物类_尼龙扎带			2,400.00	450.00	2,400.00	450.00	1,950.00	
1403.009	刃具类			22,600.00	2,520.00	22,600.00	2,520.00	20,080.00	
1403.009_021	刃具类_铣刀			20,000.00	960.00	20,000.00	960.00	19,040.00	
1403.009_022	刃具类_数控刀片			2,600.00	1,560.00	2,600.00	1,560.00	1,040.00	
1403.010	辅助材料类	245,463.00		-40,625.00	162,573.10	-40,625.00	162,573.10	42,264.90	
1403.011	钢材类			2,000.00	1,000.00	2,000.00	1,000.00	1,000.00	
1403.011_023	钢材类_棕刚砂轮			2,000.00	1,000.00	2,000.00	1,000.00	1,000.00	
1403.013	劳动保护类	15.60		120.00	135.60	120.00	135.60		
1403.013_024	劳动保护类_手套	15.60			15.60		15.60		
1403.013_031	劳动保护类_防尘口罩			120.00	120.00	120.00	120.00		
1403.014	建筑材料类			35,700.00	35,700.00	35,700.00	35,700.00		
1403.014_025	建筑材料类_铸件			34,500.00	34,500.00	34,500.00	34,500.00		
1403.014_026	建筑材料类_水泥			1,200.00	1,200.00	1,200.00	1,200.00		
1405	库存商品	27,913,300.00		9,559,564.44	21,392,954.40	9,559,564.44	21,392,954.40	16,079,910.04	
1405_027	库存商品_带锯条27*0.9	27,015,680.00		6,621,409.05	18,433,790.94	6,621,409.05	18,433,790.94	15,203,298.11	
1405_028	库存商品_带锯条34*1.1	780,920.00		2,735,103.57	2,846,688.46	2,735,103.57	2,846,688.46	669,335.11	
1405_029	库存商品_木工锯	5,200.00		113,051.82	975.00	113,051.82	975.00	117,276.82	
1405_033	库存商品_旧锯条			90,000.00		90,000.00		90,000.00	
1405_034	库存商品_茅台酒	98,000.00			98,000.00		98,000.00		
1405_035	库存商品_圆桌	2,500.00			2,500.00		2,500.00		
1405_036	库存商品_椅子	11,000.00			11,000.00		11,000.00		
1406	发出商品			4,221,695.50	761,695.50	4,221,695.50	761,695.50	3,460,000.00	
1406_027	发出商品_带锯条27*0.9			3,468,665.50	8,665.50	3,468,665.50	8,665.50	3,460,000.00	
1406_028	发出商品_带锯条34*1.1			753,030.00	753,030.00	753,030.00	753,030.00		
1408	委托加工物资			113,051.82	113,051.82	113,051.82	113,051.82		
1408.001	木工锯			113,051.82	113,051.82	113,051.82	113,051.82		
1408.001.001	原材料			83,051.82	83,051.82	83,051.82	83,051.82		
1408.001.002	加工费			30,000.00	30,000.00	30,000.00	30,000.00		
1409	委托代销商品			86,500.00		86,500.00		86,500.00	
1409_040	委托代销商品_带 锯条27*0.9			86,500.00		86,500.00		86,500.00	
1501	持有至到期投资	250,000.00						250,000.00	
1501.001	江南华颖股份有限公司	250,000.00						250,000.00	
1511	长期股权投资	12,500,000.00		433,275.00	9,000,000.00	433,275.00	9,000,000.00	3,933,275.00	
1511.001	上海亮剑机械销售有限公司	4,000,000.00						4,000,000.00	
1511.002	广州亮剑机械销售有限公司			433,275.00		433,275.00		433,275.00	
1511.003	锦阳宏达机械加工有限公司	1,500,000.00			2,000,000.00		2,000,000.00	-500,000.00	
1511.004	深圳科晟科技有限公司	7,000,000.00			7,000,000.00		7,000,000.00		
1601	固定资产	40,620,728.57		2,406,800.00	1,571,000.00	2,406,800.00	1,571,000.00	41,456,528.57	
1601.001	机器设备	29,120,900.00		1,703,000.00	300,000.00	1,703,000.00	300,000.00	30,523,900.00	
1601.002	运输车辆	1,210,000.00			350,000.00		350,000.00	860,000.00	
1601.003	电子设备	258,400.00		103,800.00	21,000.00	103,800.00	21,000.00	341,200.00	
1601.004	房屋建筑	9,971,428.57		600,000.00	900,000.00	600,000.00	900,000.00	9,671,428.57	
1601.005	工具器具	60,000.00						60,000.00	
1602	累计折旧		21,971,671.56	835,025.60	1,090,684.08	835,025.60	1,090,684.08		22,227,330.04
1602.001	机器设备		17,623,101.85	198,841.80	928,551.89	198,841.80	928,551.89		18,352,811.94
1602.002	运输车辆		955,445.28	290,997.60	27,482.88	290,997.60	27,482.88		691,930.56
1602.003	电子设备		173,499.14	5,658.20	14,867.72	5,658.20	14,867.72		182,708.66
1602.004	房屋建筑		3,205,074.99	339,528.00	116,871.53	339,528.00	116,871.53		2,982,418.52
1602.005	工具器具		14,550.30		2,910.06		2,910.06		17,460.36
1604	在建工程	618,492.36		264,333.33	203,000.00	264,333.33	203,000.00	679,825.69	
1604.001	机器设备			203,000.00	203,000.00	203,000.00	203,000.00		
1604.002	新厂房			61,333.33		61,333.33		61,333.33	
1604.002.001	场地平整			40,000.00		40,000.00		40,000.00	

科目编号	科目名称	期初余额		本期发生额		本年累计发生额		期末余额	
		借方	贷方	借方	贷方	借方	贷方	借方	贷方
1604.002.002	业务招待费			3,000.00		3,000.00		3,000.00	
1604.002.003	土地使用权摊销			18,333.33		18,333.33		18,333.33	
1604.003	仓储用房	618,492.36						618,492.36	
1606	固定资产清理			554,481.93	862,327.27	554,481.93	862,327.27	-307,845.34	
1606.001	运输车辆			94,502.40	94,502.40	94,502.40	94,502.40		
1606.003	房屋建筑			358,821.33	666,666.67	358,821.33	666,666.67	-307,845.34	
1606.004	机器设备			101,158.20	101,158.20	101,158.20	101,158.20		
1701	无形资产	3,210,000.00		13,130,000.00	25,000.00	13,130,000.00	25,000.00	16,315,000.00	
1701.001	土地使用权	3,180,000.00		11,000,000.00		11,000,000.00		14,180,000.00	
1701.001.001	地块A	3,180,000.00						3,180,000.00	
1701.001.002	B地块			11,000,000.00		11,000,000.00		11,000,000.00	
1701.002	非专利技术	25,000.00		130,000.00	25,000.00	130,000.00	25,000.00	130,000.00	
1701.003	管理软件	5,000.00						5,000.00	
1701.004	新型专利技术			2,000,000.00		2,000,000.00		2,000,000.00	
1702	累计摊销		458,000.00	5,000.00	148,316.66	5,000.00	148,316.66		601,316.66
1702.001	土地使用权A地块		450,500.00		15,900.00		15,900.00		466,400.00
1702.002	非专利技术		5,000.00	5,000.00	3,249.99	5,000.00	3,249.99		3,249.99
1702.003	管理软件		2,500.00		2,500.00		2,500.00		5,000.00
1702.004	土地使用权B地块				110,000.00		110,000.00		110,000.00
1702.005	新型专利技术				16,666.67		16,666.67		16,666.67
1801	长期待摊费用	41,666.67			41,666.67		41,666.67		
1801.001	云盘租赁费	41,666.67			41,666.67		41,666.67		
1901	待处理财产损溢			15,341.80	15,341.80	15,341.80	15,341.80		
1901.001	固定资产损溢			15,341.80	15,341.80	15,341.80	15,341.80		
2001	短期借款		600,000.00	600,000.00	1,250,000.00	600,000.00	1,250,000.00		1,250,000.00
2001.001	信用社		600,000.00	600,000.00	600,000.00	600,000.00	600,000.00		600,000.00
2001.002	长安市汇华小额贷款有限公司				650,000.00		650,000.00		650,000.00
2202	应付账款		536,660.12	5,111,182.31	7,248,749.98	5,111,182.31	7,248,749.98		2,674,227.79
2202.001	锦阳市环宇科技有限公司			119,780.00	1,814,780.00	119,780.00	1,814,780.00		1,695,000.00
2202.002	长安市科久机械有限公司				23,052.00		23,052.00		23,052.00
2202.003	江南华阳物资有限公司		35,000.00	204,100.00	165,361.00	204,100.00	165,361.00		-3,739.00
2202.004	长安市汇华小额贷款有限公司			12,720.00	12,720.00	12,720.00	12,720.00		
2202.005	锦阳市鼎瑞贸易有限公司			76,970.97	76,970.97	76,970.97	76,970.97		
2202.006	长安市健素企业管理咨询公司		70,000.00	70,000.00		70,000.00			
2202.007	江南长安特钢有限公司			2,834,341.34	2,834,341.34	2,834,341.34	2,834,341.34		
2202.008	江南亿达环保材料有限公司				271,200.00		271,200.00		271,200.00
2202.009	黄方革			859,280.00	859,280.00	859,280.00	859,280.00		
2202.010	长安市溪宁机器制造有限公司			353,200.00	353,200.00	353,200.00	353,200.00		
2202.011	长安市长城管理咨询有限公司			48,300.00	48,300.00	48,300.00	48,300.00		
2202.012	北京腾飞机电科技有限公司			45,200.00	45,200.00	45,200.00	45,200.00		
2202.013	长安市欣博机械设备有限公司			147,239.00	147,239.00	147,239.00	147,239.00		
2202.014	长安市龙路化学工业有限公司			4,520.00	4,520.00	4,520.00	4,520.00		
2202.015	锦阳市忠达数控刀具有限公司			2,938.00	2,938.00	2,938.00	2,938.00		
2202.016	锦阳市旺力实业有限公司			40,341.00	40,341.00	40,341.00	40,341.00		
2202.017	长安谦翼传媒有限公司			31,800.00	31,800.00	31,800.00	31,800.00		
2202.018	长安光明实业有限公司		-220,000.00	6,540.00	226,540.00	6,540.00	226,540.00		
2202.019	长安市大祺工具厂			33,900.00	33,900.00	33,900.00	33,900.00		
2202.020	江南火星实业有限公司		581,648.12						581,648.12
2202.021	长安市奉贤区金马五金有限公司		30,012.00	30,012.00		30,012.00			
2202.022	长安市绿水清山林业有限公司			150,000.00	150,000.00	150,000.00	150,000.00		
2202.099	暂估		40,000.00	40,000.00	107,066.67	40,000.00	107,066.67		107,066.67
2202.099.001	咨询费		40,000.00	40,000.00		40,000.00			
2202.099.002	江南长安特钢有限公司				107,066.67		107,066.67		107,066.67
2203	预收账款		11,823,515.12	5,000,154.00	300,000.00	5,000,154.00	300,000.00		7,123,361.12
2203.001	江南长安市大华机械设备有限公司				300,000.00		300,000.00		300,000.00
2203.003	上海市恒信机械加工有限责任公司		5,882,000.00						5,882,000.00
2203.004	江南天华嘉机械制造有限责任公司		5,941,515.12	5,000,154.00		5,000,154.00			941,361.12
2211	应付职工薪酬			1,490,255.17	2,163,065.28	1,490,255.17	2,163,065.28		672,810.11
2211.001	工资			917,725.22	1,425,673.87	917,725.22	1,425,673.87		507,948.65
2211.003	职工福利费			191,811.44	191,811.44	191,811.44	191,811.44		
2211.005	工会经费			18,341.50	18,341.50	18,341.50	18,341.50		
2211.006	职工教育经费			32,230.00	32,230.00	32,230.00	32,230.00		
2211.007	社会保险			238,439.48	357,506.07	238,439.48	357,506.07		119,066.59

科目编号	科目名称	期初余额		本期发生额		本年累计发生额		期末余额	
		借方	贷方	借方	贷方	借方	贷方	借方	贷方
2211.007.001	养老保险			146,732.04	220,003.82	146,732.04	220,003.82		73,271.78
2211.007.002	失业保险			4,585.34	6,875.06	4,585.34	6,875.06		2,289.72
2211.007.003	医疗保险			73,366.01	110,001.91	73,366.01	110,001.91		36,635.90
2211.007.004	工伤保险			9,170.77	13,750.26	9,170.77	13,750.26		4,579.49
2211.007.005	生育保险			4,585.32	6,875.02	4,585.32	6,875.02		2,289.70
2211.008	住房公积金			91,707.53	137,502.40	91,707.53	137,502.40		45,794.87
2221	应交税费		-1,012,494.64	2,180,803.01	3,400,815.10	2,180,803.01	3,400,815.10		207,517.45
2221.001	应交增值税		-1,012,494.64	1,656,151.16	2,668,645.80	1,656,151.16	2,668,645.80		
2221.001.001	进项税额	1,012,494.64		1,468,034.29		1,468,034.29		2,480,528.93	
2221.001.002	销项税额				2,661,159.59		2,661,159.59		2,661,159.59
2221.001.002_001	销项税额_13%				2,649,193.55		2,649,193.55		2,649,193.55
2221.001.002_002	销项税额_9%				10,800.00		10,800.00		10,800.00
2221.001.002_003	销项税额_6%				1,166.04		1,166.04		1,166.04
2221.001.004	进项税额转出				7,486.21		7,486.21		7,486.21
2221.001.006	转出未交增值税			185,536.87		185,536.87		185,536.87	
2221.001.008	减免税款			2,580.00		2,580.00		2,580.00	
2221.002	未交增值税				185,536.87		185,536.87		185,536.87
2221.003	预交增值税			2,200.00	2,200.00	2,200.00	2,200.00		
2221.004	待抵扣进项税额			10,448.80		10,448.80		10,448.80	
2221.007	简易计税			77,430.42	77,430.42	77,430.42	77,430.42		
2221.007_004	简易计税_5%			71,133.33	71,133.33	71,133.33	71,133.33		
2221.007_005	简易计税_3%			6,297.09	6,297.09	6,297.09	6,297.09		
2221.011	应交城市维护建设税			5,327.57	18,315.15	5,327.57	18,315.15		12,987.58
2221.012	应交教育费附加			2,283.24	7,849.35	2,283.24	7,849.35		5,566.11
2221.013	应交地方教育附加			1,522.16	5,232.90	1,522.16	5,232.90		3,710.74
2221.014	应交企业所得税			453.01		453.01			-453.01
2221.015	应交个人所得税			575.00	1,095.00	575.00	1,095.00		520.00
2221.016	应交房产税			8,960.00	13,440.00	8,960.00	13,440.00		4,480.00
2221.017	应交土地使用税			9,000.00	13,500.00	9,000.00	13,500.00		4,500.00
2221.020	应交印花税			6,451.65	7,569.61	6,451.65	7,569.61		1,117.96
2221.030	应交契税			400,000.00	400,000.00	400,000.00	400,000.00		
2232	应付股利			98,000.00	1,098,000.00	98,000.00	1,098,000.00		1,000,000.00
2232.001	王岳达			58,800.00	658,800.00	58,800.00	658,800.00		600,000.00
2232.002	江南利枫物资有限公司			39,200.00	439,200.00	39,200.00	439,200.00		400,000.00
2241	其他应付款		11,399,446.35	175,707.53	216,734.89	175,707.53	216,734.89		11,440,473.71
2241.001	个人		3,254,879.23		41,027.36		41,027.36		3,295,906.59
2241.001.001	刘兰				300.00		300.00		300.00
2241.001.002	其他				28,240.00		28,240.00		28,240.00
2241.001.003	刘信		3,254,879.23		12,487.36		12,487.36		3,267,366.59
2241.004	代扣个人保险费			84,000.00	84,000.00	84,000.00	84,000.00		
2241.005	代扣个人住房公积金			91,707.53	91,707.53	91,707.53	91,707.53		
2241.006	特种包装物押金		20,000.00						20,000.00
2241.007	王岳达		8,124,567.12						8,124,567.12
2501	长期借款				3,000,000.00		3,000,000.00		3,000,000.00
2501.001	江南城市发展银行长安分行				3,000,000.00		3,000,000.00		3,000,000.00
2711	专项应付款				60,000.00		60,000.00		60,000.00
2711.001	技改补助				60,000.00		60,000.00		60,000.00
4001	实收资本		30,000,000.00		9,000,000.00		9,000,000.00		39,000,000.00
4001.001	王岳达		18,000,000.00		6,200,000.00		6,200,000.00		24,200,000.00
4001.002	江南利枫物资有限公司		12,000,000.00		800,000.00		800,000.00		12,800,000.00
4001.003	王兴元				2,000,000.00		2,000,000.00		2,000,000.00
4002	资本公积		3,500,000.00	1,000,000.00	51,032.20	1,000,000.00	51,032.20		2,551,032.20
4002.001	其他		3,500,000.00	1,000,000.00	51,032.20	1,000,000.00	51,032.20		2,551,032.20
4101	盈余公积				200.00		200.00		200.00
4101.003	其他				200.00		200.00		200.00
4103	本年利润			22,972,806.78	22,972,806.78	22,972,806.78	22,972,806.78		
4104	利润分配		19,405,765.61	11,909,579.93	1,441,500.00	11,909,579.93	1,441,500.00		8,937,685.68
4104.003	应付现金股利（利润）			1,398,000.00	1,398,000.00	1,398,000.00	1,398,000.00		
4104.006	未分配利润		19,405,765.61	10,511,579.93	43,500.00	10,511,579.93	43,500.00		8,937,685.68
5001	生产成本			5,461,728.16	5,356,512.62	5,461,728.16	5,356,512.62	105,215.54	
5001.003	带锯条27*0.9			2,668,413.78	2,621,409.05	2,668,413.78	2,621,409.05	47,004.73	
5001.003.001	直接人工			273,125.85	265,388.34	273,125.85	265,388.34	7,737.51	
5001.003.001.001	工资薪金			198,047.33	193,559.40	198,047.33	193,559.40	4,487.93	

科目编号	科目名称	期初余额		本期发生额		本年累计发生额		期末余额	
		借方	贷方	借方	贷方	借方	贷方	借方	贷方
5001.003.001.002	社会保险			55,273.78	52,472.99	55,273.78	52,472.99	2,800.79	
5001.003.001.003	住房公积金			19,804.74	19,355.95	19,804.74	19,355.95	448.79	
5001.003.002	直接材料			1,165,800.00	1,147,710.00	1,165,800.00	1,147,710.00	18,090.00	
5001.003.003	制造费用			1,229,487.93	1,208,310.71	1,229,487.93	1,208,310.71	21,177.22	
5001.005	带锯条34*1.1			2,793,314.38	2,735,103.57	2,793,314.38	2,735,103.57	58,210.81	
5001.005.001	直接人工			252,772.95	248,017.00	252,772.95	248,017.00	4,755.95	
5001.005.001.001	工资薪金			188,642.98	185,006.93	188,642.98	185,006.93	3,636.05	
5001.005.001.002	社会保险			45,265.67	44,509.37	45,265.67	44,509.37	756.30	
5001.005.001.003	住房公积金			18,864.30	18,500.70	18,864.30	18,500.70	363.60	
5001.005.002	直接材料			1,367,266.67	1,340,283.33	1,367,266.67	1,340,283.33	26,983.34	
5001.005.003	制造费用			1,173,274.76	1,146,803.24	1,173,274.76	1,146,803.24	26,471.52	
5101	制造费用			2,402,762.69	2,402,762.69	2,402,762.69	2,402,762.69		
5101.001	工资薪金			296,263.71	296,263.71	296,263.71	296,263.71		
5101.006	办公费			1,540.00	1,540.00	1,540.00	1,540.00		
5101.017	累计折旧			792,228.94	792,228.94	792,228.94	792,228.94		
5101.034	修理费			340,000.00	340,000.00	340,000.00	340,000.00		
5101.038	原材料			452,798.12	452,798.12	452,798.12	452,798.12		
5101.039	土地使用权摊销			12,399.99	12,399.99	12,399.99	12,399.99		
5101.040	电费			275,650.00	275,650.00	275,650.00	275,650.00		
5101.041	水费			5,227.00	5,227.00	5,227.00	5,227.00		
5101.042	社会保险			77,028.55	77,028.55	77,028.55	77,028.55		
5101.043	住房公积金			29,626.38	29,626.38	29,626.38	29,626.38		
5101.044	技术服务费			120,000.00	120,000.00	120,000.00	120,000.00		
5401	工程施工			227,669.90	227,669.90	227,669.90	227,669.90		
5401.004	电缆铺设			117,669.90	117,669.90	117,669.90	117,669.90		
5401.004.001	成本			67,697.25	67,697.25	67,697.25	67,697.25		
5401.004.002	毛利			49,972.65	49,972.65	49,972.65	49,972.65		
5401.005	水渠			110,000.00	110,000.00	110,000.00	110,000.00		
5401.005.001	成本			35,700.00	35,700.00	35,700.00	35,700.00		
5401.005.002	毛利			74,300.00	74,300.00	74,300.00	74,300.00		
5402	工程结算			227,669.90	227,669.90	227,669.90	227,669.90		
5402.001	电缆铺设			117,669.90	117,669.90	117,669.90	117,669.90		
5402.002	水渠			110,000.00	110,000.00	110,000.00	110,000.00		
6001	主营业务收入			16,315,060.00	16,315,060.00	16,315,060.00	16,315,060.00		
6001_027_001	主营业务收入_带锯条27*0.9_13%			13,247,060.00	13,247,060.00	13,247,060.00	13,247,060.00		
6001_028_001	主营业务收入_带锯条34*1.1_13%			3,068,000.00	3,068,000.00	3,068,000.00	3,068,000.00		
6051	其他业务收入			1,057,357.42	1,057,357.42	1,057,357.42	1,057,357.42		
6051.001	材料物资			8,849.56	8,849.56	8,849.56	8,849.56		
6051.001_001	材料物资_13%			8,849.56	8,849.56	8,849.56	8,849.56		
6051.002	技术服务			10,000.00	10,000.00	10,000.00	10,000.00		
6051.002_003	技术服务_6%			10,000.00	10,000.00	10,000.00	10,000.00		
6051.003	建筑服务			227,669.90	227,669.90	227,669.90	227,669.90		
6051.003_002	建筑服务_9%			110,000.00	110,000.00	110,000.00	110,000.00		
6051.003_005	建筑服务_3%			117,669.90	117,669.90	117,669.90	117,669.90		
6051.004	租赁收入			756,000.00	756,000.00	756,000.00	756,000.00		
6051.004_004	租赁收入_5%			756,000.00	756,000.00	756,000.00	756,000.00		
6051.005	固定资产处置			35,404.00	35,404.00	35,404.00	35,404.00		
6051.006	运输服务			10,000.00	10,000.00	10,000.00	10,000.00		
6051.006_002	运输服务_9%			10,000.00	10,000.00	10,000.00	10,000.00		
6051.007	广告收入			9,433.96	9,433.96	9,433.96	9,433.96		
6051.007_003	广告收入_6%			9,433.96	9,433.96	9,433.96	9,433.96		
6111	投资收益			500,000.00	500,000.00	500,000.00	500,000.00		
6111.001	上海亮剑机械销售有限公司			500,000.00	500,000.00	500,000.00	500,000.00		
6111.002	深圳科晟科技有限公司								
6115	资产处置损益			8,412.29	8,412.29	8,412.29	8,412.29		
6115.001	无形资产处置损益								
6115.002	固定资产处置损益			8,412.29	8,412.29	8,412.29	8,412.29		
6117	其他收益			1,322.33	1,322.33	1,322.33	1,322.33		
6117.001	减免税			1,322.33	1,322.33	1,322.33	1,322.33		
6301	营业外收入			6,000.00	6,000.00	6,000.00	6,000.00		
6301.099	其他			6,000.00	6,000.00	6,000.00	6,000.00		
6401	主营业务成本			16,945,231.96	16,945,231.96	16,945,231.96	16,945,231.96		
6402	其他业务成本			1,122,796.45	1,122,796.45	1,122,796.45	1,122,796.45		

科目编号	科目名称	期初余额		本期发生额		本年累计发生额		期末余额	
		借方	贷方	借方	贷方	借方	贷方	借方	贷方
6402.001	建筑服务			103,397.25	103,397.25	103,397.25	103,397.25		
6402.002	租赁设备折旧			19,399.20	19,399.20	19,399.20	19,399.20		
6402.099	其他			1,000,000.00	1,000,000.00	1,000,000.00	1,000,000.00		
6403	税金及附加			61,861.68	61,861.68	61,861.68	61,861.68		
6403.001	房产税			13,440.00	13,440.00	13,440.00	13,440.00		
6403.002	土地使用税			13,500.00	13,500.00	13,500.00	13,500.00		
6403.003	印花税			7,236.28	7,236.28	7,236.28	7,236.28		
6403.005	车船税			384.00	384.00	384.00	384.00		
6403.006	城市维护建设税			15,925.82	15,925.82	15,925.82	15,925.82		
6403.007	教育费附加			6,825.35	6,825.35	6,825.35	6,825.35		
6403.008	地方教育附加			4,550.23	4,550.23	4,550.23	4,550.23		
6601	销售费用			651,431.41	651,431.41	651,431.41	651,431.41		
6601.001	工资薪金			383,201.44	383,201.44	383,201.44	383,201.44		
6601.007	差旅费			9,945.17	9,945.17	9,945.17	9,945.17		
6601.011	广告和业务宣传费			45,325.00	45,325.00	45,325.00	45,325.00		
6601.017	累计折旧			218.25	218.25	218.25	218.25		
6601.027	展览展位费			20,000.00	20,000.00	20,000.00	20,000.00		
6601.033	修理费			50,000.00	50,000.00	50,000.00	50,000.00		
6601.036	社会保险			99,463.33	99,463.33	99,463.33	99,463.33		
6601.037	住房公积金			38,255.14	38,255.14	38,255.14	38,255.14		
6601.038	车辆燃油费			5,023.08	5,023.08	5,023.08	5,023.08		
6602	管理费用			3,581,282.81	3,581,282.81	3,581,282.81	3,581,282.81		
6602.001	工资薪金			309,518.41	309,518.41	309,518.41	309,518.41		
6602.003	职工福利费			193,406.56	193,406.56	193,406.56	193,406.56		
6602.004	职工教育经费			57,230.00	57,230.00	57,230.00	57,230.00		
6602.005	工会经费			28,511.50	28,511.50	28,511.50	28,511.50		
6602.006	办公费			15,738.86	15,738.86	15,738.86	15,738.86		
6602.007	差旅费			18,228.34	18,228.34	18,228.34	18,228.34		
6602.009	通讯费			7,620.28	7,620.28	7,620.28	7,620.28		
6602.010	业务招待费			77,800.00	77,800.00	77,800.00	77,800.00		
6602.012	租赁费			46,000.00	46,000.00	46,000.00	46,000.00		
6602.017	累计折旧			75,177.43	75,177.43	75,177.43	75,177.43		
6602.018	无形资产摊销			20,933.33	20,933.33	20,933.33	20,933.33		
6602.018.001	软件摊销			2,100.00	2,100.00	2,100.00	2,100.00		
6602.018.002	专利权摊销			16,666.67	16,666.67	16,666.67	16,666.67		
6602.018.003	非专利技术摊销			2,166.66	2,166.66	2,166.66	2,166.66		
6602.019	长期待摊费用摊销			41,666.67	41,666.67	41,666.67	41,666.67		
6602.020	会议费			8,000.00	8,000.00	8,000.00	8,000.00		
6602.022	劳务费			111,000.00	111,000.00	111,000.00	111,000.00		
6602.024	研发费用			302,433.96	302,433.96	302,433.96	302,433.96		
6602.024.001	工资			50,000.00	50,000.00	50,000.00	50,000.00		
6602.024.002	材料			40,000.00	40,000.00	40,000.00	40,000.00		
6602.024.003	其他			9,433.96	9,433.96	9,433.96	9,433.96		
6602.024.004	折旧			203,000.00	203,000.00	203,000.00	203,000.00		
6602.025	税费			400,000.00	400,000.00	400,000.00	400,000.00		
6602.026	保险费			18,095.08	18,095.08	18,095.08	18,095.08		
6602.032	财产损失			18,221.80	18,221.80	18,221.80	18,221.80		
6602.034	修理费			2,100.00	2,100.00	2,100.00	2,100.00		
6602.038	土地使用权摊销			95,166.68	95,166.68	95,166.68	95,166.68		
6602.039	非专利权摊销			1,083.33	1,083.33	1,083.33	1,083.33		
6602.040	电费			9,350.00	9,350.00	9,350.00	9,350.00		
6602.041	水费			574.00	574.00	574.00	574.00		
6602.042	社会保险			80,474.74	80,474.74	80,474.74	80,474.74		
6602.043	住房公积金			30,951.84	30,951.84	30,951.84	30,951.84		
6602.045	劳动保护费			27,000.00	27,000.00	27,000.00	27,000.00		
6602.099	其他			1,585,000.00	1,585,000.00	1,585,000.00	1,585,000.00		
6603	财务费用			342,819.64	342,819.64	342,819.64	342,819.64		
6603.001	手续费			665.00	665.00	665.00	665.00		
6603.002	利息收入			-1,983.36	-1,983.36	-1,983.36	-1,983.36		
6603.003	利息支出			337,138.00	337,138.00	337,138.00	337,138.00		
6603.006	筹资费用			7,000.00	7,000.00	7,000.00	7,000.00		
6701	资产减值损失			30,000.00	30,000.00	30,000.00	30,000.00		
6701.001	坏账准备			30,000.00	30,000.00	30,000.00	30,000.00		

科目编号	科目名称	期初余额		本期发生额		本年累计发生额		期末余额	
		借方	贷方	借方	贷方	借方	贷方	借方	贷方
6711	营业外支出			237,382.83	237,382.83	237,382.83	237,382.83		
6711.001	非常损失			7,586.21	7,586.21	7,586.21	7,586.21		
6711.002	捐赠支出			23,500.00	23,500.00	23,500.00	23,500.00		
6711.099	其他			206,296.62	206,296.62	206,296.62	206,296.62		
6901	以前年度损益调整			3,500.00	3,500.00	3,500.00	3,500.00		
	合计	98,682,564.12	98,682,564.12	208,682,405.48	208,682,405.48	208,682,405.48	208,682,405.48	100,775,954.76	100,775,954.76

增值税纳税申报表（一般纳税人适用）

税款所属时间起	2020年10月1日	税款所属时间止	2020年10月31日	申报日期	2020年11月10日	金额单位：元至角分
纳税人识别号	91210904556677888M			纳税人名称	江南岳达机械制造有限责任公司	
项　目		栏次	一般项目		即征即退货物、劳务和应税服务	
			本月数	本年累计	本月数	本年累计
销售额	（一）按适用税率计税销售额	1	4,369,349.56	4,369,349.56		
	其中：应税货物销售额	2	4,359,349.56	4,359,349.56		
	应税劳务销售额	3				
	纳税检查调整的销售额	4				
	（二）按简易办法计税销售额	5	798,899.68	798,899.68		
	其中：纳税检查调整的销售额	6				
	（三）免、抵、退办法出口销售额	7			——	——
	（四）免税销售额	8			——	——
	其中：免税货物销售额	9			——	——
	免税劳务销售额	10			——	——
税款计算	销项税额	11	567,315.44	567,315.44		
	进项税额	12	530,215.57	530,215.57		
	上期留抵税额	13	1,012,494.64			——
	进项税额转出	14	986.21	986.21		
	免、抵、退应退税额	15			——	——
	按适用税率计算的纳税检查应补缴税	16			——	——
	应抵扣税额合计	7=12+13-14-15+1	1,541,724.00	——		——
	实际抵扣税额	<11，则为17，否	567,315.44	567,315.44		
	应纳税额	19=11-18				
	期末留抵税额	20=17-18	974,408.56			——
	简易计税办法计算的应纳税额	21	37,300.32	37,300.32		
	按简易计税办法计算的纳税检查应补	22			——	——
	应纳税额减征额	23	1,322.33	1,322.33		
	应纳税额合计	24=19+21-23	35,977.99	35,977.99		
税款缴纳	期初未缴税额（多缴为负数）	25				
	实收出口开具专用缴款书退税额	26			——	——
	本期已缴税额	27=28+29+30+31	33,333.33	33,333.33		
	①分次预缴税额	28	33,333.33	——		——
	②出口开具专用缴款书预缴税额	29		——	——	——
	③本期缴纳上期应纳税额	30				
	④本期缴纳欠缴税额	31				
	期末未缴税额（多缴为负数）	32=24+25+26-27	2,644.66	2,644.66		
	其中：欠缴税额（≥0）	33=25+26-27		——		——
	本期应补(退)税额	34=24-28-29	2,644.66	——		——
	即征即退实际退税额	35	——	——		
	期初未缴查补税额	36			——	——
	本期入库查补税额	37			——	——
	期末未缴查补税额	38=16+22+36-37			——	——

增值税纳税申报表附列资料（附表一）

一、按适用税率征收增值税货物及劳务的销售额和销项税额明细

项目及栏次				开具增值税专用发票		开具其他发票		未开具发票		纳税检查调整		合计			服务、不动产和无形资产扣除项目本	扣除后	
				销售额	销项(应纳)税额	销售额	销项(应纳)税额	销售额	销项(应纳)税额	销售额	销项(应纳)税额	销售额	销项(应纳)税额	价税合计		含税(免税)销售额	销项(应纳)税额
				1	2	3	4	5	6	7	8	9=1+3+5+7	10=2+4+6+8	11=9+10	12	13=11-12	14=13÷(100%+税率或征收率)×税率
一、一般计税方法计税	全部征税项目	13%税率的货物及加工修理修配劳务	1	4,350,500.00	565,565.00			8,849.56	1,150.44			4,359,349.56	566,715.44	——	——	——	——
		13%税率的服务、不动产和无形资产	2														
		9%税率的货物及加工修理修配劳务	3											——	——	——	——
		9%税率的服务、不动产和无形资产	4														
		6%税率	5	10,000.00	600.00							10,000.00	600.00	10,600.00		10,600.00	600.00
	其中：即征即退	即征即退货物及加工修理修配劳务	6	——	——	——	——	——	——	——	——			——	——	——	——
		即征即退服务、不动产和无形资产	7	——	——	——	——	——	——	——	——						
二、简易计税方法计税	全部征税项目	6%征收率	8							——	——			——	——	——	——
		5%征收率的货物及加工修理修配劳务	9							——	——			——	——	——	——
		5%征收率的服务、不动产和无形资产	9b	666,666.67	33,333.33					——	——	666,666.67	33,333.33	700,000.00		700,000.00	33,333.33
		4%征收率	10							——	——			——	——	——	——
		3%征收率的货物及加工修理修配劳务	11	92,233.01	2,766.99	40,000.00	1,200.00			——	——	132,233.01	3,966.99	——	——	——	——
		3%征收率的服务、不动产和无形资产	12							——	——						
		预征率0%	13a							——	——						
		预征率b%	13b							——	——						
		预征率c%	13c							——	——						
	其中：即征即退	即征即退货物及加工修理修配劳务	14	——	——	——	——	——	——	——	——			——	——	——	——
		即征即退服务、不动产和无形资产	15	——	——	——	——	——	——	——	——						
三、免抵退税	货物及加工修理修配劳务		16	——	——		——		——	——	——		——	——	——	——	——
	服务、不动产和无形资产		17	——	——		——		——	——	——		——				——
四、免税	货物及加工修理修配劳务		18				——		——	——	——		——	——	——	——	——
	服务、不动产和无形资产		19	——	——		——		——	——	——		——				——

增值税纳税申报表附列资料二（本期进项税额明细表）

一、申报抵扣的进项税额				
项目	栏次	份数	金额	税额
（一）认证相符的增值税专用发票	1=2+3	25	3,584,754.06	449,276.37
其中：本期认证相符且本期申报抵扣	2	25	3,584,754.06	449,276.37
前期认证相符且本期申报抵扣	3			
（二）其他扣税凭证	4=5+6+7+8a+8b	3	807,892.00	80,939.20
其中：海关进口增值税专用缴款书	5			
农产品收购发票或者销售发票	6	2	805,392.00	80,539.20
代扣代缴税收缴款凭证	7		——	
加计扣除农产品进项税额	8a	——	——	
其他	8b	1	2,500.00	400.00
（三）本期用于购建不动产的扣税凭证	9			
（四）本期用于抵扣的旅客运输服务扣税凭证	10			
（五）外贸企业进项税额抵扣证明	11	——	——	
当期申报抵扣进项税额合计	12=1+4+11	28	4,392,646.06	530,215.57

二、进项税额转出额		
项目	栏次	税额
本期进项税转出额	13=14至23之和	986.21
其中：免税项目用	14	
集体福利、个人消费	15	
非正常损失	16	986.21
简易计税方法征税项目用	17	
免抵退税办法不得抵扣的进项税额	18	
纳税检查调减进项税额	19	
红字专用发票信息表注明的进项税额	20	
上期留抵税额抵减欠税	21	
上期留抵税额退税	22	
其他应作进项税额转出的情形	23	

三、待抵扣进项税额				
项目	栏次	份数	金额	税额
（一）认证相符的增值税专用发票	24	——	——	——
期初已认证相符但未申报抵扣	25			
本期认证相符且本期未申报抵扣	26			
期末已认证相符但未申报抵扣	27			
其中：按照税法规定不允许抵扣	28			
（二）其他扣税凭证	29=30至33之和			
其中：海关进口增值税专用缴款书	30			
农产品收购发票或者销售发票	31			
代扣代缴税收缴款凭证	32		——	
其他	33			
	34	——	——	——

四、其他				
项目	栏次	份数	金额	税额
本期认证相符的增值税专用发票	35	25	3,584,754.06	449,276.37
代扣代缴税额	36	——	——	

增值税纳税申报表附表三（服务、不动产和无形资产扣除项目明细）

项目及栏次	本期服务、不动产和无形资产价税合计额（免税销售额）	服务、不动产和无形资产扣除项目				
		期初余额	本期发生额	本期应扣除金额	本期实际扣除金额	期末余额
	1	2	3	4=2+3	5(5≤1且5≤4)	6=4-5
13%税率的项目						
9%税率的项目						
6%税率的项目（不含金融商品转让）	10,600.00					
6%税率的金融商品转让项目						
5%征收率的项目	700,000.00					
3%征收率的项目						
免抵退税的项目						
免税的项目						

增值税纳税申报表附表四（税额抵减情况表）

一、税额抵减情况						
序号	抵减项目	期初余额	本期发生额	本期应抵减税额	本期实际抵减税额	期末余额
		1	2	3=1+2	4≤3	5=3-4
1	增值税税控系统专用设备费及技术维护费					
2	分支机构预征缴纳税款					
3	建筑服务预征缴纳税款					
4	销售不动产预征缴纳税款		33,333.33	33,333.33	33,333.33	
5	出租不动产预征缴纳税款					

二、加计抵减情况							
序号	加计抵减项目	期初余额	本期发生额	本期调减额	本期可抵减额	本期实际抵减额	期末余额
		1	2	3	4=1+2-3	5	6=4-5
6	一般项目加计抵减额计算						
7	即征即退项目加计抵减额计算						
8	合计						

增值税减免税申报明细表

一、减税项目					
减税性质代码及名称	期初余额	本期发生额	本期应抵减税额	本期实际抵减税额	期末余额
	1	2	3=1+2	4≤3	5=3-4
合计		1,322.33	1,322.33	1,322.33	
已使用固定资产减征增值税|《财政部 国家税务总局关于简并增值税征收率政策的通知》财税〔2014〕57号第一条		1,322.33	1,322.33	1,322.33	
二、免税项目					
免税性质代码及名称	免征增值税项目销售额	免税销售额扣除项目本期实际扣除金额	扣除后免税销售额	免税销售额对应的进项税额	免税额
	1	2	3=1-2	4	5
合计					
出口免税					
其中：跨境服务					

《城建税、教育费附加、地方教育附加税（费）申报表》

申报日期	2020/11/10	税款所属期起	2020/10/1	税款所属期止	2020/10/31
纳税人识别号	91210904556677888M	名称	江南岳达机械制造有限责任公司	申报类型	正常申报
登记类型	单位	登记注册类型	私营有限责任公司	所属行业	
身份证件类型		身份证件号码		联系方式	
税务机关	国家税务总局长安市市奉贤区税务局	是否适用增值税小规模纳税人减征优惠	否		

征收项目	征收品目	计税（费）依据					税率（征收率）	本期应纳税（费）额	本期减免税（费）额		增值税小规模纳税人减征额			本期已缴税（费）额	本期应补（退）税（费）额
		增值税		消费税	营业税	合计			减免性质代码	减免额	减免性质代码	减征比例	增值税小规模纳税人减征额		
		一般增值税	免抵税额												
城市维护建设税	市区（增值税附征）	35,977.99				35,977.99	0.07	2,518.46						2,333.33	185.13
地方教育附加	增值税地方教育附加	35,977.99				35,977.99	0.02	719.56						666.67	52.89
教育费附加	增值税教育费附加	35,977.99				35,977.99	0.03	1,079.34						1,000.00	79.34
合计	—						—	4,317.36	—		—	—		4,000.00	317.36
受理信息															

房产税城镇土地使用税纳税申报表

纳税人信息					
纳税人识别号	91210904556677888M	纳税人名称	江南岳达机械制造有限责任公司	*纳税人分类	单位
登记注册类型	私营有限责任公司	所属行业	工业制造业	身份证照类型	
*申报类型	正常申报	*申报日期	2020/11/10	*隶属关系	街道
*税款所属期起	2020年10月1日	*税款所属期止	2020年10月31日		

城镇土地使用税	*本期是否适用增值税小规模纳税人减征政策	否	本期适用增值税小规模纳税人减征政策起始时间		本期适用增值税小规模纳税人减征政策终止时间	
	减免税代码 ☒		减征比例（%）	0	税源编号	
房产税	*本期是否适用增值税小规模纳税人减征政策	否	本期适用增值税小规模纳税人减征政策起始时间		本期适用增值税小规模纳税人减征政策终止时间	
	减免税代码 ☒		减征比例（%）	0	税源编号	

当期申报信息

城镇土地使用税

序号	土地编号	宗地号	土地等级	土地总面积	税额标准(年)	所属期起	所属期止	本期应纳税额	本期减免税额	本期增值税小规模纳税人减征额	本期已缴税额	本期应补(退)税额
1	T21051320000000		三级土地	3000	18	2020/10/1	2020/10/31	4,500.00				4,500.00
合计	-	-	-	3000	-	-	-	4,500.00				4,500.00

从价计征房产税

序号	房产编号	房产原值	其中：出租房产原值	计税比例	税率	所属期起	所属期止	本期应纳税额	本期减免税额	本期增值税小规模纳税人减征额	本期已缴税额	本期应补（退）税额
1	F21051320000000	6,400,000.00	0	0.7	0.012	2020/9/1	2020/9/30	4,480.00				4,480.00
合计	—	6,400,000.00	0	—	—	—	—	4,480.00				4,480.00

从租计征房产税

序号	本期申报租金收入	税率	本期应纳税额	所属期起	所属期止	本期减免税额	本期增值税小规模纳税人减征额	本期已缴税额	本期应补（退）税额
合计	0	—	0	—	—	0	0	0	0

印花税纳税申报表

税款所属期限：自	2020年10月1日	至	2020年10月31日		申报日期	2020/11/10		金额单位：元至角分							
纳税人识别号															
纳税人信息	名称	江南岳达机械制造有限责任公司			纳税人类型	单位									
	登记注册类型	其他有限责任公司			所属行业										
	身份证件号码				联系方式										
是否适用增值税小规模纳税人减征优惠	否	减免税代码			增值税小规模纳税人享受减征比例（%）										
应税凭证名称	计税金额或件数	核定征收		适用税率	本期应纳税额	本期已缴税额	本期减免税额		增值税小规模纳税人减征额	本期应补（退）税额	核定比例	减免征类型	减免幅度	减免额度	减免税率
		核定依据	核定比例				减免性质代码	减免额							
	1	2	3	4	5=1*4+2*3*4	6	7	8	9	10=5−6−8−9					
购销合同	4,725,735.90			0.0003	1,417.72					1,417.72					
技术合同	190,000.00			0.0003	57.00					57.00					
产权转移书据	666,666.67			0.0005	333.33	333.33				0.00					
财产租赁合同	88,735.04			0.0010	88.74					88.74					
营业账簿	5,000,000.00			0.00050	2,500.00					2,500.00					
合计	10,671,137.61	--	--	--	4,396.79	333.33	--			4,063.46					

增值税纳税申报表（一般纳税人适用）

税款所属时间起	2020年11月1日	税款所属时间止	2020年11月30日	申报日期	2020年12月10日	金额单位：元至角分
纳税人识别号	91210904556677888M			纳税人名称	江南岳达机械制造有限责任公司	
项　目		栏次	一般项目		即征即退货物、劳务和应税服务	
			本月数	本年累计	本月数	本年累计
销售额	（一）按适用税率计税销售额	1	6,945,002.40	11,314,351.96		
	其中：应税货物销售额	2	6,825,002.40	11,184,351.96		
	应税劳务销售额	3				
	纳税检查调整的销售额	4				
	（二）按简易办法计税销售额	5	756,000.00	1,554,899.68		
	其中：纳税检查调整的销售额	6				
	（三）免、抵、退办法出口销售额	7			——	——
	（四）免税销售额	8			——	——
	其中：免税货物销售额	9			——	——
	免税劳务销售额	10			——	——
税款计算	销项税额	11	898,050.31	1,465,365.75		
	进项税额	12	230,768.78	760,984.35		
	上期留抵税额	13	974,408.56			——
	进项税额转出	14	5,600.00	6,586.21		
	免、抵、退应退税额	15			——	——
	按适用税率计算的纳税检查应补缴税额	16	6,000.00	6,000.00	——	——
	应抵扣税额合计	17=12+13-14-15+16	1,205,577.34	——		——
	实际抵扣税额	18（如17<11，则为17，否则为11）	898,050.31	1,465,365.75		
	应纳税额	19=11-18				
	期末留抵税额	20=17-18	307,527.03			——
	简易计税办法计算的应纳税额	21	37,800.00	75,100.32		
	按简易计税办法计算的纳税检查应补缴	22			——	——
	应纳税额减征额	23		1,322.33		
	应纳税额合计	24=19+21-23	37,800.00	73,777.99		
税款缴纳	期初未缴税额（多缴为负数）	25				
	实收出口开具专用缴款书退税额	26			——	——
	本期已缴税额	27=28+29+30+31	2,200.00	35,533.33		
	①分次预缴税额	28	2,200.00	——		——
	②出口开具专用缴款书预缴税额	29		——	——	——
	③本期缴纳上期应纳税额	30				
	④本期缴纳欠缴税额	31				
	期末未缴税额（多缴为负数）	32=24+25+26-27	35,600.00	38,244.66		
	其中：欠缴税额（≥0）	33=25+26-27		——		——
	本期应补(退)税额	34=24-28-29	35,600.00	——		——
	即征即退实际退税额	35	——	——		
	期初未缴查补税额	36			——	——
	本期入库查补税额	37			——	——
	期末未缴查补税额	38=16+22+36-37			——	——

增值税纳税申报表附列资料（附表一）

一、按适用税率征收增值税货物及劳务的销售额和销项税额明细

项目及栏次				开具增值税专用发票		开具其他发票		未开具发票		纳税检查调整		合计			服务、不动产和无形资产扣除项目本期实际扣除金额	扣除后	
				销售额	销项(应纳)税额	销售额	销项(应纳)税额	销售额	销项(应纳)税额	销售额	销项(应纳)税额	销售额	销项(应纳)税额	价税合计		含税(免税)销售额	销项(应纳)税额
				1	2	3	4	5	6	7	8	9=1+3+5+7	10=2+4+6+8	11=9+10	12	13=11-12	14=13÷(100%+税率或征收率)×税率或征收率
一、一般计税方法计税	全部征税项目	13%税率的货物及加工修理修配劳务	1	6,770,500.00	880,165.00			54,502.40	7,085.31			6,825,002.40	887,250.31	——	——	——	——
		13%税率的服务、不动产和无形资产	2														
		9%税率的货物及加工修理修配劳务	3											——	——	——	——
		9%税率的服务、不动产和无形资产	4	120,000.00	10,800.00							120,000.00	10,800.00	130,800.00		130,800.00	10,800.00
		6%税率	5														
	其中：即征即退项目	即征即退货物及加工修理修配劳务	6	——	——	——	——	——	——	——	——			——	——	——	——
		即征即退服务、不动产和无形资产	7	——	——	——	——	——	——	——	——						
二、简易计税方法计税	全部征税项目	6%征收率	8							——	——			——	——	——	——
		5%征收率的货物及加工修理修配劳务	9							——	——			——	——	——	——
		5%征收率的服务、不动产和无形资产	9b					756,000.00	37,800.00	——	——	756,000.00	37,800.00	793,800.00		793,800.00	37,800.00
		4%征收率	10							——	——			——	——	——	——
		3%征收率的货物及加工修理修配劳务	11							——	——			——	——	——	——
		3%征收率的服务、不动产和无形资产	12							——	——						
		预征率0%	13a							——	——						
		预征率b%	13b							——	——						
		预征率c%	13c							——	——						
	其中：即征即退项目	即征即退货物及加工修理修配劳务	14	——	——	——	——	——	——	——	——			——	——	——	——
		即征即退服务、不动产和无形资产	15	——	——	——	——	——	——	——	——						
三、免抵退税	货物及加工修理修配劳务		16	——	——		——		——	——	——		——	——	——	——	——
	服务、不动产和无形资产		17	——	——		——		——	——	——		——				——
四、免税	货物及加工修理修配劳务		18				——		——	——	——		——	——	——	——	——
	服务、不动产和无形资产		19	——	——		——		——	——	——		——				——

增值税纳税申报表附列资料二（本期进项税额明细表）

一、申报抵扣的进项税额				
项目	栏次	份数	金额	税额
（一）认证相符的增值税专用发票	1=2+3	24	1,772,897.04	217,205.95
其中：本期认证相符且本期申报抵扣	2	24	1,772,897.04	217,205.95
前期认证相符且本期申报抵扣	3			
（二）其他扣税凭证	4=5+6+7+8a+8b	3	151,894.17	13,562.83
其中：海关进口增值税专用缴款书	5			
农产品收购发票或者销售发票	6	1	150,000.00	13,500.00
代扣代缴税收缴款凭证	7		——	
加计扣除农产品进项税额	8a	——	——	
其他	8b	2	1,894.17	62.83
（三）本期用于购建不动产的扣税凭证	9			
（四）本期用于抵扣的旅客运输服务扣税凭证	10	2	100.00	9.00
（五）外贸企业进项税额抵扣证明	11	——	——	
当期申报抵扣进项税额合计	12=1+4+11	27	2,076,685.38	230,768.78

二、进项税额转出额		
项目	栏次	税额
本期进项税转出额	13=14至23之和	5,600.00
其中：免税项目用	14	
集体福利、个人消费	15	
非正常损失	16	
简易计税方法征税项目用	17	
免抵退税办法不得抵扣的进项税额	18	
纳税检查调减进项税额	19	
红字专用发票信息表注明的进项税额	20	5,600.00
上期留抵税额抵减欠税	21	
上期留抵税额退税	22	
其他应作进项税额转出的情形	23	

三、待抵扣进项税额				
项目	栏次	份数	金额	税额
（一）认证相符的增值税专用发票	24	——	——	——
期初已认证相符但未申报抵扣	25			
本期认证相符且本期未申报抵扣	26			
期末已认证相符但未申报抵扣	27			
其中：按照税法规定不允许抵扣	28			
（二）其他扣税凭证	29=30至33之和			
其中：海关进口增值税专用缴款书	30			
农产品收购发票或者销售发票	31			
代扣代缴税收缴款凭证	32		——	
其他	33			
	34	——	——	——

四、其他				
项目	栏次	份数	金额	税额
本期认证相符的增值税专用发票	35	24	1,772,897.04	217,205.95
代扣代缴税额	36	——	——	

增值税纳税申报表附表三（服务、不动产和无形资产扣除项目明细）

项目及栏次	本期服务、不动产和无形资产价税合计额（免税销售额）	服务、不动产和无形资产扣除项目				
		期初余额	本期发生额	本期应扣除金额	本期实际扣除金额	期末余额
	1	2	3	4=2+3	5(5≤1且5≤4)	6=4-5
13%税率的项目						
9%税率的项目	130,800.00					
6%税率的项目（不含金融商品转让）						
6%税率的金融商品转让项目						
5%征收率的项目	793,800.00					
3%征收率的项目						
免抵退税的项目						
免税的项目						

增值税纳税申报表附表四（税额抵减情况表）

一、税额抵减情况						
序号	抵减项目	期初余额	本期发生额	本期应抵减税额	本期实际抵减税额	期末余额
		1	2	3=1+2	4≤3	5=3-4
1	增值税税控系统专用设备费及技术维护费		280.00	280.00		280.00
2	分支机构预征缴纳税款					
3	建筑服务预征缴纳税款		2,200.00	2,200.00	2,200.00	
4	销售不动产预征缴纳税款					
5	出租不动产预征缴纳税款					

二、加计抵减情况							
序号	加计抵减项目	期初余额	本期发生额	本期调减额	本期可抵减额	本期实际抵减额	期末余额
		1	2	3	4=1+2-3	5	6=4-5
6	一般项目加计抵减额计算						
7	即征即退项目加计抵减额计算						
8	合计						

印花税纳税申报表

税款所属期限：自	2020年11月1日	至	2020年11月30日		申报日期	2020/12/10	金额单位：元至角分								
纳税人识别号	91210904556677888M														
纳税人信息	名称	江南岳达机械制造有限责任公司			纳税人类型	单位									
	登记注册类型	其他有限责任公司			所属行业										
	身份证件号码				联系方式										
是否适用增值税小规模纳税人减征优惠	否	减免税代码			增值税小规模纳税人享受减征比例（%）										
应税凭证名称	计税金额或件数	核定征收		适用税率	本期应纳税额	本期已缴税额	本期减免税额		增值税小规模纳税人减征额	本期应补（退）税额	核定比例	减免征类型	减免幅度	减免额度	减免税率
		核定依据	核定比例				减免性质代码	减免额							
	1	2	3	4	5=1*4+2*3*4	6	7	8	9	10=5−6−8−9					
购销合同	6,406,200.00			0.0003	1,921.86					1,921.86					
建筑安装工程承包合同	110,000.00			0.0003	33.00	33.00									
货物运输合同	10,000.00			0.0005	5.00					5.00					
加工承揽合同	130,000.00			0.0005	65.00					65.00					
技术合同	10,000.00			0.0003	30.00					30.00					
合计	6,756,185.00	--	--	--	2,054.86	33.00	--			2,021.86					

《城建税、教育费附加、地方教育附加税（费）申报表》

<table>
<tr><td colspan="3">申报日期</td><td colspan="4">2020/12/10</td><td colspan="2">税款所属期起</td><td colspan="2">2020/11/1</td><td colspan="2">税款所属期止</td><td colspan="3">2020/11/30</td></tr>
<tr><td colspan="3">纳税人识别号</td><td colspan="4">91210904556677888M</td><td colspan="2">名称</td><td colspan="2">江南岳达机械制造有限责任公司</td><td colspan="2">申报类型</td><td colspan="3">正常申报</td></tr>
<tr><td colspan="3">登记类型</td><td colspan="4">单位</td><td colspan="2">登记注册类型</td><td colspan="2">私营有限责任公司</td><td colspan="2">所属行业</td><td colspan="3"></td></tr>
<tr><td colspan="3">身份证件类型</td><td colspan="4"></td><td colspan="2">身份证件号码</td><td colspan="2"></td><td colspan="2">联系方式</td><td colspan="3"></td></tr>
<tr><td colspan="3">税务机关</td><td colspan="4">国家税务总局长安市市奉贤区税务局</td><td colspan="6">是否适用增值税小规模纳税人减征优惠</td><td colspan="3">否</td></tr>
<tr><td rowspan="3">征收项目</td><td rowspan="3">征收品目</td><td colspan="5">计税（费）依据</td><td rowspan="3">税率（征收率）</td><td rowspan="3">本期应纳税（费）额</td><td colspan="2">本期减免税（费）额</td><td colspan="3">增值税小规模纳税人减征额</td><td rowspan="3">本期已缴税（费）额</td><td rowspan="3">本期应补（退）税（费）额</td></tr>
<tr><td colspan="2">增值税</td><td rowspan="2">消费税</td><td rowspan="2">营业税</td><td rowspan="2">合计</td><td rowspan="2">减免性质代码</td><td rowspan="2">减免额</td><td rowspan="2">减免性质代码</td><td rowspan="2">减征比例</td><td rowspan="2">增值税小规模纳税人减征额</td></tr>
<tr><td>一般增值税</td><td>免抵税额</td></tr>
<tr><td>城市维护建设税</td><td>市区（增值税附征）</td><td>37,800.00</td><td></td><td></td><td></td><td>37,800.00</td><td>0.07</td><td>2,646.00</td><td></td><td></td><td></td><td></td><td></td><td>154.00</td><td>2,492.00</td></tr>
<tr><td>地方教育附加</td><td>增值税地方教育附加</td><td>37,800.00</td><td></td><td></td><td></td><td>37,800.00</td><td>0.02</td><td>756.00</td><td></td><td></td><td></td><td></td><td></td><td>44.00</td><td>712.00</td></tr>
<tr><td>教育费附加</td><td>增值税教育费附加</td><td>37,800.00</td><td></td><td></td><td></td><td>37,800.00</td><td>0.03</td><td>1,134.00</td><td></td><td></td><td></td><td></td><td></td><td>66.00</td><td>1,068.00</td></tr>
<tr><td>合计</td><td>—</td><td></td><td></td><td></td><td></td><td></td><td>—</td><td>4,536.00</td><td>—</td><td></td><td>—</td><td>—</td><td></td><td>264.00</td><td>4,272.00</td></tr>
<tr><td colspan="16">**受理信息**</td></tr>
</table>

房产税城镇土地使用税纳税申报表

纳税人信息						
纳税人识别号		91210904556677888M	纳税人名称	江南岳达机械制造有限责任公司	*纳税人分类	单位
登记注册类型		私营有限责任公司	所属行业	工业制造业	身份证照类型	
*申报类型		正常申报	*申报日期	2020/12/10	*隶属关系	街道
*税款所属期起		2020年11月1日	*税款所属期止	2020年11月30日		
城镇土地使用税	*本期是否适用增值税小规模纳税人减征政策	否	本期适用增值税小规模纳税人减征政策起始时间		本期适用增值税小规模纳税人减征政策终止时间	
	减免税代码 ☒		减征比例（%）	0	税源编号	
房产税	*本期是否适用增值税小规模纳税人减征政策	否	本期适用增值税小规模纳税人减征政策起始时间		本期适用增值税小规模纳税人减征政策终止时间	
	减免税代码 ☒		减征比例（%）	0	税源编号	

当期申报信息

城镇土地使用税

序号	土地编号	宗地号	土地等级	土地总面积	税额标准(年)	所属期起	所属期止	本期应纳税额	本期减免税额	本期增值税小规模纳税人减征额	本期已缴税额	本期应补(退)税额
1	T21051320000000		三级土地	3000	18	2020/11/1	2020/11/30	4,500.00				4,500.00
合计	-	-	-	3000	-	-	-	4,500.00				4,500.00

从价计征房产税

序号	房产编号	房产原值	其中：出租房产原值	计税比例	税率	所属期起	所属期止	本期应纳税额	本期减免税额	本期增值税小规模纳税人减征额	本期已缴税额	本期应补（退）税额
1	F21051320000000	6,400,000.00	0	0.7	0.012	2020/9/1	2020/9/30	4,480.00				4,480.00
合计	--	6,400,000.00	0	--	--	--	--	4,480.00				4,480.00

从租计征房产税

序号	本期申报租金收入	税率	本期应纳税额	所属期起	所属期止	本期减免税额	本期增值税小规模纳税人减征额	本期已缴税额	本期应补（退）税额
合计	0	--	0	--	--	0	0	0	0

印花税纳税申报表

税款所属期限：自	2020年11月1日	至	2020年11月30日	申报日期	2020/12/10	金额单位：元至角分
纳税人识别号	91210904556677888M					
纳税人信息	名称	江南岳达机械制造有限责任公司		纳税人类型	单位	
	登记注册类型	其他有限责任公司		所属行业		
	身份证件号码			联系方式		
是否适用增值税小规模纳税人减征优惠	否	减免税代码		增值税小规模纳税人享受减征比例（%）		

应税凭证名称	计税金额或件数	核定征收		适用税率	本期应纳税额	本期已缴税额	本期减免税额		增值税小规模纳税人减征额	本期应补（退）税额	核定比例	减免征类型	减免幅度	减免额度	减免税率
		核定依据	核定比例				减免性质代码	减免额							
	1	2	3	4	5=1*4+2*3*4	6	7	8	9	10=5−6−8−9					
购销合同	6,506,185.00			0.0003	1,951.86					1,951.86					
建筑安装工程承包合同	110,000.00			0.0003	33.00	33.00									
货物运输合同（按运输	10,000.00			0.0005	5.00					5.00					
加工承揽合同	130,000.00			0.0005	65.00					65.00					
合计	6,756,185.00	--	--	--	2,054.86	33.00	--			2,021.86					

增值税纳税申报表（一般纳税人适用）

税款所属时间起	2020年12月1日	税款所属时间止	2020/12/31	申报日期	2020年1月10日	金额单位：元至角分
纳税人识别号	91210904556677888M			纳税人名称	江南岳达机械制造有限责任公司	
项　目		栏次	一般项目		即征即退货物、劳务和应税服务	
			本月数	本年累计	本月数	本年累计
销售额	（一）按适用税率计税销售额	1	9,123,847.92	20,438,199.88		
	其中：应税货物销售额	2	9,114,413.96	20,298,765.92		
	应税劳务销售额	3				
	纳税检查调整的销售额	4				
	（二）按简易办法计税销售额	5	117,669.90	1,672,569.58		
	其中：纳税检查调整的销售额	6				
	（三）免、抵、退办法出口销售额	7			——	——
	（四）免税销售额	8			——	——
	其中：免税货物销售额	9			——	——
	免税劳务销售额	10			——	——
税款计算	销项税额	11	1,185,439.88	2,650,805.63		
	进项税额	12	707,049.94	1,468,034.29		
	上期留抵税额	13	307,527.03			——
	进项税额转出	14	-40,000.00	-33,413.79		
	免、抵、退应退税额	15			——	——
	按适用税率计算的纳税检查应补缴税额	16		6,000.00	——	——
	应抵扣税额合计	17=12+13-14-15+16	1,054,576.97	——		——
	实际抵扣税额	17<11，则为17，否则	1,054,576.97	2,519,942.72		
	应纳税额	19=11-18	130,862.91	130,862.91		
	期末留抵税额	20=17-18				——
	简易计税办法计算的应纳税额	21	2,330.10	77,430.42		
	按简易计税办法计算的纳税检查应补缴税额	22			——	——
	应纳税额减征额	23	5,280.00	6,602.33		
	应纳税额合计	24=19+21-23	127,913.01	201,691.00		
税款缴纳	期初未缴税额（多缴为负数）	25				
	实收出口开具专用缴款书退税额	26			——	——
	本期已缴税额	27=28+29+30+31	23,301.00	58,834.33		
	①分次预缴税额	28	23,301.00	——		——
	②出口开具专用缴款书预缴税额	29		——	——	——
	③本期缴纳上期应纳税额	30				
	④本期缴纳欠缴税额	31				
	期末未缴税额（多缴为负数）	32=24+25+26-27	104,612.01			
	其中：欠缴税额（≥0）	33=25+26-27		——		——
	本期应补(退)税额	34=24-28-29	104,612.01	——		——
	即征即退实际退税额	35	——	——		
	期初未缴查补税额	36			——	——
	本期入库查补税额	37			——	——
	期末未缴查补税额	38=16+22+36-37			——	——

增值税纳税申报表附列资料（附表一）

一、按适用税率征收增值税货物及劳务的销售额和销项税额明细

项目及栏次				开具增值税专用发票		开具其他发票		未开具发票		纳税检查调整		合计			服务、不动产和无形资产扣除项目本期实际扣除金额	扣除后	
				销售额	销项(应纳)税额	销售额	销项(应纳)税额	销售额	销项(应纳)税额	销售额	销项(应纳)税额	销售额	销项(应纳)税额	价税合计		含税(免税)销售额	销项(应纳)税额
				1	2	3	4	5	6	7	8	9=1+3+5+7	10=2+4+6+8	11=9+10	12	13=11-12	14=13÷(100%+税率或征收率)×税率或征收率
一、一般计税方法计税	全部征税项目	13%税率的货物及加工修理修配劳务	1	9,194,060.00	1,195,227.80	8,849.56	1,150.44	-88,495.60	-11,504.40			9,114,413.96	1,184,873.84	——	——	——	——
		13%税率的服务、不动产和无形资产	2														
		9%税率的货物及加工修理修配劳务	3											——	——	——	——
		9%税率的服务、不动产和无形资产	4														
		6%税率	5	9,433.96	566.04							9,433.96	566.04				
	其中：即征即退项目	即征即退货物及加工修理修配劳务	6	——	——	——	——	——	——	——	——			——	——	——	——
		即征即退服务、不动产和无形资产	7	——	——	——	——		——	——	——						
二、简易计税方法计税	全部征税项目	6%征收率	8							——	——			——	——	——	——
		5%征收率的货物及加工修理修配劳务	9							——	——			——	——	——	——
		5%征收率的服务、不动产和无形资产	9b							——	——						
		4%征收率	10							——	——			——	——	——	——
		3%征收率的货物及加工修理修配劳务	11							——	——			——	——	——	——
		3%征收率的服务、不动产和无形资产	12	117,669.90	2,330.10					——	——	117,669.90	2,330.10	120,000.00	40,000.00	80,000.00	2,330.10
		预征率0%	13a							——	——						
		预征率b%	13b							——	——						
		预征率c%	13c							——	——						
	其中：即征即退项目	即征即退货物及加工修理修配劳务	14	——	——	——	——	——	——	——	——			——	——	——	——
		即征即退服务、不动产和无形资产	15	——	——	——	——	——	——	——	——						
三、免抵退税	货物及加工修理修配劳务		16	——	——		——		——	——	——		——	——	——	——	——
	服务、不动产和无形资产		17	——	——		——		——	——	——		——				——
四、免税	货物及加工修理修配劳务		18				——		——	——	——		——	——	——	——	——
	服务、不动产和无形资产		19	——	——		——		——	——	——		——				——

增值税纳税申报表附列资料二（本期进项税额明细表）

一、申报抵扣的进项税额				
项目	栏次	份数	金额	税额
（一）认证相符的增值税专用发票	1=2+3	26	5,759,526.46	703,831.94
其中：本期认证相符且本期申报抵扣	2	26	5,759,526.46	703,831.94
前期认证相符且本期申报抵扣	3			
（二）其他扣税凭证	4=5+6+7+8a+8b	2	20,200.00	3,218.00
其中：海关进口增值税专用缴款书	5			
农产品收购发票或者销售发票	6			
代扣代缴税收缴款凭证	7		——	
加计扣除农产品进项税额	8a	——	——	
其他	8b	2	20,200.00	3,218.00
（三）本期用于购建不动产的扣税凭证	9			
（四）本期用于抵扣的旅客运输服务扣税凭证	10			
（五）外贸企业进项税额抵扣证明	11	——	——	
当期申报抵扣进项税额合计	12=1+4+11	28	5,779,726.46	707,049.94
二、进项税额转出额				
项目	栏次	税额		
本期进项税转出额	13=14至23之和	-40,000.00		
其中：免税项目用	14			
集体福利、个人消费	15	-40,000.00		
非正常损失	16			
简易计税方法征税项目用	17			
免抵退税办法不得抵扣的进项税额	18			
纳税检查调减进项税额	19			
红字专用发票信息表注明的进项税额	20			
上期留抵税额抵减欠税	21			
上期留抵税额退税	22			
其他应作进项税额转出的情形	23			
三、待抵扣进项税额				
项目	栏次	份数	金额	税额
（一）认证相符的增值税专用发票	24	——	——	——
期初已认证相符但未申报抵扣	25			
本期认证相符且本期未申报抵扣	26			
期末已认证相符但未申报抵扣	27			
其中：按照税法规定不允许抵扣	28			
（二）其他扣税凭证	29=30至33之和			
其中：海关进口增值税专用缴款书	30			
农产品收购发票或者销售发票	31			
代扣代缴税收缴款凭证	32		——	
其他	33			
	34	——	——	——
四、其他				
项目	栏次	份数	金额	税额
本期认证相符的增值税专用发票	35	26	5,759,526.46	703,831.94
代扣代缴税额	36	——	——	

增值税纳税申报表附表三（服务、不动产和无形资产扣除项目明细）

项目及栏次	本期服务、不动产和无形资产价税合计额（免税销售额）	服务、不动产和无形资产扣除项目				
		期初余额	本期发生额	本期应扣除金额	本期实际扣除金额	期末余额
	1	2	3	4=2+3	5(5≤1且5≤4)	6=4-5
13%税率的项目						
9%税率的项目						
6%税率的项目（不含金融商品转让）						
6%税率的金融商品转让项目						
5%征收率的项目						
3%征收率的项目	120,000.00		40,000.00	40,000.00	40,000.00	
免抵退税的项目						
免税的项目						

增值税纳税申报表附表四（税额抵减情况表）

一、税额抵减情况

序号	抵减项目	期初余额	本期发生额	本期应抵减税额	本期实际抵减税额	期末余额
		1	2	3=1+2	4≤3	5=3-4
1	增值税税控系统专用设备费及技术维护费	280.00	2,300.00	2,580.00	2,580.00	
2	分支机构预征缴纳税款					
3	建筑服务预征缴纳税款		23,301.00	23,301.00	23,301.00	
4	销售不动产预征缴纳税款					
5	出租不动产预征缴纳税款					

二、加计抵减情况

序号	加计抵减项目	期初余额	本期发生额	本期调减额	本期可抵减额	本期实际抵减额	期末余额
		1	2	3	4=1+2-3	5	6=4-5
6	一般项目加计抵减额计算						
7	即征即退项目加计抵减额计算						
8	合计						

增值税减免税申报明细表

一、减税项目					
减税性质代码及名称	期初余额	本期发生额	本期应抵减税额	本期实际抵减税额	期末余额
	1	2	3=1+2	4≤3	5=3-4
合计	280.00	2,300.00	2,580.00	2,580.00	
购置增值税税控系统专用设备抵减增值税|《财政部 国家税务总局关于增值税税控系统专用设备和技术维护费用抵减增值税税额有关政策的通知》财税〔2012〕15号	280.00		280.00	280.00	
购置增值税税控系统专用设备抵减增值税|《财政部 国家税务总局关于增值税税控系统专用设备和技术维护费用抵减增值税税额有关政策的通知》财税〔2012〕15号		2,300.00	2,300.00	2,300.00	
二、免税项目					
免税性质代码及名称	免征增值税项目销售额	免税销售额扣除项目本期实际扣除金额	扣除后免税销售额	免税销售额对应的进项税额	免税额
	1	2	3=1-2	4	5
合计					
出口免税					
其中：跨境服务					
			0.00		

《城建税、教育费附加、地方教育附加税（费）申报表》

申报日期	2020-1-10	税款所属期起	2020/12/1	税款所属期止	2020/12/31
纳税人识别号	91210904556677888M	名称	江南岳达机械制造有限责任公司	申报类型	正常申报
登记类型	单位	登记注册类型	私营有限责任公司	所属行业	
身份证件类型		身份证件号码		联系方式	
税务机关	国家税务总局长安市市奉贤区税务局	是否适用增值税小规模纳税人减征优惠	否		

征收项目	征收品目	计税（费）依据					税率（征收率）	本期应纳税（费）额	本期减免税（费）额		增值税小规模纳税人减征额			本期已缴税（费）额	本期应补（退）税（费）额
		增值税		消费税	营业税	合计			减免性质代码	减免额	减免性质代码	减征比例	增值税小规模纳税人减征额		
		一般增值税	免抵税额												
城市维护建设税	市区（增值税附征）	127,913.01				127,913.01	0.07	8,953.91						163.11	8,790.80
地方教育附加	增值税地方教育附加	127,913.01				127,913.01	0.02	2,558.26						46.60	2,511.66
教育费附加	增值税教育费附加	127,913.01				127,913.01	0.03	3,837.39						69.90	3,767.49
合计	—						—	15,349.56	—		—	—		279.61	15,069.95

受理信息

房产税城镇土地使用税纳税申报表

纳税人信息						
纳税人识别号		91210904556677888M	纳税人名称	江南岳达机械制造有限责任公司	*纳税人分类	单位
登记注册类型		私营有限责任公司	所属行业	工业制造业	身份证照类型	
*申报类型		正常申报	*申报日期	2020-1-10	*隶属关系	街道
*税款所属期起		2020年12月1日	*税款所属期止	2020年12月31日		
城镇土地使用税	*本期是否适用增值税小规模纳税人减征政策	否	本期适用增值税小规模纳税人减征政策起始时间		本期适用增值税小规模纳税人减征政策终止时间	
	减免税代码 ☒		减征比例（%）	0	税源编号	
房产税	*本期是否适用增值税小规模纳税人减征政策	否	本期适用增值税小规模纳税人减征政策起始时间		本期适用增值税小规模纳税人减征政策终止时间	
	减免税代码 ☒		减征比例（%）	0	税源编号	

当期申报信息

城镇土地使用税

序号	土地编号	宗地号	土地等级	土地总面积	税额标准(年)	所属期起	所属期止	本期应纳税额	本期减免税额	本期增值税小规模纳税人减征额	本期已缴税额	本期应补(退)税额
1	T21051320000000		三级土地	3000	18	2020/12/1	2020/12/31	4,500.00				4,500.00
合计	-	-	-	3000	-	-	-	4,500.00				4,500.00

从价计征房产税

序号	房产编号	房产原值	其中：出租房产原值	计税比例	税率	所属期起	所属期止	本期应纳税额	本期减免税额	本期增值税小规模纳税人减征额	本期已缴税额	本期应补（退）税额
1	F21051320000000	6,400,000.00	0	0.7	0.012	2020/9/1	2020/9/30	4,480.00				4,480.00
合计	—	6,400,000.00	0	—	—	—	—	4,480.00				4,480.00

从租计征房产税

序号	本期申报租金收入	税率	本期应纳税额	所属期起	所属期止	本期减免税额	本期增值税小规模纳税人减征额	本期已缴税额	本期应补（退）税额
合计	0	—	0	—	—	0	0	0	0

印花税纳税申报表

税款所属期限：自	2020年12月1日	至	2020年12月31日		申报日期	2020-1-10		金额单位：元至角分							
纳税人识别号	91210904556677888M														
纳税人信息	名称	江南岳达机械制造有限责任公司			纳税人类型	单位									
	登记注册类型	其他有限责任公司			所属行业										
	身份证件号码				联系方式										
是否适用增值税小规模纳税人减征优惠	否	减免税代码	《财政部 税务总局关于实施小微企业普惠性税收减免政策的通知》 财税〔2020〕13号		增值税小规模纳税人享受减征比例（%）										
应税凭证名称	计税金额或件数	核定征收		适用税率	本期应纳税额	本期已缴税额	本期减免税额		增值税小规模纳税人减征额	本期应补（退）税额	核定比例	减免征类型	减免幅度	减免额度	减免税率
		核定依据	核定比例				减免性质代码	减免额							
	1	2	3	4	5=1*4+2*3*4	6	7	8	9	10=5−6−8−9					
购销合同	3,401,200.00			0.0003	1,020.36					1,020.36					
建筑安装工程承包合同	155,339.81			0.0003	46.60					46.60					
技术合同	120,000.00			0.0003	36.00					36.00					
加工承揽合同	30,000.00			0.0005	15.00					15.00					
合计	3,706,539.81	--	--	--	1,117.96		--			1,117.96					

A100000

中华人民共和国企业所得税年度纳税申报表（A类）

行次	类别	项　　目	金　额
1	利润总额计算	一、营业收入(填写A101010\101020\103000)	17,372,417.42
2		减：营业成本(填写A102010\102020\103000)	18,068,028.41
3		减：税金及附加	61,861.68
4		减：销售费用(填写A104000)	651,431.41
5		减：管理费用(填写A104000)	3,581,282.81
6		减：财务费用(填写A104000)	342,819.64
7		减：资产减值损失	30,000.00
8		加：公允价值变动收益	
9		加：投资收益	-3,500,000.00
10		二、营业利润(1-2-3-4-5-6-7+8+9)	-8,882,197.10
11		加：营业外收入(填写A101010\101020\103000)	6,000.00
12		减：营业外支出(填写A102010\102020\103000)	237,382.83
13		三、利润总额（10+11-12）	-9,113,579.93
14	应纳税所得额计算	减：境外所得（填写A108010）	
15		加：纳税调整增加额（填写A105000）	54,620.00
16		减：纳税调整减少额（填写A105000）	
17		减：免税、减计收入及加计扣除（填写A107010）	731,825.47
18		加：境外应税所得抵减境内亏损（填写A108000）	
19		四、纳税调整后所得（13-14+15-16-17+18）	-9,790,785.40
20		减：所得减免（填写A107020）	
21		减：弥补以前年度亏损（填写A106000）	
22		减：抵扣应纳税所得额（填写A107030）	
23		五、应纳税所得额（19-20-21-22）	
24	应纳税额计算	税率（25%）	25%
25		六、应纳所得税额（23×24）	
26		减：减免所得税额（填写A107040）	
27		减：抵免所得税额（填写A107050）	
28		七、应纳税额（25-26-27）	
29		加：境外所得应纳所得税额（填写A108000）	
30		减：境外所得抵免所得税额（填写A108000）	
31		八、实际应纳所得税额（28+29-30）	
32		减：本年累计实际已缴纳的所得税额	45,301.00
33		九、本年应补（退）所得税额（31-32）	-45,301.00
34		其中：总机构分摊本年应补（退）所得税额(填写A109000)	
35		财政集中分配本年应补（退）所得税额(填写A109000)	
36		总机构主体生产经营部门分摊本年应补（退）所得税额(填写A109000)	

A101010 一般企业收入明细表

行次	项　　　目	金　　额
1	一、营业收入（2+9）	17,372,417.42
2	（一）主营业务收入（3+5+6+7+8）	16,315,060.00
3	1.销售商品收入	16,315,060.00
4	其中：非货币性资产交换收入	
5	2.提供劳务收入	
6	3.建造合同收入	
7	4.让渡资产使用权收入	
8	5.其他	
9	（二）其他业务收入（10+12+13+14+15）	1,057,357.42
10	1.销售材料收入	8,849.56
11	其中：非货币性资产交换收入	
12	2.出租固定资产收入	756,000.00
13	3.出租无形资产收入	10,000.00
14	4.出租包装物和商品收入	
15	5.其他	282,507.86
16	二、营业外收入（17+18+19+20+21+22+23+24+25+26）	6,000.00
17	（一）非流动资产处置利得	
18	（二）非货币性资产交换利得	
19	（三）债务重组利得	
20	（四）政府补助利得	
21	（五）盘盈利得	
22	（六）捐赠利得	
23	（七）罚没利得	
24	（八）确实无法偿付的应付款项	
25	（九）汇兑收益	
26	（十）其他	6,000.00

A102010　一般企业成本支出明细表

行次	项　　目	金　额
1	一、营业成本（2+9）	18,068,028.41
2	（一）主营业务成本（3+5+6+7+8）	16,945,231.96
3	1.销售商品成本	16,945,231.96
4	其中:非货币性资产交换成本	
5	2.提供劳务成本	
6	3.建造合同成本	
7	4.让渡资产使用权成本	
8	5.其他	
9	（二）其他业务成本（10+12+13+14+15）	1,122,796.45
10	1.材料销售成本	
11	其中:非货币性资产交换成本	
12	2.出租固定资产成本	19,399.20
13	3.出租无形资产成本	
14	4.包装物出租成本	
15	5.其他	1,103,397.25
16	二、营业外支出（17+18+19+20+21+22+23+24+25+26）	237,382.83
17	（一）非流动资产处置损失	
18	（二）非货币性资产交换损失	
19	（三）债务重组损失	
20	（四）非常损失	7,586.21
21	（五）捐赠支出	23,500.00
22	（六）赞助支出	
23	（七）罚没支出	
24	（八）坏账损失	
25	（九）无法收回的债券股权投资损失	
26	（十）其他	206,296.62

A104000 期间费用明细表

行次	项　　目	销售费用	其中：境外支付	管理费用	其中：境外支付	财务费用	其中：境外支付
		1	2	3	4	5	6
1	一、职工薪酬	520,919.91	*	700,093.05	*	*	*
2	二、劳务费			111,000.00		*	*
3	三、咨询顾问费					*	*
4	四、业务招待费		*	77,800.00	*	*	*
5	五、广告费和业务宣传费	45,325.00	*		*	*	*
6	六、佣金和手续费						
7	七、资产折旧摊销费	218.25	*	234,027.44	*	*	*
8	八、财产损耗、盘亏及毁损损失		*	18,221.80	*	*	*
9	九、办公费		*	15,738.86	*	*	*
10	十、董事会费		*		*	*	*
11	十一、租赁费			46,000.00		*	*
12	十二、诉讼费		*		*	*	*
13	十三、差旅费	9,945.17	*	18,228.34	*	*	*
14	十四、保险费		*	18,095.08	*	*	*
15	十五、运输、仓储费					*	*
16	十六、修理费	50,000.00		2,100.00		*	*
17	十七、包装费		*		*	*	*
18	十八、技术转让费					*	*
19	十九、研究费用			302,433.96		*	*
20	二十、各项税费		*	400,000.00	*	*	*
21	二十一、利息收支	*	*	*	*	335,154.64	
22	二十二、汇兑差额	*	*	*	*		
23	二十三、现金折扣	*	*	*	*		*
24	二十四、党组织工作经费	*	*		*	*	*
25	二十五、其他	25,023.08		1,637,544.28		7,665.00	
26	合计(1+2+3+…25)	651,431.41		3,581,282.81		342,819.64	

A105000　纳税调整项目明细表

行次	项　　目	账载金额	税收金额	调增金额	调减金额
		1	2	3	4
1	一、收入类调整项目（2+3+4+5+6+7+8+10+11）	*	*		
2	（一）视同销售收入（填写A105010）	*			*
3	（二）未按权责发生制原则确认的收入（填写A105020）				
4	（三）投资收益（填写A105030）				
5	（四）按权益法核算长期股权投资对初始投资成本调整确认收益	*	*	*	
6	（五）交易性金融资产初始投资调整	*	*		*
7	（六）公允价值变动净损益		*		
8	（七）不征税收入	*	*		
9	其中：专项用途财政性资金（填写A105040）	*	*		
10	（八）销售折扣、折让和退回				
11	（九）其他				
12	二、扣除类调整项目（13+14+…24+26+27+28+29+30）	*	*	54,620.00	
13	（一）视同销售成本（填写A105010）	*		*	
14	（二）职工薪酬（填写A105050）	2,199,830.40	2,199,830.40		
15	（三）业务招待费支出	77,800.00	46,680.00	31,120.00	*
16	（四）广告费和业务宣传费支出（填写A105060）	*	*		
17	（五）捐赠支出（填写A105070）	23,500.00		23,500.00	
18	（六）利息支出				
19	（七）罚金、罚款和被没收财物的损失		*		*
20	（八）税收滞纳金、加收利息		*		*
21	（九）赞助支出		*		*
22	（十）与未实现融资收益相关在当期确认的财务费用				
23	（十一）佣金和手续费支出				*
24	（十二）不征税收入用于支出所形成的费用	*	*		*
25	其中：专项用途财政性资金用于支出所形成的费用（填写A105040）	*	*		*
26	（十三）跨期扣除项目				
27	（十四）与取得收入无关的支出		*		*
28	（十五）境外所得分摊的共同支出	*	*		*
29	（十六）党组织工作经费				
30	（十七）其他				
31	三、资产类调整项目（32+33+34+35）	*	*		
32	（一）资产折旧、摊销　（填写A105080）	1,280,667.41	1,280,667.41		
33	（二）资产减值准备金		*		
34	（三）资产损失（填写A105090）	4,007,586.21	4,007,586.21		
35	（四）其他				
36	四、特殊事项调整项目（37+38+39+40+41+42）	*	*		
37	（一）企业重组及递延纳税事项（填写A105100）				
38	（二）政策性搬迁（填写A105110）	*	*		
39	（三）特殊行业准备金（填写A105120）				
39.1	1.保险公司保险保障基金				
39.2	2.保险公司准备金				
39.3	其中：已发生未报案未决赔款准备金				
39.4	3.证券行业准备金				
39.5	4.期货行业准备金				
39.6	5.中小企业融资（信用）担保机构准备金				
39.7	6.金融企业、小额贷款公司准备金（填写A105120）				
40	（四）房地产开发企业特定业务计算的纳税调整额(填写A105010)				
41	（五）合伙企业法人合伙人应分得的应纳税所得额				
42	（六）发行永续债利息支出				
43	（七）其他				
43	五、特别纳税调整应税所得	*	*		
44	六、其他	*	*		
45	合计（1+12+31+36+43+44）	*	*	54,620.00	

A105050　职工薪酬支出及纳税调整明细表

行次	项　　目	账载金额	实际发生额	税收规定扣除率	以前年度累计结转扣除额	税收金额	纳税调整金额	累计结转以后年度扣除额
		1	2	3	4	5	6（1-5）	7（1+4-5）
1	一、工资薪金支出	1,425,673.87	1,425,673.87	*	*	1,425,673.87		*
2	其中：股权激励			*	*			*
3	二、职工福利费支出	193,406.56	193,406.56	14.00%	*	193,406.56		*
4	三、职工教育经费支出	57,230.00	57,230.00	*		57,230.00		
5	其中：按税收规定比例扣除的职工教育经费	57,230.00	57,230.00	8.00%		57,230.00		
6	按税收规定全额扣除的职工培训费用			100.00%	*			*
7	四、工会经费支出	28,511.50	28,511.50	2.00%	*	28,511.50		*
8	五、各类基本社会保障性缴款	357,506.07	357,506.07	*	*	357,506.07		*
9	六、住房公积金	137,502.40	137,502.40	*	*	137,502.40		*
10	七、补充养老保险			5.00%	*			*
11	八、补充医疗保险			5.00%	*			*
12	九、其他			*				
13	合　计（1+3+4+7+8+9+10+11+12）	2,199,830.40	2,199,830.40	*		2,199,830.40		

A105060　广告费和业务宣传费跨年度纳税调整明细表

行次	项　　目	金　额
1	一、本年广告费和业务宣传费支出	45,325.00
2	减：不允许扣除的广告费和业务宣传费支出	
3	二、本年符合条件的广告费和业务宣传费支出（1-2）	45,325.00
4	三、本年计算广告费和业务宣传费扣除限额的销售（营业）收入	17,372,417.42
5	乘：税收规定扣除率	15.00%
6	四、本企业计算的广告费和业务宣传费扣除限额（4×5）	2,605,862.61
7	五、本年结转以后年度扣除额（3>6，本行=3-6；3≤6，本行=0）	
8	加：以前年度累计结转扣除额	
9	减：本年扣除的以前年度结转额[3>6，本行=0；3≤6，本行=8或（6-3）孰小值]	
10	六、按照分摊协议归集至其他关联方的广告费和业务宣传费（10≤3或6孰小值）	
11	按照分摊协议从其他关联方归集至本企业的广告费和业务宣传费	
12	七、本年广告费和业务宣传费支出纳税调整金额（3>6，本行=2+3-6+10-11；3≤6，本行=2+10-11-9）	
13	八、累计结转以后年度扣除额（7+8-9）	

A105070　　捐赠支出及纳税调整明细表

行次	项　　目	账载金额	以前年度结转可扣除的捐赠额	按税收规定计算的扣除限额	税收金额	纳税调增金额	纳税调减金额	可结转以后年度扣除的捐赠额
		1	2	3	4	5	6	7
1	一、非公益性捐赠		*	*	*		*	*
2	二、全额扣除的公益性捐赠		*	*		*	*	*
3	三、限额扣除的公益性捐赠(4+5+6+7)	23,500.00				23,500.00		23,500.00
4	前三年度（2017年）	*		*	*	*		*
5	前二年度（2020年）	*		*	*	*		
6	前一年度（2019年）	*		*	*	*		
7	本　　年（2020年）	23,500.00	*			23,500.00	*	23,500.00
8	合　计（1+2+3）	23,500.00				23,500.00		23,500.00

A105080　　资产折旧、摊销情况及纳税调整明细表

行次	项目		账载金额			税收金额					纳税调整金额
			资产原值	本年折旧、摊销额	累计折旧、摊销额	资产计税基础	税收折旧额	享受加速折旧政策的资产按税收一般规定计算的折旧、	加速折旧统计额	累计折旧摊销额	
			1	2	3	4	5	6	7=5-6	8	9（2-5）
1	一、固定资产（2+3+4+5+6+7）		41,456,528.57	1,090,684.08	22,227,330.04	41,456,528.57	1,090,684.08	*	*	22,227,330.04	
2	所有固定资产	（一）房屋、建筑物	9,671,428.57	116,871.53	2,982,418.52	9,671,428.57	116,871.53	*	*	2,982,418.52	
3		（二）飞机、火车、轮船、机器、机械和其他生产设备	30,523,900.00	928,551.89	18,352,811.94	30,523,900.00	928,551.89	*	*	18,352,811.94	
4		（三）与生产经营活动有关的器具、工具、家具等	60,000.00	2,910.06	17,460.36	60,000.00	2,910.06	*	*	17,460.36	
5		（四）飞机、火车、轮船以外的运输工具	860,000.00	27,482.88	691,930.56	860,000.00	27,482.88	*	*	691,930.56	
6		（五）电子设备	341,200.00	14,867.72	182,708.66	341,200.00	14,867.72	*	*	182,708.66	
7		（六）其他						*	*		
8	其中：享受固定资产加速折旧及一次性扣除政策的资产加速折旧额大于一般折旧额的部分	（一）重要行业固定资产加速折旧（不含一次性扣除）									*
9		（二）其他行业研发设备加速折旧									*
10		（三）海南自由贸易港企业固定资产加速折旧									*
11		（四）500万元以下设备器具一次性扣除									*
12		（五）疫情防控重点保障物资生产企业单价500万元以上设备一次性扣除									*
13		（六）海南自由贸易港企业固定资产一次性扣除									
14		（七）技术进步、更新换代固定资产加速折旧									
15		（八）常年强震动、高腐蚀固定资产加速折旧									
16		（九）外购软件加速折									
17		（十）集成电路企业生产设备加速折旧									*
18	二、生产性生物资产（19+20）							*	*		
19	（一）林木类							*	*		
20	（二）畜类							*	*		
21	三、无形资产（22+23+24+25+26+27+28+29）		16,315,000.00	148,316.66	601,316.66	16,315,000.00	148,316.66	*	*	601,316.66	
22	所有无形资产	（一）专利权	2,000,000.00	16,666.67	16,666.67	2,000,000.00	16,666.67	*	*	16,666.67	
23		（二）商标权						*	*		
24		（三）著作权						*	*		
25		（四）土地使用权	14,180,000.00	125,900.00	576,400.00	14,180,000.00	125,900.00	*	*	576,400.00	
26		（五）非专利技术	130,000.00	3,249.99	3,249.99	130,000.00	3,249.99	*	*	3,249.99	
27		（六）特许权使用费						*	*		
28		（七）软件	5,000.00	2,500.00	5,000.00	5,000.00	2,500.00	*	*	5,000.00	
29		（八）其他						*	*		
30	其中：享受无形资产加速摊销及一次性摊销政策的资产加速摊销额大于一般摊销额的部分	（一）企业外购软件加速摊销									
31		（二）海南自由贸易港企业无形资产加速摊销									
32		（三）海南自由贸易港企业无形资产一次性摊销									
33	四、长期待摊费用（32+33+34+35+36）		41,666.67	41,666.67	41,666.67	41,666.67	41,666.67	*	*	41,666.67	
34	（一）已足额提取折旧的固定资产的改建支出							*	*		
35	（二）租入固定资产的改建支出							*	*		
36	（三）固定资产的大修理支出							*	*		
37	（四）开办费							*	*		
38	（五）其他		41,666.67	41,666.67	41,666.67	41,666.67	41,666.67	*	*	41,666.67	
39	五、油气勘探投资							*	*		
40	六、油气开发投资							*	*		
41	合计（1+18+21+31+37+38）		57,813,195.24	1,280,667.41	22,870,313.37	57,813,195.24	1,280,667.41			22,870,313.37	
附列资料		全民所有制企业公司制改制资产评估增值政策资产						*	*		

A105090 资产损失税前扣除及纳税调整明细表

行次	项目	资产损失直接计入本年损益金额	资产损失准备金核销金额	资产处置收入	赔偿收入	资产计税基础	资产损失的税收金额	纳税调整金额
		1	2	3	4	5	6（5-3-4）	7
1	一、现金及银行存款损失							
2	二、应收及预付款项坏账损失							
3	其中：逾期三年以上的应收款项损失							
4	逾期一年以上的小额应收款项损失							
5	三、存货损失	7,586.21				7,586.21	7,586.21	
6	其中：存货盘亏、报废、损毁、变质或被盗损失	7,586.21				7,586.21	7,586.21	
7	四、固定资产损失							
8	其中：固定资产盘亏、丢失、报废、损毁或被盗损失							
9	五、无形资产损失							
10	其中：无形资产转让损失							
11	无形资产被替代或超过法律保护期限形成的损失							
12	六、在建工程损失							
13	其中：在建工程停建、报废损失							
14	七、生产性生物资产损失							
15	其中：生产性生物资产盘亏、非正常死亡、被盗、丢失等产生的损失							
16	八、债权性投资损失(17+22)							
17	（一）金融企业债权性投资损失（18+21）							
18	1.符合条件的涉农和中小企业贷款损失							
19	其中：单户贷款余额300万（含）以下的贷款损失							
20	单户贷款余额300万元至1000万元（含）的 贷款损失							
21	2.其他债权性投资损失							
22	（二）非金融企业债权性投资损失							
23	九、股权（权益）性投资损失							
24	其中：股权转让损失							
25	十、通过各种交易场所、市场买卖债券、股票、期货、基金以及金融衍生产品等发生的损失	4,000,000.00		3,000,000.00		7,000,000.00	4,000,000.00	
26	十一、打包出售资产损失							
27	十二、其他资产损失							
28	合计（1+2+5+7+9+12+14+16+23+25+26+27）	4,007,586.21		3,000,000.00		7,007,586.21	4,007,586.21	
29	其中：分支机构留存备查的资产损失							

A106000　企业所得税弥补亏损明细表

行次	项目	年度	当年境内所得额	分立转出的亏损额	合并、分立转入的亏损额			弥补亏损企业类型	当年亏损额	当年待弥补的亏损额	用本年度所得额弥补的以前年度亏损额		当年可结转以后年度弥补的亏损额
					可弥补年限5年	可弥补年限8年	可弥补年限10年				使用境内所得弥补	使用境外所得弥补	
		1	2	3	4	5	6	7	8	9	10	11	12
1	前十年度	2010年											*
2	前九年度	2011年											
3	前八年度	2012年											
4	前七年度	2013年											
5	前六年度	2014年											
6	前五年度	2015年											
7	前四年度	2016年											
8	前三年度	2017年											
9	前二年度	2020年											
10	前一年度	2019年											
11	本年度	2020年	-9, 790, 785. 40							9, 790, 785. 40			9, 790, 785. 40
12	可结转以后年度弥补的亏损额合计												9, 790, 785. 40

A107010　　免税、减计收入及加计扣除优惠明细表

行次	项　　目	金　额
1	一、免税收入（2+3+6+7+8+9+10+11+12+13+14+15+16）	500,000.00
2	（一）国债利息收入免征企业所得税	
3	（二）符合条件的居民企业之间的股息、红利等权益性投资收益免征企业所得税（填写A107011）	500,000.00
4	1.一般股息红利等权益性投资收益免征企业所得税（填写A107011）	
5	2.内地居民企业通过沪港通投资且连续持有H股满12个月取得的股息红利所得免征企业所得税（填写A107011）	
6	3.内地居民企业通过深港通投资且连续持有H股满12个月取得的股息红利所得免征企业所得税（填写A107011）	
7	4.居民企业持有创新企业CDR取得的股息红利所得免征企业所得税（填写A107011）	
8	5.符合条件的永续债利息收入免征企业所得税（填写A107011）	
9	（三）符合条件的非营利组织的收入免征企业所得税	
10	（四）中国清洁发展机制基金取得的收入免征企业所得税	
11	（五）投资者从证券投资基金分配中取得的收入免征企业所得税	
12	（六）取得的地方政府债券利息收入免征企业所得税	
13	（七）中国保险保障基金有限责任公司取得的保险保障基金等收入免征企业所得税	
14	（八）中国奥委会取得北京冬奥组委支付的收入免征企业所得税	
15	（九）中国残奥委会取得北京冬奥组委分期支付的收入免征企业所得税	
16	（十）其他	
17	二、减计收入（18+19+23+24）	
18	（一）综合利用资源生产产品取得的收入在计算应纳税所得额时减计收入	
19	（二）金融、保险等机构取得的涉农利息、保费减计收入（20+21+22）	
20	1.金融机构取得的涉农贷款利息收入在计算应纳税所得额时减计收入	
21	2.保险机构取得的涉农保费收入在计算应纳税所得额时减计收入	
22	3.小额贷款公司取得的农户小额贷款利息收入在计算应纳税所得额时减计收入	
23	（三）取得铁路债券利息收入减半征收企业所得税	
24	（四）其他（24.1+24.2）	
24.1	1.取得的社区家庭服务收入在计算应纳税所得额时减计收入	
24.2	2.其他	
25	三、加计扣除（26+27+28+29+30）	231,825.47
26	（一）开发新技术、新产品、新工艺发生的研究开发费用加计扣除（填写A107012）	226,825.47
27	（二）科技型中小企业开发新技术、新产品、新工艺发生的研究开发费用加计扣除（填写A107012）	
28	（三）企业为获得创新性、创意性、突破性的产品进行创意设计活动而发生的相关费用加计扣除	
29	（四）安置残疾人员所支付的工资加计扣除	5,000.00
30	（五）其他	
31	合　计（1+17+25）	731,825.47

符合条件的居民企业之间的股息、红利等权益性投资收益优惠明细

被投资企业	被投资企业统一社会信用代码（纳税人识别号）	投资性质	投资成本	投资比例	被投资企业利润分配确认金额		被投资企业清算确认金额			撤回或减少投资确认金额						合计
					被投资企业做出利润分配或转股决定时间	依决定归属于本公司的股息、红利等权益性投资收益金额	分得的被投资企业清算剩余资产	被清算企业累计未分配利润和累计盈余公积应享有部分	应确认的股息所得	从被投资企业撤回或减少投资取得的资产	减少投资比例	收回初始投资成本	取得资产中超过收回初始投资成本部分	撤回或减少投资应享有被投资企业累计未分配利润和累计盈余公积	应确认的股息所得	
1	2	3	4	5	6	7	8	9	10（8与9孰小）	11	12	13（4×12）	14（11-13）	15	16(14与15孰小)	17（7+10+16
上海亮剑机械销售有限公司	913101133005480031	(1)直接投资	4,000,000.00	100.00%	2020.11.8	500,000.00										500,000.00
合　计																500,000.00
其中：股票投资—沪港通H股																
股票投资—深港通H股																
股票投资—深港通H股																
创新企业CDR																
永续债																

A107012　研发费用加计扣除优惠明细表

行次	项　目	金额（数量）
1	本年可享受研发费用加计扣除项目数量	
2	一、自主研发、合作研发、集中研发（3+7+16+19+23+34）	302,433.96
3	（一）人员人工费用（4+5+6）	50,000.00
4	1.直接从事研发活动人员工资薪金	50,000.00
5	2.直接从事研发活动人员五险一金	
6	3.外聘研发人员的劳务费用	
7	（二）直接投入费用（8+9+10+11+12+13+14+15）	40,000.00
8	1.研发活动直接消耗材料费用	40,000.00
9	2.研发活动直接消耗燃料费用	
10	3.研发活动直接消耗动力费用	
11	4.用于中间试验和产品试制的模具、工艺装备开发及制造费	
12	5.用于不构成固定资产的样品、样机及一般测试手段购置费	
13	6.用于试制产品的检验费	
14	7.用于研发活动的仪器、设备的运行维护、调整、检验、维修等费用	
15	8.通过经营租赁方式租入的用于研发活动的仪器、设备租赁费	
16	（三）折旧费用（17+18）	203,000.00
17	1.用于研发活动的仪器的折旧费	203,000.00
18	2.用于研发活动的设备的折旧费	
19	（四）无形资产摊销（20+21+22）	
20	1.用于研发活动的软件的摊销费用	
21	2.用于研发活动的专利权的摊销费用	
22	3.用于研发活动的非专利技术（包括许可证、专有技术、设计和计算方法等）的摊销费用	
23	（五）新产品设计费等（24+25+26+27）	
24	1.新产品设计费	
25	2.新工艺规程制定费	
26	3.新药研制的临床试验费	
27	4.勘探开发技术的现场试验费	
28	（六）其他相关费用(29+30+31+32+33)	9,433.96
29	1.技术图书资料费、资料翻译费、专家咨询费、高新科技研发保险费	
30	2.研发成果的检索、分析、评议、论证、鉴定、评审、评估、验收费用	
31	3.知识产权的申请费、注册费、代理费	
32	4.职工福利费、补充养老保险费、补充医疗保险费	
33	5.差旅费、会议费	9,433.96
34	（七）经限额调整后的其他相关费用	9,433.96
35	二、委托研发(36+37+39)	
36	（一）委托境内机构或个人进行研发活动所发生的费用	
37	（二）委托境外机构进行研发活动发生的费用	
38	其中：允许加计扣除的委托境外机构进行研发活动发生的费用	
39	（三）委托境外个人进行研发活动发生的费用	
40	三、年度研发费用小计(2+36×80%+38)	302,433.96
41	（一）本年费用化金额	302,433.96
42	（二）本年资本化金额	
43	四、本年形成无形资产摊销额	
44	五、以前年度形成无形资产本年摊销额	
45	六、允许扣除的研发费用合计（41+43+44）	302,433.96
46	减：特殊收入部分	
47	七、允许扣除的研发费用抵减特殊收入后的金额(45-46)	302,433.96
48	减：当年销售研发活动直接形成产品（包括组成部分）对应的材料部分	
49	减：以前年度销售研发活动直接形成产品（包括组成部分）对应材料部分结转金额	
50	八、加计扣除比例（%）	75.00%
51	九、本年研发费用加计扣除总额（47-48-49）×50	226,825.47
52	十、销售研发活动直接形成产品（包括组成部分）对应材料部分结转以后年度扣减金额（当47-48-49≥0，本行=0；当47-48-49＜0，本行=47-48-49的绝对值）	

总账目录

库存现金总账

2020年

科目:[1001] 库存现金 单位:元

期间	摘要	借方	贷方	方向	余额
202010	期初余额			借	191,306.40
202010	本月合计	144,587.36	166,076.40	借	169,817.36
202010	本年累计	144,587.36	166,076.40	借	169,817.36
202011	本月合计	265,125.00	204,091.14	借	230,851.22
202011	本年累计	409,712.36	370,167.54	借	230,851.22
202012	本月合计	96,676.00	270,528.53	借	56,998.69
202012	本年累计	506,388.36	640,696.07	借	56,998.69

编制单位:江南岳达机械制造有限责任公司

银行存款总账

2020年

科目:[1002] 银行存款　　　　单位:元

期间	摘要	借方	贷方	方向	余额
202010	期初余额			借	132,458.36
202010	本月合计	7,610,047.00	4,128,627.00	借	3,613,878.36
202010	本年累计	7,610,047.00	4,128,627.00	借	3,613,878.36
202011	本月合计	22,250,374.75	22,365,111.73	借	3,499,141.38
202011	本年累计	29,860,421.75	26,493,738.73	借	3,499,141.38
202012	本月合计	8,966,673.36	7,934,513.40	借	4,531,301.34
202012	本年累计	38,827,095.11	34,428,252.13	借	4,531,301.34

编制单位:江南岳达机械制造有限责任公司

应收票据总账

2020年

科目:[1121] 应收票据　　　　单位:元

期间	摘要	借方	贷方	方向	余额
202010	期初余额			借	
202010	本月合计	280,800.00	280,800.00	借	
202010	本年累计	280,800.00	280,800.00	借	
202011	本月合计			借	
202011	本年累计	280,800.00	280,800.00	借	
202012	本月合计			借	
202012	本年累计	280,800.00	280,800.00	借	

编制单位:江南岳达机械制造有限责任公司

应收账款总账

2020年

科目:[1122] 应收账款　　　　单位:元

期间	摘要	借方	贷方	方向	余额
202010	期初余额			借	3,477,892.00
202010	本月合计	916,065.00	612,885.00	借	3,781,072.00
202010	本年累计	916,065.00	612,885.00	借	3,781,072.00
202011	本月合计	12,046,767.15	12,048,489.75	借	3,779,349.40
202011	本年累计	12,962,832.15	12,661,374.75	借	3,779,349.40
202012	本月合计	15,013,400.00	9,637,680.00	借	9,155,069.40
202012	本年累计	27,976,232.15	22,299,054.75	借	9,155,069.40

编制单位:江南岳达机械制造有限责任公司

预付账款总账

2020年

科目:[1123] 预付账款　　　　单位:元

期间	摘要	借方	贷方	方向	余额
202010	期初余额			借	4,387,695.68
202010	本月合计	125,000.00	105,116.08	借	4,407,579.60
202010	本年累计	125,000.00	105,116.08	借	4,407,579.60
202011	本月合计	150,000.00	113,000.00	借	4,444,579.60
202011	本年累计	275,000.00	218,116.08	借	4,444,579.60
202012	本月合计	130,000.00	5,107,504.00	借	-532,924.40
202012	本年累计	405,000.00	5,325,620.08	借	-532,924.40

编制单位:江南岳达机械制造有限责任公司

其他应收款总账

2020年

科目:[1221] 其他应收款　　单位:元

期间	摘要	借方	贷方	方向	余额
202010	期初余额			借	3,544,801.00
202010	本月合计	196,400.00	56,800.00	借	3,684,401.00
202010	本年累计	196,400.00	56,800.00	借	3,684,401.00
202011	本月合计	4,617,745.00	4,763,585.70	借	3,538,560.30
202011	本年累计	4,814,145.00	4,820,385.70	借	3,538,560.30
202012	本月合计	667,000.00	180,120.00	借	4,025,440.30
202012	本年累计	5,481,145.00	5,000,505.70	借	4,025,440.30

编制单位:江南岳达机械制造有限责任公司

坏账准备总账

2020年

科目:[1231] 坏账准备　　　　单位:元

期间	摘要	借方	贷方	方向	余额
202011	期初余额			贷	
202011	本月合计		30,000.00	贷	30,000.00
202011	本年累计		30,000.00	贷	30,000.00
202012	本月合计			贷	30,000.00
202012	本年累计		30,000.00	贷	30,000.00

编制单位:江南岳达机械制造有限责任公司

在途物资总账

2020年

科目:[1402] 在途物资　　　　单位:元

期间	摘要	借方	贷方	方向	余额
202010	期初余额			借	390,000.00
202010	本月合计			借	390,000.00
202010	本年累计			借	390,000.00
202011	本月合计			借	390,000.00
202011	本年累计			借	390,000.00
202012	本月合计	3,400.00		借	393,400.00
202012	本年累计	3,400.00		借	393,400.00

编制单位:江南岳达机械制造有限责任公司

原材料总账

2020年

科目:[1403] 原材料　　　　　　　　　　　　　　　　　　　　　　　　　　单位:元

期间	摘要	借方	贷方	方向	余额
202010	期初余额			借	1,404,223.08
202010	本月合计	2,260,327.90	2,153,785.68	借	1,510,765.30
202010	本年累计	2,260,327.90	2,153,785.68	借	1,510,765.30
202011	本月合计	1,020,875.00	984,050.06	借	1,547,590.24
202011	本年累计	3,281,202.90	3,137,835.74	借	1,547,590.24
202012	本月合计	573,294.34	1,032,624.65	借	1,088,259.93
202012	本年累计	3,854,497.24	4,170,460.39	借	1,088,259.93

编制单位:江南岳达机械制造有限责任公司

库存商品总账

2020年

科目:[1405] 库存商品　　单位:元

期间	摘要	借方	贷方	方向	余额
202010	期初余额			借	27,913,300.00
202010	本月合计	90,000.00	4,197,412.50	借	23,805,887.50
202010	本年累计	90,000.00	4,197,412.50	借	23,805,887.50
202011	本月合计	3,429,265.52	8,752,605.20	借	18,482,547.82
202011	本年累计	3,519,265.52	12,950,017.70	借	18,482,547.82
202012	本月合计	6,040,298.92	8,442,936.70	借	16,079,910.04
202012	本年累计	9,559,564.44	21,392,954.40	借	16,079,910.04

编制单位:江南岳达机械制造有限责任公司

发出商品总账

2020年

科目:[1406] 发出商品　　单位:元

期间	摘要	借方	贷方	方向	余额
202010	期初余额			借	
202010	本月合计	3,460,000.00		借	3,460,000.00
202010	本年累计	3,460,000.00		借	3,460,000.00
202011	本月合计	761,695.50		借	4,221,695.50
202011	本年累计	4,221,695.50		借	4,221,695.50
202012	本月合计		761,695.50	借	3,460,000.00
202012	本年累计	4,221,695.50	761,695.50	借	3,460,000.00

编制单位:江南岳达机械制造有限责任公司

委托加工物资总账

2020年

科目:[1408] 委托加工物资　　　　单位:元

期间	摘要	借方	贷方	方向	余额
202010	期初余额			借	
202010	本月合计	77,730.00		借	77,730.00
202010	本年累计	77,730.00		借	77,730.00
202011	本月合计			借	77,730.00
202011	本年累计	77,730.00		借	77,730.00
202012	本月合计	35,321.82	113,051.82	借	
202012	本年累计	113,051.82	113,051.82	借	

编制单位:江南岳达机械制造有限责任公司

委托代销商品总账

2020年

科目:[1409] 委托代销商品　　　　单位:元

期间	摘要	借方	贷方	方向	余额
202010	期初余额			借	
202010	本月合计	86,500.00		借	86,500.00
202010	本年累计	86,500.00		借	86,500.00
202011	本月合计			借	86,500.00
202011	本年累计	86,500.00		借	86,500.00
202012	本月合计			借	86,500.00
202012	本年累计	86,500.00		借	86,500.00

编制单位:江南岳达机械制造有限责任公司

持有至到期投资总账

2020年

科目:[1501] 持有至到期投资　　单位:元

期间	摘要	借方	贷方	方向	余额
202010	期初余额			借	250,000.00
202010	本月合计			借	250,000.00
202010	本年累计			借	250,000.00
202011	本月合计			借	250,000.00
202011	本年累计			借	250,000.00
202012	本月合计			借	250,000.00
202012	本年累计			借	250,000.00

编制单位:江南岳达机械制造有限责任公司

长期股权投资总账

2020年

科目:[1511] 长期股权投资　　　　单位:元

期间	摘要	借方	贷方	方向	余额
202010	期初余额			借	12,500,000.00
202010	本月合计			借	12,500,000.00
202010	本年累计			借	12,500,000.00
202011	本月合计	433,275.00	2,000,000.00	借	10,933,275.00
202011	本年累计	433,275.00	2,000,000.00	借	10,933,275.00
202012	本月合计		7,000,000.00	借	3,933,275.00
202012	本年累计	433,275.00	9,000,000.00	借	3,933,275.00

编制单位:江南岳达机械制造有限责任公司

固定资产总账

2020年

科目:[1601] 固定资产　　　　单位:元

期间	摘要	借方	贷方	方向	余额
202010	期初余额			借	40,620,728.57
202010	本月合计	1,607,000.00	971,000.00	借	41,256,728.57
202010	本年累计	1,607,000.00	971,000.00	借	41,256,728.57
202011	本月合计		200,000.00	借	41,056,728.57
202011	本年累计	1,607,000.00	1,171,000.00	借	41,056,728.57
202012	本月合计	799,800.00	400,000.00	借	41,456,528.57
202012	本年累计	2,406,800.00	1,571,000.00	借	41,456,528.57

编制单位:江南岳达机械制造有限责任公司

累计折旧总账

2020年

科目:[1602] 累计折旧　　　　　　　　　　　　　　　　　　　　单位:元

期间	摘要	借方	贷方	方向	余额
202010	期初余额			贷	21,971,671.56
202010	本月合计	495,512.00	291,744.70	贷	21,767,904.26
202010	本年累计	495,512.00	291,744.70	贷	21,767,904.26
202011	本月合计	145,497.60	298,240.49	贷	21,920,647.15
202011	本年累计	641,009.60	589,985.19	贷	21,920,647.15
202012	本月合计	194,016.00	500,698.89	贷	22,227,330.04
202012	本年累计	835,025.60	1,090,684.08	贷	22,227,330.04

编制单位:江南岳达机械制造有限责任公司

在建工程总账

2020年

科目:[1604] 在建工程　　单位:元

期间	摘要	借方	贷方	方向	余额
202010	期初余额			借	618,492.36
202010	本月合计	200,000.00		借	818,492.36
202010	本年累计	200,000.00		借	818,492.36
202011	本月合计	61,333.33		借	879,825.69
202011	本年累计	261,333.33		借	879,825.69
202012	本月合计	3,000.00	203,000.00	借	679,825.69
202012	本年累计	264,333.33	203,000.00	借	679,825.69

编制单位:江南岳达机械制造有限责任公司

固定资产清理总账

2020年

科目:[1606] 固定资产清理

单位:元

期间	摘要	借方	贷方	方向	余额
202010	期初余额			借	
202010	本月合计	499,979.53	807,824.87	借	-307,845.34
202010	本年累计	499,979.53	807,824.87	借	-307,845.34
202011	本月合计	54,502.40	54,502.40	借	-307,845.34
202011	本年累计	554,481.93	862,327.27	借	-307,845.34
202012	本月合计			借	-307,845.34
202012	本年累计	554,481.93	862,327.27	借	-307,845.34

编制单位:江南岳达机械制造有限责任公司

无形资产总账

2020年

科目:[1701] 无形资产　　单位:元

期间	摘要	借方	贷方	方向	余额
202010	期初余额			借	3,210,000.00
202010	本月合计	130,000.00	25,000.00	借	3,315,000.00
202010	本年累计	130,000.00	25,000.00	借	3,315,000.00
202011	本月合计	11,000,000.00		借	14,315,000.00
202011	本年累计	11,130,000.00	25,000.00	借	14,315,000.00
202012	本月合计	2,000,000.00		借	16,315,000.00
202012	本年累计	13,130,000.00	25,000.00	借	16,315,000.00

编制单位:江南岳达机械制造有限责任公司

累计摊销总账

2020年

科目:[1702] 累计摊销　　　　　　　　　　　　　　　　　　　　　　　　　　单位:元

期间	摘要	借方	贷方	方向	余额
202010	期初余额			贷	458,000.00
202010	本月合计	5,000.00	8,883.33	贷	461,883.33
202010	本年累计	5,000.00	8,883.33	贷	461,883.33
202011	本月合计		24,716.66	贷	486,599.99
202011	本年累计	5,000.00	33,599.99	贷	486,599.99
202012	本月合计		114,716.67	贷	601,316.66
202012	本年累计	5,000.00	148,316.66	贷	601,316.66

编制单位:江南岳达机械制造有限责任公司

长期待摊费用总账

2020年

科目:[1801] 长期待摊费用　　单位:元

期间	摘要	借方	贷方	方向	余额
202010	期初余额			借	41,666.67
202010	本月合计			借	41,666.67
202010	本年累计			借	41,666.67
202011	本月合计			借	41,666.67
202011	本年累计			借	41,666.67
202012	本月合计		41,666.67	借	
202012	本年累计		41,666.67	借	

编制单位:江南岳达机械制造有限责任公司

待处理财产损溢总账

2020年

科目:[1901] 待处理财产损溢　　　　单位:元

期间	摘要	借方	贷方	方向	余额
202010	期初余额			借	
202010	本月合计	15,341.80	15,341.80	借	
202010	本年累计	15,341.80	15,341.80	借	
202011	本月合计			借	
202011	本年累计	15,341.80	15,341.80	借	
202012	本月合计			借	
202012	本年累计	15,341.80	15,341.80	借	

编制单位:江南岳达机械制造有限责任公司

短期借款总账

2020年

科目:[2001] 短期借款　　　　单位:元

期间	摘要	借方	贷方	方向	余额
202010	期初余额			贷	600,000.00
202010	本月合计	600,000.00	600,000.00	贷	600,000.00
202010	本年累计	600,000.00	600,000.00	贷	600,000.00
202011	本月合计			贷	600,000.00
202011	本年累计	600,000.00	600,000.00	贷	600,000.00
202012	本月合计		650,000.00	贷	1,250,000.00
202012	本年累计	600,000.00	1,250,000.00	贷	1,250,000.00

编制单位:江南岳达机械制造有限责任公司

应付账款总账

2020年

科目:[2202] 应付账款 单位:元

期间	摘要	借方	贷方	方向	余额
202010	期初余额			贷	536,660.12
202010	本月合计	2,910,995.57	4,809,047.57	贷	2,434,712.12
202010	本年累计	2,910,995.57	4,809,047.57	贷	2,434,712.12
202011	本月合计	1,420,272.00	1,350,272.00	贷	2,364,712.12
202011	本年累计	4,331,267.57	6,159,319.57	贷	2,364,712.12
202012	本月合计	779,914.74	1,089,430.41	贷	2,674,227.79
202012	本年累计	5,111,182.31	7,248,749.98	贷	2,674,227.79

编制单位:江南岳达机械制造有限责任公司

预收账款总账

2020年

科目:[2203] 预收账款

单位:元

期间	摘要	借方	贷方	方向	余额
202010	期初余额			贷	11,823,515.12
202010	本月合计		300,000.00	贷	12,123,515.12
202010	本年累计		300,000.00	贷	12,123,515.12
202011	本月合计			贷	12,123,515.12
202011	本年累计		300,000.00	贷	12,123,515.12
202012	本月合计	5,000,154.00		贷	7,123,361.12
202012	本年累计	5,000,154.00	300,000.00	贷	7,123,361.12

编制单位:江南岳达机械制造有限责任公司

应付职工薪酬总账

2020年

科目:[2211] 应付职工薪酬　　　　　　　　　　　　　　　　　　　　　单位:元

期间	摘要	借方	贷方	方向	余额
202010	期初余额			贷	
202010	本月合计	4,825.12	627,220.37	贷	622,395.25
202010	本年累计	4,825.12	627,220.37	贷	622,395.25
202011	本月合计	807,801.55	878,574.78	贷	693,168.48
202011	本年累计	812,626.67	1,505,795.15	贷	693,168.48
202012	本月合计	677,628.50	657,270.13	贷	672,810.11
202012	本年累计	1,490,255.17	2,163,065.28	贷	672,810.11

编制单位:江南岳达机械制造有限责任公司

应交税费总账

2020年

科目:[2221] 应交税费　　　　单位:元

期间	摘要	借方	贷方	方向	余额
202010	期初余额			贷	-1,012,494.64
202010	本月合计	578,153.36	623,296.12	贷	-967,351.88
202010	本年累计	578,153.36	623,296.12	贷	-967,351.88
202011	本月合计	251,271.26	1,358,496.17	贷	139,873.03
202011	本年累计	829,424.62	1,981,792.29	贷	139,873.03
202012	本月合计	1,351,378.39	1,419,022.81	贷	207,517.45
202012	本年累计	2,180,803.01	3,400,815.10	贷	207,517.45

编制单位:江南岳达机械制造有限责任公司

应付股利总账

2020年

科目:[2232] 应付股利　　　　　　　　　　　　　　　　　　　　　　　　单位:元

期间	摘要	借方	贷方	方向	余额
202010	期初余额			贷	
202010	本月合计		1,000,000.00	贷	1,000,000.00
202010	本年累计		1,000,000.00	贷	1,000,000.00
202011	本月合计	98,000.00	98,000.00	贷	1,000,000.00
202011	本年累计	98,000.00	1,098,000.00	贷	1,000,000.00
202012	本月合计			贷	1,000,000.00
202012	本年累计	98,000.00	1,098,000.00	贷	1,000,000.00

编制单位:江南岳达机械制造有限责任公司

其他应付款总账

2020年

科目:[2241] 其他应付款

单位:元

期间	摘要	借方	贷方	方向	余额
202010	期初余额			贷	11,399,446.35
202010	本月合计		12,787.36	贷	11,412,233.71
202010	本年累计		12,787.36	贷	11,412,233.71
202011	本月合计	87,101.11	115,341.11	贷	11,440,473.71
202011	本年累计	87,101.11	128,128.47	贷	11,440,473.71
202012	本月合计	88,606.42	88,606.42	贷	11,440,473.71
202012	本年累计	175,707.53	216,734.89	贷	11,440,473.71

编制单位:江南岳达机械制造有限责任公司

长期借款总账

2020年

科目:[2501] 长期借款

单位:元

期间	摘要	借方	贷方	方向	余额
202011	期初余额			贷	
202011	本月合计		3,000,000.00	贷	3,000,000.00
202011	本年累计		3,000,000.00	贷	3,000,000.00
202012	本月合计			贷	3,000,000.00
202012	本年累计		3,000,000.00	贷	3,000,000.00

编制单位:江南岳达机械制造有限责任公司

专项应付款总账

2020年

科目:[2711] 专项应付款

单位:元

期间	摘要	借方	贷方	方向	余额
202012	期初余额			贷	
202012	本月合计		60,000.00	贷	60,000.00
202012	本年累计		60,000.00	贷	60,000.00

编制单位:江南岳达机械制造有限责任公司

实收资本总账

2020年

科目:[4001] 实收资本　　　　单位:元

期间	摘要	借方	贷方	方向	余额
202010	期初余额			贷	30,000,000.00
202010	本月合计		6,000,000.00	贷	36,000,000.00
202010	本年累计		6,000,000.00	贷	36,000,000.00
202011	本月合计			贷	36,000,000.00
202011	本年累计		6,000,000.00	贷	36,000,000.00
202012	本月合计		3,000,000.00	贷	39,000,000.00
202012	本年累计		9,000,000.00	贷	39,000,000.00

编制单位:江南岳达机械制造有限责任公司

资本公积总账

2020年

科目:[4002] 资本公积　　　　单位:元

期间	摘要	借方	贷方	方向	余额
202010	期初余额			贷	3,500,000.00
202010	本月合计	1,000,000.00		贷	2,500,000.00
202010	本年累计	1,000,000.00		贷	2,500,000.00
202011	本月合计		50,000.00	贷	2,550,000.00
202011	本年累计	1,000,000.00	50,000.00	贷	2,550,000.00
202012	本月合计		1,032.20	贷	2,551,032.20
202012	本年累计	1,000,000.00	51,032.20	贷	2,551,032.20

编制单位:江南岳达机械制造有限责任公司

盈余公积总账

2020年

科目:[4101] 盈余公积　　单位:元

期间	摘要	借方	贷方	方向	余额
202012	期初余额			贷	
202012	本月合计		200.00	贷	200.00
202012	本年累计		200.00	贷	200.00

编制单位:江南岳达机械制造有限责任公司

本年利润总账

2020年

科目:[4103] 本年利润　　　　单位:元

期间	摘要	借方	贷方	方向	余额
202010	期初余额			贷	
202010	本月合计	3,218,376.28	377,150.70	贷	-2,841,225.58
202010	本年累计	3,218,376.28	377,150.70	贷	-2,841,225.58
202011	本月合计	9,246,745.87	8,154,912.29	贷	-3,933,059.16
202011	本年累计	12,465,122.15	8,532,062.99	贷	-3,933,059.16
202012	本月合计	10,507,684.63	14,440,743.79	贷	
202012	本年累计	22,972,806.78	22,972,806.78	贷	

编制单位:江南岳达机械制造有限责任公司

利润分配总账

2020年

科目:[4104] 利润分配　　　　单位:元

期间	摘要	借方	贷方	方向	余额
202010	期初余额			贷	19,405,765.61
202010	本月合计		40,000.00	贷	19,445,765.61
202010	本年累计		40,000.00	贷	19,445,765.61
202011	本月合计	398,000.00	3,500.00	贷	19,051,265.61
202011	本年累计	398,000.00	43,500.00	贷	19,051,265.61
202012	本月合计	11,511,579.93	1,398,000.00	贷	8,937,685.68
202012	本年累计	11,909,579.93	1,441,500.00	贷	8,937,685.68

编制单位:江南岳达机械制造有限责任公司

生产成本总账

2020年

科目:[5001] 生产成本　　　　单位:元

期间	摘要	借方	贷方	方向	余额
202010	期初余额			借	
202010	本月合计	1,698,158.56		借	1,698,158.56
202010	本年累计	1,698,158.56		借	1,698,158.56
202011	本月合计	1,731,106.96	3,429,265.52	借	
202011	本年累计	3,429,265.52	3,429,265.52	借	
202012	本月合计	2,032,462.64	1,927,247.10	借	105,215.54
202012	本年累计	5,461,728.16	5,356,512.62	借	105,215.54

编制单位:江南岳达机械制造有限责任公司

制造费用总账

2020年

科目:[5101] 制造费用　　　　单位:元

期间	摘要	借方	贷方	方向	余额
202010	期初余额			借	
202010	本月合计	723,999.77	723,999.77	借	
202010	本年累计	723,999.77	723,999.77	借	
202011	本月合计	725,788.15	725,788.15	借	
202011	本年累计	1,449,787.92	1,449,787.92	借	
202012	本月合计	952,974.77	952,974.77	借	
202012	本年累计	2,402,762.69	2,402,762.69	借	

编制单位:江南岳达机械制造有限责任公司

工程施工总账

2020年

科目:[5401] 工程施工　　　　单位:元

期间	摘要	借方	贷方	方向	余额
202011	期初余额			借	
202011	本月合计	110,000.00	110,000.00	借	
202011	本年累计	110,000.00	110,000.00	借	
202012	本月合计	117,669.90	117,669.90	借	
202012	本年累计	227,669.90	227,669.90	借	

编制单位:江南岳达机械制造有限责任公司

工程结算总账

2020年

科目:[5402] 工程结算　　　　单位:元

期间	摘要	借方	贷方	方向	余额
202011	期初余额			贷	
202011	本月合计	110,000.00	110,000.00	贷	
202011	本年累计	110,000.00	110,000.00	贷	
202012	本月合计	117,669.90	117,669.90	贷	
202012	本年累计	227,669.90	227,669.90	贷	

编制单位:江南岳达机械制造有限责任公司

主营业务收入总账

2020年

科目:[6001] 主营业务收入　　　　　　　　　　　　　　　　　　　　　　　　单位:元

期间	摘要	借方	贷方	方向	余额
202010	期初余额			贷	
202010	本月合计	350,500.00	350,500.00	贷	
202010	本年累计	350,500.00	350,500.00	贷	
202011	本月合计	6,770,500.00	6,770,500.00	贷	
202011	本年累计	7,121,000.00	7,121,000.00	贷	
202012	本月合计	9,194,060.00	9,194,060.00	贷	
202012	本年累计	16,315,060.00	16,315,060.00	贷	

编制单位:江南岳达机械制造有限责任公司

其他业务收入总账

2020年

科目:[6051] 其他业务收入　　　　单位:元

期间	摘要	借方	贷方	方向	余额
202010	期初余额			贷	
202010	本月合计	54,253.56	54,253.56	贷	
202010	本年累计	54,253.56	54,253.56	贷	
202011	本月合计	876,000.00	876,000.00	贷	
202011	本年累计	930,253.56	930,253.56	贷	
202012	本月合计	127,103.86	127,103.86	贷	
202012	本年累计	1,057,357.42	1,057,357.42	贷	

编制单位:江南岳达机械制造有限责任公司

投资收益总账

2020年

科目:[6111] 投资收益　　　　单位:元

期间	摘要	借方	贷方	方向	余额
202011	期初余额			贷	
202011	本月合计	500,000.00	500,000.00	贷	
202011	本年累计	500,000.00	500,000.00	贷	
202012	本月合计			贷	
202012	本年累计	500,000.00	500,000.00	贷	

编制单位:江南岳达机械制造有限责任公司

资产处置损益总账

2020年

科目:[6115] 资产处置损益 单位:元

期间	摘要	借方	贷方	方向	余额
202011	期初余额			贷	
202011	本月合计	8,412.29	8,412.29	贷	
202011	本年累计	8,412.29	8,412.29	贷	
202012	本月合计			贷	
202012	本年累计	8,412.29	8,412.29	贷	

编制单位:江南岳达机械制造有限责任公司

其他收益总账

2020年

科目:[6117] 其他收益　　　　单位:元

期间	摘要	借方	贷方	方向	余额
202010	期初余额			贷	
202010	本月合计	1,322.33	1,322.33	贷	
202010	本年累计	1,322.33	1,322.33	贷	
202011	本月合计			贷	
202011	本年累计	1,322.33	1,322.33	贷	
202012	本月合计			贷	
202012	本年累计	1,322.33	1,322.33	贷	

编制单位:江南岳达机械制造有限责任公司

营业外收入总账

2020年

科目:[6301] 营业外收入　　　　　　　　　　　　　　　　　　　　　　　　　单位:元

期间	摘要	借方	贷方	方向	余额
202012	期初余额			贷	
202012	本月合计	6,000.00	6,000.00	贷	
202012	本年累计	6,000.00	6,000.00	贷	

编制单位:江南岳达机械制造有限责任公司

主营业务成本总账

2020年

科目:[6401] 主营业务成本 单位:元

期间	摘要	借方	贷方	方向	余额
202010	期初余额			借	
202010	本月合计	303,182.50	303,182.50	借	
202010	本年累计	303,182.50	303,182.50	借	
202011	本月合计	7,442,739.08	7,442,739.08	借	
202011	本年累计	7,745,921.58	7,745,921.58	借	
202012	本月合计	9,199,310.38	9,199,310.38	借	
202012	本年累计	16,945,231.96	16,945,231.96	借	

编制单位:江南岳达机械制造有限责任公司

其他业务成本总账

2020年

科目:[6402] 其他业务成本　　　　单位:元

期间	摘要	借方	贷方	方向	余额
202010	期初余额			借	
202010	本月合计	1,006,466.40	1,006,466.40	借	
202010	本年累计	1,006,466.40	1,006,466.40	借	
202011	本月合计	42,166.40	42,166.40	借	
202011	本年累计	1,048,632.80	1,048,632.80	借	
202012	本月合计	74,163.65	74,163.65	借	
202012	本年累计	1,122,796.45	1,122,796.45	借	

编制单位:江南岳达机械制造有限责任公司

税金及附加总账

2020年

科目:[6403] 税金及附加　　　　单位:元

期间	摘要	借方	贷方	方向	余额
202010	期初余额			借	
202010	本月合计	13,648.82	13,648.82	借	
202010	本年累计	13,648.82	13,648.82	借	
202011	本月合计	15,570.86	15,570.86	借	
202011	本年累计	29,219.68	29,219.68	借	
202012	本月合计	32,642.00	32,642.00	借	
202012	本年累计	61,861.68	61,861.68	借	

编制单位:江南岳达机械制造有限责任公司

销售费用总账

2020年

科目:[6601] 销售费用　　单位:元

期间	摘要	借方	贷方	方向	余额
202010	期初余额			借	
202010	本月合计	209,450.84	209,450.84	借	
202010	本年累计	209,450.84	209,450.84	借	
202011	本月合计	268,640.11	268,640.11	借	
202011	本年累计	478,090.95	478,090.95	借	
202012	本月合计	173,340.46	173,340.46	借	
202012	本年累计	651,431.41	651,431.41	借	

编制单位:江南岳达机械制造有限责任公司

管理费用总账

2020年

科目:[6602] 管理费用　　单位:元

期间	摘要	借方	贷方	方向	余额
202010	期初余额			借	
202010	本月合计	1,372,588.51	1,372,588.51	借	
202010	本年累计	1,372,588.51	1,372,588.51	借	
202011	本月合计	1,430,346.80	1,430,346.80	借	
202011	本年累计	2,802,935.31	2,802,935.31	借	
202012	本月合计	778,347.50	778,347.50	借	
202012	本年累计	3,581,282.81	3,581,282.81	借	

编制单位:江南岳达机械制造有限责任公司

财务费用总账

2020年

科目:[6603] 财务费用　　　　单位:元

期间	摘要	借方	贷方	方向	余额
202010	期初余额			借	
202010	本月合计	305,453.00	305,453.00	借	
202010	本年累计	305,453.00	305,453.00	借	
202011	本月合计	3,670.00	3,670.00	借	
202011	本年累计	309,123.00	309,123.00	借	
202012	本月合计	33,696.64	33,696.64	借	
202012	本年累计	342,819.64	342,819.64	借	

编制单位:江南岳达机械制造有限责任公司

资产减值损失总账

2020年

科目:[6701] 资产减值损失　　单位:元

期间	摘要	借方	贷方	方向	余额
202011	期初余额			借	
202011	本月合计	30,000.00	30,000.00	借	
202011	本年累计	30,000.00	30,000.00	借	
202012	本月合计			借	
202012	本年累计	30,000.00	30,000.00	借	

编制单位:江南岳达机械制造有限责任公司

营业外支出总账

2020年

科目:[6711] 营业外支出　　　　　　　　　　　　　　　　　　　　　　　单位:元

期间	摘要	借方	贷方	方向	余额
202010	期初余额			借	
202010	本月合计	7,586.21	7,586.21	借	
202010	本年累计	7,586.21	7,586.21	借	
202011	本月合计	13,612.62	13,612.62	借	
202011	本年累计	21,198.83	21,198.83	借	
202012	本月合计	216,184.00	216,184.00	借	
202012	本年累计	237,382.83	237,382.83	借	

编制单位:江南岳达机械制造有限责任公司

以前年度损益调整总账

2020年

科目:[6901] 以前年度损益调整　　　　单位:元

期间	摘要	借方	贷方	方向	余额
202011	期初余额			借	
202011	本月合计	3,500.00	3,500.00	借	
202011	本年累计	3,500.00	3,500.00	借	
202012	本月合计			借	
202012	本年累计	3,500.00	3,500.00	借	

编制单位:江南岳达机械制造有限责任公司

数量明细账目录

原材料

数量核算明细账

2020/10-2020/12

原材料:带锯钢带27*0.9　　　　单位:元

日期	凭证号	来源	出入库单号	单位	借方(入库)			贷方(出库)			余额		
					数量	单价	金额	数量	单价	金额	数量	单价	金额
2020/10/01	期初			吨									
2020/10/08	记-005	手工凭证入库		吨	30.00	40,000.0000	1,200,000.00				30.00	40,000.0000	1,200,000.00
2020/10/26	记-067	手工凭证出库		吨				20.00	40,000.0000	800,000.00	10.00	40,000.0000	400,000.00
2020/10	本期合计			吨	30		1200000	20		800000			
2020/12/31	记-048	手工凭证出库		吨				9.00	40,000.0000	360,000.00	1.00	40,000.0000	40,000.00
2020/12/31	记-068			吨				1.00	40,000.0000	40,000.00			
2020/12	本期合计			吨	0		0	10		400000			
2020/12/31	期末			吨									

编制单位:江南岳达机械制造有限责任公司

数量核算明细账

2020/10-2020/12

原材料:带锯钢带34*1.1　　单位:元

日期	凭证号	来源	出入库单号	单位	借方(入库)			贷方(出库)			余额		
					数量	单价	金额	数量	单价	金额	数量	单价	金额
2020/10/01	期初			吨									
2020/11/15	记-021	手工凭证入库		吨	16.00	55,000.0000	880,000.00				16.00	55,000.0000	880,000.00
2020/11/30	记-058	手工凭证出库		吨				15.00	55,000.0000	825,000.00	1.00	55,000.0000	55,000.00
2020/11	本期合计			吨	16		880000	15		825000			
2020/12/17	记-012	手工凭证入库		吨	10.00	53,533.3340	535,333.34				11.00	53,666.6673	590,333.34
2020/12/31	记-047	手工凭证出库		吨				10.00	53,666.6670	536,666.67	1.00	53,666.6700	53,666.67
2020/12	本期合计			吨	10		535333.34	10		536666.67			
2020/12/31	期末			吨							1.00	53,666.6700	53,666.67

编制单位:江南岳达机械制造有限责任公司

数量核算明细账

2020/10-2020/12

原材料:椴木材　　　　单位:元

日期	凭证号	来源	出入库单号	单位	借方(入库)			贷方(出库)			余额		
					数量	单价	金额	数量	单价	金额	数量	单价	金额
2020/10/01	期初			立方							31.00	1,000.0000	31,000.00
2020/10/10	记-014	手工凭证出库		立方				30.00	1,000.0000	30,000.00	1.00	1,000.0000	1,000.00
2020/10	本期合计			立方	0		0	30		30000			
2020/12/17	记-069	手工凭证出库		立方				1.00	1,000.0000	1,000.00			
2020/12	本期合计			立方	0		0	1		1000			
2020/12/31	期末			立方									

编制单位:江南岳达机械制造有限责任公司

数量核算明细账

2020/10-2020/12

原材料:水曲柳木材　　　　单位:元

日期	凭证号	来源	出入库单号	单位	借方(入库)			贷方(出库)			余额		
					数量	单价	金额	数量	单价	金额	数量	单价	金额
2020/10/01	期初			立方									
2020/10/08	记-009	手工凭证入库		立方	520.00	1,492.9846	776,352.00				520.00	1,492.9846	776,352.00
2020/10/22	记-041	手工凭证入库		立方			32,040.00				520.00	1,554.6000	808,392.00
2020/10/26	记-067	手工凭证出库		立方				50.00	1,554.6000	77,730.00	470.00	1,554.6000	730,662.00
2020/10	本期合计			立方	520		808392	50		77730			
2020/11/30	记-053	手工凭证入库		立方	100.00	1,350.0000	135,000.00				570.00	1,518.7053	865,662.00
2020/11	本期合计			立方	100		135000	0		0			
2020/12/31	期末			立方							570.00	1,518.7053	865,662.00

编制单位:江南岳达机械制造有限责任公司

数量核算明细账

2020/10-2020/12

原材料:硬质合金颗粒　　　　单位:元

日期	凭证号	来源	出入库单号	单位	借方(入库)			贷方(出库)			余额		
					数量	单价	金额	数量	单价	金额	数量	单价	金额
2020/10/01	期初			克							5,000.00	200.0000	1,000,000.00
2020/10/22	记-038	手工凭证入库		克	200.00	200.0000	40,000.00				5,200.00	200.0000	1,040,000.00
2020/10/26	记-060	手工凭证出库		克				5,000.00	200.0000	1,000,000.00	200.00	200.0000	40,000.00
2020/10/26	记-067	手工凭证出库		克				20.00	200.0000	4,000.00	180.00	200.0000	36,000.00
2020/10	本期合计			克	200		40000	5020		1004000			
2020/11/30	记-058	手工凭证出库		克				13.00	200.0000	2,600.00	167.00	200.0000	33,400.00
2020/11	本期合计			克	0		0	13		2600			
2020/12/31	记-047	手工凭证出库		克				15.00	200.0000	3,000.00	152.00	200.0000	30,400.00
2020/12/31	记-048	手工凭证出库		克				9.00	200.0000	1,800.00	143.00	200.0000	28,600.00
2020/12	本期合计			克	0		0	24		4800			
2020/12/31	期末			克							143.00	200.0000	28,600.00

编制单位:江南岳达机械制造有限责任公司

数量核算明细账

2020/10-2020/12

原材料:钢保护套

单位:元

日期	凭证号	来源	出入库单号	单位	借方(入库)			贷方(出库)			余额		
					数量	单价	金额	数量	单价	金额	数量	单价	金额
2020/10/01	期初			个									
2020/10/22	记-048	手工凭证入库		个	1.00	20,400.0000	20,400.00				1.00	20,400.0000	20,400.00
2020/10/26	记-068	手工凭证出库		个				1.00	20,400.0000	20,400.00			
2020/10	本期合计			个	1		20400	1		20400			
2020/12/31	期末			个									

编制单位:江南岳达机械制造有限责任公司

数量核算明细账

2020/10-2020/12

原材料:轴承　　　　单位:元

日期	凭证号	来源	出入库单号	单位	借方(入库)			贷方(出库)			余额		
					数量	单价	金额	数量	单价	金额	数量	单价	金额
2020/10/01	期初			个									
2020/10/22	记-035	手工凭证入库		个	2.00	4,967.9500	9,935.90				2.00	4,967.9500	9,935.90
2020/10/26	记-068	手工凭证出库		个				2.00	4,967.9500	9,935.90			
2020/10	本期合计			个	2		9935.9	2		9935.9			
2020/12/17	记-026	手工凭证入库		个	1.00	6,500.0000	6,500.00				1.00	6,500.0000	6,500.00
2020/12/31	记-051	手工凭证出库		个				1.00	6,500.0000	6,500.00			
2020/12	本期合计			个	1		6500	1		6500			
2020/12/31	期末			个									

编制单位:江南岳达机械制造有限责任公司

数量核算明细账

2020/10-2020/12

原材料:滤芯　　　　单位:元

日期	凭证号	来源	出入库单号	单位	借方(入库)			贷方(出库)			余额		
					数量	单价	金额	数量	单价	金额	数量	单价	金额
2020/10/01	期初			个									
2020/10/22	记-039	手工凭证入库		个	1.00	20,000.0000	20,000.00				1.00	20,000.0000	20,000.00
2020/10/26	记-068	手工凭证出库		个				1.00	20,000.0000	20,000.00			
2020/10	本期合计			个	1		20000	1		20000			
2020/12/31	期末			个									

编制单位:江南岳达机械制造有限责任公司

数量核算明细账

2020/10-2020/12

原材料:气缸　　　　单位:元

日期	凭证号	来源	出入库单号	单位	借方(入库)			贷方(出库)			余额		
					数量	单价	金额	数量	单价	金额	数量	单价	金额
2020/10/01	期初			个									
2020/11/30	记-061	手工凭证入库		个	1.00	2,100.0000	2,100.00				1.00	2,100.0000	2,100.00
2020/11/30	记-062	手工凭证出库		个				1.00	2,100.0000	2,100.00			
2020/11	本期合计			个	1		2100	1		2100			
2020/12/31	期末			个									

编制单位:江南岳达机械制造有限责任公司

数量核算明细账

2020/10-2020/12

原材料:锆铬青铜板　　　　单位:元

日期	凭证号	来源	出入库单号	单位	借方(入库)			贷方(出库)			余额		
					数量	单价	金额	数量	单价	金额	数量	单价	金额
2020/10/01	期初			公斤							213.00	74.7800	15,928.14
2020/11/30	记-062	手工凭证出库		公斤				128.00	74.7800	9,571.84	85.00	74.7800	6,356.30
2020/11	本期合计			公斤	0		0	128		9571.84			
2020/12/31	期末			公斤							85.00	74.7800	6,356.30

编制单位:江南岳达机械制造有限责任公司

数量核算明细账

2020/10-2020/12

原材料:高温板310　　　　单位:元

日期	凭证号	来源	出入库单号	单位	借方(入库)			贷方(出库)			余额		
					数量	单价	金额	数量	单价	金额	数量	单价	金额
2020/10/01	期初			块							1,579.00	37.4400	59,117.76
2020/11/30	记-062	手工凭证出库		块				575.00	37.4400	21,528.00	1,004.00	37.4400	37,589.76
2020/11	本期合计			块	0		0	575		21528			
2020/12/31	期末			块							1,004.00	37.4400	37,589.76

编制单位:江南岳达机械制造有限责任公司

数量核算明细账

2020/10-2020/12

原材料:分齿模　　　　单位:元

日期	凭证号	来源	出入库单号	单位	借方(入库)			贷方(出库)			余额		
					数量	单价	金额	数量	单价	金额	数量	单价	金额
2020/10/01	期初			个							3.00	6,000.0000	18,000.00
2020/12/17	记-024	手工凭证入库		个	2.00	7,500.0000	15,000.00				5.00	6,600.0000	33,000.00
2020/12/31	记-051	手工凭证出库		个				3.00	6,600.0000	19,800.00	2.00	6,600.0000	13,200.00
2020/12	本期合计			个	2		15000	3		19800			
2020/12/31	期末			个							2.00	6,600.0000	13,200.00

编制单位:江南岳达机械制造有限责任公司

数量核算明细账

2020/10-2020/12

原材料:触摸屏DOP-B21S78　　　　单位:元

日期	凭证号	来源	出入库单号	单位	借方(入库)			贷方(出库)			余额		
					数量	单价	金额	数量	单价	金额	数量	单价	金额
2020/10/01	期初			套									
2020/10/22	记-047	手工凭证入库		套	8.00	15,000.0000	120,000.00				8.00	15,000.0000	120,000.00
2020/10/26	记-068	手工凭证出库		套				8.00	15,000.0000	120,000.00			
2020/10	本期合计			套	8		120000	8		120000			
2020/12/31	期末			套									

编制单位:江南岳达机械制造有限责任公司

数量核算明细账

2020/10-2020/12

原材料:减速机　　　　单位:元

日期	凭证号	来源	出入库单号	单位	借方(入库)			贷方(出库)			余额		
					数量	单价	金额	数量	单价	金额	数量	单价	金额
2020/10/01	期初			台									
2020/10/22	记-032	手工凭证入库		台	6.00	2,100.0000	12,600.00				6.00	2,100.0000	12,600.00
2020/10/26	记-068	手工凭证出库		台				6.00	2,100.0000	12,600.00			
2020/10	本期合计			台	6		12600	6		12600			
2020/12/31	期末			台									

编制单位:江南岳达机械制造有限责任公司

数量核算明细账

2020/10-2020/12

原材料:电机　　　　单位:元

日期	凭证号	来源	出入库单号	单位	借方(入库)			贷方(出库)			余额		
					数量	单价	金额	数量	单价	金额	数量	单价	金额
2020/10/01	期初			个									
2020/11/15	记-024	手工凭证入库		个	9.00	100.0000	900.00				9.00	100.0000	900.00
2020/11/30	记-062	手工凭证出库		个				9.00	100.0000	900.00			
2020/11	本期合计			个	9		900	9		900			
2020/12/31	期末			个									

编制单位:江南岳达机械制造有限责任公司

数量核算明细账

2020/10-2020/12

原材料:自动校直机位移传感器　　单位:元

日期	凭证号	来源	出入库单号	单位	借方(入库)			贷方(出库)			余额		
					数量	单价	金额	数量	单价	金额	数量	单价	金额
2020/10/01	期初			个									
2020/11/15	记-029	手工凭证入库		个	4.00	1,500.0000	6,000.00				4.00	1,500.0000	6,000.00
2020/11/30	记-062	手工凭证出库		个				4.00	1,500.0000	6,000.00			
2020/11	本期合计			个	4		6000	4		6000			
2020/12/31	期末			个									

编制单位:江南岳达机械制造有限责任公司

数量核算明细账

2020/10-2020/12

原材料:金属防锈水　　单位:元

日期	凭证号	来源	出入库单号	单位	借方(入库)			贷方(出库)			余额		
					数量	单价	金额	数量	单价	金额	数量	单价	金额
2020/10/01	期初			桶									
2020/10/22	记-051	手工凭证入库		桶	10.00	400.0000	4,000.00				10.00	400.0000	4,000.00
2020/10/26	记-068	手工凭证出库		桶				8.00	400.0000	3,200.00	2.00	400.0000	800.00
2020/10	本期合计			桶	10		4000	8		3200			
2020/12/31	期末			桶							2.00	400.0000	800.00

编制单位:江南岳达机械制造有限责任公司

数量核算明细账

2020/10-2020/12

原材料:制冷剂　　　　单位:元

日期	凭证号	来源	出入库单号	单位	借方(入库)			贷方(出库)			余额		
					数量	单价	金额	数量	单价	金额	数量	单价	金额
2020/10/01	期初			公斤							150.36	230.7700	34,698.58
2020/11/30	记-062	手工凭证出库		公斤				60.10	230.7700	13,869.28	90.26	230.7700	20,829.30
2020/11	本期合计			公斤	0		0	60.1		13869.28			
2020/12/31	记-042	手工凭证入库		公斤	-16.20	230.8025	-3,739.00				74.06	230.7629	17,090.30
2020/12	本期合计			公斤	-16.2		-3739	0		0			
2020/12/31	期末			公斤							74.06	230.7629	17,090.30

编制单位:江南岳达机械制造有限责任公司

数量核算明细账

2020/10-2020/12

原材料:铣齿油　　　　单位:元

日期	凭证号	来源	出入库单号	单位	借方(入库)			贷方(出库)			余额		
					数量	单价	金额	数量	单价	金额	数量	单价	金额
2020/10/01	期初			桶									
2020/12/17	记-025	手工凭证入库		桶	1.00	1,880.0000	1,880.00				1.00	1,880.0000	1,880.00
2020/12/31	记-051	手工凭证出库		桶				1.00	1,880.0000	1,880.00			
2020/12	本期合计			桶	1		1880	1		1880			
2020/12/31	期末			桶									

编制单位:江南岳达机械制造有限责任公司

数量核算明细账

2020/10-2020/12

原材料:尼龙扎带

单位:元

日期	凭证号	来源	出入库单号	单位	借方(入库)			贷方(出库)			余额		
					数量	单价	金额	数量	单价	金额	数量	单价	金额
2020/10/01	期初			包									
2020/10/26	记-054	手工凭证入库		包	80.00	30.0000	2,400.00				80.00	30.0000	2,400.00
2020/10/26	记-068	手工凭证出库		包				10.00	30.0000	300.00	70.00	30.0000	2,100.00
2020/10	本期合计			包	80		2400	10		300			
2020/11/30	记-075	手工凭证出库		包				5.00	30.0000	150.00	65.00	30.0000	1,950.00
2020/11	本期合计			包	0		0	5		150			
2020/12/31	期末			包							65.00	30.0000	1,950.00

编制单位:江南岳达机械制造有限责任公司

数量核算明细账

2020/10-2020/12

原材料:铣刀　　　　　　　　单位:元

日期	凭证号	来源	出入库单号	单位	借方(入库)			贷方(出库)			余额		
					数量	单价	金额	数量	单价	金额	数量	单价	金额
2020/10/01	期初			个									
2020/10/26	记-055	手工凭证入库		个	625.00	32.0000	20,000.00				625.00	32.0000	20,000.00
2020/10/26	记-068	手工凭证出库		个				30.00	32.0000	960.00	595.00	32.0000	19,040.00
2020/10	本期合计			个	625		20000	30		960			
2020/12/31	期末			个							595.00	32.0000	19,040.00

编制单位:江南岳达机械制造有限责任公司

数量核算明细账

2020/10-2020/12

原材料:数控刀片　　　　单位:元

日期	凭证号	来源	出入库单号	单位	借方(入库)			贷方(出库)			余额		
					数量	单价	金额	数量	单价	金额	数量	单价	金额
2020/10/01	期初			个									
2020/10/26	记-056	手工凭证入库		个	100.00	26.0000	2,600.00				100.00	26.0000	2,600.00
2020/10/26	记-068	手工凭证出库		个				60.00	26.0000	1,560.00	40.00	26.0000	1,040.00
2020/10	本期合计			个	100		2600	60		1560			
2020/12/31	期末			个							40.00	26.0000	1,040.00

编制单位:江南岳达机械制造有限责任公司

数量核算明细账

2020/10-2020/12

原材料:棕刚砂轮 单位:元

日期	凭证号	来源	出入库单号	单位	借方(入库)			贷方(出库)			余额		
					数量	单价	金额	数量	单价	金额	数量	单价	金额
2020/10/01	期初			个									
2020/11/15	记-016	手工凭证入库		个	18.00	100.0000	1,800.00				18.00	100.0000	1,800.00
2020/11/30	记-062	手工凭证出库		个				10.00	100.0000	1,000.00	8.00	100.0000	800.00
2020/11	本期合计			个	18		1800	10		1000			
2020/12/17	记-046	手工凭证入库		个	2.00	100.0000	200.00				10.00	100.0000	1,000.00
2020/12	本期合计			个	2		200	0		0			
2020/12/31	期末			个							10.00	100.0000	1,000.00

编制单位:江南岳达机械制造有限责任公司

数量核算明细账

2020/10-2020/12

原材料:手套

单位:元

日期	凭证号	来源	出入库单号	单位	借方(入库)			贷方(出库)			余额		
					数量	单价	金额	数量	单价	金额	数量	单价	金额
2020/10/01	期初			付							6.00	2.6000	15.60
2020/11/30	记-077	手工凭证出库		付				6.00	2.6000	15.60			
2020/11	本期合计			付	0		0	6		15.6			
2020/12/31	期末			付									

编制单位:江南岳达机械制造有限责任公司

数量核算明细账

2020/10-2020/12

原材料:铸件　　　　单位:元

日期	凭证号	来源	出入库单号	单位	借方(入库)			贷方(出库)			余额		
					数量	单价	金额	数量	单价	金额	数量	单价	金额
2020/10/01	期初			吨									
2020/11/08	记-005	手工凭证入库		吨	8.63	3,997.6825	34,500.00				8.63	3,997.6825	34,500.00
2020/11/09	记-006	手工凭证出库		吨				8.63	3,997.6825	34,500.00			
2020/11	本期合计			吨	8.63		34500	8.63		34500			
2020/12/31	期末			吨									

编制单位:江南岳达机械制造有限责任公司

数量核算明细账

2020/10-2020/12

原材料:水泥　　　　单位:元

日期	凭证号	来源	出入库单号	单位	借方(入库)			贷方(出库)			余额		
					数量	单价	金额	数量	单价	金额	数量	单价	金额
2020/10/01	期初			吨									
2020/11/08	记-005	手工凭证入库		吨	5.00	240.0000	1,200.00				5.00	240.0000	1,200.00
2020/11/09	记-006	手工凭证出库		吨				5.00	240.0000	1,200.00			
2020/11	本期合计			吨	5		1200	5		1200			
2020/12/31	期末			吨									

编制单位:江南岳达机械制造有限责任公司

数量核算明细账

2020/10-2020/12

原材料:电磁阀　　　　单位:元

日期	凭证号	来源	出入库单号	单位	借方(入库)			贷方(出库)			余额		
					数量	单价	金额	数量	单价	金额	数量	单价	金额
2020/10/01	期初			个									
2020/12/17	记-027	手工凭证入库		个	2.00	9,000.0000	18,000.00				2.00	9,000.0000	18,000.00
2020/12/31	记-051	手工凭证出库		个				2.00	9,000.0000	18,000.00			
2020/12	本期合计			个	2		18000	2		18000			
2020/12/31	期末			个									

编制单位:江南岳达机械制造有限责任公司

数量核算明细账

2020/10-2020/12

原材料:防尘口罩　　　　单位:元

日期	凭证号	来源	出入库单号	单位	借方(入库)			贷方(出库)			余额		
					数量	单价	金额	数量	单价	金额	数量	单价	金额
2020/10/01	期初			个									
2020/12/17	记-025	手工凭证入库		个	20.00	6.0000	120.00				20.00	6.0000	120.00
2020/12/31	记-051	手工凭证出库		个				20.00	6.0000	120.00			
2020/12	本期合计			个	20		120	20		120			
2020/12/31	期末			个									

编制单位:江南岳达机械制造有限责任公司

数量核算明细账

2020/10-2020/12

库存商品:带锯条27*0.9

单位:元

日期	凭证号	来源	出入库单号	单位	借方(入库)			贷方(出库)			余额		
					数量	单价	金额	数量	单价	金额	数量	单价	金额
2020/10/01	期初			米							1,561,600.00	17.3000	27,015,680.00
2020/10/26	记-071	手工凭证出库		米				17,525.00	17.3000	303,182.50	1,544,075.00	17.3000	26,712,497.50
2020/10/26	记-079	手工凭证出库		米				100.00	17.3000	1,730.00	1,543,975.00	17.3000	26,710,767.50
2020/10/31	记-072	手工凭证出库		米				10,000.00	17.3000	173,000.00	1,533,975.00	17.3000	26,537,767.50
2020/10/31	记-073	手工凭证出库		米				200,000.00	17.3000	3,460,000.00	1,333,975.00	17.3000	23,077,767.50
2020/10/31	记-074	手工凭证出库		米				10,000.00	17.3000	173,000.00	1,323,975.00	17.3000	22,904,767.50
2020/10/31	记-075	手工凭证出库		米				5,000.00	17.3000	86,500.00	1,318,975.00	17.3000	22,818,267.50
2020/10	本期合计			米	0		0	242625		4197412.5			
2020/11/30	记-061	手工凭证出库		米				139.92	17.3000	2,420.62	1,318,835.08	17.3000	22,815,846.88
2020/11/30	记-071	手工凭证入库		米	101,500.00	17.7356	1,800,167.41				1,420,335.08	17.3311	24,616,014.29
2020/11/30	记-072	手工凭证出库		米				500.00	17.3310	8,665.50	1,419,835.08	17.3311	24,607,348.79
2020/11/30	记-072	手工凭证出库		米				404,825.00	17.3310	7,016,022.08	1,015,010.08	17.3312	17,591,326.71
2020/11/30	记-079	手工凭证出库		米				25,000.00	17.3310	433,275.00	990,010.08	17.3312	17,158,051.71
2020/11	本期合计			米	101500		1800167.41	430464.92		7460383.2			

编制单位:江南岳达机械制造有限责任公司

数量核算明细账

2020/10-2020/12

库存商品:带锯条27*0.9　　单位:元

日期	凭证号	来源	出入库单号	单位	借方(入库)			贷方(出库)			余额		
					数量	单价	金额	数量	单价	金额	数量	单价	金额
2020/12/31	记-041	手工凭证入库		米	200,000.00	20.0000	4,000,000.00				1,190,010.08	17.7797	21,158,051.71
2020/12/31	记-061	手工凭证入库		米	49,000.00	16.7600	821,241.64				1,239,010.08	17.7394	21,979,293.35
2020/12/31	记-063	手工凭证出库		米				300.00	17.7394	5,321.82	1,238,710.08	17.7394	21,973,971.53
2020/12/31	记-067	手工凭证出库		米				343,003.00	19.7394	6,770,673.42	895,707.08	16.9735	15,203,298.11
2020/12	本期合计			米	249000		4821241.64	343303		6775995.24			
2020/12/31	期末			米							895,707.08	16.9735	15,203,298.11

编制单位:江南岳达机械制造有限责任公司

数量核算明细账

2020/10-2020/12

库存商品:带锯条34*1.1　　　　单位:元

日期	凭证号	来源	出入库单号	单位	借方(入库)			贷方(出库)			余额		
					数量	单价	金额	数量	单价	金额	数量	单价	金额
2020/10/01	期初			米							28,000.00	27.8900	780,920.00
2020/11/30	记-071	手工凭证入库		米	58,420.00	27.8860	1,629,098.11				86,420.00	27.8873	2,410,018.11
2020/11/30	记-072	手工凭证出库		米				27,000.00	27.8900	753,030.00	59,420.00	27.8860	1,656,988.11
2020/11/30	记-072	手工凭证出库		米				15,300.00	27.8900	426,717.00	44,120.00	27.8847	1,230,271.11
2020/11	本期合计			米	58420		1629098.11	42300		1179747			
2020/12/31	记-062	手工凭证入库		米	40,000.00	27.6501	1,106,005.46				84,120.00	27.7731	2,336,276.57
2020/12/31	记-067	手工凭证出库		米				60,020.00	27.7731	1,666,941.46	24,100.00	27.7732	669,335.11
2020/12	本期合计			米	40000		1106005.46	60020		1666941.46			
2020/12/31	期末			米							24,100.00	27.7732	669,335.11

编制单位:江南岳达机械制造有限责任公司

数量核算明细账

2020/10-2020/12

库存商品:木工锯　　　　单位:元

日期	凭证号	来源	出入库单号	单位	借方(入库)			贷方(出库)			余额		
					数量	单价	金额	数量	单价	金额	数量	单价	金额
2020/10/01	期初			把							16.00	325.0000	5,200.00
2020/11/30	记-073	手工凭证出库		把				2.00	325.0000	650.00	14.00	325.0000	4,550.00
2020/11/30	记-076	手工凭证出库		把				1.00	325.0000	325.00	13.00	325.0000	4,225.00
2020/11	本期合计			把	0		0	3		975			
2020/12/31	记-065	手工凭证入库		把	300.00	376.8394	113,051.82				313.00	374.6863	117,276.82
2020/12	本期合计			把	300		113051.82	0		0			
2020/12/31	期末			把							313.00	374.6863	117,276.82

编制单位:江南岳达机械制造有限责任公司

数量核算明细账

2020/10-2020/12

库存商品:旧锯条

单位:元

日期	凭证号	来源	出入库单号	单位	借方(入库)			贷方(出库)			余额		
					数量	单价	金额	数量	单价	金额	数量	单价	金额
2020/10/01	期初			米									
2020/10/31	记-074	手工凭证入库		米	10,000.00	9.0000	90,000.00				10,000.00	9.0000	90,000.00
2020/10	本期合计			米	10000		90000	0		0			
2020/12/31	期末			米							10,000.00	9.0000	90,000.00

编制单位:江南岳达机械制造有限责任公司

数量核算明细账

2020/10-2020/12

库存商品:茅台酒　　　　　　　　　　单位:元

日期	凭证号	来源	出入库单号	单位	借方(入库)			贷方(出库)			余额		
					数量	单价	金额	数量	单价	金额	数量	单价	金额
2020/10/01	期初			瓶							100.00	980.0000	98,000.00
2020/11/15	记-020	手工凭证出库		瓶				100.00	980.0000	98,000.00			
2020/11	本期合计			瓶	0		0	100		98000			
2020/12/31	期末			瓶									

编制单位:江南岳达机械制造有限责任公司

数量核算明细账

2020/10-2020/12

库存商品:圆桌　　　　单位:元

日期	凭证号	来源	出入库单号	单位	借方(入库)			贷方(出库)			余额		
					数量	单价	金额	数量	单价	金额	数量	单价	金额
2020/10/01	期初			个							20.00	125.0000	2,500.00
2020/11/30	记-074			个				20.00	125.0000	2,500.00			
2020/11	本期合计			个	0		0	20		2500			
2020/12/31	期末			个									

编制单位:江南岳达机械制造有限责任公司

数量核算明细账

2020/10-2020/12

库存商品:椅子 单位:元

日期	凭证号	来源	出入库单号	单位	借方(入库)			贷方(出库)			余额		
					数量	单价	金额	数量	单价	金额	数量	单价	金额
2020/10/01	期初			把							200.00	55.0000	11,000.00
2020/11/30	记-074			把				200.00	55.0000	11,000.00			
2020/11	本期合计			把	0		0	200		11000			
2020/12/31	期末			把									

编制单位:江南岳达机械制造有限责任公司

数量核算明细账

2020/10-2020/12

在途物资:调功控制器　　　　单位:元

日期	凭证号	来源	出入库单号	单位	借方(入库)			贷方(出库)			余额		
					数量	单价	金额	数量	单价	金额	数量	单价	金额
2020/10/01	期初			个									
2020/12/17	记-014	手工凭证入库		个	1.00	3,400.0000	3,400.00				1.00	3,400.0000	3,400.00
2020/12	本期合计			个	1		3400	0		0			
2020/12/31	期末			个							1.00	3,400.0000	3,400.00

编制单位:江南岳达机械制造有限责任公司

数量核算明细账

2020/10-2020/12

在途物资:空压机　　单位:元

日期	凭证号	来源	出入库单号	单位	借方(入库)			贷方(出库)			余额		
					数量	单价	金额	数量	单价	金额	数量	单价	金额
2020/10/01	期初			台							1.00	390,000.0000	390,000.00
2020/12/31	期末			台							1.00	390,000.0000	390,000.00

编制单位:江南岳达机械制造有限责任公司

数量核算明细账

2020/10-2020/12

委托代销商品:带 锯条27*0.9

单位:元

日期	凭证号	来源	出入库单号	单位	借方(入库)			贷方(出库)			余额		
					数量	单价	金额	数量	单价	金额	数量	单价	金额
2020/10/01	期初			米									
2020/10/31	记-075	手工凭证入库		米	5,000.00	17.3000	86,500.00				5,000.00	17.3000	86,500.00
2020/10	本期合计			米	5000		86500	0		0			
2020/12/31	期末			米							5,000.00	17.3000	86,500.00

编制单位:江南岳达机械制造有限责任公司

明细账目录

库存现金明细账

2020/10-2020/12

科目:[1001] 库存现金　　　　单位:元

日期	凭证号	摘要	借方	贷方	方向	余额
2020-10		期初余额			借	191,306.40
2020-10-08	记-003	提取备用金	70,000.00		借	261,306.40
2020-10-08	记-006	销售边角余料	10,000.00		借	271,306.40
2020-10-08	记-007	报销人身意外伤害险		15,000.00	借	256,306.40
2020-10-08	记-008	收到员工外出笔记本电脑押金	300.00		借	256,606.40
2020-10-08	记-009	付收购农产品运费		3,270.00	借	253,336.40
2020-10-08	记-010	支付广告牌制作费		10,000.00	借	243,336.40
2020-10-10	记-012	支付广告宣传设计费		5,000.00	借	238,336.40
2020-10-10	记-018	办公电脑维修费		2,090.89	借	236,245.51
2020-10-10	记-019	报销差旅费		2,760.00	借	233,485.51
2020-10-10	记-020	收到银行承兑汇票补差额		800.00	借	232,685.51
2020-10-10	记-024	收到车辆处置收入	41,200.00		借	273,885.51
2020-10-10	记-027	预缴售房税款		33,333.33	借	240,552.18
2020-10-10	记-027	预缴售房税款		4,333.33	借	236,218.85
2020-10-10	记-029	购办公用品		994.50	借	235,224.35
2020-10-10	记-030	付运费		1,090.00	借	234,134.35
2020-10-22	记-035	付货款		11,227.57	借	222,906.78
2020-10-22	记-036	支付车辆保险费、车船税		3,664.78	借	219,242.00
2020-10-22	记-049	技术服务收入	10,600.00		借	229,842.00
2020-10-26	记-054	付款		2,712.00	借	227,130.00
2020-10-26	记-057	支付培训费		3,230.00	借	223,900.00
2020-10-26	记-058	报销餐费		61,800.00	借	162,100.00
2020-10-26	记-059	报销差旅费		4,770.00	借	157,330.00
2020-10-31	记-086	借款	12,487.36		借	169,817.36
2020-10		本月合计	144,587.36	166,076.40	借	169,817.36
2020-10		本年累计	144,587.36	166,076.40	借	169,817.36
2020-11-12	记-007	预缴水渠工程税费		2,717.00	借	167,100.36
2020-11-12	记-008	报销差旅费		2,420.00	借	164,680.36
2020-11-12	记-009	报销员工外出费用		9,900.00	借	154,780.36
2020-11-12	记-010	报销王岳达MBA学费		20,000.00	借	134,780.36
2020-11-13	记-011	现金报销职工培训费		9,270.00	借	125,510.36
2020-11-15	记-013	报销电话费		1,396.59	借	124,113.77
2020-11-15	记-014	付款		10,900.00	借	113,213.77
2020-11-15	记-016	付款		2,034.00	借	111,179.77
2020-11-15	记-018	报销车辆修理费		600.00	借	110,579.77
2020-11-15	记-019	购办公用品打印纸、硒鼓		2,825.00	借	107,754.77
2020-11-15	记-022	报销会议餐费		8,000.00	借	99,754.77

库存现金明细账

2020/10-2020/12

科目:[1001] 库存现金　　　　单位:元

日期	凭证号	摘要	借方	贷方	方向	余额
2020-11-15	记-023	收款	5,000.00		借	104,754.77
2020-11-15	记-024	付款		1,017.00	借	103,737.77
2020-11-15	记-029	付款		6,780.00	借	96,957.77
2020-11-30	记-035	付税控设备维护费		280.00	借	96,677.77
2020-11-30	记-037	提取备用金	3,000.00		借	99,677.77
2020-11-30	记-039	代垫运费		147.15	借	99,530.62
2020-11-30	记-042	报销通讯费		1,200.00	借	98,330.62
2020-11-30	记-043	提取备用金	10,000.00		借	108,330.62
2020-11-30	记-043	报销差旅费		3,333.40	借	104,997.22
2020-11-30	记-044	报销高速公路通行费		1,648.00	借	103,349.22
2020-11-30	记-046	开具红字发票信息单，已按16%抵扣.进项税备件退回厂家	47,125.00		借	150,474.22
2020-11-30	记-047	报销差旅费		200.00	借	150,274.22
2020-11-30	记-052	报销越野车维修费及油费		58,760.00	借	91,514.22
2020-11-30	记-054	报销住宿费及高尔夫球场地费用		5,300.00	借	86,214.22
2020-11-30	记-055	报销差旅费		5,000.00	借	81,214.22
2020-11-30	记-057	提取备用金	200,000.00		借	281,214.22
2020-11-30	记-060	报销水费		2,163.00	借	279,051.22
2020-11-30	记-081	平整B地块，用于建新厂房，耗费柴.油		45,200.00	借	233,851.22
2020-11-30	记-084	报销餐费		3,000.00	借	230,851.22
2020-11		本月合计	265,125.00	204,091.14	借	230,851.22
2020-11		本年累计	409,712.36	370,167.54	借	230,851.22
2020-12-12	记-003	提取备用金	90,000.00		借	320,851.22
2020-12-12	记-003	刘辉借差旅费		2,000.00	借	318,851.22
2020-12-12	记-005	报销电话费		3,069.83	借	315,781.39
2020-12-17	记-008	向学校捐款		10,000.00	借	305,781.39
2020-12-17	记-009	报销差旅费	676.00		借	306,457.39
2020-12-17	记-010	困难补助		1,000.00	借	305,457.39
2020-12-17	记-011	车辆违章罚款		200.00	借	305,257.39
2020-12-17	记-013	报销修理费		1,695.00	借	303,562.39
2020-12-17	记-017	报销车间购买办公椅		1,740.20	借	301,822.19
2020-12-17	记-018	参加生产工艺展费		10,000.00	借	291,822.19
2020-12-17	记-019	报销销售部门住宿费		2,650.00	借	289,172.19
2020-12-17	记-020	支付安装劳务费		3,000.00	借	286,172.19
2020-12-17	记-021	报销高速公路通行费		618.00	借	285,554.19
2020-12-17	记-022	增值税发票打印机		2,599.00	借	282,955.19

库存现金明细账

2020/10-2020/12

科目:[1001] 库存现金　　单位:元

日期	凭证号	摘要	借方	贷方	方向	余额
2020-12-17	记-025	付货款		135.60	借	282,819.59
2020-12-17	记-025	付货款		2,124.40	借	280,695.19
2020-12-17	记-026	付货款		7,345.00	借	273,350.19
2020-12-31	记-030	报销差旅费		4,240.00	借	269,110.19
2020-12-31	记-050	报销本月水费		2,576.03	借	266,534.16
2020-12-31	记-055	购电子阅读器		9,158.97	借	257,375.19
2020-12-31	记-066	报销为职工购买运动服款		10,170.00	借	247,205.19
2020-12-31	记-074	以库存现金支付考察费		12,000.00	借	235,205.19
2020-12-31	记-080	员工张北借款交契税		15,000.00	借	220,205.19
2020-12-31	记-081	企业管理咨询费		127,200.00	借	93,005.19
2020-12-31	记-083	还款		30,012.00	借	62,993.19
2020-12-31	记-084	门卫传达室临时雇工		11,000.00	借	51,993.19
2020-12-31	记-090	职工违反人事制度罚款	6,000.00		借	57,993.19
2020-12-31	记-091	购硬盘		994.50	借	56,998.69
2020-12		本月合计	96,676.00	270,528.53	借	56,998.69
2020-12		本年累计	506,388.36	640,696.07	借	56,998.69

编制单位:江南岳达机械制造有限责任公司

银行存款明细账

2020/10-2020/12

科目:[1002] 银行存款 单位:元

日期	凭证号	摘要	借方	贷方	方向	余额
2020-10		期初余额			借	132,458.36
2020-10-08	记-001	增加注册资本	5,000,000.00		借	5,132,458.36
2020-10-08	记-002	付运炉废渣250吨运费5000元。		5,000.00	借	5,127,458.36
2020-10-08	记-003	提取备用金		70,000.00	借	5,057,458.36
2020-10-08	记-004	购支票工本费		35.00	借	5,057,423.36
2020-10-08	记-005	付款		1,356,000.00	借	3,701,423.36
2020-10-08	记-005	汇款手续费		20.00	借	3,701,403.36
2020-10-08	记-009	付款		859,280.00	借	2,842,123.36
2020-10-08	记-009	汇款手续费		20.00	借	2,842,103.36
2020-10-10	记-011	预收大华机械货款	300,000.00		借	3,142,103.36
2020-10-10	记-013	收回多付货款	220,000.00		借	3,362,103.36
2020-10-10	记-015	收回货款	210,085.00		借	3,572,188.36
2020-10-10	记-015	收回货款	5,000.00		借	3,577,188.36
2020-10-10	记-016	付款		226,000.00	借	3,351,188.36
2020-10-10	记-016	汇款手续费		20.00	借	3,351,168.36
2020-10-10	记-020	汇票贴现	279,162.00		借	3,630,330.36
2020-10-10	记-025	收到售房款	700,000.00		借	4,330,330.36
2020-10-10	记-028	付办公用房租金		48,300.00	借	4,282,030.36
2020-10-10	记-028	汇款手续费		10.00	借	4,282,020.36
2020-10-10	记-030	付货款		119,780.00	借	4,162,240.36
2020-10-10	记-030	汇款手续费		20.00	借	4,162,220.36
2020-10-22	记-031	缴电话费		2,220.00	借	4,160,000.36
2020-10-22	记-032	付款		14,238.00	借	4,145,762.36
2020-10-22	记-032	汇款手续费		10.00	借	4,145,752.36
2020-10-22	记-033	预付电费		110,000.00	借	4,035,752.36
2020-10-22	记-033	汇款手续费		10.00	借	4,035,742.36
2020-10-22	记-034	预付燃油费		15,000.00	借	4,020,742.36
2020-10-22	记-034	汇款手续费		10.00	借	4,020,732.36
2020-10-22	记-038	付货款		45,200.00	借	3,975,532.36
2020-10-22	记-038	汇款手续费		10.00	借	3,975,522.36
2020-10-22	记-039	付款		22,600.00	借	3,952,922.36
2020-10-22	记-039	汇款手续费		10.00	借	3,952,912.36
2020-10-22	记-040	购非专利技术		137,800.00	借	3,815,112.36
2020-10-22	记-040	汇款手续费		20.00	借	3,815,092.36
2020-10-22	记-045	支付本月水费		1,236.00	借	3,813,856.36
2020-10-22	记-045	手续费		10.00	借	3,813,846.36
2020-10-22	记-046	支付利息		300,000.00	借	3,513,846.36
2020-10-22	记-046	汇款手续费		10.00	借	3,513,836.36
2020-10-22	记-047	付款		135,600.00	借	3,378,236.36
2020-10-22	记-047	汇款手续费		20.00	借	3,378,216.36

银行存款明细账

2020/10-2020/12

科目:[1002] 银行存款　　　　单位:元

日期	凭证号	摘要	借方	贷方	方向	余额
2020-10-22	记-050	预收大祺工具厂租赁款	50,000.00		借	3,428,216.36
2020-10-22	记-051	付款		4,520.00	借	3,423,696.36
2020-10-22	记-051	汇款手续费		10.00	借	3,423,686.36
2020-10-26	记-053	银行短信服务费		30.00	借	3,423,656.36
2020-10-26	记-055	付款		22,600.00	借	3,401,056.36
2020-10-26	记-055	汇款手续费		10.00	借	3,401,046.36
2020-10-26	记-056	付款		2,938.00	借	3,398,108.36
2020-10-26	记-056	汇款手续费		10.00	借	3,398,098.36
2020-10-26	记-061	支付信用社利息		3,500.00	借	3,394,598.36
2020-10-31	记-074	以旧锯条换27*0.9带锯条10000米	83,000.00		借	3,477,598.36
2020-10-26	记-076	还旧贷		600,000.00	借	2,877,598.36
2020-10-26	记-076	借新贷	600,000.00		借	3,477,598.36
2020-10-26	记-076	汇款手续费		10.00	借	3,477,588.36
2020-10-26	记-077	银行存款支付职工岗位技能培训费		26,500.00	借	3,451,088.36
2020-10-26	记-077	汇款手续费		10.00	借	3,451,078.36
2020-10-26	记-081	出售固定资产车床一台	95,000.00		借	3,546,078.36
2020-10-26	记-082	收款	67,800.00		借	3,613,878.36
2020-10		本月合计	7,610,047.00	4,128,627.00	借	3,613,878.36
2020-10		本年累计	7,610,047.00	4,128,627.00	借	3,613,878.36
2020-11-07	记-001	缴纳社保费		108,416.81	借	3,505,461.55
2020-11-07	记-001	缴纳基本保险		50,846.04	借	3,454,615.51
2020-11-07	记-002	缴纳税		13,043.46	借	3,441,572.05
2020-11-07	记-002	缴纳工会经费		5,412.13	借	3,436,159.92
2020-11-07	记-002	缴纳工会经费		3,608.09	借	3,432,551.83
2020-11-07	记-002	缴纳住房公积金		90,202.22	借	3,342,349.61
2020-11-07	记-003	发放工资		363,399.96	借	2,978,949.65
2020-11-07	记-004	缴纳增值税		2,644.66	借	2,976,304.99
2020-11-07	记-004	缴纳附加税		317.36	借	2,975,987.63
2020-11-08	记-005	付款		40,341.00	借	2,935,646.63
2020-11-08	记-005	汇款手续费		10.00	借	2,935,636.63
2020-11-09	记-006	收到水渠工程结算款	119,900.00		借	3,055,536.63
2020-11-14	记-012	支付广告费		31,800.00	借	3,023,736.63
2020-11-14	记-012	汇款手续费		10.00	借	3,023,726.63
2020-11-15	记-013	收到预收款	8,100,000.00		借	11,123,726.63
2020-11-15	记-017	收到上海子公司宣告分派股息红利	500,000.00		借	11,623,726.63
2020-11-15	记-021	付款		994,400.00	借	10,629,326.63
2020-11-15	记-021	汇款手续费		20.00	借	10,629,306.63
2020-11-15	记-026	收到政府奖励	50,000.00		借	10,679,306.63

银行存款明细账

2020/10-2020/12

科目:[1002] 银行存款

单位:元

日期	凭证号	摘要	借方	贷方	方向	余额
2020-11-15	记-027	付款		113,000.00	借	10,566,306.63
2020-11-15	记-027	手续费		20.00	借	10,566,286.63
2020-11-15	记-030	收到高炉租赁款	793,800.00		借	11,360,086.63
2020-11-16	记-031	购服装		30,510.00	借	11,329,576.63
2020-11-16	记-031	汇款手续费		10.00	借	11,329,566.63
2020-11-16	记-032	预付电费		150,000.00	借	11,179,566.63
2020-11-16	记-032	手续费		20.00	借	11,179,546.63
2020-11-30	记-033	支付利息		3,500.00	借	11,176,046.63
2020-11-30	记-034	购入B地块		10,000,000.00	借	1,176,046.63
2020-11-30	记-034	交城市配套费		1,000,000.00	借	176,046.63
2020-11-30	记-036	销售27*0.9带锯条154 325米的运费	10,900.00		借	186,946.63
2020-11-30	记-036	销售27*0.9带锯条154 325米	3,487,745.00		借	3,674,691.63
2020-11-30	记-037	提取备用金		3,000.00	借	3,671,691.63
2020-11-30	记-039	收回货款	535,767.15		借	4,207,458.78
2020-11-30	记-040	收回货款	11,300.00		借	4,218,758.78
2020-11-30	记-041	收回货款	1,130,000.00		借	5,348,758.78
2020-11-30	记-041	收回货款	1,722.60		借	5,350,481.38
2020-11-30	记-043	提取备用金		10,000.00	借	5,340,481.38
2020-11-30	记-045	销售27*0.9带锯条100 000米	1,130,000.00		借	6,470,481.38
2020-11-30	记-048	收到往来款	2,000,000.00		借	8,470,481.38
2020-11-30	记-050	收回货款	1,356,000.00		借	9,826,481.38
2020-11-30	记-051	付外国企业业务指导费		100,000.00	借	9,726,481.38
2020-11-30	记-053	付款		150,000.00	借	9,576,481.38
2020-11-30	记-053	汇款手续费		20.00	借	9,576,461.38
2020-11-30	记-056	向股东分配股利		120,000.00	借	9,456,461.38
2020-11-30	记-056	向股东分配股利		180,000.00	借	9,276,461.38
2020-11-30	记-056	电汇手续费		20.00	借	9,276,441.38
2020-11-30	记-056	电汇手续费		20.00	借	9,276,421.38
2020-11-30	记-057	提取备用金		200,000.00	借	9,076,421.38
2020-11-30	记-057	退订货款		8,100,000.00	借	976,421.38
2020-11-30	记-080	借入长期借款	3,000,000.00		借	3,976,421.38
2020-11-30	记-083	收到公益性岗位补贴	23,240.00		借	3,999,661.38
2020-11-30	记-088	中央空调安装工程		500,500.00	借	3,499,161.38
2020-11-30	记-088	汇款手续费		20.00	借	3,499,141.38
2020-11		本月合计	22,250,374.75	22,365,111.73	借	3,499,141.38
2020-11		本年累计	29,860,421.75	26,493,738.73	借	3,499,141.38
2020-12-12	记-001	缴纳增值税		35,600.00	借	3,463,541.38
2020-12-12	记-001	缴纳地方教育附加		4,272.00	借	3,459,269.38
2020-12-12	记-001	缴纳印花税		11,001.86	借	3,448,267.52

银行存款明细账

2020/10-2020/12

科目:[1002] 银行存款　　　　单位:元

日期	凭证号	摘要	借方	贷方	方向	余额
2020-12-12	记-001	缴纳契税		400,575.00	借	3,047,692.52
2020-12-12	记-002	上缴工会经费		5,592.77	借	3,042,099.75
2020-12-12	记-002	上缴工会经费		3,728.51	借	3,038,371.24
2020-12-12	记-002	缴住房公积金		93,212.84	借	2,945,158.40
2020-12-12	记-002	缴社会保险费		110,900.57	借	2,834,257.83
2020-12-12	记-002	缴社会保险费		52,276.06	借	2,781,981.77
2020-12-12	记-003	提取备用金		90,000.00	借	2,691,981.77
2020-12-12	记-004	支付电缆清包工程分包劳务成本		40,000.00	借	2,651,981.77
2020-12-12	记-004	支付电缆清包工程人工费		31,000.00	借	2,620,981.77
2020-12-12	记-004	汇款手续费		10.00	借	2,620,971.77
2020-12-12	记-004	汇款手续费		10.00	借	2,620,961.77
2020-12-12	记-004	收到电缆清包工程结算工程款	120,000.00		借	2,740,961.77
2020-12-12	记-004	预缴跨区域税		2,842.72	借	2,738,119.05
2020-12-12	记-006	收到技改补助资金	60,000.00		借	2,798,119.05
2020-12-12	记-007	预付电费		130,000.00	借	2,668,119.05
2020-12-12	记-007	汇款手续费		20.00	借	2,668,099.05
2020-12-17	记-010	支付工资		376,937.73	借	2,291,161.32
2020-12-17	记-012	付货款		483,941.34	借	1,807,219.98
2020-12-17	记-012	汇款手续费		20.00	借	1,807,199.98
2020-12-17	记-014	购调功控制器，取得发票		3,842.00	借	1,803,357.98
2020-12-17	记-014	汇款手续费		10.00	借	1,803,347.98
2020-12-17	记-023	付生产线技术指导服务费		127,200.00	借	1,676,147.98
2020-12-17	记-023	汇款手续费		20.00	借	1,676,127.98
2020-12-17	记-024	付货款		16,950.00	借	1,659,177.98
2020-12-17	记-024	汇款手续费		10.00	借	1,659,167.98
2020-12-17	记-027	付货款		20,340.00	借	1,638,827.98
2020-12-17	记-027	汇款手续费		10.00	借	1,638,817.98
2020-12-31	记-031	支付本月流动资金借款利息		3,500.00	借	1,635,317.98
2020-12-31	记-032	支付贷款咨询服务费		7,420.00	借	1,627,897.98
2020-12-31	记-034	往来款	16,450.00		借	1,644,347.98
2020-12-17	记-037	收回货款	67,800.00		借	1,712,147.98
2020-12-31	记-038	销售34*1.1带锯条	2,034,000.00		借	3,746,147.98
2020-12-31	记-040	确认赊销款，确认赊销收入	915,300.00		借	4,661,447.98
2020-12-31	记-041	付款		4,520,000.00	借	141,447.98
2020-12-31	记-041	汇款手续费		20.00	借	141,427.98
2020-12-31	记-045	将持有的上市公司的原始股份出售	3,000,000.00		借	3,141,427.98
2020-12-31	记-064	付加工费		33,900.00	借	3,107,527.98

银行存款明细账

2020/10-2020/12

科目:[1002] 银行存款 单位:元

日期	凭证号	摘要	借方	贷方	方向	余额
2020-12-31	记-064	汇款手续费		10.00	借	3,107,517.98
2020-12-31	记-070	支付本月贷款利息		20,000.00	借	3,087,517.98
2020-12-31	记-075	银行利息收入	1,983.36		借	3,089,501.34
2020-12-31	记-076	取得贷款	650,000.00		借	3,739,501.34
2020-12-31	记-076	支付本月借款利息		5,300.00	借	3,734,201.34
2020-12-31	记-077	转上海子公司往来款		650,000.00	借	3,084,201.34
2020-12-31	记-077	银行手续费		20.00	借	3,084,181.34
2020-12-31	记-079	往来款	1,962,500.00		借	5,046,681.34
2020-12-31	记-082	收到往来款	128,640.00		借	5,175,321.34
2020-12-31	记-086	多功能车棚完工		654,000.00	借	4,521,321.34
2020-12-31	记-086	汇款手续费		20.00	借	4,521,301.34
2020-12-31	记-087	墙体广告位收入	10,000.00		借	4,531,301.34
2020-12		本月合计	8,966,673.36	7,934,513.40	借	4,531,301.34
2020-12		本年累计	38,827,095.11	34,428,252.13	借	4,531,301.34

编制单位:江南岳达机械制造有限责任公司

银行存款-江南城市发展银行长安分行明细账

2020/10-2020/12

科目:[1002.001] 银行存款-江南城市发展银行长安分行　　单位:元

日期	凭证号	摘要	借方	贷方	方向	余额
2020-10		期初余额			借	12,458.36
2020-10-08	记-001	增加注册资本	5,000,000.00		借	5,012,458.36
2020-10-08	记-002	付运炉废渣250吨运费5000元。		5,000.00	借	5,007,458.36
2020-10-08	记-003	提取备用金		70,000.00	借	4,937,458.36
2020-10-08	记-004	购支票工本费		35.00	借	4,937,423.36
2020-10-08	记-005	付款		1,356,000.00	借	3,581,423.36
2020-10-08	记-005	汇款手续费		20.00	借	3,581,403.36
2020-10-08	记-009	付款		859,280.00	借	2,722,123.36
2020-10-08	记-009	汇款手续费		20.00	借	2,722,103.36
2020-10-10	记-011	预收大华机械货款	300,000.00		借	3,022,103.36
2020-10-10	记-013	收回多付货款	220,000.00		借	3,242,103.36
2020-10-10	记-015	收回货款	210,085.00		借	3,452,188.36
2020-10-10	记-015	收回货款	5,000.00		借	3,457,188.36
2020-10-10	记-016	付款		226,000.00	借	3,231,188.36
2020-10-10	记-016	汇款手续费		20.00	借	3,231,168.36
2020-10-10	记-020	汇票贴现	279,162.00		借	3,510,330.36
2020-10-10	记-025	收到售房款	700,000.00		借	4,210,330.36
2020-10-10	记-028	付办公用房租金		48,300.00	借	4,162,030.36
2020-10-10	记-028	汇款手续费		10.00	借	4,162,020.36
2020-10-10	记-030	付货款		119,780.00	借	4,042,240.36
2020-10-10	记-030	汇款手续费		20.00	借	4,042,220.36
2020-10-22	记-031	缴电话费		2,220.00	借	4,040,000.36
2020-10-22	记-032	付款		14,238.00	借	4,025,762.36
2020-10-22	记-032	汇款手续费		10.00	借	4,025,752.36
2020-10-22	记-033	预付电费		110,000.00	借	3,915,752.36
2020-10-22	记-033	汇款手续费		10.00	借	3,915,742.36
2020-10-22	记-034	预付燃油费		15,000.00	借	3,900,742.36
2020-10-22	记-034	汇款手续费		10.00	借	3,900,732.36
2020-10-22	记-038	付货款		45,200.00	借	3,855,532.36
2020-10-22	记-038	汇款手续费		10.00	借	3,855,522.36
2020-10-22	记-039	付款		22,600.00	借	3,832,922.36
2020-10-22	记-039	汇款手续费		10.00	借	3,832,912.36
2020-10-22	记-040	购非专利技术		137,800.00	借	3,695,112.36
2020-10-22	记-040	汇款手续费		20.00	借	3,695,092.36
2020-10-22	记-045	支付本月水费		1,236.00	借	3,693,856.36
2020-10-22	记-045	手续费		10.00	借	3,693,846.36
2020-10-22	记-046	支付利息		300,000.00	借	3,393,846.36
2020-10-22	记-046	汇款手续费		10.00	借	3,393,836.36
2020-10-22	记-047	付款		135,600.00	借	3,258,236.36
2020-10-22	记-047	汇款手续费		20.00	借	3,258,216.36

银行存款-江南城市发展银行长安分行明细账

2020/10-2020/12

科目:[1002.001] 银行存款-江南城市发展银行长安分行　　单位:元

日期	凭证号	摘要	借方	贷方	方向	余额
2020-10-22	记-050	预收大祺工具厂租赁款	50,000.00		借	3,308,216.36
2020-10-22	记-051	付款		4,520.00	借	3,303,696.36
2020-10-22	记-051	汇款手续费		10.00	借	3,303,686.36
2020-10-26	记-053	银行短信服务费		30.00	借	3,303,656.36
2020-10-26	记-055	付款		22,600.00	借	3,281,056.36
2020-10-26	记-055	汇款手续费		10.00	借	3,281,046.36
2020-10-26	记-056	付款		2,938.00	借	3,278,108.36
2020-10-26	记-056	汇款手续费		10.00	借	3,278,098.36
2020-10-31	记-074	以旧锯条换27*0.9带锯条10000米	83,000.00		借	3,361,098.36
2020-10-26	记-076	还旧贷		600,000.00	借	2,761,098.36
2020-10-26	记-076	借新贷	600,000.00		借	3,361,098.36
2020-10-26	记-076	汇款手续费		10.00	借	3,361,088.36
2020-10-26	记-077	银行存款支付职工岗位技能培训费		26,500.00	借	3,334,588.36
2020-10-26	记-077	汇款手续费		10.00	借	3,334,578.36
2020-10-26	记-081	出售固定资产车床一台	95,000.00		借	3,429,578.36
2020-10-26	记-082	收款	67,800.00		借	3,497,378.36
2020-10		本月合计	7,610,047.00	4,125,127.00	借	3,497,378.36
2020-10		本年累计	7,610,047.00	4,125,127.00	借	3,497,378.36
2020-11-07	记-001	缴纳社保费		108,416.81	借	3,388,961.55
2020-11-07	记-001	缴纳基本保险		50,846.04	借	3,338,115.51
2020-11-07	记-002	缴纳税		13,043.46	借	3,325,072.05
2020-11-07	记-002	缴纳工会经费		5,412.13	借	3,319,659.92
2020-11-07	记-002	缴纳工会经费		3,608.09	借	3,316,051.83
2020-11-07	记-002	缴纳住房公积金		90,202.22	借	3,225,849.61
2020-11-07	记-003	发放工资		363,399.96	借	2,862,449.65
2020-11-07	记-004	缴纳增值税		2,644.66	借	2,859,804.99
2020-11-07	记-004	缴纳附加税		317.36	借	2,859,487.63
2020-11-08	记-005	付款		40,341.00	借	2,819,146.63
2020-11-08	记-005	汇款手续费		10.00	借	2,819,136.63
2020-11-09	记-006	收到水渠工程结算款	119,900.00		借	2,939,036.63
2020-11-14	记-012	支付广告费		31,800.00	借	2,907,236.63
2020-11-14	记-012	汇款手续费		10.00	借	2,907,226.63
2020-11-15	记-013	收到预收款	8,100,000.00		借	11,007,226.63
2020-11-15	记-017	收到上海子公司宣告分派股息红利	500,000.00		借	11,507,226.63
2020-11-15	记-021	付款		994,400.00	借	10,512,826.63
2020-11-15	记-021	汇款手续费		20.00	借	10,512,806.63
2020-11-15	记-026	收到政府奖励	50,000.00		借	10,562,806.63
2020-11-15	记-027	付款		113,000.00	借	10,449,806.63

银行存款-江南城市发展银行长安分行明细账

2020/10-2020/12

科目:[1002.001] 银行存款-江南城市发展银行长安分行　　单位:元

日期	凭证号	摘要	借方	贷方	方向	余额
2020-11-15	记-027	手续费		20.00	借	10,449,786.63
2020-11-15	记-030	收到高炉租赁款	793,800.00		借	11,243,586.63
2020-11-16	记-031	购服装		30,510.00	借	11,213,076.63
2020-11-16	记-031	汇款手续费		10.00	借	11,213,066.63
2020-11-16	记-032	预付电费		150,000.00	借	11,063,066.63
2020-11-16	记-032	手续费		20.00	借	11,063,046.63
2020-11-30	记-034	购入B地块		10,000,000.00	借	1,063,046.63
2020-11-30	记-034	交城市配套费		1,000,000.00	借	63,046.63
2020-11-30	记-036	销售27*0.9带锯条154 325米的运费	10,900.00		借	73,946.63
2020-11-30	记-036	销售27*0.9带锯条154 325米	3,487,745.00		借	3,561,691.63
2020-11-30	记-037	提取备用金		3,000.00	借	3,558,691.63
2020-11-30	记-039	收回货款	535,767.15		借	4,094,458.78
2020-11-30	记-040	收回货款	11,300.00		借	4,105,758.78
2020-11-30	记-041	收回货款	1,130,000.00		借	5,235,758.78
2020-11-30	记-041	收回货款	1,722.60		借	5,237,481.38
2020-11-30	记-043	提取备用金		10,000.00	借	5,227,481.38
2020-11-30	记-045	销售27*0.9带锯条100 000米	1,130,000.00		借	6,357,481.38
2020-11-30	记-048	收到往来款	2,000,000.00		借	8,357,481.38
2020-11-30	记-050	收回货款	1,356,000.00		借	9,713,481.38
2020-11-30	记-053	付款		150,000.00	借	9,563,481.38
2020-11-30	记-053	汇款手续费		20.00	借	9,563,461.38
2020-11-30	记-056	向股东分配股利		120,000.00	借	9,443,461.38
2020-11-30	记-056	向股东分配股利		180,000.00	借	9,263,461.38
2020-11-30	记-056	电汇手续费		20.00	借	9,263,441.38
2020-11-30	记-056	电汇手续费		20.00	借	9,263,421.38
2020-11-30	记-057	提取备用金		200,000.00	借	9,063,421.38
2020-11-30	记-057	退订货款		8,100,000.00	借	963,421.38
2020-11-30	记-080	借入长期借款	3,000,000.00		借	3,963,421.38
2020-11-30	记-083	收到公益性岗位补贴	23,240.00		借	3,986,661.38
2020-11-30	记-088	中央空调安装工程		500,500.00	借	3,486,161.38
2020-11-30	记-088	汇款手续费		20.00	借	3,486,141.38
2020-11		本月合计	22,250,374.75	22,261,611.73	借	3,486,141.38
2020-11		本年累计	29,860,421.75	26,386,738.73	借	3,486,141.38
2020-12-12	记-001	缴纳增值税		35,600.00	借	3,450,541.38
2020-12-12	记-001	缴纳地方教育附加		4,272.00	借	3,446,269.38
2020-12-12	记-001	缴纳印花税		11,001.86	借	3,435,267.52
2020-12-12	记-001	缴纳契税		400,575.00	借	3,034,692.52
2020-12-12	记-002	上缴工会经费		5,592.77	借	3,029,099.75
2020-12-12	记-002	上缴工会经费		3,728.51	借	3,025,371.24

银行存款-江南城市发展银行长安分行明细账

2020/10-2020/12

科目:[1002.001] 银行存款-江南城市发展银行长安分行　　　　单位:元

日期	凭证号	摘要	借方	贷方	方向	余额
2020-12-12	记-002	缴住房公积金		93,212.84	借	2,932,158.40
2020-12-12	记-002	缴社会保险费		110,900.57	借	2,821,257.83
2020-12-12	记-002	缴社会保险费		52,276.06	借	2,768,981.77
2020-12-12	记-003	提取备用金		90,000.00	借	2,678,981.77
2020-12-12	记-004	支付电缆清包工程分包劳务成本		40,000.00	借	2,638,981.77
2020-12-12	记-004	支付电缆清包工程人工费		31,000.00	借	2,607,981.77
2020-12-12	记-004	汇款手续费		10.00	借	2,607,971.77
2020-12-12	记-004	汇款手续费		10.00	借	2,607,961.77
2020-12-12	记-004	收到电缆清包工程结算工程款	120,000.00		借	2,727,961.77
2020-12-12	记-004	预缴跨区域税		2,842.72	借	2,725,119.05
2020-12-12	记-006	收到技改补助资金	60,000.00		借	2,785,119.05
2020-12-12	记-007	预付电费		130,000.00	借	2,655,119.05
2020-12-12	记-007	汇款手续费		20.00	借	2,655,099.05
2020-12-17	记-010	支付工资		376,937.73	借	2,278,161.32
2020-12-17	记-012	付货款		483,941.34	借	1,794,219.98
2020-12-17	记-012	汇款手续费		20.00	借	1,794,199.98
2020-12-17	记-014	购调功控制器，取得发票		3,842.00	借	1,790,357.98
2020-12-17	记-014	汇款手续费		10.00	借	1,790,347.98
2020-12-17	记-023	付生产线技术指导服务费		127,200.00	借	1,663,147.98
2020-12-17	记-023	汇款手续费		20.00	借	1,663,127.98
2020-12-17	记-024	付货款		16,950.00	借	1,646,177.98
2020-12-17	记-024	汇款手续费		10.00	借	1,646,167.98
2020-12-17	记-027	付货款		20,340.00	借	1,625,827.98
2020-12-17	记-027	汇款手续费		10.00	借	1,625,817.98
2020-12-31	记-032	支付贷款咨询服务费		7,420.00	借	1,618,397.98
2020-12-31	记-034	往来款	16,450.00		借	1,634,847.98
2020-12-17	记-037	收回货款	67,800.00		借	1,702,647.98
2020-12-31	记-038	销售34*1.1带锯条	2,034,000.00		借	3,736,647.98
2020-12-31	记-040	确认赊销款，确认赊销收入	915,300.00		借	4,651,947.98
2020-12-31	记-041	付款		4,520,000.00	借	131,947.98
2020-12-31	记-041	汇款手续费		20.00	借	131,927.98
2020-12-31	记-045	将持有的上市公司的原始股份出售	3,000,000.00		借	3,131,927.98
2020-12-31	记-064	付加工费		33,900.00	借	3,098,027.98
2020-12-31	记-064	汇款手续费		10.00	借	3,098,017.98
2020-12-31	记-070	支付本月贷款利息		20,000.00	借	3,078,017.98
2020-12-31	记-075	银行利息收入	1,983.36		借	3,080,001.34
2020-12-31	记-076	取得贷款	650,000.00		借	3,730,001.34

银行存款-江南城市发展银行长安分行明细账

2020/10-2020/12

科目:[1002.001] 银行存款-江南城市发展银行长安分行　　单位:元

日期	凭证号	摘要	借方	贷方	方向	余额
2020-12-31	记-076	支付本月借款利息		5,300.00	借	3,724,701.34
2020-12-31	记-077	转上海子公司往来款		650,000.00	借	3,074,701.34
2020-12-31	记-077	银行手续费		20.00	借	3,074,681.34
2020-12-31	记-079	往来款	1,962,500.00		借	5,037,181.34
2020-12-31	记-082	收到往来款	128,640.00		借	5,165,821.34
2020-12-31	记-086	多功能车棚完工		654,000.00	借	4,511,821.34
2020-12-31	记-086	汇款手续费		20.00	借	4,511,801.34
2020-12-31	记-087	墙体广告位收入	10,000.00		借	4,521,801.34
2020-12		本月合计	8,966,673.36	7,931,013.40	借	4,521,801.34
2020-12		本年累计	38,827,095.11	34,317,752.13	借	4,521,801.34

编制单位:江南岳达机械制造有限责任公司

银行存款-信用社明细账

2020/10-2020/12

科目:[1002.002] 银行存款-信用社 单位:元

日期	凭证号	摘要	借方	贷方	方向	余额
2020-10		期初余额			借	20,000.00
2020-10-26	记-061	支付信用社利息		3,500.00	借	16,500.00
2020-10		本月合计		3,500.00	借	16,500.00
2020-10		本年累计		3,500.00	借	16,500.00
2020-11-30	记-033	支付利息		3,500.00	借	13,000.00
2020-11		本月合计		3,500.00	借	13,000.00
2020-11		本年累计		7,000.00	借	13,000.00
2020-12-31	记-031	支付本月流动资金借款利息		3,500.00	借	9,500.00
2020-12		本月合计		3,500.00	借	9,500.00
2020-12		本年累计		10,500.00	借	9,500.00

编制单位:江南岳达机械制造有限责任公司

银行存款-英镑户明细账

2020/10-2020/12

科目:[1002.003] 银行存款-英镑户　　单位:元

日期	凭证号	摘要	借方	贷方	方向	余额
2020-10		期初余额			借	100,000.00
2020-10		本月合计			借	100,000.00
2020-10		本年累计			借	100,000.00
2020-11-30	记-051	付外国企业业务指导费		100,000.00	借	
2020-11		本月合计		100,000.00	借	
2020-11		本年累计		100,000.00	借	
2020-12		本月合计			借	
2020-12		本年累计		100,000.00	借	

编制单位:江南岳达机械制造有限责任公司

应收票据明细账

2020/10-2020/12

科目:[1121] 应收票据　　　　单位:元

日期	凭证号	摘要	借方	贷方	方向	余额
2020-10		期初余额			借	
2020-10-10	记-020	收到银行承兑汇票	280,800.00		借	280,800.00
2020-10-10	记-020	汇票贴现		280,800.00	借	
2020-10		本月合计	280,800.00	280,800.00	借	
2020-10		本年累计	280,800.00	280,800.00	借	
2020-11		本月合计			借	
2020-11		本年累计	280,800.00	280,800.00	借	
2020-12		本月合计			借	
2020-12		本年累计	280,800.00	280,800.00	借	

编制单位:江南岳达机械制造有限责任公司

应收账款明细账

2020/10-2020/12

科目:[1122] 应收账款　　单位:元

日期	凭证号	摘要	借方	贷方	方向	余额
2020-10		期初余额			借	3,477,892.00
2020-10-10	记-015	收货款		210,085.00	借	3,267,807.00
2020-10-10	记-015	销售带锯条17525米	396,065.00		借	3,663,872.00
2020-10-10	记-015	收回货款		5,000.00	借	3,658,872.00
2020-10-10	记-020	收到银行承兑汇票		280,000.00	借	3,378,872.00
2020-10-22	记-043	发出商品27*0.9带锯条200，000米..，对方火灾。	520,000.00		借	3,898,872.00
2020-10-22	记-050	预收大祺工具厂租赁款		50,000.00	借	3,848,872.00
2020-10-26	记-082	收款		67,800.00	借	3,781,072.00
2020-10		本月合计	916,065.00	612,885.00	借	3,781,072.00
2020-10		本年累计	916,065.00	612,885.00	借	3,781,072.00
2020-11-09	记-006	收到水渠工程结算款		119,900.00	借	3,661,172.00
2020-11-09	记-006	水渠工程竣工	119,900.00		借	3,781,072.00
2020-11-15	记-013	收到预收款		8,100,000.00	借	-4,318,928.00
2020-11-15	记-030	高炉租赁	793,800.00		借	-3,525,128.00
2020-11-15	记-030	收到高炉租赁款		793,800.00	借	-4,318,928.00
2020-11-30	记-039	销售34*1.1带锯条15300米	535,767.15		借	-3,783,160.85
2020-11-30	记-039	收回货款		535,767.15	借	-4,318,928.00
2020-11-30	记-040	分期销售27*0.9带锯条1000米（本..月收款500米）	11,300.00		借	-4,307,628.00
2020-11-30	记-040	收回货款		11,300.00	借	-4,318,928.00
2020-11-30	记-041	按合同约定销售27*0.9带锯条5000..米	1,130,000.00		借	-3,188,928.00
2020-11-30	记-041	收回货款		1,131,722.60	借	-4,320,650.60
2020-11-30	记-050	销售27*0.9带锯条100000米	1,356,000.00		借	-2,964,650.60
2020-11-30	记-050	收回货款		1,356,000.00	借	-4,320,650.60
2020-11-30	记-057	退订货款	8,100,000.00		借	3,779,349.40
2020-11		本月合计	12,046,767.15	12,048,489.75	借	3,779,349.40
2020-11		本年累计	12,962,832.15	12,661,374.75	借	3,779,349.40
2020-12-12	记-004	收到电缆清包工程结算工程款		120,000.00	借	3,659,349.40
2020-12-12	记-004	电缆清包工程竣工	120,000.00		借	3,779,349.40
2020-12-17	记-015	产品因质量原因发生折让		18,080.00	借	3,761,269.40
2020-12-31	记-036	确认收入	7,345,000.00		借	11,106,269.40
2020-12-31	记-036	确认收入	11,300.00		借	11,117,569.40
2020-12-17	记-037	销售收款27*0.9带锯条，1000米	67,800.00		借	11,185,369.40
2020-12-17	记-037	收回货款		67,800.00	借	11,117,569.40
2020-12-31	记-038	销售34*1.1带锯条	2,034,000.00		借	13,151,569.40

应收账款明细账

2020/10-2020/12

科目:[1122] 应收账款　　　　单位:元

日期	凭证号	摘要	借方	贷方	方向	余额
2020-12-31	记-038	收回货款		2,034,000.00	借	11,117,569.40
2020-12-31	记-040	确认赊销款，确认赊销收入	915,300.00		借	12,032,869.40
2020-12-31	记-040	收回货款		915,300.00	借	11,117,569.40
2020-12-31	记-041	收到退回27*0.9锯条200,000米		4,520,000.00	借	6,597,569.40
2020-12-31	记-041	付款	4,520,000.00		借	11,117,569.40
2020-12-31	记-079	往来款		1,962,500.00	借	9,155,069.40
2020-12		本月合计	15,013,400.00	9,637,680.00	借	9,155,069.40
2020-12		本年累计	27,976,232.15	22,299,054.75	借	9,155,069.40

编制单位:江南岳达机械制造有限责任公司

应收账款-大连大凯信贸易有限公司明细账

2020/10-2020/12

科目:[1122.001] 应收账款-大连大凯信贸易有限公司　　　　单位:元

日期	凭证号	摘要	借方	贷方	方向	余额
2020-10		期初余额			借	55,000.00
2020-10		本月合计			借	55,000.00
2020-10		本年累计			借	55,000.00
2020-11		本月合计			借	55,000.00
2020-11		本年累计			借	55,000.00
2020-12		本月合计			借	55,000.00
2020-12		本年累计			借	55,000.00

编制单位:江南岳达机械制造有限责任公司

应收账款-长安华丰工具销售有限公司明细账

2020/10-2020/12

科目:[1122.002] 应收账款-长安华丰工具销售有限公司　　单位:元

日期	凭证号	摘要	借方	贷方	方向	余额
2020-10		期初余额			借	
2020-10-10	记-015	收货款		210,085.00	借	-210,085.00
2020-10-10	记-015	销售带锯条17525米	396,065.00		借	185,980.00
2020-10-10	记-015	收回货款		5,000.00	借	180,980.00
2020-10		本月合计	396,065.00	215,085.00	借	180,980.00
2020-10		本年累计	396,065.00	215,085.00	借	180,980.00
2020-11-15	记-013	收到预收款		8,100,000.00	借	-7,919,020.00
2020-11-30	记-039	销售34*1.1带锯条15300米	535,767.15		借	-7,383,252.85
2020-11-30	记-039	收回货款		535,767.15	借	-7,919,020.00
2020-11-30	记-057	退订货款	8,100,000.00		借	180,980.00
2020-11		本月合计	8,635,767.15	8,635,767.15	借	180,980.00
2020-11		本年累计	9,031,832.15	8,850,852.15	借	180,980.00
2020-12-17	记-015	产品因质量原因发生折让		18,080.00	借	162,900.00
2020-12-17	记-037	销售收款27*0.9带锯条，1000米	67,800.00		借	230,700.00
2020-12-17	记-037	收回货款		67,800.00	借	162,900.00
2020-12-31	记-040	确认赊销款，确认赊销收入	915,300.00		借	1,078,200.00
2020-12-31	记-040	收回货款		915,300.00	借	162,900.00
2020-12		本月合计	983,100.00	1,001,180.00	借	162,900.00
2020-12		本年累计	10,014,932.15	9,852,032.15	借	162,900.00

编制单位:江南岳达机械制造有限责任公司

应收账款-长安市南亚实业有限公司明细账

2020/10-2020/12

科目:[1122.003] 应收账款-长安市南亚实业有限公司　　　　单位:元

日期	凭证号	摘要	借方	贷方	方向	余额
2020-10		期初余额			借	280,000.00
2020-10-10	记-020	收到银行承兑汇票		280,000.00	借	
2020-10-26	记-082	收款		67,800.00	借	-67,800.00
2020-10		本月合计		347,800.00	借	-67,800.00
2020-10		本年累计		347,800.00	借	-67,800.00
2020-11-30	记-041	按合同约定销售27*0.9带锯条5000..米	1,130,000.00		借	1,062,200.00
2020-11-30	记-041	收回货款		1,131,722.60	借	-69,522.60
2020-11-30	记-050	销售27*0.9带锯条100000米	1,356,000.00		借	1,286,477.40
2020-11-30	记-050	收回货款		1,356,000.00	借	-69,522.60
2020-11		本月合计	2,486,000.00	2,487,722.60	借	-69,522.60
2020-11		本年累计	2,486,000.00	2,835,522.60	借	-69,522.60
2020-12-31	记-038	销售34*1.1带锯条	2,034,000.00		借	1,964,477.40
2020-12-31	记-038	收回货款		2,034,000.00	借	-69,522.60
2020-12-31	记-041	收到退回27*0.9锯条200,000米		4,520,000.00	借	-4,589,522.60
2020-12-31	记-041	付款	4,520,000.00		借	-69,522.60
2020-12		本月合计	6,554,000.00	6,554,000.00	借	-69,522.60
2020-12		本年累计	9,040,000.00	9,389,522.60	借	-69,522.60

编制单位:江南岳达机械制造有限责任公司

应收账款-锦阳市长河管理咨询中心明细账

2020/10-2020/12

科目:[1122.004] 应收账款-锦阳市长河管理咨询中心　　单位:元

日期	凭证号	摘要	借方	贷方	方向	余额
2020-10		期初余额			借	100,000.00
2020-10		本月合计			借	100,000.00
2020-10		本年累计			借	100,000.00
2020-11		本月合计			借	100,000.00
2020-11		本年累计			借	100,000.00
2020-12		本月合计			借	100,000.00
2020-12		本年累计			借	100,000.00

编制单位:江南岳达机械制造有限责任公司

应收账款-长安海思设备科技有限公司明细账

2020/10-2020/12

科目:[1122.005] 应收账款-长安海思设备科技有限公司　　单位:元

日期	凭证号	摘要	借方	贷方	方向	余额
2020-10		期初余额			借	
2020-10-22	记-043	发出商品27*0.9带锯条200，000米..，对方火灾。	520,000.00		借	520,000.00
2020-10		本月合计	520,000.00		借	520,000.00
2020-10		本年累计	520,000.00		借	520,000.00
2020-11		本月合计			借	520,000.00
2020-11		本年累计	520,000.00		借	520,000.00
2020-12		本月合计			借	520,000.00
2020-12		本年累计	520,000.00		借	520,000.00

编制单位:江南岳达机械制造有限责任公司

应收账款-长安市大祺工具厂明细账

2020/10-2020/12

科目:[1122.006] 应收账款-长安市大祺工具厂　　单位:元

日期	凭证号	摘要	借方	贷方	方向	余额
2020-10		期初余额			借	
2020-10-22	记-050	预收大祺工具厂租赁款		50,000.00	借	-50,000.00
2020-10		本月合计		50,000.00	借	-50,000.00
2020-10		本年累计		50,000.00	借	-50,000.00
2020-11-30	记-040	分期销售27*0.9带锯条1000米（本...月收款500米）	11,300.00		借	-38,700.00
2020-11-30	记-040	收回货款		11,300.00	借	-50,000.00
2020-11		本月合计	11,300.00	11,300.00	借	-50,000.00
2020-11		本年累计	11,300.00	61,300.00	借	-50,000.00
2020-12-31	记-036	确认收入	11,300.00		借	-38,700.00
2020-12		本月合计	11,300.00		借	-38,700.00
2020-12		本年累计	22,600.00	61,300.00	借	-38,700.00

编制单位:江南岳达机械制造有限责任公司

应收账款-锦阳安信实业有限公司明细账

2020/10-2020/12

科目:[1122.007] 应收账款-锦阳安信实业有限公司　　单位:元

日期	凭证号	摘要	借方	贷方	方向	余额
2020-11		期初余额			借	
2020-11-09	记-006	收到水渠工程结算款		119,900.00	借	-119,900.00
2020-11-09	记-006	水渠工程竣工	119,900.00		借	
2020-11		本月合计	119,900.00	119,900.00	借	
2020-11		本年累计	119,900.00	119,900.00	借	
2020-12		本月合计			借	
2020-12		本年累计	119,900.00	119,900.00	借	

编制单位:江南岳达机械制造有限责任公司

应收账款-长安市冶金机械有限公司明细账

2020/10-2020/12

科目:[1122.008] 应收账款-长安市冶金机械有限公司 单位:元

日期	凭证号	摘要	借方	贷方	方向	余额
2020-11		期初余额			借	
2020-11-15	记-030	高炉租赁	793,800.00		借	793,800.00
2020-11-15	记-030	收到高炉租赁款		793,800.00	借	
2020-11		本月合计	793,800.00	793,800.00	借	
2020-11		本年累计	793,800.00	793,800.00	借	
2020-12		本月合计			借	
2020-12		本年累计	793,800.00	793,800.00	借	

编制单位:江南岳达机械制造有限责任公司

应收账款-锦阳市中级人民法院明细账

2020/10-2020/12

科目:[1122.009] 应收账款-锦阳市中级人民法院　　　　单位:元

日期	凭证号	摘要	借方	贷方	方向	余额
2020-12		期初余额			借	
2020-12-12	记-004	收到电缆清包工程结算工程款		120,000.00	借	-120,000.00
2020-12-12	记-004	电缆清包工程竣工	120,000.00		借	
2020-12		本月合计	120,000.00	120,000.00	借	
2020-12		本年累计	120,000.00	120,000.00	借	

编制单位:江南岳达机械制造有限责任公司

应收账款-哈尔滨天信贸易有限公司明细账

2020/10-2020/12

科目:[1122.010] 应收账款-哈尔滨天信贸易有限公司　　　　单位:元

日期	凭证号	摘要	借方	贷方	方向	余额
2020-12		期初余额			借	
2020-12-31	记-036	确认收入	7,345,000.00		借	7,345,000.00
2020-12		本月合计	7,345,000.00		借	7,345,000.00
2020-12		本年累计	7,345,000.00		借	7,345,000.00

编制单位:江南岳达机械制造有限责任公司

应收账款-江南杰瑞实业有限公司明细账

2020/10-2020/12

科目:[1122.011] 应收账款-江南杰瑞实业有限公司　　单位:元

日期	凭证号	摘要	借方	贷方	方向	余额
2020-12		期初余额			借	
2020-12-31	记-079	往来款		4,962,500.00	借	-4,962,500.00
2020-12		本月合计		1,962,500.00	借	-1,962,500.00
2020-12		本年累计		1,962,500.00	借	-1,962,500.00

编制单位:江南岳达机械制造有限责任公司

应收账款-山东红霞飞飞科技有限公司明细账

2020/10-2020/12

科目:[1122.012] 应收账款-山东红霞飞飞科技有限公司　　单位:元

日期	凭证号	摘要	借方	贷方	方向	余额
2020-10		期初余额			借	3,042,892.00
2020-10		本月合计			借	3,042,892.00
2020-10		本年累计			借	3,042,892.00
2020-11		本月合计			借	3,042,892.00
2020-11		本年累计			借	3,042,892.00
2020-12		本月合计			借	3,042,892.00
2020-12		本年累计			借	3,042,892.00

编制单位:江南岳达机械制造有限责任公司

预付账款明细账

2020/10-2020/12

科目:[1123] 预付账款　　单位:元

日期	凭证号	摘要	借方	贷方	方向	余额
2020-10		期初余额			借	4,387,695.68
2020-10-10	记-021	报销燃油费		3,416.08	借	4,384,279.60
2020-10-22	记-033	预付电费	110,000.00		借	4,494,279.60
2020-10-22	记-034	预付燃油费	15,000.00		借	4,509,279.60
2020-10-22	记-044	报销本月电费		101,700.00	借	4,407,579.60
2020-10		本月合计	125,000.00	105,116.08	借	4,407,579.60
2020-10		本年累计	125,000.00	105,116.08	借	4,407,579.60
2020-11-16	记-032	预付电费	150,000.00		借	4,557,579.60
2020-11-30	记-059	报销本月电费		113,000.00	借	4,444,579.60
2020-11		本月合计	150,000.00	113,000.00	借	4,444,579.60
2020-11		本年累计	275,000.00	218,116.08	借	4,444,579.60
2020-12-12	记-007	预付电费	130,000.00		借	4,574,579.60
2020-12-31	记-049	报销本月电费		107,350.00	借	4,467,229.60
2020-12-31	记-078	抹账		5,000,154.00	借	-532,924.40
2020-12		本月合计	130,000.00	5,107,504.00	借	-532,924.40
2020-12		本年累计	405,000.00	5,325,620.08	借	-532,924.40

编制单位:江南岳达机械制造有限责任公司

预付账款-石油天然气总公司江南长安分公司明细账

2020/10-2020/12

科目:[1123.001] 预付账款-石油天然气总公司江南长安分公司　　单位:元

日期	凭证号	摘要	借方	贷方	方向	余额
2020-10		期初余额			借	
2020-10-10	记-021	报销燃油费		3,416.08	借	-3,416.08
2020-10-22	记-034	预付燃油费	15,000.00		借	11,583.92
2020-10		本月合计	15,000.00	3,416.08	借	11,583.92
2020-10		本年累计	15,000.00	3,416.08	借	11,583.92
2020-11		本月合计			借	11,583.92
2020-11		本年累计	15,000.00	3,416.08	借	11,583.92
2020-12		本月合计			借	11,583.92
2020-12		本年累计	15,000.00	3,416.08	借	11,583.92

编制单位:江南岳达机械制造有限责任公司

预付账款-江南省电力有限公司长安供电公司明细账

2020/10-2020/12

科目:[1123.002] 预付账款-江南省电力有限公司长安供电公司　　单位:元

日期	凭证号	摘要	借方	贷方	方向	余额
2020-10		期初余额			借	
2020-10-22	记-033	预付电费	110,000.00		借	110,000.00
2020-10-22	记-044	报销本月电费		101,700.00	借	8,300.00
2020-10		本月合计	110,000.00	101,700.00	借	8,300.00
2020-10		本年累计	110,000.00	101,700.00	借	8,300.00
2020-11-16	记-032	预付电费	150,000.00		借	158,300.00
2020-11-30	记-059	报销本月电费		113,000.00	借	45,300.00
2020-11		本月合计	150,000.00	113,000.00	借	45,300.00
2020-11		本年累计	260,000.00	214,700.00	借	45,300.00
2020-12-12	记-007	预付电费	130,000.00		借	175,300.00
2020-12-31	记-049	报销本月电费		107,350.00	借	67,950.00
2020-12		本月合计	130,000.00	107,350.00	借	67,950.00
2020-12		本年累计	390,000.00	322,050.00	借	67,950.00

编制单位:江南岳达机械制造有限责任公司

预付账款-江南大环球钢带制品有限公司明细账

2020/10-2020/12

科目:[1123.003] 预付账款-江南大环球钢带制品有限公司　　单位:元

日期	凭证号	摘要	借方	贷方	方向	余额
2020-10		期初余额			借	5,000,154.00
2020-10		本月合计			借	5,000,154.00
2020-10		本年累计			借	5,000,154.00
2020-11		本月合计			借	5,000,154.00
2020-11		本年累计			借	5,000,154.00
2020-12-31	记-078	抹账		5,000,154.00	借	
2020-12		本月合计		5,000,154.00	借	
2020-12		本年累计		5,000,154.00	借	

编制单位:江南岳达机械制造有限责任公司

预付账款-江南杰龙贸易有限公司明细账

2020/10-2020/12

科目:[1123.004] 预付账款-江南杰龙贸易有限公司　　单位:元

日期	凭证号	摘要	借方	贷方	方向	余额
2020-10		期初余额			借	-612,458.32
2020-10		本月合计			借	-612,458.32
2020-10		本年累计			借	-612,458.32
2020-11		本月合计			借	-612,458.32
2020-11		本年累计			借	-612,458.32
2020-12		本月合计			借	-612,458.32
2020-12		本年累计			借	-612,458.32

编制单位:江南岳达机械制造有限责任公司

其他应收款明细账

2020/10-2020/12

科目:[1221] 其他应收款　　　　单位:元

日期	凭证号	摘要	借方	贷方	方向	余额
2020-10		期初余额			借	3,544,801.00
2020-10-10	记-014	保管不善丢失木材30方	23,400.00		借	3,568,201.00
2020-10-22	记-041	收购水曲柳原木		35,600.00	借	3,532,601.00
2020-10-22	记-042	付参展费		21,200.00	借	3,511,401.00
2020-10-31	记-072	调拨入分公司	173,000.00		借	3,684,401.00
2020-10		本月合计	196,400.00	56,800.00	借	3,684,401.00
2020-10		本年累计	196,400.00	56,800.00	借	3,684,401.00
2020-11-15	记-025	报销食堂购五谷米、植物油		37,310.70	借	3,647,090.30
2020-11-15	记-028	报销食堂购买牛肉费用		98,530.00	借	3,548,560.30
2020-11-15	记-028	慰问退休职工福利		10,000.00	借	3,538,560.30
2020-11-30	记-036	销售27*0.9带锯条154 325米	3,487,745.00		借	7,026,305.30
2020-11-30	记-036	销售27*0.9带锯条154 325米		3,487,745.00	借	3,538,560.30
2020-11-30	记-045	销售27*0.9带锯条100 000米	1,130,000.00		借	4,668,560.30
2020-11-30	记-045	销售27*0.9带锯条100 000米		1,130,000.00	借	3,538,560.30
2020-11		本月合计	4,617,745.00	4,763,585.70	借	3,538,560.30
2020-11		本年累计	4,814,145.00	4,820,385.70	借	3,538,560.30
2020-12-12	记-003	刘辉借差旅费	2,000.00		借	3,540,560.30
2020-12-17	记-009	报销差旅费		2,000.00	借	3,538,560.30
2020-12-31	记-033	购食堂用鸡蛋		26,490.00	借	3,512,070.30
2020-12-31	记-034	往来款		16,450.00	借	3,495,620.30
2020-12-31	记-043	办公室张北代付款		6,540.00	借	3,489,080.30
2020-12-31	记-077	转上海子公司往来款	650,000.00		借	4,139,080.30
2020-12-31	记-080	员工张北借款交契税	15,000.00		借	4,154,080.30
2020-12-31	记-082	收到往来款		1,286,400.00	借	2,867,680.30
2020-12		本月合计	667,000.00	180,120.00	借	4,025,440.30
2020-12		本年累计	5,481,145.00	5,000,505.70	借	4,025,440.30

编制单位:江南岳达机械制造有限责任公司

其他应收款-个人明细账

2020/10-2020/12

科目:[1221.001] 其他应收款-个人　　　　单位:元

日期	凭证号	摘要	借方	贷方	方向	余额
2020-10		期初余额			借	290,000.00
2020-10-22	记-041	收购水曲柳原木		35,600.00	借	254,400.00
2020-10		本月合计		35,600.00	借	254,400.00
2020-10		本年累计		35,600.00	借	254,400.00
2020-11-15	记-025	报销食堂购五谷米、植物油		37,310.70	借	217,089.30
2020-11-15	记-028	报销食堂购买牛肉费用		98,530.00	借	118,559.30
2020-11-15	记-028	慰问退休职工福利		10,000.00	借	108,559.30
2020-11		本月合计		145,840.70	借	108,559.30
2020-11		本年累计		181,440.70	借	108,559.30
2020-12-12	记-003	刘辉借差旅费	2,000.00		借	110,559.30
2020-12-17	记-009	报销差旅费		2,000.00	借	108,559.30
2020-12-31	记-033	购食堂用鸡蛋		26,490.00	借	82,069.30
2020-12-31	记-043	办公室张北代付款		6,540.00	借	75,529.30
2020-12-31	记-080	员工张北借款交契税	15,000.00		借	90,529.30
2020-12		本月合计	17,000.00	35,030.00	借	90,529.30
2020-12		本年累计	17,000.00	216,470.70	借	90,529.30

编制单位:江南岳达机械制造有限责任公司

其他应收款-个人-刘辉明细账

2020/10-2020/12

科目:[1221.001.001] 其他应收款-个人-刘辉　　单位:元

日期	凭证号	摘要	借方	贷方	方向	余额
2020-12		期初余额			借	
2020-12-12	记-003	刘辉借差旅费	2,000.00		借	2,000.00
2020-12-17	记-009	报销差旅费		2,000.00	借	
2020-12		本月合计	2,000.00	2,000.00	借	
2020-12		本年累计	2,000.00	2,000.00	借	

编制单位:江南岳达机械制造有限责任公司

其他应收款-个人-张北明细账

2020/10-2020/12

科目:[1221.001.002] 其他应收款-个人-张北　　　　单位:元

日期	凭证号	摘要	借方	贷方	方向	余额
2020-10		期初余额			借	290,000.00
2020-10-22	记-041	收购水曲柳原木		35,600.00	借	254,400.00
2020-10		本月合计		35,600.00	借	254,400.00
2020-10		本年累计		35,600.00	借	254,400.00
2020-11-15	记-025	报销食堂购五谷米、植物油		37,310.70	借	217,089.30
2020-11-15	记-028	报销食堂购买牛肉费用		98,530.00	借	118,559.30
2020-11-15	记-028	慰问退休职工福利		10,000.00	借	108,559.30
2020-11		本月合计		145,840.70	借	108,559.30
2020-11		本年累计		181,440.70	借	108,559.30
2020-12-31	记-033	购食堂用鸡蛋		26,490.00	借	82,069.30
2020-12-31	记-043	办公室张北代付款		6,540.00	借	75,529.30
2020-12-31	记-080	员工张北借款交契税	15,000.00		借	90,529.30
2020-12		本月合计	15,000.00	33,030.00	借	90,529.30
2020-12		本年累计	15,000.00	214,470.70	借	90,529.30

编制单位:江南岳达机械制造有限责任公司

其他应收款-单位明细账

2020/10-2020/12

科目:[1221.002] 其他应收款-单位　　单位:元

日期	凭证号	摘要	借方	贷方	方向	余额
2020-10		期初余额			借	3,254,801.00
2020-10-10	记-014	保管不善丢失木材30方	23,400.00		借	3,278,201.00
2020-10-22	记-042	付参展费		21,200.00	借	3,257,001.00
2020-10-31	记-072	调拨入分公司	173,000.00		借	3,430,001.00
2020-10		本月合计	196,400.00	21,200.00	借	3,430,001.00
2020-10		本年累计	196,400.00	21,200.00	借	3,430,001.00
2020-11-30	记-036	销售27*0.9带锯条154 325米	3,487,745.00		借	6,917,746.00
2020-11-30	记-036	销售27*0.9带锯条154 325米		3,487,745.00	借	3,430,001.00
2020-11-30	记-045	销售27*0.9带锯条100 000米	1,130,000.00		借	4,560,001.00
2020-11-30	记-045	销售27*0.9带锯条100 000米		1,130,000.00	借	3,430,001.00
2020-11		本月合计	4,617,745.00	4,617,745.00	借	3,430,001.00
2020-11		本年累计	4,814,145.00	4,638,945.00	借	3,430,001.00
2020-12-31	记-034	往来款		16,450.00	借	3,413,551.00
2020-12-31	记-077	转上海子公司往来款	650,000.00		借	4,063,551.00
2020-12-31	记-082	收到往来款		1,286,400.00	借	2,777,151.00
2020-12		本月合计	650,000.00	145,090.00	借	3,934,911.00
2020-12		本年累计	5,464,145.00	4,784,035.00	借	3,934,911.00

编制单位:江南岳达机械制造有限责任公司

其他应收款-单位-保险公司明细账

2020/10-2020/12

科目:[1221.002.001] 其他应收款-单位-保险公司　　单位:元

日期	凭证号	摘要	借方	贷方	方向	余额
2020-10		期初余额			借	
2020-10-10	记-014	保管不善丢失木材30方	23,400.00		借	23,400.00
2020-10		本月合计	23,400.00		借	23,400.00
2020-10		本年累计	23,400.00		借	23,400.00
2020-11		本月合计			借	23,400.00
2020-11		本年累计	23,400.00		借	23,400.00
2020-12		本月合计			借	23,400.00
2020-12		本年累计	23,400.00		借	23,400.00

编制单位:江南岳达机械制造有限责任公司

其他应收款-单位-江南岳达机械制造有限责任公司锦阳分公司明细账

2020/10-2020/12

科目:[1221.002.002] 其他应收款-单位-江南岳达机械制造有限责任公司锦阳分公司

单位:元

日期	凭证号	摘要	借方	贷方	方向	余额
2020-10		期初余额			借	
2020-10-31	记-072	调拨入分公司	173,000.00		借	173,000.00
2020-10		本月合计	173,000.00		借	173,000.00
2020-10		本年累计	173,000.00		借	173,000.00
2020-11		本月合计			借	173,000.00
2020-11		本年累计	173,000.00		借	173,000.00
2020-12		本月合计			借	173,000.00
2020-12		本年累计	173,000.00		借	173,000.00

编制单位:江南岳达机械制造有限责任公司

其他应收款-单位-上海亮剑机械销售有限公司明细账

2020/10-2020/12

科目:[1221.002.003] 其他应收款-单位-上海亮剑机械销售有限公司　　　　单位:元

日期	凭证号	摘要	借方	贷方	方向	余额
2020-10		期初余额			借	
2020-10-22	记-042	付参展费		21,200.00	借	-21,200.00
2020-10		本月合计		21,200.00	借	-21,200.00
2020-10		本年累计		21,200.00	借	-21,200.00
2020-11-30	记-036	销售27*0.9带锯条154 325米	3,487,745.00		借	3,466,545.00
2020-11-30	记-036	销售27*0.9带锯条154 325米		3,487,745.00	借	-21,200.00
2020-11-30	记-045	销售27*0.9带锯条100 000米	1,130,000.00		借	1,108,800.00
2020-11-30	记-045	销售27*0.9带锯条100 000米		1,130,000.00	借	-21,200.00
2020-11		本月合计	4,617,745.00	4,617,745.00	借	-21,200.00
2020-11		本年累计	4,617,745.00	4,638,945.00	借	-21,200.00
2020-12-31	记-077	转上海子公司往来款	650,000.00		借	628,800.00
2020-12		本月合计	650,000.00		借	628,800.00
2020-12		本年累计	5,267,745.00	4,638,945.00	借	628,800.00

编制单位:江南岳达机械制造有限责任公司

其他应收款-单位-江南华颖股份有限公司明细账

2020/10-2020/12

科目:[1221.002.004] 其他应收款-单位-江南华颖股份有限公司　　单位:元

日期	凭证号	摘要	借方	贷方	方向	余额
2020-12		期初余额			借	
2020-12-31	记-034	往来款		16,450.00	借	-16,450.00
2020-12		本月合计		16,450.00	借	-16,450.00
2020-12		本年累计		16,450.00	借	-16,450.00

编制单位:江南岳达机械制造有限责任公司

其他应收款-单位-浙江中特钢带有限公司明细账

2020/10-2020/12

科目:[1221.002.005] 其他应收款-单位-浙江中特钢带有限公司　　单位:元

日期	凭证号	摘要	借方	贷方	方向	余额
2020-10		期初余额			借	3,254,801.00
2020-10		本月合计			借	3,254,801.00
2020-10		本年累计			借	3,254,801.00
2020-11		本月合计			借	3,254,801.00
2020-11		本年累计			借	3,254,801.00
2020-12		本月合计			借	3,254,801.00
2020-12		本年累计			借	3,254,801.00

编制单位:江南岳达机械制造有限责任公司

其他应收款-单位-江南华克自动化设备有限公司明细账

2020/10-2020/12

科目:[1221.002.006] 其他应收款-单位-江南华克自动化设备有限公司　　单位:元

日期	凭证号	摘要	借方	贷方	方向	余额
2020-12		期初余额			借	
2020-12-31	记-082	收到往来款		1,286,400.00	借	-1,286,400.00
2020-12		本月合计		128,640.00	借	-128,640.00
2020-12		本年累计		128,640.00	借	-128,640.00

编制单位:江南岳达机械制造有限责任公司

坏账准备明细账

2020/10-2020/12

科目:[1231] 坏账准备　　单位:元

日期	凭证号	摘要	借方	贷方	方向	余额
2020-11		期初余额			贷	
2020-11-15	记-015	按应收债权30%计提坏账准备		30,000.00	贷	30,000.00
2020-11		本月合计		30,000.00	贷	30,000.00
2020-11		本年累计		30,000.00	贷	30,000.00
2020-12		本月合计			贷	30,000.00
2020-12		本年累计		30,000.00	贷	30,000.00

编制单位:江南岳达机械制造有限责任公司

坏账准备-应收账款明细账

2020/10-2020/12

科目:[1231.002] 坏账准备-应收账款　　　　单位:元

日期	凭证号	摘要	借方	贷方	方向	余额
2020-11		期初余额			贷	
2020-11-15	记-015	按应收债权30%计提坏账准备		30,000.00	贷	30,000.00
2020-11		本月合计		30,000.00	贷	30,000.00
2020-11		本年累计		30,000.00	贷	30,000.00
2020-12		本月合计			贷	30,000.00
2020-12		本年累计		30,000.00	贷	30,000.00

编制单位:江南岳达机械制造有限责任公司

坏账准备-应收账款-锦阳市长河管理咨询中心明细账

2020/10-2020/12

科目:[1231.002.001] 坏账准备-应收账款-锦阳市长河管理咨询中心　　单位:元

日期	凭证号	摘要	借方	贷方	方向	余额
2020-11		期初余额			贷	
2020-11-15	记-015	按应收债权30%计提坏账准备		30,000.00	贷	30,000.00
2020-11		本月合计		30,000.00	贷	30,000.00
2020-11		本年累计		30,000.00	贷	30,000.00
2020-12		本月合计			贷	30,000.00
2020-12		本年累计		30,000.00	贷	30,000.00

编制单位:江南岳达机械制造有限责任公司

在途物资明细账

2020/10-2020/12

科目:[1402] 在途物资　　单位:元

日期	凭证号	摘要	借方	贷方	方向	余额
2020-10		期初余额			借	390,000.00
2020-10		本月合计			借	390,000.00
2020-10		本年累计			借	390,000.00
2020-11		本月合计			借	390,000.00
2020-11		本年累计			借	390,000.00
2020-12-17	记-014	购调功控制器，取得发票	3,400.00		借	393,400.00
2020-12		本月合计	3,400.00		借	393,400.00
2020-12		本年累计	3,400.00		借	393,400.00

编制单位:江南岳达机械制造有限责任公司

在途物资_调功控制器明细账

2020/10-2020/12

科目:[1402_032] 在途物资_调功控制器　　单位:元

日期	凭证号	摘要	借方	贷方	方向	余额
2020-12		期初余额			借	
2020-12-17	记-014	购调功控制器，取得发票	3,400.00		借	3,400.00
2020-12		本月合计	3,400.00		借	3,400.00
2020-12		本年累计	3,400.00		借	3,400.00

编制单位:江南岳达机械制造有限责任公司

在途物资_空压机明细账

2020/10-2020/12

科目:[1402_039] 在途物资_空压机 单位:元

日期	凭证号	摘要	借方	贷方	方向	余额
2020-10		期初余额			借	390,000.00
2020-10		本月合计			借	390,000.00
2020-10		本年累计			借	390,000.00
2020-11		本月合计			借	390,000.00
2020-11		本年累计			借	390,000.00
2020-12		本月合计			借	390,000.00
2020-12		本年累计			借	390,000.00

编制单位:江南岳达机械制造有限责任公司

原材料明细账

2020/10-2020/12

科目:[1403] 原材料 单位:元

日期	凭证号	摘要	借方	贷方	方向	余额
2020-10		期初余额			借	1,404,223.08
2020-10-08	记-005	购带锯钢带30吨	1,200,000.00		借	2,604,223.08
2020-10-08	记-009	收购水曲柳木材520立方	776,352.00		借	3,380,575.08
2020-10-10	记-014	保管不善丢失木材30方		30,000.00	借	3,350,575.08
2020-10-22	记-032	购减速机6台	12,600.00		借	3,363,175.08
2020-10-22	记-035	购轴承2个	9,935.90		借	3,373,110.98
2020-10-22	记-038	购硬质合金颗粒200g	40,000.00		借	3,413,110.98
2020-10-22	记-039	购滤芯一个	20,000.00		借	3,433,110.98
2020-10-22	记-041	收购水曲柳原木	32,040.00		借	3,465,150.98
2020-10-22	记-047	购触摸屏8套	120,000.00		借	3,585,150.98
2020-10-22	记-048	购钢保护套	20,400.00		借	3,605,550.98
2020-10-22	记-051	购金属防锈水10桶	4,000.00		借	3,609,550.98
2020-10-26	记-054	购尼龙扎带80包	2,400.00		借	3,611,950.98
2020-10-26	记-055	购铣刀625个	20,000.00		借	3,631,950.98
2020-10-26	记-056	购数控刀片100个	2,600.00		借	3,634,550.98
2020-10-26	记-060	结转期初挂账库存材料5000g硬质合.金		1,000,000.00	借	2,634,550.98
2020-10-26	记-067	生产领用原材料及辅料		800,000.00	借	1,834,550.98
2020-10-26	记-067	生产领用原材料及辅料		77,730.00	借	1,756,820.98
2020-10-26	记-067	生产领用原材料及辅料		4,000.00	借	1,752,820.98
2020-10-26	记-068	领用间接材料		120,000.00	借	1,632,820.98
2020-10-26	记-068	领用间接材料		12,600.00	借	1,620,220.98
2020-10-26	记-068	领用间接材料		20,400.00	借	1,599,820.98
2020-10-26	记-068	领用间接材料		20,000.00	借	1,579,820.98
2020-10-26	记-068	领用间接材料		9,935.90	借	1,569,885.08
2020-10-26	记-068	领用间接材料		3,200.00	借	1,566,685.08
2020-10-26	记-068	领用间接材料		300.00	借	1,566,385.08
2020-10-26	记-068	领用间接材料		1,560.00	借	1,564,825.08
2020-10-26	记-068	领用间接材料		960.00	借	1,563,865.08
2020-10-26	记-068	领用间接材料		53,099.78	借	1,510,765.30
2020-10		本月合计	2,260,327.90	2,153,785.68	借	1,510,765.30
2020-10		本年累计	2,260,327.90	2,153,785.68	借	1,510,765.30
2020-11-08	记-005	购锦阳市水渠工程用铸铁管	34,500.00		借	1,545,265.30
2020-11-08	记-005	购锦阳市水渠工程用水泥	1,200.00		借	1,546,465.30
2020-11-09	记-006	结转锦阳市水渠工程用材料		34,500.00	借	1,511,965.30
2020-11-09	记-006	结转锦阳市水渠工程用材料		1,200.00	借	1,510,765.30

原材料明细账

2020/10-2020/12

科目:[1403] 原材料　　　　单位:元

日期	凭证号	摘要	借方	贷方	方向	余额
2020-11-15	记-016	购砂轮	1,800.00		借	1,512,565.30
2020-11-15	记-021	购入钢带16吨	880,000.00		借	2,392,565.30
2020-11-15	记-024	购电机9个	900.00		借	2,393,465.30
2020-11-15	记-029	购自动校直机位移传感器	6,000.00		借	2,399,465.30
2020-11-30	记-046	开具红字发票信息单，已按16%抵扣.进项税备件退回厂家	-40,625.00		借	2,358,840.30
2020-11-30	记-053	按合同约定，购入原木水曲柳100立.方	135,000.00		借	2,493,840.30
2020-11-30	记-058	领用原材料		825,000.00	借	1,668,840.30
2020-11-30	记-058	领用原材料		2,600.00	借	1,666,240.30
2020-11-30	记-061	换购气缸	2,100.00		借	1,668,340.30
2020-11-30	记-062	领用间接材料		1,000.00	借	1,667,340.30
2020-11-30	记-062	领用间接材料		2,100.00	借	1,665,240.30
2020-11-30	记-062	领用间接材料		900.00	借	1,664,340.30
2020-11-30	记-062	领用间接材料		6,000.00	借	1,658,340.30
2020-11-30	记-062	领用间接材料		13,869.28	借	1,644,471.02
2020-11-30	记-062	领用间接材料		9,571.84	借	1,634,899.18
2020-11-30	记-062	领用间接材料		21,528.00	借	1,613,371.18
2020-11-30	记-062	领用间接材料		65,615.34	借	1,547,755.84
2020-11-30	记-075	盘点发现尼龙扎带丢失5包		150.00	借	1,547,605.84
2020-11-30	记-077	领用手套		15.60	借	1,547,590.24
2020-11		本月合计	1,020,875.00	984,050.06	借	1,547,590.24
2020-11		本年累计	3,281,202.90	3,137,835.74	借	1,547,590.24
2020-12-17	记-012	入库带锯钢带34*1.1，10吨	535,333.34		借	2,082,923.58
2020-12-17	记-024	购入分齿模2个	15,000.00		借	2,097,923.58
2020-12-17	记-025	购入铣齿油1桶	1,880.00		借	2,099,803.58
2020-12-17	记-025	购入防尘口罩20个	120.00		借	2,099,923.58
2020-12-17	记-026	牵引轮轴承一个入库	6,500.00		借	2,106,423.58
2020-12-17	记-027	按合同约定购入电磁阀2个	18,000.00		借	2,124,423.58
2020-12-31	记-042	退回质量出现问题的制冷剂50公斤	-3,739.00		借	2,120,684.58
2020-12-17	记-046	盘点库存时盘盈材料二个	200.00		借	2,120,884.58
2020-12-31	记-047	生产34*1.1带锯条领用直接原材料		536,666.67	借	1,584,217.91
2020-12-31	记-047	生产34*1.1带锯条领用直接原材料		3,000.00	借	1,581,217.91
2020-12-31	记-048	生产27*0.9带锯条领用直接原材料		360,000.00	借	1,221,217.91
2020-12-31	记-048	生产27*0.9带锯条领用直接原材料		1,800.00	借	1,219,417.91

原材料明细账

2020/10-2020/12

科目:[1403] 原材料　　　　　　　　　　　　　　　　　　　　　　　　　　单位:元

日期	凭证号	摘要	借方	贷方	方向	余额
2020-12-31	记-051	车间领用材料		18,000.00	借	1,201,417.91
2020-12-31	记-051	车间领用材料		19,800.00	借	1,181,617.91
2020-12-31	记-051	车间领用材料		1,880.00	借	1,179,737.91
2020-12-31	记-051	车间领用材料		120.00	借	1,179,617.91
2020-12-31	记-051	车间领用材料		43,857.98	借	1,135,759.93
2020-12-31	记-051	车间领用材料		6,500.00	借	1,129,259.93
2020-12-31	记-068	研发领用27*0.9钢带1吨		40,000.00	借	1,089,259.93
2020-12-17	记-069	盘亏椴木原木1.00立方		1,000.00	借	1,088,259.93
2020-12		本月合计	573,294.34	1,032,624.65	借	1,088,259.93
2020-12		本年累计	3,854,497.24	4,170,460.39	借	1,088,259.93

编制单位:江南岳达机械制造有限责任公司

原材料-钢带类_带锯钢带27*0.9明细账

2020/10-2020/12

科目:[1403.001_001] 原材料-钢带类_带锯钢带27*0.9　　单位:元

日期	凭证号	摘要	借方	贷方	方向	余额
2020-10		期初余额			借	
2020-10-08	记-005	购带锯钢带30吨	1,200,000.00		借	1,200,000.00
2020-10-26	记-067	生产领用原材料及辅料		800,000.00	借	400,000.00
2020-10		本月合计	1,200,000.00	800,000.00	借	400,000.00
2020-10		本年累计	1,200,000.00	800,000.00	借	400,000.00
2020-11		本月合计			借	400,000.00
2020-11		本年累计	1,200,000.00	800,000.00	借	400,000.00
2020-12-31	记-048	生产27*0.9带锯条领用直接原材料		360,000.00	借	40,000.00
2020-12-31	记-068	研发领用27*0.9钢带1吨		40,000.00	借	
2020-12		本月合计		400,000.00	借	
2020-12		本年累计	1,200,000.00	1,200,000.00	借	

编制单位:江南岳达机械制造有限责任公司

原材料-钢带类_带锯钢带34*1.1明细账

2020/10-2020/12

科目:[1403.001_002] 原材料-钢带类_带锯钢带34*1.1 单位:元

日期	凭证号	摘要	借方	贷方	方向	余额
2020-11		期初余额			借	
2020-11-15	记-021	购入钢带16吨	880,000.00		借	880,000.00
2020-11-30	记-058	领用原材料		825,000.00	借	55,000.00
2020-11		本月合计	880,000.00	825,000.00	借	55,000.00
2020-11		本年累计	880,000.00	825,000.00	借	55,000.00
2020-12-17	记-012	入库带锯钢带34*1.1，10吨	535,333.34		借	590,333.34
2020-12-31	记-047	生产34*1.1带锯条领用直接原材料		536,666.67	借	53,666.67
2020-12		本月合计	535,333.34	536,666.67	借	53,666.67
2020-12		本年累计	1,415,333.34	1,361,666.67	借	53,666.67

编制单位:江南岳达机械制造有限责任公司

原材料-木材类_椴木材明细账

2020/10-2020/12

科目:[1403.002_003] 原材料-木材类_椴木材 单位:元

日期	凭证号	摘要	借方	贷方	方向	余额
2020-10		期初余额			借	31,000.00
2020-10-10	记-014	保管不善丢失木材30方		30,000.00	借	1,000.00
2020-10		本月合计		30,000.00	借	1,000.00
2020-10		本年累计		30,000.00	借	1,000.00
2020-11		本月合计			借	1,000.00
2020-11		本年累计		30,000.00	借	1,000.00
2020-12-17	记-069	盘亏椴木原木1.00立方		1,000.00	借	
2020-12		本月合计		1,000.00	借	
2020-12		本年累计		31,000.00	借	

编制单位:江南岳达机械制造有限责任公司

原材料-木材类_水曲柳木材明细账

2020/10-2020/12

科目:[1403.002_004] 原材料-木材类_水曲柳木材　　单位:元

日期	凭证号	摘要	借方	贷方	方向	余额
2020-10		期初余额			借	
2020-10-08	记-009	收购水曲柳木材520立方	776,352.00		借	776,352.00
2020-10-22	记-041	收购水曲柳原木	32,040.00		借	808,392.00
2020-10-26	记-067	生产领用原材料及辅料		77,730.00	借	730,662.00
2020-10		本月合计	808,392.00	77,730.00	借	730,662.00
2020-10		本年累计	808,392.00	77,730.00	借	730,662.00
2020-11-30	记-053	按合同约定，购入原木水曲柳100立.方	135,000.00		借	865,662.00
2020-11		本月合计	135,000.00		借	865,662.00
2020-11		本年累计	943,392.00	77,730.00	借	865,662.00
2020-12		本月合计			借	865,662.00
2020-12		本年累计	943,392.00	77,730.00	借	865,662.00

编制单位:江南岳达机械制造有限责任公司

原材料-合金类_硬质合金颗粒明细账

2020/10-2020/12

科目:[1403.003_005] 原材料-合金类_硬质合金颗粒　　　　　　　　　　单位:元

日期	凭证号	摘要	借方	贷方	方向	余额
2020-10		期初余额			借	1,000,000.00
2020-10-22	记-038	购硬质合金颗粒200g	40,000.00		借	1,040,000.00
2020-10-26	记-060	结转期初挂账库存材料5000g硬质合.金		1,000,000.00	借	40,000.00
2020-10-26	记-067	生产领用原材料及辅料		4,000.00	借	36,000.00
2020-10		本月合计	40,000.00	1,004,000.00	借	36,000.00
2020-10		本年累计	40,000.00	1,004,000.00	借	36,000.00
2020-11-30	记-058	领用原材料		2,600.00	借	33,400.00
2020-11		本月合计		2,600.00	借	33,400.00
2020-11		本年累计	40,000.00	1,006,600.00	借	33,400.00
2020-12-31	记-047	生产34*1.1带锯条领用直接原材料		3,000.00	借	30,400.00
2020-12-31	记-048	生产27*0.9带锯条领用直接原材料		1,800.00	借	28,600.00
2020-12		本月合计		4,800.00	借	28,600.00
2020-12		本年累计	40,000.00	1,011,400.00	借	28,600.00

编制单位:江南岳达机械制造有限责任公司

原材料-备品备件类_钢保护套明细账

2020/10-2020/12

科目:[1403.004_006] 原材料-备品备件类_钢保护套　　单位:元

日期	凭证号	摘要	借方	贷方	方向	余额
2020-10		期初余额			借	
2020-10-22	记-048	购钢保护套	20,400.00		借	20,400.00
2020-10-26	记-068	领用间接材料		20,400.00	借	
2020-10		本月合计	20,400.00	20,400.00	借	
2020-10		本年累计	20,400.00	20,400.00	借	
2020-11		本月合计			借	
2020-11		本年累计	20,400.00	20,400.00	借	
2020-12		本月合计			借	
2020-12		本年累计	20,400.00	20,400.00	借	

编制单位:江南岳达机械制造有限责任公司

原材料-备品备件类_轴承明细账

2020/10-2020/12

科目:[1403.004_007] 原材料-备品备件类_轴承 单位:元

日期	凭证号	摘要	借方	贷方	方向	余额
2020-10		期初余额			借	
2020-10-22	记-035	购轴承2个	9,935.90		借	9,935.90
2020-10-26	记-068	领用间接材料		9,935.90	借	
2020-10		本月合计	9,935.90	9,935.90	借	
2020-10		本年累计	9,935.90	9,935.90	借	
2020-11		本月合计			借	
2020-11		本年累计	9,935.90	9,935.90	借	
2020-12-17	记-026	牵引轮轴承一个入库	6,500.00		借	6,500.00
2020-12-31	记-051	车间领用材料		6,500.00	借	
2020-12		本月合计	6,500.00	6,500.00	借	
2020-12		本年累计	16,435.90	16,435.90	借	

编制单位:江南岳达机械制造有限责任公司

原材料-备品备件类_滤芯明细账

2020/10-2020/12

科目:[1403.004_008] 原材料-备品备件类_滤芯　　单位:元

日期	凭证号	摘要	借方	贷方	方向	余额
2020-10		期初余额			借	
2020-10-22	记-039	购滤芯一个	20,000.00		借	20,000.00
2020-10-26	记-068	领用间接材料		20,000.00	借	
2020-10		本月合计	20,000.00	20,000.00	借	
2020-10		本年累计	20,000.00	20,000.00	借	
2020-11		本月合计			借	
2020-11		本年累计	20,000.00	20,000.00	借	
2020-12		本月合计			借	
2020-12		本年累计	20,000.00	20,000.00	借	

编制单位:江南岳达机械制造有限责任公司

原材料-备品备件类_气缸明细账

2020/10-2020/12

科目:[1403.004_009] 原材料-备品备件类_气缸　　单位:元

日期	凭证号	摘要	借方	贷方	方向	余额
2020-11		期初余额			借	
2020-11-30	记-061	换购气缸	2,100.00		借	2,100.00
2020-11-30	记-062	领用间接材料		2,100.00	借	
2020-11		本月合计	2,100.00	2,100.00	借	
2020-11		本年累计	2,100.00	2,100.00	借	
2020-12		本月合计			借	
2020-12		本年累计	2,100.00	2,100.00	借	

编制单位:江南岳达机械制造有限责任公司

原材料-备品备件类_锆铬青铜板明细账

2020/10-2020/12

科目:[1403.004_010] 原材料-备品备件类_锆铬青铜板　　　　单位:元

日期	凭证号	摘要	借方	贷方	方向	余额
2020-10		期初余额			借	15,928.14
2020-10		本月合计			借	15,928.14
2020-10		本年累计			借	15,928.14
2020-11-30	记-062	领用间接材料		9,571.84	借	6,356.30
2020-11		本月合计		9,571.84	借	6,356.30
2020-11		本年累计		9,571.84	借	6,356.30
2020-12		本月合计			借	6,356.30
2020-12		本年累计		9,571.84	借	6,356.30

编制单位:江南岳达机械制造有限责任公司

原材料-备品备件类_高温板310明细账

2020/10-2020/12

科目:[1403.004_011] 原材料-备品备件类_高温板310 单位:元

日期	凭证号	摘要	借方	贷方	方向	余额
2020-10		期初余额			借	59,117.76
2020-10		本月合计			借	59,117.76
2020-10		本年累计			借	59,117.76
2020-11-30	记-062	领用间接材料		21,528.00	借	37,589.76
2020-11		本月合计		21,528.00	借	37,589.76
2020-11		本年累计		21,528.00	借	37,589.76
2020-12		本月合计			借	37,589.76
2020-12		本年累计		21,528.00	借	37,589.76

编制单位:江南岳达机械制造有限责任公司

原材料-备品备件类_分齿模明细账

2020/10-2020/12

科目:[1403.004_012] 原材料-备品备件类_分齿模　　单位:元

日期	凭证号	摘要	借方	贷方	方向	余额
2020-10		期初余额			借	18,000.00
2020-10		本月合计			借	18,000.00
2020-10		本年累计			借	18,000.00
2020-11		本月合计			借	18,000.00
2020-11		本年累计			借	18,000.00
2020-12-17	记-024	购入分齿模2个	15,000.00		借	33,000.00
2020-12-31	记-051	车间领用材料		19,800.00	借	13,200.00
2020-12		本月合计	15,000.00	19,800.00	借	13,200.00
2020-12		本年累计	15,000.00	19,800.00	借	13,200.00

编制单位:江南岳达机械制造有限责任公司

原材料-电器类_触摸屏DOP-B21S78明细账

2020/10-2020/12

科目:[1403.006_013] 原材料-电器类_触摸屏DOP-B21S78　　单位:元

日期	凭证号	摘要	借方	贷方	方向	余额
2020-10		期初余额			借	
2020-10-22	记-047	购触摸屏8套	120,000.00		借	120,000.00
2020-10-26	记-068	领用间接材料		120,000.00	借	
2020-10		本月合计	120,000.00	120,000.00	借	
2020-10		本年累计	120,000.00	120,000.00	借	
2020-11		本月合计			借	
2020-11		本年累计	120,000.00	120,000.00	借	
2020-12		本月合计			借	
2020-12		本年累计	120,000.00	120,000.00	借	

编制单位:江南岳达机械制造有限责任公司

原材料-电器类_减速机明细账

2020/10-2020/12

科目:[1403.006_014] 原材料-电器类_减速机　　　　单位:元

日期	凭证号	摘要	借方	贷方	方向	余额
2020-10		期初余额			借	
2020-10-22	记-032	购减速机6台	12,600.00		借	12,600.00
2020-10-26	记-068	领用间接材料		12,600.00	借	
2020-10		本月合计	12,600.00	12,600.00	借	
2020-10		本年累计	12,600.00	12,600.00	借	
2020-11		本月合计			借	
2020-11		本年累计	12,600.00	12,600.00	借	
2020-12		本月合计			借	
2020-12		本年累计	12,600.00	12,600.00	借	

编制单位:江南岳达机械制造有限责任公司

原材料-电器类_电机明细账

2020/10-2020/12

科目:[1403.006_015] 原材料-电器类_电机 单位:元

日期	凭证号	摘要	借方	贷方	方向	余额
2020-11		期初余额			借	
2020-11-15	记-024	购电机9个	900.00		借	900.00
2020-11-30	记-062	领用间接材料		900.00	借	
2020-11		本月合计	900.00	900.00	借	
2020-11		本年累计	900.00	900.00	借	
2020-12		本月合计			借	
2020-12		本年累计	900.00	900.00	借	

编制单位:江南岳达机械制造有限责任公司

原材料-电器类_自动校直机位移传感器明细账

2020/10-2020/12

科目:[1403.006_016] 原材料-电器类_自动校直机位移传感器　　单位:元

日期	凭证号	摘要	借方	贷方	方向	余额
2020-11		期初余额			借	
2020-11-15	记-029	购自动校直机位移传感器	6,000.00		借	6,000.00
2020-11-30	记-062	领用间接材料		6,000.00	借	
2020-11		本月合计	6,000.00	6,000.00	借	
2020-11		本年累计	6,000.00	6,000.00	借	
2020-12		本月合计			借	
2020-12		本年累计	6,000.00	6,000.00	借	

编制单位:江南岳达机械制造有限责任公司

原材料-电器类_电磁阀明细账

2020/10-2020/12

科目:[1403.006_030] 原材料-电器类_电磁阀　　单位:元

日期	凭证号	摘要	借方	贷方	方向	余额
2020-12		期初余额			借	
2020-12-17	记-027	按合同约定购入电磁阀2个	18,000.00		借	18,000.00
2020-12-31	记-051	车间领用材料		18,000.00	借	
2020-12		本月合计	18,000.00	18,000.00	借	
2020-12		本年累计	18,000.00	18,000.00	借	

编制单位:江南岳达机械制造有限责任公司

原材料-制剂类_金属防锈水明细账

2020/10-2020/12

科目:[1403.007_017] 原材料-制剂类_金属防锈水　　单位:元

日期	凭证号	摘要	借方	贷方	方向	余额
2020-10		期初余额			借	
2020-10-22	记-051	购金属防锈水10桶	4,000.00		借	4,000.00
2020-10-26	记-068	领用间接材料		3,200.00	借	800.00
2020-10		本月合计	4,000.00	3,200.00	借	800.00
2020-10		本年累计	4,000.00	3,200.00	借	800.00
2020-11		本月合计			借	800.00
2020-11		本年累计	4,000.00	3,200.00	借	800.00
2020-12		本月合计			借	800.00
2020-12		本年累计	4,000.00	3,200.00	借	800.00

编制单位:江南岳达机械制造有限责任公司

原材料-制剂类_制冷剂明细账

2020/10-2020/12

科目:[1403.007_018] 原材料-制剂类_制冷剂　　单位:元

日期	凭证号	摘要	借方	贷方	方向	余额
2020-10		期初余额			借	34,698.58
2020-10		本月合计			借	34,698.58
2020-10		本年累计			借	34,698.58
2020-11-30	记-062	领用间接材料		13,869.28	借	20,829.30
2020-11		本月合计		13,869.28	借	20,829.30
2020-11		本年累计		13,869.28	借	20,829.30
2020-12-31	记-042	退回质量出现问题的制冷剂50公斤	-3,739.00		借	17,090.30
2020-12		本月合计	-3,739.00		借	17,090.30
2020-12		本年累计	-3,739.00	13,869.28	借	17,090.30

编制单位:江南岳达机械制造有限责任公司

原材料-制剂类_铣齿油明细账

2020/10-2020/12

科目:[1403.007_019] 原材料-制剂类_铣齿油　　单位:元

日期	凭证号	摘要	借方	贷方	方向	余额
2020-12		期初余额			借	
2020-12-17	记-025	购入铣齿油1桶	1,880.00		借	1,880.00
2020-12-31	记-051	车间领用材料		1,880.00	借	
2020-12		本月合计	1,880.00	1,880.00	借	
2020-12		本年累计	1,880.00	1,880.00	借	

编制单位:江南岳达机械制造有限责任公司

原材料-包装物类_尼龙扎带明细账

2020/10-2020/12

科目:[1403.008_020] 原材料-包装物类_尼龙扎带 单位:元

日期	凭证号	摘要	借方	贷方	方向	余额
2020-10		期初余额			借	
2020-10-26	记-054	购尼龙扎带80包	2,400.00		借	2,400.00
2020-10-26	记-068	领用间接材料		300.00	借	2,100.00
2020-10		本月合计	2,400.00	300.00	借	2,100.00
2020-10		本年累计	2,400.00	300.00	借	2,100.00
2020-11-30	记-075	盘点发现尼龙扎带丢失5包		150.00	借	1,950.00
2020-11		本月合计		150.00	借	1,950.00
2020-11		本年累计	2,400.00	450.00	借	1,950.00
2020-12		本月合计			借	1,950.00
2020-12		本年累计	2,400.00	450.00	借	1,950.00

编制单位:江南岳达机械制造有限责任公司

原材料-刃具类_铣刀明细账

2020/10-2020/12

科目:[1403.009_021] 原材料-刃具类_铣刀　　单位:元

日期	凭证号	摘要	借方	贷方	方向	余额
2020-10		期初余额			借	
2020-10-26	记-055	购铣刀625个	20,000.00		借	20,000.00
2020-10-26	记-068	领用间接材料		960.00	借	19,040.00
2020-10		本月合计	20,000.00	960.00	借	19,040.00
2020-10		本年累计	20,000.00	960.00	借	19,040.00
2020-11		本月合计			借	19,040.00
2020-11		本年累计	20,000.00	960.00	借	19,040.00
2020-12		本月合计			借	19,040.00
2020-12		本年累计	20,000.00	960.00	借	19,040.00

编制单位:江南岳达机械制造有限责任公司

原材料-刃具类_数控刀片明细账

2020/10-2020/12

科目:[1403.009_022] 原材料-刃具类_数控刀片　　单位:元

日期	凭证号	摘要	借方	贷方	方向	余额
2020-10		期初余额			借	
2020-10-26	记-056	购数控刀片100个	2,600.00		借	2,600.00
2020-10-26	记-068	领用间接材料		1,560.00	借	1,040.00
2020-10		本月合计	2,600.00	1,560.00	借	1,040.00
2020-10		本年累计	2,600.00	1,560.00	借	1,040.00
2020-11		本月合计			借	1,040.00
2020-11		本年累计	2,600.00	1,560.00	借	1,040.00
2020-12		本月合计			借	1,040.00
2020-12		本年累计	2,600.00	1,560.00	借	1,040.00

编制单位:江南岳达机械制造有限责任公司

原材料-辅助材料类明细账

2020/10-2020/12

科目:[1403.010] 原材料-辅助材料类　　单位:元

日期	凭证号	摘要	借方	贷方	方向	余额
2020-10		期初余额			借	245,463.00
2020-10-26	记-068	领用间接材料		53,099.78	借	192,363.22
2020-10		本月合计		53,099.78	借	192,363.22
2020-10		本年累计		53,099.78	借	192,363.22
2020-11-30	记-046	开具红字发票信息单，已按16%抵扣.进项税备件退回厂家	-40,625.00		借	151,738.22
2020-11-30	记-062	领用间接材料		65,615.34	借	86,122.88
2020-11		本月合计	-40,625.00	65,615.34	借	86,122.88
2020-11		本年累计	-40,625.00	118,715.12	借	86,122.88
2020-12-31	记-051	车间领用材料		43,857.98	借	42,264.90
2020-12		本月合计		43,857.98	借	42,264.90
2020-12		本年累计	-40,625.00	162,573.10	借	42,264.90

编制单位:江南岳达机械制造有限责任公司

原材料-钢材类_棕刚砂轮明细账

2020/10-2020/12

科目:[1403.011_023] 原材料-钢材类_棕刚砂轮　　单位:元

日期	凭证号	摘要	借方	贷方	方向	余额
2020-11		期初余额			借	
2020-11-15	记-016	购砂轮	1,800.00		借	1,800.00
2020-11-30	记-062	领用间接材料		1,000.00	借	800.00
2020-11		本月合计	1,800.00	1,000.00	借	800.00
2020-11		本年累计	1,800.00	1,000.00	借	800.00
2020-12-17	记-046	盘点库存时盘盈材料二个	200.00		借	1,000.00
2020-12		本月合计	200.00		借	1,000.00
2020-12		本年累计	2,000.00	1,000.00	借	1,000.00

编制单位:江南岳达机械制造有限责任公司

原材料-劳动保护类_手套明细账

2020/10-2020/12

科目:[1403.013_024] 原材料-劳动保护类_手套　　单位:元

日期	凭证号	摘要	借方	贷方	方向	余额
2020-10		期初余额			借	15.60
2020-10		本月合计			借	15.60
2020-10		本年累计			借	15.60
2020-11-30	记-077	领用手套		15.60	借	
2020-11		本月合计		15.60	借	
2020-11		本年累计		15.60	借	
2020-12		本月合计			借	
2020-12		本年累计		15.60	借	

编制单位:江南岳达机械制造有限责任公司

原材料-劳动保护类_防尘口罩明细账

2020/10-2020/12

科目:[1403.013_031] 原材料-劳动保护类_防尘口罩 单位:元

日期	凭证号	摘要	借方	贷方	方向	余额
2020-12		期初余额			借	
2020-12-17	记-025	购入防尘口罩20个	120.00		借	120.00
2020-12-31	记-051	车间领用材料		120.00	借	
2020-12		本月合计	120.00	120.00	借	
2020-12		本年累计	120.00	120.00	借	

编制单位:江南岳达机械制造有限责任公司

原材料-建筑材料类_铸件明细账

2020/10-2020/12

科目:[1403.014_025] 原材料-建筑材料类_铸件　　单位:元

日期	凭证号	摘要	借方	贷方	方向	余额
2020-11		期初余额			借	
2020-11-08	记-005	购锦阳市水渠工程用铸铁管	34,500.00		借	34,500.00
2020-11-09	记-006	结转锦阳市水渠工程用材料		34,500.00	借	
2020-11		本月合计	34,500.00	34,500.00	借	
2020-11		本年累计	34,500.00	34,500.00	借	
2020-12		本月合计			借	
2020-12		本年累计	34,500.00	34,500.00	借	

编制单位:江南岳达机械制造有限责任公司

原材料-建筑材料类_水泥明细账

2020/10-2020/12

科目:[1403.014_026] 原材料-建筑材料类_水泥　　单位:元

日期	凭证号	摘要	借方	贷方	方向	余额
2020-11		期初余额			借	
2020-11-08	记-005	购锦阳市水渠工程用水泥	1,200.00		借	1,200.00
2020-11-09	记-006	结转锦阳市水渠工程用材料		1,200.00	借	
2020-11		本月合计	1,200.00	1,200.00	借	
2020-11		本年累计	1,200.00	1,200.00	借	
2020-12		本月合计			借	
2020-12		本年累计	1,200.00	1,200.00	借	

编制单位:江南岳达机械制造有限责任公司

库存商品明细账

2020/10-2020/12

科目:[1405] 库存商品　　　　单位:元

日期	凭证号	摘要	借方	贷方	方向	余额
2020-10		期初余额			借	27,913,300.00
2020-10-26	记-071	结转本月售出27*0.9带锯条共1752...米		303,182.50	借	27,610,117.50
2020-10-31	记-072	调拨入分公司10000米27*0.9带锯..条		173,000.00	借	27,437,117.50
2020-10-31	记-073	发出商品，对方火灾，无法收回200.，000米27*0.9带锯条		3,460,000.00	借	23,977,117.50
2020-10-31	记-074	以旧锯条换27*0.9带锯条10000米	90,000.00		借	24,067,117.50
2020-10-31	记-074	以旧锯条换27*0.9带锯条10000米		173,000.00	借	23,894,117.50
2020-10-31	记-075	将5000米带锯条27*0.9委托代销（..%手续费未付）		86,500.00	借	23,807,617.50
2020-10-26	记-079	盘点库存，丢失带锯条 27*0.9		1,730.00	借	23,805,887.50
2020-10		本月合计	90,000.00	4,197,412.50	借	23,805,887.50
2020-10		本年累计	90,000.00	4,197,412.50	借	23,805,887.50
2020-11-15	记-020	支付股利		98,000.00	借	23,707,887.50
2020-11-30	记-061	换购气缸		2,420.62	借	23,705,466.88
2020-11-30	记-071	带锯条27*0.9产成品入库	1,800,167.41		借	25,505,634.29
2020-11-30	记-071	带锯条34*1.1产成品入库	1,629,098.11		借	27,134,732.40
2020-11-30	记-072	结转已售产品成本		7,016,022.08	借	20,118,710.32
2020-11-30	记-072	结转已售产品成本		426,717.00	借	19,691,993.32
2020-11-30	记-072	分期收款销售27*0.9（1000米），...2月30日收款500米出发商品成本		8,665.50	借	19,683,327.82
2020-11-30	记-072	赊销带锯条27000米成本		753,030.00	借	18,930,297.82
2020-11-30	记-073	职工奖励（镌刻职工名字）		650.00	借	18,929,647.82
2020-11-30	记-074	向养老院赠送自制圆桌、椅子		2,500.00	借	18,927,147.82
2020-11-30	记-074	向养老院赠送自制圆桌、椅子		11,000.00	借	18,916,147.82
2020-11-30	记-076	印有公司logo的手工制作木工锯条赠.展会人员		325.00	借	18,915,822.82
2020-11-30	记-079	投资设立广州子公司		433,275.00	借	18,482,547.82
2020-11		本月合计	3,429,265.52	8,752,605.20	借	18,482,547.82
2020-11		本年累计	3,519,265.52	12,950,017.70	借	18,482,547.82
2020-12-31	记-041	收到退回27*0.9锯条200,000米	4,000,000.00		借	22,482,547.82
2020-12-31	记-061	产成品27*0.9带锯条入库	821,241.64		借	23,303,789.46

库存商品明细账

2020/10-2020/12

科目:[1405] 库存商品　　单位:元

日期	凭证号	摘要	借方	贷方	方向	余额
2020-12-31	记-062	产成品入库34*1.1带锯条	1,106,005.46		借	24,409,794.92
2020-12-31	记-063	领用产成品27*0.9带锯条		5,321.82	借	24,404,473.10
2020-12-31	记-065	结转完工的木工锯入库	113,051.82		借	24,517,524.92
2020-12-31	记-067	结转已售产品成本		6,770,673.42	借	17,746,851.50
2020-12-31	记-067	结转已售产品成本		1,666,941.46	借	16,079,910.04
2020-12		本月合计	6,040,298.92	8,442,936.70	借	16,079,910.04
2020-12		本年累计	9,559,564.44	21,392,954.40	借	16,079,910.04

编制单位:江南岳达机械制造有限责任公司

库存商品_带锯条27*0.9明细账

2020/10-2020/12

科目:[1405_027] 库存商品_带锯条27*0.9　　单位:元

日期	凭证号	摘要	借方	贷方	方向	余额
2020-10		期初余额			借	27,015,680.00
2020-10-26	记-071	结转本月售出27*0.9带锯条共1752...米		303,182.50	借	26,712,497.50
2020-10-31	记-072	调拨入分公司10000米27*0.9带锯..条		173,000.00	借	26,539,497.50
2020-10-31	记-073	发出商品，对方火灾，无法收回200.，000米27*0.9带锯条		3,460,000.00	借	23,079,497.50
2020-10-31	记-074	以旧锯条换27*0.9带锯条10000米		173,000.00	借	22,906,497.50
2020-10-31	记-075	将5000米带锯条27*0.9委托代销（..%手续费未付）		86,500.00	借	22,819,997.50
2020-10-26	记-079	盘点库存，丢失带锯条 27*0.9		1,730.00	借	22,818,267.50
2020-10		本月合计		4,197,412.50	借	22,818,267.50
2020-10		本年累计		4,197,412.50	借	22,818,267.50
2020-11-30	记-061	换购气缸		2,420.62	借	22,815,846.88
2020-11-30	记-071	带锯条27*0.9产成品入库	1,800,167.41		借	24,616,014.29
2020-11-30	记-072	结转已售产品成本		7,016,022.08	借	17,599,992.21
2020-11-30	记-072	分期收款销售27*0.9（1000米），...2月30日收款500米出发商品成本		8,665.50	借	17,591,326.71
2020-11-30	记-079	投资设立广州子公司		433,275.00	借	17,158,051.71
2020-11		本月合计	1,800,167.41	7,460,383.20	借	17,158,051.71
2020-11		本年累计	1,800,167.41	11,657,795.70	借	17,158,051.71
2020-12-31	记-041	收到退回27*0.9锯条200,000米	4,000,000.00		借	21,158,051.71
2020-12-31	记-061	产成品27*0.9带锯条入库	821,241.64		借	21,979,293.35
2020-12-31	记-063	领用产成品27*0.9带锯条		5,321.82	借	21,973,971.53
2020-12-31	记-067	结转已售产品成本		6,770,673.42	借	15,203,298.11
2020-12		本月合计	4,821,241.64	6,775,995.24	借	15,203,298.11
2020-12		本年累计	6,621,409.05	18,433,790.94	借	15,203,298.11

编制单位:江南岳达机械制造有限责任公司

库存商品_带锯条34*1.1明细账

2020/10-2020/12

科目:[1405_028] 库存商品_带锯条34*1.1　　单位:元

日期	凭证号	摘要	借方	贷方	方向	余额
2020-10		期初余额			借	780,920.00
2020-10		本月合计			借	780,920.00
2020-10		本年累计			借	780,920.00
2020-11-30	记-071	带锯条34*1.1产成品入库	1,629,098.11		借	2,410,018.11
2020-11-30	记-072	结转已售产品成本		426,717.00	借	1,983,301.11
2020-11-30	记-072	赊销带锯条27000米成本		753,030.00	借	1,230,271.11
2020-11		本月合计	1,629,098.11	1,179,747.00	借	1,230,271.11
2020-11		本年累计	1,629,098.11	1,179,747.00	借	1,230,271.11
2020-12-31	记-062	产成品入库34*1.1带锯条	1,106,005.46		借	2,336,276.57
2020-12-31	记-067	结转已售产品成本		1,666,941.46	借	669,335.11
2020-12		本月合计	1,106,005.46	1,666,941.46	借	669,335.11
2020-12		本年累计	2,735,103.57	2,846,688.46	借	669,335.11

编制单位:江南岳达机械制造有限责任公司

库存商品_木工锯明细账

2020/10-2020/12

科目:[1405_029] 库存商品_木工锯 单位:元

日期	凭证号	摘要	借方	贷方	方向	余额
2020-10		期初余额			借	5,200.00
2020-10		本月合计			借	5,200.00
2020-10		本年累计			借	5,200.00
2020-11-30	记-073	职工奖励（镌刻职工名字）		650.00	借	4,550.00
2020-11-30	记-076	印有公司logo的手工制作木工锯条赠.展会人员		325.00	借	4,225.00
2020-11		本月合计		975.00	借	4,225.00
2020-11		本年累计		975.00	借	4,225.00
2020-12-31	记-065	结转完工的木工锯入库	113,051.82		借	117,276.82
2020-12		本月合计	113,051.82		借	117,276.82
2020-12		本年累计	113,051.82	975.00	借	117,276.82

编制单位:江南岳达机械制造有限责任公司

库存商品_旧锯条明细账

2020/10-2020/12

科目:[1405_033] 库存商品_旧锯条 单位:元

日期	凭证号	摘要	借方	贷方	方向	余额
2020-10		期初余额			借	
2020-10-31	记-074	以旧锯条换27*0.9带锯条10000米	90,000.00		借	90,000.00
2020-10		本月合计	90,000.00		借	90,000.00
2020-10		本年累计	90,000.00		借	90,000.00
2020-11		本月合计			借	90,000.00
2020-11		本年累计	90,000.00		借	90,000.00
2020-12		本月合计			借	90,000.00
2020-12		本年累计	90,000.00		借	90,000.00

编制单位:江南岳达机械制造有限责任公司

库存商品_茅台酒明细账

2020/10-2020/12

科目:[1405_034] 库存商品_茅台酒　　单位:元

日期	凭证号	摘要	借方	贷方	方向	余额
2020-10		期初余额			借	98,000.00
2020-10		本月合计			借	98,000.00
2020-10		本年累计			借	98,000.00
2020-11-15	记-020	支付股利		98,000.00	借	
2020-11		本月合计		98,000.00	借	
2020-11		本年累计		98,000.00	借	
2020-12		本月合计			借	
2020-12		本年累计		98,000.00	借	

编制单位:江南岳达机械制造有限责任公司

库存商品_圆桌明细账

2020/10-2020/12

科目:[1405_035] 库存商品_圆桌　　单位:元

日期	凭证号	摘要	借方	贷方	方向	余额
2020-10		期初余额			借	2,500.00
2020-10		本月合计			借	2,500.00
2020-10		本年累计			借	2,500.00
2020-11-30	记-074	向养老院赠送自制圆桌、椅子		2,500.00	借	
2020-11		本月合计		2,500.00	借	
2020-11		本年累计		2,500.00	借	
2020-12		本月合计			借	
2020-12		本年累计		2,500.00	借	

编制单位:江南岳达机械制造有限责任公司

库存商品_椅子明细账

2020/10-2020/12

科目:[1405_036] 库存商品_椅子　　单位:元

日期	凭证号	摘要	借方	贷方	方向	余额
2020-10		期初余额			借	11,000.00
2020-10		本月合计			借	11,000.00
2020-10		本年累计			借	11,000.00
2020-11-30	记-074	向养老院赠送自制圆桌、椅子		11,000.00	借	
2020-11		本月合计		11,000.00	借	
2020-11		本年累计		11,000.00	借	
2020-12		本月合计			借	
2020-12		本年累计		11,000.00	借	

编制单位:江南岳达机械制造有限责任公司

发出商品明细账

2020/10-2020/12

科目:[1406] 发出商品　　　　单位:元

日期	凭证号	摘要	借方	贷方	方向	余额
2020-10		期初余额			借	
2020-10-31	记-073	发出商品，对方火灾，无法收回200.，000米27*0.9带锯条（长安海思设备科技有限公司）	3,460,000.00		借	3,460,000.00
2020-10		本月合计	3,460,000.00		借	3,460,000.00
2020-10		本年累计	3,460,000.00		借	3,460,000.00
2020-11-30	记-072	分 期收款销售27*0.9（1000米），.12月30日收款500米出发商品成本	8,665.50		借	3,468,665.50
2020-11-30	记-072	赊销带锯条27000米成本	753,030.00		借	4,221,695.50
2020-11		本月合计	761,695.50		借	4,221,695.50
2020-11		本年累计	4,221,695.50		借	4,221,695.50
2020-12-31	记-067	结转 已售产品成本		753,030.00	借	3,468,665.50
2020-12-31	记-067	结转已售产品成本		8,665.50	借	3,460,000.00
2020-12		本月合计		761,695.50	借	3,460,000.00
2020-12		本年累计	4,221,695.50	761,695.50	借	3,460,000.00

编制单位:江南岳达机械制造有限责任公司

发出商品_带锯条27*0.9明细账

2020/10-2020/12

科目:[1406_027] 发出商品_带锯条27*0.9　　　　单位:元

日期	凭证号	摘要	借方	贷方	方向	余额
2020-10		期初余额			借	
2020-10-31	记-073	发出商品，对方火灾，无法收回200.，000米27*0.9带锯条（长安海思设备科技有限公司）	3,460,000.00		借	3,460,000.00
2020-10		本月合计	3,460,000.00		借	3,460,000.00
2020-10		本年累计	3,460,000.00		借	3,460,000.00
2020-11-30	记-072	分 期收款销售27*0.9（1000米），.12月30日收款500米出发商品成本	8,665.50		借	3,468,665.50
2020-11		本月合计	8,665.50		借	3,468,665.50
2020-11		本年累计	3,468,665.50		借	3,468,665.50
2020-12-31	记-067	结转已售产品成本		8,665.50	借	3,460,000.00
2020-12		本月合计		8,665.50	借	3,460,000.00
2020-12		本年累计	3,468,665.50	8,665.50	借	3,460,000.00

编制单位:江南岳达机械制造有限责任公司

发出商品_带锯条34*1.1明细账

2020/10-2020/12

科目:[1406_028] 发出商品_带锯条34*1.1

单位:元

日期	凭证号	摘要	借方	贷方	方向	余额
2020-11		期初余额			借	
2020-11-30	记-072	赊销带锯条27000米成本	753,030.00		借	753,030.00
2020-11		本月合计	753,030.00		借	753,030.00
2020-11		本年累计	753,030.00		借	753,030.00
2020-12-31	记-067	结转 已售产品成本		753,030.00	借	
2020-12		本月合计		753,030.00	借	
2020-12		本年累计	753,030.00	753,030.00	借	

编制单位:江南岳达机械制造有限责任公司

委托加工物资明细账

2020/10-2020/12

科目:[1408] 委托加工物资　　　　单位:元

日期	凭证号	摘要	借方	贷方	方向	余额
2020-10		期初余额			借	
2020-10-26	记-067	生产领用原材料及辅料	77,730.00		借	77,730.00
2020-10		本月合计	77,730.00		借	77,730.00
2020-10		本年累计	77,730.00		借	77,730.00
2020-11		本月合计			借	77,730.00
2020-11		本年累计	77,730.00		借	77,730.00
2020-12-31	记-063	领用产成品27*0.9带锯条	5,321.82		借	83,051.82
2020-12-31	记-064	木工锯加工费	30,000.00		借	113,051.82
2020-12-31	记-065	结转完工的木工锯入库		30,000.00	借	83,051.82
2020-12-31	记-065	结转完工的木工锯入库		83,051.82	借	
2020-12		本月合计	35,321.82	113,051.82	借	
2020-12		本年累计	113,051.82	113,051.82	借	

编制单位:江南岳达机械制造有限责任公司

委托加工物资-木工锯明细账

2020/10-2020/12

科目:[1408.001] 委托加工物资-木工锯　　　　单位:元

日期	凭证号	摘要	借方	贷方	方向	余额
2020-10		期初余额			借	
2020-10-26	记-067	生产领用原材料及辅料	77,730.00		借	77,730.00
2020-10		本月合计	77,730.00		借	77,730.00
2020-10		本年累计	77,730.00		借	77,730.00
2020-11		本月合计			借	77,730.00
2020-11		本年累计	77,730.00		借	77,730.00
2020-12-31	记-063	领用产成品27*0.9带锯条	5,321.82		借	83,051.82
2020-12-31	记-064	木工锯加工费	30,000.00		借	113,051.82
2020-12-31	记-065	结转完工的木工锯入库		30,000.00	借	83,051.82
2020-12-31	记-065	结转完工的木工锯入库		83,051.82	借	
2020-12		本月合计	35,321.82	113,051.82	借	
2020-12		本年累计	113,051.82	113,051.82	借	

编制单位:江南岳达机械制造有限责任公司

委托加工物资-木工锯-原材料明细账

2020/10-2020/12

科目:[1408.001.001] 委托加工物资-木工锯-原材料　　单位:元

日期	凭证号	摘要	借方	贷方	方向	余额
2020-10		期初余额			借	
2020-10-26	记-067	生产领用原材料及辅料	77,730.00		借	77,730.00
2020-10		本月合计	77,730.00		借	77,730.00
2020-10		本年累计	77,730.00		借	77,730.00
2020-11		本月合计			借	77,730.00
2020-11		本年累计	77,730.00		借	77,730.00
2020-12-31	记-063	领用产成品27*0.9带锯条	5,321.82		借	83,051.82
2020-12-31	记-065	结转完工的木工锯入库		83,051.82	借	
2020-12		本月合计	5,321.82	83,051.82	借	
2020-12		本年累计	83,051.82	83,051.82	借	

编制单位:江南岳达机械制造有限责任公司

委托加工物资-木工锯-加工费明细账

2020/10-2020/12

科目:[1408.001.002] 委托加工物资-木工锯-加工费　　　　单位:元

日期	凭证号	摘要	借方	贷方	方向	余额
2020-12		期初余额			借	
2020-12-31	记-064	木工锯加工费	30,000.00		借	30,000.00
2020-12-31	记-065	结转完工的木工锯入库		30,000.00	借	
2020-12		本月合计	30,000.00	30,000.00	借	
2020-12		本年累计	30,000.00	30,000.00	借	

编制单位:江南岳达机械制造有限责任公司

委托代销商品明细账

2020/10-2020/12

科目:[1409] 委托代销商品　　　　单位:元

日期	凭证号	摘要	借方	贷方	方向	余额
2020-10		期初余额			借	
2020-10-31	记-075	将5000米带锯条27*0.9委托代销（..%手续费未付）	86,500.00		借	86,500.00
2020-10		本月合计	86,500.00		借	86,500.00
2020-10		本年累计	86,500.00		借	86,500.00
2020-11		本月合计			借	86,500.00
2020-11		本年累计	86,500.00		借	86,500.00
2020-12		本月合计			借	86,500.00
2020-12		本年累计	86,500.00		借	86,500.00

编制单位:江南岳达机械制造有限责任公司

委托代销商品_带 锯条27*0.9明细账

2020/10-2020/12

科目:[1409_040] 委托代销商品_带 锯条27*0.9　　　　单位:元

日期	凭证号	摘要	借方	贷方	方向	余额
2020-10		期初余额			借	
2020-10-31	记-075	将5000米带锯条27*0.9委托代销（..%手续费未付）	86,500.00		借	86,500.00
2020-10		本月合计	86,500.00		借	86,500.00
2020-10		本年累计	86,500.00		借	86,500.00
2020-11		本月合计			借	86,500.00
2020-11		本年累计	86,500.00		借	86,500.00
2020-12		本月合计			借	86,500.00
2020-12		本年累计	86,500.00		借	86,500.00

编制单位:江南岳达机械制造有限责任公司

持有至到期投资明细账

2020/10-2020/12

科目:[1501] 持有至到期投资　　单位:元

日期	凭证号	摘要	借方	贷方	方向	余额
2020-10		期初余额			借	250,000.00
2020-10		本月合计			借	250,000.00
2020-10		本年累计			借	250,000.00
2020-11		本月合计			借	250,000.00
2020-11		本年累计			借	250,000.00
2020-12		本月合计			借	250,000.00
2020-12		本年累计			借	250,000.00

编制单位:江南岳达机械制造有限责任公司

持有至到期投资-江南华颖股份有限公司明细账

2020/10-2020/12

科目:[1501.001] 持有至到期投资-江南华颖股份有限公司　　　　单位:元

日期	凭证号	摘要	借方	贷方	方向	余额
2020-10		期初余额			借	250,000.00
2020-10		本月合计			借	250,000.00
2020-10		本年累计			借	250,000.00
2020-11		本月合计			借	250,000.00
2020-11		本年累计			借	250,000.00
2020-12		本月合计			借	250,000.00
2020-12		本年累计			借	250,000.00

编制单位:江南岳达机械制造有限责任公司

长期股权投资明细账

2020/10-2020/12

科目:[1511] 长期股权投资　　　　单位:元

日期	凭证号	摘要	借方	贷方	方向	余额
2020-10		期初余额			借	12,500,000.00
2020-10		本月合计			借	12,500,000.00
2020-10		本年累计			借	12,500,000.00
2020-11-30	记-048	收到往来款		2,000,000.00	借	10,500,000.00
2020-11-30	记-079	投资设立广州子公司	433,275.00		借	10,933,275.00
2020-11		本月合计	433,275.00	2,000,000.00	借	10,933,275.00
2020-11		本年累计	433,275.00	2,000,000.00	借	10,933,275.00
2020-12-31	记-045	将持有的上市公司的原始股份出售		7,000,000.00	借	3,933,275.00
2020-12		本月合计		7,000,000.00	借	3,933,275.00
2020-12		本年累计	433,275.00	9,000,000.00	借	3,933,275.00

编制单位:江南岳达机械制造有限责任公司

长期股权投资-上海亮剑机械销售有限公司明细账

2020/10-2020/12

科目:[1511.001] 长期股权投资-上海亮剑机械销售有限公司　　　　单位:元

日期	凭证号	摘要	借方	贷方	方向	余额
2020-10		期初余额			借	4,000,000.00
2020-10		本月合计			借	4,000,000.00
2020-10		本年累计			借	4,000,000.00
2020-11		本月合计			借	4,000,000.00
2020-11		本年累计			借	4,000,000.00
2020-12		本月合计			借	4,000,000.00
2020-12		本年累计			借	4,000,000.00

编制单位:江南岳达机械制造有限责任公司

长期股权投资-广州亮剑机械销售有限公司明细账

2020/10-2020/12

科目:[1511.002] 长期股权投资-广州亮剑机械销售有限公司　　单位:元

日期	凭证号	摘要	借方	贷方	方向	余额
2020-11		期初余额			借	
2020-11-30	记-079	投资设立广州子公司	433,275.00		借	433,275.00
2020-11		本月合计	433,275.00		借	433,275.00
2020-11		本年累计	433,275.00		借	433,275.00
2020-12		本月合计			借	433,275.00
2020-12		本年累计	433,275.00		借	433,275.00

编制单位:江南岳达机械制造有限责任公司

长期股权投资-锦阳宏达机械加工有限公司明细账

2020/10-2020/12

科目:[1511.003] 长期股权投资-锦阳宏达机械加工有限公司　　单位:元

日期	凭证号	摘要	借方	贷方	方向	余额
2020-10		期初余额			借	1,500,000.00
2020-10		本月合计			借	1,500,000.00
2020-10		本年累计			借	1,500,000.00
2020-11-30	记-048	收到往来款		2,000,000.00	借	-500,000.00
2020-11		本月合计		2,000,000.00	借	-500,000.00
2020-11		本年累计		2,000,000.00	借	-500,000.00
2020-12		本月合计			借	-500,000.00
2020-12		本年累计		2,000,000.00	借	-500,000.00

编制单位:江南岳达机械制造有限责任公司

长期股权投资-深圳科晟科技有限公司明细账

2020/10-2020/12

科目:[1511.004] 长期股权投资-深圳科晟科技有限公司　　单位:元

日期	凭证号	摘要	借方	贷方	方向	余额
2020-10		期初余额			借	7,000,000.00
2020-10		本月合计			借	7,000,000.00
2020-10		本年累计			借	7,000,000.00
2020-11		本月合计			借	7,000,000.00
2020-11		本年累计			借	7,000,000.00
2020-12-31	记-045	将持有的上市公司的原始股份出售		7,000,000.00	借	
2020-12		本月合计		7,000,000.00	借	
2020-12		本年累计		7,000,000.00	借	

编制单位:江南岳达机械制造有限责任公司

固定资产明细账

2020/10-2020/12

科目:[1601] 固定资产　　单位:元

日期	凭证号	摘要	借方	贷方	方向	余额
2020-10		期初余额			借	40,620,728.57
2020-10-10	记-017	清理计算机一台		21,000.00	借	40,599,728.57
2020-10-10	记-024	清理车辆		150,000.00	借	40,449,728.57
2020-10-10	记-025	清理已售偏远闲置房屋		500,000.00	借	39,949,728.57
2020-10-10	记-030	购喷码机2台及运费	107,000.00		借	40,056,728.57
2020-10-22	记-037	购热风炉	1,500,000.00		借	41,556,728.57
2020-10-26	记-081	清理固定资产		300,000.00	借	41,256,728.57
2020-10		本月合计	1,607,000.00	971,000.00	借	41,256,728.57
2020-10		本年累计	1,607,000.00	971,000.00	借	41,256,728.57
2020-11-30	记-049	将自有轿车抵前欠债务		200,000.00	借	41,056,728.57
2020-11		本月合计		200,000.00	借	41,056,728.57
2020-11		本年累计	1,607,000.00	1,171,000.00	借	41,056,728.57
2020-12-17	记-020	安装完毕，转固	203,000.00		借	41,259,728.57
2020-12-31	记-039	抵押担保房产拍卖		400,000.00	借	40,859,728.57
2020-12-31	记-044	将食堂用柜式空调转入车间使用	-3,200.00		借	40,856,528.57
2020-12-31	记-086	多功能车棚完工	600,000.00		借	41,456,528.57
2020-12		本月合计	799,800.00	400,000.00	借	41,456,528.57
2020-12		本年累计	2,406,800.00	1,571,000.00	借	41,456,528.57

编制单位:江南岳达机械制造有限责任公司

固定资产-机器设备明细账

2020/10-2020/12

科目:[1601.001] 固定资产-机器设备　　　　单位:元

日期	凭证号	摘要	借方	贷方	方向	余额
2020-10		期初余额			借	29,120,900.00
2020-10-22	记-037	购热风炉	1,500,000.00		借	30,620,900.00
2020-10-26	记-081	清理固定资产		300,000.00	借	30,320,900.00
2020-10		本月合计	1,500,000.00	300,000.00	借	30,320,900.00
2020-10		本年累计	1,500,000.00	300,000.00	借	30,320,900.00
2020-11		本月合计			借	30,320,900.00
2020-11		本年累计	1,500,000.00	300,000.00	借	30,320,900.00
2020-12-17	记-020	安装完毕，转固	203,000.00		借	30,523,900.00
2020-12		本月合计	203,000.00		借	30,523,900.00
2020-12		本年累计	1,703,000.00	300,000.00	借	30,523,900.00

编制单位:江南岳达机械制造有限责任公司

固定资产-运输车辆明细账

2020/10-2020/12

科目:[1601.002] 固定资产-运输车辆　　　　单位:元

日期	凭证号	摘要	借方	贷方	方向	余额
2020-10		期初余额			借	1,210,000.00
2020-10-10	记-024	清理车辆		150,000.00	借	1,060,000.00
2020-10		本月合计		150,000.00	借	1,060,000.00
2020-10		本年累计		150,000.00	借	1,060,000.00
2020-11-30	记-049	将自有轿车抵前欠债务		200,000.00	借	860,000.00
2020-11		本月合计		200,000.00	借	860,000.00
2020-11		本年累计		350,000.00	借	860,000.00
2020-12		本月合计			借	860,000.00
2020-12		本年累计		350,000.00	借	860,000.00

编制单位:江南岳达机械制造有限责任公司

固定资产-电子设备明细账

2020/10-2020/12

科目:[1601.003] 固定资产-电子设备　　　　单位:元

日期	凭证号	摘要	借方	贷方	方向	余额
2020-10		期初余额			借	258,400.00
2020-10-10	记-017	清理计算机一台		21,000.00	借	237,400.00
2020-10-10	记-030	购喷码机2台及运费	107,000.00		借	344,400.00
2020-10		本月合计	107,000.00	21,000.00	借	344,400.00
2020-10		本年累计	107,000.00	21,000.00	借	344,400.00
2020-11		本月合计			借	344,400.00
2020-11		本年累计	107,000.00	21,000.00	借	344,400.00
2020-12-31	记-044	将食堂用柜式空调转入车间使用	-3,200.00		借	341,200.00
2020-12		本月合计	-3,200.00		借	341,200.00
2020-12		本年累计	103,800.00	21,000.00	借	341,200.00

编制单位:江南岳达机械制造有限责任公司

固定资产-房屋建筑明细账

2020/10-2020/12

科目:[1601.004] 固定资产-房屋建筑　　　　单位:元

日期	凭证号	摘要	借方	贷方	方向	余额
2020-10		期初余额			借	9,971,428.57
2020-10-10	记-025	清理已售偏远闲置房屋		500,000.00	借	9,471,428.57
2020-10		本月合计		500,000.00	借	9,471,428.57
2020-10		本年累计		500,000.00	借	9,471,428.57
2020-11		本月合计			借	9,471,428.57
2020-11		本年累计		500,000.00	借	9,471,428.57
2020-12-31	记-039	抵押担保房产拍卖		400,000.00	借	9,071,428.57
2020-12-31	记-086	多功能车棚完工	600,000.00		借	9,671,428.57
2020-12		本月合计	600,000.00	400,000.00	借	9,671,428.57
2020-12		本年累计	600,000.00	900,000.00	借	9,671,428.57

编制单位:江南岳达机械制造有限责任公司

固定资产-工具器具明细账

2020/10-2020/12

科目:[1601.005] 固定资产-工具器具　　　　单位:元

日期	凭证号	摘要	借方	贷方	方向	余额
2020-10		期初余额			借	60,000.00
2020-10		本月合计			借	60,000.00
2020-10		本年累计			借	60,000.00
2020-11		本月合计			借	60,000.00
2020-11		本年累计			借	60,000.00
2020-12		本月合计			借	60,000.00
2020-12		本年累计			借	60,000.00

编制单位:江南岳达机械制造有限责任公司

累计折旧明细账

2020/10-2020/12

科目:[1602] 累计折旧 单位:元

日期	凭证号	摘要	借方	贷方	方向	余额
2020-10		期初余额			贷	21,971,671.56
2020-10-10	记-017	清理计算机一台	5,658.20		贷	21,966,013.36
2020-10-10	记-024	清理车辆	145,500.00		贷	21,820,513.36
2020-10-10	记-025	清理已售偏远闲置房屋	145,512.00		贷	21,675,001.36
2020-10-26	记-064	计提折旧		235,384.23	贷	21,910,385.59
2020-10-26	记-064	计提折旧		10,508.16	贷	21,920,893.75
2020-10-26	记-064	计提折旧		4,577.78	贷	21,925,471.53
2020-10-26	记-064	计提折旧		40,304.51	贷	21,965,776.04
2020-10-26	记-064	计提折旧		970.02	贷	21,966,746.06
2020-10-26	记-081	清理固定资产	198,841.80		贷	21,767,904.26
2020-10		本月合计	495,512.00	291,744.70	贷	21,767,904.26
2020-10		本年累计	495,512.00	291,744.70	贷	21,767,904.26
2020-11-30	记-038	2020年打印机折旧计提错误，现转.回		-3,500.00	贷	21,764,404.26
2020-11-30	记-049	将自有轿车抵前欠债务	145,497.60		贷	21,618,906.66
2020-11-30	记-066	计提折旧		245,083.83	贷	21,863,990.49
2020-11-30	记-066	计提折旧		10,508.16	贷	21,874,498.65
2020-11-30	记-066	计提折旧		6,894.97	贷	21,881,393.62
2020-11-30	记-066	计提折旧		38,283.51	贷	21,919,677.13
2020-11-30	记-066	计提折旧		970.02	贷	21,920,647.15
2020-11		本月合计	145,497.60	298,240.49	贷	21,920,647.15
2020-11		本年累计	641,009.60	589,985.19	贷	21,920,647.15
2020-12-31	记-039	抵押担保房产拍卖	194,016.00		贷	21,726,631.15
2020-12-31	记-054	计提折旧		448,083.83	贷	22,174,714.98
2020-12-31	记-054	计提折旧		6,466.56	贷	22,181,181.54
2020-12-31	记-054	计提折旧		6,894.97	贷	22,188,076.51
2020-12-31	记-054	计提折旧		38,283.51	贷	22,226,360.02
2020-12-31	记-054	计提折旧		970.02	贷	22,227,330.04
2020-12		本月合计	194,016.00	500,698.89	贷	22,227,330.04
2020-12		本年累计	835,025.60	1,090,684.08	贷	22,227,330.04

编制单位:江南岳达机械制造有限责任公司

累计折旧-机器设备明细账

2020/10-2020/12

科目:[1602.001] 累计折旧-机器设备　　　　单位:元

日期	凭证号	摘要	借方	贷方	方向	余额
2020-10		期初余额			贷	17,623,101.85
2020-10-26	记-064	计提折旧		235,384.23	贷	17,858,486.08
2020-10-26	记-081	清理固定资产	198,841.80		贷	17,659,644.28
2020-10		本月合计	198,841.80	235,384.23	贷	17,659,644.28
2020-10		本年累计	198,841.80	235,384.23	贷	17,659,644.28
2020-11-30	记-066	计提折旧		245,083.83	贷	17,904,728.11
2020-11		本月合计		245,083.83	贷	17,904,728.11
2020-11		本年累计	198,841.80	480,468.06	贷	17,904,728.11
2020-12-31	记-054	计提折旧		448,083.83	贷	18,352,811.94
2020-12		本月合计		448,083.83	贷	18,352,811.94
2020-12		本年累计	198,841.80	928,551.89	贷	18,352,811.94

编制单位:江南岳达机械制造有限责任公司

累计折旧-运输车辆明细账

2020/10-2020/12

科目:[1602.002] 累计折旧-运输车辆　　单位:元

日期	凭证号	摘要	借方	贷方	方向	余额
2020-10		期初余额			贷	955,445.28
2020-10-10	记-024	清理车辆	145,500.00		贷	809,945.28
2020-10-26	记-064	计提折旧		10,508.16	贷	820,453.44
2020-10		本月合计	145,500.00	10,508.16	贷	820,453.44
2020-10		本年累计	145,500.00	10,508.16	贷	820,453.44
2020-11-30	记-049	将自有轿车抵前欠债务	145,497.60		贷	674,955.84
2020-11-30	记-066	计提折旧		10,508.16	贷	685,464.00
2020-11		本月合计	145,497.60	10,508.16	贷	685,464.00
2020-11		本年累计	290,997.60	21,016.32	贷	685,464.00
2020-12-31	记-054	计提折旧		6,466.56	贷	691,930.56
2020-12		本月合计		6,466.56	贷	691,930.56
2020-12		本年累计	290,997.60	27,482.88	贷	691,930.56

编制单位:江南岳达机械制造有限责任公司

累计折旧-电子设备明细账

2020/10-2020/12

科目:[1602.003] 累计折旧-电子设备　　单位:元

日期	凭证号	摘要	借方	贷方	方向	余额
2020-10		期初余额			贷	173,499.14
2020-10-10	记-017	清理计算机一台	5,658.20		贷	167,840.94
2020-10-26	记-064	计提折旧		4,577.78	贷	172,418.72
2020-10		本月合计	5,658.20	4,577.78	贷	172,418.72
2020-10		本年累计	5,658.20	4,577.78	贷	172,418.72
2020-11-30	记-038	2020年打印机折旧计提错误，现转.回		-3,500.00	贷	168,918.72
2020-11-30	记-066	计提折旧		6,894.97	贷	175,813.69
2020-11		本月合计		3,394.97	贷	175,813.69
2020-11		本年累计	5,658.20	7,972.75	贷	175,813.69
2020-12-31	记-054	计提折旧		6,894.97	贷	182,708.66
2020-12		本月合计		6,894.97	贷	182,708.66
2020-12		本年累计	5,658.20	14,867.72	贷	182,708.66

编制单位:江南岳达机械制造有限责任公司

累计折旧-房屋建筑明细账

2020/10-2020/12

科目:[1602.004] 累计折旧-房屋建筑　　　　单位:元

日期	凭证号	摘要	借方	贷方	方向	余额
2020-10		期初余额			贷	3,205,074.99
2020-10-10	记-025	清理已售偏远闲置房屋	145,512.00		贷	3,059,562.99
2020-10-26	记-064	计提折旧		40,304.51	贷	3,099,867.50
2020-10		本月合计	145,512.00	40,304.51	贷	3,099,867.50
2020-10		本年累计	145,512.00	40,304.51	贷	3,099,867.50
2020-11-30	记-066	计提折旧		38,283.51	贷	3,138,151.01
2020-11		本月合计		38,283.51	贷	3,138,151.01
2020-11		本年累计	145,512.00	78,588.02	贷	3,138,151.01
2020-12-31	记-039	抵押担保房产拍卖	194,016.00		贷	2,944,135.01
2020-12-31	记-054	计提折旧		38,283.51	贷	2,982,418.52
2020-12		本月合计	194,016.00	38,283.51	贷	2,982,418.52
2020-12		本年累计	339,528.00	116,871.53	贷	2,982,418.52

编制单位:江南岳达机械制造有限责任公司

累计折旧-工具器具明细账

2020/10-2020/12

科目:[1602.005] 累计折旧-工具器具　　单位:元

日期	凭证号	摘要	借方	贷方	方向	余额
2020-10		期初余额			贷	14,550.30
2020-10-26	记-064	计提折旧		970.02	贷	15,520.32
2020-10		本月合计		970.02	贷	15,520.32
2020-10		本年累计		970.02	贷	15,520.32
2020-11-30	记-066	计提折旧		970.02	贷	16,490.34
2020-11		本月合计		970.02	贷	16,490.34
2020-11		本年累计		1,940.04	贷	16,490.34
2020-12-31	记-054	计提折旧		970.02	贷	17,460.36
2020-12		本月合计		970.02	贷	17,460.36
2020-12		本年累计		2,910.06	贷	17,460.36

编制单位:江南岳达机械制造有限责任公司

在建工程明细账

2020/10-2020/12

科目:[1604] 在建工程 单位:元

日期	凭证号	摘要	借方	贷方	方向	余额
2020-10		期初余额			借	618,492.36
2020-10-10	记-016	购硬质合金分齿机一台	200,000.00		借	818,492.36
2020-10		本月合计	200,000.00		借	818,492.36
2020-10		本年累计	200,000.00		借	818,492.36
2020-11-30	记-069	摊销无形资产	18,333.33		借	836,825.69
2020-11-30	记-081	平整B地块，用于建新厂房，耗费柴.油	40,000.00		借	876,825.69
2020-11-30	记-084	报销餐费	3,000.00		借	879,825.69
2020-11		本月合计	61,333.33		借	879,825.69
2020-11		本年累计	261,333.33		借	879,825.69
2020-12-17	记-020	支付安装劳务费	3,000.00		借	882,825.69
2020-12-17	记-020	安装完毕，转固		203,000.00	借	679,825.69
2020-12		本月合计	3,000.00	203,000.00	借	679,825.69
2020-12		本年累计	264,333.33	203,000.00	借	679,825.69

编制单位:江南岳达机械制造有限责任公司

在建工程-机器设备明细账

2020/10-2020/12

科目:[1604.001] 在建工程-机器设备　　　　单位:元

日期	凭证号	摘要	借方	贷方	方向	余额
2020-10		期初余额			借	
2020-10-10	记-016	购硬质合金分齿机一台	200,000.00		借	200,000.00
2020-10		本月合计	200,000.00		借	200,000.00
2020-10		本年累计	200,000.00		借	200,000.00
2020-11		本月合计			借	200,000.00
2020-11		本年累计	200,000.00		借	200,000.00
2020-12-17	记-020	支付安装劳务费	3,000.00		借	203,000.00
2020-12-17	记-020	安装完毕，转固		203,000.00	借	
2020-12		本月合计	3,000.00	203,000.00	借	
2020-12		本年累计	203,000.00	203,000.00	借	

编制单位:江南岳达机械制造有限责任公司

在建工程-新厂房明细账

2020/10-2020/12

科目:[1604.002] 在建工程-新厂房　　单位:元

日期	凭证号	摘要	借方	贷方	方向	余额
2020-11		期初余额			借	
2020-11-30	记-069	摊销无形资产	18,333.33		借	18,333.33
2020-11-30	记-081	平整B地块，用于建新厂房，耗费柴.油	40,000.00		借	58,333.33
2020-11-30	记-084	报销餐费	3,000.00		借	61,333.33
2020-11		本月合计	61,333.33		借	61,333.33
2020-11		本年累计	61,333.33		借	61,333.33
2020-12		本月合计			借	61,333.33
2020-12		本年累计	61,333.33		借	61,333.33

编制单位:江南岳达机械制造有限责任公司

在建工程-新厂房-场地平整明细账

2020/10-2020/12

科目:[1604.002.001] 在建工程-新厂房-场地平整　　　　单位:元

日期	凭证号	摘要	借方	贷方	方向	余额
2020-11		期初余额			借	
2020-11-30	记-081	平整B地块，用于建新厂房，耗费柴.油	40,000.00		借	40,000.00
2020-11		本月合计	40,000.00		借	40,000.00
2020-11		本年累计	40,000.00		借	40,000.00
2020-12		本月合计			借	40,000.00
2020-12		本年累计	40,000.00		借	40,000.00

编制单位:江南岳达机械制造有限责任公司

在建工程-新厂房-业务招待费明细账

2020/10-2020/12

科目:[1604.002.002] 在建工程-新厂房-业务招待费　　　　单位:元

日期	凭证号	摘要	借方	贷方	方向	余额
2020-11		期初余额			借	
2020-11-30	记-084	报销餐费	3,000.00		借	3,000.00
2020-11		本月合计	3,000.00		借	3,000.00
2020-11		本年累计	3,000.00		借	3,000.00
2020-12		本月合计			借	3,000.00
2020-12		本年累计	3,000.00		借	3,000.00

编制单位:江南岳达机械制造有限责任公司

在建工程-新厂房-土地使用权摊销明细账

2020/10-2020/12

科目:[1604.002.003] 在建工程-新厂房-土地使用权摊销　　　　单位:元

日期	凭证号	摘要	借方	贷方	方向	余额
2020-11		期初余额			借	
2020-11-30	记-069	摊销无形资产	18,333.33		借	18,333.33
2020-11		本月合计	18,333.33		借	18,333.33
2020-11		本年累计	18,333.33		借	18,333.33
2020-12		本月合计			借	18,333.33
2020-12		本年累计	18,333.33		借	18,333.33

编制单位:江南岳达机械制造有限责任公司

在建工程-仓储用房明细账

2020/10-2020/12

科目:[1604.003] 在建工程-仓储用房

单位:元

日期	凭证号	摘要	借方	贷方	方向	余额
2020-10		期初余额			借	618,492.36
2020-10		本月合计			借	618,492.36
2020-10		本年累计			借	618,492.36
2020-11		本月合计			借	618,492.36
2020-11		本年累计			借	618,492.36
2020-12		本月合计			借	618,492.36
2020-12		本年累计			借	618,492.36

编制单位:江南岳达机械制造有限责任公司

固定资产清理明细账

2020/10-2020/12

科目:[1606] 固定资产清理　　　　　　　　　　　　　　　　　　　　　单位:元

日期	凭证号	摘要	借方	贷方	方向	余额
2020-10		期初余额			借	
2020-10-10	记-024	清理车辆	4,500.00		借	4,500.00
2020-10-10	记-024	收到车辆处置收入		40,000.00	借	-35,500.00
2020-10-10	记-024	计提处置车辆附加税	96.00		借	-35,404.00
2020-10-10	记-024	结转清理余额	35,404.00		借	
2020-10-10	记-025	清理已售偏远闲置房屋	354,488.00		借	354,488.00
2020-10-10	记-025	收到售房款		666,666.67	借	-312,178.67
2020-10-10	记-026	计提售房附加税	4,333.33		借	-307,845.34
2020-10-26	记-081	出售固定资产车床一台		92,233.01	借	-400,078.35
2020-10-26	记-081	清理固定资产	101,158.20		借	-298,920.15
2020-10-26	记-081	清理固定资产		8,925.19	借	-307,845.34
2020-10		本月合计	499,979.53	807,824.87	借	-307,845.34
2020-10		本年累计	499,979.53	807,824.87	借	-307,845.34
2020-11-30	记-049	将自有轿车抵前欠债务	54,502.40		借	-253,342.94
2020-11-30	记-049	将自有轿车抵前欠债务		54,502.40	借	-307,845.34
2020-11		本月合计	54,502.40	54,502.40	借	-307,845.34
2020-11		本年累计	554,481.93	862,327.27	借	-307,845.34
2020-12		本月合计			借	-307,845.34
2020-12		本年累计	554,481.93	862,327.27	借	-307,845.34

编制单位:江南岳达机械制造有限责任公司

固定资产清理-运输车辆明细账

2020/10-2020/12

科目:[1606.001] 固定资产清理-运输车辆　　单位:元

日期	凭证号	摘要	借方	贷方	方向	余额
2020-10		期初余额			借	
2020-10-10	记-024	清理车辆	4,500.00		借	4,500.00
2020-10-10	记-024	收到车辆处置收入		40,000.00	借	-35,500.00
2020-10-10	记-024	计提处置车辆附加税	96.00		借	-35,404.00
2020-10-10	记-024	结转清理余额	35,404.00		借	
2020-10		本月合计	40,000.00	40,000.00	借	
2020-10		本年累计	40,000.00	40,000.00	借	
2020-11-30	记-049	将自有轿车抵前欠债务	54,502.40		借	54,502.40
2020-11-30	记-049	将自有轿车抵前欠债务		54,502.40	借	
2020-11		本月合计	54,502.40	54,502.40	借	
2020-11		本年累计	94,502.40	94,502.40	借	
2020-12		本月合计			借	
2020-12		本年累计	94,502.40	94,502.40	借	

编制单位:江南岳达机械制造有限责任公司

固定资产清理-房屋建筑明细账

2020/10-2020/12

科目:[1606.003] 固定资产清理-房屋建筑　　　　单位:元

日期	凭证号	摘要	借方	贷方	方向	余额
2020-10		期初余额			借	
2020-10-10	记-025	清理已售偏远闲置房屋	354,488.00		借	354,488.00
2020-10-10	记-025	收到售房款		666,666.67	借	-312,178.67
2020-10-10	记-026	计提售房附加税	4,333.33		借	-307,845.34
2020-10		本月合计	358,821.33	666,666.67	借	-307,845.34
2020-10		本年累计	358,821.33	666,666.67	借	-307,845.34
2020-11		本月合计			借	-307,845.34
2020-11		本年累计	358,821.33	666,666.67	借	-307,845.34
2020-12		本月合计			借	-307,845.34
2020-12		本年累计	358,821.33	666,666.67	借	-307,845.34

编制单位:江南岳达机械制造有限责任公司

固定资产清理-机器设备明细账

2020/10-2020/12

科目:[1606.004] 固定资产清理-机器设备　　单位:元

日期	凭证号	摘要	借方	贷方	方向	余额
2020-10		期初余额			借	
2020-10-26	记-081	出售固定资产车床一台		92,233.01	借	-92,233.01
2020-10-26	记-081	清理固定资产	101,158.20		借	8,925.19
2020-10-26	记-081	清理固定资产		8,925.19	借	
2020-10		本月合计	101,158.20	101,158.20	借	
2020-10		本年累计	101,158.20	101,158.20	借	
2020-11		本月合计			借	
2020-11		本年累计	101,158.20	101,158.20	借	
2020-12		本月合计			借	
2020-12		本年累计	101,158.20	101,158.20	借	

编制单位:江南岳达机械制造有限责任公司

无形资产明细账

2020/10-2020/12

科目:[1701] 无形资产　　　　　　　　　　单位:元

日期	凭证号	摘要	借方	贷方	方向	余额
2020-10		期初余额			借	3,210,000.00
2020-10-10	记-022	非专利技术核销		25,000.00	借	3,185,000.00
2020-10-22	记-040	购非专利技术	130,000.00		借	3,315,000.00
2020-10		本月合计	130,000.00	25,000.00	借	3,315,000.00
2020-10		本年累计	130,000.00	25,000.00	借	3,315,000.00
2020-11-30	记-034	购入B地块	11,000,000.00		借	14,315,000.00
2020-11		本月合计	11,000,000.00		借	14,315,000.00
2020-11		本年累计	11,130,000.00	25,000.00	借	14,315,000.00
2020-12-31	记-085	新增股东	2,000,000.00		借	16,315,000.00
2020-12		本月合计	2,000,000.00		借	16,315,000.00
2020-12		本年累计	13,130,000.00	25,000.00	借	16,315,000.00

编制单位:江南岳达机械制造有限责任公司

无形资产-土地使用权明细账

2020/10-2020/12

科目:[1701.001] 无形资产-土地使用权　　单位:元

日期	凭证号	摘要	借方	贷方	方向	余额
2020-10		期初余额			借	3,180,000.00
2020-10		本月合计			借	3,180,000.00
2020-10		本年累计			借	3,180,000.00
2020-11-30	记-034	购入B地块	11,000,000.00		借	14,180,000.00
2020-11		本月合计	11,000,000.00		借	14,180,000.00
2020-11		本年累计	11,000,000.00		借	14,180,000.00
2020-12		本月合计			借	14,180,000.00
2020-12		本年累计	11,000,000.00		借	14,180,000.00

编制单位:江南岳达机械制造有限责任公司

无形资产-土地使用权-地块A明细账

2020/10-2020/12

科目:[1701.001.001] 无形资产-土地使用权-地块A　　单位:元

日期	凭证号	摘要	借方	贷方	方向	余额
2020-10		期初余额			借	3,180,000.00
2020-10		本月合计			借	3,180,000.00
2020-10		本年累计			借	3,180,000.00
2020-11		本月合计			借	3,180,000.00
2020-11		本年累计			借	3,180,000.00
2020-12		本月合计			借	3,180,000.00
2020-12		本年累计			借	3,180,000.00

编制单位:江南岳达机械制造有限责任公司

无形资产-土地使用权-B地块明细账

2020/10-2020/12

科目:[1701.001.002] 无形资产-土地使用权-B地块　　　　单位:元

日期	凭证号	摘要	借方	贷方	方向	余额
2020-11		期初余额			借	
2020-11-30	记-034	购入B地块	11,000,000.00		借	11,000,000.00
2020-11		本月合计	11,000,000.00		借	11,000,000.00
2020-11		本年累计	11,000,000.00		借	11,000,000.00
2020-12		本月合计			借	11,000,000.00
2020-12		本年累计	11,000,000.00		借	11,000,000.00

编制单位:江南岳达机械制造有限责任公司

无形资产-非专利技术明细账

2020/10-2020/12

科目:[1701.002] 无形资产-非专利技术　　单位:元

日期	凭证号	摘要	借方	贷方	方向	余额
2020-10		期初余额			借	25,000.00
2020-10-10	记-022	非专利技术核销		25,000.00	借	
2020-10-22	记-040	购非专利技术	130,000.00		借	130,000.00
2020-10		本月合计	130,000.00	25,000.00	借	130,000.00
2020-10		本年累计	130,000.00	25,000.00	借	130,000.00
2020-11		本月合计			借	130,000.00
2020-11		本年累计	130,000.00	25,000.00	借	130,000.00
2020-12		本月合计			借	130,000.00
2020-12		本年累计	130,000.00	25,000.00	借	130,000.00

编制单位:江南岳达机械制造有限责任公司

无形资产-管理软件明细账

2020/10-2020/12

科目:[1701.003] 无形资产-管理软件

单位:元

日期	凭证号	摘要	借方	贷方	方向	余额
2020-10		期初余额			借	5,000.00
2020-10		本月合计			借	5,000.00
2020-10		本年累计			借	5,000.00
2020-11		本月合计			借	5,000.00
2020-11		本年累计			借	5,000.00
2020-12		本月合计			借	5,000.00
2020-12		本年累计			借	5,000.00

编制单位:江南岳达机械制造有限责任公司

无形资产-新型专利技术明细账

2020/10-2020/12

科目:[1701.004] 无形资产-新型专利技术　　单位:元

日期	凭证号	摘要	借方	贷方	方向	余额
2020-12		期初余额			借	
2020-12-31	记-085	新增股东	2,000,000.00		借	2,000,000.00
2020-12		本月合计	2,000,000.00		借	2,000,000.00
2020-12		本年累计	2,000,000.00		借	2,000,000.00

编制单位:江南岳达机械制造有限责任公司

累计摊销明细账

2020/10-2020/12

科目:[1702] 累计摊销

单位:元

日期	凭证号	摘要	借方	贷方	方向	余额
2020-10		期初余额			贷	458,000.00
2020-10-10	记-022	非专利技术核销	5,000.00		贷	453,000.00
2020-10-26	记-069	摊销无形资产		5,300.00	贷	458,300.00
2020-10-26	记-069	摊销无形资产		1,083.33	贷	459,383.33
2020-10-26	记-080	一次性摊销食堂转入行政办公管理软.件		2,500.00	贷	461,883.33
2020-10		本月合计	5,000.00	8,883.33	贷	461,883.33
2020-10		本年累计	5,000.00	8,883.33	贷	461,883.33
2020-11-30	记-069	摊销无形资产		5,300.00	贷	467,183.33
2020-11-30	记-069	摊销无形资产		1,083.33	贷	468,266.66
2020-11-30	记-069	摊销无形资产		18,333.33	贷	486,599.99
2020-11		本月合计		24,716.66	贷	486,599.99
2020-11		本年累计	5,000.00	33,599.99	贷	486,599.99
2020-12-31	记-058	摊销无形资产		5,300.00	贷	491,899.99
2020-12-31	记-058	摊销无形资产		91,666.67	贷	583,566.66
2020-12-31	记-058	摊销无形资产		1,083.33	贷	584,649.99
2020-12-31	记-058	摊销无形资产		16,666.67	贷	601,316.66
2020-12		本月合计		114,716.67	贷	601,316.66
2020-12		本年累计	5,000.00	148,316.66	贷	601,316.66

编制单位:江南岳达机械制造有限责任公司

累计摊销-土地使用权A地块明细账

2020/10-2020/12

科目:[1702.001] 累计摊销-土地使用权A地块　　单位:元

日期	凭证号	摘要	借方	贷方	方向	余额
2020-10		期初余额			贷	450,500.00
2020-10-26	记-069	摊销无形资产		5,300.00	贷	455,800.00
2020-10		本月合计		5,300.00	贷	455,800.00
2020-10		本年累计		5,300.00	贷	455,800.00
2020-11-30	记-069	摊销无形资产		5,300.00	贷	461,100.00
2020-11		本月合计		5,300.00	贷	461,100.00
2020-11		本年累计		10,600.00	贷	461,100.00
2020-12-31	记-058	摊销无形资产		5,300.00	贷	466,400.00
2020-12		本月合计		5,300.00	贷	466,400.00
2020-12		本年累计		15,900.00	贷	466,400.00

编制单位:江南岳达机械制造有限责任公司

累计摊销-非专利技术明细账

2020/10-2020/12

科目:[1702.002] 累计摊销-非专利技术　　单位:元

日期	凭证号	摘要	借方	贷方	方向	余额
2020-10		期初余额			贷	5,000.00
2020-10-10	记-022	非专利技术核销	5,000.00		贷	
2020-10-26	记-069	摊销无形资产		1,083.33	贷	1,083.33
2020-10		本月合计	5,000.00	1,083.33	贷	1,083.33
2020-10		本年累计	5,000.00	1,083.33	贷	1,083.33
2020-11-30	记-069	摊销无形资产		1,083.33	贷	2,166.66
2020-11		本月合计		1,083.33	贷	2,166.66
2020-11		本年累计	5,000.00	2,166.66	贷	2,166.66
2020-12-31	记-058	摊销无形资产		1,083.33	贷	3,249.99
2020-12		本月合计		1,083.33	贷	3,249.99
2020-12		本年累计	5,000.00	3,249.99	贷	3,249.99

编制单位:江南岳达机械制造有限责任公司

累计摊销-管理软件明细账

2020/10-2020/12

科目:[1702.003] 累计摊销-管理软件　　单位:元

日期	凭证号	摘要	借方	贷方	方向	余额
2020-10		期初余额			贷	2,500.00
2020-10-26	记-080	一次性摊销食堂转入行政办公管理软件		2,500.00	贷	5,000.00
2020-10		本月合计		2,500.00	贷	5,000.00
2020-10		本年累计		2,500.00	贷	5,000.00
2020-11		本月合计			贷	5,000.00
2020-11		本年累计		2,500.00	贷	5,000.00
2020-12		本月合计			贷	5,000.00
2020-12		本年累计		2,500.00	贷	5,000.00

编制单位:江南岳达机械制造有限责任公司

累计摊销-土地使用权B地块明细账

2020/10-2020/12

科目:[1702.004] 累计摊销-土地使用权B地块

单位:元

日期	凭证号	摘要	借方	贷方	方向	余额
2020-11		期初余额			贷	
2020-11-30	记-069	摊销无形资产		18,333.33	贷	18,333.33
2020-11		本月合计		18,333.33	贷	18,333.33
2020-11		本年累计		18,333.33	贷	18,333.33
2020-12-31	记-058	摊销无形资产		91,666.67	贷	110,000.00
2020-12		本月合计		91,666.67	贷	110,000.00
2020-12		本年累计		110,000.00	贷	110,000.00

编制单位:江南岳达机械制造有限责任公司

累计摊销-新型专利技术明细账

2020/10-2020/12

科目:[1702.005] 累计摊销-新型专利技术　　单位:元

日期	凭证号	摘要	借方	贷方	方向	余额
2020-12		期初余额			贷	
2020-12-31	记-058	摊销无形资产		16,666.67	贷	16,666.67
2020-12		本月合计		16,666.67	贷	16,666.67
2020-12		本年累计		16,666.67	贷	16,666.67

编制单位:江南岳达机械制造有限责任公司

长期待摊费用明细账

2020/10-2020/12

科目:[1801] 长期待摊费用

单位:元

日期	凭证号	摘要	借方	贷方	方向	余额
2020-10		期初余额			借	41,666.67
2020-10		本月合计			借	41,666.67
2020-10		本年累计			借	41,666.67
2020-11		本月合计			借	41,666.67
2020-11		本年累计			借	41,666.67
2020-12-31	记-059	摊销云盘租赁费		41,666.67	借	
2020-12		本月合计		41,666.67	借	
2020-12		本年累计		41,666.67	借	

编制单位:江南岳达机械制造有限责任公司

长期待摊费用-云盘租赁费明细账

2020/10-2020/12

科目:[1801.001] 长期待摊费用-云盘租赁费 单位:元

日期	凭证号	摘要	借方	贷方	方向	余额
2020-10		期初余额			借	41,666.67
2020-10		本月合计			借	41,666.67
2020-10		本年累计			借	41,666.67
2020-11		本月合计			借	41,666.67
2020-11		本年累计			借	41,666.67
2020-12-31	记-059	摊销云盘租赁费		41,666.67	借	
2020-12		本月合计		41,666.67	借	
2020-12		本年累计		41,666.67	借	

编制单位:江南岳达机械制造有限责任公司

待处理财产损溢明细账

2020/10-2020/12

科目:[1901] 待处理财产损溢　　　　单位:元

日期	凭证号	摘要	借方	贷方	方向	余额
2020-10		期初余额			借	
2020-10-10	记-017	清理计算机一台	15,341.80		借	15,341.80
2020-10-10	记-017	清理计算机损失损益		15,341.80	借	
2020-10		本月合计	15,341.80	15,341.80	借	
2020-10		本年累计	15,341.80	15,341.80	借	
2020-11		本月合计			借	
2020-11		本年累计	15,341.80	15,341.80	借	
2020-12		本月合计			借	
2020-12		本年累计	15,341.80	15,341.80	借	

编制单位:江南岳达机械制造有限责任公司

待处理财产损溢-固定资产损溢明细账

2020/10-2020/12

科目:[1901.001] 待处理财产损溢-固定资产损溢　　　　单位:元

日期	凭证号	摘要	借方	贷方	方向	余额
2020-10		期初余额			借	
2020-10-10	记-017	清理计算机一台	15,341.80		借	15,341.80
2020-10-10	记-017	清理计算机损失损益		15,341.80	借	
2020-10		本月合计	15,341.80	15,341.80	借	
2020-10		本年累计	15,341.80	15,341.80	借	
2020-11		本月合计			借	
2020-11		本年累计	15,341.80	15,341.80	借	
2020-12		本月合计			借	
2020-12		本年累计	15,341.80	15,341.80	借	

编制单位:江南岳达机械制造有限责任公司

短期借款明细账

2020/10-2020/12

科目:[2001] 短期借款 单位:元

日期	凭证号	摘要	借方	贷方	方向	余额
2020-10		期初余额			贷	600,000.00
2020-10-26	记-076	还旧贷	600,000.00		贷	
2020-10-26	记-076	借新贷		600,000.00	贷	600,000.00
2020-10		本月合计	600,000.00	600,000.00	贷	600,000.00
2020-10		本年累计	600,000.00	600,000.00	贷	600,000.00
2020-11		本月合计			贷	600,000.00
2020-11		本年累计	600,000.00	600,000.00	贷	600,000.00
2020-12-31	记-076	取得贷款		650,000.00	贷	1,250,000.00
2020-12		本月合计		650,000.00	贷	1,250,000.00
2020-12		本年累计	600,000.00	1,250,000.00	贷	1,250,000.00

编制单位:江南岳达机械制造有限责任公司

短期借款-信用社明细账

2020/10-2020/12

科目:[2001.001] 短期借款-信用社　　单位:元

日期	凭证号	摘要	借方	贷方	方向	余额
2020-10		期初余额			贷	600,000.00
2020-10-26	记-076	还旧贷	600,000.00		贷	
2020-10-26	记-076	借新贷		600,000.00	贷	600,000.00
2020-10		本月合计	600,000.00	600,000.00	贷	600,000.00
2020-10		本年累计	600,000.00	600,000.00	贷	600,000.00
2020-11		本月合计			贷	600,000.00
2020-11		本年累计	600,000.00	600,000.00	贷	600,000.00
2020-12		本月合计			贷	600,000.00
2020-12		本年累计	600,000.00	600,000.00	贷	600,000.00

编制单位:江南岳达机械制造有限责任公司

短期借款-长安市汇华小额贷款有限公司明细账

2020/10-2020/12

科目:[2001.002] 短期借款-长安市汇华小额贷款有限公司　　　　单位:元

日期	凭证号	摘要	借方	贷方	方向	余额
2020-12		期初余额			贷	
2020-12-31	记-076	取得贷款		650,000.00	贷	650,000.00
2020-12		本月合计		650,000.00	贷	650,000.00
2020-12		本年累计		650,000.00	贷	650,000.00

编制单位:江南岳达机械制造有限责任公司

应付账款明细账

2020/10-2020/12

科目:[2202] 应付账款 单位:元

日期	凭证号	摘要	借方	贷方	方向	余额
2020-10		期初余额			贷	536,660.12
2020-10-08	记-005	购带锯钢带30吨		1,356,000.00	贷	1,892,660.12
2020-10-08	记-005	付款	1,356,000.00		贷	536,660.12
2020-10-08	记-009	收购农产品		859,280.00	贷	1,395,940.12
2020-10-08	记-009	付款	859,280.00		贷	536,660.12
2020-10-10	记-013	收回多付货款		220,000.00	贷	756,660.12
2020-10-10	记-016	购硬质合金分齿机一台		226,000.00	贷	982,660.12
2020-10-10	记-016	付款	226,000.00		贷	756,660.12
2020-10-10	记-028	报销办公用房租金		48,300.00	贷	804,960.12
2020-10-10	记-028	付办公用房租金	48,300.00		贷	756,660.12
2020-10-10	记-030	购喷码机2台及运费		119,780.00	贷	876,440.12
2020-10-10	记-030	付货款	119,780.00		贷	756,660.12
2020-10-22	记-032	购减速机6台		14,238.00	贷	770,898.12
2020-10-22	记-032	付款	14,238.00		贷	756,660.12
2020-10-22	记-035	购轴承2个		11,227.57	贷	767,887.69
2020-10-22	记-035	付货款	11,227.57		贷	756,660.12
2020-10-22	记-037	购热风炉		1,695,000.00	贷	2,451,660.12
2020-10-22	记-038	购硬质合金颗粒200g		45,200.00	贷	2,496,860.12
2020-10-22	记-038	付货款	45,200.00		贷	2,451,660.12
2020-10-22	记-039	购滤芯一个		22,600.00	贷	2,474,260.12
2020-10-22	记-039	付款	22,600.00		贷	2,451,660.12
2020-10-22	记-047	购触摸屏8套		135,600.00	贷	2,587,260.12
2020-10-22	记-047	付款	135,600.00		贷	2,451,660.12
2020-10-22	记-048	购钢保护套		23,052.00	贷	2,474,712.12
2020-10-22	记-051	购金属防锈水10桶		4,520.00	贷	2,479,232.12
2020-10-22	记-051	付款	4,520.00		贷	2,474,712.12
2020-10-26	记-054	购尼龙扎带80包		2,712.00	贷	2,477,424.12
2020-10-26	记-054	付款	2,712.00		贷	2,474,712.12
2020-10-26	记-055	购铣刀625个		22,600.00	贷	2,497,312.12
2020-10-26	记-055	付款	22,600.00		贷	2,474,712.12
2020-10-26	记-056	购数控刀片100个		2,938.00	贷	2,477,650.12
2020-10-26	记-056	付款	2,938.00		贷	2,474,712.12
2020-10-26	记-078	2017年度预提费用未回发票，冲回.余额	40,000.00		贷	2,434,712.12
2020-10		本月合计	2,910,995.57	4,809,047.57	贷	2,434,712.12
2020-10		本年累计	2,910,995.57	4,809,047.57	贷	2,434,712.12
2020-11-08	记-005	锦阳市水渠工程款		40,341.00	贷	2,475,053.12
2020-11-08	记-005	付款	40,341.00		贷	2,434,712.12
2020-11-14	记-012	报销广告费		31,800.00	贷	2,466,512.12

应付账款明细账

2020/10-2020/12

科目:[2202] 应付账款

单位:元

日期	凭证号	摘要	借方	贷方	方向	余额
2020-11-14	记-012	支付广告费	31,800.00		贷	2,434,712.12
2020-11-15	记-014	报销单位办公用房装修费		10,900.00	贷	2,445,612.12
2020-11-15	记-014	付款	10,900.00		贷	2,434,712.12
2020-11-15	记-016	购砂轮		2,034.00	贷	2,436,746.12
2020-11-15	记-016	付款	2,034.00		贷	2,434,712.12
2020-11-15	记-021	购入钢带16吨		994,400.00	贷	3,429,112.12
2020-11-15	记-021	付款	994,400.00		贷	2,434,712.12
2020-11-15	记-024	购电机9个		1,017.00	贷	2,435,729.12
2020-11-15	记-024	付款	1,017.00		贷	2,434,712.12
2020-11-15	记-027	数控带锯铣床修理费		113,000.00	贷	2,547,712.12
2020-11-15	记-027	付款	113,000.00		贷	2,434,712.12
2020-11-15	记-029	购自动校直机位移传感器		6,780.00	贷	2,441,492.12
2020-11-15	记-029	付款	6,780.00		贷	2,434,712.12
2020-11-30	记-049	将自有轿车抵前欠债务	70,000.00		贷	2,364,712.12
2020-11-30	记-053	购原木水曲柳100立方款		150,000.00	贷	2,514,712.12
2020-11-30	记-053	付款	150,000.00		贷	2,364,712.12
2020-11		本月合计	1,420,272.00	1,350,272.00	贷	2,364,712.12
2020-11		本年累计	4,331,267.57	6,159,319.57	贷	2,364,712.12
2020-12-17	记-012	入库带锯钢带34*1.1		483,941.34	贷	2,848,653.46
2020-12-17	记-012	入库带锯钢带34*1.1（2吨）		107,066.67	贷	2,955,720.13
2020-12-17	记-012	付货款	483,941.34		贷	2,471,778.79
2020-12-17	记-014	购调功控制器，取得发票		3,842.00	贷	2,475,620.79
2020-12-17	记-014	付货款	3,842.00		贷	2,471,778.79
2020-12-17	记-016	债务重组	35,000.00		贷	2,436,778.79
2020-12-17	记-023	生产线技术指导服务费		127,200.00	贷	2,563,978.79
2020-12-17	记-023	付生产线技术指导服务费	127,200.00		贷	2,436,778.79
2020-12-17	记-024	购入分齿模2个		16,950.00	贷	2,453,728.79
2020-12-17	记-024	付货款	16,950.00		贷	2,436,778.79
2020-12-17	记-025	购原材料		2,124.40	贷	2,438,903.19
2020-12-17	记-025	付货款	2,124.40		贷	2,436,778.79
2020-12-17	记-026	牵引轮轴承一个入库		7,345.00	贷	2,444,123.79
2020-12-17	记-026	付货款	7,345.00		贷	2,436,778.79
2020-12-17	记-027	按合同约定购入电磁阀2个		20,340.00	贷	2,457,118.79
2020-12-17	记-027	付货款	20,340.00		贷	2,436,778.79

应付账款明细账

2020/10-2020/12

科目:[2202] 应付账款　　　　单位:元

日期	凭证号	摘要	借方	贷方	方向	余额
2020-12-17	记-028	按合同约定购入磨削油过滤冷却系统.一套		271,200.00	贷	2,707,978.79
2020-12-31	记-032	报销贷款咨询服务费		7,420.00	贷	2,715,398.79
2020-12-31	记-032	支付贷款咨询服务费	7,420.00		贷	2,707,978.79
2020-12-31	记-042	退回质量出现问题的制冷剂50公斤		-3,739.00	贷	2,704,239.79
2020-12-31	记-043	仓库改建为职工食堂，发生装修费		6,540.00	贷	2,710,779.79
2020-12-31	记-043	办公室张北代付款	6,540.00		贷	2,704,239.79
2020-12-31	记-064	应付木工锯加工费		33,900.00	贷	2,738,139.79
2020-12-31	记-064	付加工费	33,900.00		贷	2,704,239.79
2020-12-31	记-076	取得贷款，计提本月借款利息		5,300.00	贷	2,709,539.79
2020-12-31	记-076	支付本月借款利息	5,300.00		贷	2,704,239.79
2020-12-31	记-083	还款	30,012.00		贷	2,674,227.79
2020-12		本月合计	779,914.74	1,089,430.41	贷	2,674,227.79
2020-12		本年累计	5,111,182.31	7,248,749.98	贷	2,674,227.79

编制单位:江南岳达机械制造有限责任公司

应付账款-锦阳市环宇科技有限公司明细账

2020/10-2020/12

科目:[2202.001] 应付账款-锦阳市环宇科技有限公司　　单位:元

日期	凭证号	摘要	借方	贷方	方向	余额
2020-10		期初余额			贷	
2020-10-10	记-030	购喷码机2台及运费		119,780.00	贷	119,780.00
2020-10-10	记-030	付货款	119,780.00		贷	
2020-10-22	记-037	购热风炉		1,695,000.00	贷	1,695,000.00
2020-10		本月合计	119,780.00	1,814,780.00	贷	1,695,000.00
2020-10		本年累计	119,780.00	1,814,780.00	贷	1,695,000.00
2020-11		本月合计			贷	1,695,000.00
2020-11		本年累计	119,780.00	1,814,780.00	贷	1,695,000.00
2020-12		本月合计			贷	1,695,000.00
2020-12		本年累计	119,780.00	1,814,780.00	贷	1,695,000.00

编制单位:江南岳达机械制造有限责任公司

应付账款-长安市科久机械有限公司明细账

2020/10-2020/12

科目:[2202.002] 应付账款-长安市科久机械有限公司　　单位:元

日期	凭证号	摘要	借方	贷方	方向	余额
2020-10		期初余额			贷	
2020-10-22	记-048	购钢保护套		23,052.00	贷	23,052.00
2020-10		本月合计		23,052.00	贷	23,052.00
2020-10		本年累计		23,052.00	贷	23,052.00
2020-11		本月合计			贷	23,052.00
2020-11		本年累计		23,052.00	贷	23,052.00
2020-12		本月合计			贷	23,052.00
2020-12		本年累计		23,052.00	贷	23,052.00

编制单位:江南岳达机械制造有限责任公司

应付账款-江南华阳物资有限公司明细账

2020/10-2020/12

科目:[2202.003] 应付账款-江南华阳物资有限公司

单位:元

日期	凭证号	摘要	借方	贷方	方向	余额
2020-10		期初余额			贷	35,000.00
2020-10-22	记-047	购触摸屏8套		135,600.00	贷	170,600.00
2020-10-22	记-047	付款	135,600.00		贷	35,000.00
2020-10-26	记-055	购铣刀625个		22,600.00	贷	57,600.00
2020-10-26	记-055	付款	22,600.00		贷	35,000.00
2020-10		本月合计	158,200.00	158,200.00	贷	35,000.00
2020-10		本年累计	158,200.00	158,200.00	贷	35,000.00
2020-11-15	记-014	报销单位办公用房装修费		10,900.00	贷	45,900.00
2020-11-15	记-014	付款	10,900.00		贷	35,000.00
2020-11		本月合计	10,900.00	10,900.00	贷	35,000.00
2020-11		本年累计	169,100.00	169,100.00	贷	35,000.00
2020-12-17	记-016	债务重组	35,000.00		贷	
2020-12-31	记-042	退回质量出现问题的制冷剂50公斤		-3,739.00	贷	-3,739.00
2020-12		本月合计	35,000.00	-3,739.00	贷	-3,739.00
2020-12		本年累计	204,100.00	165,361.00	贷	-3,739.00

编制单位:江南岳达机械制造有限责任公司

应付账款-长安市汇华小额贷款有限公司明细账

2020/10-2020/12

科目:[2202.004] 应付账款-长安市汇华小额贷款有限公司　　单位:元

日期	凭证号	摘要	借方	贷方	方向	余额
2020-12		期初余额			贷	
2020-12-31	记-032	报销贷款咨询服务费		7,420.00	贷	7,420.00
2020-12-31	记-032	支付贷款咨询服务费	7,420.00		贷	
2020-12-31	记-076	取得贷款，计提本月借款利息		5,300.00	贷	5,300.00
2020-12-31	记-076	支付本月借款利息	5,300.00		贷	
2020-12		本月合计	12,720.00	12,720.00	贷	
2020-12		本年累计	12,720.00	12,720.00	贷	

编制单位:江南岳达机械制造有限责任公司

应付账款-锦阳市鼎瑞贸易有限公司明细账

2020/10-2020/12

科目:[2202.005] 应付账款-锦阳市鼎瑞贸易有限公司 单位:元

日期	凭证号	摘要	借方	贷方	方向	余额
2020-10		期初余额			贷	
2020-10-22	记-032	购减速机6台		14,238.00	贷	14,238.00
2020-10-22	记-032	付款	14,238.00		贷	
2020-10-22	记-035	购轴承2个		11,227.57	贷	11,227.57
2020-10-22	记-035	付货款	11,227.57		贷	
2020-10-26	记-054	购尼龙扎带80包		2,712.00	贷	2,712.00
2020-10-26	记-054	付款	2,712.00		贷	
2020-10		本月合计	28,177.57	28,177.57	贷	
2020-10		本年累计	28,177.57	28,177.57	贷	
2020-11-15	记-016	购砂轮		2,034.00	贷	2,034.00
2020-11-15	记-016	付款	2,034.00		贷	
2020-11		本月合计	2,034.00	2,034.00	贷	
2020-11		本年累计	30,211.57	30,211.57	贷	
2020-12-17	记-024	购入分齿模2个		16,950.00	贷	16,950.00
2020-12-17	记-024	付货款	16,950.00		贷	
2020-12-17	记-025	购原材料		2,124.40	贷	2,124.40
2020-12-17	记-025	付货款	2,124.40		贷	
2020-12-17	记-026	牵引轮轴承一个入库		7,345.00	贷	7,345.00
2020-12-17	记-026	付货款	7,345.00		贷	
2020-12-17	记-027	按合同约定购入电磁阀2个		20,340.00	贷	20,340.00
2020-12-17	记-027	付货款	20,340.00		贷	
2020-12		本月合计	46,759.40	46,759.40	贷	
2020-12		本年累计	76,970.97	76,970.97	贷	

编制单位:江南岳达机械制造有限责任公司

应付账款-长安市健素企业管理咨询公司明细账

2020/10-2020/12

科目:[2202.006] 应付账款-长安市健素企业管理咨询公司　　单位:元

日期	凭证号	摘要	借方	贷方	方向	余额
2020-10		期初余额			贷	70,000.00
2020-10		本月合计			贷	70,000.00
2020-10		本年累计			贷	70,000.00
2020-11-30	记-049	将自有轿车抵前欠债务	70,000.00		贷	
2020-11		本月合计	70,000.00		贷	
2020-11		本年累计	70,000.00		贷	
2020-12		本月合计			贷	
2020-12		本年累计	70,000.00		贷	

编制单位:江南岳达机械制造有限责任公司

应付账款-江南长安特钢有限公司明细账

2020/10-2020/12

科目:[2202.007] 应付账款-江南长安特钢有限公司

单位:元

日期	凭证号	摘要	借方	贷方	方向	余额
2020-10		期初余额			贷	
2020-10-08	记-005	购带锯钢带30吨		1,356,000.00	贷	1,356,000.00
2020-10-08	记-005	付款	1,356,000.00		贷	
2020-10		本月合计	1,356,000.00	1,356,000.00	贷	
2020-10		本年累计	1,356,000.00	1,356,000.00	贷	
2020-11-15	记-021	购入钢带16吨		994,400.00	贷	994,400.00
2020-11-15	记-021	付款	994,400.00		贷	
2020-11		本月合计	994,400.00	994,400.00	贷	
2020-11		本年累计	2,350,400.00	2,350,400.00	贷	
2020-12-17	记-012	入库带锯钢带34*1.1		483,941.34	贷	483,941.34
2020-12-17	记-012	付货款	483,941.34		贷	
2020-12		本月合计	483,941.34	483,941.34	贷	
2020-12		本年累计	2,834,341.34	2,834,341.34	贷	

编制单位:江南岳达机械制造有限责任公司

应付账款-江南亿达环保材料有限公司明细账

2020/10-2020/12

科目:[2202.008] 应付账款-江南亿达环保材料有限公司　　单位:元

日期	凭证号	摘要	借方	贷方	方向	余额
2020-12		期初余额			贷	
2020-12-17	记-028	按合同约定购入磨削油过滤冷却系统.一套		271,200.00	贷	271,200.00
2020-12		本月合计		271,200.00	贷	271,200.00
2020-12		本年累计		271,200.00	贷	271,200.00

编制单位:江南岳达机械制造有限责任公司

应付账款-黄方革明细账

2020/10-2020/12

科目:[2202.009] 应付账款-黄方革 单位:元

日期	凭证号	摘要	借方	贷方	方向	余额
2020-10		期初余额			贷	
2020-10-08	记-009	收购农产品		859,280.00	贷	859,280.00
2020-10-08	记-009	付款	859,280.00		贷	
2020-10		本月合计	859,280.00	859,280.00	贷	
2020-10		本年累计	859,280.00	859,280.00	贷	
2020-11		本月合计			贷	
2020-11		本年累计	859,280.00	859,280.00	贷	
2020-12		本月合计			贷	
2020-12		本年累计	859,280.00	859,280.00	贷	

编制单位:江南岳达机械制造有限责任公司

应付账款-长安市溪宁机器制造有限公司明细账

2020/10-2020/12

科目:[2202.010] 应付账款-长安市溪宁机器制造有限公司　　　　单位:元

日期	凭证号	摘要	借方	贷方	方向	余额
2020-10		期初余额			贷	
2020-10-10	记-016	购硬质合金分齿机一台		226,000.00	贷	226,000.00
2020-10-10	记-016	付款	226,000.00		贷	
2020-10		本月合计	226,000.00	226,000.00	贷	
2020-10		本年累计	226,000.00	226,000.00	贷	
2020-11		本月合计			贷	
2020-11		本年累计	226,000.00	226,000.00	贷	
2020-12-17	记-023	生产线技术指导服务费		127,200.00	贷	127,200.00
2020-12-17	记-023	付生产线技术指导服务费	127,200.00		贷	
2020-12		本月合计	127,200.00	127,200.00	贷	
2020-12		本年累计	353,200.00	353,200.00	贷	

编制单位:江南岳达机械制造有限责任公司

应付账款-长安市长城管理咨询有限公司明细账

2020/10-2020/12

科目:[2202.011] 应付账款-长安市长城管理咨询有限公司

单位:元

日期	凭证号	摘要	借方	贷方	方向	余额
2020-10		期初余额			贷	
2020-10-10	记-028	报销办公用房租金		48,300.00	贷	48,300.00
2020-10-10	记-028	付办公用房租金	48,300.00		贷	
2020-10		本月合计	48,300.00	48,300.00	贷	
2020-10		本年累计	48,300.00	48,300.00	贷	
2020-11		本月合计			贷	
2020-11		本年累计	48,300.00	48,300.00	贷	
2020-12		本月合计			贷	
2020-12		本年累计	48,300.00	48,300.00	贷	

编制单位:江南岳达机械制造有限责任公司

应付账款-北京腾飞机电科技有限公司明细账

2020/10-2020/12

科目:[2202.012] 应付账款-北京腾飞机电科技有限公司　　单位:元

日期	凭证号	摘要	借方	贷方	方向	余额
2020-10		期初余额			贷	
2020-10-22	记-038	购硬质合金颗粒200g		45,200.00	贷	45,200.00
2020-10-22	记-038	付货款	45,200.00		贷	
2020-10		本月合计	45,200.00	45,200.00	贷	
2020-10		本年累计	45,200.00	45,200.00	贷	
2020-11		本月合计			贷	
2020-11		本年累计	45,200.00	45,200.00	贷	
2020-12		本月合计			贷	
2020-12		本年累计	45,200.00	45,200.00	贷	

编制单位:江南岳达机械制造有限责任公司

应付账款-长安市欣博机械设备有限公司明细账

2020/10-2020/12

科目:[2202.013] 应付账款-长安市欣博机械设备有限公司　　　　单位:元

日期	凭证号	摘要	借方	贷方	方向	余额
2020-10		期初余额			贷	
2020-10-22	记-039	购滤芯一个		22,600.00	贷	22,600.00
2020-10-22	记-039	付款	22,600.00		贷	
2020-10		本月合计	22,600.00	22,600.00	贷	
2020-10		本年累计	22,600.00	22,600.00	贷	
2020-11-15	记-024	购电机9个		1,017.00	贷	1,017.00
2020-11-15	记-024	付款	1,017.00		贷	
2020-11-15	记-027	数控带锯铣床修理费		113,000.00	贷	113,000.00
2020-11-15	记-027	付款	113,000.00		贷	
2020-11-15	记-029	购自动校直机位移传感器		6,780.00	贷	6,780.00
2020-11-15	记-029	付款	6,780.00		贷	
2020-11		本月合计	120,797.00	120,797.00	贷	
2020-11		本年累计	143,397.00	143,397.00	贷	
2020-12-17	记-014	购调功控制器，取得发票		3,842.00	贷	3,842.00
2020-12-17	记-014	付货款	3,842.00		贷	
2020-12		本月合计	3,842.00	3,842.00	贷	
2020-12		本年累计	147,239.00	147,239.00	贷	

编制单位:江南岳达机械制造有限责任公司

应付账款-长安市龙路化学工业有限公司明细账

2020/10-2020/12

科目:[2202.014] 应付账款-长安市龙路化学工业有限公司　　　　单位:元

日期	凭证号	摘要	借方	贷方	方向	余额
2020-10		期初余额			贷	
2020-10-22	记-051	购金属防锈水10桶		4,520.00	贷	4,520.00
2020-10-22	记-051	付款	4,520.00		贷	
2020-10		本月合计	4,520.00	4,520.00	贷	
2020-10		本年累计	4,520.00	4,520.00	贷	
2020-11		本月合计			贷	
2020-11		本年累计	4,520.00	4,520.00	贷	
2020-12		本月合计			贷	
2020-12		本年累计	4,520.00	4,520.00	贷	

编制单位:江南岳达机械制造有限责任公司

应付账款-锦阳市忠达数控刀具有限公司明细账

2020/10-2020/12

科目:[2202.015] 应付账款-锦阳市忠达数控刀具有限公司　　单位:元

日期	凭证号	摘要	借方	贷方	方向	余额
2020-10		期初余额			贷	
2020-10-26	记-056	购数控刀片100个		2,938.00	贷	2,938.00
2020-10-26	记-056	付款	2,938.00		贷	
2020-10		本月合计	2,938.00	2,938.00	贷	
2020-10		本年累计	2,938.00	2,938.00	贷	
2020-11		本月合计			贷	
2020-11		本年累计	2,938.00	2,938.00	贷	
2020-12		本月合计			贷	
2020-12		本年累计	2,938.00	2,938.00	贷	

编制单位:江南岳达机械制造有限责任公司

应付账款-锦阳市旺力实业有限公司明细账

2020/10-2020/12

科目:[2202.016] 应付账款-锦阳市旺力实业有限公司　　单位:元

日期	凭证号	摘要	借方	贷方	方向	余额
2020-11		期初余额			贷	
2020-11-08	记-005	锦阳市水渠工程款		40,341.00	贷	40,341.00
2020-11-08	记-005	付款	40,341.00		贷	
2020-11		本月合计	40,341.00	40,341.00	贷	
2020-11		本年累计	40,341.00	40,341.00	贷	
2020-12		本月合计			贷	
2020-12		本年累计	40,341.00	40,341.00	贷	

编制单位:江南岳达机械制造有限责任公司

应付账款-长安谦翼传媒有限公司明细账

2020/10-2020/12

科目:[2202.017] 应付账款-长安谦翼传媒有限公司　　单位:元

日期	凭证号	摘要	借方	贷方	方向	余额
2020-11		期初余额			贷	
2020-11-14	记-012	报销广告费		31,800.00	贷	31,800.00
2020-11-14	记-012	支付广告费	31,800.00		贷	
2020-11		本月合计	31,800.00	31,800.00	贷	
2020-11		本年累计	31,800.00	31,800.00	贷	
2020-12		本月合计			贷	
2020-12		本年累计	31,800.00	31,800.00	贷	

编制单位:江南岳达机械制造有限责任公司

应付账款-长安光明实业有限公司明细账

2020/10-2020/12

科目:[2202.018] 应付账款-长安光明实业有限公司　　单位:元

日期	凭证号	摘要	借方	贷方	方向	余额
2020-10		期初余额			贷	-220,000.00
2020-10-10	记-013	收回多付货款		220,000.00	贷	
2020-10		本月合计		220,000.00	贷	
2020-10		本年累计		220,000.00	贷	
2020-11		本月合计			贷	
2020-11		本年累计		220,000.00	贷	
2020-12-31	记-043	仓库改建为职工食堂，发生装修费		6,540.00	贷	6,540.00
2020-12-31	记-043	办公室张北代付款	6,540.00		贷	
2020-12		本月合计	6,540.00	6,540.00	贷	
2020-12		本年累计	6,540.00	226,540.00	贷	

编制单位:江南岳达机械制造有限责任公司

应付账款-长安市大祺工具厂明细账

2020/10-2020/12

科目:[2202.019] 应付账款-长安市大祺工具厂　　　　单位:元

日期	凭证号	摘要	借方	贷方	方向	余额
2020-12		期初余额			贷	
2020-12-31	记-064	应付木工锯加工费		33,900.00	贷	33,900.00
2020-12-31	记-064	付加工费	33,900.00		贷	
2020-12		本月合计	33,900.00	33,900.00	贷	
2020-12		本年累计	33,900.00	33,900.00	贷	

编制单位:江南岳达机械制造有限责任公司

应付账款-江南火星实业有限公司明细账

2020/10-2020/12

科目:[2202.020] 应付账款-江南火星实业有限公司　　单位:元

日期	凭证号	摘要	借方	贷方	方向	余额
2020-10		期初余额			贷	581,648.12
2020-10		本月合计			贷	581,648.12
2020-10		本年累计			贷	581,648.12
2020-11		本月合计			贷	581,648.12
2020-11		本年累计			贷	581,648.12
2020-12		本月合计			贷	581,648.12
2020-12		本年累计			贷	581,648.12

编制单位:江南岳达机械制造有限责任公司

应付账款-长安市奉贤区金马五金有限公司明细账

2020/10-2020/12

科目:[2202.021] 应付账款-长安市奉贤区金马五金有限公司　　　　单位:元

日期	凭证号	摘要	借方	贷方	方向	余额
2020-10		期初余额			贷	30,012.00
2020-10		本月合计			贷	30,012.00
2020-10		本年累计			贷	30,012.00
2020-11		本月合计			贷	30,012.00
2020-11		本年累计			贷	30,012.00
2020-12-31	记-083	还款	30,012.00		贷	
2020-12		本月合计	30,012.00		贷	
2020-12		本年累计	30,012.00		贷	

编制单位:江南岳达机械制造有限责任公司

应付账款-长安市绿水清山林业有限公司明细账

2020/10-2020/12

科目:[2202.022] 应付账款-长安市绿水清山林业有限公司　　单位:元

日期	凭证号	摘要	借方	贷方	方向	余额
2020-11		期初余额			贷	
2020-11-30	记-053	购原木水曲柳100立方款		150,000.00	贷	150,000.00
2020-11-30	记-053	付款	150,000.00		贷	
2020-11		本月合计	150,000.00	150,000.00	贷	
2020-11		本年累计	150,000.00	150,000.00	贷	
2020-12		本月合计			贷	
2020-12		本年累计	150,000.00	150,000.00	贷	

编制单位:江南岳达机械制造有限责任公司

应付账款-暂估明细账

2020/10-2020/12

科目:[2202.099] 应付账款-暂估

单位:元

日期	凭证号	摘要	借方	贷方	方向	余额
2020-10		期初余额			贷	40,000.00
2020-10-26	记-078	2017年度预提费用未回发票，冲回.余额	40,000.00		贷	
2020-10		本月合计	40,000.00		贷	
2020-10		本年累计	40,000.00		贷	
2020-11		本月合计			贷	
2020-11		本年累计	40,000.00		贷	
2020-12-17	记-012	入库带锯钢带34*1.1（2吨）		107,066.67	贷	107,066.67
2020-12		本月合计		107,066.67	贷	107,066.67
2020-12		本年累计	40,000.00	107,066.67	贷	107,066.67

编制单位:江南岳达机械制造有限责任公司

应付账款-暂估-咨询费明细账

2020/10-2020/12

科目:[2202.099.001] 应付账款-暂估-咨询费　　单位:元

日期	凭证号	摘要	借方	贷方	方向	余额
2020-10		期初余额			贷	40,000.00
2020-10-26	记-078	2017年度预提费用未回发票，冲回.余额	40,000.00		贷	
2020-10		本月合计	40,000.00		贷	
2020-10		本年累计	40,000.00		贷	
2020-11		本月合计			贷	
2020-11		本年累计	40,000.00		贷	
2020-12		本月合计			贷	
2020-12		本年累计	40,000.00		贷	

编制单位:江南岳达机械制造有限责任公司

应付账款-暂估-江南长安特钢有限公司明细账

2020/10-2020/12

科目:[2202.099.002] 应付账款-暂估-江南长安特钢有限公司

单位:元

日期	凭证号	摘要	借方	贷方	方向	余额
2020-12		期初余额			贷	
2020-12-17	记-012	入库带锯钢带34*1.1（2吨）		107,066.67	贷	107,066.67
2020-12		本月合计		107,066.67	贷	107,066.67
2020-12		本年累计		107,066.67	贷	107,066.67

编制单位:江南岳达机械制造有限责任公司

预收账款明细账

2020/10-2020/12

科目:[2203] 预收账款　　　　单位:元

日期	凭证号	摘要	借方	贷方	方向	余额
2020-10		期初余额			贷	11,823,515.12
2020-10-10	记-011	预收大华机械货款		300,000.00	贷	12,123,515.12
2020-10		本月合计		300,000.00	贷	12,123,515.12
2020-10		本年累计		300,000.00	贷	12,123,515.12
2020-11		本月合计			贷	12,123,515.12
2020-11		本年累计		300,000.00	贷	12,123,515.12
2020-12-31	记-078	抹账	5,000,154.00		贷	7,123,361.12
2020-12		本月合计	5,000,154.00		贷	7,123,361.12
2020-12		本年累计	5,000,154.00	300,000.00	贷	7,123,361.12

编制单位:江南岳达机械制造有限责任公司

预收账款-江南长安市大华机械设备有限公司明细账

2020/10-2020/12

科目:[2203.001] 预收账款-江南长安市大华机械设备有限公司　　　　单位:元

日期	凭证号	摘要	借方	贷方	方向	余额
2020-10		期初余额			贷	
2020-10-10	记-011	预收大华机械货款		300,000.00	贷	300,000.00
2020-10		本月合计		300,000.00	贷	300,000.00
2020-10		本年累计		300,000.00	贷	300,000.00
2020-11		本月合计			贷	300,000.00
2020-11		本年累计		300,000.00	贷	300,000.00
2020-12		本月合计			贷	300,000.00
2020-12		本年累计		300,000.00	贷	300,000.00

编制单位:江南岳达机械制造有限责任公司

预收账款-上海市恒信机械加工有限责任公司明细账

2020/10-2020/12

科目:[2203.003] 预收账款-上海市恒信机械加工有限责任公司 单位:元

日期	凭证号	摘要	借方	贷方	方向	余额
2020-10		期初余额			贷	5,882,000.00
2020-10		本月合计			贷	5,882,000.00
2020-10		本年累计			贷	5,882,000.00
2020-11		本月合计			贷	5,882,000.00
2020-11		本年累计			贷	5,882,000.00
2020-12		本月合计			贷	5,882,000.00
2020-12		本年累计			贷	5,882,000.00

编制单位:江南岳达机械制造有限责任公司

预收账款-江南天华嘉机械制造有限责任公司明细账

2020/10-2020/12

科目:[2203.004] 预收账款-江南天华嘉机械制造有限责任公司 单位:元

日期	凭证号	摘要	借方	贷方	方向	余额
2020-10		期初余额			贷	5,941,515.12
2020-10		本月合计			贷	5,941,515.12
2020-10		本年累计			贷	5,941,515.12
2020-11		本月合计			贷	5,941,515.12
2020-11		本年累计			贷	5,941,515.12
2020-12-31	记-078	抹账	5,000,154.00		贷	941,361.12
2020-12		本月合计	5,000,154.00		贷	941,361.12
2020-12		本年累计	5,000,154.00		贷	941,361.12

编制单位:江南岳达机械制造有限责任公司

应付职工薪酬明细账

2020/10-2020/12

科目:[2211] 应付职工薪酬　　　　单位:元

日期	凭证号	摘要	借方	贷方	方向	余额
2020-10		期初余额			贷	
2020-10-26	记-057	支付培训费		3,230.00	贷	3,230.00
2020-10-26	记-057	支付培训费	3,230.00		贷	
2020-10-26	记-062	计提工资		451,011.07	贷	451,011.07
2020-10-26	记-063	计提基本保险单位负担		72,161.77	贷	523,172.84
2020-10-26	记-063	计提基本保险单位负担		2,255.04	贷	525,427.88
2020-10-26	记-063	计提基本保险单位负担		36,080.88	贷	561,508.76
2020-10-26	记-063	计提基本保险单位负担		4,510.12	贷	566,018.88
2020-10-26	记-063	计提基本保险单位负担		2,255.04	贷	568,273.92
2020-10-26	记-064	计提折旧	1,595.12		贷	566,678.80
2020-10-26	记-065	计提工会经费		9,020.22	贷	575,699.02
2020-10-26	记-065	计提职工福利费		1,595.12	贷	577,294.14
2020-10-26	记-066	计提本月公积金		45,101.11	贷	622,395.25
2020-10		本月合计	4,825.12	627,220.37	贷	622,395.25
2020-10		本年累计	4,825.12	627,220.37	贷	622,395.25
2020-11-07	记-001	缴纳单位养老保险	72,161.77		贷	550,233.48
2020-11-07	记-001	缴纳单位失业保险	2,255.04		贷	547,978.44
2020-11-07	记-001	缴纳单位医疗保险	36,080.88		贷	511,897.56
2020-11-07	记-001	缴纳工伤保险	4,510.12		贷	507,387.44
2020-11-07	记-001	缴纳生育保险	2,255.04		贷	505,132.40
2020-11-07	记-002	缴纳工会经费	9,020.22		贷	496,112.18
2020-11-07	记-002	缴纳住房公积金	45,101.11		贷	451,011.07
2020-11-07	记-003	发放10月工资	451,011.07		贷	
2020-11-12	记-009	报销员工外出费用	9,900.00		贷	-9,900.00
2020-11-12	记-010	报销王岳达MBA学费	20,000.00		贷	-29,900.00
2020-11-12	记-010	计提职工教育经费		20,000.00	贷	-9,900.00
2020-11-13	记-011	现金报销职工培训费	9,000.00		贷	-18,900.00
2020-11-13	记-011	计提培训费		9,000.00	贷	-9,900.00
2020-11-15	记-025	报销食堂购五谷米、植物油	37,310.70		贷	-47,210.70
2020-11-15	记-028	报销食堂购买牛肉费用	98,530.00		贷	-145,740.70
2020-11-15	记-028	慰问退休职工福利	10,000.00		贷	-155,740.70
2020-11-30	记-063	计提研发人员工资		50,000.00	贷	-105,740.70
2020-11-30	记-064	计提工资		466,064.15	贷	360,323.45
2020-11-30	记-065	计提基本保险单位负担		74,570.27	贷	434,893.72
2020-11-30	记-065	计提基本保险单位负担		2,330.30	贷	437,224.02

应付职工薪酬明细账

2020/10-2020/12

科目:[2211] 应付职工薪酬　　　　单位:元

日期	凭证号	摘要	借方	贷方	方向	余额
2020-11-30	记-065	计提基本保险单位负担		37,285.13	贷	474,509.15
2020-11-30	记-065	计提基本保险单位负担		4,660.65	贷	479,169.80
2020-11-30	记-065	计提基本保险单位负担		2,330.28	贷	481,500.08
2020-11-30	记-067	计提工会经费		9,321.28	贷	490,821.36
2020-11-30	记-068	计提本月公积金		46,606.42	贷	537,427.78
2020-11-30	记-073	职工奖励（镌刻职工名字）		650.00	贷	538,077.78
2020-11-30	记-073	职工奖励（镌刻职工名字）	650.00		贷	537,427.78
2020-11-30	记-077	领用手套	15.60		贷	537,412.18
2020-11-30	记-078	计提职工福利费		155,756.30	贷	693,168.48
2020-11		本月合计	807,801.55	878,574.78	贷	693,168.48
2020-11		本年累计	812,626.67	1,505,795.15	贷	693,168.48
2020-12-12	记-002	上缴工会经费	9,321.28		贷	683,847.20
2020-12-12	记-002	缴住房公积金	46,606.42		贷	637,240.78
2020-12-12	记-002	缴单位社会统筹	74,570.27		贷	562,670.51
2020-12-12	记-002	缴单位失业保险	2,330.30		贷	560,340.21
2020-12-12	记-002	缴单位医疗保险	37,285.13		贷	523,055.08
2020-12-12	记-002	缴单位工伤保险	4,660.65		贷	518,394.43
2020-12-12	记-002	缴单位生育保险	2,330.28		贷	516,064.15
2020-12-17	记-010	困难补助	1,000.00		贷	515,064.15
2020-12-17	记-010	发放职工工资	466,064.15		贷	49,000.00
2020-12-31	记-033	购食堂用鸡肉	17,850.00		贷	31,150.00
2020-12-31	记-033	购食堂用鸡蛋	8,640.00		贷	22,510.00
2020-12-31	记-043	仓库改建为职工食堂，发生装修费	6,000.00		贷	16,510.00
2020-12-31	记-052	计提工资		457,948.65	贷	474,458.65
2020-12-31	记-053	计提单位负担社会保险		73,271.78	贷	547,730.43
2020-12-31	记-053	计提单位负担社会保险		2,289.72	贷	550,020.15
2020-12-31	记-053	计提单位负担社会保险		36,635.90	贷	586,656.05
2020-12-31	记-053	计提单位负担社会保险		4,579.49	贷	591,235.54
2020-12-31	记-053	计提单位负担社会保险		2,289.70	贷	593,525.24
2020-12-31	记-054	计提折旧	970.02		贷	592,555.22
2020-12-31	记-055	计提工会经费		9,158.97	贷	601,714.19
2020-12-31	记-056	计提本月公积金		45,794.87	贷	647,509.06
2020-12-31	记-057	计提福利费		34,460.02	贷	681,969.08
2020-12		本月合计	677,628.50	657,270.13	贷	672,810.11
2020-12		本年累计	1,490,255.17	2,163,065.28	贷	672,810.11

编制单位:江南岳达机械制造有限责任公司

应付职工薪酬-工资明细账

2020/10-2020/12

科目:[2211.001] 应付职工薪酬-工资　　　　单位:元

日期	凭证号	摘要	借方	贷方	方向	余额
2020-10		期初余额			贷	
2020-10-26	记-062	计提工资		451,011.07	贷	451,011.07
2020-10		本月合计		451,011.07	贷	451,011.07
2020-10		本年累计		451,011.07	贷	451,011.07
2020-11-07	记-003	发放10月工资	451,011.07		贷	
2020-11-30	记-063	计提研发人员工资		50,000.00	贷	50,000.00
2020-11-30	记-064	计提工资		466,064.15	贷	516,064.15
2020-11-30	记-073	职工奖励（镌刻职工名字）		650.00	贷	516,714.15
2020-11-30	记-073	职工奖励（镌刻职工名字）	650.00		贷	516,064.15
2020-11		本月合计	451,661.07	516,714.15	贷	516,064.15
2020-11		本年累计	451,661.07	967,725.22	贷	516,064.15
2020-12-17	记-010	发放职工工资	466,064.15		贷	50,000.00
2020-12-31	记-052	计提工资		457,948.65	贷	507,948.65
2020-12		本月合计	466,064.15	457,948.65	贷	507,948.65
2020-12		本年累计	917,725.22	1,425,673.87	贷	507,948.65

编制单位:江南岳达机械制造有限责任公司

应付职工薪酬-职工福利费明细账

2020/10-2020/12

科目:[2211.003] 应付职工薪酬-职工福利费　　　　单位:元

日期	凭证号	摘要	借方	贷方	方向	余额
2020-10		期初余额			贷	
2020-10-26	记-064	计提折旧	1,595.12		贷	-1,595.12
2020-10-26	记-065	计提职工福利费		1,595.12	贷	
2020-10		本月合计	1,595.12	1,595.12	贷	
2020-10		本年累计	1,595.12	1,595.12	贷	
2020-11-12	记-009	报销员工外出费用	9,900.00		贷	-9,900.00
2020-11-15	记-025	报销食堂购五谷米、植物油	37,310.70		贷	-47,210.70
2020-11-15	记-028	报销食堂购买牛肉费用	98,530.00		贷	-145,740.70
2020-11-15	记-028	慰问退休职工福利	10,000.00		贷	-155,740.70
2020-11-30	记-077	领用手套	15.60		贷	-155,756.30
2020-11-30	记-078	计提职工福利费		155,756.30	贷	
2020-11		本月合计	155,756.30	155,756.30	贷	
2020-11		本年累计	157,351.42	157,351.42	贷	
2020-12-17	记-010	困难补助	1,000.00		贷	-1,000.00
2020-12-31	记-033	购食堂用鸡肉	17,850.00		贷	-18,850.00
2020-12-31	记-033	购食堂用鸡蛋	8,640.00		贷	-27,490.00
2020-12-31	记-043	仓库改建为职工食堂，发生装修费	6,000.00		贷	-33,490.00
2020-12-31	记-054	计提折旧	970.02		贷	-34,460.02
2020-12-31	记-057	计提福利费		34,460.02	贷	
2020-12		本月合计	34,460.02	34,460.02	贷	
2020-12		本年累计	191,811.44	191,811.44	贷	

编制单位:江南岳达机械制造有限责任公司

应付职工薪酬-工会经费明细账

2020/10-2020/12

科目:[2211.005] 应付职工薪酬-工会经费　　单位:元

日期	凭证号	摘要	借方	贷方	方向	余额
2020-10		期初余额			贷	
2020-10-26	记-065	计提工会经费		9,020.22	贷	9,020.22
2020-10		本月合计		9,020.22	贷	9,020.22
2020-10		本年累计		9,020.22	贷	9,020.22
2020-11-07	记-002	缴纳工会经费	9,020.22		贷	
2020-11-30	记-067	计提工会经费		9,321.28	贷	9,321.28
2020-11		本月合计	9,020.22	9,321.28	贷	9,321.28
2020-11		本年累计	9,020.22	18,341.50	贷	9,321.28
2020-12-12	记-002	上缴工会经费	9,321.28		贷	
2020-12-31	记-055	计提工会经费		9,158.97	贷	9,158.97
2020-12		本月合计	9,321.28		贷	
2020-12		本年累计	18,341.50	18,341.50	贷	

编制单位:江南岳达机械制造有限责任公司

应付职工薪酬-职工教育经费明细账

2020/10-2020/12

科目:[2211.006] 应付职工薪酬-职工教育经费　　　　单位:元

日期	凭证号	摘要	借方	贷方	方向	余额
2020-10		期初余额			贷	
2020-10-26	记-057	支付培训费		3,230.00	贷	3,230.00
2020-10-26	记-057	支付培训费	3,230.00		贷	
2020-10		本月合计	3,230.00	3,230.00	贷	
2020-10		本年累计	3,230.00	3,230.00	贷	
2020-11-12	记-010	报销王岳达MBA学费	20,000.00		贷	-20,000.00
2020-11-12	记-010	计提职工教育经费		20,000.00	贷	
2020-11-13	记-011	现金报销职工培训费	9,000.00		贷	-9,000.00
2020-11-13	记-011	计提培训费		9,000.00	贷	
2020-11		本月合计	29,000.00	29,000.00	贷	
2020-11		本年累计	32,230.00	32,230.00	贷	
2020-12		本月合计			贷	
2020-12		本年累计	32,230.00	32,230.00	贷	

编制单位:江南岳达机械制造有限责任公司

应付职工薪酬-社会保险明细账

2020/10-2020/12

科目:[2211.007] 应付职工薪酬-社会保险　　　　单位:元

日期	凭证号	摘要	借方	贷方	方向	余额
2020-10		期初余额			贷	
2020-10-26	记-063	计提基本保险单位负担		72,161.77	贷	72,161.77
2020-10-26	记-063	计提基本保险单位负担		2,255.04	贷	74,416.81
2020-10-26	记-063	计提基本保险单位负担		36,080.88	贷	110,497.69
2020-10-26	记-063	计提基本保险单位负担		4,510.12	贷	115,007.81
2020-10-26	记-063	计提基本保险单位负担		2,255.04	贷	117,262.85
2020-10		本月合计		117,262.85	贷	117,262.85
2020-10		本年累计		117,262.85	贷	117,262.85
2020-11-07	记-001	缴纳单位养老保险	72,161.77		贷	45,101.08
2020-11-07	记-001	缴纳单位失业保险	2,255.04		贷	42,846.04
2020-11-07	记-001	缴纳单位医疗保险	36,080.88		贷	6,765.16
2020-11-07	记-001	缴纳工伤保险	4,510.12		贷	2,255.04
2020-11-07	记-001	缴纳生育保险	2,255.04		贷	
2020-11-30	记-065	计提基本保险单位负担		74,570.27	贷	74,570.27
2020-11-30	记-065	计提基本保险单位负担		2,330.30	贷	76,900.57
2020-11-30	记-065	计提基本保险单位负担		37,285.13	贷	114,185.70
2020-11-30	记-065	计提基本保险单位负担		4,660.65	贷	118,846.35
2020-11-30	记-065	计提基本保险单位负担		2,330.28	贷	121,176.63
2020-11		本月合计	117,262.85	121,176.63	贷	121,176.63
2020-11		本年累计	117,262.85	238,439.48	贷	121,176.63
2020-12-12	记-002	缴单位社会统筹	74,570.27		贷	46,606.36
2020-12-12	记-002	缴单位失业保险	2,330.30		贷	44,276.06
2020-12-12	记-002	缴单位医疗保险	37,285.13		贷	6,990.93
2020-12-12	记-002	缴单位工伤保险	4,660.65		贷	2,330.28
2020-12-12	记-002	缴单位生育保险	2,330.28		贷	
2020-12-31	记-053	计提单位负担社会保险		73,271.78	贷	73,271.78
2020-12-31	记-053	计提单位负担社会保险		2,289.72	贷	75,561.50
2020-12-31	记-053	计提单位负担社会保险		36,635.90	贷	112,197.40
2020-12-31	记-053	计提单位负担社会保险		4,579.49	贷	116,776.89
2020-12-31	记-053	计提单位负担社会保险		2,289.70	贷	119,066.59
2020-12		本月合计	121,176.63	119,066.59	贷	119,066.59
2020-12		本年累计	238,439.48	357,506.07	贷	119,066.59

编制单位:江南岳达机械制造有限责任公司

应付职工薪酬-社会保险-养老保险明细账

2020/10-2020/12

科目:[2211.007.001] 应付职工薪酬-社会保险-养老保险　　单位:元

日期	凭证号	摘要	借方	贷方	方向	余额
2020-10		期初余额			贷	
2020-10-26	记-063	计提基本保险单位负担		72,161.77	贷	72,161.77
2020-10		本月合计		72,161.77	贷	72,161.77
2020-10		本年累计		72,161.77	贷	72,161.77
2020-11-07	记-001	缴纳单位养老保险	72,161.77		贷	
2020-11-30	记-065	计提基本保险单位负担		74,570.27	贷	74,570.27
2020-11		本月合计	72,161.77	74,570.27	贷	74,570.27
2020-11		本年累计	72,161.77	146,732.04	贷	74,570.27
2020-12-12	记-002	缴单位社会统筹	74,570.27		贷	
2020-12-31	记-053	计提单位负担社会保险		73,271.78	贷	73,271.78
2020-12		本月合计	74,570.27	73,271.78	贷	73,271.78
2020-12		本年累计	146,732.04	220,003.82	贷	73,271.78

编制单位:江南岳达机械制造有限责任公司

应付职工薪酬-社会保险-失业保险明细账

2020/10-2020/12

科目:[2211.007.002] 应付职工薪酬-社会保险-失业保险　　单位:元

日期	凭证号	摘要	借方	贷方	方向	余额
2020-10		期初余额			贷	
2020-10-26	记-063	计提基本保险单位负担		2,255.04	贷	2,255.04
2020-10		本月合计		2,255.04	贷	2,255.04
2020-10		本年累计		2,255.04	贷	2,255.04
2020-11-07	记-001	缴纳单位失业保险	2,255.04		贷	
2020-11-30	记-065	计提基本保险单位负担		2,330.30	贷	2,330.30
2020-11		本月合计	2,255.04	2,330.30	贷	2,330.30
2020-11		本年累计	2,255.04	4,585.34	贷	2,330.30
2020-12-12	记-002	缴单位失业保险	2,330.30		贷	
2020-12-31	记-053	计提单位负担社会保险		2,289.72	贷	2,289.72
2020-12		本月合计	2,330.30	2,289.72	贷	2,289.72
2020-12		本年累计	4,585.34	6,875.06	贷	2,289.72

编制单位:江南岳达机械制造有限责任公司

应付职工薪酬-社会保险-医疗保险明细账

2020/10-2020/12

科目:[2211.007.003] 应付职工薪酬-社会保险-医疗保险

单位:元

日期	凭证号	摘要	借方	贷方	方向	余额
2020-10		期初余额			贷	
2020-10-26	记-063	计提基本保险单位负担		36,080.88	贷	36,080.88
2020-10		本月合计		36,080.88	贷	36,080.88
2020-10		本年累计		36,080.88	贷	36,080.88
2020-11-07	记-001	缴纳单位医疗保险	36,080.88		贷	
2020-11-30	记-065	计提基本保险单位负担		37,285.13	贷	37,285.13
2020-11		本月合计	36,080.88	37,285.13	贷	37,285.13
2020-11		本年累计	36,080.88	73,366.01	贷	37,285.13
2020-12-12	记-002	缴单位医疗保险	37,285.13		贷	
2020-12-31	记-053	计提单位负担社会保险		36,635.90	贷	36,635.90
2020-12		本月合计	37,285.13	36,635.90	贷	36,635.90
2020-12		本年累计	73,366.01	110,001.91	贷	36,635.90

编制单位:江南岳达机械制造有限责任公司

应付职工薪酬-社会保险-工伤保险明细账

2020/10-2020/12

科目:[2211.007.004] 应付职工薪酬-社会保险-工伤保险　　　　单位:元

日期	凭证号	摘要	借方	贷方	方向	余额
2020-10		期初余额			贷	
2020-10-26	记-063	计提基本保险单位负担		4,510.12	贷	4,510.12
2020-10		本月合计		4,510.12	贷	4,510.12
2020-10		本年累计		4,510.12	贷	4,510.12
2020-11-07	记-001	缴纳工伤保险	4,510.12		贷	
2020-11-30	记-065	计提基本保险单位负担		4,660.65	贷	4,660.65
2020-11		本月合计	4,510.12	4,660.65	贷	4,660.65
2020-11		本年累计	4,510.12	9,170.77	贷	4,660.65
2020-12-12	记-002	缴单位工伤保险	4,660.65		贷	
2020-12-31	记-053	计提单位负担社会保险		4,579.49	贷	4,579.49
2020-12		本月合计	4,660.65	4,579.49	贷	4,579.49
2020-12		本年累计	9,170.77	13,750.26	贷	4,579.49

编制单位:江南岳达机械制造有限责任公司

应付职工薪酬-社会保险-生育保险明细账

2020/10-2020/12

科目:[2211.007.005] 应付职工薪酬-社会保险-生育保险　　单位:元

日期	凭证号	摘要	借方	贷方	方向	余额
2020-10		期初余额			贷	
2020-10-26	记-063	计提基本保险单位负担		2,255.04	贷	2,255.04
2020-10		本月合计		2,255.04	贷	2,255.04
2020-10		本年累计		2,255.04	贷	2,255.04
2020-11-07	记-001	缴纳生育保险	2,255.04		贷	
2020-11-30	记-065	计提基本保险单位负担		2,330.28	贷	2,330.28
2020-11		本月合计	2,255.04	2,330.28	贷	2,330.28
2020-11		本年累计	2,255.04	4,585.32	贷	2,330.28
2020-12-12	记-002	缴单位生育保险	2,330.28		贷	
2020-12-31	记-053	计提单位负担社会保险		2,289.70	贷	2,289.70
2020-12		本月合计	2,330.28	2,289.70	贷	2,289.70
2020-12		本年累计	4,585.32	6,875.02	贷	2,289.70

编制单位:江南岳达机械制造有限责任公司

应付职工薪酬-住房公积金明细账

2020/10-2020/12

科目:[2211.008] 应付职工薪酬-住房公积金　　　　单位:元

日期	凭证号	摘要	借方	贷方	方向	余额
2020-10		期初余额			贷	
2020-10-26	记-066	计提本月公积金		45,101.11	贷	45,101.11
2020-10		本月合计		45,101.11	贷	45,101.11
2020-10		本年累计		45,101.11	贷	45,101.11
2020-11-07	记-002	缴纳住房公积金	45,101.11		贷	
2020-11-30	记-068	计提本月公积金		46,606.42	贷	46,606.42
2020-11		本月合计	45,101.11	46,606.42	贷	46,606.42
2020-11		本年累计	45,101.11	91,707.53	贷	46,606.42
2020-12-12	记-002	缴住房公积金	46,606.42		贷	
2020-12-31	记-056	计提本月公积金		45,794.87	贷	45,794.87
2020-12		本月合计	46,606.42	45,794.87	贷	45,794.87
2020-12		本年累计	91,707.53	137,502.40	贷	45,794.87

编制单位:江南岳达机械制造有限责任公司

应交税费明细账

2020/10-2020/12

科目:[2221] 应交税费　　　　单位:元

日期	凭证号	摘要	借方	贷方	方向	余额
2020-10		期初余额			贷	-1,012,494.64
2020-10-08	记-001	资金账簿印花税		2,500.00	贷	-1,009,994.64
2020-10-08	记-005	购带锯钢带30吨	156,000.00		贷	-1,165,994.64
2020-10-08	记-006	销售边角余料		1,150.44	贷	-1,164,844.20
2020-10-08	记-009	收购农产品9%部分进项税	77,335.20		贷	-1,242,179.40
2020-10-08	记-009	收购农产品1%部分进项税	8,592.80		贷	-1,250,772.20
2020-10-08	记-009	收购农产品运费进项税	270.00		贷	-1,251,042.20
2020-10-10	记-014	保管不善丢失木材30方进项税转出		986.21	贷	-1,250,055.99
2020-10-10	记-015	销售带锯条17525米		45,565.00	贷	-1,204,490.99
2020-10-10	记-016	购硬质合金分齿机一台	26,000.00		贷	-1,230,490.99
2020-10-10	记-021	报销燃油费	393.00		贷	-1,230,883.99
2020-10-10	记-024	收到车辆处置收入		1,200.00	贷	-1,229,683.99
2020-10-10	记-024	结转减免税	400.00		贷	-1,230,083.99
2020-10-10	记-024	计提处置车辆附加税		56.00	贷	-1,230,027.99
2020-10-10	记-024	计提处置车辆附加税		24.00	贷	-1,230,003.99
2020-10-10	记-024	计提处置车辆附加税		16.00	贷	-1,229,987.99
2020-10-10	记-025	收到售房款		33,333.33	贷	-1,196,654.66
2020-10-10	记-026	计提售房附加税		2,333.33	贷	-1,194,321.33
2020-10-10	记-026	计提售房附加税		1,000.00	贷	-1,193,321.33
2020-10-10	记-026	计提售房附加税		666.67	贷	-1,192,654.66
2020-10-10	记-026	计提售房附加税		333.33	贷	-1,192,321.33
2020-10-10	记-027	预缴售房税款	33,333.33		贷	-1,225,654.66
2020-10-10	记-027	预缴售房税款	2,333.33		贷	-1,227,987.99
2020-10-10	记-027	预缴售房税款	1,000.00		贷	-1,228,987.99
2020-10-10	记-027	预缴售房税款	666.67		贷	-1,229,654.66
2020-10-10	记-027	预缴售房税款	333.33		贷	-1,229,987.99
2020-10-10	记-028	报销办公用房租金	2,300.00		贷	-1,232,287.99
2020-10-10	记-030	购喷码机2台及运费	13,870.00		贷	-1,246,157.99
2020-10-22	记-032	购减速机6台	1,638.00		贷	-1,247,795.99
2020-10-22	记-035	购轴承2个	1,291.67		贷	-1,249,087.66
2020-10-22	记-036	支付车辆保险费	185.70		贷	-1,249,273.36
2020-10-22	记-037	购热风炉	195,000.00		贷	-1,444,273.36
2020-10-22	记-038	购硬质合金颗粒200g	5,200.00		贷	-1,449,473.36
2020-10-22	记-039	购滤芯一个	2,600.00		贷	-1,452,073.36
2020-10-22	记-040	购非专利技术	7,800.00		贷	-1,459,873.36

应交税费明细账

2020/10-2020/12

科目:[2221] 应交税费

单位:元

日期	凭证号	摘要	借方	贷方	方向	余额
2020-10-22	记-041	收购水曲柳原木9%	3,204.00		贷	-1,463,077.36
2020-10-22	记-041	收购水曲柳原木1%	356.00		贷	-1,463,433.36
2020-10-22	记-042	付参展费	1,200.00		贷	-1,464,633.36
2020-10-22	记-043	发出商品，对方火灾，无法收回200.，000米。		520,000.00	贷	-944,633.36
2020-10-22	记-044	报销本月电费	11,700.00		贷	-956,333.36
2020-10-22	记-045	支付本月水费	36.00		贷	-956,369.36
2020-10-22	记-047	购触摸屏8套	15,600.00		贷	-971,969.36
2020-10-22	记-048	购钢保护套	2,652.00		贷	-974,621.36
2020-10-22	记-049	技术服务收入		600.00	贷	-974,021.36
2020-10-22	记-051	购金属防锈水10桶	520.00		贷	-974,541.36
2020-10-26	记-054	购尼龙扎带80包	312.00		贷	-974,853.36
2020-10-26	记-055	购铣刀625个	2,600.00		贷	-977,453.36
2020-10-26	记-056	购数控刀片100个	338.00		贷	-977,791.36
2020-10-26	记-059	报销差旅费	270.00		贷	-978,061.36
2020-10-26	记-077	银行存款支付职工岗位技能培训费	1,500.00		贷	-979,561.36
2020-10-26	记-080	一次性摊销食堂转入行政办公管理软.件	400.00		贷	-979,961.36
2020-10-26	记-081	出售固定资产车床一台		2,766.99	贷	-977,194.37
2020-10-26	记-081	简易计税减免1%	922.33		贷	-978,116.70
2020-10-26	记-083	计提房产税		4,480.00	贷	-973,636.70
2020-10-31	记-084	计提土地使用税		4,500.00	贷	-969,136.70
2020-10-31	记-085	计提印花税		1,563.46	贷	-967,573.24
2020-10-31	记-087	计提税金及附加		129.13	贷	-967,444.11
2020-10-31	记-087	计提税金及附加		55.34	贷	-967,388.77
2020-10-31	记-087	计提税金及附加		36.89	贷	-967,351.88
2020-10		本月合计	578,153.36	623,296.12	贷	-967,351.88
2020-10		本年累计	578,153.36	623,296.12	贷	-967,351.88
2020-11-07	记-002	缴纳印花税	4,063.46		贷	-971,415.34
2020-11-07	记-002	缴纳房产税	4,480.00		贷	-975,895.34
2020-11-07	记-002	缴纳土地使用税	4,500.00		贷	-980,395.34
2020-11-07	记-003	代扣个人所得税		510.00	贷	-979,885.34
2020-11-07	记-004	缴纳增值税	2,644.66		贷	-982,530.00
2020-11-07	记-004	缴纳附加税	185.13		贷	-982,715.13
2020-11-07	记-004	缴纳附加税	79.34		贷	-982,794.47
2020-11-07	记-004	缴纳附加税	52.89		贷	-982,847.36
2020-11-08	记-005	锦阳市水渠工程进项税	4,641.00		贷	-987,488.36
2020-11-09	记-006	水渠工程竣工		9,900.00	贷	-977,588.36

应交税费明细账

2020/10-2020/12

科目:[2221] 应交税费　　　　单位:元

日期	凭证号	摘要	借方	贷方	方向	余额
2020-11-12	记-007	预缴水渠工程增值税	2,200.00		贷	-979,788.36
2020-11-12	记-007	预缴水渠工程附加税	154.00		贷	-979,942.36
2020-11-12	记-007	预缴水渠工程附加税	66.00		贷	-980,008.36
2020-11-12	记-007	预缴水渠工程附加税	44.00		贷	-980,052.36
2020-11-12	记-007	预缴水渠工程企业所得税	220.00		贷	-980,272.36
2020-11-12	记-007	预缴水渠工程印花税	33.00		贷	-980,305.36
2020-11-12	记-008	报销差旅费	129.00		贷	-980,434.36
2020-11-13	记-011	现金报销职工培训费	270.00		贷	-980,704.36
2020-11-14	记-012	报销广告费	1,800.00		贷	-982,504.36
2020-11-15	记-013	报销电话费	83.89		贷	-982,588.25
2020-11-15	记-014	报销单位办公用房装修费	900.00		贷	-983,488.25
2020-11-15	记-016	购砂轮	234.00		贷	-983,722.25
2020-11-15	记-019	购办公用品打印纸、硒鼓	325.00		贷	-984,047.25
2020-11-15	记-021	购入钢带16吨	114,400.00		贷	-1,098,447.25
2020-11-15	记-024	购电机9个	117.00		贷	-1,098,564.25
2020-11-15	记-027	数控带锯铣床修理费	13,000.00		贷	-1,111,564.25
2020-11-15	记-029	购自动校直机位移传感器	780.00		贷	-1,112,344.25
2020-11-15	记-030	高炉租赁		37,800.00	贷	-1,074,544.25
2020-11-16	记-031	购服装	3,510.00		贷	-1,078,054.25
2020-11-30	记-035	税控设备维护费抵税	280.00		贷	-1,078,334.25
2020-11-30	记-036	销售27*0.9带锯条154 325米		401,245.00	贷	-677,089.25
2020-11-30	记-036	销售27*0.9带锯条154 325米运费		900.00	贷	-676,189.25
2020-11-30	记-039	销售34*1.1带锯条15300米		61,620.00	贷	-614,569.25
2020-11-30	记-040	分期销售27*0.9带锯条1000米（本...月收款500米）		1,300.00	贷	-613,269.25
2020-11-30	记-041	按合同约定销售27*0.9带锯条5000..米		130,000.00	贷	-483,269.25
2020-11-30	记-043	报销差旅费	80.00		贷	-483,349.25
2020-11-30	记-044	报销高速公路通行费	48.00		贷	-483,397.25
2020-11-30	记-045	销售27*0.9带锯条100 000米		130,000.00	贷	-353,397.25
2020-11-30	记-046	开具红字发票信息单，已按16%抵扣.进项税备件退回厂家		6,500.00	贷	-346,897.25

应交税费明细账

2020/10-2020/12

科目:[2221] 应交税费　　　　　　　　　　　　　　　　　　　　　　　　单位:元

日期	凭证号	摘要	借方	贷方	方向	余额
2020-11-30	记-047	报销差旅费	5.83		贷	-346,903.08
2020-11-30	记-049	将自有轿车抵前欠债务		7,085.31	贷	-339,817.77
2020-11-30	记-050	销售27*0.9带锯条100000米		156,000.00	贷	-183,817.77
2020-11-30	记-052	报销越野车维修费及油费	6,760.00		贷	-190,577.77
2020-11-30	记-053	按合同约定，购入原木水曲柳100立.方9%部分	13,500.00		贷	-204,077.77
2020-11-30	记-053	按合同约定，购入原木水曲柳100立.方1%部分	1,500.00		贷	-205,577.77
2020-11-30	记-054	报销住宿费及高尔夫球场地费用	300.00		贷	-205,877.77
2020-11-30	记-055	报销差旅费	849.06		贷	-206,726.83
2020-11-30	记-059	报销本月电费	13,000.00		贷	-219,726.83
2020-11-30	记-060	报销水费	63.00		贷	-219,789.83
2020-11-30	记-061	换购气缸	273.00		贷	-220,062.83
2020-11-30	记-076	印有公司logo的手工制作木工锯条赠.展会人员		65.00	贷	-219,997.83
2020-11-30	记-081	平整B地块，用于建新厂房，耗费柴.油	5,200.00		贷	-225,197.83
2020-11-30	记-082	计提土地应缴契税		400,000.00	贷	174,802.17
2020-11-30	记-085	计提房产税		4,480.00	贷	179,282.17
2020-11-30	记-086	计提土地使用税		4,500.00	贷	183,782.17
2020-11-30	记-087	计提印花税		2,054.86	贷	185,837.03
2020-11-30	记-088	中央空调安装工程	50,500.00		贷	135,337.03
2020-11-30	记-089	计提税金及附加		2,646.00	贷	137,983.03
2020-11-30	记-089	计提税金及附加		1,134.00	贷	139,117.03
2020-11-30	记-089	计提税金及附加		756.00	贷	139,873.03
2020-11		本月合计	251,271.26	1,358,496.17	贷	139,873.03
2020-11		本年累计	829,424.62	1,981,792.29	贷	139,873.03
2020-12-12	记-001	缴纳增值税	37,800.00		贷	102,073.03
2020-12-12	记-001	抵缴预交增值税		2,200.00	贷	104,273.03
2020-12-12	记-001	缴纳城市维护建设税	2,492.00		贷	101,781.03
2020-12-12	记-001	缴纳教育费附加	1,068.00		贷	100,713.03
2020-12-12	记-001	缴纳地方教育附加	712.00		贷	100,001.03
2020-12-12	记-001	缴纳房产税	4,480.00		贷	95,521.03
2020-12-12	记-001	缴纳土地使用税	4,500.00		贷	91,021.03
2020-12-12	记-001	缴纳印花税	2,021.86		贷	88,999.17
2020-12-12	记-001	缴纳个人所得税	60,575.00		贷	28,424.17
2020-12-12	记-001	缴纳契税	400,000.00		贷	-371,575.83

应交税费明细账

2020/10-2020/12

科目:[2221] 应交税费

单位:元

日期	凭证号	摘要	借方	贷方	方向	余额
2020-12-12	记-004	支付电缆清包工程分包劳务成本	3,302.75		贷	-374,878.58
2020-12-12	记-004	电缆清包工程竣工		2,330.10	贷	-372,548.48
2020-12-12	记-004	预缴跨区域增值税	2,330.10		贷	-374,878.58
2020-12-12	记-004	预缴跨区域附加税	163.11		贷	-375,041.69
2020-12-12	记-004	预缴跨区域附加税	69.90		贷	-375,111.59
2020-12-12	记-004	预缴跨区域附加税	46.60		贷	-375,158.19
2020-12-12	记-004	预缴跨区域企业所得税	233.01		贷	-375,391.20
2020-12-12	记-005	报销电话费	182.25		贷	-375,573.45
2020-12-17	记-010	代扣个人所得税		520.00	贷	-375,053.45
2020-12-17	记-012	入库带锯钢带34*1.1	55,674.67		贷	-430,728.12
2020-12-17	记-013	报销修理费	195.00		贷	-430,923.12
2020-12-17	记-014	购调功控制器，取得发票	442.00		贷	-431,365.12
2020-12-17	记-015	产品因质量原因发生折让		-61,620.00	贷	-492,985.12
2020-12-17	记-015	产品因质量原因发生折让		59,540.00	贷	-433,445.12
2020-12-17	记-016	债务重组		3,907.80	贷	-429,537.32
2020-12-17	记-017	报销车间购买办公椅	200.20		贷	-429,737.52
2020-12-17	记-018	参加生产工艺展费	566.04		贷	-430,303.56
2020-12-17	记-019	报销销售部门住宿费	150.00		贷	-430,453.56
2020-12-17	记-021	报销高速公路通行费	18.00		贷	-430,471.56
2020-12-17	记-022	增值税发票打印机	299.00		贷	-430,770.56
2020-12-17	记-022	增值税发票打印机	2,300.00		贷	-433,070.56
2020-12-17	记-023	生产线技术指导服务费	7,200.00		贷	-440,270.56
2020-12-17	记-024	购入分齿模2个	1,950.00		贷	-442,220.56
2020-12-17	记-025	购原材料	260.00		贷	-442,480.56
2020-12-17	记-026	牵引轮轴承一个入库	845.00		贷	-443,325.56
2020-12-17	记-027	按合同约定购入电磁阀2个	2,340.00		贷	-445,665.56
2020-12-17	记-028	按合同约定购入磨削油过滤冷却系统.一套	31,200.00		贷	-476,865.56
2020-12-31	记-029	10月的边角余料未开票收入，开具发.票		-1,150.44	贷	-478,016.00
2020-12-31	记-029	10月的边角余料未开票收入，开具发.票		1,150.44	贷	-476,865.56
2020-12-31	记-030	报销差旅费	240.00		贷	-477,105.56
2020-12-31	记-032	报销贷款咨询服务费	420.00		贷	-477,525.56

应交税费明细账

2020/10-2020/12

科目:[2221] 应交税费　　　　单位:元

日期	凭证号	摘要	借方	贷方	方向	余额
2020-12-31	记-036	确认收入341500米销项		845,000.00	贷	367,474.44
2020-12-31	记-036	确认分期收款收入		1,300.00	贷	368,774.44
2020-12-17	记-037	销售收款27*0.9带锯条，1000米		7,800.00	贷	376,574.44
2020-12-31	记-038	销售34*1.1带锯条		234,000.00	贷	610,574.44
2020-12-31	记-040	确认赊销款，确认赊销收入		105,300.00	贷	715,874.44
2020-12-31	记-041	收到退回27*0.9锯条200,000米	520,000.00		贷	195,874.44
2020-12-31	记-043	仓库改建为职工食堂，发生装修费	540.00		贷	195,334.44
2020-12-31	记-044	将食堂用柜式空调转入车间使用	3,200.00		贷	192,134.44
2020-12-31	记-049	报销本月电费	12,350.00		贷	179,784.44
2020-12-31	记-050	报销本月水费	75.03		贷	179,709.41
2020-12-31	记-064	木工锯加工费	3,900.00		贷	175,809.41
2020-12-31	记-071	计提房产税		4,480.00	贷	180,289.41
2020-12-31	记-072	计提土地使用税		4,500.00	贷	184,789.41
2020-12-31	记-073	计提印花税		1,117.96	贷	185,907.37
2020-12-31	记-076	取得贷款，计提本月借款利息	300.00		贷	185,607.37
2020-12-31	记-081	企业管理咨询费	7,200.00		贷	178,407.37
2020-12-31	记-086	多功能车棚完工	54,000.00		贷	124,407.37
2020-12-31	记-087	墙体广告位收入		566.04	贷	124,973.41
2020-12-31	记-088	计提简易计税 附加税		163.11	贷	125,136.52
2020-12-31	记-088	计提简易计税 附加税		69.90	贷	125,206.42
2020-12-31	记-088	计提简易计税 附加税		46.60	贷	125,253.02
2020-12-31	记-092	计提未交增值税	185,536.87		贷	-60,283.85
2020-12-31	记-092	计提未交增值税		185,536.87	贷	125,253.02
2020-12-31	记-093	计提税金及附加		12,987.58	贷	138,240.60
2020-12-31	记-093	计提税金及附加		5,566.11	贷	143,806.71
2020-12-31	记-093	计提税金及附加		3,710.74	贷	147,517.45
2020-12		本月合计	1,351,378.39	1,419,022.81	贷	207,517.45
2020-12		本年累计	2,180,803.01	3,400,815.10	贷	207,517.45

编制单位:江南岳达机械制造有限责任公司

应交税费-应交增值税明细账

2020/10-2020/12

科目:[2221.001] 应交税费-应交增值税　　　　单位:元

日期	凭证号	摘要	借方	贷方	方向	余额
2020-10		期初余额			贷	-1,012,494.64
2020-10-08	记-005	购带锯钢带30吨	156,000.00		贷	-1,168,494.64
2020-10-08	记-006	销售边角余料		1,150.44	贷	-1,167,344.20
2020-10-08	记-009	收购农产品9%部分进项税	77,335.20		贷	-1,244,679.40
2020-10-08	记-009	收购农产品运费进项税	270.00		贷	-1,244,949.40
2020-10-10	记-014	保管不善丢失木材30方进项税转出		986.21	贷	-1,243,963.19
2020-10-10	记-015	销售带锯条17525米		45,565.00	贷	-1,198,398.19
2020-10-10	记-016	购硬质合金分齿机一台	26,000.00		贷	-1,224,398.19
2020-10-10	记-021	报销燃油费	393.00		贷	-1,224,791.19
2020-10-10	记-028	报销办公用房租金	2,300.00		贷	-1,227,091.19
2020-10-10	记-030	购喷码机2台及运费	13,870.00		贷	-1,240,961.19
2020-10-22	记-032	购减速机6台	1,638.00		贷	-1,242,599.19
2020-10-22	记-035	购轴承2个	1,291.67		贷	-1,243,890.86
2020-10-22	记-036	支付车辆保险费	185.70		贷	-1,244,076.56
2020-10-22	记-037	购热风炉	195,000.00		贷	-1,439,076.56
2020-10-22	记-038	购硬质合金颗粒200g	5,200.00		贷	-1,444,276.56
2020-10-22	记-039	购滤芯一个	2,600.00		贷	-1,446,876.56
2020-10-22	记-040	购非专利技术	7,800.00		贷	-1,454,676.56
2020-10-22	记-041	收购水曲柳原木9%	3,204.00		贷	-1,457,880.56
2020-10-22	记-042	付参展费	1,200.00		贷	-1,459,080.56
2020-10-22	记-043	发出商品，对方火灾，无法收回200.，000米。		520,000.00	贷	-939,080.56
2020-10-22	记-044	报销本月电费	11,700.00		贷	-950,780.56
2020-10-22	记-045	支付本月水费	36.00		贷	-950,816.56
2020-10-22	记-047	购触摸屏8套	15,600.00		贷	-966,416.56
2020-10-22	记-048	购钢保护套	2,652.00		贷	-969,068.56
2020-10-22	记-049	技术服务收入		600.00	贷	-968,468.56
2020-10-22	记-051	购金属防锈水10桶	520.00		贷	-968,988.56
2020-10-26	记-054	购尼龙扎带80包	312.00		贷	-969,300.56
2020-10-26	记-055	购铣刀625个	2,600.00		贷	-971,900.56
2020-10-26	记-056	购数控刀片100个	338.00		贷	-972,238.56
2020-10-26	记-059	报销差旅费	270.00		贷	-972,508.56
2020-10-26	记-077	银行存款支付职工岗位技能培训费	1,500.00		贷	-974,008.56
2020-10-26	记-080	一次性摊销食堂转入行政办公管理软.件	400.00		贷	-974,408.56
2020-10		本月合计	530,215.57	568,301.65	贷	-974,408.56

应交税费-应交增值税明细账

2020/10-2020/12

科目:[2221.001] 应交税费-应交增值税　　　　单位:元

日期	凭证号	摘要	借方	贷方	方向	余额
2020-10		本年累计	530,215.57	568,301.65	贷	-974,408.56
2020-11-08	记-005	锦阳市水渠工程进项税	4,641.00		贷	-979,049.56
2020-11-09	记-006	水渠工程竣工		9,900.00	贷	-969,149.56
2020-11-12	记-008	报销差旅费	129.00		贷	-969,278.56
2020-11-13	记-011	现金报销职工培训费	270.00		贷	-969,548.56
2020-11-14	记-012	报销广告费	1,800.00		贷	-971,348.56
2020-11-15	记-013	报销电话费	83.89		贷	-971,432.45
2020-11-15	记-014	报销单位办公用房装修费	900.00		贷	-972,332.45
2020-11-15	记-016	购砂轮	234.00		贷	-972,566.45
2020-11-15	记-019	购办公用品打印纸、硒鼓	325.00		贷	-972,891.45
2020-11-15	记-021	购入钢带16吨	114,400.00		贷	-1,087,291.45
2020-11-15	记-024	购电机9个	117.00		贷	-1,087,408.45
2020-11-15	记-027	数控带锯铣床修理费	13,000.00		贷	-1,100,408.45
2020-11-15	记-029	购自动校直机位移传感器	780.00		贷	-1,101,188.45
2020-11-16	记-031	购服装	3,510.00		贷	-1,104,698.45
2020-11-30	记-035	税控设备维护费抵税	280.00		贷	-1,104,978.45
2020-11-30	记-036	销售27*0.9带锯条154 325米		401,245.00	贷	-703,733.45
2020-11-30	记-036	销售27*0.9带锯条154 325米运费		900.00	贷	-702,833.45
2020-11-30	记-039	销售34*1.1带锯条15300米		61,620.00	贷	-641,213.45
2020-11-30	记-040	分期销售27*0.9带锯条1000米（本...月收款500米）		1,300.00	贷	-639,913.45
2020-11-30	记-041	按合同约定销售27*0.9带锯条5000..米		130,000.00	贷	-509,913.45
2020-11-30	记-043	报销差旅费	80.00		贷	-509,993.45
2020-11-30	记-044	报销高速公路通行费	48.00		贷	-510,041.45
2020-11-30	记-045	销售27*0.9带锯条100 000米		130,000.00	贷	-380,041.45
2020-11-30	记-046	开具红字发票信息单，已按16%抵扣.进项税备件退回厂家		6,500.00	贷	-373,541.45
2020-11-30	记-047	报销差旅费	5.83		贷	-373,547.28
2020-11-30	记-049	将自有轿车抵前欠债务		7,085.31	贷	-366,461.97
2020-11-30	记-050	销售27*0.9带锯条100000米		156,000.00	贷	-210,461.97
2020-11-30	记-052	报销越野车维修费及油费	6,760.00		贷	-217,221.97

应交税费-应交增值税明细账

2020/10-2020/12

科目:[2221.001] 应交税费-应交增值税

单位:元

日期	凭证号	摘要	借方	贷方	方向	余额
2020-11-30	记-053	按合同约定，购入原木水曲柳100立.方9%部分	13,500.00		贷	-230,721.97
2020-11-30	记-054	报销住宿费及高尔夫球场地费用	300.00		贷	-231,021.97
2020-11-30	记-055	报销差旅费	849.06		贷	-231,871.03
2020-11-30	记-059	报销本月电费	13,000.00		贷	-244,871.03
2020-11-30	记-060	报销水费	63.00		贷	-244,934.03
2020-11-30	记-061	换购气缸	273.00		贷	-245,207.03
2020-11-30	记-081	平整B地块，用于建新厂房，耗费柴.油	5,200.00		贷	-250,407.03
2020-11-30	记-088	中央空调安装工程	50,500.00		贷	-300,907.03
2020-11		本月合计	231,048.78	904,550.31	贷	-300,907.03
2020-11		本年累计	761,264.35	1,472,851.96	贷	-300,907.03
2020-12-12	记-004	支付电缆清包工程分包劳务成本	3,302.75		贷	-304,209.78
2020-12-12	记-005	报销电话费	182.25		贷	-304,392.03
2020-12-17	记-012	入库带锯钢带34*1.1	55,674.67		贷	-360,066.70
2020-12-17	记-013	报销修理费	195.00		贷	-360,261.70
2020-12-17	记-014	购调功控制器，取得发票	442.00		贷	-360,703.70
2020-12-17	记-015	产品因质量原因发生折让		-61,620.00	贷	-422,323.70
2020-12-17	记-015	产品因质量原因发生折让		59,540.00	贷	-362,783.70
2020-12-17	记-016	债务重组		3,907.80	贷	-358,875.90
2020-12-17	记-017	报销车间购买办公椅	200.20		贷	-359,076.10
2020-12-17	记-018	参加生产工艺展费	566.04		贷	-359,642.14
2020-12-17	记-019	报销销售部门住宿费	150.00		贷	-359,792.14
2020-12-17	记-021	报销高速公路通行费	18.00		贷	-359,810.14
2020-12-17	记-022	增值税发票打印机	299.00		贷	-360,109.14
2020-12-17	记-022	增值税发票打印机	2,300.00		贷	-362,409.14
2020-12-17	记-023	生产线技术指导服务费	7,200.00		贷	-369,609.14
2020-12-17	记-024	购入分齿模2个	1,950.00		贷	-371,559.14
2020-12-17	记-025	购原材料	260.00		贷	-371,819.14
2020-12-17	记-026	牵引轮轴承一个入库	845.00		贷	-372,664.14
2020-12-17	记-027	按合同约定购入电磁阀2个	2,340.00		贷	-375,004.14
2020-12-17	记-028	按合同约定购入磨削油过滤冷却系统.一套	31,200.00		贷	-406,204.14
2020-12-31	记-029	10月的边角余料未开票收入，开具发.票		-1,150.44	贷	-407,354.58

应交税费-应交增值税明细账

2020/10-2020/12

科目:[2221.001] 应交税费-应交增值税　　单位:元

日期	凭证号	摘要	借方	贷方	方向	余额
2020-12-31	记-029	10月的边角余料未开票收入，开具发.票		1,150.44	贷	-406,204.14
2020-12-31	记-030	报销差旅费	240.00		贷	-406,444.14
2020-12-31	记-032	报销贷款咨询服务费	420.00		贷	-406,864.14
2020-12-31	记-036	确认收入341500米销项		845,000.00	贷	438,135.86
2020-12-31	记-036	确认分期收款收入		1,300.00	贷	439,435.86
2020-12-17	记-037	销售收款27*0.9带锯条，1000米		7,800.00	贷	447,235.86
2020-12-31	记-038	销售34*1.1带锯条		234,000.00	贷	681,235.86
2020-12-31	记-040	确认赊销款，确认赊销收入		105,300.00	贷	786,535.86
2020-12-31	记-041	收到退回27*0.9锯条200,000米	520,000.00		贷	266,535.86
2020-12-31	记-043	仓库改建为职工食堂，发生装修费	540.00		贷	265,995.86
2020-12-31	记-044	将食堂用柜式空调转入车间使用	3,200.00		贷	262,795.86
2020-12-31	记-049	报销本月电费	12,350.00		贷	250,445.86
2020-12-31	记-050	报销本月水费	75.03		贷	250,370.83
2020-12-31	记-064	木工锯加工费	3,900.00		贷	246,470.83
2020-12-31	记-076	取得贷款，计提本月借款利息	300.00		贷	246,170.83
2020-12-31	记-081	企业管理咨询费	7,200.00		贷	238,970.83
2020-12-31	记-086	多功能车棚完工	54,000.00		贷	184,970.83
2020-12-31	记-087	墙体广告位收入		566.04	贷	185,536.87
2020-12-31	记-092	计提未交增值税	185,536.87		贷	
2020-12		本月合计	894,886.81	1,195,793.84	贷	
2020-12		本年累计	1,656,151.16	2,668,645.80	贷	

编制单位:江南岳达机械制造有限责任公司

应交税费-应交增值税-进项税额明细账

2020/10-2020/12

科目:[2221.001.001] 应交税费-应交增值税-进项税额　　　　单位:元

日期	凭证号	摘要	借方	贷方	方向	余额
2020-10		期初余额			借	1,012,494.64
2020-10-08	记-005	购带锯钢带30吨	156,000.00		借	1,168,494.64
2020-10-08	记-009	收购农产品9%部分进项税	77,335.20		借	1,245,829.84
2020-10-08	记-009	收购农产品运费进项税	270.00		借	1,246,099.84
2020-10-10	记-016	购硬质合金分齿机一台	26,000.00		借	1,272,099.84
2020-10-10	记-021	报销燃油费	393.00		借	1,272,492.84
2020-10-10	记-028	报销办公用房租金	2,300.00		借	1,274,792.84
2020-10-10	记-030	购喷码机2台及运费	13,870.00		借	1,288,662.84
2020-10-22	记-032	购减速机6台	1,638.00		借	1,290,300.84
2020-10-22	记-035	购轴承2个	1,291.67		借	1,291,592.51
2020-10-22	记-036	支付车辆保险费	185.70		借	1,291,778.21
2020-10-22	记-037	购热风炉	195,000.00		借	1,486,778.21
2020-10-22	记-038	购硬质合金颗粒200g	5,200.00		借	1,491,978.21
2020-10-22	记-039	购滤芯一个	2,600.00		借	1,494,578.21
2020-10-22	记-040	购非专利技术	7,800.00		借	1,502,378.21
2020-10-22	记-041	收购水曲柳原木9%	3,204.00		借	1,505,582.21
2020-10-22	记-042	付参展费	1,200.00		借	1,506,782.21
2020-10-22	记-044	报销本月电费	11,700.00		借	1,518,482.21
2020-10-22	记-045	支付本月水费	36.00		借	1,518,518.21
2020-10-22	记-047	购触摸屏8套	15,600.00		借	1,534,118.21
2020-10-22	记-048	购钢保护套	2,652.00		借	1,536,770.21
2020-10-22	记-051	购金属防锈水10桶	520.00		借	1,537,290.21
2020-10-26	记-054	购尼龙扎带80包	312.00		借	1,537,602.21
2020-10-26	记-055	购铣刀625个	2,600.00		借	1,540,202.21
2020-10-26	记-056	购数控刀片100个	338.00		借	1,540,540.21
2020-10-26	记-059	报销差旅费	270.00		借	1,540,810.21
2020-10-26	记-077	银行存款支付职工岗位技能培训费	1,500.00		借	1,542,310.21
2020-10-26	记-080	一次性摊销食堂转入行政办公管理软.件	400.00		借	1,542,710.21
2020-10		本月合计	530,215.57		借	1,542,710.21
2020-10		本年累计	530,215.57		借	1,542,710.21
2020-11-08	记-005	锦阳市水渠工程进项税	4,641.00		借	1,547,351.21
2020-11-12	记-008	报销差旅费	129.00		借	1,547,480.21
2020-11-13	记-011	现金报销职工培训费	270.00		借	1,547,750.21
2020-11-14	记-012	报销广告费	1,800.00		借	1,549,550.21
2020-11-15	记-013	报销电话费	83.89		借	1,549,634.10

应交税费-应交增值税-进项税额明细账

2020/10-2020/12

科目:[2221.001.001] 应交税费-应交增值税-进项税额 单位:元

日期	凭证号	摘要	借方	贷方	方向	余额
2020-11-15	记-014	报销单位办公用房装修费	900.00		借	1,550,534.10
2020-11-15	记-016	购砂轮	234.00		借	1,550,768.10
2020-11-15	记-019	购办公用品打印纸、硒鼓	325.00		借	1,551,093.10
2020-11-15	记-021	购入钢带16吨	114,400.00		借	1,665,493.10
2020-11-15	记-024	购电机9个	117.00		借	1,665,610.10
2020-11-15	记-027	数控带锯铣床修理费	13,000.00		借	1,678,610.10
2020-11-15	记-029	购自动校直机位移传感器	780.00		借	1,679,390.10
2020-11-16	记-031	购服装	3,510.00		借	1,682,900.10
2020-11-30	记-043	报销差旅费	80.00		借	1,682,980.10
2020-11-30	记-044	报销高速公路通行费	48.00		借	1,683,028.10
2020-11-30	记-047	报销差旅费	5.83		借	1,683,033.93
2020-11-30	记-052	报销越野车维修费及油费	6,760.00		借	1,689,793.93
2020-11-30	记-053	按合同约定，购入原木水曲柳100立..方9%部分	13,500.00		借	1,703,293.93
2020-11-30	记-054	报销住宿费及高尔夫球场地费用	300.00		借	1,703,593.93
2020-11-30	记-055	报销差旅费	849.06		借	1,704,442.99
2020-11-30	记-059	报销本月电费	13,000.00		借	1,717,442.99
2020-11-30	记-060	报销水费	63.00		借	1,717,505.99
2020-11-30	记-061	换购气缸	273.00		借	1,717,778.99
2020-11-30	记-081	平整B地块，用于建新厂房，耗费柴.油	5,200.00		借	1,722,978.99
2020-11-30	记-088	中央空调安装工程	50,500.00		借	1,773,478.99
2020-11		本月合计	230,768.78		借	1,773,478.99
2020-11		本年累计	760,984.35		借	1,773,478.99
2020-12-12	记-004	支付电缆清包工程分包劳务成本	3,302.75		借	1,776,781.74
2020-12-12	记-005	报销电话费	182.25		借	1,776,963.99
2020-12-17	记-012	入库带锯钢带34*1.1	55,674.67		借	1,832,638.66
2020-12-17	记-013	报销修理费	195.00		借	1,832,833.66
2020-12-17	记-014	购调功控制器，取得发票	442.00		借	1,833,275.66
2020-12-17	记-017	报销车间购买办公椅	200.20		借	1,833,475.86
2020-12-17	记-018	参加生产工艺展费	566.04		借	1,834,041.90
2020-12-17	记-019	报销销售部门住宿费	150.00		借	1,834,191.90
2020-12-17	记-021	报销高速公路通行费	18.00		借	1,834,209.90
2020-12-17	记-022	增值税发票打印机	299.00		借	1,834,508.90

应交税费-应交增值税-进项税额明细账

2020/10-2020/12

科目:[2221.001.001] 应交税费-应交增值税-进项税额

单位:元

日期	凭证号	摘要	借方	贷方	方向	余额
2020-12-17	记-023	生产线技术指导服务费	7,200.00		借	1,841,708.90
2020-12-17	记-024	购入分齿模2个	1,950.00		借	1,843,658.90
2020-12-17	记-025	购原材料	260.00		借	1,843,918.90
2020-12-17	记-026	牵引轮轴承一个入库	845.00		借	1,844,763.90
2020-12-17	记-027	按合同约定购入电磁阀2个	2,340.00		借	1,847,103.90
2020-12-17	记-028	按合同约定购入磨削油过滤冷却系统.一套	31,200.00		借	1,878,303.90
2020-12-31	记-030	报销差旅费	240.00		借	1,878,543.90
2020-12-31	记-032	报销贷款咨询服务费	420.00		借	1,878,963.90
2020-12-31	记-041	收到退回27*0.9锯条200,000米	520,000.00		借	2,398,963.90
2020-12-31	记-043	仓库改建为职工食堂，发生装修费	540.00		借	2,399,503.90
2020-12-31	记-044	将食堂用柜式空调转入车间使用	3,200.00		借	2,402,703.90
2020-12-31	记-049	报销本月电费	12,350.00		借	2,415,053.90
2020-12-31	记-050	报销本月水费	75.03		借	2,415,128.93
2020-12-31	记-064	木工锯加工费	3,900.00		借	2,419,028.93
2020-12-31	记-076	取得贷款，计提本月借款利息	300.00		借	2,419,328.93
2020-12-31	记-081	企业管理咨询费	7,200.00		借	2,426,528.93
2020-12-31	记-086	多功能车棚完工	54,000.00		借	2,480,528.93
2020-12		本月合计	707,049.94		借	2,480,528.93
2020-12		本年累计	1,468,034.29		借	2,480,528.93

编制单位:江南岳达机械制造有限责任公司

应交税费-应交增值税-销项税额_13%明细账

2020/10-2020/12

科目:[2221.001.002_001] 应交税费-应交增值税-销项税额_13%　　单位:元

日期	凭证号	摘要	借方	贷方	方向	余额
2020-10		期初余额			贷	
2020-10-08	记-006	销售边角余料		1,150.44	贷	1,150.44
2020-10-10	记-015	销售带锯条17525米		45,565.00	贷	46,715.44
2020-10-22	记-043	发出商品，对方火灾，无法收回200.，000米。		520,000.00	贷	566,715.44
2020-10		本月合计		566,715.44	贷	566,715.44
2020-10		本年累计		566,715.44	贷	566,715.44
2020-11-30	记-036	销售27*0.9带锯条154 325米		401,245.00	贷	967,960.44
2020-11-30	记-039	销售34*1.1带锯条15300米		61,620.00	贷	1,029,580.44
2020-11-30	记-040	分期销售27*0.9带锯条1000米（本...月收款500米）		1,300.00	贷	1,030,880.44
2020-11-30	记-041	按合同约定销售27*0.9带锯条5000..米		130,000.00	贷	1,160,880.44
2020-11-30	记-045	销售27*0.9带锯条100 000米		130,000.00	贷	1,290,880.44
2020-11-30	记-049	将自有轿车抵前欠债务		7,085.31	贷	1,297,965.75
2020-11-30	记-050	销售27*0.9带锯条100000米		156,000.00	贷	1,453,965.75
2020-11		本月合计		887,250.31	贷	1,453,965.75
2020-11		本年累计		1,453,965.75	贷	1,453,965.75
2020-12-17	记-015	产品因质量原因发生折让		-61,620.00	贷	1,392,345.75
2020-12-17	记-015	产品因质量原因发生折让		59,540.00	贷	1,451,885.75
2020-12-17	记-016	债务重组		3,907.80	贷	1,455,793.55
2020-12-31	记-029	10月的边角余料未开票收入，开具发.票		-1,150.44	贷	1,454,643.11
2020-12-31	记-029	10月的边角余料未开票收入，开具发.票		1,150.44	贷	1,455,793.55
2020-12-31	记-036	确认收入341500米销项		845,000.00	贷	2,300,793.55
2020-12-31	记-036	确认分期收款收入		1,300.00	贷	2,302,093.55
2020-12-17	记-037	销售收款27*0.9带锯条，1000米		7,800.00	贷	2,309,893.55
2020-12-31	记-038	销售34*1.1带锯条		234,000.00	贷	2,543,893.55
2020-12-31	记-040	确认赊销款，确认赊销收入		105,300.00	贷	2,649,193.55
2020-12		本月合计		1,195,227.80	贷	2,649,193.55
2020-12		本年累计		2,649,193.55	贷	2,649,193.55

编制单位:江南岳达机械制造有限责任公司

应交税费-应交增值税-销项税额_9%明细账

2020/10-2020/12

科目:[2221.001.002_002] 应交税费-应交增值税-销项税额_9%　　单位:元

日期	凭证号	摘要	借方	贷方	方向	余额
2020-11		期初余额			贷	
2020-11-09	记-006	水渠工程竣工		9,900.00	贷	9,900.00
2020-11-30	记-036	销售27*0.9带锯条154 325米运费		900.00	贷	10,800.00
2020-11		本月合计		10,800.00	贷	10,800.00
2020-11		本年累计		10,800.00	贷	10,800.00
2020-12		本月合计			贷	10,800.00
2020-12		本年累计		10,800.00	贷	10,800.00

编制单位:江南岳达机械制造有限责任公司

应交税费-应交增值税-销项税额_6%明细账

2020/10-2020/12

科目:[2221.001.002_003] 应交税费-应交增值税-销项税额_6%　　　　单位:元

日期	凭证号	摘要	借方	贷方	方向	余额
2020-10		期初余额			贷	
2020-10-22	记-049	技术服务收入		600.00	贷	600.00
2020-10		本月合计		600.00	贷	600.00
2020-10		本年累计		600.00	贷	600.00
2020-11		本月合计			贷	600.00
2020-11		本年累计		600.00	贷	600.00
2020-12-31	记-087	墙体广告位收入		566.04	贷	1,166.04
2020-12		本月合计		566.04	贷	1,166.04
2020-12		本年累计		1,166.04	贷	1,166.04

编制单位:江南岳达机械制造有限责任公司

应交税费-应交增值税-进项税额转出明细账

2020/10-2020/12

科目:[2221.001.004] 应交税费-应交增值税-进项税额转出　　　　单位:元

日期	凭证号	摘要	借方	贷方	方向	余额
2020-10		期初余额			贷	
2020-10-10	记-014	保管不善丢失木材30方进项税转出		986.21	贷	986.21
2020-10		本月合计		986.21	贷	986.21
2020-10		本年累计		986.21	贷	986.21
2020-11-30	记-046	开具红字发票信息单，已按16%抵扣.进项税备件退回厂家		6,500.00	贷	7,486.21
2020-11		本月合计		6,500.00	贷	7,486.21
2020-11		本年累计		7,486.21	贷	7,486.21
2020-12		本月合计			贷	7,486.21
2020-12		本年累计		7,486.21	贷	7,486.21

编制单位:江南岳达机械制造有限责任公司

应交税费-应交增值税-转出未交增值税明细账

2020/10-2020/12

科目:[2221.001.006] 应交税费-应交增值税-转出未交增值税　　　　单位:元

日期	凭证号	摘要	借方	贷方	方向	余额
2020-12		期初余额			借	
2020-12-31	记-092	计提未交增值税	185,536.87		借	185,536.87
2020-12		本月合计	185,536.87		借	185,536.87
2020-12		本年累计	185,536.87		借	185,536.87

编制单位:江南岳达机械制造有限责任公司

应交税费-应交增值税-减免税款明细账

2020/10-2020/12

科目:[2221.001.008] 应交税费-应交增值税-减免税款　　单位:元

日期	凭证号	摘要	借方	贷方	方向	余额
2020-11		期初余额			借	
2020-11-30	记-035	税控设备维护费抵税	280.00		借	280.00
2020-11		本月合计	280.00		借	280.00
2020-11		本年累计	280.00		借	280.00
2020-12-17	记-022	增值税发票打印机	2,300.00		借	2,580.00
2020-12		本月合计	2,300.00		借	2,580.00
2020-12		本年累计	2,580.00		借	2,580.00

编制单位:江南岳达机械制造有限责任公司

应交税费-未交增值税明细账

2020/10-2020/12

科目:[2221.002] 应交税费-未交增值税　　　　单位:元

日期	凭证号	摘要	借方	贷方	方向	余额
2020-12		期初余额			贷	
2020-12-31	记-092	计提未交增值税		185,536.87	贷	185,536.87
2020-12		本月合计		185,536.87	贷	185,536.87
2020-12		本年累计		185,536.87	贷	185,536.87

编制单位:江南岳达机械制造有限责任公司

应交税费-预交增值税明细账

2020/10-2020/12

科目:[2221.003] 应交税费-预交增值税 单位:元

日期	凭证号	摘要	借方	贷方	方向	余额
2020-11		期初余额			借	
2020-11-12	记-007	预缴水渠工程增值税	2,200.00		借	2,200.00
2020-11		本月合计	2,200.00		借	2,200.00
2020-11		本年累计	2,200.00		借	2,200.00
2020-12-12	记-001	抵缴预交增值税		2,200.00	借	
2020-12		本月合计		2,200.00	借	
2020-12		本年累计	2,200.00	2,200.00	借	

编制单位:江南岳达机械制造有限责任公司

应交税费-待抵扣进项税额明细账

2020/10-2020/12

科目:[2221.004] 应交税费-待抵扣进项税额 　　单位:元

日期	凭证号	摘要	借方	贷方	方向	余额
2020-10		期初余额			借	
2020-10-08	记-009	收购农产品1%部分进项税	8,592.80		借	8,592.80
2020-10-22	记-041	收购水曲柳原木1%	356.00		借	8,948.80
2020-10		本月合计	8,948.80		借	8,948.80
2020-10		本年累计	8,948.80		借	8,948.80
2020-11-30	记-053	按合同约定，购入原木水曲柳100立.方1%部分	1,500.00		借	10,448.80
2020-11		本月合计	1,500.00		借	10,448.80
2020-11		本年累计	10,448.80		借	10,448.80
2020-12		本月合计			借	10,448.80
2020-12		本年累计	10,448.80		借	10,448.80

编制单位:江南岳达机械制造有限责任公司

应交税费-简易计税_5%明细账

2020/10-2020/12

科目:[2221.007_004] 应交税费-简易计税_5%　　单位:元

日期	凭证号	摘要	借方	贷方	方向	余额
2020-10		期初余额			贷	
2020-10-10	记-025	收到售房款		33,333.33	贷	33,333.33
2020-10-10	记-027	预缴售房税款	33,333.33		贷	
2020-10		本月合计	33,333.33	33,333.33	贷	
2020-10		本年累计	33,333.33	33,333.33	贷	
2020-11-15	记-030	高炉租赁		37,800.00	贷	37,800.00
2020-11		本月合计		37,800.00	贷	37,800.00
2020-11		本年累计	33,333.33	71,133.33	贷	37,800.00
2020-12-12	记-001	缴纳增值税	37,800.00		贷	
2020-12		本月合计	37,800.00		贷	
2020-12		本年累计	71,133.33	71,133.33	贷	

编制单位:江南岳达机械制造有限责任公司

应交税费-简易计税_3%明细账

2020/10-2020/12

科目:[2221.007_005] 应交税费-简易计税_3%　　　　单位:元

日期	凭证号	摘要	借方	贷方	方向	余额
2020-10		期初余额			贷	
2020-10-10	记-024	收到车辆处置收入		1,200.00	贷	1,200.00
2020-10-10	记-024	结转减免税	400.00		贷	800.00
2020-10-26	记-081	出售固定资产车床一台		2,766.99	贷	3,566.99
2020-10-26	记-081	简易计税减免1%	922.33		贷	2,644.66
2020-10		本月合计	1,322.33	3,966.99	贷	2,644.66
2020-10		本年累计	1,322.33	3,966.99	贷	2,644.66
2020-11-07	记-004	缴纳增值税	2,644.66		贷	
2020-11		本月合计	2,644.66		贷	
2020-11		本年累计	3,966.99	3,966.99	贷	
2020-12-12	记-004	电缆清包工程竣工		2,330.10	贷	2,330.10
2020-12-12	记-004	预缴跨区域增值税	2,330.10		贷	
2020-12		本月合计	2,330.10	2,330.10	贷	
2020-12		本年累计	6,297.09	6,297.09	贷	

编制单位:江南岳达机械制造有限责任公司

应交税费-应交城市维护建设税明细账

2020/10-2020/12

科目:[2221.011] 应交税费-应交城市维护建设税

单位:元

日期	凭证号	摘要	借方	贷方	方向	余额
2020-10		期初余额			贷	
2020-10-10	记-024	计提处置车辆附加税		56.00	贷	56.00
2020-10-10	记-026	计提售房附加税		2,333.33	贷	2,389.33
2020-10-10	记-027	预缴售房税款	2,333.33		贷	56.00
2020-10-31	记-087	计提税金及附加		129.13	贷	185.13
2020-10		本月合计	2,333.33	2,518.46	贷	185.13
2020-10		本年累计	2,333.33	2,518.46	贷	185.13
2020-11-07	记-004	缴纳附加税	185.13		贷	
2020-11-12	记-007	预缴水渠工程附加税	154.00		贷	-154.00
2020-11-30	记-089	计提税金及附加		2,646.00	贷	2,492.00
2020-11		本月合计	339.13	2,646.00	贷	2,492.00
2020-11		本年累计	2,672.46	5,164.46	贷	2,492.00
2020-12-12	记-001	缴纳城市维护建设税	2,492.00		贷	
2020-12-12	记-004	预缴跨区域附加税	163.11		贷	-163.11
2020-12-31	记-088	计提简易计税 附加税		163.11	贷	
2020-12-31	记-093	计提税金及附加		12,987.58	贷	12,987.58
2020-12		本月合计	2,655.11	13,150.69	贷	12,987.58
2020-12		本年累计	5,327.57	18,315.15	贷	12,987.58

编制单位:江南岳达机械制造有限责任公司

应交税费-应交教育费附加明细账

2020/10-2020/12

科目:[2221.012] 应交税费-应交教育费附加　　　　单位:元

日期	凭证号	摘要	借方	贷方	方向	余额
2020-10		期初余额			贷	
2020-10-10	记-024	计提处置车辆附加税		24.00	贷	24.00
2020-10-10	记-026	计提售房附加税		1,000.00	贷	1,024.00
2020-10-10	记-027	预缴售房税款	1,000.00		贷	24.00
2020-10-31	记-087	计提税金及附加		55.34	贷	79.34
2020-10		本月合计	1,000.00	1,079.34	贷	79.34
2020-10		本年累计	1,000.00	1,079.34	贷	79.34
2020-11-07	记-004	缴纳附加税	79.34		贷	
2020-11-12	记-007	预缴水渠工程附加税	66.00		贷	-66.00
2020-11-30	记-089	计提税金及附加		1,134.00	贷	1,068.00
2020-11		本月合计	145.34	1,134.00	贷	1,068.00
2020-11		本年累计	1,145.34	2,213.34	贷	1,068.00
2020-12-12	记-001	缴纳教育费附加	1,068.00		贷	
2020-12-12	记-004	预缴跨区域附加税	69.90		贷	-69.90
2020-12-31	记-088	计提简易计税 附加税		69.90	贷	
2020-12-31	记-093	计提税金及附加		5,566.11	贷	5,566.11
2020-12		本月合计	1,137.90	5,636.01	贷	5,566.11
2020-12		本年累计	2,283.24	7,849.35	贷	5,566.11

编制单位:江南岳达机械制造有限责任公司

应交税费-应交地方教育附加明细账

2020/10-2020/12

科目:[2221.013] 应交税费-应交地方教育附加　　单位:元

日期	凭证号	摘要	借方	贷方	方向	余额
2020-10		期初余额			贷	
2020-10-10	记-024	计提处置车辆附加税		16.00	贷	16.00
2020-10-10	记-026	计提售房附加税		666.67	贷	682.67
2020-10-10	记-027	预缴售房税款	666.67		贷	16.00
2020-10-31	记-087	计提税金及附加		36.89	贷	52.89
2020-10		本月合计	666.67	719.56	贷	52.89
2020-10		本年累计	666.67	719.56	贷	52.89
2020-11-07	记-004	缴纳附加税	52.89		贷	
2020-11-12	记-007	预缴水渠工程附加税	44.00		贷	-44.00
2020-11-30	记-089	计提税金及附加		756.00	贷	712.00
2020-11		本月合计	96.89	756.00	贷	712.00
2020-11		本年累计	763.56	1,475.56	贷	712.00
2020-12-12	记-001	缴纳地方教育附加	712.00		贷	
2020-12-12	记-004	预缴跨区域附加税	46.60		贷	-46.60
2020-12-31	记-088	计提简易计税 附加税		46.60	贷	
2020-12-31	记-093	计提税金及附加		3,710.74	贷	3,710.74
2020-12		本月合计	758.60	3,757.34	贷	3,710.74
2020-12		本年累计	1,522.16	5,232.90	贷	3,710.74

编制单位:江南岳达机械制造有限责任公司

应交税费-应交企业所得税明细账

2020/10-2020/12

科目:[2221.014] 应交税费-应交企业所得税　　　　单位:元

日期	凭证号	摘要	借方	贷方	方向	余额
2020-11		期初余额			贷	
2020-11-12	记-007	预缴水渠工程企业所得税	220.00		贷	-220.00
2020-11		本月合计	220.00		贷	-220.00
2020-11		本年累计	220.00		贷	-220.00
2020-12-12	记-004	预缴跨区域企业所得税	233.01		贷	-453.01
2020-12		本月合计	233.01		贷	-453.01
2020-12		本年累计	453.01		贷	-453.01

编制单位:江南岳达机械制造有限责任公司

应交税费-应交个人所得税明细账

2020/10-2020/12

科目:[2221.015] 应交税费-应交个人所得税

单位:元

日期	凭证号	摘要	借方	贷方	方向	余额
2020-11		期初余额			贷	
2020-11-07	记-003	代扣个人所得税		510.00	贷	510.00
2020-11-30	记-076	印有公司logo的手工制作木工锯条赠.展会人员		65.00	贷	575.00
2020-11		本月合计		575.00	贷	575.00
2020-11		本年累计		575.00	贷	575.00
2020-12-12	记-001	缴纳个人所得税	60,575.00		贷	-60,000.00
2020-12-17	记-010	代扣个人所得税		520.00	贷	-59,480.00
2020-12		本月合计	575.00	520.00	贷	520.00
2020-12		本年累计	575.00	1,095.00	贷	520.00

编制单位:江南岳达机械制造有限责任公司

应交税费-应交房产税明细账

2020/10-2020/12

科目:[2221.016] 应交税费-应交房产税　　单位:元

日期	凭证号	摘要	借方	贷方	方向	余额
2020-10		期初余额			贷	
2020-10-26	记-083	计提房产税		4,480.00	贷	4,480.00
2020-10		本月合计		4,480.00	贷	4,480.00
2020-10		本年累计		4,480.00	贷	4,480.00
2020-11-07	记-002	缴纳房产税	4,480.00		贷	
2020-11-30	记-085	计提房产税		4,480.00	贷	4,480.00
2020-11		本月合计	4,480.00	4,480.00	贷	4,480.00
2020-11		本年累计	4,480.00	8,960.00	贷	4,480.00
2020-12-12	记-001	缴纳房产税	4,480.00		贷	
2020-12-31	记-071	计提房产税		4,480.00	贷	4,480.00
2020-12		本月合计	4,480.00	4,480.00	贷	4,480.00
2020-12		本年累计	8,960.00	13,440.00	贷	4,480.00

编制单位:江南岳达机械制造有限责任公司

应交税费-应交土地使用税明细账

2020/10-2020/12

科目:[2221.017] 应交税费-应交土地使用税　　　　单位:元

日期	凭证号	摘要	借方	贷方	方向	余额
2020-10		期初余额			贷	
2020-10-31	记-084	计提土地使用税		4,500.00	贷	4,500.00
2020-10		本月合计		4,500.00	贷	4,500.00
2020-10		本年累计		4,500.00	贷	4,500.00
2020-11-07	记-002	缴纳土地使用税	4,500.00		贷	
2020-11-30	记-086	计提土地使用税		4,500.00	贷	4,500.00
2020-11		本月合计	4,500.00	4,500.00	贷	4,500.00
2020-11		本年累计	4,500.00	9,000.00	贷	4,500.00
2020-12-12	记-001	缴纳土地使用税	4,500.00		贷	
2020-12-31	记-072	计提土地使用税		4,500.00	贷	4,500.00
2020-12		本月合计	4,500.00	4,500.00	贷	4,500.00
2020-12		本年累计	9,000.00	13,500.00	贷	4,500.00

编制单位:江南岳达机械制造有限责任公司

应交税费-应交印花税明细账

2020/10-2020/12

科目:[2221.020] 应交税费-应交印花税　　　　单位:元

日期	凭证号	摘要	借方	贷方	方向	余额
2020-10		期初余额			贷	
2020-10-08	记-001	资金账簿印花税		2,500.00	贷	2,500.00
2020-10-10	记-026	计提售房附加税		333.33	贷	2,833.33
2020-10-10	记-027	预缴售房税款	333.33		贷	2,500.00
2020-10-31	记-085	计提印花税		1,563.46	贷	4,063.46
2020-10		本月合计	333.33	4,396.79	贷	4,063.46
2020-10		本年累计	333.33	4,396.79	贷	4,063.46
2020-11-07	记-002	缴纳印花税	4,063.46		贷	
2020-11-12	记-007	预缴水渠工程印花税	33.00		贷	-33.00
2020-11-30	记-087	计提印花税		2,054.86	贷	2,021.86
2020-11		本月合计	4,096.46	2,054.86	贷	2,021.86
2020-11		本年累计	4,429.79	6,451.65	贷	2,021.86
2020-12-12	记-001	缴纳印花税	2,021.86		贷	
2020-12-31	记-073	计提印花税		1,117.96	贷	1,117.96
2020-12		本月合计	2,021.86	1,117.96	贷	1,117.96
2020-12		本年累计	6,451.65	7,569.61	贷	1,117.96

编制单位:江南岳达机械制造有限责任公司

应交税费-应交契税明细账

2020/10-2020/12

科目:[2221.030] 应交税费-应交契税

单位:元

日期	凭证号	摘要	借方	贷方	方向	余额
2020-11		期初余额			贷	
2020-11-30	记-082	计提土地应缴契税		400,000.00	贷	400,000.00
2020-11		本月合计		400,000.00	贷	400,000.00
2020-11		本年累计		400,000.00	贷	400,000.00
2020-12-12	记-001	缴纳契税	400,000.00		贷	
2020-12		本月合计	400,000.00		贷	
2020-12		本年累计	400,000.00	400,000.00	贷	

编制单位:江南岳达机械制造有限责任公司

应付股利明细账

2020/10-2020/12

科目:[2232] 应付股利　　　　单位:元

日期	凭证号	摘要	借方	贷方	方向	余额
2020-10		期初余额			贷	
2020-10-26	记-052	分配2020年度及以前年度股利		600,000.00	贷	600,000.00
2020-10-26	记-052	分配2020年度及以前年度股利		400,000.00	贷	1,000,000.00
2020-10		本月合计		1,000,000.00	贷	1,000,000.00
2020-10		本年累计		1,000,000.00	贷	1,000,000.00
2020-11-15	记-020	分派2020年及以前年度股		58,800.00	贷	1,058,800.00
2020-11-15	记-020	分派2020年及以前年度股		39,200.00	贷	1,098,000.00
2020-11-15	记-020	支付股利	58,800.00		贷	1,039,200.00
2020-11-15	记-020	支付股利	39,200.00		贷	1,000,000.00
2020-11		本月合计	98,000.00	98,000.00	贷	1,000,000.00
2020-11		本年累计	98,000.00	1,098,000.00	贷	1,000,000.00
2020-12		本月合计			贷	1,000,000.00
2020-12		本年累计	98,000.00	1,098,000.00	贷	1,000,000.00

编制单位:江南岳达机械制造有限责任公司

应付股利-王岳达明细账

2020/10-2020/12

科目:[2232.001] 应付股利-王岳达

单位:元

日期	凭证号	摘要	借方	贷方	方向	余额
2020-10		期初余额			贷	
2020-10-26	记-052	分配2020年度及以前年度股利		600,000.00	贷	600,000.00
2020-10		本月合计		600,000.00	贷	600,000.00
2020-10		本年累计		600,000.00	贷	600,000.00
2020-11-15	记-020	分派2020年及以前年度股		58,800.00	贷	658,800.00
2020-11-15	记-020	支付股利	58,800.00		贷	600,000.00
2020-11		本月合计	58,800.00	58,800.00	贷	600,000.00
2020-11		本年累计	58,800.00	658,800.00	贷	600,000.00
2020-12		本月合计			贷	600,000.00
2020-12		本年累计	58,800.00	658,800.00	贷	600,000.00

编制单位:江南岳达机械制造有限责任公司

应付股利-江南利枫物资有限公司明细账

2020/10-2020/12

科目:[2232.002] 应付股利-江南利枫物资有限公司　　　　单位:元

日期	凭证号	摘要	借方	贷方	方向	余额
2020-10		期初余额			贷	
2020-10-26	记-052	分配2020年度及以前年度股利		400,000.00	贷	400,000.00
2020-10		本月合计		400,000.00	贷	400,000.00
2020-10		本年累计		400,000.00	贷	400,000.00
2020-11-15	记-020	分派2020年及以前年度股		39,200.00	贷	439,200.00
2020-11-15	记-020	支付股利	39,200.00		贷	400,000.00
2020-11		本月合计	39,200.00	39,200.00	贷	400,000.00
2020-11		本年累计	39,200.00	439,200.00	贷	400,000.00
2020-12		本月合计			贷	400,000.00
2020-12		本年累计	39,200.00	439,200.00	贷	400,000.00

编制单位:江南岳达机械制造有限责任公司

其他应付款明细账

2020/10-2020/12

科目:[2241] 其他应付款

单位:元

日期	凭证号	摘要	借方	贷方	方向	余额
2020-10		期初余额			贷	11,399,446.35
2020-10-08	记-008	收到员工外出笔记本电脑押金		300.00	贷	11,399,746.35
2020-10-31	记-086	借款		12,487.36	贷	11,412,233.71
2020-10		本月合计		12,787.36	贷	11,412,233.71
2020-10		本年累计		12,787.36	贷	11,412,233.71
2020-11-07	记-001	缴纳个人负担养老保险	32,000.00		贷	11,380,233.71
2020-11-07	记-001	缴纳个人失业保险	2,000.00		贷	11,378,233.71
2020-11-07	记-001	缴纳个人医疗保险	8,000.00		贷	11,370,233.71
2020-11-07	记-002	缴纳住房公积金	45,101.11		贷	11,325,132.60
2020-11-07	记-003	代扣个人养老保险、失业保险、医疗		42,000.00	贷	11,367,132.60
2020-11-07	记-003	代扣个人住房公积金		45,101.11	贷	11,412,233.71
2020-11-15	记-023	收款		5,000.00	贷	11,417,233.71
2020-11-30	记-083	收到公益性岗位补贴		23,240.00	贷	11,440,473.71
2020-11		本月合计	87,101.11	115,341.11	贷	11,440,473.71
2020-11		本年累计	87,101.11	128,128.47	贷	11,440,473.71
2020-12-12	记-002	缴住房公积金	46,606.42		贷	11,393,867.29
2020-12-12	记-002	缴社会保险个人部分	42,000.00		贷	11,351,867.29
2020-12-17	记-010	代扣个人保险费		42,000.00	贷	11,393,867.29
2020-12-17	记-010	代扣个人住房公积金		46,606.42	贷	11,440,473.71
2020-12		本月合计	88,606.42	88,606.42	贷	11,440,473.71
2020-12		本年累计	175,707.53	216,734.89	贷	11,440,473.71

编制单位:江南岳达机械制造有限责任公司

其他应付款-个人明细账

2020/10-2020/12

科目:[2241.001] 其他应付款-个人 单位:元

日期	凭证号	摘要	借方	贷方	方向	余额
2020-10		期初余额			贷	3,254,879.23
2020-10-08	记-008	收到员工外出笔记本电脑押金		300.00	贷	3,255,179.23
2020-10-31	记-086	借款		12,487.36	贷	3,267,666.59
2020-10		本月合计		12,787.36	贷	3,267,666.59
2020-10		本年累计		12,787.36	贷	3,267,666.59
2020-11-15	记-023	收款		5,000.00	贷	3,272,666.59
2020-11-30	记-083	收到公益性岗位补贴		23,240.00	贷	3,295,906.59
2020-11		本月合计		28,240.00	贷	3,295,906.59
2020-11		本年累计		41,027.36	贷	3,295,906.59
2020-12		本月合计			贷	3,295,906.59
2020-12		本年累计		41,027.36	贷	3,295,906.59

编制单位:江南岳达机械制造有限责任公司

其他应付款-个人-刘兰明细账

2020/10-2020/12

科目:[2241.001.001] 其他应付款-个人-刘兰

单位:元

日期	凭证号	摘要	借方	贷方	方向	余额
2020-10		期初余额			贷	
2020-10-08	记-008	收到员工外出笔记本电脑押金		300.00	贷	300.00
2020-10		本月合计		300.00	贷	300.00
2020-10		本年累计		300.00	贷	300.00
2020-11		本月合计			贷	300.00
2020-11		本年累计		300.00	贷	300.00
2020-12		本月合计			贷	300.00
2020-12		本年累计		300.00	贷	300.00

编制单位:江南岳达机械制造有限责任公司

其他应付款-个人-其他明细账

2020/10-2020/12

科目:[2241.001.002] 其他应付款-个人-其他 单位:元

日期	凭证号	摘要	借方	贷方	方向	余额
2020-11		期初余额			贷	
2020-11-15	记-023	收款		5,000.00	贷	5,000.00
2020-11-30	记-083	收到公益性岗位补贴		23,240.00	贷	28,240.00
2020-11		本月合计		28,240.00	贷	28,240.00
2020-11		本年累计		28,240.00	贷	28,240.00
2020-12		本月合计			贷	28,240.00
2020-12		本年累计		28,240.00	贷	28,240.00

编制单位:江南岳达机械制造有限责任公司

其他应付款-个人-刘信明细账

2020/10-2020/12

科目:[2241.001.003] 其他应付款-个人-刘信

单位:元

日期	凭证号	摘要	借方	贷方	方向	余额
2020-10		期初余额			贷	3,254,879.23
2020-10-31	记-086	借款		12,487.36	贷	3,267,366.59
2020-10		本月合计		12,487.36	贷	3,267,366.59
2020-10		本年累计		12,487.36	贷	3,267,366.59
2020-11		本月合计			贷	3,267,366.59
2020-11		本年累计		12,487.36	贷	3,267,366.59
2020-12		本月合计			贷	3,267,366.59
2020-12		本年累计		12,487.36	贷	3,267,366.59

编制单位:江南岳达机械制造有限责任公司

其他应付款-代扣个人保险费明细账

2020/10-2020/12

科目:[2241.004] 其他应付款-代扣个人保险费　　　　单位:元

日期	凭证号	摘要	借方	贷方	方向	余额
2020-11		期初余额			贷	
2020-11-07	记-001	缴纳个人负担养老保险	32,000.00		贷	-32,000.00
2020-11-07	记-001	缴纳个人失业保险	2,000.00		贷	-34,000.00
2020-11-07	记-001	缴纳个人医疗保险	8,000.00		贷	-42,000.00
2020-11-07	记-003	代扣个人养老保险、失业保险、医疗		42,000.00	贷	
2020-11		本月合计	42,000.00	42,000.00	贷	
2020-11		本年累计	42,000.00	42,000.00	贷	
2020-12-12	记-002	缴社会保险个人部分	42,000.00		贷	-42,000.00
2020-12-17	记-010	代扣个人保险费		42,000.00	贷	
2020-12		本月合计	42,000.00	42,000.00	贷	
2020-12		本年累计	84,000.00	84,000.00	贷	

编制单位:江南岳达机械制造有限责任公司

其他应付款-代扣个人住房公积金明细账

2020/10-2020/12

科目:[2241.005] 其他应付款-代扣个人住房公积金 单位:元

日期	凭证号	摘要	借方	贷方	方向	余额
2020-11		期初余额			贷	
2020-11-07	记-002	缴纳住房公积金	45,101.11		贷	-45,101.11
2020-11-07	记-003	代扣个人住房公积金		45,101.11	贷	
2020-11		本月合计	45,101.11	45,101.11	贷	
2020-11		本年累计	45,101.11	45,101.11	贷	
2020-12-12	记-002	缴住房公积金	46,606.42		贷	-46,606.42
2020-12-17	记-010	代扣个人住房公积金		46,606.42	贷	
2020-12		本月合计	46,606.42	46,606.42	贷	
2020-12		本年累计	91,707.53	91,707.53	贷	

编制单位:江南岳达机械制造有限责任公司

其他应付款-特种包装物押金明细账

2020/10-2020/12

科目:[2241.006] 其他应付款-特种包装物押金

单位:元

日期	凭证号	摘要	借方	贷方	方向	余额
2020-10		期初余额			贷	20,000.00
2020-10		本月合计			贷	20,000.00
2020-10		本年累计			贷	20,000.00
2020-11		本月合计			贷	20,000.00
2020-11		本年累计			贷	20,000.00
2020-12		本月合计			贷	20,000.00
2020-12		本年累计			贷	20,000.00

编制单位:江南岳达机械制造有限责任公司

其他应付款-王岳达明细账

2020/10-2020/12

科目:[2241.007] 其他应付款-王岳达

单位:元

日期	凭证号	摘要	借方	贷方	方向	余额
2020-10		期初余额			贷	8,124,567.12
2020-10		本月合计			贷	8,124,567.12
2020-10		本年累计			贷	8,124,567.12
2020-11		本月合计			贷	8,124,567.12
2020-11		本年累计			贷	8,124,567.12
2020-12		本月合计			贷	8,124,567.12
2020-12		本年累计			贷	8,124,567.12

编制单位:江南岳达机械制造有限责任公司

长期借款明细账

2020/10-2020/12

科目:[2501] 长期借款　　单位:元

日期	凭证号	摘要	借方	贷方	方向	余额
2020-11		期初余额			贷	
2020-11-30	记-080	借入长期借款		3,000,000.00	贷	3,000,000.00
2020-11		本月合计		3,000,000.00	贷	3,000,000.00
2020-11		本年累计		3,000,000.00	贷	3,000,000.00
2020-12		本月合计			贷	3,000,000.00
2020-12		本年累计		3,000,000.00	贷	3,000,000.00

编制单位:江南岳达机械制造有限责任公司

长期借款-江南城市发展银行长安分行明细账

2020/10-2020/12

科目:[2501.001] 长期借款-江南城市发展银行长安分行

单位:元

日期	凭证号	摘要	借方	贷方	方向	余额
2020-11		期初余额			贷	
2020-11-30	记-080	借入长期借款		3,000,000.00	贷	3,000,000.00
2020-11		本月合计		3,000,000.00	贷	3,000,000.00
2020-11		本年累计		3,000,000.00	贷	3,000,000.00
2020-12		本月合计			贷	3,000,000.00
2020-12		本年累计		3,000,000.00	贷	3,000,000.00

编制单位:江南岳达机械制造有限责任公司

专项应付款明细账

2020/10-2020/12

科目:[2711] 专项应付款 单位:元

日期	凭证号	摘要	借方	贷方	方向	余额
2020-12		期初余额			贷	
2020-12-12	记-006	收到技改补助资金		60,000.00	贷	60,000.00
2020-12		本月合计		60,000.00	贷	60,000.00
2020-12		本年累计		60,000.00	贷	60,000.00

编制单位:江南岳达机械制造有限责任公司

专项应付款-技改补助明细账

2020/10-2020/12

科目:[2711.001] 专项应付款-技改补助

单位:元

日期	凭证号	摘要	借方	贷方	方向	余额
2020-12		期初余额			贷	
2020-12-12	记-006	收到技改补助资金		60,000.00	贷	60,000.00
2020-12		本月合计		60,000.00	贷	60,000.00
2020-12		本年累计		60,000.00	贷	60,000.00

编制单位:江南岳达机械制造有限责任公司

实收资本明细账

2020/10-2020/12

科目:[4001] 实收资本　　　　单位:元

日期	凭证号	摘要	借方	贷方	方向	余额
2020-10		期初余额			贷	30,000,000.00
2020-10-08	记-001	增加注册资本		5,000,000.00	贷	35,000,000.00
2020-10-10	记-023	转增实收资本		600,000.00	贷	35,600,000.00
2020-10-10	记-023	转增实收资本		400,000.00	贷	36,000,000.00
2020-10		本月合计		6,000,000.00	贷	36,000,000.00
2020-10		本年累计		6,000,000.00	贷	36,000,000.00
2020-11		本月合计			贷	36,000,000.00
2020-11		本年累计		6,000,000.00	贷	36,000,000.00
2020-12-31	记-035	转增实收资本		600,000.00	贷	36,600,000.00
2020-12-31	记-035	转增实收资本		400,000.00	贷	37,000,000.00
2020-12-31	记-085	新增股东		2,000,000.00	贷	39,000,000.00
2020-12		本月合计		3,000,000.00	贷	39,000,000.00
2020-12		本年累计		9,000,000.00	贷	39,000,000.00

编制单位:江南岳达机械制造有限责任公司

实收资本-王岳达明细账

2020/10-2020/12

科目:[4001.001] 实收资本-王岳达　　单位:元

日期	凭证号	摘要	借方	贷方	方向	余额
2020-10		期初余额			贷	18,000,000.00
2020-10-08	记-001	增加注册资本		5,000,000.00	贷	23,000,000.00
2020-10-10	记-023	转增实收资本		600,000.00	贷	23,600,000.00
2020-10		本月合计		5,600,000.00	贷	23,600,000.00
2020-10		本年累计		5,600,000.00	贷	23,600,000.00
2020-11		本月合计			贷	23,600,000.00
2020-11		本年累计		5,600,000.00	贷	23,600,000.00
2020-12-31	记-035	转增实收资本		600,000.00	贷	24,200,000.00
2020-12		本月合计		600,000.00	贷	24,200,000.00
2020-12		本年累计		6,200,000.00	贷	24,200,000.00

编制单位:江南岳达机械制造有限责任公司

实收资本-江南利枫物资有限公司明细账

2020/10-2020/12

科目:[4001.002] 实收资本-江南利枫物资有限公司　　　　单位:元

日期	凭证号	摘要	借方	贷方	方向	余额
2020-10		期初余额			贷	12,000,000.00
2020-10-10	记-023	转增实收资本		400,000.00	贷	12,400,000.00
2020-10		本月合计		400,000.00	贷	12,400,000.00
2020-10		本年累计		400,000.00	贷	12,400,000.00
2020-11		本月合计			贷	12,400,000.00
2020-11		本年累计		400,000.00	贷	12,400,000.00
2020-12-31	记-035	转增实收资本		400,000.00	贷	12,800,000.00
2020-12		本月合计		400,000.00	贷	12,800,000.00
2020-12		本年累计		800,000.00	贷	12,800,000.00

编制单位:江南岳达机械制造有限责任公司

实收资本-王兴元明细账

2020/10-2020/12

科目:[4001.003] 实收资本-王兴元 单位:元

日期	凭证号	摘要	借方	贷方	方向	余额
2020-12		期初余额			贷	
2020-12-31	记-085	新增股东		2,000,000.00	贷	2,000,000.00
2020-12		本月合计		2,000,000.00	贷	2,000,000.00
2020-12		本年累计		2,000,000.00	贷	2,000,000.00

编制单位:江南岳达机械制造有限责任公司

资本公积明细账

2020/10-2020/12

科目:[4002] 资本公积　　　　单位:元

日期	凭证号	摘要	借方	贷方	方向	余额
2020-10		期初余额			贷	3,500,000.00
2020-10-10	记-023	转增实收资本	1,000,000.00		贷	2,500,000.00
2020-10		本月合计	1,000,000.00		贷	2,500,000.00
2020-10		本年累计	1,000,000.00		贷	2,500,000.00
2020-11-15	记-026	收到政府奖励		50,000.00	贷	2,550,000.00
2020-11		本月合计		50,000.00	贷	2,550,000.00
2020-11		本年累计	1,000,000.00	50,000.00	贷	2,550,000.00
2020-12-17	记-016	债务重组		1,032.20	贷	2,551,032.20
2020-12		本月合计		1,032.20	贷	2,551,032.20
2020-12		本年累计	1,000,000.00	51,032.20	贷	2,551,032.20

编制单位:江南岳达机械制造有限责任公司

资本公积-其他明细账

2020/10-2020/12

科目:[4002.001] 资本公积-其他　　　　单位:元

日期	凭证号	摘要	借方	贷方	方向	余额
2020-10		期初余额			贷	3,500,000.00
2020-10-10	记-023	转增实收资本	1,000,000.00		贷	2,500,000.00
2020-10		本月合计	1,000,000.00		贷	2,500,000.00
2020-10		本年累计	1,000,000.00		贷	2,500,000.00
2020-11-15	记-026	收到政府奖励		50,000.00	贷	2,550,000.00
2020-11		本月合计		50,000.00	贷	2,550,000.00
2020-11		本年累计	1,000,000.00	50,000.00	贷	2,550,000.00
2020-12-17	记-016	债务重组		1,032.20	贷	2,551,032.20
2020-12		本月合计		1,032.20	贷	2,551,032.20
2020-12		本年累计	1,000,000.00	51,032.20	贷	2,551,032.20

编制单位:江南岳达机械制造有限责任公司

盈余公积明细账

2020/10-2020/12

科目:[4101] 盈余公积　　　　单位:元

日期	凭证号	摘要	借方	贷方	方向	余额
2020-12		期初余额			贷	
2020-12-17	记-046	盘点库存时盘盈材料二个		200.00	贷	200.00
2020-12		本月合计		200.00	贷	200.00
2020-12		本年累计		200.00	贷	200.00

编制单位:江南岳达机械制造有限责任公司

盈余公积-其他明细账

2020/10-2020/12

科目:[4101.003] 盈余公积-其他

单位:元

日期	凭证号	摘要	借方	贷方	方向	余额
2020-12		期初余额			贷	
2020-12-17	记-046	盘点库存时盘盈材料二个		200.00	贷	200.00
2020-12		本月合计		200.00	贷	200.00
2020-12		本年累计		200.00	贷	200.00

编制单位:江南岳达机械制造有限责任公司

本年利润明细账

2020/10-2020/12

科目:[4103] 本年利润　　　　单位:元

日期	凭证号	摘要	借方	贷方	方向	余额
2020-10		期初余额			贷	
2020-10-31	记-088	结转本期损益(收入)		377,150.70	贷	377,150.70
2020-10-31	记-089	结转本期损益(成本费用)	3,218,620.72		贷	-2,841,470.02
2020-10		本月合计	3,218,376.28	377,150.70	贷	-2,841,225.58
2020-10		本年累计	3,218,376.28	377,150.70	贷	-2,841,225.58
2020-11-30	记-090	结转本期损益(收入)		8,154,912.29	贷	5,313,686.71
2020-11-30	记-091	结转本期损益(成本费用)	9,246,745.87		贷	-3,933,059.16
2020-11		本月合计	9,246,745.87	8,154,912.29	贷	-3,933,059.16
2020-11		本年累计	12,465,122.15	8,532,062.99	贷	-3,933,059.16
2020-12-31	记-094	结转本期损益(收入)		5,327,163.86	贷	1,394,104.70
2020-12-31	记-095	结转本期损益(成本费用)	10,507,440.19		贷	-9,113,335.49
2020-12-31	记-096	结转本年利润		9,113,579.93	贷	244.44
2020-12		本月合计	10,507,684.63	14,440,743.79	贷	
2020-12		本年累计	22,972,806.78	22,972,806.78	贷	

编制单位:江南岳达机械制造有限责任公司

利润分配明细账

2020/10-2020/12

科目:[4104] 利润分配　　　　单位:元

日期	凭证号	摘要	借方	贷方	方向	余额
2020-10		期初余额			贷	19,405,765.61
2020-10-26	记-078	2017年度预提费用未回发票，冲回.余额		40,000.00	贷	19,445,765.61
2020-10		本月合计		40,000.00	贷	19,445,765.61
2020-10		本年累计		40,000.00	贷	19,445,765.61
2020-11-15	记-020	分派2020年及以前年度股	98,000.00		贷	19,347,765.61
2020-11-30	记-038	结转以前年度损益		3,500.00	贷	19,351,265.61
2020-11-30	记-056	向股东分配股利	300,000.00		贷	19,051,265.61
2020-11		本月合计	398,000.00	3,500.00	贷	19,051,265.61
2020-11		本年累计	398,000.00	43,500.00	贷	19,051,265.61
2020-12-31	记-035	转增实收资本	1,000,000.00		贷	18,051,265.61
2020-12-31	记-089	结转本年发放股利	1,398,000.00		贷	16,653,265.61
2020-12-31	记-089	结转本年发放股利		1,398,000.00	贷	18,051,265.61
2020-12-31	记-096	结转本年利润	9,113,579.93		贷	8,937,685.68
2020-12		本月合计	11,511,579.93	1,398,000.00	贷	8,937,685.68
2020-12		本年累计	11,909,579.93	1,441,500.00	贷	8,937,685.68

编制单位:江南岳达机械制造有限责任公司

利润分配-应付现金股利（利润）明细账

2020/10-2020/12

科目:[4104.003] 利润分配-应付现金股利（利润） 单位:元

日期	凭证号	摘要	借方	贷方	方向	余额
2020-11		期初余额			贷	
2020-11-15	记-020	分派2020年及以前年度股	98,000.00		贷	-98,000.00
2020-11-30	记-056	向股东分配股利	300,000.00		贷	-398,000.00
2020-11		本月合计	398,000.00		贷	-398,000.00
2020-11		本年累计	398,000.00		贷	-398,000.00
2020-12-31	记-035	转增实收资本	1,000,000.00		贷	-1,398,000.00
2020-12-31	记-089	结转本年发放股利		1,398,000.00	贷	
2020-12		本月合计	1,000,000.00	1,398,000.00	贷	
2020-12		本年累计	1,398,000.00	1,398,000.00	贷	

编制单位:江南岳达机械制造有限责任公司

利润分配-未分配利润明细账

2020/10-2020/12

科目:[4104.006] 利润分配-未分配利润　　　　单位:元

日期	凭证号	摘要	借方	贷方	方向	余额
2020-10		期初余额			贷	19,405,765.61
2020-10-26	记-078	2017年度预提费用未回发票，冲回.余额		40,000.00	贷	19,445,765.61
2020-10		本月合计		40,000.00	贷	19,445,765.61
2020-10		本年累计		40,000.00	贷	19,445,765.61
2020-11-30	记-038	结转以前年度损益		3,500.00	贷	19,449,265.61
2020-11		本月合计		3,500.00	贷	19,449,265.61
2020-11		本年累计		43,500.00	贷	19,449,265.61
2020-12-31	记-089	结转本年发放股利	1,398,000.00		贷	18,051,265.61
2020-12-31	记-096	结转本年利润	9,113,579.93		贷	8,937,685.68
2020-12		本月合计	10,511,579.93		贷	8,937,685.68
2020-12		本年累计	10,511,579.93	43,500.00	贷	8,937,685.68

编制单位:江南岳达机械制造有限责任公司

生产成本明细账

2020/10-2020/12

科目:[5001] 生产成本 单位:元

日期	凭证号	摘要	借方	贷方	方向	余额
2020-10		期初余额			借	
2020-10-26	记-062	计提工资	125,116.76		借	125,116.76
2020-10-26	记-063	计提基本保险单位负担	32,530.35		借	157,647.11
2020-10-26	记-066	计提本月公积金	12,511.68		借	170,158.79
2020-10-26	记-067	生产领用原材料及辅料	804,000.00		借	974,158.79
2020-10-26	记-070	结转制造费用	723,999.77		借	1,698,158.56
2020-10		本月合计	1,698,158.56		借	1,698,158.56
2020-10		本年累计	1,698,158.56		借	1,698,158.56
2020-11-30	记-058	领用原材料	827,600.00		借	2,525,758.56
2020-11-30	记-064	计提工资	14,753.70		借	2,540,512.26
2020-11-30	记-064	计提工资	115,921.90		借	2,656,434.16
2020-11-30	记-065	计提基本保险单位负担	3,835.96		借	2,660,270.12
2020-11-30	记-065	计提基本保险单位负担	30,139.69		借	2,690,409.81
2020-11-30	记-068	计提本月公积金	1,475.37		借	2,691,885.18
2020-11-30	记-068	计提本月公积金	11,592.19		借	2,703,477.37
2020-11-30	记-070	结转制造费用	81,943.82		借	2,785,421.19
2020-11-30	记-070	结转制造费用	643,844.33		借	3,429,265.52
2020-11-30	记-071	带锯条27*0.9产成品入库		139,870.46	借	3,289,395.06
2020-11-30	记-071	带锯条27*0.9产成品入库		36,366.31	借	3,253,028.75
2020-11-30	记-071	带锯条27*0.9产成品入库		13,987.05	借	3,239,041.70
2020-11-30	记-071	带锯条27*0.9产成品入库		804,000.00	借	2,435,041.70
2020-11-30	记-071	带锯条27*0.9产成品入库		805,943.59	借	1,629,098.11
2020-11-30	记-071	带锯条34*1.1产成品入库		115,921.90	借	1,513,176.21
2020-11-30	记-071	带锯条34*1.1产成品入库		30,139.69	借	1,483,036.52
2020-11-30	记-071	带锯条34*1.1产成品入库		11,592.19	借	1,471,444.33
2020-11-30	记-071	带锯条34*1.1产成品入库		827,600.00	借	643,844.33
2020-11-30	记-071	带锯条34*1.1产成品入库		643,844.33	借	
2020-11		本月合计	1,731,106.96	3,429,265.52	借	
2020-11		本年累计	3,429,265.52	3,429,265.52	借	
2020-12-31	记-047	生产34*1.1带锯条领用直接原材料	539,666.67		借	539,666.67
2020-12-31	记-048	生产27*0.9带锯条领用直接原材料	361,800.00		借	901,466.67
2020-12-31	记-052	计提工资	58,176.87		借	959,643.54
2020-12-31	记-052	计提工资	72,721.08		借	1,032,364.62

生产成本明细账

2020/10-2020/12

科目:[5001] 生产成本　　　　单位:元

日期	凭证号	摘要	借方	贷方	方向	余额
2020-12-31	记-053	计提单位负担社会保险	18,907.47		借	1,051,272.09
2020-12-31	记-053	计提单位负担社会保险	15,125.98		借	1,066,398.07
2020-12-31	记-056	计提本月公积金	5,817.69		借	1,072,215.76
2020-12-31	记-056	计提本月公积金	7,272.11		借	1,079,487.87
2020-12-31	记-060	结转制造费用	423,544.34		借	1,503,032.21
2020-12-31	记-060	结转制造费用	529,430.43		借	2,032,462.64
2020-12-31	记-061	产成品27*0.9带锯条入库		53,688.94	借	1,978,773.70
2020-12-31	记-061	产成品27*0.9带锯条入库		16,106.68	借	1,962,667.02
2020-12-31	记-061	产成品27*0.9带锯条入库		5,368.90	借	1,957,298.12
2020-12-31	记-061	产成品27*0.9带锯条入库		343,710.00	借	1,613,588.12
2020-12-31	记-061	产成品27*0.9带锯条入库		402,367.12	借	1,211,221.00
2020-12-31	记-062	产成品入库34*1.1带锯条		69,085.03	借	1,142,135.97
2020-12-31	记-062	产成品入库34*1.1带锯条		14,369.68	借	1,127,766.29
2020-12-31	记-062	产成品入库34*1.1带锯条		6,908.51	借	1,120,857.78
2020-12-31	记-062	产成品入库34*1.1带锯条		512,683.33	借	608,174.45
2020-12-31	记-062	产成品入库34*1.1带锯条		502,958.91	借	105,215.54
2020-12		本月合计	2,032,462.64	1,927,247.10	借	105,215.54
2020-12		本年累计	5,461,728.16	5,356,512.62	借	105,215.54

编制单位:江南岳达机械制造有限责任公司

生产成本-带锯条27*0.9明细账

2020/10-2020/12

科目:[5001.003] 生产成本-带锯条27*0.9　　　　单位:元

日期	凭证号	摘要	借方	贷方	方向	余额
2020-10		期初余额			借	
2020-10-26	记-062	计提工资	125,116.76		借	125,116.76
2020-10-26	记-063	计提基本保险单位负担	32,530.35		借	157,647.11
2020-10-26	记-066	计提本月公积金	12,511.68		借	170,158.79
2020-10-26	记-067	生产领用原材料及辅料	804,000.00		借	974,158.79
2020-10-26	记-070	结转制造费用	723,999.77		借	1,698,158.56
2020-10		本月合计	1,698,158.56		借	1,698,158.56
2020-10		本年累计	1,698,158.56		借	1,698,158.56
2020-11-30	记-064	计提工资	14,753.70		借	1,712,912.26
2020-11-30	记-065	计提基本保险单位负担	3,835.96		借	1,716,748.22
2020-11-30	记-068	计提本月公积金	1,475.37		借	1,718,223.59
2020-11-30	记-070	结转制造费用	81,943.82		借	1,800,167.41
2020-11-30	记-071	带锯条27*0.9产成品入库		139,870.46	借	1,660,296.95
2020-11-30	记-071	带锯条27*0.9产成品入库		36,366.31	借	1,623,930.64
2020-11-30	记-071	带锯条27*0.9产成品入库		13,987.05	借	1,609,943.59
2020-11-30	记-071	带锯条27*0.9产成品入库		804,000.00	借	805,943.59
2020-11-30	记-071	带锯条27*0.9产成品入库		805,943.59	借	
2020-11		本月合计	102,008.85	1,800,167.41	借	
2020-11		本年累计	1,800,167.41	1,800,167.41	借	
2020-12-31	记-048	生产27*0.9带锯条领用直接原材料	361,800.00		借	361,800.00
2020-12-31	记-052	计提工资	58,176.87		借	419,976.87
2020-12-31	记-053	计提单位负担社会保险	18,907.47		借	438,884.34
2020-12-31	记-056	计提本月公积金	5,817.69		借	444,702.03
2020-12-31	记-060	结转制造费用	423,544.34		借	868,246.37
2020-12-31	记-061	产成品27*0.9带锯条入库		53,688.94	借	814,557.43
2020-12-31	记-061	产成品27*0.9带锯条入库		16,106.68	借	798,450.75
2020-12-31	记-061	产成品27*0.9带锯条入库		5,368.90	借	793,081.85
2020-12-31	记-061	产成品27*0.9带锯条入库		343,710.00	借	449,371.85
2020-12-31	记-061	产成品27*0.9带锯条入库		402,367.12	借	47,004.73
2020-12		本月合计	868,246.37	821,241.64	借	47,004.73
2020-12		本年累计	2,668,413.78	2,621,409.05	借	47,004.73

编制单位:江南岳达机械制造有限责任公司

生产成本-带锯条27*0.9-直接人工明细账

2020/10-2020/12

科目:[5001.003.001] 生产成本-带锯条27*0.9-直接人工　　单位:元

日期	凭证号	摘要	借方	贷方	方向	余额
2020-10		期初余额			借	
2020-10-26	记-062	计提工资	125,116.76		借	125,116.76
2020-10-26	记-063	计提基本保险单位负担	32,530.35		借	157,647.11
2020-10-26	记-066	计提本月公积金	12,511.68		借	170,158.79
2020-10		本月合计	170,158.79		借	170,158.79
2020-10		本年累计	170,158.79		借	170,158.79
2020-11-30	记-064	计提工资	14,753.70		借	184,912.49
2020-11-30	记-065	计提基本保险单位负担	3,835.96		借	188,748.45
2020-11-30	记-068	计提本月公积金	1,475.37		借	190,223.82
2020-11-30	记-071	带锯条27*0.9产成品入库		139,870.46	借	50,353.36
2020-11-30	记-071	带锯条27*0.9产成品入库		36,366.31	借	13,987.05
2020-11-30	记-071	带锯条27*0.9产成品入库		13,987.05	借	
2020-11		本月合计	20,065.03	190,223.82	借	
2020-11		本年累计	190,223.82	190,223.82	借	
2020-12-31	记-052	计提工资	58,176.87		借	58,176.87
2020-12-31	记-053	计提单位负担社会保险	18,907.47		借	77,084.34
2020-12-31	记-056	计提本月公积金	5,817.69		借	82,902.03
2020-12-31	记-061	产成品27*0.9带锯条入库		53,688.94	借	29,213.09
2020-12-31	记-061	产成品27*0.9带锯条入库		16,106.68	借	13,106.41
2020-12-31	记-061	产成品27*0.9带锯条入库		5,368.90	借	7,737.51
2020-12		本月合计	82,902.03	75,164.52	借	7,737.51
2020-12		本年累计	273,125.85	265,388.34	借	7,737.51

编制单位:江南岳达机械制造有限责任公司

生产成本-带锯条27*0.9-直接人工-工资薪金明细账

2020/10-2020/12

科目:[5001.003.001.001] 生产成本-带锯条27*0.9-直接人工-工资薪金 单位:元

日期	凭证号	摘要	借方	贷方	方向	余额
2020-10		期初余额			借	
2020-10-26	记-062	计提工资	125,116.76		借	125,116.76
2020-10		本月合计	125,116.76		借	125,116.76
2020-10		本年累计	125,116.76		借	125,116.76
2020-11-30	记-064	计提工资	14,753.70		借	139,870.46
2020-11-30	记-071	带锯条27*0.9产成品入库		139,870.46	借	
2020-11		本月合计	14,753.70	139,870.46	借	
2020-11		本年累计	139,870.46	139,870.46	借	
2020-12-31	记-052	计提工资	58,176.87		借	58,176.87
2020-12-31	记-061	产成品27*0.9带锯条入库		53,688.94	借	4,487.93
2020-12		本月合计	58,176.87	53,688.94	借	4,487.93
2020-12		本年累计	198,047.33	193,559.40	借	4,487.93

编制单位:江南岳达机械制造有限责任公司

生产成本-带锯条27*0.9-直接人工-社会保险明细账

2020/10-2020/12

科目:[5001.003.001.002] 生产成本-带锯条27*0.9-直接人工-社会保险

单位:元

日期	凭证号	摘要	借方	贷方	方向	余额
2020-10		期初余额			借	
2020-10-26	记-063	计提基本保险单位负担	32,530.35		借	32,530.35
2020-10		本月合计	32,530.35		借	32,530.35
2020-10		本年累计	32,530.35		借	32,530.35
2020-11-30	记-065	计提基本保险单位负担	3,835.96		借	36,366.31
2020-11-30	记-071	带锯条27*0.9产成品入库		36,366.31	借	
2020-11		本月合计	3,835.96	36,366.31	借	
2020-11		本年累计	36,366.31	36,366.31	借	
2020-12-31	记-053	计提单位负担社会保险	18,907.47		借	18,907.47
2020-12-31	记-061	产成品27*0.9带锯条入库		16,106.68	借	2,800.79
2020-12		本月合计	18,907.47	16,106.68	借	2,800.79
2020-12		本年累计	55,273.78	52,472.99	借	2,800.79

编制单位:江南岳达机械制造有限责任公司

生产成本-带锯条27*0.9-直接人工-住房公积金明细账

2020/10-2020/12

科目:[5001.003.001.003] 生产成本-带锯条27*0.9-直接人工-住房公积金　　单位:元

日期	凭证号	摘要	借方	贷方	方向	余额
2020-10		期初余额			借	
2020-10-26	记-066	计提本月公积金	12,511.68		借	12,511.68
2020-10		本月合计	12,511.68		借	12,511.68
2020-10		本年累计	12,511.68		借	12,511.68
2020-11-30	记-068	计提本月公积金	1,475.37		借	13,987.05
2020-11-30	记-071	带锯条27*0.9产成品入库		13,987.05	借	
2020-11		本月合计	1,475.37	13,987.05	借	
2020-11		本年累计	13,987.05	13,987.05	借	
2020-12-31	记-056	计提本月公积金	5,817.69		借	5,817.69
2020-12-31	记-061	产成品27*0.9带锯条入库		5,368.90	借	448.79
2020-12		本月合计	5,817.69	5,368.90	借	448.79
2020-12		本年累计	19,804.74	19,355.95	借	448.79

编制单位:江南岳达机械制造有限责任公司

生产成本-带锯条27*0.9-直接材料明细账

2020/10-2020/12

科目:[5001.003.002] 生产成本-带锯条27*0.9-直接材料　　单位:元

日期	凭证号	摘要	借方	贷方	方向	余额
2020-10		期初余额			借	
2020-10-26	记-067	生产领用原材料及辅料	804,000.00		借	804,000.00
2020-10		本月合计	804,000.00		借	804,000.00
2020-10		本年累计	804,000.00		借	804,000.00
2020-11-30	记-071	带锯条27*0.9产成品入库		804,000.00	借	
2020-11		本月合计		804,000.00	借	
2020-11		本年累计	804,000.00	804,000.00	借	
2020-12-31	记-048	生产27*0.9带锯条领用直接原材料	361,800.00		借	361,800.00
2020-12-31	记-061	产成品27*0.9带锯条入库		343,710.00	借	18,090.00
2020-12		本月合计	361,800.00	343,710.00	借	18,090.00
2020-12		本年累计	1,165,800.00	1,147,710.00	借	18,090.00

编制单位:江南岳达机械制造有限责任公司

生产成本-带锯条27*0.9-制造费用明细账

2020/10-2020/12

科目:[5001.003.003] 生产成本-带锯条27*0.9-制造费用　　　　单位:元

日期	凭证号	摘要	借方	贷方	方向	余额
2020-10		期初余额			借	
2020-10-26	记-070	结转制造费用	723,999.77		借	723,999.77
2020-10		本月合计	723,999.77		借	723,999.77
2020-10		本年累计	723,999.77		借	723,999.77
2020-11-30	记-070	结转制造费用	81,943.82		借	805,943.59
2020-11-30	记-071	带锯条27*0.9产成品入库		805,943.59	借	
2020-11		本月合计	81,943.82	805,943.59	借	
2020-11		本年累计	805,943.59	805,943.59	借	
2020-12-31	记-060	结转制造费用	423,544.34		借	423,544.34
2020-12-31	记-061	产成品27*0.9带锯条入库		402,367.12	借	21,177.22
2020-12		本月合计	423,544.34	402,367.12	借	21,177.22
2020-12		本年累计	1,229,487.93	1,208,310.71	借	21,177.22

编制单位:江南岳达机械制造有限责任公司

生产成本-带锯条34*1.1明细账

2020/10-2020/12

科目:[5001.005] 生产成本-带锯条34*1.1

单位:元

日期	凭证号	摘要	借方	贷方	方向	余额
2020-11		期初余额			借	
2020-11-30	记-058	领用原材料	827,600.00		借	827,600.00
2020-11-30	记-064	计提工资	115,921.90		借	943,521.90
2020-11-30	记-065	计提基本保险单位负担	30,139.69		借	973,661.59
2020-11-30	记-068	计提本月公积金	11,592.19		借	985,253.78
2020-11-30	记-070	结转制造费用	643,844.33		借	1,629,098.11
2020-11-30	记-071	带锯条34*1.1产成品入库		115,921.90	借	1,513,176.21
2020-11-30	记-071	带锯条34*1.1产成品入库		30,139.69	借	1,483,036.52
2020-11-30	记-071	带锯条34*1.1产成品入库		11,592.19	借	1,471,444.33
2020-11-30	记-071	带锯条34*1.1产成品入库		827,600.00	借	643,844.33
2020-11-30	记-071	带锯条34*1.1产成品入库		643,844.33	借	
2020-11		本月合计	1,629,098.11	1,629,098.11	借	
2020-11		本年累计	1,629,098.11	1,629,098.11	借	
2020-12-31	记-047	生产34*1.1带锯条领用直接原材料	539,666.67		借	539,666.67
2020-12-31	记-052	计提工资	72,721.08		借	612,387.75
2020-12-31	记-053	计提单位负担社会保险	15,125.98		借	627,513.73
2020-12-31	记-056	计提本月公积金	7,272.11		借	634,785.84
2020-12-31	记-060	结转制造费用	529,430.43		借	1,164,216.27
2020-12-31	记-062	产成品入库34*1.1带锯条		69,085.03	借	1,095,131.24
2020-12-31	记-062	产成品入库34*1.1带锯条		14,369.68	借	1,080,761.56
2020-12-31	记-062	产成品入库34*1.1带锯条		6,908.51	借	1,073,853.05
2020-12-31	记-062	产成品入库34*1.1带锯条		512,683.33	借	561,169.72
2020-12-31	记-062	产成品入库34*1.1带锯条		502,958.91	借	58,210.81
2020-12		本月合计	1,164,216.27	1,106,005.46	借	58,210.81
2020-12		本年累计	2,793,314.38	2,735,103.57	借	58,210.81

编制单位:江南岳达机械制造有限责任公司

生产成本-带锯条34*1.1-直接人工明细账

2020/10-2020/12

科目:[5001.005.001] 生产成本-带锯条34*1.1-直接人工　　　　单位:元

日期	凭证号	摘要	借方	贷方	方向	余额
2020-11		期初余额			借	
2020-11-30	记-064	计提工资	115,921.90		借	115,921.90
2020-11-30	记-065	计提基本保险单位负担	30,139.69		借	146,061.59
2020-11-30	记-068	计提本月公积金	11,592.19		借	157,653.78
2020-11-30	记-071	带锯条34*1.1产成品入库		115,921.90	借	41,731.88
2020-11-30	记-071	带锯条34*1.1产成品入库		30,139.69	借	11,592.19
2020-11-30	记-071	带锯条34*1.1产成品入库		11,592.19	借	
2020-11		本月合计	157,653.78	157,653.78	借	
2020-11		本年累计	157,653.78	157,653.78	借	
2020-12-31	记-052	计提工资	72,721.08		借	72,721.08
2020-12-31	记-053	计提单位负担社会保险	15,125.98		借	87,847.06
2020-12-31	记-056	计提本月公积金	7,272.11		借	95,119.17
2020-12-31	记-062	产成品入库34*1.1带锯条		69,085.03	借	26,034.14
2020-12-31	记-062	产成品入库34*1.1带锯条		14,369.68	借	11,664.46
2020-12-31	记-062	产成品入库34*1.1带锯条		6,908.51	借	4,755.95
2020-12		本月合计	95,119.17	90,363.22	借	4,755.95
2020-12		本年累计	252,772.95	248,017.00	借	4,755.95

编制单位:江南岳达机械制造有限责任公司

生产成本-带锯条34*1.1-直接人工-工资薪金明细账

2020/10-2020/12

科目:[5001.005.001.001] 生产成本-带锯条34*1.1-直接人工-工资薪金　　单位:元

日期	凭证号	摘要	借方	贷方	方向	余额
2020-11		期初余额			借	
2020-11-30	记-064	计提工资	115,921.90		借	115,921.90
2020-11-30	记-071	带锯条34*1.1产成品入库		115,921.90	借	
2020-11		本月合计	115,921.90	115,921.90	借	
2020-11		本年累计	115,921.90	115,921.90	借	
2020-12-31	记-052	计提工资	72,721.08		借	72,721.08
2020-12-31	记-062	产成品入库34*1.1带锯条		69,085.03	借	3,636.05
2020-12		本月合计	72,721.08	69,085.03	借	3,636.05
2020-12		本年累计	188,642.98	185,006.93	借	3,636.05

编制单位:江南岳达机械制造有限责任公司

生产成本-带锯条34*1.1-直接人工-社会保险明细账

2020/10-2020/12

科目:[5001.005.001.002] 生产成本-带锯条34*1.1-直接人工-社会保险　　单位:元

日期	凭证号	摘要	借方	贷方	方向	余额
2020-11		期初余额			借	
2020-11-30	记-065	计提基本保险单位负担	30,139.69		借	30,139.69
2020-11-30	记-071	带锯条34*1.1产成品入库		30,139.69	借	
2020-11		本月合计	30,139.69	30,139.69	借	
2020-11		本年累计	30,139.69	30,139.69	借	
2020-12-31	记-053	计提单位负担社会保险	15,125.98		借	15,125.98
2020-12-31	记-062	产成品入库34*1.1带锯条		14,369.68	借	756.30
2020-12		本月合计	15,125.98	14,369.68	借	756.30
2020-12		本年累计	45,265.67	44,509.37	借	756.30

编制单位:江南岳达机械制造有限责任公司

生产成本-带锯条34*1.1-直接人工-住房公积金明细账

2020/10-2020/12

科目:[5001.005.001.003] 生产成本-带锯条34*1.1-直接人工-住房公积金　　单位:元

日期	凭证号	摘要	借方	贷方	方向	余额
2020-11		期初余额			借	
2020-11-30	记-068	计提本月公积金	11,592.19		借	11,592.19
2020-11-30	记-071	带锯条34*1.1产成品入库		11,592.19	借	
2020-11		本月合计	11,592.19	11,592.19	借	
2020-11		本年累计	11,592.19	11,592.19	借	
2020-12-31	记-056	计提本月公积金	7,272.11		借	7,272.11
2020-12-31	记-062	产成品入库34*1.1带锯条		6,908.51	借	363.60
2020-12		本月合计	7,272.11	6,908.51	借	363.60
2020-12		本年累计	18,864.30	18,500.70	借	363.60

编制单位:江南岳达机械制造有限责任公司

生产成本-带锯条34*1.1-直接材料明细账

2020/10-2020/12

科目:[5001.005.002] 生产成本-带锯条34*1.1-直接材料　　　　单位:元

日期	凭证号	摘要	借方	贷方	方向	余额
2020-11		期初余额			借	
2020-11-30	记-058	领用原材料	827,600.00		借	827,600.00
2020-11-30	记-071	带锯条34*1.1产成品入库		827,600.00	借	
2020-11		本月合计	827,600.00	827,600.00	借	
2020-11		本年累计	827,600.00	827,600.00	借	
2020-12-31	记-047	生产34*1.1带锯条领用直接原材料	539,666.67		借	539,666.67
2020-12-31	记-062	产成品入库34*1.1带锯条		512,683.33	借	26,983.34
2020-12		本月合计	539,666.67	512,683.33	借	26,983.34
2020-12		本年累计	1,367,266.67	1,340,283.33	借	26,983.34

编制单位:江南岳达机械制造有限责任公司

生产成本-带锯条34*1.1-制造费用明细账

2020/10-2020/12

科目:[5001.005.003] 生产成本-带锯条34*1.1-制造费用

单位:元

日期	凭证号	摘要	借方	贷方	方向	余额
2020-11		期初余额			借	
2020-11-30	记-070	结转制造费用	643,844.33		借	643,844.33
2020-11-30	记-071	带锯条34*1.1产成品入库		643,844.33	借	
2020-11		本月合计	643,844.33	643,844.33	借	
2020-11		本年累计	643,844.33	643,844.33	借	
2020-12-31	记-060	结转制造费用	529,430.43		借	529,430.43
2020-12-31	记-062	产成品入库34*1.1带锯条		502,958.91	借	26,471.52
2020-12		本月合计	529,430.43	502,958.91	借	26,471.52
2020-12		本年累计	1,173,274.76	1,146,803.24	借	26,471.52

编制单位:江南岳达机械制造有限责任公司

制造费用明细账

2020/10-2020/12

科目:[5101] 制造费用　　　　单位:元

日期	凭证号	摘要	借方	贷方	方向	余额
2020-10		期初余额			借	
2020-10-22	记-044	报销本月电费	87,000.00		借	87,000.00
2020-10-22	记-045	支付本月水费	1,025.00		借	88,025.00
2020-10-26	记-062	计提工资	98,754.57		借	186,779.57
2020-10-26	记-063	计提基本保险单位负担	25,676.19		借	212,455.76
2020-10-26	记-064	计提折旧	255,479.54		借	467,935.30
2020-10-26	记-066	计提本月公积金	9,875.46		借	477,810.76
2020-10-26	记-068	领用间接材料	242,055.68		借	719,866.44
2020-10-26	记-069	摊销无形资产	4,133.33		借	723,999.77
2020-10-26	记-070	结转制造费用		242,055.68	借	481,944.09
2020-10-26	记-070	结转制造费用		25,676.19	借	456,267.90
2020-10-26	记-070	结转制造费用		9,875.46	借	446,392.44
2020-10-26	记-070	结转制造费用		255,479.54	借	190,912.90
2020-10-26	记-070	结转制造费用		98,754.57	借	92,158.33
2020-10-26	记-070	结转制造费用		4,133.33	借	88,025.00
2020-10-26	记-070	结转制造费用		1,025.00	借	87,000.00
2020-10-26	记-070	结转制造费用		87,000.00	借	
2020-10		本月合计	723,999.77	723,999.77	借	
2020-10		本年累计	723,999.77	723,999.77	借	
2020-11-15	记-027	数控带锯铣床修理费	100,000.00		借	100,000.00
2020-11-30	记-059	报销本月电费	96,800.00		借	196,800.00
2020-11-30	记-060	报销水费	1,902.00		借	198,702.00
2020-11-30	记-062	领用间接材料	120,584.46		借	319,286.46
2020-11-30	记-064	计提工资	98,754.57		借	418,041.03
2020-11-30	记-065	计提基本保险单位负担	25,676.18		借	443,717.21
2020-11-30	记-066	计提折旧	268,062.15		借	711,779.36
2020-11-30	记-068	计提本月公积金	9,875.46		借	721,654.82
2020-11-30	记-069	摊销无形资产	4,133.33		借	725,788.15
2020-11-30	记-070	结转制造费用		120,584.46	借	605,203.69
2020-11-30	记-070	结转制造费用		25,676.18	借	579,527.51
2020-11-30	记-070	结转制造费用		9,875.46	借	569,652.05
2020-11-30	记-070	结转制造费用		268,062.15	借	301,589.90
2020-11-30	记-070	结转制造费用		98,754.57	借	202,835.33
2020-11-30	记-070	结转制造费用		4,133.33	借	198,702.00
2020-11-30	记-070	结转制造费用		1,902.00	借	196,800.00
2020-11-30	记-070	结转制造费用		96,800.00	借	100,000.00
2020-11-30	记-070	结转制造费用		100,000.00	借	
2020-11		本月合计	725,788.15	725,788.15	借	
2020-11		本年累计	1,449,787.92	1,449,787.92	借	

制造费用明细账

2020/10-2020/12

科目:[5101] 制造费用　　　　单位:元

日期	凭证号	摘要	借方	贷方	方向	余额
2020-12-17	记-017	报销车间购买办公椅	1,540.00		借	1,540.00
2020-12-17	记-023	生产线技术指导服务费	120,000.00		借	121,540.00
2020-12-17	记-028	按合同约定购入磨削油过滤冷却系统.一套	240,000.00		借	361,540.00
2020-12-31	记-049	报销本月电费	91,850.00		借	453,390.00
2020-12-31	记-050	报销本月水费	2,300.00		借	455,690.00
2020-12-31	记-051	车间领用材料	90,157.98		借	545,847.98
2020-12-31	记-052	计提工资	98,754.57		借	644,602.55
2020-12-31	记-053	计提单位负担社会保险	25,676.18		借	670,278.73
2020-12-31	记-054	计提折旧	268,687.25		借	938,965.98
2020-12-31	记-056	计提本月公积金	9,875.46		借	948,841.44
2020-12-31	记-058	摊销无形资产	4,133.33		借	952,974.77
2020-12-31	记-060	结转制造费用		90,157.98	借	862,816.79
2020-12-31	记-060	结转制造费用		25,676.18	借	837,140.61
2020-12-31	记-060	结转制造费用		9,875.46	借	827,265.15
2020-12-31	记-060	结转制造费用		268,687.25	借	558,577.90
2020-12-31	记-060	结转制造费用		98,754.57	借	459,823.33
2020-12-31	记-060	结转制造费用		4,133.33	借	455,690.00
2020-12-31	记-060	结转制造费用		2,300.00	借	453,390.00
2020-12-31	记-060	结转制造费用		91,850.00	借	361,540.00
2020-12-31	记-060	结转制造费用		240,000.00	借	121,540.00
2020-12-31	记-060	结转制造费用		120,000.00	借	1,540.00
2020-12-31	记-060	结转制造费用		1,540.00	借	
2020-12		本月合计	952,974.77	952,974.77	借	
2020-12		本年累计	2,402,762.69	2,402,762.69	借	

编制单位:江南岳达机械制造有限责任公司

制造费用-工资薪金明细账

2020/10-2020/12

科目:[5101.001] 制造费用-工资薪金　　　　单位:元

日期	凭证号	摘要	借方	贷方	方向	余额
2020-10		期初余额			借	
2020-10-26	记-062	计提工资	98,754.57		借	98,754.57
2020-10-26	记-070	结转制造费用		98,754.57	借	
2020-10		本月合计	98,754.57	98,754.57	借	
2020-10		本年累计	98,754.57	98,754.57	借	
2020-11-30	记-064	计提工资	98,754.57		借	98,754.57
2020-11-30	记-070	结转制造费用		98,754.57	借	
2020-11		本月合计	98,754.57	98,754.57	借	
2020-11		本年累计	197,509.14	197,509.14	借	
2020-12-31	记-052	计提工资	98,754.57		借	98,754.57
2020-12-31	记-060	结转制造费用		98,754.57	借	
2020-12		本月合计	98,754.57	98,754.57	借	
2020-12		本年累计	296,263.71	296,263.71	借	

编制单位:江南岳达机械制造有限责任公司

制造费用-办公费明细账

2020/10-2020/12

科目:[5101.006] 制造费用-办公费　　单位:元

日期	凭证号	摘要	借方	贷方	方向	余额
2020-12		期初余额			借	
2020-12-17	记-017	报销车间购买办公椅	1,540.00		借	1,540.00
2020-12-31	记-060	结转制造费用		1,540.00	借	
2020-12		本月合计	1,540.00	1,540.00	借	
2020-12		本年累计	1,540.00	1,540.00	借	

编制单位:江南岳达机械制造有限责任公司

制造费用-累计折旧明细账

2020/10-2020/12

科目:[5101.017] 制造费用-累计折旧　　　　单位:元

日期	凭证号	摘要	借方	贷方	方向	余额
2020-10		期初余额			借	
2020-10-26	记-064	计提折旧	255,479.54		借	255,479.54
2020-10-26	记-070	结转制造费用		255,479.54	借	
2020-10		本月合计	255,479.54	255,479.54	借	
2020-10		本年累计	255,479.54	255,479.54	借	
2020-11-30	记-066	计提折旧	268,062.15		借	268,062.15
2020-11-30	记-070	结转制造费用		268,062.15	借	
2020-11		本月合计	268,062.15	268,062.15	借	
2020-11		本年累计	523,541.69	523,541.69	借	
2020-12-31	记-054	计提折旧	268,687.25		借	268,687.25
2020-12-31	记-060	结转制造费用		268,687.25	借	
2020-12		本月合计	268,687.25	268,687.25	借	
2020-12		本年累计	792,228.94	792,228.94	借	

编制单位:江南岳达机械制造有限责任公司

制造费用-修理费明细账

2020/10-2020/12

科目:[5101.034] 制造费用-修理费　　　　单位:元

日期	凭证号	摘要	借方	贷方	方向	余额
2020-11		期初余额			借	
2020-11-15	记-027	数控带锯铣床修理费	100,000.00		借	100,000.00
2020-11-30	记-070	结转制造费用		100,000.00	借	
2020-11		本月合计	100,000.00	100,000.00	借	
2020-11		本年累计	100,000.00	100,000.00	借	
2020-12-17	记-028	按合同约定购入磨削油过滤冷却系统.一套	240,000.00		借	240,000.00
2020-12-31	记-060	结转制造费用		240,000.00	借	
2020-12		本月合计	240,000.00	240,000.00	借	
2020-12		本年累计	340,000.00	340,000.00	借	

编制单位:江南岳达机械制造有限责任公司

制造费用-原材料明细账

2020/10-2020/12

科目:[5101.038] 制造费用-原材料　　单位:元

日期	凭证号	摘要	借方	贷方	方向	余额
2020-10		期初余额			借	
2020-10-26	记-068	领用间接材料	242,055.68		借	242,055.68
2020-10-26	记-070	结转制造费用		242,055.68	借	
2020-10		本月合计	242,055.68	242,055.68	借	
2020-10		本年累计	242,055.68	242,055.68	借	
2020-11-30	记-062	领用间接材料	120,584.46		借	120,584.46
2020-11-30	记-070	结转制造费用		120,584.46	借	
2020-11		本月合计	120,584.46	120,584.46	借	
2020-11		本年累计	362,640.14	362,640.14	借	
2020-12-31	记-051	车间领用材料	90,157.98		借	90,157.98
2020-12-31	记-060	结转制造费用		90,157.98	借	
2020-12		本月合计	90,157.98	90,157.98	借	
2020-12		本年累计	452,798.12	452,798.12	借	

编制单位:江南岳达机械制造有限责任公司

制造费用-土地使用权摊销明细账

2020/10-2020/12

科目:[5101.039] 制造费用-土地使用权摊销　　　　单位:元

日期	凭证号	摘要	借方	贷方	方向	余额
2020-10		期初余额			借	
2020-10-26	记-069	摊销无形资产	4,133.33		借	4,133.33
2020-10-26	记-070	结转制造费用		4,133.33	借	
2020-10		本月合计	4,133.33	4,133.33	借	
2020-10		本年累计	4,133.33	4,133.33	借	
2020-11-30	记-069	摊销无形资产	4,133.33		借	4,133.33
2020-11-30	记-070	结转制造费用		4,133.33	借	
2020-11		本月合计	4,133.33	4,133.33	借	
2020-11		本年累计	8,266.66	8,266.66	借	
2020-12-31	记-058	摊销无形资产	4,133.33		借	4,133.33
2020-12-31	记-060	结转制造费用		4,133.33	借	
2020-12		本月合计	4,133.33	4,133.33	借	
2020-12		本年累计	12,399.99	12,399.99	借	

编制单位:江南岳达机械制造有限责任公司

制造费用-电费明细账

2020/10-2020/12

科目:[5101.040] 制造费用-电费　　　　单位:元

日期	凭证号	摘要	借方	贷方	方向	余额
2020-10		期初余额			借	
2020-10-22	记-044	报销本月电费	87,000.00		借	87,000.00
2020-10-26	记-070	结转制造费用		87,000.00	借	
2020-10		本月合计	87,000.00	87,000.00	借	
2020-10		本年累计	87,000.00	87,000.00	借	
2020-11-30	记-059	报销本月电费	96,800.00		借	96,800.00
2020-11-30	记-070	结转制造费用		96,800.00	借	
2020-11		本月合计	96,800.00	96,800.00	借	
2020-11		本年累计	183,800.00	183,800.00	借	
2020-12-31	记-049	报销本月电费	91,850.00		借	91,850.00
2020-12-31	记-060	结转制造费用		91,850.00	借	
2020-12		本月合计	91,850.00	91,850.00	借	
2020-12		本年累计	275,650.00	275,650.00	借	

编制单位:江南岳达机械制造有限责任公司

制造费用-水费明细账

2020/10-2020/12

科目:[5101.041] 制造费用-水费　　　　单位:元

日期	凭证号	摘要	借方	贷方	方向	余额
2020-10		期初余额			借	
2020-10-22	记-045	支付本月水费	1,025.00		借	1,025.00
2020-10-26	记-070	结转制造费用		1,025.00	借	
2020-10		本月合计	1,025.00	1,025.00	借	
2020-10		本年累计	1,025.00	1,025.00	借	
2020-11-30	记-060	报销水费	1,902.00		借	1,902.00
2020-11-30	记-070	结转制造费用		1,902.00	借	
2020-11		本月合计	1,902.00	1,902.00	借	
2020-11		本年累计	2,927.00	2,927.00	借	
2020-12-31	记-050	报销本月水费	2,300.00		借	2,300.00
2020-12-31	记-060	结转制造费用		2,300.00	借	
2020-12		本月合计	2,300.00	2,300.00	借	
2020-12		本年累计	5,227.00	5,227.00	借	

编制单位:江南岳达机械制造有限责任公司

制造费用-社会保险明细账

2020/10-2020/12

科目:[5101.042] 制造费用-社会保险 单位:元

日期	凭证号	摘要	借方	贷方	方向	余额
2020-10		期初余额			借	
2020-10-26	记-063	计提基本保险单位负担	25,676.19		借	25,676.19
2020-10-26	记-070	结转制造费用		25,676.19	借	
2020-10		本月合计	25,676.19	25,676.19	借	
2020-10		本年累计	25,676.19	25,676.19	借	
2020-11-30	记-065	计提基本保险单位负担	25,676.18		借	25,676.18
2020-11-30	记-070	结转制造费用		25,676.18	借	
2020-11		本月合计	25,676.18	25,676.18	借	
2020-11		本年累计	51,352.37	51,352.37	借	
2020-12-31	记-053	计提单位负担社会保险	25,676.18		借	25,676.18
2020-12-31	记-060	结转制造费用		25,676.18	借	
2020-12		本月合计	25,676.18	25,676.18	借	
2020-12		本年累计	77,028.55	77,028.55	借	

编制单位:江南岳达机械制造有限责任公司

制造费用-住房公积金明细账

2020/10-2020/12

科目:[5101.043] 制造费用-住房公积金　　　　单位:元

日期	凭证号	摘要	借方	贷方	方向	余额
2020-10		期初余额			借	
2020-10-26	记-066	计提本月公积金	9,875.46		借	9,875.46
2020-10-26	记-070	结转制造费用		9,875.46	借	
2020-10		本月合计	9,875.46	9,875.46	借	
2020-10		本年累计	9,875.46	9,875.46	借	
2020-11-30	记-068	计提本月公积金	9,875.46		借	9,875.46
2020-11-30	记-070	结转制造费用		9,875.46	借	
2020-11		本月合计	9,875.46	9,875.46	借	
2020-11		本年累计	19,750.92	19,750.92	借	
2020-12-31	记-056	计提本月公积金	9,875.46		借	9,875.46
2020-12-31	记-060	结转制造费用		9,875.46	借	
2020-12		本月合计	9,875.46	9,875.46	借	
2020-12		本年累计	29,626.38	29,626.38	借	

编制单位:江南岳达机械制造有限责任公司

制造费用-技术服务费明细账

2020/10-2020/12

科目:[5101.044] 制造费用-技术服务费　　　　单位:元

日期	凭证号	摘要	借方	贷方	方向	余额
2020-12		期初余额			借	
2020-12-17	记-023	生产线技术指导服务费	120,000.00		借	120,000.00
2020-12-31	记-060	结转制造费用		120,000.00	借	
2020-12		本月合计	120,000.00	120,000.00	借	
2020-12		本年累计	120,000.00	120,000.00	借	

编制单位:江南岳达机械制造有限责任公司

工程施工明细账

2020/10-2020/12

科目:[5401] 工程施工

单位:元

日期	凭证号	摘要	借方	贷方	方向	余额
2020-11		期初余额			借	
2020-11-09	记-006	结转锦阳市水渠工程成本	35,700.00		借	35,700.00
2020-11-09	记-006	结转锦阳水渠工程毛利	74,300.00		借	110,000.00
2020-11-09	记-006	锦阳市水渠工程完工结转		35,700.00	借	74,300.00
2020-11-09	记-006	锦阳市水渠工程完工结转		74,300.00	借	
2020-11		本月合计	110,000.00	110,000.00	借	
2020-11		本年累计	110,000.00	110,000.00	借	
2020-12-12	记-004	支付电缆清包工程分包劳务成本	36,697.25		借	36,697.25
2020-12-12	记-004	支付电缆清包工程人工费	31,000.00		借	67,697.25
2020-12-12	记-004	完工结转电缆清包工程		67,697.25	借	
2020-12-12	记-004	完工结转电缆清包工程		49,972.65	借	-49,972.65
2020-12-12	记-004	结转电缆清包工程毛利	49,972.65		借	
2020-12		本月合计	117,669.90	117,669.90	借	
2020-12		本年累计	227,669.90	227,669.90	借	

编制单位:江南岳达机械制造有限责任公司

工程施工-电缆铺设明细账

2020/10-2020/12

科目:[5401.004] 工程施工-电缆铺设　　　　单位:元

日期	凭证号	摘要	借方	贷方	方向	余额
2020-12		期初余额			借	
2020-12-12	记-004	支付电缆清包工程分包劳务成本	36,697.25		借	36,697.25
2020-12-12	记-004	支付电缆清包工程人工费	31,000.00		借	67,697.25
2020-12-12	记-004	完工结转电缆清包工程		67,697.25	借	
2020-12-12	记-004	完工结转电缆清包工程		49,972.65	借	-49,972.65
2020-12-12	记-004	结转电缆清包工程毛利	49,972.65		借	
2020-12		本月合计	117,669.90	117,669.90	借	
2020-12		本年累计	117,669.90	117,669.90	借	

编制单位:江南岳达机械制造有限责任公司

工程施工-电缆铺设-成本明细账

2020/10-2020/12

科目:[5401.004.001] 工程施工-电缆铺设-成本　　　　单位:元

日期	凭证号	摘要	借方	贷方	方向	余额
2020-12		期初余额			借	
2020-12-12	记-004	支付电缆清包工程分包劳务成本	36,697.25		借	36,697.25
2020-12-12	记-004	支付电缆清包工程人工费	31,000.00		借	67,697.25
2020-12-12	记-004	完工结转电缆清包工程		67,697.25	借	
2020-12		本月合计	67,697.25	67,697.25	借	
2020-12		本年累计	67,697.25	67,697.25	借	

编制单位:江南岳达机械制造有限责任公司

工程施工-电缆铺设-毛利明细账

2020/10-2020/12

科目:[5401.004.002] 工程施工-电缆铺设-毛利　　　　单位:元

日期	凭证号	摘要	借方	贷方	方向	余额
2020-12		期初余额			借	
2020-12-12	记-004	完工结转电缆清包工程		49,972.65	借	-49,972.65
2020-12-12	记-004	结转电缆清包工程毛利	49,972.65		借	
2020-12		本月合计	49,972.65	49,972.65	借	
2020-12		本年累计	49,972.65	49,972.65	借	

编制单位:江南岳达机械制造有限责任公司

工程施工-水渠明细账

2020/10-2020/12

科目:[5401.005] 工程施工-水渠　　单位:元

日期	凭证号	摘要	借方	贷方	方向	余额
2020-11		期初余额			借	
2020-11-09	记-006	结转锦阳市水渠工程成本	35,700.00		借	35,700.00
2020-11-09	记-006	结转锦阳水渠工程毛利	74,300.00		借	110,000.00
2020-11-09	记-006	锦阳市水渠工程完工结转		35,700.00	借	74,300.00
2020-11-09	记-006	锦阳市水渠工程完工结转		74,300.00	借	
2020-11		本月合计	110,000.00	110,000.00	借	
2020-11		本年累计	110,000.00	110,000.00	借	
2020-12		本月合计			借	
2020-12		本年累计	110,000.00	110,000.00	借	

编制单位:江南岳达机械制造有限责任公司

工程施工-水渠-成本明细账

2020/10-2020/12

科目:[5401.005.001] 工程施工-水渠-成本　　单位:元

日期	凭证号	摘要	借方	贷方	方向	余额
2020-11		期初余额			借	
2020-11-09	记-006	结转锦阳市水渠工程成本	35,700.00		借	35,700.00
2020-11-09	记-006	锦阳市水渠工程完工结转		35,700.00	借	
2020-11		本月合计	35,700.00	35,700.00	借	
2020-11		本年累计	35,700.00	35,700.00	借	
2020-12		本月合计			借	
2020-12		本年累计	35,700.00	35,700.00	借	

编制单位:江南岳达机械制造有限责任公司

工程施工-水渠-毛利明细账

2020/10-2020/12

科目:[5401.005.002] 工程施工-水渠-毛利

单位:元

日期	凭证号	摘要	借方	贷方	方向	余额
2020-11		期初余额			借	
2020-11-09	记-006	结转锦阳水渠工程毛利	74,300.00		借	74,300.00
2020-11-09	记-006	锦阳市水渠工程完工结转		74,300.00	借	
2020-11		本月合计	74,300.00	74,300.00	借	
2020-11		本年累计	74,300.00	74,300.00	借	
2020-12		本月合计			借	
2020-12		本年累计	74,300.00	74,300.00	借	

编制单位:江南岳达机械制造有限责任公司

工程结算明细账

2020/10-2020/12

科目:[5402] 工程结算　　　　单位:元

日期	凭证号	摘要	借方	贷方	方向	余额
2020-11		期初余额			贷	
2020-11-09	记-006	水渠工程竣工		110,000.00	贷	110,000.00
2020-11-09	记-006	锦阳市水渠工程完工结转	110,000.00		贷	
2020-11		本月合计	110,000.00	110,000.00	贷	
2020-11		本年累计	110,000.00	110,000.00	贷	
2020-12-12	记-004	电缆清包工程竣工		117,669.90	贷	117,669.90
2020-12-12	记-004	完工结转电缆清包工程	117,669.90		贷	
2020-12		本月合计	117,669.90	117,669.90	贷	
2020-12		本年累计	227,669.90	227,669.90	贷	

编制单位:江南岳达机械制造有限责任公司

工程结算-电缆铺设明细账

2020/10-2020/12

科目:[5402.001] 工程结算-电缆铺设　　　　单位:元

日期	凭证号	摘要	借方	贷方	方向	余额
2020-12		期初余额			贷	
2020-12-12	记-004	电缆清包工程竣工		117,669.90	贷	117,669.90
2020-12-12	记-004	完工结转电缆清包工程	117,669.90		贷	
2020-12		本月合计	117,669.90	117,669.90	贷	
2020-12		本年累计	117,669.90	117,669.90	贷	

编制单位:江南岳达机械制造有限责任公司

工程结算-水渠明细账

2020/10-2020/12

科目:[5402.002] 工程结算-水渠　　单位:元

日期	凭证号	摘要	借方	贷方	方向	余额
2020-11		期初余额			贷	
2020-11-09	记-006	水渠工程竣工		110,000.00	贷	110,000.00
2020-11-09	记-006	锦阳市水渠工程完工结转	110,000.00		贷	
2020-11		本月合计	110,000.00	110,000.00	贷	
2020-11		本年累计	110,000.00	110,000.00	贷	
2020-12		本月合计			贷	
2020-12		本年累计	110,000.00	110,000.00	贷	

编制单位:江南岳达机械制造有限责任公司

主营业务收入明细账

2020/10-2020/12

科目:[6001] 主营业务收入　　　　单位:元

日期	凭证号	摘要	借方	贷方	方向	余额
2020-10		期初余额			贷	
2020-10-10	记-015	销售带锯条17525米		350,500.00	贷	350,500.00
2020-10-31	记-088	结转本期损益(收入)	350,500.00		贷	
2020-10		本月合计	350,500.00	350,500.00	贷	
2020-10		本年累计	350,500.00	350,500.00	贷	
2020-11-30	记-036	销售27*0.9带锯条154 325米		3,086,500.00	贷	3,086,500.00
2020-11-30	记-039	销售34*1.1带锯条15300米		474,000.00	贷	3,560,500.00
2020-11-30	记-040	分期销售27*0.9带锯条1000米（本...月收款500米）		10,000.00	贷	3,570,500.00
2020-11-30	记-041	按合同约定销售27*0.9带锯条5000..米		1,000,000.00	贷	4,570,500.00
2020-11-30	记-045	销售27*0.9带锯条100 000米		1,000,000.00	贷	5,570,500.00
2020-11-30	记-050	销售27*0.9带锯条100000米		1,200,000.00	贷	6,770,500.00
2020-11-30	记-090	结转本期损益(收入)	6,296,500.00		贷	474,000.00
2020-11-30	记-090	结转本期损益(收入)	474,000.00		贷	
2020-11		本月合计	6,770,500.00	6,770,500.00	贷	
2020-11		本年累计	7,121,000.00	7,121,000.00	贷	
2020-12-17	记-015	产品因质量原因发生折让		-474,000.00	贷	-474,000.00
2020-12-17	记-015	产品因质量原因发生折让		458,000.00	贷	-16,000.00
2020-12-17	记-016	债务重组1503米		30,060.00	贷	14,060.00
2020-12-31	记-036	确认收入341500米		6,500,000.00	贷	6,514,060.00
2020-12-31	记-036	确认分期收款收入500米		10,000.00	贷	6,524,060.00
2020-12-17	记-037	销售收款27*0.9带锯条，1000米		60,000.00	贷	6,584,060.00
2020-12-31	记-038	销售34*1.1带锯条60020米		1,800,000.00	贷	8,384,060.00
2020-12-31	记-040	确认赊销款，确认赊销收入27000米		810,000.00	贷	9,194,060.00
2020-12-31	记-094	结转本期损益(收入)	6,600,060.00		贷	2,594,000.00
2020-12-31	记-094	结转本期损益(收入)	2,594,000.00		贷	
2020-12		本月合计	9,194,060.00	9,194,060.00	贷	
2020-12		本年累计	16,315,060.00	16,315,060.00	贷	

编制单位:江南岳达机械制造有限责任公司

主营业务收入_带锯条27*0.9_13%明细账

2020/10-2020/12

科目:[6001_027_001] 主营业务收入_带锯条27*0.9_13%　　单位:元

日期	凭证号	摘要	借方	贷方	方向	余额
2020-10		期初余额			贷	
2020-10		本月合计	350,500.00	350,500.00	贷	
2020-10		本年累计	350,500.00	350,500.00	贷	
2020-11		本月合计	6,296,500.00	6,296,500.00	贷	
2020-11		本年累计	6,647,000.00	6,647,000.00	贷	
2020-12		本月合计	6,600,060.00	6,600,060.00	贷	
2020-12		本年累计	13,247,060.00	13,247,060.00	贷	

编制单位:江南岳达机械制造有限责任公司

主营业务收入_带锯条34*1.1_13%明细账

2020/10-2020/12

科目:[6001_028_001] 主营业务收入_带锯条34*1.1_13%　　单位:元

日期	凭证号	摘要	借方	贷方	方向	余额
2020-11		期初余额			贷	
2020-11		本月合计	474,000.00	474,000.00	贷	
2020-11		本年累计	474,000.00	474,000.00	贷	
2020-12		本月合计	2,594,000.00	2,594,000.00	贷	
2020-12		本年累计	3,068,000.00	3,068,000.00	贷	

编制单位:江南岳达机械制造有限责任公司

其他业务收入明细账

2020/10-2020/12

科目:[6051] 其他业务收入　　　　单位:元

日期	凭证号	摘要	借方	贷方	方向	余额
2020-10		期初余额			贷	
2020-10-08	记-006	销售边角余料		8,849.56	贷	8,849.56
2020-10-10	记-024	结转清理余额		35,404.00	贷	44,253.56
2020-10-22	记-049	技术服务收入		10,000.00	贷	54,253.56
2020-10-31	记-088	结转本期损益(收入)	8,849.56		贷	45,404.00
2020-10-31	记-088	结转本期损益(收入)	10,000.00		贷	35,404.00
2020-10-31	记-088	结转本期损益(收入)	35,404.00		贷	
2020-10		本月合计	54,253.56	54,253.56	贷	
2020-10		本年累计	54,253.56	54,253.56	贷	
2020-11-09	记-006	结转锦阳水渠工程毛利		110,000.00	贷	110,000.00
2020-11-15	记-030	高炉租赁		756,000.00	贷	866,000.00
2020-11-30	记-036	销售27*0.9带锯条154 325米运费收.入		10,000.00	贷	876,000.00
2020-11-30	记-090	结转本期损益(收入)	110,000.00		贷	766,000.00
2020-11-30	记-090	结转本期损益(收入)	756,000.00		贷	10,000.00
2020-11-30	记-090	结转本期损益(收入)	10,000.00		贷	
2020-11		本月合计	876,000.00	876,000.00	贷	
2020-11		本年累计	930,253.56	930,253.56	贷	
2020-12-12	记-004	结转电缆清包工程毛利		117,669.90	贷	117,669.90
2020-12-31	记-087	墙体广告位收入		9,433.96	贷	127,103.86
2020-12-31	记-094	结转本期损益(收入)	117,669.90		贷	9,433.96
2020-12-31	记-094	结转本期损益(收入)	9,433.96		贷	
2020-12		本月合计	127,103.86	127,103.86	贷	
2020-12		本年累计	1,057,357.42	1,057,357.42	贷	

编制单位:江南岳达机械制造有限责任公司

其他业务收入-材料物资_13%明细账

2020/10-2020/12

科目:[6051.001_001] 其他业务收入-材料物资_13%　　单位:元

日期	凭证号	摘要	借方	贷方	方向	余额
2020-10		期初余额			贷	
2020-10-08	记-006	销售边角余料		8,849.56	贷	8,849.56
2020-10-31	记-088	结转本期损益(收入)	8,849.56		贷	
2020-10		本月合计	8,849.56	8,849.56	贷	
2020-10		本年累计	8,849.56	8,849.56	贷	
2020-11		本月合计			贷	
2020-11		本年累计	8,849.56	8,849.56	贷	
2020-12		本月合计			贷	
2020-12		本年累计	8,849.56	8,849.56	贷	

编制单位:江南岳达机械制造有限责任公司

其他业务收入-技术服务_6%明细账

2020/10-2020/12

科目:[6051.002_003] 其他业务收入-技术服务_6%　　　　单位:元

日期	凭证号	摘要	借方	贷方	方向	余额
2020-10		期初余额			贷	
2020-10-22	记-049	技术服务收入		10,000.00	贷	10,000.00
2020-10-31	记-088	结转本期损益(收入)	10,000.00		贷	
2020-10		本月合计	10,000.00	10,000.00	贷	
2020-10		本年累计	10,000.00	10,000.00	贷	
2020-11		本月合计			贷	
2020-11		本年累计	10,000.00	10,000.00	贷	
2020-12		本月合计			贷	
2020-12		本年累计	10,000.00	10,000.00	贷	

编制单位:江南岳达机械制造有限责任公司

其他业务收入-建筑服务_9%明细账

2020/10-2020/12

科目:[6051.003_002] 其他业务收入-建筑服务_9%　　单位:元

日期	凭证号	摘要	借方	贷方	方向	余额
2020-11		期初余额			贷	
2020-11-09	记-006	结转锦阳水渠工程毛利		110,000.00	贷	110,000.00
2020-11-30	记-090	结转本期损益(收入)	110,000.00		贷	
2020-11		本月合计	110,000.00	110,000.00	贷	
2020-11		本年累计	110,000.00	110,000.00	贷	
2020-12		本月合计			贷	
2020-12		本年累计	110,000.00	110,000.00	贷	

编制单位:江南岳达机械制造有限责任公司

其他业务收入-建筑服务_3%明细账

2020/10-2020/12

科目:[6051.003_005] 其他业务收入-建筑服务_3%　　单位:元

日期	凭证号	摘要	借方	贷方	方向	余额
2020-12		期初余额			贷	
2020-12-12	记-004	结转电缆清包工程毛利		117,669.90	贷	117,669.90
2020-12-31	记-094	结转本期损益(收入)	117,669.90		贷	
2020-12		本月合计	117,669.90	117,669.90	贷	
2020-12		本年累计	117,669.90	117,669.90	贷	

编制单位:江南岳达机械制造有限责任公司

其他业务收入-租赁收入_5%明细账

2020/10-2020/12

科目:[6051.004_004] 其他业务收入-租赁收入_5%　　单位:元

日期	凭证号	摘要	借方	贷方	方向	余额
2020-11		期初余额			贷	
2020-11-15	记-030	高炉租赁		756,000.00	贷	756,000.00
2020-11-30	记-090	结转本期损益(收入)	756,000.00		贷	
2020-11		本月合计	756,000.00	756,000.00	贷	
2020-11		本年累计	756,000.00	756,000.00	贷	
2020-12		本月合计			贷	
2020-12		本年累计	756,000.00	756,000.00	贷	

编制单位:江南岳达机械制造有限责任公司

其他业务收入-固定资产处置明细账

2020/10-2020/12

科目:[6051.005] 其他业务收入-固定资产处置　　单位:元

日期	凭证号	摘要	借方	贷方	方向	余额
2020-10		期初余额			贷	
2020-10-10	记-024	结转清理余额		35,404.00	贷	35,404.00
2020-10-31	记-088	结转本期损益(收入)	35,404.00		贷	
2020-10		本月合计	35,404.00	35,404.00	贷	
2020-10		本年累计	35,404.00	35,404.00	贷	
2020-11		本月合计			贷	
2020-11		本年累计	35,404.00	35,404.00	贷	
2020-12		本月合计			贷	
2020-12		本年累计	35,404.00	35,404.00	贷	

编制单位:江南岳达机械制造有限责任公司

其他业务收入-运输服务_9%明细账

2020/10-2020/12

科目:[6051.006_002] 其他业务收入-运输服务_9%　　单位:元

日期	凭证号	摘要	借方	贷方	方向	余额
2020-11		期初余额			贷	
2020-11-30	记-036	销售27*0.9带锯条154 325米运费收入		10,000.00	贷	10,000.00
2020-11-30	记-090	结转本期损益(收入)	10,000.00		贷	
2020-11		本月合计	10,000.00	10,000.00	贷	
2020-11		本年累计	10,000.00	10,000.00	贷	
2020-12		本月合计			贷	
2020-12		本年累计	10,000.00	10,000.00	贷	

编制单位:江南岳达机械制造有限责任公司

其他业务收入-广告收入_6%明细账

2020/10-2020/12

科目:[6051.007_003] 其他业务收入-广告收入_6%　　单位:元

日期	凭证号	摘要	借方	贷方	方向	余额
2020-12		期初余额			贷	
2020-12-31	记-087	墙体广告位收入		9,433.96	贷	9,433.96
2020-12-31	记-094	结转本期损益(收入)	9,433.96		贷	
2020-12		本月合计	9,433.96	9,433.96	贷	
2020-12		本年累计	9,433.96	9,433.96	贷	

编制单位:江南岳达机械制造有限责任公司

投资收益明细账

2020/10-2020/12

科目:[6111] 投资收益　　　　单位:元

日期	凭证号	摘要	借方	贷方	方向	余额
2020-11		期初余额			贷	
2020-11-15	记-017	收到上海子公司宣告分派股息红利		500,000.00	贷	500,000.00
2020-11-30	记-090	结转本期损益(收入)	500,000.00		贷	
2020-11		本月合计	500,000.00	500,000.00	贷	
2020-11		本年累计	500,000.00	500,000.00	贷	
2020-12-31	记-045	将持有的上市公司的原始股份出售	4,000,000.00		贷	-4,000,000.00
2020-12-31	记-094	结转本期损益(收入)	-4,000,000.00		贷	
2020-12		本月合计			贷	
2020-12		本年累计	500,000.00	500,000.00	贷	

编制单位:江南岳达机械制造有限责任公司

投资收益-上海亮剑机械销售有限公司明细账

2020/10-2020/12

科目:[6111.001] 投资收益-上海亮剑机械销售有限公司　　单位:元

日期	凭证号	摘要	借方	贷方	方向	余额
2020-11		期初余额			贷	
2020-11-15	记-017	收到上海子公司宣告分派股息红利		500,000.00	贷	500,000.00
2020-11-30	记-090	结转本期损益(收入)	500,000.00		贷	
2020-11		本月合计	500,000.00	500,000.00	贷	
2020-11		本年累计	500,000.00	500,000.00	贷	
2020-12		本月合计			贷	
2020-12		本年累计	500,000.00	500,000.00	贷	

编制单位:江南岳达机械制造有限责任公司

投资收益-深圳科晟科技有限公司明细账

2020/10-2020/12

科目:[6111.002] 投资收益-深圳科晟科技有限公司　　　　单位:元

日期	凭证号	摘要	借方	贷方	方向	余额
2020-12		期初余额			贷	
2020-12-31	记-045	将持有的上市公司的原始股份出售	4,000,000.00		贷	-4,000,000.00
2020-12-31	记-094	结转本期损益(收入)	-4,000,000.00		贷	
2020-12		本月合计			贷	
2020-12		本年累计			贷	

编制单位:江南岳达机械制造有限责任公司

资产处置损益明细账

2020/10-2020/12

科目:[6115] 资产处置损益 单位:元

日期	凭证号	摘要	借方	贷方	方向	余额
2020-10		期初余额			贷	
2020-10-10	记-022	非专利技术核销	20,000.00		贷	-20,000.00
2020-10-26	记-081	清理固定资产	8,925.19		贷	-28,925.19
2020-10-31	记-088	结转本期损益(收入)	-20,000.00		贷	-8,925.19
2020-10-31	记-088	结转本期损益(收入)	-8,925.19		贷	
2020-10		本月合计			贷	
2020-10		本年累计			贷	
2020-11-30	记-049	将自有轿车抵前欠债务		8,412.29	贷	8,412.29
2020-11-30	记-090	结转本期损益(收入)	8,412.29		贷	
2020-11		本月合计	8,412.29	8,412.29	贷	
2020-11		本年累计	8,412.29	8,412.29	贷	
2020-12		本月合计			贷	
2020-12		本年累计	8,412.29	8,412.29	贷	

编制单位:江南岳达机械制造有限责任公司

资产处置损益-无形资产处置损益明细账

2020/10-2020/12

科目:[6115.001] 资产处置损益-无形资产处置损益　　单位:元

日期	凭证号	摘要	借方	贷方	方向	余额
2020-10		期初余额			贷	
2020-10-10	记-022	非专利技术核销	20,000.00		贷	-20,000.00
2020-10-31	记-088	结转本期损益(收入)	-20,000.00		贷	
2020-10		本月合计			贷	
2020-10		本年累计			贷	
2020-11		本月合计			贷	
2020-11		本年累计			贷	
2020-12		本月合计			贷	
2020-12		本年累计			贷	

编制单位:江南岳达机械制造有限责任公司

资产处置损益-固定资产处置损益明细账

2020/10-2020/12

科目:[6115.002] 资产处置损益-固定资产处置损益　　单位:元

日期	凭证号	摘要	借方	贷方	方向	余额
2020-10		期初余额			贷	
2020-10-26	记-081	清理固定资产	8,925.19		贷	-8,925.19
2020-10-31	记-088	结转本期损益(收入)	-8,925.19		贷	
2020-10		本月合计			贷	
2020-10		本年累计			贷	
2020-11-30	记-049	将自有轿车抵前欠债务		8,412.29	贷	8,412.29
2020-11-30	记-090	结转本期损益(收入)	8,412.29		贷	
2020-11		本月合计	8,412.29	8,412.29	贷	
2020-11		本年累计	8,412.29	8,412.29	贷	
2020-12		本月合计			贷	
2020-12		本年累计	8,412.29	8,412.29	贷	

编制单位:江南岳达机械制造有限责任公司

其他收益明细账

2020/10-2020/12

科目:[6117] 其他收益　　　　单位:元

日期	凭证号	摘要	借方	贷方	方向	余额
2020-10		期初余额			贷	
2020-10-10	记-024	结转减免税		400.00	贷	400.00
2020-10-26	记-081	简易计税减免1%		922.33	贷	1,322.33
2020-10-31	记-088	结转本期损益(收入)	1,322.33		贷	
2020-10		本月合计	1,322.33	1,322.33	贷	
2020-10		本年累计	1,322.33	1,322.33	贷	
2020-11		本月合计			贷	
2020-11		本年累计	1,322.33	1,322.33	贷	
2020-12		本月合计			贷	
2020-12		本年累计	1,322.33	1,322.33	贷	

编制单位:江南岳达机械制造有限责任公司

其他收益-减免税明细账

2020/10-2020/12

科目:[6117.001] 其他收益-减免税　　单位:元

日期	凭证号	摘要	借方	贷方	方向	余额
2020-10		期初余额			贷	
2020-10-10	记-024	结转减免税		400.00	贷	400.00
2020-10-26	记-081	简易计税减免1%		922.33	贷	1,322.33
2020-10-31	记-088	结转本期损益(收入)	1,322.33		贷	
2020-10		本月合计	1,322.33	1,322.33	贷	
2020-10		本年累计	1,322.33	1,322.33	贷	
2020-11		本月合计			贷	
2020-11		本年累计	1,322.33	1,322.33	贷	
2020-12		本月合计			贷	
2020-12		本年累计	1,322.33	1,322.33	贷	

编制单位:江南岳达机械制造有限责任公司

营业外收入明细账

2020/10-2020/12

科目:[6301] 营业外收入　　单位:元

日期	凭证号	摘要	借方	贷方	方向	余额
2020-12		期初余额			贷	
2020-12-31	记-090	职工违反人事制度罚款		6,000.00	贷	6,000.00
2020-12-31	记-094	结转本期损益(收入)	6,000.00		贷	
2020-12		本月合计	6,000.00	6,000.00	贷	
2020-12		本年累计	6,000.00	6,000.00	贷	

编制单位:江南岳达机械制造有限责任公司

营业外收入-其他明细账

2020/10-2020/12

科目:[6301.099] 营业外收入-其他 单位:元

日期	凭证号	摘要	借方	贷方	方向	余额
2020-12		期初余额			贷	
2020-12-31	记-090	职工违反人事制度罚款		6,000.00	贷	6,000.00
2020-12-31	记-094	结转本期损益(收入)	6,000.00		贷	
2020-12		本月合计	6,000.00	6,000.00	贷	
2020-12		本年累计	6,000.00	6,000.00	贷	

编制单位:江南岳达机械制造有限责任公司

主营业务成本明细账

2020/10-2020/12

科目:[6401] 主营业务成本 单位:元

日期	凭证号	摘要	借方	贷方	方向	余额
2020-10		期初余额			借	
2020-10-26	记-071	结转本月售出27*0.9带锯条共1752...米	303,182.50		借	303,182.50
2020-10-31	记-089	结转本期损益(成本费用)		303,182.50	借	
2020-10		本月合计	303,182.50	303,182.50	借	
2020-10		本年累计	303,182.50	303,182.50	借	
2020-11-30	记-072	结转已售产品成本	7,442,739.08		借	7,442,739.08
2020-11-30	记-091	结转本期损益(成本费用)		7,442,739.08	借	
2020-11		本月合计	7,442,739.08	7,442,739.08	借	
2020-11		本年累计	7,745,921.58	7,745,921.58	借	
2020-12-31	记-067	结转已售产品成本	9,199,310.38		借	9,199,310.38
2020-12-31	记-095	结转本期损益(成本费用)		9,199,310.38	借	
2020-12		本月合计	9,199,310.38	9,199,310.38	借	
2020-12		本年累计	16,945,231.96	16,945,231.96	借	

编制单位:江南岳达机械制造有限责任公司

其他业务成本明细账

2020/10-2020/12

科目:[6402] 其他业务成本 单位:元

日期	凭证号	摘要	借方	贷方	方向	余额
2020-10		期初余额			借	
2020-10-26	记-060	结转期初挂账库存材料5000g硬质合金	1,000,000.00		借	1,000,000.00
2020-10-26	记-064	计提折旧	6,466.40		借	1,006,466.40
2020-10-31	记-089	结转本期损益(成本费用)		6,466.40	借	1,000,000.00
2020-10-31	记-089	结转本期损益(成本费用)		1,000,000.00	借	
2020-10		本月合计	1,006,466.40	1,006,466.40	借	
2020-10		本年累计	1,006,466.40	1,006,466.40	借	
2020-11-09	记-006	结转锦阳水渠工程毛利	35,700.00		借	35,700.00
2020-11-30	记-066	计提折旧	6,466.40		借	42,166.40
2020-11-30	记-091	结转本期损益(成本费用)		35,700.00	借	6,466.40
2020-11-30	记-091	结转本期损益(成本费用)		6,466.40	借	
2020-11		本月合计	42,166.40	42,166.40	借	
2020-11		本年累计	1,048,632.80	1,048,632.80	借	
2020-12-12	记-004	结转电缆清包工程毛利	67,697.25		借	67,697.25
2020-12-31	记-054	计提折旧	6,466.40		借	74,163.65
2020-12-31	记-095	结转本期损益(成本费用)		67,697.25	借	6,466.40
2020-12-31	记-095	结转本期损益(成本费用)		6,466.40	借	
2020-12		本月合计	74,163.65	74,163.65	借	
2020-12		本年累计	1,122,796.45	1,122,796.45	借	

编制单位:江南岳达机械制造有限责任公司

其他业务成本-建筑服务明细账

2020/10-2020/12

科目:[6402.001] 其他业务成本-建筑服务 单位:元

日期	凭证号	摘要	借方	贷方	方向	余额
2020-11		期初余额			借	
2020-11-09	记-006	结转锦阳水渠工程毛利	35,700.00		借	35,700.00
2020-11-30	记-091	结转本期损益(成本费用)		35,700.00	借	
2020-11		本月合计	35,700.00	35,700.00	借	
2020-11		本年累计	35,700.00	35,700.00	借	
2020-12-12	记-004	结转电缆清包工程毛利	67,697.25		借	67,697.25
2020-12-31	记-095	结转本期损益(成本费用)		67,697.25	借	
2020-12		本月合计	67,697.25	67,697.25	借	
2020-12		本年累计	103,397.25	103,397.25	借	

编制单位:江南岳达机械制造有限责任公司

其他业务成本-租赁设备折旧明细账

2020/10-2020/12

科目:[6402.002] 其他业务成本-租赁设备折旧　　　　单位:元

日期	凭证号	摘要	借方	贷方	方向	余额
2020-10		期初余额			借	
2020-10-26	记-064	计提折旧	6,466.40		借	6,466.40
2020-10-31	记-089	结转本期损益(成本费用)		6,466.40	借	
2020-10		本月合计	6,466.40	6,466.40	借	
2020-10		本年累计	6,466.40	6,466.40	借	
2020-11-30	记-066	计提折旧	6,466.40		借	6,466.40
2020-11-30	记-091	结转本期损益(成本费用)		6,466.40	借	
2020-11		本月合计	6,466.40	6,466.40	借	
2020-11		本年累计	12,932.80	12,932.80	借	
2020-12-31	记-054	计提折旧	6,466.40		借	6,466.40
2020-12-31	记-095	结转本期损益(成本费用)		6,466.40	借	
2020-12		本月合计	6,466.40	6,466.40	借	
2020-12		本年累计	19,399.20	19,399.20	借	

编制单位:江南岳达机械制造有限责任公司

其他业务成本-其他明细账

2020/10-2020/12

科目:[6402.099] 其他业务成本-其他 单位:元

日期	凭证号	摘要	借方	贷方	方向	余额
2020-10		期初余额			借	
2020-10-26	记-060	结转期初挂账库存材料5000g硬质合.金	1,000,000.00		借	1,000,000.00
2020-10-31	记-089	结转本期损益(成本费用)		1,000,000.00	借	
2020-10		本月合计	1,000,000.00	1,000,000.00	借	
2020-10		本年累计	1,000,000.00	1,000,000.00	借	
2020-11		本月合计			借	
2020-11		本年累计	1,000,000.00	1,000,000.00	借	
2020-12		本月合计			借	
2020-12		本年累计	1,000,000.00	1,000,000.00	借	

编制单位:江南岳达机械制造有限责任公司

税金及附加明细账

2020/10-2020/12

科目:[6403] 税金及附加　　　　　　　　　　　　　　　　　　　　　　　　　　单位:元

日期	凭证号	摘要	借方	贷方	方向	余额
2020-10		期初余额			借	
2020-10-08	记-001	资金账簿印花税	2,500.00		借	2,500.00
2020-10-22	记-036	代扣车船税	384.00		借	2,884.00
2020-10-26	记-083	计提房产税	4,480.00		借	7,364.00
2020-10-31	记-084	计提土地使用税	4,500.00		借	11,864.00
2020-10-31	记-085	计提印花税	1,563.46		借	13,427.46
2020-10-31	记-087	计提税金及附加	129.13		借	13,556.59
2020-10-31	记-087	计提税金及附加	55.34		借	13,611.93
2020-10-31	记-087	计提税金及附加	36.89		借	13,648.82
2020-10-31	记-089	结转本期损益(成本费用)		4,480.00	借	9,168.82
2020-10-31	记-089	结转本期损益(成本费用)		4,500.00	借	4,668.82
2020-10-31	记-089	结转本期损益(成本费用)		4,063.46	借	605.36
2020-10-31	记-089	结转本期损益(成本费用)		384.00	借	221.36
2020-10-31	记-089	结转本期损益(成本费用)		129.13	借	92.23
2020-10-31	记-089	结转本期损益(成本费用)		55.34	借	36.89
2020-10-31	记-089	结转本期损益(成本费用)		36.89	借	
2020-10		本月合计	13,648.82	13,648.82	借	
2020-10		本年累计	13,648.82	13,648.82	借	
2020-11-30	记-085	计提房产税	4,480.00		借	4,480.00
2020-11-30	记-086	计提土地使用税	4,500.00		借	8,980.00
2020-11-30	记-087	计提印花税	2,054.86		借	11,034.86
2020-11-30	记-089	计提税金及附加	2,646.00		借	13,680.86
2020-11-30	记-089	计提税金及附加	1,134.00		借	14,814.86
2020-11-30	记-089	计提税金及附加	756.00		借	15,570.86
2020-11-30	记-091	结转本期损益(成本费用)		4,480.00	借	11,090.86
2020-11-30	记-091	结转本期损益(成本费用)		4,500.00	借	6,590.86
2020-11-30	记-091	结转本期损益(成本费用)		2,054.86	借	4,536.00
2020-11-30	记-091	结转本期损益(成本费用)		2,646.00	借	1,890.00
2020-11-30	记-091	结转本期损益(成本费用)		1,134.00	借	756.00
2020-11-30	记-091	结转本期损益(成本费用)		756.00	借	
2020-11		本月合计	15,570.86	15,570.86	借	
2020-11		本年累计	29,219.68	29,219.68	借	
2020-12-31	记-071	计提房产税	4,480.00		借	4,480.00
2020-12-31	记-072	计提土地使用税	4,500.00		借	8,980.00

税金及附加明细账

2020/10-2020/12

科目:[6403] 税金及附加　　　　单位:元

日期	凭证号	摘要	借方	贷方	方向	余额
2020-12-31	记-073	计提印花税	1,117.96		借	10,097.96
2020-12-31	记-088	计提简易计税 附加税	163.11		借	10,261.07
2020-12-31	记-088	计提简易计税 附加税	69.90		借	10,330.97
2020-12-31	记-088	计提简易计税 附加税	46.60		借	10,377.57
2020-12-31	记-093	计提税金及附加	12,987.58		借	23,365.15
2020-12-31	记-093	计提税金及附加	5,566.11		借	28,931.26
2020-12-31	记-093	计提税金及附加	3,710.74		借	32,642.00
2020-12-31	记-095	结转本期损益(成本费用)		4,480.00	借	28,162.00
2020-12-31	记-095	结转本期损益(成本费用)		4,500.00	借	23,662.00
2020-12-31	记-095	结转本期损益(成本费用)		1,117.96	借	22,544.04
2020-12-31	记-095	结转本期损益(成本费用)		13,150.69	借	9,393.35
2020-12-31	记-095	结转本期损益(成本费用)		5,636.01	借	3,757.34
2020-12-31	记-095	结转本期损益(成本费用)		3,757.34	借	
2020-12		本月合计	32,642.00	32,642.00	借	
2020-12		本年累计	61,861.68	61,861.68	借	

编制单位:江南岳达机械制造有限责任公司

税金及附加-房产税明细账

2020/10-2020/12

科目:[6403.001] 税金及附加-房产税　　单位:元

日期	凭证号	摘要	借方	贷方	方向	余额
2020-10		期初余额			借	
2020-10-26	记-083	计提房产税	4,480.00		借	4,480.00
2020-10-31	记-089	结转本期损益(成本费用)		4,480.00	借	
2020-10		本月合计	4,480.00	4,480.00	借	
2020-10		本年累计	4,480.00	4,480.00	借	
2020-11-30	记-085	计提房产税	4,480.00		借	4,480.00
2020-11-30	记-091	结转本期损益(成本费用)		4,480.00	借	
2020-11		本月合计	4,480.00	4,480.00	借	
2020-11		本年累计	8,960.00	8,960.00	借	
2020-12-31	记-071	计提房产税	4,480.00		借	4,480.00
2020-12-31	记-095	结转本期损益(成本费用)		4,480.00	借	
2020-12		本月合计	4,480.00	4,480.00	借	
2020-12		本年累计	13,440.00	13,440.00	借	

编制单位:江南岳达机械制造有限责任公司

税金及附加-土地使用税明细账

2020/10-2020/12

科目:[6403.002] 税金及附加-土地使用税

单位:元

日期	凭证号	摘要	借方	贷方	方向	余额
2020-10		期初余额			借	
2020-10-31	记-084	计提土地使用税	4,500.00		借	4,500.00
2020-10-31	记-089	结转本期损益(成本费用)		4,500.00	借	
2020-10		本月合计	4,500.00	4,500.00	借	
2020-10		本年累计	4,500.00	4,500.00	借	
2020-11-30	记-086	计提土地使用税	4,500.00		借	4,500.00
2020-11-30	记-091	结转本期损益(成本费用)		4,500.00	借	
2020-11		本月合计	4,500.00	4,500.00	借	
2020-11		本年累计	9,000.00	9,000.00	借	
2020-12-31	记-072	计提土地使用税	4,500.00		借	4,500.00
2020-12-31	记-095	结转本期损益(成本费用)		4,500.00	借	
2020-12		本月合计	4,500.00	4,500.00	借	
2020-12		本年累计	13,500.00	13,500.00	借	

编制单位:江南岳达机械制造有限责任公司

税金及附加-印花税明细账

2020/10-2020/12

科目:[6403.003] 税金及附加-印花税　　单位:元

日期	凭证号	摘要	借方	贷方	方向	余额
2020-10		期初余额			借	
2020-10-08	记-001	资金账簿印花税	2,500.00		借	2,500.00
2020-10-31	记-085	计提印花税	1,563.46		借	4,063.46
2020-10-31	记-089	结转本期损益(成本费用)		4,063.46	借	
2020-10		本月合计	4,063.46	4,063.46	借	
2020-10		本年累计	4,063.46	4,063.46	借	
2020-11-30	记-087	计提印花税	2,054.86		借	2,054.86
2020-11-30	记-091	结转本期损益(成本费用)		2,054.86	借	
2020-11		本月合计	2,054.86	2,054.86	借	
2020-11		本年累计	6,118.32	6,118.32	借	
2020-12-31	记-073	计提印花税	1,117.96		借	1,117.96
2020-12-31	记-095	结转本期损益(成本费用)		1,117.96	借	
2020-12		本月合计	1,117.96	1,117.96	借	
2020-12		本年累计	7,236.28	7,236.28	借	

编制单位:江南岳达机械制造有限责任公司

税金及附加-车船税明细账

2020/10-2020/12

科目:[6403.005] 税金及附加-车船税　　单位:元

日期	凭证号	摘要	借方	贷方	方向	余额
2020-10		期初余额			借	
2020-10-22	记-036	代扣车船税	384.00		借	384.00
2020-10-31	记-089	结转本期损益(成本费用)		384.00	借	
2020-10		本月合计	384.00	384.00	借	
2020-10		本年累计	384.00	384.00	借	
2020-11		本月合计			借	
2020-11		本年累计	384.00	384.00	借	
2020-12		本月合计			借	
2020-12		本年累计	384.00	384.00	借	

编制单位:江南岳达机械制造有限责任公司

税金及附加-城市维护建设税明细账

2020/10-2020/12

科目:[6403.006] 税金及附加-城市维护建设税　　单位:元

日期	凭证号	摘要	借方	贷方	方向	余额
2020-10		期初余额			借	
2020-10-31	记-087	计提税金及附加	129.13		借	129.13
2020-10-31	记-089	结转本期损益(成本费用)		129.13	借	
2020-10		本月合计	129.13	129.13	借	
2020-10		本年累计	129.13	129.13	借	
2020-11-30	记-089	计提税金及附加	2,646.00		借	2,646.00
2020-11-30	记-091	结转本期损益(成本费用)		2,646.00	借	
2020-11		本月合计	2,646.00	2,646.00	借	
2020-11		本年累计	2,775.13	2,775.13	借	
2020-12-31	记-088	计提简易计税 附加税	163.11		借	163.11
2020-12-31	记-093	计提税金及附加	12,987.58		借	13,150.69
2020-12-31	记-095	结转本期损益(成本费用)		13,150.69	借	
2020-12		本月合计	13,150.69	13,150.69	借	
2020-12		本年累计	15,925.82	15,925.82	借	

编制单位:江南岳达机械制造有限责任公司

税金及附加-教育费附加明细账

2020/10-2020/12

科目:[6403.007] 税金及附加-教育费附加

单位:元

日期	凭证号	摘要	借方	贷方	方向	余额
2020-10		期初余额			借	
2020-10-31	记-087	计提税金及附加	55.34		借	55.34
2020-10-31	记-089	结转本期损益(成本费用)		55.34	借	
2020-10		本月合计	55.34	55.34	借	
2020-10		本年累计	55.34	55.34	借	
2020-11-30	记-089	计提税金及附加	1,134.00		借	1,134.00
2020-11-30	记-091	结转本期损益(成本费用)		1,134.00	借	
2020-11		本月合计	1,134.00	1,134.00	借	
2020-11		本年累计	1,189.34	1,189.34	借	
2020-12-31	记-088	计提简易计税 附加税	69.90		借	69.90
2020-12-31	记-093	计提税金及附加	5,566.11		借	5,636.01
2020-12-31	记-095	结转本期损益(成本费用)		5,636.01	借	
2020-12		本月合计	5,636.01	5,636.01	借	
2020-12		本年累计	6,825.35	6,825.35	借	

编制单位:江南岳达机械制造有限责任公司

税金及附加-地方教育附加明细账

2020/10-2020/12

科目:[6403.008] 税金及附加-地方教育附加　　单位:元

日期	凭证号	摘要	借方	贷方	方向	余额
2020-10		期初余额			借	
2020-10-31	记-087	计提税金及附加	36.89		借	36.89
2020-10-31	记-089	结转本期损益(成本费用)		36.89	借	
2020-10		本月合计	36.89	36.89	借	
2020-10		本年累计	36.89	36.89	借	
2020-11-30	记-089	计提税金及附加	756.00		借	756.00
2020-11-30	记-091	结转本期损益(成本费用)		756.00	借	
2020-11		本月合计	756.00	756.00	借	
2020-11		本年累计	792.89	792.89	借	
2020-12-31	记-088	计提简易计税 附加税	46.60		借	46.60
2020-12-31	记-093	计提税金及附加	3,710.74		借	3,757.34
2020-12-31	记-095	结转本期损益(成本费用)		3,757.34	借	
2020-12		本月合计	3,757.34	3,757.34	借	
2020-12		本年累计	4,550.23	4,550.23	借	

编制单位:江南岳达机械制造有限责任公司

销售费用明细账

2020/10-2020/12

科目:[6601] 销售费用　　单位:元

日期	凭证号	摘要	借方	贷方	方向	余额
2020-10		期初余额			借	
2020-10-08	记-010	支付广告牌制作费	10,000.00		借	10,000.00
2020-10-10	记-012	支付广告宣传设计费	5,000.00		借	15,000.00
2020-10-10	记-019	报销差旅费	2,760.00		借	17,760.00
2020-10-10	记-021	报销燃油费	3,023.08		借	20,783.08
2020-10-22	记-042	付参展费	20,000.00		借	40,783.08
2020-10-26	记-062	计提工资	123,966.93		借	164,750.01
2020-10-26	记-063	计提基本保险单位负担	32,231.39		借	196,981.40
2020-10-26	记-064	计提折旧	72.75		借	197,054.15
2020-10-26	记-066	计提本月公积金	12,396.69		借	209,450.84
2020-10-31	记-089	结转本期损益(成本费用)		123,966.93	借	85,483.91
2020-10-31	记-089	结转本期损益(成本费用)		2,760.00	借	82,723.91
2020-10-31	记-089	结转本期损益(成本费用)		15,000.00	借	67,723.91
2020-10-31	记-089	结转本期损益(成本费用)		72.75	借	67,651.16
2020-10-31	记-089	结转本期损益(成本费用)		20,000.00	借	47,651.16
2020-10-31	记-089	结转本期损益(成本费用)		32,231.39	借	15,419.77
2020-10-31	记-089	结转本期损益(成本费用)		12,396.69	借	3,023.08
2020-10-31	记-089	结转本期损益(成本费用)		3,023.08	借	
2020-10		本月合计	209,450.84	209,450.84	借	
2020-10		本年累计	209,450.84	209,450.84	借	
2020-11-12	记-008	报销差旅费	2,291.00		借	2,291.00
2020-11-14	记-012	报销广告费	30,000.00		借	32,291.00
2020-11-30	记-044	报销高速公路通行费	1,600.00		借	33,891.00
2020-11-30	记-047	报销差旅费	194.17		借	34,085.17
2020-11-30	记-052	报销越野车维修费及油费	2,000.00		借	36,085.17
2020-11-30	记-052	报销越野车维修费及油费	50,000.00		借	86,085.17
2020-11-30	记-064	计提工资	133,461.18		借	219,546.35
2020-11-30	记-065	计提基本保险单位负担	34,699.89		借	254,246.24
2020-11-30	记-066	计提折旧	72.75		借	254,318.99
2020-11-30	记-068	计提本月公积金	13,346.12		借	267,665.11
2020-11-30	记-073	职工奖励（镌刻职工名字）	650.00		借	268,315.11
2020-11-30	记-076	印有公司logo的手工制作木工锯条赠.展会人员	325.00		借	268,640.11

销售费用明细账

2020/10-2020/12

科目:[6601] 销售费用　　　　单位:元

日期	凭证号	摘要	借方	贷方	方向	余额
2020-11-30	记-091	结转本期损益(成本费用)		134,111.18	借	134,528.93
2020-11-30	记-091	结转本期损益(成本费用)		4,085.17	借	130,443.76
2020-11-30	记-091	结转本期损益(成本费用)		30,325.00	借	100,118.76
2020-11-30	记-091	结转本期损益(成本费用)		72.75	借	100,046.01
2020-11-30	记-091	结转本期损益(成本费用)		50,000.00	借	50,046.01
2020-11-30	记-091	结转本期损益(成本费用)		34,699.89	借	15,346.12
2020-11-30	记-091	结转本期损益(成本费用)		13,346.12	借	2,000.00
2020-11-30	记-091	结转本期损益(成本费用)		2,000.00	借	
2020-11		本月合计	268,640.11	268,640.11	借	
2020-11		本年累计	478,090.95	478,090.95	借	
2020-12-17	记-019	报销销售部门住宿费	2,500.00		借	2,500.00
2020-12-17	记-021	报销高速公路通行费	600.00		借	3,100.00
2020-12-31	记-052	计提工资	125,123.33		借	128,223.33
2020-12-31	记-053	计提单位负担社会保险	32,532.05		借	160,755.38
2020-12-31	记-054	计提折旧	72.75		借	160,828.13
2020-12-31	记-056	计提本月公积金	12,512.33		借	173,340.46
2020-12-31	记-095	结转本期损益(成本费用)		125,123.33	借	48,217.13
2020-12-31	记-095	结转本期损益(成本费用)		3,100.00	借	45,117.13
2020-12-31	记-095	结转本期损益(成本费用)		72.75	借	45,044.38
2020-12-31	记-095	结转本期损益(成本费用)		32,532.05	借	12,512.33
2020-12-31	记-095	结转本期损益(成本费用)		12,512.33	借	
2020-12		本月合计	173,340.46	173,340.46	借	
2020-12		本年累计	651,431.41	651,431.41	借	

编制单位:江南岳达机械制造有限责任公司

销售费用-工资薪金明细账

2020/10-2020/12

科目:[6601.001] 销售费用-工资薪金　　单位:元

日期	凭证号	摘要	借方	贷方	方向	余额
2020-10		期初余额			借	
2020-10-26	记-062	计提工资	123,966.93		借	123,966.93
2020-10-31	记-089	结转本期损益(成本费用)		123,966.93	借	
2020-10		本月合计	123,966.93	123,966.93	借	
2020-10		本年累计	123,966.93	123,966.93	借	
2020-11-30	记-064	计提工资	133,461.18		借	133,461.18
2020-11-30	记-073	职工奖励（镌刻职工名字）	650.00		借	134,111.18
2020-11-30	记-091	结转本期损益(成本费用)		134,111.18	借	
2020-11		本月合计	134,111.18	134,111.18	借	
2020-11		本年累计	258,078.11	258,078.11	借	
2020-12-31	记-052	计提工资	125,123.33		借	125,123.33
2020-12-31	记-095	结转本期损益(成本费用)		125,123.33	借	
2020-12		本月合计	125,123.33	125,123.33	借	
2020-12		本年累计	383,201.44	383,201.44	借	

编制单位:江南岳达机械制造有限责任公司

销售费用-差旅费明细账

2020/10-2020/12

科目:[6601.007] 销售费用-差旅费　　单位:元

日期	凭证号	摘要	借方	贷方	方向	余额
2020-10		期初余额			借	
2020-10-10	记-019	报销差旅费	2,760.00		借	2,760.00
2020-10-31	记-089	结转本期损益(成本费用)		2,760.00	借	
2020-10		本月合计	2,760.00	2,760.00	借	
2020-10		本年累计	2,760.00	2,760.00	借	
2020-11-12	记-008	报销差旅费	2,291.00		借	2,291.00
2020-11-30	记-044	报销高速公路通行费	1,600.00		借	3,891.00
2020-11-30	记-047	报销差旅费	194.17		借	4,085.17
2020-11-30	记-091	结转本期损益(成本费用)		4,085.17	借	
2020-11		本月合计	4,085.17	4,085.17	借	
2020-11		本年累计	6,845.17	6,845.17	借	
2020-12-17	记-019	报销销售部门住宿费	2,500.00		借	2,500.00
2020-12-17	记-021	报销高速公路通行费	600.00		借	3,100.00
2020-12-31	记-095	结转本期损益(成本费用)		3,100.00	借	
2020-12		本月合计	3,100.00	3,100.00	借	
2020-12		本年累计	9,945.17	9,945.17	借	

编制单位:江南岳达机械制造有限责任公司

销售费用-广告和业务宣传费明细账

2020/10-2020/12

科目:[6601.011] 销售费用-广告和业务宣传费

单位:元

日期	凭证号	摘要	借方	贷方	方向	余额
2020-10		期初余额			借	
2020-10-08	记-010	支付广告牌制作费	10,000.00		借	10,000.00
2020-10-10	记-012	支付广告宣传设计费	5,000.00		借	15,000.00
2020-10-31	记-089	结转本期损益(成本费用)		15,000.00	借	
2020-10		本月合计	15,000.00	15,000.00	借	
2020-10		本年累计	15,000.00	15,000.00	借	
2020-11-14	记-012	报销广告费	30,000.00		借	30,000.00
2020-11-30	记-076	印有公司logo的手工制作木工锯条赠.展会人员	325.00		借	30,325.00
2020-11-30	记-091	结转本期损益(成本费用)		30,325.00	借	
2020-11		本月合计	30,325.00	30,325.00	借	
2020-11		本年累计	45,325.00	45,325.00	借	
2020-12		本月合计			借	
2020-12		本年累计	45,325.00	45,325.00	借	

编制单位:江南岳达机械制造有限责任公司

销售费用-累计折旧明细账

2020/10-2020/12

科目:[6601.017] 销售费用-累计折旧　　单位:元

日期	凭证号	摘要	借方	贷方	方向	余额
2020-10		期初余额			借	
2020-10-26	记-064	计提折旧	72.75		借	72.75
2020-10-31	记-089	结转本期损益(成本费用)		72.75	借	
2020-10		本月合计	72.75	72.75	借	
2020-10		本年累计	72.75	72.75	借	
2020-11-30	记-066	计提折旧	72.75		借	72.75
2020-11-30	记-091	结转本期损益(成本费用)		72.75	借	
2020-11		本月合计	72.75	72.75	借	
2020-11		本年累计	145.50	145.50	借	
2020-12-31	记-054	计提折旧	72.75		借	72.75
2020-12-31	记-095	结转本期损益(成本费用)		72.75	借	
2020-12		本月合计	72.75	72.75	借	
2020-12		本年累计	218.25	218.25	借	

编制单位:江南岳达机械制造有限责任公司

销售费用-展览展位费明细账

2020/10-2020/12

科目:[6601.027] 销售费用-展览展位费　　单位:元

日期	凭证号	摘要	借方	贷方	方向	余额
2020-10		期初余额			借	
2020-10-22	记-042	付参展费	20,000.00		借	20,000.00
2020-10-31	记-089	结转本期损益(成本费用)		20,000.00	借	
2020-10		本月合计	20,000.00	20,000.00	借	
2020-10		本年累计	20,000.00	20,000.00	借	
2020-11		本月合计			借	
2020-11		本年累计	20,000.00	20,000.00	借	
2020-12		本月合计			借	
2020-12		本年累计	20,000.00	20,000.00	借	

编制单位:江南岳达机械制造有限责任公司

销售费用-修理费明细账

2020/10-2020/12

科目:[6601.033] 销售费用-修理费　　　　单位:元

日期	凭证号	摘要	借方	贷方	方向	余额
2020-11		期初余额			借	
2020-11-30	记-052	报销越野车维修费及油费	50,000.00		借	50,000.00
2020-11-30	记-091	结转本期损益(成本费用)		50,000.00	借	
2020-11		本月合计	50,000.00	50,000.00	借	
2020-11		本年累计	50,000.00	50,000.00	借	
2020-12		本月合计			借	
2020-12		本年累计	50,000.00	50,000.00	借	

编制单位:江南岳达机械制造有限责任公司

销售费用-社会保险明细账

2020/10-2020/12

科目:[6601.036] 销售费用-社会保险　　单位:元

日期	凭证号	摘要	借方	贷方	方向	余额
2020-10		期初余额			借	
2020-10-26	记-063	计提基本保险单位负担	32,231.39		借	32,231.39
2020-10-31	记-089	结转本期损益(成本费用)		32,231.39	借	
2020-10		本月合计	32,231.39	32,231.39	借	
2020-10		本年累计	32,231.39	32,231.39	借	
2020-11-30	记-065	计提基本保险单位负担	34,699.89		借	34,699.89
2020-11-30	记-091	结转本期损益(成本费用)		34,699.89	借	
2020-11		本月合计	34,699.89	34,699.89	借	
2020-11		本年累计	66,931.28	66,931.28	借	
2020-12-31	记-053	计提单位负担社会保险	32,532.05		借	32,532.05
2020-12-31	记-095	结转本期损益(成本费用)		32,532.05	借	
2020-12		本月合计	32,532.05	32,532.05	借	
2020-12		本年累计	99,463.33	99,463.33	借	

编制单位:江南岳达机械制造有限责任公司

销售费用-住房公积金明细账

2020/10-2020/12

科目:[6601.037] 销售费用-住房公积金　　　　单位:元

日期	凭证号	摘要	借方	贷方	方向	余额
2020-10		期初余额			借	
2020-10-26	记-066	计提本月公积金	12,396.69		借	12,396.69
2020-10-31	记-089	结转本期损益(成本费用)		12,396.69	借	
2020-10		本月合计	12,396.69	12,396.69	借	
2020-10		本年累计	12,396.69	12,396.69	借	
2020-11-30	记-068	计提本月公积金	13,346.12		借	13,346.12
2020-11-30	记-091	结转本期损益(成本费用)		13,346.12	借	
2020-11		本月合计	13,346.12	13,346.12	借	
2020-11		本年累计	25,742.81	25,742.81	借	
2020-12-31	记-056	计提本月公积金	12,512.33		借	12,512.33
2020-12-31	记-095	结转本期损益(成本费用)		12,512.33	借	
2020-12		本月合计	12,512.33	12,512.33	借	
2020-12		本年累计	38,255.14	38,255.14	借	

编制单位:江南岳达机械制造有限责任公司

销售费用-车辆燃油费明细账

2020/10-2020/12

科目:[6601.038] 销售费用-车辆燃油费　　　　单位:元

日期	凭证号	摘要	借方	贷方	方向	余额
2020-10		期初余额			借	
2020-10-10	记-021	报销燃油费	3,023.08		借	3,023.08
2020-10-31	记-089	结转本期损益(成本费用)		3,023.08	借	
2020-10		本月合计	3,023.08	3,023.08	借	
2020-10		本年累计	3,023.08	3,023.08	借	
2020-11-30	记-052	报销越野车维修费及油费	2,000.00		借	2,000.00
2020-11-30	记-091	结转本期损益(成本费用)		2,000.00	借	
2020-11		本月合计	2,000.00	2,000.00	借	
2020-11		本年累计	5,023.08	5,023.08	借	
2020-12		本月合计			借	
2020-12		本年累计	5,023.08	5,023.08	借	

编制单位:江南岳达机械制造有限责任公司

管理费用明细账

2020/10-2020/12

科目:[6602] 管理费用 单位:元

日期	凭证号	摘要	借方	贷方	方向	余额
2020-10		期初余额			借	
2020-10-08	记-002	付运炉废渣250吨运费5000元。	5,000.00		借	5,000.00
2020-10-08	记-007	报销人身意外伤害险	15,000.00		借	20,000.00
2020-10-10	记-017	清理计算机损失损益	15,341.80		借	35,341.80
2020-10-10	记-018	办公电脑维修费	2,335.33		借	37,677.13
2020-10-10	记-028	报销办公用房租金	46,000.00		借	83,677.13
2020-10-10	记-029	购办公用品	994.50		借	84,671.63
2020-10-22	记-031	缴电话费	2,220.00		借	86,891.63
2020-10-22	记-036	支付车辆保险费	3,095.08		借	89,986.71
2020-10-22	记-044	报销本月电费	3,000.00		借	92,986.71
2020-10-22	记-045	支付本月水费	175.00		借	93,161.71
2020-10-26	记-052	分配2020年度及以前年度股利	1,000,000.00		借	1,093,161.71
2020-10-26	记-057	支付培训费	3,230.00		借	1,096,391.71
2020-10-26	记-058	报销餐费	61,800.00		借	1,158,191.71
2020-10-26	记-059	报销差旅费	4,500.00		借	1,162,691.71
2020-10-26	记-062	计提工资	103,172.81		借	1,265,864.52
2020-10-26	记-063	计提基本保险单位负担	26,824.92		借	1,292,689.44
2020-10-26	记-064	计提折旧	28,130.89		借	1,320,820.33
2020-10-26	记-065	计提工会经费	9,020.22		借	1,329,840.55
2020-10-26	记-065	计提职工福利费	1,595.12		借	1,331,435.67
2020-10-26	记-066	计提本月公积金	10,317.28		借	1,341,752.95
2020-10-26	记-069	摊销无形资产	1,166.67		借	1,342,919.62
2020-10-26	记-069	摊销无形资产	1,083.33		借	1,344,002.95
2020-10-26	记-077	银行存款支付职工岗位技能培训费	25,000.00		借	1,369,002.95
2020-10-26	记-079	盘点库存，丢失带锯条 27*0.9	1,730.00		借	1,370,732.95
2020-10-26	记-080	一次性摊销食堂转入行政办公管理软.件	2,100.00		借	1,372,832.95
2020-10-31	记-089	结转本期损益(成本费用)		103,172.81	借	1,269,660.14
2020-10-31	记-089	结转本期损益(成本费用)		1,595.12	借	1,268,065.02
2020-10-31	记-089	结转本期损益(成本费用)		28,230.00	借	1,239,835.02
2020-10-31	记-089	结转本期损益(成本费用)		9,020.22	借	1,230,814.80
2020-10-31	记-089	结转本期损益(成本费用)		3,329.83	借	1,227,484.97
2020-10-31	记-089	结转本期损益(成本费用)		4,500.00	借	1,222,984.97
2020-10-31	记-089	结转本期损益(成本费用)		2,220.00	借	1,220,764.97

管理费用明细账

2020/10-2020/12

科目:[6602] 管理费用　　　　单位:元

日期	凭证号	摘要	借方	贷方	方向	余额
2020-10-31	记-089	结转本期损益(成本费用)		61,800.00	借	1,158,964.97
2020-10-31	记-089	结转本期损益(成本费用)		46,000.00	借	1,112,964.97
2020-10-31	记-089	结转本期损益(成本费用)		28,130.89	借	1,084,834.08
2020-10-31	记-089	结转本期损益(成本费用)		2,100.00	借	1,082,734.08
2020-10-31	记-089	结转本期损益(成本费用)		18,095.08	借	1,064,639.00
2020-10-31	记-089	结转本期损益(成本费用)		17,071.80	借	1,047,567.20
2020-10-31	记-089	结转本期损益(成本费用)		1,166.67	借	1,046,400.53
2020-10-31	记-089	结转本期损益(成本费用)		1,083.33	借	1,045,317.20
2020-10-31	记-089	结转本期损益(成本费用)		3,000.00	借	1,042,317.20
2020-10-31	记-089	结转本期损益(成本费用)		175.00	借	1,042,142.20
2020-10-31	记-089	结转本期损益(成本费用)		26,824.92	借	1,015,317.28
2020-10-31	记-089	结转本期损益(成本费用)		10,317.28	借	1,005,000.00
2020-10-31	记-089	结转本期损益(成本费用)		1,005,000.00	借	
2020-10		本月合计	1,372,588.51	1,372,588.51	借	
2020-10		本年累计	1,372,588.51	1,372,588.51	借	
2020-11-12	记-010	计提职工教育经费	20,000.00		借	20,000.00
2020-11-13	记-011	计提培训费	9,000.00		借	29,000.00
2020-11-15	记-013	报销电话费	1,312.70		借	30,312.70
2020-11-15	记-014	报销单位办公用房装修费	10,000.00		借	40,312.70
2020-11-15	记-018	报销车辆修理费	600.00		借	40,912.70
2020-11-15	记-019	购办公用品打印纸、硒鼓	2,500.00		借	43,412.70
2020-11-15	记-022	报销会议餐费	8,000.00		借	51,412.70
2020-11-16	记-031	购服装	27,000.00		借	78,412.70
2020-11-30	记-035	付税控设备维护费	280.00		借	78,692.70
2020-11-30	记-035	税控设备维护费抵税	-280.00		借	78,412.70
2020-11-30	记-042	报销通讯费	1,200.00		借	79,612.70
2020-11-30	记-043	报销差旅费	3,253.40		借	82,866.10
2020-11-30	记-051	付外国企业业务指导费	100,000.00		借	182,866.10
2020-11-30	记-054	报销住宿费及高尔夫球场地费用	3,000.00		借	185,866.10
2020-11-30	记-054	报销住宿费及高尔夫球场地费用	2,000.00		借	187,866.10
2020-11-30	记-055	报销差旅费	4,150.94		借	192,017.04

管理费用明细账

2020/10-2020/12

科目:[6602] 管理费用　　　　单位:元

日期	凭证号	摘要	借方	贷方	方向	余额
2020-11-30	记-059	报销本月电费	3,200.00		借	195,217.04
2020-11-30	记-060	报销水费	198.00		借	195,415.04
2020-11-30	记-063	计提研发人员工资	50,000.00		借	245,415.04
2020-11-30	记-064	计提工资	103,172.80		借	348,587.84
2020-11-30	记-065	计提基本保险单位负担	26,824.91		借	375,412.75
2020-11-30	记-066	计提折旧	25,544.07		借	400,956.82
2020-11-30	记-066	计提折旧	1,595.12		借	402,551.94
2020-11-30	记-067	计提工会经费	9,321.28		借	411,873.22
2020-11-30	记-068	计提本月公积金	10,317.28		借	422,190.50
2020-11-30	记-069	摊销无形资产	1,166.67		借	423,357.17
2020-11-30	记-069	摊销无形资产	1,083.33		借	424,440.50
2020-11-30	记-075	盘点发现尼龙扎带丢失5包	150.00		借	424,590.50
2020-11-30	记-078	计提职工福利费	155,756.30		借	580,346.80
2020-11-30	记-082	计提土地应缴契税	400,000.00		借	980,346.80
2020-11-30	记-088	中央空调安装工程	450,000.00		借	1,430,346.80
2020-11-30	记-091	结转本期损益(成本费用)		103,172.80	借	1,327,174.00
2020-11-30	记-091	结转本期损益(成本费用)		157,351.42	借	1,169,822.58
2020-11-30	记-091	结转本期损益(成本费用)		29,000.00	借	1,140,822.58
2020-11-30	记-091	结转本期损益(成本费用)		9,321.28	借	1,131,501.30
2020-11-30	记-091	结转本期损益(成本费用)		2,500.00	借	1,129,001.30
2020-11-30	记-091	结转本期损益(成本费用)		9,404.34	借	1,119,596.96
2020-11-30	记-091	结转本期损益(成本费用)		2,512.70	借	1,117,084.26
2020-11-30	记-091	结转本期损益(成本费用)		3,000.00	借	1,114,084.26
2020-11-30	记-091	结转本期损益(成本费用)		25,544.07	借	1,088,540.19
2020-11-30	记-091	结转本期损益(成本费用)		1,083.33	借	1,087,456.86
2020-11-30	记-091	结转本期损益(成本费用)		8,000.00	借	1,079,456.86
2020-11-30	记-091	结转本期损益(成本费用)		100,000.00	借	979,456.86
2020-11-30	记-091	结转本期损益(成本费用)		50,000.00	借	929,456.86
2020-11-30	记-091	结转本期损益(成本费用)		400,000.00	借	529,456.86
2020-11-30	记-091	结转本期损益(成本费用)		150.00	借	529,306.86
2020-11-30	记-091	结转本期损益(成本费用)		600.00	借	528,706.86

管理费用明细账

2020/10-2020/12

科目:[6602] 管理费用　　　　单位:元

日期	凭证号	摘要	借方	贷方	方向	余额
2020-11-30	记-091	结转本期损益(成本费用)		1,166.67	借	527,540.19
2020-11-30	记-091	结转本期损益(成本费用)		3,200.00	借	524,340.19
2020-11-30	记-091	结转本期损益(成本费用)		198.00	借	524,142.19
2020-11-30	记-091	结转本期损益(成本费用)		26,824.91	借	497,317.28
2020-11-30	记-091	结转本期损益(成本费用)		10,317.28	借	487,000.00
2020-11-30	记-091	结转本期损益(成本费用)		27,000.00	借	460,000.00
2020-11-30	记-091	结转本期损益(成本费用)		460,000.00	借	
2020-11		本月合计	1,430,346.80	1,430,346.80	借	
2020-11		本年累计	2,802,935.31	2,802,935.31	借	
2020-12-12	记-005	报销电话费	2,887.58		借	2,887.58
2020-12-17	记-009	报销差旅费	1,324.00		借	4,211.58
2020-12-17	记-013	报销修理费	1,500.00		借	5,711.58
2020-12-17	记-018	参加生产工艺展费	9,433.96		借	15,145.54
2020-12-17	记-022	增值税发票打印机	2,300.00		借	17,445.54
2020-12-17	记-022	增值税发票打印机	-2,300.00		借	15,145.54
2020-12-31	记-030	报销差旅费	3,000.00		借	18,145.54
2020-12-31	记-030	报销差旅费	1,000.00		借	19,145.54
2020-12-31	记-049	报销本月电费	3,150.00		借	22,295.54
2020-12-31	记-050	报销本月水费	201.00		借	22,496.54
2020-12-31	记-052	计提工资	103,172.80		借	125,669.34
2020-12-31	记-053	计提单位负担社会保险	26,824.91		借	152,494.25
2020-12-31	记-054	计提折旧	203,000.00		借	355,494.25
2020-12-31	记-054	计提折旧	21,502.47		借	376,996.72
2020-12-31	记-055	计提工会经费	9,158.97		借	386,155.69
2020-12-31	记-056	计提本月公积金	10,317.28		借	396,472.97
2020-12-31	记-057	计提福利费	34,460.02		借	430,932.99
2020-12-31	记-058	摊销无形资产	1,166.67		借	432,099.66
2020-12-31	记-058	摊销无形资产	91,666.67		借	523,766.33
2020-12-31	记-058	摊销无形资产	1,083.33		借	524,849.66
2020-12-31	记-058	摊销无形资产	16,666.67		借	541,516.33
2020-12-31	记-059	摊销云盘租赁费	41,666.67		借	583,183.00
2020-12-31	记-066	报销为职工购买运动服款	10,170.00		借	593,353.00
2020-12-31	记-068	研发领用27*0.9钢带1吨	40,000.00		借	633,353.00
2020-12-17	记-069	盘亏椴木原木1.00立方	1,000.00		借	634,353.00
2020-12-31	记-074	以库存现金支付考察费	12,000.00		借	646,353.00

管理费用明细账

2020/10-2020/12

科目:[6602] 管理费用　　单位:元

日期	凭证号	摘要	借方	贷方	方向	余额
2020-12-31	记-081	企业管理咨询费	120,000.00		借	766,353.00
2020-12-31	记-084	门卫传达室临时雇工	11,000.00		借	777,353.00
2020-12-31	记-091	购打印纸	750.06		借	778,103.06
2020-12-31	记-095	结转本期损益(成本费用)		103,172.80	借	674,930.26
2020-12-31	记-095	结转本期损益(成本费用)		34,460.02	借	640,470.24
2020-12-31	记-095	结转本期损益(成本费用)		19,328.97	借	621,141.27
2020-12-31	记-095	结转本期损益(成本费用)		750.06	借	620,391.21
2020-12-31	记-095	结转本期损益(成本费用)		4,324.00	借	616,067.21
2020-12-31	记-095	结转本期损益(成本费用)		2,887.58	借	613,179.63
2020-12-31	记-095	结转本期损益(成本费用)		13,000.00	借	600,179.63
2020-12-31	记-095	结转本期损益(成本费用)		21,502.47	借	578,677.16
2020-12-31	记-095	结转本期损益(成本费用)		16,666.67	借	562,010.49
2020-12-31	记-095	结转本期损益(成本费用)		1,083.33	借	560,927.16
2020-12-31	记-095	结转本期损益(成本费用)		41,666.67	借	519,260.49
2020-12-31	记-095	结转本期损益(成本费用)		11,000.00	借	508,260.49
2020-12-31	记-095	结转本期损益(成本费用)		40,000.00	借	468,260.49
2020-12-31	记-095	结转本期损益(成本费用)		9,433.96	借	458,826.53
2020-12-31	记-095	结转本期损益(成本费用)		203,000.00	借	255,826.53
2020-12-31	记-095	结转本期损益(成本费用)		1,000.00	借	254,826.53
2020-12-31	记-095	结转本期损益(成本费用)		1,500.00	借	253,326.53
2020-12-31	记-095	结转本期损益(成本费用)		92,833.34	借	160,493.19
2020-12-31	记-095	结转本期损益(成本费用)		3,150.00	借	157,343.19
2020-12-31	记-095	结转本期损益(成本费用)		201.00	借	157,142.19
2020-12-31	记-095	结转本期损益(成本费用)		26,824.91	借	130,317.28
2020-12-31	记-095	结转本期损益(成本费用)		10,317.28	借	120,000.00
2020-12-31	记-095	结转本期损益(成本费用)		120,000.00	借	
2020-12		本月合计	778,347.50	778,347.50	借	
2020-12		本年累计	3,581,282.81	3,581,282.81	借	

编制单位:江南岳达机械制造有限责任公司

管理费用-工资薪金明细账

2020/10-2020/12

科目:[6602.001] 管理费用-工资薪金　　单位:元

日期	凭证号	摘要	借方	贷方	方向	余额
2020-10		期初余额			借	
2020-10-26	记-062	计提工资	103,172.81		借	103,172.81
2020-10-31	记-089	结转本期损益(成本费用)		103,172.81	借	
2020-10		本月合计	103,172.81	103,172.81	借	
2020-10		本年累计	103,172.81	103,172.81	借	
2020-11-30	记-064	计提工资	103,172.80		借	103,172.80
2020-11-30	记-091	结转本期损益(成本费用)		103,172.80	借	
2020-11		本月合计	103,172.80	103,172.80	借	
2020-11		本年累计	206,345.61	206,345.61	借	
2020-12-31	记-052	计提工资	103,172.80		借	103,172.80
2020-12-31	记-095	结转本期损益(成本费用)		103,172.80	借	
2020-12		本月合计	103,172.80	103,172.80	借	
2020-12		本年累计	309,518.41	309,518.41	借	

编制单位:江南岳达机械制造有限责任公司

管理费用-职工福利费明细账

2020/10-2020/12

科目:[6602.003] 管理费用-职工福利费　　单位:元

日期	凭证号	摘要	借方	贷方	方向	余额
2020-10		期初余额			借	
2020-10-26	记-065	计提职工福利费	1,595.12		借	1,595.12
2020-10-31	记-089	结转本期损益(成本费用)		1,595.12	借	
2020-10		本月合计	1,595.12	1,595.12	借	
2020-10		本年累计	1,595.12	1,595.12	借	
2020-11-30	记-066	计提折旧	1,595.12		借	1,595.12
2020-11-30	记-078	计提职工福利费	155,756.30		借	157,351.42
2020-11-30	记-091	结转本期损益(成本费用)		157,351.42	借	
2020-11		本月合计	157,351.42	157,351.42	借	
2020-11		本年累计	158,946.54	158,946.54	借	
2020-12-31	记-057	计提福利费	34,460.02		借	34,460.02
2020-12-31	记-095	结转本期损益(成本费用)		34,460.02	借	
2020-12		本月合计	34,460.02	34,460.02	借	
2020-12		本年累计	193,406.56	193,406.56	借	

编制单位:江南岳达机械制造有限责任公司

管理费用-职工教育经费明细账

2020/10-2020/12

科目:[6602.004] 管理费用-职工教育经费　　单位:元

日期	凭证号	摘要	借方	贷方	方向	余额
2020-10		期初余额			借	
2020-10-26	记-057	支付培训费	3,230.00		借	3,230.00
2020-10-26	记-077	银行存款支付职工岗位技能培训费	25,000.00		借	28,230.00
2020-10-31	记-089	结转本期损益(成本费用)		28,230.00	借	
2020-10		本月合计	28,230.00	28,230.00	借	
2020-10		本年累计	28,230.00	28,230.00	借	
2020-11-12	记-010	计提职工教育经费	20,000.00		借	20,000.00
2020-11-13	记-011	计提培训费	9,000.00		借	29,000.00
2020-11-30	记-091	结转本期损益(成本费用)		29,000.00	借	
2020-11		本月合计	29,000.00	29,000.00	借	
2020-11		本年累计	57,230.00	57,230.00	借	
2020-12		本月合计			借	
2020-12		本年累计	57,230.00	57,230.00	借	

编制单位:江南岳达机械制造有限责任公司

管理费用-工会经费明细账

2020/10-2020/12

科目:[6602.005] 管理费用-工会经费　　单位:元

日期	凭证号	摘要	借方	贷方	方向	余额
2020-10		期初余额			借	
2020-10-26	记-065	计提工会经费	9,020.22		借	9,020.22
2020-10-31	记-089	结转本期损益(成本费用)		9,020.22	借	
2020-10		本月合计	9,020.22	9,020.22	借	
2020-10		本年累计	9,020.22	9,020.22	借	
2020-11-30	记-067	计提工会经费	9,321.28		借	9,321.28
2020-11-30	记-091	结转本期损益(成本费用)		9,321.28	借	
2020-11		本月合计	9,321.28	9,321.28	借	
2020-11		本年累计	18,341.50	18,341.50	借	
2020-12-31	记-055	计提工会经费	9,158.97		借	9,158.97
2020-12-31	记-066	报销为职工购买运动服款	10,170.00		借	19,328.97
2020-12-31	记-095	结转本期损益(成本费用)		19,328.97	借	
2020-12		本月合计	10,170.00	10,170.00	借	
2020-12		本年累计	28,511.50	28,511.50	借	

编制单位:江南岳达机械制造有限责任公司

管理费用-办公费明细账

2020/10-2020/12

科目:[6602.006] 管理费用-办公费

单位:元

日期	凭证号	摘要	借方	贷方	方向	余额
2020-10		期初余额			借	
2020-10-10	记-018	办公电脑维修费	2,335.33		借	2,335.33
2020-10-10	记-029	购办公用品	994.50		借	3,329.83
2020-10-31	记-089	结转本期损益(成本费用)		3,329.83	借	
2020-10		本月合计	3,085.39	3,085.39	借	
2020-10		本年累计	3,085.39	3,085.39	借	
2020-11-15	记-019	购办公用品打印纸、硒鼓	2,500.00		借	2,500.00
2020-11-30	记-035	付税控设备维护费	280.00		借	2,780.00
2020-11-30	记-035	税控设备维护费抵税	-280.00		借	2,500.00
2020-11-30	记-091	结转本期损益(成本费用)		2,500.00	借	
2020-11		本月合计	2,500.00	2,500.00	借	
2020-11		本年累计	5,585.39	5,585.39	借	
2020-12-17	记-022	增值税发票打印机	2,300.00		借	2,300.00
2020-12-17	记-022	增值税发票打印机	-2,300.00		借	
2020-12-31	记-091	购打印纸	750.06		借	750.06
2020-12-31	记-095	结转本期损益(成本费用)		750.06	借	
2020-12		本月合计	10,153.47	10,153.47	借	
2020-12		本年累计	15,738.86	15,738.86	借	

编制单位:江南岳达机械制造有限责任公司

管理费用-差旅费明细账

2020/10-2020/12

科目:[6602.007] 管理费用-差旅费　　单位:元

日期	凭证号	摘要	借方	贷方	方向	余额
2020-10		期初余额			借	
2020-10-26	记-059	报销差旅费	4,500.00		借	4,500.00
2020-10-31	记-089	结转本期损益(成本费用)		4,500.00	借	
2020-10		本月合计	4,500.00	4,500.00	借	
2020-10		本年累计	4,500.00	4,500.00	借	
2020-11-30	记-043	报销差旅费	3,253.40		借	3,253.40
2020-11-30	记-054	报销住宿费及高尔夫球场地费用	2,000.00		借	5,253.40
2020-11-30	记-055	报销差旅费	4,150.94		借	9,404.34
2020-11-30	记-091	结转本期损益(成本费用)		9,404.34	借	
2020-11		本月合计	9,404.34	9,404.34	借	
2020-11		本年累计	13,904.34	13,904.34	借	
2020-12-17	记-009	报销差旅费	1,324.00		借	1,324.00
2020-12-31	记-030	报销差旅费	3,000.00		借	4,324.00
2020-12-31	记-095	结转本期损益(成本费用)		4,324.00	借	
2020-12		本月合计	4,324.00	4,324.00	借	
2020-12		本年累计	18,228.34	18,228.34	借	

编制单位:江南岳达机械制造有限责任公司

管理费用-通讯费明细账

2020/10-2020/12

科目:[6602.009] 管理费用-通讯费　　　　单位:元

日期	凭证号	摘要	借方	贷方	方向	余额
2020-10		期初余额			借	
2020-10-22	记-031	缴电话费	2,220.00		借	2,220.00
2020-10-31	记-089	结转本期损益(成本费用)		2,220.00	借	
2020-10		本月合计	2,220.00	2,220.00	借	
2020-10		本年累计	2,220.00	2,220.00	借	
2020-11-15	记-013	报销电话费	1,312.70		借	1,312.70
2020-11-30	记-042	报销通讯费	1,200.00		借	2,512.70
2020-11-30	记-091	结转本期损益(成本费用)		2,512.70	借	
2020-11		本月合计	2,512.70	2,512.70	借	
2020-11		本年累计	4,732.70	4,732.70	借	
2020-12-12	记-005	报销电话费	2,887.58		借	2,887.58
2020-12-31	记-095	结转本期损益(成本费用)		2,887.58	借	
2020-12		本月合计	2,887.58	2,887.58	借	
2020-12		本年累计	7,620.28	7,620.28	借	

编制单位:江南岳达机械制造有限责任公司

管理费用-业务招待费明细账

2020/10-2020/12

科目:[6602.010] 管理费用-业务招待费　　单位:元

日期	凭证号	摘要	借方	贷方	方向	余额
2020-10		期初余额			借	
2020-10-26	记-058	报销餐费	61,800.00		借	61,800.00
2020-10-31	记-089	结转本期损益(成本费用)		61,800.00	借	
2020-10		本月合计	61,800.00	61,800.00	借	
2020-10		本年累计	61,800.00	61,800.00	借	
2020-11-30	记-054	报销住宿费及高尔夫球场地费用	3,000.00		借	3,000.00
2020-11-30	记-091	结转本期损益(成本费用)		3,000.00	借	
2020-11		本月合计	3,000.00	3,000.00	借	
2020-11		本年累计	64,800.00	64,800.00	借	
2020-12-31	记-030	报销差旅费	1,000.00		借	1,000.00
2020-12-31	记-074	以库存现金支付考察费	12,000.00		借	13,000.00
2020-12-31	记-095	结转本期损益(成本费用)		13,000.00	借	
2020-12		本月合计	13,000.00	13,000.00	借	
2020-12		本年累计	77,800.00	77,800.00	借	

编制单位:江南岳达机械制造有限责任公司

管理费用-租赁费明细账

2020/10-2020/12

科目:[6602.012] 管理费用-租赁费　　单位:元

日期	凭证号	摘要	借方	贷方	方向	余额
2020-10		期初余额			借	
2020-10-10	记-028	报销办公用房租金	46,000.00		借	46,000.00
2020-10-31	记-089	结转本期损益(成本费用)		46,000.00	借	
2020-10		本月合计	46,000.00	46,000.00	借	
2020-10		本年累计	46,000.00	46,000.00	借	
2020-11		本月合计			借	
2020-11		本年累计	46,000.00	46,000.00	借	
2020-12		本月合计			借	
2020-12		本年累计	46,000.00	46,000.00	借	

编制单位:江南岳达机械制造有限责任公司

管理费用-累计折旧明细账

2020/10-2020/12

科目:[6602.017] 管理费用-累计折旧　　单位:元

日期	凭证号	摘要	借方	贷方	方向	余额
2020-10		期初余额			借	
2020-10-26	记-064	计提折旧	28,130.89		借	28,130.89
2020-10-31	记-089	结转本期损益(成本费用)		28,130.89	借	
2020-10		本月合计	28,130.89	28,130.89	借	
2020-10		本年累计	28,130.89	28,130.89	借	
2020-11-30	记-066	计提折旧	25,544.07		借	25,544.07
2020-11-30	记-091	结转本期损益(成本费用)		25,544.07	借	
2020-11		本月合计	25,544.07	25,544.07	借	
2020-11		本年累计	53,674.96	53,674.96	借	
2020-12-31	记-054	计提折旧	21,502.47		借	21,502.47
2020-12-31	记-095	结转本期损益(成本费用)		21,502.47	借	
2020-12		本月合计	21,502.47	21,502.47	借	
2020-12		本年累计	75,177.43	75,177.43	借	

编制单位:江南岳达机械制造有限责任公司

管理费用-无形资产摊销明细账

2020/10-2020/12

科目:[6602.018] 管理费用-无形资产摊销　　　　单位:元

日期	凭证号	摘要	借方	贷方	方向	余额
2020-10		期初余额			借	
2020-10-26	记-080	一次性摊销食堂转入行政办公管理软.件	2,100.00		借	2,100.00
2020-10-31	记-089	结转本期损益(成本费用)		2,100.00	借	
2020-10		本月合计	2,100.00	2,100.00	借	
2020-10		本年累计	2,100.00	2,100.00	借	
2020-11-30	记-069	摊销无形资产	1,083.33		借	1,083.33
2020-11-30	记-091	结转本期损益(成本费用)		1,083.33	借	
2020-11		本月合计	1,083.33	1,083.33	借	
2020-11		本年累计	3,183.33	3,183.33	借	
2020-12-31	记-058	摊销无形资产	1,083.33		借	1,083.33
2020-12-31	记-058	摊销无形资产	16,666.67		借	17,750.00
2020-12-31	记-095	结转本期损益(成本费用)		16,666.67	借	1,083.33
2020-12-31	记-095	结转本期损益(成本费用)		1,083.33	借	
2020-12		本月合计	17,750.00	17,750.00	借	
2020-12		本年累计	20,933.33	20,933.33	借	

编制单位:江南岳达机械制造有限责任公司

管理费用-无形资产摊销-软件摊销明细账

2020/10-2020/12

科目:[6602.018.001] 管理费用-无形资产摊销-软件摊销　　单位:元

日期	凭证号	摘要	借方	贷方	方向	余额
2020-10		期初余额			借	
2020-10-26	记-080	一次性摊销食堂转入行政办公管理软.件	2,100.00		借	2,100.00
2020-10-31	记-089	结转本期损益(成本费用)		2,100.00	借	
2020-10		本月合计	2,100.00	2,100.00	借	
2020-10		本年累计	2,100.00	2,100.00	借	
2020-11		本月合计			借	
2020-11		本年累计	2,100.00	2,100.00	借	
2020-12		本月合计			借	
2020-12		本年累计	2,100.00	2,100.00	借	

编制单位:江南岳达机械制造有限责任公司

管理费用-无形资产摊销-专利权摊销明细账

2020/10-2020/12

科目:[6602.018.002] 管理费用-无形资产摊销-专利权摊销　　　　单位:元

日期	凭证号	摘要	借方	贷方	方向	余额
2020-12		期初余额			借	
2020-12-31	记-058	摊销无形资产	16,666.67		借	16,666.67
2020-12-31	记-095	结转本期损益(成本费用)		16,666.67	借	
2020-12		本月合计	16,666.67	16,666.67	借	
2020-12		本年累计	16,666.67	16,666.67	借	

编制单位:江南岳达机械制造有限责任公司

管理费用-无形资产摊销-非专利技术摊销明细账

2020/10-2020/12

科目:[6602.018.003] 管理费用-无形资产摊销-非专利技术摊销　　　　单位:元

日期	凭证号	摘要	借方	贷方	方向	余额
2020-11		期初余额			借	
2020-11-30	记-069	摊销无形资产	1,083.33		借	1,083.33
2020-11-30	记-091	结转本期损益(成本费用)		1,083.33	借	
2020-11		本月合计	1,083.33	1,083.33	借	
2020-11		本年累计	1,083.33	1,083.33	借	
2020-12-31	记-058	摊销无形资产	1,083.33		借	1,083.33
2020-12-31	记-095	结转本期损益(成本费用)		1,083.33	借	
2020-12		本月合计	1,083.33	1,083.33	借	
2020-12		本年累计	2,166.66	2,166.66	借	

编制单位:江南岳达机械制造有限责任公司

管理费用-长期待摊费用摊销明细账

2020/10-2020/12

科目:[6602.019] 管理费用-长期待摊费用摊销　　　　单位:元

日期	凭证号	摘要	借方	贷方	方向	余额
2020-12		期初余额			借	
2020-12-31	记-059	摊销云盘租赁费	41,666.67		借	41,666.67
2020-12-31	记-095	结转本期损益(成本费用)		41,666.67	借	
2020-12		本月合计	41,666.67	41,666.67	借	
2020-12		本年累计	41,666.67	41,666.67	借	

编制单位:江南岳达机械制造有限责任公司

管理费用-会议费明细账

2020/10-2020/12

科目:[6602.020] 管理费用-会议费　　单位:元

日期	凭证号	摘要	借方	贷方	方向	余额
2020-11		期初余额			借	
2020-11-15	记-022	报销会议餐费	8,000.00		借	8,000.00
2020-11-30	记-091	结转本期损益(成本费用)		8,000.00	借	
2020-11		本月合计	8,000.00	8,000.00	借	
2020-11		本年累计	8,000.00	8,000.00	借	
2020-12		本月合计			借	
2020-12		本年累计	8,000.00	8,000.00	借	

编制单位:江南岳达机械制造有限责任公司

管理费用-劳务费明细账

2020/10-2020/12

科目:[6602.022] 管理费用-劳务费　　　　单位:元

日期	凭证号	摘要	借方	贷方	方向	余额
2020-11		期初余额			借	
2020-11-30	记-051	付外国企业业务指导费	100,000.00		借	100,000.00
2020-11-30	记-091	结转本期损益(成本费用)		100,000.00	借	
2020-11		本月合计	100,000.00	100,000.00	借	
2020-11		本年累计	100,000.00	100,000.00	借	
2020-12-31	记-084	门卫传达室临时雇工	11,000.00		借	11,000.00
2020-12-31	记-095	结转本期损益(成本费用)		11,000.00	借	
2020-12		本月合计	11,000.00	11,000.00	借	
2020-12		本年累计	111,000.00	111,000.00	借	

编制单位:江南岳达机械制造有限责任公司

管理费用-研发费用明细账

2020/10-2020/12

科目:[6602.024] 管理费用-研发费用　　　　单位:元

日期	凭证号	摘要	借方	贷方	方向	余额
2020-11		期初余额			借	
2020-11-30	记-063	计提研发人员工资	50,000.00		借	50,000.00
2020-11-30	记-091	结转本期损益(成本费用)		50,000.00	借	
2020-11		本月合计	50,000.00	50,000.00	借	
2020-11		本年累计	50,000.00	50,000.00	借	
2020-12-17	记-018	参加生产工艺展费	9,433.96		借	9,433.96
2020-12-31	记-054	计提折旧	203,000.00		借	212,433.96
2020-12-31	记-068	研发领用27*0.9钢带1吨	40,000.00		借	252,433.96
2020-12-31	记-095	结转本期损益(成本费用)		40,000.00	借	212,433.96
2020-12-31	记-095	结转本期损益(成本费用)		9,433.96	借	203,000.00
2020-12-31	记-095	结转本期损益(成本费用)		203,000.00	借	
2020-12		本月合计	252,433.96	252,433.96	借	
2020-12		本年累计	302,433.96	302,433.96	借	

编制单位:江南岳达机械制造有限责任公司

管理费用-研发费用-工资明细账

2020/10-2020/12

科目:[6602.024.001] 管理费用-研发费用-工资 单位:元

日期	凭证号	摘要	借方	贷方	方向	余额
2020-11		期初余额			借	
2020-11-30	记-063	计提研发人员工资	50,000.00		借	50,000.00
2020-11-30	记-091	结转本期损益(成本费用)		50,000.00	借	
2020-11		本月合计	50,000.00	50,000.00	借	
2020-11		本年累计	50,000.00	50,000.00	借	
2020-12		本月合计			借	
2020-12		本年累计	50,000.00	50,000.00	借	

编制单位:江南岳达机械制造有限责任公司

管理费用-研发费用-材料明细账

2020/10-2020/12

科目:[6602.024.002] 管理费用-研发费用-材料　　单位:元

日期	凭证号	摘要	借方	贷方	方向	余额
2020-12		期初余额			借	
2020-12-31	记-068	研发领用27*0.9钢带1吨	40,000.00		借	40,000.00
2020-12-31	记-095	结转本期损益(成本费用)		40,000.00	借	
2020-12		本月合计	40,000.00	40,000.00	借	
2020-12		本年累计	40,000.00	40,000.00	借	

编制单位:江南岳达机械制造有限责任公司

管理费用-研发费用-其他明细账

2020/10-2020/12

科目:[6602.024.003] 管理费用-研发费用-其他　　单位:元

日期	凭证号	摘要	借方	贷方	方向	余额
2020-12		期初余额			借	
2020-12-17	记-018	参加生产工艺展费	9,433.96		借	9,433.96
2020-12-31	记-095	结转本期损益(成本费用)		9,433.96	借	
2020-12		本月合计	9,433.96	9,433.96	借	
2020-12		本年累计	9,433.96	9,433.96	借	

编制单位:江南岳达机械制造有限责任公司

管理费用-研发费用-折旧明细账

2020/10-2020/12

科目:[6602.024.004] 管理费用-研发费用-折旧　　单位:元

日期	凭证号	摘要	借方	贷方	方向	余额
2020-12		期初余额			借	
2020-12-31	记-054	计提折旧	203,000.00		借	203,000.00
2020-12-31	记-095	结转本期损益(成本费用)		203,000.00	借	
2020-12		本月合计	203,000.00	203,000.00	借	
2020-12		本年累计	203,000.00	203,000.00	借	

编制单位:江南岳达机械制造有限责任公司

管理费用-税费明细账

2020/10-2020/12

科目:[6602.025] 管理费用-税费　　单位:元

日期	凭证号	摘要	借方	贷方	方向	余额
2020-11		期初余额			借	
2020-11-30	记-082	计提土地应缴契税	400,000.00		借	400,000.00
2020-11-30	记-091	结转本期损益(成本费用)		400,000.00	借	
2020-11		本月合计	400,000.00	400,000.00	借	
2020-11		本年累计	400,000.00	400,000.00	借	
2020-12		本月合计			借	
2020-12		本年累计	400,000.00	400,000.00	借	

编制单位:江南岳达机械制造有限责任公司

管理费用-保险费明细账

2020/10-2020/12

科目:[6602.026] 管理费用-保险费　　　　单位:元

日期	凭证号	摘要	借方	贷方	方向	余额
2020-10		期初余额			借	
2020-10-08	记-007	报销人身意外伤害险	15,000.00		借	15,000.00
2020-10-22	记-036	支付车辆保险费	3,095.08		借	18,095.08
2020-10-31	记-089	结转本期损益(成本费用)		18,095.08	借	
2020-10		本月合计	18,095.08	18,095.08	借	
2020-10		本年累计	18,095.08	18,095.08	借	
2020-11		本月合计			借	
2020-11		本年累计	18,095.08	18,095.08	借	
2020-12		本月合计			借	
2020-12		本年累计	18,095.08	18,095.08	借	

编制单位:江南岳达机械制造有限责任公司

管理费用-财产损失明细账

2020/10-2020/12

科目:[6602.032] 管理费用-财产损失

单位:元

日期	凭证号	摘要	借方	贷方	方向	余额
2020-10		期初余额			借	
2020-10-10	记-017	清理计算机损失损益	15,341.80		借	15,341.80
2020-10-26	记-079	盘点库存，丢失带锯条 27*0.9	1,730.00		借	17,071.80
2020-10-31	记-089	结转本期损益(成本费用)		17,071.80	借	
2020-10		本月合计	17,071.80	17,071.80	借	
2020-10		本年累计	17,071.80	17,071.80	借	
2020-11-30	记-075	盘点发现尼龙扎带丢失5包	150.00		借	150.00
2020-11-30	记-091	结转本期损益(成本费用)		150.00	借	
2020-11		本月合计	150.00	150.00	借	
2020-11		本年累计	17,221.80	17,221.80	借	
2020-12-17	记-069	盘亏椴木原木1.00立方	1,000.00		借	1,000.00
2020-12-31	记-095	结转本期损益(成本费用)		1,000.00	借	
2020-12		本月合计	1,000.00	1,000.00	借	
2020-12		本年累计	18,221.80	18,221.80	借	

编制单位:江南岳达机械制造有限责任公司

管理费用-修理费明细账

2020/10-2020/12

科目:[6602.034] 管理费用-修理费　　单位:元

日期	凭证号	摘要	借方	贷方	方向	余额
2020-11		期初余额			借	
2020-11-15	记-018	报销车辆修理费	600.00		借	600.00
2020-11-30	记-091	结转本期损益(成本费用)		600.00	借	
2020-11		本月合计	600.00	600.00	借	
2020-11		本年累计	600.00	600.00	借	
2020-12-17	记-013	报销修理费	1,500.00		借	1,500.00
2020-12-31	记-095	结转本期损益(成本费用)		1,500.00	借	
2020-12		本月合计	1,500.00	1,500.00	借	
2020-12		本年累计	2,100.00	2,100.00	借	

编制单位:江南岳达机械制造有限责任公司

管理费用-土地使用权摊销明细账

2020/10-2020/12

科目:[6602.038] 管理费用-土地使用权摊销　　　　单位:元

日期	凭证号	摘要	借方	贷方	方向	余额
2020-10		期初余额			借	
2020-10-26	记-069	摊销无形资产	1,166.67		借	1,166.67
2020-10-31	记-089	结转本期损益(成本费用)		1,166.67	借	
2020-10		本月合计	1,166.67	1,166.67	借	
2020-10		本年累计	1,166.67	1,166.67	借	
2020-11-30	记-069	摊销无形资产	1,166.67		借	1,166.67
2020-11-30	记-091	结转本期损益(成本费用)		1,166.67	借	
2020-11		本月合计	1,166.67	1,166.67	借	
2020-11		本年累计	2,333.34	2,333.34	借	
2020-12-31	记-058	摊销无形资产	1,166.67		借	1,166.67
2020-12-31	记-058	摊销无形资产	91,666.67		借	92,833.34
2020-12-31	记-095	结转本期损益(成本费用)		92,833.34	借	
2020-12		本月合计	92,833.34	92,833.34	借	
2020-12		本年累计	95,166.68	95,166.68	借	

编制单位:江南岳达机械制造有限责任公司

管理费用-非专利权摊销明细账

2020/10-2020/12

科目:[6602.039] 管理费用-非专利权摊销

单位:元

日期	凭证号	摘要	借方	贷方	方向	余额
2020-10		期初余额			借	
2020-10-26	记-069	摊销无形资产	1,083.33		借	1,083.33
2020-10-31	记-089	结转本期损益(成本费用)		1,083.33	借	
2020-10		本月合计	1,083.33	1,083.33	借	
2020-10		本年累计	1,083.33	1,083.33	借	
2020-11		本月合计			借	
2020-11		本年累计	1,083.33	1,083.33	借	
2020-12		本月合计			借	
2020-12		本年累计	1,083.33	1,083.33	借	

编制单位:江南岳达机械制造有限责任公司

管理费用-电费明细账

2020/10-2020/12

科目:[6602.040] 管理费用-电费

单位:元

日期	凭证号	摘要	借方	贷方	方向	余额
2020-10		期初余额			借	
2020-10-22	记-044	报销本月电费	3,000.00		借	3,000.00
2020-10-31	记-089	结转本期损益(成本费用)		3,000.00	借	
2020-10		本月合计	3,000.00	3,000.00	借	
2020-10		本年累计	3,000.00	3,000.00	借	
2020-11-30	记-059	报销本月电费	3,200.00		借	3,200.00
2020-11-30	记-091	结转本期损益(成本费用)		3,200.00	借	
2020-11		本月合计	3,200.00	3,200.00	借	
2020-11		本年累计	6,200.00	6,200.00	借	
2020-12-31	记-049	报销本月电费	3,150.00		借	3,150.00
2020-12-31	记-095	结转本期损益(成本费用)		3,150.00	借	
2020-12		本月合计	3,150.00	3,150.00	借	
2020-12		本年累计	9,350.00	9,350.00	借	

编制单位:江南岳达机械制造有限责任公司

管理费用-水费明细账

2020/10-2020/12

科目:[6602.041] 管理费用-水费　　　　单位:元

日期	凭证号	摘要	借方	贷方	方向	余额
2020-10		期初余额			借	
2020-10-22	记-045	支付本月水费	175.00		借	175.00
2020-10-31	记-089	结转本期损益(成本费用)		175.00	借	
2020-10		本月合计	175.00	175.00	借	
2020-10		本年累计	175.00	175.00	借	
2020-11-30	记-060	报销水费	198.00		借	198.00
2020-11-30	记-091	结转本期损益(成本费用)		198.00	借	
2020-11		本月合计	198.00	198.00	借	
2020-11		本年累计	373.00	373.00	借	
2020-12-31	记-050	报销本月水费	201.00		借	201.00
2020-12-31	记-095	结转本期损益(成本费用)		201.00	借	
2020-12		本月合计	201.00	201.00	借	
2020-12		本年累计	574.00	574.00	借	

编制单位:江南岳达机械制造有限责任公司

管理费用-社会保险明细账

2020/10-2020/12

科目:[6602.042] 管理费用-社会保险

单位:元

日期	凭证号	摘要	借方	贷方	方向	余额
2020-10		期初余额			借	
2020-10-26	记-063	计提基本保险单位负担	26,824.92		借	26,824.92
2020-10-31	记-089	结转本期损益(成本费用)		26,824.92	借	
2020-10		本月合计	26,824.92	26,824.92	借	
2020-10		本年累计	26,824.92	26,824.92	借	
2020-11-30	记-065	计提基本保险单位负担	26,824.91		借	26,824.91
2020-11-30	记-091	结转本期损益(成本费用)		26,824.91	借	
2020-11		本月合计	26,824.91	26,824.91	借	
2020-11		本年累计	53,649.83	53,649.83	借	
2020-12-31	记-053	计提单位负担社会保险	26,824.91		借	26,824.91
2020-12-31	记-095	结转本期损益(成本费用)		26,824.91	借	
2020-12		本月合计	26,824.91	26,824.91	借	
2020-12		本年累计	80,474.74	80,474.74	借	

编制单位:江南岳达机械制造有限责任公司

管理费用-住房公积金明细账

2020/10-2020/12

单位:元

科目:[6602.043] 管理费用-住房公积金

日期	凭证号	摘要	借方	贷方	方向	余额
2020-10		期初余额			借	
2020-10-26	记-066	计提本月公积金	10,317.28		借	10,317.28
2020-10-31	记-089	结转本期损益(成本费用)		10,317.28	借	
2020-10		本月合计	10,317.28	10,317.28	借	
2020-10		本年累计	10,317.28	10,317.28	借	
2020-11-30	记-068	计提本月公积金	10,317.28		借	10,317.28
2020-11-30	记-091	结转本期损益(成本费用)		10,317.28	借	
2020-11		本月合计	10,317.28	10,317.28	借	
2020-11		本年累计	20,634.56	20,634.56	借	
2020-12-31	记-056	计提本月公积金	10,317.28		借	10,317.28
2020-12-31	记-095	结转本期损益(成本费用)		10,317.28	借	
2020-12		本月合计	10,317.28	10,317.28	借	
2020-12		本年累计	30,951.84	30,951.84	借	

编制单位:江南岳达机械制造有限责任公司

管理费用-劳动保护费明细账

2020/10-2020/12

科目:[6602.045] 管理费用-劳动保护费

单位:元

日期	凭证号	摘要	借方	贷方	方向	余额
2020-11		期初余额			借	
2020-11-16	记-031	购服装	27,000.00		借	27,000.00
2020-11-30	记-091	结转本期损益(成本费用)		27,000.00	借	
2020-11		本月合计	27,000.00	27,000.00	借	
2020-11		本年累计	27,000.00	27,000.00	借	
2020-12		本月合计			借	
2020-12		本年累计	27,000.00	27,000.00	借	

编制单位:江南岳达机械制造有限责任公司

管理费用-其他明细账

2020/10-2020/12

科目:[6602.099] 管理费用-其他　　单位:元

日期	凭证号	摘要	借方	贷方	方向	余额
2020-10		期初余额			借	
2020-10-08	记-002	付运炉废渣250吨运费5000元。	5,000.00		借	5,000.00
2020-10-26	记-052	分配2020年度及以前年度股利	1,000,000.00		借	1,005,000.00
2020-10-31	记-089	结转本期损益(成本费用)		1,005,000.00	借	
2020-10		本月合计	1,005,000.00	1,005,000.00	借	
2020-10		本年累计	1,005,000.00	1,005,000.00	借	
2020-11-15	记-014	报销单位办公用房装修费	10,000.00		借	10,000.00
2020-11-30	记-088	中央空调安装工程	450,000.00		借	460,000.00
2020-11-30	记-091	结转本期损益(成本费用)		460,000.00	借	
2020-11		本月合计	460,000.00	460,000.00	借	
2020-11		本年累计	1,465,000.00	1,465,000.00	借	
2020-12-31	记-081	企业管理咨询费	120,000.00		借	120,000.00
2020-12-31	记-095	结转本期损益(成本费用)		120,000.00	借	
2020-12		本月合计	120,000.00	120,000.00	借	
2020-12		本年累计	1,585,000.00	1,585,000.00	借	

编制单位:江南岳达机械制造有限责任公司

财务费用明细账

2020/10-2020/12

科目:[6603] 财务费用

单位:元

日期	凭证号	摘要	借方	贷方	方向	余额
2020-10		期初余额			借	
2020-10-08	记-004	购支票工本费	35.00		借	35.00
2020-10-08	记-005	汇款手续费	20.00		借	55.00
2020-10-08	记-009	汇款手续费	20.00		借	75.00
2020-10-10	记-016	汇款手续费	20.00		借	95.00
2020-10-10	记-020	汇票贴现	1,638.00		借	1,733.00
2020-10-10	记-028	汇款手续费	10.00		借	1,743.00
2020-10-10	记-030	汇款手续费	20.00		借	1,763.00
2020-10-22	记-032	汇款手续费	10.00		借	1,773.00
2020-10-22	记-033	汇款手续费	10.00		借	1,783.00
2020-10-22	记-034	汇款手续费	10.00		借	1,793.00
2020-10-22	记-038	汇款手续费	10.00		借	1,803.00
2020-10-22	记-039	汇款手续费	10.00		借	1,813.00
2020-10-22	记-040	汇款手续费	20.00		借	1,833.00
2020-10-22	记-045	手续费	10.00		借	1,843.00
2020-10-22	记-046	支付利息	300,000.00		借	301,843.00
2020-10-22	记-046	汇款手续费	10.00		借	301,853.00
2020-10-22	记-047	汇款手续费	20.00		借	301,873.00
2020-10-22	记-051	汇款手续费	10.00		借	301,883.00
2020-10-26	记-053	银行短信服务费	30.00		借	301,913.00
2020-10-26	记-055	汇款手续费	10.00		借	301,923.00
2020-10-26	记-056	汇款手续费	10.00		借	301,933.00
2020-10-26	记-061	支付信用社利息	3,500.00		借	305,433.00
2020-10-26	记-076	汇款手续费	10.00		借	305,443.00
2020-10-26	记-077	汇款手续费	10.00		借	305,453.00
2020-10-31	记-089	结转本期损益(成本费用)		315.00	借	305,138.00
2020-10-31	记-089	结转本期损益(成本费用)		305,138.00	借	
2020-10		本月合计	305,453.00	305,453.00	借	
2020-10		本年累计	305,453.00	305,453.00	借	
2020-11-08	记-005	汇款手续费	10.00		借	10.00
2020-11-14	记-012	汇款手续费	10.00		借	20.00
2020-11-15	记-021	汇款手续费	20.00		借	40.00
2020-11-15	记-027	手续费	20.00		借	60.00
2020-11-16	记-031	汇款手续费	10.00		借	70.00
2020-11-16	记-032	手续费	20.00		借	90.00
2020-11-30	记-033	支付利息	3,500.00		借	3,590.00
2020-11-30	记-053	汇款手续费	20.00		借	3,610.00
2020-11-30	记-056	电汇手续费	40.00		借	3,650.00
2020-11-30	记-088	汇款手续费	20.00		借	3,670.00

财务费用明细账

2020/10-2020/12

科目:[6603] 财务费用　　单位:元

日期	凭证号	摘要	借方	贷方	方向	余额
2020-11-30	记-091	结转本期损益(成本费用)		170.00	借	3,500.00
2020-11-30	记-091	结转本期损益(成本费用)		3,500.00	借	
2020-11		本月合计	3,670.00	3,670.00	借	
2020-11		本年累计	309,123.00	309,123.00	借	
2020-12-12	记-004	汇款手续费	20.00		借	20.00
2020-12-12	记-007	汇款手续费	20.00		借	40.00
2020-12-17	记-012	汇款手续费	20.00		借	60.00
2020-12-17	记-014	汇款手续费	10.00		借	70.00
2020-12-17	记-023	汇款手续费	20.00		借	90.00
2020-12-17	记-024	汇款手续费	10.00		借	100.00
2020-12-17	记-027	汇款手续费	10.00		借	110.00
2020-12-31	记-031	支付本月流动资金借款利息	3,500.00		借	3,610.00
2020-12-31	记-032	报销贷款咨询服务费	7,000.00		借	10,610.00
2020-12-31	记-041	汇款手续费	20.00		借	10,630.00
2020-12-31	记-064	汇款手续费	10.00		借	10,640.00
2020-12-31	记-070	支付本月贷款利息	20,000.00		借	30,640.00
2020-12-31	记-075	银行利息收入	-1,983.36		借	28,656.64
2020-12-31	记-076	取得贷款，计提本月借款利息	5,000.00		借	33,656.64
2020-12-31	记-077	银行手续费	20.00		借	33,676.64
2020-12-31	记-086	汇款手续费	20.00		借	33,696.64
2020-12-31	记-095	结转本期损益(成本费用)		180.00	借	33,516.64
2020-12-31	记-095	结转本期损益(成本费用)		-1,983.36	借	35,500.00
2020-12-31	记-095	结转本期损益(成本费用)		28,500.00	借	7,000.00
2020-12-31	记-095	结转本期损益(成本费用)		7,000.00	借	
2020-12		本月合计	33,696.64	33,696.64	借	
2020-12		本年累计	342,819.64	342,819.64	借	

编制单位:江南岳达机械制造有限责任公司

财务费用-手续费明细账

2020/10-2020/12

科目:[6603.001] 财务费用-手续费

单位:元

日期	凭证号	摘要	借方	贷方	方向	余额
2020-10		期初余额			借	
2020-10-08	记-004	购支票工本费	35.00		借	35.00
2020-10-08	记-005	汇款手续费	20.00		借	55.00
2020-10-08	记-009	汇款手续费	20.00		借	75.00
2020-10-10	记-016	汇款手续费	20.00		借	95.00
2020-10-10	记-028	汇款手续费	10.00		借	105.00
2020-10-10	记-030	汇款手续费	20.00		借	125.00
2020-10-22	记-032	汇款手续费	10.00		借	135.00
2020-10-22	记-033	汇款手续费	10.00		借	145.00
2020-10-22	记-034	汇款手续费	10.00		借	155.00
2020-10-22	记-038	汇款手续费	10.00		借	165.00
2020-10-22	记-039	汇款手续费	10.00		借	175.00
2020-10-22	记-040	汇款手续费	20.00		借	195.00
2020-10-22	记-045	手续费	10.00		借	205.00
2020-10-22	记-046	汇款手续费	10.00		借	215.00
2020-10-22	记-047	汇款手续费	20.00		借	235.00
2020-10-22	记-051	汇款手续费	10.00		借	245.00
2020-10-26	记-053	银行短信服务费	30.00		借	275.00
2020-10-26	记-055	汇款手续费	10.00		借	285.00
2020-10-26	记-056	汇款手续费	10.00		借	295.00
2020-10-26	记-076	汇款手续费	10.00		借	305.00
2020-10-26	记-077	汇款手续费	10.00		借	315.00
2020-10-31	记-089	结转本期损益(成本费用)		315.00	借	
2020-10		本月合计	315.00	315.00	借	
2020-10		本年累计	315.00	315.00	借	
2020-11-08	记-005	汇款手续费	10.00		借	10.00
2020-11-14	记-012	汇款手续费	10.00		借	20.00
2020-11-15	记-021	汇款手续费	20.00		借	40.00
2020-11-15	记-027	手续费	20.00		借	60.00
2020-11-16	记-031	汇款手续费	10.00		借	70.00
2020-11-16	记-032	手续费	20.00		借	90.00
2020-11-30	记-053	汇款手续费	20.00		借	110.00
2020-11-30	记-056	电汇手续费	40.00		借	150.00
2020-11-30	记-088	汇款手续费	20.00		借	170.00
2020-11-30	记-091	结转本期损益(成本费用)		170.00	借	
2020-11		本月合计	170.00	170.00	借	
2020-11		本年累计	485.00	485.00	借	
2020-12-12	记-004	汇款手续费	20.00		借	20.00
2020-12-12	记-007	汇款手续费	20.00		借	40.00
2020-12-17	记-012	汇款手续费	20.00		借	60.00

财务费用-手续费明细账

2020/10-2020/12

科目:[6603.001] 财务费用-手续费 单位:元

日期	凭证号	摘要	借方	贷方	方向	余额
2020-12-17	记-014	汇款手续费	10.00		借	70.00
2020-12-17	记-023	汇款手续费	20.00		借	90.00
2020-12-17	记-024	汇款手续费	10.00		借	100.00
2020-12-17	记-027	汇款手续费	10.00		借	110.00
2020-12-31	记-041	汇款手续费	20.00		借	130.00
2020-12-31	记-064	汇款手续费	10.00		借	140.00
2020-12-31	记-077	银行手续费	20.00		借	160.00
2020-12-31	记-086	汇款手续费	20.00		借	180.00
2020-12-31	记-095	结转本期损益(成本费用)		180.00	借	
2020-12		本月合计	180.00	180.00	借	
2020-12		本年累计	665.00	665.00	借	

编制单位:江南岳达机械制造有限责任公司

财务费用-利息收入明细账

2020/10-2020/12

科目:[6603.002] 财务费用-利息收入

单位:元

日期	凭证号	摘要	借方	贷方	方向	余额
2020-12		期初余额			借	
2020-12-31	记-075	银行利息收入	-1,983.36		借	-1,983.36
2020-12-31	记-095	结转本期损益(成本费用)		-1,983.36	借	
2020-12		本月合计	-1,983.36	-1,983.36	借	
2020-12		本年累计	-1,983.36	-1,983.36	借	

编制单位:江南岳达机械制造有限责任公司

财务费用-利息支出明细账

2020/10-2020/12

科目:[6603.003] 财务费用-利息支出

单位:元

日期	凭证号	摘要	借方	贷方	方向	余额
2020-10		期初余额			借	
2020-10-10	记-020	汇票贴现	1,638.00		借	1,638.00
2020-10-22	记-046	支付利息	300,000.00		借	301,638.00
2020-10-26	记-061	支付信用社利息	3,500.00		借	305,138.00
2020-10-31	记-089	结转本期损益(成本费用)		305,138.00	借	
2020-10		本月合计	305,138.00	305,138.00	借	
2020-10		本年累计	305,138.00	305,138.00	借	
2020-11-30	记-033	支付利息	3,500.00		借	3,500.00
2020-11-30	记-091	结转本期损益(成本费用)		3,500.00	借	
2020-11		本月合计	3,500.00	3,500.00	借	
2020-11		本年累计	308,638.00	308,638.00	借	
2020-12-31	记-031	支付本月流动资金借款利息	3,500.00		借	3,500.00
2020-12-31	记-070	支付本月贷款利息	20,000.00		借	23,500.00
2020-12-31	记-076	取得贷款，计提本月借款利息	5,000.00		借	28,500.00
2020-12-31	记-095	结转本期损益(成本费用)		28,500.00	借	
2020-12		本月合计	28,500.00	28,500.00	借	
2020-12		本年累计	337,138.00	337,138.00	借	

编制单位:江南岳达机械制造有限责任公司

财务费用-筹资费用明细账

2020/10-2020/12

科目:[6603.006] 财务费用-筹资费用

单位:元

日期	凭证号	摘要	借方	贷方	方向	余额
2020-12		期初余额			借	
2020-12-31	记-032	报销贷款咨询服务费	7,000.00		借	7,000.00
2020-12-31	记-095	结转本期损益(成本费用)		7,000.00	借	
2020-12		本月合计	7,000.00	7,000.00	借	
2020-12		本年累计	7,000.00	7,000.00	借	

编制单位:江南岳达机械制造有限责任公司

资产减值损失明细账

2020/10-2020/12

科目:[6701] 资产减值损失　　单位:元

日期	凭证号	摘要	借方	贷方	方向	余额
2020-11		期初余额			借	
2020-11-15	记-015	按应收债权30%计提坏账准备	30,000.00		借	30,000.00
2020-11-30	记-091	结转本期损益(成本费用)		30,000.00	借	
2020-11		本月合计	30,000.00	30,000.00	借	
2020-11		本年累计	30,000.00	30,000.00	借	
2020-12		本月合计			借	
2020-12		本年累计	30,000.00	30,000.00	借	

编制单位:江南岳达机械制造有限责任公司

资产减值损失-坏账准备明细账

2020/10-2020/12

科目:[6701.001] 资产减值损失-坏账准备　　　　单位:元

日期	凭证号	摘要	借方	贷方	方向	余额
2020-11		期初余额			借	
2020-11-15	记-015	按应收债权30%计提坏账准备	30,000.00		借	30,000.00
2020-11-30	记-091	结转本期损益(成本费用)		30,000.00	借	
2020-11		本月合计	30,000.00	30,000.00	借	
2020-11		本年累计	30,000.00	30,000.00	借	
2020-12		本月合计			借	
2020-12		本年累计	30,000.00	30,000.00	借	

编制单位:江南岳达机械制造有限责任公司

营业外支出明细账

2020/10-2020/12

科目:[6711] 营业外支出

单位:元

日期	凭证号	摘要	借方	贷方	方向	余额
2020-10		期初余额			借	
2020-10-10	记-014	保管不善丢失木材30方	7,586.21		借	7,586.21
2020-10-31	记-089	结转本期损益(成本费用)		7,586.21	借	
2020-10		本月合计	7,586.21	7,586.21	借	
2020-10		本年累计	7,586.21	7,586.21	借	
2020-11-30	记-061	换气缸	47.62		借	47.62
2020-11-30	记-074	向养老院赠送自制圆桌、椅子	13,500.00		借	13,547.62
2020-11-30	记-076	印有公司logo的手工制作木工锯条赠.展会人员	65.00		借	13,612.62
2020-11-30	记-091	结转本期损益(成本费用)		13,500.00	借	112.62
2020-11-30	记-091	结转本期损益(成本费用)		112.62	借	
2020-11		本月合计	13,612.62	13,612.62	借	
2020-11		本年累计	21,198.83	21,198.83	借	
2020-12-17	记-008	向学校捐款	10,000.00		借	10,000.00
2020-12-17	记-011	车辆违章罚款	200.00		借	10,200.00
2020-12-31	记-039	抵押担保房产拍卖	205,984.00		借	216,184.00
2020-12-31	记-095	结转本期损益(成本费用)		10,000.00	借	206,184.00
2020-12-31	记-095	结转本期损益(成本费用)		206,184.00	借	
2020-12		本月合计	216,184.00	216,184.00	借	
2020-12		本年累计	237,382.83	237,382.83	借	

编制单位:江南岳达机械制造有限责任公司

营业外支出-非常损失明细账

2020/10-2020/12

科目:[6711.001] 营业外支出-非常损失

单位:元

日期	凭证号	摘要	借方	贷方	方向	余额
2020-10		期初余额			借	
2020-10-10	记-014	保管不善丢失木材30方	7,586.21		借	7,586.21
2020-10-31	记-089	结转本期损益(成本费用)		7,586.21	借	
2020-10		本月合计	7,586.21	7,586.21	借	
2020-10		本年累计	7,586.21	7,586.21	借	
2020-11		本月合计			借	
2020-11		本年累计	7,586.21	7,586.21	借	
2020-12		本月合计			借	
2020-12		本年累计	7,586.21	7,586.21	借	

编制单位:江南岳达机械制造有限责任公司

营业外支出-捐赠支出明细账

2020/10-2020/12

科目:[6711.002] 营业外支出-捐赠支出　　　　单位:元

日期	凭证号	摘要	借方	贷方	方向	余额
2020-11		期初余额			借	
2020-11-30	记-074	向养老院赠送自制圆桌、椅子	13,500.00		借	13,500.00
2020-11-30	记-091	结转本期损益(成本费用)		13,500.00	借	
2020-11		本月合计	13,500.00	13,500.00	借	
2020-11		本年累计	13,500.00	13,500.00	借	
2020-12-17	记-008	向学校捐款	10,000.00		借	10,000.00
2020-12-31	记-095	结转本期损益(成本费用)		10,000.00	借	
2020-12		本月合计	10,000.00	10,000.00	借	
2020-12		本年累计	23,500.00	23,500.00	借	

编制单位:江南岳达机械制造有限责任公司

营业外支出-其他明细账

2020/10-2020/12

科目:[6711.099] 营业外支出-其他　　　　单位:元

日期	凭证号	摘要	借方	贷方	方向	余额
2020-11		期初余额			借	
2020-11-30	记-061	换气缸	47.62		借	47.62
2020-11-30	记-076	印有公司logo的手工制作木工锯条赠.展会人员	65.00		借	112.62
2020-11-30	记-091	结转本期损益(成本费用)		112.62	借	
2020-11		本月合计	112.62	112.62	借	
2020-11		本年累计	112.62	112.62	借	
2020-12-17	记-011	车辆违章罚款	200.00		借	200.00
2020-12-31	记-039	抵押担保房产拍卖	205,984.00		借	206,184.00
2020-12-31	记-095	结转本期损益(成本费用)		206,184.00	借	
2020-12		本月合计	206,184.00	206,184.00	借	
2020-12		本年累计	206,296.62	206,296.62	借	

编制单位:江南岳达机械制造有限责任公司

以前年度损益调整明细账

2020/10-2020/12

科目:[6901] 以前年度损益调整　　　　单位:元

日期	凭证号	摘要	借方	贷方	方向	余额
2020-11		期初余额			借	
2020-11-30	记-038	2020年打印机折旧计提错误，现转.回		3,500.00	借	-3,500.00
2020-11-30	记-038	结转以前年度损益	3,500.00		借	
2020-11		本月合计	3,500.00	3,500.00	借	
2020-11		本年累计	3,500.00	3,500.00	借	
2020-12		本月合计			借	
2020-12		本年累计	3,500.00	3,500.00	借	

编制单位:江南岳达机械制造有限责任公司

模拟票据，仅供学习使用

江南增值税专用发票

抵扣联

2104162510　　　　№ 07948254　　10-05

开票日期：2020年10月8日

购买方		密码区
名　称：	江南岳达机械制造有限责任公司	
纳税人识别号：	91290504556677888M	
地址、电话：	长安市奉贤区工业园区　42123456	
开户行及帐号：	江南城市发展银行长安分行　18254871000011457	

货物或应税劳务、服务名称	规格型号	单位	数量	单价	金额	税率	税额
*黑色金属冶炼延压品*带锯钢带	27*0.9	吨	30	40,000.00	1,200,000.00	13%	156,000.00
合计					¥1,240,000.00		¥156,000.00

价税合计（大写）　⊕壹佰叁拾伍万陆仟元整　　（小写）¥1,356,000.00

销售方		备注
名　称：	江南长安特钢有限公司	
纳税人识别号：	999904789620354000	
地址、电话：	长安市拱西区河北路　45871236	
开户行及帐号：	工群银行长安分行河北路支行　25789516891321263	

收款人：魏延　　复核：麝月　　开票人：王兴　　销售方：（章）

江南长安特钢有限公司 999904789620354000 发票专用章

第二联：购买方扣税凭证

税总函[2016]311号北京印钞有限公司

江南增值税专用发票

抵扣联

2122154874 　　　　　　10-09

№ 00154923

开票日期：2020年10月8日

购买方	名称：江南岳达机械制造有限责任公司 纳税人识别号：91290504556677888M 地址、电话：长安市奉贤区工业园区 42123456 开户行及帐号：江南城市发展银行长安分行 18254871000011457				密码区		
货物或应税劳务、服务名称	规格型号	单位	数量	单价	金额	税率	税额
*运输服务*木料运输费		吨	50	60.00	3,000.00	9%	270.00
合计					¥3,000.00		¥270.00
价税合计（大写）	⊕叁仟贰佰柒拾元整				（小写）¥3,270.00		
销售方	名称：锦阳市新阳物流有限公司 纳税人识别号：932123251852232562 地址、电话：锦阳市越阳区上海街 25792253 开户行及帐号：工农银行锦阳分行越阳支行 815468254823232 52				备注	西路县至奉贤区东牛街/江Z5148/轻型货车/木料	

收款人：鲁肃　　复核：贾探春　　开票人：张莉　　销售方：（章）

第三联：购买方扣税凭证

税总函[2016]311号北京印钞有限公司

江南增值税普通发票

10-09

2545842365　　№ 31548632 抵扣备查

此联不作报销、扣税凭证使用

收购

开票日期：2020年10月8日

购买方		密码区
名　　称：	江南岳达机械制造有限责任公司	
纳税人识别号：	91290504556677888M	
地 址、电 话：	长安市奉贤区工业园区　42123456	
开户行及帐号：	江南城市发展银行长安分行　18254871000011457	

货物或应税劳务、服务名称	规格型号	单位	数量	单价	金额	税率	税额
*林业产品*水曲柳原木		立方米	520	1,652.46	859,280.00	免税	***
合计					¥859,280.00		***

价税合计（大写）	⊕捌拾伍万玖仟贰佰捌拾元整	（小写）	¥859,280.00

销售方		备注
名　　称：	黄方革	
纳税人识别号：	221572197012132563	
地 址、电 话：	长安市北运区江南大道　44521583	
开户行及帐号：	工农银行长安分行北运支行　622284854785256232	

收款人：刘信　　复核：王明　　开票人：张晓光　　销售方：（章）

江南岳达机械制造有限责任公司 91290504556677888M 发票专用章

第三联

10-16

2102645225

江南增值税专用发票

抵扣联

№ 95123352

开票日期：2020年10月10日

购买方	名　　称：江南岳达机械制造有限责任公司 纳税人识别号：91290504556677888M 地 址、电 话：长安市奉贤区工业园区 42123456 开户行及帐号：江南城市发展银行长安分行 18254871000011457	密码区	

货物或应税劳务、服务名称	规格型号	单位	数量	单价	金额	税率	税额
*金属制品*硬质合金分齿机		台	1	200,000.00	200,000.00	13%	26,000.00
合计					¥200,000.00		¥26,000.00
价税合计（大写）	⊕贰拾贰万陆仟元整				（小写）¥226,000.00		

销售方	名　　称：长安市溪宁机器制造有限公司 纳税人识别号：999901565485236000 地 址、电 话：长安市北运区工业园区 45214846 开户行及帐号：建安银行长安分行北运支行 2105825645885665	备注	

收款人：司马昭　复核：宋江　开票人：林小红　销售方：（章）

（印章：长安市溪宁机器制造有限公司 999901565485236000 发票专用章）

（印章：全国统一发票监制章 江南 国家税务总局监制）

第二联：购买方扣税凭证

税总函[2016]311号北京印钞有限公司

10-21

江南增值税专用发票

抵扣联

2153352255　　№ 22315456

成品油　　开票日期：2020年10月10日

购买方	名　　称：江南岳达机械制造有限责任公司 纳税人识别号：91290504556677888M 地 址、电 话：长安市奉贤区工业园区　42123456 开户行及帐号：江南城市发展银行长安分行　18254871000011457				密码区			
货物或应税劳务、服务名称	规格型号	单位	数量	单价	金额	税率	税额	
*乙醇汽油*93#车用汽油	93#	升	302.91	9.98	3,023.08	13%	393.00	
合计					¥3,023.08		¥393.00	
价税合计（大写）	⊕叁仟肆佰壹拾陆元零捌分				（小写）¥3,416.08			
销售方	名　　称：石油天然气总公司江南长安分公司 纳税人识别号：999901812355136000 地 址、电 话：长安市北运区工业园区　45136297 开户行及帐号：建安银行长安分行北运支行　2105812335130220				备注	石油天然气总公司江南长安分公司 999901812355136000 发票专用章		

第二联：购买方扣税凭证

收款人：刘备　　复核：妙玉　　开票人：沙僧　　销售方：（章）

税总函[2016]311号北京印钞有限公司

10-28

江南增值税专用发票

抵扣联

2158415685　　№ 25459224

开票日期：2020年10月10日

购买方	名　称：江南岳达机械制造有限责任公司 纳税人识别号：91290504556677888M 地址、电话：长安市奉贤区工业园区　42123456 开户行及帐号：江南城市发展银行长安分行　18254871000011457				密码区		
货物或应税劳务、服务名称	规格型号	单位	数量	单价	金额	税率	税额
*经营租赁*办公用房租赁		年	2	23,000.00	46,000.00	5%	2,300.00
合计					¥46,000.00		¥2,300.00
价税合计（大写）	⊕肆万捌仟叁佰元整				（小写）¥48,300.00		
销售方	名　称：长安市长城管理咨询有限公司 纳税人识别号：999904770152561000 地址、电话：长安市湘湖区西湖大道　45655121 开户行及帐号：大海银行长安分行湘湖支行　2102025595982012				注	租期2020.1.1-2021.12.31 湘湖区富贵小区门市B21	

收款人：宠统　　复核：公孙胜　　开票人：钱利　　销售方：（章）

第二联：购买方扣税凭证

税总函[2016]311号北京印钞有限公司

江南增值税专用发票

抵扣联

2102645225　　　　10-30　　№ 95123361

开票日期：2020年10月10日

购买方	名　　称：江南岳达机械制造有限责任公司 纳税人识别号：91290504556677888M 地 址、电 话：长安市奉贤区工业园区　42123456 开户行及帐号：江南城市发展银行长安分行　18254871000011457	密码区

货物或应税劳务、服务名称	规格型号	单位	数量	单价	金额	税率	税额
*包装设备*喷码机		个	2	53,000.00	106,000.00	13%	13,780.00
合计					¥106,000.00		¥13,780.00
价税合计（大写）	⊕壹拾壹万玖仟柒佰捌拾元整				（小写）	¥119,780.00	

销售方	名　　称：锦阳市环宇科技有限公司 纳税人识别号：93212318236806312P 地 址、电 话：锦阳市越阳区上海街　25878123 开户行及帐号：工农银行锦阳分行越阳支行　8154684521364230	备注

收款人：周瑜　　复核：秦可卿　　开票人：孙萌　　销售方：（章）

锦阳市环宇科技有限公司 93212318236806312P 发票专用章

全国统一发票监制章 江南 国家税务总局监制

第二联：购买方扣税凭证

税总函[2016]311号北京印钞有限公司

10-30

江南增值税专用发票

抵扣联

全国统一发票监制章 江南 国家税务总局监制

2545842365　　№ 31254962

开票日期：2020年10月10日

购买方	名　　称：江南岳达机械制造有限责任公司 纳税人识别号：91290504556677888M 地 址、电 话：长安市奉贤区工业园区　42123456 开户行及帐号：江南城市发展银行长安分行　18254871000011457	密码区	

货物或应税劳务、服务名称	规格型号	单位	数量	单价	金额	税率	税额
*运输服务*电子设备运输费		吨	3	333.33	1,000.00	9%	90.00
合计					¥1,000.00		¥90.00
价税合计（大写）	⊕壹仟零玖拾元整			（小写）	¥1,090.00		

销售方	名　　称：锦阳市新阳物流有限公司 纳税人识别号：932123251852232562 地 址、电 话：锦阳市越阳区上海街　25792253 开户行及帐号：工农银行锦阳分行越阳支行　81546825482323252	备注	锦阳市越阳区至长安市奉奉贤区/江Z5148/轻型货车/专运喷码机

收款人：鲁肃　　复核：贾探春　　开票人：张莉　　销售方：（章）

锦阳市新阳物流有限公司 932123251852232562 发票专用章

第二联：购买方扣税凭证

税总函[2016]311号北京印钞有限公司

10-32

2158515262

江南增值税专用发票
抵扣联

№ 36242556

开票日期：2020年10月22日

购买方	名称：江南岳达机械制造有限责任公司 纳税人识别号：91290504556677888M 地址、电话：长安市奉贤区工业园区 42123456 开户行及帐号：江南城市发展银行长安分行 18254871000011457			密码区			
货物或应税劳务、服务名称	规格型号	单位	数量	单价	金额	税率	税额
*齿轮*减速机		个	6	2,100.00	12,600.00	13%	1,638.00
合计					¥12,600.00		¥1,638.00
价税合计（大写）	⊕壹万肆仟贰佰叁拾捌元整			（小写）	¥14,238.00		
销售方	名称：锦阳市鼎瑞贸易有限公司 纳税人识别号：93312318236806312P 地址、电话：锦阳市越阳区上海街 25862225 开户行及帐号：工农银行锦阳分行越阳支行 8154684522125522			备注			

收款人：夏侯渊　复核：林冲　开票人：张新　销售方：（章）

第二联：购买方扣税凭证

税总函[2016]311号北京印钞有限公司

模拟票据，仅供学习使用

10-35

江南增值税专用发票

抵扣联

2169513656　　№ 12456412

开票日期：2020年10月22日

购买方	名　　称：江南岳达机械制造有限责任公司 纳税人识别号：91290504556677888M 地 址、电 话：长安市奉贤区工业园区　42123456 开户行及帐号：江南城市发展银行长安分行　18254871000011457	密码区	

货物或应税劳务、服务名称	规格型号	单位	数量	单价	金额	税率	税额
*轴承*轴承		个	2	4,967.95	9,935.90	13%	1,291.67
合计					¥9,935.90		¥1,291.67
价税合计（大写）	⊕壹万壹仟贰佰贰拾柒元伍角柒分				（小写） ¥11,227.57		

销售方	名　　称：锦阳市鼎瑞贸易有限公司 纳税人识别号：93312318236806312P 地 址、电 话：锦阳市越阳区上海街　25862225 开户行及帐号：工农银行锦阳分行越阳支行　8154684522125522	备注	

收款人：夏侯渊　复核：林冲　开票人：张新　销售方：（章）

锦阳市鼎瑞贸易有限公司 93312318236806312P 发票专用章

全国统一发票监制章 江南 国家税务总局监制

第二联：购买方扣税凭证

税总函[2016]311号北京印钞有限公司

10-36

江南增值税专用发票

抵扣联

2155120125　　№ 15236225

开票日期：2020年10月22日

购买方	名　　称：江南岳达机械制造有限责任公司 纳税人识别号：91290504556677888M 地 址、电 话：长安市奉贤区工业园区　42123456 开户行及帐号：江南城市发展银行长安分行　18254871000011457	密码区	

货物或应税劳务、服务名称	规格型号	单位	数量	单价	金额	税率	税额
*保险服务*机动车交通事故责任强制保险费		份	2	1,547.54	3,095.08	6%	185.70
合计					¥3,095.08		¥185.70
价税合计（大写）	⊕叁仟贰佰捌拾元柒角捌分				（小写）	¥3,280.78	

销售方	名　　称：江南财产保险股份有限公司长安中心支公司 纳税人识别号：999905203325625000 地 址、电 话：长安市拱西区河北路　45642561 开户行及帐号：工群银行长安分行河北路支行　2578922541332542	备注	保单******税款所属期（202001-202012）代收车船税384元滞纳金0.00元合计384元总计金额3664.78元

收款人：张辽　　复核：柴进　　开票人：王鹏　　销售方：（章）

江南财产保险股份有限公司长安中心支公司 999905203325625000 发票专用章

第二联：购买方扣税凭证

税总函[2016]311号北京印钞有限公司

2154821365

江南增值税专用发票

抵扣联

全国统一发票监制章 江南 国家税务总局监制

10-37

№ 21547823

开票日期：2020年10月22日

购买方	名称：江南岳达机械制造有限责任公司 纳税人识别号：91290504556677888M 地址、电话：长安市奉贤区工业园区 42123456 开户行及帐号：江南城市发展银行长安分行 18254871000011457	密码区

货物或应税劳务、服务名称	规格型号	单位	数量	单价	金额	税率	税额
*锅炉及辅助设备*热风炉		台	1	1,500,000.00	1,500,000.00	13%	195,000.00
合计					¥1,500,000.00		¥195,000.00

价税合计（大写）	⊕壹佰陆拾玖万伍仟元整	（小写）	¥1,695,000.00

销售方	名称：锦阳市环宇科技有限公司 纳税人识别号：93212318236806312P 地址、电话：锦阳市越阳区上海街 25878123 开户行及帐号：工农银行锦阳分行越阳支行 8154684521364230	备注

锦阳市环宇科技有限公司 93212318236806312P 发票专用章

收款人：周瑜　复核：　秦可卿　开票人：孙萌　销售方：（章）

第二联：购买方扣税凭证

税总函[2016]311号北京印钞有限公司

模拟票据，仅供学习使用

10-38

1125453659

北京增值税专用发票

抵扣联

№ 11213457

开票日期：2020年10月22日

购买方	
名称：	江南岳达机械制造有限责任公司
纳税人识别号：	91290504556677888M
地址、电话：	长安市奉贤区工业园区 42123456
开户行及帐号：	江南城市发展银行长安分行 18254871000011457

密码区

货物或应税劳务、服务名称	规格型号	单位	数量	单价	金额	税率	税额
*有色金属合金*硬质合金颗粒		克	200	200.00	40,000.00	13%	5,200.00
合计					¥40,000.00		¥5,200.00
价税合计（大写）	⊕肆万伍仟贰佰元整				（小写）	¥45,200.00	

销售方	
名称：	北京腾飞机电科技有限公司
纳税人识别号：	911121546574651231
地址、电话：	北京市经济技术开发区科创四街 25489465
开户行及帐号：	工群银行北京分行望花支行 2159216464564564

备注

北京腾飞机电科技有限公司 911121546574651231 发票专用章

收款人：徐晃　复核：鲁智深　开票人：哈立刚　销售方：（章）

第二联：购买方扣税凭证

税总函[2016]311号北京印钞有限公司

10-39

2102449842

江南增值税专用发票

抵扣联

№ 21548431

开票日期：2020年10月22日

购买方	名 称：江南岳达机械制造有限责任公司 纳税人识别号：91290504556677888M 地 址、电 话：长安市奉贤区工业园区 42123456 开户行及帐号：江南城市发展银行长安分行 18254871000011457	密码区					
货物或应税劳务、服务名称	规格型号	单位	数量	单价	金额	税率	税额
*通用设备*滤芯		个	1	20,000.00	20,000.00	13%	2,600.00
合计					¥20,000.00		¥2,600.00
价税合计（大写）	⊕贰万贰仟陆佰元整			（小写）	¥22,600.00		
销售方	名 称：长安市欣博机械设备有限公司 纳税人识别号：999908223112345000 地 址、电 话：长安市湘湖区四南街 45215479 开户行及帐号：工农银行长安分行湘湖支行 8151212124558212	备注					

收款人：黄盖 复核：武松 开票人：王湘云 销售方：（章）

第二联：购买方扣税凭证

税总函[2016]311号北京印钞有限公司

10-40

2102134564

江南增值税专用发票

抵扣联

№ 21547865

开票日期：2020年10月22日

购买方	名称：江南岳达机械制造有限责任公司 纳税人识别号：91290504556677888M 地址、电话：长安市奉贤区工业园区 42123456 开户行及帐号：江南城市发展银行长安分行 18254871000011457			密码区			
货物或应税劳务、服务名称	规格型号	单位	数量	单价	金额	税率	税额
*无形资产*非专利技术		项	1	130,000.00	130,000.00	6%	7,800.00
合计					¥130,000.00		¥7,800.00
价税合计（大写）	⊕壹拾叁万柒仟捌佰元整			（小写）	¥137,800.00		
销售方	名称：长安市四海科技有限公司 纳税人识别号：999904658914562000 地址、电话：长安市湘湖区阳溪大道 45124561 开户行及帐号：大海银行长安分行湘湖支行 210202123125636			备注			

收款人：董卓　复核：李逵　开票人：单强　销售方：（章）

第二联：购买方扣税凭证

长安市四海科技有限公司 999904658914562000 发票专用章

全国统一发票监制章 江南 国家税务总局监制

税总函[2016]311号北京印钞有限公司

2122154874

江南增值税普通发票

10-41

№ 00154297 抵扣备查

此联不作报销、扣税凭证使用

全国统一发票监制章 江南 国家税务总局监制

收购

开票日期： 2020年10月22日

购买方	名称：江南岳达机械制造有限责任公司 纳税人识别号：91290504556677888M 地址、电话：长安市奉贤区工业园区 42123456 开户行及帐号：江南城市发展银行长安分行 18254871000011457				密码区			
货物或应税劳务、服务名称	规格型号	单位	数量	单价	金额	税率	税额	
*林业产品*水曲柳原木			1	35,600.00	35,600.00	免税	***	
合计					¥35,600.00		¥0.00	
价税合计（大写）	⊕叁万伍仟陆佰元整				（小写） ¥35,600.00			
销售方	名称：黄方革 纳税人识别号：221572197012132563 地址、电话：长安市北运区江南大道 44521583 开户行及帐号：工农银行长安分行北运支行 622284854785256232				备注			

收款人：刘信　复核：王明　开票人：张晓光　销售方：（章）

江南岳达机械制造有限责任公司 91290504556677888M 发票专用章

第三联

税总函[2016]311号北京印钞有限公司

上海增值税专用发票

抵扣联

3184867439　　№ 28499485　　10-42

开票日期：2020年10月22日

购买方	名　称：江南岳达机械制造有限责任公司 纳税人识别号：912905045566778888M 地址、电话：长安市奉贤区工业园区　42123456 开户行及帐号：江南城市发展银行长安分行　18254871000011457	密码区		

货物或应税劳务、服务名称	规格型号	单位	数量	单价	金额	税率	税额
*现代服务*展览展会费		次	1	20,000.00	20,000.00	6%	1,200.00
合计					¥20,000.00		¥1,200.00
价税合计（大写）	⊕贰万壹仟贰佰元整				（小写）	¥21,200.00	

销售方	名　称：上海智多星管理咨询有限公司 纳税人识别号：9131010184726ENC54 地址、电话：上海市黄埔区和平街　27874933 开户行及帐号：工农银行上海分行黄埔支行　8151828265827295	备注	

收款人：诸葛瑾　复核：段景住　开票人：薛洪　销售方：（章）

第二联：购买方扣税凭证

税总函[2016]311号北京印钞有限公司

2125482356

江南增值税专用发票

抵扣联

10-44

№ 21586488

开票日期： 2020年10月22日

购买方	名称：江南岳达机械制造有限责任公司 纳税人识别号：912905045566778888M 地址、电话：长安市奉贤区工业园区 42123456 开户行及帐号：江南城市发展银行长安分行 18254871000011457			密码区			
货物或应税劳务、服务名称	规格型号	单位	数量	单价	金额	税率	税额
*供电*电费		KWH	59210.53	1.52	90,000.00	13%	11,700.00
合计					¥90,000.00		¥11,700.00
价税合计（大写）	⊕壹拾万壹仟柒佰元整				（小写） ¥101,700.00		
销售方	名称：江南省电力有限公司长安供电公司 纳税人识别号：999901568135015000 地址、电话：长安市北运区工业园区 45713549 开户行及帐号：建安银行长安分行北运支行 2105821541231225			备注			

收款人： 曹操　复核： 史湘云　开票人： 孙慧　销售方：（章）

第二联：购买方扣税凭证

税总函[2016]311号北京印钞有限公司

10-45

江南增值税专用发票

抵扣联

2124686561 № 21874459

开票日期：2020年10月22日

购买方	名称：江南岳达机械制造有限责任公司 纳税人识别号：91290504556677888M 地址、电话：长安市奉贤区工业园区 42123456 开户行及帐号：江南城市发展银行长安分行 18254871000011457			密码区			
货物或应税劳务、服务名称	规格型号	单位	数量	单价	金额	税率	税额
*冰雪*水费		吨	342.86	3.499970834	1,200.00	3%	36.00
合计					¥1,200.00		¥36.00
价税合计（大写）	⊕壹仟贰佰叁拾陆元整				（小写）	¥1,236.00	
销售方	名称：江南长安水务控股有限责任公司 纳税人识别号：999904547781202000 地址、电话：长安市湘湖区衍水街 45022421 开户行及帐号：工群银行长安分行湘湖支行 2578922455641357			备注			

收款人：吕布　复核：阮小二　开票人：安雨飞　销售方：（章）

第二联：购买方扣税凭证

税总函[2016]311号北京印钞有限公司

2101496213

江南增值税专用发票

抵扣联

10-47

№ 21024552

开票日期：2020年10月22日

购买方		密码区	
名称：	江南岳达机械制造有限责任公司		
纳税人识别号：	91290504556677888M		
地址、电话：	长安市奉贤区工业园区 42123456		
开户行及帐号：	江南城市发展银行长安分行 18254871000011457		

货物或应税劳务、服务名称	规格型号	单位	数量	单价	金额	税率	税额
*计算机外部设备*触摸屏		套	8	15,000.00	120,000.00	13%	15,600.00
合计					¥120,000.00		¥15,600.00
价税合计（大写）	⊕壹拾叁万伍仟陆佰元整			（小写）	¥135,600.00		

销售方		备注
名称：	江南华阳物资有限公司	
纳税人识别号：	999904751569732000	
地址、电话：	长安市拱西区河北路 45126987	
开户行及帐号：	工群银行长安分行河北路支行 25789231513551284	

收款人：关羽　复核：袭人　开票人：孙卢　销售方：（章）

第二联：购买方扣税凭证

税总函[2016]311号北京印钞有限公司

2145823322

江南增值税专用发票

抵扣联

10-48

№ 21586695

开票日期：2020年10月22日

购买方	名　　称：江南岳达机械制造有限责任公司 纳税人识别号：91290504556677888M 地 址、电 话：长安市奉贤区工业园区　42123456 开户行及帐号：江南城市发展银行长安分行　18254871000011457			密码区			
货物或应税劳务、服务名称	规格型号	单位	数量	单价	金额	税率	税额
*机床*钢板防护套		个	1	20,400.00	20,400.00	13%	2,652.00
合计					¥20,400.00		¥2,652.00
价税合计（大写）	⊕贰万叁仟零伍拾贰元整				（小写）¥23,052.00		
销售方	名　　称：长安市科久机械有限公司 纳税人识别号：999905023518591000 地 址、电 话：长安市溪文区七一街　45126987 开户行及帐号：工群银行长安分行溪文支行　25789213215.121531			备注			

收款人：马谡　复核：晴雯　开票人：罗元发　销售方：（章）

第二联：购买方扣税凭证

税总函[2016]311号北京印钞有限公司

10-51

江南增值税专用发票

抵扣联

2145882351　　№ 21546218

开票日期：2020年10月22日

购买方	名称：江南岳达机械制造有限责任公司 纳税人识别号：91290504556677888M 地址、电话：长安市奉贤区工业园区 42123456 开户行及帐号：江南城市发展银行长安分行 18254871000011457				密码区			
货物或应税劳务、服务名称		规格型号	单位	数量	单价	金额	税率	税额
*专项化学用品*防锈水			桶	10	400.00	4,000.00	13%	520.00
合计						¥4,000.00		¥520.00
价税合计（大写）	⊕肆仟伍佰贰拾元整				（小写）¥4,520.00			
销售方	名称：长安市龙路化学工业有限公司 纳税人识别号：999905781562665000 地址、电话：长安市湘湖区秋风路 45022421 开户行及帐号：工农银行长安分行湘湖支行 8151211252123555				备注			

收款人：貂蝉　复核：张青　开票人：蒋凌雨　销售方：（章）

长安市龙路化学工业有限公司 999905781562665000 发票专用章

全国统一发票监制章 江南 国家税务总局监制

第二联：购买方扣税凭证

税总函[2016]311号北京印钞有限公司

10-54

江南增值税专用发票

抵扣联

2154863256　　№ 23269561

开票日期：2020年10月26日

购买方	名　　称：江南岳达机械制造有限责任公司 纳税人识别号：91290504556677888M 地 址、电 话：长安市奉贤区工业园区　42123456 开户行及帐号：江南城市发展银行长安分行　18254871000011457	密码区

货物或应税劳务、服务名称	规格型号	单位	数量	单价	金额	税率	税额
*化学合成材料*尼龙扎带		包	80	30.00	2,400.00	13%	312.00
合计					¥2,400.00		¥312.00
价税合计（大写）	⊕贰仟柒佰壹拾贰元整				（小写）¥2,712.00		

销售方	名　　称：锦阳市鼎瑞贸易有限公司 纳税人识别号：93312318236806312P 地 址、电 话：锦阳市越阳区上海街　25862225 开户行及帐号：工农银行锦阳分行越阳支行　8154684522125522	备注

收款人：夏侯渊　复核：林冲　开票人：张新　销售方：（章）

第二联：购买方扣税凭证

税总函[2016]311号北京印钞有限公司

10-55

江南增值税专用发票

抵扣联

2154852325　　№ 21546812

开票日期：2020年10月26日

购买方	名称：江南岳达机械制造有限责任公司 纳税人识别号：91290504556677888M 地址、电话：长安市奉贤区工业园区 42123456 开户行及帐号：江南城市发展银行长安分行 18254871000011457			密码区			
货物或应税劳务、服务名称	规格型号	单位	数量	单价	金额	税率	税额
*金属制品*铣刀		个	625	32.00	20,000.00	13%	2,600.00
合计					¥20,000.00		¥2,600.00
价税合计（大写）	⊕贰万贰仟陆佰元整				（小写）¥22,600.00		
销售方	名称：江南华阳物资有限公司 纳税人识别号：999904751569732000 地址、电话：长安市拱西区河北路 45126987 开户行及帐号：工群银行长安分行河北路支行 25789231513551284			备注			

收款人：关羽　　复核：袭人　　开票人：孙卢　　销售方：（章）

第二联：购买方扣税凭证

税总函[2016]311号北京印钞有限公司

2155230105

江南增值税专用发票

抵扣联

10-56

№ 21000252

开票日期：2020年10月26日

购买方	名称：江南岳达机械制造有限责任公司 纳税人识别号：91290504556677888M 地址、电话：长安市奉贤区工业园区 42123456 开户行及帐号：江南城市发展银行长安分行 18254871000011457			密码区			
货物或应税劳务、服务名称	规格型号	单位	数量	单价	金额	税率	税额
*金属制品*数控刀片		个	100	26.00	2,600.00	13%	338.00
合计					¥2,600.00		¥338.00
价税合计（大写）	⊕贰仟玖佰叁拾捌元整			（小写）	¥2,938.00		
销售方	名称：锦阳市忠达数控刀具有限公司 纳税人识别号：933123135513545658 地址、电话：锦阳市越阳区风临街 23655892 开户行及帐号：大海银行锦阳分行越阳支行 8154684155136523			备注			

收款人：西施　复核：施恩　开票人：张丽　销售方：（章）

第二联：购买方扣税凭证

税总函[2016]311号北京印钞有限公司

模拟票据，仅供学习使用

江苏增值税专用发票

抵扣联

（印章：全国统一发票监制章 江苏 国家税务总局监制）

3211500222

10-59

№ 53245468

开票日期：2020年10月26日

购买方	名称：江南岳达机械制造有限责任公司 纳税人识别号：91290504556677888M 地址、电话：长安市奉贤区工业园区 42123456 开户行及帐号：江南城市发展银行长安分行 18254871000011457	密码区	

货物或应税劳务、服务名称	规格型号	单位	数量	单价	金额	税率	税额
*旅游服务*代购机票		次	1	4,500.00	4,500.00	6%	270.00
合计					¥4,500.00		¥270.00
价税合计（大写）	⊕肆仟柒佰柒拾元整				（小写）	¥4,770.00	

销售方	名称：南京安羊国际旅行社有限公司 纳税人识别号：91320102125143326Y 地址、电话：江苏省南京市玄武区 82134572 开户行及帐号：大海银行南京分行玄武支行 3721252234512223	备注	（印章：南京安羊国际旅行社有限公司 91320102125143326Y 发票专用章）

收款人：张昭　复核：石勇　开票人：王涛　销售方：（章）

第二联：购买方扣税凭证

税总函[2016]311号北京印钞有限公司

2316561357

江南增值税专用发票

抵扣联

10-77

№ 25533925

开票日期：2020年10月26日

购买方	名称：江南岳达机械制造有限责任公司 纳税人识别号：91290504556677888M 地址、电话：长安市奉贤区工业园区 42123456 开户行及帐号：江南城市发展银行长安分行 18254871000011457				密码区			
货物或应税劳务、服务名称	规格型号	单位	数量	单价	金额	税率	税额	
*现代服务*培训费			1	25,000.00	25,000.00	6%	1,500.00	
合计					¥25,000.00		¥1,500.00	
价税合计（大写）	⊕贰万陆仟伍佰元整				（小写）	¥26,500.00		
销售方	名称：长安瀚光教育咨询有限公司 纳税人识别号：999901452236652000 地址、电话：长安市湘湖区衍水街 45551232 开户行及帐号：长安银行湘湖支行 3600000123454841				备注			

收款人：吕蒙　复核：潘金莲　开票人：李倍倍　销售方：（章）

第二联：购买方扣税凭证

税总函[2016]311号北京印钞有限公司

模拟票据，仅供学习使用

2151552325

江南增值税专用发票

抵扣联

11-05

№ 21292266

开票日期：2020年11月5日

购买方	名称：江南岳达机械制造有限责任公司 纳税人识别号：912905045566778888M 地址、电话：长安市奉贤区工业园区 42123456 开户行及帐号：江南城市发展银行长安分行 18254871000011457	密码区	

货物或应税劳务、服务名称	规格型号	单位	数量	单价	金额	税率	税额
*黑色金属冶炼延压品*球墨铸管	DN600	吨	8.63	4,000.00	34,500.00	13%	4,485.00
*非金属矿物制品*水泥		吨	5.00	240.00	1,200.00	13%	156.00
合计					¥35,700.00		4,641.00

价税合计（大写）⊕肆万壹仟肆佰壹拾贰元整　（小写）40,341.00

销售方	名称：锦阳市旺力实业有限公司 纳税人识别号：93312378316489l234 地址、电话：锦阳市越阳区上海街 25518631 开户行及帐号：工农银行锦阳分行越阳支行 8151212252900052	备注	锦阳市旺力实业有限公司 933123783164891234 发票专用章

收款人：孔融　复核：西门庆　开票人：王寅　销售方：（章）

第二联：购买方扣税凭证

税总函[2016]311号北京印钞有限公司

模拟票据，仅供学习使用

江南增值税专用发票

抵扣联

3125482316　　　　No 32225646　　11-08

开票日期：2020年11月5日

购买方	名称：江南岳达机械制造有限责任公司 纳税人识别号：91290504556677888M 地址、电话：长安市奉贤区工业园区 42123456 开户行及帐号：江南城市发展银行长安分行 18254871000011457	密码区	

货物或应税劳务、服务名称	规格型号	单位	数量	单价	金额	税率	税额
*住宿服务*住宿费		天	3	666.67	2,000.00	6%	120.00
合计					¥2,000.00		¥120.00
价税合计（大写）	⊕贰仟壹佰贰拾元整			（小写）	¥2,120.00		

销售方	名称：锦阳天天连锁有限公司 纳税人识别号：933123259548522365 地址、电话：锦阳市越阳区上海街 25365846 开户行及帐号：工农银行锦阳分行越阳支行 8154682556625559	备注	锦阳天天连锁有限公司 933123259548522365 发票专用章

收款人：黄忠　复核：卢俊义　开票人：毛红　销售方：（章）

第二联：购买方扣税凭证

税总函[2016]311号北京印钞有限公司

模拟票据，仅供学习使用

江南增值税专用发票

抵扣联

2316561357　　　　№ 25533952　　　　11-11

开票日期：2020年11月6日

购买方	名　　称：江南岳达机械制造有限责任公司 纳税人识别号：91290504556677888M 地 址、电 话：长安市奉贤区工业园区　42123456 开户行及帐号：江南城市发展银行长安分行　18254871000011457	密码区

货物或应税劳务、服务名称	规格型号	单位	数量	单价	金额	税率	税额
*现代服务*培训费		次	1	9,000.00	9,000.00	3%	270.00
合计					¥9,000.00		¥270.00
价税合计（大写）	⊕玖仟贰佰柒拾元整				（小写）	¥9,270.00	

销售方	名　　称：长安瀚光教育咨询有限公司 纳税人识别号：999901452236652000 地 址、电 话：长安市湘湖区衍水街　45551232 开户行及帐号：长安银行湘湖支行　3600000123454841	备注

收款人：吕蒙　　复核：潘金莲　　开票人：李倍倍　　销售方：（章）

第二联：购买方扣税凭证

（印章：全国统一发票监制章 江南 国家税务总局监制）

（印章：长安瀚光教育咨询有限公司 999901452236652000 发票专用章）

税总函[2016]311号北京印钞有限公司

11-12

江南增值税专用发票

抵扣联

2565155121　　№ 21541896

开票日期：2020年11月7日

购买方	名　　称：江南岳达机械制造有限责任公司 纳税人识别号：91290504556677888M 地 址、电 话：长安市奉贤区工业园区　42123456 开户行及帐号：江南城市发展银行长安分行　18254871000011457	密码区

货物或应税劳务、服务名称	规格型号	单位	数量	单价	金额	税率	税额
*广告代理服务*广告费		次	1	30,000.00	30,000.00	6%	1,800.00
合计					¥30,000.00		¥1,800.00
价税合计（大写）	⊕叁万壹仟捌佰元整				（小写） ¥31,800.00		

销售方	名　　称：长安谦翼传媒有限公司 纳税人识别号：999908510005922000 地 址、电 话：长安市湘湖区凤临街　45551232 开户行及帐号：建安银行长安分行湘湖支行　2105835656233906	备注

收款人：孙尚香　复核：贾伟　开票人：孙冰冰　销售方：（章）

（印章：长安谦翼传媒有限公司 999908510005922000 发票专用章）

第二联：购买方扣税凭证

税总函[2016]311号北京印钞有限公司

2156695017

江南增值税专用发票

抵扣联

№ 21598701

开票日期：2020年11月8日

购买方		密码区
名　称：	江南岳达机械制造有限责任公司	
纳税人识别号：	91290504556677888M	
地址、电话：	长安市奉贤区工业园区　42123456	
开户行及帐号：	江南城市发展银行长安分行　18254871000011457	

货物或应税劳务、服务名称	规格型号	单位	数量	单价	金额	税率	税额
*电信服务*基础电信服务		月	1	171.00	171.00	9%	15.39
*电信服务*增值电信服务		月	1	1,141.70	1,141.70	6%	68.50
合计					¥1,312.70		¥83.89

价税合计（大写）　壹仟叁佰玖拾陆元伍角玖分　（小写）¥1,396.59

销售方		备注
名　称：	江南通信有限公司长安分公司	
纳税人识别号：	999902471548922000	
地址、电话：	长安市湘湖区西湖大道　45655121	
开户行及帐号：	大海银行长安分行湘湖支行　2102022572558236	

收款人：夏侯敦　复核：关胜　开票人：姜美丽　销售方：（章）

第二联：购买方扣税凭证

江南通信有限公司长安分公司 999902471548922000 发票专用章

全国统一发票监制章 江南 国家税务总局监制

税总函[2016]311号北京印钞有限公司

江南增值税专用发票

抵扣联

2101496213　　№ 25655563　　11-14

开票日期：2020年11月8日

购买方	名称：江南岳达机械制造有限责任公司 纳税人识别号：912905045566778888M 地址、电话：长安市奉贤区工业园区 42123456 开户行及帐号：江南城市发展银行长安分行 18254871000011457	密码区

货物或应税劳务、服务名称	规格型号	单位	数量	单价	金额	税率	税额
*建筑服务*办公室装修费		次	1	10,000.00	10,000.00	9%	900.00
合计					¥10,000.00		¥900.00
价税合计（大写）	⊕壹万零玖佰元整				（小写）	¥10,900.00	

销售方	名称：江南华阳物资有限公司 纳税人识别号：999904751569732000 地址、电话：长安市拱西区河北路 45126987 开户行及帐号：工群银行长安分行河北路支行 257892315135551284	备注：奉贤区工业园区办公室装修

收款人：关羽　复核：袭人　开票人：孙卢　销售方：（章）

第二联：购买方扣税凭证

税总函[2016]311号北京印钞有限公司

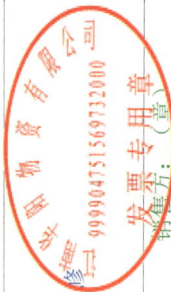

江南增值税专用发票

抵扣联

2154863256　　　　No 21656234　　　　11-16

开票日期：2020年11月8日

购买方	名　　称：江南岳达机械制造有限责任公司 纳税人识别号：91290504556677888M 地 址、电 话：长安市奉贤区工业园区　42123456 开户行及帐号：江南城市发展银行长安分行　18254871000011457				密码区		
货物或应税劳务、服务名称	规格型号	单位	数量	单价	金额	税率	税额
*非金属矿物制品*棕刚砂轮		个	18	100.00	1,800.00	13%	234.00
合计					¥1,800.00		¥234.00
价税合计（大写）	⊕贰仟零叁拾肆元整				（小写）¥2,034.00		
销售方	名　　称：锦阳市鼎瑞贸易有限公司 纳税人识别号：93312318236806312P 地 址、电 话：锦阳市越阳区上海街　25862225 开户行及帐号：工农银行锦阳分行越阳支行　8154684522125522				备注		

收款人：夏侯渊　　复核：林冲　　开票人：张新　　销售方：（章）

第二联：购买方扣税凭证

税总函[2016]311号北京印钞有限公司

2251200250

江南增值税专用发票

抵扣联

11-19

№ 12500002

开票日期：2020年11月8日

购买方	名称：江南岳达机械制造有限责任公司 纳税人识别号：91290504556677888M 地址、电话：长安市奉贤区工业园区 42123456 开户行及帐号：江南城市发展银行长安分行 18254871000011457				密码区			
货物或应税劳务、服务名称	规格型号	单位	数量	单价	金额	税率	税额	
*纸制品*打印纸		包	10	200.00	2,000.00	13%	260.00	
*计算机配套产品*硒鼓		个	1	500.00	500.00	13%	65.00	
合计					¥2,500.00		¥325.00	
价税合计（大写）	贰仟捌佰贰拾伍元整				（小写） ¥2,825.00			
销售方	名称：长安市华溪商业大厦 纳税人识别号：999904156803056000 地址、电话：长安市湘湖区站前街 45521522 开户行及帐号：工群银行长安分行湘湖支行 2578922512236236				备注			

收款人：马超　复核：花荣　开票人：郑丽丽　销售方：（章）

第二联：购买方扣税凭证

税总函[2016]311号北京印钞有限公司

11-21

江南增值税专用发票

抵扣联

2154021561　　№ 13692301

开票日期：2020年11月8日

购买方	名　　称：江南岳达机械制造有限责任公司 纳税人识别号：91290504556677888M 地 址、电 话：长安市奉贤区工业园区　42123456 开户行及帐号：江南城市发展银行长安分行　18254871000011457			密码区			
货物或应税劳务、服务名称	规格型号	单位	数量	单价	金额	税率	税额
*黑色金属冶炼延压品*带锯钢带	34*1.1	吨	16	55,000.00	880,000.00	13%	114,400.00
合计					¥880,000.00		¥114,400.00
价税合计（大写）	⊕玖拾玖万肆仟肆佰元整			（小写）	¥994,400.00		
销售方	名　　称：江南长安特钢有限公司 纳税人识别号：999904789620354000 地 址、电 话：长安市拱西区河北路　45871236 开户行及帐号：工群银行长安分行河北路支行　25789516891321263			备注			

收款人：魏延　　复核：麝月　　开票人：王兴　　销售方：（章）

第二联：购买方扣税凭证

全国统一发票监制章 江南 国家税务总局监制

江南长安特钢有限公司 999904789620354000 发票专用章

税总函[2016]311号北京印钞有限公司

模拟票据，仅供学习使用

江南增值税专用发票

抵扣联

2103312828　　№ 21545123　　11-24

开票日期：2020年11月8日

购买方	名称：江南岳达机械制造有限责任公司 纳税人识别号：91290504556677888M 地址、电话：长安市奉贤区工业园区 42123456 开户行及帐号：江南城市发展银行长安分行 18254871000011457			密码区			
货物或应税劳务、服务名称	规格型号	单位	数量	单价	金额	税率	税额
*电动机*电机		台	9	100.00	900.00	13%	117.00
合计					¥900.00		¥117.00
价税合计（大写）	⊕壹仟零壹拾柒元整				（小写） ¥1,017.00		
销售方	名称：长安市欣博机械设备有限公司 纳税人识别号：999908223112345000 地址、电话：长安市湘湖区四南街 45215479 开户行及帐号：工农银行长安分行湘湖支行 8151212124558212			备注			

收款人：黄盖　　复核：武松　　开票人：王湘云　　销售方：（章）

第二联：购买方扣税凭证

税总函[2016]311号北京印钞有限公司

11-27

江南增值税专用发票

抵扣联

2103312828　　№ 21545124

开票日期：2020年11月8日

购买方	名　　称：江南岳达机械制造有限责任公司 纳税人识别号：91290504556677888M 地址、电话：长安市奉贤区工业园区 42123456 开户行及帐号：江南城市发展银行长安分行 18254871000011457			密码区			
货物或应税劳务、服务名称	规格型号	单位	数量	单价	金额	税率	税额
*劳务*设备修理费		次	1	100,000.00	100,000.00	13%	13,000.00
合计					¥100,000.00		¥13,000.00
价税合计（大写）	⊕壹拾壹万叁仟元整				（小写）¥113,000.00		
销售方	名　　称：长安市欣博机械设备有限公司 纳税人识别号：999908223112345000 地址、电话：长安市湘湖区四南街 45215479 开户行及帐号：工农银行长安分行湘湖支行 8151212124558212			备注			

收款人：黄盖　复核：武松　开票人：王湘云　销售方：（章）

第二联：购买方扣税凭证

税总函[2016]311号北京印钞有限公司

11-29

江南增值税专用发票

抵扣联

2103312828　　№ 21545521

开票日期：2020年11月8日

购买方	名　　称：江南岳达机械制造有限责任公司 纳税人识别号：91290504556677888M 地 址、电 话：长安市奉贤区工业园区 42123456 开户行及帐号：江南城市发展银行长安分行 18254871000011457			密码区			
货物或应税劳务、服务名称	规格型号	单位	数量	单价	金额	税率	税额
*敏感元件及传感器*传感器		个	4	1,500.00	6,000.00	13%	780.00
合计					¥6,000.00		¥780.00
价税合计（大写）	⊕陆仟柒佰捌拾元整			（小写）	¥6,780.00		
销售方	名　　称：长安市欣博机械设备有限公司 纳税人识别号：999908223112345000 地 址、电 话：长安市湘湖区四南街 45215479 开户行及帐号：工农银行长安分行湘湖支行 8151212124558212			备注			

收款人：黄盖　　复核：武松　　开票人：王湘云　　销售方：（章）

第二联：购买方扣税凭证

税总函[2016]311号北京印钞有限公司

全国统一发票监制章 江南 国家税务总局监制

长安市欣博机械设备有限公司 999908223112345000 发票专用章

江南增值税专用发票

抵扣联

2103312828　　　　№ 21545125　　11-31

开票日期：2020年11月8日

购买方	名　　称：江南岳达机械制造有限责任公司 纳税人识别号：91290504556677888M 地 址、电 话：长安市奉贤区工业园区　42123456 开户行及帐号：江南城市发展银行长安分行　18254871000011457	密码区	

货物或应税劳务、服务名称	规格型号	单位	数量	单价	金额	税率	税额
*纺织品*雅戈尔西装		套	2	13,500.00	27,000.00	13%	3,510.00
合计					¥27,000.00		¥3,510.00
价税合计（大写）	⊕叁万零伍佰壹拾元整				（小写） ¥30,510.00		

销售方	名　　称：长安市华溪商业大厦 纳税人识别号：999904156803056000 地 址、电 话：长安市湘湖区站前街　45521522 开户行及帐号：工群银行长安分行湘湖支行　2578922512236236	备注	

收款人：马超　　复核：花荣　　开票人：郑丽丽　　销售方：（章）

第二联：购买方扣税凭证

税总函[2016]311号北京印钞有限公司

模拟票据，仅供学习使用

上海增值税专用发票

抵扣联

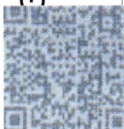

3124581320

11-43D

№ 36597236

开票日期： 2020年11月13日

购买方	名　　称：江南岳达机械制造有限责任公司 纳税人识别号：91290504556677888M 地 址、电 话：长安市奉贤区工业园区　42123456 开户行及帐号：江南城市发展银行长安分行　18254871000011457	密码区

货物或应税劳务、服务名称	规格型号	单位	数量	单价	金额	税率	税额
*住宿服务*住宿费		天	4	333.35	1,333.40	6%	80.00
合计					¥1,333.40		¥80.00

价税合计（大写）⊕壹仟肆佰壹拾叁元肆角整	（小写）¥1,413.40

销售方	名　　称：江南旅馆有限公司上海徐汇分公司 纳税人识别号：91310000322256236R 地 址、电 话：上海市徐汇区解放路　22154780 开户行及帐号：工群银行上海分行徐汇支行　2149214528423684	备注

收款人：黄月英　复核：丁得孙　开票人：孟善柱　销售方：（章）

第二联：购买方扣税凭证

税总函[2016]311号北京印钞有限公司

江南增值税电子普通发票

通行费

发票代码：2101225200　　11-44

发票号码：32155231　　**抵扣备查**

开票日期：2020年11月30日

购买方	名　　称：江南岳达机械制造有限责任公司 纳税人识别号：91290504556677888M 地址、电话：长安市奉贤区工业园区　42123456 开户行及帐号：江南城市发展银行长安分行　18254871000011457			密码区			
项目名称	车牌号	类型	通行日期起	通行日期止	金额	税率	税额
*经营租赁*通行费	江F21322	客车	20200420	20200520	1,600.00	3%	48.00
合计					¥1,600.00		¥48.00
价税合计（大写）	⊕壹仟陆佰肆拾捌元整			（小写）	¥1,648.00		
销售方	名　　称：江南交通投资有限公司 纳税人识别号：999900000723672OXN 地址、电话：江南省安阳市和平区　65145841 开户行及帐号：建安银行安阳分行和平支行　2105013126810003			备注	汇总开具		

收款人：马岱　　复核：焦挺　　开票人：刘芳　　销售方：（章）

第二联：发票联　购买方记账凭证

江南交通投资有限公司 9999000007236720XN 发票专用章

全国统一发票监制章 江南 国家税务总局监制

税总函[2016]311号北京印钞有限公司

江南增值税专用发票

抵扣联

11-52A

2153352255　　№ 22325781

成品油　　开票日期：2020年11月30日

购买方	名　称：江南岳达机械制造有限责任公司 纳税人识别号：91290504556677888M 地址、电话：长安市奉贤区工业园区 42123456 开户行及帐号：江南城市发展银行长安分行 18254871000011457	密码区	

货物或应税劳务、服务名称	规格型号	单位	数量	单价	金额	税率	税额
*乙醇汽油*93#车用汽油	93#	升	200.4	9.98	2,000.00	13%	260.00
合计					¥2,000.00		¥260.00
价税合计（大写）	⊕贰仟贰佰陆拾元整				（小写） ¥2,260.00		

销售方	名　称：石油天然气总公司江南长安分公司 纳税人识别号：999901812355136000 地址、电话：长安市北运区工业园区 45136297 开户行及帐号：建安银行长安分行北运支行 2105812335130220	备注	

收款人：刘备　复核：妙玉　开票人：沙僧　销售方：（章）

第二联：购买方扣税凭证

税总函[2016]311号北京印钞有限公司

模拟票据，仅供学习使用

2889020847

江南增值税专用发票

抵扣联

11-52B

№ 34545683

开票日期： 2020年11月30日

购买方	名　　称：江南岳达机械制造有限责任公司 纳税人识别号：91290504556677888M 地 址、电 话：长安市奉贤区工业园区 42123456 开户行及帐号：江南城市发展银行长安分行 18254871000011457	密码区

货物或应税劳务、服务名称	规格型号	单位	数量	单价	金额	税率	税额
*劳务 *修理费		次	1	50,000.00	50,000.00	13%	6,500.00
合计					¥50,000.00		¥6,500.00

价税合计（大写） ⊕伍万陆仟伍佰元整 （小写） ¥56,500.00

销售方	名　　称：长安汇宁汽车修理有限公司 纳税人识别号：999908325987429000 地 址、电 话：长安市湘湖区阳溪大道 48365802 开户行及帐号：工农银行长安分行水湘湖支行 8151890578909275	备注

收款人：许褚　复核：刘唐　开票人：崔志勇　销售方：（章）

第二联：购买方扣税凭证

税总函[2016]311号北京印钞有限公司

2122154874

江南增值税普通发票

全国统一发票监制章 江南 国家税务总局监制

此联不作报销、扣税凭证使用

11-53A

№ 00154927 抵扣备查

开票日期：2020年11月8日

购买方	名称：江南岳达机械制造有限责任公司 纳税人识别号：91290504556677888M 地址、电话：长安市奉贤区工业园区 42123456 开户行及帐号：江南城市发展银行长安分行 18254871000011457	密码区					
货物或应税劳务、服务名称	规格型号	单位	数量	单价	金额	税率	税额
*林业产品*水曲柳原木		立方米	100	1,485.15	148,514.85	1%	1,485.15
合计					¥148,514.85		1,485.15
价税合计（大写）	⊕壹拾伍万元整			（小写）	¥150,000.00		
销售方	名称：长安市绿水清山林业有限公司 纳税人识别号：9999545831P31563132 地址、电话：江南省长安市长安县 78169436 开户行及帐号：工群银行长安分行长安县支行 2149221646132156	备注	长安市绿水清山林业有限公司 9999545831P31563132 发票专用章				

收款人：安娜　复核：穆桂英　开票人：王梦　销售方：（章）

第三联

税总函[2016]311号北京印钞有限公司

11-54

江南增值税专用发票

抵扣联

全国统一发票监制章 江南 国家税务总局监制

3124581320　　№ 36597235

开票日期：2020年11月13日

购买方	名　　称：江南岳达机械制造有限责任公司 纳税人识别号：91290504556677888M 地 址、电 话：长安市奉贤区工业园区　42123456 开户行及帐号：江南城市发展银行长安分行　18254871000011457	密码区	

货物或应税劳务、服务名称	规格型号	单位	数量	单价	金额	税率	税额
*住宿服务*住宿费		天	2	1,500.00	3,000.00	6%	180.00
*娱乐服务*高尔夫门票		次	1	2,000.00	2,000.00	6%	120.00
合计					¥5,000.00		¥300.00
价税合计（大写）	⊕伍仟叁佰元整				（小写）	¥5,300.00	

销售方	名　　称：长安市锦星酒店管理有限公司 纳税人识别号：999903685737394000 地 址、电 话：长安市湘湖区衍水街　35478363 开户行及帐号：工群银行长安分行湘湖支行　2575839577382947	备注	

长安市锦星酒店管理有限公司 999903685737394000 发票专用章

收款人：曹植　　复核：陶宗旺　　开票人：王晓燕　　销售方：（章）

第二联：购买方扣税凭证

税总函[2016]311号北京印钞有限公司

3124581320

上海增值税专用发票

抵扣联

11-55A

№ 36597238

开票日期：2020年11月4日

购买方			密码区	
名 称：	江南岳达机械制造有限责任公司			
纳税人识别号：	91290504556677888M			
地 址、电 话：	长安市奉贤区工业园区 42123456			
开户行及帐号：	江南城市发展银行长安分行 18254871000011457			

货物或应税劳务、服务名称	规格型号	单位	数量	单价	金额	税率	税额
*住宿服务*住宿费		天	10	1,415.09	14,150.94	6%	849.06
合计					¥14,150.94		¥849.06

价税合计（大写） ⊕壹万伍仟元整 （小写） ¥15,000.00

销售方			备注
名 称：	江南旅馆有限公司上海徐汇分公司		
纳税人识别号：	913100003222256236R		
地 址、电 话：	上海市徐汇区解放路 22154780		
开户行及帐号：	工群银行上海分行徐汇支行 2149214528423684		

收款人：黄月英 复核：丁得孙 开票人：孟善柱 销售方：（章）

全国统一发票监制章 上海 国家税务总局监制

江南旅馆有限公司上海徐汇分公司 913100003222256236R 发票专用章

第二联：购买方扣税凭证

税总函[2016]311号北京印钞有限公司

江南增值税专用发票

抵扣联

全国统一发票监制章 江南 国家税务总局监制

2125482356

11-59A

№ 21586484

开票日期： 2020年11月30日

购买方	名 称： 江南岳达机械制造有限责任公司 纳税人识别号： 91290504556677888M 地 址、电 话： 长安市奉贤区工业园区 42123456 开户行及帐号： 江南城市发展银行长安分行 18254871000011457			密码区			
货物或应税劳务、服务名称	规格型号	单位	数量	单价	金额	税率	税额
*供电*电费		KWH	67567.57	1.48	100,000.00	13%	13,000.00
合计					¥100,000.00		¥13,000.00
价税合计（大写）	⊕壹拾壹万叁仟元整				（小写） ¥113,000.00		
销售方	名 称： 江南省电力有限公司长安供电公司 纳税人识别号： 999901568135015000 地 址、电 话： 长安市北运区工业园区 45713549 开户行及帐号： 建安银行长安分行北运支行 2105821541231225			备注	江南省电力有限公司长安供电公司 999901568135015000 发票专用章		

收款人： 曹操 复核： 史湘云 开票人： 孙慧 销售方：（章）

第二联：购买方扣税凭证

税总函[2016]311号北京印钞有限公司

江南增值税专用发票

抵扣联

2124686561　　　　№ 21874449　　　　11-60A

（印章：全国统一发票监制章 江南 国家税务总局监制）

开票日期：2020年11月30日

购买方	名称：江南岳达机械制造有限责任公司 纳税人识别号：912905045566778888M 地址、电话：长安市奉贤区工业园区 42123456 开户行及帐号：江南城市发展银行长安分行 18254871000011457				密码区			
货物或应税劳务、服务名称	规格型号	单位	数量	单价	金额	税率	税额	
*冰雪*水费		吨	600	3.50	2,100.00	3%	63.00	
合计					¥2,100.00		¥63.00	
价税合计（大写）	⊕贰仟壹佰陆拾叁元整				（小写）¥2,163.00			
销售方	名称：江南长安水务控股有限责任公司 纳税人识别号：999904547781202000 地址、电话：长安市湘湖区衍水街 45022421 开户行及帐号：工群银行长安分行湘湖支行 2578922455641357				备注			

收款人：吕布　　复核：阮小二　　开票人：安雨飞　　销售方：（章）

（印章：江南长安水务控股有限责任公司 999904547781202000 发票专用章）

第二联：购买方扣税凭证

税总函[2016]311号北京印钞有限公司

模拟票据，仅供学习使用

江南增值税专用发票

抵扣联

11-61A

2103312828　　№ 21545122

开票日期：2020年11月8日

购买方	名称：江南岳达机械制造有限责任公司 纳税人识别号：91290504556677888M 地址、电话：长安市奉贤区工业园区 42123456 开户行及帐号：江南城市发展银行长安分行 18254871000011457			密码区			
货物或应税劳务、服务名称	规格型号	单位	数量	单价	金额	税率	税额
*气动元件*气缸		个	1	2,100.00	2,100.00	13%	273.00
合计					¥2,100.00		¥273.00
价税合计（大写）	⊕贰仟叁佰柒拾叁元整				（小写） ¥2,373.00		
销售方	名称：长安市欣博机械设备有限公司 纳税人识别号：999908223112345000 地址、电话：长安市湘湖区四南街 45215479 开户行及帐号：工农银行长安分行湘湖支行 8151212124558212			备注	长安市欣博机械设备有限公司 999908223112345000 发票专用章		

收款人：黄盖　复核：武松　开票人：王湘云　销售方：（章）

第二联：购买方扣税凭证

税总函[2016]311号北京印钞有限公司

2153352255

江南增值税专用发票

抵扣联

№ 22325871

11-81

成品油

开票日期：2020年11月30日

购买方	名称：江南岳达机械制造有限责任公司 纳税人识别号：91290504556677888M 地址、电话：长安市奉贤区工业园区 42123456 开户行及帐号：江南城市发展银行长安分行 18254871000011457			密码区			
货物或应税劳务、服务名称	规格型号	单位	数量	单价	金额	税率	税额
*柴油*车用柴油	35#	升	5012.53	7.98	40,000.00	13%	5,200.00
合计					¥40,000.00		¥5,200.00
价税合计（大写）	⊕肆万伍仟贰佰元整				（小写）¥45,200.00		
销售方	名称：石油天然气总公司江南长安分公司 纳税人识别号：999901812355136000 地址、电话：长安市北运区工业园区 45136297 开户行及帐号：建安银行长安分行北运支行 2105812335130220			备注			

收款人：刘备　复核：妙玉　开票人：沙僧　销售方：（章）

第二联：购买方扣税凭证

税总函[2016]311号北京印钞有限公司

全国统一发票监制章 江南 国家税务总局监制

石油天然气总公司江南长安分公司 999901812355136000 发票专用章

江苏增值税专用发票

抵扣联

3124581320　　　　№ 36597237　　　　11-88

开票日期：2020年11月4日

购买方	名　　称：江南岳达机械制造有限责任公司 纳税人识别号：91290504556677888M 地 址、电 话：长安市奉贤区工业园区　42123456 开户行及帐号：江南城市发展银行长安分行　18254871000011457	密码区	

货物或应税劳务、服务名称	规格型号	单位	数量	单价	金额	税率	税额
*制冷空调设备*中央空调		套	1	250,000.00	250,000.00	13%	32,500.00
*建筑服务*空调安装		次	1	200,000.00	200,000.00	9%	18,000.00
合计					¥450,000.00		¥50,500.00

价税合计（大写）　⊕伍拾万零伍佰元整　　（小写）¥500,500.00

销售方	名　　称：南京有温度设备制造安装公司 纳税人识别号：913201021214569８UH 地 址、电 话：江苏省南京市高淳区　82131548 开户行及帐号：大海银行南京分行高淳支行　3721255984165812	备注	南京有温度设备制造安装公司 913201021214569８UH 发票专用章

收款人：岳相　　复核：袁毅　　开票人：张想　　销售方：（章）

第二联：购买方扣税凭证

税总函[2016]311号北京印钞有限公司

12-4A

2125136512

江南增值税专用发票

抵扣联

№ 21672364

开票日期： 2020年12月12日

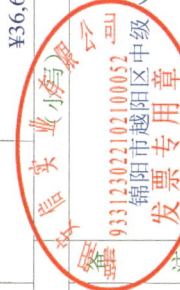

购买方	名称：江南岳达机械制造有限责任公司 纳税人识别号：912905045566778888M 地址、电话：长安市奉贤区工业园区 42123456 开户行及帐号：江南城市发展银行长安分行 18254871000011457				密码区		
货物或应税劳务、服务名称	规格型号	单位	数量	单价	金额	税率	税额
*建筑服务*铺设电缆工程服务		1	1	36,697.25	36,697.25	9%	3,302.75
合计					¥36,697.25		¥3,302.75
价税合计（大写）	⊕肆万元整				（小写） ¥40,000.00		
销售方	名称：锦阳安信实业有限公司 纳税人识别号：933123022102100052 地址、电话：锦阳市越阳区风临街 23621236 开户行及帐号：工农银行锦阳分行越阳支行 8151212252900052				备注	锦阳市越阳区中级人民法院新建办公楼电缆铺设	

收款人： 关平　复核： 周通　开票人： 许润　销售方：（章）

锦阳安信实业有限公司 933123022102100052 发票专用章

第二联：购买方扣税凭证

税总函[2016]311号北京印钞有限公司

江南增值税专用发票

抵扣联

2156695017 № 20122055 12-05

开票日期： 2020年12月5日

购买方	名　　称：江南岳达机械制造有限责任公司 纳税人识别号：91290504556677888M 地址、电话：长安市奉贤区工业园区 42123456 开户行及帐号：江南城市发展银行长安分行 18254871000011457	密码区	

货物或应税劳务、服务名称	规格型号	单位	数量	单价	金额	税率	税额
*电信服务*基础电信服务		月	1	300.00	300.00	9%	27.00
*电信服务*增值电信服务		月	1	2,587.58	2,587.58	6%	155.25
合计					¥2,887.58		¥182.25

价税合计（大写） 叁仟零陆拾玖元捌角叁分　（小写） ¥3,069.83

销售方	名　　称：江南通信有限公司长安分公司 纳税人识别号：999902471548922000 地址、电话：长安市湘湖区西湖大道 45655121 开户行及帐号：大海银行长安分行湘湖支行 2102022572558236	备注	

收款人：夏侯敦　复核：关胜　开票人：姜美丽　销售方：（章）

第二联：购买方扣税凭证

税总函[2016]311号北京印钞有限公司

全国统一发票监制章 江南 国家税务总局监制

江南通信有限公司长安分公司 999902471548922000 发票专用章

江南增值税专用发票

抵扣联

2154262458　　　12-12　　№ 12356923

开票日期：2020年12月5日

购买方	名　　称：江南岳达机械制造有限责任公司 纳税人识别号：91290504556677888M 地 址、电 话：长安市奉贤区工业园区　42123456 开户行及帐号：江南城市发展银行长安分行　18254871000011457			密码区			
货物或应税劳务、服务名称	规格型号	单位	数量	单价	金额	税率	税额
*黑色金属冶炼延压品*带锯钢带	34*1.1	吨	8	53,533.33	428,266.67	13%	55,674.67
合计					¥428,266.67		¥55,674.67
价税合计（大写）	⊕肆拾捌万叁仟玖佰肆拾壹元叁角肆分				（小写）	¥483,941.34	
销售方	名　　称：江南长安特钢有限公司 纳税人识别号：999904789620354000 地 址、电 话：长安市拱西区河北路　45871236 开户行及帐号：工群银行长安分行河北路支行　25789516891321263			备注			

收款人：魏延　　复核：麝月　　开票人：王兴　　销售方：（章）

第二联：购买方扣税凭证

印章：全国统一发票监制章 江南 国家税务总局监制

印章：江南长安特钢有限公司 999904789620354000 发票专用章

税总函[2016]311号北京印钞有限公司

模拟票据，仅供学习使用

江南增值税专用发票

抵扣联

12-13

2889020847　　№ 32997032

开票日期：2020年12月5日

购买方	名　　称：江南岳达机械制造有限责任公司 纳税人识别号：91290504556677888M 地 址、电 话：长安市奉贤区工业园区　42123456 开户行及帐号：江南城市发展银行长安分行　18254871000011457	密码区

货物或应税劳务、服务名称	规格型号	单位	数量	单价	金额	税率	税额
*劳务 *修理费		次	1	1,500.00	1,500.00	13%	195.00
合计					¥1,500.00		¥195.00
价税合计（大写）	⊕壹仟陆佰玖拾伍元整				（小写）¥1,695.00		

销售方	名　　称：长安汇宁汽车修理有限公司 纳税人识别号：999908325987429000 地 址、电 话：长安市湘湖区阳溪大道 48365802 开户行及帐号：工农银行长安分行水湘湖支行　8151890578909275	备注

收款人：许褚　　复核：刘唐　　开票人：崔志勇　　销售方：（章）

第二联：购买方扣税凭证

税总函[2016]311号北京印钞有限公司

长安汇宁汽车修理有限公司 999908325987429000 发票专用章

全国统一发票监制章 江南 国家税务总局监制

江南增值税专用发票

抵扣联

2158233266　　№ 55236601　　12-14

开票日期：2020年12月5日

购买方	名　　称：江南岳达机械制造有限责任公司 纳税人识别号：91290504556677888M 地 址、电 话：长安市奉贤区工业园区　42123456 开户行及帐号：江南城市发展银行长安分行　18254871000011457			密码区			
货物或应税劳务、服务名称	规格型号	单位	数量	单价	金额	税率	税额
*配电控制设备*调功控制器		个	1	3,400.00	3,400.00	13%	442.00
合计					¥3,400.00		¥442.00
价税合计（大写）	⊕叁仟捌佰肆拾贰元整				（小写）	¥3,842.00	
销售方	名　　称：长安市欣博机械设备有限公司 纳税人识别号：999908223112345000 地 址、电 话：长安市湘湖区四南街　45215479 开户行及帐号：工农银行长安分行湘湖支行　8151212124558212			备注			

收款人：黄盖　　复核：武松　　开票人：王湘云　　销售方：（章）

第二联：购买方扣税凭证

全国统一发票监制章 江南 国家税务总局监制

长安市欣博机械设备有限公司 999908223112345000 发票专用章

税总函[2016]311号北京印钞有限公司

江南增值税专用发票

抵扣联

2012522251　　№ 28469532　　12-17

开票日期：2020年12月5日

购买方		密码区
名　称：	江南岳达机械制造有限责任公司	
纳税人识别号：	91290504556677888M	
地址、电话：	长安市奉贤区工业园区　42123456	
开户行及帐号：	江南城市发展银行长安分行　18254871000011457	

货物或应税劳务、服务名称	规格型号	单位	数量	单价	金额	税率	税额
*家具*办公椅		个	2	770.00	1,540.00	13%	200.20
合计					¥1,540.00		¥200.20

价税合计（大写）　⊕壹仟柒佰肆拾元贰角整　　（小写）¥1,740.20

销售方		备注
名　称：	长安市华溪商业大厦	
纳税人识别号：	999904156803056000	
地址、电话：	长安市湘湖区站前街　45521522	
开户行及帐号：	工群银行长安分行湘湖支行　2578922512236236	

收款人：马超　复核：花荣　开票人：郑丽丽　销售方：（章）

第二联：购买方扣税凭证

税总函[2016]311号北京印钞有限公司

上海增值税专用发票

抵扣联

3184867439　　12-18　　№ 28445489

开票日期：2020年12月20日

购买方	名　　称：江南岳达机械制造有限责任公司 纳税人识别号：91290504556677888M 地 址、电 话：长安市奉贤区工业园区　42123456 开户行及帐号：江南城市发展银行长安分行　18254871000011457	密码区

货物或应税劳务、服务名称	规格型号	单位	数量	单价	金额	税率	税额
*现代服务*展会费		次	1	9,433.96	9,433.96	6%	566.04
合计					¥9,433.96		¥566.04
价税合计（大写）	⊕壹万元整				（小写）¥10,000.00		

销售方	名　　称：上海智多星管理咨询有限公司 纳税人识别号：9131010184726ENC54 地 址、电 话：上海市黄埔区和平街　27874933 开户行及帐号：工农银行上海分行黄埔支行　8151828265827295	备注

收款人：诸葛瑾　复核：段景住　开票人：薛洪　销售方：（章）

第二联：购买方扣税凭证

税总函[2016]311号北京印钞有限公司

3251858500

江南增值税专用发票

抵扣联

12-19

№ 3215454

开票日期： 2016年12月5日

购买方	名　　称：江南岳达机械制造有限责任公司 纳税人识别号：91290504556677888M 地 址、电 话：长安市奉贤区工业园区 42123456 开户行及帐号：江南城市发展银行长安分行 18254871000011457			密码区			
货物或应税劳务、服务名称	规格型号	单位	数量	单价	金额	税率	税额
*住宿服务*住宿费		天	5	500.00	2,500.00	6%	150.00
合计					¥2,500.00		¥150.00
价税合计（大写）	⊕贰仟陆佰伍拾元整			（小写）	¥2,650.00		
销售方	名　　称：锦阳天天连锁有限公司 纳税人识别号：933123259548522365 地 址、电 话：锦阳市越阳区上海街 25365846 开户行及帐号：工农银行锦阳分行越阳支行 8154682556625559			备注			

收款人：黄忠　复核：卢俊义　开票人：毛红　销售方：（章）

第二联：购买方扣税凭证

锦阳天天连锁有限公司 933123259548522365 发票专用章

税总函[2016]311号北京印钞有限公司

2012522251

江南增值税专用发票

抵扣联

12-22

№ 28475433

开票日期：2020年12月5日

购买方	名称：江南岳达机械制造有限责任公司 纳税人识别号：91290504556677888M 地址、电话：长安市奉贤区工业园区 42123456 开户行及帐号：江南城市发展银行长安分行 18254871000011457	密码区

货物或应税劳务、服务名称	规格型号	单位	数量	单价	金额	税率	税额
*电子产品*爱普生针式打印机		个	1	2,300.00	2,300.00	13%	299.00
合计					¥2,300.00		¥299.00
价税合计（大写）	⊕贰仟伍佰玖拾玖元整				（小写）¥2,599.00		

销售方	名称：长安市华溪商业大厦 纳税人识别号：999904156803056000 地址、电话：长安市湘湖区站前街 45521522 开户行及帐号：工群银行长安分行湘湖支行 2578922512236236	备注

收款人：马超　复核：花荣　开票人：郑丽丽　销售方：（章）

第二联：购买方扣税凭证

江南增值税专用发票

抵扣联

2158130352　　12-23　　№ 28135135

开票日期：2020年12月5日

购买方	名称：江南岳达机械制造有限责任公司 纳税人识别号：91290504556677888M 地址、电话：长安市奉贤区工业园区 42123456 开户行及帐号：江南城市发展银行长安分行 18254871000011457			密码区			
货物或应税劳务、服务名称	规格型号	单位	数量	单价	金额	税率	税额
*研发和技术服务*技术服务费		次	1	120,000.00	120,000.00	6%	7,200.00
合计					¥120,000.00		¥7,200.00
价税合计（大写）	⊕壹拾贰万柒仟贰佰元整				（小写）	¥127,200.00	
销售方	名称：长安市溪宁机器制造有限公司 纳税人识别号：999901565485236000 地址、电话：长安市北运区工业园区 45214846 开户行及帐号：建安银行长安分行北运支行 2105825645885665			备注			

收款人：司马昭　复核：宋江　开票人：林小红　销售方：（章）

第二联：购买方扣税凭证

税总函[2016]311号北京印钞有限公司

（印章：全国统一发票监制章 江南 国家税务总局监制）
（印章：长安市溪宁机器制造有限公司 999901565485236000 发票专用章）

江南增值税专用发票

抵扣联

12-24

2154792325　　№ 21513682

开票日期：2020年12月5日

购买方	名　　称：江南岳达机械制造有限责任公司 纳税人识别号：91290504556677888M 地 址、电 话：长安市奉贤区工业园区　42123456 开户行及帐号：江南城市发展银行长安分行　18254871000011457	密码区

货物或应税劳务、服务名称	规格型号	单位	数量	单价	金额	税率	税额
*齿轮*分齿模		个	2	7,500.00	15,000.00	13%	1,950.00
合计					¥15,000.00		¥1,950.00
价税合计（大写）	⊕壹万陆仟玖佰伍拾元整				（小写） ¥16,950.00		

销售方	名　　称：锦阳市鼎瑞贸易有限公司 纳税人识别号：93312318236806312P 地 址、电 话：锦阳市越阳区上海街　25862225 开户行及帐号：工农银行锦阳分行越阳支行　8154684522125522	备注

收款人：夏侯渊　复核：林冲　开票人：张新　销售方：（章）

第二联：购买方扣税凭证

税总函[2016]311号北京印钞有限公司

江南增值税专用发票

抵扣联

12-25

2154792325　　№ 21513683

成品油　　开票日期：2020年12月5日

购买方	名　　称：江南岳达机械制造有限责任公司 纳税人识别号：91290504556677888M 地 址、电 话：长安市奉贤区工业园区　42123456 开户行及帐号：江南城市发展银行长安分行　18254871000011457			密码区			
货物或应税劳务、服务名称	规格型号	单位	数量	单价	金额	税率	税额
*润滑油*铣齿油		桶	1	1,880.00	1,880.00	13%	244.40
合计					¥1,880.00		¥244.40
价税合计（大写）	⊕贰仟壹佰贰拾肆元肆角整				（小写）	¥2,124.40	
销售方	名　　称：锦阳市鼎瑞贸易有限公司 纳税人识别号：93312318236806312P 地 址、电 话：锦阳市越阳区上海街　25862225 开户行及帐号：工农银行锦阳分行越阳支行　8154684522125522			备注			

收款人：夏侯渊　　复核：林冲　　开票人：张新　　销售方：（章）

第二联：购买方扣税凭证

印章：全国统一发票监制章 江南 国家税务总局监制

印章：锦阳市鼎瑞贸易有限公司 93312318236806312P 发票专用章

税总函[2016]311号北京印钞有限公司

江南增值税专用发票

抵扣联

2121252235

12-25B

№ 25145823

开票日期：2020年12月26日

购买方	名称：江南岳达机械制造有限责任公司 纳税人识别号：91290504556677888M 地址、电话：长安市奉贤区工业园区 42123456 开户行及帐号：江南城市发展银行长安分行 18254871000011457	密码区					
货物或应税劳务、服务名称	规格型号	单位	数量	单价	金额	税率	税额
*纺织产品*防尘口罩		个	20	6.00	120.00	13%	15.60
合计					¥120.00		¥15.60
价税合计（大写）	⊕壹佰叁拾伍元陆角整				（小写）	¥135.60	
销售方	名称：长安市华溪商业大厦 纳税人识别号：999904156803056000 地址、电话：长安市湘湖区站前街 45521522 开户行及帐号：工群银行长安分行湘湖支行 2578922512236236	备注					

收款人：马超　复核：花荣　开票人：郑丽丽　销售方：（章）

第二联：购买方扣税凭证

税总函[2016]311号北京印钞有限公司

模拟票据，仅供学习使用

12-26

2154792325

江南增值税专用发票

抵扣联

№ 21513684

开票日期： 2020年12月5日

购买方	名称：江南岳达机械制造有限责任公司 纳税人识别号：91290504556677888M 地址、电话：长安市奉贤区工业园区 42123456 开户行及帐号：江南城市发展银行长安分行 18254871000011457	密码区	

货物或应税劳务、服务名称	规格型号	单位	数量	单价	金额	税率	税额
*轴承*牵引轮轴承		个	1	6,500.00	6,500.00	13%	845.00
合计					¥6,500.00		¥845.00
价税合计（大写）	⊕柒仟叁佰肆拾伍元整				（小写）	¥7,345.00	

销售方	名称：锦阳市鼎瑞贸易有限公司 纳税人识别号：93312318236806312P 地址、电话：锦阳市越阳区上海街 25862225 开户行及帐号：工农银行锦阳分行越阳支行 8154684522125522	备注	

收款人：夏侯渊 复核：林冲 开票人：张新 销售方：（章）

第二联：购买方扣税凭证

税总函[2016]311号北京印钞有限公司

江南增值税专用发票

抵扣联

2154792325 　　№ 21513685 　　12-27

开票日期：2020年12月5日

购买方	名　　称：	江南岳达机械制造有限责任公司		密码区
	纳税人识别号：	91290504556677888M		
	地 址、电 话：	长安市奉贤区工业园区	42123456	
	开户行及帐号：	江南城市发展银行长安分行	18254871000011457	

货物或应税劳务、服务名称	规格型号	单位	数量	单价	金额	税率	税额
*工业仪表*电磁阀		个	2	9,000.00	18,000.00	13%	2,340.00
合计					¥18,000.00		¥2,340.00
价税合计（大写）	⊕贰万零叁佰肆拾元整				（小写）	¥20,340.00	

销售方	名　　称：	锦阳市鼎瑞贸易有限公司		备注
	纳税人识别号：	93312318236806312P		
	地 址、电 话：	锦阳市越阳区上海街	25862225	
	开户行及帐号：	工农银行锦阳分行越阳支行	8154684522125522	

收款人：夏侯渊　　复核：林冲　　开票人：张新　　销售方：（章）

锦阳市鼎瑞贸易有限公司 93312318236806312P 发票专用章

第二联：购买方扣税凭证

税总函[2016]311号北京印钞有限公司

2158200313

江南增值税专用发票

抵扣联

12-28A

№ 21502252

开票日期：2020年12月12日

购买方	名称：江南岳达机械制造有限责任公司 纳税人识别号：91290504556677888M 地址、电话：长安市奉贤区工业园区 42123456 开户行及帐号：江南城市发展银行长安分行 18254871000011457	密码区

货物或应税劳务、服务名称	规格型号	单位	数量	单价	金额	税率	税额
*通用设备*磨削油过滤冷却系统		套	1	240,000.00	240,000.00	13%	31,200.00
合计					¥240,000.00		¥31,200.00

价税合计（大写） ⊕贰拾柒万壹仟贰佰元整　（小写） ¥271,200.00

销售方	名称：江南亿达环保材料有限公司 纳税人识别号：999904741871236000 地址、电话：长安市湘湖区西湖大道 45236874 开户行及帐号：大海银行长安分行湘湖支行 210202154831542	备注

收款人：曹丕　复核：贾敬　开票人：冯兴国　销售方：（章）

第二联：购买方扣税凭证

税总函[2016]311号北京印钞有限公司

模拟票据，仅供学习使用

江苏增值税专用发票

抵扣联

3211500222　　　　№ 53245222　　12-30

开票日期：2020年12月9日

购买方	名　　称：江南岳达机械制造有限责任公司 纳税人识别号：91290504556677888M 地 址、电 话：长安市奉贤区工业园区　42123456 开户行及帐号：江南城市发展银行长安分行　18254871000011457			密码区			
货物或应税劳务、服务名称	规格型号	单位	数量	单价	金额	税率	税额
*旅游服务*住宿费		次	1	3,000.00	3,000.00	6%	180.00
*旅游服务*餐费		次	1	1,000.00	1,000.00	6%	60.00
合计					¥4,000.00		¥240.00
价税合计（大写）	⊕肆仟贰佰肆拾元整			（小写）	¥4,240.00		
销售方	名　　称：南京安羊国际旅行社有限公司 纳税人识别号：91320102125143326Y 地 址、电 话：江苏省南京市玄武区　82134572 开户行及帐号：大海银行南京分行玄武支行　3721252234512223			备注			

收款人：张昭　　复核：石勇　　开票人：王涛　　销售方：（章）

第二联：购买方扣税凭证

南京安羊国际旅行社有限公司 91320102125143326Y 发票专用章

全国统一发票监制章 辽宁 国家税务总局监制

税总函[2016]311号北京印钞有限公司

12-32

江南增值税专用发票

抵扣联

2124686561　　№ 21346224

开票日期：2020年12月30日

购买方		密码区
名　称：	江南岳达机械制造有限责任公司	
纳税人识别号：	91290504556677888M	
地址、电话：	长安市奉贤区工业园区　42123456	
开户行及帐号：	江南城市发展银行长安分行　18254871000011457	

货物或应税劳务、服务名称	规格型号	单位	数量	单价	金额	税率	税额
*生活服务*贷款咨询服务费		次	1	7,000.00	7,000.00	6%	420.00
合计					¥7,000.00		¥420.00

价税合计（大写）　⊕柒仟肆佰贰拾元整　　（小写）¥7,420.00

销售方		备注
名　称：	长安市汇华小额贷款有限公司	
纳税人识别号：	999901864352974000	
地址、电话：	长安市湘湖区衍水街 38458594	
开户行及帐号：	工农银行长安分行湘湖支行　8151245678854384	

收款人：王允　　复核：郁保四　　开票人：姜红　　销售方：（章）

第二联：购买方扣税凭证

税总函[2016]311号北京印钞有限公司

2124686165

江南增值税专用发票

抵扣联

全国统一发票监制章 江南 国家税务总局监制

12-41

№ 21874655

开票日期：2020年12月12日

购买方	名　　称：江南岳达机械制造有限责任公司 纳税人识别号：91290504556677888M 地址、电话：长安市奉贤区工业园区 42123456 开户行及帐号：江南城市发展银行长安分行 18254871000011457			密码区			
货物或应税劳务、服务名称	规格型号	单位	数量	单价	金额	税率	税额
*金属制品*金属切削刀具（带锯条）	27*0.9	米	200000	20.00	4,000,000.00	13%	520,000.00
合计					¥4,000,000.00		¥520,000.00
价税合计（大写）	⊕肆佰伍拾贰万元整				（小写）¥4,520,000.00		
销售方	名　　称：长安市南亚实业有限公司 纳税人识别号：99990159321052145X 地址、电话：长安市北运区工业园区 45813549 开户行及帐号：建安银行长安分行北运支行 2105887136595392			备注			

收款人：张飞　复核：贾元春　开票人：猪八戒　销售方：（章）

长安市南亚实业有限公司 99990159321052145X 发票专用章

第二联：购买方扣税凭证

税总函[2016]311号北京印钞有限公司

模拟票据，仅供学习使用

江南增值税专用发票

抵扣联

2101496213

12-43A

№ 25652355

开票日期： 2020年12月26日

购买方	名　　称： 江南岳达机械制造有限责任公司 纳税人识别号： 91290504556677888M 地址、电话： 长安市奉贤区工业园区 42123456 开户行及帐号： 江南城市发展银行长安分行 18254871000011457			密码区			
货物或应税劳务、服务名称	规格型号	单位	数量	单价	金额	税率	税额
*建筑服务*装修费		次	1	6,000.00	6,000.00	9%	540.00
合计					¥6,000.00		¥540.00
价税合计（大写）	⊕陆仟伍佰肆拾元整			（小写）	¥6,540.00		
销售方	名　　称： 长安光明实业有限公司 纳税人识别号： 99990901251234657M 地址、电话： 长安市溪文区七一街6号 41419745 开户行及帐号： 长安市合作社站前营业厅 321457815987412			备注	奉贤区工业园区食堂装修		

收款人： 诸葛亮　复核： 林黛玉　开票人： 唐僧　销售方：（章）

第二联：购买方扣税凭证

税总函[2016]311号北京印钞有限公司

（印章：全国统一发票监制章 江南 国家税务总局监制）

（印章：长安光明实业有限公司 99990159321052145X 发票专用章）

12-49A

2150321301

江南增值税专用发票

抵扣联

№ 26158130

开票日期：2020年12月20日

购买方		密码区
名称：	江南岳达机械制造有限责任公司	
纳税人识别号：	912905045566778888M	
地址、电话：	长安市奉贤区工业园区 42123456	
开户行及帐号：	江南城市发展银行长安分行 18254871000011457	

货物或应税劳务、服务名称	规格型号	单位	数量	单价	金额	税率	税额
*供电*电费		KWH	62913.91	1.51	95,000.00	13%	12,350.00
合计					¥95,000.00		¥12,350.00
价税合计（大写）	⊕壹拾万柒仟叁佰伍拾元整				（小写） ¥107,350.00		

销售方		备注
名称：	江南省电力有限公司长安供电公司	
纳税人识别号：	999901568135015000	
地址、电话：	长安市北运区工业园区 45713549	
开户行及帐号：	建安银行长安分行北运支行 2105821541231225	

收款人：曹操　复核：史湘云　开票人：孙慧　销售方：（章）

第二联：购买方扣税凭证

税总函[2016]311号北京印钞有限公司

江南增值税专用发票

抵扣联

2651352810　　　　12-50A　№ 26956133

开票日期：2020年12月20日

购买方	
名　　称：	江南岳达机械制造有限责任公司
纳税人识别号：	91290504556677888M
地址、电话：	长安市奉贤区工业园区　42123456
开户行及帐号：	江南城市发展银行长安分行　18254871000011457

密码区

货物或应税劳务、服务名称	规格型号	单位	数量	单价	金额	税率	税额
*冰雪*水费		吨	714.57	3.50	2,501.00	3%	75.03
合计					¥2,501.00		¥75.03

价税合计（大写）⊕贰仟伍佰柒拾陆元零叁分　（小写）¥2,576.03

销售方	
名　　称：	江南长安水务控股有限责任公司
纳税人识别号：	999904547781202000
地址、电话：	长安市湘湖区衔水街　45022421
开户行及帐号：	工群银行长安分行湘湖支行　2578922455641357

备注

收款人：吕布　复核：阮小二　开票人：安雨飞　销售方：（章）

第二联：购买方扣税凭证

税总函[2016]311号北京印钞有限公司

2164564894

江南增值税专用发票

抵扣联

12-64

№ 21546895

开票日期：2020年12月26日

购买方	名　称：江南岳达机械制造有限责任公司 纳税人识别号：91290504556677888M 地址、电话：长安市奉贤区工业园区 42123456 开户行及帐号：江南城市发展银行长安分行 18254871000011457			密码区				
货物或应税劳务、服务名称	规格型号	单位	数量	单价	金额	税率	税额	
*劳务 *加工费			1	30,000.00	30,000.00	13%	3,900.00	
合计					¥30,000.00		¥3,900.00	
价税合计（大写）	⊕叁万叁仟玖佰元整				（小写）¥33,900.00			
销售方	名　称：长安市大祺工具厂 纳税人识别号：999904778126548000 地址、电话：长安市湘湖区西湖大道 4587123 开户行及帐号：大海银行长安分行湘湖支行 210202154876121			备注				

收款人：大乔　复核：贾宝玉　开票人：高德　销售方：（章）

第二联：购买方扣税凭证

税总函[2016]311号北京印钞有限公司

江南增值税专用发票

抵扣联

12-76B

2124686561 №21346444

开票日期：2020年12月31日

购买方	名称：江南岳达机械制造有限责任公司 纳税人识别号：91290504556677888M 地址、电话：长安市奉贤区工业园区 42123456 开户行及帐号：江南城市发展银行长安分行 18254871000011457			密码区			
货物或应税劳务、服务名称	规格型号	单位	数量	单价	金额	税率	税额
*金融服务*贷款利息		次	1	5,000.00	5,000.00	6%	300.00
合计					¥5,000.00		¥300.00
价税合计（大写）	⊕伍仟叁佰元整				（小写）	¥5,300.00	
销售方	名称：长安市汇华小额贷款有限公司 纳税人识别号：999901864352974000 地址、电话：长安市湘湖区衍水街 38458594 开户行及帐号：工农银行长安分行湘湖支行 8151245678854384			备注			

收款人：王允 复核：郁保四 开票人：姜红 销售方：（章）

第二联：购买方扣税凭证

长安市汇华小额贷款有限公司 999901864352974000 发票专用章

全国统一发票监制章 江南 国家税务总局监制

税总函[2016]311号北京印钞有限公司

江苏增值税专用发票

抵扣联

12-81

2124686561　　№ 21346244

开票日期：2020年12月31日

购买方	名　　称：江南岳达机械制造有限责任公司 纳税人识别号：91290504556677888M 地 址、电 话：长安市奉贤区工业园区　42123456 开户行及帐号：江南城市发展银行长安分行　18254871000011457			密码区			
货物或应税劳务、服务名称	规格型号	单位	数量	单价	金额	税率	税额
*生活服务*咨询费		次	1	120,000.00	120,000.00	6%	7,200.00
合计					¥120,000.00		¥7,200.00
价税合计（大写）	⊕壹拾贰万柒仟贰佰元整			（小写）	¥127,200.00		
销售方	名　　称：南京易米咨询有限公司 纳税人识别号：913201021257979８WK 地 址、电 话：江苏省南京市玄武区　88415971 开户行及帐号：大海银行南京分行玄武支行　3721258942391238			备注			

收款人：管文　复核：黄波　开票人：贾兴　销售方：（章）

第二联：购买方扣税凭证

印章：全国统一发票监制章 江苏 国家税务总局监制

印章：南京易米咨询有限公司 913201021257979８WK 发票专用章

湖南增值税专用发票

抵扣联

12-86A

1547553213　　№ 36010001

开票日期：2020年12月31日

购买方	名　　称：江南岳达机械制造有限责任公司 纳税人识别号：91290504556677888M 地 址、电 话：长安市奉贤区工业园区　42123456 开户行及帐号：江南城市发展银行长安分行　18254871000011457	密码区	

货物或应税劳务、服务名称	规格型号	单位	数量	单价	金额	税率	税额
*建筑服务*多功能车棚工程			1	600,000.00	600,000.00	9%	54,000.00
合计					¥600,000.00		¥54,000.00
价税合计（大写）	⊕陆拾伍万肆仟元整				（小写）¥654,000.00		

销售方	名　　称：湖南省长沙新野建筑公司 纳税人识别号：91364876436546HUR4 地 址、电 话：湖南省长沙市岳麓区　45712345 开户行及帐号：工群银行湖南分行岳麓支行　2575126432743146	备注	

收款人：纪晓兰　复核：和珅　开票人：小月　销售方：（章）

第二联：购买方扣税凭证

税总函[2016]311号北京印钞有限公司

记账凭证

附单据数：0

单位：江南岳达机械制造有限责任公司　　2020-10-08　　凭证号：记-001

摘要	科目	借方	贷方
增加注册资本	1002.001 银行存款-江南城市发展银行长安分行	5,000,000.00	
增加注册资本	4001.001 实收资本-王岳达		5,000,000.00
资金账簿印花税	6403.003 税金及附加-印花税	2,500.00	
资金账簿印花税	2221.020 应交税费-应交印花税		2,500.00
合计：伍佰万贰仟伍佰元整		5,002,500.00	5,002,500.00

记账：李想　　审核：单洪飞　　制单：李想

江南城市发展银行（长安分行营业部）贷记通知

10-1A

流水号：999910411111143　　交易日期：　2020年10月8日

收款单位：	江南岳达机械制造有限责任公司		
收款单位账号：	18254871000011457	凭证编号	
付款单位名称：	王岳达	付款银行	工农银行长安分行北运支行
付款单位账号	622284813458213613	起自日	2020年10月8日
交易名称	支付结算平台业务处理	金额小写：	RMB 5,000,000.00
金额大写	人民币 伍佰万元整		
摘要	投资款		

江南城市发展银行长安分行 朱珊 2020年10月8日 业务核算章

第二联 客户留存联

如果日期、流水号、账号、摘要、金额相同，系重复打印。　　经办柜员：99901533

计提印花税

10-1B

计税依据		税率		印花税额
5,000,000.00	x	0.050%	=	2,500.00

模拟票据，仅供学习使用

记账凭证

附单据数：0

单位：江南岳达机械制造有限责任公司　　2020-10-08　　凭证号：记-002

摘要	科目	借方	贷方
付运炉废渣250吨运费5000元。	6602.099 管理费用-其他	5,000.00	
付运炉废渣250吨运费5000元。	1002.001 银行存款-江南城市发展银行长安分行		5,000.00
合计：伍仟元整		5,000.00	5,000.00

记账：李想　　审核：单洪飞　　制单：李想

10-2A

江南城市发展银行
转账支票存根
31002551
215149

附加信息

出票日期：2020-10-08

岳达 2105040000

收款人：	长安市溪文区佳合汽车运输队
金额：	5,000.00
用途：	运输费
单位主管	会计 李想

江南增值税普通发票

发票联

(印章：全国统一发票监制章 江南 国家税务总局监制)

2545842365　　　　№ 31548236　　　　10-02

开票日期：2020年10月8日

购买方		密码区
名　　称：	江南岳达机械制造有限责任公司	
纳税人识别号：	91290504556677888M	
地 址、电 话：	长安市奉贤区工业园区　42123456	
开户行及帐号：	江南城市发展银行长安分行　18254871000011457	

货物或应税劳务、服务名称	规格型号	单位	数量	单价	金额	税率	税额
*运输服务*废渣运输费		吨	250	19.80	4,950.50	1%	49.51
合计					¥4,950.50		¥49.51
价税合计（大写）	⊕伍仟元零壹分			（小写）	¥5,000.01		

销售方		备注
名　　称：	长安市溪文区佳合汽车运输队	奉贤区东牛街/江Z9213/轻型货车/废渣
纳税人识别号：	9999061245882311548	
地 址、电 话：	江南省长安市溪文区　45716587	
开户行及帐号：	工群银行长安分行溪文区支行　2149123454564631	

(印章：长安市溪文区佳合汽车运输队 9999061245882311548 发票专用章)

收款人：肖尧　　复核：武康汉　　开票人：刘玉飞　　销售方：（章）

第二联：发票联　购买方记账凭证

税总函[2016]311号北京印钞有限公司

记账凭证

附单据数：0

单位：江南岳达机械制造有限责任公司　　2020-10-08　　凭证号：记-003

摘要	科目	借方	贷方
提取备用金	1001 库存现金	70,000.00	
提取备用金	1002.001 银行存款-江南城市发展银行长安分行		70,000.00
合计：柒万元整		70,000.00	70,000.00

记账：李想　　审核：单洪飞　　制单：李想

10-3

江南城市发展银行
现金支票存根
31002551
154105

附加信息

岳达 21050400000

出票日期：2020-10-08

收款人：	江南岳达机械制造有限责任公司
金额：	70,000.00
用途：	备用金
单位主管	会计　李想

记账凭证

附单据数：0

单位：江南岳达机械制造有限责任公司　　2020-10-08　　凭证号：记-004

摘要	科目	借方	贷方
购支票工本费	6603.001 财务费用-手续费	35.00	
购支票工本费	1002.001 银行存款-江南城市发展银行长安分行		35.00
合计：叁拾伍元整		35.00	35.00

记账：李想　　审核：单洪飞　　制单：李想

江南城市发展银行（长安分行营业部）收费回单

10-4

交易流水： 110141111457　　　　2020年10月8日

付款人账号 18254871000011457		付款人名称	江南岳达机械制造有限责任公司
收费种类	币种	交易金额	收费金额
64 对公现金支票手续费 63 支票工本费	人民币	江南城市发展银行长安分行 朱珊 2020年10月8日 业务核算章	25.00 10.00
合计金额	35.00		

第二联　客户留存联

柜员号：00000　　　　朱珊

记账凭证

附单据数：0

单位：江南岳达机械制造有限责任公司　　2020-10-08　　凭证号：记-005 (1/2)

摘要	科目	借方	贷方
购带锯钢带30吨(数量:30, 单价:40000)	1403.001_001 原材料-钢带类_带锯钢带27*0.9	1,200,000.00	
购带锯钢带30吨	2221.001.001 应交税费-应交增值税-进项税额	156,000.00	
购带锯钢带30吨	2202.007 应付账款-江南长安特钢有限公司		1,356,000.00
付款	2202.007 应付账款-江南长安特钢有限公司	1,356,000.00	
付款	1002.001 银行存款-江南城市发展银行长安分行		1,356,000.00
合计：贰佰柒拾壹万贰仟元整		2,712,000.00	2,712,000.00

记账：李想　　审核：单洪飞　　制单：李想

记账凭证

附单据数：0

单位：江南岳达机械制造有限责任公司　　2020-10-08　　凭证号：记-005 (2/2)

摘要	科目	借方	贷方
汇款手续费	6603.001 财务费用-手续费	20.00	
汇款手续费	1002.001 银行存款-江南城市发展银行长安分行		20.00
合计：贰佰柒拾壹万贰仟零贰拾元整		2,712,020.00	2,712,020.00

记账：李想　　审核：单洪飞　　制单：李想

10-05

江南增值税专用发票

发票联

2104162510　　№ 07948254

开票日期：2020年10月8日

购买方	名　　称：江南岳达机械制造有限责任公司 纳税人识别号：91290504556677888M 地 址、电 话：长安市奉贤区工业园区　42123456 开户行及帐号：江南城市发展银行长安分行　18254871000011457	密码区	

货物或应税劳务、服务名称	规格型号	单位	数量	单价	金额	税率	税额
*黑色金属冶炼延压品*带锯钢带	27*0.9	吨	30	40,000.00	1,200,000.00	13%	156,000.00
合计					¥1,200,000.00		¥156,000.00
价税合计（大写）	⊕壹佰叁拾伍万陆仟元整				（小写）	¥1,356,000.00	

销售方	名　　称：江南长安特钢有限公司 纳税人识别号：999904789620354000 地 址、电 话：长安市拱西区河北路　45871236 开户行及帐号：工群银行长安分行河北路支行　25789516891321263	备注	

收款人：魏延　　复核：麝月　　开票人：王兴　　销售方：（章）

（印章：全国统一发票监制章　江南　国家税务总局监制）

（印章：江南长安特钢有限公司　999904789620354000　发票专用章）

第三联：发票联　购买方记账凭证

税总函[2016]311号北京印钞有限公司

入 库 单

10-05

接收部门　原材料及成品库房　2020-10-08　单号：34594411205

货号	品　名	规格	单位	数量	单价	金额
	带锯钢带		吨	30	40000	1,200,000.00
合计						1,200,000.00
仓库负责人	刘强丰	经手人入库	王剑	记账	李想	备注 -

第一联，财务记账凭证

模拟票据，仅供学习使用

10-05

江南城市发展银行电汇凭证（借方凭证）

NO.181145705

普通　　加急　　委托日期　2020年10月8日

汇款人	全称	江南岳达机械制造有限责任公司	收款人	全称	江南长安特钢有限公司
	账号	18254871000011457		账号	25789516891321263
	汇出地点	江南省长安市		汇入地点	江南省长安市
汇出行名称	江南城市发展银行长安分行		汇入行名称	工群银行长安分行河北路支行	
金　额	人民币（大写）	壹佰叁拾伍万陆仟元整		¥1,356,000.00	
此汇款支付给收款人。			支付密码		
江南城市发展银行长安分行 朱珊 2020年10月8日 业务核算章　　汇款人签章			附加信息及用途： 复核：　记账：		

此联汇出行作借方凭证

江南城市发展银行（长安分行营业部）收费回单

10-05

交易流水：110141111557　　　2020年10月8日

付款人账号 18254871000011457		付款人名称	江南岳达机械制造有限责任公司
收费种类	币种	交易金额	收费金额
47 电汇手续费	人民币	1,356,000.00	20.00
合计金额	20.00		

江南城市发展银行长安分行 朱珊 2020年10月8日 业务核算章

第二联 客户留存联

柜员号：00000　　　朱珊

记账凭证

附单据数：0

单位：江南岳达机械制造有限责任公司　　2020-10-08　　凭证号：记-006

摘要	科目	借方	贷方
销售边角余料	1001 库存现金	10,000.00	
销售边角余料	2221.001.002_001 应交税费-应交增值税-销项税额_13%		1,150.44
销售边角余料	6051.001_001 其他业务收入-材料物资_13%		8,849.56
合计：壹万元整		10,000.00	10,000.00

记账：李想　　审核：单洪飞　　制单：李想

收款收据

NO. 12487156

收款日期　2020/10/8　　10-6

<table>
<tr><td>付款单位
（交款人）</td><td>王力国</td><td>收款单位</td><td colspan="2">江南岳达机械制造有限责任公司</td><td>收款
项目</td><td></td></tr>
<tr><td>人　民　币
（大写）</td><td colspan="4">壹万元整</td><td>小写：</td><td>¥10,000.00</td></tr>
<tr><td>收款事由</td><td colspan="4">边角余料</td><td colspan="2">经办部门：</td></tr>
<tr><td colspan="2" rowspan="2">上述款项照数收讫无误。
收款单位财会专用章；
（领款人签章）</td><td>会计主管</td><td>稽核</td><td>出纳</td><td colspan="2">交款人</td></tr>
<tr><td>李想</td><td>王月</td><td>刘信</td><td colspan="2">王力国</td></tr>
</table>

第三联　联　给付款单位做收据

江南岳达机械制造有限责任公司 财务专用章

记账凭证

附单据数：0

单位：江南岳达机械制造有限责任公司　　2020-10-08　　凭证号：记-007

摘要	科目	借方	贷方
报销人身意外伤害险	6602.026 管理费用-保险费	15,000.00	
报销人身意外伤害险	1001 库存现金		15,000.00
合计：壹万伍仟元整		15,000.00	15,000.00

记账：李想　　审核：单洪飞　　制单：李想

10-07

江南增值税普通发票

发票联

2154896556　　№ 32548982

开票日期：2020年10月8日

购买方	名　　称：江南岳达机械制造有限责任公司 纳税人识别号：91290504556677888M 地 址、电 话：长安市奉贤区工业园区　42123456 开户行及帐号：江南城市发展银行长安分行　18254871000011457	密码区	

货物或应税劳务、服务名称	规格型号	单位	数量	单价	金额	税率	税额
*保险服务*人身意外伤害险		份	125	113.21	14,150.94	6%	849.06
合计					¥14,150.94		¥849.06
价税合计（大写）	⊕壹万伍仟元整				（小写）	¥15,000.00	

销售方	名　　称：江南财产保险股份有限公司长安中心支公司 纳税人识别号：999905203325625000 地 址、电 话：长安市拱西区河北路　45642561 开户行及帐号：工群银行长安分行河北路支行　2578922541332542	备注	

收款人：张辽　复核：柴进　开票人：王鹏　销售方：（章）

第三联：发票联　购买方记账凭证

江南财产保险股份有限公司长安中心支公司 999905203325625000 发票专用章

全国统一发票监制章 江南 国家税务局监制

税总函[2016]311号北京印钞有限公司

记账凭证

附单据数：0

单位：江南岳达机械制造有限责任公司　　2020-10-08　　凭证号：记-008

摘要	科目	借方	贷方
收到员工外出笔记本电脑押金	1001 库存现金	300.00	
收到员工外出笔记本电脑押金	2241.001.001 其他应付款-个人-刘兰		300.00
合计：叁佰元整		300.00	300.00

记账：李想　　审核：单洪飞　　制单：李想

收款收据

10-8

NO. 1512583

收款日期 2020/10/8

付款单位（交款人）	刘兰	收款单位（收款人）	江南岳达机械	收款项目	
人民币（大写）	叁佰元整			小写：	¥300.00
收款事由	外出笔记本电脑押金			经办部门：	
上述款项照数收讫无误。 收款单位财会专用章；； （领款人签章）	会计主管	稽核	出纳	交款人	
	李想	王月	刘信	刘兰	

第二联 收款单位记账凭证

江南岳达机械制造有限责任公司 财务专用章

记账凭证

附单据数：0

单位：江南岳达机械制造有限责任公司　　2020-10-08　　凭证号：记-009 (1/2)

摘要	科目	借方	贷方
收购水曲柳木材520立方(数量:520，单价:1492.9846)	1403.002_004 原材料-木材类_水曲柳木材	776,352.00	
收购农产品9%部分进项税	2221.001.001 应交税费-应交增值税-进项税额	77,335.20	
收购农产品1%部分进项税	2221.004 应交税费-待抵扣进项税额	8,592.80	
收购农产品运费进项税	2221.001.001 应交税费-应交增值税-进项税额	270.00	
收购农产品	2202.009 应付账款-黄方革		859,280.00
合计：捌拾陆万贰仟伍佰伍拾元整		862,550.00	859,280.00

记账：李想　　审核：单洪飞　　制单：李想

记账凭证

附单据数：0

单位：江南岳达机械制造有限责任公司　　2020-10-08　　凭证号：记-009 (2/2)

摘要	科目	借方	贷方
付款	2202.009 应付账款-黄方革	859,280.00	
付款	1002.001 银行存款-江南城市发展银行长安分行		859,280.00
付收购农产品运费	1001 库存现金		3,270.00
汇款手续费	6603.001 财务费用-手续费	20.00	
汇款手续费	1002.001 银行存款-江南城市发展银行长安分行		20.00
合计：壹佰柒拾贰万壹仟捌佰伍拾元整		1,721,850.00	1,721,850.00

记账：李想　　审核：单洪飞　　制单：李想

江南增值税普通发票

2122154874　　№ 00154923　　10-09

收购　　开票日期：2020年10月8日

购买方	名　称：江南岳达机械制造有限责任公司 纳税人识别号：91290504556677888M 地 址、电 话：长安市奉贤区工业园区 42123456 开户行及帐号：江南城市发展银行长安分行 18254871000011457			密码区			
货物或应税劳务、服务名称	规格型号	单位	数量	单价	金额	税率	税额
*林业产品*水曲柳原木		立方米	520	1,652.46	859,280.00	免税	***
合计					¥859,280.00		***
价税合计（大写）	⊕捌拾伍万玖仟贰佰捌拾元整				（小写）¥859,280.00		
销售方	名　称：黄方革 纳税人识别号：221572197012132563 地 址、电 话：长安市北运区江南大道 44521583 开户行及帐号：工农银行长安分行北运支行 622284854785256232			备注			

收款人：刘信　复核：王明　开票人：张晓光　销售方：（章）

第一联：记账联 销售方记账凭证

税总函[2016]311号北京印钞有限公司

江南增值税专用发票

发票联

2545842365

10-09

№ 31548632

开票日期：2020年10月8日

购买方	名称：江南岳达机械制造有限责任公司 纳税人识别号：91290504556677888M 地址、电话：长安市奉贤区工业园区 42123456 开户行及帐号：江南城市发展银行长安分行 18254871000011457	密码区	

货物或应税劳务、服务名称	规格型号	单位	数量	单价	金额	税率	税额
*运输服务*木料运输费		吨	50	60.00	3,000.00	9%	270.00
合计					¥3,000.00		¥270.00
价税合计（大写）	⊕叁仟贰佰柒拾元整				（小写）	¥3,270.00	

销售方	名称：锦阳市新阳物流有限公司 纳税人识别号：932123251852232562 地址、电话：锦阳市越阳区上海街 25792253 开户行及帐号：工农银行锦阳分行越阳支行 81546825482323252	备注	西路县至奉贤区东牛街/江Z5148/轻型货车/木料

收款人：鲁肃　复核：贾探春　开票人：张莉　销售方：（章）

锦阳市新阳物流有限公司 932123251852232562 发票专用章

全国统一发票监制章 江南 国家税务总局监制

第三联：发票联 购买方记账凭证

税总函[2016]311号北京印钞有限公司

入 库 单

10-09

接收部门 原材料库房 2020-10-08 单号: 34594411209

货号	品 名	规格	单位	数量	单价	金额
	水曲柳原木		立方米	520	1,492.98	776,352.00
合计						776,352.00

仓库负责人	刘强丰	经手入库人	王剑	记账	李想	备注	-

第一联，财务记账凭证

模拟票据，仅供学习使用

10-09

江南城市发展银行电汇凭证（借方凭证）

NO.181145709

普通　　加急　　委托日期　2020年10月8日

汇款人	全称	江南岳达机械制造有限责任公司	收款人	全称	黄方革
	账号	18254871000011457		账号	6222848547852566232
	汇出地点	江南省长安市		汇入地点	江南省长安市
汇出行名称	江南城市发展银行长安分行		汇入行名称	工农银行长安分行北运支行	
金　额	人民币（大写）	捌拾伍万玖仟贰佰捌拾元整			¥859,280.00
此汇款支付给收款人。			支付密码		
江南城市发展银行长安分行 朱珊 2020年10月8日 业务核算章 汇款人签章			附加信息及用途： 复核：　　记账：		

此联汇出行作借方凭证

江南城市发展银行（长安分行营业部）收费回单

10-09

交易流水：110141111957　　2020年10月8日

付款人账号 18254871000011457		付款人名称	江南岳达机械制造有限责任公司
收费种类	币种	交易金额	收费金额
47 电汇手续费	人民币	859,280.00 江南城市发展银行长安分行 朱珊 2020年10月8日 业务核算章	20.00
合计金额	20.00		

第二联　客户留存联

柜员号：00000　　朱珊

记账凭证

附单据数：0

单位：江南岳达机械制造有限责任公司　　2020-10-08　　凭证号：记-010

摘要	科目	借方	贷方
支付广告牌制作费	6601.011 销售费用-广告和业务宣传费	10,000.00	
支付广告牌制作费	1001 库存现金		10,000.00
合计：壹万元整		10,000.00	10,000.00

记账：李想　　审核：单洪飞　　制单：李想

江南增值税普通发票

发票联

10-10

2548742313　　№ 12346463

开票日期：2020年10月8日

购买方	名　　称：江南岳达机械制造有限责任公司 纳税人识别号：91290504556677888M 地 址、电 话：长安市奉贤区工业园区　42123456 开户行及帐号：江南城市发展银行长安分行　18254871000011457	密码区	

货物或应税劳务、服务名称	规格型号	单位	数量	单价	金额	税率	税额
*设计服务*广告牌制作费		次	1	9,900.99	9,900.99	1%	99.01
合计					¥9,900.99		¥99.01
价税合计（大写）	⊕壹万元整				（小写）	¥10,000.00	

销售方	名　　称：长安市拱西区海科科技有限公司 纳税人识别号：999904765481548000 地 址、电 话：长安市拱西区河北路　456485126 开户行及帐号：工群银行长安分行河北路支行　25789212345532346	备注	

收款人：司马懿　　复核：贾迎春　　开票人：张宏　　销售方：（章）

第二联：发票联　购买方记账凭证

税总函[2016]311号北京印钞有限公司

记账凭证

附单据数：0

单位：江南岳达机械制造有限责任公司　　2020-10-10　　凭证号：记-011

摘要	科目	借方	贷方
预收大华机械货款	1002.001 银行存款-江南城市发展银行长安分行	300,000.00	
预收大华机械货款	2203.001 预收账款-江南长安市大华机械设备有限公司		300,000.00
合计：叁拾万元整		300,000.00	300,000.00

记账：李想　　审核：单洪飞　　制单：李想

江南城市发展银行（长安分行营业部）贷记通知

10-11

流水号：999910411111121　　交易日期：2020年10月8日

收款单位：	江南岳达机械制造有限责任公司		
收款单位账号：	18254871000011457	凭证编号	
付款单位名称：	江南长安市大华机械设备有限公司	付款银行	大海银行长安分行湘湖支行
付款单位账号	210202154621351	起自日	2020年10月8日
交易名称	支付结算平台业务处理	金额小写：	RMB 300,000.00
金额大写	人民币 叁拾万元整		
摘要	货款		

江南城市发展银行长安分行 朱珊 2020年10月8日 业务核算章

第二联 客户留存联

如果日期、流水号、账号、摘要、金额相同，系重复打印。　经办柜员：99901533

记账凭证

附单据数：0

单位：江南岳达机械制造有限责任公司　　2020-10-10　　凭证号：记-012

摘要	科目	借方	贷方
支付广告宣传设计费	6601.011 销售费用-广告和业务宣传费	5,000.00	
支付广告宣传设计费	1001 库存现金		5,000.00
合计：伍仟元整		5,000.00	5,000.00

记账：李想　　审核：单洪飞　　制单：李想

收款收据

10-12

NO. 12547952

收款日期 2020/10/10

付款单位（交款人）	江南岳达机械制造有限公司	收款单位（收款人）	长安谦翼传媒	收款项目	
人民币（大写）	伍仟元整			小写：	¥5,000.00
收款事由	收到广告方案设计费			经办部门：	
上述款项照数收讫无误。 收款单位财会专用章；； （领款人签章）	会计主管	稽核		出纳	交款人
				刘飞飞	

长安谦翼传媒有限公司 财务专用章

记账凭证

附单据数：0

单位：江南岳达机械制造有限责任公司　　2020-10-10　　凭证号：记-013

摘要	科目	借方	贷方
收回多付货款	1002.001 银行存款-江南城市发展银行长安分行	220,000.00	
收回多付货款	2202.018 应付账款-长安光明实业有限公司		220,000.00
合计：贰拾贰万元整		220,000.00	220,000.00

记账：李想　　审核：单洪飞　　制单：李想

江南城市发展银行（长安分行营业部）贷记通知

10-13

流水号：99991041111122　　交易日期：2020-10-08

收款单位：	江南岳达机械制造有限责任公司		
收款单位账号：	18254871000011457	凭证编号	
付款单位名称：	长安光明实业有限公司	付款银行	长安市合作社站前营业厅
付款单位账号	321457815987412	起自日	2020年10月8日
交易名称	支付结算平台业务处理	金额小写：	RMB 220,000.00
金额大写	人民币 贰拾贰万元整		
摘要	货款		

江南城市发展银行长安分行 朱珊 2020年10月8日 业务核算章

第二联 客户留存联

如果日期、流水号、账号、摘要、金额相同，系重复打印。　　经办柜员：99901533

记账凭证

附单据数：0

单位：江南岳达机械制造有限责任公司　　2020-10-10　　凭证号：记-014

摘要	科目	借方	贷方
保管不善丢失木材30方	1221.002.001 其他应收款-单位-保险公司	23,400.00	
保管不善丢失木材30方	6711.001 营业外支出-非常损失	7,586.21	
保管不善丢失木材30方(数量:30，单价:1000)	1403.002_003 原材料-木材类_椴木材		30,000.00
保管不善丢失木材30方进项税转出	2221.001.004 应交税费-应交增值税-进项税额转出		986.21
合计：叁万零玖佰捌拾陆元贰角壹分		30,986.21	30,986.21

记账：李想　　审核：单洪飞　　制单：李想

原材料丢失核销审批表

10-14A

损失原因：　库存管理不善

损失事项：　损失椴木原木30立方，账载金额为30000元，收到保险公司赔偿23400元。实际成本损失金额6600元核销。材料购入时间为2017年10月。

附件：现场参与人员约谈记录、仓库保管人情况说明、保单（略）

法人代表：　王岳达　　　　保管负责人：刘强丰

批准日期：　2020/10/10

出　库　单

10-14B

领用部门或单位　　2020-10-10　　单号：2145441144B

货号	品　名	规格	单位	数量	单价	金额
	椴木原木		立方	30	1,000.00	30,000.00
合计						30,000.00

仓库负责人	刘强丰	经手人出库	王剑	记账	李想	备注	保管不善

第一联，财务记账凭证

记账凭证

附单据数：0

单位：江南岳达机械制造有限责任公司　　2020-10-10　　凭证号：记-015（1/2）

摘要	科目	借方	贷方
收回货款	1002.001 银行存款-江南城市发展银行长安分行	210,085.00	
收货款	1122.002 应收账款-长安华丰工具销售有限公司		210,085.00
销售带锯条17525米	1122.002 应收账款-长安华丰工具销售有限公司	396,065.00	
销售带锯条17525米(数量:17525，单价:20)	6001_027_001 主营业务收入_带锯条27*0.9_13%		350,500.00
销售带锯条17525米	2221.001.002_001 应交税费-应交增值税-销项税额_13%		45,565.00
合计：陆拾万陆仟壹佰伍拾元整		606,150.00	606,150.00

记账：李想　　审核：单洪飞　　制单：李想

记账凭证

附单据数：0

单位：江南岳达机械制造有限责任公司　　2020-10-10　　凭证号：记-015 (2/2)

摘要	科目	借方	贷方
收回货款	1002.001 银行存款-江南城市发展银行长安分行	5,000.00	
收回货款	1122.002 应收账款-长安华丰工具销售有限公司		5,000.00
合计：陆拾壹万壹仟壹佰伍拾元整		611,150.00	611,150.00

记账：李想　　审核：单洪飞　　制单：李想

江南城市发展银行（长安分行营业部）贷记通知

10-15

流水号： 9999104111110-159　　交易日期： 2020年10月10日

收款单位：	江南岳达机械制造有限责任公司		
收款单位账号：	18254871000011457	凭证编号	
付款单位名称：	长安华丰工具销售有限公司	付款银行	工群银行长安分行上江支行
付款单位账号	21598235000269	起自日	2020年10月10日
交易名称	支付结算平台业务处理	金额小写：	RMB 210,085.00
金额大写	人民币 贰拾壹万零捌拾伍元整		
摘要	货款		

江南城市发展银行长安分行 朱珊 2020年10月10日 业务核算章

如果日期、流水号、账号、摘要、金额相同，系重复打印。　经办柜员：99901533

江南增值税专用发票

10-15

2101245555　　№ 21548631

此联不作报销、扣税凭证使用

开票日期：2020年10月10日

购买方		密码区
名　　称：	长安华丰工具销售有限公司	
纳税人识别号：	999908456335012000	
地 址、电 话：	长安市上江区青年大街　45879645	
开户行及帐号：	工群银行长安分行上江支行　21598235000269	

货物或应税劳务、服务名称	规格型号	单位	数量	单价	金额	税率	税额
*金属制品*金属切削刀具（带锯条）	27*0.9	米	17525	20.00	350,500.00	13%	45,565.00
合计					¥350,500.00		¥45,565.00
价税合计（大写）	⊕叁拾玖万陆仟零陆拾伍元整				（小写）	¥396,065.00	

销售方		备注
名　　称：	江南岳达机械制造有限责任公司	
纳税人识别号：	91290504556677888M	
地 址、电 话：	长安市奉贤区工业园区　42123456	
开户行及帐号：	江南城市发展银行长安分行　18254871000011457	

收款人：刘信　　复核：王明　　开票人：张晓光　　销售方：（章）

第一联：记账联　销售方记账凭证

税总函[2016]311号北京印钞有限公司

江南城市发展银行（长安分行营业部）贷记通知

10-15

流水号: 9999104111110-1 交易日期: 2020年10月10日

收款单位:	江南岳达机械制造有限责任公司		
收款单位账号:	18254871000011457	凭证编号	
付款单位名称:	长安华丰工具销售有限公司	付款银行	工群银行长安分行上江支行
付款单位账号	21598235000269	起自日	2020年10月10日
交易名称	支付结算平台业务处理	金额小写:	RMB 210,085.00
金额大写	人民币 贰拾壹万零捌拾伍元整		
摘要	货款		

江南城市发展银行长安分行 朱珊 2020年10月10日 业务核算章

如果日期、流水号、账号、摘要、金额相同，系重复打印。 经办柜员: 99901533

销售单

10-15

往来单位　长安华丰工具销售有限公司　　2020-10-10　　单号：21454411415

制单人：	王明	经手人：刘远征			库房：产成品及原材料库房	
货号	商品名称	规格	单位	数量	单价	金额（含税）
	金属切削刀具（带锯条）	27*0.9	米	17525	22.60	396,065.00
合计数量：	17525		成交金额：			396,065.00

第二联，财务记账凭证

记账凭证

附单据数：0

单位：江南岳达机械制造有限责任公司　　2020-10-10　　凭证号：记-016（1/2）

摘要	科目	借方	贷方
购硬质合金分齿机一台	1604.001 在建工程-机器设备	200,000.00	
购硬质合金分齿机一台	2221.001.001 应交税费-应交增值税-进项税额	26,000.00	
购硬质合金分齿机一台	2202.010 应付账款-长安市溪宁机器制造有限公司		226,000.00
付款	2202.010 应付账款-长安市溪宁机器制造有限公司	226,000.00	
付款	1002.001 银行存款-江南城市发展银行长安分行		226,000.00
合计：肆拾伍万贰仟元整		452,000.00	452,000.00

记账：李想　　审核：单洪飞　　制单：李想

记账凭证

附单据数：0

单位：江南岳达机械制造有限责任公司　　2020-10-10　　凭证号：记-016（2/2）

摘要	科目	借方	贷方
汇款手续费	6603.001 财务费用-手续费	20.00	
汇款手续费	1002.001 银行存款-江南城市发展银行长安分行		20.00
合计：肆拾伍万贰仟零贰拾元整		452,020.00	452,020.00

记账：李想　　审核：单洪飞　　制单：李想

模拟票据，仅供学习使用

10-16

江南增值税专用发票

2102645225　　　　发票联　　　　№ 95123352

全国统一发票监制章 江南 国家税务局监制

开票日期：2020年10月10日

购买方	名　　称：江南岳达机械制造有限责任公司 纳税人识别号：91290504556677888M 地址、电话：长安市奉贤区工业园区　42123456 开户行及帐号：江南城市发展银行长安分行　18254871000011457	密码区

货物或应税劳务、服务名称	规格型号	单位	数量	单价	金额	税率	税额
*金属制品*硬质合金分齿机		台	1	200,000.00	200,000.00	13%	26,000.00
合计					¥200,000.00		¥26,000.00
价税合计（大写）	⊕贰拾贰万陆仟元整				（小写）	¥226,000.00	

销售方	名　　称：长安市溪宁机器制造有限公司 纳税人识别号：999901565485236000 地址、电话：长安市北运区工业园区　45214846 开户行及帐号：建安银行长安分行北运支行　2105825645885665	备注

收款人：司马昭　复核：宋江　开票人：林小红　销售方：（章）

长安市溪宁机器制造有限公司 999901565485236000 发票专用章

第三联：发票联　购买方记账凭证

税总函[2016]311号北京印钞有限公司

入 库 单

10-16

接收部门 原材料及成品库房 2020-10-10 单号: 34594411416

货号	品 名	规格	单位	数量	单价	金额
	硬质合金分齿机		台	1	200000	200,000.00
合计						200,000.00

仓库负责人	刘强丰	经手人	入库	王剑	记账	李想	备注	-

第一联，财务记账凭证

江南城市发展银行电汇凭证（借方凭证）

NO.181145716

普通　　加急　　委托日期　2020年10月10日

汇款人	全称	江南岳达机械制造有限责任公司	收款人	全称	长安市溪宁机器制造有限公司
	账号	18254871000011457		账号	2105825645885665
	汇出地点	江南省长安市		汇入地点	江南省长安市
汇出行名称	江南城市发展银行长安分行		汇入行名称	建安银行长安分行北运支行	
金　额	人民币（大写）	贰拾贰万陆仟元整		¥226,000.00	
此汇款支付给收款人。			支付密码		
江南城市发展银行长安分行 朱珊 2020年10月10日 业务核算章　汇款人签章			附加信息及用途：　复核：　记账：		

此联汇出行作借方凭证

江南城市发展银行（长安分行营业部）收费回单

10-16

交易流水：110141111657　　2020年10月10日

付款人账号 18254871000011457		付款人名称	江南岳达机械制造有限责任公司
收费种类	币种	交易金额	收费金额
47 电汇手续费	人民币	226,000.00	20.00
合计金额	20.00		

江南城市发展银行长安分行 朱珊 2020年10月10日 业务核算章

第二联 客户留存联

柜员号：00000　　朱珊

记账凭证

附单据数：0

单位：江南岳达机械制造有限责任公司　　2020-10-10　　凭证号：记-017

摘要	科目	借方	贷方
清理计算机一台	1901.001 待处理财产损溢-固定资产损溢	15,341.80	
清理计算机一台	1602.003 累计折旧-电子设备	5,658.20	
清理计算机一台	1601.003 固定资产-电子设备		21,000.00
清理计算机损失损益	6602.032 管理费用-财产损失	15,341.80	
清理计算机损失损益	1901.001 待处理财产损溢-固定资产损溢		15,341.80
合计：叁万陆仟叁佰肆拾壹元捌角		36,341.80	36,341.80

记账：李想　　审核：单洪飞　　制单：李想

计算机盘亏审批表

10-17A

损失事项：　9月末资产清查查明盘亏计算机一台

损失原因：　原值21 000元，已提折旧5，658.20元，净值为15，341.80元，
该计算机确已丢失，原因无法查实。现决定确认为固定资产损失。

法人代表：王岳达　　　保管负责人：刘强丰

批准日期：　2020/10/10

固定资产卡片

类别 10-17B

编号	2201609	保管地点	办公室	财产来源	外购取得增专票，已抵扣
名称	计算机	牌号		规格	
原值	21,000.00	来源时间	2019年12月	月折旧额	565.82
折旧年限	3	已使用年限	10	本月折旧	565.82
残值	3%	单位	台	已提折旧	5,658.20
月折旧率	2.6944%	数量	1	净值	15,341.80
备注	2020年9月30日盘亏				

记账凭证

附单据数：0

单位：江南岳达机械制造有限责任公司　　2020-10-10　　凭证号：记-018

摘要	科目	借方	贷方
办公电脑维修费	6602.006 管理费用-办公费	2,090.89	
办公电脑维修费	1001 库存现金		2,090.89
合计：贰仟零玖拾元捌角玖分		2,090.89	2,090.89

记账：李想　　审核：单洪飞　　制单：李想

模拟票据，仅供学习使用

江南增值税普通发票

2548742313　　　　发票联　　　　№ 12346464　　10-18

开票日期：2020年10月10日

购买方	名　　称：江南岳达机械制造有限责任公司 纳税人识别号：91290504556677888M 地址、电话：长安市奉贤区工业园区　42123456 开户行及帐号：江南城市发展银行长安分行　18254871000011457	密码区	

货物或应税劳务、服务名称	规格型号	单位	数量	单价	金额	税率	税额
*劳务*电脑维修费		次	15	138.0126667	2,070.19	1%	20.70
合计					¥2,070.19		¥20.70
价税合计（大写）	⊕贰仟零玖拾元捌角玖分				（小写）¥2,090.89		

销售方	名　　称：长安市拱西区海科科技有限公司 纳税人识别号：999904765481548000 地址、电话：长安市拱西区河北路　456485126 开户行及帐号：工群银行长安分行河北路支行　25789212345532346	备注	

收款人：司马懿　复核：贾迎春　开票人：张宏　销售方：（章）

第二联：发票联　购买方记账凭证

全国统一发票监制章 江南 国家税务总局监制

长安市拱西区海科科技有限公司 999904765481548000 发票专用章

税总函[2016]311号北京印钞有限公司

记账凭证

附单据数：0

单位：江南岳达机械制造有限责任公司　　2020-10-10　　凭证号：记-019

摘要	科目	借方	贷方
报销差旅费	6601.007 销售费用-差旅费	2,760.00	
报销差旅费	1001 库存现金		2,760.00
合计：贰仟柒佰陆拾元整		2,760.00	2,760.00

记账：李想　　审核：单洪飞　　制单：李想

江南增值税普通发票

10-19

3251456892　　发票联　　№ 32514568

全国统一发票监制章 江南 国家税务局监制

开票日期：2020年10月10日

购买方		密码区	
名　　称：	江南岳达机械制造有限责任公司		
纳税人识别号：	91290504556677888M		
地 址、电 话：	长安市奉贤区工业园区　42123456		
开户行及帐号：	江南城市发展银行长安分行　18254871000011457		

货物或应税劳务、服务名称	规格型号	单位	数量	单价	金额	税率	税额
*住宿服务*住宿费		天	5	520.75	2,603.77	6%	156.23
合计					¥2,603.77		¥156.23

价税合计（大写）	⊕贰仟柒佰陆拾元整	（小写）	¥2,760.00

销售方		备注
名　　称：	锦阳天天连锁有限公司	
纳税人识别号：	933123259548522365	
地 址、电 话：	锦阳市越阳区上海街　25365846	
开户行及帐号：	工农银行锦阳分行越阳支行　8154682556625559	

锦阳天天连锁有限公司 933123259548522365 发票专用章

收款人：黄忠　复核：卢俊义　开票人：毛红　销售方：（章）

第二联：发票联　购买方记账凭证

税总函[2016]311号北京印钞有限公司

记账凭证

附单据数：0

单位：江南岳达机械制造有限责任公司　　2020-10-10　　凭证号：记-020（1/2）

摘要	科目	借方	贷方
收到银行承兑汇票	1121 应收票据	280,800.00	
收到银行承兑汇票	1122.003 应收账款-长安市南亚实业有限公司		280,000.00
收到银行承兑汇票补差额	1001 库存现金		800.00
汇票贴现	1002.001 银行存款-江南城市发展银行长安分行	279,162.00	
汇票贴现	6603.003 财务费用-利息支出	1,638.00	
合计：伍拾陆万壹仟陆佰元整		561,600.00	280,800.00

记账：李想　　审核：单洪飞　　制单：李想

记账凭证

附单据数：0

单位：江南岳达机械制造有限责任公司　　2020-10-10　　凭证号：记-020 (2/2)

摘要	科目	借方	贷方
汇票贴现	1121 应收票据		280,800.00
合计：伍拾陆万壹仟陆佰元整		561,600.00	561,600.00

记账：李想　　审核：单洪飞　　制单：李想

收 款 收 据

10-20A

NO. 155422

收款日期 2020-10-09

付款单位（交款人）	江南岳达机械制造有限责任公司	收款单位（收款人）	南亚实业	收款项目
人民币（大写）	捌佰元整		小写：	¥800.00
收款事由	收到应收票据补差款		经办部门：	
上述款项照数收讫无误。收款单位财会专用章（领款人签章）	会计主管	稽核	出纳	交款人

第三联 给付款单位做收据

长安市南亚实业有限公司 财务专用章

模拟票据，仅供学习使用

显示日期：2020-10-9

电子商业汇票系统 Electronic Commercial Draft System

电 子 银 行 承 兑 汇 票

10-20B

出票日期：2020-9-8　　票据状态

汇票到期日：2020-12-8　　票据号码：131358501111680180511192826104

出票人	账号	913331590900005120	收款人	账号	2105887136595390
	全称	德芸实业（锦阳）有限公司		全称	长安市南亚实业有限公司
	开户行	广东南粤银行深圳分行		开户行	建安银行长安分行北运支行
	开户行号	31584011124		开户行号	2105887136595390
出票人保证信息		保证人账号： 保证人名称：	保证人开户行： 保证人开户行号		
票据金额		小 写：280800.00	人民币（大写：贰拾捌万零捌佰元整		
承兑人		承兑人账号： 承兑人名称：广东南粤银行深圳分行	承兑人开户行： 承兑人开户行号：31584011124		
交易 合同号：			承兑信息	出票人承诺：本汇票请予以承兑，到期无条件付款	
是否可转让：		可再转让		承兑人承兑，本票据已经承兑，到期无条件付款 承兑日期：2020-12-8	
承兑人保证信息		保证人账号： 保证人名称：	保证人开户行： 保证人开户行号：		
评级信息		出票人	评级主体：　信用等级　评级到期日		
备注：		银行盖章			

江南省市发展银行长安分行 电子回单 专用章

显示日期：2020-10-9

电子商业汇票系统 Electronic Commercial Draft System

电 子 银 行 承 兑 汇 票

10-20C

票据号码：131358501111680180511192826104

转让背书	
背书上人名称：	德芸实业（锦阳）有限公司
被背书人名称	长安市南亚实业有限公司
是否可转让：	可再转让
背书日期：	2020/9/15
转让背书	
背书上人名称：	长安市南亚实业有限公司
被背书人名称	江南岳达机械制造有限责任公司
是否可转让：	可再转让
背书日期：	2020/10/9

江南城市发展银行业务凭证/回单 10-20D

交易日期：2020年10月9日　回单编号：18211562400000033　交易流水号：81254000017
网点编号：1864　交易名称：贴现利息　业务类型：借贷记
收款人户名：
收款账号：
收款银行
付款人户名：江南岳达机械制造有限责任公司
付款账号：18254871000011457
付款银行：江南城市发展银行长安分行
收付款标志：付款　起息日：　凭证编号：
交易金额（币种）：人民币　￥1638.00
摘要：
计息起讫日期：2020年10月09日至2020年12月8日
计算总积数：16848000　利率：3.5%
执行年利率%：3.5%　对方科目：1510（应收利息）
大写金额：玖佰捌拾柒元叁角陆分

江南城市发展银行长安分行 朱珊 2020年10月9日 业务核算章

打印渠道：柜面　打印次数：1　柜员号：81254　打印日期：2020年10月9日

模拟票据，仅供学习使用

江南增值税普通发票

10-20A

2126465412 发票联 № 97412543

开票日期：2020年10月9日

购买方	名称：江南岳达机械制造有限责任公司 纳税人识别号：91290504556677888M 地址、电话：长安市奉贤区工业园区 42123456 开户行及帐号：江南城市发展银行长安分行 18254871000011457	密码区					
货物或应税劳务、服务名称	规格型号	单位	数量	单价	金额	税率	税额
*金融服务*贷款利息		天	60	55.03	1,545.28	6%	92.72
合计					¥1,545.28		92.72
价税合计（大写）	⊕壹仟陆佰叁拾捌元整			（小写）	¥1,638.00		
销售方	名称：江南城市发展银行长安分行 纳税人识别号：999225512684513156 1 地址、电话：江南省长安市溪文区 45457951 开户行及帐号：江南城市发展银行长安分行 18121256229554132	备注					

收款人：晓玉 复核：刘光 开票人：师平 销售方：（章）

第二联：发票联 购买方记账凭证

江南城市发展银行长安分行 9992255126845131561 发票专用章

全国统一发票监制章 江南 国家税务总局监制

税总函[2016]311号北京印钞有限公司

记账凭证

附单据数：0

单位：江南岳达机械制造有限责任公司　　2020-10-10　　凭证号：记-021

摘要	科目	借方	贷方
报销燃油费	6601.038 销售费用-车辆燃油费	3,023.08	
报销燃油费	2221.001.001 应交税费-应交增值税-进项税额	393.00	
报销燃油费	1123.001 预付账款-石油天然气总公司江南长安分公司		3,416.08
合计：叁仟肆佰壹拾陆元零捌分		3,416.08	3,416.08

记账：李想　　审核：单洪飞　　制单：李想

模拟票据，仅供学习使用

10-21

江南增值税专用发票

2153352255　　　　**发票联**　　　　№ 22315456

成品油　　　　开票日期：2020年10月10日

购买方	名　　称：	江南岳达机械制造有限责任公司	密码区	
	纳税人识别号：	91290504556677888M		
	地 址、电 话：	长安市奉贤区工业园区 42123456		
	开户行及帐号：	江南城市发展银行长安分行 18254871000011457		

货物或应税劳务、服务名称	规格型号	单位	数量	单价	金额	税率	税额
*乙醇汽油*93#车用汽油	93#	升	302.91	9.98	3,023.08	13%	393.00
合计					¥3,023.08		¥393.00
价税合计（大写）	⊕叁仟肆佰壹拾陆元零捌分				（小写） ¥3,416.08		

销售方	名　　称：	石油天然气总公司江南长安分公司	备注	
	纳税人识别号：	999901812355136000		
	地 址、电 话：	长安市北运区工业园区 45136297		
	开户行及帐号：	建安银行长安分行北运支行 2105812335130220		

收款人：刘备　　复核：妙玉　　开票人：沙僧　　销售方：（章）

第三联：发票联　购买方记账凭证

税总函[2016]311号北京印钞有限公司

记账凭证

附单据数：0

单位：江南岳达机械制造有限责任公司　　2020-10-10　　凭证号：记-022

摘要	科目	借方	贷方
非专利技术核销	6115.001 资产处置损益-无形资产处置损益	20,000.00	
非专利技术核销	1702.002 累计摊销-非专利技术	5,000.00	
非专利技术核销	1701.002 无形资产-非专利技术		25,000.00
合计：贰万伍仟元整		25,000.00	25,000.00

记账：李想　　审核：单洪飞　　制单：李想

无形资产摊销明细表

日期　2020年10月

10-22

无形资产	取得时间	面积	金额	摊销年限	本月摊销金额	已摊销年限	累计摊销金额	本月摊余值	备注
非专利技术2	2019年10月		25,000.00	60		12.00	5,000.00	20,000.00	10月9日转给子公司（无省科技部门减免税备案）

记账凭证

附单据数：0

单位：江南岳达机械制造有限责任公司　　2020-10-10　　凭证号：记-023

摘要	科目	借方	贷方
转增实收资本	4002.001 资本公积-其他	1,000,000.00	
转增实收资本	4001.001 实收资本-王岳达		600,000.00
转增实收资本	4001.002 实收资本-江南利枫物资有限公司		400,000.00
合计：壹佰万元整		1,000,000.00	1,000,000.00

记账：李想　　审核：单洪飞　　制单：李想

江南岳达机械制造有限责任公司　　10-23

关于资本公积转增实收资本的股东会决议

股东会决议[2020]07号

时间：2020年10月7日

地点：公司办公室

出席股东：股东王岳达、江南利枫物资有限公司

主持人：王岳达

股东会会议审议了公司关于关于使用资本公积转增实收资本的的议案，经研究，形成以下决议：

同意使用资本公积转增实收资本，金额为100万元整，比例为王岳达60%，江南利枫物资有限公司40%。

以上决议均经出席股东大会的股东所持表决权的100%通过。

股东签字 盖章　　王岳达

江南利枫物资有限公司

2020年10月7日

记账凭证

附单据数：0

单位：江南岳达机械制造有限责任公司　　2020-10-10　　凭证号：记-024（1/3）

摘要	科目	借方	贷方
清理车辆	1606.001 固定资产清理-运输车辆	4,500.00	
清理车辆	1602.002 累计折旧-运输车辆	145,500.00	
清理车辆	1601.002 固定资产-运输车辆		150,000.00
收到车辆处置收入	1001 库存现金	41,200.00	
收到车辆处置收入	2221.007_005 应交税费-简易计税_3%		1,200.00
合计：壹拾玖万壹仟贰佰元整		191,200.00	151,200.00

记账：李想　　审核：单洪飞　　制单：李想

记账凭证

附单据数：0

单位：江南岳达机械制造有限责任公司　　2020-10-10　　凭证号：记-024（2/3）

摘要	科目	借方	贷方
收到车辆处置收入	1606.001 固定资产清理-运输车辆		40,000.00
结转减免税	2221.007_005 应交税费-简易计税_3%	400.00	
结转减免税	6117.001 其他收益-减免税		400.00
计提处置车辆附加税	1606.001 固定资产清理-运输车辆	96.00	
计提处置车辆附加税	2221.011 应交税费-应交城市维护建设税		56.00
合计：壹拾玖万壹仟陆佰玖拾陆元整		191,696.00	191,656.00

记账：李想　　审核：单洪飞　　制单：李想

模拟票据，仅供学习使用

记账凭证

附单据数：0

单位：江南岳达机械制造有限责任公司　　2020-10-10　　凭证号：记-024（3/3）

摘要	科目	借方	贷方
计提处置车辆附加税	2221.012 应交税费-应交教育费附加		24.00
计提处置车辆附加税	2221.013 应交税费-应交地方教育附加		16.00
结转清理余额	1606.001 固定资产清理-运输车辆	35,404.00	
结转清理余额	6051.005 其他业务收入-固定资产处置		35,404.00
合计：贰拾贰万柒仟壹佰元整		227,100.00	227,100.00

记账：李想　　审核：单洪飞　　制单：李想

江南增值税普通发票

2154558962　　　　№ 10231526　10-24

开票日期：2020年10月10日

购买方	名　　称：周扬 纳税人识别号： 地 址、电 话： 开户行及帐号：	密码区	

货物或应税劳务、服务名称	规格型号	单位	数量	单价	金额	税率	税额
*机动车*桑塔纳轿车		辆	1	40,000.00	40,000.00	3%	1,200.00
合计					¥40,000.00		¥1,200.00
价税合计（大写）	⊕肆万壹仟贰佰元整				（小写）¥41,200.00		

销售方	名　　称：江南岳达机械制造有限责任公司 纳税人识别号：91290504556677888M 地 址、电 话：长安市奉贤区工业园区　42123456 开户行及帐号：江南城市发展银行长安分行　18254871000011457	备注	江南岳达机械制造有限责任公司 91290504556677888M 发票专用章

收款人：刘信　　复核：王明　　开票人：张晓光　　销售方：（章）

第一联：记账联　销售方记账凭证

税总函[2016]311号北京印钞有限公司

全国统一发票监制章 江南 国家税务总局监制

固定资产卡片

类别 10-24B

编号	2201723	保管地点	车队-车间	财产来源	17%机动车销售统一发票，未抵扣
名称	桑塔纳轿车	牌号	江E -888888	规格	
原值	150,000.00	来源时间	2013年12月	每月折旧	/
折旧年限	4	已使用年限		本月折旧	/
残值	3% / 4500.00	单位	台	已提折旧	145,500.00
月折旧率	2.0208%	数量	1		
备注	2020年10月出售				

记账凭证

附单据数：0

单位：江南岳达机械制造有限责任公司　　2020-10-10　　凭证号：记-025（1/2）

摘要	科目	借方	贷方
清理已售偏远闲置房屋	1606.003 固定资产清理-房屋建筑	354,488.00	
清理已售偏远闲置房屋	1602.004 累计折旧-房屋建筑	145,512.00	
清理已售偏远闲置房屋	1601.004 固定资产-房屋建筑		500,000.00
收到售房款	1002.001 银行存款-江南城市发展银行长安分行	700,000.00	
收到售房款	1606.003 固定资产清理-房屋建筑		666,666.67
合计：壹佰贰拾万元整		1,200,000.00	1,166,666.67

记账：李想　　审核：单洪飞　　制单：李想

记账凭证

附单据数：0

单位：江南岳达机械制造有限责任公司　　2020-10-10　　凭证号：记-025 (2/2)

摘要	科目	借方	贷方
收到售房款	2221.007_004 应交税费-简易计税_5%		33,333.33
合计：壹佰贰拾万元整		1,200,000.00	1,200,000.00

记账：李想　　审核：单洪飞　　制单：李想

10-25

江南增值税专用发票

2101245555　　　　№ 21548633

此联不作报销、扣税凭证使用

开票日期：2020年10月10日

购买方	
名　称：	锦阳宁竣资产管理有限公司
纳税人识别号：	93312318236806312P
地址、电话：	锦阳市越阳区上海街　25954855
开户行及帐号：	工农银行锦阳分行越阳支行　8154682285597651

密码区

货物或应税劳务、服务名称	规格型号	单位	数量	单价	金额	税率	税额
*不动产*银丰小区办公用房		平方米	79.16	8,421.30	666,666.67	5%	33,333.33
合计					¥666,666.67		¥33,333.33

价税合计（大写）　⊕柒拾万元整　　（小写）　¥700,000.00

销售方	
名　称：	江南岳达机械制造有限责任公司
纳税人识别号：	91290504556677888M
地址、电话：	长安市奉贤区工业园区　42123456
开户行及帐号：	江南城市发展银行长安分行　18254871000011457

备注：锦阳市越阳区银丰小区独立房

收款人：刘信　　复核：王明　　开票人：张晓光　　销售方：（章）

第一联：记账联　销售方记账凭证

税总函[2016]311号北京印钞有限公司

江南城市发展银行（长安分行营业部）贷记通知

10-25

流水号：9999104111110-251　　交易日期：2020年10月10日

收款单位：	江南岳达机械制造有限责任公司		
收款单位账号：	18254871000011457	凭证编号	
付款单位名称：	锦阳宁竣资产管理有限公司	付款银行	工农银行锦阳分行越阳支行
付款单位账号	8154682285597651	起自日	2020年10月10日
交易名称	支付结算平台业务处理	金额小写：	RMB 700,000.00
金额大写	人民币 柒拾万元整		
摘要	房款		

江南城市发展银行长安分行
朱珊
2020年10月10日
业务核算章

如果日期、流水号、账号、摘要、金额相同，系重复打印。　经办柜员：99901533

固定资产卡片

类别 10-25B

编号	2201689	保管地点	锦阳市越阳区银丰小区独立房	财产来源	自建
名称	银丰小区办公房	牌号		规格	112.3平方
原值	500,000.00	来源时间	2013年10月	月折旧额	2,021.00
折旧年限	20	已使用年限	72	本月折旧	2,021.00
残值	3% / 15000	单位	栋	已提折旧	145,512.00
月折旧率	0.4042%	数量	1	净值	354,488.00
备注	2020年10月10日转让				

记账凭证

附单据数：0

单位：江南岳达机械制造有限责任公司　　2020-10-10　　凭证号：记-026

摘要	科目	借方	贷方
计提售房附加税	1606.003 固定资产清理-房屋建筑	4,333.33	
计提售房附加税	2221.011 应交税费-应交城市维护建设税		2,333.33
计提售房附加税	2221.012 应交税费-应交教育费附加		1,000.00
计提售房附加税	2221.013 应交税费-应交地方教育附加		666.67
计提售房附加税	2221.020 应交税费-应交印花税		333.33
合计：肆仟叁佰叁拾叁元叁角叁分		4,333.33	4,333.33

记账：李想　　审核：单洪飞　　制单：李想

计提售房税金　　10-26

附加税计提依据（增值税税额）	33,333.33
城建税	2,333.33
教育费附加	1,000.00
地方教育附加	666.67
印花税	333.33
附加税合计	4,333.33

记账凭证

附单据数：0

单位：江南岳达机械制造有限责任公司　　2020-10-10　　凭证号：记-027（1/2）

摘要	科目	借方	贷方
预缴售房税款	2221.007_004 应交税费-简易计税_5%	33,333.33	
预缴售房税款	1001 库存现金		33,333.33
预缴售房税款	2221.011 应交税费-应交城市维护建设税	2,333.33	
预缴售房税款	2221.012 应交税费-应交教育费附加	1,000.00	
预缴售房税款	2221.013 应交税费-应交地方教育附加	666.67	
合计：叁万柒仟叁佰叁拾叁元叁角叁分		37,333.33	33,333.33

记账：李想　　审核：单洪飞　　制单：李想

记账凭证

附单据数：0

单位：江南岳达机械制造有限责任公司　　2020-10-10　　凭证号：记-027（2/2）

摘要	科目	借方	贷方
预缴售房税款	2221.020 应交税费-应交印花税	333.33	
预缴售房税款	1001 库存现金		4,333.33
合计：叁万柒仟陆佰陆拾陆元陆角陆分		37,666.66	37,666.66

记账：李想　　审核：单洪飞　　制单：李想

模拟票据，仅供学习使用

中华人民共和国
税收完税证明

10-27

NO.3210551007000021223

填发时间: 2020年10月9日　　税务机关：国家税务总局锦阳市越阳区税务局

纳税人识别号	91290504556677888M			纳税人名称	江南岳达机械制造有限责任公司
原凭证号	税种	品目名称	税款所属时期	入（退）库日期	实缴（退）金额
	增值税	转让不动产	2020-10-01至2020-10-30	2020-10-09	33333.33
	教育费附加	增值税教育费附加	2020-10-01至2020-10-30	2020-10-09	1000.00
	地方教育附加	增值税地方教育附加	2020-10-01至2020-10-30	2020-10-09	666.67
	城市维护建设税	市区（增值税附征）	2020-10-01至2020-10-30	2020-10-09	2333.33
	印花税	购销合同	2020-10-01至2020-10-30	2020-10-09	333.33
金额合计	（大写）叁万柒仟陆佰陆拾陆元整				¥37,666.66
税务机关（国家税务总局锦阳市越阳区税务局 征税专用章 102）	填票人		备注	应征凭证序号：***************** 系统税票号码：*****************	

第一联（收据）交纳税人作完税证明

记账凭证

附单据数：0

单位：江南岳达机械制造有限责任公司　2020-10-10　凭证号：记-028（1/2）

摘要	科目	借方	贷方
报销办公用房租金	6602.012 管理费用-租赁费	46,000.00	
报销办公用房租金	2221.001.001 应交税费-应交增值税-进项税额	2,300.00	
报销办公用房租金	2202.011 应付账款-长安市长城管理咨询有限公司		48,300.00
付办公用房租金	2202.011 应付账款-长安市长城管理咨询有限公司	48,300.00	
付办公用房租金	1002.001 银行存款-江南城市发展银行长安分行		48,300.00
合计：玖万陆仟陆佰元整		96,600.00	96,600.00

记账：李想　审核：单洪飞　制单：李想

记账凭证

附单据数：0

单位：江南岳达机械制造有限责任公司　　2020-10-10　　凭证号：记-028 (2/2)

摘要	科目	借方	贷方
汇款手续费	6603.001 财务费用-手续费	10.00	
汇款手续费	1002.001 银行存款-江南城市发展银行长安分行		10.00
合计：玖万陆仟陆佰壹拾元整		96,610.00	96,610.00

记账：李想　　审核：单洪飞　　制单：李想

模拟票据，仅供学习使用

江南增值税专用发票

2158415685   10-28

发票联   № 25459224

开票日期：2020年10月10日

购买方		密码区	
名　　称：江南岳达机械制造有限责任公司 纳税人识别号：91290504556677888M 地 址、电 话：长安市奉贤区工业园区 42123456 开户行及帐号：江南城市发展银行长安分行 18254871000011457			

货物或应税劳务、服务名称	规格型号	单位	数量	单价	金额	税率	税额
*经营租赁*办公用房租赁		年	2	23,000.00	46,000.00	5%	2,300.00
合计					¥46,000.00		¥2,300.00
价税合计（大写）	⊕肆万捌仟叁佰元整				（小写） ¥48,300.00		

销售方		备注	
名　　称：长安市长城管理咨询有限公司 纳税人识别号：999904770152561000 地 址、电 话：长安市湘湖区西湖大道 45655121 开户行及帐号：大海银行长安分行湘湖支行 210202559598202012			租期2020.1.1-2021.12.31 湘湖区富贵小区门市B21

收款人：宠统　复核：公孙胜　开票人：钱利　销售方：（章）

第三联：发票联　购买方记账凭证

税总函[2016]311号北京印钞有限公司

江南城市发展银行电汇凭证（借方凭证）

NO.181145728

普通　　加急　　委托日期　2020年10月10日

汇款人	全称	江南岳达机械制造有限责任公司	收款人	全称	长安市长城管理咨询有限公司
	账号	18254871000011457		账号	2102025595982012
	汇出地点	江南省长安市		汇入地点	江南省长安市
汇出行名称	江南城市发展银行长安分行		汇入行名称	大海银行长安分行湘湖支行	
金　额	人民币（大写）	肆万捌仟叁佰元整		¥48,300.00	
此汇款支付给收款人。			支付密码		
江南城市发展银行长安分行 朱珊 2020年10月10日 业务核算章 汇款人签章			附加信息及用途： 复核：　　记账：		

此联汇出行作借方凭证

江南城市发展银行（长安分行营业部）收费回单

10-28

交易流水：110141111857　　2020年10月10日

付款人账号 18254871000011457		付款人名称	江南岳达机械制造有限责任公司
收费种类	币种	交易金额	收费金额
47 电汇手续费	人民币	48,300.00	10.00
合计金额	10.00		

江南城市发展银行长安分行 朱珊 2020年10月10日 业务核算章

第二联 客户留存联

柜员号：00000　　朱珊

记账凭证

附单据数：0

单位：江南岳达机械制造有限责任公司　　2020-10-10　　凭证号：记-029

摘要	科目	借方	贷方
购办公用品	6602.006 管理费用-办公费	994.50	
购办公用品	1001 库存现金		994.50
合计：玖佰玖拾肆元伍角		994.50	994.50

记账：李想　　审核：单洪飞　　制单：李想

模拟票据，仅供学习使用

江南增值税电子普通发票

发票联

发票代码：2154896556　　10-29
发票号码：32548983
开票日期：2020年10月10日
校验码：

购买方			密码区
名　　称：	江南岳达机械制造有限责任公司		
纳税人识别号：	91290504556677888M		
地址、电话：	长安市奉贤区工业园区　42123456		
开户行及帐号：	江南城市发展银行长安分行　18254871000011457		

货物或应税劳务、服务名称	规格型号	单位	数量	单价	金额	税率	税额
*计算机外部设备*移动硬盘		个	3	328.22	984.65	1%	9.85
合计					¥984.65		¥9.85
价税合计（大写）	⊕玖佰玖拾肆元伍角整				（小写）	¥994.50	

销售方			备注
名　　称：	长安市北运区晓红办公用品商店		
纳税人识别号：	999901354821338000		
地址、电话：	长安市北运区工业园区　45636512		
开户行及帐号：	工农银行长安分行北运支行　8154625478892325		

收款人：小乔　　复核：薛蟠　　开票人：关应吉　　销售方：（章）

第二联：发票联　购买方记账凭证

税总函[2016]311号北京印钞有限公司

全国统一发票监制章 国家税务总局 江南税务局

长安市北运区晓红办公用品商店 999901354821338000 发票专用章

记账凭证

附单据数：0

单位：江南岳达机械制造有限责任公司　　2020-10-10　　凭证号：记-030（1/2）

摘要	科目	借方	贷方
购喷码机2台及运费	1601.003 固定资产-电子设备	107,000.00	
购喷码机2台及运费	2221.001.001 应交税费-应交增值税-进项税额	13,870.00	
购喷码机2台及运费	2202.001 应付账款-锦阳市环宇科技有限公司		119,780.00
付货款	2202.001 应付账款-锦阳市环宇科技有限公司	119,780.00	
付货款	1002.001 银行存款-江南城市发展银行长安分行		119,780.00
合计：贰拾肆万零陆佰伍拾元整		240,650.00	239,560.00

记账：李想　　审核：单洪飞　　制单：李想

记账凭证

附单据数：0

单位：江南岳达机械制造有限责任公司　　2020-10-10　　凭证号：记-030（2/2）

摘要	科目	借方	贷方
付运费	1001 库存现金		1,090.00
汇款手续费	6603.001 财务费用-手续费	20.00	
汇款手续费	1002.001 银行存款-江南城市发展银行长安分行		20.00
合计：贰拾肆万零陆佰柒拾元整		240,670.00	240,670.00

记账：李想　　审核：单洪飞　　制单：李想

2102645225

江南增值税专用发票

发票联

10-30

№ 95123361

开票日期：2020年10月10日

购买方	名　　称：江南岳达机械制造有限责任公司 纳税人识别号：91290504556677888M 地 址、电 话：长安市奉贤区工业园区 42123456 开户行及帐号：江南城市发展银行长安分行 18254871000011457				密码区			
货物或应税劳务、服务名称	规格型号	单位	数量	单价	金额	税率	税额	
*包装设备*喷码机		个	2	53,000.00	106,000.00	13%	13,780.00	
合计					¥106,000.00		¥13,780.00	
价税合计（大写）	⊕壹拾壹万玖仟柒佰捌拾元整				（小写）	¥119,780.00		
销售方	名　　称：锦阳市环宇科技有限公司 纳税人识别号：93212318236806312P 地 址、电 话：锦阳市越阳区上海街 25878123 开户行及帐号：工农银行锦阳分行越阳支行 8154684521364230				备注			

收款人：周瑜　　复核：秦可卿　　开票人：孙萌　　销售方：（章）

第三联：发票联　购买方记账凭证

税总函[2016]311号北京印钞有限公司

2545842365

江南增值税专用发票

发 票 联

全国统一发票监制章 江南 国家税务总局监制

10-30

№ 31254962

开票日期：2020年10月10日

购买方	名　　称：江南岳达机械制造有限责任公司 纳税人识别号：91290504556677888M 地 址、电 话：长安市奉贤区工业园区　42123456 开户行及帐号：江南城市发展银行长安分行　18254871000011457	密码区

货物或应税劳务、服务名称	规格型号	单位	数量	单价	金额	税率	税额
*运输服务*电子设备运输费		吨	3	333.33	1,000.00	9%	90.00
合计					¥1,000.00		¥90.00

价税合计（大写）　⊕壹仟零玖拾元整	（小写）　¥1,090.00

销售方	名　　称：锦阳市新阳物流有限公司 纳税人识别号：932123251852232562 地 址、电 话：锦阳市越阳区上海街　25792253 开户行及帐号：工农银行锦阳分行越阳支行　81546825482323252	备注：锦阳市越阳区至长安市奉贤区/江Z5148/轻型货车/专运喷码机

锦阳市新阳物流有限公司 932123251852232562 发票专用章

收款人：鲁肃　　复核：贾探春　　开票人：张莉　　销售方：（章）

第三联：发票联　购买方记账凭证

税总函[2016]311号北京印钞有限公司

入 库 单

10-30

接收部门 设备处 2020-10-10 单号: 34594411430

货号	品名	规格	单位	数量	单价	金额
	喷码机		个	2	53000	107,000.00
合计						107,000.00

仓库负责人	刘强丰	入库经手人	王剑	记账	李想	备注	-

第一联，财务记账凭证

江南城市发展银行电汇凭证（借方凭证）

NO.181145730

普通　　加急　　委托日期　2020年10月10日

汇款人	全称	江南岳达机械制造有限责任公司	收款人	全称	锦阳市环宇科技有限公司
	账号	18254871000011457		账号	8154684521364230
	汇出地点	江南省长安市		汇入地点	江南省锦阳市
汇出行名称	江南城市发展银行长安分行		汇入行名称	工农银行锦阳分行越阳支行	
金　额	人民币（大写）	壹拾壹万玖仟柒佰捌拾元整		¥119,780.00	
此汇款支付给收款人。 江南城市发展银行长安分行 朱珊 2020年10月10日 业务核算章 汇款人签章			支付密码		
			附加信息及用途： 复核：　　记账：		

此联汇出行作借方凭证

江南城市发展银行（长安分行营业部）收费回单

10-30

交易流水：110141111057　　2020年10月10日

付款人账号 18254871000011457		付款人名称	江南岳达机械制造有限责任公司
收费种类	币种	交易金额	收费金额
47 电汇手续费	人民币	119,780.00	20.00
合计金额	20.00		

江南城市发展银行长安分行 朱珊 2020年10月10日 业务核算章

第二联 客户留存联

柜员号：00000　　朱珊

记账凭证

附单据数：0

单位：江南岳达机械制造有限责任公司　　2020-10-22　　凭证号：记-031

摘要	科目	借方	贷方
缴电话费	6602.009 管理费用-通讯费	2,220.00	
缴电话费	1002.001 银行存款-江南城市发展银行长安分行		2,220.00
合计：贰仟贰佰贰拾元整		2,220.00	2,220.00

记账：李想　　审核：单洪飞　　制单：李想

江南增值税电子普通发票

发票联

发票代码 215789513615　　10-31
发票号码 01248785
开票日期 2020年10月22日
校验码:

购买方	名　　称: 江南岳达机械制造有限责任公司 纳税人识别号: 91290504556677888M 地 址、电 话: 长安市奉贤区工业园区　42123456 开户行及帐号: 江南城市发展银行长安分行　18254871000011457			密码区			
货物或应税劳务、服务名称	规格型号	单位	数量	单价	金额	税率	税额
*电信服务*通信服务费		月	1	2,018.35	2,018.35	9%	181.65
合计					¥2,018.35		¥181.65
价税合计（大写）	⊕贰仟贰佰元整			（小写）	¥2,200.00		
销售方	名　　称: 江南通信有限公司长安分公司 纳税人识别号: 999902471548922000 地 址、电 话: 长安市湘湖区西湖大道　45655121 开户行及帐号: 大海银行长安分行湘湖支行　2102022572558236			备注			

收款人: 夏侯敦　复核: 关胜　开票人: 姜美丽　销售方:（章）

税总函[2016]311号北京印钞有限公司

模拟票据，仅供学习使用

10-31

江南城市发展银行电汇凭证（借方凭证）

NO.181145731

普通　　加急　　委托日期　2020年10月22日

汇款人	全称	江南岳达机械制造有限责任公司	收款人	全称	江南通信有限公司长安分公司
	账号	18254871000011457		账号	2102022572558236
	汇出地点	江南省长安市		汇入地点	江南省长安市
汇出行名称	江南城市发展银行长安分行		汇入行名称	大海银行长安分行湘湖支行	
金　额	人民币（大写）	贰仟贰佰贰拾元整			¥2,220.00
此汇款支付给收款人。 江南城市发展银行长安分行 朱珊 2020年10月22日 业务核算章 汇款人签章			支付密码		
			附加信息及用途： 复核：　　记账：		

此联汇出行作借方凭证

江南城市发展银行（长安分行营业部）收费回单

10-31

交易流水：　110141111157　　　　2020年10月22日

付款人账号 18254871000011457		付款人名称	江南岳达机械制造有限责任公司
收费种类	币种	交易金额	收费金额
47 电汇手续费	人民币	2,220.00	10.00
合计金额	10.00		

江南城市发展银行长安分行 朱珊 2020年10月22日 业务核算章

第二联　客户留存联

柜员号：00000　　　　朱珊

记账凭证

附单据数：0

单位：江南岳达机械制造有限责任公司　　2020-10-22　　凭证号：记-032 (1/2)

摘要	科目	借方	贷方
购减速机6台(数量:6, 单价:2100)	1403.006_014 原材料-电器类_减速机	12,600.00	
购减速机6台	2221.001.001 应交税费-应交增值税-进项税额	1,638.00	
购减速机6台	2202.005 应付账款-锦阳市鼎瑞贸易有限公司		14,238.00
付款	1002.001 银行存款-江南城市发展银行长安分行		14,238.00
付款	2202.005 应付账款-锦阳市鼎瑞贸易有限公司	14,238.00	
合计：贰万捌仟肆佰柒拾陆元整		28,476.00	28,476.00

记账：李想　　审核：单洪飞　　制单：李想

模拟票据，仅供学习使用

记账凭证

附单据数：0

单位：江南岳达机械制造有限责任公司　　2020-10-22　　凭证号：记-032（2/2）

摘要	科目	借方	贷方
汇款手续费	6603.001 财务费用-手续费	10.00	
汇款手续费	1002.001 银行存款-江南城市发展银行长安分行		10.00
合计：贰万捌仟肆佰捌拾陆元整		28,486.00	28,486.00

记账：李想　　审核：单洪飞　　制单：李想

10-32

2158515262

江南增值税专用发票

发 票 联

№ 36242556

开票日期： 2020年10月22日

购买方	名 称：江南岳达机械制造有限责任公司 纳税人识别号：91290504556677888M 地 址、电 话：长安市奉贤区工业园区 42123456 开户行及帐号：江南城市发展银行长安分行 18254871000011457			密码区			
货物或应税劳务、服务名称	规格型号	单位	数量	单价	金额	税率	税额
*齿轮*减速机		个	6	2,100.00	12,600.00	13%	1,638.00
合计					¥12,600.00		¥1,638.00
价税合计（大写）	⊕壹万肆仟贰佰叁拾捌元整				（小写） ¥14,238.00		
销售方	名 称：锦阳市鼎瑞贸易有限公司 纳税人识别号：93312318236806312P 地 址、电 话：锦阳市越阳区上海街 25862225 开户行及帐号：工农银行锦阳分行越阳支行 8154684522125522			备注			

收款人：夏侯渊 复核：林冲 开票人：张新 销售方：（章）

第三联：发票联 购买方记账凭证

税总函[2016]311号北京印钞有限公司

入 库 单

10-32

接收部门 材料库房 2020-10-22 单号: 34594412632

货号	品名	规格	单位	数量	单价	金额
	减速机		个	6	2100	12,600.00
合计						12,600.00

仓库负责人	刘强丰	经手人入库人	王剑	记账	李想	备注	-

第一联，财务记账凭证

模拟票据，仅供学习使用

江南城市发展银行电汇凭证（借方凭证）

10-32

NO.181145732

普通　加急　委托日期　2020年10月22日

汇款人	全称	江南岳达机械制造有限责任公司	收款人	全称	锦阳市鼎瑞贸易有限公司
	账号	18254871000011457		账号	8154684522125522
	汇出地点	江南省长安市		汇入地点	江南省长安市
汇出行名称	江南城市发展银行长安分行		汇入行名称	工农银行锦阳分行越阳支行	
金　额	人民币（大写）	壹万肆仟贰佰叁拾捌元整			¥14,238.00
此汇款支付给收款人。			支付密码		
江南城市发展银行长安分行 朱珊 2020年10月22日 业务核算章 汇款人签章			附加信息及用途： 复核：　记账：		

此联汇出行作借方凭证

江南城市发展银行（长安分行营业部）收费回单

10-32

交易流水：110141111257　　　　2020年10月22日

付款人账号 18254871000011457		付款人名称	江南岳达机械制造有限责任公司
收费种类	币种	交易金额	收费金额
47 电汇手续费	人民币	14,238.00	10.00
合计金额	10.00		

江南城市发展银行长安分行 朱珊 2020年10月22日 业务核算章

第二联 客户留存联

柜员号：00000　　　　朱珊

记账凭证

附单据数：0

单位：江南岳达机械制造有限责任公司　　2020-10-22　　凭证号：记-033

摘要	科目	借方	贷方
预付电费	1123.002 预付账款-江南省电力有限公司长安供电公司	110,000.00	
预付电费	1002.001 银行存款-江南城市发展银行长安分行		110,000.00
汇款手续费	6603.001 财务费用-手续费	10.00	
汇款手续费	1002.001 银行存款-江南城市发展银行长安分行		10.00
合计：壹拾壹万零壹拾元整		110,010.00	110,010.00

记账：李想　　审核：单洪飞　　制单：李想

10-33

江南城市发展银行电汇凭证（借方凭证）

NO.18114573

普通　　加急　　委托日期　2020年10月11日

汇款人	全称	江南岳达机械制造有限责任公司	收款人	全称	江南省电力有限公司长安供电公司
	账号	18254871000011457		账号	2105821541231225
	汇出地点	江南省长安市		汇入地点	江南省长安市
汇出行名称	江南城市发展银行长安分行		汇入行名称	建安银行长安分行北运支行	
金额	人民币（大写）	壹拾壹万元整			¥110,000.00
此汇款支付给收款人。			支付密码		
江南城市发展银行长安分行 朱珊 2020年10月11日 业务核算章 汇款人签章			附加信息及用途： 复核：　记账：		

此联汇出行作借方凭证

江南城市发展银行（长安分行营业部）收费回单

10-33

交易流水：110141111 57　　2020年10月11日

付款人账号：18254871000011457		付款人名称	江南岳达机械制造有限责任公司
收费种类	币种	交易金额	收费金额
47 电汇手续费	人民币	110,000.00	10.00
合计金额	10.00		

江南城市发展银行长安分行 朱珊 2020年10月11日 业务核算章

第二联 客户留存联

柜员号：00000　　朱珊

记账凭证

附单据数：0

单位：江南岳达机械制造有限责任公司　　2020-10-22　　凭证号：记-034

摘要	科目	借方	贷方
预付燃油费	1123.001 预付账款-石油天然气总公司江南长安分公司	15,000.00	
预付燃油费	1002.001 银行存款-江南城市发展银行长安分行		15,000.00
汇款手续费	6603.001 财务费用-手续费	10.00	
汇款手续费	1002.001 银行存款-江南城市发展银行长安分行		10.00
合计：壹万伍仟零壹拾元整		15,010.00	15,010.00

记账：李想　　审核：单洪飞　　制单：李想

江南城市发展银行电汇凭证（借方凭证）

NO.18114574

普通　　加急　　委托日期　2020年10月11日

汇款人	全称	江南岳达机械制造有限责任公司	收款人	全称	石油天然气总公司江南长安分公司
	账号	18254871000011457		账号	2105812335130220
	汇出地点	江南省长安市		汇入地点	江南省长安市
汇出行名称	江南城市发展银行长安分行		汇入行名称	建安银行长安分行北运支行	
金　额	人民币（大写）	壹万伍仟元整			¥15,000.00
此汇款支付给收款人。 江南城市发展银行长安分行 朱珊 2020年10月11日 业务核算章 汇款人签章			支付密码		
			附加信息及用途： 复核：　　记账：		

此联汇出行作借方凭证

江南城市发展银行（长安分行营业部）收费回单

10-34

交易流水：110141111 57　　2020年10月11日

付款人账号：18254871000011457		付款人名称	江南岳达机械制造有限责任公司
收费种类	币种	交易金额	收费金额
47 电汇手续费	人民币	15,000.00	10.00
合计金额	10.00		

江南城市发展银行长安分行 朱珊 2020年10月11日 业务核算章

第二联 客户留存联

柜员号：00000　　朱珊

记账凭证

附单据数：0

单位：江南岳达机械制造有限责任公司　　2020-10-22　　凭证号：记-035

摘要	科目	借方	贷方
购轴承2个(数量:2，单价:4967.95)	1403.004_007 原材料-备品备件类_轴承	9,935.90	
购轴承2个	2221.001.001 应交税费-应交增值税-进项税额	1,291.67	
购轴承2个	2202.005 应付账款-锦阳市鼎瑞贸易有限公司		11,227.57
付货款	2202.005 应付账款-锦阳市鼎瑞贸易有限公司	11,227.57	
付货款	1001 库存现金		11,227.57
合计：贰万贰仟肆佰伍拾伍元壹角肆分		22,455.14	22,455.14

记账：李想　　审核：单洪飞　　制单：李想

10-35

2169513656

江南增值税专用发票

发票联

№ 12456412

开票日期：2020年10月22日

购买方	名　　称：江南岳达机械制造有限责任公司 纳税人识别号：91290504556677888M 地址、电话：长安市奉贤区工业园区 42123456 开户行及帐号：江南城市发展银行长安分行 18254871000011457			密码区			
货物或应税劳务、服务名称	规格型号	单位	数量	单价	金额	税率	税额
*轴承*轴承		个	2	4,967.95	9,935.90	13%	1,291.67
合计					¥9,935.90		¥1,291.67
价税合计（大写）	⊕壹万壹仟贰佰贰拾柒元伍角柒分			（小写）	¥11,227.57		
销售方	名　　称：锦阳市鼎瑞贸易有限公司 纳税人识别号：93312318236806312P 地址、电话：锦阳市越阳区上海街 25862225 开户行及帐号：工农银行锦阳分行越阳支行 8154684522125522			备注			

收款人：夏侯渊　复核：林冲　开票人：张新　销售方：（章）

第三联：发票联　购买方记账凭证

税总函[2016]311号北京印钞有限公司

（印章：全国统一发票监制章 江南 国家税务总局监制）

（印章：锦阳市鼎瑞贸易有限公司 93312318236806312P 发票专用章）

入 库 单

10-35

接收部门 原材料及成品库房 2020-10-22 单号: 34594412635

货号	品名	规格	单位	数量	单价	金额
	轴承		个	2	4967.95	9,935.90
合计						9,935.90
仓库负责人	刘强丰	经手人入库	王剑	记账	李想	备注: -

第一联，财务记账凭证

记账凭证

附单据数：0

单位：江南岳达机械制造有限责任公司　　2020-10-22　　凭证号：记-036

摘要	科目	借方	贷方
支付车辆保险费	6602.026 管理费用-保险费	3,095.08	
代扣车船税	6403.005 税金及附加-车船税	384.00	
支付车辆保险费	2221.001.001 应交税费-应交增值税-进项税额	185.70	
支付车辆保险费、车船税	1001 库存现金		3,664.78
合计：叁仟陆佰陆拾肆元柒角捌分		3,664.78	3,664.78

记账：李想　　审核：单洪飞　　制单：李想

模拟票据，仅供学习使用

10-36

江南增值税专用发票

发票联

2155120125 № 15236225

开票日期： 2020年10月22日

购买方	名称：江南岳达机械制造有限责任公司 纳税人识别号：91290504556677888M 地址、电话：长安市奉贤区工业园区 42123456 开户行及帐号：江南城市发展银行长安分行 18254871000011457			密码区			
货物或应税劳务、服务名称	规格型号	单位	数量	单价	金额	税率	税额
*保险服务*机动车交通事故责任强制保险费		份	2	1,547.54	3,095.08	6%	185.70
合计					¥3,095.08		¥185.70
价税合计（大写）	⊕叁仟贰佰捌拾元柒角捌分				（小写）	¥3,280.78	
销售方	名称：江南财产保险股份有限公司长安中心支公司 纳税人识别号：999905203325625000 地址、电话：长安市拱西区河北路 45642561 开户行及帐号：工群银行长安分行河北路支行 2578922541332542			备注	保单******税款所属期（202001-202012）代收车船税384元滞纳金0.00元合计384元总计金额3664.78元		

收款人：张辽 复核：柴进 开票人：王鹏 销售方：（章）

第三联：发票联 购买方记账凭证

（印章：全国统一发票监制章 江南 国家税务总局监制）

（印章：江南财产保险股份有限公司长安中心支公司 999905203325625000 发票专用章）

税总函[2016]311号北京印钞有限公司

记账凭证

附单据数：0

单位：江南岳达机械制造有限责任公司　　2020-10-22　　凭证号：记-037

摘要	科目	借方	贷方
购热风炉	1601.001 固定资产-机器设备	1,500,000.00	
购热风炉	2221.001.001 应交税费-应交增值税-进项税额	195,000.00	
购热风炉	2202.001 应付账款-锦阳市环宇科技有限公司		1,695,000.00
合计：壹佰陆拾玖万伍仟元整		1,695,000.00	1,695,000.00

记账：李想　　审核：单洪飞　　制单：李想

2154821365

江南增值税专用发票

发 票 联

10-37

№ 21547823

开票日期：2020年10月22日

购买方	名 称：江南岳达机械制造有限责任公司 纳税人识别号：91290504556677888M 地 址、电 话：长安市奉贤区工业园区 42123456 开户行及帐号：江南城市发展银行长安分行 18254871000011457			密码区			
货物或应税劳务、服务名称	规格型号	单位	数量	单价	金额	税率	税额
*锅炉及辅助设备*热风炉		台	1	1,500,000.00	1,500,000.00	13%	195,000.00
合计					¥1,500,000.00		¥195,000.00
价税合计（大写）	⊕壹佰陆拾玖万伍仟元整				（小写）	¥1,695,000.00	
销售方	名 称：锦阳市环宇科技有限公司 纳税人识别号：93212318236806312P 地 址、电 话：锦阳市越阳区上海街 25878123 开户行及帐号：工农银行锦阳分行越阳支行 8154684521364230			备注			

收款人：周瑜 复核：秦可卿 开票人：孙萌 销售方：（章）

第三联：发票联 购买方记账凭证

税总函[2016]311号北京印钞有限公司

（印章：全国统一发票监制章 江南 国家税务局监制）

（印章：锦阳市环宇科技有限公司 93212318236806312P 发票专用章）

入 库 单

10-37

接收部门 设备处　　2020-10-22　　单号: 34594412637

货号	品　名	规格	单位	数量	单价	金额	
	热风炉		台	1	1500000	1,500,000.00	
合计						1,500,000.00	
仓库负责人	刘强丰	经手入库人	王剑	记账	李想	备注	-

第一联，财务记账凭证

记账凭证

附单据数：0

单位：江南岳达机械制造有限责任公司　　2020-10-22　　凭证号：记-038（1/2）

摘要	科目	借方	贷方
购硬质合金颗粒200g(数量:200,单价:200)	1403.003_005 原材料-合金类_硬质合金颗粒	40,000.00	
购硬质合金颗粒200g	2221.001.001 应交税费-应交增值税-进项税额	5,200.00	
购硬质合金颗粒200g	2202.012 应付账款-北京腾飞机电科技有限公司		45,200.00
付货款	2202.012 应付账款-北京腾飞机电科技有限公司	45,200.00	
付货款	1002.001 银行存款-江南城市发展银行长安分行		45,200.00
合计：玖万零肆佰元整		90,400.00	90,400.00

记账：李想　　审核：单洪飞　　制单：李想

记账凭证

附单据数：0

单位：江南岳达机械制造有限责任公司　　2020-10-22　　凭证号：记-038（2/2）

摘要	科目	借方	贷方
汇款手续费	6603.001 财务费用-手续费	10.00	
汇款手续费	1002.001 银行存款-江南城市发展银行长安分行		10.00
合计：玖万零肆佰壹拾元整		90,410.00	90,410.00

记账：李想　　审核：单洪飞　　制单：李想

模拟票据，仅供学习使用

北京增值税专用发票

10-38

1125453659

发　票　联

№ 11213457

开票日期： 2020年10月22日

购买方	名　　称：江南岳达机械制造有限责任公司 纳税人识别号：912905045566677888M 地 址、电 话：长安市奉贤区工业园区　42123456 开户行及帐号：江南城市发展银行长安分行　18254871000011457	密码区

货物或应税劳务、服务名称	规格型号	单位	数量	单价	金额	税率	税额
*有色金属合金*硬质合金颗粒		克	200	200.00	40,000.00	13%	5,200.00
合计					¥40,000.00		¥5,200.00
价税合计（大写）	⊕肆万伍仟贰佰元整				（小写）	¥45,200.00	

销售方	名　　称：北京腾飞机电科技有限公司 纳税人识别号：911121546574651231 地 址、电 话：北京市经济技术开发区科创四街　25489465 开户行及帐号：工群银行北京分行望花支行　2159216464564564	备注

收款人：徐晃　复核：鲁智深　开票人：哈立刚　销售方：（章）

第三联：发票联 购买方记账凭证

税总函[2016]311号北京印钞有限公司

模拟票据，仅供学习使用

入 库 单

10-38

接收部门 原材料及成品库房 2020-10-22 单号: 34594412638

货号	品名	规格	单位	数量	单价	金额
	硬质合金颗粒		克	200	200	40,000.00
合计						40,000.00

仓库负责人	刘强丰	入库经手人	王剑	记账	李想	备注	-

第一联，财务记账凭证

模拟票据，仅供学习使用

10-38

江南城市发展银行电汇凭证（借方凭证）

NO.181145738

普通　　加急　　委托日期　2020年10月22日

汇款人	全称	江南岳达机械制造有限责任公司	收款人	全称	北京腾飞机电科技有限公司
	账号	18254871000011457		账号	2159216464564564
	汇出地点	江南省长安市		汇入地点	北京市
汇出行名称	江南城市发展银行长安分行		汇入行名称	工群银行北京分行望花支行	
金　额	人民币（大写）	肆万伍仟贰佰元整		¥45,200.00	
此汇款支付给收款人。 江南城市发展银行长安分行 朱珊 2020年10月22日 业务核算章 汇款人签章			支付密码		
			附加信息及用途： 复核：　记账：		

此联汇出行作借方凭证

江南城市发展银行（长安分行营业部）收费回单

10-38

交易流水：110141111857　　2020年10月22日

付款人账号 18254871000011457		付款人名称	江南岳达机械制造有限责任公司
收费种类	币种	交易金额	收费金额
47 电汇手续费	人民币	45,200.00	10.00
合计金额	10.00		

江南城市发展银行长安分行 朱珊 2020年10月22日 业务核算章

第二联 客户留存联

柜员号：00000　　朱珊

记账凭证

附单据数：0

单位：江南岳达机械制造有限责任公司　　2020-10-22　　凭证号：记-039（1/2）

摘要	科目	借方	贷方
购滤芯一个(数量:1，单价:20000)	1403.004_008 原材料-备品备件类_滤芯	20,000.00	
购滤芯一个	2221.001.001 应交税费-应交增值税-进项税额	2,600.00	
购滤芯一个	2202.013 应付账款-长安市欣博机械设备有限公司		22,600.00
付款	2202.013 应付账款-长安市欣博机械设备有限公司	22,600.00	
付款	1002.001 银行存款-江南城市发展银行长安分行		22,600.00
合计：肆万伍仟贰佰元整		45,200.00	45,200.00

记账：李想　　审核：单洪飞　　制单：李想

记账凭证

附单据数：0

单位：江南岳达机械制造有限责任公司　　2020-10-22　　凭证号：记-039 (2/2)

摘要	科目	借方	贷方
汇款手续费	6603.001 财务费用-手续费	10.00	
汇款手续费	1002.001 银行存款-江南城市发展银行长安分行		10.00
合计：肆万伍仟贰佰壹拾元整		45,210.00	45,210.00

记账：李想　　审核：单洪飞　　制单：李想

10-39

江南增值税专用发票

发票联

2102449842　　№ 21548431

开票日期：2020年10月22日

购买方	名　　称：江南岳达机械制造有限责任公司 纳税人识别号：91290504556677888M 地 址、电 话：长安市奉贤区工业园区　42123456 开户行及帐号：江南城市发展银行长安分行　18254871000011457	密码区	

货物或应税劳务、服务名称	规格型号	单位	数量	单价	金额	税率	税额
*通用设备*滤芯		个	1	20,000.00	20,000.00	13%	2,600.00
合计					¥20,000.00		¥2,600.00
价税合计（大写）	⊕贰万贰仟陆佰元整				（小写）	¥22,600.00	

销售方	名　　称：长安市欣博机械设备有限公司 纳税人识别号：999908223112345000 地 址、电 话：长安市湘湖区四南街　45215479 开户行及帐号：工农银行长安分行湘湖支行　8151212124558212	备注	长安市欣博机械设备有限公司 999908223112345000 发票专用章

收款人：黄盖　　复核：武松　　开票人：王湘云　　销售方：（章）

第三联：发票联　购买方记账凭证

全国统一发票监制章 江南 国家税务总局监制

税总函[2016]311号北京印钞有限公司

10-39

入 库 单

接收部门 原材料及成品库房 2020-10-22 单号: 34594412639

货号	品 名	规格	单位	数量	单价	金额
	滤芯		个	1	20000	20,000.00
合计						20,000.00

仓库负责人	刘强丰	经手人入库	王剑	记账	李想	备注	-

第一联，财务记账凭证

江南城市发展银行电汇凭证（借方凭证）

NO.181145739

普通　　加急　　委托日期　2020年10月22日

汇款人	全称	江南岳达机械制造有限责任公司	收款人	全称	长安市欣博机械设备有限公司
	账号	18254871000011457		账号	8151212124558212
	汇出地点	江南省长安市		汇入地点	江南省长安市
汇出行名称	江南城市发展银行长安分行		汇入行名称	工农银行长安分行湘湖支行	
金额	人民币（大写）	贰万贰仟陆佰元整			¥22,600.00
此汇款支付给收款人。			支付密码		
江南城市发展银行长安分行 朱珊 2020年10月22日 业务核算章		汇款人签章	附加信息及用途：		
			复核：	记账：	

此联汇出行作借方凭证

江南城市发展银行（长安分行营业部）收费回单

10-39

交易流水：　110141111957　　　2020年10月22日

付款人账号 18254871000011457		付款人名称	江南岳达机械制造有限责任公司
收费种类	币种	交易金额	收费金额
47 电汇手续费	人民币	22,600.00	10.00
合计金额	10.00		

江南城市发展银行长安分行 朱珊 2020年10月22日 业务核算章

第二联　客户留存联

柜员号：00000　　　朱珊

记账凭证

附单据数：0

单位：江南岳达机械制造有限责任公司　　2020-10-22　　凭证号：记-040

摘要	科目	借方	贷方
购非专利技术	1701.002 无形资产-非专利技术	130,000.00	
购非专利技术	2221.001.001 应交税费-应交增值税-进项税额	7,800.00	
购非专利技术	1002.001 银行存款-江南城市发展银行长安分行		137,800.00
汇款手续费	6603.001 财务费用-手续费	20.00	
汇款手续费	1002.001 银行存款-江南城市发展银行长安分行		20.00
合计：壹拾叁万柒仟捌佰贰拾元整		137,820.00	137,820.00

记账：李想　　审核：单洪飞　　制单：李想

10-40

2102134564

江南增值税专用发票

发票联

№ 21547865

开票日期： 2020年10月22日

购买方		密码区
名　　称：	江南岳达机械制造有限责任公司	
纳税人识别号：	91290504556677888M	
地 址、电 话：	长安市奉贤区工业园区　42123456	
开户行及帐号：	江南城市发展银行长安分行　18254871000011457	

货物或应税劳务、服务名称	规格型号	单位	数量	单价	金额	税率	税额
*无形资产*非专利技术		项	1	130,000.00	130,000.00	6%	7,800.00
合计					¥130,000.00		¥7,800.00
价税合计（大写）	⊕壹拾叁万柒仟捌佰元整				（小写）	¥137,800.00	

销售方		备注
名　　称：	长安市四海科技有限公司	
纳税人识别号：	999904658914562000	
地 址、电 话：	长安市湘湖区阳溪大道　45124561	
开户行及帐号：	大海银行长安分行湘湖支行　210202123125636	

收款人：董卓　复核：李逵　开票人：单强　销售方：（章）

第三联：发票联　购买方记账凭证

税总函[2016]311号北京印钞有限公司

江南城市发展银行电汇凭证（借方凭证）

10-40

NO.181145740

普通　　加急　　委托日期　2020年10月22日

汇款人	全称	江南岳达机械制造有限责任公司	收款人	全称	长安市四海科技有限公司
	账号	18254871000011457		账号	210202123125636
	汇出地点	江南省长安市		汇入地点	江南省长安市
汇出行名称	江南城市发展银行长安分行		汇入行名称	大海银行长安分行湘湖支行	
金额	人民币（大写）	壹拾叁万柒仟捌佰元整			¥137,800.00
此汇款支付给收款人。 江南城市发展银行长安分行 朱珊 2020年10月22日 业务核算章 汇款人签章			支付密码		
			附加信息及用途： 复核：　　记账：		

此联汇出行作借方凭证

江南城市发展银行（长安分行营业部）收费回单

10-40

交易流水：110141111057　　2020年10月22日

付款人账号 18254871000011457		付款人名称	江南岳达机械制造有限责任公司
收费种类	币种	交易金额	收费金额
47 电汇手续费	人民币	137,800.00	20.00
合计金额	20.00		

江南城市发展银行长安分行 朱珊 2020年10月22日 业务核算章

第二联 客户留存联

柜员号：00000　　朱珊

记账凭证

附单据数：0

单位：江南岳达机械制造有限责任公司　　2020-10-22　　凭证号：记-041

摘要	科目	借方	贷方
收购水曲柳原木	1403.002_004 原材料-木材类_水曲柳木材	32,040.00	
收购水曲柳原木9%	2221.001.001 应交税费-应交增值税-进项税额	3,204.00	
收购水曲柳原木1%	2221.004 应交税费-待抵扣进项税额	356.00	
收购水曲柳原木	1221.001.002 其他应收款-个人-张北		35,600.00
合计：叁万伍仟陆佰元整		35,600.00	35,600.00

记账：李想　　审核：单洪飞　　制单：李想

10-41

江南增值税普通发票

2122154874　　№ 00154297

收购　　开票日期：2020年10月22日

购买方	名　　称：江南岳达机械制造有限责任公司 纳税人识别号：91290504556677888M 地 址、电 话：长安市奉贤区工业园区　42123456 开户行及帐号：江南城市发展银行长安分行　18254871000011457	密码区	

货物或应税劳务、服务名称	规格型号	单位	数量	单价	金额	税率	税额
*林业产品*水曲柳原木			1	35,600.00	35,600.00	免税	***
合计					¥35,600.00		¥0.00
价税合计（大写）	⊕叁万伍仟陆佰元整				（小写）	¥35,600.00	

销售方	名　　称：黄方革 纳税人识别号：221572197012132563 地 址、电 话：长安市北运区江南大道　44521583 开户行及帐号：工农银行长安分行北运支行　622284854785256232	备注	江南岳达机械制造有限责任公司 91290504556677888M 发票专用章

收款人：刘信　　复核：王明　　开票人：张晓光　　销售方：（章）

第一联：记账联　销售方记账凭证

税总函[2016]311号北京印钞有限公司

全国统一发票监制章 江南 国家税务总局监制

收款收据

11-41A

收款日期　2020/10/22

付款单位（交款人）	张北	收款单位（收款人）	江南岳达机械制造有限责任公司	收款项目：发票报销	
人民币（大写）	⊕叁万伍仟陆佰元整			小写：	¥35,600.00
收款事由				经办部门：	
上述款项照数收讫无误。 收款单位财会专用章；； （领款人签章）		会计主管	稽核	出纳	交款人
			李想	王月	张北

第三联 联 给付款单位做收据

江南岳达机械制造有限责任公司 财务专用章

记账凭证

附单据数：0

单位：江南岳达机械制造有限责任公司　　2020-10-22　　凭证号：记-042

摘要	科目	借方	贷方
付参展费	6601.027 销售费用-展览展位费	20,000.00	
付参展费	2221.001.001 应交税费-应交增值税-进项税额	1,200.00	
付参展费	1221.002.003 其他应收款-单位-上海亮剑机械销售有限公司		21,200.00
合计：贰万壹仟贰佰元整		21,200.00	21,200.00

记账：李想　　审核：单洪飞　　制单：李想

3184867439

上海增值税专用发票

发票联

10-42

№ 28499485

开票日期：2020年10月22日

购买方	名　　称：江南岳达机械制造有限责任公司 纳税人识别号：91290504556677888M 地 址、电 话：长安市奉贤区工业园区 42123456 开户行及帐号：江南城市发展银行长安分行 18254871000011457	密码区	

货物或应税劳务、服务名称	规格型号	单位	数量	单价	金额	税率	税额
*现代服务*展览展会费		次	1	20,000.00	20,000.00	6%	1,200.00
合计					¥20,000.00		¥1,200.00

价税合计（大写）⊕贰万壹仟贰佰元整　（小写）¥21,200.00

销售方	名　　称：上海智多星管理咨询有限公司 纳税人识别号：9131010184726ENC54 地 址、电 话：上海市黄埔区和平街 27874933 开户行及帐号：工农银行上海分行黄埔支行 8151828265827295	备注	

收款人：诸葛瑾　复核：段景住　开票人：薛洪　销售方：（章）

第三联：发票联　购买方记账凭证

税总函[2016]311号北京印钞有限公司

展会邀请函

10-42B

上海亮剑机械销售有公司:

您好！上海智多星管理咨询有限公司自成立以来，因为有了您的支持和关爱，六年来在企业管理领域发展顺利，以即将印来第七个生日之际，将于2020年10月19日在上海浦东喜来登酒店举办2020年机械加工行业经销商交流及展示会。我们诚挚地邀请您参与本次盛会。

时间;2020年10月19日
地址：上海浦东喜来登酒店
电话：13002093847
联系人：郑和

记账凭证

附单据数：0

单位：江南岳达机械制造有限责任公司　　2020-10-22　　凭证号：记-043

摘要	科目	借方	贷方
发出商品27*0.9带锯条200，000米，对方火灾。	1122.005 应收账款-长安海思设备科技有限公司	520,000.00	
发出商品，对方火灾，无法收回200，000米。	2221.001.002_001 应交税费-应交增值税-销项税额_13%		520,000.00
合计：伍拾贰万元整		520,000.00	520,000.00

记账：李想　　审核：单洪飞　　制单：李想

10-43

江南增值税专用发票

2112586956　　№　95215322

此联不作报销、扣税凭证使用

开票日期：2020年10月7日

购买方	名称：长安海思设备科技有限公司 纳税人识别号：999908322465810000 地址、电话：长安市湘湖区阳溪大道 48133579 开户行及帐号：工群银行长安分行湘湖路支行 2578900125458434	密码区					
货物或应税劳务、服务名称	规格型号	单位	数量	单价	金额	税率	税额
*金属制品*金属切削刀具（带锯条）	27*0.9	米	200000	20.00	4,000,000.00	13%	520,000.00
合计					¥4,000,000.00		¥520,000.00
价税合计（大写）	⊕肆佰伍拾贰万元整				（小写） ¥4,520,000.00		
销售方	名称：江南岳达机械制造有限责任公司 纳税人识别号：91290504556677888M 地址、电话：长安市奉贤区工业园区 42123456 开户行及帐号：江南城市发展银行长安分行 18254871000011457	备注					

收款人：刘信　　复核：王明　　开票人：张晓光　　销售方：（章）

第一联：记账联　销售方记账凭证

全国统一发票监制章　江南　国家税务总局监制

江南岳达机械制造有限责任公司　91290504556677888M　发票专用章

税总函[2016]311号北京印钞有限公司

销售单

10-43

往来单位　长安海思设备科技有限公司　　2020-10-07　　单号：21454411143

制单人：	王明	经手人：刘远征			库房：产成品及原材料库房	
货号	商品名称	规格	单位	数量	单价	金额（含税）
	金属切削刀具（带锯条）	27*0.9	米	200000	22.60	4,520,000.00
合计数量：	200000		成交金额：			4,520,000.00

第二联，财务记账凭证

记账凭证

附单据数：0

单位：江南岳达机械制造有限责任公司　　2020-10-22　　凭证号：记-044

摘要	科目	借方	贷方
报销本月电费	6602.040 管理费用-电费	3,000.00	
报销本月电费	5101.040 制造费用-电费	87,000.00	
报销本月电费	2221.001.001 应交税费-应交增值税-进项税额	11,700.00	
报销本月电费	1123.002 预付账款-江南省电力有限公司长安供电公司		101,700.00
合计：壹拾万壹仟柒佰元整		101,700.00	101,700.00

记账：李想　　审核：单洪飞　　制单：李想

10-44

江南增值税专用发票

发票联

2125482356　　№ 21586488

开票日期：2020年10月22日

购买方	名　　称：江南岳达机械制造有限责任公司 纳税人识别号：91290504556677888M 地 址、电 话：长安市奉贤区工业园区　42123456 开户行及帐号：江南城市发展银行长安分行　18254871000011457	密码区	

货物或应税劳务、服务名称	规格型号	单位	数量	单价	金额	税率	税额
*供电*电费		KWH	59210.53	1.52	90,000.00	13%	11,700.00
合计					¥90,000.00		¥11,700.00

价税合计（大写）　⊕壹拾万壹仟柒佰元整　　（小写）¥101,700.00

销售方	名　　称：江南省电力有限公司长安供电公司 纳税人识别号：999901568135015000 地 址、电 话：长安市北运区工业园区　45713549 开户行及帐号：建安银行长安分行北运支行　2105821541231225	备注	

收款人：曹操　　复核：史湘云　　开票人：孙慧　　销售方：（章）

第三联：发票联　购买方记账凭证

税总函[2016]311号北京印钞有限公司

电表分割单

10-44B

使用部门	电表度数 （KWH）	金额
管理部门	1,973.69	3,000.00
车间	57,236.84	87,000.00
合计	59210.53	90,000.00

记账凭证

附单据数：0

单位：江南岳达机械制造有限责任公司　　2020-10-22　　凭证号：记-045（1/2）

摘要	科目	借方	贷方
支付本月水费	6602.041 管理费用-水费	175.00	
支付本月水费	5101.041 制造费用-水费	1,025.00	
支付本月水费	2221.001.001 应交税费-应交增值税-进项税额	36.00	
支付本月水费	1002.001 银行存款-江南城市发展银行长安分行		1,236.00
手续费	6603.001 财务费用-手续费	10.00	
合计：壹仟贰佰肆拾陆元整		1,246.00	1,236.00

记账：李想　　审核：单洪飞　　制单：李想

记账凭证

附单据数：0

单位：江南岳达机械制造有限责任公司　　2020-10-22　　凭证号：记-045 (2/2)

摘要	科目	借方	贷方
手续费	1002.001 银行存款-江南城市发展银行长安分行		10.00
合计：壹仟贰佰肆拾陆元整		1,246.00	1,246.00

记账：李想　　审核：单洪飞　　制单：李想

模拟票据，仅供学习使用

10-45

江南增值税专用发票

2124686561　　　　　　　　　　　　№ 21874459

发　票　联

（印章：全国统一发票监制章 江南 国家税务总局监制）

开票日期：2020年10月22日

购买方			密码区
名　　称：	江南岳达机械制造有限责任公司		
纳税人识别号：	91290504556677888M		
地址、电话：	长安市奉贤区工业园区　42123456		
开户行及帐号：	江南城市发展银行长安分行　18254871000011457		

货物或应税劳务、服务名称	规格型号	单位	数量	单价	金额	税率	税额
*冰雪*水费		吨	342.86	3.499970834	1,200.00	3%	36.00
合计					¥1,200.00		¥36.00
价税合计（大写）	⊕壹仟贰佰叁拾陆元整				（小写）¥1,236.00		

销售方			备注
名　　称：	江南长安水务控股有限责任公司		
纳税人识别号：	999904547781202000		
地址、电话：	长安市湘湖区衍水街　45022421		
开户行及帐号：	工群银行长安分行湘湖支行　2578922455641357		

（印章：江南长安水务控股有限责任公司 999904547781202000 发票专用章）

收款人：吕布　复核：阮小二　开票人：安雨飞　销售方：（章）

第三联：发票联　购买方记账凭证

税总函[2016]311号北京印钞有限公司

江南城市发展银行电汇凭证（借方凭证）

NO.181145745

普通　　加急　　委托日期　2020年10月22日

汇款人	全称	江南岳达机械制造有限责任公司	收款人	全称	江南长安水务控股有限责任公司
	账号	18254871000011457		账号	2578922455641357
	汇出地点	江南省长安市		汇入地点	江南省长安市
汇出行名称	江南城市发展银行长安分行		汇入行名称	工群银行长安分行湘湖支行	
金　额	人民币（大写）	壹仟贰佰叁拾陆元整		¥1,236.00	
此汇款支付给收款人。			支付密码		
江南城市发展银行长安分行 朱珊 2020年10月22日 业务核算章　汇款人签章			附加信息及用途： 复核：　记账：		

此联汇出行作借方凭证

江南城市发展银行（长安分行营业部）收费回单

10-45

交易流水：110141111557　　2020年10月22日

付款人账号 18254871000011457		付款人名称	江南岳达机械制造有限责任公司
收费种类	币种	交易金额	收费金额
47 电汇手续费	人民币	1,236.00	10.00
合计金额	10.00		

江南城市发展银行长安分行
朱珊
2020年10月22日
业务核算章

第二联　客户留存联

柜员号：00000　　朱珊

水费分割单

10-45B

使用部门	数量 （吨）	金额
管理部门	50.00	175
车间	1,150.00	1,025.00
合计	1,200.00	1,200.00

记账凭证

附单据数：0

单位：江南岳达机械制造有限责任公司　　2020-10-22　　凭证号：记-046

摘要	科目	借方	贷方
支付利息	6603.003 财务费用-利息支出	300,000.00	
支付利息	1002.001 银行存款-江南城市发展银行长安分行		300,000.00
汇款手续费	6603.001 财务费用-手续费	10.00	
汇款手续费	1002.001 银行存款-江南城市发展银行长安分行		10.00
合计：叁拾万零壹拾元整		300,010.00	300,010.00

记账：李想　　审核：单洪飞　　制单：李想

模拟票据，仅供学习使用

江南城市发展银行电汇凭证（借方凭证）

NO.1811457　　10-46

普通　　加急　　委托日期　2020年10月22日

汇款人	全称	江南岳达机械制造有限责任公司	收款人	全称	王岳达
	账号	18254871000011457		账号	622284813458213613
	汇出地点	江南省长安市		汇出地点	江南省长安市
汇出行名称	江南城市发展银行长安分行		汇入行名称	工农银行长安分行北运支行	
金　额	人民币（大写）	叁拾万元整			¥300,000.00
此汇款支付给收款人。 汇款人签章			支付密码		
			附加信息及用途： 利息 复核：　　记账：		

江南城市发展银行长安分行
朱珊
2020年10月22日
业务核算章

此联汇出行作借方凭证

模拟票据，仅供学习使用

江南城市发展银行（长安分行营业部）收费回单

10-46

交易流水：110141111 57　　2020年10月22日

付款人账号：18254871000011457		付款人名称	江南岳达机械制造有限责任公司
收费种类	币种	交易金额	收费金额
47 电汇手续费	人民币	300,000.00	10.00
合计金额	10.00		

江南城市发展银行长安分行 朱珊 2020年10月22日 业务核算章

第二联 客户留存联

柜员号：00000　　朱珊

记账凭证

附单据数：0

单位：江南岳达机械制造有限责任公司　　2020-10-22　　凭证号：记-047（1/2）

摘要	科目	借方	贷方
购触摸屏8套(数量:8，单价:15000)	1403.006_013 原材料-电器类_触摸屏DOP-B21S78	120,000.00	
购触摸屏8套	2221.001.001 应交税费-应交增值税-进项税额	15,600.00	
购触摸屏8套	2202.003 应付账款-江南华阳物资有限公司		135,600.00
付款	2202.003 应付账款-江南华阳物资有限公司	135,600.00	
付款	1002.001 银行存款-江南城市发展银行长安分行		135,600.00
合计：贰拾柒万壹仟贰佰元整		271,200.00	271,200.00

记账：李想　　审核：单洪飞　　制单：李想

记账凭证

附单据数：0

单位：江南岳达机械制造有限责任公司　　2020-10-22　　凭证号：记-047（2/2）

摘要	科目	借方	贷方
汇款手续费	6603.001 财务费用-手续费	20.00	
汇款手续费	1002.001 银行存款-江南城市发展银行长安分行		20.00
合计：贰拾柒万壹仟贰佰贰拾元整		271,220.00	271,220.00

记账：李想　　审核：单洪飞　　制单：李想

2101496213

江南增值税专用发票

发票联

10-47

№ 21024552

开票日期：2020年10月22日

购买方	名称：江南岳达机械制造有限责任公司 纳税人识别号：91290504556677888M 地址、电话：长安市奉贤区工业园区 42123456 开户行及帐号：江南城市发展银行长安分行 18254871000011457				密码区			
货物或应税劳务、服务名称	规格型号	单位	数量	单价	金额	税率	税额	
*计算机外部设备*触摸屏		套	8	15,000.00	120,000.00	13%	15,600.00	
合计					¥120,000.00		¥15,600.00	
价税合计（大写）	⊕壹拾叁万伍仟陆佰元整				（小写）¥135,600.00			
销售方	名称：江南华阳物资有限公司 纳税人识别号：999904751569732000 地址、电话：长安市拱西区河北路 45126987 开户行及帐号：工群银行长安分行河北路支行 25789231513551284				备注			

收款人：关羽　复核：袭人　开票人：孙卢　销售方：（章）

第三联：发票联 购买方记账凭证

税总函[2016]311号北京印钞有限公司

（印章：全国统一发票监制章 江南 国家税务总局监制；江南华阳物资有限公司 999904751569732000 发票专用章）

入 库 单

10-47

接收部门 原材料及成品库房　　2020-10-22　　单号: 34594412647

货号	品　名	规格	单位	数量	单价	金额
	触摸屏		套	8	15000	120,000.00
合计						120,000.00

仓库负责人	刘强丰	入库经手人	王剑	记账	李想	备注	-

第一联，财务记账凭证

10-47

江南城市发展银行电汇凭证（借方凭证）

NO.181145747

普通　　加急　　委托日期　2020年10月22日

汇款人	全称	江南岳达机械制造有限责任公司	收款人	全称	江南华阳物资有限公司
	账号	18254871000011457		账号	25789231513551284
	汇出地点	江南省长安市		汇入地点	江南省长安市
汇出行名称	江南城市发展银行长安分行		汇入行名称	工群银行长安分行河北路支行	
金　额	人民币（大写）	壹拾叁万伍仟陆佰元整			¥135,600.00
此汇款支付给收款人。 江南城市发展银行长安分行 朱珊 2020年10月22日 业务核算章 汇款人签章			支付密码		
			附加信息及用途： 复核：　　记账：		

此联汇出行作借方凭证

江南城市发展银行（长安分行营业部）收费回单

10-47

交易流水：110141111757　　2020年10月22日

付款人账号 18254871000011457		付款人名称	江南岳达机械制造有限责任公司
收费种类	币种	交易金额	收费金额
47 电汇手续费	人民币	135,600.00	20.00
合计金额	20.00		

第二联　客户留存联

江南城市发展银行长安分行
朱珊
2020年10月22日
业务核算章

柜员号：00000　　朱珊

记账凭证

附单据数：0

单位：江南岳达机械制造有限责任公司　　2020-10-22　　凭证号：记-048

摘要	科目	借方	贷方
购钢保护套(数量:1，单价:20400)	1403.004_006 原材料-备品备件类_钢保护套	20,400.00	
购钢保护套	2221.001.001 应交税费-应交增值税-进项税额	2,652.00	
购钢保护套	2202.002 应付账款-长安市科久机械有限公司		23,052.00
合计：贰万叁仟零伍拾贰元整		23,052.00	23,052.00

记账：李想　　审核：单洪飞　　制单：李想

10-48

江南增值税专用发票

发 票 联

2145823322　　№ 21586695

开票日期：2020年10月22日

购买方	名　　称：江南岳达机械制造有限责任公司 纳税人识别号：91290504556677888M 地 址、电 话：长安市奉贤区工业园区　42123456 开户行及帐号：江南城市发展银行长安分行　18254871000011457	密码区	

货物或应税劳务、服务名称	规格型号	单位	数量	单价	金额	税率	税额
*机床*钢板防护套		个	1	20,400.00	20,400.00	13%	2,652.00
合计					¥20,400.00		¥2,652.00
价税合计（大写）	⊕贰万叁仟零伍拾贰元整				（小写）	¥23,052.00	

销售方	名　　称：长安市科久机械有限公司 纳税人识别号：999905023518591000 地 址、电 话：长安市溪文区七一街　45126987 开户行及帐号：工群银行长安分行溪文支行　25789213215. 121531	备注	

收款人：马谡　　复核：晴雯　　开票人：罗元发　　销售方：（章）

长安市科久机械有限公司 999905023518591000 发票专用章

第三联：发票联　购买方记账凭证

税总函[2016]311号北京印钞有限公司

10-48

入 库 单

接收部门 原材料及成品库房 2020-10-22 单号: 34594412648

货号	品　名	规格	单位	数量	单价	金额
	钢板防护套		个	1	20400	20,400.00
合计						20,400.00

仓库负责人	刘强丰	经手入库人	王剑	记账	李想	备注	-

第一联，财务记账凭证

记账凭证

附单据数：0

单位：江南岳达机械制造有限责任公司　　2020-10-22　　凭证号：记-049

摘要	科目	借方	贷方
技术服务收入	1001 库存现金	10,600.00	
技术服务收入	6051.002_003 其他业务收入-技术服务_6%		10,000.00
技术服务收入	2221.001.002_003 应交税费-应交增值税-销项税额_6%		600.00
合计：壹万零陆佰元整		10,600.00	10,600.00

记账：李想　　审核：单洪飞　　制单：李想

模拟票据，仅供学习使用

江南增值税专用发票

10-49

2101245555

此联不作报销、扣税凭证使用

№ 21548634

开票日期： 2020年10月22日

购买方	名　　称：长安光明实业有限公司 纳税人识别号：99990901251234657M 地 址、电 话：长安市溪文区七一街6号 41419745 开户行及帐号：长安市合作社站前营业厅 321457815987412	密码区

货物或应税劳务、服务名称	规格型号	单位	数量	单价	金额	税率	税额
*研发和技术服务*技术服务费		次	1	10,000.00	10,000.00	6%	600.00
合计					¥10,000.00		¥600.00
价税合计（大写）	⊕壹万零陆佰元整				（小写）	¥10,600.00	

销售方	名　　称：江南岳达机械制造有限责任公司 纳税人识别号：91290504556677888M 地 址、电 话：长安市奉贤区工业园区 42123456 开户行及帐号：江南城市发展银行长安分行 18254871000011457	备注

收款人： 刘信　复核： 王明　开票人： 张晓光　销售方：（章）

第一联：记账联　销售方记账凭证

税总函[2016]311号北京印钞有限公司

记账凭证

附单据数：0

单位：江南岳达机械制造有限责任公司　　2020-10-22　　凭证号：记-050

摘要	科目	借方	贷方
预收大祺工具厂租赁款	1002.001 银行存款-江南城市发展银行长安分行	50,000.00	
预收大祺工具厂租赁款	1122.006 应收账款-长安市大祺工具厂		50,000.00
合计：伍万元整		50,000.00	50,000.00

记账：李想　　审核：单洪飞　　制单：李想

江南城市发展银行（长安分行营业部）贷记通知

10-50

流水号：999910411111131　　交易日期：2020年10月22日

收款单位：	江南岳达机械制造有限责任公司		
收款单位账号：	18254871000011457	凭证编号	
付款单位名称：	长安市大祺工具厂	付款银行	大海银行长安分行湘湖支行
付款单位账号	210202154876121	起自日	2020年10月22日
交易名称	支付结算平台业务处理	金额小写：	RMB 50,000.00
金额大写	人民币 伍万元整		
摘要	预付设备租赁款，期限 2021.1.1-2021.12.31		

江南城市发展银行长安分行
朱珊
2020年10月22日
业务核算章

第二联　客户留存联

如果日期、流水号、账号、摘要、金额相同，系重复打印。　经办柜员：99901533

记账凭证

附单据数：0

单位：江南岳达机械制造有限责任公司　　2020-10-22　　凭证号：记-051 (1/2)

摘要	科目	借方	贷方
购金属防锈水10桶(数量:10，单价:400)	1403.007_017 原材料-制剂类_金属防锈水	4,000.00	
购金属防锈水10桶	2221.001.001 应交税费-应交增值税-进项税额	520.00	
购金属防锈水10桶	2202.014 应付账款-长安市龙路化学工业有限公司		4,520.00
付款	2202.014 应付账款-长安市龙路化学工业有限公司	4,520.00	
付款	1002.001 银行存款-江南城市发展银行长安分行		4,520.00
合计：玖仟零肆拾元整		9,040.00	9,040.00

记账：李想　　审核：单洪飞　　制单：李想

记账凭证

附单据数：0

单位：江南岳达机械制造有限责任公司　　2020-10-22　　凭证号：记-051 (2/2)

摘要	科目	借方	贷方
汇款手续费	6603.001 财务费用-手续费	10.00	
汇款手续费	1002.001 银行存款-江南城市发展银行长安分行		10.00
合计：玖仟零伍拾元整		9,050.00	9,050.00

记账：李想　　审核：单洪飞　　制单：李想

模拟票据，仅供学习使用

10-51

2145882351

江南增值税专用发票

发票联

№ 21546218

开票日期：2020年10月22日

购买方	名称：	江南岳达机械制造有限责任公司	密码区	
	纳税人识别号：	91290504556677888M		
	地址、电话：	长安市奉贤区工业园区 42123456		
	开户行及帐号：	江南城市发展银行长安分行 18254871000011457		

货物或应税劳务、服务名称	规格型号	单位	数量	单价	金额	税率	税额
*专项化学用品*防锈水		桶	10	400.00	4,000.00	13%	520.00
合计					¥4,000.00		¥520.00
价税合计（大写）	⊕肆仟伍佰贰拾元整				（小写） ¥4,520.00		

销售方	名称：	长安市龙路化学工业有限公司	备注
	纳税人识别号：	999905781562665000	
	地址、电话：	长安市湘湖区秋风路 45022421	
	开户行及帐号：	工农银行长安分行湘湖支行 8151211252123555	

收款人：貂蝉　复核：张青　开票人：蒋凌雨　销售方：（章）

长安市龙路化学工业有限公司 999905781562665000 发票专用章

全国统一发票监制章 江南 国家税务局监制

第三联：发票联 购买方记账凭证

税总函[2016]311号北京印钞有限公司

入 库 单

10-51

接收部门 原材料及成品库房 2020-10-22 单号: 34594412651

货号	品 名	规格	单位	数量	单价	金额
	防锈水		桶	10	400	4,000.00
合计						4,000.00

仓库负责人	刘强丰	经手入库人	王剑	记账	李想	备注	-

第一联，财务记账凭证

江南城市发展银行电汇凭证（借方凭证）

NO.181145751

普通　　加急　　委托日期　2020年10月22日

汇款人	全称	江南岳达机械制造有限责任公司	收款人	全称	长安市龙路化学工业有限公司
	账号	18254871000011457		账号	8151211252123555
	汇出地点	江南省长安市		汇入地点	江南省长安市
汇出行名称	江南城市发展银行长安分行		汇入行名称	工农银行长安分行湘湖支行	
金　额	人民币（大写）	肆仟伍佰贰拾元整			¥4,520.00
此汇款支付给收款人。 江南城市发展银行长安分行 朱珊 2020年10月22日 业务核算章 汇款人签章			支付密码		
			附加信息及用途： 复核：　记账：		

此联汇出行作借方凭证

江南城市发展银行（长安分行营业部）收费回单

10-51

交易流水：110141111157　　2020年10月22日

付款人账号 18254871000011457		付款人名称	江南岳达机械制造有限责任公司
收费种类	币种	交易金额	收费金额
47 电汇手续费	人民币	4,520.00	10.00
合计金额	10.00		

江南城市发展银行长安分行 朱珊 2020年10月22日 业务核算章

第二联 客户留存联

柜员号：00000　　朱珊

记账凭证

附单据数：0

单位：江南岳达机械制造有限责任公司　　2020-10-26　　凭证号：记-052

摘要	科目	借方	贷方
分配2020年度及以前年度股利	6602.099 管理费用-其他	1,000,000.00	
分配2020年度及以前年度股利	2232.001 应付股利-王岳达		600,000.00
分配2020年度及以前年度股利	2232.002 应付股利-江南利枫物资有限公司		400,000.00
合计：壹佰万元整		1,000,000.00	1,000,000.00

记账：李想　　审核：单洪飞　　制单：李想

江南岳达机械制造有限责任公司　　10-52

关于公司利润分配方案
股东会决议

股东会决议[2020]08号

时间：2020年10月9日

地点：公司办公室

出席股东：股东王岳达、江南利枫物资有限公司

主持人：王岳达

股东会会议审议了公司关于2020年度公司利润分配方案的议案，经研究，形成以下决议：

同意2019年度及以前年度可供分配的利润100万元按股比进行分配，其中股东江南利枫物资有限公司分红金额40万元；王岳达分红金额60万元。

以上决议均经出席股东大会的股东所持表决权的100%通过。

股东签字 盖章　　王岳达　　(印章：江南利枫物资有限公司)

2020年10月9日

记账凭证

附单据数：0

单位：江南岳达机械制造有限责任公司　　2020-10-26　　凭证号：记-053

摘要	科目	借方	贷方
银行短信服务费	6603.001 财务费用-手续费	30.00	
银行短信服务费	1002.001 银行存款-江南城市发展银行长安分行		30.00
合计：叁拾元整		30.00	30.00

记账：李想　　审核：单洪飞　　制单：李想

江南城市发展银行（长安分行营业部）收费回单

10-53

交易流水：110141111357　　　　2020年10月20日

付款人账号 18254871000011457		付款人名称	江南岳达机械制造有限责任公司
收费种类	币种	交易金额	收费金额
81对公短信服务费	人民币	江南城市发展银行长安分行 朱珊 2020年10月20日 业务核算章	30.00
合计金额	30.00		

第二联　客户留存联

柜员号：00000　　　　朱珊

记账凭证

附单据数：0

单位：江南岳达机械制造有限责任公司　　2020-10-26　　凭证号：记-054

摘要	科目	借方	贷方
购尼龙扎带80包(数量:80，单价:30)	1403.008_020 原材料-包装物类_尼龙扎带	2,400.00	
购尼龙扎带80包	2221.001.001 应交税费-应交增值税-进项税额	312.00	
购尼龙扎带80包	2202.005 应付账款-锦阳市鼎瑞贸易有限公司		2,712.00
付款	2202.005 应付账款-锦阳市鼎瑞贸易有限公司	2,712.00	
付款	1001 库存现金		2,712.00
合计：伍仟肆佰贰拾肆元整		5,424.00	5,424.00

记账：李想　　审核：单洪飞　　制单：李想

10-54

江南增值税专用发票

发票联

2154863256　　№ 23269561

开票日期：2020年10月26日

购买方	名称：江南岳达机械制造有限责任公司 纳税人识别号：91290504556677888M 地址、电话：长安市奉贤区工业园区 42123456 开户行及帐号：江南城市发展银行长安分行 18254871000011457	密码区

货物或应税劳务、服务名称	规格型号	单位	数量	单价	金额	税率	税额
*化学合成材料*尼龙扎带		包	80	30.00	2,400.00	13%	312.00
合计					¥2,400.00		¥312.00

价税合计（大写）	⊕贰仟柒佰壹拾贰元整	（小写）¥2,712.00

销售方	名称：锦阳市鼎瑞贸易有限公司 纳税人识别号：933123182368063l2P 地址、电话：锦阳市越阳区上海街 25862225 开户行及帐号：工农银行锦阳分行越阳支行 8154684522125522	备注

收款人：夏侯渊　复核：林冲　开票人：张新　销售方：（章）

第三联：发票联　购买方记账凭证

锦阳市鼎瑞贸易有限公司 933123182368063l2P 发票专用章

全国统一发票监制章 江南 国家税务局监制

税总函[2016]311号北京印钞有限公司

入 库 单

接收部门 原材料及成品库房 2020-10-26 单号: 34594413054

货号	品名	规格	单位	数量	单价	金额
	尼龙扎带		包	80	30	2,400.00
合计						2,400.00

仓库负责人	刘强丰	入库经手人	王剑	记账	李想	备注	-

第一联，财务记账凭证

记账凭证

附单据数：0

单位：江南岳达机械制造有限责任公司　　2020-10-26　　凭证号：记-055（1/2）

摘要	科目	借方	贷方
购铣刀625个(数量:625，单价:32)	1403.009_021 原材料-刃具类_铣刀	20,000.00	
购铣刀625个	2221.001.001 应交税费-应交增值税-进项税额	2,600.00	
购铣刀625个	2202.003 应付账款-江南华阳物资有限公司		22,600.00
付款	2202.003 应付账款-江南华阳物资有限公司	22,600.00	
付款	1002.001 银行存款-江南城市发展银行长安分行		22,600.00
合计：肆万伍仟贰佰元整		45,200.00	45,200.00

记账：李想　　审核：单洪飞　　制单：李想

记账凭证

附单据数：0

单位：江南岳达机械制造有限责任公司　　2020-10-26　　凭证号：记-055（2/2）

摘要	科目	借方	贷方
汇款手续费	6603.001 财务费用-手续费	10.00	
汇款手续费	1002.001 银行存款-江南城市发展银行长安分行		10.00
合计：肆万伍仟贰佰壹拾元整		45,210.00	45,210.00

记账：李想　　审核：单洪飞　　制单：李想

10-55

2154852325

江南增值税专用发票

发票联

№ 21546812

开票日期：2020年10月26日

购买方	名　　称：江南岳达机械制造有限责任公司 纳税人识别号：91290504556677888M 地 址、电 话：长安市奉贤区工业园区　42123456 开户行及帐号：江南城市发展银行长安分行　18254871000011457	密码区

货物或应税劳务、服务名称	规格型号	单位	数量	单价	金额	税率	税额
*金属制品*铣刀		个	625	32.00	20,000.00	13%	2,600.00
合计					¥20,000.00		¥2,600.00

价税合计（大写）⊕贰万贰仟陆佰元整　（小写）¥22,600.00

销售方	名　　称：江南华阳物资有限公司 纳税人识别号：999904751569732000 地 址、电 话：长安市拱西区河北路　45126987 开户行及帐号：工群银行长安分行河北路支行　25789231513551284	备注	

收款人：关羽　复核：袭人　开票人：孙卢　销售方：（章）

第三联：发票联　购买方记账凭证

税总函[2016]311号北京印钞有限公司

入 库 单

10-55

接收部门 原材料及成品库房　　2020-10-26　　单号: 34594413055

货号	品名	规格	单位	数量	单价	金额
	铣刀		个	625	32	20,000.00
合计						20,000.00

仓库负责人	刘强丰	入库经手人	王剑	记账	李想	备注	-

第一联，财务记账凭证

江南城市发展银行电汇凭证（借方凭证）

NO.181145755

普通　　加急　　委托日期　2020年10月26日

汇款人	全称	江南岳达机械制造有限责任公司	收款人	全称	江南华阳物资有限公司
	账号	18254871000011457		账号	2578923151355l284
	汇出地点	江南省长安市		汇入地点	江南省长安市
汇出行名称	江南城市发展银行长安分行		汇入行名称	工群银行长安分行河北路支行	
金　额	人民币（大写）	贰万贰仟陆佰元整			¥22,600.00
此汇款支付给收款人。 江南城市发展银行长安分行 朱珊 2020年10月26日 业务核算章 汇款人签章			支付密码		
			附加信息及用途： 复核：　记账：		

此联汇出行作借方凭证

江南城市发展银行（长安分行营业部）收费回单

10-55

交易流水：110141111557　　2020年10月26日

付款人账号 18254871000011457		付款人名称	江南岳达机械制造有限责任公司
收费种类	币种	交易金额	收费金额
47 电汇手续费	人民币	22,600.00	10.00
合计金额	10.00		

江南城市发展银行长安分行 朱珊 2020年10月26日 业务核算章

第二联 客户留存联

柜员号：00000　　朱珊

记账凭证

附单据数：0

单位：江南岳达机械制造有限责任公司　　2020-10-26　　凭证号：记-056（1/2）

摘要	科目	借方	贷方
购数控刀片100个(数量:100，单价:26)	1403.009_022 原材料-刃具类_数控刀片	2,600.00	
购数控刀片100个	2221.001.001 应交税费-应交增值税-进项税额	338.00	
购数控刀片100个	2202.015 应付账款-锦阳市忠达数控刀具有限公司		2,938.00
付款	2202.015 应付账款-锦阳市忠达数控刀具有限公司	2,938.00	
付款	1002.001 银行存款-江南城市发展银行长安分行		2,938.00
合计：伍仟捌佰柒拾陆元整		5,876.00	5,876.00

记账：李想　　审核：单洪飞　　制单：李想

记账凭证

附单据数：0

单位：江南岳达机械制造有限责任公司　　2020-10-26　　凭证号：记-056（2/2）

摘要	科目	借方	贷方
汇款手续费	6603.001 财务费用-手续费	10.00	
汇款手续费	1002.001 银行存款-江南城市发展银行长安分行		10.00
合计：伍仟捌佰捌拾陆元整		5,886.00	5,886.00

记账：李想　　审核：单洪飞　　制单：李想

模拟票据，仅供学习使用

10-56

2155230105

江南增值税专用发票

发 票 联

№ 21000252

开票日期：2020年10月26日

购买方	名　　称：江南岳达机械制造有限责任公司 纳税人识别号：912905045566778888M 地 址、电 话：长安市奉贤区工业园区 42123456 开户行及帐号：江南城市发展银行长安分行 18254871000011457			密码区			
货物或应税劳务、服务名称	规格型号	单位	数量	单价	金额	税率	税额
*金属制品*数控刀片		个	100	26.00	2,600.00	13%	338.00
合计					¥2,600.00		¥338.00
价税合计（大写）	⊕贰仟玖佰叁拾捌元整				（小写） ¥2,938.00		
销售方	名　　称：锦阳市忠达数控刀具有限公司 纳税人识别号：933123135513545658 地 址、电 话：锦阳市越阳区风临街 23655892 开户行及帐号：大海银行锦阳分行越阳支行 8154684155136523			备注			

收款人：西施　复核：施恩　开票人：张丽　销售方：（章）

第三联：发票联 购买方记账凭证

税总函[2016]311号北京印钞有限公司

10-56

入 库 单

接收部门 原材料及成品库房　　2020-10-26　　单号: 34594413056

货号	品　名	规格	单位	数量	单价	金额
	数控刀片		个	100	26	2,600.00
合计						2,600.00

仓库负责人	刘强丰	入库经手人	王剑	记账	李想	备注	-

第一联，财务记账凭证

江南城市发展银行电汇凭证（借方凭证）

NO.181145756

普通　　加急　　委托日期　2020年10月26日

汇款人	全称	江南岳达机械制造有限责任公司	收款人	全称	锦阳市忠达数控刀具有限公司
	账号	18254871000011457		账号	8154684155136523
	汇出地点	江南省长安市		汇入地点	江南省锦阳市
汇出行名称	江南城市发展银行长安分行		汇入行名称	大海银行锦阳分行越阳支行	
金　额	人民币（大写）	贰仟玖佰叁拾捌元整		¥2,938.00	
此汇款支付给收款人。 江南城市发展银行长安分行 朱珊 2020年10月26日 业务核算章 汇款人签章			支付密码		
			附加信息及用途： 复核：　　记账：		

此联汇出行作借方凭证

江南城市发展银行（长安分行营业部）收费回单

10-56

交易流水：110141111657　　2020年10月26日

付款人账号 18254871000011457		付款人名称	江南岳达机械制造有限责任公司
收费种类	币种	交易金额	收费金额
47 电汇手续费	人民币	2,938.00	10.00
合计金额	10.00		

江南城市发展银行长安分行
朱珊
2020年10月26日
业务核算章

第二联　客户留存联

柜员号：00000　　朱珊

记账凭证

附单据数：0

单位：江南岳达机械制造有限责任公司　　2020-10-26　　凭证号：记-057

摘要	科目	借方	贷方
支付培训费	6602.004 管理费用-职工教育经费	3,230.00	
支付培训费	2211.006 应付职工薪酬-职工教育经费		3,230.00
支付培训费	2211.006 应付职工薪酬-职工教育经费	3,230.00	
支付培训费	1001 库存现金		3,230.00
合计：陆仟肆佰陆拾元整		6,460.00	6,460.00

记账：李想　　审核：单洪飞　　制单：李想

10--57

杨氏太极拳培训中心便签

收据

收太极拳培训费3230元整。

收款人：杨氏太极拳培训中心

2020年10月10日

记账凭证

附单据数：0

单位：江南岳达机械制造有限责任公司　　2020-10-26　　凭证号：记-058

摘要	科目	借方	贷方
报销餐费	6602.010 管理费用-业务招待费	61,800.00	
报销餐费	1001 库存现金		61,800.00
合计：陆万壹仟捌佰元整		61,800.00	61,800.00

记账：李想　　审核：单洪飞　　制单：李想

10-58

2154852631

江南增值税普通发票

发票联

№ 21252122

开票日期：2020年10月26日

购买方	名称：江南岳达机械制造有限责任公司 纳税人识别号：91290504556677888M 地址、电话：长安市奉贤区工业园区 42123456 开户行及帐号：江南城市发展银行长安分行 18254871000011457			密码区			
货物或应税劳务、服务名称	规格型号	单位	数量	单价	金额	税率	税额
*餐饮服务*餐费		次	1	61,188.12	61,188.12	1%	611.88
合计					¥61,188.12		¥611.88
价税合计（大写）	⊕陆万壹仟捌佰元整				（小写） ¥61,800.00		
销售方	名称：长安市蜀香苑餐饮有限公司 纳税人识别号：999900589262322000 地址、电话：长安市湘湖区阳溪大道 45846217 开户行及帐号：建安银行长安分行北运支行 2105825645795185			备注			

收款人：孟获　复核：王英　开票人：刁飞龙　销售方：（章）

长安市蜀香苑餐饮有限公司 999900589262322000 发票专用章

第二联：发票联 购买方记账凭证

税总函[2016]311号北京印钞有限公司

记账凭证

附单据数：0

单位：江南岳达机械制造有限责任公司　　2020-10-26　　凭证号：记-059

摘要	科目	借方	贷方
报销差旅费	6602.007 管理费用-差旅费	4,500.00	
报销差旅费	2221.001.001 应交税费-应交增值税-进项税额	270.00	
报销差旅费	1001 库存现金		4,770.00
合计：肆仟柒佰柒拾元整		4,770.00	4,770.00

记账：李想　　审核：单洪飞　　制单：李想

3211500222

江南增值税专用发票

发票联

10-59

№ 53245468

开票日期：2020年10月26日

购买方	
名称：	江南岳达机械制造有限责任公司
纳税人识别号：	91290504556677888M
地址、电话：	长安市奉贤区工业园区 42123456
开户行及帐号：	江南城市发展银行长安分行 18254871000011457
密码区	

货物或应税劳务、服务名称	规格型号	单位	数量	单价	金额	税率	税额
*旅游服务*代购机票		次	1	4,500.00	4,500.00	6%	270.00
合计					¥4,500.00		¥270.00

价税合计（大写） ⊕肆仟柒佰柒拾元整　（小写） ¥4,770.00

销售方	
名称：	南京安羊国际旅行社有限公司
纳税人识别号：	91320102125143326Y
地址、电话：	江苏省南京市玄武区 82134572
开户行及帐号：	大海银行南京分行玄武支行 3721252234512223
备注	

收款人：张昭　复核：石勇　开票人：王涛　销售方：（章）

第三联：发票联　购买方记账凭证

税总函[2016]311号北京印钞有限公司

记账凭证

附单据数：0

单位：江南岳达机械制造有限责任公司　　2020-10-26　　凭证号：记-060

摘要	科目	借方	贷方
结转期初挂账库存材料5000g硬质合金	6402.099 其他业务成本-其他	1,000,000.00	
结转期初挂账库存材料5000g硬质合金(数量:5000,...	1403.003_005 原材料-合金类_硬质合金颗粒		1,000,000.00
合计：壹佰万元整		1,000,000.00	1,000,000.00

记账：李想　　审核：单洪飞　　制单：李想

出　库　单

10-60

领用部门或单位　　2020-10-26　　单号：21454413060

货号	品　名	规格	单位	数量	单价	金额
	硬质合金		克	5000	200	1,000,000.00
合计						1,000,000.00

仓库负责人	刘强丰	出库经手人	王剑	记账	李想	备注	

第一联，财务记账凭证

记账凭证

附单据数：0

单位：江南岳达机械制造有限责任公司　　2020-10-26　　凭证号：记-061

摘要	科目	借方	贷方
支付信用社利息	6603.003 财务费用-利息支出	3,500.00	
支付信用社利息	1002.002 银行存款-信用社		3,500.00
合计：叁仟伍佰元整		3,500.00	3,500.00

记账：李想　　审核：单洪飞　　制单：李想

江南农村信用合作社　　　　　　　　　　　　10-61

（　贷款　）利息清单

币别：人民币　　　　2020年10月30日

户名：	江南岳达机械制造有限责任公司		账号：	359458326584314	
计息项目	起息日	结息日	本金/积数	利率	利息
	2020/9/30	2020/10/29	600 000	7%	3,500.00
合计（大写）	RMB叁仟伍佰元整			利息小计	3,500.00
根据有关规定或双方约定，上列款项已直接扣划你单位账户，你单位上述账户不足支付时，请另筹措资金支付			长安市信用合作社 营业部 2020-10-30 转讫		

会计主管　　　　授权　　　　复核　　　　录人

第二联　客户回单

10-61A

2126465412

江南增值税普通发票

发 票 联

№ 97412523

开票日期： 2020年10月30日

购买方	名　　称：江南岳达机械制造有限责任公司 纳税人识别号：91290504556677888M 地 址、电 话：长安市奉贤区工业园区 42123456 开户行及帐号：江南城市发展银行长安分行 18254871000011457	密码区	

货物或应税劳务、服务名称	规格型号	单位	数量	单价	金额	税率	税额
*金融服务*贷款利息		天	30	110.06	3,301.89	6%	198.11
合计					¥3,301.89		198.11
价税合计（大写）	⊕叁仟伍佰元整				（小写） ¥3,500.00		

销售方	名　　称：长安市市区农村信用合作社 纳税人识别号：8454564456487137986 地 址、电 话：江南省长安市溪文区 45782134 开户行及帐号：长安市合作社站前营业厅 2115453212374965	备注	

收款人：王阳　　复核：李小亮　　开票人：刘小生　　销售方：（章）

第二联：发票联　购买方记账凭证

全国统一发票监制章 江南 国家税务总局监制

长安市市区农村信用合作社 8454564456487137986 发票专用章

税总函[2016]311号北京印钞有限公司

记账凭证

附单据数：0

单位：江南岳达机械制造有限责任公司　　2020-10-26　　凭证号：记-062

摘要	科目	借方	贷方
计提工资	6602.001 管理费用-工资薪金	103,172.81	
计提工资	6601.001 销售费用-工资薪金	123,966.93	
计提工资	5001.003.001.001 生产成本-带锯条27*0.9-直接人工-工资薪金	125,116.76	
计提工资	5101.001 制造费用-工资薪金	98,754.57	
计提工资	2211.001 应付职工薪酬-工资		451,011.07
合计：肆拾伍万壹仟零壹拾壹元零柒分		451,011.07	451,011.07

记账：李想　　审核：单洪飞　　制单：李想

10月 工资汇总表

10-62

部门	计本月 应发工资	职工个人各项扣款				实发工资
		养老保险	失业保险	医疗保险	公积金	
管理部门	103,172.81	8,000.00	500.00	2,000.00	10,317.28	82,355.53
销售部门	123,966.93	8,800.00	550.00	2,200.00	12,396.69	100,020.24
生产车间工人	125,116.76	9,600.00	600.00	2,400.00	12,511.68	100,005.08
生产车间管理人员	98,754.57	5,600.00	350.00	1,400.00	9,875.46	81,529.11
合计	451,011.07	32,000.00	2,000.00	8,000.00	45,101.11	363,909.96

人力资源主管:　彭芳　　制表:　刘宏

记账凭证

附单据数：0

单位：江南岳达机械制造有限责任公司　　2020-10-26　　凭证号：记-063（1/2）

摘要	科目	借方	贷方
计提基本保险单位负担	6602.042 管理费用-社会保险	26,824.92	
计提基本保险单位负担	6601.036 销售费用-社会保险	32,231.39	
计提基本保险单位负担	5001.003.001.002 生产成本-带锯条27*0.9-直接人工-社会保险	32,530.35	
计提基本保险单位负担	5101.042 制造费用-社会保险	25,676.19	
计提基本保险单位负担	2211.007.001 应付职工薪酬-社会保险-养老保险		72,161.77
合计：壹拾壹万柒仟贰佰陆拾贰元捌角伍分		117,262.85	72,161.77

记账：李想　　审核：单洪飞　　制单：李想

记账凭证

附单据数：0

单位：江南岳达机械制造有限责任公司　　2020-10-26　　凭证号：记-063（2/2）

摘要	科目	借方	贷方
计提基本保险单位负担	2211.007.002 应付职工薪酬-社会保险-失业保险		2,255.04
计提基本保险单位负担	2211.007.003 应付职工薪酬-社会保险-医疗保险		36,080.88
计提基本保险单位负担	2211.007.004 应付职工薪酬-社会保险-工伤保险		4,510.12
计提基本保险单位负担	2211.007.005 应付职工薪酬-社会保险-生育保险		2,255.04
合计：壹拾壹万柒仟贰佰陆拾贰元捌角伍分		117,262.85	117,262.85

记账：李想　　审核：单洪飞　　制单：李想

10月 计提基本保险

部门	计提单位应缴各项保险							计提基数（应发工资）
	养老保险	失业保险	医疗保险	工伤保险	生育保险	保险合计	住房公积金	
管理部门	16,507.65	515.86	8,253.82	1,031.73	515.86	26,824.92	10,317.28	103,172.81
销售部门	19,834.71	619.83	9,917.35	1,239.67	619.83	32,231.39	12,396.69	123,966.93
生产车间工人	20,018.68	625.58	10,009.34	1,251.17	625.58	32,530.35	12,511.68	125,116.76
生产车间管理人员	15,800.73	493.77	7,900.37	987.55	493.77	25,676.19	9,875.46	98,754.57
合计	72,161.77	2,255.04	36,080.88	4,510.12	2,255.04	117,262.85	45,101.11	451,011.07

制表：　　刘宏

记账凭证

附单据数：0

单位：江南岳达机械制造有限责任公司　　2020-10-26　　凭证号：记-064（1/2）

摘要	科目	借方	贷方
计提折旧	6602.017 管理费用-累计折旧	28,130.89	
计提折旧	2211.003 应付职工薪酬-职工福利费	1,595.12	
计提折旧	6601.017 销售费用-累计折旧	72.75	
计提折旧	6402.002 其他业务成本-租赁设备折旧	6,466.40	
计提折旧	5101.017 制造费用-累计折旧	255,479.54	
合计：贰拾玖万壹仟柒佰肆拾肆元柒角		291,744.70	0.00

记账：李想　　审核：单洪飞　　制单：李想

记账凭证

附单据数：0

单位：江南岳达机械制造有限责任公司　　2020-10-26　　凭证号：记-064（2/2）

摘要	科目	借方	贷方
计提折旧	1602.001 累计折旧-机器设备		235,384.23
计提折旧	1602.002 累计折旧-运输车辆		10,508.16
计提折旧	1602.003 累计折旧-电子设备		4,577.78
计提折旧	1602.004 累计折旧-房屋建筑		40,304.51
计提折旧	1602.005 累计折旧-工具器具		970.02
合计：贰拾玖万壹仟柒佰肆拾肆元柒角		291,744.70	291,744.70

记账：李想　　审核：单洪飞　　制单：李想

固定资产卡片

截止日期　　2020年10月　　10-64

序号	资产名称	数量	购建时间	使用年限	残值率	已使用月份	预计可使用月	月折旧率	原值	本月折旧	累计折旧	期末净值	净残值	类型	使用部门
1	办公楼	1	2013年10月	20	3%	84	240	0.4042%	2,500,000.00	10,105.00	848,820.00	1,651,180.00	75,000.00	房屋建筑	管理
2	仓库	1	2019年12月	20	3%	10	240	0.4042%	571,428.57	2,309.71	23,097.10	548,331.47	17,142.86	房屋建筑	车间
3	厂房	1	2013年10月	20	3%	84	240	0.4042%	6,000,000.00	24,252.00	2,037,168.00	3,962,832.00	180,000.00	房屋建筑	车间
4	办公用房	1	2014年10月	20	3%	72	240	0.4042%	500,000.00	2,021.00	145,512.00	354,488.00		房屋建筑	管理
5	办公用房	1	2010年12月	20	3%	118	240	0.4042%	400,000.00	1,616.80	190,782.40	209,217.60	12,000.00	房屋建筑	管理
6	客车	1	2013年10月	4	3%	48	48	2.0208%	140,000.00	-	135,800.00	4,200.00	4,200.00	运输车辆	车间
7	桑塔纳	1	2013年12月	4	3%	48	48	2.0208%	150,000.00	-	145,500.00	4,500.00	4,500.00	运输车辆	车间
8	大众轿车	2	2018年10月	4	3%	24	48	2.0208%	270,000.00	5,456.16	130,947.84	139,052.16	8,100.00	运输车辆	管理
9	小货车	1	2018年10月	4	3%	24	48	2.0208%	50,000.00	1,010.40	24,249.60	25,750.40	1,500.00	运输车辆	管理
10	帕萨特轿车	1	2017年11月	4	3%	35	48	2.0208%	200,000.00	4,041.60	141,456.00	58,544.00	6,000.00	运输车辆	管理
11	计算机	5	2013年10月	3	3%	36	36	2.6944%	75,000.00	-	72,750.00	2,250.00	2,250.00	电子设备	车间
12	计算机	5	2018年12月	3	3%	22	36	2.6944%	105,000.00	2,829.12	62,240.64	42,759.36	3,150.00	电子设备	管理
13	计算机	1	2019年12月	3	3%	10	36	2.6944%	21,000.00	565.82	5,658.20	15,341.80	630.00	电子设备	管理
14	打印机	3	2013年10月	3	3%	36	36	2.6944%	10,500.00	-	10,185.00	315.00	315.00	电子设备	车间
15	打印机	5	2018年12月	3	3%	22	36	2.6944%	18,000.00	484.99	10,669.78	7,330.22	540.00	电子设备	管理
16	空调	1	2019年9月	3	3%	13	36	2.6944%	23,200.00	625.10	8,126.30	15,073.70	696.00	电子设备	食堂
17	电脑	1	2018年6月	3	3%	28	36	2.6944%	2,700.00	72.75	2,037.00	663.00	81.00	电子设备	销售
18	厨房设备	1	2019年6月	5	3%	16	60	1.6167%	60,000.00	970.02	15,520.32	44,479.68	1,800.00	工具器具	食堂
19	计算机	1	2014年6月	3	3%	36	36	2.6944%	3,000.00	-	2,910.00	90.00	90.00	电子设备	车间
20	热风炉	1	2014年6月	10	3%	76	120	0.8083%	1,600,000.00	12,932.80	982,892.80	617,107.20	48,000.00	机器设备	车间
21	电动空压机	1	2014年6月	10	3%	76	120	0.8083%	3,900.00	31.52	2,395.52	1,504.48	117.00	机器设备	车间
22	电动车床	1	2013年12月	10	3%	82	120	0.8083%	300,000.00	2,424.90	198,841.80	101,158.20	9,000.00	机器设备	车间
23	木工压刨机	1	2014年6月	10	3%	76	120	0.8083%	17,000.00	137.41	10,443.16	6,556.84	510.00	机器设备	车间
24	数控全自动顶刃磨机	1	2014年6月	10	3%	76	120	0.8083%	5,000,000.00	40,415.00	3,071,540.00	1,928,460.00	150,000.00	机器设备	车间
25	焊接机	3	2014年6月	10	3%	76	120	0.8083%	5,700,000.00	46,073.10	3,501,555.60	2,198,444.40	171,000.00	机器设备	车间
26	数控带锯铣床	2	2014年6月	10	3%	76	120	0.8083%	7,200,000.00	58,197.60	4,423,017.60	2,776,982.40	216,000.00	机器设备	车间
27	平板运输车	1	2015年7月	4	3%	48	48	0.020208	400,000.00	-	388,000.00	12,000.00	12,000.00	运输车辆	车间
28	铣齿机	2	2014年6月	10	3%	76	120	0.8083%	800,000.00	6,466.40	491,446.40	308,553.60	24,000.00	机器设备	车间
29	收卷机	2	2014年6月	10	3%	76	120	0.8083%	100,000.00	808.30	61,430.80	38,569.20	3,000.00	机器设备	车间
30	带锯分齿机	2	2014年6月	10	3%	76	120	0.8083%	1,400,000.00	11,316.20	860,031.20	539,968.80	42,000.00	机器设备	车间
31	数控磨床	4	2014年6月	10	3%	76	120	0.8083%	1,000,000.00	8,083.00	614,308.00	385,692.00	30,000.00	机器设备	车间
32	淬、回火生产线	1	2014年6月	10	3%	76	120	0.8083%	5,000,000.00	40,415.00	3,071,540.00	1,928,460.00	150,000.00	机器设备	车间
33	等离子切割机	1	2014年6月	10	3%	76	120	0.8083%	10,000.00	80.83	6,143.08	3,856.92	300.00	机器设备	车间
34	过滤冷却系统	1	2014年6月	10	3%	76	120	0.8083%	190,000.00	1,535.77	116,718.52	73,281.48	5,700.00	机器设备	车间
35	喷码机	2	2020年10月	3	3%	0	36	2.6944%	107,000.00		-	107,000.00	3,210.00	电子设备	车间
36	热风炉	1	2020年10月	10	3%	0	120	0.8083%	1,500,000.00		-	1,500,000.00	45,000.00	机器设备	车间
37	高炉	1	2015年1月	10	3%	69	120	0.8083%	800,000.00	6,466.40	446,181.60	353,818.40	24,000.00	机器设备	租赁
合计									42,227,728.57	291,744.70	22,259,916.26	19,967,812.31	1,251,831.86		

	管理	车间	销售	租赁	食堂	合计
机器设备	-	228,917.83	-	6,466.40	-	235,384.23
运输车辆	10,508.16	-	-	-	-	10,508.16
电子设备	3,879.93	-	72.75	-	625.10	4,577.78
房屋建筑	13,742.80	26,561.71	-	-	-	40,304.51
工具器具	-	-	-	-	970.02	970.02
	28,130.89	255,479.54	72.75	6,466.40	1,595.12	291,744.70

记账凭证

附单据数：0

单位：江南岳达机械制造有限责任公司　　2020-10-26　　凭证号：记-065

摘要	科目	借方	贷方
计提工会经费	6602.005 管理费用-工会经费	9,020.22	
计提工会经费	2211.005 应付职工薪酬-工会经费		9,020.22
计提职工福利费	6602.003 管理费用-职工福利费	1,595.12	
计提职工福利费	2211.003 应付职工薪酬-职工福利费		1,595.12
合计：壹万零陆佰壹拾伍元叁角肆分		10,615.34	10,615.34

记账：李想　　审核：单洪飞　　制单：李想

项目	计提基数	计提比例	工会经费
工会经费	451,011.07	2%	9,020.22
职工福利费实际发生			1,595.12

记账凭证

附单据数：0

单位：江南岳达机械制造有限责任公司　　2020-10-26　　凭证号：记-066

摘要	科目	借方	贷方
计提本月公积金	6602.043 管理费用-住房公积金	10,317.28	
计提本月公积金	6601.037 销售费用-住房公积金	12,396.69	
计提本月公积金	5001.003.001.003 生产成本-带锯条27*0.9-直接人工-住房公积金	12,511.68	
计提本月公积金	5101.043 制造费用-住房公积金	9,875.46	
计提本月公积金	2211.008 应付职工薪酬-住房公积金		45,101.11
合计：肆万伍仟壹佰零壹元壹角壹分		45,101.11	45,101.11

记账：李想　　审核：单洪飞　　制单：李想

10月计提公积金

10-66

部门	计提单位应缴各项保险	计提基数（应发工资）
	住房公积金	
管理部门	10,317.28	103,172.81
销售部门	12,396.69	123,966.93
生产车间工人	12,511.68	125,116.76
生产车间管理人员	9,875.46	98,754.57
合计	45,101.11	451,011.07

制表：　　　　刘宏

记账凭证

附单据数：0

单位：江南岳达机械制造有限责任公司　　2020-10-26　　凭证号：记-067

摘要	科目	借方	贷方
生产领用原材料及辅料	5001.003.002 生产成本-带锯条27*0.9-直接材料	804,000.00	
生产领用原材料及辅料	1408.001.001 委托加工物资-木工锯-原材料	77,730.00	
生产领用原材料及辅料(数量:20，单价:40000)	1403.001_001 原材料-钢带类_带锯钢带27*0.9		800,000.00
生产领用原材料及辅料(数量:50，单价:1554.6)	1403.002_004 原材料-木材类_水曲柳木材		77,730.00
生产领用原材料及辅料(数量:20，单价:200)	1403.003_005 原材料-合金类_硬质合金颗粒		4,000.00
合计：捌拾捌万壹仟柒佰叁拾元整		881,730.00	881,730.00

记账：李想　　审核：单洪飞　　制单：李想

直接原材料领用汇总表

10-67

名称	单位	数量	单价	金额
27*0.9钢带	吨	20	40000	800,000.00
硬质合金	克	20	200	4,000.00
水曲柳原木	立方	50	1554.6	77,730.00
合计				881,730.00

记账凭证

附单据数：0

单位：江南岳达机械制造有限责任公司　　2020-10-26　　凭证号：记-068 (1/3)

摘要	科目	借方	贷方
领用间接材料	5101.038 制造费用-原材料	242,055.68	
领用间接材料(数量:8, 单价:15000)	1403.006_013 原材料-电器类_触摸屏DOP-B21S78		120,000.00
领用间接材料(数量:6, 单价:2100)	1403.006_014 原材料-电器类_减速机		12,600.00
领用间接材料(数量:1, 单价:20400)	1403.004_006 原材料-备品备件类_钢保护套		20,400.00
领用间接材料(数量:1, 单价:20000)	1403.004_008 原材料-备品备件类_滤芯		20,000.00
合计：贰拾肆万贰仟零伍拾伍元陆角捌分		242,055.68	173,000.00

记账：李想　　审核：单洪飞　　制单：李想

记账凭证

附单据数：0

单位：江南岳达机械制造有限责任公司　　2020-10-26　　凭证号：记-068（2/3）

摘要	科目	借方	贷方
领用间接材料(数量:2，单价:4967.95)	1403.004_007 原材料-备品备件类_轴承		9,935.90
领用间接材料(数量:8，单价:400)	1403.007_017 原材料-制剂类_金属防锈水		3,200.00
领用间接材料(数量:10，单价:30)	1403.008_020 原材料-包装物类_尼龙扎带		300.00
领用间接材料(数量:60，单价:26)	1403.009_022 原材料-刃具类_数控刀片		1,560.00
领用间接材料(数量:30，单价:32)	1403.009_021 原材料-刃具类_铣刀		960.00
合计：贰拾肆万贰仟零伍拾伍元陆角捌分		242,055.68	188,955.90

记账：李想　　审核：单洪飞　　制单：李想

记账凭证

附单据数：0

单位：江南岳达机械制造有限责任公司　　2020-10-26　　凭证号：记-068（3/3）

摘要	科目	借方	贷方
领用间接材料	1403.010 原材料-辅助材料类		53,099.78
合计：贰拾肆万贰仟零伍拾伍元陆角捌分		242,055.68	242,055.68

记账：李想　　审核：单洪飞　　制单：李想

间接原材料领用汇总表

10-68

触摸屏	套	8.00	15000	120,000.00
防锈水	桶	8.00	400	3,200.00
减速机	台	6	2100	12,600.00
钢板防护罩	个	1	20400	20,400.00
滤芯	个	1	20000	20,000.00
尼龙扎带	包	10	30	300.00
数控刀片	个	60	26	1,560.00
铣刀	个	30	32	960.00
轴承	个	2	4967.95	9,935.90
辅料				53,099.78
合计				242,055.68

记账凭证

附单据数：0

单位：江南岳达机械制造有限责任公司　　2020-10-26　　凭证号：记-069

摘要	科目	借方	贷方
摊销无形资产	5101.039 制造费用-土地使用权摊销	4,133.33	
摊销无形资产	6602.038 管理费用-土地使用权摊销	1,166.67	
摊销无形资产	6602.039 管理费用-非专利权摊销	1,083.33	
摊销无形资产	1702.001 累计摊销-土地使用权A地块		5,300.00
摊销无形资产	1702.002 累计摊销-非专利技术		1,083.33
合计：陆仟叁佰捌拾叁元叁角叁分		6,383.33	6,383.33

记账：李想　　审核：单洪飞　　制单：李想

无形资产摊销明细表

日期 2020年10月

10-69

无形资产	取得时间	面积	金额	摊销年限	本月摊销金额	已摊销年限	累计摊销金额	本月摊余值	备注
土地使用权-A地块	2012年9月	3000	3,180,000.00	600	5,300.00	98.00	519,400.00	2,660,600.00	厂房2339.62平方/办公660.38平方
非专利技术1	2020年10月	5000	130,000.00	120	1,083.33	1.00	1,083.33	128,916.67	10月新购入
非专利技术2	2018年10月		25,000.00	60		24.00	10,000.00	15,000.00	10月转让
合计			**3,335,000.00**	**780.00**	**6,383.33**		**530,483.33**	**2,804,516.67**	

记账凭证

附单据数：0

单位：江南岳达机械制造有限责任公司　　2020-10-26　　凭证号：记-070 (1/2)

摘要	科目	借方	贷方
结转制造费用	5001.003.003 生产成本-带锯条27*0.9-制造费用	723,999.77	
结转制造费用	5101.038 制造费用-原材料		242,055.68
结转制造费用	5101.042 制造费用-社会保险		25,676.19
结转制造费用	5101.043 制造费用-住房公积金		9,875.46
结转制造费用	5101.017 制造费用-累计折旧		255,479.54
合计：柒拾贰万叁仟玖佰玖拾玖元柒角柒分		723,999.77	533,086.87

记账：李想　　审核：单洪飞　　制单：李想

记账凭证

附单据数：0

单位：江南岳达机械制造有限责任公司　　2020-10-26　　凭证号：记-070（2/2）

摘要	科目	借方	贷方
结转制造费用	5101.001 制造费用-工资薪金		98,754.57
结转制造费用	5101.039 制造费用-土地使用权摊销		4,133.33
结转制造费用	5101.041 制造费用-水费		1,025.00
结转制造费用	5101.040 制造费用-电费		87,000.00
合计：柒拾贰万叁仟玖佰玖拾玖元柒角柒分		723,999.77	723,999.77

记账：李想　　审核：单洪飞　　制单：李想

制造费用本月发生额 10-70

科目编码	科目名称	借方金额
5101.040	制造费用-电费	87,000.00
5101.041	制造费用-水费	1,025.00
5101.001	制造费用-工资薪金	98,754.57
5101.042	制造费用-社会保险	25,676.19
5101.017	制造费用-累计折旧	255,479.54
5101.043	制造费用-住房公积金	9,875.46
5101.038	制造费用-原材料	242,055.68
5101.039	制造费用-土地使用权摊销	4,133.33
合计		723,999.77

本月全部生产带锯条27*0.9 且无完工产品

记账凭证

附单据数：0

单位：江南岳达机械制造有限责任公司　　2020-10-26　　凭证号：记-071

摘要	科目	借方	贷方
结转本月售出27*0.9带锯条共17525米	6401 主营业务成本	303,182.50	
结转本月售出27*0.9带锯条共17525米(数量:17525...	1405_027 库存商品_带锯条27*0.9		303,182.50
合计：叁拾万叁仟壹佰捌拾贰元伍角		303,182.50	303,182.50

记账：李想　　审核：单洪飞　　制单：李想

成本计算过程

10-71A

已售商品成本

本期已售商品成本=（期初金额+本期入库金额）/（期初库存数量+本期入库数量）X **本期销售数量**

=(27015680+0)/(1561600+0)*17525= 303182.50

10月 销售商品汇总表

10-71B

序号	订单号	商品名称	规格	单位	数量	销售凭证号	类型
1	21454411415	金属切削刀具（带锯条）	27*0.9	米	17525	10-15#	直接销售
2							
3							
4							
5							
6							
7							
合计					17525		

记账凭证

附单据数：0

单位：江南岳达机械制造有限责任公司　　2020-10-31　　凭证号：记-072

摘要	科目	借方	贷方
调拨入分公司	1221.002.002 其他应收款-单位-江南岳达机械制造有限责任公司锦阳分公司	173,000.00	
调拨入分公司10000米27*0.9带锯条(数量:10000, ...	1405_027 库存商品_带锯条27*0.9		173,000.00
合计：壹拾柒万叁仟元整		173,000.00	173,000.00

记账：李想　　审核：单洪飞　　制单：李想

出　库　单

10-72A

领用部门或单位 江南岳达机械制造有限责任公司锦阳分公司　2020-10-10　单号：2145441142A

货号	品　名	规格	单位	数量	单价	金额
	带锯条	27*0.9	米	10000	17.3	173,000.00
合计						173,000.00

仓库负责人	刘强丰	出库经手人	王剑	记账	李想	备注	调入分公司

第一联，财务记账凭证

成本计算过程

10-72B

调拨分公司

调拨商品成本=（期初金额+本期入库金额）/（期初库存数量+本期入库数量）X　本期调拨数量

==(27015680+0)/(1561600+0)*10000=　173000.00

记账凭证

附单据数：0

单位：江南岳达机械制造有限责任公司　　2020-10-31　　凭证号：记-073

摘要	科目	借方	贷方
发出商品，对方火灾，无法收回200，000米27*0.9...	1406_027 发出商品_带锯条27*0.9	3,460,000.00	
发出商品，对方火灾，无法收回200，000米27*0.9...	1405_027 库存商品_带锯条27*0.9		3,460,000.00
合计：叁佰肆拾陆万元整		3,460,000.00	3,460,000.00

记账：李想　　审核：单洪飞　　制单：李想

出　　库　　单

10-73A

领用部门或单位　长安海思设备科技有限公司　　2020-10-10　　单号：2145441143A

货号	品　名	规格	单位	数量	单价	金额
	带锯条27.0.9	27*0.9	米	200000	17.3	3,460,000.00
合计						3,460,000.00

仓库负责人	刘强丰	经手人出库	王剑	记账	李想	备注	客户火灾，确定无法收回

第一联，财务记账凭证

成本计算过程

10-73B

长安海思设备科技有限公司

出库商品成本=（期初金额+本期入库金额）/（期初库存数量+本期入库数量）X **出库数量**

=(27015680+0)/(1561600+0)*200000= 3,460,000.00

记账凭证

附单据数：0

单位：江南岳达机械制造有限责任公司　　2020-10-31　　凭证号：记-074

摘要	科目	借方	贷方
以旧锯条换27*0.9带锯条10000米	1002.001 银行存款-江南城市发展银行长安分行	83,000.00	
以旧锯条换27*0.9带锯条10000米(数量:10000, 单...	1405_033 库存商品_旧锯条	90,000.00	
以旧锯条换27*0.9带锯条10000米(数量:10000, 单...	1405_027 库存商品_带锯条27*0.9		173,000.00
合计：壹拾柒万叁仟元整		173,000.00	173,000.00

记账：李想　　审核：单洪飞　　制单：李想

模拟票据，仅供学习使用

江南城市发展银行（长安分行营业部）贷记通知

10-74A

流水号：99991041111122　　交易日期：2020年10月24日

收款单位：	江南岳达机械制造有限责任公司		
收款单位账号：	18254871000011457	凭证编号	
付款单位名称：	长安光明实业有限公司	付款银行	长安市合作社站前营业厅
付款单位账号	321457815987412	起自日	2020年10月24日
交易名称	支付结算平台业务处理	金额小写：	RMB 83,000.00
金额大写	人民币 捌万叁仟元整		
摘要	货款		

江南城市发展银行长安分行
朱珊
2020年10月24日
业务核算章

第二联 客户留存联

如果日期、流水号、账号、摘要、金额相同，系重复打印。　　经办柜员：99901533

10-74B

入　库　单

接收部门　原材料及成品库房　　2020-10-24　　单号：3459441284B

货号	品　名	规格	单位	数量	单价	金额
	旧锯条		米	10000	9	90,000.00
合计						90,000.00

仓库负责人	刘强丰	经手入库人	王剑	记账	李想	备注	以旧换新

第一联，财务记账凭证

出　　库　　单

10-74C

领用部门或单位　长安光明实业有限公司　2020-10-24　单号：2145441284C

货号	品　名	规格	单位	数量	单价	金额
	带锯条27.0.9	27*0.9	米	10000	17.3	173,000.00
合计						173,000.00

仓库负责人	刘强丰	经手人出库	王剑	记账	李想	备注	以旧换新

第一联，财务记账凭证

成本计算过程

10-74D

长安光明实业有限公司

本期已售商品成本=（期初金额+本期入库金额）/（期初库存数量+本期入库数量）X 本期销售数量

=(27015680+0)/(1561600+0)*10000= 173,000.00

记账凭证

附单据数：0

单位：江南岳达机械制造有限责任公司　　2020-10-31　　凭证号：记-075

摘要	科目	借方	贷方
将5000米带锯条27*0.9委托代销（8%手续费未付）...	1409_040 委托代销商品_带 锯条27*0.9	86,500.00	
将5000米带锯条27*0.9委托代销（8%手续费未付）...	1405_027 库存商品_带锯条27*0.9		86,500.00
合计：捌万陆仟伍佰元整		86,500.00	86,500.00

记账：李想　　审核：单洪飞　　制单：李想

出　　库　　单

10-75A

领用部门或单位　长安市南亚实业有限公司　　2020-10-10　　单号：2145441145A

货号	品　名	规格	单位	数量	单价	金额
	带锯条	27*0.9	米	5000	17.3	86,500.00
合计						86,500.00

仓库负责人	刘强丰	出库经手人	王剑	记账	李想	备注	代销发出

第二联，财务记账凭证

记账凭证

附单据数：0

单位：江南岳达机械制造有限责任公司　　2020-10-26　　凭证号：记-076（1/2）

摘要	科目	借方	贷方
还旧贷	2001.001 短期借款-信用社	600,000.00	
还旧贷	1002.001 银行存款-江南城市发展银行长安分行		600,000.00
借新贷	1002.001 银行存款-江南城市发展银行长安分行	600,000.00	
借新贷	2001.001 短期借款-信用社		600,000.00
汇款手续费	6603.001 财务费用-手续费	10.00	
合计：壹佰贰拾万零壹拾元整		1,200,010.00	1,200,000.00

记账：李想　　审核：单洪飞　　制单：李想

记账凭证

附单据数：0

单位：江南岳达机械制造有限责任公司　　2020-10-26　　凭证号：记-076（2/2）

摘要	科目	借方	贷方
汇款手续费	1002.001 银行存款-江南城市发展银行长安分行		10.00
合计：壹佰贰拾万零壹拾元整		1,200,010.00	1,200,010.00

记账：李想　　审核：单洪飞　　制单：李想

江南城市发展银行电汇凭证（借方凭证）

NO.1811457

普通　　加急　　委托日期　2020年10月26日　　10-76A

汇款人	全称	江南岳达机械制造有限责任公司	收款人	全称	长安市合作社站前营业厅
	账号	18254871000011457		账号	321457815154879
	汇出地点	江南省长安市		汇出地点	江南省长安市
汇出行名称	江南城市发展银行长安分行		汇入行名称		
金　额	人民币（大写）	陆拾万元整			¥600,000.00
此汇款支付给收款人。 江南城市发展银行长安分行 朱珊 2020年10月26日 业务核算章 汇款人签章			支付密码		
			附加信息及用途： 复核：　记账：		

此联汇出行作借方凭证

江南城市发展银行（长安分行营业部）收费回单

交易流水：11014111157　　2020年10月26日　　10-76A

付款人账号：18254871000011457		付款人名称	江南岳达机械制造有限责任公司
收费种类	币种	交易金额	收费金额
47 电汇手续费	人民币	600,000.00	10.00
合计金额	10.00		

江南城市发展银行长安分行 朱珊 2020年10月26日 业务核算章

第二联 客户留存联

柜员号：00000　　朱珊

江南城市发展银行（长安分行营业部）贷记通知

10-76B

流水号：99991041111129　　交易日期：　2020年10月26日

收款单位：	江南岳达机械制造有限责任公司		
收款单位账号：	18254871000011457	凭证编号	
付款单位名称：	长安农村信用合作社	付款银行	长安市合作社站前营业厅
付款单位账号	321457815154879	起自日	2020年10月26日
交易名称	支付结算平台业务处理	金额小写：	RMB 600,000.00
金额大写	人民币 陆拾万元整		
摘要	短期借款		

江南城市发展银行长安分行
朱珊
2020年10月26日
业务核算章

第二联 客户留存联

如果日期、流水号、账号、摘要、金额相同，系重复打印。　经办柜员：99901533

记账凭证

附单据数：0

单位：江南岳达机械制造有限责任公司　　2020-10-26　　凭证号：记-077

摘要	科目	借方	贷方
银行存款支付职工岗位技能培训费	6602.004 管理费用-职工教育经费	25,000.00	
银行存款支付职工岗位技能培训费	2221.001.001 应交税费-应交增值税-进项税额	1,500.00	
银行存款支付职工岗位技能培训费	1002.001 银行存款-江南城市发展银行长安分行		26,500.00
汇款手续费	6603.001 财务费用-手续费	10.00	
汇款手续费	1002.001 银行存款-江南城市发展银行长安分行		10.00
合计：贰万陆仟伍佰壹拾元整		26,510.00	26,510.00

记账：李想　　审核：单洪飞　　制单：李想

江南增值税专用发票

发票联

2316561357　　10-77　　№ 25533925

开票日期：2020年10月26日

购买方	名　称：江南岳达机械制造有限责任公司 纳税人识别号：91290504556677888M 地址、电话：长安市奉贤区工业园区 42123456 开户行及帐号：江南城市发展银行长安分行 18254871000011457			密码区			
货物或应税劳务、服务名称	规格型号	单位	数量	单价	金额	税率	税额
*现代服务*培训费			1	25,000.00	25,000.00	6%	1,500.00
合计					¥25,000.00		¥1,500.00
价税合计（大写）	⊕贰万陆仟伍佰元整				（小写）¥26,500.00		
销售方	名　称：长安瀚光教育咨询有限公司 纳税人识别号：999901452236652000 地址、电话：长安市湘湖区衍水街 45551232 开户行及帐号：长安银行湘湖支行 3600000123454841			备注			

收款人：吕蒙　　复核：潘金莲　　开票人：李倍倍　　销售方：（章）

第三联：发票联　购买方记账凭证

税总函[2016]311号北京印钞有限公司

江南城市发展银行电汇凭证（借方凭证）

NO.181145777

普通　　加急　　委托日期　2020年10月26日

汇款人	全称	江南岳达机械制造有限责任公司	收款人	全称	长安瀚光教育咨询有限公司
	账号	18254871000011457		账号	3600000123454841
	汇出地点	江南省长安市		汇入地点	江南省长安市
汇出行名称	江南城市发展银行长安分行		汇入行名称	长安银行湘湖支行	
金　额	人民币（大写）	贰万陆仟伍佰元整		¥26,500.00	
此汇款支付给收款人。 江南城市发展银行长安分行 朱珊 2020年10月26日 业务核算章 汇款人签章			支付密码		
			附加信息及用途： 复核：　　记账：		

此联汇出行作借方凭证

江南城市发展银行（长安分行营业部）收费回单

10-77

交易流水：110141111757　　　2020年10月26日

付款人账号 18254871000011457		付款人名称	江南岳达机械制造有限责任公司
收费种类	币种	交易金额	收费金额
47 电汇手续费	人民币	26,500.00	10.00
合计金额	10.00		

第二联 客户留存联

江南城市发展银行长安分行 朱珊 2020年10月26日 业务核算章

柜员号：00000　　朱珊

记账凭证

附单据数：0

单位：江南岳达机械制造有限责任公司　　2020-10-26　　凭证号：记-078

摘要	科目	借方	贷方
2017年度预提费用未回发票，冲回余额	2202.099.001 应付账款-暂估-咨询费	40,000.00	
2017年度预提费用未回发票，冲回余额	4104.006 利润分配-未分配利润		40,000.00
合计：肆万元整		40,000.00	40,000.00

记账：李想　　审核：单洪飞　　制单：李想

冲账说明

10-78

2019年度暂估且在2019年度企业所得税前扣除的预提费用40000元，无法取得发票，现冲回余额

记账凭证

附单据数：0

单位：江南岳达机械制造有限责任公司　　2020-10-26　　凭证号：记-079

摘要	科目	借方	贷方
盘点库存，丢失带锯条 27*0.9	6602.032 管理费用-财产损失	1,730.00	
盘点库存，丢失带锯条 27*0.9(数量:100，单价:1...	1405_027 库存商品_带锯条27*0.9		1,730.00
合计：壹仟柒佰叁拾元整		1,730.00	1,730.00

记账：李想　　审核：单洪飞　　制单：李想

出　库　单

10-79

领用部门或单位　　　2020-10-26　　　单号：21454413079

货号	品　名	规格	单位	数量	单价	金额
	带锯条	27*0.9	米	100	17.3	1,730.00
合计						1,730.00
仓库负责人	刘强丰	经手人 出库		记账	李想	备注：盘亏，原因未查明

第一联，财务记账凭证

记账凭证

附单据数：0

单位：江南岳达机械制造有限责任公司　　2020-10-26　　凭证号：记-080

摘要	科目	借方	贷方
一次性摊销食堂转入行政办公管理软件	6602.018.001 管理费用-无形资产摊销-软件摊销	2,100.00	
一次性摊销食堂转入行政办公管理软件	1702.003 累计摊销-管理软件		2,500.00
一次性摊销食堂转入行政办公管理软件	2221.001.001 应交税费-应交增值税-进项税额	400.00	
合计：贰仟伍佰元整		2,500.00	2,500.00

记账：李想　　审核：单洪飞　　制单：李想

无形资产摊销明细表

日期　2020年10月

10-80

无形资产	取得时间	面积	金额	摊销年限	本月摊销金额	已摊销年限	累计摊销金额	本月摊余值	备注
管理软件	2018年11月		5,000.00	24	2,500.00	24.00	5,000.00	-	普票购入

记账凭证

附单据数：0

单位：江南岳达机械制造有限责任公司　　2020-10-26　　凭证号：记-081 (1/2)

摘要	科目	借方	贷方
出售固定资产车床一台	1002.001 银行存款-江南城市发展银行长安分行	95,000.00	
出售固定资产车床一台	1606.004 固定资产清理-机器设备		92,233.01
出售固定资产车床一台	2221.007_005 应交税费-简易计税_3%		2,766.99
简易计税减免1%	2221.007_005 应交税费-简易计税_3%	922.33	
简易计税减免1%	6117.001 其他收益-减免税		922.33
合计：玖万伍仟玖佰贰拾贰元叁角叁分		95,922.33	95,922.33

记账：李想　　审核：单洪飞　　制单：李想

记账凭证

附单据数：0

单位：江南岳达机械制造有限责任公司　　2020-10-26　　凭证号：记-081（2/2）

摘要	科目	借方	贷方
清理固定资产	1606.004 固定资产清理-机器设备	101,158.20	
清理固定资产	1602.001 累计折旧-机器设备	198,841.80	
清理固定资产	1601.001 固定资产-机器设备		300,000.00
清理固定资产	6115.002 资产处置损益-固定资产处置损益	8,925.19	
清理固定资产	1606.004 固定资产清理-机器设备		8,925.19
合计：肆拾万肆仟捌佰肆拾柒元伍角贰分		404,847.52	404,847.52

记账：李想　　审核：单洪飞　　制单：李想

江南增值税专用发票

10-81A

2154558951　　№ 10231513

此联不作报销、扣税凭证使用

开票日期：2020年10月26日

购买方	名　　称：江南亿达环保材料有限公司 纳税人识别号：999904741871236000 地 址、电 话：长安市湘湖区西湖大道　45236874 开户行及帐号：大海银行长安分行湘湖支行　210202154831542	密码区	

货物或应税劳务、服务名称	规格型号	单位	数量	单价	金额	税率	税额
*通用设备*机床		台	1	9,233.01	92,233.01	3%	2,766.99
合计					¥92,233.01		¥2,766.99
价税合计（大写）	⊕玖万伍仟元整			（小写）	¥95,000.00		

销售方	名　　称：江南岳达机械制造有限责任公司 纳税人识别号：91290504556677888M 地 址、电 话：长安市奉贤区工业园区　42123456 开户行及帐号：江南城市发展银行长安分行　18254871000011457	备注	

收款人：刘信　　复核：王明　　开票人：张晓光　　销售方：（章）

第一联：记账联　销售方记账凭证

税总函[2016]311号北京印钞有限公司

江南城市发展银行（长安分行营业部）贷记通知

10-81A

流水号：9999104111110-81A2　　交易日期：2020年10月26日

收款单位：	江南岳达机械制造有限责任公司		
收款单位账号：	18254871000011457	凭证编号	
付款单位名称：	江南亿达环保材料有限公司	付款银行	大海银行长安分行湘湖支行
付款单位账号	210202154831542	起自日	2020年10月26日
交易名称	支付结算平台业务处理	金额小写：	RMB 95,000.00
金额大写	人民币 玖万伍仟元整		
摘要	设备款		

江南城市发展银行长安分行 朱珊 2020年10月26日 业务核算章

如果日期、流水号、账号、摘要、金额相同，系重复打印。　　经办柜员：99901533

固定资产卡片

类别　设备　　10-81B

编号	//	保管地点	车间	财产来源	专票外购，已抵扣
名称	机床	牌号		规格	
原值	300,000.00	来源时间	2013年12月	每月折旧	2,424.90
折旧年限	10	已使用年限	82	本月折旧	2,424.90
残值	3% / 9000.00	单位	台	已提折旧	198,841.80
月折旧率	0.8083%	数量	1	净值	101,158.20
备注	2020年10月出售				

记账凭证

附单据数：0

单位：江南岳达机械制造有限责任公司　　2020-10-26　　凭证号：记-082

摘要	科目	借方	贷方
收款	1002.001 银行存款-江南城市发展银行长安分行	67,800.00	
收款	1122.003 应收账款-长安市南亚实业有限公司		67,800.00
合计：陆万柒仟捌佰元整		67,800.00	67,800.00

记账：李想　　审核：单洪飞　　制单：李想

江南城市发展银行（长安分行营业部）贷记通知

10-82

流水号：99991041111142　　交易日期：2020年10月10日

收款单位：	江南岳达机械制造有限责任公司		
收款单位账号：	18254871000011457	凭证编号	
付款单位名称：	长安市南亚实业有限公司	付款银行	建安银行长安分行北运支行
付款单位账号	2105887136595392	起自日	2020年10月10日
交易名称	支付结算平台业务处理	金额小写：	RMB 67,800.00
金额大写	人民币 陆万柒仟捌佰元整		
摘要	代销款		

江南城市发展银行长安分行
朱珊
2020年10月10日
业务核算章

第二联　客户留存联

如果日期、流水号、账号、摘要、金额相同，系重复打印。　经办柜员：99901533

模拟票据，仅供学习使用

记账凭证

附单据数：0

单位：江南岳达机械制造有限责任公司　　2020-10-26　　凭证号：记-083

摘要	科目	借方	贷方
计提房产税	6403.001 税金及附加-房产税	4,480.00	
计提房产税	2221.016 应交税费-应交房产税		4,480.00
合计：肆仟肆佰捌拾元整		4,480.00	4,480.00

记账：李想　　审核：单洪飞　　制单：李想

10-83

	坐落地点	房产原值	土地成本	计算过程	应纳税额
房产税	长安市	6,400,000.00		=(6000000+400000)*(1-30%)*1.2%/12	4480
					4480

记账凭证

附单据数：0

单位：江南岳达机械制造有限责任公司　　2020-10-31　　凭证号：记-084

摘要	科目	借方	贷方
计提土地使用税	6403.002 税金及附加-土地使用税	4,500.00	
计提土地使用税	2221.017 应交税费-应交土地使用税		4,500.00
合计：肆仟伍佰元整		4,500.00	4,500.00

记账：李想　　审核：单洪飞　　制单：李想

10-84

		土地面积	等级	计算过程	应纳税额
土地使用税	长安市	3000	3	=3000*18/12	4500
					4500

记账凭证

附单据数：0

单位：江南岳达机械制造有限责任公司　　2020-10-31　　凭证号：记-085

摘要	科目	借方	贷方
计提印花税	6403.003 税金及附加-印花税	1,563.46	
计提印花税	2221.020 应交税费-应交印花税		1,563.46
合计：壹仟伍佰陆拾叁元肆角陆分		1,563.46	1,563.46

记账：李想　　审核：单洪飞　　制单：李想

10月应交印花税明细表

10-85

对应业务	概要	应税凭证	税目	计税依据	税率	税额	贴印花税票划销税额	网上申报上缴税额
10月第5笔业务	购带锯钢	订单	购销合同	1,200,000.00	0.030%	360.00	360.00	
10月第9笔业务	购水曲柳木料	订单	购销合同	773,352.00	0.030%	232.01	232.01	
10月第11笔业务	带锯条预售	订单	购销合同	265,486.73	0.030%	79.65		79.65
10月第16笔业务	购硬质合金分齿机	订单	购销合同	200,000.00	0.030%	60.00	57.00	3.00
10月第30笔业务	购喷码机	订单	购销合同	106,000.00	0.030%	31.80	31.80	
10月第32笔业务	减速机	订单	购销合同	12,600.00	0.030%	3.78		3.78
10月第38笔业务	购硬质合金颗粒	订单	购销合同	40,000.00	0.030%	12.00		12.00
10月第35笔业务	减速机	订单	购销合同	9,935.90	0.030%	2.98	2.88	0.10
10月第37笔业务	热风炉购货	订单	购销合同	1,500,000.00	0.030%	450.00	450.00	
10月第39笔业务	减速机	订单	购销合同	20,000.00	0.030%	6.00		6.00
10月第47笔业务	购触摸屏	订单	购销合同	120,000.00	0.030%	36.00	36.00	
10月第48笔业务	购钢保护套	订单	购销合同	20,400.00	0.030%	6.12		6.12
10月第51笔业务	购金属防锈水	订单	购销合同	4,000.00	0.030%	1.20		1.20
10月第54笔业务	购尼龙扎带	订单	购销合同	2,400.00	0.030%	0.72		0.72
10月第55笔业务	购铣刀	订单	购销合同	20,000.00	0.030%	6.00	6.00	
10月第56笔业务	购数控刀片	订单	购销合同	2,600.00	0.030%	0.78	0.78	
10月第73笔业务	带锯条销售	合同	购销合同	4,000,000.00	0.030%	1,200.00		1,200.00
10月第15笔业务	带锯条销售	合同	购销合同	350,500.00	0.030%	105.15		105.15
10月第81笔业务	车床销售	合同	购销合同	92,233.01	0.030%	27.67	27.67	
小计						**2,621.86**	**1,204.14**	**1,417.72**
10月第22笔业务	非专利技术调拨	调拨单	技术合同	50,000.00	0.030%	15.00		15.00
10月第40笔业务	购非专利技术	订单	技术合同	130,000.00	0.030%	39.00		39.00
10月第49笔业务	提供技术服务	订单	技术合同	10,000.00	0.030%	3.00		3.00
小计						**57.00**	-	**57.00**
10月第24笔业务	车管所车辆变更资料、销售	合同	产权转移书据	40,000.00	0.050%	20.00	20.00	
小计						**20.00**	**20.00**	
10月第28笔业务	房屋租赁	合同	财产租赁合同	46,000.00	0.100%	46.00		46.00
10月第50笔业务	设备租赁	合同	财产租赁合同	42,735.04	0.100%	42.74		42.74
小计						**88.74**		**88.74**
总计						**2,767.60**	**1,204.14**	**1,563.46**

备注：2022年7月1日起实施的《中华人民共和国印花税法》规定的应税凭证中的合同，仅指书面合同

记账凭证

附单据数：0

单位：江南岳达机械制造有限责任公司　　2020-10-31　　凭证号：记-086

摘要	科目	借方	贷方
借款	1001 库存现金	12,487.36	
借款	2241.001.003 其他应付款-个人-刘信		12,487.36
合计：壹万贰仟肆佰捌拾柒元叁角陆分		12,487.36	12,487.36

记账：李想　　审核：单洪飞　　制单：李想

收款收据

10-86

NO. 1254823135

收款日期 2020/10/30

付款单位（交款人）	刘信	收款单位（收款人）	江南岳达机械制造有限责任公司		收款项目
人民币（大写）	壹万贰仟肆佰捌拾柒元叁角陆分			小写：	12,487.36
收款事由				经办部门：	
上述款项照数收讫无误。 收款单位财会专用章； （领款人签章）		会计主管	稽核	出纳	交款人

长安南亚实业有限公司 财务专用章

第三联 联 给付款单位做收据

记账凭证

附单据数：0

单位：江南岳达机械制造有限责任公司　　2020-10-31　　凭证号：记-087（1/2）

摘要	科目	借方	贷方
计提税金及附加	6403.006 税金及附加-城市维护建设税	129.13	
计提税金及附加	6403.007 税金及附加-教育费附加	55.34	
计提税金及附加	6403.008 税金及附加-地方教育附加	36.89	
计提税金及附加	2221.011 应交税费-应交城市维护建设税		129.13
计提税金及附加	2221.012 应交税费-应交教育费附加		55.34
合计：贰佰贰拾壹元叁角陆分		221.36	184.47

记账：李想　　审核：单洪飞　　制单：李想

记账凭证

附单据数：0

单位：江南岳达机械制造有限责任公司　　2020-10-31　　凭证号：记-087（2/2）

摘要	科目	借方	贷方
计提税金及附加	2221.013 应交税费-应交地方教育附加		36.89
合计：贰佰贰拾壹元叁角陆分		221.36	221.36

记账：李想　　审核：单洪飞　　制单：李想

附加税计提明细

10-87

应交增值税额	2,644.66
城建税	2644.66*0.07-56=129.13
教育费附加	2644.66*0.03-24=55.34
地方教育附加	2644.66*0.02-16=36.89

记账凭证

附单据数：0

单位：江南岳达机械制造有限责任公司　　2020-10-31　　凭证号：记-088（1/2）

摘要	科目	借方	贷方
结转本期损益(收入)	6001_027_001 主营业务收入_带锯条27*0.9_13%	350,500.00	
结转本期损益(收入)	6051.001_001 其他业务收入-材料物资_13%	8,849.56	
结转本期损益(收入)	6051.002_003 其他业务收入-技术服务_6%	10,000.00	
结转本期损益(收入)	6051.005 其他业务收入-固定资产处置	35,404.00	
结转本期损益(收入)	6115.001 资产处置损益-无形资产处置损益	-20,000.00	
合计：叁拾捌万肆仟柒佰伍拾叁元伍角陆分		384,753.56	0.00

记账：李想　　审核：单洪飞　　制单：李想

记账凭证

附单据数：0

单位：江南岳达机械制造有限责任公司　　2020-10-31　　凭证号：记-088 (2/2)

摘要	科目	借方	贷方
结转本期损益(收入)	6115.002 资产处置损益-固定资产处置损益	-8,925.19	
结转本期损益(收入)	6117.001 其他收益-减免税	1,322.33	
结转本期损益(收入)	4103 本年利润		377,150.70
合计：叁拾柒万柒仟壹佰伍拾元柒角		377,150.70	377,150.70

记账：李想　　审核：单洪飞　　制单：李想

记账凭证

附单据数：0

单位：江南岳达机械制造有限责任公司　　2020-10-31　　凭证号：记-089 (1/9)

摘要	科目	借方	贷方
结转本期损益(成本费用)	4103 本年利润	3,218,376.28	
结转本期损益(成本费用)	6401 主营业务成本		303,182.50
结转本期损益(成本费用)	6402.002 其他业务成本-租赁设备折旧		6,466.40
结转本期损益(成本费用)	6402.099 其他业务成本-其他		1,000,000.00
结转本期损益(成本费用)	6403.001 税金及附加-房产税		4,480.00
合计：叁佰贰拾壹万捌仟叁佰柒拾陆元贰角捌分		3,218,376.28	1,314,128.90

记账：李想　　审核：单洪飞　　制单：李想

记账凭证

附单据数：0

单位：江南岳达机械制造有限责任公司　　2020-10-31　　凭证号：记-089 (2/9)

摘要	科目	借方	贷方
结转本期损益(成本费用)	6403.002 税金及附加-土地使用税		4,500.00
结转本期损益(成本费用)	6403.003 税金及附加-印花税		4,063.46
结转本期损益(成本费用)	6403.005 税金及附加-车船税		384.00
结转本期损益(成本费用)	6403.006 税金及附加-城市维护建设税		129.13
结转本期损益(成本费用)	6403.007 税金及附加-教育费附加		55.34
合计：叁佰贰拾壹万捌仟叁佰柒拾陆元贰角捌分		3,218,376.28	1,323,260.83

记账：李想　　审核：单洪飞　　制单：李想

记账凭证

附单据数：0

单位：江南岳达机械制造有限责任公司　　2020-10-31　　凭证号：记-089 (3/9)

摘要	科目	借方	贷方
结转本期损益(成本费用)	6403.008 税金及附加-地方教育附加		36.89
结转本期损益(成本费用)	6601.001 销售费用-工资薪金		123,966.93
结转本期损益(成本费用)	6601.007 销售费用-差旅费		2,760.00
结转本期损益(成本费用)	6601.011 销售费用-广告和业务宣传费		15,000.00
结转本期损益(成本费用)	6601.017 销售费用-累计折旧		72.75
合计：叁佰贰拾壹万捌仟叁佰柒拾陆元贰角捌分		3,218,376.28	1,465,097.40

记账：李想　　审核：单洪飞　　制单：李想

模拟票据，仅供学习使用

记账凭证

附单据数：0

单位：江南岳达机械制造有限责任公司　　2020-10-31　　凭证号：记-089 (4/9)

摘要	科目	借方	贷方
结转本期损益(成本费用)	6601.027 销售费用-展览展位费		20,000.00
结转本期损益(成本费用)	6601.036 销售费用-社会保险		32,231.39
结转本期损益(成本费用)	6601.037 销售费用-住房公积金		12,396.69
结转本期损益(成本费用)	6601.038 销售费用-车辆燃油费		3,023.08
结转本期损益(成本费用)	6602.001 管理费用-工资薪金		103,172.81
合计：叁佰贰拾壹万捌仟叁佰柒拾陆元贰角捌分		3,218,376.28	1,635,921.37

记账：李想　　审核：单洪飞　　制单：李想

记账凭证

附单据数：0

单位：江南岳达机械制造有限责任公司　　2020-10-31　　凭证号：记-089（5/9）

摘要	科目	借方	贷方
结转本期损益(成本费用)	6602.003 管理费用-职工福利费		1,595.12
结转本期损益(成本费用)	6602.004 管理费用-职工教育经费		28,230.00
结转本期损益(成本费用)	6602.005 管理费用-工会经费		9,020.22
结转本期损益(成本费用)	6602.006 管理费用-办公费		3,085.39
结转本期损益(成本费用)	6602.007 管理费用-差旅费		4,500.00
合计：叁佰贰拾壹万捌仟叁佰柒拾陆元贰角捌分		3,218,376.28	1,682,352.10

记账：李想　　审核：单洪飞　　制单：李想

记账凭证

附单据数：0

单位：江南岳达机械制造有限责任公司　　2020-10-31　　凭证号：记-089（6/9）

摘要	科目	借方	贷方
结转本期损益(成本费用)	6602.009 管理费用-通讯费		2,220.00
结转本期损益(成本费用)	6602.010 管理费用-业务招待费		61,800.00
结转本期损益(成本费用)	6602.012 管理费用-租赁费		46,000.00
结转本期损益(成本费用)	6602.017 管理费用-累计折旧		28,130.89
结转本期损益(成本费用)	6602.018.001 管理费用-无形资产摊销-软件摊销		2,100.00
合计：叁佰贰拾壹万捌仟叁佰柒拾陆元贰角捌分		3,218,376.28	1,822,602.99

记账：李想　　审核：单洪飞　　制单：李想

记账凭证

附单据数：0

单位：江南岳达机械制造有限责任公司　　2020-10-31　　凭证号：记-089（7/9）

摘要	科目	借方	贷方
结转本期损益(成本费用)	6602.026 管理费用-保险费		18,095.08
结转本期损益(成本费用)	6602.032 管理费用-财产损失		17,071.80
结转本期损益(成本费用)	6602.038 管理费用-土地使用权摊销		1,166.67
结转本期损益(成本费用)	6602.039 管理费用-非专利权摊销		1,083.33
结转本期损益(成本费用)	6602.040 管理费用-电费		3,000.00
合计：叁佰贰拾壹万捌仟叁佰柒拾陆元贰角捌分		3,218,376.28	1,863,019.87

记账：李想　　审核：单洪飞　　制单：李想

记账凭证

附单据数：0

单位：江南岳达机械制造有限责任公司　　2020-10-31　　凭证号：记-089（8/9）

摘要	科目	借方	贷方
结转本期损益(成本费用)	6602.041 管理费用-水费		175.00
结转本期损益(成本费用)	6602.042 管理费用-社会保险		26,824.92
结转本期损益(成本费用)	6602.043 管理费用-住房公积金		10,317.28
结转本期损益(成本费用)	6602.099 管理费用-其他		1,005,000.00
结转本期损益(成本费用)	6603.001 财务费用-手续费		315.00
合计：叁佰贰拾壹万捌仟叁佰柒拾陆元贰角捌分		3,218,376.28	2,905,652.07

记账：李想　　审核：单洪飞　　制单：李想

记账凭证

附单据数：0

单位：江南岳达机械制造有限责任公司　　2020-10-31　　凭证号：记-089 (9/9)

摘要	科目	借方	贷方
结转本期损益(成本费用)	6603.003 财务费用-利息支出		305,138.00
结转本期损益(成本费用)	6711.001 营业外支出-非常损失		7,586.21
合计：叁佰贰拾壹万捌仟叁佰柒拾陆元贰角捌分		3,218,376.28	3,218,376.28

记账：李想　　审核：单洪飞　　制单：李想

记账凭证

附单据数：0

单位：江南岳达机械制造有限责任公司　　2020-12-12　　凭证号：记-001（1/3）

摘要	科目	借方	贷方
缴纳增值税	2221.007_004 应交税费-简易计税_5%	37,800.00	
抵缴预交增值税	2221.003 应交税费-预交增值税		2,200.00
缴纳增值税	1002.001 银行存款-江南城市发展银行长安分行		35,600.00
缴纳城市维护建设税	2221.011 应交税费-应交城市维护建设税	2,492.00	
缴纳教育费附加	2221.012 应交税费-应交教育费附加	1,068.00	
合计：肆万壹仟叁佰陆拾元整		41,360.00	37,800.00

记账：李想　　审核：单洪飞　　制单：李想

记账凭证

附单据数：0

单位：江南岳达机械制造有限责任公司　　2020-12-12　　凭证号：记-001（2/3）

摘要	科目	借方	贷方
缴纳地方教育附加	2221.013 应交税费-应交地方教育附加	712.00	
缴纳地方教育附加	1002.001 银行存款-江南城市发展银行长安分行		4,272.00
缴纳房产税	2221.016 应交税费-应交房产税	4,480.00	
缴纳土地使用税	2221.017 应交税费-应交土地使用税	4,500.00	
缴纳印花税	2221.020 应交税费-应交印花税	2,021.86	
合计：伍万叁仟零柒拾叁元捌角陆分		53,073.86	42,072.00

记账：李想　　审核：单洪飞　　制单：李想

记账凭证

附单据数：0

单位：江南岳达机械制造有限责任公司　　2020-12-12　　凭证号：记-001（3/3）

摘要	科目	借方	贷方
缴纳印花税	1002.001 银行存款-江南城市发展银行长安分行		11,001.86
缴纳个人所得税	2221.015 应交税费-应交个人所得税	575.00	
缴纳契税	2221.030 应交税费-应交契税	400,000.00	
缴纳契税	1002.001 银行存款-江南城市发展银行长安分行		400,575.00
合计：肆拾伍万叁仟陆佰肆拾捌元捌角陆分		453,648.86	453,648.86

记账：李想　　审核：单洪飞　　制单：李想

江南城市发展银行电子缴税付款凭证

12-1A

转账日期：2020年12月8日　　凭证字号：0000612157

付款人全称：江南岳达机械制造有限责任公司

付款人账号：18254871000011457　　征收机关名称：长安市奉贤区税务局

付款人开户银行：江南城市发展银行长安分行　　收款国库（银行）名称：国家金库长安市奉贤区支库

小写（合计）金额：35,600.00　　缴款书交易流水号：20171201000000000000

大写（合计）金额：叁万伍仟陆佰元整　　税票号码：105021701354800000

税（费）种名称：	所属时期	实缴金额
增值税	20201101-20201130	35,600.00

江南城市发展银行长安分行
朱珊
2020年12月8日
业务核算章

第1页共1次打印　　打印时间：

第二联：作付款回单（无银行收讫章无效）　　复核：　　记账：

江南城市发展银行电子缴税付款凭证

12-1A

转账日期：2020年12月8日　　凭证字号：0000612158

付款人全称：江南岳达机械制造有限责任公司

付款人账号：18254871000011457　　征收机关名称：长安市奉贤区税务局

付款人开户银行：江南城市发展银行长安分行　　收款国库（银行）名称：奉贤代理支库

小写（合计）金额：4,272.00　　缴款书交易流水号：20171201000000000000

大写（合计）金额：肆仟贰佰柒拾贰元整　　税票号码　10502170135480000

税（费）种名称：	所属时期	实缴金额
城市维护建设税	20201101-20201130	2,492.00
教育费附加	20201101-20201130	1,068.00
地方教育附加	20201101-20201130	712.00

江南城市发展银行长安分行　朱珊　2020年12月8日　业务核算章

第1页共1次打印　　打印时间：

第二联：作付款回单（无银行收讫章无效）　　复核：　　记账：

江南城市发展银行电子缴税付款凭证

12-1B

转账日期：2020年12月8日　　凭证字号：0000612156

付款人全称：江南岳达机械制造有限责任公司

付款人账号：18254871000011457　　征收机关名称：长安市奉贤区税务局

付款人开户银行：江南城市发展银行长安分行　　收款国库（银行）名称：奉贤代理支库

小写（合计）金额：11,001.86　　缴款书交易流水号：20171201000000000

大写（合计）金额：壹万壹仟零壹元捌角陆分　　税票号码：105021701354800000

税（费）种名称	所属时期	实缴金额
印花税	20201101-20201130	2,021.86
房产税	20201101-20201130	4,480.00
土地使用税	20201101-20201130	4,500.00

江南城市发展银行长安分行 朱珊 2020年12月8日 业务核算章

第1页共1次打印　　打印时间：

第二联：作付款回单（无银行收讫章无效）　　复核：　　记账：

江南城市发展银行电子缴税付款凭证

12-1B

转账日期：2020年12月8日　　凭证字号：0000612157

付款人全称：江南岳达机械制造有限责任公司

付款人账号：18254871000011457　　征收机关名称：长安市奉贤区税务局

付款人开户银行：江南城市发展银行长安分行　　收款国库（银行）名称：奉贤代理支库

小写（合计）金额：400,575.00　　缴款书交易流水号：20171201000000000000

大写（合计）金额：肆拾万零伍佰柒拾伍元整　　税票号码：105021701354800000

税（费）种名称：	所属时期	实缴金额
个人所得税	20201101-20201130	575.00
契税	20201101-20201130	400,000.00

江南城市发展银行长安分行 朱珊 2020年12月8日 业务核算章

第1页共1次打印　　打印时间：

第二联：作付款回单（无银行收讫章无效）　　复核：　　记账：

记账凭证

附单据数：0

单位：江南岳达机械制造有限责任公司　　2020-12-12　　凭证号：记-002（1/3）

摘要	科目	借方	贷方
上缴工会经费	2211.005 应付职工薪酬-工会经费	9,321.28	
上缴工会经费	1002.001 银行存款-江南城市发展银行长安分行		5,592.77
上缴工会经费	1002.001 银行存款-江南城市发展银行长安分行		3,728.51
缴住房公积金	2211.008 应付职工薪酬-住房公积金	46,606.42	
缴住房公积金	2241.005 其他应付款-代扣个人住房公积金	46,606.42	
合计：壹拾万贰仟伍佰叁拾肆元壹角贰分		102,534.12	9,321.28

记账：李想　　审核：单洪飞　　制单：李想

记账凭证

附单据数：0

单位：江南岳达机械制造有限责任公司　　2020-12-12　　凭证号：记-002（2/3）

摘要	科目	借方	贷方
缴住房公积金	1002.001 银行存款-江南城市发展银行长安分行		93,212.84
缴单位社会统筹	2211.007.001 应付职工薪酬-社会保险-养老保险	74,570.27	
缴单位失业保险	2211.007.002 应付职工薪酬-社会保险-失业保险	2,330.30	
缴单位医疗保险	2211.007.003 应付职工薪酬-社会保险-医疗保险	37,285.13	
缴单位工伤保险	2211.007.004 应付职工薪酬-社会保险-工伤保险	4,660.65	
合计：贰拾贰万壹仟叁佰捌拾元肆角柒分		221,380.47	102,534.12

记账：李想　　审核：单洪飞　　制单：李想

记账凭证

附单据数：0

单位：江南岳达机械制造有限责任公司　　2020-12-12　　凭证号：记-002 (3/3)

摘要	科目	借方	贷方
缴单位生育保险	2211.007.005 应付职工薪酬-社会保险-生育保险	2,330.28	
缴社会保险个人部分	2241.004 其他应付款-代扣个人保险费	42,000.00	
缴社会保险费	1002.001 银行存款-江南城市发展银行长安分行		110,900.57
缴社会保险费	1002.001 银行存款-江南城市发展银行长安分行		52,276.06
合计：贰拾陆万伍仟柒佰壹拾元柒角伍分		265,710.75	265,710.75

记账：李想　　审核：单洪飞　　制单：李想

12-2A

江南城市发展银行
转账支票存根
31002551
215149

附加信息

出票日期：2020-12-08

岳达
2105040000

收款人：	江南岳达机械制造有限责任公司工会委员会
金额：	5，592.77
用途：	拨付工会经费60%部分
单位主管	会计　李想

收款收据

12-2AA

NO. 235486136

收款日期 2020/12/8

付款单位（交款人）	江南岳达机械制造有限责任公司	收款单位（收款人）	江南岳达机械制造有限责任公司工会委员会	收款项目	
人民币（大写）	伍仟伍佰玖拾贰元柒角柒分			小写：	¥ 5,592.77
收款事由	工会经费拨缴			经办部门：	
上述款项照数收讫无误。 收款单位财会专用章；； （领款人签章）	会计主管	稽核		出纳	交款人
				王月	

江南岳达机械制造有限责任公司工会委员会 财务专用章

第三联 联 给付款单位做收据

江南城市发展银行电子缴税付款凭证

12-2B

转账日期： 2020年12月8日　　凭证字号： 00006121521

付款人全称：江南岳达机械制造有限责任公司

付款人账号：18254871000011457　　征收机关名称：长安市奉贤区税务局

付款人开户银行：江南城市发展银行长安分行　　收款国库（银行）名称：奉贤代理支库

小写（合计）金额： 3,728.51　　缴款书交易流水号： 20171201000000000000

大写（合计）金额： 叁仟柒佰贰拾捌元伍角壹分　　税票号码 105021701354800000

税（费）种名称：	所属时期	实缴金额
工会经费	20201101-20201130	3,728.51

江南城市发展银行长安分行 朱珊 2020年12月8日 业务核算章

第1页共1次打印　　打印时间：

第二联：作付款回单（无银行收讫章无效）　　复核：　　记账：

模拟票据，仅供学习使用

长安市住房公积金汇（补）缴款书

2020年12月8日

12-2C

汇缴单位公积金账号：71748

收款单位	名称	长安市住房资金管理中心	付款单位	名称	江南岳达机械制造有限责任公司
	账号	2100165420305250 1210		账号	18254871000011457
	开户银行	建安银行明山支行		开户银行	江南城市发展银行长安分行

缴交金额（大写）	十	万	千	百	十	元	角	分
玖万叁仟贰佰佰壹拾元捌角肆分	¥	9	3	2	1	2	8	4

上月汇缴		本月增加汇缴		本月减少汇缴		本月汇缴	
人数	金额	人数	金额	人数	金额	人数	金额

汇（补）缴年月	汇（补）缴人数	银行盖章	
	125	江南城市发展银行长安分行 朱珊 2020-1[illegible]-08 业务核算章	复核员： 记账员：

第五联：单位回单

社会保险缴费核定单

单位编号	222221013851	单位名称	江南岳达机械制造有限责任公司	社保登记证号	22222182226
缴费方式	税务征收	费款所属期	202012 单位类型 企业	税号	91290504556677888M

缴费项目	在职人数	退休人数	单位缴费									个人缴费				
			单位缴费基数	缴费比例	单位划入账户	划入账户利息	单位缴统筹	风险调剂金	滞纳金	合计	个人缴纳基数	缴费比例	个人缴费金额	个人缴费利息	合计	缴费合计
企业基本养老保险	125			0.1600							400000.00	0.0800	32000.00		32000.00	32000.00
失业保险	125			0.0050							400000.00	0.0050	2000.00		2000.00	2000.00
基本医疗保险	125		466064.15	0.0800	5581.69		31703.44			37285.13	400000.00	0.0200	8000.00		8000.00	45285.13
补充工伤保险	125															
工伤保险	125		466064.15	0.0100			4660.65			4660.65						4660.65
生育保险	125		466064.15	0.0050			2330.28			2330.28						2330.28
合计										44276.06			42000.00		42000.00	86276.06

社会保险部门章

长安市社会保险事业管理局 (1) 缴费申报处 业务专用章

审核经办人　田原

2020年12月04日　10时12分23秒

江南城市发展银行电子缴税付款凭证

12-2E

转账日期: 2020年12月8日 凭证字号: 0000612158

付款人全称: 江南岳达机械制造有限责任公司

付款人账号: 18254871000011457 征收机关名称: 长安市奉贤区税务局

付款人开户银行: 江南城市发展银行长安分行 收款国库（银行）名称: 奉贤代理支库

小写（合计）金额: 110,900.57 缴款书交易流水号: 20171201000000000000

大写（合计）金额: 壹拾壹万零玖佰元伍角柒分 税票号码 105021701354800000

税（费）种名称:	所属时期	实缴金额
失业保险费	20201201-20201230	2,330.30
企业基本养老保险费	20201201-20201230	32,000.00
失业保险费	20201201-20201230	2,000.00
企业基本养老保险费	20201201-20201230	74,570.27

江南城市发展银行长安分行 朱珊 2020年12月8日 业务核算章

第1页共1次打印 打印时间:

第二联: 作付款回单（无银行收讫章无效） 复核: 记账:

江南城市发展银行电子缴税付款凭证

12-2F

转账日期： 2020年12月8日 凭证字号：0000612155

付款人全称：江南岳达机械制造有限责任公司

付款人账号：18254871000011457 征收机关名称：长安市奉贤区税务局

付款人开户银行：江南城市发展银行长安分行 收款国库（银行）名称：奉贤代理支库

小写（合计）金额：52,276.06 缴款书交易流水号：20171201000000000000

大写（合计）金额：伍万贰仟贰佰柒拾陆元零陆分 税票号码 105021701354800000

税（费）种名称：	所属时期	实缴金额
医疗保险	20201201-20201230	8,000.00
医疗保险	20201201-20201230	37,285.13
工伤保险	20201201-20201230	4,660.65
生育保险	20201201-20201230	2,330.28

江南城市发展银行长安分行 朱珊 2020年12月8日 业务核算章

第1页共1次打印 打印时间：

第二联：作付款回单（无银行收讫章无效） 复核： 记账：

记账凭证

附单据数：0

单位：江南岳达机械制造有限责任公司　　2020-12-12　　凭证号：记-003

摘要	科目	借方	贷方
提取备用金	1001 库存现金	90,000.00	
提取备用金	1002.001 银行存款-江南城市发展银行长安分行		90,000.00
刘辉借差旅费	1221.001.001 其他应收款-个人-刘辉	2,000.00	
刘辉借差旅费	1001 库存现金		2,000.00
合计：玖万贰仟元整		92,000.00	92,000.00

记账：李想　　审核：单洪飞　　制单：李想

12-3A

江南城市发展银行
现金支票存根
31002551
154107

附加信息

出票日期：2020/12/8

岳达 2105040000

收款人：	江南岳达机械制造有限责任公司
金额：	90,000.00
用途：	备用金
单位主管	会计 李想

12-3B

差旅费预支申请

提交日期	2020年12月8日
出差人员姓名	刘辉
出差人员地址	江南省 锦阳市
电子邮件	
电话	
部门	
目的地	
出发日期	2020年12月9日
返回日期	
出差目的	采购原件
预支总额	¥2,000.00
核准人	姜飞
核准人签字	姜飞

重要注意事项

签字并提交该表即表示您同意预支的资金将用于该表中所述的目的。在返回公司后的 10 个工作日内，如果您没有提供费用报告和发票，公司将从您的薪水中扣除相应的数额。

刘辉

出差人员签字

核准日期 2020年12月8日

记账凭证

附单据数：0

单位：江南岳达机械制造有限责任公司　　2020-12-12　　凭证号：记-004（1/5）

摘要	科目	借方	贷方
支付电缆清包工程分包劳务成本	5401.004.001 工程施工-电缆铺设-成本	36,697.25	
支付电缆清包工程分包劳务成本	2221.001.001 应交税费-应交增值税-进项税额	3,302.75	
支付电缆清包工程分包劳务成本	1002.001 银行存款-江南城市发展银行长安分行		40,000.00
支付电缆清包工程人工费	5401.004.001 工程施工-电缆铺设-成本	31,000.00	
支付电缆清包工程人工费	1002.001 银行存款-江南城市发展银行长安分行		31,000.00
合计：柒万壹仟元整		71,000.00	71,000.00

记账：李想　　审核：单洪飞　　制单：李想

记账凭证

附单据数：0

单位：江南岳达机械制造有限责任公司　　2020-12-12　　凭证号：记-004（2/5）

摘要	科目	借方	贷方
汇款手续费	6603.001 财务费用-手续费	20.00	
汇款手续费	1002.001 银行存款-江南城市发展银行长安分行		10.00
汇款手续费	1002.001 银行存款-江南城市发展银行长安分行		10.00
收到电缆清包工程结算工程款	1002.001 银行存款-江南城市发展银行长安分行	120,000.00	
收到电缆清包工程结算工程款	1122.009 应收账款-锦阳市中级人民法院		120,000.00
合计：壹拾玖万壹仟零贰拾元整		191,020.00	191,020.00

记账：李想　　审核：单洪飞　　制单：李想

记账凭证

附单据数：0

单位：江南岳达机械制造有限责任公司　　2020-12-12　　凭证号：记-004 (3/5)

摘要	科目	借方	贷方
电缆清包工程竣工	1122.009 应收账款-锦阳市中级人民法院	120,000.00	
电缆清包工程竣工	5402.001 工程结算-电缆铺设		117,669.90
电缆清包工程竣工	2221.007_005 应交税费-简易计税_3%		2,330.10
预缴跨区域增值税	2221.007_005 应交税费-简易计税_3%	2,330.10	
预缴跨区域附加税	2221.011 应交税费-应交城市维护建设税	163.11	
合计：叁拾壹万叁仟伍佰壹拾叁元贰角壹分		313,513.21	311,020.00

记账：李想　　审核：单洪飞　　制单：李想

记账凭证

附单据数：0

单位：江南岳达机械制造有限责任公司　　2020-12-12　　凭证号：记-004（4/5）

摘要	科目	借方	贷方
预缴跨区域附加税	2221.012 应交税费-应交教育费附加	69.90	
预缴跨区域附加税	2221.013 应交税费-应交地方教育附加	46.60	
预缴跨区域企业所得税	2221.014 应交税费-应交企业所得税	233.01	
预缴跨区域税	1002.001 银行存款-江南城市发展银行长安分行		2,842.72
完工结转电缆清包工程	5402.001 工程结算-电缆铺设	117,669.90	
合计：肆拾叁万壹仟伍佰叁拾贰元陆角贰分		431,532.62	313,862.72

记账：李想　　审核：单洪飞　　制单：李想

记账凭证

附单据数：0

单位：江南岳达机械制造有限责任公司　　2020-12-12　　凭证号：记-004（5/5）

摘要	科目	借方	贷方
完工结转电缆清包工程	5401.004.001 工程施工-电缆铺设-成本		67,697.25
完工结转电缆清包工程	5401.004.002 工程施工-电缆铺设-毛利		49,972.65
结转电缆清包工程毛利	6402.001 其他业务成本-建筑服务	67,697.25	
结转电缆清包工程毛利	5401.004.002 工程施工-电缆铺设-毛利	49,972.65	
结转电缆清包工程毛利	6051.003_005 其他业务收入-建筑服务_3%		117,669.90
合计：伍拾肆万玖仟贰佰零贰元伍角贰分		549,202.52	549,202.52

记账：李想　　审核：单洪飞　　制单：李想

12-4A

2125136512

江南增值税专用发票

发 票 联

№ 21672364

开票日期：2020年12月12日

购买方			密码区
名　　称：	江南岳达机械制造有限责任公司		
纳税人识别号：	91290504556677888M		
地址、电话：	长安市奉贤区工业园区 42123456		
开户行及帐号：	江南城市发展银行长安分行 18254871000011457		

货物或应税劳务、服务名称	规格型号	单位	数量	单价	金额	税率	税额
*建筑服务*铺设电缆工程服务		1	1	36,697.25	36,697.25	9%	3,302.75
合计					¥36,697.25		¥3,302.75
价税合计（大写）	⊕肆万元整			（小写）	¥40,000.00		

销售方			备注
名　　称：	锦阳安信实业有限公司		锦阳市越阳区中级人民法院新建办公楼电缆铺设
纳税人识别号：	933123022102100052		
地址、电话：	锦阳市越阳区风临街 23621236		
开户行及帐号：	工农银行锦阳分行越阳支行 8151212252900052		

收款人：关平　复核：周通　开票人：许润　销售方：（章）

第三联：发票联 购买方记账凭证

税总函[2016]311号北京印钞有限公司

印章：全国统一发票监制章 江南 国家税务总局监制

印章：锦阳安信实业有限公司 933123022102100052 发票专用章

模拟票据，仅供学习使用

江南城市发展银行电汇凭证（借方凭证）

12-4A

NO.18114574A

普通　　加急　　委托日期　2020年12月12日

<table>
<tr><td rowspan="3">汇款人</td><td>全称</td><td>江南岳达机械制造有限责任公司</td><td rowspan="3">收款人</td><td>全称</td><td colspan="2">锦阳安信实业有限公司</td></tr>
<tr><td>账号</td><td>18254871000011457</td><td>账号</td><td colspan="2">8151212252900052</td></tr>
<tr><td>汇出地点</td><td>江南省长安市</td><td>汇入地点</td><td colspan="2">江南省锦阳市</td></tr>
<tr><td>汇出行名称</td><td colspan="2">江南城市发展银行长安分行</td><td colspan="2">汇入行名称</td><td colspan="2">工农银行锦阳分行越阳支行</td></tr>
<tr><td>金　额</td><td>人民币（大写）</td><td colspan="4">肆万元整</td><td>¥40,000.00</td></tr>
<tr><td colspan="3" rowspan="2">此汇款支付给收款人。
江南城市发展银行长安分行
朱珊
2020年12月12日
业务核算章
汇款人签章</td><td colspan="2">支付密码</td><td colspan="2"></td></tr>
<tr><td colspan="4">附加信息及用途：
复核：　　记账：</td></tr>
</table>

此联汇出行作借方凭证

江南城市发展银行（长安分行营业部）收费回单

12-4A

交易流水： 110141111A57　　2020年12月12日

付款人账号 18254871000011457		付款人名称	江南岳达机械制造有限责任公司
收费种类	币种	交易金额	收费金额
47 电汇手续费	人民币	40,000.00 江南城市发展银行长安分行 朱珊 2020年12月12日 业务核算章	10.00
合计金额	10.00		

第二联 客户留存联

柜员号： 00000　　朱珊

江南增值税普通发票

12-4B

2155813620　　　　№ 20135120

发票联

开票日期：2020年12月12日

购买方	名　称：江南岳达机械制造有限责任公司 纳税人识别号：91290504556677888M 地址、电话：长安市奉贤区工业园区 42123456 开户行及帐号：江南城市发展银行长安分行 18254871000011457			密码区			
货物或应税劳务、服务名称	规格型号	单位	数量	单价	金额	税率	税额
*人力资源服务*劳务费		次	1	30,523.81	30,523.81	***	476.19
合计					¥30,523.81		¥476.19
价税合计（大写）	⊕叁万壹仟元整			（小写）	¥31,000.00		
销售方	名　称：春丰外包服务(江南)有限公司 纳税人识别号：999902315515400000 地址、电话：长安市湘湖区阳溪大道 48321580 开户行及帐号：工群银行长安分行河北路支行 2578900111036226			备注	差额征税：21000.00。		

收款人：杨玉环　　复核：杨雄　　开票人：王胜叶　　销售方：（章）

第二联：发票联　购买方记账凭证

税总函[2016]311号北京印钞有限公司

（印章：全国统一发票监制章 江南 国家税务总局监制）

（印章：春丰外包服务（江南）有限公司 999902315515400000 发票专用章）

江南城市发展银行电汇凭证（借方凭证）

12-4B

NO.18114574B

普通　　加急　　委托日期　2020年12月12日

<table>
<tr><td rowspan="3">汇款人</td><td>全称</td><td colspan="2">江南岳达机械制造有限责任公司</td><td rowspan="3">收款人</td><td>全称</td><td>春丰外包服务(江南)有限公司</td></tr>
<tr><td>账号</td><td colspan="2">18254871000011457</td><td>账号</td><td>2578900111036226</td></tr>
<tr><td>汇出地点</td><td colspan="2">江南省长安市</td><td>汇入地点</td><td>江南省长安市</td></tr>
<tr><td>汇出行名称</td><td colspan="2">江南城市发展银行长安分行</td><td colspan="2">汇入行名称</td><td>工群银行长安分行河北路支行</td></tr>
<tr><td>金　额</td><td>人民币（大写）</td><td colspan="4">叁万壹仟元整</td><td>¥31,000.00</td></tr>
<tr><td colspan="3" rowspan="2">此汇款支付给收款人。

江南城市发展银行长安分行
朱珊
2020年12月12日
业务核算章

汇款人签章</td><td colspan="2">支付密码</td><td colspan="2"></td></tr>
<tr><td colspan="4">附加信息及用途：

复核：　　记账：</td></tr>
</table>

此联汇出行作借方凭证

江南城市发展银行（长安分行营业部）收费回单

12-4B

交易流水：　110141111B57　　　　2020年12月12日

付款人账号 18254871000011457		付款人名称	江南岳达机械制造有限责任公司
收费种类	币种	交易金额	收费金额
47 电汇手续费	人民币	31,000.00	10.00
合计金额	10.00		

江南城市发展银行长安分行
朱珊
2020年12月12日
业务核算章

第二联　客户留存联

柜员号：00000　　　　朱珊

模拟票据，仅供学习使用

中华人民共和国
税收完税证明

12-4C

（161）江税证 01081111

填发时间：2020年12月12日　　税务机关：锦阳市越阳区税务局办税服务厅

纳税人识别号	912905045566778888M			纳税人名称	江南岳达机械制造有限责任公司
原凭证号	税种	品目名称	税款所属时期	入（退）库日期	实缴（退）金额
	增值税	工程服务	2020-12-01至2020-12-31	2020-12-12	2330.10
	教育费附加	增值税教育费附加	2020-12-01至2020-12-31	2020-12-12	59.90
	地方教育附加	增值税地方教育附加	2020-12-01至2020-12-31	2020-12-12	46.60
	城市维护建设税	市区（增值税附征）	2020-12-01至2020-12-31	2020-12-12	163.11
	企业所得税	应纳税所得额	2020-12-01至2020-12-31	2020-12-12	233.01
金额合计	（大写）贰仟捌佰肆拾贰元整				¥2,842.72
锦阳市越阳区国家税务局办税服务厅 102 税务机关 征收专用章 盖章	填票人		备注	应征凭证序号：**************** 系统税票号码：****************	

第一联（收据）交纳税人作完税证明

江南城市发展银行（长安分行营业部）贷记通知

12-4D

流水号：9999104111112-4D5　　交易日期：2020年12月12日

收款单位：	江南岳达机械制造有限责任公司		
收款单位账号：	18254871000011457	凭证编号	
付款单位名称：	锦阳市中级人民法院	付款银行	建安银行锦阳分行越阳支行
付款单位账号	2101825645795185	起自日	2020年12月12日
交易名称	支付结算平台业务处理	金额小写：	RMB 120,000.00
金额大写	人民币 壹拾贰万元整		
摘要	货款		

江南城市发展银行长安分行
朱珊
2020年12月12日
业务核算章

如果日期、流水号、账号、摘要、金额相同，系重复打印。　　经办柜员：99901533

模拟票据，仅供学习使用

江南增值税普通发票

1124686561　　№ 21874954　12-4D

开票日期：2020年12月12日

购买方	名　　称：锦阳市中级人民法院 纳税人识别号： 地 址、电 话： 开户行及帐号：建安银行锦阳分行越阳支行　2101825645795185	密码区

货物或应税劳务、服务名称	规格型号	单位	数量	单价	金额	税率	税额
*建筑服务*铺设电缆工程服务		1	1	117,669.90	117,669.90	***	2,330.10
合计					¥117,669.90		¥2,330.10
价税合计（大写）	⊕壹拾贰万元整			（小写）	¥120,000.00		

销售方	名　　称：江南岳达机械制造有限责任公司 纳税人识别号：91290504556677888M 地 址、电 话：长安市奉贤区工业园区　42123456 开户行及帐号：江南城市发展银行长安分行　18254871000011457	备注：差额征税：40000。锦阳市越阳区中级人民法院新建办公楼电缆铺设

收款人：刘信　　复核：王明　　开票人：张晓光　　销售方：（章）

第一联：记账联　销售方记账凭证

江南岳达机械制造有限责任公司 91290504556677888M 发票专用章

全国统一发票监制章 江南 国家税务总局监制

附件5

增值税预缴税款表

税款所属期：自2020年12月01日 至 2020年12月31日　　　　12-4E

纳税人名称：江南岳达机械制造有限责任公司　　　　是否适用一般计税方法　是 □　否 √

纳税人名称：（公章）	江南岳达机械制造有限责任公司			金额单位：元（列至角分）	
项目编号			项目名称	电缆清包工程	
项目地址					
预征项目和栏次		销售额	扣除金额	预征率	预征税额
		1	2	3	4
建筑服务	1	120000	40000	0.03	2330.1
销售不动产	2				
出租不动产	3				
	4				
	5				
合计	6	120,000.00	40,000.00	0.03	2,330.10
授权声明	如果你已委托代理人填报，请填写下列资料： 为代理一切税务事宜，现授权（地址）　　为本次纳税人的代理填报人，任何与本表有关的往来文件，都可寄予此人。 授权人签字：		填表人申明	以上内容是真实的、可靠的、完整的。 纳税人签字：	

记账凭证

附单据数：0

单位：江南岳达机械制造有限责任公司　　2020-12-12　　凭证号：记-005

摘要	科目	借方	贷方
报销电话费	6602.009 管理费用-通讯费	2,887.58	
报销电话费	2221.001.001 应交税费-应交增值税-进项税额	182.25	
报销电话费	1001 库存现金		3,069.83
合计：叁仟零陆拾玖元捌角叁分		3,069.83	3,069.83

记账：李想　　审核：单洪飞　　制单：李想

12-05

江南增值税专用发票

发票联

2156695017　　№ 20122055

开票日期：2020年12月5日

购买方	名　称：江南岳达机械制造有限责任公司 纳税人识别号：91290504556677888M 地址、电话：长安市奉贤区工业园区 42123456 开户行及帐号：江南城市发展银行长安分行 18254871000011457			密码区			
货物或应税劳务、服务名称	规格型号	单位	数量	单价	金额	税率	税额
*电信服务*基础电信服务		月	1	300.00	300.00	9%	27.00
*电信服务*增值电信服务		月	1	2,587.58	2,587.58	6%	155.25
合计					¥2,887.58		¥182.25
价税合计（大写）	叁仟零陆拾玖元捌角叁分				（小写）	¥3,069.83	
销售方	名　称：江南通信有限公司长安分公司 纳税人识别号：999902471548922000 地址、电话：长安市湘湖区西湖大道 45655121 开户行及帐号：大海银行长安分行湘湖支行 2102022572558236			备注			

收款人：夏侯敦　　复核：关胜　　开票人：姜美丽　　销售方：（章）

第三联：发票联　购买方记账凭证

全国统一发票监制章 江南 国家税务局监制

江南通信有限公司长安分公司 999902471548922000 发票专用章

税总函[2016]311号北京印钞有限公司

记账凭证

附单据数：0

单位：江南岳达机械制造有限责任公司　　2020-12-12　　凭证号：记-006

摘要	科目	借方	贷方
收到技改补助资金	1002.001 银行存款-江南城市发展银行长安分行	60,000.00	
收到技改补助资金	2711.001 专项应付款-技改补助		60,000.00
合计：陆万元整		60,000.00	60,000.00

记账：李想　　审核：单洪飞　　制单：李想

江南城市发展银行（长安分行营业部）贷记通知

12-6

流水号：999910411111505　　交易日期：2020年12月6日

收款单位：	江南岳达机械制造有限责任公司		
收款单位账号：	18254871000011457	凭证编号	
付款单位名称：	长安市奉贤区财政结算中心	付款银行	工群银行长安分行溪文支行
付款单位账号	2578923536839475	起自日	2020年12月6日
交易名称	支付结算平台业务处理	金额小写：	RMB 60,000.00
金额大写	人民币 陆万元整		
摘要	技改补助资金		

江南城市发展银行长安分行
朱珊
2020年12月6日
业务核算章

第二联
客户留存联

如果日期、流水号、账号、摘要、金额相同，系重复打印。　经办柜员：99901533

记账凭证

附单据数：0

单位：江南岳达机械制造有限责任公司　　2020-12-12　　凭证号：记-007

摘要	科目	借方	贷方
预付电费	1123.002 预付账款-江南省电力有限公司长安供电公司	130,000.00	
预付电费	1002.001 银行存款-江南城市发展银行长安分行		130,000.00
汇款手续费	6603.001 财务费用-手续费	20.00	
汇款手续费	1002.001 银行存款-江南城市发展银行长安分行		20.00
合计：壹拾叁万零贰拾元整		130,020.00	130,020.00

记账：李想　　审核：单洪飞　　制单：李想

江南城市发展银行电汇凭证（借方凭证）

NO.18114577

普通　　加急　　委托日期　2020年12月12日

汇款人	全称	江南岳达机械制造有限责任公司	收款人	全称	江南省电力有限公司长安供电公司
	账号	18254871000011457		账号	2105821541231225
	汇出地点	江南省长安市		汇入地点	江南省长安市
汇出行名称	江南城市发展银行长安分行		汇入行名称	建安银行长安分行北运支行	
金　额	人民币（大写）	壹拾叁万元整			¥130,000.00
此汇款支付给收款人。 江南城市发展银行长安分行 朱珊 2020年12月12日 业务核算章 汇款人签章			支付密码		
			附加信息及用途： 复核：　记账：		

此联汇出行作借方凭证

江南城市发展银行（长安分行营业部）收费回单

12-7

交易流水： 110141111 57　　2020年12月12日

付款人账号：18254871000011457		付款人名称	江南岳达机械制造有限责任公司
收费种类	币种	交易金额	收费金额
47 电汇手续费	人民币	130,000.00	20.00
合计金额	20.00		

江南城市发展银行长安分行 朱珊 2020年12月12日 业务核算章

第二联 客户留存联

柜员号：00000　　朱珊

记账凭证

附单据数：0

单位：江南岳达机械制造有限责任公司　　2020-12-17　　凭证号：记-008

摘要	科目	借方	贷方
向学校捐款	6711.002 营业外支出-捐赠支出	10,000.00	
向学校捐款	1001 库存现金		10,000.00
合计：壹万元整		10,000.00	10,000.00

记账：李想　　审核：单洪飞　　制单：李想

收款收据

12-8

NO. 152186

收款日期 2020/12/12

付款单位（交款人）	江南岳达机械制造有限责任公司	收款单位（收款人）	长安市第一中学	收款项目：捐赠	
人民币（大写）	壹万元整			小写：	¥10,000.00
收款事由	接收捐赠			经办部门：	
上述款项照数收讫无误。 收款单位财会专用章；； （领款人签章）		会计主管	稽核	出纳	交款人
		刘玉红		张菲菲	李想

长安市第一中学 财务专用章

第三联 联 给付款单位做收据

记账凭证

附单据数：0

单位：江南岳达机械制造有限责任公司　　2020-12-17　　凭证号：记-009

摘要	科目	借方	贷方
报销差旅费	1001 库存现金	676.00	
报销差旅费	6602.007 管理费用-差旅费	1,324.00	
报销差旅费	1221.001.001 其他应收款-个人-刘辉		2,000.00
合计：贰仟元整		2,000.00	2,000.00

记账：李想　　审核：单洪飞　　制单：李想

江南岳达机械制造有限责任公司

差旅费报销单

12-9A

部门：采购部　　　　　　　　　　　　　　　　报销日期：2020/12/8

出差人	刘辉			出差地点	锦阳			交通工具	自驾		事由		
起				终				车船机费	应补金额	报销单据	项目	张数	金额
月	日	时	地点	月	日	时	地点				住宿费	1	1074.00
12	9	5:20	长安	12	9	6:50	锦阳				邮电费		
12	13	21:30	锦阳	12	13	22:10	长安				市内交通费		
											办公费		
											业务招待费		
小计				车船机票张数				-	0.00		其他		
住勤补贴	5.0 天	每天补助	50.00 元，	合计补助	250.00						小计	1	1074.00
报销合计(大写)：	壹仟叁佰贰拾肆元整										出差预借款额		2000.00
						¥：	1,324.00 元				刘辉应退回现金：		676.00

单位负责人：　　　　部门负责人：卢文　　　　项目负责人：　　　　报销人：刘辉

12-9B

江南增值税普通发票

发票联

3251858500　　№ 32156206

全国统一发票监制章 江南 国家税务总局监制

开票日期：2020年12月5日

购买方	名称：江南岳达机械制造有限责任公司 纳税人识别号：91290504556677888M 地址、电话：长安市奉贤区工业园区 42123456 开户行及帐号：江南城市发展银行长安分行 18254871000011457			密码区			
货物或应税劳务、服务名称	规格型号	单位	数量	单价	金额	税率	税额
*住宿服务*住宿费		天	4	253.30250	1,013.21	6%	60.79
合计					¥1,013.21		¥60.79
价税合计（大写）	⊕壹仟零柒拾肆元整				（小写）¥1,074.00		
销售方	名称：锦阳天天连锁有限公司 纳税人识别号：93312325954852236５ 地址、电话：锦阳市越阳区上海街 25365846 开户行及帐号：工农银行锦阳分行越阳支行 8154682556625559			备注	锦阳天天连锁有限公司 93312325954852236５ 发票专用章		

收款人：黄忠　　复核：卢俊义　　开票人：毛红　　销售方：（章）

第二联：发票联　购买方记账凭证

税总函[2016]311号北京印钞有限公司

记账凭证

附单据数：0

单位：江南岳达机械制造有限责任公司　　2020-12-17　　凭证号：记-010（1/2）

摘要	科目	借方	贷方
困难补助	2211.003 应付职工薪酬-职工福利费	1,000.00	
困难补助	1001 库存现金		1,000.00
发放职工工资	2211.001 应付职工薪酬-工资	466,064.15	
代扣个人保险费	2241.004 其他应付款-代扣个人保险费		42,000.00
代扣个人住房公积金	2241.005 其他应付款-代扣个人住房公积金		46,606.42
合计：肆拾陆万柒仟零陆拾肆元壹角伍分		467,064.15	89,606.42

记账：李想　　审核：单洪飞　　制单：李想

记账凭证

附单据数：0

单位：江南岳达机械制造有限责任公司　　2020-12-17　　凭证号：记-010（2/2）

摘要	科目	借方	贷方
代扣个人所得税	2221.015 应交税费-应交个人所得税		520.00
支付工资	1002.001 银行存款-江南城市发展银行长安分行		376,937.73
合计：肆拾陆万柒仟零陆拾肆元壹角伍分		467,064.15	467,064.15

记账：李想　　审核：单洪飞　　制单：李想

困难职工补助领取表

12-10A

职工姓名	金额	领取人签字
方单	1000	方单

该职工为家庭主要劳动力，供养大学生及无劳动能力的爱人，特批准困难补助1000元。

部门负责人：常钰

12-10B

江南城市发展银行业务凭证/回单

交易日期：2020年12月8日　　回单编号：18211562400000033　　交易流水号：812515001213
网点编号：1864　　交易名称：代发工资　　业务类型：借贷记
收款人户名：
收款账号：
收款银行
付款人户名：江南岳达机械制造有限责任公司
付款账号：18254871000011457
付款银行：江南城市发展银行长安分行
收付款标志：付款　　起息日：　　凭证编号：
交易金额（币种）：人民币　　376,937.73
摘要：划转工资
大写金额：叁拾柒万柒仟肆佰伍拾柒元柒角叁分

江南城市发展银行长安分行
朱珊
2020年12月8日
业务核算章

打印渠道：柜面　　打印次数：1　　柜员号：81254　　打印日期：2020年12月8日

11月 工资汇总表

12-10C

部门	计本月应发工资	职工个人各项扣款					实发工资
		养老保险	失业保险	医疗保险	公积金	个人所得税	
管理部门	103,172.80	8,000.00	500.00	2,000.00	10,317.28		82,355.52
销售部门	133,461.18	8,800.00	550.00	2,200.00	13,346.12	370.00	108,195.06
生产车间工人	130,675.60	9,600.00	600.00	2,400.00	13,067.56		105,008.04
生产车间管理人员	98,754.57	5,600.00	350.00	1,400.00	9,875.46	150.00	81,379.11
合计	466,064.15	32,000.00	2,000.00	8,000.00	46,606.42	520.00	376,937.73

人力资源主管: 彭芳　　制表: 刘宏

记账凭证

附单据数：0

单位：江南岳达机械制造有限责任公司　　2020-12-17　　凭证号：记-011

摘要	科目	借方	贷方
车辆违章罚款	6711.099 营业外支出-其他	200.00	
车辆违章罚款	1001 库存现金		200.00
合计：贰佰元整		200.00	200.00

记账：李想　　审核：单洪飞　　制单：李想

长安市公安局交通警察支队 12-11

公安交通管理简易程序处罚决定书

被 处罚人：王强　　　　驾驶证档案编号210599-12522145

机动车驾驶证：　210511197011010147

准驾车型：C1 型　　联系方式:江南省长安市奉贤区工业园区

车辆牌号:　　　　　　　　车辆类型

发证机关：江南省长安市公安局交通警察支队

被处罚人于2020年12月12日13时23分，在工业园区4号岗由东向西实施驾驶机动车违反道路交通信号灯通行的违法行为（代码1625）违反了《中华人民共和国道路交通安全法》第四十四条 依据《中华人民共和国道路交通安全法》第一百一十四条、《江南省道路交通安全违法行为罚款执行标准规定》第二十七条二项

决定予以以200元罚款，记6分。

持本决定书在15内到长安市建设银行缴纳罚款。逾期不缴纳的，每日按罚款数额的3%加处罚款。

如不服本决定，可以在收到本决定书之日 起60日向长安市公安局，长安市 人民政府申请行政复议；或者在6个月内向长安市奉贤区人民法院提起行政诉讼。

长安市公安局交通警察支队

处罚地点：工业园区

交通警察（盖章）或签名　　　　（公安机关交通管理部门盖章）

2020年12月12日

被处罚人签名：王强　　　2020 年 12 月 12 日

记账凭证

附单据数：0

单位：江南岳达机械制造有限责任公司　　2020-12-17　　凭证号：记-012（1/2）

摘要	科目	借方	贷方
入库带锯钢带34*1.1 ，10吨(数量:10，单价:5353...	1403.001_002 原材料-钢带类_带锯钢带34*1.1	535,333.34	
入库带锯钢带34*1.1	2221.001.001 应交税费-应交增值税-进项税额	55,674.67	
入库带锯钢带34*1.1	2202.007 应付账款-江南长安特钢有限公司		483,941.34
入库带锯钢带34*1.1（2吨）	2202.099.002 应付账款-暂估-江南长安特钢有限公司		107,066.67
付货款	2202.007 应付账款-江南长安特钢有限公司	483,941.34	
合计：壹佰零柒万肆仟玖佰肆拾玖元叁角伍分		1,074,949.35	591,008.01

记账：李想　　审核：单洪飞　　制单：李想

记账凭证

附单据数：0

单位：江南岳达机械制造有限责任公司　　2020-12-17　　凭证号：记-012 (2/2)

摘要	科目	借方	贷方
付货款	1002.001 银行存款-江南城市发展银行长安分行		483,941.34
汇款手续费	6603.001 财务费用-手续费	20.00	
汇款手续费	1002.001 银行存款-江南城市发展银行长安分行		20.00
合计：壹佰零柒万肆仟玖佰陆拾玖元叁角伍分		1,074,969.35	1,074,969.35

记账：李想　　审核：单洪飞　　制单：李想

12-12

2154262458

江南增值税专用发票

发票联

№ 12356923

开票日期： 2020年12月5日

购买方	名 称： 江南岳达机械制造有限责任公司 纳税人识别号： 91290504556677888M 地 址、电 话： 长安市奉贤区工业园区 42123456 开户行及帐号： 江南城市发展银行长安分行 18254871000011457	密码区	

货物或应税劳务、服务名称	规格型号	单位	数量	单价	金额	税率	税额
*黑色金属冶炼延压品*带锯钢带	34*1.1	吨	8	53,533.33	428,266.67	13%	55,674.67
合计					¥428,266.67		¥55,674.67
价税合计（大写）	⊕肆拾捌万叁仟玖佰肆拾壹元叁角肆分				（小写） ¥483,941.34		

销售方	名 称： 江南长安特钢有限公司 纳税人识别号： 999904789620354000 地 址、电 话： 长安市拱西区河北路 45871236 开户行及帐号： 工群银行长安分行河北路支行 25789516891321263	备注	

收款人： 魏延 复核： 麝月 开票人： 王兴 销售方：（章）

第三联：发票联 购买方记账凭证

税总函[2016]311号北京印钞有限公司

全国统一发票监制章 江南 国家税务总局监制

江南长安特钢有限公司 999904789620354000 发票专用章

入 库 单

12-12

接收部门 原材料及成品库房 2020-12-05 单号：34594417012

货号	品名	规格	单位	数量	单价	金额
	带锯钢带	34*1.1	吨	10	53533.334	535,333.34
合计						535,333.34

仓库负责人	刘强丰	经手人入库	王剑	记账	李想	备注	-

第一联，财务记账凭证

江南城市发展银行电汇凭证（借方凭证）

NO.181145712

普通　　加急　　委托日期　2020年12月5日

<table>
<tr><td rowspan="3">汇款人</td><td>全称</td><td>江南岳达机械制造有限责任公司</td><td rowspan="3">收款人</td><td>全称</td><td>江南长安特钢有限公司</td></tr>
<tr><td>账号</td><td>18254871000011457</td><td>账号</td><td>25789516891321263</td></tr>
<tr><td>汇出地点</td><td>江南省长安市</td><td>汇入地点</td><td>江南省长安市</td></tr>
<tr><td>汇出行名称</td><td colspan="2">江南城市发展银行长安分行</td><td colspan="2">汇入行名称</td><td>工群银行长安分行河北路支行</td></tr>
<tr><td>金额</td><td>人民币（大写）</td><td colspan="4">肆拾捌万叁仟玖佰肆拾壹元叁角肆分</td><td>¥483,941.34</td></tr>
<tr><td colspan="3" rowspan="2">此汇款支付给收款人。
江南城市发展银行长安分行
朱珊
2020年12月5日
业务核算章
汇款人签章</td><td colspan="2">支付密码</td><td></td></tr>
<tr><td colspan="3">附加信息及用途：
复核：　　记账：</td></tr>
</table>

此联汇出行作借方凭证

江南城市发展银行（长安分行营业部）收费回单

12-12

交易流水：110141111257　　2020年12月5日

付款人账号 18254871000011457		付款人名称	江南岳达机械制造有限责任公司
收费种类	币种	交易金额	收费金额
47 电汇手续费	人民币	483,941.34	20.00
合计金额	20.00		

江南城市发展银行长安分行 朱珊 2020年12月5日 业务核算章

第二联 客户留存联

柜员号：00000　　朱珊

记账凭证

附单据数：0

单位：江南岳达机械制造有限责任公司　　2020-12-17　　凭证号：记-013

摘要	科目	借方	贷方
报销修理费	6602.034 管理费用-修理费	1,500.00	
报销修理费	2221.001.001 应交税费-应交增值税-进项税额	195.00	
报销修理费	1001 库存现金		1,695.00
合计：壹仟陆佰玖拾伍元整		1,695.00	1,695.00

记账：李想　　审核：单洪飞　　制单：李想

12-13

江南增值税专用发票

发票联

2889020847　　№ 32997032

开票日期：2020年12月5日

购买方	名　　称：江南岳达机械制造有限责任公司 纳税人识别号：91290504556677888M 地 址、电 话：长安市奉贤区工业园区　42123456 开户行及帐号：江南城市发展银行长安分行　18254871000011457	密码区

货物或应税劳务、服务名称	规格型号	单位	数量	单价	金额	税率	税额
*劳务 *修理费		次	1	1,500.00	1,500.00	13%	195.00
合计					¥1,500.00		¥195.00
价税合计（大写）	⊕壹仟陆佰玖拾伍元整				（小写）	¥1,695.00	

销售方	名　　称：长安汇宁汽车修理有限公司 纳税人识别号：999908325987429000 地 址、电 话：长安市湘湖区阳溪大道 48365802 开户行及帐号：工农银行长安分行水湘湖支行　8151890578909275	备注

收款人：许褚　复核：刘唐　开票人：崔志勇　销售方：（章）

长安汇宁汽车修理有限公司 999908325987429000 发票专用章

第三联：发票联 购买方记账凭证

税总函[2016]311号北京印钞有限公司

记账凭证

附单据数：0

单位：江南岳达机械制造有限责任公司　　2020-12-17　　凭证号：记-014 (1/2)

摘要	科目	借方	贷方
购调功控制器，取得发票(数量：1，单价:3400)	1402_032 在途物资_调功控制器	3,400.00	
购调功控制器，取得发票	2221.001.001 应交税费-应交增值税-进项税额	442.00	
购调功控制器，取得发票	2202.013 应付账款-长安市欣博机械设备有限公司		3,842.00
付货款	2202.013 应付账款-长安市欣博机械设备有限公司	3,842.00	
购调功控制器，取得发票	1002.001 银行存款-江南城市发展银行长安分行		3,842.00
合计：柒仟陆佰捌拾肆元整		7,684.00	7,684.00

记账：李想　　审核：单洪飞　　制单：李想

记账凭证

附单据数：0

单位：江南岳达机械制造有限责任公司　　2020-12-17　　凭证号：记-014 (2/2)

摘要	科目	借方	贷方
汇款手续费	6603.001 财务费用-手续费	10.00	
汇款手续费	1002.001 银行存款-江南城市发展银行长安分行		10.00
合计：柒仟陆佰玖拾肆元整		7,694.00	7,694.00

记账：李想　　审核：单洪飞　　制单：李想

12-14

2158233266

江南增值税专用发票

发票联

№ 55236601

开票日期： 2020年12月5日

购买方	名　　称：江南岳达机械制造有限责任公司 纳税人识别号：91290504556677888M 地 址、电 话：长安市奉贤区工业园区　42123456 开户行及帐号：江南城市发展银行长安分行　18254871000011457	密码区	

货物或应税劳务、服务名称	规格型号	单位	数量	单价	金额	税率	税额
*配电控制设备*调功控制器		个	1	3,400.00	3,400.00	13%	442.00
合计					¥3,400.00		¥442.00
价税合计（大写）	⊕叁仟捌佰肆拾贰元整			（小写）	¥3,842.00		

销售方	名　　称：长安市欣博机械设备有限公司 纳税人识别号：999908223112345000 地 址、电 话：长安市湘湖区四南街　45215479 开户行及帐号：工农银行长安分行湘湖支行　8151212124558212	备注	

收款人：黄盖　　复核：武松　　开票人：王湘云　　销售方：（章）

第三联：发票联　购买方记账凭证

税总函[2016]311号北京印钞有限公司

江南城市发展银行电汇凭证（借方凭证）

NO.181145724

普通　　加急　　委托日期　2020年12月5日

汇款人	全称	江南岳达机械制造有限责任公司	收款人	全称	长安市欣博机械设备有限公司
	账号	18254871000011457		账号	8151212124558212
	汇出地点	江南省长安市		汇入地点	江南省长安市
汇出行名称	江南城市发展银行长安分行		汇入行名称	工农银行长安分行湘湖支行	
金　额	人民币（大写）	叁仟捌佰肆拾贰元整			¥3,842.00
此汇款支付给收款人。 江南城市发展银行长安分行 朱珊 2020年12月5日 业务核算章 汇款人签章			支付密码		
			附加信息及用途： 复核：　　记账：		

此联汇出行作借方凭证

江南城市发展银行（长安分行营业部）收费回单

12-14

交易流水：110141111457　　2020年12月5日

付款人账号 1825487100001 1457		付款人名称	江南岳达机械制造有限责任公司
收费种类	币种	交易金额	收费金额
47 电汇手续费	人民币	3,842.00	10.00
合计金额	10.00		

江南城市发展银行长安分行 朱珊 2020年12月5日 业务核算章

第二联 客户留存联

柜员号：00000　　朱珊

模拟票据，仅供学习使用

记账凭证

附单据数：0

单位：江南岳达机械制造有限责任公司　　2020-12-17　　凭证号：记-015

摘要	科目	借方	贷方
产品因质量原因发生折让(数量:15300，单价:-30....	6001_028_001 主营业务收入_带锯条34*1.1_13%		-474,000.00
产品因质量原因发生折让	2221.001.002_001 应交税费-应交增值税-销项税额_13%		-61,620.00
产品因质量原因发生折让(数量:15300，单价:29.9...	6001_028_001 主营业务收入_带锯条34*1.1_13%		458,000.00
产品因质量原因发生折让	2221.001.002_001 应交税费-应交增值税-销项税额_13%		59,540.00
产品因质量原因发生折让	1122.002 应收账款-长安华丰工具销售有限公司		18,080.00
合计：元整		0.00	0.00

记账：李想　　审核：单洪飞　　制单：李想

12-15A

江南增值税专用发票

2124686561　　　　№ 21874958

此联不作报销、扣税凭证使用

开票日期：2020年12月5日

购买方	名　　称：长安华丰工具销售有限公司 纳税人识别号：999908456335012000 地址、电话：长安市上江区青年大街 45879645 开户行及帐号：工群银行长安分行上江支行 21598235000269				密码区			
货物或应税劳务、服务名称		规格型号	单位	数量	单价	金额	税率	税额
*金属制品*金属切削刀具（带锯条）		34*1.1	米	15300	29.93	458,000.00	13%	59,540.00
合计						¥458,000.00		¥59,540.00
价税合计（大写）	⊕伍拾壹万柒仟伍佰肆拾元整				（小写）	¥517,540.00		
销售方	名　　称：江南岳达机械制造有限责任公司 纳税人识别号：91290504556677888M 地址、电话：长安市奉贤区工业园区 42123456 开户行及帐号：江南城市发展银行长安分行 18254871000011457				备注			

收款人：刘信　　复核：王明　　开票人：张晓光　　销售方：（章）

第一联：记账联　销售方记账凭证

税总函[2016]311号北京印钞有限公司

江南岳达机械制造有限责任公司 91290504556677888M 发票专用章

全国统一发票监制章 江南 国家税务总局监制

江南增值税专用发票

12-15B

2124686561　　№ 21874956

此联不作报销、扣税凭证使用

销项负数　　开票日期：2020年12月5日

购买方	名　称：长安华丰工具销售有限公司 纳税人识别号：999908456335012000 地址、电话：长安市上江区青年大街 45879645 开户行及帐号：工群银行长安分行上江支行 21598235000269	密码区

货物或应税劳务、服务名称	规格型号	单位	数量	单价	金额	税率	税额
*金属制品*金属切削刀具（带锯条）	34*1.1	米	-15300	30.98	-474,000.00	13%	-61,620.00
合计					¥-474,000.00		¥-61,620.00
价税合计（大写）	⊕负伍拾叁万伍仟陆佰贰拾元整				（小写） ¥-535,620.00		

销售方	名　称：江南岳达机械制造有限责任公司 纳税人识别号：91290504556677888M 地址、电话：长安市奉贤区工业园区 42123456 开户行及帐号：江南城市发展银行长安分行 18254871000011457	备注 开具红字增值税专用发票信息表编号 2105121804112039

收款人：刘信　　复核：王明　　开票人：张晓光　　销售方：（章）

第一联：记账联　销售方记账凭证

税总函[2016]311号北京印钞有限公司

2101245555

江南增值税专用发票

发　票　联

№ 21874957　12-15C

开票日期：2020年11月30日

购买方	名　　称：长安华丰工具销售有限公司 纳税人识别号：999908456335012000 地 址、电 话：长安市上江区青年大街 45879645 开户行及帐号：工群银行长安分行上江支行 21598235000269				密码区		
货物或应税劳务、服务名称	规格型号	单位	数量	单价	金额	税率	税额
*金属制品*金属切削刀具（带锯条）	34*1.1	米	15300	30.98	474,000.00	13%	61,620.00
合计					¥474,000.00		¥61,620.00
价税合计（大写）	⊕伍拾叁万伍仟陆佰贰拾元整				（小写）¥535,620.00		
销售方	名　　称：江南岳达机械制造有限责任公司 纳税人识别号：91290504556677888M 地 址、电 话：长安市奉贤区工业园区 42123456 开户行及帐号：江南城市发展银行长安分行 18254871000011457				备注		

收款人：刘信　复核：王明　开票人：张晓光　销售方：（章）

第三联：发票联　购买方记账凭证

税总函[2016]311号北京印钞有限公司

记账凭证

附单据数：0

单位：江南岳达机械制造有限责任公司　　2020-12-17　　凭证号：记-016

摘要	科目	借方	贷方
债务重组	2202.003 应付账款-江南华阳物资有限公司	35,000.00	
债务重组1503米(数量:1503, 单价:20)	6001_027_001 主营业务收入_带锯条27*0.9_13%		30,060.00
债务重组	2221.001.002_001 应交税费-应交增值税-销项税额_13%		3,907.80
债务重组	4002.001 资本公积-其他		1,032.20
合计：叁万伍仟元整		35,000.00	35,000.00

记账：李想　　审核：单洪飞　　制单：李想

模拟票据，仅供学习使用

江南增值税专用发票

12-16

2124686561

№ 21874598

此联不作报销、扣税凭证使用

开票日期： 2020年12月5日

购买方	名称：江南华阳物资有限公司 纳税人识别号：999904751569732000 地址、电话：长安市拱西区河北路 45126987 开户行及帐号：工群银行长安分行河北路支行 25789231513551284			密码区			
货物或应税劳务、服务名称	规格型号	单位	数量	单价	金额	税率	税额
*金属制品*金属切削刀具（带锯条）	27*0.9	米	1503	20.00	30,060.00	13%	3,907.80
合计					¥30,060.00		¥3,907.80
价税合计（大写）	⊕叁万叁仟玖佰陆拾柒元捌角整				（小写）	¥33,967.80	
销售方	名称：江南岳达机械制造有限责任公司 纳税人识别号：91290504556677888M 地址、电话：长安市奉贤区工业园区 42123456 开户行及帐号：江南城市发展银行长安分行 18254871000011457			备注	以货偿还前欠款		

收款人：刘信 复核：王明 开票人：张晓光 销售方：（章）

第二联：记账联 销售方记账凭证

税总函[2016]311号北京印钞有限公司

（印章：全国统一发票监制章 江南 国家税务总局监制）

（印章：江南岳达机械制造有限责任公司 91290504556677888M 发票专用章）

销售单

12-16

往来单位　江南华阳物资有限公司　2020-12-05　单号：21454417016

制单人：	王明	经手人：刘远征			库房：产成品及原材料库房	
货号	商品名称	规格	单位	数量	单价	金额（含税）
	金属切削刀具（带锯条）	27*0.9	米	1503	22.60	33,967.80
抵债35000元						
合计数量：	1503		成交金额：			33,967.80

第二联，财务记账凭证

记账凭证

附单据数：0

单位：江南岳达机械制造有限责任公司　　2020-12-17　　凭证号：记-017

摘要	科目	借方	贷方
报销车间购买办公椅	5101.006 制造费用-办公费	1,540.00	
报销车间购买办公椅	2221.001.001 应交税费-应交增值税-进项税额	200.20	
报销车间购买办公椅	1001 库存现金		1,740.20
合计：壹仟柒佰肆拾元贰角		1,740.20	1,740.20

记账：李想　　审核：单洪飞　　制单：李想

模拟票据，仅供学习使用

12-17

江南增值税专用发票

发票联

2012522251　　№ 28469532

开票日期：2020年12月5日

购买方	名称：江南岳达机械制造有限责任公司 纳税人识别号：91290504556677888M 地址、电话：长安市奉贤区工业园区 42123456 开户行及帐号：江南城市发展银行长安分行 18254871000011457	密码区				

货物或应税劳务、服务名称	规格型号	单位	数量	单价	金额	税率	税额
*家具*办公椅		个	2	770.00	1,540.00	13%	200.20
合计					¥1,540.00		¥200.20
价税合计（大写）	⊕壹仟柒佰肆拾元贰角整				（小写） ¥1,740.20		

销售方	名称：长安市华溪商业大厦 纳税人识别号：999904156803056000 地址、电话：长安市湘湖区站前街 45521522 开户行及帐号：工群银行长安分行湘湖支行 2578922512236236	备注	

收款人：马超　　复核：花荣　　开票人：郑丽丽　　销售方：（章）

第三联：发票联　购买方记账凭证

税总函[2016]311号北京印钞有限公司

记账凭证

附单据数：0

单位：江南岳达机械制造有限责任公司　　2020-12-17　　凭证号：记-018

摘要	科目	借方	贷方
参加生产工艺展费	6602.024.003 管理费用-研发费用-其他	9,433.96	
参加生产工艺展费	2221.001.001 应交税费-应交增值税-进项税额	566.04	
参加生产工艺展费	1001 库存现金		10,000.00
合计：壹万元整		10,000.00	10,000.00

记账：李想　　审核：单洪飞　　制单：李想

上海增值税专用发票

3184867439

发票联

12-18

№ 28445489

开票日期： 2020年12月20日

购买方	名　　称：江南岳达机械制造有限责任公司 纳税人识别号：912905045566778888M 地 址、电 话：长安市奉贤区工业园区　42123456 开户行及帐号：江南城市发展银行长安分行　18254871000011457	密码区	

货物或应税劳务、服务名称	规格型号	单位	数量	单价	金额	税率	税额
*现代服务*展会费		次	1	9,433.96	9,433.96	6%	566.04
合计					¥9,433.96		¥566.04
价税合计（大写）	⊕壹万元整			（小写）	¥10,000.00		

销售方	名　　称：上海智多星管理咨询有限公司 纳税人识别号：9131010184726ENC54 地 址、电 话：上海市黄埔区和平街　27874933 开户行及帐号：工农银行上海分行黄埔支行　8151828265827295	备注	

收款人：诸葛瑾　复核：段景住　开票人：薛洪　销售方：（章）

第三联：发票联　购买方记账凭证

税总函[2016]311号北京印钞有限公司

上海智多星管理咨询有限公司 9131010184726ENC54 发票专用章

全国统一发票监制章 上海 国家税务总局监制

记账凭证

附单据数：0

单位：江南岳达机械制造有限责任公司　　2020-12-17　　凭证号：记-019

摘要	科目	借方	贷方
报销销售部门住宿费	6601.007 销售费用-差旅费	2,500.00	
报销销售部门住宿费	2221.001.001 应交税费-应交增值税-进项税额	150.00	
报销销售部门住宿费	1001 库存现金		2,650.00
合计：贰仟陆佰伍拾元整		2,650.00	2,650.00

记账：李想　　审核：单洪飞　　制单：李想

12-19

3251858500

江南增值税专用发票

发票联

№ 3215454

开票日期：2016年12月5日

购买方	名称：江南岳达机械制造有限责任公司 纳税人识别号：91290504556677888M 地址、电话：长安市奉贤区工业园区 42123456 开户行及帐号：江南城市发展银行长安分行 18254871000011457	密码区	

货物或应税劳务、服务名称	规格型号	单位	数量	单价	金额	税率	税额
*住宿服务*住宿费		天	5	500.00	2,500.00	6%	150.00
合计					¥2,500.00		¥150.00
价税合计（大写）	⊕贰仟陆佰伍拾元整			（小写）	¥2,650.00		

销售方	名称：锦阳天天连锁有限公司 纳税人识别号：933123259548522365 地址、电话：锦阳市越阳区上海街 25365846 开户行及帐号：工农银行锦阳分行越阳支行 8154682556625559	备注	

收款人：黄忠 复核：卢俊义 开票人：毛红 销售方：（章）

第三联：发票联 购买方记账凭证

税总函[2016]311号北京印钞有限公司

记账凭证

附单据数：0

单位：江南岳达机械制造有限责任公司　　2020-12-17　　凭证号：记-020

摘要	科目	借方	贷方
支付安装劳务费	1604.001 在建工程-机器设备	3,000.00	
支付安装劳务费	1001 库存现金		3,000.00
安装完毕，转固	1601.001 固定资产-机器设备	203,000.00	
安装完毕，转固	1604.001 在建工程-机器设备		203,000.00
合计：贰拾万陆仟元整		206,000.00	206,000.00

记账：李想　　审核：单洪飞　　制单：李想

固定资产卡片

类别

12-20A

编号	2201689	保管地点	车间	财产来源	外购需安装
名称	硬质合金分齿机	牌号		规格	
原值	203,000.00	来源时间	2020年12月	已提折旧	0
折旧年限	10	已使用年限	0	本月折旧	0
残值	3%	单位	台		
月折旧率	0.008083333	数量	1		
备注	安装完毕，2020.12月达到预定使用状态				

模拟票据，仅供学习使用

江南增值税普通发票

12-20

2155813620

发票联

№ 20135131

开票日期： 2020年12月5日

购买方	名 称：江南岳达机械制造有限责任公司 纳税人识别号：91290504556677888M 地 址、电 话：长安市奉贤区工业园区 42123456 开户行及帐号：江南城市发展银行长安分行 18254871000011457			密码区			
货物或应税劳务、服务名称	规格型号	单位	数量	单价	金额	税率	税额
*人力资源服务*劳务费		次	1	2,995.24	2,995.24	***	4.76
合计					¥2,995.24		¥4.76
价税合计（大写）	叁仟元整				（小写） ¥3,000.00		
销售方	名 称：春丰外包服务(江南)有限公司 纳税人识别号：999902315515400000 地 址、电 话：长安市湘湖区阳溪大道 48321580 开户行及帐号：工群银行长安分行河北路支行 2578900111036226			备注	差额征税：2900.00。		

收款人： 杨玉环 复核： 杨雄 开票人： 王胜叶 销售方：（章）

第二联：发票联 购买方记账凭证

税总函[2016]311号北京印钞有限公司

全国统一发票监制章 江南 国家税务总局监制

春丰外包服务（江南）有限公司 999902315515400000 发票专用章

记账凭证

附单据数：0

单位：江南岳达机械制造有限责任公司　　2020-12-17　　凭证号：记-021

摘要	科目	借方	贷方
报销高速公路通行费	6601.007 销售费用-差旅费	600.00	
报销高速公路通行费	2221.001.001 应交税费-应交增值税-进项税额	18.00	
报销高速公路通行费	1001 库存现金		618.00
合计：陆佰壹拾捌元整		618.00	618.00

记账：李想　　审核：单洪飞　　制单：李想

12-21

江南省高速公路通行费专用发票
发票代码 111011772201
发票号码 47838429
入口站 北台
入口时间 20/12/06 11:57
出口站 长安
出口时间 20/12/06 12:30
通行费 000005 元
付款方式 现金
车型 01
卡通号 X02
收费员 516930
发票专用章
报销凭证

记账凭证

附单据数：0

单位：江南岳达机械制造有限责任公司　　2020-12-17　　凭证号：记-022

摘要	科目	借方	贷方
增值税发票打印机	6602.006 管理费用-办公费	2,300.00	
增值税发票打印机	2221.001.001 应交税费-应交增值税-进项税额	299.00	
增值税发票打印机	1001 库存现金		2,599.00
增值税发票打印机	2221.001.008 应交税费-应交增值税-减免税款	2,300.00	
增值税发票打印机	6602.006 管理费用-办公费	-2,300.00	
合计：贰仟伍佰玖拾玖元整		2,599.00	2,599.00

记账：李想　　审核：单洪飞　　制单：李想

12-22

江南增值税专用发票

2012522251　　发票联　　№ 28475433

开票日期：2020年12月5日

购买方	名　　称：江南岳达机械制造有限责任公司 纳税人识别号：91290504556677888M 地 址、电 话：长安市奉贤区工业园区 42123456 开户行及帐号：江南城市发展银行长安分行 18254871000011457	密码区	

货物或应税劳务、服务名称	规格型号	单位	数量	单价	金额	税率	税额
*电子产品*爱普生针式打印机		个	1	2,300.00	2,300.00	13%	299.00
合计					¥2,300.00		¥299.00
价税合计（大写）	⊕贰仟伍佰玖拾玖元整				（小写） ¥2,599.00		

销售方	名　　称：长安市华溪商业大厦 纳税人识别号：999904156803056000 地 址、电 话：长安市湘湖区站前街 45521522 开户行及帐号：工群银行长安分行湘湖支行 2578922512236236	备注	

收款人：马超　　复核：花荣　　开票人：郑丽丽　　销售方：（章）

第三联：发票联　购买方记账凭证

税总函[2016]311号北京印钞有限公司

记账凭证

附单据数：0

单位：江南岳达机械制造有限责任公司　　2020-12-17　　凭证号：记-023（1/2）

摘要	科目	借方	贷方
生产线技术指导服务费	5101.044 制造费用-技术服务费	120,000.00	
生产线技术指导服务费	2221.001.001 应交税费-应交增值税-进项税额	7,200.00	
生产线技术指导服务费	2202.010 应付账款-长安市溪宁机器制造有限公司		127,200.00
付生产线技术指导服务费	2202.010 应付账款-长安市溪宁机器制造有限公司	127,200.00	
付生产线技术指导服务费	1002.001 银行存款-江南城市发展银行长安分行		127,200.00
合计：贰拾伍万肆仟肆佰元整		254,400.00	254,400.00

记账：李想　　审核：单洪飞　　制单：李想

记账凭证

附单据数：0

单位：江南岳达机械制造有限责任公司　　2020-12-17　　凭证号：记-023（2/2）

摘要	科目	借方	贷方
汇款手续费	6603.001 财务费用-手续费	20.00	
汇款手续费	1002.001 银行存款-江南城市发展银行长安分行		20.00
合计：贰拾伍万肆仟肆佰贰拾元整		254,420.00	254,420.00

记账：李想　　审核：单洪飞　　制单：李想

12-23

2158130352

江南增值税专用发票

发票联

№ 28135135

开票日期：2020年12月5日

购买方	名　　称：江南岳达机械制造有限责任公司 纳税人识别号：91290504556677888M 地 址、电 话：长安市奉贤区工业园区 42123456 开户行及帐号：江南城市发展银行长安分行 18254871000011457	密码区

货物或应税劳务、服务名称	规格型号	单位	数量	单价	金额	税率	税额
*研发和技术服务*技术服务费		次	1	120,000.00	120,000.00	5%	7,200.00
合计					¥120,000.00		¥7,200.00

价税合计（大写）	⊕壹拾贰万柒仟贰佰元整	（小写）¥127,200.00

销售方	名　　称：长安市溪宁机器制造有限公司 纳税人识别号：999901565485236000 地 址、电 话：长安市北运区工业园区 45214846 开户行及帐号：建安银行长安分行北运支行 2105825645885665	备注

收款人：司马昭　　复核：宋江　　开票人：林小红　　销售方：（章）

长安市溪宁机器制造有限公司 999901565485236000 发票专用章

全国统一发票监制章 江南 国家税务总局监制

第三联：发票联　购买方记账凭证

税总函[2016]311号北京印钞有限公司

江南城市发展银行电汇凭证（借方凭证）

NO.181145723

普通　　加急　　委托日期　2020年12月5日

汇款人	全称	江南岳达机械制造有限责任公司	收款人	全称	长安市溪宁机器制造有限公司
	账号	18254871000011457		账号	2105825645885665
	汇出地点	江南省长安市		汇入地点	江南省长安市
汇出行名称	江南城市发展银行长安分行		汇入行名称	建安银行长安分行北运支行	
金　额	人民币（大写）	壹拾贰万柒仟贰佰元整			¥127,200.00
此汇款支付给收款人。 江南城市发展银行长安分行 朱珊 2020年12月5日 业务核算章 汇款人签章			支付密码		
			附加信息及用途： 复核：　记账：		

此联汇出行作借方凭证

江南城市发展银行（长安分行营业部）收费回单

12-23

交易流水：110141111357　　2020年12月5日

付款人账号 18254871000011457		付款人名称	江南岳达机械制造有限责任公司
收费种类	币种	交易金额	收费金额
47 电汇手续费	人民币	127,200.00 江南城市发展银行长安分行 朱珊 2020年12月5日 业务核算章	20.00
合计金额	20.00		

第二联 客户留存联

柜员号：00000　　朱珊

记账凭证

附单据数：0

单位：江南岳达机械制造有限责任公司　　2020-12-17　　凭证号：记-024（1/2）

摘要	科目	借方	贷方
购入分齿模2个(数量:2, 单价:7500)	1403.004_012 原材料-备品备件类_分齿模	15,000.00	
购入分齿模2个	2221.001.001 应交税费-应交增值税-进项税额	1,950.00	
购入分齿模2个	2202.005 应付账款-锦阳市鼎瑞贸易有限公司		16,950.00
付货款	2202.005 应付账款-锦阳市鼎瑞贸易有限公司	16,950.00	
付货款	1002.001 银行存款-江南城市发展银行长安分行		16,950.00
合计：叁万叁仟玖佰元整		33,900.00	33,900.00

记账：李想　　审核：单洪飞　　制单：李想

记账凭证

附单据数：0

单位：江南岳达机械制造有限责任公司　　2020-12-17　　凭证号：记-024 (2/2)

摘要	科目	借方	贷方
汇款手续费	6603.001 财务费用-手续费	10.00	
汇款手续费	1002.001 银行存款-江南城市发展银行长安分行		10.00
合计：叁万叁仟玖佰壹拾元整		33,910.00	33,910.00

记账：李想　　审核：单洪飞　　制单：李想

江南增值税专用发票

2154792325

发票联

12-24

№ 21513682

开票日期：2020年12月5日

购买方	名　　称：江南岳达机械制造有限责任公司 纳税人识别号：91290504556677888M 地 址、电 话：长安市奉贤区工业园区 42123456 开户行及帐号：江南城市发展银行长安分行 18254871000011457				密码区		
货物或应税劳务、服务名称	规格型号	单位	数量	单价	金额	税率	税额
*齿轮*分齿模		个	2	7,500.00	15,000.00	13%	1,950.00
合计					¥15,000.00		¥1,950.00
价税合计（大写）	⊕壹万陆仟玖佰伍拾元整				（小写）	¥16,950.00	
销售方	名　　称：锦阳市鼎瑞贸易有限公司 纳税人识别号：93312318236806312P 地 址、电 话：锦阳市越阳区上海街 25862225 开户行及帐号：工农银行锦阳分行越阳支行 8154684522125522				备注		

收款人：夏侯渊　复核：林冲　开票人：张新　销售方：（章）

第三联：发票联　购买方记账凭证

锦阳市鼎瑞贸易有限公司 93312318236806312P 发票专用章

全国统一发票监制章 江南 国家税务总局监制

税总函[2016]311号北京印钞有限公司

入 库 单

12-24

接收部门 原材料及成品库房 2020-12-05 单号：34594417024

货号	品名	规格	单位	数量	单价	金额
	分齿模		个	2	7500	15,000.00
合计						15,000.00

仓库负责人	刘强丰	经手人入库	王剑	记账	李想	备注	-

第一联，财务记账凭证

江南城市发展银行电汇凭证（借方凭证）

NO.181145724

普通　　加急　　委托日期　2020年12月5日

汇款人	全称	江南岳达机械制造有限责任公司	收款人	全称	锦阳市鼎瑞贸易有限公司
	账号	18254871000011457		账号	8154684522125522
	汇出地点	江南省长安市		汇入地点	江南省锦阳市
汇出行名称	江南城市发展银行长安分行		汇入行名称	工农银行锦阳分行越阳支行	
金　额	人民币（大写）	壹万陆仟玖佰伍拾元整		¥16,950.00	
此汇款支付给收款人。			支付密码		
江南城市发展银行长安分行 朱珊 2020年12月5日 业务核算章		汇款人签章	附加信息及用途：		
			复核：	记账：	

此联汇出行作借方凭证

江南城市发展银行（长安分行营业部）收费回单

12-24

交易流水：**110141111457**　　2020年12月5日

付款人账号 **18254871000011457**		付款人名称	**江南岳达机械制造有限责任公司**
收费种类	币种	交易金额	收费金额
47 电汇手续费	**人民币**	**16,950.00**	**10.00**
合计金额	**10.00**		

江南城市发展银行长安分行
朱珊
2020年12月5日
业务核算章

第二联　客户留存联

柜员号：**00000**　　**朱珊**

记账凭证

附单据数：0

单位：江南岳达机械制造有限责任公司　　2020-12-17　　凭证号：记-025（1/2）

摘要	科目	借方	贷方
购入铣齿油1桶(数量:1，单价:1880)	1403.007_019 原材料-制剂类_铣齿油	1,880.00	
购入防尘口罩20个(数量:20，单价:6)	1403.013_031 原材料-劳动保护类_防尘口罩	120.00	
购原材料	2221.001.001 应交税费-应交增值税-进项税额	260.00	
购原材料	2202.005 应付账款-锦阳市鼎瑞贸易有限公司		2,124.40
付货款	1001 库存现金		135.60
合计：贰仟贰佰陆拾元整		2,260.00	2,260.00

记账：李想　　审核：单洪飞　　制单：李想

记账凭证

附单据数：0

单位：江南岳达机械制造有限责任公司　　2020-12-17　　凭证号：记-025 (2/2)

摘要	科目	借方	贷方
付货款	2202.005 应付账款-锦阳市鼎瑞贸易有限公司	2,124.40	
付货款	1001 库存现金		2,124.40
合计：肆仟叁佰捌拾肆元肆角		4,384.40	4,384.40

记账：李想　　审核：单洪飞　　制单：李想

12-25

2154792325

江南增值税专用发票

发票联

№ 21513683

成品油

开票日期：2020年12月5日

购买方	名称：汇南岳达机械制造有限责任公司 纳税人识别号：91290504556677888M 地址、电话：长安市奉贤区工业园区 42123456 开户行及帐号：江南城市发展银行长安分行 18254871000011457	密码区	

货物或应税劳务、服务名称	规格型号	单位	数量	单价	金额	税率	税额
*润滑油*铣齿油		桶	1	1,880.00	1,880.00	13%	244.40
合计					¥1,880.00		¥244.40
价税合计（大写）	⊕贰仟壹佰贰拾肆元肆角整				（小写）	¥2,124.40	

销售方	名称：锦阳市鼎瑞贸易有限公司 纳税人识别号：93312318236806312P 地址、电话：锦阳市越阳区上海街 25862225 开户行及帐号：工农银行锦阳分行越阳支行 8154684522125522	备注	锦阳市鼎瑞贸易有限公司 93312318236806312P 发票专用章

收款人：夏侯渊　复核：林冲　开票人：张新　销售方：（章）

第三联：发票联　购买方记账凭证

税总函[2016]311号北京印钞有限公司

全国统一发票监制章 江南 国家税务总局监制

入 库 单

接收部门 原材料及成品库房 2020-12-05 单号：34594417025

货号	品 名	规格	单位	数量	单价	金额
	铣齿油		桶	1	1880	1,880.00
合计						1,880.00

仓库负责人	刘强丰	经手入库人	王剑	记账	李想	备注	-

第一联，财务记账凭证

2121252235

江南增值税专用发票

发票联

12-25B

№ 25145823

（全国统一发票监制章 江南 国家税务总局监制）

开票日期：2020年12月26日

购买方	名称：江南岳达机械制造有限责任公司 纳税人识别号：91290504556677888M 地址、电话：长安市奉贤区工业园区 42123456 开户行及帐号：江南城市发展银行长安分行 18254871000011457			密码区			
货物或应税劳务、服务名称	规格型号	单位	数量	单价	金额	税率	税额
*纺织产品*防尘口罩		个	20	6.00	120.00	13%	15.60
合计					¥120.00		¥15.60
价税合计（大写）	⊕壹佰叁拾伍元陆角整				（小写）	¥135.60	
销售方	名称：长安市华溪商业大厦 纳税人识别号：999904156803056000 地址、电话：长安市湘湖区站前街 45521522 开户行及帐号：工群银行长安分行湘湖支行 2578922512236236			备注			

收款人：马超　复核：花荣　开票人：郑丽丽　销售方：（章）

（长安市华溪商业大厦 999904156803056000 发票专用章）

第三联：发票联 购买方记账凭证

税总函[2016]311号北京印钞有限公司

入 库 单

12-25B

接收部门 原材料及成品库房　　2020-12-26　　单号：3459441915B

货号	品名	规格	单位	数量	单价	金额
	防尘口罩		个	20	6	120.00
合计						120.00

仓库负责人	刘强丰	经手人入库	王剑	记账	李想	备注	-

第一联，财务记账凭证

记账凭证

附单据数：0

单位：江南岳达机械制造有限责任公司　　2020-12-17　　凭证号：记-026

摘要	科目	借方	贷方
牵引轮轴承一个入库(数量:1,单价:6500)	1403.004_007 原材料-备品备件类_轴承	6,500.00	
牵引轮轴承一个入库	2221.001.001 应交税费-应交增值税-进项税额	845.00	
牵引轮轴承一个入库	2202.005 应付账款-锦阳市鼎瑞贸易有限公司		7,345.00
付货款	2202.005 应付账款-锦阳市鼎瑞贸易有限公司	7,345.00	
付货款	1001 库存现金		7,345.00
合计：壹万肆仟陆佰玖拾元整		14,690.00	14,690.00

记账：李想　　审核：单洪飞　　制单：李想

12-26

2154792325

江南增值税专用发票

发票联

№ 21513684

开票日期：2020年12月5日

购买方	名称：江南岳达机械制造有限责任公司 纳税人识别号：91290504556677888M 地址、电话：长安市奉贤区工业园区 42123456 开户行及帐号：江南城市发展银行长安分行 18254871000011457			密码区		
货物或应税劳务、服务名称	规格型号	单位	数量	单价	金额	税率	税额
*轴承*牵引轮轴承		个	1	6,500.00	6,500.00	13%	845.00
合计					¥6,500.00		¥845.00
价税合计（大写）	⊕柒仟叁佰肆拾伍元整				（小写）¥7,345.00		
销售方	名称：锦阳市鼎瑞贸易有限公司 纳税人识别号：93312318236806312P 地址、电话：锦阳市越阳区上海街 25862225 开户行及帐号：工农银行锦阳分行越阳支行 8154684522125522			备注		

收款人：夏侯渊　复核：林冲　开票人：张新　销售方：（章）

第三联：发票联 购买方记账凭证

税总函[2016]311号北京印钞有限公司

入 库 单

12-26

接收部门 原材料及成品库房 2020-12-05 单号：34594417026

货号	品 名	规格	单位	数量	单价	金额
	牵引轮轴承		个	1	6500	6,500.00
合计						6,500.00

仓库负责人	刘强丰	经手人入库	王剑	记账	李想	备注	现金付讫

第一联，财务记账凭证

记账凭证

附单据数：0

单位：江南岳达机械制造有限责任公司　　2020-12-17　　凭证号：记-027 (1/2)

摘要	科目	借方	贷方
按合同约定购入电磁阀2个(数量:2，单价:9000)	1403.006_030 原材料-电器类_电磁阀	18,000.00	
按合同约定购入电磁阀2个	2221.001.001 应交税费-应交增值税-进项税额	2,340.00	
按合同约定购入电磁阀2个	2202.005 应付账款-锦阳市鼎瑞贸易有限公司		20,340.00
付货款	2202.005 应付账款-锦阳市鼎瑞贸易有限公司	20,340.00	
付货款	1002.001 银行存款-江南城市发展银行长安分行		20,340.00
合计：肆万零陆佰捌拾元整		40,680.00	40,680.00

记账：李想　　审核：单洪飞　　制单：李想

记账凭证

附单据数：0

单位：江南岳达机械制造有限责任公司　　2020-12-17　　凭证号：记-027（2/2）

摘要	科目	借方	贷方
汇款手续费	6603.001 财务费用-手续费	10.00	
汇款手续费	1002.001 银行存款-江南城市发展银行长安分行		10.00
合计：肆万零陆佰玖拾元整		40,690.00	40,690.00

记账：李想　　审核：单洪飞　　制单：李想

12-27

2154792325

江南增值税专用发票

发 票 联

№ 21513685

开票日期：2020年12月5日

购买方	名　　称：江南岳达机械制造有限责任公司 纳税人识别号：91290504556677888M 地 址、电 话：长安市奉贤区工业园区 42123456 开户行及帐号：江南城市发展银行长安分行 18254871000011457			密码区			
货物或应税劳务、服务名称	规格型号	单位	数量	单价	金额	税率	税额
*工业仪表*电磁阀		个	2	9,000.00	18,000.00	13%	2,340.00
合计					¥18,000.00		¥2,340.00
价税合计（大写）	⊕贰万零叁佰肆拾元整				（小写） ¥20,340.00		
销售方	名　　称：锦阳市鼎瑞贸易有限公司 纳税人识别号：933123182368063l2P 地 址、电 话：锦阳市越阳区上海街 25862225 开户行及帐号：工农银行锦阳分行越阳支行 8154684522125522			备注			

收款人：夏侯渊　复核：林冲　开票人：张新　销售方：（章）

第三联：发票联　购买方记账凭证

税总函[2016]311号北京印钞有限公司

入 库 单

12-27

接收部门 原材料及成品库房 2020-12-05 单号：34594417027

货号	品 名	规格	单位	数量	单价	金额
	电磁阀		个	2	9000	18,000.00
合计						18,000.00

仓库负责人	刘强丰	经手人入库	王剑	记账	李想	备注	-

第一联，财务记账凭证

江南城市发展银行电汇凭证（借方凭证）

12-27

NO.181145727

普通　加急　委托日期　2020年12月5日

汇款人	全称	江南岳达机械制造有限责任公司	收款人	全称	锦阳市鼎瑞贸易有限公司
	账号	18254871000011457		账号	8154684522125522
	汇出地点	江南省长安市		汇入地点	江南省锦阳市
汇出行名称	江南城市发展银行长安分行		汇入行名称	工农银行锦阳分行越阳支行	
金　额	人民币（大写）	贰万零叁佰肆拾元整			¥20,340.00
此汇款支付给收款人。			支付密码		
江南城市发展银行长安分行 朱珊 2020年12月5日 业务核算章 汇款人签章			附加信息及用途： 复核： 记账：		

此联汇出行作借方凭证

江南城市发展银行（长安分行营业部）收费回单

12-27

交易流水：110141111757　　2020年12月5日

付款人账号 18254871000011457		付款人名称	江南岳达机械制造有限责任公司
收费种类	币种	交易金额	收费金额
47 电汇手续费	人民币	20,340.00	10.00
合计金额	10.00		

江南城市发展银行长安分行 朱珊 2020年12月5日 业务核算章

第二联 客户留存联

柜员号：00000　　朱珊

记账凭证

附单据数：0

单位：江南岳达机械制造有限责任公司　　2020-12-17　　凭证号：记-028

摘要	科目	借方	贷方
按合同约定购入磨削油过滤冷却系统一套	5101.034 制造费用-修理费	240,000.00	
按合同约定购入磨削油过滤冷却系统一套	2221.001.001 应交税费-应交增值税-进项税额	31,200.00	
按合同约定购入磨削油过滤冷却系统一套	2202.008 应付账款-江南亿达环保材料有限公司		271,200.00
合计：贰拾柒万壹仟贰佰元整		271,200.00	271,200.00

记账：李想　　审核：单洪飞　　制单：李想

模拟票据，仅供学习使用

江南增值税专用发票

发票联

2158200313　　　　№ 21502252　　　　12-28A

全国统一发票监制章 江南 国家税务总局监制

开票日期：2020年12月12日

购买方	名　　称：江南岳达机械制造有限责任公司 纳税人识别号：91290504556677888M 地址、电话：长安市奉贤区工业园区　42123456 开户行及帐号：江南城市发展银行长安分行　18254871000011457	密码区	

货物或应税劳务、服务名称	规格型号	单位	数量	单价	金额	税率	税额
*通用设备*磨削油过滤冷却系统		套	1	240,000.00	240,000.00	13%	31,200.00
合计					¥240,000.00		¥31,200.00
价税合计（大写）	⊕贰拾柒万壹仟贰佰元整				（小写）	¥271,200.00	

销售方	名　　称：江南亿达环保材料有限公司 纳税人识别号：999904741871236000 地址、电话：长安市湘湖区西湖大道　45236874 开户行及帐号：大海银行长安分行湘湖支行　210202154831542	备注	

江南亿达环保材料有限公司 999904741871236000 发票专用章

收款人：曹丕　　复核：贾敬　　开票人：冯兴国　　销售方：（章）

第三联：发票联　购买方记账凭证

税总函[2016]311号北京印钞有限公司

入 库 单

12-28

接收部门 设备处　　2020-12-12　　单号：34594417728

货号	品名	规格	单位	数量	单价	金额
	磨削油过滤冷却系统		套	1	240000	240,000.00
合计						240,000.00

仓库负责人	刘强丰	经手人入库人	王剑	记账	李想	备注	更换原设备同部件，原部件已报废，无使用及转让价值

第一联，财务记账凭证

出　库　单

12-28B

领用部门或单位　设备处　　2020-12-12　　单号：2145441778B

货号	品　名	规格	单位	数量	单价	金额
	磨削油过滤冷却系统		套	1	240000	240,000.00
合计						240,000.00

仓库负责人	刘强丰	经手出库人	王剑	记账	李想	备注	更换原设备同部件，原部件已报废，无使用及转让价值

第一联，财务记账凭证

记账凭证

附单据数：0

单位：江南岳达机械制造有限责任公司　　2020-12-31　　凭证号：记-029

摘要	科目	借方	贷方
10月的边角余料未开票收入，开具发票	2221.001.002_001 应交税费-应交增值税-销项税额_13%		-1,150.44
10月的边角余料未开票收入，开具发票	2221.001.002_001 应交税费-应交增值税-销项税额_13%		1,150.44
合计：元整		0.00	0.00

记账：李想　　审核：单洪飞　　制单：李想

江南增值税普通发票

2154558962

№ 10231525 12-29

开票日期：2020年12月20日

购买方	名称：王力国 纳税人识别号： 地址、电话： 开户行及帐号：				密码区			
货物或应税劳务、服务名称	规格型号	单位	数量	单价	金额	税率	税额	
*林业产品*边角余料		公斤	30	294.99	8,849.56	13%	1,150.44	
合计					¥8,849.56		¥1,150.44	
价税合计（大写）	⊕壹万元整				（小写）	¥10,000.00		
销售方	名称：江南岳达机械制造有限责任公司 纳税人识别号：91290504556677888M 地址、电话：长安市奉贤区工业园区 42123456 开户行及帐号：江南城市发展银行长安分行 18254871000011457				备注			

收款人：刘信　复核：王明　开票人：张晓光　销售方：（章）

第一联：记账联 销售方记账凭证

税总函[2016]311号北京印钞有限公司

（印章：全国统一发票监制章 江南 国家税务总局监制）

（印章：江南岳达机械制造有限责任公司 91290504556677888M 发票专用章）

记账凭证

附单据数：0

单位：江南岳达机械制造有限责任公司　　2020-12-31　　凭证号：记-030

摘要	科目	借方	贷方
报销差旅费	6602.007 管理费用-差旅费	3,000.00	
报销差旅费	6602.010 管理费用-业务招待费	1,000.00	
报销差旅费	2221.001.001 应交税费-应交增值税-进项税额	240.00	
报销差旅费	1001 库存现金		4,240.00
合计：肆仟贰佰肆拾元整		4,240.00	4,240.00

记账：李想　　审核：单洪飞　　制单：李想

模拟票据，仅供学习使用

江苏增值税专用发票

32111500222

发 票 联

12-30

№ 53245222

开票日期： 2020年12月9日

购买方	
名　　称：	江南岳达机械制造有限责任公司
纳税人识别号：	91290504556677888M
地 址、电 话：	长安市奉贤区工业园区 42123456
开户行及帐号：	江南城市发展银行长安分行 18254871000011457
密码区	

货物或应税劳务、服务名称	规格型号	单位	数量	单价	金额	税率	税额
*旅游服务*住宿费		次	1	3,000.00	3,000.00	6%	180.00
*旅游服务*餐费		次	1	1,000.00	1,000.00	6%	60.00
合计					¥4,000.00		¥240.00

价税合计（大写） ⊕肆仟贰佰肆拾元整　（小写） ¥4,240.00

销售方	
名　　称：	南京安羊国际旅行社有限公司
纳税人识别号：	91320102125143326Y
地 址、电 话：	江苏省南京市玄武区 82134572
开户行及帐号：	大海银行南京分行玄武支行 3721252234512223
备注	

收款人： 张昭　复核： 石勇　开票人： 王涛　销售方：（章）

第三联：发票联 购买方记账凭证

税总函[2016]311号北京印钞有限公司

记账凭证

附单据数：0

单位：江南岳达机械制造有限责任公司　　2020-12-31　　凭证号：记-031

摘要	科目	借方	贷方
支付本月流动资金借款利息	6603.003 财务费用-利息支出	3,500.00	
支付本月流动资金借款利息	1002.002 银行存款-信用社		3,500.00
合计：叁仟伍佰元整		3,500.00	3,500.00

记账：李想　　审核：单洪飞　　制单：李想

江南农村信用合作社

12-31

（ 贷款 ）利息清单

币别：人民币　　2020年12月30日

户名：	江南岳达机械制造有限责任公司	账号：	359458326584314		
计息项目	起息日	结息日	本金/积数	利率	利息
	2020/11/31	2020/12/30	600 000	7%	3,500.00
合计（大写）	RMB叁仟伍佰元整			利息小计	3,500.00

根据有关规定或双方约定，上列款项已直接扣划你单位账户，你单位上述账户不足支付时，请另筹措资金支付

长安市市区农村信用合作营业部
2020-12-30
转讫

会计主管　　授权　　复核　　录人

第二联　客户回单

模拟票据，仅供学习使用

江南增值税普通发票

发票联

2126465412 12-31A

№ 97412544

开票日期：2020年12月30日

购买方	名称：江南岳达机械制造有限责任公司 纳税人识别号：912905045566778888M 地址、电话：长安市奉贤区工业园区 42123456 开户行及帐号：江南城市发展银行长安分行 18254871000011457	密码区

货物或应税劳务、服务名称	规格型号	单位	数量	单价	金额	税率	税额
*金融服务*贷款利息		天	30	110.06	3,301.89	6%	198.11
合计					¥3,301.89		198.11
价税合计（大写）	⊕叁仟伍佰元整				（小写）	¥3,500.00	

销售方	名称：长安市市区农村信用合作社 纳税人识别号：845456445648713798 6 地址、电话：江南省长安市溪文区 45782134 开户行及帐号：长安市合作社站前营业厅 2115453212374965	备注

收款人：王阳 复核：李小亮 开票人：刘小生 销售方：（章）

第二联：发票联 购买方记账凭证

税总函[2016]311号北京印钞有限公司

（印章：全国统一发票监制章 江南 国家税务总局监制）

（印章：长安市市区农村信用合作联社 845456445648713798 6 发票专用章）

记账凭证

附单据数：0

单位：江南岳达机械制造有限责任公司　　2020-12-31　　凭证号：记-032

摘要	科目	借方	贷方
报销贷款咨询服务费	6603.006 财务费用-筹资费用	7,000.00	
报销贷款咨询服务费	2221.001.001 应交税费-应交增值税-进项税额	420.00	
报销贷款咨询服务费	2202.004 应付账款-长安市汇华小额贷款有限公司		7,420.00
支付贷款咨询服务费	2202.004 应付账款-长安市汇华小额贷款有限公司	7,420.00	
支付贷款咨询服务费	1002.001 银行存款-江南城市发展银行长安分行		7,420.00
合计：壹万肆仟捌佰肆拾元整		14,840.00	14,840.00

记账：李想　　审核：单洪飞　　制单：李想

12-32

2124686561

江南增值税专用发票

发票联

№ 21346224

开票日期：2020年12月30日

购买方	名称：江南岳达机械制造有限责任公司 纳税人识别号：91290504556677888M 地址、电话：长安市奉贤区工业园区 42123456 开户行及帐号：江南城市发展银行长安分行 18254871000011457				密码区			
货物或应税劳务、服务名称	规格型号	单位	数量	单价	金额	税率	税额	
*生活服务*贷款咨询服务费		次	1	7,000.00	7,000.00	6%	420.00	
合计					¥7,000.00		¥420.00	
价税合计（大写）	⊕柒仟肆佰贰拾元整				（小写）	¥7,420.00		
销售方	名称：长安市汇华小额贷款有限公司 纳税人识别号：999901864352974000 地址、电话：长安市湘湖区衍水街 38458594 开户行及帐号：工农银行长安分行湘湖支行 8151245678854384				备注			

收款人：王允　复核：郁保四　开票人：姜红　销售方：（章）

第三联：发票联　购买方记账凭证

税总函[2016]311号北京印钞有限公司

12-32A

江南城市发展银行
转账支票存根
31002551
215149

附加信息

出票日期： 2020-12-30

岳达 2105040000

收款人： 长安市汇华小额贷款有限公司

金额： 7,420.00

用途： 咨询服务费

单位主管 会计 李想

记账凭证

附单据数：0

单位：江南岳达机械制造有限责任公司　　2020-12-31　　凭证号：记-033

摘要	科目	借方	贷方
购食堂用鸡肉	2211.003 应付职工薪酬-职工福利费	17,850.00	
购食堂用鸡蛋	2211.003 应付职工薪酬-职工福利费	8,640.00	
购食堂用鸡蛋	1221.001.002 其他应收款-个人-张北		26,490.00
合计：贰万陆仟肆佰玖拾元整		26,490.00	26,490.00

记账：李想　　审核：单洪飞　　制单：李想

12-33

江南增值税普通发票

发票联

2012365228　　№ 22560035

开票日期：2020年12月26日

购买方	名　　称：江南岳达机械制造有限责任公司 纳税人识别号：912905045566677888M 地 址、电 话：长安市奉贤区工业园区　42123456 开户行及帐号：江南城市发展银行长安分行　18254871000011457				密码区		
货物或应税劳务、服务名称	规格型号	单位	数量	单价	金额	税率	税额
*肉及肉制品*有机鸡大胸		公斤	510	35.00	17,850.00	免税	***
*禽畜产品*有机土鸡蛋		公斤	432	20.00	8,640.00	免税	***
合计					¥26,490.00		***
价税合计（大写）	⊕贰万陆仟肆佰玖拾元整				（小写）¥26,490.00		
销售方	名　　称：长安市华溪商业大厦 纳税人识别号：999904156803056000 地 址、电 话：长安市湘湖区站前街　45521522 开户行及帐号：工群银行长安分行湘湖支行　2578922512236236				备注	0	

收款人：马超　　复核：花荣　　开票人：郑丽丽　　销售方：（章）

第二联：发票联　购买方记账凭证

税总函[2016]311号北京印钞有限公司

收款收据

12-33A

收款日期

付款单位（交款人）	张北	收款单位（收款人）	江南岳达机械制造有限责任公司	收款项目：发票报销
人民币（大写）	⊕贰万陆仟肆佰玖拾元整		小写：	¥26,490.00
收款事由			经办部门：	
上述款项照数收讫无误。 收款单位财会专用章；； （领款人签章）	会计主管	稽核	出纳	交款人
		李想	王月	张北

江南岳达机械制造有限责任公司 财务专用章

第三联 联 给付款单位做收据

记账凭证

附单据数：0

单位：江南岳达机械制造有限责任公司　　2020-12-31　　凭证号：记-034

摘要	科目	借方	贷方
往来款	1002.001 银行存款-江南城市发展银行长安分行	16,450.00	
往来款	1221.002.004 其他应收款-单位-江南华颖股份有限公司		16,450.00
合计：壹万陆仟肆佰伍拾元整		16,450.00	16,450.00

记账：李想　　审核：单洪飞　　制单：李想

江南城市发展银行（长安分行营业部）贷记通知

12-34

流水号：999910411111508　　交易日期：　2020年12月31日

收款单位：	江南岳达机械制造有限责任公司		
收款单位账号：	18254871000011457	凭证编号	
付款单位名称：	江南华颖股份有限公司	付款银行	工商银行沈阳分行和平区运行
付款单位账号	257892353635478	起自日	2020年12月31日
交易名称	支付结算平台业务处理	金额小写：	RMB 16,450.00
金额大写	人民币 壹万陆仟肆佰伍拾元整		
摘要	2020.9.30-2020.12.30利息		

第二联　客户留存联

江南城市发展银行长安分行　朱珊　2020年12月31日　业务核算章

如果日期、流水号、账号、摘要、金额相同，系重复打印。　　经办柜员：99901533

记账凭证

附单据数：0

单位：江南岳达机械制造有限责任公司　　2020-12-31　　凭证号：记-035

摘要	科目	借方	贷方
转增实收资本	4104.003 利润分配-应付现金股利（利润）	1,000,000.00	
转增实收资本	4001.001 实收资本-王岳达		600,000.00
转增实收资本	4001.002 实收资本-江南利枫物资有限公司		400,000.00
合计：壹佰万元整		1,000,000.00	1,000,000.00

记账：李想　　审核：单洪飞　　制单：李想

江南岳达机械制造有限责任公司　　　　12-35

关于利润分配方案
股东会决议

股东会决议[2020]12号

时间：2020年12月30日

地点：公司办公室

出席股东：股东王岳达、江南利枫物资有限公司

主持人：王岳达

股东会会议审议了公司关于2019年度及以前年度公司利润分配方案的议案，经研究，形成以下决议：

同意2019年度及以前可供分配的利润100万元按2018股权比例转增实收资本。其中：股东江南利枫物资有限公司转增实收资本40万元；王岳达转增实收资本金额60万元。

以上决议均经出席股东大会的股东所持表决权的100%通过。

股东签字　盖章　　王岳达　　江南利枫物资有限公司

2020年12月30日

记账凭证

附单据数：0

单位：江南岳达机械制造有限责任公司　　2020-12-31　　凭证号：记-036（1/2）

摘要	科目	借方	贷方
确认收入	1122.010 应收账款-哈尔滨天信贸易有限公司	7,345,000.00	
确认收入341500米(数量:341500，单价:19.0337)	6001_027_001 主营业务收入_带锯条27*0.9_13%		6,500,000.00
确认收入341500米销项	2221.001.002_001 应交税费-应交增值税-销项税额_13%		845,000.00
确认收入	1122.006 应收账款-长安市大祺工具厂	11,300.00	
确认分期收款收入500米(数量:500，单价:20)	6001_027_001 主营业务收入_带锯条27*0.9_13%		10,000.00
合计：柒佰叁拾伍万陆仟叁佰元整		7,356,300.00	7,355,000.00

记账：李想　　审核：单洪飞　　制单：李想

记账凭证

附单据数：0

单位：江南岳达机械制造有限责任公司　　2020-12-31　　凭证号：记-036（2/2）

摘要	科目	借方	贷方
确认分期收款收入	2221.001.002_001 应交税费-应交增值税-销项税额_13%		1,300.00
合计：柒佰叁拾伍万陆仟叁佰元整		7,356,300.00	7,356,300.00

记账：李想　　审核：单洪飞　　制单：李想

江南增值税专用发票

12-36A

2124686561　　№ 21874959

此联不作报销、扣税凭证使用

全国统一发票监制章 江南 国家税务总局监制

开票日期：2020年12月12日

购买方	
名称：	哈尔滨天信贸易有限公司
纳税人识别号：	9123016MA8BV2FUWH
地址、电话：	黑龙江哈尔滨西岗区 65487125
开户行及帐号：	建安银行哈尔滨分行西岗支行 2301012402345612

密码区

货物或应税劳务、服务名称	规格型号	单位	数量	单价	金额	税率	税额
*金属制品*金属切削刀具（带锯条）	27*0.9	米	341500	19.03	6,500,000.00	13%	845,000.00
合计					¥6,500,000.00		¥845,000.00

价税合计（大写）⊕柒佰叁拾肆万伍仟元整　　（小写）¥7,345,000.00

销售方	
名称：	江南岳达机械制造有限责任公司
纳税人识别号：	91290504556677888M
地址、电话：	长安市奉贤区工业园区 42123456
开户行及帐号：	江南城市发展银行长安分行 18254871000011457

备注

江南岳达机械制造有限责任公司 91290504556677888M 发票专用章

收款人：刘信　复核：王明　开票人：张晓光　销售方：（章）

第一联：记账联 销售方记账凭证

税总函[2016]311号北京印钞有限公司

12-36A

销售单

往来单位　哈尔滨天信贸易有限公司　　2020-12-12　　单号：2145441776A

制单人：	王明	经手人：刘远征			库房：产成品及原材料库房	
货号	商品名称	规格	单位	数量	单价	金额（含税）
	金属切削刀具（带锯条）	27*0.9	米	341500	21.51	7,345,000.00
合计数量：	341500		成交金额：			7,345,000.00

第二联，财务记账凭证

模拟票据，仅供学习使用

江南增值税专用发票

12-36B

2124686561　　　　№ 21874960

此联不作报销、扣税凭证使用

开票日期：2020年12月26日

购买方	名称：长安市大祺工具厂 纳税人识别号：999904778126548000 地址、电话：长安市湘湖区西湖大道 4587123 开户行及帐号：云海银行长安分行湘湖支行 210202154876121	密码区					
货物或应税劳务、服务名称	规格型号	单位	数量	单价	金额	税率	税额
*金属制品*金属切削刀具（带锯条）	27*0.9	米	500	20.00	10,000.00	13%	1,300.00
合计					¥10,000.00		¥1,300.00
价税合计（大写）	⊕壹万壹仟叁佰元整			（小写）	¥11,300.00		
销售方	名称：江南岳达机械制造有限责任公司 纳税人识别号：91290504556677888M 地址、电话：长安市奉贤区工业园区 42123456 开户行及帐号：江南城市发展银行长安分行 18254871000011457	备注					

收款人：刘信　　复核：王明　　开票人：张晓光　　销售方：（章）

第一联：记账联　销售方记账凭证

税总函[2016]311号北京印钞有限公司

复印件

销售单

12-36C

往来单位　长安市大祺工具厂　2020-11-30　单号：21454379940

制单人：	王明	经手人：刘远征			库房：产成品及原材料库房	
货号	商品名称	规格	单位	数量	单价	金额（含税）
	金属切削刀具（带锯条）	27*0.9	米	1000	22.60	22,600.00
27*1.1带锯条1000米、单价20元，分期收款销售			约定另500米12月30日收款			
合计数量：	1000		成交金额：			22,600.00

第二联，财务记账凭证

记账凭证

附单据数：0

单位：江南岳达机械制造有限责任公司　　2020-12-17　　凭证号：记-037

摘要	科目	借方	贷方
销售收款27*0.9带锯条，1000米	1122.002 应收账款-长安华丰工具销售有限公司	67,800.00	
销售收款27*0.9带锯条，1000米(数量:1000，单价...	6001_027_001 主营业务收入_带锯条27*0.9_13%		60,000.00
销售收款27*0.9带锯条，1000米	2221.001.002_001 应交税费-应交增值税-销项税额_13%		7,800.00
收回货款	1002.001 银行存款-江南城市发展银行长安分行	67,800.00	
收回货款	1122.002 应收账款-长安华丰工具销售有限公司		67,800.00
合计：壹拾叁万伍仟陆佰元整		135,600.00	135,600.00

记账：李想　　审核：单洪飞　　制单：李想

12-37

江南增值税专用发票

2124686661　　　　№　21874999

此联不作报销、扣税凭证使用

开票日期：2020年12月30日

购买方	名　　称：长安华丰工具销售有限公司 纳税人识别号：999908456335012000 地 址、电 话：长安市上江区青年大街　45879645 开户行及帐号：工群银行长安分行上江支行　21598235000269				密码区		
货物或应税劳务、服务名称	规格型号	单位	数量	单价	金额	税率	税额
*金属制品*金属切削刀具（带锯条）	27*0.9	米	1000	60.00	60,000.00	13%	7,800.00
合计					¥60,000.00		¥7,800.00
价税合计（大写）	⊕陆万柒仟捌佰元整				（小写）	¥67,800.00	
销售方	名　　称：江南岳达机械制造有限责任公司 纳税人识别号：91290504556677888M 地 址、电 话：长安市奉贤区工业园区　42123456 开户行及帐号：江南城市发展银行长安分行　18254871000011457				备注		

收款人：刘信　　复核：王明　　开票人：张晓光　　销售方：（章）

第一联：记账联　销售方记账凭证

税总函[2016]311号北京印钞有限公司

江南城市发展银行（长安分行营业部）贷记通知

12-37

流水号：9999104111112-379　　交易日期：2020年12月30日

收款单位：	江南岳达机械制造有限责任公司		
收款单位账号：	18254871000011457	凭证编号	
付款单位名称：	长安华丰工具销售有限公司	付款银行	工群银行长安分行上江支行
付款单位账号	21598235000269	起自日	2020年12月30日
交易名称	支付结算平台业务处理	金额小写：	RMB 67,800.00
金额大写	人民币 陆万柒仟捌佰元整		
摘要	现代支付BEPS入账　货款		

江南城市发展银行长安分行
朱珊
2020年12月30日
业务核算章

如果日期、流水号、账号、摘要、金额相同，系重复打印。　经办柜员：99901533

销售单

12-37

往来单位　长安华丰工具销售有限公司　　2020-12-30　　单号：21454419537

制单人：	王明	经手人：刘远征			库房：产成品及原材料库房	
货号	商品名称	规格	单位	数量	单价	金额（含税）
	金属切削刀具（带锯条）	27*0.9	米	1000	67.80	67,800.00
合计数量：	1000		成交金额：			67,800.00

第二联，财务记账凭证

记账凭证

附单据数：0

单位：江南岳达机械制造有限责任公司　　2020-12-31　　凭证号：记-038

摘要	科目	借方	贷方
销售34*1.1带锯条	1122.003 应收账款-长安市南亚实业有限公司	2,034,000.00	
销售34*1.1带锯条60020米(数量:60020，单价:29.99)	6001_028_001 主营业务收入_带锯条34*1.1_13%		1,800,000.00
销售34*1.1带锯条	2221.001.002_001 应交税费-应交增值税-销项税额_13%		234,000.00
销售34*1.1带锯条	1002.001 银行存款-江南城市发展银行长安分行	2,034,000.00	
收回货款	1122.003 应收账款-长安市南亚实业有限公司		2,034,000.00
合计：肆佰零陆万捌仟元整		4,068,000.00	4,068,000.00

记账：李想　　审核：单洪飞　　制单：李想

江南增值税专用发票

12-38

2124686561　　　　№ 21874961

此联不作报销、扣税凭证使用

开票日期：2020年12月26日

购买方	名　　称：长安市南亚实业有限公司 纳税人识别号：99990159321052145X 地 址、电 话：长安市北运区工业园区　45813549 开户行及帐号：建安银行长安分行北运支行　2105887136595392			密码区			
货物或应税劳务、服务名称	规格型号	单位	数量	单价	金额	税率	税额
*金属制品*金属切削刀具（带锯条）	34*1.1	米	60020	29.99	1,800,000.00	13%	234,000.00
合计					¥1,800,000.00		¥234,000.00
价税合计（大写）	⊕贰佰零叁万肆仟元整				（小写）¥2,034,000.00		
销售方	名　　称：江南岳达机械制造有限责任公司 纳税人识别号：91290504556677888M 地 址、电 话：长安市奉贤区工业园区　42123456 开户行及帐号：江南城市发展银行长安分行　18254871000011457			备注			

收款人：刘信　　复核：王明　　开票人：张晓光　　销售方：（章）

第一联：记账联　销售方记账凭证

（印章：全国统一发票监制章 江南 国家税务总局监制）

（印章：江南岳达机械制造有限责任公司 91290504556677888M 发票专用章）

江南城市发展银行（长安分行营业部）贷记通知

12-38

流水号：9999104111112-382　　交易日期：　2020年12月26日

收款单位：	江南岳达机械制造有限责任公司		
收款单位账号：	18254871000011457	凭证编号	
付款单位名称：	长安市南亚实业有限公司	付款银行	建安银行长安分行北运支行
付款单位账号	2105887136595392	起自日	2020年12月26日
交易名称	支付结算平台业务处理	金额小写：	RMB 2,034,000.00
金额大写	人民币 贰佰零叁万肆仟元整		
摘要	现代支付BEPS入账　货款		

江南城市发展银行长安分行 朱珊 2020年12月26日 业务核算章

如果日期、流水号、账号、摘要、金额相同，系重复打印。　经办柜员：99901533

销售单

12-38

往来单位　长安市南亚实业有限公司　2020-12-26　单号：21454419138

制单人：	王明	经手人：刘远征			库房：产成品及原材料库房	
货号	商品名称	规格	单位	数量	单价	金额（含税）
	金属切削刀具（带锯条）	34*1.1	米	60020	33.89	2,034,000.00
合计数量：	60020		成交金额：			2,034,000.00

第二联，财务记账凭证

记账凭证

附单据数：0

单位：江南岳达机械制造有限责任公司　　2020-12-31　　凭证号：记-039

摘要	科目	借方	贷方
抵押担保房产拍卖	6711.099 营业外支出-其他	205,984.00	
抵押担保房产拍卖	1602.004 累计折旧-房屋建筑	194,016.00	
抵押担保房产拍卖	1601.004 固定资产-房屋建筑		400,000.00
合计：肆拾万元整		400,000.00	400,000.00

记账：李想　　审核：单洪飞　　制单：李想

12-39

固定资产卡片

类别　　房屋建筑物

编号	2215456	保管地点	长安市	财产来源	外购
名称	办公用房	牌号		规格	
原值	400,000.00	来源时间	2010/12/12	已提折旧	194,016.00
折旧年限	20	已使用年限	10年1个月	本月折旧	1,616.80
残值	3%	单位	栋	净值	205,984.00
月折旧率	0.40417%	数量	1		
备注	2020年12月担保拍卖				

填表人：李想

记账凭证

附单据数：0

单位：江南岳达机械制造有限责任公司　　2020-12-31　　凭证号：记-040

摘要	科目	借方	贷方
确认赊销款，确认赊销收入	1122.002 应收账款-长安华丰工具销售有限公司	915,300.00	
确认赊销款，确认赊销收入27000米(数量:27000, ...	6001_028_001 主营业务收入_带锯条34*1.1_13%		810,000.00
确认赊销款，确认赊销收入	2221.001.002_001 应交税费-应交增值税-销项税额_13%		105,300.00
确认赊销款，确认赊销收入	1002.001 银行存款-江南城市发展银行长安分行	915,300.00	
收回货款	1122.002 应收账款-长安华丰工具销售有限公司		915,300.00
合计：壹佰捌拾叁万零陆佰元整		1,830,600.00	1,830,600.00

记账：李想　　审核：单洪飞　　制单：李想

江南增值税专用发票

12-40A

2124686561　　　　№ 21874962

此联不作报销、扣税凭证使用

全国统一发票监制章 江南 国家税务总局监制

开票日期：2020年12月26日

购买方	名　称：长安华丰工具销售有限公司 纳税人识别号：999908456335012000 地址、电话：长安市上江区青年大街 45879645 开户行及帐号：工群银行长安分行上江支行 21598235000269			密码区			
货物或应税劳务、服务名称	规格型号	单位	数量	单价	金额	税率	税额
*金属制品*金属切削刀具（带锯条）	34*11	米	27000	30.00	810,000.00	13%	105,300.00
合计					¥810,000.00		¥105,300.00
价税合计（大写）	⊕玖拾壹万伍仟叁佰元整				（小写）	¥915,300.00	
销售方	名　称：江南岳达机械制造有限责任公司 纳税人识别号：91290504556677888M 地址、电话：长安市奉贤区工业园区 42123456 开户行及帐号：江南城市发展银行长安分行 18254871000011457			备注	江南岳达机械制造有限责任公司 91290504556677888M 发票专用章		

收款人：刘信　　复核：王明　　开票人：张晓光　　销售方：（章）

第一联：发票联　销售方记账凭证

税总函[2016]311号北京印钞有限公司

江南城市发展银行（长安分行营业部）贷记通知

12-40A

流水号：9999104111112-40A9　　交易日期：　2020年12月26日

收款单位：	江南岳达机械制造有限责任公司		
收款单位账号：	18254871000011457	凭证编号	
付款单位名称：	长安华丰工具销售有限公司	付款银行	工群银行长安分行上江支行
付款单位账号	21598235000269	起自日	2020年12月26日
交易名称	支付结算平台业务处理	金额小写：	RMB 915,300.00
金额大写	人民币 玖拾壹万伍仟叁佰元整		
摘要	现代支付BEPS入账　货款		

江南城市发展银行长安分行
朱珊
2020年12月26日
业务核算章

如果日期、流水号、账号、摘要、金额相同，系重复打印。　经办柜员：99901533

复印件

销售单

12-40B

往来单位 长安华丰工具销售有限公司 2020-11-26 单号：214544161A

制单人：	王明	经手人：刘远征			库房：产成品及原材料库房	
货号	商品名称	规格	单位	数量	单价	金额（含税）
	金属切削刀具（带锯条）	34*11	米	27000	33.90	915,300.00
赊销						
合计数量：	27000		成交金额：			915,300.00

第二联，财务记账凭证

记账凭证

附单据数：0

单位：江南岳达机械制造有限责任公司　　2020-12-31　　凭证号：记-041 (1/2)

摘要	科目	借方	贷方
收到退回27*0.9锯条200,000米(数量:200000，单...	1405_027 库存商品_带锯条27*0.9	4,000,000.00	
收到退回27*0.9锯条200,000米	2221.001.001 应交税费-应交增值税-进项税额	520,000.00	
收到退回27*0.9锯条200,000米	1122.003 应收账款-长安市南亚实业有限公司		4,520,000.00
付款	1122.003 应收账款-长安市南亚实业有限公司	4,520,000.00	
付款	1002.001 银行存款-江南城市发展银行长安分行		4,520,000.00
合计：玖佰零肆万元整		9,040,000.00	9,040,000.00

记账：李想　　审核：单洪飞　　制单：李想

记账凭证

附单据数：0

单位：江南岳达机械制造有限责任公司　　2020-12-31　　凭证号：记-041（2/2）

摘要	科目	借方	贷方
汇款手续费	6603.001 财务费用-手续费	20.00	
汇款手续费	1002.001 银行存款-江南城市发展银行长安分行		20.00
合计：玖佰零肆万零贰拾元整		9,040,020.00	9,040,020.00

记账：李想　　审核：单洪飞　　制单：李想

12-41

江南增值税专用发票

2124686165

发票联

№ 21874655

开票日期： 2020年12月12日

购买方	名称：江南岳达机械制造有限责任公司 纳税人识别号：91290504556677888M 地址、电话：长安市奉贤区工业园区 42123456 开户行及帐号：江南城市发展银行长安分行 18254871000011457				密码区			
货物或应税劳务、服务名称	规格型号	单位	数量	单价	金额	税率	税额	
*金属制品*金属切削刀具（带锯条）	27*0.9	米	200000	20.00	4,000,000.00	13%	520,000.00	
合计					¥4,000,000.00		¥520,000.00	
价税合计（大写）	⊕肆佰伍拾贰万元整				（小写） ¥4,520,000.00			
销售方	名称：长安市南亚实业有限公司 纳税人识别号：99990159321052145X 地址、电话：长安市北运区工业园区 45813549 开户行及帐号：建安银行长安分行北运支行 2105887136595392				备注			

收款人：张飞　复核：贾元春　开票人：猪八戒　销售方：（章）

第三联：发票联 购买方记账凭证

税总函[2016]311号北京印钞有限公司

入 库 单

接收部门 原材料及成品库房 2020-12-12 单号：34594417741

货号	品名	规格	单位	数量	单价	金额
	金属切削刀具（带锯条）	27*0.9	米	200000	20	4,000,000.00
合计						4,000,000.00

仓库负责人	刘强丰	经手人入库	王剑	记账	李想	备注	

第一联，财务记账凭证

12-41

江南城市发展银行电汇凭证（借方凭证）

NO.181145741

普通　　加急　　委托日期　2020年12月12日

汇款人	全称	江南岳达机械制造有限责任公司	收款人	全称	长安市南亚实业有限公司
	账号	18254871000011457		账号	2105887136595392
	汇出地点	江南省长安市		汇入地点	江南省长安市
汇出行名称	江南城市发展银行长安分行		汇入行名称	建安银行长安分行北运支行	
金　额	人民币（大写）	肆佰伍拾贰万元整			¥4,520,000.00
此汇款支付给收款人。			支付密码		
			附加信息及用途：		
江南城市发展银行长安分行 朱珊 2020年12月12日 业务核算章		汇款人签章	复核：		记账：

此联汇出行作借方凭证

江南城市发展银行（长安分行营业部）收费回单

12-41

交易流水：110141111157　　2020年12月12日

付款人账号	18254871000011457	付款人名称	江南岳达机械制造有限责任公司
收费种类	币种	交易金额	收费金额
47 电汇手续费	人民币	4,520,000.00	20.00
合计金额	20.00		

江南城市发展银行长安分行
朱珊
2020年12月12日
业务核算章

第二联 客户留存联

柜员号：00000　　朱珊

记账凭证

附单据数：0

单位：江南岳达机械制造有限责任公司　　2020-12-31　　凭证号：记-042

摘要	科目	借方	贷方
退回质量出现问题的制冷剂50公斤(数量:-16.2，...	1403.007_018 原材料-制剂类_制冷剂	-3,739.00	
退回质量出现问题的制冷剂50公斤	2202.003 应付账款-江南华阳物资有限公司		-3,739.00
合计：(负数)叁仟柒佰叁拾玖元整		-3,739.00	-3,739.00

记账：李想　　审核：单洪飞　　制单：李想

出　库　单

12-42

领用部门或单位　江南华阳物资有限公司　2020-12-24　单号：21454418942

货号	品名	规格	单位	数量	单价	金额
	制冷剂		公斤	50	74.78	3,739.00
合计						3,739.00

仓库负责人	刘强丰	出库经手人	王剑	记账	李想	备注	退货

第一联，财务记账凭证

记账凭证

附单据数：0

单位：江南岳达机械制造有限责任公司　　2020-12-31　　凭证号：记-043

摘要	科目	借方	贷方
仓库改建为职工食堂，发生装修费	2211.003 应付职工薪酬-职工福利费	6,000.00	
仓库改建为职工食堂，发生装修费	2221.001.001 应交税费-应交增值税-进项税额	540.00	
仓库改建为职工食堂，发生装修费	2202.018 应付账款-长安光明实业有限公司		6,540.00
办公室张北代付款	2202.018 应付账款-长安光明实业有限公司	6,540.00	
办公室张北代付款	1221.001.002 其他应收款-个人-张北		6,540.00
合计：壹万叁仟零捌拾元整		13,080.00	13,080.00

记账：李想　　审核：单洪飞　　制单：李想

12-43A

2101496213

江南增值税专用发票

发票联

全国统一发票监制章 江南 国家税务局监制

№ 25652355

开票日期： 2020年12月26日

购买方	名称：江南岳达机械制造有限责任公司 纳税人识别号：91290504556677888M 地址、电话：长安市奉贤区工业园区 42123456 开户行及帐号：江南城市发展银行长安分行 18254871000011457			密码区			
货物或应税劳务、服务名称	规格型号	单位	数量	单价	金额	税率	税额
*建筑服务*装修费		次	1	6,000.00	6,000.00	9%	540.00
合计					¥6,000.00		¥540.00
价税合计（大写）	⊕陆仟伍佰肆拾元整			（小写）	¥6,540.00		
销售方	名称：长安光明实业有限公司 纳税人识别号：99990901251234657M 地址、电话：长安市溪文区七一街6号 41419745 开户行及帐号：长安市合作社站前营业厅 321457815987412			备注	奉贤区工业园区食堂装修		

收款人：诸葛亮 复核：林黛玉 开票人：唐僧 销售方：（章）

长安光明实业有限公司 99990159321052145X 发票专用章

第三联：发票联 购买方记账凭证

税总函[2016]311号北京印钞有限公司

收款收据

12-43B

收款日期

付款单位（交款人）	张北	收款单位（收款人）	江南岳达机械制造有限责任公司	收款项目：发票报销	
人民币（大写）	⊕陆仟伍佰肆拾元整			小写：	¥6,540.00
收款事由				经办部门：	
上述款项照数收讫无误。收款单位财会专用章；；（领款人签章）		会计主管	稽核	出纳	交款人
			李想	王月	张北

第三联 联 给付款单位做收据

江南岳达机械制造有限责任公司 财务专用章

固定资产卡片

12-43C

类别　房屋建筑物

编号	2215456	保管地点	车间仓库	财产来源	购入专票5%已抵扣
名称	办公用房	牌号		规格	
原值	571,428.57	来源时间	2019年12月	已提折旧	27,716.52
折旧年限	20	已使用年限	12	本月折旧	2,309.71
残值	3%	单位		净值	543,712.05
月折旧率	0.40417%	数量	1		
备注	2020.12由车间仓库转食堂用				

填表人：李想

记账凭证

附单据数：0

单位：江南岳达机械制造有限责任公司　　2020-12-31　　凭证号：记-044

摘要	科目	借方	贷方
将食堂用柜式空调转入车间使用	1601.003 固定资产-电子设备	-3,200.00	
将食堂用柜式空调转入车间使用	2221.001.001 应交税费-应交增值税-进项税额	3,200.00	
合计：元整		0.00	0.00

记账：李想　　审核：单洪飞　　制单：李想

固定资产卡片

12-44

类别 电子设备

编号	2215456	保管地点	食堂	财产来源	购入专票16%，已抵扣
名称	空调	牌号		规格	
原值	23,200.00	来源时间	2019年9月	已提折旧	9,376.50
折旧年限	4	已使用年限	15个月	本月折旧	625.10
残值	3%	单位	栋	净值	13,823.50
月折旧率	0.026944444	数量	1		
备注	2020.12改为车间使用				

填表人：****

记账凭证

附单据数：0

单位：江南岳达机械制造有限责任公司　　2020-12-31　　凭证号：记-045

摘要	科目	借方	贷方
将持有的上市公司的原始股份出售	6111.002 投资收益-深圳科晟科技有限公司	4,000,000.00	
将持有的上市公司的原始股份出售	1002.001 银行存款-江南城市发展银行长安分行	3,000,000.00	
将持有的上市公司的原始股份出售	1511.004 长期股权投资-深圳科晟科技有限公司		7,000,000.00
合计：柒佰万元整		7,000,000.00	7,000,000.00

记账：李想　　审核：单洪飞　　制单：李想

江南城市发展银行（长安分行营业部）贷记通知

12-45

流水号：999910411111500　　交易日期：2020年12月27日

收款单位:	江南岳达机械制造有限责任公司		
收款单位账号:	18254871000011457	凭证编号	
付款单位名称:	中鑫投资控购有限公司	付款银行	中行北京分行朝阳支行
付款单位账号	124567964131365000	起自日	2020年12月27日
交易名称	支付结算平台业务处理	金额小写:	RMB 3,000,000.00
金额大写	人民币 叁佰万元整		
摘要	股款		

江南城市发展银行长安分行 朱珊 2020年12月27日 业务核算章

第二联 客户留存联

如果日期、流水号、账号、摘要、金额相同，系重复打印。　经办柜员：99901533

记账凭证

附单据数：0

单位：江南岳达机械制造有限责任公司　　2020-12-17　　凭证号：记-046

摘要	科目	借方	贷方
盘点库存时盘盈材料二个(数量:2，单价:100)	1403.011_023 原材料-钢材类_棕刚砂轮	200.00	
盘点库存时盘盈材料二个	4101.003 盈余公积-其他		200.00
合计：贰佰元整		200.00	200.00

记账：李想　　审核：单洪飞　　制单：李想

入 库 单

12-46A

接收部门 原材料及成品库房 2020-12-02 单号：345944167A

货号	品名	规格	单位	数量	单价	金额
	棕刚砂轮		个	2	100	200.00
合计						200.00

仓库负责人	刘强丰	经手入库人	王剑	记账	李想	备注	盘盈

第一联，财务记账凭证

盘盈盘亏报告表

部门：原材料库　　2020年12月2日　　12-46B

品名	规格	单位	单价	账面数量	盘点数量	盘盈		盘亏		情况说明
						数量	金额	数量	金额	
棕刚砂轮		个	100	8	10	2	200			11月30日盘点库存时盘盈材料二件，市场价格200.00元
总经理审批意见：同意 王岳达				财务科长意见：同意 王玉玲			财务分管会计意见：同意 刘强丰			仓库意见：同意 王剑

记账凭证

附单据数：0

单位：江南岳达机械制造有限责任公司　　2020-12-31　　凭证号：记-047

摘要	科目	借方	贷方
生产34*1.1带锯条领用直接原材料	5001.005.002 生产成本-带锯条34*1.1-直接材料	539,666.67	
生产34*1.1带锯条领用直接原材料(数量:10，单价...	1403.001_002 原材料-钢带类_带锯钢带34*1.1		536,666.67
生产34*1.1带锯条领用直接原材料(数量:15，单价...	1403.003_005 原材料-合金类_硬质合金颗粒		3,000.00
合计：伍拾叁万玖仟陆佰陆拾陆元陆角柒分		539,666.67	539,666.67

记账：李想　　审核：单洪飞　　制单：李想

直接原材料领用汇总表

12-47

名称	单位	数量	单价	金额
34*1.1钢带	吨	10.00	53,666.67	536,666.70
硬质合金	克	15.00	200	3,000.00
合计				539,666.70

记账凭证

附单据数：0

单位：江南岳达机械制造有限责任公司　　2020-12-31　　凭证号：记-048

摘要	科目	借方	贷方
生产27*0.9带锯条领用直接原材料	5001.003.002 生产成本-带锯条27*0.9-直接材料	361,800.00	
生产27*0.9带锯条领用直接原材料(数量:9, 单价:...	1403.001_001 原材料-钢带类_带锯钢带27*0.9		360,000.00
生产27*0.9带锯条领用直接原材料(数量:9, 单价:...	1403.003_005 原材料-合金类_硬质合金颗粒		1,800.00
合计：叁拾陆万壹仟捌佰元整		361,800.00	361,800.00

记账：李想　　审核：单洪飞　　制单：李想

直接原材料领用汇总表

12-48

名称	单位	数量	单价	金额
27*1.1钢带	吨	9.00	40,000.00	360,000.00
硬质合金	克	9.00	200	1,800.00
合计				361,800.00

记账凭证

附单据数：0

单位：江南岳达机械制造有限责任公司　　2020-12-31　　凭证号：记-049

摘要	科目	借方	贷方
报销本月电费	6602.040 管理费用-电费	3,150.00	
报销本月电费	5101.040 制造费用-电费	91,850.00	
报销本月电费	2221.001.001 应交税费-应交增值税-进项税额	12,350.00	
报销本月电费	1123.002 预付账款-江南省电力有限公司长安供电公司		107,350.00
合计：壹拾万柒仟叁佰伍拾元整		107,350.00	107,350.00

记账：李想　　审核：单洪飞　　制单：李想

2150321301

江南增值税专用发票

发票联

12-49A

№ 26158130

开票日期：2020年12月20日

购买方	名称：江南岳达机械制造有限责任公司 纳税人识别号：91290504556677888M 地址、电话：长安市奉贤区工业园区 42123456 开户行及帐号：江南城市发展银行长安分行 18254871000011457			密码区			
货物或应税劳务、服务名称	规格型号	单位	数量	单价	金额	税率	税额
*供电*电费		KWH	62913.91	1.51	95,000.00	13%	12,350.00
合计					¥95,000.00		¥12,350.00
价税合计（大写）	⊕壹拾万柒仟叁佰伍拾元整				（小写）	¥107,350.00	
销售方	名称：江南省电力有限公司长安供电公司 纳税人识别号：999901568135015000 地址、电话：长安市北运区工业园区 45713549 开户行及帐号：建安银行长安分行北运支行 2105821541231225			备注			

收款人：曹操　复核：史湘云　开票人：孙慧　销售方：（章）

第三联：发票联　购买方记账凭证

税总函[2016]311号北京印钞有限公司

电费分割单

12-49B

使用部门	数量（KWH）	金额
管理部门	2,086.09	3150
车间	60,827.82	91,850.00
	62,913.91	95,000.00

记账凭证

附单据数：0

单位：江南岳达机械制造有限责任公司　　2020-12-31　　凭证号：记-050

摘要	科目	借方	贷方
报销本月水费	6602.041 管理费用-水费	201.00	
报销本月水费	5101.041 制造费用-水费	2,300.00	
报销本月水费	2221.001.001 应交税费-应交增值税-进项税额	75.03	
报销本月水费	1001 库存现金		2,576.03
合计：贰仟伍佰柒拾陆元零叁分		2,576.03	2,576.03

记账：李想　　审核：单洪飞　　制单：李想

江南增值税专用发票

12-50A

2651352810　　　　№ 26956133

发 票 联

全国统一发票监制章 江南 国家税务总局监制

开票日期：2020年12月20日

购买方	名称：江南岳达机械制造有限责任公司 纳税人识别号：912905045566778888M 地址、电话：长安市奉贤区工业园区 42123456 开户行及帐号：江南城市发展银行长安分行 18254871000011457			密码区			
货物或应税劳务、服务名称	规格型号	单位	数量	单价	金额	税率	税额
*冰雪*水费		吨	714.57	3.50	2,501.00	3%	75.03
合计					¥2,501.00		¥75.03
价税合计（大写）	⊕贰仟伍佰柒拾陆元零叁分				（小写）¥2,576.03		
销售方	名称：江南长安水务控股有限责任公司 纳税人识别号：999904547781202000 地址、电话：长安市湘湖区衍水街 45022421 开户行及帐号：工群银行长安分行湘湖支行 2578922455641357			备注	江南长安水务控股有限责任公司 999904547781202000 发票专用章		

收款人：吕布　　复核：阮小二　　开票人：安雨飞　　销售方：（章）

第三联：发票联　购买方记账凭证

税总函[2016]311号北京印钞有限公司

水费分割单

12-50B

使用部门	数量(吨)	金额
管理部门	57.43	201
车间	657.14	2,300.00
合计	714.57	2501

记账凭证

附单据数：0

单位：江南岳达机械制造有限责任公司　　2020-12-31　　凭证号：记-051（1/2）

摘要	科目	借方	贷方
车间领用材料	5101.038 制造费用-原材料	90,157.98	
车间领用材料(数量:2，单价:9000)	1403.006_030 原材料-电器类_电磁阀		18,000.00
车间领用材料(数量:3，单价:6600)	1403.004_012 原材料-备品备件类_分齿模		19,800.00
车间领用材料(数量:1，单价:1880)	1403.007_019 原材料-制剂类_铣齿油		1,880.00
车间领用材料(数量:20，单价:6)	1403.013_031 原材料-劳动保护类_防尘口罩		120.00
合计：玖万零壹佰伍拾柒元玖角捌分		90,157.98	39,800.00

记账：李想　　审核：单洪飞　　制单：李想

记账凭证

附单据数：0

单位：江南岳达机械制造有限责任公司　　2020-12-31　　凭证号：记-051 (2/2)

摘要	科目	借方	贷方
车间领用材料	1403.010 原材料-辅助材料类		43,857.98
车间领用材料(数量:1, 单价:6500)	1403.004_007 原材料-备品备件类_轴承		6,500.00
合计：玖万零壹佰伍拾柒元玖角捌分		90,157.98	90,157.98

记账：李想　　审核：单洪飞　　制单：李想

间接原材料领用汇总表

12-51

名称	单位	数量	单价	金额
轴承	个	1.00	6,500.00	6,500.00
分齿模	个	3.00	6,600.00	19,800.00
制剂类-铣齿油	桶	1.00	1,880.00	1,880.00
劳动保护类-防毒口罩	个	20.00	6.00	120.00
电磁阀	个	2.00	9,000.00	18,000.00
辅助材料				43,857.98
合计				90,157.98

记账凭证

附单据数：0

单位：江南岳达机械制造有限责任公司　　2020-12-31　　凭证号：记-052 (1/2)

摘要	科目	借方	贷方
计提工资	6602.001 管理费用-工资薪金	103,172.80	
计提工资	6601.001 销售费用-工资薪金	125,123.33	
计提工资	5001.003.001.001 生产成本-带锯条27*0.9-直接人工-工资薪金	58,176.87	
计提工资	5001.005.001.001 生产成本-带锯条34*1.1-直接人工-工资薪金	72,721.08	
计提工资	5101.001 制造费用-工资薪金	98,754.57	
合计：肆拾伍万柒仟玖佰肆拾捌元陆角伍分		457,948.65	0.00

记账：李想　　审核：单洪飞　　制单：李想

记账凭证

附单据数：0

单位：江南岳达机械制造有限责任公司　　2020-12-31　　凭证号：记-052 (2/2)

摘要	科目	借方	贷方
计提工资	2211.001 应付职工薪酬-工资		457,948.65
合计：肆拾伍万柒仟玖佰肆拾捌元陆角伍分		457,948.65	457,948.65

记账：李想　　审核：单洪飞　　制单：李想

12月 工资汇总表

12-52

部门	计本月应发工资	职工个人各项扣款				实发工资
		养老保险	失业保险	医疗保险	公积金	
管理部门	103,172.80	8,000.00	500.00	2,000.00	10,317.28	82,355.52
其中：食堂	30,000.00	2,400.00	150.00	600.00	3,000.00	23,850.00
销售部门	125,123.33	8,800.00	550.00	2,200.00	12,512.33	100,751.00
生产车间工人	130,897.95	9,600.00	600.00	2,400.00	13,089.80	105,208.15
其中：27*0.9	58,176.87	4,000.00	250.00	1,000.00	5,817.69	47,109.18
其中：27*1.1	72,721.08	5,600.00	350.00	1,400.00	7,272.11	58,098.97
生产车间管理人员	98,754.57	5,600.00	350.00	1,400.00	9,875.46	81,379.11
合计	487,948.65	34,400.00	2,150.00	8,600.00	48,794.87	393,543.78

人力资源主管：　彭芳　　　　制表：

记账凭证

附单据数：0

单位：江南岳达机械制造有限责任公司　　2020-12-31　　凭证号：记-053（1/2）

摘要	科目	借方	贷方
计提单位负担社会保险	6602.042 管理费用-社会保险	26,824.91	
计提单位负担社会保险	6601.036 销售费用-社会保险	32,532.05	
计提单位负担社会保险	5001.003.001.002 生产成本-带锯条27*0.9-直接人工-社会保险	18,907.47	
计提单位负担社会保险	5001.005.001.002 生产成本-带锯条34*1.1-直接人工-社会保险	15,125.98	
计提单位负担社会保险	5101.042 制造费用-社会保险	25,676.18	
合计：壹拾壹万玖仟零陆拾陆元伍角玖分		119,066.59	0.00

记账：李想　　审核：单洪飞　　制单：李想

记账凭证

附单据数：0

单位：江南岳达机械制造有限责任公司　　2020-12-31　　凭证号：记-053（2/2）

摘要	科目	借方	贷方
计提单位负担社会保险	2211.007.001 应付职工薪酬-社会保险-养老保险		73,271.78
计提单位负担社会保险	2211.007.002 应付职工薪酬-社会保险-失业保险		2,289.72
计提单位负担社会保险	2211.007.003 应付职工薪酬-社会保险-医疗保险		36,635.90
计提单位负担社会保险	2211.007.004 应付职工薪酬-社会保险-工伤保险		4,579.49
计提单位负担社会保险	2211.007.005 应付职工薪酬-社会保险-生育保险		2,289.70
合计：壹拾壹万玖仟零陆拾陆元伍角玖分		119,066.59	119,066.59

记账：李想　　审核：单洪飞　　制单：李想

12月 计提基本保险

12-53

部门	计提单位应缴各项保险及公积金							计提基数（应发工资）
	养老保险	失业保险	医疗保险	工伤保险	生育保险	保险合计	住房公积金	
管理部门	16,507.65	515.86	8,253.82	1,031.73	515.85	26,824.91	10,317.28	103,172.80
其中：食堂	4,800.00	150.00	2,400.00	300.00	150.00	7,800.00	3,000.00	30,000.00
销售部门	20,019.73	625.61	10,009.87	1,251.23	625.61	32,532.05	12,512.33	125,123.33
生产车间工人	20,943.67	654.48	10,471.84	1,308.98	654.48	34,033.45	13,089.80	130,897.95
其中：27*0.9	9,308.30	290.88	4,654.15	581.77	290.88	15,125.98	5,817.69	58,176.87
其中：27*1.1	11,635.37	363.60	5,817.69	727.21	363.60	18,907.47	7,272.11	72,721.08
生产车间管理人员	15,800.73	493.77	7,900.37	987.55	493.76	25,676.18	9,875.46	98,754.57
合计	78,071 78	2,439.72	39,035.90	4,879.49	2,439.70	126,866.59	48,794.87	487,948.65

制表：　刘宏

记账凭证

附单据数：0

单位：江南岳达机械制造有限责任公司　　2020-12-31　　凭证号：记-054（1/3）

摘要	科目	借方	贷方
计提折旧	6602.024.004 管理费用-研发费用-折旧	203,000.00	
计提折旧	6602.017 管理费用-累计折旧	21,502.47	
计提折旧	2211.003 应付职工薪酬-职工福利费	970.02	
计提折旧	6402.002 其他业务成本-租赁设备折旧	6,466.40	
计提折旧	6601.017 销售费用-累计折旧	72.75	
合计：贰拾叁万贰仟零壹拾壹元陆角肆分		232,011.64	0.00

记账：李想　　审核：单洪飞　　制单：李想

记账凭证

附单据数：0

单位：江南岳达机械制造有限责任公司　　2020-12-31　　凭证号：记-054 (2/3)

摘要	科目	借方	贷方
计提折旧	5101.017 制造费用-累计折旧	268,687.25	
计提折旧	1602.001 累计折旧-机器设备		448,083.83
计提折旧	1602.002 累计折旧-运输车辆		6,466.56
计提折旧	1602.003 累计折旧-电子设备		6,894.97
计提折旧	1602.004 累计折旧-房屋建筑		38,283.51
合计：伍拾万零陆佰玖拾捌元捌角玖分		500,698.89	499,728.87

记账：李想　　审核：单洪飞　　制单：李想

记账凭证

附单据数：0

单位：江南岳达机械制造有限责任公司　　2020-12-31　　凭证号：记-054（3/3）

摘要	科目	借方	贷方
计提折旧	1602.005 累计折旧-工具器具		970.02
合计：伍拾万零陆佰玖拾捌元捌角玖分		500,698.89	500,698.89

记账：李想　　审核：单洪飞　　制单：李想

固定资产卡片

截止日期　2020年12月　

序号	资产名称	数量	购建时间	使用年限	残值率	已使用月份	预计可使用月	月折旧率	原值	本月折旧	累计折旧	期末净值	净残值	类型	使用部门
1	办公楼	1	2013年10月	20	3%	86	240	0.4042%	2,500,000.00	10,105.00	869,030.00	1,630,970.00	75,000.00	房屋建筑	管理
2	仓库	1	2019年12月	20	3%	12	240	0.4042%	571,428.57	2,309.71	27,716.52	543,712.05	17,142.86	房屋建筑	车间
3	厂房	1	2013年10月	20	3%	86	240	0.4042%	6,000,000.00	24,252.00	2,085,672.00	3,914,328.00	180,000.00	房屋建筑	车间
4	办公用房	1	2010年12月	20	3%	120	240	0.4042%	400,000.00	1,616.80	194,016.00	205,984.00		房屋建筑	管理
5	客车	1	2013年10月	4	3%	48	48	2.0208%	140,000.00	-	135,800.00	4,200.00	4,200.00	运输车辆	车间
6	大众轿车	2	2018年10月	4	3%	26	48	2.0208%	270,000.00	5,456.16	141,860.16	128,139.84	8,100.00	运输车辆	管理
7	小货车	1	2018年10月	4	3%	26	48	2.0208%	50,000.00	1,010.40	26,270.40	23,729.60	1,500.00	运输车辆	管理
8	计算机	5	2013年10月	3	3%	36	36	2.6944%	75,000.00	-	72,750.00	2,250.00	2,250.00	电子设备	车间
9	计算机	5	2018年12月	3	3%	24	36	2.6944%	105,000.00	2,829.12	67,898.88	37,101.12	3,150.00	电子设备	管理
10	打印机	3	2013年10月	3	3%	36	36	2.6944%	10,500.00	-	10,185.00	315.00	315.00	电子设备	车间
11	打印机	5	2018年12月	3	3%	24	36	2.6944%	18,000.00	484.99	11,639.76	6,360.24	540.00	电子设备	管理
12	空调	1	2019年9月	3	3%	15	36	2.6944%	20,000.00	625.10	9,376.50	13,823.50	696.00	电子设备	车间
13	电脑	1	2018年6月	3	3%	30	36	2.6944%	2,700.00	72.75	2,182.50	517.50	81.00	电子设备	销售
14	厨房设备	1	2019年6月	5	3%	18	60	1.6167%	60,000.00	970.02	17,460.36	42,539.64	1,800.00	工具器具	食堂
15	计算机	1	2014年6月	3	3%	36	36	2.6944%	3,000.00	-	2,910.00	90.00	90.00	电子设备	车间
16	热风炉	1	2014年6月	10	3%	78	120	0.8083%	1,600,000.00	12,932.80	1,008,758.40	591,241.60	48,000.00	机器设备	车间
17	电动空压机	1	2014年6月	10	3%	78	120	0.8083%	3,900.00	31.52	2,458.56	1,441.44	117.00	机器设备	车间
18	木工压刨机	1	2014年6月	10	3%	78	120	0.8083%	17,000.00	137.41	10,717.98	6,282.02	510.00	机器设备	车间
19	数控全自动顶刃磨机	1	2014年6月	10	3%	78	120	0.8083%	5,000,000.00	40,415.00	3,152,370.00	1,847,630.00	150,000.00	机器设备	车间
20	焊接机	3	2014年6月	10	3%	78	120	0.8083%	5,700,000.00	46,073.10	3,593,701.80	2,106,298.20	171,000.00	机器设备	车间
21	数控带锯铣床	2	2014年6月	10	3%	78	120	0.8083%	7,200,000.00	58,197.60	4,539,412.80	2,660,587.20	216,000.00	机器设备	车间
22	平板运输车	1	2015年7月	4	3%	48	48	0.020208	400,000.00	-	388,000.00	12,000.00	12,000.00	运输车辆	车间
23	铣齿机	2	2014年6月	10	3%	78	120	0.8083%	800,000.00	6,466.40	504,379.20	295,620.80	24,000.00	机器设备	车间
24	收卷机	2	2014年6月	10	3%	78	120	0.8083%	100,000.00	808.30	63,047.40	36,952.60	3,000.00	机器设备	车间
25	带锯分齿机	2	2014年6月	10	3%	78	120	0.8083%	1,400,000.00	11,316.20	882,663.60	517,336.40	42,000.00	机器设备	车间
26	数控磨床	4	2014年6月	10	3%	78	120	0.8083%	1,000,000.00	8,083.00	630,474.00	369,526.00	30,000.00	机器设备	车间
27	淬、回火生产线	1	2014年6月	10	3%	78	120	0.8083%	5,000,000.00	40,415.00	3,152,370.00	1,847,630.00	150,000.00	机器设备	车间
28	等离子切割机	1	2014年6月	10	3%	78	120	0.8083%	10,000.00	80.83	6,304.74	3,695.26	300.00	机器设备	车间
29	过滤冷却系统	1	2014年6月	10	3%	78	120	0.8083%	190,000.00	1,535.77	119,790.06	70,209.94	5,700.00	机器设备	车间
30	喷码机	2	2020年10月	3	3%	2	36	2.6944%	107,000.00	2,883.01	5,766.02	101,233.98	3,210.00	电子设备	车间
31	热风炉	1	2020年10月	10	3%	2	120	0.8083%	1,500,000.00	12,124.50	24,249.00	1,475,751.00	45,000.00	机器设备	车间
32	高炉	1	2015年1月	10	3%	71	120	0.8083%	800,000.00	6,466.40	459,114.40	340,885.60	24,000.00	机器设备	租赁
33	硬质合金分齿机	1	2020年12月	10	3%		120	0.8083%	203,000.00	203,000.00	203,000.00	-	6,090.00	机器设备	车间
34	多功能车棚	1	2020年12月	20	3%		240	0.4042%	600,000.00		-	600,000.00	18,000.00	房屋建筑	厂地
合计									41,856,528.57	500,698.89	22,421,346.04	19,438,382.53	1,243,791.86		

	管理	车间	销售	租赁	食堂	合计
机器设备	203, 000. 00	238, 617. 43	-	6, 466. 40	-	448, 083. 83
运输车辆	6, 466. 56	-	-	-	-	6, 466. 56
电子设备	3, 314. 11	3, 508. 11	72. 75	-	-	6, 894. 97
房屋建筑	11, 721. 80	26, 561. 71	-	-	-	38, 283. 51
工具器具	-	-	-	-	970. 02	970. 02
	224, 502. 47	268, 687. 25	72. 75	6, 466. 40	970. 02	500, 698. 89

记账凭证

附单据数：0

单位：江南岳达机械制造有限责任公司　　2020-12-31　　凭证号：记-055

摘要	科目	借方	贷方
购电子阅读器	6602.006 管理费用-办公费	9,158.97	
购电子阅读器	1001 库存现金		9,158.97
合计：玖仟壹佰伍拾捌元玖角柒分		9,158.97	9,158.97

记账：李想　　审核：单洪飞　　制单：李想

江南增值税电子普通发票

发 票 联

发票代码：2115124525　　12-55

发票号码：21646549

开票日期：2020年12月25日

校验码：

购买方	名　　称：江南岳达机械制造有限责任公司 纳税人识别号：912905045566777888M 地 址、电 话：长安市奉贤区工业园区　42123456 开户行及帐号：江南城市发展银行长安分行　18254871000011457	密码区	

货物或应税劳务、服务名称	规格型号	单位	数量	单价	金额	税率	税额
*电子产品*电子阅读器		个	6	1,511.38	9,068.29	1%	90.68
合计					¥9,068.29		¥90.68
价税合计（大写）	⊕柒佰伍拾元零陆分			（小写）	¥750.06		

销售方	名　　称：长安市北运区晓红办公用品商店 纳税人识别号：999901354821338000 地 址、电 话：长安市北运区工业园区　45636512 开户行及帐号：工农银行长安分行北运支行　8154625478892325	备注	

收款人：小乔　　复核：薛蟠　　开票人：关应吉　　销售方：（章）

第二联：发票联　购买方记账凭证

（印章：全国统一发票监制章 国家税务总局 江南税务局）

（印章：长安市北运区晓红办公用品商店 999901354821338000 发票专用章）

税总函[2016]311号北京印钞有限公司

记账凭证

附单据数：0

单位：江南岳达机械制造有限责任公司　　2020-12-31　　凭证号：记-056（1/2）

摘要	科目	借方	贷方
计提本月公积金	6602.043 管理费用-住房公积金	10,317.28	
计提本月公积金	6601.037 销售费用-住房公积金	12,512.33	
计提本月公积金	5001.003.001.003 生产成本-带锯条27*0.9-直接人工-住房公积金	5,817.69	
计提本月公积金	5001.005.001.003 生产成本-带锯条34*1.1-直接人工-住房公积金	7,272.11	
计提本月公积金	5101.043 制造费用-住房公积金	9,875.46	
合计：肆万伍仟柒佰玖拾肆元捌角柒分		45,794.87	0.00

记账：李想　　审核：单洪飞　　制单：李想

记账凭证

附单据数：0

单位：江南岳达机械制造有限责任公司　　2020-12-31　　凭证号：记-056（2/2）

摘要	科目	借方	贷方
计提本月公积金	2211.008 应付职工薪酬-住房公积金		45,794.87
合计：肆万伍仟柒佰玖拾肆元捌角柒分		45,794.87	45,794.87

记账：李想　　审核：单洪飞　　制单：李想

12月计提公积金

12-56

部门	计提单位应缴公积金	计提基数（应发工资）
	住房公积金	
管理部门	10,317.28	103,172.80
销售部门	12,512.33	125,123.33
生产车间工人	13,089.80	130,897.95
其中：27*0.9	5,817.69	58,176.87
其中：27*1.1	7,272.11	72,721.08
生产车间管理人员	9,875.46	98,754.57
合计	45,794.87	457,948.65

记账凭证

附单据数：0

单位：江南岳达机械制造有限责任公司　　2020-12-31　　凭证号：记-057

摘要	科目	借方	贷方
计提福利费	6602.003 管理费用-职工福利费	34,460.02	
计提福利费	2211.003 应付职工薪酬-职工福利费		34,460.02
合计：叁万肆仟肆佰陆拾元零贰分		34,460.02	34,460.02

记账：李想　　审核：单洪飞　　制单：李想

12-57

计提本月实际发生福利费 34460.02

记账凭证

附单据数：0

单位：江南岳达机械制造有限责任公司　　2020-12-31　　凭证号：记-058（1/2）

摘要	科目	借方	贷方
摊销无形资产	5101.039 制造费用-土地使用权摊销	4,133.33	
摊销无形资产	6602.038 管理费用-土地使用权摊销	1,166.67	
摊销无形资产	6602.038 管理费用-土地使用权摊销	91,666.67	
摊销无形资产	6602.018.003 管理费用-无形资产摊销-非专利技术摊销	1,083.33	
摊销无形资产	6602.018.002 管理费用-无形资产摊销-专利权摊销	16,666.67	
合计：壹拾壹万肆仟柒佰壹拾陆元陆角柒分		114,716.67	0.00

记账：李想　　审核：单洪飞　　制单：李想

记账凭证

附单据数：0

单位：江南岳达机械制造有限责任公司　　2020-12-31　　凭证号：记-058 (2/2)

摘要	科目	借方	贷方
摊销无形资产	1702.001 累计摊销-土地使用权A地块		5,300.00
摊销无形资产	1702.004 累计摊销-土地使用权B地块		91,666.67
摊销无形资产	1702.002 累计摊销-非专利技术		1,083.33
摊销无形资产	1702.005 累计摊销-新型专利技术		16,666.67
合计：壹拾壹万肆仟柒佰壹拾陆元陆角柒分		114,716.67	114,716.67

记账：李想　　审核：单洪飞　　制单：李想

无形资产摊销明细表

日期　2020年12月

12-58

无形资产	取得时间	面积	金额	摊销年限	本月摊销金额	已摊销年限	累计摊销金额	本月摊余值	备注
土地使用权-A地块	2012年9月	3000	3,180,000.00	600	5,300.00	100.00	530,000.00	2,650,000.00	厂房2339.62平方/办公660.38平方
土地使用权-B地块	2020年11月	2000	11,000,000.00	120	91,666.67	2.00	110,000.00	10,890,000.00	在建厂房
非专利技术1	2020年10月		130,000.00	120	1,083.33	3.00	3,249.99	126,750.01	
管理软件	2018年11月		5,000.00	13		13.00	5,000.00	-	10月份转办公用余值一次性摊销
新型专利技术	2020年12月		2,000,000.00	120	16,666.67	1.00	16,666.67	1,983,333.33	
合计			16,315,000.00		114,716.67		664,916.66	15,650,083.34	

制表:　李想

记账凭证

附单据数：0

单位：江南岳达机械制造有限责任公司　　2020-12-31　　凭证号：记-059

摘要	科目	借方	贷方
摊销云盘租赁费	6602.019 管理费用-长期待摊费用摊销	41,666.67	
摊销云盘租赁费	1801.001 长期待摊费用-云盘租赁费		41,666.67
合计：肆万壹仟陆佰陆拾陆元陆角柒分		41,666.67	41,666.67

记账：李想　　审核：单洪飞　　制单：李想

云盘租赁费摊销

12-59

原值	业务发生日期	已摊销金额	本月摊销金额
42,857.15	2019年12月	1,190.48	41,666.67

记账凭证

附单据数：0

单位：江南岳达机械制造有限责任公司　　2020-12-31　　凭证号：记-060 (1/3)

摘要	科目	借方	贷方
结转制造费用	5001.003.003 生产成本-带锯条27*0.9-制造费用	423,544.34	
结转制造费用	5001.005.003 生产成本-带锯条34*1.1-制造费用	529,430.43	
结转制造费用	5101.038 制造费用-原材料		90,157.98
结转制造费用	5101.042 制造费用-社会保险		25,676.18
结转制造费用	5101.043 制造费用-住房公积金		9,875.46
合计：玖拾伍万贰仟玖佰柒拾肆元柒角柒分		952,974.77	125,709.62

记账：李想　　审核：单洪飞　　制单：李想

记账凭证

附单据数：0

单位：江南岳达机械制造有限责任公司　　2020-12-31　　凭证号：记-060（2/3）

摘要	科目	借方	贷方
结转制造费用	5101.017 制造费用-累计折旧		268,687.25
结转制造费用	5101.001 制造费用-工资薪金		98,754.57
结转制造费用	5101.039 制造费用-土地使用权摊销		4,133.33
结转制造费用	5101.041 制造费用-水费		2,300.00
结转制造费用	5101.040 制造费用-电费		91,850.00
合计：玖拾伍万贰仟玖佰柒拾肆元柒角柒分		952,974.77	591,434.77

记账：李想　　审核：单洪飞　　制单：李想

记账凭证

附单据数：0

单位：江南岳达机械制造有限责任公司　　2020-12-31　　凭证号：记-060（3/3）

摘要	科目	借方	贷方
结转制造费用	5101.034 制造费用-修理费		240,000.00
结转制造费用	5101.044 制造费用-技术服务费		120,000.00
结转制造费用	5101.006 制造费用-办公费		1,540.00
合计：玖拾伍万贰仟玖佰柒拾肆元柒角柒分		952,974.77	952,974.77

记账：李想　　审核：单洪飞　　制单：李想

12-60

结转本月制造费用

科目编码	科目名称	借方金额
5101.006	制造费用-办公费	1,540.00
5101.044	制造费用-技术服务费	120,000.00
5101.034	制造费用-修理费	240,000.00
5101.040	制造费用-电费	91,850.00
5101.041	制造费用-水费	2,300.00
5101.038	制造费用-原材料	90,157.98
5101.001	制造费用-工资薪金	98,754.57
5101.042	制造费用-社会保险	25,676.18
5101.017	制造费用-累计折旧	268,687.25
5101.043	制造费用-住房公积金	9,875.46
5101.039	制造费用-土地使用权摊销	4,133.33
合计		952,974.77

12月工时	
27*0.9用工时	320
3.4*1.1用工时	400
	720

制造费用分配

生产成本-带锯条27*0.9 = 320 / 720 *952974.77 = 423 544.34

生产成本-带锯条34*1.1 = 400 / 720 *952974.77 = 529 430.43

记账凭证

附单据数：0

单位：江南岳达机械制造有限责任公司　　2020-12-31　　凭证号：记-061 (1/2)

摘要	科目	借方	贷方
产成品27*0.9带锯条入库(数量:49000，单价:16.76)	1405_027 库存商品_带锯条27*0.9	821,241.64	
产成品27*0.9带锯条入库	5001.003.001.001 生产成本-带锯条27*0.9-直接人工-工资薪金		53,688.94
产成品27*0.9带锯条入库	5001.003.001.002 生产成本-带锯条27*0.9-直接人工-社会保险		16,106.68
产成品27*0.9带锯条入库	5001.003.001.003 生产成本-带锯条27*0.9-直接人工-住房公积金		5,368.90
产成品27*0.9带锯条入库	5001.003.002 生产成本-带锯条27*0.9-直接材料		343,710.00
合计：捌拾贰万壹仟贰佰肆拾壹元陆角肆分		821,241.64	418,874.52

记账：李想　　审核：单洪飞　　制单：李想

记账凭证

附单据数：0

单位：江南岳达机械制造有限责任公司　　2020-12-31　　凭证号：记-061 (2/2)

摘要	科目	借方	贷方
产成品27*0.9带锯条入库	5001.003.003 生产成本-带锯条27*0.9-制造费用		402,367.12
合计：捌拾贰万壹仟贰佰肆拾壹元陆角肆分		821,241.64	821,241.64

记账：李想　　审核：单洪飞　　制单：李想

完工产成品计算过程

产品名称：带锯条27*0.9　　12-61A

科目编码	科目名称	借方金额	完工程度	按完工程度转入产成品	实际盘点完工数量	单价	在产品余额
5001.003.002	生产成本-带锯条27*0.9-直接材料	361,800.00	95%	343,710.00	49,000.00		18,090.00
5001.003.001.001	生产成本-带锯条27*0.9-直接人工-工资薪金	58,176.87		53,688.94			4,487.93
5001.003.001.002	生产成本-带锯条27*0.9-直接人工-社会保险	18,907.47		16,106.68			2,800.79
5001.003.001.003	生产成本-带锯条27*0.9-直接人工-住房公积金	5,817.69		5,368.90			448.79
5001.003.003	生产成本-带锯条27*0.9-制造费用	423,544.34		402,367.12			21,177.22
合计		868,246.37		821,241.64	49,000.00	16.76	47,004.73

入 库 单

12-61B

接收部门 原材料及成品库房 2020-12-31 单号: 3459441961B

货号	品名	规格	单位	数量	单价	金额
	带锯条	27*0.9	米	49,000.00	16.76003	821,241.64
合计						821,241.64

仓库负责人	刘强丰	经手入库人	王剑	记账	李想	备注	-

第一联，财务记账凭证

记账凭证

附单据数：0

单位：江南岳达机械制造有限责任公司　　2020-12-31　　凭证号：记-062 (1/2)

摘要	科目	借方	贷方
产成品入库34*1.1带锯条(数量:40000, 单价:27.6...	1405_028 库存商品_带锯条34*1.1	1,106,005.46	
产成品入库34*1.1带锯条	5001.005.001.001 生产成本-带锯条34*1.1-直接人工-工资薪金		69,085.03
产成品入库34*1.1带锯条	5001.005.001.002 生产成本-带锯条34*1.1-直接人工-社会保险		14,369.68
产成品入库34*1.1带锯条	5001.005.001.003 生产成本-带锯条34*1.1-直接人工-住房公积金		6,908.51
产成品入库34*1.1带锯条	5001.005.002 生产成本-带锯条34*1.1-直接材料		512,683.33
合计：壹佰壹拾万陆仟零伍元肆角陆分		1,106,005.46	603,046.55

记账：李想　　审核：单洪飞　　制单：李想

记账凭证

附单据数：0

单位：江南岳达机械制造有限责任公司　　2020-12-31　　凭证号：记-062 (2/2)

摘要	科目	借方	贷方
产成品入库34*1.1带锯条	5001.005.003 生产成本-带锯条34*1.1-制造费用		502,958.91
合计：壹佰壹拾万陆仟零伍元肆角陆分		1,106,005.46	1,106,005.46

记账：李想　　审核：单洪飞　　制单：李想

完工产成品计算过程

产品名称：带锯条34*1.1

12-62A

科目编码	科目名称	借方金额	完工程度	按完工程度转入产成品	实际盘点完工数量	单价	在产品余额
5001.005.002	生产成本-带锯条34*1.1-直接材料	539,666.67	95%	512,683.33	44,400.00		26,983.34
5001.005.001.001	生产成本-带锯条34*1.1-直接人工-工资薪金	72,721.08		69,085.03			3,636.05
5001.005.001.002	生产成本-带锯条34*1.1-直接人工-社会保险	15,125.98		14,369.68			756.30
5001.005.001.003	生产成本-带锯条34*1.1-直接人工-住房公积金	7,272.11		6,908.51			363.60
5001.005.003	生产成本-带锯条34*1.1-制造费用	529,430.43		502,958.91			26,471.52
合计		1,164,216.27		1,106,005.46	44,400.00	24.99	58,210.81

入 库 单

12-62B

接收部门 原材料及成品库房 2020-12-30 单号: 3459441952B

货号	品 名	规格	单位	数量	单价	金额
	带锯条	34*1.1	米	44,400.00	24.91003	1,106,005.46
合计						1,106,005.46
仓库负责人	刘强丰	经手入库人	王剑	记账	李想	备注

第一联，财务记账凭证

记账凭证

附单据数：0

单位：江南岳达机械制造有限责任公司　　2020-12-31　　凭证号：记-063

摘要	科目	借方	贷方
领用产成品27*0.9带锯条	1408.001.001 委托加工物资-木工锯-原材料	5,321.82	
领用产成品27*0.9带锯条(数量:300, 单价:17.7394)	1405_027 库存商品_带锯条27*0.9		5,321.82
合计：伍仟叁佰贰拾壹元捌角贰分		5,321.82	5,321.82

记账：李想　　审核：单洪飞　　制单：李想

出　库　单

12-63

领用部门或单位　委托加工物资（木工锯）长安大祺工具厂　2020-12-26　单号：214544191

货号	品名	规格	单位	数量	单价	金额
	带锯条	27*0.9	米	300	17.7394	5,321.82
合计						5,321.82

仓库负责人	刘强丰	出库经手人	王剑	记账	李想	备注	-

第一联，财务记账凭证

记账凭证

附单据数：0

单位：江南岳达机械制造有限责任公司　　2020-12-31　　凭证号：记-064（1/2）

摘要	科目	借方	贷方
木工锯加工费	1408.001.002 委托加工物资-木工锯-加工费	30,000.00	
木工锯加工费	2221.001.001 应交税费-应交增值税-进项税额	3,900.00	
应付木工锯加工费	2202.019 应付账款-长安市大祺工具厂		33,900.00
付加工费	2202.019 应付账款-长安市大祺工具厂	33,900.00	
付加工费	1002.001 银行存款-江南城市发展银行长安分行		33,900.00
合计：陆万柒仟捌佰元整		67,800.00	67,800.00

记账：李想　　审核：单洪飞　　制单：李想

记账凭证

附单据数：0

单位：江南岳达机械制造有限责任公司　　2020-12-31　　凭证号：记-064（2/2）

摘要	科目	借方	贷方
汇款手续费	6603.001 财务费用-手续费	10.00	
汇款手续费	1002.001 银行存款-江南城市发展银行长安分行		10.00
合计：陆万柒仟捌佰壹拾元整		67,810.00	67,810.00

记账：李想　　审核：单洪飞　　制单：李想

江南增值税专用发票

发票联

2164564894

12-64

№ 21546895

开票日期： 2020年12月26日

购买方	名　　称：江南岳达机械制造有限责任公司 纳税人识别号：91290504556677888M 地 址、电 话：长安市奉贤区工业园区 42123456 开户行及帐号：江南城市发展银行长安分行 18254871000011457	密码区	

货物或应税劳务、服务名称	规格型号	单位	数量	单价	金额	税率	税额
*劳务 *加工费			1	30,000.00	30,000.00	13%	3,900.00
合计					¥30,000.00		¥3,900.00

价税合计（大写） ⊕叁万叁仟玖佰元整 （小写） ¥33,900.00

销售方	名　　称：长安市大祺工具厂 纳税人识别号：999904778126548000 地 址、电 话：长安市湘湖区西湖大道 4587123 开户行及帐号：大海银行长安分行湘湖支行 210202154876121	备注	

收款人：大乔　复核：贾宝玉　开票人：高德　销售方：（章）

第三联：发票联 购买方记账凭证

税总函[2016]311号北京印钞有限公司

12-64

江南城市发展银行电汇凭证（借方凭证）

NO.181145764

普通　　加急　　委托日期　2020年12月26日

汇款人	全称	江南岳达机械制造有限责任公司	收款人	全称	长安市大祺工具厂
	账号	18254871000011457		账号	210202154876121
	汇出地点	江南省长安市		汇入地点	江南省长安市
汇出行名称	江南城市发展银行长安分行		汇入行名称	大海银行长安分行湘湖支行	
金　额	人民币（大写）	叁万叁仟玖佰元整			¥33,900.00
此汇款支付给收款人。 江南城市发展银行长安分行 朱珊 2020年12月26日 业务核算章 汇款人签章			支付密码		
			附加信息及用途： 复核：　记账：		

此联汇出行作借方凭证

江南城市发展银行（长安分行营业部）收费回单

12-64

交易流水： 110141111457　　2020年12月26日

付款人账号 18254871000011457		付款人名称	江南岳达机械制造有限责任公司
收费种类	币种	交易金额	收费金额
47 电汇手续费	人民币	33,900.00	10.00
合计金额	10.00		

江南城市发展银行长安分行 朱珊 2020年12月26日 业务核算章

第二联 客户留存联

柜员号：00000　　朱珊

记账凭证

附单据数：0

单位：江南岳达机械制造有限责任公司　　2020-12-31　　凭证号：记-065

摘要	科目	借方	贷方
结转完工的木工锯入库(数量:300，单价:376.8394)	1405_029 库存商品_木工锯	113,051.82	
结转完工的木工锯入库	1408.001.002 委托加工物资-木工锯-加工费		30,000.00
结转完工的木工锯入库	1408.001.001 委托加工物资-木工锯-原材料		83,051.82
合计：壹拾壹万叁仟零伍拾壹元捌角贰分		113,051.82	113,051.82

记账：李想　　审核：单洪飞　　制单：李想

12-65A

入　库　单

接收部门　原材料及成品库房　　2020-12-30　　单号：3459441955A

货号	品　名	规格	单位	数量	单价	金额
	木工锯		把	300.00	376.8394	113,051.82
合计						113,051.82

仓库负责人	刘强丰	经手人 入库	王剑	记账	李想	备注	

第一联，财务记账凭证

木工锯成本计算过程

12-65B

本期发生:	库存商品-带锯条27*0.9 加权平均单价	= (17158051.71+4821241.64) / (990010.08+249000)=17.7394 元/米
	木工锯领用-带锯条27*1.1	=300 米 * 17.7394 元/米 = 5,321.82 元
	木工锯加工费	30,000.00元
上期余额	期初木工锯未完工成本余额	77730.00元
	木工锯完工百分比	100%
本期完工:	完工数量	300把
	完工成本	= 5,321.82+30000+77730 = 113,051.82 元

记账凭证

附单据数：0

单位：江南岳达机械制造有限责任公司　　2020-12-31　　凭证号：记-066

摘要	科目	借方	贷方
报销为职工购买运动服款	6602.005 管理费用-工会经费	10,170.00	
报销为职工购买运动服款	1001 库存现金		10,170.00
合计：壹万零壹佰柒拾元整		10,170.00	10,170.00

记账：李想　　审核：单洪飞　　制单：李想

江南增值税普通发票

12-66

2105123350　　　　№ 12513002

发票联

开票日期：2020年12月26日

购买方	名称：江南岳达机械制造有限责任公司 纳税人识别号：91290504556677888M 地址、电话：长安市奉贤区工业园区 42123456 开户行及帐号：江南城市发展银行长安分行 18254871000011457			密码区			
货物或应税劳务、服务名称	规格型号	单位	数量	单价	金额	税率	税额
*服装*运动服		套	20	450.00	9,000.00	13%	1,170.00
合计					¥9,000.00		¥1,170.00
价税合计（大写）	⊕壹万零壹佰柒拾元整				（小写）¥10,170.00		
销售方	名称：长安市华溪商业大厦 纳税人识别号：999904156803056000 地址、电话：长安市湘湖区站前街 45521522 开户行及帐号：工群银行长安分行湘湖支行 2578922512236236			备注			

收款人：马超　　复核：花荣　　开票人：郑丽丽　　销售方：（章）

第二联：发票联　购买方记账凭证

（印章：全国统一发票监制章 江南 国家税务总局监制）

（印章：长安市华溪商业大厦 999904156803056000 发票专用章）

税总函[2016]311号北京印钞有限公司

记账凭证

附单据数：0

单位：江南岳达机械制造有限责任公司　　2020-12-31　　凭证号：记-067

摘要	科目	借方	贷方
结转已售产品成本	6401 主营业务成本	9,199,310.38	
结转已售产品成本(数量:343003，单价:19.7394)	1405_027 库存商品_带锯条27*0.9		6,770,673.42
结转已售产品成本(数量:60020，单价:27.7731)	1405_028 库存商品_带锯条34*1.1		1,666,941.46
结转 已售产品成本(数量:27000，单价:27.89)	1406_028 发出商品_带锯条34*1.1		753,030.00
结转已售产品成本(数量:500，单价:17.331)	1406_027 发出商品_带锯条27*0.9		8,665.50
合计：玖佰壹拾玖万玖仟叁佰壹拾元叁角捌分		9,199,310.38	9,199,310.38

记账：李想　　审核：单洪飞　　制单：李想

12-67A

12月 销售商品汇总表

序号	订单号	商品名称	规格	单位	数量	销售凭证号	类型
1	21454417016	金属切削刀具（带锯条）	27*0.9	米	1503	12-16#凭证	直接销售
2	2145441776A	金属切削刀具（带锯条）	27*0.9	米	341500	12-36#凭证	直接销售
3	21454379940	金属切削刀具（带锯条）	27*0.9	米	500	12-36#凭证	分期收款本月收款
4	21454419537	金属切削刀具（带锯条）	27*0.9	米	1000	12-37#凭证	直接销售
5	21454419138	金属切削刀具（带锯条）	34*1.1	米	60020	12-38#凭证	直接销售
6	214544161A	金属切削刀具（带锯条）	34*1.1	米	27000	12-40#凭证	赊销，本月收款
合计					431523		

产成品成本计算过程

12-67B

本期已售商品成本=（期初金额+本期入库金额）/（期初库存数量+本期入库数量）X 本期销售数量

库存商品-带锯条27*0.9 加权平均单价 = (17158051.71+4821241.64) / (990010.08+249000)=17.7394 元/米
库存商品-带锯条34*1.1 加权平均单价 = （1230271.11+1106005.46）/（44120+40000） =27.7731元/米
库存商品-木工锯 加权平均单价 = （4225+113043.09）/（13+300） =374.6584 元/米

已售带锯条27*0.9成本 =343003 米 *19.7394元/米 =6770673.42元
已售带锯条34*1.1成本 =60020 米 * 27.7731 元/米 = 1666941.46 元
木工锯领用-带锯条27*0.9 =300 米 * 17.7394 元/米 =5,321.82元

记账凭证

附单据数：0

单位：江南岳达机械制造有限责任公司　　2020-12-31　　凭证号：记-068

摘要	科目	借方	贷方
研发领用27*0.9钢带1吨	6602.024.002 管理费用-研发费用-材料	40,000.00	
研发领用27*0.9钢带1吨(数量:1，单价:40000)	1403.001_001 原材料-钢带类_带锯钢带27*0.9		40,000.00
合计：肆万元整		40,000.00	40,000.00

记账：李想　　审核：单洪飞　　制单：李想

出　　库　　单

12-68

领用部门或单位　研发用材料　　2020-12-13　　单号：2145441788

货号	品　名	规格	单位	数量	单价	金额
	钢带	27*0.9	吨	1	40000	40,000.00
合计						40,000.00

仓库负责人	刘强丰	经手人 出库	王剑	记账	李想	备注	

第一联，财务记账凭证

记账凭证

附单据数：0

单位：江南岳达机械制造有限责任公司　　2020-12-17　　凭证号：记-069

摘要	科目	借方	贷方
盘亏椴木原木1.00立方	6602.032 管理费用-财产损失	1,000.00	
盘亏椴木原木1.00立方(数量:1,单价:1000)	1403.002_003 原材料-木材类_椴木材		1,000.00
合计：壹仟元整		1,000.00	1,000.00

记账：李想　　审核：单洪飞　　制单：李想

盘盈盘亏报告表

部门：原材料库　　　　2020年11月30　日　　　　12-69

品名	规格	单位	单价	账面数量	盘点数量	盘盈		盘亏		情况说明
						数量	金额	数量	金额	
椴木原木		立方	1000	1	0			1	1,000.00	无法查实原因的盘亏，经研究决定确认为损失

总经理审批意见：	财务科长意见：	财务分管会计意见：	仓库意见：
同意 王岳达	同意 王玉玲	同意 刘强丰	同意 王剑

记账凭证

附单据数：0

单位：江南岳达机械制造有限责任公司　　2020-12-31　　凭证号：记-070

摘要	科目	借方	贷方
支付本月贷款利息	6603.003 财务费用-利息支出	20,000.00	
支付本月贷款利息	1002.001 银行存款-江南城市发展银行长安分行		20,000.00
合计：贰万元整		20,000.00	20,000.00

记账：李想　　审核：单洪飞　　制单：李想

江南城市发展银行业务凭证/回单　　12-70

交易日期：2020年12月31日　　回单编号：18211562400000033　　交易流水号：81254000017
网点编号：1864　　交易名称：利息支出　　业务类型：借贷记
收款人户名：
收款款账号：
收款银行
付款人户名：江南岳达机械制造有限责任公司
付款账号：18254871000011457
付款银行：江南城市发展银行长安分行
收付款标志：收款　　起息日：　　凭证编号：
交易金额（币种）：人民币　　¥20,000.00
摘要：
计息起讫日期：
计算总积数：　　利率：
执行年利率%：　　对方科目：1510（应付利息）
大写金额：贰万元整

江南城市发展银行长安分行
朱珊
2020年12月31日
业务核算章

打印渠道：柜面　　打印次数：1　　柜员号：81254　　打印日期：2020年12月31日

12-70A

江南增值税普通发票

发票联

2126124651 №12565981

开票日期：2020年12月30日

购买方		密码区
名称：	江南岳达机械制造有限责任公司	
纳税人识别号：	91290504556677888M	
地址、电话：	长安市奉贤区工业园区 42123456	
开户行及帐号：	江南城市发展银行长安分行 18254871000011457	

货物或应税劳务、服务名称	规格型号	单位	数量	单价	金额	税率	税额
*金融服务*贷款利息		天	30	110.06	18,867.92	6%	1,132.08
合计					¥18,867.92		1,132.08
价税合计（大写）	⊕贰万元整				（小写）	¥20,000.00	

销售方		备注
名称：	江南城市发展银行长安分行	
纳税人识别号：	999225512684513 1561	
地址、电话：	江南省长安市溪文区 45457951	
开户行及帐号：	江南城市发展银行长安分行 18121256229554132	

收款人：晓玉 复核：刘光 开票人：师平 销售方：（章）

第二联：发票联 购买方记账凭证

税总函[2016]311号北京印钞有限公司

记账凭证

附单据数：0

单位：江南岳达机械制造有限责任公司　　2020-12-31　　凭证号：记-071

摘要	科目	借方	贷方
计提房产税	6403.001 税金及附加-房产税	4,480.00	
计提房产税	2221.016 应交税费-应交房产税		4,480.00
合计：肆仟肆佰捌拾元整		4,480.00	4,480.00

记账：李想　　审核：单洪飞　　制单：李想

12-71

	坐落地点	房产原值	土地成本	计算过程	应纳税额
房产税	长安市	6,400,000.00		= (6000000+400000)*(1-30%)*1.2%/12	4480
					4480

记账凭证

附单据数：0

单位：江南岳达机械制造有限责任公司　　2020-12-31　　凭证号：记-072

摘要	科目	借方	贷方
计提土地使用税	6403.002 税金及附加-土地使用税	4,500.00	
计提土地使用税	2221.017 应交税费-应交土地使用税		4,500.00
合计：肆仟伍佰元整		4,500.00	4,500.00

记账：李想　　审核：单洪飞　　制单：李想

12-72

		土地面积	等级		应纳税额
土地使用税	长安市	3000	3	=3000*18/12	4500
					4500

记账凭证

附单据数：0

单位：江南岳达机械制造有限责任公司　　2020-12-31　　凭证号：记-073

摘要	科目	借方	贷方
计提印花税	6403.003 税金及附加-印花税	1,117.96	
计提印花税	2221.020 应交税费-应交印花税		1,117.96
合计：壹仟壹佰壹拾柒元玖角陆分		1,117.96	1,117.96

记账：李想　　审核：单洪飞　　制单：李想

12月应交印花税明细表

12-73

对应业务	概要	应税凭证	税目	计税依据	税率	税额	贴印花税票划销税额	网上申报上缴税额
12月第12笔业务	购带锯钢带	订单	购销合同	535,333.34	0.0003	160.60		160.60
12月第27笔业务	购电磁阀	订单	购销合同	18,000.00	0.0003	5.40		5.40
12月第28笔业务	购磨削油过滤冷却系统	订单	购销合同	240,000.00	0.0003	72.00		72.00
12月第16笔业务	产品抵债	合同	购销合同	30,060.00	0.0003	9.02	9.02	
12月第36笔业务	销售带锯条	提货单	购销合同	6,500,000.00	0.0003	1,950.00	1,725.64	224.36
12月第37笔业务	销售带锯条	提货单	购销合同	60,000.00	0.0003	18.00		18.00
12月第38笔业务	销售带锯条	提货单	购销合同	1,800,000.00	0.0003	540.00		540.00
12月第79笔业务	销售带锯条		购销合同	1,736,725.66	0.0003	521.02	521.02	
小计						**3,276.04**	**2,255.68**	**1,020.36**
12月第4笔业务	结转电缆清包工程毛利	合同	建筑安装工程承包合同	116,504.85	0.0003	34.95		34.95
12月第4笔业务	支付电缆清包工程分包劳务成本	合同	建筑安装工程承包合同	36,697.25	0.0003	11.65		11.65
小计						**46.60**		**46.60**
12月第64笔业务	木工锯加工费	订单	加工承揽合同	30,000.00	0.0005	15.00		15.00
小计						**15.00**		**15.00**
12月第23笔业务	付生产线技术服务费	订单	技术合同	120,000.00	0.0003	36.00		36.00
小计						**36.00**		**36.00**
总计						3,373.64	2,255.68	1,117.96

备注：2022年7月1日起实施的《中华人民共和国印花税法》规定的应税凭证中的合同，仅指书面合同

记账凭证

附单据数：0

单位：江南岳达机械制造有限责任公司　　2020-12-31　　凭证号：记-074

摘要	科目	借方	贷方
以库存现金支付考察费	6602.010 管理费用-业务招待费	12,000.00	
以库存现金支付考察费	1001 库存现金		12,000.00
合计：壹万贰仟元整		12,000.00	12,000.00

记账：李想　　审核：单洪飞　　制单：李想

江苏增值税普通发票

发票联

32111500222

12-74

№ 53245283

开票日期：2020年12月30日

购买方			密码区
	名　　称：	江南岳达机械制造有限责任公司	
	纳税人识别号：	91290504556677888M	
	地 址、电 话：	长安市奉贤区工业园区　42123456	
	开户行及帐号：	江南城市发展银行长安分行　18254871000011457	

货物或应税劳务、服务名称	规格型号	单位	数量	单价	金额	税率	税额
*旅游服务*考察服务		次	1	11,320.75	11,320.75	6%	679.25
合计					¥11,320.75		¥679.25
价税合计（大写）	⊕壹万贰仟元整			（小写）	¥12,000.00		

销售方			备注
	名　　称：	南京安羊国际旅行社有限公司	
	纳税人识别号：	913201021251433326Y	
	地 址、电 话：	江苏省南京市玄武区　82134572	
	开户行及帐号：	大海银行南京分行玄武支行　3721252234512223	

收款人：张昭　　复核：石勇　　开票人：王涛　　销售方：（章）

第二联：发票联　购买方记账凭证

（印章：全国统一发票监制章 江苏 国家税务总局监制）

（印章：南京安羊国际旅行社有限公司 913201021251433326Y 发票专用章）

税总函[2016]311号北京印钞有限公司

记账凭证

附单据数：0

单位：江南岳达机械制造有限责任公司　　2020-12-31　　凭证号：记-075

摘要	科目	借方	贷方
银行利息收入	1002.001 银行存款-江南城市发展银行长安分行	1,983.36	
银行利息收入	6603.002 财务费用-利息收入	-1,983.36	
合计：元整		0.00	0.00

记账：李想　　审核：单洪飞　　制单：李想

江南城市发展银行业务凭证/回单　　12-75

交易日期：2020年12月31日　　回单编号：1821156240000033　　交易流水号：81254000017
网点编号：　1864　　交易名称：存款利息收入　　业务类型：借贷记
收款人户名：江南岳达机械制造有限责任公司
收款账号：18254871000011457
收款银行　江南城市发展银行长安分行
付款人户名：
付款账号：
付款银行：
收付款标志：收款　　起息日：　　凭证编号：
交易金额（币种）：人民币　　¥1,983.36
摘要：
计息起讫日期：
计算总积数：　　利率：
执行年利率%：　　对方科目：1510（应付利息）
大写金额：玖佰捌拾柒元叁角陆分

打印渠道：柜面　　打印次数：1　　柜员号：81254　　打印日期：2020年12月31日

江南城市发展银行长安分行
朱珊
2020年12月31日
业务核算章

记账凭证

附单据数：0

单位：江南岳达机械制造有限责任公司　　2020-12-31　　凭证号：记-076（1/2）

摘要	科目	借方	贷方
取得贷款	1002.001 银行存款-江南城市发展银行长安分行	650,000.00	
取得贷款	2001.002 短期借款-长安市汇华小额贷款有限公司		650,000.00
取得贷款，计提本月借款利息	6603.003 财务费用-利息支出	5,000.00	
取得贷款，计提本月借款利息	2221.001.001 应交税费-应交增值税-进项税额	300.00	
取得贷款，计提本月借款利息	2202.004 应付账款-长安市汇华小额贷款有限公司		5,300.00
合计：陆拾伍万伍仟叁佰元整		655,300.00	655,300.00

记账：李想　　审核：单洪飞　　制单：李想

记账凭证

附单据数：0

单位：江南岳达机械制造有限责任公司　　2020-12-31　　凭证号：记-076 (2/2)

摘要	科目	借方	贷方
支付本月借款利息	2202.004 应付账款-长安市汇华小额贷款有限公司	5,300.00	
支付本月借款利息	1002.001 银行存款-江南城市发展银行长安分行		5,300.00
合计：陆拾陆万零陆佰元整		660,600.00	660,600.00

记账：李想　　审核：单洪飞　　制单：李想

江南城市发展银行（长安分行营业部）贷记通知

12-76A

流水号：999910411111534　　交易日期：2020年12月1日

收款单位：	江南岳达机械制造有限责任公司		
收款单位账号：	18254871000011457	凭证编号	
付款单位名称：	长安市汇华小额贷款有限公司	付款银行	工农银行长安分行湘湖支行
付款单位账号	8151245678854384	起自日	2020年12月1日
交易名称	支付结算平台业务处理	金额小写：	RMB 650,000.00
金额大写	人民币 陆拾伍万元整		
摘要	小额贷款		

江南城市发展银行长安分行 朱珊 2020年12月1日 业务核算章

第二联 客户留存联

如果日期、流水号、账号、摘要、金额相同，系重复打印。　　经办柜员：99901533

模拟票据，仅供学习使用

江南增值税专用发票

发 票 联

2124686561　　　　12-76B　　№ 21346444

开票日期：2020年12月31日

购买方	名　　称：江南岳达机械制造有限责任公司 纳税人识别号：91290504556677888M 地 址、电 话：长安市奉贤区工业园区　42123456 开户行及帐号：江南城市发展银行长安分行　18254871000011457	密码区	

货物或应税劳务、服务名称	规格型号	单位	数量	单价	金额	税率	税额
*金融服务*贷款利息		次	1	5,000.00	5,000.00	6%	300.00
合计					¥5,000.00		¥300.00

价税合计（大写）	⊕伍仟叁佰元整	（小写）	¥5,300.00

销售方	名　　称：长安市汇华小额贷款有限公司 纳税人识别号：999901864352974000 地 址、电 话：长安市湘湖区衍水街　38458594 开户行及帐号：工农银行长安分行湘湖支行　8151245678854384	备注	

收款人：王允　　复核：郁保四　　开票人：姜红　　销售方：（章）

长安市汇华小额贷款有限公司 999901864352974000 发票专用章

江南 国家税务总局监制

第三联：发票联 购买方记账凭证

税总函[2016]311号北京印钞有限公司

12-76

江南城市发展银行

转账支票存根

31002551

215151

附加信息

岳达 2105040000

出票日期：2020-12-31

收款人：	长安市汇华小额贷款有限公司
金额：	5,300.00
用途：	贷款利息
单位主管	会计 李想

记账凭证

附单据数：0

单位：江南岳达机械制造有限责任公司　　2020-12-31　　凭证号：记-077

摘要	科目	借方	贷方
转上海子公司往来款	1221.002.003 其他应收款-单位-上海亮剑机械销售有限公司	650,000.00	
转上海子公司往来款	1002.001 银行存款-江南城市发展银行长安分行		650,000.00
银行手续费	6603.001 财务费用-手续费	20.00	
银行手续费	1002.001 银行存款-江南城市发展银行长安分行		20.00
合计：陆拾伍万零贰拾元整		650,020.00	650,020.00

记账：李想　　审核：单洪飞　　制单：李想

12-77

江南城市发展银行电汇凭证（借方凭证）

NO.1811457

普通　　加急　　委托日期　2020年12月30日

汇款人	全称	江南岳达机械制造有限责任公司	收款人	全称	上海亮剑机械销售有限公司
	账号	18254871000011457		账号	3264821000251012
	汇出地点	江南省长安市		汇入地点	上海市
汇出行名称	江南城市发展银行长安分行		汇入行名称	建安银行上海分行徐汇支行	
金　额	人民币（大写）	陆拾伍万元整			¥650,000.00
此汇款支付给收款人。 江南城市发展银行长安分行 朱珊 2020年12月30日 业务核算章 汇款人签章			支付密码		
			附加信息及用途： 往来款 复核：　记账：		

此联汇出行作借方凭证

江南城市发展银行（长安分行营业部）收费回单

12-77

交易流水：110141111757　　2020年12月30日

付款人账号：18254871000011457		付款人名称	江南岳达机械制造有限责任公司
收费种类	币种	交易金额	收费金额
47 电汇手续费	人民币	650,000.00	20.00
合计金额	20.00		

江南城市发展银行长安分行 朱珊 2020年12月30日 业务核算章

第二联　客户留存联

柜员号：00000　　朱珊

记账凭证

附单据数：0

单位：江南岳达机械制造有限责任公司　　2020-12-31　　凭证号：记-078

摘要	科目	借方	贷方
抹账	2203.004 预收账款-江南天华嘉机械制造有限责任公司	5,000,154.00	
抹账	1123.003 预付账款-江南大环球钢带制品有限公司		5,000,154.00
合计：伍佰万零壹佰伍拾肆元整		5,000,154.00	5,000,154.00

记账：李想　　审核：单洪飞　　制单：李想

记账凭证

附单据数：0

单位：江南岳达机械制造有限责任公司　　2020-12-31　　凭证号：记-079

摘要	科目	借方	贷方
往来款	1002.001 银行存款-江南城市发展银行长安分行	1,962,500.00	
往来款	1122.011 应收账款-江南杰瑞实业有限公司		1,962,500.00
合计：壹佰玖拾陆万贰仟伍佰元整		1,962,500.00	1,962,500.00

记账：李想　　审核：单洪飞　　制单：李想

江南城市发展银行（长安分行营业部）贷记通知

12-79

流水号：999910411111506　　交易日期：2020年12月28日

收款单位：	江南岳达机械制造有限责任公司		
收款单位账号：	18254871000011457	凭证编号	
付款单位名称：	江南杰瑞实业有限公司	付款银行	工群银行长安分行溪文支行
付款单位账号	2578936262646812356	起自日	2020年12月28日
交易名称	支付结算平台业务处理	金额小写：	RMB 1,962,500.00
金额大写	人民币 壹佰玖拾陆万贰仟伍佰元整		
摘要			

江南城市发展银行长安分行
朱珊
2020年12月28日
业务核算章

如果日期、流水号、账号、摘要、金额相同，系重复打印。　经办柜员：99901533

第二联　客户留存联

记账凭证

附单据数：0

单位：江南岳达机械制造有限责任公司　　2020-12-31　　凭证号：记-080

摘要	科目	借方	贷方
员工张北借款交契税	1221.001.002 其他应收款-个人-张北	15,000.00	
员工张北借款交契税	1001 库存现金		15,000.00
合计：壹万伍仟元整		15,000.00	15,000.00

记账：李想　　审核：单洪飞　　制单：李想

模拟票据，仅供学习使用

中华人民共和国
税收完税证明

12-80

NO.321055100700002l223

填发时间：2020年10月9日　　　税务机关：国家税务总局锦阳市越阳区税务局

纳税人识别号	91290504556677888M			纳税人名称	江南岳达机械制造有限责任公司
原凭证号	税种	品目名称	税款所属时期	入（退）库日期	实缴（退）金额
	契税	受让不动产	2020-10-01至2020-10-30	2020-10-09	15000.00
金额合计	（大写）壹万伍仟元整				¥15,000.00
税务机关	填票人		备注	应征凭证序号：***************** 系统税票号码：*****************	

第一联（收据）交纳税人作完税证明

记账凭证

附单据数：0

单位：江南岳达机械制造有限责任公司　　2020-12-31　　凭证号：记-081

摘要	科目	借方	贷方
企业管理咨询费	6602.099 管理费用-其他	120,000.00	
企业管理咨询费	2221.001.001 应交税费-应交增值税-进项税额	7,200.00	
企业管理咨询费	1001 库存现金		127,200.00
合计：壹拾贰万柒仟贰佰元整		127,200.00	127,200.00

记账：李想　　审核：单洪飞　　制单：李想

江苏增值税专用发票

发票联

2124686561　　№ 21346244　　12-81

开票日期：2020年12月31日

购买方		密码区
名称：	江南岳达机械制造有限责任公司	
纳税人识别号：	91290504556677888M	
地址、电话：	长安市奉贤区工业园区 42123456	
开户行及帐号：	江南城市发展银行长安分行 18254871000011457	

货物或应税劳务、服务名称	规格型号	单位	数量	单价	金额	税率	税额
*生活服务*咨询费		次	1	120,000.00	120,000.00	6%	7,200.00
合计					¥120,000.00		¥7,200.00
价税合计（大写）	⊕壹拾贰万柒仟贰佰元整				（小写） ¥127,200.00		

销售方		备注
名称：	南京易米咨询有限公司	
纳税人识别号：	9132010212579798WK	
地址、电话：	江苏省南京市玄武区 88415971	
开户行及帐号：	大海银行南京分行玄武支行 3721258942391238	

收款人：管文　　复核：黄波　　开票人：贾兴　　销售方：（章）

第三联：发票联　购买方记账凭证

税总函[2016]311号北京印钞有限公司

记账凭证

附单据数：0

单位：江南岳达机械制造有限责任公司　　2020-12-31　　凭证号：记-082

摘要	科目	借方	贷方
收到往来款	1002.001 银行存款-江南城市发展银行长安分行	128,640.00	
收到往来款	1221.002.006 其他应收款-单位-江南华克自动化设备有限公司		128,640.00
合计：壹拾贰万捌仟陆佰肆拾元整		128,640.00	128,640.00

记账：李想　　审核：单洪飞　　制单：李想

江南城市发展银行（长安分行营业部）贷记通知

12-82

流水号：999910411111509　　交易日期：2020年12月31日

收款单位：	江南岳达机械制造有限责任公司		
收款单位账号：	18254871000011457	凭证编号	
付款单位名称：	江南华克自动化设备有限公司	付款银行	工群银行长安分行溪文支行
付款单位账号	2578923955233890159	起自日	2020年12月31日
交易名称	支付结算平台业务处理	金额小写：	RMB 1,286,400.00
金额大写	人民币 壹佰贰拾捌万陆仟肆佰元整		
摘要	货款		

江南城市发展银行长安分行
朱珊
2020年12月31日
业务核算章

如果日期、流水号、账号、摘要、金额相同，系重复打印。　　经办柜员：99901533

第二联 客户留存联

记账凭证

附单据数：0

单位：江南岳达机械制造有限责任公司　　2020-12-31　　凭证号：记-083

摘要	科目	借方	贷方
还款	2202.021 应付账款-长安市奉贤区金马五金有限公司	30,012.00	
还款	1001 库存现金		30,012.00
合计：叁万零壹拾贰元整		30,012.00	30,012.00

记账：李想　　审核：单洪飞　　制单：李想

记账凭证

附单据数：0

单位：江南岳达机械制造有限责任公司　　2020-12-31　　凭证号：记-084

摘要	科目	借方	贷方
门卫传达室临时雇工	6602.022 管理费用-劳务费	11,000.00	
门卫传达室临时雇工	1001 库存现金		11,000.00
合计：壹万壹仟元整		11,000.00	11,000.00

记账：李想　　审核：单洪飞　　制单：李想

工资明细表

12-84

姓名	金额	领取人
张达	11000	张达

备注：残疾人两个月工资

记账凭证

附单据数：0

单位：江南岳达机械制造有限责任公司　　2020-12-31　　凭证号：记-085

摘要	科目	借方	贷方
新增股东	1701.004 无形资产-新型专利技术	2,000,000.00	
新增股东	4001.003 实收资本-王兴元		2,000,000.00
合计：贰佰万元整		2,000,000.00	2,000,000.00

记账：李想　　审核：单洪飞　　制单：李想

江南岳达机械制造有限责任公司　　12-85

关于增加股东投资的
股东会决议

股东会决议[2020]010号

时间：2020年12月7日

地点：公司办公室

出席股东：股东王岳达、江南利枫物资有限公司

主持人：王岳达

股东会会议就王兴元以实用新型专利技术增加投资进行表决形成以下决议：

同意王兴元以实用新型专利技术增加投资，一致同意做价200万元，变更后王岳达62.05%，江南利枫物资有限公司32.82%，王兴元5.13%。

以上决议均经出席股东大会的股东所持表决权的100%通过。

股东签字 盖章　　王岳达

2020年12月7日

记账凭证

附单据数：0

单位：江南岳达机械制造有限责任公司　　2020-12-31　　凭证号：记-086

摘要	科目	借方	贷方
多功能车棚完工	1601.004 固定资产-房屋建筑	600,000.00	
多功能车棚完工	2221.001.001 应交税费-应交增值税-进项税额	54,000.00	
多功能车棚完工	1002.001 银行存款-江南城市发展银行长安分行		654,000.00
汇款手续费	6603.001 财务费用-手续费	20.00	
汇款手续费	1002.001 银行存款-江南城市发展银行长安分行		20.00
合计：陆拾伍万肆仟零贰拾元整		654,020.00	654,020.00

记账：李想　　审核：单洪飞　　制单：李想

模拟票据，仅供学习使用

湖南增值税专用发票

12-86A

1547553213

发票联

№ 36010001

开票日期： 2020年12月31日

购买方	名称：江南岳达机械制造有限责任公司 纳税人识别号：91290504556677888M 地址、电话：长安市奉贤区工业园区 42123456 开户行及帐号：江南城市发展银行长安分行 18254871000011457			密码区			
货物或应税劳务、服务名称	规格型号	单位	数量	单价	金额	税率	税额
*建筑服务*多功能车棚工程			1	600,000.00	600,000.00	9%	54,000.00
合计					¥600,000.00		¥54,000.00
价税合计（大写）	⊕陆拾伍万肆仟元整				（小写） ¥654,000.00		
销售方	名称：湖南省长沙新野建筑公司 纳税人识别号：91364876436546HUR4 地址、电话：湖南省长沙市岳麓区 45712345 开户行及帐号：工群银行湖南分行岳麓支行 2575126432743146			备注			

收款人： 纪晓兰 复核： 和珅 开票人： 小月 销售方：（章）

第三联：发票联 购买方记账凭证

（印章：全国统一发票监制章 湖南 国家税务总局监制）

（印章：湖南省长沙新野建筑公司 91364876436546HUR4 发票专用章）

税总函[2016]311号北京印钞有限公司

入 库 单

12-86A

接收部门 设备处　　2020-12-31　　单号：3459441966A

货号	品名	规格	单位	数量	单价	金额
	多功能车棚			1	600000	600,000.00
合计						600,000.00

仓库负责人	刘强丰	经手人 入库	王剑	记账	李想	备注	-

第一联，财务记账凭证

12-86A

江南城市发展银行电汇凭证（借方凭证）

NO.18114576A

普通　　加急　　委托日期　2020年12月31日

汇款人	全称	江南岳达机械制造有限责任公司	收款人	全称	湖南省长沙新野建筑公司
	账号	18254871000011457		账号	2575126432743146
	汇出地点	江南省长安市		汇入地点	湖南省长沙市
汇出行名称	江南城市发展银行长安分行		汇入行名称	工群银行湖南分行岳麓支行	
金额	人民币（大写）	陆拾伍万肆仟元整			¥654,000.00
此汇款支付给收款人。			支付密码		
江南城市发展银行长安分行 朱珊 2020年12月31日 业务核算章 汇款人签章			附加信息及用途: 复核:　　记账:		

此联汇出行作借方凭证

江南城市发展银行（长安分行营业部）收费回单

12-86A

交易流水：110141111A57　　2020年12月31日

付款人账号 18254871000011457		付款人名称	江南岳达机械制造有限责任公司
收费种类	币种	交易金额	收费金额
47 电汇手续费	人民币	654,000.00	20.00
合计金额	20.00		

第二联　客户留存联

柜员号：00000　　朱珊

固定资产卡片

类别　　12-86B

编号	***	保管地点	厂内	财产来源	自建
名称	多功能车棚	牌号		规格	
原值	600,000.00	来源时间	2020年12月	每月折旧	/
折旧年限	20	已使用年限	0	本月折旧	/
残值	3% / 18000	单位	台	已提折旧	-
月折旧率	0.0337%	数量	1		
备注					

记账凭证

附单据数：0

单位：江南岳达机械制造有限责任公司　　2020-12-31　　凭证号：记-087

摘要	科目	借方	贷方
墙体广告位收入	1002.001 银行存款-江南城市发展银行长安分行	10,000.00	
墙体广告位收入	6051.007_003 其他业务收入-广告收入_6%		9,433.96
墙体广告位收入	2221.001.002_003 应交税费-应交增值税-销项税额_6%		566.04
合计：壹万元整		10,000.00	10,000.00

记账：李想　　审核：单洪飞　　制单：李想

模拟票据，仅供学习使用

江南增值税专用发票

12-87

2124686561　　　　№ 21874690

此联不作报销、扣税凭证使用

全国统一发票监制章 江南 国家税务总局监制

开票日期：2020年12月31日

购买方	名　　称：长安市华溪商业大厦 纳税人识别号：999904156803056000 地 址、电 话：长安市湘湖区站前街 45521522 开户行及帐号：工群银行长安分行湘湖支行 2578922512236236				密码区		
货物或应税劳务、服务名称	规格型号	单位	数量	单价	金额	税率	税额
*广告代理服务*广告费		次	1	9,433.96	9,433.96	6%	566.04
合计					¥9,433.96		¥566.04
价税合计（大写）	⊕壹万元整				（小写）	¥10,000.00	
销售方	名　　称：江南岳达机械制造有限责任公司 纳税人识别号：91290504556677888M 地 址、电 话：长安市奉贤区工业园区 42123456 开户行及帐号：江南城市发展银行长安分行 18254871000011457				备注	江南岳达机械制造有限责任公司 91290504556677888M 发票专用章	

收款人：刘信　　复核：王明　　开票人：张晓光　　销售方：（章）

第一联：记账联　销售方记账凭证

税总函[2016]311号北京印钞有限公司

江南城市发展银行（长安分行营业部）贷记通知

12-87

流水号：9999104111112-876　　交易日期：2020年12月31日

收款单位：	江南岳达机械制造有限责任公司		
收款单位账号：	18254871000011457	凭证编号	
付款单位名称：	长安市华溪商业大厦	付款银行	工群银行长安分行湘湖支行
付款单位账号	2578922512236236	起自日	2020年12月31日
交易名称	支付结算平台业务处理	金额小写：	RMB 10,000.00
金额大写	人民币 壹万元整		
摘要	广告费	江南城市发展银行长安分行 朱珊 2020年12月31日 业务核算章	

如果日期、流水号、账号、摘要、金额相同，系重复打印。　　经办柜员：99901533

记账凭证

附单据数：0

单位：江南岳达机械制造有限责任公司　　2020-12-31　　凭证号：记-088 (1/2)

摘要	科目	借方	贷方
计提简易计税 附加税	6403.006 税金及附加-城市维护建设税	163.11	
计提简易计税 附加税	6403.007 税金及附加-教育费附加	69.90	
计提简易计税 附加税	6403.008 税金及附加-地方教育附加	46.60	
计提简易计税 附加税	2221.011 应交税费-应交城市维护建设税		163.11
计提简易计税 附加税	2221.012 应交税费-应交教育费附加		69.90
合计：贰佰柒拾玖元陆角壹分		279.61	233.01

记账：李想　　审核：单洪飞　　制单：李想

记账凭证

附单据数：0

单位：江南岳达机械制造有限责任公司　　2020-12-31　　凭证号：记-088（2/2）

摘要	科目	借方	贷方
计提简易计税 附加税	2221.013 应交税费-应交地方教育附加		46.60
合计：贰佰柒拾玖元陆角壹分		279.61	279.61

记账：李想　　审核：单洪飞　　制单：李想

计提简易计税附加税

12-88

应交增值税额	2330.1
城建税	163.11
教育费附加	69.9
地方教育附加	46.6

记账凭证

附单据数：0

单位：江南岳达机械制造有限责任公司　　2020-12-31　　凭证号：记-089

摘要	科目	借方	贷方
结转本年发放股利	4104.006 利润分配-未分配利润	1,398,000.00	
结转本年发放股利	4104.003 利润分配-应付现金股利（利润）		1,398,000.00
合计：壹佰叁拾玖万捌仟元整		1,398,000.00	1,398,000.00

记账：李想　　审核：单洪飞　　制单：李想

利润分配-应付现金股利（利润） 12-89

2020年11月	记-020	分派2019年及以前年度股	98,000.00
2020年11月	记-056	向股东分配股利	300,000.00
2020年12月	记-035	分配2019年度及以前年度股	1,000,000.00
		合计	1,398,000.00

记账凭证

附单据数：0

单位：江南岳达机械制造有限责任公司　　2020-12-31　　凭证号：记-090

摘要	科目	借方	贷方
职工违反人事制度罚款	1001 库存现金	6,000.00	
职工违反人事制度罚款	6301.099 营业外收入-其他		6,000.00
合计：陆仟元整		6,000.00	6,000.00

记账：李想　　审核：单洪飞　　制单：李想

收款收据

NO. 12315645

收款日期 2020/12/30

付款单位（交款人）	生产车间	收款单位（收款人）	江南岳达机械制造有限责任公司	收款项目	
人民币（大写）	陆仟元整			小写：	¥6,000.00
收款事由	车间违反人事制度规定罚款			经办部门：	人力资源
上述款项照数收讫无误。收款单位财会专用章；（领款人签章）		会计主管	稽核	出纳	交款人
		刘想		刘信	魏小庆等四人

第三联 联 给付款单位做收据

江南岳达机械制造有限责任公司 财务专用章

记账凭证

附单据数：0

单位：江南岳达机械制造有限责任公司　　2020-12-31　　凭证号：记-091

摘要	科目	借方	贷方
购硬盘	6602.006 管理费用-办公费	994.50	
购硬盘	1001 库存现金		994.50
合计：玖佰玖拾肆元伍角		994.50	994.50

记账：李想　　审核：单洪飞　　制单：李想

江南增值税电子普通发票

发票联

12-91E

发票代码：2154896556
发票号码：32548983
开票日期：2020年10月10日
校验码：

购买方		密码区	
名　　称：	江南岳达机械制造有限责任公司		
纳税人识别号：	91290504556677888M		
地 址、电 话：	长安市奉贤区工业园区　42123456		
开户行及帐号：	江南城市发展银行长安分行　18254871000011457		

货物或应税劳务、服务名称	规格型号	单位	数量	单价	金额	税率	税额
*计算机外部设备*移动硬盘		个	3	328.22	984.65	1%	9.85
合计					¥984.65		¥9.85
价税合计（大写）	⊕玖佰玖拾肆元伍角整			（小写）	¥994.50		

销售方		备注
名　　称：	长安市北运区晓红办公用品商店	
纳税人识别号：	999901354821338000	
地 址、电 话：	长安市北运区工业园区　45636512	
开户行及帐号：	工农银行长安分行北运支行　8154625478892325	

收款人：小乔　复核：薛蟠　开票人：关应吉　销售方：（章）

第二联：发票联　购买方记账凭证

长安市北运区晓红办公用品商店 999901354821338000 发票专用章

全国统一发票监制章 国家税务总局 江南税务局

税总函[2016]311号北京印钞有限公司

记账凭证

附单据数：0

单位：江南岳达机械制造有限责任公司　　2020-12-31　　凭证号：记-092

摘要	科目	借方	贷方
计提未交增值税	2221.001.006 应交税费-应交增值税-转出未交增值税	185,536.87	
计提未交增值税	2221.002 应交税费-未交增值税		185,536.87
合计：壹拾捌万伍仟伍佰叁拾陆元捌角柒分		185,536.87	185,536.87

记账：李想　　审核：单洪飞　　制单：李想

计算一般计税办法应交增值税

12-92

本月销项	1,195,793.84
本月进项	707,049.94
前期留抵	300,904.03
应交增值税额	185,536.87
城建税	12,987.58
教育费附加	5,566.11
地方教育附加	3,710.74

记账凭证

附单据数：0

单位：江南岳达机械制造有限责任公司　　2020-12-31　　凭证号：记-093（1/2）

摘要	科目	借方	贷方
计提税金及附加	6403.006 税金及附加-城市维护建设税	12,987.58	
计提税金及附加	6403.007 税金及附加-教育费附加	5,566.11	
计提税金及附加	6403.008 税金及附加-地方教育附加	3,710.74	
计提税金及附加	2221.011 应交税费-应交城市维护建设税		12,987.58
计提税金及附加	2221.012 应交税费-应交教育费附加		5,566.11
合计：贰万贰仟贰佰陆拾肆元肆角叁分		22,264.43	18,553.69

记账：李想　　审核：单洪飞　　制单：李想

记账凭证

附单据数：0

单位：江南岳达机械制造有限责任公司　　2020-12-31　　凭证号：记-093（2/2）

摘要	科目	借方	贷方
计提税金及附加	2221.013 应交税费-应交地方教育附加		3,710.74
合计：贰万贰仟贰佰陆拾肆元肆角叁分		22,264.43	22,264.43

记账：李想　　审核：单洪飞　　制单：李想

计提附加税

12-93

应交增值税额	185,536.87
城建税	12,987.58
教育费附加	5,566.11
地方教育附加	3,710.74

记账凭证

附单据数：0

单位：江南岳达机械制造有限责任公司　　2020-12-31　　凭证号：记-094（1/2）

摘要	科目	借方	贷方
结转本期损益(收入)	6001_027_001 主营业务收入_带锯条27*0.9_13%	6,600,060.00	
结转本期损益(收入)	6001_028_001 主营业务收入_带锯条34*1.1_13%	2,594,000.00	
结转本期损益(收入)	6051.003_005 其他业务收入-建筑服务_3%	117,669.90	
结转本期损益(收入)	6051.007_003 其他业务收入-广告收入_6%	9,433.96	
结转本期损益(收入)	6111.002 投资收益-深圳科晟科技有限公司	-4,000,000.00	
合计：伍佰叁拾贰万壹仟壹佰陆拾叁元捌角陆分		5,321,163.86	0.00

记账：李想　　审核：单洪飞　　制单：李想

记账凭证

附单据数：0

单位：江南岳达机械制造有限责任公司　　2020-12-31　　凭证号：记-094 (2/2)

摘要	科目	借方	贷方
结转本期损益(收入)	6301.099 营业外收入-其他	6,000.00	
结转本期损益(收入)	4103 本年利润		5,327,163.86
合计：伍佰叁拾贰万柒仟壹佰陆拾叁元捌角陆分		5,327,163.86	5,327,163.86

记账：李想　　审核：单洪飞　　制单：李想

记账凭证

附单据数：0

单位：江南岳达机械制造有限责任公司　　2020-12-31　　凭证号：记-095（1/9）

摘要	科目	借方	贷方
结转本期损益(成本费用)	4103 本年利润	10,507,684.63	
结转本期损益(成本费用)	6401 主营业务成本		9,199,310.38
结转本期损益(成本费用)	6402.001 其他业务成本-建筑服务		67,697.25
结转本期损益(成本费用)	6402.002 其他业务成本-租赁设备折旧		6,466.40
结转本期损益(成本费用)	6403.001 税金及附加-房产税		4,480.00
合计：壹仟零伍拾万柒仟陆佰捌拾肆元陆角叁分		10,507,684.63	9,277,954.03

记账：李想　　审核：单洪飞　　制单：李想

记账凭证

附单据数：0

单位：江南岳达机械制造有限责任公司　　2020-12-31　　凭证号：记-095 (2/9)

摘要	科目	借方	贷方
结转本期损益(成本费用)	6403.002 税金及附加-土地使用税		4,500.00
结转本期损益(成本费用)	6403.003 税金及附加-印花税		1,117.96
结转本期损益(成本费用)	6403.006 税金及附加-城市维护建设税		13,150.69
结转本期损益(成本费用)	6403.007 税金及附加-教育费附加		5,636.01
结转本期损益(成本费用)	6403.008 税金及附加-地方教育附加		3,757.34
合计：壹仟零伍拾万柒仟陆佰捌拾肆元陆角叁分		10,507,684.63	9,306,116.03

记账：李想　　审核：单洪飞　　制单：李想

记账凭证

附单据数：0

单位：江南岳达机械制造有限责任公司　　2020-12-31　　凭证号：记-095（3/9）

摘要	科目	借方	贷方
结转本期损益(成本费用)	6601.001 销售费用-工资薪金		125,123.33
结转本期损益(成本费用)	6601.007 销售费用-差旅费		3,100.00
结转本期损益(成本费用)	6601.017 销售费用-累计折旧		72.75
结转本期损益(成本费用)	6601.036 销售费用-社会保险		32,532.05
结转本期损益(成本费用)	6601.037 销售费用-住房公积金		12,512.33
合计：壹仟零伍拾万柒仟陆佰捌拾肆元陆角叁分		10,507,684.63	9,479,456.49

记账：李想　　审核：单洪飞　　制单：李想

记账凭证

附单据数：0

单位：江南岳达机械制造有限责任公司　　2020-12-31　　凭证号：记-095（4/9）

摘要	科目	借方	贷方
结转本期损益(成本费用)	6602.001 管理费用-工资薪金		103,172.80
结转本期损益(成本费用)	6602.003 管理费用-职工福利费		34,460.02
结转本期损益(成本费用)	6602.005 管理费用-工会经费		10,170.00
结转本期损益(成本费用)	6602.006 管理费用-办公费		10,153.47
结转本期损益(成本费用)	6602.007 管理费用-差旅费		4,324.00
合计：壹仟零伍拾万柒仟陆佰捌拾肆元陆角叁分		10,507,684.63	9,641,736.78

记账：李想　　审核：单洪飞　　制单：李想

记账凭证

附单据数：0

单位：江南岳达机械制造有限责任公司　　2020-12-31　　凭证号：记-095（5/9）

摘要	科目	借方	贷方
结转本期损益(成本费用)	6602.009 管理费用-通讯费		2,887.58
结转本期损益(成本费用)	6602.010 管理费用-业务招待费		13,000.00
结转本期损益(成本费用)	6602.017 管理费用-累计折旧		21,502.47
结转本期损益(成本费用)	6602.018.002 管理费用-无形资产摊销-专利权摊销		16,666.67
结转本期损益(成本费用)	6602.018.003 管理费用-无形资产摊销-非专利技术摊销		1,083.33
合计：壹仟零伍拾万柒仟陆佰捌拾肆元陆角叁分		10,507,684.63	9,696,876.83

记账：李想　　审核：单洪飞　　制单：李想

记账凭证

附单据数：0

单位：江南岳达机械制造有限责任公司　　2020-12-31　　凭证号：记-095（6/9）

摘要	科目	借方	贷方
结转本期损益(成本费用)	6602.019 管理费用-长期待摊费用摊销		41,666.67
结转本期损益(成本费月)	6602.022 管理费用-劳务费		11,000.00
结转本期损益(成本费用)	6602.024.002 管理费用-研发费用-材料		40,000.00
结转本期损益(成本费用)	6602.024.003 管理费用-研发费用-其他		9,433.96
结转本期损益(成本费用)	6602.024.004 管理费用-研发费用-折旧		203,000.00
合计：壹仟零伍拾万柒仟陆佰捌拾肆元陆角叁分		10,507,684.63	10,001,977.46

记账：李想　　审核：单洪飞　　制单：李想

记账凭证

附单据数：0

单位：江南岳达机械制造有限责任公司　　2020-12-31　　凭证号：记-095（7/9）

摘要	科目	借方	贷方
结转本期损益(成本费用)	6602.032 管理费用-财产损失		1,000.00
结转本期损益(成本费用)	6602.034 管理费用-修理费		1,500.00
结转本期损益(成本费用)	6602.038 管理费用-土地使用权摊销		92,833.34
结转本期损益(成本费用)	6602.040 管理费用-电费		3,150.00
结转本期损益(成本费用)	6602.041 管理费用-水费		201.00
合计：壹仟零伍拾万柒仟陆佰捌拾肆元陆角叁分		10,507,684.63	10,100,661.80

记账：李想　　审核：单洪飞　　制单：李想

记账凭证

附单据数：0

单位：江南岳达机械制造有限责任公司　　2020-12-31　　凭证号：记-095 (8/9)

摘要	科目	借方	贷方
结转本期损益(成本费用)	6602.042 管理费用-社会保险		26,824.91
结转本期损益(成本费用)	6602.043 管理费用-住房公积金		10,317.28
结转本期损益(成本费用)	6602.099 管理费用-其他		120,000.00
结转本期损益(成本费用)	6603.001 财务费用-手续费		180.00
结转本期损益(成本费用)	6603.002 财务费用-利息收入		-1,983.36
合计：壹仟零伍拾万柒仟陆佰捌拾肆元陆角叁分		10,507,684.63	10,256,000.63

记账：李想　　审核：单洪飞　　制单：李想

记账凭证

附单据数：0

单位：江南岳达机械制造有限责任公司　　2020-12-31　　凭证号：记-095 (9/9)

摘要	科目	借方	贷方
结转本期损益(成本费用)	6603.003 财务费用-利息支出		28,500.00
结转本期损益(成本费用)	6603.006 财务费用-筹资费用		7,000.00
结转本期损益(成本费用)	6711.002 营业外支出-捐赠支出		10,000.00
结转本期损益(成本费用)	6711.099 营业外支出-其他		206,184.00
合计：壹仟零伍拾万柒仟陆佰捌拾肆元陆角叁分		10,507,684.63	10,507,684.63

记账：李想　　审核：单洪飞　　制单：李想

记账凭证

附单据数：0

单位：江南岳达机械制造有限责任公司　　2020-12-31　　凭证号：记-096

摘要	科目	借方	贷方
结转本年利润	4104.006 利润分配-未分配利润	9,113,579.93	
结转本年利润	4103 本年利润		9,113,579.93
合计：玖佰壹拾壹万叁仟伍佰柒拾玖元玖角叁分		9,113,579.93	9,113,579.93

记账：李想　　审核：单洪飞　　制单：李想

记账凭证

附单据数：0

单位：江南岳达机械制造有限责任公司　　2020-11-07　　凭证号：记-001（1/2）

摘要	科目	借方	贷方
缴纳单位养老保险	2211.007.001 应付职工薪酬-社会保险-养老保险	72,161.77	
缴纳个人负担养老保险	2241.004 其他应付款-代扣个人保险费	32,000.00	
缴纳单位失业保险	2211.007.002 应付职工薪酬-社会保险-失业保险	2,255.04	
缴纳个人失业保险	2241.004 其他应付款-代扣个人保险费	2,000.00	
缴纳社保费	1002.001 银行存款-江南城市发展银行长安分行		108,416.81
合计：壹拾万捌仟肆佰壹拾陆元捌角壹分		108,416.81	108,416.81

记账：李想　　审核：单洪飞　　制单：李想

记账凭证

附单据数：0

单位：江南岳达机械制造有限责任公司　　2020-11-07　　凭证号：记-001 (2/2)

摘要	科目	借方	贷方
缴纳单位医疗保险	2211.007.003 应付职工薪酬-社会保险-医疗保险	36,080.88	
缴纳个人医疗保险	2241.004 其他应付款-代扣个人保险费	8,000.00	
缴纳工伤保险	2211.007.004 应付职工薪酬-社会保险-工伤保险	4,510.12	
缴纳生育保险	2211.007.005 应付职工薪酬-社会保险-生育保险	2,255.04	
缴纳基本保险	1002.001 银行存款-江南城市发展银行长安分行		50,846.04
合计：壹拾伍万玖仟贰佰陆拾贰元捌角伍分		159,262.85	159,262.85

记账：李想　　审核：单洪飞　　制单：李想

社会保险缴费核定单

11-1A

单位编号	222221013851	单位名称	江南岳达机械制造有限责任公司			社保登记证号	22222182226
缴费方式	税务征收	费款所属期	202011	单位类型	企业	税号	91290504556677888M

缴费项目	在职人数	退休人数	单位缴费									个人缴费				
			单位缴费基数	缴费比例	单位划入账户	划入账户利息	单位缴统筹	风险调剂金	滞纳金	合计	个人缴纳基数	缴费比例	个人缴费金额	个人缴费利息	合计	缴费合计
企业基本养老保险	125			0.1600							400000.00	0.0800	32000.00		32000.00	32000.00
失业保险	125										400000.00	0.0050	2000.00		2000.00	2000.00
基本医疗保险	125		451011.07	0.0800	5401.41		30679.48			36080.88	400000.00	0.0200	8000.00		8000.00	44080.88
补充工伤保险	125															
工伤保险	125		451011.07	0.0100			4510.12			4510.12						4510.12
生育保险	125		451011.07	0.0050			2255.04			2255.04						2255.04
合计										42846.04			42000.00		42000.00	84846.04

社会保险部门章

长安市社会保险事业管理局 (1) 缴费申报处 业务专用章

审核经办人　田原

2020年11月04日　10时12分23秒

江南城市发展银行电子缴税付款凭证

11-1B

转账日期：2020年11月4日　　凭证字号：0000612155

付款人全称：江南岳达机械制造有限责任公司

付款人账号：18254871000011457　　征收机关名称：长安市奉贤区税务局

付款人开户银行：江南城市发展银行长安分行　收款国库（银行）名称：奉贤代理支库

小写（合计）金额：108,416.81　缴款书交易流水号：20171201000000000000

大写（合计）金额：壹拾万捌仟肆佰壹拾陆元捌角壹分　　税票号码　105021701354800000

税（费）种名称：	所属时期	实缴金额
企业基本养老保险费	20201101-20201131	72,161.77
企业基本养老保险费	20201101-20201131	32,000.00
失业保险费	20201101-20201131	2,255.04
失业保险费	20201101-20201131	2,000.00

江南城市发展银行长安分行
朱珊
2020年11月4日
业务核算章

第1页共1次打印　　打印时间：

第二联：作付款回单（无银行收讫章无效）　　复核：　　记账：

江南城市发展银行电子缴税付款凭证

11-1C

转账日期：2020年11月4日　　凭证字号：0000612155

付款人全称：江南岳达机械制造有限责任公司

付款人账号：18254871000011457　　征收机关名称：长安市奉贤区税务局

付款人开户银行：江南城市发展银行长安分行　收款国库（银行）名称：奉贤代理支库

小写（合计）金额：50,846.04　缴款书交易 流水号：20171201000000000000

大写（合计）金额：伍万零捌佰肆拾陆元零肆分　税票号码 10502170135480000O

税（费）种名称：	所属时期	实缴金额
医疗保险	20201101-20201131	8,000.00
医疗保险	20201101-20201131	36,080.88
工伤保险费	20201101-20201131	4,510.12
生育保险费	20201101-20201131	2,255.04

江南城市发展银行长安分行 朱珊 2020年11月4日 业务核算章

第1页共1次打印　　打印时间：

第二联：作付款回单（无银行收讫章无效）　复核：　记账：

记账凭证

附单据数：0

单位：江南岳达机械制造有限责任公司　　2020-11-07　　凭证号：记-002（1/2）

摘要	科目	借方	贷方
缴纳印花税	2221.020 应交税费-应交印花税	4,063.46	
缴纳房产税	2221.016 应交税费-应交房产税	4,480.00	
缴纳土地使用税	2221.017 应交税费-应交土地使用税	4,500.00	
缴纳税	1002.001 银行存款-江南城市发展银行长安分行		13,043.46
缴纳工会经费	2211.005 应付职工薪酬-工会经费	9,020.22	
合计：贰万贰仟零陆拾叁元陆角捌分		22,063.68	13,043.46

记账：李想　　审核：单洪飞　　制单：李想

记账凭证

附单据数：0

单位：江南岳达机械制造有限责任公司　　2020-11-07　　凭证号：记-002（2/2）

摘要	科目	借方	贷方
缴纳工会经费	1002.001 银行存款-江南城市发展银行长安分行		5,412.13
缴纳工会经费	1002.001 银行存款-江南城市发展银行长安分行		3,608.09
缴纳住房公积金	2211.008 应付职工薪酬-住房公积金	45,101.11	
缴纳住房公积金	2241.005 其他应付款-代扣个人住房公积金	45,101.11	
缴纳住房公积金	1002.001 银行存款-江南城市发展银行长安分行		90,202.22
合计：壹拾壹万贰仟贰佰陆拾伍元玖角		112,265.90	112,265.90

记账：李想　　审核：单洪飞　　制单：李想

江南城市发展银行电子缴税付款凭证

11-2A

转账日期：2020年11月4日　　凭证字号：0000612156

付款人全称：江南岳达机械制造有限责任公司

付款人账号：18254871000011457　　征收机关名称：长安市奉贤区税务局

付款人开户银行：江南城市发展银行长安分行　　收款国库（银行）名称：奉贤代理支库

小写（合计）金额：13,043.46　　缴款书交易流水号：201712010000000000

大写（合计）金额：壹万叁仟零肆拾叁元肆角陆分　　税票号码：105021701354800000

税（费）种名称：	所属时期	实缴金额
印花税	20201001-20201030	4,063.46
房产税	20201001-20201030	4,480.00
土地使用税	20201001-20201030	4,500.00

江南城市发展银行长安分行　朱珊　2020年11月4日　业务核算章

第1页共1次打印　　打印时间：

第二联：作付款回单（无银行收讫章无效）　　复核：　　记账：

江南城市发展银行电子缴税付款凭证

11-2B

转账日期：2020年11月4日　　凭证字号：0000612125

付款人全称：江南岳达机械制造有限责任公司

付款人账号：18254871000011457　　征收机关名称：长安市奉贤区地方税务局

付款人开户银行：江南城市发展银行长安分行　　收款国库（银行）名称：奉贤代理支库

小写（合计）金额：3,608.09　　缴款书交易流水号：20171201000000000000

大写（合计）金额：叁仟陆佰零捌元零玖分　　税票号码：10502170135480000

税（费）种名称：	所属时期	实缴金额
工会经费	20201001-20201030	3,608.09

江南城市发展银行长安分行
朱珊
2020年11月4日
业务核算章

第1页共1次打印　　打印时间：

第二联：作付款回单（无银行收讫章无效）　　复核：　　记账：

11-2C

江南城市发展银行
转账支票存根
31002551
215147

附加信息

出票日期：2020-11-04

岳达 2105040000

收款人：江南岳达机械制造有限责任公司工会委员会

金额：5,412.13

用途：拨付工会经费60%部分

单位主管　　会计　李想

收款收据

11-2D

NO. 235486135

收款日期　2020/11/4

付款单位（交款人）	江南岳达机械制造有限责任公司	收款单位（收款人）	江南岳达机械制造有限责任公司工会委员会	收款项目	
人民币（大写）	伍仟肆佰壹拾贰元壹角叁分			小写：	¥ 5,412.13
收款事由	工会经费拨缴			经办部门：	
上述款项照数收讫无误。收款单位财会专用章；；（领款人签章） [印章：江南岳达机械制造有限责任公司工会委员会 财务专用章]		会计主管	稽核	出纳	交款人
				王月	

第三联　联　给付款单位做收据

长安市住房公积金汇（补）缴款书

2020年11月4日

汇缴单位公积金账号：71748　　　　11-2F

收款单位	名称	长安市住房资金管理中心		付款单位	名称		江南岳达机械制造有限责任公司					
	账号	21001654203052501210			账号		18254871000011457					
	开户银行	建安银行明山支行			开户银行		江南城市发展银行长安分行					
缴交金额（大写）		捌万零贰佰贰元贰角贰分			十	万	千	百	十	元	角	分
					¥	9	0	2	0	2	2	2
上月汇缴		本月增加汇缴		本月减少汇缴			本月汇缴					
人数	金额	人数	金额	人数	金额		人数		金额			
汇（补）缴年月		汇（补）缴人数		江南城市发展银行长安分行 朱珊 2020-11-04 业务核算章 银行盖章			复核员：					
		125					记账员：					

第五联：单位回单

记账凭证

附单据数：0

单位：江南岳达机械制造有限责任公司　　2020-11-07　　凭证号：记-003

摘要	科目	借方	贷方
发放10月工资	2211.001 应付职工薪酬-工资	451,011.07	
代扣个人养老保险、失业保险、医疗	2241.004 其他应付款-代扣个人保险费		42,000.00
代扣个人住房公积金	2241.005 其他应付款-代扣个人住房公积金		45,101.11
代扣个人所得税	2221.015 应交税费-应交个人所得税		510.00
发放工资	1002.001 银行存款-江南城市发展银行长安分行		363,399.96
合计：肆拾伍万壹仟零壹拾壹元零柒分		451,011.07	451,011.07

记账：李想　　审核：单洪飞　　制单：李想

江南城市发展银行业务凭证/回单 11-3A

交易日期：2020年11月4日 回单编号：18211562400000033 交易流水号：81251500045
网点编号： 1864 交易名称：代发工资 业务类型：借贷记
收款人户名：
收款账号：
收款银行
付款人户名：江南岳达机械制造有限责任公司
付款账号：18254871000011457
付款银行：江南城市发展银行长安分行
收付款标志：付款 起息日： 凭证编号：
交易金额（币种）：人民币 ¥363,399.96
摘要：划转工资
大写金额：叁拾陆万叁仟叁佰玖拾玖元玖角陆分

江南城市发展银行长安分行 朱珊 2020年11月4日 业务核算章

打印渠道：柜面 打印次数：1 柜员号：81254 打印日期：2020年11月4日

10月 工资汇总表

11-3 B

部门	计本月应发工资	职工个人各项扣款					实发工资
		养老保险	失业保险	医疗保险	公积金	个人所得税	
管理部门	103,172.81	8,000.00	500.00	2,000.00	10,317.28		82,355.53
销售部门	123,966.93	8,800.00	550.00	2,200.00	12,396.69	360.00	100,020.24
生产车间工人	125,116.76	9,600.00	600.00	2,400.00	12,511.68		100,005.08
生产车间管理人员	98,754.57	5,600.00	350.00	1,400.00	9,875.46	150.00	81,529.11
合计	451,011.07	32,000.00	2,000.00	8,000.00	45,101.11	510.00	363,909.96

人力资源主管：彭芳　　制表：刘宏

记账凭证

附单据数：0

单位：江南岳达机械制造有限责任公司　　2020-11-07　　凭证号：记-004（1/2）

摘要	科目	借方	贷方
缴纳增值税	2221.007_005 应交税费-简易计税_3%	2,644.66	
缴纳增值税	1002.001 银行存款-江南城市发展银行长安分行		2,644.66
缴纳附加税	2221.011 应交税费-应交城市维护建设税	185.13	
缴纳附加税	2221.012 应交税费-应交教育费附加	79.34	
缴纳附加税	2221.013 应交税费-应交地方教育附加	52.89	
合计：贰仟玖佰陆拾贰元零贰分		2,962.02	2,644.66

记账：李想　　审核：单洪飞　　制单：李想

记账凭证

附单据数：0

单位：江南岳达机械制造有限责任公司　　2020-11-07　　凭证号：记-004 (2/2)

摘要	科目	借方	贷方
缴纳附加税	1002.001 银行存款-江南城市发展银行长安分行		317.36
合计：贰仟玖佰陆拾贰元零贰分		2,962.02	2,962.02

记账：李想　　审核：单洪飞　　制单：李想

江南城市发展银行电子缴税付款凭证

11-4

转账日期：2020年11月4日　　凭证字号：0000612157

付款人全称：江南岳达机械制造有限责任公司

付款人账号：18254871000011457　　征收机关名称：长安市奉贤区税务局

付款人开户银行：江南城市发展银行长安分行　收款国库（银行）名称：奉贤区支库

小写（合计）金额：2,644.66　缴款书交易流水号：20171201000000000000

大写（合计）金额：贰仟陆佰肆拾肆元陆角陆分　　税票号码　105021701354800000

税（费）种名称：	所属时期	实缴金额
增值税	20201001-20201030	2,644.66

江南城市发展银行长安分行 朱珊 2020年11月4日 业务核算章

第1页共1次打印　打印时间：

第二联：作付款回单（无银行收讫章无效）　复核：　记账：

江南城市发展银行电子缴税付款凭证

11-4

转账日期：2020年11月4日　　凭证字号：0000612158

付款人全称：江南岳达机械制造有限责任公司

付款人账号：18254871000011457　　征收机关名称：长安市奉贤区税务局

付款人开户银行：江南城市发展银行长安分行　收款国库（银行）名称：奉贤代理支库

小写（合计）金额：317.36　缴款书交易流水号：20171201000000000

大写（合计）金额：叁佰壹拾柒元叁角陆分　　税票号码　10502170135480000

税（费）种名称：	所属时期	实缴金额
城市维护建设税	20201001-20201030	185.13
教育费附加	20201001-20201030	79.34
地方教育附加	20201001-20201030	52.89

江南城市发展银行长安分行 朱珊 2020年11月4日 业务核算章

第1页共1次打印　　打印时间：

第二联：作付款回单（无银行收讫章无效）　复核：　　记账：

记账凭证

附单据数：0

单位：江南岳达机械制造有限责任公司　　2020-11-08　　凭证号：记-005（1/2）

摘要	科目	借方	贷方
购锦阳市水渠工程用铸铁管(数量:8.63，单价:4000)	1403.014_025 原材料-建筑材料类_铸件	34,500.00	
购锦阳市水渠工程用水泥(数量:5，单价:240)	1403.014_026 原材料-建筑材料类_水泥	1,200.00	
锦阳市水渠工程进项税	2221.001.001 应交税费-应交增值税-进项税额	4,641.00	
锦阳市水渠工程款	2202.016 应付账款-锦阳市旺力实业有限公司		40,341.00
付款	2202.016 应付账款-锦阳市旺力实业有限公司	40,341.00	
合计：捌万零陆佰捌拾贰元整		80,682.00	40,341.00

记账：李想　　审核：单洪飞　　制单：李想

记账凭证

附单据数：0

单位：江南岳达机械制造有限责任公司　　2020-11-08　　凭证号：记-005（2/2）

摘要	科目	借方	贷方
付款	1002.001 银行存款-江南城市发展银行长安分行		40,341.00
汇款手续费	6603.001 财务费用-手续费	10.00	
汇款手续费	1002.001 银行存款-江南城市发展银行长安分行		10.00
合计：捌万零陆佰玖拾贰元整		80,692.00	80,692.00

记账：李想　　审核：单洪飞　　制单：李想

11-05

2151552325

江南增值税专用发票

发票联

№ 21292266

开票日期：2020年11月5日

购买方	名称：江南岳达机械制造有限责任公司 纳税人识别号：91290504556677888M 地址、电话：长安市奉贤区工业园区 42123456 开户行及帐号：江南城市发展银行长安分行 18254871000011457				密码区			
货物或应税劳务、服务名称	规格型号	单位	数量	单价	金额	税率	税额	
*黑色金属冶炼延压品*球墨铸管	DN600	吨	8.63	4,000.00	34,500.00	13%	4,485.00	
*非金属矿物制品*水泥		吨	5.00	240.00	1,200.00	13%	156.00	
合计					¥35,700.00		¥4,641.00	
价税合计（大写）	⊕肆万壹仟肆佰壹拾贰元整				（小写）		40,341.00	
销售方	名称：锦阳市旺力实业有限公司 纳税人识别号：933123783164891234 地址、电话：锦阳市越阳区上海街 25518631 开户行及帐号：工农银行锦阳分行越阳支行 8151212252900052				备注			

收款人：孔融　复核：西门庆　开票人：王寅　销售方：（章）

第三联：发票联 购买方记账凭证

税总函[2016]311号北京印钞有限公司

入 库 单

11-05

接收部门 锦阳水渠工程所在地 2020-11-05 单号: 34594414005

货号	品名	规格	单位	数量	单价	金额
	球墨铸管		吨	8.63	4000	34,500.00
	水泥		吨	5.00	240.00	1,200.00
合计						35,700.00

仓库负责人	刘强丰	经手人入库	王剑	记账	李想	备注	-

第一联，财务记账凭证

模拟票据，仅供学习使用

江南城市发展银行电汇凭证（借方凭证）

11-05

NO.181145705

普通　　加急　　委托日期　2020年11月5日

汇款人	全称	江南岳达机械制造有限责任公司	收款人	全称	锦阳市旺力实业有限公司
	账号	18254871000011457		账号	8151212252900052
	汇出地点	江南省长安市		汇出地点	江南省锦阳市
汇出行名称	江南城市发展银行长安分行		汇入行名称	工农银行锦阳分行越阳支行	
金　额	人民币（大写）	肆万零叁佰肆拾壹元整			40,341.00
此汇款支付给收款人。 江南城市发展银行长安分行 朱珊 2020年11月5日 业务核算章 汇款人签章			支付密码		
			附加信息及用途： 复核：　记账：		

此联汇出行作借方凭证

江南城市发展银行（长安分行营业部）收费回单

11-05

交易流水：　110141111557　　　　2020年11月5日

付款人账号 18254871000011457		付款人名称	江南岳达机械制造有限责任公司	
收费种类	币种	交易金额		收费金额
47 电汇手续费	人民币	40,341.00		10.00
合计金额	10.00			

江南城市发展银行长安分行
朱珊
2020年11月5日
业务核算章

第二联　客户留存联

柜员号：00000　　　　朱珊

记账凭证

附单据数：0

单位：江南岳达机械制造有限责任公司　　2020-11-09　　凭证号：记-006（1/3）

摘要	科目	借方	贷方
收到水渠工程结算款	1002.001 银行存款-江南城市发展银行长安分行	119,900.00	
收到水渠工程结算款	1122.007 应收账款-锦阳安信实业有限公司		119,900.00
水渠工程竣工	1122.007 应收账款-锦阳安信实业有限公司	119,900.00	
水渠工程竣工	5402.002 工程结算-水渠		110,000.00
水渠工程竣工	2221.001.002_002 应交税费-应交增值税-销项税额_9%		9,900.00
合计：贰拾叁万玖仟捌佰元整		239,800.00	239,800.00

记账：李想　　审核：单洪飞　　制单：李想

记账凭证

附单据数：0

单位：江南岳达机械制造有限责任公司　　2020-11-09　　凭证号：记-006（2/3）

摘要	科目	借方	贷方
结转锦阳市水渠工程成本	5401.005.001 工程施工-水渠-成本	35,700.00	
结转锦阳市水渠工程用材料(数量:8.63，单价:399...	1403.014_025 原材料-建筑材料类_铸件		34,500.00
结转锦阳市水渠工程用材料(数量:5，单价:240)	1403.014_026 原材料-建筑材料类_水泥		1,200.00
结转锦阳水渠工程毛利	6402.001 其他业务成本-建筑服务	35,700.00	
结转锦阳水渠工程毛利	5401.005.002 工程施工-水渠-毛利	74,300.00	
合计：叁拾捌万伍仟伍佰元整		385,500.00	275,500.00

记账：李想　　审核：单洪飞　　制单：李想

记账凭证

附单据数：0

单位：江南岳达机械制造有限责任公司　　2020-11-09　　凭证号：记-006（3/3）

摘要	科目	借方	贷方
结转锦阳水渠工程毛利	6051.003_002 其他业务收入-建筑服务_9%		110,000.00
锦阳市水渠工程完工结转	5402.002 工程结算-水渠	110,000.00	
锦阳市水渠工程完工结转	5401.005.001 工程施工-水渠-成本		35,700.00
锦阳市水渠工程完工结转	5401.005.002 工程施工-水渠-毛利		74,300.00
合计：肆拾玖万伍仟伍佰元整		495,500.00	495,500.00

记账：李想　　审核：单洪飞　　制单：李想

江南增值税专用发票

11-06

2101245555 № 21548635

此联不作报销、扣税凭证使用

开票日期：2020年11月6日

购买方	名称：锦阳安信实业有限公司 纳税人识别号：933123022102100052 地址、电话：锦阳市越阳区风临街 23621236 开户行及帐号：工农银行锦阳分行越阳支行 8151212252900052			密码区			
货物或应税劳务、服务名称	规格型号	单位	数量	单价	金额	税率	税额
*建筑服务*水渠工程			1	110,000.00	110,000.00	9%	9,900.00
合计					¥110,000.00		¥9,900.00
价税合计（大写）	⊕壹拾壹万玖仟玖佰元整				（小写） ¥119,900.00		
销售方	名称：江南岳达机械制造有限责任公司 纳税人识别号：912905045566778888M 地址、电话：长安市奉贤区工业园区 42123456 开户行及帐号：江南城市发展银行长安分行 18254871000011457			备注	锦阳市越阳区风临街水渠工程		

收款人：刘信 复核：王明 开票人：张晓光 销售方：（章）

第一联：记账联 销售方记账凭证

税总函[2016]311号北京印钞有限公司

江南城市发展银行（长安分行营业部）贷记通知

11-06

流水号：9999104111111-0 交易日期：2020年11月6日

收款单位：	江南岳达机械制造有限责任公司		
收款单位账号：	18254871000011457	凭证编号	
付款单位名称：	锦阳安信实业有限公司	付款银行	工农银行锦阳分行越阳支行
付款单位账号	8151212252900052	起自日	2020年11月6日
交易名称	支付结算平台业务处理	金额小写：	RMB 119,900.00
金额大写	人民币 壹拾壹万玖仟玖佰元整		
摘要	工程款		

江南城市发展银行长安分行
朱珊
2020年11月6日
业务核算章

如果日期、流水号、账号、摘要、金额相同，系重复打印。 经办柜员：99901533

出　库　单

领用部门或单位　江南岳运机械制造有限责任公司　　2020-11-06　　单号：21454414106

货号	品名	规格	单位	数量	单价	金额
	球墨铸管		吨	8.63	4000	34,500.00
	水泥		吨	5	240	1,200.00
合计						35,700.00

仓库负责人	刘强丰	经手人 出库	王剑	记账	李想	备注	-

第一联，财务记账凭证

水渠工程完工，结转工程完工成本及收入 11-6B

工程价款(不含税)		110,000.00
工程成本		35,700.00
	其中 铸件	34,500.00
	其中水泥	1,200.00
工程毛利（含税）		74,300.00

工程结算单略

记账凭证

附单据数：0

单位：江南岳达机械制造有限责任公司　　2020-11-12　　凭证号：记-007（1/2）

摘要	科目	借方	贷方
预缴水渠工程增值税	2221.003 应交税费-预交增值税	2,200.00	
预缴水渠工程附加税	2221.011 应交税费-应交城市维护建设税	154.00	
预缴水渠工程附加税	2221.012 应交税费-应交教育费附加	66.00	
预缴水渠工程附加税	2221.013 应交税费-应交地方教育附加	44.00	
预缴水渠工程企业所得税	2221.014 应交税费-应交企业所得税	220.00	
合计：贰仟陆佰捌拾肆元整		2,684.00	0.00

记账：李想　　审核：单洪飞　　制单：李想

记账凭证

附单据数：0

单位：江南岳达机械制造有限责任公司　　2020-11-12　　凭证号：记-007（2/2）

摘要	科目	借方	贷方
预缴水渠工程印花税	2221.020 应交税费-应交印花税	33.00	
预缴水渠工程税费	1001 库存现金		2,717.00
合计：贰仟柒佰壹拾柒元整		2,717.00	2,717.00

记账：李想　　审核：单洪飞　　制单：李想

中华人民共和国
税收完税证明

（161）江税证 01081111　　11-7A

填发时间: 2020年11月5日　　税务机关: 国家税务总局锦阳市越阳区税务局

纳税人识别号	91290504556677888M			纳税人名称	江南岳达机械制造有限责任公司
原凭证号	税种	品目名称	税款所属时期	入（退）库日期	实缴（退）金额
	增值税	工程服务	2020-11-01至2020-11-30	2020-11-05	2200.00
	教育费附加	增值税教育费附加	2020-11-01至2020-11-30	2020-11-05	66.00
	地方教育附加	增值税地方教育附加	2020-11-01至2020-11-30	2020-11-05	44.00
	城市维护建设税	市区（增值税附征）	2020-11-01至2020-11-30	2020-11-05	154.00
	印花税	营业账簿	2020-11-01至2020-11-30	2020-11-05	33.00
	企业所得税	应纳税所得额	2020-110-01至2020-12-31	2020-11-05	220.00
金额合计	（大写）贰仟柒佰壹拾柒元整				¥2,717.00
税务机关盖章	填票人		备注	应征凭证序号：***************** 系统税票号码：*****************	

国家税务总局锦阳市越阳区税务局 1548 征税专用章

第一联（收据）交纳税人作完税证明

附件5

增值税预缴税款表

税款所属期：自2020年11月01日 至 2020年11月31日　　11-7B

纳税人名称：江南岳达机械制造有限责任公司　　是否适用一般计税方法　是√ 否□

纳税人名称：（公章）	江南岳达机械制造有限责任公司			金额单位：元（列至角分）	
项目编号			项目名称	锦阳市水渠工程	
项目地址		锦阳市			
预征项目和栏次		销售额	扣除金额	预征率	预征税额
		1	2	3	4
建筑服务	1	119900		0.02	2200
销售不动产	2				
出租不动产	3				
	4				
	5				
合计	6	119,900.00	0.00	0.02	2,200.00
授权声明	如果你已委托代理人填报，请填写下列资料： 为代理一切税务事宜，现授权　　（地址）　　为本次纳税人的代理填报人，任何与本表有关的往来文件，都可寄予此人。 授权人签字：		填表人申明	以上内容是真实的、可靠的、完整的。 纳税人签字：	

江南岳达机械制造有限责任公司

记账凭证

附单据数：0

单位：江南岳达机械制造有限责任公司　　2020-11-12　　凭证号：记-008

摘要	科目	借方	贷方
报销差旅费	6601.007 销售费用-差旅费	2,291.00	
报销差旅费	2221.001.001 应交税费-应交增值税-进项税额	129.00	
报销差旅费	1001 库存现金		2,420.00
合计：贰仟肆佰贰拾元整		2,420.00	2,420.00

记账：李想　　审核：单洪飞　　制单：李想

江南岳达机械制造有限责任公司

差 旅 费 报 销 单

11-8A

部门：销售部　　　　　　　　　　报销日期：2020/11/6

出差人	王强			出差地点			锦阳	交通工具	火车		事　由		
起				终				车　船 机　费	应　补 金　额	报销单据	项　目	张 数	金额
月	日	时	地　点	月	日	时	地　点				住 宿 费	1	2120.00
11	2	5:20	长安	11	2	6:50	锦阳	50.00			邮 电 费		
11	5	21:30	锦阳	11	5	22:10	长安	50.00			市内交通费		
											办 公 费		
											业务招待费		
小　计				车船机票张数				100.00	0.00		其　他		
住勤补贴		4.0	天	每天补助		50.00	元，	合计补助	200.00		小　计	1	2120.00
报销合计(大写)：				贰仟肆佰贰拾元整							出差预借款额		
						¥：	2,420.00	元					0.00

单位负责人：　　　　部门负责人：刘允剑　　　　项目负责人：　　　　报 销 人：王强

11-8B

Y082619
锦阳
JinYang
长安
ChangAn
2020年11月5日21:30开车
19车043号
¥ 50 元
硬座
限乘当日车次
2105111XXXXXX00325 王强
检票口20
372000300514Y082619

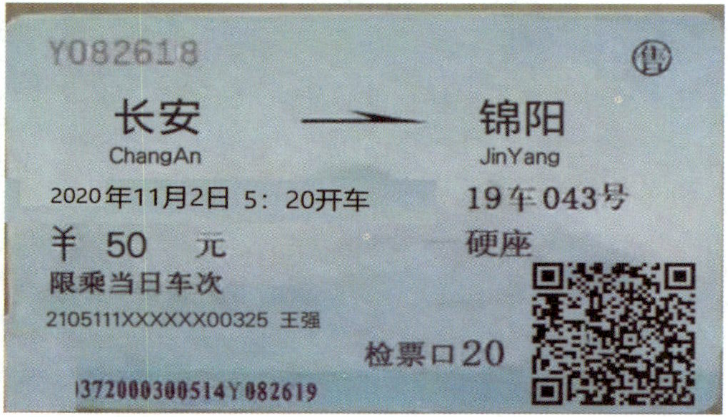
Y082618
长安
ChangAn
锦阳
JinYang
2020年11月2日 5：20开车
19车043号
¥ 50 元
硬座
限乘当日车次
2105111XXXXXX00325 王强
检票口20
372000300514Y082619

3125482316

江南增值税专用发票

发票联

11-08

№ 32225646

开票日期：2020年11月5日

购买方	名　　称：江南岳达机械制造有限责任公司 纳税人识别号：91290504556677888M 地 址、电 话：长安市奉贤区工业园区　42123456 开户行及帐号：江南城市发展银行长安分行　18254871000011457	密码区

货物或应税劳务、服务名称	规格型号	单位	数量	单价	金额	税率	税额
*住宿服务*住宿费		天	3	666.67	2,000.00	6%	120.00
合计					¥2,000.00		¥120.00

价税合计（大写）　⊕贰仟壹佰贰拾元整　　（小写）¥2,120.00

销售方	名　　称：锦阳天天连锁有限公司 纳税人识别号：933123259548522365 地 址、电 话：锦阳市越阳区上海街　25365846 开户行及帐号：工农银行锦阳分行越阳支行　8154682556625559	备注

收款人：黄忠　复核：卢俊义　开票人：毛红　销售方：（章）

第三联：发票联　购买方记账凭证

税总函[2016]311号北京印钞有限公司

记账凭证

附单据数：0

单位：江南岳达机械制造有限责任公司　　2020-11-12　　凭证号：记-009

摘要	科目	借方	贷方
报销员工外出费用	2211.003 应付职工薪酬-职工福利费	9,900.00	
报销员工外出费用	1001 库存现金		9,900.00
合计：玖仟玖佰元整		9,900.00	9,900.00

记账：李想　　审核：单洪飞　　制单：李想

江苏增值税普通发票

发票联

3211150022211-09

№ 53245479

开票日期：2020年11月5日

购买方	名　　称：江南岳达机械制造有限责任公司 纳税人识别号：91290504556677888M 地 址、电 话：长安市奉贤区工业园区 42123456 开户行及帐号：江南城市发展银行长安分行 18254871000011457	密码区	

货物或应税劳务、服务名称	规格型号	单位	数量	单价	金额	税率	税额
*旅游服务*旅游费		次	1	9,339.62	9,339.62	6%	560.38
合计					¥9,339.62		¥560.38
价税合计（大写）	⊕玖仟玖佰元整				（小写）	¥9,900.00	

销售方	名　　称：南京安羊国际旅行社有限公司 纳税人识别号：913201021251433326Y 地 址、电 话：江苏省南京市玄武区 82134572 开户行及帐号：大海银行南京分行玄武支行 3721252234512223	备注	

收款人：张昭　　复核：石勇　　开票人：王涛　　销售方：（章）

第二联：发票联　购买方记账凭证

税总函[2016]311号北京印钞有限公司

记账凭证

附单据数：0

单位：江南岳达机械制造有限责任公司　　2020-11-12　　凭证号：记-010

摘要	科目	借方	贷方
报销王岳达MBA学费	2211.006 应付职工薪酬-职工教育经费	20,000.00	
报销王岳达MBA学费	1001 库存现金		20,000.00
计提职工教育经费	6602.004 管理费用-职工教育经费	20,000.00	
计提职工教育经费	2211.006 应付职工薪酬-职工教育经费		20,000.00
合计：肆万元整		40,000.00	40,000.00

记账：李想　　审核：单洪飞　　制单：李想

江南增值税普通发票

发票联

2316561357　　　　11-10

№ 34535343

开票日期：2020年11月6日

购买方	名　　称：江南岳达机械制造有限责任公司 纳税人识别号：91290504556677888M 地 址、电 话：长安市奉贤区工业园区 42123456 开户行及帐号：江南城市发展银行长安分行 18254871000011457				密码区		
货物或应税劳务、服务名称	规格型号	单位	数量	单价	金额	税率	税额
*现代服务*MBA学费		次	1	19,801.98	19,801.98	1%	198.02
合计					¥19,801.98		¥198.02
价税合计（大写）	⊕贰万元整				（小写）¥20,000.00		
销售方	名　　称：长安瀚光教育咨询有限公司 纳税人识别号：999901452236652000 地 址、电 话：长安市湘湖区衍水街 45551232 开户行及帐号：长安银行湘湖支行 3600000123454841				备注		

收款人：吕蒙　　复核：潘金莲　　开票人：李倍倍　　销售方：（章）

第二联：发票联　购买方记账凭证

税总函[2016]311号北京印钞有限公司

记账凭证

附单据数：0

单位：江南岳达机械制造有限责任公司　　2020-11-13　　凭证号：记-011

摘要	科目	借方	贷方
现金报销职工培训费	2211.006 应付职工薪酬-职工教育经费	9,000.00	
现金报销职工培训费	2221.001.001 应交税费-应交增值税-进项税额	270.00	
现金报销职工培训费	1001 库存现金		9,270.00
计提培训费	6602.004 管理费用-职工教育经费	9,000.00	
计提培训费	2211.006 应付职工薪酬-职工教育经费		9,000.00
合计：壹万捌仟贰佰柒拾元整		18,270.00	18,270.00

记账：李想　　审核：单洪飞　　制单：李想

江南增值税专用发票

发票联

2316561357　　　　№ 25533952　　　　11-11

开票日期：2020年11月6日

购买方			密码区
名　　称：	江南岳达机械制造有限责任公司		
纳税人识别号：	91290504556677888M		
地 址、电 话：	长安市奉贤区工业园区	42123456	
开户行及帐号：	江南城市发展银行长安分行	18254871000011457	

货物或应税劳务、服务名称	规格型号	单位	数量	单价	金额	税率	税额
*现代服务*培训费		次	1	9,000.00	9,000.00	3%	270.00
合计					¥9,000.00		¥270.00

价税合计（大写）	⊕玖仟贰佰柒拾元整	（小写）	¥9,270.00

销售方			备注
名　　称：	长安瀚光教育咨询有限公司		
纳税人识别号：	999901452236652000		
地 址、电 话：	长安市湘湖区衍水街	45551232	
开户行及帐号：	长安银行湘湖支行	3600000123454841	

收款人：吕蒙　　复核：潘金莲　　开票人：李倍倍　　销售方：（章）

第三联：发票联　购买方记账凭证

长安瀚光教育咨询有限公司 999901452236652000 发票专用章

全国统一发票监制章 江南 国家税务总局监制

税总函[2016]311号北京印钞有限公司

记账凭证

附单据数：0

单位：江南岳达机械制造有限责任公司　　2020-11-14　　凭证号：记-012（1/2）

摘要	科目	借方	贷方
报销广告费	6601.011 销售费用-广告和业务宣传费	30,000.00	
报销广告费	2221.001.001 应交税费-应交增值税-进项税额	1,800.00	
报销广告费	2202.017 应付账款-长安谦翼传媒有限公司		31,800.00
支付广告费	2202.017 应付账款-长安谦翼传媒有限公司	31,800.00	
支付广告费	1002.001 银行存款-江南城市发展银行长安分行		31,800.00
合计：陆万叁仟陆佰元整		63,600.00	63,600.00

记账：李想　　审核：单洪飞　　制单：李想

记账凭证

附单据数：0

单位：江南岳达机械制造有限责任公司　　2020-11-14　　凭证号：记-012 (2/2)

摘要	科目	借方	贷方
汇款手续费	6603.001 财务费用-手续费	10.00	
汇款手续费	1002.001 银行存款-江南城市发展银行长安分行		10.00
合计：陆万叁仟陆佰壹拾元整		63,610.00	63,610.00

记账：李想　　审核：单洪飞　　制单：李想

2565155121

江南增值税专用发票

发 票 联

11-12

№ 21541896

开票日期： 2020年11月7日

购买方	名　　称：江南岳达机械制造有限责任公司 纳税人识别号：91290504556677888M 地 址、电 话：长安市奉贤区工业园区 42123456 开户行及帐号：江南城市发展银行长安分行 18254871000011457			密码区			
货物或应税劳务、服务名称	规格型号	单位	数量	单价	金额	税率	税额
*广告代理服务*广告费		次	1	30,000.00	30,000.00	6%	1,800.00
合计					¥30,000.00		¥1,800.00
价税合计（大写）	⊕叁万壹仟捌佰元整				（小写） ¥31,800.00		
销售方	名　　称：长安谦翼传媒有限公司 纳税人识别号：999908510005922000 地 址、电 话：长安市湘湖区凤临街 45551232 开户行及帐号：建安银行长安分行湘湖支行 2105835656233906			备注			

收款人： 孙尚香　复核： 贾伟　开票人： 孙冰冰　销售方：（章）

第三联：发票联　购买方记账凭证

（印章：全国统一发票监制章 江南 国家税务总局监制）

（印章：长安谦翼传媒有限公司 999908510005922000 发票专用章）

税总函[2016]311号北京印钞有限公司

11-12

江南城市发展银行电汇凭证（借方凭证）

NO.181145712

普通　加急　委托日期　2020年11月7日

汇款人	全称	江南岳达机械制造有限责任公司	收款人	全称	长安谦翼传媒有限公司
	账号	18254871000011457		账号	2105835656233906
	汇出地点	江南省长安市		汇入地点	江南省长安市
汇出行名称	江南城市发展银行长安分行		汇入行名称	建安银行长安分行湘湖支行	
金　额	人民币（大写）	叁万壹仟捌佰元整		¥31,800.00	
此汇款支付给收款人。 （江南城市发展银行长安分行 朱珊 2020年11月7日 业务核算章） 汇款人签章			支付密码		
			附加信息及用途： 复核：　记账：		

此联汇出行作借方凭证

江南城市发展银行（长安分行营业部）收费回单

11-12

交易流水：110141111257　　2020年11月7日

付款人账号 18254871000011457		付款人名称	江南岳达机械制造有限责任公司
收费种类	币种	交易金额	收费金额
47 电汇手续费	人民币	31,800.00	10.00
合计金额	10.00		

江南城市发展银行长安分行 朱珊 2020年11月7日 业务核算章

第二联　客户留存联

柜员号：00000　　朱珊

记账凭证

附单据数：0

单位：江南岳达机械制造有限责任公司　　2020-11-15　　凭证号：记-013

摘要	科目	借方	贷方
报销电话费	6602.009 管理费用-通讯费	1,312.70	
报销电话费	2221.001.001 应交税费-应交增值税-进项税额	83.89	
报销电话费	1001 库存现金		1,396.59
收到预收款	1002.001 银行存款-江南城市发展银行长安分行	8,100,000.00	
收到预收款	1122.002 应收账款-长安华丰工具销售有限公司		8,100,000.00
合计：捌佰壹拾万壹仟叁佰玖拾陆元伍角玖分		8,101,396.59	8,101,396.59

记账：李想　　审核：单洪飞　　制单：李想

11-13

江南增值税专用发票

发 票 联

2156695017　　№ 21598701

开票日期：2020年11月8日

购买方		密码区
名　称：江南岳达机械制造有限责任公司		
纳税人识别号：91290504556677888M		
地址、电话：长安市奉贤区工业园区 42123456		
开户行及帐号：江南城市发展银行长安分行 18254871000011457		

货物或应税劳务、服务名称	规格型号	单位	数量	单价	金额	税率	税额
*电信服务*基础电信服务		月	1	171.00	171.00	9%	15.39
*电信服务*增值电信服务		月	1	1,141.70	1,141.70	6%	68.50
合计					¥1,312.70		¥83.89

价税合计（大写）壹仟叁佰玖拾陆元伍角玖分　　（小写）¥1,396.59

销售方	备注
名　称：江南通信有限公司长安分公司	
纳税人识别号：999902471548922000	
地址、电话：长安市湘湖区西湖大道 45655121	
开户行及帐号：大海银行长安分行湘湖支行 2102022572558236	

收款人：夏侯敦　　复核：关胜　　开票人：姜美丽　　销售方：（章）

第三联：发票联　购买方记账凭证

税总函[2016]311号北京印钞有限公司

记账凭证

附单据数：0

单位：江南岳达机械制造有限责任公司　　2020-11-15　　凭证号：记-014

摘要	科目	借方	贷方
报销单位办公用房装修费	6602.099 管理费用-其他	10,000.00	
报销单位办公用房装修费	2221.001.001 应交税费-应交增值税-进项税额	900.00	
报销单位办公用房装修费	2202.003 应付账款-江南华阳物资有限公司		10,900.00
付款	2202.003 应付账款-江南华阳物资有限公司	10,900.00	
付款	1001 库存现金		10,900.00
合计：贰万壹仟捌佰元整		21,800.00	21,800.00

记账：李想　　审核：单洪飞　　制单：李想

江南增值税专用发票

2101496213　　发票联　　№ 25655563　　11-14

开票日期：2020年11月8日

购买方	名　　称：江南岳达机械制造有限责任公司 纳税人识别号：91290504556677888M 地 址、电 话：长安市奉贤区工业园区　42123456 开户行及帐号：江南城市发展银行长安分行　18254871000011457	密码区	

货物或应税劳务、服务名称	规格型号	单位	数量	单价	金额	税率	税额
*建筑服务*办公室装修费		次	1	10,000.00	10,000.00	9%	900.00
合计					¥10,000.00		¥900.00
价税合计（大写）	⊕壹万零玖佰元整				（小写）	¥10,900.00	

销售方	名　　称：江南华阳物资有限公司 纳税人识别号：999904751569732000 地 址、电 话：长安市拱西区河北路　45126987 开户行及帐号：工群银行长安分行河北路支行　25789231513551284	备注	奉贤区工业园区办公室装修

收款人：关羽　　复核：袭人　　开票人：孙卢　　销售方：（章）

第三联：发票联　购买方记账凭证

税总函[2016]311号北京印钞有限公司

记账凭证

附单据数：0

单位：江南岳达机械制造有限责任公司　　2020-11-15　　凭证号：记-015

摘要	科目	借方	贷方
按应收债权30%计提坏账准备	6701.001 资产减值损失-坏账准备	30,000.00	
按应收债权30%计提坏账准备	1231.002.001 坏账准备-应收账款-锦阳市长河管理咨询中心		30,000.00
合计：叁万元整		30,000.00	30,000.00

记账：李想　　审核：单洪飞　　制单：李想

计提应收账款坏账准备审批表

11-15

欠款单位名称	锦阳市长河管理咨询中心		
欠款金额			100,000.00
账龄	计提比例	已提减值准备金额	拟提坏账准备金额
1-2年（不含2年）	自定		
2-3年（不含3年）	自定		
3-4年（不含4年）	自定		
4年以上（含4年）	30%	0	30,000.00
合计			
提取减值准备主要原因	发现该单位在工商公示已提交简易注销程序，由于该企业为个人独资企业，投资人应负无限连带责任，故应向投资人继续追偿。根据目前情况，申请提取减值准备30%。 责任部门：刘菲 2020/11/4		
财务部门意见	同意按30%计提坏账准备 部门负责人：李想 2020/11/4		
公司意见	同意按30%计提坏账准备 公司负责人：王岳达 2020/11/4		

记账凭证

附单据数：0

单位：江南岳达机械制造有限责任公司　　2020-11-15　　凭证号：记-016

摘要	科目	借方	贷方
购砂轮(数量:18，单价:100)	1403.011_023 原材料-钢材类_棕刚砂轮	1,800.00	
购砂轮	2221.001.001 应交税费-应交增值税-进项税额	234.00	
购砂轮	2202.005 应付账款-锦阳市鼎瑞贸易有限公司		2,034.00
付款	2202.005 应付账款-锦阳市鼎瑞贸易有限公司	2,034.00	
付款	1001 库存现金		2,034.00
合计：肆仟零陆拾捌元整		4,068.00	4,068.00

记账：李想　　审核：单洪飞　　制单：李想

11-16

2154863256

江南增值税专用发票

发票联

№ 21656234

开票日期：2020年11月8日

购买方	名称：江南岳达机械制造有限责任公司 纳税人识别号：91290504556677888M 地址、电话：长安市奉贤区工业园区 42123456 开户行及帐号：江南城市发展银行长安分行 18254871000011457	密码区					
货物或应税劳务、服务名称	规格型号	单位	数量	单价	金额	税率	税额
*非金属矿物制品*棕刚砂轮		个	18	100.00	1,800.00	13%	234.00
合计					¥1,800.00		¥234.00
价税合计（大写）	⊕贰仟零叁拾肆元整				（小写） ¥2,034.00		
销售方	名称：锦阳市鼎瑞贸易有限公司 纳税人识别号：93312318236806312P 地址、电话：锦阳市越阳区上海街 25862225 开户行及帐号：工农银行锦阳分行越阳支行 8154684522125522	备注					

收款人：夏侯渊　复核：林冲　开票人：张新　销售方：（章）

第三联：发票联　购买方记账凭证

税总函[2016]311号北京印钞有限公司

入 库 单

11-16

接收部门 原材料库房 2020-11-08 单号: 34594414316

货号	品 名	规格	单位	数量	单价	金额
	棕刚砂轮		个	18	100	1,800.00
合计						1,800.00

仓库负责人	刘强丰	经手入库人	王剑	记账	李想	备注	-

第一联，财务记账凭证

记账凭证

附单据数：0

单位：江南岳达机械制造有限责任公司　　2020-11-15　　凭证号：记-017

摘要	科目	借方	贷方
收到上海子公司宣告分派股息红利	1002.001 银行存款-江南城市发展银行长安分行	500,000.00	
收到上海子公司宣告分派股息红利	6111.001 投资收益-上海亮剑机械销售有限公司		500,000.00
合计：伍拾万元整		500,000.00	500,000.00

记账：李想　　审核：单洪飞　　制单：李想

江南城市发展银行（长安分行营业部）贷记通知

11-17

流水号：999910411111362　　交易日期：2020年11月8日

收款单位：	江南岳达机械制造有限责任公司		
收款单位账号：	18254871000011457	凭证编号	
付款单位名称：	上海亮剑机械销售有限公司	付款银行	建安银行上海分行徐汇支行
付款单位账号	3264821000251012	起自日	2020年11月8日
交易名称	支付结算平台业务处理	金额小写：	RMB 500,000.00
金额大写	人民币 伍拾万元整		
摘要	分配2019年股息红利		

江南城市发展银行长安分行 朱珊 2020年11月8日 业务核算章

第二联 客户留存联

如果日期、流水号、账号、摘要、金额相同，系重复打印。　　经办柜员：99901533

记账凭证

附单据数：0

单位：江南岳达机械制造有限责任公司　　2020-11-15　　凭证号：记-018

摘要	科目	借方	贷方
报销车辆修理费	6602.034 管理费用-修理费	600.00	
报销车辆修理费	1001 库存现金		600.00
合计：陆佰元整		600.00	600.00

记账：李想　　审核：单洪飞　　制单：李想

模拟票据，仅供学习使用

2130051367

江南增值税普通发票

发 票 联

11-18

№ 36158202

开票日期： 2020年11月8日

购买方	名　　称：江南岳达机械制造有限责任公司 纳税人识别号：91290504556677888M 地 址、电 话：长安市奉贤区工业园区 42123456 开户行及帐号：江南城市发展银行长安分行 18254871000011457	密码区	

货物或应税劳务、服务名称	规格型号	单位	数量	单价	金额	税率	税额
*劳务*修理费		次	1	594.06	594.06	1%	5.94
合计					¥594.06		¥5.94
价税合计（大写）	⊕陆佰元整				（小写） ¥600.00		

销售方	名　　称：长安溪文区鼎悦汽车修理厂 纳税人识别号：999901400125823000 地 址、电 话：长安市溪文区东牛街四段 42568912 开户行及帐号：工群银行长安分行溪文支行 2578923510010153	备注	

收款人：典韦　复核：戴宗　开票人：孟连山　销售方：（章）

长安溪文区鼎悦汽车修理厂 999901400125823000 发票专用章

全国统一发票监制章 江南 国家税务总局监制

第二联：发票联 购买方记账凭证

税总函[2016]311号北京印钞有限公司

记账凭证

附单据数：0

单位：江南岳达机械制造有限责任公司　　2020-11-15　　凭证号：记-019

摘要	科目	借方	贷方
购办公用品打印纸、硒鼓	6602.006 管理费用-办公费	2,500.00	
购办公用品打印纸、硒鼓	2221.001.001 应交税费-应交增值税-进项税额	325.00	
购办公用品打印纸、硒鼓	1001 库存现金		2,825.00
合计：贰仟捌佰贰拾伍元整		2,825.00	2,825.00

记账：李想　　审核：单洪飞　　制单：李想

江南增值税专用发票

2251200250

发票联

№ 12500002 11-19

开票日期：2020年11月8日

购买方	名 称：江南岳达机械制造有限责任公司 纳税人识别号：91290504556677888M 地 址、电 话：长安市奉贤区工业园区 42123456 开户行及帐号：江南城市发展银行长安分行 18254871000011457			密码区			
货物或应税劳务、服务名称	规格型号	单位	数量	单价	金额	税率	税额
*纸制品*打印纸		包	10	200.00	2,000.00	13%	260.00
*计算机配套产品*硒鼓		个	1	500.00	500.00	13%	65.00
合计					¥2,500.00		¥325.00
价税合计（大写）	贰仟捌佰贰拾伍元整			（小写）	¥2,825.00		
销售方	名 称：长安市华溪商业大厦 纳税人识别号：999904156803056000 地 址、电 话：长安市湘湖区站前街 45521522 开户行及帐号：工群银行长安分行湘湖支行 2578922512236236			备注			

收款人：马超　复核：花荣　开票人：郑丽丽　销售方：（章）

第三联：发票联 购买方记账凭证

长安市华溪商业大厦 999904156803056000 发票专用章

全国统一发票监制章 江南 国家税务总局监制

税总函[2016]311号北京印钞有限公司

记账凭证

附单据数：0

单位：江南岳达机械制造有限责任公司　　2020-11-15　　凭证号：记-020（1/2）

摘要	科目	借方	贷方
分派2020年及以前年度股	4104.003 利润分配-应付现金股利（利润）	98,000.00	
分派2020年及以前年度股	2232.001 应付股利-王岳达		58,800.00
分派2020年及以前年度股	2232.002 应付股利-江南利枫物资有限公司		39,200.00
支付股利	2232.001 应付股利-王岳达	58,800.00	
支付股利	2232.002 应付股利-江南利枫物资有限公司	39,200.00	
合计：壹拾玖万陆仟元整		196,000.00	98,000.00

记账：李想　　审核：单洪飞　　制单：李想

记账凭证

附单据数：0

单位：江南岳达机械制造有限责任公司　　2020-11-15　　凭证号：记-020（2/2）

摘要	科目	借方	贷方
支付股利(数量:100，单价:980)	1405_034 库存商品_茅台酒		98,000.00
合计：壹拾玖万陆仟元整		196,000.00	196,000.00

记账：李想　　审核：单洪飞　　制单：李想

江南岳达机械制造有限责任公司　　　　11-20A

关于公司利润分配方案
股东会决议

股东会决议[2020]09号

时间：2020年11月4日

地点：公司办公室

出席股东：股东王岳达、江南利枫物资有限公司

主持人：王岳达

股东会会议审议了公司关于2020年度公司利润分配方案的议案，经研究，形成以下决议：

同意2019年度可供分配的利润98万元按股比进行实物分配，期中股东江南利枫物资有限公司分红金额39.2万元；王岳达分红金额58.8万元。

以上决议均经出席股东大会的股东所持表决权的100%通过。

股东签字 盖章　　王岳达　　江南利枫物资有限公司

2020年11月4日

出　库　单

11-20B

领用部门或单位　股东　　2020-11-08　　单号：2145441430B

货号	品　名	规格	单位	数量	单价	金额
	茅台酒		瓶	100	980	98,000.00
合计						98,000.00

仓库负责人	刘强丰	出库经手人	王剑	记账	李想	备注	分配股利

第一联，财务记账凭证

记账凭证

附单据数：0

单位：江南岳达机械制造有限责任公司　　2020-11-15　　凭证号：记-021（1/2）

摘要	科目	借方	贷方
购入钢带16吨(数量:16，单价:55000)	1403.001_002 原材料-钢带类_带锯钢带34*1.1	880,000.00	
购入钢带16吨	2221.001.001 应交税费-应交增值税-进项税额	114,400.00	
购入钢带16吨	2202.007 应付账款-江南长安特钢有限公司		994,400.00
付款	2202.007 应付账款-江南长安特钢有限公司	994,400.00	
付款	1002.001 银行存款-江南城市发展银行长安分行		994,400.00
合计：壹佰玖拾捌万捌仟捌佰元整		1,988,800.00	1,988,800.00

记账：李想　　审核：单洪飞　　制单：李想

记账凭证

附单据数：0

单位：江南岳达机械制造有限责任公司　　2020-11-15　　凭证号：记-021 (2/2)

摘要	科目	借方	贷方
汇款手续费	6603.001 财务费用-手续费	20.00	
汇款手续费	1002.001 银行存款-江南城市发展银行长安分行		20.00
合计：壹佰玖拾捌万捌仟捌佰贰拾元整		1,988,820.00	1,988,820.00

记账：李想　　审核：单洪飞　　制单：李想

江南增值税专用发票

发票联

2154021561　　11-21

№ 13692301

开票日期：2020年11月8日

购买方	名　　称：江南岳达机械制造有限责任公司 纳税人识别号：91290504556677888M 地 址、电 话：长安市奉贤区工业园区　42123456 开户行及帐号：江南城市发展银行长安分行　18254871000011457	密码区	

货物或应税劳务、服务名称	规格型号	单位	数量	单价	金额	税率	税额
*黑色金属冶炼延压品*带锯钢带	34*1.1	吨	16	55,000.00	880,000.00	13%	114,400.00
合计					¥880,000.00		¥114,400.00

价税合计（大写）	⊕玖拾玖万肆仟肆佰元整	（小写）¥994,400.00

销售方	名　　称：江南长安特钢有限公司 纳税人识别号：999904789620354000 地 址、电 话：长安市拱西区河北路　45871236 开户行及帐号：工群银行长安分行河北路支行　25789516891321263	备注	

收款人：魏延　　复核：麝月　　开票人：王兴　　销售方：（章）

第三联：发票联　购买方记账凭证

税总函[2016]311号北京印钞有限公司

入 库 单

11-21

接收部门 原材料库房　　2020-11-08　　单号：34594414321

货号	品 名	规格	单位	数量	单价	金额
	带锯钢带	34*1.1	吨	16	55000	880,000.00
合计						880,000.00

仓库负责人	刘强丰	入库经手人	王剑	记账	李想	备注	-

第一联，财务记账凭证

江南城市发展银行电汇凭证（借方凭证）

11-21

NO.181145721

普通　　加急　　委托日期　2020年11月8日

汇款人	全称	江南岳达机械制造有限责任公司	收款人	全称	江南长安特钢有限公司
	账号	18254871000011457		账号	25789516891321263
	汇出地点	江南省长安市		汇入地点	江南省长安市
汇出行名称	江南城市发展银行长安分行		汇入行名称	工群银行长安分行河北路支行	
金　额	人民币（大写）	玖拾玖万肆仟肆佰元整			¥994,400.00
此汇款支付给收款人。			支付密码		
			附加信息及用途：		
江南城市发展银行长安分行 朱珊 2020年11月8日 业务核算章		汇款人签章	复核：	记账：	

此联汇出行作借方凭证

江南城市发展银行（长安分行营业部）收费回单

11-21

交易流水：110141111157　　2020年11月8日

付款人账号 18254871000011457		付款人名称	江南岳达机械制造有限责任公司
收费种类	币种	交易金额	收费金额
47 电汇手续费	人民币	994,400.00	20.00
合计金额	20.00		

第二联　客户留存联

江南城市发展银行长安分行　朱珊　2020年11月8日　业务核算章

柜员号：00000　　朱珊

记账凭证

附单据数：0

单位：江南岳达机械制造有限责任公司　　2020-11-15　　凭证号：记-022

摘要	科目	借方	贷方
报销会议餐费	6602.020 管理费用-会议费	8,000.00	
报销会议餐费	1001 库存现金		8,000.00
合计：捌仟元整		8,000.00	8,000.00

记账：李想　　审核：单洪飞　　制单：李想

上海增值税普通发票

发票联

3184867439

11-22

№ 28445778

开票日期： 2020年10月20日

购买方	名 称：江南岳达机械制造有限责任公司 纳税人识别号：91290504556677888M 地 址、电 话：长安市奉贤区工业园区 42123456 开户行及帐号：江南城市发展银行长安分行 18254871000011457	密码区

货物或应税劳务、服务名称	规格型号	单位	数量	单价	金额	税率	税额
*现代服务*会议餐费		次	1	7,547.17	7,547.17	6%	452.83
合计					¥7,547.17		¥452.83
价税合计（大写）	⊕捌仟元整				（小写） ¥8,000.00		

销售方	名 称：上海智多星管理咨询有限公司 纳税人识别号：9131010184726ENC54 地 址、电 话：上海市黄埔区和平街 27874933 开户行及帐号：工农银行上海分行黄埔支行 8151828265827295	备注

收款人： 诸葛瑾 复核： 段景住 开票人： 薛洪 销售方：（章）

第二联：发票联 购买方记账凭证

全国统一发票监制章 上海 国家税务总局监制

上海智多星管理咨询有限公司 9131010184726ENC54 发票专用章

税总函[2016]311号北京印钞有限公司

记账凭证

附单据数：0

单位：江南岳达机械制造有限责任公司　　2020-11-15　　凭证号：记-023

摘要	科目	借方	贷方
收款	1001 库存现金	5,000.00	
收款	2241.001.002 其他应付款-个人-其他		5,000.00
合计：伍仟元整		5,000.00	5,000.00

记账：李想　　审核：单洪飞　　制单：李想

收款收据

11-23

NO. 1546751234

收款日期 2020/11/15

付款单位（交款人）	刘枫	收款单位（收款人）	岳达机械	收款项目	
人民币（大写）	伍仟元整			小写：	¥ 5,000.00
收款事由	边角料			经办部门：	
上述款项照数收讫无误。收款单位财会专用章；；（领款人签章）		会计主管	稽核	出纳	交款人
			李想	王月	刘枫

第三联 联 给付款单位做收据

江南岳达机械制造有限责任公司 财务专用章

记账凭证

附单据数：0

单位：江南岳达机械制造有限责任公司　　2020-11-15　　凭证号：记-024

摘要	科目	借方	贷方
购电机9个(数量:9，单价:100)	1403.006_015 原材料-电器类_电机	900.00	
购电机9个	2221.001.001 应交税费-应交增值税-进项税额	117.00	
购电机9个	2202.013 应付账款-长安市欣博机械设备有限公司		1,017.00
付款	2202.013 应付账款-长安市欣博机械设备有限公司	1,017.00	
付款	1001 库存现金		1,017.00
合计：贰仟零叁拾肆元整		2,034.00	2,034.00

记账：李想　　审核：单洪飞　　制单：李想

江南增值税专用发票

发票联

2103312828　　№ 21545123　　11-24

开票日期：2020年11月8日

购买方	名称：江南岳达机械制造有限责任公司 纳税人识别号：91290504556677888M 地址、电话：长安市奉贤区工业园区 42123456 开户行及帐号：江南城市发展银行长安分行 18254871000011457	密码区					
货物或应税劳务、服务名称	规格型号	单位	数量	单价	金额	税率	税额
*电动机*电机		台	9	100.00	900.00	13%	117.00
合计					¥900.00		¥117.00
价税合计（大写）	⊕壹仟零壹拾柒元整			（小写）	¥1,017.00		
销售方	名称：长安市欣博机械设备有限公司 纳税人识别号：999908223112345000 地址、电话：长安市湘湖区四南街 45215479 开户行及帐号：工农银行长安分行湘湖支行 8151212124558212	备注					

收款人：黄盖　　复核：武松　　开票人：王湘云　　销售方：（章）

第三联：发票联　购买方记账凭证

税总函[2016]311号北京印钞有限公司

11-24

入 库 单

接收部门　原材料及成品库房　2020-11-08　单号：34594414324

货号	品名	规格	单位	数量	单价	金额
	电机		台	9	100	900.00
合计						900.00

仓库负责人	刘强丰	经手入库人	王剑	记账	李想	备注	

第一联，财务记账凭证

记账凭证

附单据数：0

单位：江南岳达机械制造有限责任公司　　2020-11-15　　凭证号：记-025

摘要	科目	借方	贷方
报销食堂购五谷米、植物油	2211.003 应付职工薪酬-职工福利费	37,310.70	
报销食堂购五谷米、植物油	1221.001.002 其他应收款-个人-张北		37,310.70
合计：叁万柒仟叁佰壹拾元柒角		37,310.70	37,310.70

记账：李想　　审核：单洪飞　　制单：李想

11-25/

江南增值税普通发票

2251200250

发票联

№ 12500151

开票日期：2020年11月8日

购买方	
名称：	江南岳达机械制造有限责任公司
纳税人识别号：	91290504556677888M
地址、电话：	长安市奉贤区工业园区 42123456
开户行及帐号：	江南城市发展银行长安分行 18254871000011457

密码区

货物或应税劳务、服务名称	规格型号	单位	数量	单价	金额	税率	税额
*谷物*五谷米		公斤	400	42.00	16,800.00	9%	1,512.00
*植物油*古法压榨豆油	5L	瓶	70.00	249.00	17,430.00	9%	1,568.70
合计					¥34,230.00		¥3,080.70

价税合计（大写） ⊕叁万柒仟叁佰壹拾元柒角整 （小写） ¥37,310.70

销售方	
名称：	长安市华溪商业大厦
纳税人识别号：	999904156803056000
地址、电话：	长安市湘湖区站前街 45521522
开户行及帐号：	工群银行长安分行湘湖支行 2578922512236236

备注

收款人：马超 复核：花荣 开票人：郑丽丽 销售方：（章）

第二联：发票联 购买方记账凭证

税总函[2016]311号北京印钞有限公司

收款收据

11-25B

收款日期　　2020/11/8

付款单位（交款人）	张北	收款单位（收款人）	江南岳达机械制造有限责任公司	收款项目：发票报销
人民币（大写）	⊕叁万柒仟叁佰壹拾元柒角整		小写：	¥37,310.70
收款事由			经办部门：	
上述款项照数收讫无误。 收款单位财会专用章；； （领款人签章）	会计主管	稽核	出纳	交款人
		李想	王月	张北

第三联　联　给付款单位做收据

江南岳达机械制造有限责任公司
财务专用章

记账凭证

附单据数：0

单位：江南岳达机械制造有限责任公司　　2020-11-15　　凭证号：记-026

摘要	科目	借方	贷方
收到政府奖励	1002.001 银行存款-江南城市发展银行长安分行	50,000.00	
收到政府奖励	4002.001 资本公积-其他		50,000.00
合计：伍万元整		50,000.00	50,000.00

记账：李想　　审核：单洪飞　　制单：李想

江南城市发展银行（长安分行营业部）贷记通知

11-26

流水号：99991041111122　　交易日期：2020年11月10日

收款单位：	江南岳达机械制造有限责任公司		
收款单位账号：	18254871000011457	凭证编号	
付款单位名称：	长安市奉贤区财政服务中心	付款银行	长安市合作社站前营业厅
付款单位账号	321457815987412	起自日	2020年11月10日
交易名称	支付结算平台业务处理	金额小写：	RMB 50,000.00
金额大写	人民币 伍万元整		
摘要	区级扶持奖励		

江南城市发展银行长安分行 朱珊 2020年11月10日 业务核算章

第二联 客户留存联

如果日期、流水号、账号、摘要、金额相同，系重复打印。　　经办柜员：99901533

记账凭证

附单据数：0

单位：江南岳达机械制造有限责任公司　　2020-11-15　　凭证号：记-027（1/2）

摘要	科目	借方	贷方
数控带锯铣床修理费	5101.034 制造费用-修理费	100,000.00	
数控带锯铣床修理费	2221.001.001 应交税费-应交增值税-进项税额	13,000.00	
数控带锯铣床修理费	2202.013 应付账款-长安市欣博机械设备有限公司		113,000.00
付款	2202.013 应付账款-长安市欣博机械设备有限公司	113,000.00	
付款	1002.001 银行存款-江南城市发展银行长安分行		113,000.00
合计：贰拾贰万陆仟元整		226,000.00	226,000.00

记账：李想　　审核：单洪飞　　制单：李想

记账凭证

附单据数：0

单位：江南岳达机械制造有限责任公司　　2020-11-15　　凭证号：记-027 (2/2)

摘要	科目	借方	贷方
手续费	6603.001 财务费用-手续费	20.00	
手续费	1002.001 银行存款-江南城市发展银行长安分行		20.00
合计：贰拾贰万陆仟零贰拾元整		226,020.00	226,020.00

记账：李想　　审核：单洪飞　　制单：李想

2103312828

江南增值税专用发票

发票联

11-27

№ 21545124

开票日期：2020年11月8日

购买方	名称：江南岳达机械制造有限责任公司 纳税人识别号：91290504556677888M 地址、电话：长安市奉贤区工业园区 42123456 开户行及帐号：江南城市发展银行长安分行 18254871000011457			密码区			
货物或应税劳务、服务名称	规格型号	单位	数量	单价	金额	税率	税额
*劳务*设备修理费		次	1	100,000.00	100,000.00	13%	13,000.00
合计					¥100,000.00		¥13,000.00
价税合计（大写）	⊕壹拾壹万叁仟元整				（小写）	¥113,000.00	
销售方	名称：长安市欣博机械设备有限公司 纳税人识别号：999908223112345000 地址、电话：长安市湘湖区四南街 45215479 开户行及帐号：工农银行长安分行湘湖支行 8151212124558212			备注	长安市欣博机械设备有限公司 999908223112345000 发票专用章		

收款人：黄盖 复核：武松 开票人：王湘云 销售方：（章）

第三联：发票联 购买方记账凭证

税总函[2016]311号北京印钞有限公司

模拟票据，仅供学习使用

江南城市发展银行电汇凭证（借方凭证）

11-27

NO.181145727

普通　　加急　　委托日期　2020年11月8日

汇款人	全称	江南岳达机械制造有限责任公司	收款人	全称	长安市欣博机械设备有限公司
	账号	18254871000011457		账号	8151212124558212
	汇出地点	江南省长安市		汇入地点	江南省长安市
汇出行名称	江南城市发展银行长安分行		汇入行名称	工农银行长安分行湘湖支行	
金　额	人民币（大写）	壹拾壹万叁仟元整			¥113,000.00
此汇款支付给收款人。 江南城市发展银行长安分行 朱珊 2020年11月8日 业务核算章 汇款人签章			支付密码		
			附加信息及用途： 复核：　记账：		

此联汇出行作借方凭证

江南城市发展银行（长安分行营业部）收费回单

11-27

交易流水：110141111757　　2020年11月8日

付款人账号 18254871000011457		付款人名称	江南岳达机械制造有限责任公司
收费种类	币种	交易金额	收费金额
47 电汇手续费	人民币	113,000.00	20.00
合计金额	20.00		

江南城市发展银行长安分行 朱珊 2020年11月8日 业务核算章

第二联 客户留存联

柜员号：00000　　朱珊

记账凭证

附单据数：0

单位：江南岳达机械制造有限责任公司　　2020-11-15　　凭证号：记-028

摘要	科目	借方	贷方
报销食堂购买牛肉费用	2211.003 应付职工薪酬-职工福利费	98,530.00	
报销食堂购买牛肉费用	1221.001.002 其他应收款-个人-张北		98,530.00
慰问退休职工福利	2211.003 应付职工薪酬-职工福利费	10,000.00	
慰问退休职工福利	1221.001.002 其他应收款-个人-张北		10,000.00
合计：壹拾万捌仟伍佰叁拾元整		108,530.00	108,530.00

记账：李想　　审核：单洪飞　　制单：李想

江南增值税普通发票

发 票 联

2251200250　　　　11-28A

№ 12500115

开票日期：2020年11月8日

购买方	名称：江南岳达机械制造有限责任公司 纳税人识别号：91290504556677888M 地址、电话：长安市奉贤区工业园区 42123456 开户行及帐号：江南城市发展银行长安分行 18254871000011457	密码区					
货物或应税劳务、服务名称	规格型号	单位	数量	单价	金额	税率	税额
*谷物*五谷米		袋	25	366.97	9,174.31	9%	825.69
合计					¥9,174.31		825.69
价税合计（大写）	⊕壹万元整			（小写）	¥10,000.00		
销售方	名称：长安市华溪商业大厦 纳税人识别号：999904156803056000 地址、电话：长安市湘湖区站前街 45521522 开户行及帐号：工群银行长安分行湘湖支行 2578922512236236	备注					

收款人：马超　　复核：花荣　　开票人：郑丽丽　　销售方：（章）

第二联：发票联　购买方记账凭证

税总函[2016]311号北京印钞有限公司

江南增值税普通发票

发票联

2012365128　　　　11-28B　　№ 22560035

开票日期：2020年11月8日

购买方		密码区
名　　称：江南岳达机械制造有限责任公司		
纳税人识别号：91290504556677888M		
地址、电话：长安市奉贤区工业园区 42123456		
开户行及帐号：江南城市发展银行长安分行 18254871000011457		

货物或应税劳务、服务名称	规格型号	单位	数量	单价	金额	税率	税额
*肉及肉制品*牛肉（黄瓜条）		公斤	985.3	100.00	98,530.00	免税	***
合计					¥98,530.00		-

价税合计（大写）⊕玖万捌仟伍佰叁拾元整　　（小写）¥98,530.00

销售方	备注
名　　称：长安市华溪商业大厦	
纳税人识别号：999904156803056000	
地址、电话：长安市湘湖区站前街 45521522	
开户行及帐号：二群银行长安分行湘湖支行 2578922512236236	

收款人：马超　　复核：花荣　　开票人：郑丽丽　　销售方：（章）

第二联：发票联　购买方记账凭证

长安市华溪商业大厦 999904156803056000 发票专用章

全国统一发票监制章 江南 国家税务总局监制

税总函[2016]311号北京印钞有限公司

收款收据

11-28C

收款日期

付款单位（交款人）	张北	收款单位（收款人）	江南岳达机械制造有限责任公司	收款项目：发票报销	
人民币（大写）	壹拾万零捌仟伍佰叁拾元整			小写：	¥108,530.00
收款事由				经办部门：	
上述款项照数收讫无误。收款单位财会专用章；；（领款人签章）	江南岳达机械制造有限责任公司 财务专用章	会计主管	稽核	出纳	交款人
			李想	王月	张北

第三联 联 给付款单位做收据

记账凭证

附单据数：0

单位：江南岳达机械制造有限责任公司　　2020-11-15　　凭证号：记-029

摘要	科目	借方	贷方
购自动校直机位移传感器(数量:4，单价:1500)	1403.006_016 原材料-电器类_自动校直机位移传感器	6,000.00	
购自动校直机位移传感器	2221.001.001 应交税费-应交增值税-进项税额	780.00	
购自动校直机位移传感器	2202.013 应付账款-长安市欣博机械设备有限公司		6,780.00
付款	2202.013 应付账款-长安市欣博机械设备有限公司	6,780.00	
付款	1001 库存现金		6,780.00
合计：壹万叁仟伍佰陆拾元整		13,560.00	13,560.00

记账：李想　　审核：单洪飞　　制单：李想

江南增值税专用发票

发票联

2103312828　　　　№ 21545521　　11-29

开票日期：2020年11月8日

购买方	名称：江南岳达机械制造有限责任公司 纳税人识别号：91290504556677888M 地址、电话：长安市奉贤区工业园区 42123456 开户行及帐号：江南城市发展银行长安分行 18254871000011457	密码区

货物或应税劳务、服务名称	规格型号	单位	数量	单价	金额	税率	税额
*敏感元件及传感器*传感器		个	4	1,500.00	6,000.00	13%	780.00
合计					¥6,000.00		¥780.00
价税合计（大写）	⊕陆仟柒佰捌拾元整				（小写） ¥6,780.00		

销售方	名称：长安市欣博机械设备有限公司 纳税人识别号：999908223112345000 地址、电话：长安市湘湖区四南街 45215479 开户行及帐号：工农银行长安分行湘湖支行 8151212124558212	备注

收款人：黄盖　　复核：武松　　开票人：王湘云　　销售方：（章）

（印章：全国统一发票监制章 江南 国家税务总局监制；长安市欣博机械设备有限公司 999908223112345000 发票专用章）

第三联：发票联 购买方记账凭证

税总函[2016]311号北京印钞有限公司

入 库 单

11-29

接收部门　原材料库房　2020-11-08　单号：34594414329

货号	品名	规格	单位	数量	单价	金额
	传感器		个	4	1500	6,000.00
合计						6,000.00

仓库负责人	刘强丰	经手人入库	王剑	记账	李想	备注	-

第一联，财务记账凭证

记账凭证

附单据数：0

单位：江南岳达机械制造有限责任公司　　2020-11-15　　凭证号：记-030

摘要	科目	借方	贷方
高炉租赁	1122.008 应收账款-长安市冶金机械有限公司	793,800.00	
高炉租赁	6051.004_004 其他业务收入-租赁收入_5%		756,000.00
高炉租赁	2221.007_004 应交税费-简易计税_5%		37,800.00
收到高炉租赁款	1002.001 银行存款-江南城市发展银行长安分行	793,800.00	
收到高炉租赁款	1122.008 应收账款-长安市冶金机械有限公司		793,800.00
合计：壹佰伍拾捌万柒仟陆佰元整		1,587,600.00	1,587,600.00

记账：李想　　审核：单洪飞　　制单：李想

江南城市发展银行（长安分行营业部）贷记通知

11-30

流水号：999910411111505　　交易日期：2020年11月12日

收款单位：	江南岳达机械制造有限责任公司		
收款单位账号：	18254871000011457	凭证编号	
付款单位名称：	长安市冶金机械有限公司	付款银行	工群银行长安分行溪文支行
付款单位账号	2578923536839475	起自日	2020年11月12日
交易名称	支付结算平台业务处理	金额小写：	RMB 793,800.00
金额大写	人民币 柒拾玖万叁仟捌佰元整		
摘要	高炉租赁款		

江南城市发展银行长安分行
朱珊
2020年11月12日
业务核算章

第二联　客户留存联

如果日期、流水号、账号、摘要、金额相同，系重复打印。　　经办柜员：99901533

记账凭证

附单据数：0

单位：江南岳达机械制造有限责任公司　　2020-11-16　　凭证号：记-031

摘要	科目	借方	贷方
购服装	6602.045 管理费用-劳动保护费	27,000.00	
购服装	2221.001.001 应交税费-应交增值税-进项税额	3,510.00	
购服装	1002.001 银行存款-江南城市发展银行长安分行		30,510.00
汇款手续费	6603.001 财务费用-手续费	10.00	
汇款手续费	1002.001 银行存款-江南城市发展银行长安分行		10.00
合计：叁万零伍佰贰拾元整		30,520.00	30,520.00

记账：李想　　审核：单洪飞　　制单：李想

模拟票据，仅供学习使用

江南增值税专用发票

发票联

2103312828

11-31

№ 21545125

开票日期： 2020年11月8日

购买方		密码区
名　　称：	江南岳达机械制造有限责任公司	
纳税人识别号：	912905045566778888M	
地 址、电 话：	长安市奉贤区工业园区 42123456	
开户行及帐号：	江南城市发展银行长安分行 18254871000011457	

货物或应税劳务、服务名称	规格型号	单位	数量	单价	金额	税率	税额
*纺织品*雅戈尔西装		套	2	13,500.00	27,000.00	13%	3,510.00
合计					¥27,000.00		¥3,510.00

价税合计（大写）	⊕叁万零伍佰壹拾元整	（小写）	¥30,510.00

销售方		备注
名　　称：	长安市华溪商业大厦	
纳税人识别号：	999904156803056000	
地 址、电 话：	长安市湘湖区站前街 45521522	
开户行及帐号：	工群银行长安分行湘湖支行 2578922512236236	

收款人： 马超　复核： 花荣　开票人： 郑丽丽　销售方：（章）

全国统一发票监制章 江南 国家税务总局监制

长安市华溪商业大厦 999904156803056000 发票专用章

第三联：发票联 购买方记账凭证

税总函[2016]311号北京印钞有限公司

入库单

11-31

接收部门　原材料及成品库房　　2020-11-08　　单号：34594414331

货号	品名	规格	单位	数量	单价	金额
	雅戈尔西装		套	2	13500	27,000.00
合计						27,000.00

仓库负责人	刘强丰	入库经手人	王剑	记账	李想	备注	-

第一联，财务记账凭证

11-31

江南城市发展银行电汇凭证（借方凭证）

NO.181145731

普通　　加急　　委托日期　2020年11月8日

汇款人	全称	江南岳达机械制造有限责任公司	收款人	全称	长安市华溪商业大厦
	账号	18254871000011457		账号	2578922512236236
	汇出地点	江南省长安市		汇入地点	江南省长安市
汇出行名称	江南城市发展银行长安分行		汇入行名称	工群银行长安分行湘湖支行	
金额	人民币（大写）	叁万零伍佰壹拾元整			¥30,510.00
此汇款支付给收款人。 江南城市发展银行长安分行 朱珊 2020年11月8日 业务核算章 汇款人签章			支付密码		
			附加信息及用途： 复核：　记账：		

此联汇出行作借方凭证

江南城市发展银行（长安分行营业部）收费回单

11-31

交易流水：110141111157　　2020年11月8日

付款人账号 18254871000011457		付款人名称	江南岳达机械制造有限责任公司
收费种类	币种	交易金额	收费金额
47 电汇手续费	人民币	30,510.00	10.00
合计金额	10.00		

第二联　客户留存联

江南城市发展银行长安分行 朱珊 2020年11月8日 业务核算章

柜员号：00000　　朱珊

出　　库　　单

11-31

领用部门或单位　　2020-11-08　　单号: 21454414331

货号	品　名	规格	单位	数量	单价	金额
	雅戈尔西装		套	2	13500	27,000.00
合计						27,000.00
仓库负责人	刘强丰	出库经手人	王剑	记账	李想	备注

第一联，财务记账凭证

记账凭证

附单据数：0

单位：江南岳达机械制造有限责任公司　　2020-11-16　　凭证号：记-032

摘要	科目	借方	贷方
预付电费	1123.002 预付账款-江南省电力有限公司长安供电公司	150,000.00	
预付电费	1002.001 银行存款-江南城市发展银行长安分行		150,000.00
手续费	6603.001 财务费用-手续费	20.00	
手续费	1002.001 银行存款-江南城市发展银行长安分行		20.00
合计：壹拾伍万零贰拾元整		150,020.00	150,020.00

记账：李想　　审核：单洪飞　　制单：李想

江南城市发展银行电汇凭证（借方凭证）

11-32

NO.181145732

普通　　加急　　委托日期　2020年11月8日

汇款人	全称	江南岳达机械制造有限责任公司	收款人	全称	江南省电力有限公司长安供电公司
	账号	18254871000011457		账号	2105821541231225
	汇出地点	江南省长安市		汇入地点	江南省长安市
汇出行名称	江南城市发展银行长安分行		汇入行名称	建安银行长安分行北运支行	
金　额	人民币（大写）	壹拾伍万元整		¥150,000.00	
此汇款支付给收款人。			支付密码		
江南城市发展银行长安分行 朱珊 2020年11月8日 业务核算章　汇款人签章			附加信息及用途：　复核：　记账：		

此联汇出行作借方凭证

江南城市发展银行（长安分行营业部）收费回单

11-32

交易流水：110141111257　　2020年11月8日

付款人账号：18254871000011457		付款人名称	江南岳达机械制造有限责任公司
收费种类	币种	交易金额	收费金额
47 电汇手续费	人民币	150,000.00	20.00
合计金额	20.00		

江南城市发展银行长安分行 朱珊 2020年11月8日 业务核算章

第二联 客户留存联

柜员号：00000　　朱珊

记账凭证

附单据数：0

单位：江南岳达机械制造有限责任公司　　2020-11-30　　凭证号：记-033

摘要	科目	借方	贷方
支付利息	6603.003 财务费用-利息支出	3,500.00	
支付利息	1002.002 银行存款-信用社		3,500.00
合计：叁仟伍佰元整		3,500.00	3,500.00

记账：李想　　审核：单洪飞　　制单：李想

江南农村信用合作社

11-33A

（ 贷款 ）利息清单

币别：人民币 2020年11月30日

户名：	江南岳达机械制造有限责任公司		账号：	359458326584314	
计息项目	起息日	结息日	本金/积数	利率	利息
	2020/10/30	2020/11/30	600 000	7%	3,500.00
合计（大写）	RMB叁仟伍佰元整			利息小计	3,500.00
根据有关规定或双方约定，上列款项已直接扣划你单位账户，你单位上述账户不足支付时，请另筹措资金支付			长安市市区农村信用合作社 营业部 2020-11-30 转讫		

会计主管 授权 复核 录人

第二联 客户回单

模拟票据，仅供学习使用

江南增值税普通发票

发票联

2126465412　　　　11-33B

№ 97412543

开票日期：2020年11月30日

购买方	名　　称：江南岳达机械制造有限责任公司 纳税人识别号：91290504556677888M 地 址、电 话：长安市奉贤区工业园区　42123456 开户行及帐号：江南城市发展银行长安分行　18254871000011457			密码区			
货物或应税劳务、服务名称	规格型号	单位	数量	单价	金额	税率	税额
*金融服务*贷款利息		天	30	110.06	3,301.89	6%	198.11
合计					¥3,301.89		198.11
价税合计（大写）	⊕叁仟伍佰元整				（小写）	¥3,500.00	
销售方	名　　称：长安市市区农村信用合作社 纳税人识别号：8454564456487137986 地 址、电 话：江南省长安市溪文区　45782134 开户行及帐号：长安市合作社站前营业厅　2115453212374965			备注			

收款人：王阳　　复核：李小亮　　开票人：刘小生　　销售方：（章）

第二联：发票联　购买方记账凭证

税总函[2016]311号北京印钞有限公司

模拟票据，仅供学习使用

记账凭证

附单据数：0

单位：江南岳达机械制造有限责任公司　　2020-11-30　　凭证号：记-034

摘要	科目	借方	贷方
购入B地块	1701.001.002 无形资产-土地使用权-B地块	11,000,000.00	
购入B地块	1002.001 银行存款-江南城市发展银行长安分行		10,000,000.00
交城市配套费	1002.001 银行存款-江南城市发展银行长安分行		1,000,000.00
合计：壹仟壹佰万元整		11,000,000.00	11,000,000.00

记账：李想　　审核：单洪飞　　制单：李想

江南省非税收入统一收据

江财政监字第（2020）

日期: 2020-11-30　　缴款方式: 转账　　11-34A

凭证号码		缴款人:	江南岳达机械制造有限责任公司			
单位编码		执收单位名称:	长安市自然资源局			
项目编码	收项目名称		单位	数量	收费标准	金额
455	土地使用权出让金		平方米	2000	5000	10000000
金额合计	人民币（大写）壹仟万元整					10000000

第二联　收据

收款单位财务专用章: 长安市财政局收付服务中心 收缴专用章 21542323352323

收款人（签章）: 赵红

江南省非税收入统一收据

财政票据监制章 江南 江财政监字第（0201） 财政部监制

日期: 2020/11/30　　　　缴款方式: 转账　　　　11-34B

凭证号码		缴款人:	江南岳达机械制造有限责任公司		
单位编码		执收单位名称:	长安市城市规划建设局		
项目编码	收项目名称	单位	数量	收费标准	金　额
455	城市基础设施配套费	平方米	2000	0.5	1000000
金额合计	人民币（大写）壹佰万元整				1000000

第二联　收据

收款单位财务专用章:　长安市财政局收付服务中心 收缴专用章 21542323352323

收款人（签章）: 赵红

11-34(

江南城市发展银行
转账支票存根
31002551
215149

附加信息	
出票日期：	2020-11-30
收款人：	长安市财政局收付服务中心
金额：	10,000,000.00
用途：	购土地使用权
单位主管	会计　李想

岳达
2105040000

11-34D

江南城市发展银行
转账支票存根
31002551
215148

附加信息

出票日期： 2020-11-30

岳达 2105040000

收款人：	长安市财政局收付服务中心
金额：	1,000,000.00
用途：	城市基础设施配套费
单位主管	会计 李想

记账凭证

附单据数：0

单位：江南岳达机械制造有限责任公司　　2020-11-30　　凭证号：记-035

摘要	科目	借方	贷方
付税控设备维护费	6602.006 管理费用-办公费	280.00	
付税控设备维护费	1001 库存现金		280.00
税控设备维护费抵税	2221.001.008 应交税费-应交增值税-减免税款	280.00	
税控设备维护费抵税	6602.006 管理费用-办公费	-280.00	
合计：贰佰捌拾元整		280.00	280.00

记账：李想　　审核：单洪飞　　制单：李想

模拟票据，仅供学习使用

江南增值税普通发票

发票联

2105122356 11-35

№ 15455239

开票日期： 2020年11月30日

购买方			密码区
名　　称：	江南岳达机械制造有限责任公司		
纳税人识别号：	91290504556677888M		
地 址、电 话：	长安市奉贤区工业园区 42123456		
开户行及帐号：	江南城市发展银行长安分行 18254871000011457		

货物或应税劳务、服务名称	规格型号	单位	数量	单价	金额	税率	税额
*信息技术服务*防伪税控技术维护费		年	1	264.15	264.15	6%	15.85
合计					¥264.15		¥15.85

价税合计（大写） ⊕贰佰捌拾元整 （小写） ¥280.00

销售方		备注
名　　称：	长安百赋科技有限公司	
纳税人识别号：	999909623620039000	
地 址、电 话：	长安市湘湖区衍水街 45532545	
开户行及帐号：	工农银行长安分行湘湖支行 8151225615892300	

收款人： 刘禅 复核： 杨志 开票人： 谭华 销售方：（章）

长安百赋科技有限公司 999909623620039000 发票专用章

全国统一发票监制章 江南 国家税务总局监制

第二联：发票联 购买方记账凭证

税总函[2016]311号北京印钞有限公司

记账凭证

附单据数：0

单位：江南岳达机械制造有限责任公司　　2020-11-30　　凭证号：记-036（1/2）

摘要	科目	借方	贷方
销售27*0.9带锯条154 325米	1221.002.003 其他应收款-单位-上海亮剑机械销售有限公司	3,487,745.00	
销售27*0.9带锯条154 325米的运费	1002.001 银行存款-江南城市发展银行长安分行	10,900.00	
销售27*0.9带锯条154 325米(数量:154325，单价:20)	6001_027_001 主营业务收入_带锯条27*0.9_13%		3,086,500.00
销售27*0.9带锯条154 325米运费收入	6051.006_002 其他业务收入-运输服务_9%		10,000.00
销售27*0.9带锯条154 325米	2221.001.002_001 应交税费-应交增值税-销项税额_13%		401,245.00
合计：叁佰肆拾玖万捌仟陆佰肆拾伍元整		3,498,645.00	3,497,745.00

记账：李想　　审核：单洪飞　　制单：李想

记账凭证

附单据数：0

单位：江南岳达机械制造有限责任公司　　2020-11-30　　凭证号：记-036 (2/2)

摘要	科目	借方	贷方
销售27*0.9带锯条154 325米运费	2221.001.002_002 应交税费-应交增值税-销项税额_9%		900.00
销售27*0.9带锯条154 325米	1002.001 银行存款-江南城市发展银行长安分行	3,487,745.00	
销售27*0.9带锯条154 325米	1221.002.003 其他应收款-单位-上海亮剑机械销售有限公司		3,487,745.00
合计：陆佰玖拾捌万陆仟叁佰玖拾元整		6,986,390.00	6,986,390.00

记账：李想　　审核：单洪飞　　制单：李想

江南增值税专用发票

11-36A

2101245555　　№ 21548637

此联不作报销、扣税凭证使用

开票日期：2020年11月30日

购买方	名　　称：上海亮剑机械销售有限公司 纳税人识别号：913101133005480031 地 址、电 话：上海市徐汇区解放路　21458522 开户行及帐号：建安银行上海分行徐汇支行　3264821000251012	密码区	

货物或应税劳务、服务名称	规格型号	单位	数量	单价	金额	税率	税额
*金属制品*金属切削刀具（带锯条）	27*0.9	米	154325	20.00	3,086,500.00	13%	401,245.00
合计					¥3,086,500.00		¥401,245.00

价税合计（大写）　⊕叁佰肆拾捌万柒仟柒佰肆拾伍元整　　（小写）¥3,487,745.00

销售方	名　　称：江南岳达机械制造有限责任公司 纳税人识别号：91290504556677888M 地 址、电 话：长安市奉贤区工业园区　42123456 开户行及帐号：江南城市发展银行长安分行　18254871000011457	备注	

收款人：刘信　　复核：王明　　开票人：张晓光　　销售方：（章）

第一联：记账联　销售方记账凭证

税总函[2016]311号北京印钞有限公司

江南城市发展银行（长安分行营业部）贷记通知

11-36A

流水号：9999104111111-36A2　　交易日期：　2020年11月30日

收款单位：	江南岳达机械制造有限责任公司		
收款单位账号：	18254871000011457	凭证编号	
付款单位名称：	上海亮剑机械销售有限公司	付款银行	建安银行上海分行徐汇支行
付款单位账号	3264821000251012	起自日	2020年11月30日
交易名称	支付结算平台业务处理	金额小写：	RMB 3,487,745.00
金额大写	人民币 叁佰肆拾捌万柒仟柒佰肆拾伍元整		
摘要	货款		

江南城市发展银行长安分行 朱珊 2020年11月30日 业务核算章

如果日期、流水号、账号、摘要、金额相同，系重复打印。　经办柜员：99901533

销售单

11-36A

往来单位　上海亮剑机械销售有限公司　　2020-11-30　　单号：2145441656A

制单人：	王明	经手人：刘远征			库房：产成品及原材料库房	
货号	商品名称	规格	单位	数量	单价	金额（含税）
	金属切削刀具（带锯条）	27*0.9	米	154325	22.60	3,487,745.00
合计数量：	154325		成交金额：			3,487,745.00

第二联，财务记账凭证

江南增值税专用发票

2101245555

11-36B

№ 21548638

此联不作报销、扣税凭证使用

开票日期：2020年11月30日

购买方	名　　称：上海亮剑机械销售有限公司 纳税人识别号：913101133005480031 地 址、电 话：上海市徐汇区解放路　21458522 开户行及帐号：建安银行上海分行徐汇支行　3264821000251012	密码区	

货物或应税劳务、服务名称	规格型号	单位	数量	单价	金额	税率	税额
*运输服务*带锯条运费		吨	50	200.00	10,000.00	9%	900.00
合计					¥10,000.00		¥900.00
价税合计（大写）	⊕壹万零玖佰元整				（小写）	¥10,900.00	

销售方	名　　称：江南岳达机械制造有限责任公司 纳税人识别号：91290504556677888M 地 址、电 话：长安市奉贤区工业园区　42123456 开户行及帐号：江南城市发展银行长安分行　18254871000011457	备注	长安市至上海市/江F34521/半挂车/带锯条

收款人：刘信　复核：王明　开票人：张晓光　销售方：（章）

第一联：记账联　销售方记账凭证

税总函[2016]311号北京印钞有限公司

江南城市发展银行（长安分行营业部）贷记通知

11-36B

流水号：9999104111111-3 交易日期：2020年11月30日

收款单位：	江南岳达机械制造有限责任公司		
收款单位账号：	18254871000011457	凭证编号	
付款单位名称：	上海亮剑机械销售有限公司	付款银行	建安银行上海分行徐汇支行
付款单位账号	3264821000251012	起自日	2020年11月30日
交易名称	支付结算平台业务处理	金额小写：	RMB 10,900.00
金额大写	人民币 壹万零玖佰元整		
摘要	运费款		

江南城市发展银行长安分行 朱珊 2020年11月30日 业务核算章

如果日期、流水号、账号、摘要、金额相同，系重复打印。 经办柜员：99901533

记账凭证

附单据数：0

单位：江南岳达机械制造有限责任公司　　2020-11-30　　凭证号：记-037

摘要	科目	借方	贷方
提取备用金	1001 库存现金	3,000.00	
提取备用金	1002.001 银行存款-江南城市发展银行长安分行		3,000.00
合计：叁仟元整		3,000.00	3,000.00

记账：李想　　审核：单洪飞　　制单：李想

11-37

江南城市发展银行
现金支票存根
31002551
137394

附加信息

岳达 2105040000

出票日期： 2020/11/26

收款人：	江南岳达机械制造有限责任公司
金额：	3,000.00
用途：	备用金
单位主管	会计 李想

记账凭证

附单据数：0

单位：江南岳达机械制造有限责任公司　　2020-11-30　　凭证号：记-038

摘要	科目	借方	贷方
2020年打印机折旧计提错误，现转回	1602.003 累计折旧-电子设备		-3,500.00
2020年打印机折旧计提错误，现转回	6901 以前年度损益调整		3,500.00
结转以前年度损益	6901 以前年度损益调整	3,500.00	
结转以前年度损益	4104.006 利润分配-未分配利润		3,500.00
合计：叁仟伍佰元整		3,500.00	3,500.00

记账：李想　　审核：单洪飞　　制单：李想

打印机 计提折旧错误

11-38

项目	数量/时间	实提折旧额	应提折旧额	多计折旧
原值	18,000.00			
残值率	3%			
购入时间	2018年12月			
折旧年限	3			
2018年折旧额		3,500.00	-	3,500.00

记账凭证

附单据数：0

单位：江南岳达机械制造有限责任公司　　2020-11-30　　凭证号：记-039（1/2）

摘要	科目	借方	贷方
销售34*1.1带锯条15300米	1122.002 应收账款-长安华丰工具销售有限公司	535,767.15	
销售34*1.1带锯条15300米(数量:15300，单价:30....	6001_028_001 主营业务收入_带锯条34*1.1_13%		474,000.00
销售34*1.1带锯条15300米	2221.001.002_001 应交税费-应交增值税-销项税额_13%		61,620.00
代垫运费	1001 库存现金		147.15
收回货款	1002.001 银行存款-江南城市发展银行长安分行	535,767.15	
合计：壹佰零柒万壹仟伍佰叁拾肆元叁角		1,071,534.30	535,767.15

记账：李想　　审核：单洪飞　　制单：李想

记账凭证

附单据数：0

单位：江南岳达机械制造有限责任公司　　2020-11-30　　凭证号：记-039（2/2）

摘要	科目	借方	贷方
收回货款	1122.002 应收账款-长安华丰工具销售有限公司		535,767.15
合计：壹佰零柒万壹仟伍佰叁拾肆元叁角		1,071,534.30	1,071,534.30

记账：李想　　审核：单洪飞　　制单：李想

11-39A

2101245555

江南增值税专用发票

№ 21874957

此联不作报销、扣税凭证使用

开票日期： 2020年11月30日

购买方	名　　称：长安华丰工具销售有限公司 纳税人识别号：999908456335012000 地 址、电 话：长安市上江区青年大街 45879645 开户行及帐号：工群银行长安分行上江支行 21598235000269	密码区	

货物或应税劳务、服务名称	规格型号	单位	数量	单价	金额	税率	税额
*金属制品*金属切削刀具（带锯条）	34*1.1	米	15300	30.98	474,000.00	13%	61,620.00
合计					¥474,000.00		¥61,620.00
价税合计（大写）	⊕伍拾叁万伍仟陆佰贰拾元整			（小写）	¥535,620.00		

销售方	名　　称：江南岳达机械制造有限责任公司 纳税人识别号：91290504556677888M 地 址、电 话：长安市奉贤区工业园区 42123456 开户行及帐号：江南城市发展银行长安分行 18254871000011457	备注	

收款人：刘信　复核：王明　开票人：张晓光　销售方：（章）

第一联：记账联　销售方记账凭证

江南岳达机械制造有限责任公司 91290504556677888M 发票专用章

全国统一发票监制章 江南 国家税务总局监制

税总函[2016]311号北京印钞有限公司

江南城市发展银行（长安分行营业部）贷记通知

11-39A

流水号: 9999104111111-3 交易日期: 2020年11月30日

收款单位:	江南岳达机械制造有限责任公司		
收款单位账号:	18254871000011457	凭证编号	
付款单位名称:	长安华丰工具销售有限公司	付款银行	工群银行长安分行上江支行
付款单位账号	21598235000269	起自日	2020年11月30日
交易名称	支付结算平台业务处理	金额小写:	RMB 535,620.00
金额大写	人民币 伍拾叁万伍仟陆佰贰拾元整		
摘要	货款		

江南城市发展银行长安分行 朱珊 2020年11月30日 业务核算章

如果日期、流水号、账号、摘要、金额相同，系重复打印。 经办柜员: 99901533

销售单

11-39A

往来单位　长安华丰工具销售有限公司　　2020-11-30　　单号：2145441659A

制单人：	王明	经手人：刘远征			库房：产成品及原材料库房	
货号	商品名称	规格	单位	数量	单价	金额（含税）
	金属切削刀具（带锯条）	34*1.1	米	15300	35.01	535,620.00
合计数量：	15300		成交金额：			535,620.00

第二联，财务记账凭证

江南增值税专用发票

发 票 联

2545842365

11-39B

№ 31548236

开票日期： 2020年11月30日

购买方		密码区
名 称：	长安华丰工具销售有限公司	
纳税人识别号：	999908456335012000	
地 址、电 话：	长安市上江区青年大街 45879645	
开户行及帐号：	工群银行长安分行上江支行 21598235000269	

货物或应税劳务、服务名称	规格型号	单位	数量	单价	金额	税率	税额
*运输服务*带锯条运输费		吨	3	45.00	135.00	9%	12.15
合计					¥135.00		¥12.15
价税合计（大写）	⊕壹佰肆拾柒元壹角伍分				（小写） ¥147.15		

销售方		备注
名 称：	锦阳市新阳物流有限公司	长安市奉贤区至上江区/[illegible]1455米抹布/带锯条
纳税人识别号：	932123251852232562	
地 址、电 话：	锦阳市越阳区上海街 25792253	
开户行及帐号：	工农银行锦阳分行越阳支行 81546825482323252	

收款人： 鲁肃 复核： 贾探春 开票人： 张莉 销售方：（章）

锦阳市新阳物流有限公司 932123251852232562 发票专用章

第三联：发票联 购买方记账凭证

税总函[2016]311号北京印钞有限公司

记账凭证

附单据数：0

单位：江南岳达机械制造有限责任公司　　2020-11-30　　凭证号：记-040

摘要	科目	借方	贷方
分期销售27*0.9带锯条1000米（本月收款500米）	1122.006 应收账款-长安市大祺工具厂	11,300.00	
分期销售27*0.9带锯条1000米（本月收款500米）(...	6001_027_001 主营业务收入_带锯条27*0.9_13%		10,000.00
分期销售27*0.9带锯条1000米（本月收款500米）	2221.001.002_001 应交税费-应交增值税-销项税额_13%		1,300.00
收回货款	1002.001 银行存款-江南城市发展银行长安分行	11,300.00	
收回货款	1122.006 应收账款-长安市大祺工具厂		11,300.00
合计：贰万贰仟陆佰元整		22,600.00	22,600.00

记账：李想　　审核：单洪飞　　制单：李想

江南增值税专用发票

11-40

2101245555　　　№ 21548639

此联不作报销、扣税凭证使用

开票日期：2020年11月30日

购买方	名　　称：长安市大祺工具厂 纳税人识别号：999904778126548000 地 址、电 话：长安市湘湖区西湖大道　4587123 开户行及帐号：大海银行长安分行湘湖支行　210202154876121	密码区	

货物或应税劳务、服务名称	规格型号	单位	数量	单价	金额	税率	税额
*金属制品*金属切削刀具（带锯条）	27*0.9	米	500	20.00	10,000.00	13%	1,300.00
合计					¥10,000.00		¥1,300.00

价税合计（大写）　⊕壹万壹仟叁佰元整	（小写）¥11,300.00

销售方	名　　称：江南岳达机械制造有限责任公司 纳税人识别号：91290504556677888M 地 址、电 话：长安市奉贤区工业园区　42123456 开户行及帐号：江南城市发展银行长安分行　18254871000011457	备注	27*1.1带锯条1000米、单价20元，分期收款销售

收款人：刘信　　复核：王明　　开票人：张晓光　　销售方：（章）

第一联：记账联　销售方记账凭证

税总函[2016]311号北京印钞有限公司

江南城市发展银行（长安分行营业部）贷记通知

11-40

流水号: 9999104111111-4 交易日期: 2020年11月30日

收款单位:	江南岳达机械制造有限责任公司		
收款单位账号:	18254871000011457	凭证编号	
付款单位名称:	长安市大祺工具厂	付款银行	大海银行长安分行湘湖支行
付款单位账号	210202154876121	起自日	2020年11月30日
交易名称	支付结算平台业务处理	金额小写:	RMB 11,300.00
金额大写	人民币 壹万壹仟叁佰元整		
摘要	货款	江南城市发展银行长安分行 朱珊 2020年11月30日 业务核算章	

如果日期、流水号、账号、摘要、金额相同，系重复打印。 经办柜员：99901533

销售单

11-40

往来单位　长安市大祺工具厂　2020-11-30　单号：21454416540

制单人：	王明	经手人：刘远征			库房：产成品及原材料库房	
货号	商品名称	规格	单位	数量	单价	金额（含税）
	金属切削刀具（带锯条）	27*0.9	米	1000	22.60	22,600.00
27*1.1带锯条1000米、单价20元，分期收款销售			约定另500米12月30日收款			
合计数量：	1000		成交金额：			22,600.00

第二联，财务记账凭证

记账凭证

附单据数：0

单位：江南岳达机械制造有限责任公司　　2020-11-30　　凭证号：记-041（1/2）

摘要	科目	借方	贷方
按合同约定销售27*0.9带锯条50000米	1122.003 应收账款-长安市南亚实业有限公司	1,130,000.00	
按合同约定销售27*0.9带锯条50000米(数量:50000...	6001_027_001 主营业务收入_带锯条27*0.9_13%		1,000,000.00
按合同约定销售27*0.9带锯条50000米	2221.001.002_001 应交税费-应交增值税-销项税额_13%		130,000.00
收回货款	1002.001 银行存款-江南城市发展银行长安分行	1,130,000.00	
收回货款	1002.001 银行存款-江南城市发展银行长安分行	1,722.60	
合计：贰佰贰拾陆万壹仟柒佰贰拾贰元陆角		2,261,722.60	1,130,000.00

记账：李想　　审核：单洪飞　　制单：李想

记账凭证

附单据数：0

单位：江南岳达机械制造有限责任公司　　2020-11-30　　凭证号：记-041 (2/2)

摘要	科目	借方	贷方
收回货款	1122.003 应收账款-长安市南亚实业有限公司		1,131,722.60
合计：贰佰贰拾陆万壹仟柒佰贰拾贰元陆角		2,261,722.60	2,261,722.60

记账：李想　　审核：单洪飞　　制单：李想

11-41

江南增值税专用发票

2101245555　　　　№ 21548640

此联不作报销、扣税凭证使用

全国统一发票监制章 江南 国家税务总局监制

开票日期：2020年11月30日

购买方	名　　称：长安市南亚实业有限公司 纳税人识别号：99990159321052145X 地 址、电 话：长安市北运区工业园区　45813549 开户行及帐号：建安银行长安分行北运支行　2105887136595392				密码区		
货物或应税劳务、服务名称	规格型号	单位	数量	单价	金额	税率	税额
*金属制品*金属切削刀具（带锯条）	27*0.9	米	50000	20.00	1,000,000.00	13%	130,000.00
合计					¥1,000,000.00		¥130,000.00
价税合计（大写）	⊕壹佰壹拾叁万元整				（小写）	¥1,130,000.00	
销售方	名　　称：江南岳达机械制造有限责任公司 纳税人识别号：91290504556677888M 地 址、电 话：长安市奉贤区工业园区　42123456 开户行及帐号：江南城市发展银行长安分行　18254871000011457				备注		

江南岳达机械制造有限责任公司 91290504556677888M 发票专用章

收款人：刘信　　复核：王明　　开票人：张晓光　　销售方：（章）

第一联：记账联　销售方记账凭证

税总函[2016]311号北京印钞有限公司

江南城市发展银行（长安分行营业部）贷记通知

11-41

流水号：9999104111111-412　　交易日期：2020年11月30日

收款单位：	江南岳达机械制造有限责任公司		
收款单位账号：	18254871000011457	凭证编号	
付款单位名称：	长安市南亚实业有限公司	付款银行	建安银行长安分行北运支行
付款单位账号	2105887136595392	起自日	2020年11月30日
交易名称	支付结算平台业务处理	金额小写：	RMB 1,130,000.00
金额大写	人民币 壹佰壹拾叁万元整		
摘要	货款		

江南城市发展银行长安分行
朱珊
2020年11月30日
业务核算章

如果日期、流水号、账号、摘要、金额相同，系重复打印。　　经办柜员：99901533

销售单

11-41

往来单位　长安市南亚实业有限公司　　2020-11-30　　单号：21454416541

制单人：	王明	经手人：刘远征			库房：产成品及原材料库房	
货号	商品名称	规格	单位	数量	单价	金额（含税）
	金属切削刀具（带锯条）	27*0.9	米	50000	22.60	1,130,000.00
合计数量：	50000		成交金额：			1,130,000.00

第二联，财务记账凭证

江南城市发展银行（长安分行营业部）贷记通知

11-41

流水号：9999104111111-412　　交易日期：2020年11月30日

收款单位：	江南岳达机械制造有限责任公司		
收款单位账号：	18254871000011457	凭证编号	
付款单位名称：	长安市南亚实业有限公司	付款银行	建安银行长安分行北运支行
付款单位账号	2105887136595392	起自日	2020年11月30日
交易名称	支付结算平台业务处理	金额小写：	RMB 1,722.60
金额大写	人民币 壹仟柒佰贰拾贰元陆角整		
摘要	现代支付BEPS入账　装卸费	江南城市发展银行长安分行 朱珊 2020年11月30日 业务核算章	

如果日期、流水号、账号、摘要、金额相同，系重复打印。　经办柜员：99901533

记账凭证

附单据数：0

单位：江南岳达机械制造有限责任公司　　2020-11-30　　凭证号：记-042

摘要	科目	借方	贷方
报销通讯费	6602.009 管理费用-通讯费	1,200.00	
报销通讯费	1001 库存现金		1,200.00
合计：壹仟贰佰元整		1,200.00	1,200.00

记账：李想　　审核：单洪飞　　制单：李想

江南增值税电子普通发票

发票联

11-42

发票代码：215669501716

发票号码：32162153

开票日期：2020年11月30日

购买方	名称：王岳达 纳税人识别号：210603195608080327 地址、电话： 开户行及帐号：				密码区		
货物或应税劳务、服务名称	规格型号	单位	数量	单价	金额	税率	税额
*电信服务*通讯服务费		月	1	1,100.92	1,100.92	9%	99.08
合计					¥1,100.92		¥99.08
价税合计（大写）	⊕壹仟贰佰元整				（小写）	¥1,200.00	
销售方	名称：江南通信有限公司长安分公司 纳税人识别号：999902471548922000 地址、电话：长安市湘湖区西湖大道 45655121 开户行及帐号：大海银行长安分行湘湖支行 2102022572558236				备注		

收款人：夏侯敦 复核：关胜 开票人：姜美丽 销售方：（章）

税总函[2016]311号北京印钞有限公司

记账凭证

附单据数：0

单位：江南岳达机械制造有限责任公司　　2020-11-30　　凭证号：记-043

摘要	科目	借方	贷方
提取备用金	1001 库存现金	10,000.00	
提取备用金	1002.001 银行存款-江南城市发展银行长安分行		10,000.00
报销差旅费	6602.007 管理费用-差旅费	3,253.40	
报销差旅费	2221.001.001 应交税费-应交增值税-进项税额	80.00	
报销差旅费	1001 库存现金		3,333.40
合计：壹万叁仟叁佰叁拾叁元肆角		13,333.40	13,333.40

记账：李想　　审核：单洪飞　　制单：李想

11-43A

江南城市发展银行
现金支票存根
31002551
154106

附加信息

岳达 2105040000

出票日期：2020/11/30

收款人：	江南岳达机械制造有限责任公司
金额：	10,000.00
用途：	备用金
单位主管	会计　李想

江南岳达机械制造有限责任公司

差旅费报销单

11-43B

部门：______ 报销日期： 2020/11/30

出差人	王岳达			出差地点			上海	交通工具	飞机		事由		
起				终				车船机费	应补金额	报销单据	项目	张数	金额
月	目	时	地点	月	目	时	地点				住宿费	1	1413.40
11	10	10:30	沈阳	11	10	13:01	上海	800.00			邮电费		
11	14	19:18	上海	11	14	21:53	沈阳	800.00			市内交通费		
											办公费		
											业务招待费		
小计				车船机票张数			2	1,600.00	0.00		其他		
住勤补贴	4.0			天 每天补助			80.00 元，	合计补助	320.00		小计	1	1413.40
报销合计(大写)：				叁仟叁佰叁拾叁元肆角整							出差预借款额		
							￥：	3,333.40 元					0.00

单位负责人： 部门负责人： 项目负责人： 报销人： 王岳达

江苏增值税电子普通发票

发票联

发票代码：32111500222　　11-43C

发票号码：53245282

开票日期：2020年11月9日

校验码：

购买方	名　　称：江南岳达机械制造有限责任公司 纳税人识别号：91290504556677888M 地 址、电 话：长安市奉贤区工业园区　42123456 开户行及帐号：江南城市发展银行长安分行　18254871000011457				密码区		
货物或应税劳务、服务名称	规格型号	单位	数量	单价	金额	税率	税额
*旅游服务*代购机票					1,594.34	***	5.66
合计					¥1,594.34		¥5.66
价税合计（大写）	⊕壹仟陆佰元整				（小写）	¥1,600.00	
销售方	名　　称：南京安羊国际旅行社有限公司 纳税人识别号：91320102125143326Y 地 址、电 话：江苏省南京市玄武区　82134572 开户行及帐号：大海银行南京分行玄武支行　37212522345122				备注	差额征税：1500.00。	

收款人：张昭　复核：石勇　开票人：王涛　销售方：（章）

南京安羊国际旅行社有限公司 91320102125143326Y 发票专用章

税总函[2016]311号北京印钞有限公司

3124581320

上海增值税专用发票

发票联

№ 36597236 11-43D

开票日期：2020年11月13日

购买方			密码区
名　称：	江南岳达机械制造有限责任公司		
纳税人识别号：	91290504556677888M		
地址、电话：	长安市奉贤区工业园区 42123456		
开户行及帐号：	江南城市发展银行长安分行 18254871000011457		

货物或应税劳务、服务名称	规格型号	单位	数量	单价	金额	税率	税额
*住宿服务*住宿费		天	4	333.35	1,333.40	6%	80.00
合计					¥1,333.40		¥80.00
价税合计（大写）	⊕壹仟肆佰壹拾叁元肆角整				（小写） ¥1,413.40		

销售方			备注
名　称：	江南旅馆有限公司上海徐汇分公司		
纳税人识别号：	91310000322256236R		
地址、电话：	上海市徐汇区解放路 22154780		
开户行及帐号：	工群银行上海分行徐汇支行 2149214528423684		

收款人：黄月英　复核：丁得孙　开票人：孟善柱　销售方：（章）

江南旅馆有限公司上海徐汇分公司 91310000322256236R 发票专用章

第三联：发票联 购买方记账凭证

税总函[2016]311号北京印钞有限公司

记账凭证

附单据数：0

单位：江南岳达机械制造有限责任公司　　2020-11-30　　凭证号：记-044

摘要	科目	借方	贷方
报销高速公路通行费	6601.007 销售费用-差旅费	1,600.00	
报销高速公路通行费	2221.001.001 应交税费-应交增值税-进项税额	48.00	
报销高速公路通行费	1001 库存现金		1,648.00
合计：壹仟陆佰肆拾捌元整		1,648.00	1,648.00

记账：李想　　审核：单洪飞　　制单：李想

江南增值税电子普通发票

通行费

发票代码：2101225200　　11-44

发票号码：32155231

开票日期：2020年11月30日

购买方	名称：江南岳达机械制造有限责任公司 纳税人识别号：91290504556677888M 地址、电话：长安市奉贤区工业园区 42123456 开户行及帐号：江南城市发展银行长安分行 18254871000011457				密码区			
项目名称	车牌号	类型	通行日期起	通行日期止	金额	税率	税额	
*经营租赁*通行费	江F21322	客车	20200420	20200520	1,600.00	3%	48.00	
合计					¥1,600.00		¥48.00	
价税合计（大写）	⊕壹仟陆佰肆拾捌元整				（小写）	¥1,648.00		
销售方	名称：江南交通投资有限公司 纳税人识别号：9999000007236720XN 地址、电话：江南省安阳市和平区 65145841 开户行及帐号：建安银行安阳分行和平支行 2105013126810003				备注	汇总开具		

收款人：马岱　复核：焦挺　开票人：刘芳　销售方：（章）

第二联：发票联 购买方记账凭证

（印章：江南交通投资有限公司 9999000007236720XN 发票专用章）

税总函[2016]311号北京印钞有限公司

记账凭证

附单据数：0

单位：江南岳达机械制造有限责任公司　　2020-11-30　　凭证号：记-045

摘要	科目	借方	贷方
销售27*0.9带锯条100 000米	1221.002.003 其他应收款-单位-上海亮剑机械销售有限公司	1,130,000.00	
销售27*0.9带锯条100 000米(数量:100000，单价:10)	6001_027_001 主营业务收入_带锯条27*0.9_13%		1,000,000.00
销售27*0.9带锯条100 000米	2221.001.002_001 应交税费-应交增值税-销项税额_13%		130,000.00
销售27*0.9带锯条100 000米	1002.001 银行存款-江南城市发展银行长安分行	1,130,000.00	
销售27*0.9带锯条100 000米	1221.002.003 其他应收款-单位-上海亮剑机械销售有限公司		1,130,000.00
合计：贰佰贰拾陆万元整		2,260,000.00	2,260,000.00

记账：李想　　审核：单洪飞　　制单：李想

2101245555

江南增值税专用发票

此联不作报销、扣税凭证使用

11-45

№ 21548568

开票日期： 2020年11月30日

购买方	名　　称：上海亮剑机械销售有限公司 纳税人识别号：913101133005480031 地 址、电 话：上海市徐汇区解放路　21458522 开户行及帐号：建安银行上海分行徐汇支行　3264821000251012	密码区	

货物或应税劳务、服务名称	规格型号	单位	数量	单价	金额	税率	税额
*金属制品*金属切削刀具（带锯条）	27*0.9	米	100000	10.00	1,000,000.00	13%	130,000.00
合计					¥1,000,000.00		¥130,000.00
价税合计（大写）	⊕壹佰壹拾叁万元整				（小写） ¥1,130,000.00		

销售方	名　　称：江南岳达机械制造有限责任公司 纳税人识别号：91290504556677888M 地 址、电 话：长安市奉贤区工业园区　42123456 开户行及帐号：江南城市发展银行长安分行　18254871000011457	备注	

收款人： 刘信　复核： 王明　开票人： 张晓光　销售方：（章）

第一联：记账联 销售方记账凭证

税总函[2016]311号北京印钞有限公司

江南城市发展银行（长安分行营业部）贷记通知

11-45

流水号: 9999104111111-4 交易日期: 2020年11月30日

收款单位:	江南岳达机械制造有限责任公司		
收款单位账号:	18254871000011457	凭证编号	
付款单位名称:	上海亮剑机械销售有限公司	付款银行	建安银行上海分行徐汇支行
付款单位账号	3264821000251012	起自日	2020年11月30日
交易名称	支付结算平台业务处理	金额小写:	RMB 1,130,000.00
金额大写	人民币 壹佰壹拾叁万元整		
摘要	货款		

江南城市发展银行长安分行 朱珊 2020年11月30日 业务核算章

如果日期、流水号、账号、摘要、金额相同，系重复打印。 经办柜员：99901533

销售单

11-45

往来单位　上海亮剑机械销售有限公司　　2020-11-30　　单号：21454416545

制单人：	王明	经手人：刘远征			库房：产成品及原材料库房	
货号	商品名称	规格	单位	数量	单价	金额（含税）
	金属切削刀具（带锯条）	27*0.9	米	100000	11.30	1,130,000.00
合计数量：	100000		成交金额：			1,130,000.00

第二联，财务记账凭证

记账凭证

附单据数：0

单位：江南岳达机械制造有限责任公司　　2020-11-30　　凭证号：记-046

摘要	科目	借方	贷方
开具红字发票信息单，已按16%抵扣进项税备件退...	1403.010 原材料-辅助材料类	-40,625.00	
开具红字发票信息单，已按16%抵扣进项税备件退...	2221.001.004 应交税费-应交增值税-进项税额转出		6,500.00
开具红字发票信息单，已按16%抵扣进项税备件退...	1001 库存现金	47,125.00	
合计：陆仟伍佰元整		6,500.00	6,500.00

记账：李想　　审核：单洪飞　　制单：李想

货物名称略

11-46A

开具红字增值税专用发票信息表

填开日期：2020年11月30日

销售方	名　称：锦阳市鼎瑞贸易有限公司			购买方	名称 江南岳达机械制造有限责任公司	
	税务登记代码：93312318236806312P				税务登记代码 91210904556677888M	
开具红字专用发票内容	货物（劳务服务）名称	数量	单价	金额	税率	税额
	辅料	-1	40625	-40,625.00	16%	-6,500.00
	合计			-40,625.00		-6,500.00
说明	一、购买方 对应蓝字专用发票抵扣增值税销项额情况 1、已抵扣　√ 2、未抵扣 对应蓝字专用发票的代码 ******　　号码 ****** 二、销售方 对应蓝字专用发票的代码：　　号码					
红字发票信息表编号	21050419524112569					

江南岳达机械制造有限责任公司 财务专用章

出　　库　　单

11-46B

领用部门或单位　锦阳市鼎瑞贸易有限公司　　2020-11-30　　单号：2145441656B

货号	品名	规格	单位	数量	单价	金额
	辅料					40,625.00
合计						40,625.00

仓库负责人	刘强丰	经手出库人	王剑	记账	李想	备注	退货明细见库管

第一联，财务记账凭证

收款收据

11-46C

NO.

收款日期　　2020/11/30

付款单位（交款人）	锦阳市鼎瑞贸易有限公司	收款单位（收款人）	江南岳达机械制造有限责任公司	收款项目：
人民币（大写）	肆万柒仟壹佰贰拾伍元整		小写：	47,125.00
收款事由	退货款		经办部门：	
上述款项照数收讫无误。 收款单位财会专用章；； （领款人签章）	会计主管	稽核	出纳	交款人
		刘想	王月	白云

第二联　收款单位记账凭证

江南岳达机械制造有限责任公司　财务专用章

记账凭证

附单据数：0

单位：江南岳达机械制造有限责任公司　　2020-11-30　　凭证号：记-047

摘要	科目	借方	贷方
报销差旅费	6601.007 销售费用-差旅费	194.17	
报销差旅费	2221.001.001 应交税费-应交增值税-进项税额	5.83	
报销差旅费	1001 库存现金		200.00
合计：贰佰元整		200.00	200.00

记账：李想　　审核：单洪飞　　制单：李想

11-47

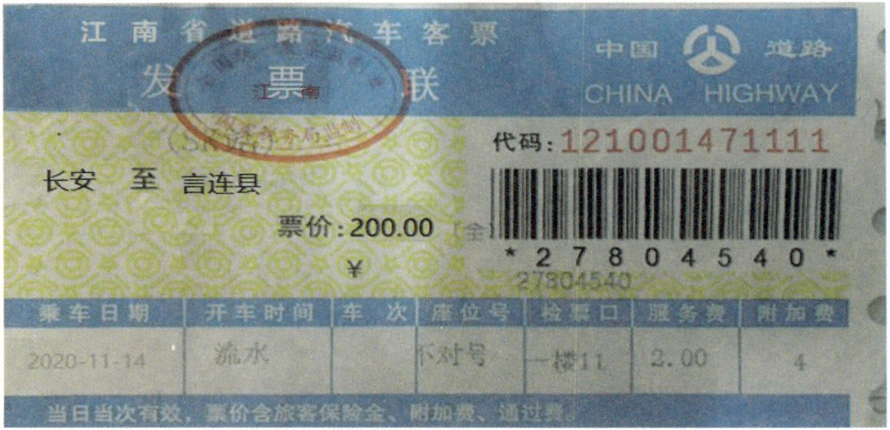

江南省道路汽车客票

发票联

中国 道路 CHINA HIGHWAY

代码：121001471111

27804540

27804540

长安 至 言连县

票价：200.00 【全】

¥

乘车日期	开车时间	车次	座位号	检票口	服务费	附加费
2020-11-14	流水		不对号	一楼11	2.00	4

当日当次有效，票价含旅客保险金、附加费、通过费。

记账凭证

附单据数：0

单位：江南岳达机械制造有限责任公司　　2020-11-30　　凭证号：记-048

摘要	科目	借方	贷方
收到往来款	1002.001 银行存款-江南城市发展银行长安分行	2,000,000.00	
收到往来款	1511.003 长期股权投资-锦阳宏达机械加工有限公司		2,000,000.00
合计：贰佰万元整		2,000,000.00	2,000,000.00

记账：李想　　审核：单洪飞　　制单：李想

江南城市发展银行（长安分行营业部）贷记通知

11-48

流水号：999910411111561　　交易日期：2020年11月12日

收款单位：	江南岳达机械制造有限责任公司		
收款单位账号：	18254871000011457	凭证编号	
付款单位名称：	江南天功投资有限公司	付款银行	建安银行安阳分行和平支行
付款单位账号	2105013132547891	起自日	2020年11月12日
交易名称	支付结算平台业务处理	金额小写：	RMB 2,000,000.00
金额大写	人民币 贰佰万元整		
摘要	股权转让款		

江南城市发展银行长安分行
朱珊
2020年11月12日
业务核算章

第二联　客户留存联

如果日期、流水号、账号、摘要、金额相同，系重复打印。　经办柜员：99901533

记账凭证

附单据数：0

单位：江南岳达机械制造有限责任公司　　2020-11-30　　凭证号：记-049（1/2）

摘要	科目	借方	贷方
将自有轿车抵前欠债务	1606.001 固定资产清理-运输车辆	54,502.40	
将自有轿车抵前欠债务	1602.002 累计折旧-运输车辆	145,497.60	
将自有轿车抵前欠债务	1601.002 固定资产-运输车辆		200,000.00
将自有轿车抵前欠债务	2202.006 应付账款-长安市健素企业管理咨询公司	70,000.00	
将自有轿车抵前欠债务	1606.001 固定资产清理-运输车辆		54,502.40
合计：贰拾柒万元整		270,000.00	254,502.40

记账：李想　　审核：单洪飞　　制单：李想

记账凭证

附单据数：0

单位：江南岳达机械制造有限责任公司　　2020-11-30　　凭证号：记-049 (2/2)

摘要	科目	借方	贷方
将自有轿车抵前欠债务	2221.001.002_001 应交税费-应交增值税-销项税额_13%		7,085.31
将自有轿车抵前欠债务	6115.002 资产处置损益-固定资产处置损益		8,412.29
合计：贰拾柒万元整		270,000.00	270,000.00

记账：李想　　审核：单洪飞　　制单：李想

固定资产卡片

类别　运输车辆　　11-49

编号	2201689	保管地点	车队	财产来源	外购专票，已抵扣
名称	帕萨特轿车	牌号		规格	
原值	200,000.00	来源时间	2017年12月	每月折旧	4,041.60
折旧年限	4	已使用年限	35	本月折旧	4,041.60
残值	6,000.00	单位	辆	已提折旧	145,497.60
月折旧率	0.020208333	数量	1	净值	54,502.40
备注	2020年11月抵债				

填表人：李想

记账凭证

附单据数：0

单位：江南岳达机械制造有限责任公司　　2020-11-30　　凭证号：记-050

摘要	科目	借方	贷方
销售27*0.9带锯条100000米	1122.003 应收账款-长安市南亚实业有限公司	1,356,000.00	
销售27*0.9带锯条100000米(数量:100000, 单价:12)	6001_027_001 主营业务收入_带锯条27*0.9_13%		1,200,000.00
销售27*0.9带锯条100000米	2221.001.002_001 应交税费-应交增值税-销项税额_13%		156,000.00
收回货款	1002.001 银行存款-江南城市发展银行长安分行	1,356,000.00	
收回货款	1122.003 应收账款-长安市南亚实业有限公司		1,356,000.00
合计：贰佰柒拾壹万贰仟元整		2,712,000.00	2,712,000.00

记账：李想　　审核：单洪飞　　制单：李想

江南增值税专用发票

2101245555　　　　　　　　　　　　　　　　11-50

此联不作报销、扣税凭证使用　　　　№ 21548978

开票日期：2020年11月30日

购买方	名　　称：长安市南亚实业有限公司 纳税人识别号：99990159321052145X 地 址、电 话：长安市北运区工业园区 45813549 开户行及帐号：建安银行长安分行北运支行 2105887136595392	密码区	

货物或应税劳务、服务名称	规格型号	单位	数量	单价	金额	税率	税额
*金属制品*金属切削刀具（带锯条）	27*0.9	米	100000	12.00	1,200,000.00	13%	156,000.00
合计					¥1,200,000.00		¥156,000.00
价税合计（大写）	⊕壹佰叁拾伍万陆仟元整				（小写）¥1,356,000.00		

销售方	名　　称：江南岳达机械制造有限责任公司 纳税人识别号：91290504556677888M 地 址、电 话：长安市奉贤区工业园区 42123456 开户行及帐号：江南城市发展银行长安分行 18254871000011457	备注	2019+2020两年购货超200万米，销售折扣

收款人：刘信　　复核：王明　　开票人：张晓光　　销售方：（章）

第一联：记账联　销售方记账凭证

税总函[2016]311号北京印钞有限公司

江南城市发展银行（长安分行营业部）贷记通知

11-50

流水号: 9999104111111-5 交易日期: 2020年11月30日

收款单位:	江南岳达机械制造有限责任公司		
收款单位账号:	18254871000011457	凭证编号	
付款单位名称:	长安市南亚实业有限公司	付款银行	建安银行长安分行北运支行
付款单位账号	2105887136595392	起自日	2020年11月30日
交易名称	支付结算平台业务处理	金额小写:	RMB 1,356,000.00
金额大写	人民币 壹佰叁拾伍万陆仟元整		
摘要	货款		

江南城市发展银行长安分行
朱珊
2020年11月30日
业务核算章

如果日期、流水号、账号、摘要、金额相同，系重复打印。 经办柜员：99901533

销售单

11-50

往来单位　长安市南亚实业有限公司　　2020-11-30　　单号：21454416550

制单人：	王明	经手人：刘远征			库房：产成品及原材料库房	
货号	商品名称	规格	单位	数量	单价	金额（含税）
	金属切削刀具（带锯条）	27*0.9	米	100000	13.56	1,356,000.00
合计数量：	100000		成交金额：			1,356,000.00

第二联，财务记账凭证

记账凭证

附单据数：0

单位：江南岳达机械制造有限责任公司　　2020-11-30　　凭证号：记-051

摘要	科目	借方	贷方
付外国企业业务指导费	6602.022 管理费用-劳务费	100,000.00	
付外国企业业务指导费	1002.003 银行存款-英镑户		100,000.00
合计：壹拾万元整		100,000.00	100,000.00

记账：李想　　审核：单洪飞　　制单：李想

江南城市发展银行电汇凭证（借方凭证）

NO.1311320 11-51

币种：英镑 加急 委托日期 2020年11月30日

汇款人	全称	江南岳达机械制造有限责任公司	收款人	全称	LIAONING YUEDA MACHINE MANUFACTURING CO.,LTD.
	账号	1324567984131320		账号	2546481352
	汇出地点	江南省长安市		汇入地点	City of London, UK
汇出行名称	江南城市发展银行长安分行		汇入行名称	中国银行长安分行	
金 额	英镑（大写）	壹万壹仟元整		¥11,000.00	
此汇款支付给收款人。 江南城市发展银行长安分行 朱珊 2020年11月30日 业务核算章 汇款人签章			支付密码		
			附加信息及用途： 复核： 记账：		

此联汇出行作借方凭证

记账凭证

附单据数：0

单位：江南岳达机械制造有限责任公司　　2020-11-30　　凭证号：记-052

摘要	科目	借方	贷方
报销越野车维修费及油费	6601.038 销售费用-车辆燃油费	2,000.00	
报销越野车维修费及油费	6601.033 销售费用-修理费	50,000.00	
报销越野车维修费及油费	2221.001.001 应交税费-应交增值税-进项税额	6,760.00	
报销越野车维修费及油费	1001 库存现金		58,760.00
合计：伍万捌仟柒佰陆拾元整		58,760.00	58,760.00

记账：李想　　审核：单洪飞　　制单：李想

11-52A

江南增值税专用发票

发票联

2153352255 № 22325781

成品油 开票日期：2020年11月30日

购买方	名称：江南岳达机械制造有限责任公司 纳税人识别号：91290504556677888M 地址、电话：长安市奉贤区工业园区 42123456 开户行及帐号：江南城市发展银行长安分行 18254871000011457	密码区					
货物或应税劳务、服务名称	规格型号	单位	数量	单价	金额	税率	税额
*乙醇汽油*93#车用汽油	93#	升	200.4	9.98	2,000.00	13%	260.00
合计					¥2,000.00		¥260.00
价税合计（大写）	⊕贰仟贰佰陆拾元整			（小写）	¥2,260.00		
销售方	名称：石油天然气总公司江南长安分公司 纳税人识别号：999901812355136000 地址、电话：长安市北运区工业园区 45136297 开户行及帐号：建安银行长安分行北运支行 2105812335130220	备注					

收款人：刘备 复核：妙玉 开票人：沙僧 销售方：（章）

第三联：发票联 购买方记账凭证

（印章：全国统一发票监制章 江南 国家税务总局监制）

（印章：石油天然气总公司江南长安分公司 999901812355136000 发票专用章）

税总函[2016]311号北京印钞有限公司

模拟票据，仅供学习使用

11-52B

2889020847

江南增值税专用发票

发票联

№ 34545683

开票日期：2020年11月30日

购买方	名称：江南岳达机械制造有限责任公司 纳税人识别号：91290504556677888M 地址、电话：长安市奉贤区工业园区 42123456 开户行及帐号：江南城市发展银行长安分行 18254871000011457				密码区		
货物或应税劳务、服务名称	规格型号	单位	数量	单价	金额	税率	税额
*劳务 *修理费		次	1	50,000.00	50,000.00	13%	6,500.00
合计					¥50,000.00		¥6,500.00
价税合计（大写）	⊕伍万陆仟伍佰元整				（小写） ¥56,500.00		
销售方	名称：长安汇宁汽车修理有限公司 纳税人识别号：999908325987429000 地址、电话：长安市湘湖区阳溪大道 48365802 开户行及帐号：工农银行长安分行水湘湖支行 8151890578909275				备注		

收款人：许褚 复核：刘唐 开票人：崔志勇 销售方：（章）

第三联：发票联 购买方记账凭证

全国统一发票监制章 江南 国家税务总局监制

长安汇宁汽车修理有限公司 999908325987429000 发票专用章

税总函[2016]311号北京印钞有限公司

长安汇宁汽车修理有限公司

结算单

结算日期：2020/11/30

客户	王岳达	委托书	223165461	牌照号	江A32459
联系人	王岳达	电话		移动电话	13000000000
地址	江南省长安市				
底盘号	LVUYB20151H1251**	进厂日期	2020/11/30		
车型	****越野豪华型	行驶里程	40157	发动机号	F251M256
预计下次保养时间	2022/1/5				
维修项目					
维修项目代码	项目名称	工时	性质		
ZH5456000	全车保养	210			
维修备件					
备件代码	备件名称	数量	金额		
略	略	略	¥ 51,000.00		
应收材料费	¥51000.00				
应收工时费	¥5,500.00				
合计金额	¥56,500.00	欠收金额	0		
大写	伍万陆仟伍佰元整				

长安汇宁汽车修理有限公司 99990832598742900 0 发票专用章

地址：江南省长安市奉贤区
邮编：8412314

记账凭证

附单据数：0

单位：江南岳达机械制造有限责任公司　　2020-11-30　　凭证号：记-053（1/2）

摘要	科目	借方	贷方
按合同约定，购入原木水曲柳100立方(数量:100，...	1403.002_004 原材料-木材类_水曲柳木材	135,000.00	
按合同约定，购入原木水曲柳100立方9%部分	2221.001.001 应交税费-应交增值税-进项税额	13,500.00	
按合同约定，购入原木水曲柳100立方1%部分	2221.004 应交税费-待抵扣进项税额	1,500.00	
购原木水曲柳100立方款	2202.022 应付账款-长安市绿水清山林业有限公司		150,000.00
付款	2202.022 应付账款-长安市绿水清山林业有限公司	150,000.00	
合计：叁拾万元整		300,000.00	150,000.00

记账：李想　　审核：单洪飞　　制单：李想

模拟票据，仅供学习使用

记账凭证

附单据数：0

单位：江南岳达机械制造有限责任公司　　2020-11-30　　凭证号：记-053 (2/2)

摘要	科目	借方	贷方
付款	1002.001 银行存款-江南城市发展银行长安分行		150,000.00
汇款手续费	6603.001 财务费用-手续费	20.00	
汇款手续费	1002.001 银行存款-江南城市发展银行长安分行		20.00
合计：叁拾万零贰拾元整		300,020.00	300,020.00

记账：李想　　审核：单洪飞　　制单：李想

11-53A

江南增值税普通发票

全国统一发票监制章 江南 国家税务总局监制

2122154874

№ 00154927

开票日期：2020年11月8日

购买方	名　　称：	江南岳达机械制造有限责任公司	密码区	
	纳税人识别号：	91290504556677888M		
	地 址、电 话：	长安市奉贤区工业园区 42123456		
	开户行及帐号：	江南城市发展银行长安分行 18254871000011457		

货物或应税劳务、服务名称	规格型号	单位	数量	单价	金额	税率	税额
*林业产品*水曲柳原木		立方米	100	1,485.15	148,514.85	1%	1,485.15
合计					¥148,514.85		¥1,485.15

价税合计（大写）	⊕壹拾伍万元整	（小写）	¥150,000.00

销售方	名　　称：	长安市绿水清山林业有限公司	备注	
	纳税人识别号：	9999545831P31563132		
	地 址、电 话：	江南省长安市长安县 78169436		
	开户行及帐号：	工群银行长安分行长安县支行 2149221646132156		

长安市绿水清山林业有限公司 9999545831P31563132 发票专用章

收款人：刘信　　复核：穆桂英　　开票人：王梦　　销售方：（章）

第一联：记账联 销售方记账凭证

税总函[2016]311号北京印钞有限公司

入 库 单

11-53B

接收部门 原材料及成品库房 2020-11-08 单号：3459441433B

货号	品　名	规格	单位	数量	单价	金额
	*林业产品*水曲柳原木		立方米	100	1,350.00	135,000.00
合计						135,000.00

仓库负责人	刘强丰	经手入库人	王剑	记账	李想	备注	

第一联，财务记账凭证

江南城市发展银行电汇凭证（借方凭证）

11-53B

NO.18114573B

普通　　加急　　委托日期　2020年11月8日

汇款人	全称	江南岳达机械制造有限责任公司	收款人	全称	长安市绿水清山林业有限公司
	账号	18254871000011457		账号	2149221646132156
	汇出地点	江南省长安市		汇入地点	江南省长安市
汇出行名称	江南城市发展银行长安分行		汇入行名称	工群银行长安分行长安县支行	
金　额	人民币（大写）	壹拾伍万元整		¥150,000.00	
此汇款支付给收款人			支付密码		
			附加信息及用途:		

（印章：江南城市发展银行长安分行 朱珊 2020年11月8日 业务核算章）

此联汇出行作借方凭证

江南城市发展银行（长安分行营业部）收费回单

11-53B

交易流水：110141111B57　　2020年11月8日

付款人账号 18254871000011457		付款人名称	江南岳达机械制造有限责任公司
收费种类	币种	交易金额	收费金额
47 电汇手续费	人民币	150,000.00	20.00
合计金额	20.00		

江南城市发展银行长安分行
朱珊
2020年11月8日
业务核算章

第二联　客户留存联

柜员号：00000　　朱珊

记账凭证

附单据数：0

单位：江南岳达机械制造有限责任公司　　2020-11-30　　凭证号：记-054

摘要	科目	借方	贷方
报销住宿费及高尔夫球场地费用	6602.010 管理费用-业务招待费	3,000.00	
报销住宿费及高尔夫球场地费用	6602.007 管理费用-差旅费	2,000.00	
报销住宿费及高尔夫球场地费用	2221.001.001 应交税费-应交增值税-进项税额	300.00	
报销住宿费及高尔夫球场地费用	1001 库存现金		5,300.00
合计：伍仟叁佰元整		5,300.00	5,300.00

记账：李想　　审核：单洪飞　　制单：李想

模拟票据，仅供学习使用

江南增值税专用发票

发票联

3124581320

11-54

№ 36597235

开票日期：2020年11月13日

购买方	名 称：江南岳达机械制造有限责任公司 纳税人识别号：91290504556677888M 地 址、电 话：长安市奉贤区工业园区 42123456 开户行及帐号：江南城市发展银行长安分行 18254871000011457			密码区			
货物或应税劳务、服务名称	规格型号	单位	数量	单价	金额	税率	税额
*住宿服务*住宿费		天	2	1,500.00	3,000.00	6%	180.00
*娱乐服务*高尔夫门票		次	1	2,000.00	2,000.00	6%	120.00
合计					¥5,000.00		¥300.00
价税合计（大写）	⊕伍仟叁佰元整			（小写）	¥5,300.00		
销售方	名 称：长安市锦星酒店管理有限公司 纳税人识别号：999903685737394000 地 址、电 话：长安市湘湖区衍水街 35478363 开户行及帐号：工群银行长安分行湘湖支行 2575839577382947			备注			

收款人：曹植　复核：陶宗旺　开票人：王晓燕　销售方：（章）

长安市锦星酒店管理有限公司 999903685737394000 发票专用章

全国统一发票监制章 江南 国家税务总局监制

第三联：发票联 购买方记账凭证

税总函[2016]311号北京印钞有限公司

记账凭证

附单据数：0

单位：江南岳达机械制造有限责任公司　　2020-11-30　　凭证号：记-055

摘要	科目	借方	贷方
报销差旅费	6602.007 管理费用-差旅费	4,150.94	
报销差旅费	2221.001.001 应交税费-应交增值税-进项税额	849.06	
报销差旅费	1001 库存现金		5,000.00
合计：伍仟元整		5,000.00	5,000.00

记账：李想　　审核：单洪飞　　制单：李想

模拟票据，仅供学习使用

上海增值税专用发票

发票联

3124581320　　№ 36597238　　11-55A

开票日期：2020年11月4日

购买方	
名　　称：	江南岳达机械制造有限责任公司
纳税人识别号：	91290504556677888M
地 址、电 话：	长安市奉贤区工业园区　42123456
开户行及帐号：	江南城市发展银行长安分行　18254871000011457

密码区

货物或应税劳务、服务名称	规格型号	单位	数量	单价	金额	税率	税额
*住宿服务*住宿费		天	10	1,415.09	14,150.94	6%	849.06
合计					¥14,150.94		¥849.06

价税合计（大写）　⊕壹万伍仟元整　　（小写）　¥15,000.00

销售方	
名　　称：	江南旅馆有限公司上海徐汇分公司
纳税人识别号：	91310000322256236R
地 址、电 话：	上海市徐汇区解放路　22154780
开户行及帐号：	工群银行上海分行徐汇支行　2149214528423684

备注

收款人：黄月英　复核：丁得孙　开票人：孟善柱　销售方：（章）

第三联：发票联　购买方记账凭证

江南岳达机械制造有限责任公司　　11-55B

差旅费报销单

部门：销售部　　报销日期：2020/11/10

出差人	王强			出差地点		上海		交通工具			事由		
起				终				车船机费	应补金额	报销单据	项目	张数	金额
月	日	时	地点	月	日	时	地点				住宿费	1	15000.00
10	25		上海	11	4		上海				邮电费		
											市内交通费		
											办公费		
											业务招待费		
小计				车船机票张数				-	0.00		其他		
住勤补贴	10.0 天			每天补助	20.00 元，			合计补助	200.00		小计		15000.00

出差每天报销限额500元，限额内报销10天*500=5000元。

实报：5,000.00 元

单位负责人：　　部门负责人：刘允剑　　项目负责人：　　报销人：王强

记账凭证

附单据数：0

单位：江南岳达机械制造有限责任公司　　2020-11-30　　凭证号：记-056（1/2）

摘要	科目	借方	贷方
向股东分配股利	4104.003 利润分配-应付现金股利（利润）	300,000.00	
向股东分配股利	1002.001 银行存款-江南城市发展银行长安分行		120,000.00
向股东分配股利	1002.001 银行存款-江南城市发展银行长安分行		180,000.00
电汇手续费	6603.001 财务费用-手续费	40.00	
电汇手续费	1002.001 银行存款-江南城市发展银行长安分行		20.00
合计：叁拾万零肆拾元整		300,040.00	300,020.00

记账：李想　　审核：单洪飞　　制单：李想

记账凭证

附单据数：0

单位：江南岳达机械制造有限责任公司　　2020-11-30　　凭证号：记-056 (2/2)

摘要	科目	借方	贷方
电汇手续费	1002.001 银行存款-江南城市发展银行长安分行		20.00
合计：叁拾万零肆拾元整		300,040.00	300,040.00

记账：李想　　审核：单洪飞　　制单：李想

模拟票据，仅供学习使用

江南城市发展银行电汇凭证（借方凭证）

NO.1811457

普通　　加急　　委托日期　2020年11月25日　　11-56A

汇款人	全称	江南岳达机械制造有限责任公司	收款人	全称	王岳达
	账号	18254871000011457		账号	622284813458213613
	汇出地点	江南省长安市		汇出地点	江南省长安市
汇出行名称	江南城市发展银行长安分行		汇入行名称	工农银行长安分行北运支行	
金　额	人民币（大写）	壹拾捌万元整		¥180,000.00	
此汇款支付给收款人。			支付密码		
江南城市发展银行长安分行 朱珊 2020年11月25日 业务核算章		汇款人签章	附加信息及用途：股利 复核：　记账：		

此联汇出行作借方凭证

江南城市发展银行（长安分行营业部）收费回单

交易流水：11014111157　　2020年11月25日

付款人账号：18254871000011457		付款人名称	江南岳达机械制造有限责任公司
收费种类	币种	交易金额	收费金额
47 电汇手续费	人民币	180,000.00	20.00
合计金额	20.00		

江南城市发展银行长安分行 朱珊 2020年11月25日 业务核算章

第二联 客户留存联

柜员号：00000　　朱珊

模拟票据，仅供学习使用

江南城市发展银行电汇凭证（借方凭证）

NO.1811457

普通　　加急　　委托日期　2020年11月25日　　11-56B

汇款人	全称	江南岳达机械制造有限责任公司	收款人	全称	江南利枫物资有限公司
	账号	18254871000011457		账号	2571300010365122
	汇出地点	江南省长安市		汇出地点	江南省长安市
汇出行名称	江南城市发展银行长安分行		汇入行名称	工群银行长安分行湘湖支行	
金　额	人民币（大写）	壹拾贰万元整		¥120,000.00	
此汇款支付给收款人。			支付密码		
江南城市发展银行长安分行 朱珊 2020年11月25日 业务核算章　汇款人签章			附加信息及用途：股利　复核：　记账：		

此联汇出行作借方凭证

江南城市发展银行（长安分行营业部）收费回单

交易流水：　11014111157　　　2020年11月25日　　　11-56B

付款人账号：18254871000011457		付款人名称	江南岳达机械制造有限责任公司
收费种类	币种	交易金额	收费金额
47 电汇手续费	人民币	120,000.00	20.00
合计金额	20.00		

江南城市发展银行长安分行
朱珊
2020年11月25日
业务核算章

第二联　客户留存联

柜员号：00000　　　朱珊

记账凭证

附单据数：0

单位：江南岳达机械制造有限责任公司　　2020-11-30　　凭证号：记-057

摘要	科目	借方	贷方
提取备用金	1001 库存现金	200,000.00	
提取备用金	1002.001 银行存款-江南城市发展银行长安分行		200,000.00
退订货款	1122.002 应收账款-长安华丰工具销售有限公司	8,100,000.00	
退订货款	1002.001 银行存款-江南城市发展银行长安分行		8,100,000.00
合计：捌佰叁拾万元整		8,300,000.00	8,300,000.00

记账：李想　　审核：单洪飞　　制单：李想

11-57

江南城市发展银行
现金支票存根
31002551
137395

附加信息

岳达

出票日期：2020/11/27

收款人：	江南岳达机械制造有限责任公司
金额：	200,000.00
用途：	备用金
单位主管	会计　李想

11-57A

江南城市发展银行
转账支票存根
31002551
215150

附加信息	
出票日期：	2020-11-30
收款人：	长安华丰工具销售有限公司
金额：	8,100,000.00
用途：	退订货款
单位主管	会计 李想

岳达 2105040000

记账凭证

附单据数：0

单位：江南岳达机械制造有限责任公司　　2020-11-30　　凭证号：记-058

摘要	科目	借方	贷方
领用原材料	5001.005.002 生产成本-带锯条34*1.1-直接材料	827,600.00	
领用原材料(数量:15, 单价:55000)	1403.001_002 原材料-钢带类_带锯钢带34*1.1		825,000.00
领用原材料(数量:13, 单价:200)	1403.003_005 原材料-合金类_硬质合金颗粒		2,600.00
合计：捌拾贰万柒仟陆佰元整		827,600.00	827,600.00

记账：李想　　审核：单洪飞　　制单：李想

直接原材料领用汇总表

11-58

名称	单位	数量	单价	金额
27*0.9钢带	吨	15	55000	825,000.00
硬质合金	克	13	200	2,600.00
合计				827,600.00

记账凭证

附单据数：0

单位：江南岳达机械制造有限责任公司　　2020-11-30　　凭证号：记-059

摘要	科目	借方	贷方
报销本月电费	6602.040 管理费用-电费	3,200.00	
报销本月电费	5101.040 制造费用-电费	96,800.00	
报销本月电费	2221.001.001 应交税费-应交增值税-进项税额	13,000.00	
报销本月电费	1123.002 预付账款-江南省电力有限公司长安供电公司		113,000.00
合计：壹拾壹万叁仟元整		113,000.00	113,000.00

记账：李想　　审核：单洪飞　　制单：李想

模拟票据，仅供学习使用

2125482356

江南增值税专用发票

发票联

11-59A

№ 21586484

开票日期：2020年11月30日

购买方	名称：江南岳达机械制造有限责任公司 纳税人识别号：91290504556677888M 地址、电话：长安市奉贤区工业园区 42123456 开户行及帐号：江南城市发展银行长安分行 18254871000011457			密码区			
货物或应税劳务、服务名称	规格型号	单位	数量	单价	金额	税率	税额
*供电*电费		KWH	67567.57	1.48	100,000.00	13%	13,000.00
合计					¥100,000.00		¥13,000.00
价税合计（大写）	⊕壹拾壹万叁仟元整			（小写）	¥113,000.00		
销售方	名称：江南省电力有限公司长安供电公司 纳税人识别号：999901568135015000 地址、电话：长安市北运区工业园区 45713549 开户行及帐号：建安银行长安分行北运支行 2105821541231225			备注			

收款人：曹操　复核：史湘云　开票人：孙慧　销售方：（章）

第三联：发票联　购买方记账凭证

（印章：全国统一发票监制章 江南 国家税务总局监制）

（印章：江南省电力有限公司长安供电公司 999901568135015000 发票专用章）

税总函[2016]311号北京印钞有限公司

电费分割单

11-59B

部门	度数（KWH）	金额
管理部门	2,162.16	3200
车间	65,405.41	96800
合计	67567.57	100000

记账凭证

附单据数：0

单位：江南岳达机械制造有限责任公司　　2020-11-30　　凭证号：记-060

摘要	科目	借方	贷方
报销水费	6602.041 管理费用-水费	198.00	
报销水费	5101.041 制造费用-水费	1,902.00	
报销水费	2221.001.001 应交税费-应交增值税-进项税额	63.00	
报销水费	1001 库存现金		2,163.00
合计：贰仟壹佰陆拾叁元整		2,163.00	2,163.00

记账：李想　　审核：单洪飞　　制单：李想

模拟票据，仅供学习使用

江南增值税专用发票

2124686561　　发票联　　11-60A　　№ 21874449

开票日期：2020年11月30日

购买方	名称：江南岳达机械制造有限责任公司 纳税人识别号：91290504556677888M 地址、电话：长安市奉贤区工业园区　42123456 开户行及帐号：江南城市发展银行长安分行　18254871000011457			密码区			
货物或应税劳务、服务名称	规格型号	单位	数量	单价	金额	税率	税额
*冰雪*水费		吨	600	3.50	2,100.00	3%	63.00
合计					¥2,100.00		¥63.00
价税合计（大写）	⊕贰仟壹佰陆拾叁元整				（小写）¥2,163.00		
销售方	名称：江南长安水务控股有限责任公司 纳税人识别号：999904547781202000 地址、电话：长安市湘湖区衍水街　45022421 开户行及帐号：工群银行长安分行湘湖支行　2578922455641357			备注			

收款人：吕布　　复核：阮小二　　开票人：安雨飞　　销售方：（章）

江南长安水务控股有限责任公司 999904547781202000 发票专用章

全国统一发票监制章 江南 国家税务总局监制

第三联：发票联 购买方记账凭证

税总函[2016]311号北京印钞有限公司

水费分割单

11-60B

使用部门	数量 （吨）	金额
管理部门	56.57	198
车间	543.43	1,902.00
合计	600	2,100.00

模拟票据，仅供学习使用

记账凭证

附单据数：0

单位：江南岳达机械制造有限责任公司　　2020-11-30　　凭证号：记-061

摘要	科目	借方	贷方
换气缸	6711.099 营业外支出-其他	47.62	
换购气缸(数量:1，单价:2100)	1403.004_009 原材料-备品备件类_气缸	2,100.00	
换购气缸	2221.001.001 应交税费-应交增值税-进项税额	273.00	
换购气缸(数量:139.92，单价:17.3)	1405_027 库存商品_带锯条27*0.9		2,420.62
合计：贰仟肆佰贰拾元陆角贰分		2,420.62	2,420.62

记账：李想　　审核：单洪飞　　制单：李想

模拟票据，仅供学习使用

江南增值税专用发票

发票联

2103312828　　11-61A

№ 21545122

开票日期：2020年11月8日

购买方	名称：江南岳达机械制造有限责任公司 纳税人识别号：91290504556677888M 地址、电话：长安市奉贤区工业园区 42123456 开户行及帐号：江南城市发展银行长安分行 18254871000011457			密码区			
货物或应税劳务、服务名称	规格型号	单位	数量	单价	金额	税率	税额
*气动元件*气缸		个	1	2,100.00	2,100.00	13%	273.00
合计					¥2,100.00		¥273.00
价税合计（大写）	⊕贰仟叁佰柒拾叁元整			（小写）	¥2,373.00		
销售方	名称：长安市欣博机械设备有限公司 纳税人识别号：999908223112345000 地址、电话：长安市湘湖区四南街 45215479 开户行及帐号：工农银行长安分行湘湖支行 8151212124558212			备注			

收款人：黄盖　　复核：武松　　开票人：王湘云　　销售方：（章）

第三联：发票联　购买方记账凭证

长安市欣博机械设备有限公司 999908223112345000 发票专用章

全国统一发票监制章 江南 国家税务总局监制

税总函[2016]311号北京印钞有限公司

入 库 单

11-61A

接收部门 原材料及成品库房 2020-11-08 单号: 3459441431A

货号	品名	规格	单位	数量	单价	金额
	气缸		个	1	2100	2,100.00
合计						2,100.00

仓库负责人	刘强丰	经手人入库	王剑	记账	李想	备注	换购

第一联，财务记账凭证

出　　库　　单

11-61B

领用部门或单位　长安市欣博机械设备有限公司　　2020-11-08　　单号：2145441431B

货号	品名	规格	单位	数量	单价	金额
	带锯条	27*0.9	米	139.92	17.3	2,420.62
合计						2,420.62

仓库负责人	刘强丰	经手出库人	王剑	记账	李想	备注	换购

第一联，财务记账凭证

记账凭证

附单据数：0

单位：江南岳达机械制造有限责任公司　　2020-11-30　　凭证号：记-062（1/2）

摘要	科目	借方	贷方
领用间接材料	5101.038 制造费用-原材料	120,584.46	
领用间接材料(数量:10，单价:100)	1403.011_023 原材料-钢材类_棕刚砂轮		1,000.00
领用间接材料(数量:1，单价:2100)	1403.004_009 原材料-备品备件类_气缸		2,100.00
领用间接材料(数量:9，单价:100)	1403.006_015 原材料-电器类_电机		900.00
领用间接材料(数量:4，单价:1500)	1403.006_016 原材料-电器类_自动校直机位移传感器		6,000.00
合计：壹拾贰万零伍佰捌拾肆元肆角陆分		120,584.46	10,000.00

记账：李想　　审核：单洪飞　　制单：李想

记账凭证

附单据数：0

单位：江南岳达机械制造有限责任公司　　2020-11-30　　凭证号：记-062 (2/2)

摘要	科目	借方	贷方
领用间接材料(数量:60.1，单价:230.77)	1403.007_018 原材料-制剂类_制冷剂		13,869.28
领用间接材料(数量:128，单价:74.78)	1403.004_010 原材料-备品备件类_锆铬青铜板		9,571.84
领用间接材料(数量:575，单价:37.44)	1403.004_011 原材料-备品备件类_高温板310		21,528.00
领用间接材料	1403.010 原材料-辅助材料类		65,615.34
合计：壹拾贰万零伍佰捌拾肆元肆角陆分		120,584.46	120,584.46

记账：李想　　审核：单洪飞　　制单：李想

间接原材料领用汇总表

11-62

名称	单位	数量	单价	金额
传感器	个	4.00	1,500.00	6,000.00
电机	台	9.00	100.00	900.00
高温板	块	575.00	37.44	21,528.00
锆铬青铜板	块	128.00	74.78	9,571.84
气缸	个	1.00	2,100.00	2,100.00
制冷剂	公斤	60.10	230.77	13,869.28
棕钢砂轮	个	10.00	100.00	1,000.00
辅助材料				65,615.34
合计				120,584.46

记账凭证

附单据数：0

单位：江南岳达机械制造有限责任公司　　2020-11-30　　凭证号：记-063

摘要	科目	借方	贷方
计提研发人员工资	6602.024.001 管理费用-研发费用-工资	50,000.00	
计提研发人员工资	2211.001 应付职工薪酬-工资		50,000.00
合计：伍万元整		50,000.00	50,000.00

记账：李想　　审核：单洪飞　　制单：李想

11月 研发人员汇总表

11-63

部门	研发计提本月工资	应发工资
生产部	50,000.00	50,000.00

人力资源主管: 彭芳 制表: 刘宏

记账凭证

附单据数：0

单位：江南岳达机械制造有限责任公司　　2020-11-30　　凭证号：记-064（1/2）

摘要	科目	借方	贷方
计提工资	6602.001 管理费用-工资薪金	103,172.80	
计提工资	6601.001 销售费用-工资薪金	133,461.18	
计提工资	5001.003.001.001 生产成本-带锯条27*0.9-直接人工-工资薪金	14,753.70	
计提工资	5001.005.001.001 生产成本-带锯条34*1.1-直接人工-工资薪金	115,921.90	
计提工资	5101.001 制造费用-工资薪金	98,754.57	
合计：肆拾陆万陆仟零陆拾肆元壹角伍分		466,064.15	0.00

记账：李想　　审核：单洪飞　　制单：李想

记账凭证

附单据数：0

单位：江南岳达机械制造有限责任公司　　2020-11-30　　凭证号：记-064 (2/2)

摘要	科目	借方	贷方
计提工资	2211.001 应付职工薪酬-工资		466,064.15
合计：肆拾陆万陆仟零陆拾肆元壹角伍分		466,064.15	466,064.15

记账：李想　　审核：单洪飞　　制单：李想

11月 工资汇总表

11-64

部门	计本月应发工资	上年保险年度工资总额	职工个人各项扣款				实发工资
			养老保险	失业保险	医疗保险	公积金	
管理部门	103,172.80	100,000.00	8,000.00	500.00	2,000.00	10,317.28	82,355.52
销售部门	133,461.18	110,000.00	8,800.00	550.00	2,200.00	13,346.12	108,565.06
生产车间工人	130,675.60	120,000.00	9,600.00	600.00	2,400.00	13,067.56	105,008.04
其中：27*0.9	14,753.70	13,500.00	1,080.00	67.50	270.00	1,475.37	11,860.83
其中：27*1.1	115,921.90	106,500.00	8,520.00	532.50	2,130.00	11,592.19	93,147.21
生产车间管理人员	98,754.57	70,000.00	5,600.00	350.00	1,400.00	9,875.46	81,529.11
合计	466,064.15	400,000.00	32,000.00	2,000.00	8,000.00	46,606.42	377,457.73

人力资源主管：　彭芳　　　　制表：　刘宏

记账凭证

附单据数：0

单位：江南岳达机械制造有限责任公司　　2020-11-30　　凭证号：记-065（1/2）

摘要	科目	借方	贷方
计提基本保险单位负担	6602.042 管理费用-社会保险	26,824.91	
计提基本保险单位负担	6601.036 销售费用-社会保险	34,699.89	
计提基本保险单位负担	5001.003.001.002 生产成本-带锯条27*0.9-直接人工-社会保险	3,835.96	
计提基本保险单位负担	5001.005.001.002 生产成本-带锯条34*1.1-直接人工-社会保险	30,139.69	
计提基本保险单位负担	5101.042 制造费用-社会保险	25,676.18	
合计：壹拾贰万壹仟壹佰柒拾陆元陆角叁分		121,176.63	0.00

记账：李想　　审核：单洪飞　　制单：李想

记账凭证

附单据数：0

单位：江南岳达机械制造有限责任公司　　2020-11-30　　凭证号：记-065（2/2）

摘要	科目	借方	贷方
计提基本保险单位负担	2211.007.001 应付职工薪酬-社会保险-养老保险		74,570.27
计提基本保险单位负担	2211.007.002 应付职工薪酬-社会保险-失业保险		2,330.30
计提基本保险单位负担	2211.007.003 应付职工薪酬-社会保险-医疗保险		37,285.13
计提基本保险单位负担	2211.007.004 应付职工薪酬-社会保险-工伤保险		4,660.65
计提基本保险单位负担	2211.007.005 应付职工薪酬-社会保险-生育保险		2,330.28
合计：壹拾贰万壹仟壹佰柒拾陆元陆角叁分		121,176.63	121,176.63

记账：李想　　审核：单洪飞　　制单：李想

11月 计提基本保险

11-65

部门	计提单位应缴各项保险及公积金							计提基数（应发工资）
	养老保险	失业保险	医疗保险	工伤保险	生育保险	保险合计	住房公积金	
管理部门	16,507.65	515.86	8,253.82	1,031.73	515.85	26,824.91	10,317.28	103,172.80
销售部门	21,353.79	667.30	10,676.89	1,334.61	667.30	34,699.89	13,346.12	133,461.18
生产车间工人	20,908.10	653.37	10,454.05	1,306.76	653.37	33,975.65	13,067.56	130,675.60
其中：27*0.9	2,360.59	73.77	1,180.30	147.54	73.76	3,835.96	1,475.37	14,753.70
其中：27*1.1	18,547.51	579.60	9,273.75	1,159.22	579.61	30,139.69	11,592.19	115,921.90
生产车间管理人员	15,800.73	493.77	7,900.37	987.55	493.76	25,676.18	9,875.46	98,754.57
合计	74,570.27	2,330.30	37,285.13	4,660.65	2,330.28	121,176.63	46,606.42	466,064.15

制表：　刘宏

记账凭证

附单据数：0

单位：江南岳达机械制造有限责任公司　　2020-11-30　　凭证号：记-066（1/2）

摘要	科目	借方	贷方
计提折旧	6602.017 管理费用-累计折旧	25,544.07	
计提折旧	6602.003 管理费用-职工福利费	1,595.12	
计提折旧	6402.002 其他业务成本-租赁设备折旧	6,466.40	
计提折旧	6601.017 销售费用-累计折旧	72.75	
计提折旧	5101.017 制造费用-累计折旧	268,062.15	
合计：叁拾万壹仟柒佰肆拾元肆角玖分		301,740.49	0.00

记账：李想　　审核：单洪飞　　制单：李想

记账凭证

附单据数：0

单位：江南岳达机械制造有限责任公司　　2020-11-30　　凭证号：记-066（2/2）

摘要	科目	借方	贷方
计提折旧	1602.001 累计折旧-机器设备		245,083.83
计提折旧	1602.002 累计折旧-运输车辆		10,508.16
计提折旧	1602.003 累计折旧-电子设备		6,894.97
计提折旧	1602.004 累计折旧-房屋建筑		38,283.51
计提折旧	1602.005 累计折旧-工具器具		970.02
合计：叁拾万壹仟柒佰肆拾元肆角玖分		301,740.49	301,740.49

记账：李想　　审核：单洪飞　　制单：李想

固定资产卡片

截止日期　　2020年11月　　　　11-66

序号	资产名称	数量	购建时间	使用年限	残值率	已使用月份	预计可使用月	月折旧率	原值	本月折旧	累计折旧	期末净值	净残值	类型	使用部门
1	办公楼	1	2013年10月	20	3%	85	240	0.4042%	2,500,000.00	10,105.00	858,925.00	1,641,075.00	75,000.00	房屋建筑	管理
2	仓库	1	2019年12月	20	3%	11	240	0.4042%	571,428.57	2,309.71	25,406.81	546,021.76	17,142.86	房屋建筑	车间
3	厂房	1	2013年10月	20	3%	85	240	0.4042%	6,000,000.00	24,252.00	2,061,420.00	3,938,580.00	180,000.00	房屋建筑	车间
4	办公用房	1	2010年12月	20	3%	119	240	0.4042%	400,000.00	1,616.80	192,399.20	207,600.80		房屋建筑	管理
5	客车	1	2013年10月	4	3%	48	48	2.0208%	140,000.00	-	135,800.00	4,200.00	4,200.00	运输车辆	车间
6	大众轿车	2	2018年10月	4	3%	25	48	2.0208%	270,000.00	5,456.16	136,404.00	133,596.00	8,100.00	运输车辆	管理
7	小货车	1	2018年10月	4	3%	25	48	2.0208%	50,000.00	1,010.40	25,260.00	24,740.00	1,500.00	运输车辆	管理
8	帕萨特轿车	1	2017年11月	4	3%	36	48	2.0208%	200,000.00	4,041.60	145,497.60	54,502.40	6,000.00	运输车辆	管理
9	计算机	5	2013年10月	3	3%	36	36	2.6944%	75,000.00	-	72,750.00	2,250.00	2,250.00	电子设备	车间
10	计算机	5	2018年12月	3	3%	23	36	2.6944%	105,000.00	2,829.12	65,069.76	39,930.24	3,150.00	电子设备	管理
11	打印机	3	2013年10月	3	3%	36	36	2.6944%	10,500.00	-	10,185.00	315.00	315.00	电子设备	车间
12	打印机	5	2018年12月	3	3%	23	36	2.6944%	18,000.00	484.99	11,154.77	6,845.23	540.00	电子设备	管理
13	空调	1	2019年9月	3	3%	14	36	2.6944%	23,200.00	625.10	8,751.40	14,448.60	696.00	电子设备	食堂
14	电脑	1	2018年6月	3	3%	29	36	2.6944%	2,700.00	72.75	2,109.75	590.25	81.00	电子设备	销售
15	厨房设备	1	2019年6月	5	3%	17	60	1.6167%	60,000.00	970.02	16,490.34	43,509.66	1,800.00	工具器具	食堂
16	计算机	1	2014年6月	3	3%	36	36	2.6944%	3,000.00	-	2,910.00	90.00	90.00	电子设备	车间
17	热风炉	1	2014年6月	10	3%	77	120	0.8083%	1,600,000.00	12,932.80	995,825.60	604,174.40	48,000.00	机器设备	车间
18	电动空压机	1	2014年6月	10	3%	77	120	0.8083%	3,900.00	31.52	2,427.04	1,472.96	117.00	机器设备	车间
19	木工压刨机	1	2014年6月	10	3%	77	120	0.8083%	17,000.00	137.41	10,580.57	6,419.43	510.00	机器设备	车间
20	数控全自动顶刃磨机	1	2014年6月	10	3%	77	120	0.8083%	5,000,000.00	40,415.00	3,111,955.00	1,888,045.00	150,000.00	机器设备	车间
21	焊接机	3	2014年6月	10	3%	77	120	0.8083%	5,700,000.00	46,073.10	3,547,628.70	2,152,371.30	171,000.00	机器设备	车间
22	数控带锯铣床	2	2014年6月	10	3%	77	120	0.8083%	7,200,000.00	58,197.60	4,481,215.20	2,718,784.80	216,000.00	机器设备	车间
23	平板运输车	1	2015年7月	4	3%	48	48	0.020208	400,000.00	-	388,000.00	12,000.00	12,000.00	运输车辆	车间
24	铣齿机	2	2014年6月	10	3%	77	120	0.8083%	800,000.00	6,466.40	497,912.80	302,087.20	24,000.00	机器设备	车间
25	收卷机	2	2014年6月	10	3%	77	120	0.8083%	100,000.00	808.30	62,239.10	37,760.90	3,000.00	机器设备	车间
26	带锯分齿机	2	2014年6月	10	3%	77	120	0.8083%	1,400,000.00	11,316.20	871,347.40	528,652.60	42,000.00	机器设备	车间
27	数控磨末	4	2014年6月	10	3%	77	120	0.8083%	1,000,000.00	8,083.00	622,391.00	377,609.00	30,000.00	机器设备	车间
28	淬、回火生产线	1	2014年6月	10	3%	77	120	0.8083%	5,000,000.00	40,415.00	3,111,955.00	1,888,045.00	150,000.00	机器设备	车间
29	等离子切割机	1	2014年6月	10	3%	77	120	0.8083%	10,000.00	80.83	6,223.91	3,776.09	300.00	机器设备	车间
30	过滤冷却系统	1	2014年6月	10	3%	77	120	0.8083%	190,000.00	1,535.77	118,254.29	71,745.71	5,700.00	机器设备	车间
31	喷码机	2	2020年10月	3	3%	1	36	2.6944%	107,000.00	2,883.01	2,883.01	104,116.99	3,210.00	电子设备	车间
32	热风炉	1	2020年10月	10	3%	1	120	0.8083%	1,500,000.00	12,124.50	12,124.50	1,487,875.50	45,000.00	机器设备	车间
33	高炉	1	2015年1月	10	3%	70	120	0.8083%	800,000.00	6,466.40	452,648.00	347,352.00	24,000.00	机器设备	租赁
	合计								41,256,728.57	301,740.49	22,066,144.75	19,190,583.82	1,225,701.86		

	管理	车间	销售	租赁	食堂	合计
机器设备	-	238,617.43	-	6,466.40	-	245,083.83
运输车辆	10,508.16	-	-	-	-	10,508.16
电子设备	3,314.11	2,883.01	72.75	-	625.10	6,894.97
房屋建筑	11,721.80	26,561.71	-	-	-	38,283.51
工具器具	-	-	-	-	970.02	970.02
	25,544.07	268,062.15	72.75	6,466.40	1,595.12	301,740.49

记账凭证

附单据数：0

单位：江南岳达机械制造有限责任公司　　2020-11-30　　凭证号：记-067

摘要	科目	借方	贷方
计提工会经费	6602.005 管理费用-工会经费	9,321.28	
计提工会经费	2211.005 应付职工薪酬-工会经费		9,321.28
合计：玖仟叁佰贰拾壹元贰角捌分		9,321.28	9,321.28

记账：李想　　审核：单洪飞　　制单：李想

11-67

计提 工会经费

计提基数	计提比例	工会经费
466,064.15	2%	9,321.28

记账凭证

附单据数：0

单位：江南岳达机械制造有限责任公司　　2020-11-30　　凭证号：记-068（1/2）

摘要	科目	借方	贷方
计提本月公积金	6602.043 管理费用-住房公积金	10,317.28	
计提本月公积金	6601.037 销售费用-住房公积金	13,346.12	
计提本月公积金	5001.003.001.003 生产成本-带锯条27*0.9-直接人工-住房公积金	1,475.37	
计提本月公积金	5001.005.001.003 生产成本-带锯条34*1.1-直接人工-住房公积金	11,592.19	
计提本月公积金	5101.043 制造费用-住房公积金	9,875.46	
合计：肆万陆仟陆佰零陆元肆角贰分		46,606.42	0.00

记账：李想　　审核：单洪飞　　制单：李想

记账凭证

附单据数：0

单位：江南岳达机械制造有限责任公司　　2020-11-30　　凭证号：记-068 (2/2)

摘要	科目	借方	贷方
计提本月公积金	2211.008 应付职工薪酬-住房公积金		46,606.42
合计：肆万陆仟陆佰零陆元肆角贰分		46,606.42	46,606.42

记账：李想　　审核：单洪飞　　制单：李想

11月计提公积金

11-68

部门	计提单位及公积金	计提基数（应发工资）
	住房公积金	
管理部门	10,317.28	103,172.80
销售部门	13,346.12	133,461.18
生产车间工人	13,067.56	130,675.60
其中：27*0.9	1,475.37	14,753.70
其中：27*01.1	11,592.19	115,921.90
生产车间管理人员	9,875.46	98,754.57
合计	46,606.42	466,064.15

制表:　　　　刘宏

记账凭证

附单据数：0

单位：江南岳达机械制造有限责任公司　　2020-11-30　　凭证号：记-069（1/2）

摘要	科目	借方	贷方
摊销无形资产	5101.039 制造费用-土地使用权摊销	4,133.33	
摊销无形资产	6602.038 管理费用-土地使用权摊销	1,166.67	
摊销无形资产	6602.018.003 管理费用-无形资产摊销-非专利技术摊销	1,083.33	
摊销无形资产	1604.002.003 在建工程-新厂房-土地使用权摊销	18,333.33	
摊销无形资产	1702.001 累计摊销-土地使用权A地块		5,300.00
合计：贰万肆仟柒佰壹拾陆元陆角陆分		24,716.66	5,300.00

记账：李想　　审核：单洪飞　　制单：李想

记账凭证

附单据数：0

单位：江南岳达机械制造有限责任公司　　2020-11-30　　凭证号：记-069 (2/2)

摘要	科目	借方	贷方
摊销无形资产	1702.002 累计摊销-非专利技术		1,083.33
摊销无形资产	1702.004 累计摊销-土地使用权B地块		18,333.33
合计：贰万肆仟柒佰壹拾陆元陆角陆分		24,716.66	24,716.66

记账：李想　　审核：单洪飞　　制单：李想

无形资产摊销明细表

日期　2020年11月　　11-69

无形资产	取得时间	面积	金额	摊销年限	本月摊销金额	已摊销年限	累计摊销金额	本月摊余值	备注
土地使用权-A地块	2012年9月	3000	3,180,000.00	600	5,300.00	99.00	524,700.00	2,655,300.00	厂房2339.62平方/办公660.38平方
土地使用权-B地块	2020年11月	2000	11,000,000.00	600	18,333.33	1.00	18,333.33	10,981,666.67	在建厂房
非专利技术1	2020年10月		130,000.00	120	1,083.33	2.00	2,166.66	127,833.34	
管理软件	2018年11月		5,000.00	13		13.00	5,000.00	-	10月份转办公余值一次性摊销
合计			14,315,000.00		24,716.66		550,199.99	13,764,800.01	

制表:　李想

记账凭证

附单据数：0

单位：江南岳达机械制造有限责任公司　　2020-11-30　　凭证号：记-070（1/3）

摘要	科目	借方	贷方
结转制造费用	5001.003.003 生产成本-带锯条27*0.9-制造费用	81,943.82	
结转制造费用	5001.005.003 生产成本-带锯条34*1.1-制造费用	643,844.33	
结转制造费用	5101.038 制造费用-原材料		120,584.46
结转制造费用	5101.042 制造费用-社会保险		25,676.18
结转制造费用	5101.043 制造费用-住房公积金		9,875.46
合计：柒拾贰万伍仟柒佰捌拾捌元壹角伍分		725,788.15	156,136.10

记账：李想　　审核：单洪飞　　制单：李想

记账凭证

附单据数：0

单位：江南岳达机械制造有限责任公司　　2020-11-30　　凭证号：记-070（2/3）

摘要	科目	借方	贷方
结转制造费用	5101.017 制造费用-累计折旧		268,062.15
结转制造费用	5101.001 制造费用-工资薪金		98,754.57
结转制造费用	5101.039 制造费用-土地使用权摊销		4,133.33
结转制造费用	5101.041 制造费用-水费		1,902.00
结转制造费用	5101.040 制造费用-电费		96,800.00
合计：柒拾贰万伍仟柒佰捌拾捌元壹角伍分		725,788.15	625,788.15

记账：李想　　审核：单洪飞　　制单：李想

记账凭证

附单据数：0

单位：江南岳达机械制造有限责任公司　　2020-11-30　　凭证号：记-070 (3/3)

摘要	科目	借方	贷方
结转制造费用	5101.034 制造费用-修理费		100,000.00
合计：柒拾贰万伍仟柒佰捌拾捌元壹角伍分		725,788.15	725,788.15

记账：李想　　审核：单洪飞　　制单：李想

制造费用本月发生额

科目编码	科目名称	本月发生额
5101.034	制造费用-修理费	100,000.00
5101.040	制造费用-电费	96,800.00
5101.041	制造费用-水费	1,902.00
5101.038	制造费用-原材料	120,584.46
5101.001	制造费用-工资薪金	98,754.57
5101.042	制造费用-社会保险	25,676.18
5101.017	制造费用-累计折旧	268,062.15
5101.043	制造费用-住房公积金	9,875.46
5101.039	制造费用-土地使用权摊销	4,133.33
合计		725,788.15

带锯条2.7*0.9　用工时　84工时
带锯条34*1.1　用 工时　660工时
11月总工时　744.00

生产成本-带锯条27*0.9　= 84　/ 744 * 725788.15　=　81 943.82
生产成本-带锯条34*1.1　= 660　/ 744 * 725788.15　=　643 844.33

记账凭证

附单据数：0

单位：江南岳达机械制造有限责任公司　　2020-11-30　　凭证号：记-071（1/3）

摘要	科目	借方	贷方
带锯条27*0.9产成品入库(数量:101500, 单价:17....	1405_027 库存商品_带锯条27*0.9	1,800,167.41	
带锯条27*0.9产成品入库	5001.003.001.001 生产成本-带锯条27*0.9-直接人工-工资薪金		139,870.46
带锯条27*0.9产成品入库	5001.003.001.002 生产成本-带锯条27*0.9-直接人工-社会保险		36,366.31
带锯条27*0.9产成品入库	5001.003.001.003 生产成本-带锯条27*0.9-直接人工-住房公积金		13,987.05
带锯条27*0.9产成品入库	5001.003.002 生产成本-带锯条27*0.9-直接材料		804,000.00
合计：壹佰捌拾万零壹佰陆拾柒元肆角壹分		1,800,167.41	994,223.82

记账：李想　　审核：单洪飞　　制单：李想

记账凭证

附单据数：0

单位：江南岳达机械制造有限责任公司　　2020-11-30　　凭证号：记-071 (2/3)

摘要	科目	借方	贷方
带锯条27*0.9产成品入库	5001.003.003 生产成本-带锯条27*0.9-制造费用		805,943.59
带锯条34*1.1产成品入库(数量:58420, 单价:27.886)	1405_028 库存商品_带锯条34*1.1	1,629,098.11	
带锯条34*1.1产成品入库	5001.005.001.001 生产成本-带锯条34*1.1-直接人工-工资薪金		115,921.90
带锯条34*1.1产成品入库	5001.005.001.002 生产成本-带锯条34*1.1-直接人工-社会保险		30,139.69
带锯条34*1.1产成品入库	5001.005.001.003 生产成本-带锯条34*1.1-直接人工-住房公积金		11,592.19
合计：叁佰肆拾贰万玖仟贰佰陆拾伍元伍角贰分		3,429,265.52	1,957,821.19

记账：李想　　审核：单洪飞　　制单：李想

记账凭证

附单据数：0

单位：江南岳达机械制造有限责任公司　　2020-11-30　　凭证号：记-071 (3/3)

摘要	科目	借方	贷方
带锯条34*1.1产成品入库	5001.005.002 生产成本-带锯条34*1.1-直接材料		827,600.00
带锯条34*1.1产成品入库	5001.005.003 生产成本-带锯条34*1.1-制造费用		643,844.33
合计：叁佰肆拾贰万玖仟贰佰陆拾伍元伍角贰分		3,429,265.52	3,429,265.52

记账：李想　　审核：单洪飞　　制单：李想

完工产成品计算过程

产品名称：带锯条27*0.9

11-71A

科目编码	科目名称	本月发生额	完工程度	按完工程度转入产成品	实际盘点完工数量	单价	在产品余额
5001.003.001.001	生产成本-带锯条27*0.9-直接人工-工资薪金	125,116.76	100%	125,116.76	101,500.00		
5001.003.001.002	生产成本-带锯条27*0.9-直接人工-社会保险	32,530.35		32,530.35			
5001.003.001.003	生产成本-带锯条27*0.9-直接人工-住房公积金	12,511.68		12,511.68			
5001.003.002	生产成本-带锯条27*0.9-直接材料	804,000.00		804,000.00			
5001.003.003	生产成本-带锯条27*0.9-制造费用	723,999.77		723,999.77			
5001.003.001.001	生产成本-带锯条27*0.9-直接人工-工资薪金	14,753.70		14,753.70			-
5001.003.001.002	生产成本-带锯条27*0.9-直接人工-社会保险	3,835.96		3,835.96			-
5001.003.001.003	生产成本-带锯条27*0.9-直接人工-住房公积金	1,475.37		1,475.37			-
5001.003.003	生产成本-带锯条27*0.9-制造费用	81,943.82		81,943.82			-
合计		1,800,167.41		1,800,167.41	101,500.00	17.74	-

入 库 单

11-71B

接收部门 产成品库 2020-11-30 单号：345944165B

货号	品 名	规格	单位	数量	单价	金额
	带锯条	27*0.9	米	101,500.00	17.73563951	1,800,167.41
合计						1,800,167.41

仓库负责人	刘强丰	经手人入库	王剑	记账	李想	备注	-

第一联，财务记账凭证

11-71C

完工产成品计算过程

产品名称：带锯条34*1.1

科目编码	科目名称	借方金额	完工程度	按完工程度转入产成品	实际盘点完工数量	单价	在产品余额
5001.005.002	生产成本-带锯条34*1.1-直接材料	827,600.00	100%	827,600.00	58,420.00		-
5001.005.001.001	生产成本-带锯条34*1.1-直接人工-工资薪金	115,921.90		115,921.90			-
5001.005.001.002	生产成本-带锯条34*1.1-直接人工-社会保险	30,139.69		30,139.69			-
5001.005.001.003	生产成本-带锯条34*1.1-直接人工-住房公积金	11,592.19		11,592.19			-
5001.005.003	生产成本-带锯条34*1.1-制造费用	643,844.33		643,844.33			-
合计		1,629,098.11		1,629,098.11	58,420.00	27.89	-

入 库 单

11-71D

接收部门 产成品库 2020-11-30 单号：345944165

货号	品 名	规格	单位	数量	单价	金额
	带锯条	34*1.1	米	58,420.00	27.88596559	1,629,098.11
合计						1,629,098.11

仓库负责人	刘强丰	经手人/入库人	王剑	记账	李想	备注	-

第一联，财务记账凭证

记账凭证

附单据数：0

单位：江南岳达机械制造有限责任公司　　2020-11-30　　凭证号：记-072（1/2）

摘要	科目	借方	贷方
结转已售产品成本	6401 主营业务成本	7,442,739.08	
结转已售产品成本(数量:404825，单价:17.331)	1405_027 库存商品_带锯条27*0.9		7,016,022.08
结转已售产品成本(数量:15300，单价:27.89)	1405_028 库存商品_带锯条34*1.1		426,717.00
分 期收款销售27*0.9（1000米），12月30日收款5...	1406_027 发出商品_带锯条27*0.9	8,665.50	
分期收款销售27*0.9（1000米），12月30日收款50...	1405_027 库存商品_带锯条27*0.9		8,665.50
合计：柒佰肆拾伍万壹仟肆佰零肆元伍角捌分		7,451,404.58	7,451,404.58

记账：李想　　审核：单洪飞　　制单：李想

记账凭证

附单据数：0

单位：江南岳达机械制造有限责任公司　　2020-11-30　　凭证号：记-072 (2/2)

摘要	科目	借方	贷方
赊销带锯条27000米成本(数量:27000，单价:27.89)	1406_028 发出商品_带锯条34*1.1	753,030.00	
赊销带锯条27000米成本(数量:27000，单价:27.89)	1405_028 库存商品_带锯条34*1.1		753,030.00
合计：捌佰贰拾万肆仟肆佰叁拾肆元伍角捌分		8,204,434.58	8,204,434.58

记账：李想　　审核：单洪飞　　制单：李想

销售单

11-72A

往来单位　长安华丰工具销售有限公司　　2020-11-26　　单号：214544161A

制单人：	王明	经手人：刘远征			库房：产成品及原材料库房	
货号	商品名称	规格	单位	数量	单价	金额（含税）
	金属切削刀具（带锯条）	34*11	米	27000	33.90	915,300.00
赊销						
合计数量：	27000	成交金额：				915,300.00

第二联，财务记账凭证

11月 销售商品汇总表

11-72B

序号	订单号	商品名称	规格	单位	数量	销售凭证号	类型
1	2145441656A	金属切削刀具（带锯条）	27*0.9	米	154325	11-36#凭证	直接销售
2	2145441659A	金属切削刀具（带锯条）	34*1.1	米	15300	11-39#凭证	直接销售
3	21454416540	金属切削刀具（带锯条）	27*0.9	米	1000	11-40#凭证	分期收款
4	21454416541	金属切削刀具（带锯条）	27*0.9	米	50000	11-41#凭证	直接销售
5	21454416545	金属切削刀具（带锯条）	27*0.9	米	100000	11-45#凭证	直接销售
6	21454416550	金属切削刀具（带锯条）	27*0.9	米	100000	11-50#凭证	直接销售
7	214544161A	金属切削刀具（带锯条）	34*11	米	27000		赊销，出库未收款
合计					447625		

已售产成品成本计算过程 11-72C

本期已售商品成本=（期初金额+本期入库金额）/（期初库存数量+本期入库数量）X 本期销售数量

库存商品-带锯条27*0.9 加权平均单价 =(22815846.88+1800167.41) / (1318835.08+101500) = 17.33 元/米

库存商品-带锯条34*1.1 加权平均单价 =(780,920.00+1629098.11) / (28000.00+58420) =27.89 元/米

已售带锯条27*0.9成本 =404825 米 * 17.331 元/米= 7,016,022.08 元

已售带锯条34*1.1成本 =15300 米*27.89 元/米 =426，717.00 元

发出商品-带锯条27*0.9（分期收款未收到款） = 500 米 * 17.331 元/米 =8,660.50 元

发出商品-带锯条34*1.1（赊销） = 27000 米 * 27.89 元/米=753,030.00 元

记账凭证

附单据数：0

单位：江南岳达机械制造有限责任公司　　2020-11-30　　凭证号：记-073

摘要	科目	借方	贷方
职工奖励（镌刻职工名字）	6601.001 销售费用-工资薪金	650.00	
职工奖励（镌刻职工名字）	2211.001 应付职工薪酬-工资		650.00
职工奖励（镌刻职工名字）	2211.001 应付职工薪酬-工资	650.00	
职工奖励（镌刻职工名字）（数量:2，单价:325）	1405_029 库存商品_木工锯		650.00
合计：壹仟叁佰元整		1,300.00	1,300.00

记账：李想　　审核：单洪飞　　制单：李想

出　　库　　单

11-73A

领用部门或单位　销售部　　2020-11-20　　单号：2145441553A

货号	品名	规格	单位	数量	单价	金额
	木工锯		把	2	325	650.00
合计						650.00

仓库负责人	刘强丰	出库经手人	王剑	记账	李想	备注	奖励职工纪念

第一联，财务记账凭证

已售产成品成本计算过程 11-73B

本期已售商品成本=（期初金额+本期入库金额）/（期初库存数量+本期入库数量）X 本期销售数量

库存商品-木工锯 加权平均单价 =(5200+0) /（16+0）*1=325.00 元/把

库存商品-木工锯 =2 把 * 325 元/把 = 650 元

记账凭证

附单据数：0

单位：江南岳达机械制造有限责任公司　　2020-11-30　　凭证号：记-074

摘要	科目	借方	贷方
向养老院赠送自制圆桌、椅子	6711.002 营业外支出-捐赠支出	13,500.00	
向养老院赠送自制圆桌、椅子(数量:20，单价:125)	1405_035 库存商品_圆桌		2,500.00
向养老院赠送自制圆桌、椅子(数量:200，单价:55)	1405_036 库存商品_椅子		11,000.00
合计：壹万叁仟伍佰元整		13,500.00	13,500.00

记账：李想　　审核：单洪飞　　制单：李想

出　　库　　单

11-74

领用部门或单位　养老院　　2020-11-10　　单号：21454414574

货号	品　名	规格	单位	数量	单价	金额
	圆桌		个	20	125	2,500.00
	椅子		把	200	55	11,000.00
合计						13,500.00

仓库负责人	刘强丰	出库经手人	王剑	记账	李想	备注	送养老院

第一联，财务记账凭证

记账凭证

附单据数：0

单位：江南岳达机械制造有限责任公司　　2020-11-30　　凭证号：记-075

摘要	科目	借方	贷方
盘点发现尼龙扎带丢失5包	6602.032 管理费用-财产损失	150.00	
盘点发现尼龙扎带丢失5包(数量:5，单价:30)	1403.008_020 原材料-包装物类_尼龙扎带		150.00
合计：壹佰伍拾元整		150.00	150.00

记账：李想　　审核：单洪飞　　制单：李想

出　库　单

领用部门或单位　　2020-11-10　　单号：21454414575

货号	品　名	规格	单位	数量	单价	金额
	尼龙扎带		包	5	30	150.00
合计						150.00

仓库负责人	刘强丰	出库经手人	王剑	记账	李想	备注	盘点发现丢失

第一联，财务记账凭证

附件：存货计税成本确定依据；企业内部有关责任认定、责任人赔偿说明和内部核批文件；存货盘点表；存货保管人对于盘亏的情况说明（附件从略）

记账凭证

附单据数：0

单位：江南岳达机械制造有限责任公司　　2020-11-30　　凭证号：记-076

摘要	科目	借方	贷方
印有公司logo的手工制作木工锯条赠展会人员	6601.011 销售费用-广告和业务宣传费	325.00	
印有公司logo的手工制作木工锯条赠展会人员(数...	1405_029 库存商品_木工锯		325.00
印有公司logo的手工制作木工锯条赠展会人员	6711.099 营业外支出-其他	65.00	
印有公司logo的手工制作木工锯条赠展会人员	2221.015 应交税费-应交个人所得税		65.00
合计：叁佰玖拾元整		390.00	390.00

记账：李想　　审核：单洪飞　　制单：李想

出　库　单

11-76A

领用部门或单位　销售部　　2020-11-08　　单号：2145441436A

货号	品名	规格	单位	数量	单价	金额
	木工锯		把	1	325	325.00
合计						325.00

仓库负责人	刘强丰	经手人	出库	王剑	记账	李想	备注	送展会人员

第一联，财务记账凭证

已售产成品成本计算过程 11-76B

本期已售商品成本=（期初金额+本期入库金额）/（期初库存数量+本期入库数量）X 本期销售数量

库存商品-木工锯 加权平均单价 =(5200+0）/（16+0）*1=325.00 元/把

库存商品-木工锯 = 1 把 * 325 元/把 = 325 元

记账凭证

附单据数：0

单位：江南岳达机械制造有限责任公司　　2020-11-30　　凭证号：记-077

摘要	科目	借方	贷方
领用手套	2211.003 应付职工薪酬-职工福利费	15.60	
领用手套(数量:6, 单价:2.6)	1403.013_024 原材料-劳动保护类_手套		15.60
合计：壹拾伍元陆角		15.60	15.60

记账：李想　　审核：单洪飞　　制单：李想

出　　库　　单

11-77

领用部门或单位　食堂　　2020-11-08　　单号：21454414377

货号	品　名	规格	单位	数量	单价	金额
	手套		副	6	2.6	15.60
合计						15.60

仓库负责人	刘强丰	经手人出库	王剑	记账	李想	备注	-

第一联，财务记账凭证

记账凭证

附单据数：0

单位：江南岳达机械制造有限责任公司　　2020-11-30　　凭证号：记-078

摘要	科目	借方	贷方
计提职工福利费	6602.003 管理费用-职工福利费	155,756.30	
计提职工福利费	2211.003 应付职工薪酬-职工福利费		155,756.30
合计：壹拾伍万伍仟柒佰伍拾陆元叁角		155,756.30	155,756.30

记账：李想　　审核：单洪飞　　制单：李想

11-78

本月实际发生福利费转入费用，总额155756.30元

记账凭证

附单据数：0

单位：江南岳达机械制造有限责任公司　　2020-11-30　　凭证号：记-079

摘要	科目	借方	贷方
投资设立广州子公司	1511.002 长期股权投资-广州亮剑机械销售有限公司	433,275.00	
投资设立广州子公司(数量:25000，单价:17.331)	1405_027 库存商品_带锯条27*0.9		433,275.00
合计：肆拾叁万叁仟贰佰柒拾伍元整		433,275.00	433,275.00

记账：李想　　审核：单洪飞　　制单：李想

11-79

出　　库　　单

领用部门或单位　广州亮剑机械销售有限公司　　2020-11-10　　单号：2145441459

货号	品　名	规格	单位	数量	单价	金额
	带锯条	27*0.9	米	25000	17.331	433,275.00
合计						433,275.00

仓库负责人	刘强丰	经手出库人	王剑	记账	李想	备注	投资设立子公司

第一联，财务记账凭证

记账凭证

附单据数：0

单位：江南岳达机械制造有限责任公司　　2020-11-30　　凭证号：记-080

摘要	科目	借方	贷方
借入长期借款	1002.001 银行存款-江南城市发展银行长安分行	3,000,000.00	
借入长期借款	2501.001 长期借款-江南城市发展银行长安分行		3,000,000.00
合计：叁佰万元整		3,000,000.00	3,000,000.00

记账：李想　　审核：单洪飞　　制单：李想

江南城市发展银行（长安分行营业部）贷记通知

11-80

流水号：999910411111505　　交易日期：2020年11月29日

收款单位：	江南岳达机械制造有限责任公司		
收款单位账号：	18254871000011457	凭证编号	
付款单位名称：	江南城市发展银行长安分行	付款银行	江南城市发展银行长安分行
付款单位账号	2578923536839475	起自日	2020年11月29日
交易名称	支付结算平台业务处理	金额小写：	RMB 3,000,000.00
金额大写	人民币 叁佰万元整		
摘要	长期借款		

江南城市发展银行长安分行 朱珊 2020年11月29日 业务核算章

第二联 客户留存联

如果日期、流水号、账号、摘要、金额相同，系重复打印。　　经办柜员：99901533

记账凭证

附单据数：0

单位：江南岳达机械制造有限责任公司　　2020-11-30　　凭证号：记-081

摘要	科目	借方	贷方
平整B地块，用于建新厂房，耗费柴油	1604.002.001 在建工程-新厂房-场地平整	40,000.00	
平整B地块，用于建新厂房，耗费柴油	2221.001.001 应交税费-应交增值税-进项税额	5,200.00	
平整B地块，用于建新厂房，耗费柴油	1001 库存现金		45,200.00
合计：肆万伍仟贰佰元整		45,200.00	45,200.00

记账：李想　　审核：单洪飞　　制单：李想

江南增值税专用发票

2153352255　　　　11-81　　№ 22325871

发票联

成品油　　　　开票日期：2020年11月30日

购买方	名　　称：江南岳达机械制造有限责任公司 纳税人识别号：91290504556677888M 地 址、电 话：长安市奉贤区工业园区　42123456 开户行及帐号：江南城市发展银行长安分行　18254871000011457	密码区

货物或应税劳务、服务名称	规格型号	单位	数量	单价	金额	税率	税额
*柴油*车用柴油	35#	升	5012.53	7.98	40,000.00	13%	5,200.00
合计					¥40,000.00		¥5,200.00
价税合计（大写）	⊕肆万伍仟贰佰元整				（小写）	¥45,200.00	

销售方	名　　称：石油天然气总公司江南长安分公司 纳税人识别号：999901812355136000 地 址、电 话：长安市北运区工业园区　45136297 开户行及帐号：建安银行长安分行北运支行　2105812335130220	备注

收款人：刘备　复核：妙玉　开票人：沙僧　销售方：（章）

第三联：发票联　购买方记账凭证

石油天然气总公司江南长安分公司 999901812355136000 发票专用章

全国统一发票监制章 江南 国家税务总局监制

税总函[2016]311号北京印钞有限公司

记账凭证

附单据数：0

单位：江南岳达机械制造有限责任公司　　2020-11-30　　凭证号：记-082

摘要	科目	借方	贷方
计提土地应缴契税	6602.025 管理费用-税费	400,000.00	
计提土地应缴契税	2221.030 应交税费-应交契税		400,000.00
合计：肆拾万元整		400,000.00	400,000.00

记账：李想　　审核：单洪飞　　制单：李想

11-82

	坐落地点	土地价值	计算过程	应纳税额
契税	长安市	10,000,000.00	=10000000.00×4%	400,000.00
				400,000.00

记账凭证

附单据数：0

单位：江南岳达机械制造有限责任公司　　2020-11-30　　凭证号：记-083

摘要	科目	借方	贷方
收到公益性岗位补贴	1002.001 银行存款-江南城市发展银行长安分行	23,240.00	
收到公益性岗位补贴	2241.001.002 其他应付款-个人-其他		23,240.00
合计：贰万叁仟贰佰肆拾元整		23,240.00	23,240.00

记账：李想　　审核：单洪飞　　制单：李想

江南城市发展银行（长安分行营业部）贷记通知

11-83

流水号：999910411111505　　交易日期：2020年11月27日

收款单位：	江南岳达机械制造有限责任公司		
收款单位账号：	18254871000011457	凭证编号	
付款单位名称：	奉贤区财政结算中心	付款银行	工群银行长安分行溪文支行
付款单位账号	25789125154121245	起自日	2020年11月27日
交易名称	支付结算平台业务处理	金额小写：	RMB 23,240.00
金额大写	人民币 贰万叁仟贰佰肆拾元整		
摘要	公益性岗位补贴		

江南城市发展银行长安分行 朱珊 2020年11月27日 业务核算章

第二联 客户留存联

如果日期、流水号、账号、摘要、金额相同，系重复打印。　　经办柜员：99901533

记账凭证

附单据数：0

单位：江南岳达机械制造有限责任公司　　2020-11-30　　凭证号：记-084

摘要	科目	借方	贷方
报销餐费	1604.002.002 在建工程-新厂房-业务招待费	3,000.00	
报销餐费	1001 库存现金		3,000.00
合计：叁仟元整		3,000.00	3,000.00

记账：李想　　审核：单洪飞　　制单：李想

2154852631

江南增值税普通发票

发票联

（全国统一发票监制章 江南 国家税务总局监制）

11-84

№ 21252334

开票日期： 2020年11月24日

购买方	名　　称：	江南岳达机械制造有限责任公司	密码区
	纳税人识别号：	91290504556677888M	
	地 址、电 话：	长安市奉贤区工业园区　42123456	
	开户行及帐号：	江南城市发展银行长安分行　18254871000011457	

货物或应税劳务、服务名称	规格型号	单位	数量	单价	金额	税率	税额
*餐饮服务*餐费		次	1	2,970.30	2,970.30	1%	29.70
合计					¥2,970.30		¥29.70
价税合计（大写）	⊕叁仟元整				（小写） ¥3,000.00		

销售方	名　　称：	长安市蜀香苑餐饮有限公司	备注
	纳税人识别号：	999900589262322000	
	地 址、电 话：	长安市湘湖区阳溪大道　45846217	
	开户行及帐号：	建安银行长安分行北运支行　2105825645795185	

（长安市蜀香苑餐饮有限公司 999900589262322000 发票专用章）

收款人： 孟获　　复核： 王英　　开票人： 刁飞龙　　销售方：（章）

第二联：发票联 购买方记账凭证

税总函[2016]311号北京印钞有限公司

记账凭证

附单据数：0

单位：江南岳达机械制造有限责任公司　　2020-11-30　　凭证号：记-085

摘要	科目	借方	贷方
计提房产税	6403.001 税金及附加-房产税	4,480.00	
计提房产税	2221.016 应交税费-应交房产税		4,480.00
合计：肆仟肆佰捌拾元整		4,480.00	4,480.00

记账：李想　　审核：单洪飞　　制单：李想

11-85

	坐落地点	房产原值	土地成本	计算过程	应纳税额
房产税	长安市	6,400,000.00		=(6000000+400000)*(1-30%)*1.2%/12	4480
					4480

记账凭证

附单据数：0

单位：江南岳达机械制造有限责任公司　　2020-11-30　　凭证号：记-086

摘要	科目	借方	贷方
计提土地使用税	6403.002 税金及附加-土地使用税	4,500.00	
计提土地使用税	2221.017 应交税费-应交土地使用税		4,500.00
合计：肆仟伍佰元整		4,500.00	4,500.00

记账：李想　　审核：单洪飞　　制单：李想

		土地面积	等级		应纳税额
土地使用税	长安市	3000	3	=3000*18/12	4500
					4500

记账凭证

附单据数：0

单位：江南岳达机械制造有限责任公司　　2020-11-30　　凭证号：记-087

摘要	科目	借方	贷方
计提印花税	6403.003 税金及附加-印花税	2,054.86	
计提印花税	2221.020 应交税费-应交印花税		2,054.86
合计：贰仟零伍拾肆元捌角陆分		2,054.86	2,054.86

记账：李想　　审核：单洪飞　　制单：李想

11月应交印花税明细表

11-87

对应业务	概要	应税凭证		计税依据	税率	税额	贴印花税票划销税额	网上申报上缴税额
11月第12笔业务	广告费	订单	加工承揽合同	30,000.00	0.050%	15.00		15.00
11月第24笔业务	数控带锯铣床修理费	订单	加工承揽合同	100,000.00	0.050%	50.00		50.00
小计						**65.00**		**65.00**
11月第7笔业务	收到水渠工程结算款	合同	建筑安装工程承包合同	110,000.00	0.030%	33.00		33.00
小计						**33.00**	-	**33.00**
11月第36笔业务	提供运输服务	合同	货物运输合同	10,000.00	0.050%	5.00		5.00
小计						**5.00**		**5.00**
11月第51笔业务	业务技术指导合同	合同	技术合同	100,000.00	0.030%	30.00		30.00
小计						**30.00**		**30.00**
11月第21笔业务	购带锯钢带	订单	购销合同	880,000.00	0.030%	264.00		264.00
11月第53笔业务	购水曲柳木料	合同	购销合同	133,500.00	0.030%	40.05		40.05
11月第61笔业务	换购气缸	合同	购销合同	2,889.19	0.030%	0.87	0.87	
11月第61笔业务	换购气缸	合同	购销合同	2,798.40	0.030%	0.84	0.84	
11月第36笔业务	销售带锯条	合同	购销合同	3,086,500.00	0.030%	925.95		925.95
11月第72笔业务	赊销带锯条	提货单	购销合同	810,000.00	0.030%	243.00		243.00
11月第39笔业务	销售带锯条	提货单	购销合同	474,000.00	0.030%	142.40		142.40
11月第81笔业务	租赁铲车	合同	购销合同	40,000.00	0.100%	40.00	40.00	
11月第81笔业务	抵顶柴油	合同	购销合同	40,000.00	0.030%	12.00	12.00	
11月第72笔业务	分期收款销售	提货单	购销合同	20,000.00	0.030%	6.00		6.00
11月第41笔业务	销售带锯条	合同	购销合同	1,001,524.42	0.030%	300.46		300.46
小计						**1,975.57**	**53.71**	**1,921.86**
总计						**2,108.57**	**53.71**	**2,054.86**

备注：2022年7月1日起实施的《中华人民共和国印花税法》规定的应税凭证中的合同，仅指书面合同

记账凭证

附单据数：0

单位：江南岳达机械制造有限责任公司　　2020-11-30　　凭证号：记-088

摘要	科目	借方	贷方
中央空调安装工程	6602.099 管理费用-其他	450,000.00	
中央空调安装工程	2221.001.001 应交税费-应交增值税-进项税额	50,500.00	
中央空调安装工程	1002.001 银行存款-江南城市发展银行长安分行		500,500.00
汇款手续费	6603.001 财务费用-手续费	20.00	
汇款手续费	1002.001 银行存款-江南城市发展银行长安分行		20.00
合计：伍拾万零伍佰贰拾元整		500,520.00	500,520.00

记账：李想　　审核：单洪飞　　制单：李想

模拟票据，仅供学习使用

江苏增值税专用发票

发票联

3124581320　　11-88　　№ 36597237

开票日期：2020年11月4日

购买方	名　称：江南岳达机械制造有限责任公司 纳税人识别号：9129C504556677888M 地址、电话：长安市奉贤区工业园区　42123456 开户行及帐号：江南城市发展银行长安分行　18254871000011457			密码区			
货物或应税劳务、服务名称	规格型号	单位	数量	单价	金额	税率	税额
*制冷空调设备*中央空调		套	1	250,000.00	250,000.00	13%	32,500.00
*建筑服务*空调安装		次	1	200,000.00	200,000.00	9%	18,000.00
合计					¥450,000.00		¥50,500.00
价税合计（大写）	⊖伍拾万零伍佰元整			（小写）	¥500,500.00		
销售方	名　称：南京有温度设备制造安装公司 纳税人识别号：91320102121456698UH 地址、电话：江苏省南京市高淳区　82131548 开户行及帐号：大海银行南京分行高淳支行　3721255984165812			备注	南京有温度设备制造安装公司 91320102121456698UH 发票专用章		

收款人：岳相　　复核：袁毅　　开票人：张想　　销售方：（章）

第三联：发票联　购买方记账凭证

税总函[2016]311号北京印钞有限公司

模拟票据，仅供学习使用

江南城市发展银行电汇凭证（借方凭证）

11-88

NO.181145788

普通　　加急　　委托日期　2020年11月4日

汇款人	全称	江南岳达机械制造有限责任公司	收款人	全称	南京有温度设备制造安装公司
	账号	18254871000011457		账号	3721255984165812
	汇出地点	江南省长安市		汇入地点	江苏省南京市
汇出行名称	江南城市发展银行长安分行		汇入行名称	大海银行南京分行高淳支行	
金　额	人民币（大写）	伍拾万零伍佰元整			¥500,500.00

此汇款支付给收款人。

江南城市发展银行长安分行 朱珊 2020年11月4日 业务核算章

汇款人签章

支付密码

附加信息及用途：

复核：　　记账：

此联汇出行作借方凭证

江南城市发展银行（长安分行营业部）收费回单

11-88

交易流水：110141111857　　2020年11月4日

付款人账号 18254871000011457		付款人名称	江南岳达机械制造有限责任公司
收费种类	币种	交易金额	收费金额
47 电汇手续费	人民币	500,500.00	20.00
合计金额	20.00		

江南城市发展银行长安分行 朱珊 2020年11月4日 业务核算章

第二联 客户留存联

柜员号：00000　　朱珊

记账凭证

附单据数：0

单位：江南岳达机械制造有限责任公司　　2020-11-30　　凭证号：记-089（1/2）

摘要	科目	借方	贷方
计提税金及附加	6403.006 税金及附加-城市维护建设税	2,646.00	
计提税金及附加	6403.007 税金及附加-教育费附加	1,134.00	
计提税金及附加	6403.008 税金及附加-地方教育附加	756.00	
计提税金及附加	2221.011 应交税费-应交城市维护建设税		2,646.00
计提税金及附加	2221.012 应交税费-应交教育费附加		1,134.00
合计：肆仟伍佰叁拾陆元整		4,536.00	3,780.00

记账：李想　　审核：单洪飞　　制单：李想

模拟票据，仅供学习使用

记账凭证

附单据数：0

单位：江南岳达机械制造有限责任公司　　2020-11-30　　凭证号：记-089（2/2）

摘要	科目	借方	贷方
计提税金及附加	2221.013 应交税费-应交地方教育附加		756.00
合计：肆仟伍佰叁拾陆元整		4,536.00	4,536.00

记账：李想　　审核：单洪飞　　制单：李想

计提各项附加税

11-89

应交简易计税增值税额37800

城建税 =37800*0.07=2,646.00

教育附加 =37800*0.03=1,134.00

地方教育 =37800*0.02=756.00

记账凭证

附单据数：0

单位：江南岳达机械制造有限责任公司　　2020-11-30　　凭证号：记-090（1/2）

摘要	科目	借方	贷方
结转本期损益(收入)	6001_027_001 主营业务收入_带锯条27*0.9_13%	6,296,500.00	
结转本期损益(收入)	6001_028_001 主营业务收入_带锯条34*1.1_13%	474,000.00	
结转本期损益(收入)	6051.003_002 其他业务收入-建筑服务_9%	110,000.00	
结转本期损益(收入)	6051.004_004 其他业务收入-租赁收入_5%	756,000.00	
结转本期损益(收入)	6051.006_002 其他业务收入-运输服务_9%	10,000.00	
合计：柒佰陆拾肆万陆仟伍佰元整		7,646,500.00	0.00

记账：李想　　审核：单洪飞　　制单：李想

记账凭证

附单据数：0

单位：江南岳达机械制造有限责任公司　　2020-11-30　　凭证号：记-090 (2/2)

摘要	科目	借方	贷方
结转本期损益(收入)	6111.001 投资收益-上海亮剑机械销售有限公司	500,000.00	
结转本期损益(收入)	6115.002 资产处置损益-固定资产处置损益	8,412.29	
结转本期损益(收入)	4103 本年利润		8,154,912.29
合计：捌佰壹拾伍万肆仟玖佰壹拾贰元贰角玖分		8,154,912.29	8,154,912.29

记账：李想　　审核：单洪飞　　制单：李想

记账凭证

附单据数：0

单位：江南岳达机械制造有限责任公司　　2020-11-30　　凭证号：记-091（1/10）

摘要	科目	借方	贷方
结转本期损益(成本费用)	4103 本年利润	9,246,745.87	
结转本期损益(成本费用)	6401 主营业务成本		7,442,739.08
结转本期损益(成本费用)	6402.001 其他业务成本-建筑服务		35,700.00
结转本期损益(成本费用)	6402.002 其他业务成本-租赁设备折旧		6,466.40
结转本期损益(成本费用)	6403.001 税金及附加-房产税		4,480.00
合计：玖佰贰拾肆万陆仟柒佰肆拾伍元捌角柒分		9,246,745.87	7,489,385.48

记账：李想　　审核：单洪飞　　制单：李想

记账凭证

附单据数：0

单位：江南岳达机械制造有限责任公司　　2020-11-30　　凭证号：记-091 (2/10)

摘要	科目	借方	贷方
结转本期损益(成本费用)	6403.002 税金及附加-土地使用税		4,500.00
结转本期损益(成本费用)	6403.003 税金及附加-印花税		2,054.86
结转本期损益(成本费用)	6403.006 税金及附加-城市维护建设税		2,646.00
结转本期损益(成本费用)	6403.007 税金及附加-教育费附加		1,134.00
结转本期损益(成本费用)	6403.008 税金及附加-地方教育附加		756.00
合计：玖佰贰拾肆万陆仟柒佰肆拾伍元捌角柒分		9,246,745.87	7,500,476.34

记账：李想　　审核：单洪飞　　制单：李想

记账凭证

附单据数：0

单位：江南岳达机械制造有限责任公司　　2020-11-30　　凭证号：记-091 (3/10)

摘要	科目	借方	贷方
结转本期损益(成本费用)	6601.001 销售费用-工资薪金		134,111.18
结转本期损益(成本费用)	6601.007 销售费用-差旅费		4,085.17
结转本期损益(成本费用)	6601.011 销售费用-广告和业务宣传费		30,325.00
结转本期损益(成本费用)	6601.017 销售费用-累计折旧		72.75
结转本期损益(成本费用)	6601.033 销售费用-修理费		50,000.00
合计：玖佰贰拾肆万陆仟柒佰肆拾伍元捌角柒分		9,246,745.87	7,719,070.44

记账：李想　　审核：单洪飞　　制单：李想

记账凭证

附单据数：0

单位：江南岳达机械制造有限责任公司　　2020-11-30　　凭证号：记-091（4/10）

摘要	科目	借方	贷方
结转本期损益(成本费用)	6601.036 销售费用-社会保险		34,699.89
结转本期损益(成本费用)	6601.037 销售费用-住房公积金		13,346.12
结转本期损益(成本费用)	6601.038 销售费用-车辆燃油费		2,000.00
结转本期损益(成本费用)	6602.001 管理费用-工资薪金		103,172.80
结转本期损益(成本费用)	6602.003 管理费用-职工福利费		157,351.42
合计：玖佰贰拾肆万陆仟柒佰肆拾伍元捌角柒分		9,246,745.87	8,029,640.67

记账：李想　　审核：单洪飞　　制单：李想

记账凭证

附单据数：0

单位：江南岳达机械制造有限责任公司　　2020-11-30　　凭证号：记-091 (5/10)

摘要	科目	借方	贷方
结转本期损益(成本费用)	6602.004 管理费用-职工教育经费		29,000.00
结转本期损益(成本费用)	6602.005 管理费用-工会经费		9,321.28
结转本期损益(成本费用)	6602.006 管理费用-办公费		2,500.00
结转本期损益(成本费用)	6602.007 管理费用-差旅费		9,404.34
结转本期损益(成本费用)	6602.009 管理费用-通讯费		2,512.70
合计：玖佰贰拾肆万陆仟柒佰肆拾伍元捌角柒分		9,246,745.87	8,082,378.99

记账：李想　　审核：单洪飞　　制单：李想

记账凭证

附单据数：0

单位：江南岳达机械制造有限责任公司　　2020-11-30　　凭证号：记-091（6/10）

摘要	科目	借方	贷方
结转本期损益(成本费用)	6602.010 管理费用-业务招待费		3,000.00
结转本期损益(成本费用)	6602.017 管理费用-累计折旧		25,544.07
结转本期损益(成本费用)	6602.018.003 管理费用-无形资产摊销-非专利技术摊销		1,083.33
结转本期损益(成本费用)	6602.020 管理费用-会议费		8,000.00
结转本期损益(成本费用)	6602.022 管理费用-劳务费		100,000.00
合计：玖佰贰拾肆万陆仟柒佰肆拾伍元捌角柒分		9,246,745.87	8,220,006.39

记账：李想　　审核：单洪飞　　制单：李想

记账凭证

附单据数：0

单位：江南岳达机械制造有限责任公司　　2020-11-30　　凭证号：记-091 (7/10)

摘要	科目	借方	贷方
结转本期损益(成本费用)	6602.024.001 管理费用-研发费用-工资		50,000.00
结转本期损益(成本费用)	6602.025 管理费用-税费		400,000.00
结转本期损益(成本费用)	6602.032 管理费用-财产损失		150.00
结转本期损益(成本费用)	6602.034 管理费用-修理费		600.00
结转本期损益(成本费用)	6602.038 管理费用-土地使用权摊销		1,166.67
合计：玖佰贰拾肆万陆仟柒佰肆拾伍元捌角柒分		9,246,745.87	8,671,923.06

记账：李想　　审核：单洪飞　　制单：李想

记账凭证

附单据数：0

单位：江南岳达机械制造有限责任公司　　2020-11-30　　凭证号：记-091（8/10）

摘要	科目	借方	贷方
结转本期损益(成本费用)	6602.040 管理费用-电费		3,200.00
结转本期损益(成本费用)	6602.041 管理费用-水费		198.00
结转本期损益(成本费用)	6602.042 管理费用-社会保险		26,824.91
结转本期损益(成本费用)	6602.043 管理费用-住房公积金		10,317.28
结转本期损益(成本费用)	6602.045 管理费用-劳动保护费		27,000.00
合计：玖佰贰拾肆万陆仟柒佰肆拾伍元捌角柒分		9,246,745.87	8,739,463.25

记账：李想　　审核：单洪飞　　制单：李想

记账凭证

附单据数：0

单位：江南岳达机械制造有限责任公司　　2020-11-30　　凭证号：记-091（9/10）

摘要	科目	借方	贷方
结转本期损益(成本费用)	6602.099 管理费用-其他		460,000.00
结转本期损益(成本费用)	6603.001 财务费用-手续费		170.00
结转本期损益(成本费用)	6603.003 财务费用-利息支出		3,500.00
结转本期损益(成本费用)	6701.001 资产减值损失-坏账准备		30,000.00
结转本期损益(成本费用)	6711.002 营业外支出-捐赠支出		13,500.00
合计：玖佰贰拾肆万陆仟柒佰肆拾伍元捌角柒分		9,246,745.87	9,246,633.25

记账：李想　　审核：单洪飞　　制单：李想

记账凭证

附单据数：0

单位：江南岳达机械制造有限责任公司　　2020-11-30　　凭证号：记-091（10/10）

摘要	科目	借方	贷方
结转本期损益(成本费用)	6711.099 营业外支出-其他		112.62
合计：玖佰贰拾肆万陆仟柒佰肆拾伍元捌角柒分		9,246,745.87	9,246,745.87

记账：李想　　审核：单洪飞　　制单：李想